全国三八红旗手名录

（1960—2019）

全国妇联宣传部 编

中国妇女出版社

图书在版编目（CIP）数据

全国三八红旗手名录：1960—2019 / 全国妇联宣传部编. -- 北京 ：中国妇女出版社，2019.12
ISBN 978-7-5127-1819-7

Ⅰ.①全… Ⅱ.①全… Ⅲ.①女性－先进工作者－人名录－中国－1960-2019 Ⅳ.①K828.5-62

中国版本图书馆CIP数据核字（2019）第282635号

全国三八红旗手名录（1960—2019）

作　　者：全国妇联宣传部 编
责任编辑：万立正
封面设计：吴晓莉　李　甦
责任印制：王卫东
出版发行：中国妇女出版社
地　　址：北京市东城区史家胡同甲24号　　邮政编码：100010
电　　话：（010）65133160（发行部）　　65133161（邮购）
网　　址：www.womenbooks.cn
法律顾问：北京市道可特律师事务所
经　　销：各地新华书店
印　　刷：天津翔远印刷有限公司
开　　本：185×260　1/16
印　　张：64
字　　数：1070千字
版　　次：2019年12月第1版
印　　次：2019年12月第1次
书　　号：ISBN 978-7-5127-1819-7
定　　价：198.00元

前　言

全国三八红旗手标兵、三八红旗手（集体）是全国妇联授予我国优秀女性（优秀女性群体）的最高荣誉。开展全国三八红旗手标兵、全国三八红旗手（集体）评选表彰活动，旨在树立政治坚定、品德高尚、爱岗敬业、开拓创新、勇创一流的优秀女性和女性群体典型，弘扬“自尊、自信、自立、自强”精神，用榜样的力量激励引领广大妇女听党话跟党走、为实现中华民族伟大复兴的中国梦而努力奋斗。

新中国成立以来，在党和政府重视关怀下，我国妇女事业蓬勃发展，广大妇女勤勉执着，无私奉献，在物质文明和精神文明建设中都作出了重要贡献，撑起了半边天。在她们当中，涌现出一批又一批妇女先进典型，被授予三八红旗手（集体）称号，她们忠诚于党和人民，埋头苦干，执着奉献，在平凡的岗位上创造了不平凡的业绩；她们听从时代召唤，积极投身社会主义建设和改革发展的滚滚洪流，顽强拼搏，敢为人先。她们带头践行社会主义核心价值观，展现了质朴深厚的家国情。她们是广大妇女的佼佼者，无愧于三八红旗手这个光荣的称号。

全国三八红旗手评选表彰工作始于1960年。为激励妇女为社会主义建设事业作贡献，在纪念三八国际妇女节50周年之际，全国妇联开展了三八红旗手和三八红旗集体的评选表彰活动，在全国范围内表彰了近1万名妇女先进人物和以妇女为主体的先进集体，并分别授予全国三八红旗手和全国三八红旗集体的光荣称号。此后，在1979年和1983年，全国妇联分别进行过两次万名三八红旗手和三八红旗集体评选表彰。2004年起，为扩大对全国三八红旗手的宣传，全国妇联开展了全国三八红旗手标兵评选表彰工作，每年从本届和往届全国三八红旗手中评选10位授予全国三八红旗手标兵称号，并利用全媒体集中宣传。从2011年起，每年集中表彰全国三八红旗手300人左右，全国三八红旗集体200个左右。

全国三八红旗手评选表彰工作自开展以来，受到了各族各界、各行各业妇女的积极响应，成为激励妇女建功时代的品牌活动，至今仍保持勃勃生机。据统计，1960年至2019年，全国妇联共表彰了3.5万多名全国三八红旗手。

为贯彻落实习近平总书记在同全国妇联新一届领导班子成员集体谈话时的重要讲话精神，落实中国妇女十二大提出的目标任务，展现全国三八红旗手评选表彰工作的成果，记录时代发展的脉搏，全国妇联宣传部在《全国三八红旗手名录（1960—2006）》一书的基础上，补充收录了2007年到2019年荣获全国三八红旗手标兵和全国三八红旗手称号的女性名单。

本书为单位及个人查找、宣传提供资料性线索，不具证明作用。

编者

2019 年 12 月

目　录

1960 年

全国三八红旗手

北京市

李惠媛　石景山钢铁公司第三工程公司三队电焊工
沙文琴　北京钢厂机械动力科徒工
刘　萍　特殊钢厂金属一车间徒工
刘国俊　北京电子管厂收讯放大分厂工人
倪战胜　华北无线电器材厂 35 车间工人
高杏娣　北京有线电厂 21 车间组长
戴玉香　北京有线电厂工人
刘菊珍　北京汽车制造厂工人
张艳荣　北京农业机械厂车工
董　维　永定机械厂统计员
彭淑英　北京第一机床厂动力科车工
邱淑萍　京西城子煤矿工人
王玉芳　京西门头沟煤矿机电组长
王玉芳　北京市毛纺织厂细纱车间车工
张梅兰　北京第二棉纺织厂细纱车间挡车工
陈素芝　北京第二棉纺织厂织布车间挡车工
梁小凤　北京第三棉纺织厂挡车工
吴兰英　北京第三棉纺织厂挡车工
韩茶仙　北京清河制呢厂长毛绒车间
卢秀兰　北京第四棉纺织厂细纱车间摇车工
崔淑珍　兴平机械厂三车间车工生产组长
刘翠莲　北京合成纤维厂生产组长
林秀珍　人民印刷厂工人
冯保珍　琉璃河水泥厂立窑车间小组长
顾良诚　北京电业管理局中心试验所工程师
高青可　北京电子管厂 101 车间玻璃小组工人
陈锡兰　北京市塘瓷厂一车间工人
朴玉英　北京市电表厂车工
李淑清　公私合营仁立麻纺厂挡车工
白淑云　北京市金属工艺工厂组长
孔秀英　北京新华印刷厂工人
史焕珍　公私合营民用灯具厂工人
周紫君　西四化工厂技术员
李金才　北京市珐琅厂徒工
贾兰文　西城区第一缝纫厂厂长
彭凤英　国营北京被服厂电锁工

呼兰芝　北京仪器厂二车间学徒工
杨秀华　北京市针织厂缝纫工
沈蓉华　北京市啤酒厂技术员
南淑芳　北京市橡胶厂工人
宁淑珍　北京市崇文区合线厂挡车工
王喜荣　大兴县棉织厂挡车工
孙玉琴　顺义综合食品厂工人
刘雅君　长辛店通讯工厂工人
郭桂荣　第一绢花社工人
刘新喜　延庆畜产品制造厂工人
房桂荣　通州印刷厂工人
田秀敏　北京市制革厂徒工
于宝珍　北京卫生材料厂工人
李杏姑　宣武塑料厂组长
王俊岭　宣武区利群铁工厂车工
王瑞雪　宣武塑料皮件厂工人
商　英　公私合营义利食品公司包装工
马万芝　北京市妇女挑花生产合作社工人
李春霞　北京铁路局北京站京广路线列车员
罗淑珍　北京市邮电局第一支局投递员
张桂花　北京电信工程公司徒工
赵香英　北京市长途电信局话务员
张秀兰　公共汽车公司二场十四路售票员
李维凤　公共汽车公司一场十三路司机
李玉兰　北京电车公司乘务员
刘秀英　房山邮电局话务员
高秀英　第六建筑公司壮工
王希容　北京市房管局崇文区建设局房屋管理员
姚凤山　北京市政工程第一公司二工地工长
王毓芬　王府井百货商店针织毛线柜售货员
周金凤　东城区副食品商业局东华门一店售货员
钟秀芳　东城区柏林寺理发馆理发员
赵文秀　西城区锦什坊街副食品第一零售店售货员
柯佩蓉　西城区正容理发馆经理
陶玉珍　朝阳区八里庄商场售货员
韩瑞兰　朝阳区商业局东坝第二百货门市部售货员
马兰芳　服务公司农业展览馆餐厅服务员
周淑敏　海淀区公私合营海顺居饭馆服务员
李淑琴　崇文区薛家湾副食品零售店售货员
赵维新　天桥百货商场售货员
尹凤兰　密云城关商店门市部售货员
李景英　门头沟清水中心店售货员
张瑞莲　怀柔县商业局服务部服务员
王淑萍　昌平长陵中心店售货员
李淑芬　平谷商业局产品加工厂保管员
张淑珍　丰台区第一百货商店售货员

王振坤　通县通州镇妇女商店售货员
张友惠　宣武区兴升馆服务员
张巧荣　宣武区谦祥益布店服务员
唐淑贞　东城区建国门金漆镶嵌加工厂厂长
南秀华　东城区朝阳门王金加工厂生产人员
崔汝英　东城区和平里化工部家属跃进生产社副主任
石佩兰　东城区安定门电镀厂车间主任
曹淑兰　东城区东四美术厂儿童玩具车间生产人员
李云仙　东城区安定门木器厂生产人员
张兰英　东城区北新桥化工厂生产人员
张玲转　东城区景山徽章加工厂生产人员
朱爱华　东城区交道口玻璃仪器厂生产人员
黄英先　东城区东直门办事处前进耐火砖厂生产人员
沈淑贞　东城区朝阳门毛绣组小组长
芦成香　西城区福绥境七一制帽厂
郑秀者　西城区德外胶滚厂负责人
孙淑琴　西城区月坛金属工厂生产人员
杨淑珍　西城区西长安街翠花湾化工厂车间负责人
朱玉珍　西城区新街口小五金厂组长
许淑珍　西城区展览路综合工厂棉毯车间组长
田淑珍　西城区福绥境八一制鞋厂
骆秀珊　宣武区大橱栏玉器厂厂长
王彩琴　宣武区大橱栏玻璃仪器厂生产人员
刘燕春　宣武区天桥红旗仪器厂安瓶车间小组长
李瑞仙　宣武区广外金属加工厂生产人员
张秀珍　宣武区陶然亭五金制造厂生产人员
庞秀英　宣武区白纸坊石粉厂车间主任
宋金荣　宣武区牛街金属制造厂铆焊车间主任
刘素兰　崇文区东花市皮鞋加工厂拼掌车间主任
赵秀兰　崇文区崇外河泊厂拉锁加工厂生产人员
田秀珍　崇文区龙潭纸盒加工厂副主任
王宏珍　崇文区天坛小五金加工厂副厂长
朱彩兰　朝阳区农业新村“三八”缝纫厂组长
李秀芳　丰台区长辛店搪瓷五金厂职工
孙淑香　丰台区石景山新古城化工厂厂长
裘美文　石景山钢铁公司古城大队会计
刘翠芝　铁道科学研究院家属水泡厂组长
王秀珍　门头沟公社东辛房卫星生产队

生产人员

周玉平 门头沟区门头沟公社南辛房大队妇女钢铁连连长

李金凤 门头沟区大台公社大台大队庄户妇女下煤窑专业队队长

王德兰 门头沟区斋堂公社东斋堂花木兰妇女专业队队长

王青兰 门头沟区斋堂公社清水大队下清水生产队猪场饲养员

刘纯秀 房山县琉璃河公社苏村妇女猪场场长

伟景珍 房山县琉璃河公社于庄“三八”猪场场长

任素花 房山县下云岭公社畜牧场人工授精员

刘文英 丰台区黄土岗公社郭公庄大队二小队“三八”猪场副场长

王淑珍 丰台区卢沟桥公社“三八”猪场场长

邳振荣 丰台区石景山中苏友好公社七一大队三八猪场场长

侯秀英 丰台区卢沟桥公社副主任兼三路居大队队长

赵玉清 朝阳区中德友好公社副主任

李　杰 朝阳区中德友好公社楼梓庄小麦专业队副队长

傅淑华 朝阳区中德友好公社金盏站小麦专业队队长

郝淑珍 朝阳区朝阳人民公社双桥种畜场养牛队副队长

杨爱娣 朝阳区朝阳和平人民公社“三八”养鸡队副队长

于秀荣 昌平县南口公社桃洼管理区后洼村林业队技术员

曹桂凤 昌平县城关公社昌平镇四大队“三八”猪场场长

谢敬珍 顺义县城关公社良正卷大队社员

马淑芬 顺义县木林公社大北务村“三八”猪场场长

王文英 顺义县中波友好会社北河村“三八”猪场场长

蒋维珍 密云县塘子公社水峪万猪场饲养员

金凤兰 密云县西田各庄公社韩各庄村猪场场长

齐振书 密云县塘子公社水峪村妇女队长

张秀清 通县宋庄公社古城管理区妇女主任

吴学珍 通县马头公社吴营生产队妇女队长

王凤英 通县永乐店公社渠头生产队妇女队长

赵洪兰 通县牛堡屯公社大松岱村猪场场长

刘成华 平谷县峪口公社峪口大队第二生产队队长

陈淑凤　平谷县韩庄公社北寨生产队队长
沈玉兰　平谷县城关公社熊耳营生产队队长
景瑞兰　平谷县大华山公社后北宫青年猪场场长
孙景福　大兴县庞各庄公社北屯岱大队北屯岱村社员
门秀梅　海淀区玉渊潭公社罗道庄第四队生产组长
陈秀清　海淀区四季青公社兰淀厂大队九队妇女队长
于秀英　海淀区永丰公社东北旺猪场场长
朱玉凤　延庆县延庆公社下屯大队向秀丽排排长
孟香馥　延庆县永宁公社大观头大队妇联主任
蔡玉枝　延庆县四海公社四海村妇联主任
雷春先　延庆县永宁公社香营村大队妇联副主任
花季番　延庆县永宁公社南张庄大队绵羊人工授精员
鲁桂兰　怀柔县北台上水库妇女猛虎突击队队长
芦桂荣　怀柔县城关公社下庄村妇联主任
刘福荣　怀柔县桥梓庄公社沙峪管理区辛营梨树管理专业队队长
尚书兰　怀柔县桥梓庄公社东放村猪场场长
宋协凤　南郊农城一分场养猪场小组长
王大玫　北京医学院基础部副教授兼教研组主任
池际尚　北京地质学院教授普查系副主任
华惠珍　北京大学化学系讲师
李永庄　北京航空学院 103 实验室实验员
周桂青　北京外国语言学院幼儿园杂工
周冰心　北京纺织工业学院助教
马素娥　北京水利水电学院学生组干部
楼　星　北京无线电工业学校物理学科主任
陈桂兰　北京朝阳区护士学校教员
黄　量　中国医学科学院药物研究所副研究员
吴　影　一机部第十一所助理技术员
李阿玲　北京市第八中学政治教员
王明夏　北京实验中学数学教员
石鸿菊　北京市第二中学数学教员
周含苓　北京市第十三女子中学化学教员
万德琦　北京市第四十三中学几何教员
胡汉娟　北京市第二实验小学音乐教员
颜慰庭　北京市第一实验小学教师
孙秋痕　东城区西观音寺小学教师

杜仁懿　北京市东城区十二条小学教师
于　敏　崇文区长巷四条小学教师
樊颖梅　北京市朝阳区长店小学校长
贾瑞霞　昌平县南口中学教师
鹿梦蕉　海淀区香山中心小学教员
黎杏华　怀柔县喇叭沟门完小副教导主任
贾桂英　延庆县永宁公社小观头民办初小教师
王文英　北京通县永乐店中学团委副书记
金俊珍　密云第二小学教师
常士芳　顺义县杨镇公社下营小学教师
陈玉芬　房山县河北公社河北中心房山矿小学教师
于　萍　中国评剧院二团演员
朴英子　中央歌舞团舞蹈教员
喻宜萱　中央音乐学院音乐系主任教授
杨　沫　北京电影制片厂编剧
董秀云　自然博物馆解说员
王淑荣　怀柔县文化馆图书管理员
邢韶英　北京实验评剧团演员
林巧稚　北京市妇产医院院长
傅守静　北京市同仁医院眼科主任
许心如　中医医院医师
林傅家　北京市儿童医院保健所所长
梁秀珍　复兴医院卫生员
毕华英　积水潭医院副院长
马葆恒　天坛医院外科护士长
吴婉芬　北京市第二传染病医院医师
苏金玲　门头沟区石门营妇幼保健站助产士
陈慕昭　朝阳医院注射室护士
王芝兰　大兴县医院主治医师
曹金菊　石景山钢铁公司炼铁厂保健站车间医师
杨素君　密云水库白河医院外科护士小组长
李美链　中国医学院协和医院手术室护士
胡英信　北京市女子篮球队运动员
华绍林　北京市航空俱乐部女子跳伞运动员
许　柔　北京北海幼儿园教养员
王笃华　国营北京被服厂托儿所保育员
刘文艺　北京市政工程局幼儿园保育员
吴素洁　中共北京市委幼儿园教养员
李瑞琴　铁道部专业设计院家属幼儿园教养员
范俊清　北京东直门北小街幼儿园教养员
王春兰　北京市锡拉胡同托儿所保育员
王桂祥　北京市钓饵胡同托儿所保育员
任素英　北京市北新桥观音寺街道幼儿园教养员
张素欣　西城区商业局西单商场托儿所所长
龙望义　西城区桦皮厂服务所服务员

苏秀英　西城区福绥境前公用库食堂负责人
王玉蓉　宣武区天桥红专服务站主任
董玉春　宣武区白纸坊北里居民食堂管理员
王凤兰　崇文区体育馆路四块玉食堂负责人
卜淑英　崇文区前门打磨厂幼儿园园长
李士华　朝阳区朝外大街秀水河食堂副经理
张连芳　朝阳区朝外大街三甲幼儿园园长
胡秀兰　丰台区石景山苹果园四区食堂管理员
蔡景芝　平谷县韩庄公社南独河生产队产院院长
王凤兰　密云县西田各庄公社大辛庄村托儿所教养员
张明兰　密云县城关公社种营村食堂管理员
孟学华　大兴县红星公社西红门大队五队托儿所所长
王玉珍　大兴县安定公社礼贤大队幼儿园园长
张淑芝　大兴县采育公社长子营大队北辛庄食堂会计
马玉凤　大兴县红星公社西红门大队五队食堂炊事员
果春香　通县西集公社曹刘各庄食堂炊事员
石桂荣　顺义县张喜庄公社闫家营幼儿园教养员
单淑芝　顺义县张喜庄公社天竺敬老院院长
范桂英　怀柔县桥梓公社陆家坟敬老院副院长
宋玉兰　昌平县小汤山公社大东流管理区土清幼儿园园长
邢素珍　昌平县南口公社四家庄大队食堂炊事员
王秀青　房山县长沟公社五侯幼儿园副园长
申凤琴　房山县长沟公社西甘池食堂炊事员
张桂芬　丰台区长辛店中捷友好公社南岗洼大队王庄中队第三食堂管理员
张凤兰　丰台区南苑公社大红门大队西罗园托儿所所长站站长
段秀凤　门头沟区大台公社色树坟大队托儿所所长
金玉兰　海淀区海淀公社青龙桥一连食堂炊事员
韩素云　朝阳区朝阳人民公社小红门牌坊托儿所所长
汤淑印　朝阳区和平公社二站七队北顶幼儿园园长
耿春莲　宣武区椿树裘家街服务站站长

景秀英　东城区和平里派出所内勤民警
吴凤琴　北京市公安局十一处交通第四中队交通民警
王　冰　北京市人民检察院人事科科员
曲秉原　北京市人民委员会机关事务管理处打字员
孙梅兰　京棉二厂工会女工委员
赵　金　东城区建国内水磨胡同居民委员会主任
骆俊清　西城区德外冰窖口居民委员会主任
项玉兰　宣武区广内缝纫厂妇女委员会主任
闫桂荣　崇文区永外靳家坑居民委员会主任
迟文焦　丰台区石景山广宁坟妇女主任
胡孝双　海淀区海淀辛庄大胡同居民委员会文教主任

上海市

赵德山　上海第一钢铁厂电工组技术员
张凤英　上海第一钢铁厂上料工
王玉含　上海第三钢铁厂第一转炉车间炉长
周步英　上海第三钢铁厂运输工
张宝明　泰山耐材料厂工段长
卢招娣　上海元昌钢厂副组长
宋雪娟　上海广源冶炼厂厂校教师
方秀云　江南造船厂钳工
凌云珍　沪东造船厂电焊工
王娟娟　求新造船厂车工
张　伟　上海柴油机厂铣工
张元霞　上海机床厂铣工生产副组长
陈秀宝　上海工具厂磨工
景秀珍　彭浦机器厂车工学徒
翁瑞丽　上海电焊机厂厂校教师
孙凤英　大隆机器厂车工
沈湘琴　安泰铁工厂车工
俞林妹　上海动力机制造厂车工
薛金妹　上海汽轮机厂铣工
朱翠红　东海电瓷厂切管工
祁火凤　上海电机厂线圈车间包扎工
张美娣　上海电机厂钳工
陆荷珍　上海华生电机厂钳工
刘宝岑　先锋电机厂绕线大组组长
钱文君　江宁电机厂嵌线工
周月娣　南洋电机厂钳工
李玉兰　上海电表厂车工
黄玲娣　上海有线电厂绕线工
陈惠芳　中国电工厂包漆工
杨永欧　上海仪表厂钳工
黄兰清　天平仪器厂校正工
吴传蕙　康福医疗器械厂铣工
李　坚　杨树浦发电厂电气分场试验组长
张金妹　梅林罐头食品厂整理工

曹慧菊　上海缝纫机针制造厂磨平工
胡蜀芳　中国铅笔一厂试验室副工程师
沈芙蓉　金星笔厂装配工
朱慧琴　上海益民食品一厂包装工
黄尚琼　上海益民食品二厂实罐车间副主任
陆秀琴　爱民糖果厂包装工
林翠娣　上海卷烟三厂包装车间挡车工
拜素贞　六一玩具厂装配车间女工
夏小妹　上海塑料制品四厂磨镜片工人
邬银妹　中国化学工业社牙膏包装工
汪绮琴　上海市轻工业局研究所食品研究室工程师
徐妙英　上海化工机械制造厂电焊工
张学贞　上海农业药械厂装配工
张掮芝　中国染料二厂技术员
戴莲香　化工厂助理技术员
黄玲娣　海普药厂灌液工
童友梅　上海第一制药厂针剂检验工
沈六妹　上海第四制药厂包装工
洪芸棣　中华制药厂机修车间主任
周林妹　上海正泰橡胶二厂成鞋工
武阿娣　大孚橡胶厂成鞋工人
徐明珊　信诚化工厂工程师
杨富珍　上海第一棉纺织厂织布挡车工
裔式娟　上海第二棉纺织厂细纱车间副工长
钱雨明　上海第二棉纺织厂细纱挡车工
谈阿凤　上海第三棉纺织厂细纱挡车工
阎根弟　上海第四棉纺织厂织布挡车工
徐小妹　上海第五棉纺织厂细纱挡车工
章玲凤　上海第六棉纺织厂织布挡车工
李素兰　上海第七棉纺织厂细纱挡车工
吴秀芳　上海第七棉纺织厂撚线车间落纱工
李美大　上海第八棉纺织厂细纱挡车工
倪海宝　上海第九棉纺织厂织布挡车工
张金媛　上海第十棉纺织厂细纱挡车工
丁凤宝　上海第十二棉纺织厂细纱挡车工
刘兰英　上海第十二棉纺织厂织布挡车工
董爱芬　上海第十三棉纺织厂织布挡车工
宋幼娟　上海第十三棉纺织厂细纱挡车工
黄宏金　上海第十五棉纺织厂细纱挡车工
黄宝妹　上海第十七棉纺织厂细纱挡车工
丁根弟　上海第十七棉纺织厂细纱挡车工
赵　芳　上海第十七棉纺织厂织布挡车工
陆三妹　上海第十九棉纺织厂织布挡车工
钱芬娣　上海第二十一棉纺织厂织布挡车工

沈如珍　上海第二十一棉纺织厂细纱挡车工
赵金媛　杨浦棉纺织印染厂细纱挡车工
顾银凤　嘉定县嘉丰纺织厂布机挡车工
陈桂珍　崇明县崇明纱厂细纱挡车工人
唐林弟　中华第一棉纺针织厂细纱挡车工
张小妹　永安第一棉纺织厂细纱挡车工
张大妹　上海仁德棉纺织厂细纱挡车工
张国英　永安第三棉纺厂细纱挡车工
金璋妹　上海申新第二棉纺厂粗纱挡车工
钱瑞芬　上海申新第九棉纺织厂摇纱挡车工
沈娥妹　上海达丰第一棉纺织厂织布挡车工
程大宝　上海信和棉纺织厂筒子挡车工
周生凤　丽新第二棉织厂织布挡车工
马金凤　上海安达第一棉纺织厂细纱挡车工
冯　盈　上海第一印染厂化验室主任
蔡小度　上海光中棉织印染厂织布挡车工
陶丽娟　仁余棉织厂织布工
奚凤秀　勤生染织厂织布挡车工
胡月娇　中国大新永染织厂织布挡车工
吴春香　上海沪一染织厂织布挡车工
王根娣　上海第二毛纺织厂织布挡车工
全昭妹　上海第三毛纺织厂织布挡车工
蔡　琴　上海美纶毛纺织厂镶头工
张梅兰　上海章华毛纺厂细纱挡车工
何凤仙　上海第一丝织厂力织挡车工
戚佩珍　新建印绸厂技术员
单雪娥　勤余织造厂平车工
王招弟　工足织造厂挡车工
杨德美　上海幸福袜厂织袜工
乔妙金　上海第二纺织机械厂校调工
崔慧敏　上海第四纺织机械厂铣工
姚妹宝　市工业设备安装公司五工区502工程队电工
施嘉鹂　水利电力部上海电力设计院助理技术员
潘丽德　华东工业建筑设计院技术员
傅瑶静　上海市城市建设局第三工区助理技术员
路金妹　上海铁路办事处上海站候车室服务员
俞兰英　上海市港务管理局第一装卸作业区浮吊车司机
李　华　上海市港名管理局筑港工程技术员
秦莲芝　上海市汽车运输第三场305车队驾驶员
田丽娟　上海市长途电话局长途电话员
杨莲英　静安区邮电局投递员
宋慧琴　上海市市内电话局“04”查号话务员
马秀娣　上海市肥料公司五星运输社社

员

周秀琴　公共交通公司汽车一场八十路售票员

袁秀清　自来水公司话务员

俞笛梅　公用事业职工医院眼科主任医师

吴金弟　上海县“八一”电机厂摇钻车间女工

陈全妹　上海县虹桥公社程桥缝纫厂厂长

赵士英　宝山县俭丰染织厂织部生产组组长

张小妹　松江县枫泾布厂第一车间女工

周凤珍　川沙县川沙棉织三厂摇纱工

陈锦芳　崇明县地方国营自生棉针织厂织手帕女工

秦惠珍　川沙县十一墩棉织厂工段长

周凤英　浦东县白莲泾装卸站站长

金彩月　长宁区东一钟面夜光加工生产组组长

张青芳　卢湾区中山五里办事处瞿新化工生产组组长

戚瑞英　南市区桃源路云母片加工生产组组员

庄彩云　闵行区后东街蘑菇场组长

尹阿妹　宝山县杨行公社拖拉机站拖拉机手

王银秀　青浦县练塘公社叶库生产队队长

洪富南　宝山县罗南公社联合生产队小队长

张顺秀　松江县城北公社农益生产队割稻能手

李雪娣　嘉定县城西公社青岗生产队小队长

刘纪珍　嘉定县方泰公社星光生产队劳动组长

沈小妹　金山县第三农场副场长

徐杏弟　金山县新农公社繁荣生产队副队长

孙静娥　浦东县海滨公社新农生产队队长

朱林妹　浦东县严桥公社同心生产队副队长

邹金娣　宝山县江湾公社副社长

汤娟宝　嘉定县徐行公社红星生产队小队长

杨惠仙　川沙县施湾公社储三生产队党支部副书记

盛金妹　浦东县陆行公社新陆生产队副队长

黄四妹　南汇县新场公社杨辉生产队第一小队副队长

陆惠芳　川沙县顾路公社顾东生产队队长

张凤花　上海县马桥公社共青试验场第三小队队长

赵翠娣　川沙县孙小桥公社钱堂生产队

第六小队队长

金小妹　嘉定县黄渡公社许家生产队党支书

●亚莲　丰贤县庄行公社潘垫一队副队长

王小妹　宝山县吴淞公社副社长

桂棠妹　松江县张泽公社南村大队队长

徐仁南　南汇县新港公社和平生产队副队长

竺桂宝　青浦国营长宁区农场副队长

夏佩芳　川沙县合庆公社庆星生产队队长

杨金莲　松江县新桥公社新光生产队党支部书记

吴宝英　嘉定县马陆公社李家生产队小队长

徐兰珍　奉贤县三官公社光明生产队仓库保管员

杨玲宝　青浦县重固公社苗圃队党支部书记

徐雪林　上海县龙华公社兽医

姚凤珠　浦东县经南公社东漕生产队饲养员

姚素珍　青浦县城厢公社章浜饲养场饲养员

顾云云　宝山县金浦农场共青饲养场养猪饲养员

叶阿大　上海县马桥公社新民生产队八小队饲养员

沈菊芳　青浦县观音公社宝善生产队饲养员

顾秋珠　南汇县大团公社董村生产队饲养员

钱月宝　嘉定县城东公社澄桥生产队饲养员

包美仙　奉贤青村公社直属队饲养场饲养员

张丽香　崇明县裕安公社第六畜牧场饲养员

夏决英　金山县兴塔公社黎明生产队饲养员

朱大舍　宝山县海星农场第三小队饲养员

王爱仙　南汇县盐仓公社畜牧场养鸡饲养员

胡秀英　浦东县凌桥公社三岔港生产队饲养员

顾永仙　上海市牛奶公司第七牧场犊牛饲养员

范玲娣　浦东县红星美艺锈品厂技研组组长

杜惠娟　嘉定县徐行公社草织工艺厂样品组组长

王招弟　宝山县长兴公社海星生产队“三八”卫星船船长

项婉芳　松江县山阳公社渔业队社员

凌凤英　上海针棉织品采购供应站采购员

韩绥花　上海市食品公司禽蛋联合加工一厂拔毛工
彭明琪　上海工艺品出口公司主办商品员
乐春兰　中国对外贸易运输公司上海分公司汽车驾驶员
郑学美　上海杨浦区打虎山路人民银行储蓄所副主任
沈宝珍　永安公司营业员
吴秀英　大名百货商店营业员
朱秀巧　日晖商店化妆柜营业员
石圣美　上海市百货公司妇女用品商店百货部主任
刘桂英　天山新村商店天山食堂服务员
许林弟　新西旅社负责人
范菊仙　金刚理发店艺徒
尹明珠　南市区侯家路菜场副主任
林玉英　闸北区热河路菜场营业员
苏萍娟　红星编结厂负责人
吴梅芳　南汇县国营南汇饭店服务员
漆连英　崇明县人委招待所服务员
李润宝　上海县陈行公社信用部会计
俞家秀　化学工业部上海医药工业研究所技术员
俞东萍　冶金局中心试验室技术员
王　鸿　中国科学院冶金陶瓷研究所助理研究员
周光宇　中国科学院生物化学研究所副研究员
筱文艳　上海市人民淮剧团演员
丁是娥　上海市人民沪剧团演员
徐玉兰　上海越剧院演员
黄宗英　上海天马电影制片厂编剧
颜碧丽　上海海燕电影制片厂导演助理
陈娟美　新华社上海分社摄影记者
祝庆英　上海文艺出版社编辑
王彩唯　大东集成印刷厂折页工
谢翠凤　黄浦区新华书店营业员
沈仁霭　静安区团结村文化站站长
龙文佩　复旦大学外文系助教
王品素　上海音乐学院讲师
左淑东　上海市幼儿师范学校校长
朱瑞珠　北郊中学副校长
高润华　格致中学教师
王吟鸿　向明中学化学教师
杨国英　市东中学化学教师
丁贵芬　延安中学教师
胡慧琴　第三师范学校教师
袁　璐　上海市实验小学教导副主任
蒋师昭　上海市实验小学教导主任
汪蕴真　江宁路小学副校长
刘月宝　永嘉路第一小学算术教师
唐莉莉　育才中学少先队总队辅导员
吴雯琪　瑞金二路幼儿园园长
吴佩芳　徐汇区建襄民办小学教师
张金宝　虹口区市民业余中学校长
陆凤生　黄浦区长沙路办事处市民业余中学负责人

陆孝曙　上海第一医学院助教
黄　撵　市立第六人民医院理疗科医师
庞泮池　中医学院附属第十一人民医院内科中医师
周美蓉　南洋医院妇产科副主任
何芸辉　长宁区工厂联合保健站第四门诊部主任
王维新　市立第一人民医院胸外科护士长
周佳婷　市立第二妇婴保健院中医护理部代理助产长
倪丽娟　浦东县严桥公社医院青年医生
殷阿素　南市区清洁管理站清洁工
虞强鸣　上海女子排球队副队长
郝建秀　华东纺织工学院学生
袁芝娣　上海外国语学院学生
郁　荃　上海市公安局科员
虞莲芸　徐汇区人民法院审判员
吴爱桃　南市区财政局工业专管员
黄碧华　上海市公安局静安分局武定路派出所户籍警
潘梅仙　金山县人民法院审判员
陈巧英　杨浦区江浦路办事处妇女干部
徐湘英　上海市长宁区妇联干部
杨新珍　奉贤县庄行公社妇联副主任
徐秋云　浦东县高东人民公社副主任
王义宝　上海第十棉纺织厂食堂管理员
张爱芳　奉贤县江海公社曙光生产队炊事员
沈美宝　金山县钱圩公社星火生产队炊事员
张华珍　嘉定县华亭公社联农三队炊事员
马淑贞　杨浦区定海路办事处第五里弄委员会第一食堂负责人
叶菊香　静安区奉贤里弄公共食堂服务员
陆林妹　上海卷烟一厂托儿所保育员
胡翠琴　上海第七棉纺织厂保育员
王彩云　上海恒丰棉纺织厂保育员
王兰英　宝山县刘行公社归王生产队教养员
邢美芳　松江县佘山公社古长生产队教养员
张秀华　嘉定县长征公社万里生产队保育员
姚梦祥　奉贤县四团公社五灯生产队保育员
陆减英　崇明县向化公社第五生产队保育员
彭妹妹　金山县吕巷公社积极生产队保育员
蔡云章　川沙县花木公社龙沟生产队保育员
韩惠华　青浦县朱家角公社马家埭生产队教养员
陈荣军　黄浦区景楼托儿所副所长
谢桂珍　虹口区横浜路托儿所所长

陈雪明　长宁区江苏路第四托儿所营养员
胡婷婷　卢湾区打浦路五十三弄托儿所保育员
汤幼淳　长宁区江苏路第一幼儿园教养员
姬阿巧　杨浦区兴隆街家务服务组组长
庄宝娥　静安区张家宅里弄委员会副主任兼服务站站长
刘玉凤　长宁区春阳里弄委员会服务站负责人
王阿茶　普陀区锦绣里生活服务站服务员
杨凤珍　徐汇区乌鲁木齐里里弄委员会卫星综合服务站修理员
朱全珍　松江县新五公社敬老院院长
李新宝　上海卷烟一厂工会副主席、女工委员会主任
康小妹　上海亨利袜厂女工委员
顾月珍　上海第八棉纺织厂车间女工委员会主任
王顺香　上海塑料笔杆二厂女工委员
孙菊琴　市港务管理局第三装卸作业区卫生站副站长、女工委员
蔡彩贤　上海县塘湾人民公社光明生产队妇代会主任
施小妹　静安区文化学习积极分子
汤仁英　江南造船厂家属委员会委员
邢梅仙　虹口区河南北路里弄委员会主任
杨凤彩　杨浦区隆昌路第五妇代会主任
周水月　南市区西凌家宅里弄委员会主任
张凤芳　南市区安澜里弄委员会主任
汤晓翠　卢湾区复六里弄委员会主任
李思平　上海电机厂家属委员会主任
潘与琪　虹口区溧四里弄委员会主任
俞瑞娟　静安区永庆坊里弄委员会主任
冀凤英　徐汇区后胡家宅妇代会主任
钟希英　长宁区南汪家弄里弄委员会主任
钟招娣　闸北区西藏北路里弄委员会主任
殷惠珍　黄浦区八仙坊里弄委员会治保主任
陈美英　普陀区真如新村妇代会主任
陈翠娥　杨浦区杨树浦路第五妇代会主任
薛文秀　国棉八厂家委会治保主任
王林娣　闸北区三生里妇代会委员
沈桂莲　虹口区山一妇代会主任
郭阿宝　中共卢湾区委保管员、退休工人
李长珍　普陀区瞿家廊里弄委员会妇女积极分子
杨庆云　户湾区顺昌路里弄委员会文教主任
梁秀英　黄浦区云南中路里弄委员会卫

	生积极分子
陈兰珍	卢湾区斜四妇代会委员
李清畹	黄浦区新生里弄委员会妇女积极分子
张方行	复旦大学家属委员会主任
卓碧玉	徐汇区平江路里弄委员会文教副主任
张敏智	长宁区愚园路第三妇代会副主任

河北省

孙桂珍	天津市国棉二厂女工
宋欣如	献县合方公社副社长
郭启慧	中国食品出口公司天津市公司
温秀珍	怀安县万全公社沙家庄大队妇女金霉素制造厂
张士珍	天津市光复道副食品商店售货员
孟祥桂	唐山市丰润县稻地二村幼儿园园长
王素梅	磁县棉花姑娘
黄惠芝	天津师范大学化学系助教
盖福姐	平山县张齐村记工员

山西省

申纪兰	山西省平顺县金星人民公社副主任
罗金芳	山西省五台县高峰人民公社罗家庄管理区副主任
张秀莲	山西省浮山县城关公社诸葛管理区
罗群英	山西省屯长县刘家坪食堂炊事员

山东省

曲淑姿	济南第二机床厂车工
马丽珍	济南第一机床厂车工
孙桂珍	济南成通纺织染厂细纱甲班一组组长
潘文淑	济南仁丰纺织染厂车工
张连珠	济南市邮电局市话分局话务员
姜洁玉	济南市历下区红旗公社废品玩具厂厂长
柏玉荣	济南成通纺织染厂工人
朱丽华	济南仁丰纺织染厂工人
王淑美	济南市采矿公司东风铁矿选矿队队长
张黎敏	济南成通纺织染厂托儿所保育员

路德芳　济南机车工厂翻砂工
孟宪文　济南市纬四路百货商店布匹组组长
石慧芳　济南黄台烟厂工人
郭文秋　济南市曲艺团副团长
盖玉凤　济南市经七路综合商店百货门市部营业员
王西兰　新汶市孙村公社良村大队队长
孙志云　济南市槐荫区馆驿街办事处五金加工厂徒工
陈智慧　济南市立第二医院眼科主治大夫
李金芳　济南市槐荫区白云理发店理发员
苗顺英　济南市第一棉纺织厂织布车间甲班行政班长
谷桂兰　济南国棉一厂细纱车间副主任
刘秀兰　宁阳县耐火材料厂焦宝石妇女组组长
代玉兰　宁阳县东述公社花园大队队长
王玉新　宁阳县商业局百货门市部营业员
王秀芹　宁阳县伏山公社伏山大队第一养猪场饲养股股长
刘美香　平阴县东阿公社东城生产队青年丰产场场长
魏振清　平阴县大羊公社养猪场饲养员
李桂芬　平阴县花兰店公社武村生产队养猪场场长
张俊英　莱芜县矿山公社东关大队队长
王宝荣　莱芜县口镇公社商店验级员
曹桂美　莱芜县高庄公社槲林生产大队党总支副书记
张秀兰　泰安市汶口公社西遥生产队党支部副书记
宋洪珍　泰安市造纸合作工厂工人
邢国英　泰安市泰山公社泰前大队副队长
贾秀兰　历城县张夏公社大彦大队钢铁姑娘队队长
王桂英　肥城县桃园公社尚里大队副队长
刘桂兰　肥城县安庄公社钓鱼台大队队长
马胜勇　章丘县文祖公社三元大队队长
辛素娥　章丘县刁镇公社辛寨大队幼儿园主任
张淑兰　新泰县洛沟焦厂车间副主任
王言彩　济南汽车制造厂家属委员会主任
黄翠华　济南仁丰纺织染厂工人
董力生　历城县东郊公社拖拉机站副站长
宋立芳　济南市工人医院小儿科医师
刘文英　烟台市社会福利纺麻厂厂长
赵　敏　中国人民银行烟台支行第三办事处储蓄员
傅桂珍　烟台专署邮电局话务班班长

刘日先　烟台市烟台山医院护士
王弄箫　烟台市东升街小学少先队辅导员
王桂兰　荣成县滕家公社高落山生产队队长
高秀珍　海阳县乳山寨公社人石生产队队长
张春文　荣成县寻山公社马家庄生产队队长
张淑芹　荣成县荫子公社配种站配种员
战淑凤　荣成县崖西公社夏庄大队林场主任
范桂兰　栖霞县苏家店公社集后大队花木兰丰产队队长
周玉连　文登县高村公社万家庄生产队托儿所所长
王建贤　文登县侯家公社海产养殖场姑娘队队长
刘华钦　文登县天福山公社泊高家生产队幼儿园教养员
冯曰荣　牟平县冯家公社缫丝厂工人
王庆姣　牟平县牟平镇公社王家疃生产队养猪场饲养员
武淑华　淄博矿务局黑山煤矿助理技术员
樊秀英　淄博市周村机关托儿所所长
李法兰　淄博市淄川区太河公社驷淄工程穆桂英队队长
张学英　惠民县石庙公社六大队敬老院服务员
袁淑先　惠民县畜牧科防疫员
孙照兰　惠民县杨集公社后陈大队妇联主任
刘清凤　惠民县清河镇公社跑马刘队幼儿园教养员
赵凤英　垦利县夏镇公社三大队三小队托儿所教养员
宋素芹　广饶县城关公社莲花大队队长
张金英　广饶县乔店公社西南李大队队长
田兰荣　广饶县民丰公社国社养猪场场长
程洪芳　乐陵县城关公社东关妇产院接生员
陈芳荣　乐陵县杨盘公社张吉店大队火箭队队长
赵秀兰　乐陵县第二机械厂第一车间生产班班长
解木兰　乐陵县常庄公社妇女农业技术试验场场长
马秀銮　无棣县阳城公社青年试验场副场长
吴俊霞　无棣县大山公社码头幼儿园教养员
刘炳兰　无棣县泊头公社泊头生产队队长
陈培兰　无棣县曹集公社三陈生产队队长

王桂兰　邹平县邹平镇东关针织厂针织组组长
郑德芬　邹平县九户公社配种站配种员
王翠英　邹平县邹平镇见埠信用合作社主任
孙风兰　临邑县城关公社孙庙大队党支部书记
朱风荣　临邑县城关公社朱家胡同幼儿园教养员
张翠萍　临邑县德平公社妇联主任
张士荣　博兴县田镇公社崔张店大队党支部书记
刘连省　博兴县索镇制酒厂工人
黎学荣　博兴县通滨公社通滨大队幼儿园园长
王长俊　沾化县下洼公社丁罗大队队长
杨兰英　沾化县联合公社道口屋子生产队队长
梅菊芬　淄博专区第一医院妇产科护士长
王殿芝　淄博专署财政局打字员
隆　荣　地方国营五一农场职员
李桂亭　国营广北农场第二机耕队车长
王素君　邹平县西董公社刘胡兰水利专业队队长
丘玉贞　淄博市萌山水库钢铁姑娘队队长
邢自秀　南定工厂翻砂工
王敏仙　淄博市博山区银行办事处出纳员
周衍斌　淄博市张店区张店公社十二大队托儿所所长
牟秀美　国营青岛第七棉纺织厂托儿所保育员
宋桂花　青岛市公私合营华新纺织染厂车工
林玉秋　山东省海水养殖试验场徒工
曲秀英　青岛市崂山郊区沙子口公社董段大队养猪场饲养员
韩桂香　胶南县王台公社前二沟花木兰生产队队长
王瑞金　胶县联屯公社蛤蟆屯大队队长
孙先珍　即墨县双塔公社东塔大队子夼生产队党支部书记
李克兰　胶县沽河公社河荣庄生产队妇女养猪场场长
李建仁　胶南县海青公社三八养猪场场长
刘淑娟　青岛市崂山郊区王戈庄公社港东大队队长
荀秀仙　即墨县马戈庄公社副社长
李玉香　青岛市茂腔剧团团长
郑柏林　山东海洋学院副教授
王蹲起　即墨县城阳公社后旺疃大队接生员
纪华漪　青岛市台东六路小学附设幼儿园教师
钮洪菊　青岛市台东饭店服务员

丘延凤　青岛市四方区蒙化路街道办事处建国西村居民委员会主任
李淑萍　国营青岛实业棉织厂工人
张淑秀　青岛市市北区李村路街道办事处民办工业五金加工厂钳工
李吉美　中国人民银行青岛市台西区办事处会计员
毛淑芳　青岛市第三钢铁厂电焊工
张玉桂　青岛市妇女儿童用品商店营业员
毕秀兰　胶南县琅琊公社毕家庄生产队食堂炊事员
张增兰　胶县沽河公社张家庄生产队队长
杨坡兰　国营青岛第六棉纺织厂工人
许桂花　国营青岛第五棉纺织厂工人
滕书卿　青岛市新生幼儿园副园长
宫锡连　牟平县张家疃公社寨子生产队队长
林桂兰　牟平县姜格庄公社林北生产队队长
王庆兰　招远县华山公社南寨生产队党支部书记
宁清云　招远县磨山公社银行储蓄所三姊妹信用部主任
李春香　招远县城关公社配种站配种员
路月花　招远县城关公社瓦里生产队窑厂厂长
周翠花　莱阳县产芝水库钢铁姑娘连连长
刘淑兰　莱阳县南墅公社南墅生产队皮家园托儿所所长
邢淑桂　莱阳县夏格庄公社泊南生产队火箭技术队队长
宫云香　莱阳县姜疃公社左庄生产队第五食堂炊事班长
滕桂敏　莱阳县店埠公社妇联主任
李桂兰　莱阳县穴坊公社西贤友生产队队长
丁绍生　牟平县解家庄公社桂山大队队长
姜振敏　掖县女子商店经理
于月凤　海阳县花崖铜矿粉碎车间工人
刘延凤　蓬莱县长岛公社隍城大队民兵连副指导员
于永香　蓬莱县辛店公社畜牧配种站配种员
于长英　烟台市黄务公社官庄生产队党支部书记
郝香芩　蓬莱县黄城公社林庄大队花木兰技术队队长
韩玉香　掖县程郭公社繁殖场配种站配种员
杨彩荣　掖县海郑草辫合作工厂工人
苗丽芬　威海市孙家疃公社海带养殖场副场长
隋香英　栖霞县菌肥厂组长
牟洪云　栖霞县唐家泊公社蚕业学校教

员

王月娥　文登县文城公社北山生产队党支部书记

刘凤英　威海市泊于公社屯侯家生产队队长

陈朴先　烟台市张裕酿酒公司工程师

王瑞云　烟台专区工艺品公司绣花加工厂技师

崔淑敏　掖县工艺美术雕刻厂工人

王淑芝　中国人民银行烟台二区办事处出纳员

路林英　范县张鲁公社刘庄村民师

王玉兰　范县古云公社徐庄生产大队幼儿园教养员

刘秀芝　范县洑城公社李辛店村试验场场长

栾秀华　寿张县石门宋公社刘秀明大队民兵

曹培云　寿张县妇幼保健站保健员

高连荣　平原县东堂公社义渡大队队长

王在英　齐河县潘店公社花木兰生产队队长

崔吉凤　茌平县三十里铺公社南街大队幼儿园教养员

宋同英　茌平县牛店公社陈冯生产大队队长

吕兰英　寿张县大布公社冉庙大队队长

王秀芝　冠县城关公社后十里铺大队党支部书记

路玉金　临清市魏湾公社妇联主任

蒋玉兰　临清市皮毛厂小组长

刘秀梅　临清市大义街居委会妇代会主任

吕玉兰　临清市下堡寺公社东留善固村大队队长

李玉芬　高唐县第一机械厂车工

刘梅英　聊城市电厂工人

陈香梅　聊城市十三姊妹饭店主任

张秀英　临清市运输机械厂钢铁八姊妹组组长

王俊英　夏津县武城公社南屯大队敬老院院长

李玉英　夏津县香赵庄公社穆桂英养猪场场长

陈月娥　夏津县李家户公社李官屯大队试验场场长

任乐清　聊城市梁水镇公社梁水镇大队队长

范秀兰　范县龙王庄公社胡洼大队队长

刘淑芹　高唐县三十里铺公社杓子刘大队队长

张月秋　寿张县大布公社鹅鸭坡大队队长

冯秀英　德州市第一饭店服务员

李桂兰　平原县神头公社孤儿院院长

张延侠　寿张县梆子剧团指导员

林淑琴　高唐县姜店公社双周大队队长

程　玉　聊城市于集公社孙堂大队队长

王淑兰　平原县王村店公社李庙大队保管员
张爱云　范县杨集公社强康楼大队社员
王秀亭　高唐县尹集公社木工厂厂长
赵玉凤　聊城专区豫剧团团长
丘兰芬　聊城专区邮电局话务员
陈秀恩　冠县史村公社王庄大队队长
张桂兰　冠县桑阿镇公社白塔集大队队长
刘墨菊　范县张鲁公社刘庄民师
咸开英　沂源县徐家庄公社下土城生产队党支部书记
李桂兰　苍山县卞庄公社代村三八小农场场长
孙义兰　苍山县层山公社河西生产队队长
徐维亭　苍山县层山公社曹屯生产队养猪场场长
赵文芬　苍山县长城公社长城生产队幼儿园园长
周玉芳　莒县安庄公社海坡大队队长
周国莲　沂源县燕崖公社三八养猪场场长
徐明兰　沂源县中庄公社于家北坡生产队队长
冯学爱　沂源县南麻公社鱼台生产队副队长
林高英　沂源县燕崖公社大莫岭生产队副队长
姚方华　平邑县平邑镇商店记账员
苗传月　平邑县临涧公社庞庄大队党支部副书记
吴加荣　平邑县保太公社大屯阳管理区主任
杨元秋　临沂市杨坡公社凤泉官庄大队队长
于桂英　临沂市针织厂毛巾车间向秀丽小组组长
刘振美　临沂市义堂公社艾山大队队长
贾文英　临沂市城关公社南关大队队长
高升彬　临沂市葛沟公社里家庄大队养猪场场长
薛其凤　蒙阴县常路公社东高都保健站保健员
王焕芬　蒙阴县坦埠公社西彭吴生产队党支部书记
沈秀爱　蒙阴县城关镇野战民兵团一营班长
孙开莲　日照县城关公社六村水利连连长
王桂兰　费县上冶公社水利师黄继光连连长
张成英　日照县城关公社七村民兵排排长
苏昭英　日照县安岚公社兽医诊所阉割员
武香传　沂水县跋山水库工地水利团副团长

尹传柳　沂水县跋山水库张庄青年突击队队长
桑孝玲　沂水县跋山水库医院护士
姚淑英　沂水县强家哨公社黑石沟生产队幼儿园园长
张瑞莲　沂水县高桥公社张家荣仁生产队管区主任
张秀菊　莒南县大店公社薛家道口生产队党支部副书记
韩希秀　莒南县钢铁厂党支部书记
周常兰　莒南县石泉湖公社万家扁山生产队副支书
滕　尊　莒南县相邸公社相邸完小教师
李桂荣　莒南县商业局第二零售店副主任
刘忠英　郯城县码头公社万斤姑娘队队长
呈锡秀　郯城县港上公社小沈庄生产队队长
周景玉　郯城县城关公社城关大队敬老院院长
韩固秋　莒县小店公社金墩生产队队长
李成菊　莒县中楼公社五楼山畜牧繁殖场场长
王秀东　郯城县城关公社湖里大队养猪场场长
李秀兰　蒙阴县岱崮公社丁家庄生产队队长
于桂兰　昌邑县饮马公社山阴大队副队长
颜成英　潍坊市烤烟厂小组长
李效英　寿光县上口公社南邵生产队九姐妹黄烟队队长
马兰美　昌邑县双台公社配种员
王淑兰　诸城县化肥厂钾肥车间段长
刘玉秀　昌乐县马宋公社寺后村生产队副队长
陈爱兰　寿光县台头公社北台头生产队妇女卫星队队长
杨玉美　潍坊市钢铁一厂焦炭粉碎组组长
赵华美　益都县谭坊公社联进大队妇女养猪场场长
刘兰菊　益都县城关公社东埧大队黄烟技术队副队长
吴月英　益都县普通公社前河大队队长
张世兰　益都县弥河公社晓光大队青年技术队队长
王玉美　平度县钢铁厂焦炭加工组组长
崔玉芳　平度县尹府水库古岘兵团赵一曼班班长
徐平兰　五莲县街头公社坊子生产队果园技术员
秦士花　诸城县贾悦公社贾悦生产队幼儿园园长
王金爱　安丘县孙孟公社浯联大队钢铁姊妹连连长
张玉英　临朐县冶源公社冶源生产队副

队长

苏秀兰　安丘县南流公社北苏家生产队幼儿园园长

朱桂英　临朐县龙岗公社第一妇女养猪场副场长

王惠清　诸城县昌城公社西老庄生产队副队长

张先玉　五莲县肥料厂排长

王孝英　五莲县许孟公社许孟大队队长

潘昌花　高密县冶炼厂冶炼车间七队队长

王秀芬　高密县城关公社皋头生产队团支部书记

朱翠花　高密县周格庄公社朱家庄大队队长

王振兰　昌乐县阿陀公社裕祥大队队长

魏春兰　寿光县城关公社河头生产队党支部书记

于秀兰　潍坊市邓发街妇女百货门市部主任

丁道坤　寿光县羊角沟公社渔业大队副队长

马俊清　益都县弥河公社五星大队党总支书记

张庭美　潍坊市棉织七厂工人

张秀英　潍坊市双杨公社前却庄大队党总支副书记

郭英云　潍坊市邓发西街托儿站站长

逄文秀　平度县张戈庄公社瓦子丘大队副队长

考岐花　平度县田庄公社田庄生产队养猪场场长

李雪俊　平度县古岘公社古岘生产队配种员

穆素环　平度县张舍公社官庄商店门市部售货员

刘增美　平度县田庄公社幸福庄饭店服务员

迟秋奎　昌邑县龙池公社马渠大队队长

吕　荣　潍坊市北门大街第五居民委员会妇女主任

刘延清　微山县鲁桥公社花木兰队队长

张福珍　微山县韩庄公社张阿大队队长

崔俊英　汶上县城关公社郭仓大队队长

蒋桂英　汶上县寅寺公社柏集大队队长

杜宗娥　滕县城郭河十二姊妹突击队队长

叶秀英　滕县第一焦化厂组长

王学英　邹县张庄公社钢铁十姊抹队队长

古继英　金乡县谷亭公社谷亭大队队长

张秀兰　金乡县城关公社牌坊林大队幼儿园园长

韩凤玉　枣庄矿务局枣庄煤矿医务所护士长

戚怀英　滕县官桥矿务局机械厂徒工

石广兰　滕县木石公社杨套生产队花木兰队队长

樊德英　邹县城关公社兴隆大队队长
胡桂英　曲阜县酒精厂徒工
胡西爱　曲阜县南陶洛水库青年突击队队长
孔繁英　泗水县金庄公社永兴庄生产队会计股长
刘保英　枣庄市泥沟公社吉庄生产队队长
邢士花　枣庄市涧头集公社颜庄生产队队长
吴玉兰　曲阜县兖州焦化厂三八妇女炉炉长
段培英　泗水县华村水库星村兵团妇女营营长
潘贞兰　济宁市唐口公社马庄大队队长
徐贵娴　济宁市建新竹藤厂党支部书记
郭松珠　济宁畜产品采购站向秀丽仓库保管员
杨德英　邹县峄山公社苗庄大队园艺场场长
刘爱英　金乡县鱼城公社吕屯大队队长
阮成英　菏泽市城关被服厂托儿所保育员
陆秀真　曹县倪集公社张胡同队敬老院院长
孙兰英　单县才堂公社殷庄大队幼儿园教养员
赵兰亭　巨野县章缝公社毕花园生产队队长
楚爱荣　成武县杜堂公社农业中学炊事员
殷秀美　郓城县张集公社梳洗楼大队队长
谷翠云　成武县陈集公社谷庄生产队养猪场场长
田爱莲　菏泽市都司集公社马庄大队养猪场场长
芦显明　菏泽专区第一人民医院妇产科医士
程爱英　菏泽市张湾公社力本屯花木兰队队长
蒋玉华　菏泽火柴厂收盒组组长
陈　霞　单县新华铁工厂徒工
张玉霞　菏泽专区豫剧团副团长
孙镜茹　菏泽专区师范专科学校马列主义教研室副主任
陈秀兰　单县城关回汉大队党支部书记
王振荣　成武县南王店公社王店生产队党支部副书记
杨喜云　郓城县刘官屯公社西丁垓村模范烈属
郭桂英　曹县桃源公社白茅大队花木兰小队队长
张桂荣　鄄城县董口公社韩楼大队队长
李月先　梁山县黑虎庙公社阎集大队队长
李秀玉　鄄城县董口公社军屯花木兰队队长

张桂彩　巨野县仲山公社布山生产队试验场场长
陆振凤　郓城县侯集公社郭垓大队党支部书记
张爱英　郓城县宋江公社徐庄大队党支部副书记
郭秀云　曹县刘辛集公社李庄大队养猪场场长
林瑞芬　山东农学院植保系助教
王佩贞　山东省立医院妇产科副主任
黄超群　山东工学院讲师
吴　瀚　山东省科学技术情报研究所所长
王镜环　山东省委办公厅传达员
韩　运　山东省出版事业管理局新华印刷厂检查员
高　明　山东省体育学院运动系学生
亓仲芳　山东省建筑工程局测量队制图工人
谭秀贞　山东省邮电局邮政处稽核员
孟详珍　济南铁路局济南地区列车段列车员
孟秀兰　济南铁路局中心医院护士
杨淑贞　济南铁路局计划统计处统计员
梅　瑛　济南铁路局第二小学分校主任
丘维珍　青岛铁路医院医师
韩秀敏　山东省地质局助理技术员
甘兰初　山东省地质局水文队技术员
范素静　中国人民解放军济南部队后勤部护士学校班主任
余秀贤　中国人民解放军某部高级专科学校数理教员
李桂舫　山东大学讲师
林建华　山东鲁剧研究院吕剧团演员
郎咸芬　山东鲁剧研究院吕剧团演员
魏学光　山东师范学院幼儿园保管员

河南省

樊俊智　密县超化公社樊寨大队女诗人
巴凤琴　郑州铝业公司检查员
黄国玺　郑州市邮电局营业员
洪菊珠　黄委会勘测设计院测验处助理技术员
吴　琳　军区一五三医院二外科护士长
陶惠新　纺建公司木材器材厂沙管车间工人
焦秀荣　郑州烟厂封烟女工
田美英　郑州市上街区花木兰门市部营业员
李素琴　郑州市管城区地方国营和平豆制厂厂长
黄婉英　郑州市幼儿师范教师
齐爱莲　郑州市德化街国营食堂
周　遂　登封县大冶公社周山大队妇女干校校长
李淑琴　巩县凉水泉水库团长

郑秀云　郑州公路运输公司副司机
盛蓉蓉　郑州市红旗公社南大街分社会计
郭骏明　河南医学院内科主治大夫
王秋美　郑州市公安局交通科交通警
张小好　密县大虎亭万头养猪场副场长
毛子莲　郑州国棉三厂布机挡车工
王秀玲　郑州市曲剧团演员队队长
张俊荣　郑州市建设区百货门市部
马小翠　鲁山县瓦屋公社焦山大队
赵兰劳　临颍县瓦城公社吴刘大队
杨秀英　商水县巴村公社养猪场
韩玉翠　商水县邓城公社韩庄妇女营长
王　朵　宝丰县滍阳乡惠洼大队焦庄村
林　雨　平顶山市钢铁厂工人
毋素芳　平顶山市矿务局医院汽车司机
魏灵香　禹县方山钢铁厂副厂长
于信芝　许昌市南大街百货试验店营业员
李玉凤　扶沟县轩辕公社化肥厂
张桂英　扶沟县柴阁公社商店门市部营业员
介淑芳　漯河市商业局“五四”青年旅社服务员
汪桂芳　长葛县和尚桥商业部营业员
赵学芝　西华县李大庄乡黄楼青年试验场
牛运卿　鲁山县董村公社董村木队党支部书记敬老院院长
姜桂莲　许昌县尚集试验商店营业员
车惠敏　许昌专区人民医院护士
王凌云　叶县廉村公社庆庄农中
邵秀兰　舞阳县武功乡棉纺厂工人
戴　嫩　郾城县召陵公社医院副院长
陶秀英　郾城县大刘公社武庄大队红专学校教导主任
李桂英　郾城县新店公社春庄大队炊事员
马仙荣　汝阳县张沟东风养猪场饲养员
张景秀　三门峡市工程局坝二分局电焊工小组长
史　秀　临汝县莽川公社袁庄大队红勤巧养猪场副场长
王淑萍　偃师县老城公社东寺庄大队小麦试验场副场长
曹　婵　宜阳县甘棠水库营长
陆改珍　孟津县化工一厂工人
史秀云　宜阳县硫黄矿车间主任
关风娥　宜阳县丰李公社员庄青娥猪场饲养员
王秀英　栾川县城关公社赤土店大队党支部书记
王仙儒　灵宝县委党校收发员
解密宇　灵宝县西章乡东村大队妇女大队长
刘代云　偃师县电机厂工人
李秀英　偃师县缑氏公社西和大队妇女主任

赵海莲　偃师县大口公社经周大队
吉情娃　偃师县李村公社油赵大队保育员
张芝凤　偃师县老城公社东寺庄大队妇女主任
李秀花　临汝县商业工业品部青年门市部营业员
郭花妞　临汝县钢铁厂锅托机手
翟　免　临汝县寄料公社李店大队妇联会
霍祥超　三门峡市张村综合商店养殖场
张青莲　三门峡市二商业局湖滨旅社
高　英　新安县石井公社万头猪场
张梅英　嵩县车村乡副乡长
党秀荣　嵩县田湖乡党委书记
谢玉凤　嵩县大章乡大队党支部书记
张妙叶　洛阳市郊区万头猪场饲养员
王然花　洛阳市郊区洛南公社西岗“三八”妇女队长
宋秀琴　洛阳市商业局青年营业部营业员
曹银娜　洛宁县赵村公社繁殖场饲养员
韦　蝉　洛宁县陈吴公社涧口大队妇女大队长
马爱花　洛宁县长水乡路沟大队妇女大队长
刘焕凤　渑池县商业局
张松梅　渑池县钢铁厂
吕芳英　卢氏县城关人民公社张麻村饲养员
周爱先　延津县钢铁厂职工
张子花　延津县小店乡拖拉机站站长
石蕴香　鹤壁市杨家庄矿钳工
陈秀兰　济源县梨林公社裴程大队
张秀琴　沁阳县城关公社北孔村养猪场
党如莲　孟县赵唐大队养猪场场长
张中英　新乡钢铁二厂三车间炉长
王秀琴　焦作市矿务局医院
王艳春　长垣县直印刷厂车间主任
孙希兰　汲县李元公社养猪场技术员
田继荣　汲县石头水库指导员
黄守贞　封丘县应举公社应举大队
孙香云　封丘县荆宫公社杨楼村大队党支部书记
邢素真　封丘县黄陵公社潭村庙大队副支部书记
黄鹤莲　博爱县奚英公社大辛庄大队
李素梅　浚县棉织厂妇女主席
黄　英　林县河顺公社
赵玉竹　浚县善堂公社化肥厂
耿玉英　浚县青年试验场妇女队长
王兰英　辉县梁村公社三里屯大队大队长
史秀程　辉县峪河公社西淹沟大队
娄富英　原阳县机械厂
张长青　原阳县韩董庄公社花木兰养猪场
郭同清　原阳县师寨公社水稻丰产方

范秀莲　长垣县城关公社落阵屯大队妇女大队长
陶林英　长垣县张占公社严小张大队党支部副书记
乔素花　长垣县恼里公社妇联会
张贵平　林县八一公社林庄大队
李雪兰　沁阳县邮电局话务员
赵兰英　沁阳县商业局理发门市部
王玉秀　获嘉县机械厂
张承风　温县动力机械厂钳工
苗鸿英　温县赵保商业局猪场饲养员
王雪英　滑县慈周寨公社尹庄幼儿园
黄玉兰　滑县老店公社耿庄大队
胡文兰　滑县韩村公社芦里大队养猪场
晁九连　清丰县六塔公社六塔大队妇女队长
刘桂琴　孟县城伯公社主任
张云琴　林县水库合涧营爆破组长
李丽秀　林县河顺公社
储素梅　濮阳县五星乡后堌堆大队农场场长
刘秀秀　濮阳县纺织厂毛巾车间组长
刘四存　濮阳县庆祖乡曾小邱大队
梁桂香　焦作市马村公社靳作青年养猪场
王玉兰　济源县思礼公社幼儿园
王志荣　济源县综合畜牧场
吴保荣　汤阴县地方国营印刷厂
郭小风　汤阴县武公祠水利工地民工
杨秀婷　内黄县商业局百货门市部
韩九凡　内黄县梁庄乡梁庄大队
孙金凤　内黄县高堤公社俄鸭大队三八妇女养鸭场
张俊英　南乐县城关公社南街大队妇产院技术院长
刘秀芳　南乐县西部公社养猪场
石兴珍　宁陵县罗岗乡张庄大队
孟庆兰　宁陵县桥楼乡桥楼大队贾庄
韩宝风　中牟县八岗乡张庄村
尤翠英　沈丘县赵德营公社九姊妹万头养猪场
霍梅英　沈丘县北相集公社赵楼大队
张喜英　沈丘县邮电局
涂桂兰　沈丘县石槽公社小涂营大队
焦桂兰　太康县城内北街
刘素真　太康县老坤公社老坤大队
洪秀真　太康县王集公社董庄
赵淑真　杞县商业局工业品经理部
边兴玉　杞县沙沃公社妇联
刘俊彦　杞县联合加工厂
黄文兰　杞县葛岗公社一大队
陈明花　尉氏县大营乡陈村幼儿园
赫爱枝　尉氏县邸岗乡赫庄村
宋桂芝　柘城县地方国营棉织厂
吕喜荣　柘城县官庄公社张寨大队
刘桃花　民权县双塔乡早寨大队
王坤兰　民权县褚庙乡褚庙大队
汴秀英　民权县双塔乡林场

胡瑞英　商丘县靳马公社
罗秀真　商丘县毛堌堆公社老贡庄大队
蒋金英　永城县棉织厂
李秀云　永城县程楼养猪场
何玉英　永城县马桥公社马桥大队
赵素真　永城县龙岗公社副书记
任淑荣　夏邑县孔庄公社孔庄大队妇联主任
王秀英　夏邑县太平公社牛楼村
崔秀英　项城县孙店公社崔寨大队妇女养猪场
曹学荣　项城县商业局
王桂芝　鹿邑县机械厂团支部书记
刘桂芝　鹿邑县王皮溜公社刘阁大队大队长
王翠平　鹿邑县太清公社算李大队
王素君　开封市豫剧一团副团长
徐　珞　中国人民解放军 155 医院小儿科主任
郑永荷　开封纱厂细纱车工
李桂兰　商丘市烟厂封装工人
梁石真　商丘市棉毛纺织厂
秦玉霞　商丘市商业局理发一门市部理发员
周爱英　商丘市邮电局
孙忠莲　商丘市八一公社周庄大队副书记
程梅花　兰考县红庙公社园艺场场长
逯秀兰　兰考县爪营公社三大队团支书
许景芝　开封县杏花营乡百合大队技术员
樊素芝　开封县黄龙乡芝麻三大队党支书
汤振梅　淮阳县齐老乡河坡生产队
高明兰　睢县周堂公社白庙八一综合厂厂长
张保琴　睢县长岗公社大张村卫生院院长
楚爱中　睢县董店乡刘小庄大队哲学教师
翟立真　睢县河堤乡王堂村农场场长
董永云　郸城县机械厂
司九英　项城县南屯公社刘数大队妇女主任
张兰英　郸城县宜路公社王康楼村大队妇女主任
吴淑英　开封棉织厂
李桂英　上蔡县高岳人民公社
王学英　固始县商业局蒋集五女门市部
马凤英　罗山县楠杆公社高店大队
骆洪英　平舆县化工厂化验员
袁佩芸　信阳长寨邮电局机务员
王秀琴　西平县商业局理发员
傅纯洁　汝南县和孝公社马屯大队信用社会计
范秀琴　固始县力集公社聂营大队民兵连长
吴家珍　信阳县鸡公山公社塆店大队

赵景明　遂平县诸市公社五女家禽配种站
魏道英　遂平县城关公社妇产院院长
张翠兰　新蔡县余店大队
王　爱　上蔡县东岸公社东举大队党总支书记
黄　玲　上蔡县黄埠公社玩河楼大队妇女队长
熊学芳　息县夏庄公社街西大队油房幼儿园园长
徐金花　上蔡县和店乡前进大队团总支书记
张　永　上蔡县东洪公社木庄大队生产队长
葛荣花　平舆县万塚公社高阜大队妇女队长
张秀荣　平舆县李屯公社配种站
陶天兰　确山县城关公社高庄大队副大队长
刘连芝　确山县化工厂
朱秀珍　驻马店利华烟厂
陈炎芝　罗山县莽张公社长堰大队党支部副书记兼大队长
张金秀　固始县七一公社
黄少兰　固始县七一公社施河大队
包开荣　固始县国营武庙炼铁厂
金素青　新蔡县土坝革新模范
李素英　淮滨县新里公社新里大队
任秀荣　信阳县钢铁厂水泵车间
段淑惠　信阳县平昌公社古城大队妇女大队长
彭厚荣　新县田卜公社田卜大队大队长
陈继娥　信阳步校校务部助理军医
田九妮　西平县吕店公社妇女队长
张玉梅　汝南县留盆公社针织厂
吴改芝　淅川县宋湾公社大队妇女主任
魏桂荣　镇平县杨营公社万头猪场场长
郭书珍　唐河县化工厂
马桂枝　邓县林扒公社化肥厂
吴梦霞　西峡电厂
黄蕙琴　镇平县棉织厂
李瑞兰　南阳市烙花厂
杨金秀　南阳丝织厂
乔太敏　南阳县服装厂制鞋工人
孔繁荣　邓县文渠公社老街大队妇女队长
崔淑萍　泌阳县陈庄公社桃园队林场场长
袁清珍　唐河县城关公社西大岗林场场长
李爱华　南阳县溧河公社养猪场
鄂玉芝　内乡县师岗公社常沟大队养猪场
李惠霞　西峡县丹水公社养猪场配种站
王建梅　泌阳县城关公社万头猪场
宁桂芝　南阳县潦河公社姚营棉花妇女队长
刘秀荣　唐河县城关公社刘马凹大队党支部书记

牛桂莲　唐河县城关公社农科所副所长

张成恩　南召县留山公社生产队支书

孙桂英　新野县新甸公社

张成华　南阳县气象台气象员

赵清芝　桐柏县固县公社固县大队

赵采荣　邓县第四中学民兵指导员

王玉琳　南阳专区医院护理员

张桂枝　泌阳县城关公社蔬菜生产队

秦淑连　南阳县潦河公社高庄大队食堂炊事员

刘秀云　镇平县杨营公社刘岗幼儿园

杨凤仙　内乡县赤眉公社四坪管理区黄岗大队敬老院

柴纪三　淅川县田川公社田川大队胡兰食堂

巴爱琴　西峡县城关公社妇产院院长

李秀长　唐河县祁仪财政所税务员

海金英　中国人民银行邓县支行出纳员

杨崇杰　南阳市商业局第三理发门市部理发员

胡俊杰　方城县龙泉公社官庄大队

高英秀　邓县十林公社红专学校

罗彦凤　淅川县西黄公社妇联主任

吉林省

长春市

张桂兰　王淑芝　王雪亭　李玉芝

王淑珍　李兰珍　张士珍　黄　玲

彭映倍　高爱霞　王秀娥　范启云

郭秀兰　姜玉兰　侯桂芝　孔淑娇

范秀霞　孙淑珍　吴景珍　才永絮

孙桂琴　袁秀顺　廉凤香　胡金荣

九台县

常　印　李秀珍　韩玉兰

农安县

巩玉珍

德惠县

艾桂琴　王兆信　于桂兰

榆树县

王淑贤　高云珠　张玉琴　吴玉琴

吉林市

黄志荣　金惠元　王志荣　高成贤

赵静岩　郎淑清　金桂秋　邱桂琴

李桂兰　郭兰香　王　环　徐　敏

李玉兰

磐石县

金英淑　高凤琴

桦甸县

战桂兰

永吉县

陈桂兰　胡　英　李连花

蛟河县

崔凤礼　吴秀清　王淑梅

通化市

李翠英　刘金美　徐淑贤

辉南县

吴允爱　王俊兰　王玉林

辑安县

唐桂花　谭桂芝　商桂芝

柳河县

高凤英　赵金英　田凤云

临江县

赵玉兰　杜桂兰　朱博亚　张国兰

长白县

崔青云

抚松县

徐景兰　孙吉秋　郭　媛

靖宇县

杨桂兰　郭凤兰　崔广英

四平市

王淑琴　韩文智

双辽县

李　捷　宋文涛

伊通县

孟桂兰　王善一　张彦荣

怀德县

周云英　胡秀文　刘玉珍　宋琳艳
张玉琴　李长棉　陈玉清

东丰县

聂桂兰

梨树县

郭淑珍　张桂兰　温淑繁　张淑琴

延吉市

李珠玉　宋福今　千月顺　尹姬淑
李玉今

延吉县

石顺姬　金英爱　南顺姬　崔京淑
文顺玉

珲春县

苏今淑

汪清县

唐怀珍　金海顺

敦化县

徐焕荣

白城市

铁学芝　王玉芝

扶余县

李淑彦

洮安县

周桂芝

前郭尔罗斯蒙古族自治县

刘维贤　胡淑兰　靳秀英

大安县

姜淑琴　程淑珍　徐　彦

长岭县

任洪珍

镇赉县

马凤云　宋凤芝

乾安县

赵桂荣　陈秀英　高淑琴

省直属单位

于培菊　叶　勤　郭殃琳　王　坤

黑龙江省

李　荣　哈尔滨市邮局全国分拣员标兵

顾仁莲　哈尔滨市妇女儿童用品商店营业组长

魏淑琴　哈尔滨市第七百货商店售货员青年学习理论的标兵

孙洪霞　哈尔滨市国家速度滑冰运动健将

辽宁省

沈阳市

尉凤英	王兰芝	罗桂荣	王淑清
金润素	王桂芝	时桂珍	孙宝兰
马淑梅	崔云华	陈淑清	王肇俊
马慧英	李素文	王玉英	张桂兰
沈淑娟	金贞素	孙桂芝	肖翠琴
韩允琴	张景霞	忻亦芬	宋玉琴
毛凤琴	刘　凡	李助宣	林韵梅
刘淑坤	王桂兰	孟庆珍	陈桂兰
谢香珍	苇淑彦	蒙作兰	龙桂梅
洪精琴	金明善	苏兰英	齐桂华
吴桂楠	赵　刚	张凤菊	张春荣
孙玉贤	于桂芬	杨素琴	王桂香
孙景兰	郑淑荣	徐淑清	姜筠梅
刘雅琴	邓桂珍	张淑琴	肖印芝
华盛琴	孙桂珍	荣淑媛	贾月娥
王淑英	陈玉言	艾淑芬	

旅大市

方秀珍	赵玉兰	周桂兰	李桂兰
侯淑香	鞠淑英	马桂花	于喜志
程　香	吴维菊	鲍静芝	程英润
王家光	侯毓汾	姜淑珍	徐长荣
龚春梅	闫福巧	毕春花	刘兆花
吕香兰	冯淑宏	梁淑珍	于凤荣
柏金荣	曲新枝	刘新梅	王淑珍
文淑珍	康桂秋	潘玉莲	

鞍山市

邢允香	庄宝令	唐贝文	苗丽华
翁桂香	付广烈	马德珍	郑育瑚
贺素兰	赵秀兰	刘秀英	郝奎芝
王秀兰	戴素坤	陈　杰	闻玉玲
国秀清	孙　颖	侯秀英	金淑贤
崔淑琴	张秀云	周英杰	刘殿凤
王素萍	王延平	李　义	

抚顺市

修桂月	刘桂兰	宋桂英	朴寅顺
王亚坤	侯振秀	张素珍	邵化民
佟素文	张蔡连	王凤芳	唐丽荣
刘玉芳	郑元宝		

本溪市

金明星	徐玉梅	翟秀荣	黄玉兰
刘桂菊	康佩兰	张慧颖	罗淑珍
赵常玲	丁玉清		

安东市

韩秀芬　赵爱义　王淑珍　刘凤秀
王以思　孙淑英　袁凤珍　李桂芝
姜桂珍　李迎春　蔡玉芝　唐子梅
徐凤兰　冷盛荣　杨春兰　宋景贤
王金荣

锦州市

汤素芝　张玉兰　苏玉兰　赵文君
佟玉兰　齐兰英　董淑珍　穆洪芝
门素振　高成茹　张淑兰　马玉环
付宝兰　王桂荣　李玉兰　王良珍
刘秀媛　董立新　吴香兰　齐淑珍
蒋素华　赵素兰　赵桂芝　朱玉芹
徐素华　袁中舟　王　敏　邱雅茹

营口市

刘玉珍　王焕珍　谷月英　李秀廷
孙秀英　李凤云　李素兰　温淑云
邢凤英　冯秀珍　曹洪芬　李素云
袁兰娣

阜新市

王若君　杨春芝　刘淑珍　赵桂芝
依力车　王淑贤

朝阳地区

陈凤英　杨慧君　廉桂贞　崔淑芳
华正珍　付海珍　梁久香　马生珍
杨桂荣　田歧光　张彩霞　王井勤
梁玉梅　张凤兰　宋国芝　宁春芳
芦素云　徐彩花

辽宁驻军

孙育琴　吕文芳　王立然　霍　克

安徽省

阜阳专区

阜阳：李继英　黄素英　毛翠兰
　　　吴玉兰
凤台：杨明英
太和：范秀英
界首：肖好荣
蒙城：李桂英
颍上：张锡芳　肖凌英
亳县：李绍荣　刘玉英
临泉：张修芝　周子荣
涡阳：王兴贞　王振英　薛大娘
专直：方文英　顾洪珍　张德芳
　　　汪玉琴

安庆专区

桐城：华玉兰　江世兴
岳西：余冬梅　蒋玉英
铜陵：方应青
望江：徐桂枝　刘　英
潜山：冯甫南　方　珍
枞阳：汪文英　周二娘
贵池：徐友枝　方来娣
东至：方桂香　李满娥
宿松：施冬娥　张玉兰

怀宁：徐明珠

太湖：殷宗群　汪桂枝　孙良梅
黄银枝

专直：成桂芳

蚌埠专区

滁县：周传珍　余道凤

天长：袁秀英

灵璧：姚大娘　王子兰　余秀芳
蒋英仁　王兰英

怀远：冯祥英

凤阳：林秀芳　陈　英

来安：昌克英

嘉山：朱凤英

五河：郑献兰　郑长英

宿县：李保岭　李玉莲　卞采侠

定远：孙保珍　贾成兰　张廷兰

泗县：鲁国兰　张金娥

全椒：张凤英　高志英

萧县：薛桂云　张子英　余素贞

濉溪：梁昌荣　余士珍　徐龙英
齐克文

砀山：朱秀云

专直：林凤鸳　任清源

六安专区

舒城：惠国珍　鲍家英

金寨：张尚文

庐江：方玉珍　徐荣会　汪爱莲

霍山：李宗英　江求英　姜世华

六安：张崇英　徐绍凤　杨家英

寿县：卞维兰　陶如英

专直：唐德珍　吴菊花

芜湖专区

泾县：张毛宜　陈冬英　宋老五

南陵：王来芝　戚元香

含山：裴吉英　刁操云

绩溪：刘喜凤　柯密夏　肖金枝

广德：潘荣秀　魏良英

太平：唐翠梅　戴爱华

无为：童宏英　阮正秀　陈兆华

郎溪：周光秀

歙县：方琴花　苏荣英　徐爱珍

和县：刘桂英

繁昌：缪邦春　郑宏姐

芜湖：彭老太　俞秀英

宣城：樊思顺　李梅英　唐珍贵

祁门：陈再男　汪秀英　叶玉华
江凤芹

当涂：蔡凤英

休宁：汪月仂　吴翠琴　毕素鸾
胡秀荷

宁国：赵海英　钱运秀　翟小红

合肥市

孔德芝　黄佩秋　瞿庭蓓　梁淑芬
夏家英　徐清兰　孔令芳　翟荣贵

蚌埠市

马庭芳　徐淑敏

芜湖市

潘玉英　朱秀英　于丽芳　胡秀英

刘美云

安庆市

丁孝英

马鞍山市

黄丽珍　朱凤珍　匡翠英　杨秀英
王喜子

淮南市

牛玉珍　王雪影

省　直

徐慧英　刘　楠　孙乃坤　任声平
胡佩珍　何莉莉　孙　瑶　左康美
谢玉珍　程贤芬　张以兰　王玲琍
王　超　徐立崇　李小坦　朱子扬
徐秋瑜　严凤英

军　区

余路迅　丁亚苏　张　华

广西壮族自治区

农　业

刘瑞英　吴燕芬　陈跃辉　周佩凤
陈胜花　李景群　苏凤鸣　陈莲嫂
梁翠群　韦玉英　刘翠云　丘素娟
陈碧云　陈锡英　韦月团　韦美奶
罗新华　吴佩英　李秀珍　李凤鸾
韦月影　谢秀莲　岑仁妹　高桂英
荣冬英　杨美林　罗秀娥　黄凤电
陆秋香　黄桂英　潘英莲　全美权
张月英　陆美丽　龙桂柳　陈彩娥
陆凤春　侯志恩　覃锡芳　陈来芳
林少芳　邓爱珍　韦素玉　黄妹英
黄秀英　黎维芬　化瑞珍　满秀珍
邓梅秀

工交基建

蔡丽娟　浦惠明　黎荣女　杜荣德
邓极娟　陈桂英　周翠英　滕秀英
黄肇颖　莫美金　韩秀珍　韦秀芳
罗秀芬　罗洁冰　黄惠珍　李　洁
丁秀金　谢英莲　单秀球　陈桂英
农秀清　徐彦清　李梅枝　黄郁芬
陈美英　黑必英　陈伟华　蓝彩秀
陈裕芳　郑月芳　唐鸿云　王大妹
胡国英　张　英　唐伏艳　黄爱英
秦跃奎　周玉初　李朵秀　姚盛华
林玉华　潘炳英　刘秀英　石素兰
陶爱英　李亚兰　刘仁德　凌伟辉
崔爱英　黄　恬　潘秀明　黄美兰
杨秀兴　杨秀英　徐宝妹

财　贸

陈秀英　袁秀芳　傅灿华　梁少珊
张立中　曹桂英　郭爱莲　唐虎贞
吴佩珍　芦月英　崔碧娟　黄金福
谭金珍　莫群仙　覃爱芬　何佩群

文教系统

叶素萍　廖映雪　黎天柱　韩玉姬
黄小曼　兰秋云　阳书兰　吴秀菊
石美新　汤金娥　罗庆春　莫新秀

韦乃凤　　李小香　　李惠英

生活福利

李翠群　　俸凤珍　　陈福英　　苏煦莲
杨付林　　陆世清　　莫玉元　　白秀珍
厚瑞珍　　莫学伟　　吴发凤　　芦珍珠
余佩凤　　杨瑞兰　　黄瑞耀　　李秋霞
徐佩芳

基层产业

岑佩英　　温仲英　　段怀英　　莫桂枝
骆秀花　　韦彩日　　莫时凤　　杨晏引
泰金爰　　谭怡安　　蒙守年　　韦秀娥
黄华英　　黄月青　　陆华璇　　李积芬
黄秀群　　黄秀莲　　李美林　　许秀珍
李芝芳　　覃连香　　颜香凤　　班玉环
封惠芬　　黄洁萍　　陈慎琪　　王玉英
李大姑　　陈碧珍

机关部

温秀琴　　黄连敏　　潘淑衡　　刘　琼
刘涉芬　　李妙霞　　朱惠卿　　吴秀珍
王珏英　　木月云　　刘明可

部　队

孙留芳　　于佩英　　周长贵

广东省

工　业

广　州

杨四妹　　谢燕清　　陈润藏　　罗维好
卢月葵　　麦淑芳　　徐凤珠　　李少兰
何　香　　洪惠琼　　王　苏　　陈王癸

湛江专区

冯秀珠　　潘玉珍　　王秀凤　　李瑞芳
杨春莲　　张　萍　　陈瑞芳　　韩少英
蔡华珍

佛山专区

黎满金　　梁谏庄　　潘　开　　何　苏
郑惠碧　　任贵友　　郭十女　　黄瑞芳

海南行政区

黄春兰　　吕秀英

韶关专区

冯　容　　张桃英　　邹永招　　梁桂莲
朱贵姐　　陈带娣　　范秀清

江门专区

林翠婵　　伍玉莲　　陈丽珍

汕头专区

许赛琴　　林凤阳　　王丽玲　　熊昭兰
王玲珠　　王璇貂　　陈玉兰　　郑桂刁
张洪招　　陈丽英　　马兰香　　余舜针
刘菊花　　刘建月

省直属机关

唐莲娣　　朱洁常

农　业

广　州

关凤忍　　原　妹　　冯　娥　　卢苏女

湛江专区

李秀英　　李秀雄　　李世芳　　邓秀球
全佩影　　廖少香　　黄树梅　　阮继堂

蔡瑞芳	袁兆芬	杨琼芳	罗桂珍
杨銮英	李振芳	何桂珍	何焕芳
苏培英	张梓莲	陈秀兴	

佛山专区

梁焕兰	吴执好	曾金妹	林淑媛
郭柳仪	谭万庆	邝可宽	郭　执
苏燕针	苏群添	黄祝英	李孝慈
汤　见	杨　兰	麦瑞联	伍　嫦
王亚意	胡艮仲	陆忠友	黄艮采
何　柳	黄　保	郭月兰	麦　娥
黎转娣	文带娣	梁　友	

海南行政区

张俊娃	虞金香	李秋梅	李玉姑
黄爱兰	周月蛾	邓亚香	李丽芬

韶关专区

张国月	宋细金	崔文珍	潘情花
余月花	颜秀祝	黄球招	郑带修
陈小幼	雷秀莲	张春娘	王炳娥
叶枚招	叶亚元	曾桂梅	范带娣

江门专区

邓少珍	孔妹添	陈雪兰	林婵娟
赵　妹	谢巧莲	劳平笑	伍瑞兰
黄悦欢	沓锦云	梁秀莲	

汕头专区

卓秀珍	李子兰	黄　定	吴　迈
黄义子	熊仪兰	廖　碧	赖亮英
李兰英	邹彩云	黄婵妆	冯宝兰
翁石妹	李阿枝	王玉兰	林炎妆
刘婵卿	黄婵芳	周香兰	

文教、卫生、科技

广　州

祁来兴	金淑娴	邝健廉（红线女）	
康宗玉	丁宝蕙	谭淑贞	何杏屏

湛江专区

敖淑华	林瑞兰	凌　芳	袁玉萍

佛山专区

曾凤香	黄早连	何四妹	梁绮坚
张苑群	何　六		

海南行政区

黄桂花	桂凤玉

韶关专区

徐观莲	唐锦云	石莲英

江门专区

叶福娣	丘莲芳

汕头专区

林楚芝	高　洁

省直属机关

金淑仪	钟慕良	殷细宽	叶惠芬
张素群	苏　眉	吴秀琼	郭笑卿
吴秀荣	刘　健	曾嫩珠	李卓美
王敬洁	何培俐		

财　贸

广　州

黎翠容	王　才	黎瑞芳	黄凤梅
姚宝琼	区美珍	植秀英	陈淑芳
陈　好			

湛江专区

钟淑华	陈兆执	苏其云	欧少清

黄凤英　戴秋建

佛山专区

谭　扁　邓　华　郑　发　杜凤群

关凤池　潘宝琴　丘灶娇　黄少维

陈照姊

海南行政区

黄秋莲　王金花　黄爱珍　潘爱兰

韩爱芳　黄居蓉

韶关专区

王群娣　曾丽鹤　张质民　庄明玉

江门专区

李玉玲　丘风珍　岑凤琼　马　顺

关有锦

汕头专区

郭大妹　陈　娟　陈秀琦　张丽华

官小珠　谢素珍

交通运输

广　州

冯　窝　潘祖墉　何　添

湛江专区

林少芳　弘沽珍

佛山专区

李新妹

海南行政区

李月霞　陈春香

江门专区

廖亚妹

汕头专区

方　恕

省直属机关

李　姬

公　安

广　州

魏　珍

省直属机关

邓陆娇　张丽贤

军　队

王珍仪　陈朝璧　林迎英　肖瑶芝

陈秀珍　雷田君　刘玉云　陈洁霞

王玉兰　谭耐平　周兴贵

其　他

广　州

张三妹　温细燕　黄燕华　李惠芳

潘　玉　邵　芝　周丽琼　郭少澄

佛山专区

赖金妹

海南行政区

赖爱兰　李花要　林克美

汕头专区

刘紊英　肖宝玉

省直属机关

刘　曜　陈康玉　薛惠庄

贵州省

陈惠林　贵阳市花溪区花溪公社幼儿园园长

包学珍　修文县阳明公社生产队队长
杜永仙　修文县六广公社兽医
李万惠　开阳县城关公社细菌肥料厂技术员
靳素珍　贵阳市乌当区金华公社槽壩畜牧场副场长
郭开凤　清镇县五里公社管理委员会委员
张明芬　清镇县甘沟公社生产小队队长
吴忠琴　贵阳市花溪区石板公社团分支书记
管万珍　贵阳染织厂生产班班长
李惠芬　贵阳文化艺术干校川剧组组长
李鸿韵　贵阳市京剧团演员
周光淑　省地质局测绘大队二分队测量队队员
张艳芳　省地质局烘样工人
杨永珍　贵阳铁路局清镇甘沟铁路五处四大队六分队党支书
王新兰　贵阳铁路局一处土石方工人
芦　英　贵阳市延安路浴室服务员
陈国霞　贵阳棉纺一厂挡车工
王淑琴　贵阳市邮电局话务员
王金凤　省体委运动员
吴　式　省建三公司家属委员会主任
王长芝　贵阳市莲花坡贸易托儿所所长
李桂英　贵阳市市级机关托儿所保育员
罗潮英　贵阳造纸厂车工
唐荣帮　贵阳汽车运输公司驾驶员
赵蓉霞　贵阳市甲秀小学校长
贾大端　贵阳第二中学教导主任
丘昌珍　贵阳市建一公司开山工人
谢凤鸣　贵阳制药厂班长
江绍虞　贵阳发电厂班长
蒋道琪　贵阳市南明印刷厂班长
汤正华　× 公司采石工
聂代华　贵阳市油榨街居民委员会主任
颜雪云　贵阳市普陀路居民委员会主任
殷亚韵　贵阳钢铁厂工长
曾淑英　贵阳市云岩区普陀路办事处妇联主任
何佩琴　贵阳市云岩区和平路食堂负责人
李静文　贵阳市人民医院内科主任
王跃仙　贵州军区直属队招待员
许玉霞　都匀市腊纸厂造纸车间工人
黄英娥　独山县望城粮食管理所营业员
刘文英　瓮安县马场坪国营食堂服务员
黄巧云　都匀市城关公社饭店经理
徐碧珍　独山县下司公社妇联主任
孙逸芬　黔南卫校教师
周瑞英　贵定县人民医院护士
冯大秀　贵定龙山公社麻芝管理区副主任
王绍珍　独山县平塘公社九龙管理区生产队长
王映美　罗甸县八茂公社八达管理区主任

罗小楮　罗甸城关公社石工

韦顺琴　长顺县猫云公社牛场管理区委员

胡安荣　瓮安玉山公社焦水小队养猪场饲养员

来风鸣　望谟县望江饭店饲养员

罗开珍　都匀市栗木公社保育员

覃　芝　三都县周覃公社炊事员

吴兰英　黄平新州公社黄飘生产队党支部书记

王兴翠　凯里县谷洞公社妇联主任

黄梅英　黎平县尚重公社和平生产队保育员

王文芝　凯里凯里公社开井生产队接生站站长

张世芬　剑河县台拱公社桃赖生产队炊事员

张金菊　剑河县磻溪公社生产队长

龙凤莲　锦屏县三江公社小江管理区妇女主任

杨友弟　镇远县三穗公社雪洞管理区妇产院副院长

张泡长　剑河县施洞公社茅寨生产队饲养员

王培菊　凯里县谷洞公社谷洞生产队队长

龙初秋　锦屏县邦洞公社畜牧场副场长

覃玉珍　榕江县古洲公社午榕管理区生产队长

杨光美　黄平县谷陇公社畜牧场饲养员

肖荷兰　黄平县施秉公社机械厂工人

叶荣秀　黔东南交通厅工人

程翥英　黔东南自治州医院护士

王素明　沿河县沙子公社土化肥厂厂长

刘永梅　德江县文新公社管理区妇联主任

姚翠莲　铜仁县壩黄公社木工厂厂长

刘世芬　思南县塘头公社生产队长

黄宝兰　铜仁县江口公社农场场长

章桃仙　铜仁县江口公社团总支副书记

杜典香　德江县稳坪公社妇产院院长

李学芬　石阡县城关公社化肥厂厂长

严纯炯　印江县天堂公社团总支副书记

任达秀　印江县天堂公社青年队副队长

石小凤　铜仁县茶店公社养猪场场长

董清秀　印江县城关公社保育员

孙桂花　沿河县官庄公社六花生产队队长

刘金菊　铜仁县漾头公社妇联干部

杨菊花　铜仁县 × 矿选矿组组长

吴世贵　印江县盘溪公社幼儿园教师

孔祥珍　郎岱县堕脚公社饲养员

肖　先　郎岱县落别公社保育员

吴德美　郎岱县巴赖公社生产队队长

王现珍　安龙县化力公社生产队队长

何成芬　安龙县新安公社保育员

万金秀　平壩县高峰公社团总支书记

陈国英　普安县化处公社生产队队长

丁姿悦　盘县威菁公社管理区主任
杨兴华　镇宁县花江公社接生员
金百香　兴义下五屯公社管理区妇女主任
张少琴　普安县青山公社生产小组长
李国芬　普安县青山公社炊事员
金仙琴　兴仁县雨樟公社生产小组长
李登兰　兴仁县屯脚公社保育员
周永珍　郎岱县坠脚公社生产队副队长
胡翠华　安顺专区医院护士
王玲芬　安顺市支行出纳员
潘　翠　安顺市小学教师
杨玉珍　郎岱县妇联主任
黄永泽　安顺市营业员
李忠华　盘县水塘公社保育员
郭守珍　普定县马场公社生产队队长
朱明凤　湄潭绥阳公社新建生产队炊事员
蒲从立　习水县寨壩公社合星生产队保育员
马银珍　桐梓县元田公社马亲生产队接生员
徐文珍　正安县土坪公社红光生产队炊事员
钟大珍　务川县涪洋公社丝绵管理区主任
舒义珍　仁怀县茅台公社兰家湾食堂管理员
刘大芬　遵义市南白公社明星生产队队长
胡儒礼　正安县罗龙公社增产队队长
徐仁香　湄潭县绥阳公社大石桥生产队长
杨茂英　湄潭县绥阳公社养猪场场长
昌惠林　遵义市板桥公社管理区妇女主任
王礼珍　湄潭县湄江公社茶试站茶农
王安仙　桐梓元田公社毛石管理区党总支书记
牟学美　桐梓县花秋公社木塘敬老院院长
李淑芬　息烽县九庄公社河家洞管理区妇女主任
文传理　正安县旧城公社万头养猪场饲养员
秦开仙　绥阳县募阳公社洪骆管理区配种员
申秀英　务川县大坪公社管理区妇女主任
张碧香　正安县大阡公社养猪场场长
申友娟　务川县正南公社通木幼儿园保教员
余炳仙　绥阳县募阳公社大垭管理区主任
王荷珍　息烽县永阳公社底寨幼儿园教养员
刘友光　绥阳县洋川公社南洋托儿所保育员

陈秀英　赤水县元厚公社高峰食堂炊事员
郑长碧　遵义市板桥公社管理区主任
黎昌群　正安县玉溪公社三八煤厂工人
张帮华　绥阳县化工厂工人
韩淑敏　遵义桃松旅社服务员
赵举仙　遵义丝织厂学工
冯文珍　遵义市酒精厂家属委员会委员
李俊文　遵义市中北公社居委会主任
杨思贤　遵义百货公司营业员
王玉珍　遵义市交通运输局第三汽车场学工
王佩英　遵义专建局二外家属委员
陈谟聪　遵义县万里公社小学班主任
李武文　遵义市邮电局话务员
韩启英　仁怀县大壩公社排头生产队小学教师
杨汝静　中共遵义地委会打字员
张桂英　仁怀县茅台酒石包装工
王应珍　黔西县纸厂公社石板管理区妇女主任
李志珍　大方县长石科学站种子繁育系主任
杨继珍　织金县八步公社渡口生产队群长
张成英　水城县尖山壩公社生产队队长
张永芬　毕节县官屯公社水箐生产队队长
李顺英　纳雍县阳场公社生产队队长
张兴梅　纳雍县乐治公社群长
周月芝　纳雍县乐治公社义中管理区炊事员
黄光琴　毕节县灯塔公社和平幼儿园保育员
张正昌　毕节县海子街公社炊事员
谢大才　毕节县阴底公社管理区妇女主任
余翠珍　赫章县野马川公社管理区妇女主任
陈粉芝　威宁县小楷公社保家管理区群长
吴明珍　大方县鸡场公社群长
何献珍　水城县尖山壩公社蔬菜农场场长
徐龙芬　织金县八步公社群长
肖国珍　黔西县纸厂公社轻工业联合厂工人
李元芬　金沙县安底公社炊事员
韩次英　赫章县妈姑公社铁矿管理区场长
黄学珍　大方县百纳公社妇女养猪场饲养员
汪应书　毕节县邮电局话务员
金凤德　毕节专区医院护士长
肖珍秀　水城红旗煤炼油厂工人
韩德芬　大方县理化公社羊场幼儿园园长

江西省

工　业

杜春英　丁惠贞　殷金凤　聂瑞祥
林翠娥　徐金秀　梁色华　张玉春
傅少英　王雪茹　陈菊花　吴　贤
方小立　蔡莉珍　孔老妹　刘兴培
郑彩云　李英华　王瑞玉　历少华
刘小娥　刘维英　周荣花　唐慧珍
瞿兰香　阎绍华　钟家玉　敖金英
张惠兰　赵美中　杨小英　王淑珍

农　业

况秀英　虞　梅　李忙女　郭年秀
何冬香　陈葆兰　王莲香　张金荣
吴仙琴　王产秀　袁早仗　张荷花
余兰仂　李细姩　汪金枝　许冬梅
张梅兰　朱梅花　夏大妹　胡招弟
陈四英　肖菊俚　李页俚　胡书熟
郭才英　课招英　乱秀英　赖梅玉
谢梅娇　万对花　艾荷香　郑天英
李里仗　陈爱容　聂　红　邱芝珍
江翠凤　邹满红　涂火仙　熊远秀
柳凤仙　文学荣　潘细妹　樊孝菊
张待牡　沈老五　陈金香　刘来娣
赖娇娣　李佛秀　甘继莲　陈贱娥
张惠云　赖石凤　刘国华　曾凤秀
黄水兰　汪老润　李桂秀　叶兰英
黄秀英　黄赛英　胡金花　刘光华
吴岭俚　潜丽仙　毛洋英　陈　春
黄桂兰　刘兰英　黄桂英　徐桂秀
李菊英　吴家英　黎秀英　朱松娥
肖芳梅　营月英　刘炳娇　张菊英
黄树金

文教卫生

罗桂香　曾娉婷　曹嗣英　汪仙花
王玉如　赖国进　张如云　王筱兰
刘美子　邓筱兰

集体福利事业和服务性行业

刘菊秀　程荣花　朱水莲　廖　英
汪金香　罗三凤　方菊英　张梅英
吴贵卿　徐爱珍　殷滨清　雷旭英
杨淑珍　吴有俚

其　他

马茶荣　黄美菊　刘赛金　廖员金
罗全秀　喻水英　曾昭华　方湘云
梁树琴　李爱琴　传玉芝　王　英

新疆维吾尔自治区

卡一霞　克拉玛衣钻探队代队长
肉孜汉克里木　英吉沙县芒申公社一大队队长
卡比拉　阿勒泰县克木齐公社小队长
沙力汉　沙雅县塔里克努尔公社大队副队长
殷传珍　民丰县卫生院医生

郭林贞　乌鲁木齐市保育标兵、自治区党委托儿所保育员

陕西省

西安市

房淑芳（灞桥区）　赵秋贤（阿房区）
范清廉（雁塔区）　高凌云（碑林区）
冯象超（碑林区）　王素华（碑林区）
张玉琴（碑林区）　张淑珍（碑林区）
谷桂芳（莲湖区）　张　伟（莲湖区）
王玉娥（莲湖区）　马兰英（莲湖区）
曹秀兰（新城区）　陈镜澄（新城区）
魏宝珍（新城区）　尚青莲（蓝田县）
刘秀英（户县）　任秀珍（市属有关单位）
曹继贤（市属工厂）　郑玉善（市属工厂）
杨淑琴（市属工厂）　林秀英（市属工厂）
周福英（市属工厂）　郝玉林（市属工厂）
鲁桂珍（市属工厂）　徐永基（市属工厂）
张兴云（市属工厂）　李凤莲（市属工厂）
孙翠英（长安县）　刘秀英（户县）

延安地区

高兰英（延安县）　李春玲（延安县）
翟桂英（官川县）　韩喜兰（洛川县）
朱新兰（黄陵县）　齐兰英（志丹县）

榆林专区

王玉兰（定边县）　张兰女（榆林县）
豆芳华（米脂县）　常秀英（米脂县）
白香林（神木县）　宋兰英（神木县）
苏润梅（神木县）

汉中专区

萧丽春（汉中市）　杜秀华（汉中市）
何淑兰（洋县）　张翠娥（洋县）
黄彩娃（洋县）　吴秀英（略阳县）
唐桂莲（勉县）　郝应华（镇巴县）
傅索云（城固县）　王周贞（城固县）
徐玉兰（西乡县）　赵素兰（凤县）

安康专区

朱文秀（旬阳县）　李华文（旬阳县）
魏正秀（平利县）　谌明兰（平利县）
姚世兰（白河县）　鄜家银（石泉县）
张怀莲（石泉县）　龙成美（紫阳县）
刘开琴（安康县）　曹玉琴（安康县）

商洛专区

杨正芳（洛南县）　舒贤芳（洛南县）
王银珰（商　县）　杨秀绒（商南县）
和凤娥（商南县）　王永桂（山阳县）
武菊荣（山阳县）　高秋菊（渭南县）
徐秋梅（渭南县）　山秀珍（渭南县）
李桂芳（渭南县）　孙雪花（大荔县）
董存弟（大荔县）　李兰草（蒲城县）
严玉珍（韩城县）　刘谋儿（韩城县）
邓西娃（韩城县）　马彩亭（三原县）
董印芳（三原县）　梁秀云（三原县）

铜川市

曹玉兰（铜川市）　王月花（铜川市）
袁尔花（铜川市）

咸阳市

黄秀英（咸阳市） 赵梦桃（咸阳市）
李淑珍（咸阳市） 张菊莲（咸阳市）
洛生华（兴平县） 王彩莲（兴平县）
贾兰芳（兴平县） 陶玉梅（兴平县）
郇彩珍（兴平县）

宝鸡市

焦　敏（宝鸡市） 王素娟（宝鸡市）
窦宝珍（宝鸡市） 乔梅英（宝鸡市）
张志莲（宝鸡市） 严香莲（乾　县）
梨云仙（凤翔县） 杨桂香（周至县）
邢玉兰（周至县） 马秀云（陇　县）
赵慧绒（陇　县） 张玉霞（陇　县）
成捷能（彬　县） 王　能（彬　县）
潘玉兰（彬　县）

省直属单位

马光英　陈希熔　赵玉华　邓敬兰
王敏生　王玉华　史青云　刘秀雯
韩惠英　朱梅珍　李秀兰　吕桂枝
李清慈　何芝霞　李应真

宁夏回族自治区

乔文琴　青铜峡工程局三级电汽检修工
陶月英　灵武城关公社梧桐树管理区党委副书记
李凤娥　隆德县山河公社气象员
马明莲　吴忠市古城管理区红星大队女大队长
苏玉英　吴忠市幼儿园教养员
辛　进　银川一中校长
陈树兰　宁夏区医院内科主治大夫
俞　鉴　宁夏京剧团演员
王善华　吴忠市工业品第二门市部营业员
韩月爱　宁夏医学院
孙桂芬　自治区商业厅
文　琪　自治区煤管局

王志杰　王玉凤　毛秀英　田桂兰
李淑珍　马桂香　李　莹　俞杏秀
韩桂茹　张秀珍　马兰英　陶岱芸
余景霞　田希英　刘月兰　孙凤云
阮子文　陈素花　马英华　林秀英
鲍凤林　宋凤英　姚春花　丁芝兰
孙桂凤　李桂英　罗秀梅　姜翠英
马凤英　杨玉珍　张福兰　冯建花
王兰英　苏金英　孟淑君　张凤莲
任凤英　马子凤　党秀珍　郭晋英
雍兰英　杨秀兰　李万万　李桂花
李秀珍　宋翠莲　马秀莲　陈爱芬
沈兰英　卢淑英　张秀云　姚信英
殷秀珍　王秀英　马丽娟　王秀珍
蒋玉兰　沙梅芳　宋树梅　韩月梅
夏玉莲　吴自英　张玲玲　王伏哲
任玉霞　汪阿菊

甘肃省

庄桂芳　酒泉市某工程公司铣工

赵玉桂　永昌县河西堡钢铁厂冶炼车间副炉长

梁秀芳　兰州市交通局汽车第二队司机

拉毛太　甘南藏族自治州工交局汽车修配厂电工车间学徒

应剑鸣　引洮上山水利工程局第三测量队助理技术员

魏玉莲　省进出口公司选毛工人

王月英　省地质局电法操作员

唐燕芝　铁道部第一设计院经济勘测技术员

胡秀英　张掖专区张掖机械制造厂铸工车间学徒

李　湘　玉门石油管理局勘探公司修配厂修配

王玉兰　张掖市运输管理局骆驼运输工人

石玉兰　酒泉市城关区东南街街道工厂总厂长

隋清婷　白银市某公司向秀丽女工突击队队员

周朝容　建筑工程部第三工程局一公司二工区工长

贾玉英　兰州市七里河区红旗被服厂团支部书记

张卿兰　兰州市烈军属副食厂生产小组长

冯秀英　兰州市七里河区被服厂车间主任

周玉祥　兰州石油化工机器厂实习教师

王彩凤　会宁县邮电局话务员

郭瑞贤　兰州铁路局兰西机务段徒工

贾莲英　兰州市永登区大同化工厂工人

高雪琴　兰州毛纺织厂学徒

邵彩珍　建筑工程部第三工程局三公司饲养员

张凤英　兰州市西北毛纺织厂织机车间纬纱机小组长

何彩凤　兰州棉纺织印染厂细纱车间徒工

邢桂梅　兰州市阿干区铁冶化工厂车间主任

张桂云　宁县火柴厂学徒

刘惠君　平凉市通用机械厂总装车间学徒

程经阐　庆阳县西峰化工厂工人

肖玉芳　临夏市纺织厂工人

裴月花　天水市纺织厂挡车工

陈佩华　天水地质队机械技术员

李淑兰　天水火柴厂三车间装盒工人

马维宏　刘家峡水力发电工程局盐锅峡水力发电工程处技术员

田秀珍　兰州炼油厂第八车间调度组长

随希贞　兰州铁路局信号器材厂徒工

樊秀才　西礼县农民科学家

走　勒　德乌鲁市甘加人民公社第一生产队队长

吴克日曼　龙迭县拱坝人民公社自木州生产队社员

色尼木　临潭县城关人民公社五大队申藏生产队畜牧场牧工

胡桂英　临潭县羊永人民公社流顺大队且藏生产队饲养员

王增春　龙迭县峰迭人民公社杜坝生产队社员

安玉英　肃南裕固族自治县大河人民公社水关生产队放牧员

潘希珍　民勤县东镇人民公社雨顺生产队队长

马玉珍　民勤县收成人民公社中兴生产队作业组长

何芝兰　永昌拖拉机站拖拉机手

马　开　阿克塞哈萨克族自治县人民公社祁连大队生产队长

顾秀兰　肃南裕固族自治县大河人民公社韭荣沟生产队小队长

秦凤香　张掖市乌江人民公社六女人工授精站站长

康秀英　张掖市甘浚人民公社梨园大队七女高产田组长

朱文英　王门市玉门镇人民公社南阳镇生产大队社员

古吉玛　肃北蒙古族自治县人民公社炮成大队放牧员

王桂英　酒泉小果园人民公社八大队十三生产队队长

贾兰先　兰州市永登区坪城人民公社兽医站配种员

王天秀　兰州州永登区苦水人民公社十里铺生产大队饲养员

李秀英　兰州市西固人民公社东川生产大队生产队长

胡翠英　兰州市雁滩人民公社东岗生产大队副大队长

梁桂珍　兰州市安宁人民公社安宁堡生产大队花木兰队队长

霍秀花　静宁县庄浪人民公社饲养员

任秀兰　泾川县什字人民公社饲养员

杨秀梅　庆阳县巴家咀水库民兵副营长

武菊兰　庆阳县肖金人民公社拖拉机手

李秀兰　平凉市安口人民公社安丰生产大队副队长

李荣花　庆阳县元城人民公社配种员

高桂花　宁县盘克人民公社饲养员

许秀英　宁县华池人民公社配种员

弘桂芳　泾川县高平人民公社泾明生产队队长

赵桂花　镇原县开边人民公社黑渠口生产大队武山生产队社员

强俊侦　和政县买家集人民公社第一猪场饲养员

王撞性　临夏市白塔人民公社和平生产

队社员

孟秀兰　东乡族自治县百和人民公社关卜岭生产队党支部书记

汪俊兰　会宁县北川渠水利工程民工

李彩英　临洮县庆坪人民公社李家堡生产队社员

王秀英　临洮县麻家集人民公社配种站技术员

王桂英　榆中县城关人民公社红旗专业队队长

陶占华　靖远县曹岘人民公社张山生产队饲养员

马海连　定西县香泉人民公社第一配种站配种员

韩玉英　临洮县尧甸人民公社塔湾生产大队韩家湾生产队团支部书记

马桂兰　榆中县高崖人民公社甘草生产队“三八”人工授精站站长

蓝慈花　岷县中寨人公社珠治生产大队团支部副书记

马云兰　洮江县西仓农场女工

张可日草　洮江县阿木去乎人民公社第三生产队放牧员

宝凤林　清水回族自治县张棉驿人民公社庙湾生产队队长

岳兰香　天水市麦积山人民公社妇女工作委员会副主任

王秀珍　天水市西口人民公社金河生产大队上寨村六十里铺水库“三八”民兵连连长

郭女来　天水市红旗人工授精站技术员

张金花　秦安县西川人民公社六图生产队配种站长

马玉兰　秦安县城关人民公社南关大队西一生产队副队长

唐彩英　武都县康宁人民公社咀台生产队配种站配种员

李凤娃　文县丹堡人民公社白杨坝生产队社员

蒽金花　武山县城关人民公社中粱渠水利工程团支部书记

成秀英　武山县新寺人民公社广力生产大队队长

杨凤英　文县桥头人民公社天池水渠民兵连长

王兰英　静宁县东峡水库民兵连长

樊玉珍　兰州市百货公司张掖路百货商店日用百货组组长

王凤珍　白银市商业局屠宰员

苏眉生　中国人民银行甘肃分行党总支干部

黄桂英　肃南裕固族自治县红湾商店交电门市部营业员

郭成月　永昌县零售商店第三女子门市部售货员

王春芳　兰州市永登区连城商店营业员

杨惠兰　兰州市安宁区商业局三女门市部副经理

胡孝先　岷县人民银行储蓄所营业员
曾玉梅　武都县商业局女子赶羊队队长
夏桂英　兰州市城关区商业局酒泉路百货商店营业员
李景兰　兰州市职工子弟小学教师
吴　伟　兰州医学院病理生理教研组讲师
宝格吉　甘南人民医院助理护士
毛曼霞　兰州医学院病理教研室助教
李秦英　甘肃省卫生厅卫生工作队医士
金复真　甘肃省师范大学教育系党总支书记
王尔巽　兰州医学院第二附属医院助理护士
萧桂芝　刘家峡水力发电工程局职工医院护士
苏琴兰　甘肃省戏曲剧院陇剧团演员
黄梅英　山丹县民乐人民公社龙山大队农民作者
金玉英　武威县和平街小学副校长
江成仲　西北畜牧兽医研究所科长
田振芳　兰州市越剧团副团长
李毓秀　平凉市西大街小学教师
蒲学梅　和政县城关人民公社西关大队卫星生产队妇产院院长
王彩兰　陇西县菜子小学教员
马丑女　清水回族自治县龙山人民公社小河生产队妇产院接生员
杨水梅　西礼县西和镇人民公社何坝生产大队何坝生产队农民诗人
瞿谙诚　天水市新阳人民公社小学副教育主任
柒　老　德乌鲁市拉卜楞人民公社曼克尔生产队幼儿园保育员
王素英　水利电力部西北勘测设计院炊事员
刘惠卿　武威县张义人民公社堡子队炊事员
张凤兰　永昌县焦家庄人民公社三坝大队炊事员
冉秀兰　兰州市阿干区阿干人民公社花寨子大队胜利生产队教养员
周玉巾　静宁县城川人民公社威戎大队保育员
张花花　泾川县玉都人民公社玉都生产队第三公共食堂炊事员
郝瑞霞　平凉市泾河人民公社下甲生产队保育员
刘珠女　庆阳县肖金人民公社第四大队幼儿园保育员
王廷英　环县车道人民公社大堡条生产队宋山庄食堂炊事员
马志兰　东乡族自治县麻市食堂管理员
胥淑琴　陇西县莲峰人民公社莲峰大队敬老院服务员
姚聪爱　清水回族自治县幼儿园园长
安正明　秦安县西川人民公社牌楼生产队食堂管理员

郭　峰　兰州市白银路幼儿园园长
任桂兰　兰州市登记理发店学徒
张舒英　中共甘肃省委办公厅科员
王锡芳　甘肃省高级人民法院档案员
陈立仁　甘肃省水利厅勘测设计院人事科长
马俊娥　甘肃省气象局报务员
任桂兰　武都县安化人民公社妇联主任
杨翠莲　徽成县永宁人民公社妇联主任
李玉珍　甘南藏族自治州商业局职工家属
周兰芳　兰州市东岗区桃树坪居民委员会主任
滕月华　白银市职工家属
徐月英　武成县新华人民公社左二坝生产队社员

福建省

郑芦富　龙溪县石码机器厂
林　糯　龙溪县角尾公社石美大队
陈欲治　龙溪县九湖公社
曾　璇　平和县崎岭公社诗坑大队
叶金粉　平和县芦溪公社芦丰大队
张稻花　平和县山格公社隆庆大队托儿所
陈雪英　诏安县建设农场坪路幼儿班
郑锦凤　诏安县四都公社东桥大队妇联
林　镖　南靖县金山公社河乾养猪场
杨秀杰　漳浦县佛云公社井尾半岛
林阿娇　漳浦县杜浔公社古雷管理区下未大队妇联
苏豆根　海澄县莲花公社黎明大队食堂
邹　红　长泰县坂里公社新春大队妇女养猪场
曾素莲　云霄县陈岱公社陈岱大队赤岭养猪场
何雪如　漳州市纺织厂
郑㥞容　永泰县嵩口公社东坡畜牧场
陈玉英　长乐县金峰公社文岭大队妇联
施玉珠　长乐县江田公社江田大队妇联
林依秋　连江县潘渡公社“三八”畜牧场
陈依梅　连江县敖江公社毗屯大东风生产队
薛美珠　福清县“三八”纤维厂
刘美英　闽侯专区通用机器厂
吴淑贞　连江县敖江公社山亭大队官巷幼儿园
严淑秋　闽侯第二中心小学
刘贞辉　平潭医院
蔡宝珍　福州市仓山区鞋革厂外销车间
毛仪端　福州市仓山脱胎一厂
夏美琼　福建省妇幼保健院
郑秋妹　福州市制药厂
杨秀玉　福州市东街口百货商店
陈爱华　福州火柴厂

张　瑛　福州第五中学
郭西珠　福州闽剧一团
蔡亚枞　厦门市鹭光橡胶厂
张荫治　厦门市中华公社白铁厂
吴亚乖　厦门市晨光旅社
李宝礒　厦门市塑料制品厂
刘桂珍　三明市钢铁厂安装公司
雷松莲　福安县下百石公社半岭大队妇联
陈九妹　福鼎县石半溪公社黄岗大队
林爱珍　福鼎县纤维厂
李毓彬　霞浦县城关公社中乘大队妇产院
陈木仙　霞浦县西洋公社西洋大队
余根妹　地方国营宁德瓷厂
黄淑花　宁德县洋中公社钟洋大队妇联
蓝其妹　罗源县飞竹公社寿侨大队
林赛姿　寿宁县斜滩公社妇联
王银珠　松政县红旗公社梅口大队托儿所
马善花　松政县城关国营农场
防思珍　周宁县李坊公社东山大队
孙银竹　周宁县感村公社富赖大队
郭翠珍　闽东印刷厂
陈　辉　南平市工业品经理部
周菊珍　沙县夏茂公社儒元大队
杨合娣　将乐县城关公社胜利街
周家钗　屏南县棠口公社公溪大队妇联
周小妹　建阳县水吉公社水吉大队“三八”畜牧场
沈九妹　建阳麻沙公社贵溪大队
马清爱　邵武县水北公社一都大队畜牧组
张金珠　崇安县红旗公社桐木大队
罗雅仙　建欧县东峰公社妇联
沈芬罗　南平市林业局西芹化工厂
洪桂英　尤溪县西洋公社桂峰大队
朱金凤　永春铁厂下洋分厂
潘玉英　永春县商业局达埔办事处养猪场
廖秋治　莆田县拖拉机站
程金桃　莆田县国营农场
许玉治　莆田县涵江公社丰美大队
张　蕉　德化县雷峰公社
林幼桂　大田县武陵公社大石大队
余金凤　大田县桃源公社南坑大队妇联
陈进四　大田县屏山公社
刘梅花　安溪县长坑公社华美大队妇联
方梨俤　仙游糖厂酒精车间
谢兰香　仙游县麦斜公社新莲大队妇联
黄索娥　仙游县龙华公社灯塔大队
周金花　晋江县石狮公社客卿大队
邱玉卿　晋江县祥兰公社青山大队
许素华　晋江县石狮公社大队
吴秋红　晋江县金井公社围头大队
洪秀枞　南安县小嶝岛
蔡　闷　南安县小嶝岛
张韭菜　南安县大嶝岛

刘　银　惠安县妇联
张细琴　惠安县飞跃公社崇武半岛渔业生产大队
胡　兮　惠安县飞跃公社燎原大队
杨美珍　惠安县惠安水库民工大队
顾淑美　泉州织布厂
许　刊　泉州市北峰公社柜洪大队
蔡雪芳　泉州国营大众服务社第一食堂
顾毓珍　晋江专区第一医院
辛　娌　惠安县惠女水库
陈耀珍　福州军区总医院
邹志远　福州军区子弟学校
金心则　福建军区幼儿园
王霖西　福建省轻工业厅办公室
张瑞璧　福建省建设厅设计院
张瑾瑜　福建省立医院
高曼英　福建省地质局测绘大队
蔡金英　闽江水力发电工程局浇捣工程队
宋昌荣　福州铁路局永安医院
吴坤平　福建师范学院生物系
李惠仙　龙岩专区烟厂
俞彩娇　永安县城关公社南郊农业技术学校
刘有金　武平县城关公社城东大队
童玉枚　连城连烟纸厂
谢　磊　龙岩师范专科学校
罗秋花　龙岩县东肖公社红坊青年铁厂
许六花　龙岩县城关公社苏溪大队“三八”养猪场
张玉珍　永定县培丰煤矿
王水清　清宁县枫溪公社第一食堂
蔡孜婆　长汀县（烈属）
罗三秀　上杭县旧县公社河东大队杨今婆生产队
郑莲英　地方国营上杭纺织厂
何成娣　漳平县双洋公社中村大队
吴哖治　漳平县潘洛铁矿
林瑞珠　龙岩专区第一医院
陈国珊　省体育训练班自行车运动队

浙江省

焦友甲　安吉县晓市人民公社
周桂英　桐乡县乌镇人民公社
张晓娥　长兴县林城人民公社姚北生产队
沈金宝　嘉兴县天壬人民公社东方红生产队
邢竹琴　嘉兴专区越剧团
张阿妹　嘉兴县南汇人民公社
鲁金莲　昌化县国营潜阳纸厂
费顺珠　吴兴县菱湖人民公社勤劳生产队
李引宝　平湖县针织厂
闵翠香　临安县天目山人民公社上高生产队

张爱仙　临安县化肥厂
董冬英　临安县亭子人民公社民主生产队
陈小彩　海宁县长安人民公社家禽场
沈阿妹　海宁县圩城人民公社齐家生产队
谢素英　舟山县桃花人民公社对峙大队
蒋云花　舟山县白象人民公社金山生产队
吴阿女　舟山县展茅人民公社梁棋生产队
王惠菊　舟山县巨山人民公社
黄爱凤　余姚县马渚人民公社
沈调珠　余姚县针织厂
李秀英　余姚县陆埠人民公社
沈美英　上虞县小越人民公社幸福生产队
倪友英　上虞县百官人民公社明丰生产队
徐玉珍　上虞县天公袜厂
江阿娥　奉化县方门人民公社楼岩生产队
沈杏英　奉化县食品厂
费阿月　奉化县莼湖人民公社栖凤生产队
吴阿糯　绍兴县斗门人民公社富阳生产队
孟国庆　绍兴县国营绍兴茶厂
李生英　绍兴县钱清人民公社梅湖生产队
陈掌珠　绍兴县鉴湖人民公社清水闸幼儿园
李玉芬　嵊县井岭人民公社下潘生产队
汪秀英　嵊县里东人民公社小溪生产队
童仙老　嵊县三界人民公社下岙生产队
周林花　嵊县城区人民公社捣臼爿生产队
余杏娟　慈溪县逍林人民公社乾金生产队
蒋瑞青　慈溪县地方国营慈溪棉织厂
赵玉花　慈溪县龙山人民公社华家生产队
陈金花　慈溪县五洞闸人民公社岐山大队
金叶莲　天台县平桥人民公社米厂
王茶女　天台县苍山人民公社戴村生产队
徐苗凤　天台县平桥人民公社
葛小妹　象山县青珠农场
童小春　象山县宁海织布厂
潘嫦娥　象山县西周人民公社西岙郑生产队
马宝仙　宁波市百货公司第二门市部
姜　敏　宁波市农具机械厂
陆阿菊　宁波市大嵩人民公社畜牧场
钟玉钿　宁波市拖拉机站
林阿和　宁被市浙东布厂
毛昭娣　宁波市江北医院

田惠英	诸暨县姚江人民公社中村幼儿园
屠桂珍	诸暨县湄池人民公社塘下托儿所
寿爱花	诸暨县五泄人民公社障村生产队
陈秋贞	诸暨县姚江人民公社“三八”粮畜场
吴桂英	诸暨县棉花加工厂
项银弟	平阳县钱库人民公社三秀桥生产队
黄荣媚	平阳县马站人民公社马站镇
郑玉雪	乐清县柳市人民公社棉织厂
郑企因	临海县台州医院
余桂香	临海县染织厂
任妹妹	临海县杜桥人民公社草坦大队
翁吉芝	龙泉县城郊人民公社新民大队
陈莲玉	永嘉县岩头人民公社下岙生产队
杜玉燕	永嘉县永临供销社
茅玉领	黄岩县路桥镇麻帽厂
章学英	黄岩县头陀人民公社浦洋生产队畜牧场
陈淑珍	黄岩县国营金清农场
林菊香	丽水县国营丽水城关碾米厂
马珠妹	瑞安县湖岭人民公社和平生产队
周珠相	景宁县毛垟人民公社“三八”家畜繁殖场
王冬兰	仙居县朱溪人民公社方山岭生产队
林梅芳	温岭县箬横人民公社高龙大队
金葱皿	温岭县王城人民公社小普竹生产队
朱苑秋	温州专署重工业局办公室
郑玉香	温州市梧埏人民公社拖拉机站
陈祝三	温州市三溪人民公社金堡畜牧场
李永弟	温州市皮件合作工厂
徐仙云	永康县针织厂
何生英	永康县环城镇粮管所
林素芳	永康县礴花街矿区
陈老三	衢县花园人民公社严家圩生产队
杨菊兰	衢县钢山源水电站“刘胡兰”排
吕月姣	衢县大洲人民公社全旺大队
程茶花	衢县芳村人民公社岩前生产队
传珠兰	衢县溪口人民公社化工厂
江彩英	桐庐县地方国营桐庐机械厂
沈凤英	洞庐县新登人民公社
谢根娥	桐庐县印渚人民公社西华生产队
吴金苏	金华县雅畈人民公社安地大队
朱凤环	金华县雅畈人民公社雅畈生产队
许云香	金华县琅琊人民公社银坑生产队

夏云再　金华县孝顺人民公社畜牧场
赵　争　金华卫生学校
傅美英　金华第二医院
陈爱忠　缙云县五云人民公社仓基生产队
斜杏仙　缙云县缙仙人民公社马加坑“三八”畜牧场
郑生女　开化县音坑人民公社什成生产队
张春娥　开化县马金人民公社畜牧场
叶招英　兰溪县上华人民公社马丰山生产队畜牧场
郑素棠　兰溪县岩山人民公社洲上生产队密山食堂
柳春玉　兰溪县染织厂
虞小玉　义乌县廿三里人民公社
华银凤　东阳县国营农场
王茶菊　东阳县划水人民公社华联生产队
金奏香　东阳县东阳江运沙民工
楼昆娥　东阳县湖溪人民公社上陈生产队
吴茶莲　建德县寿昌人民公社卜家蓬生产队
张玉桂　遂昌县古市人民公社新华生产队
应绍菊　淳安县织布厂
王芝兰　淳安县唐村人民公社光辉幼儿班
徐美兰　淳安县唐村人民公社妙石生产队
王友香　江山县坛石人民公社
周爱仙　江山县淤头人民公社
边凤珠　杭州市“六一”织造厂
陈玉青　浙江农学院
陈宝珍　杭州市第一棉纺织印染厂
安素芳　杭州市越剧一团
王美云　杭州市环湖旅馆
周文霞　杭州市下城区仙林桥居民区
裘克文　浙江省儿童保健院
叶桂萱　杭州市上城区南山第二小学
缪雪华　杭州袜厂
吴玉宏　杭州市公共交通公司
徐璐瑛　人民银行杭州市支行江干办事处
金云仙　杭州市钱塘联社四维人民公社畜牧场
任连元　杭州市都锦生丝织厂
孔素珍　杭州市钱塘联社上泗拖拉机站
徐明真　杭州市西湖区松木场河东居民区
徐养女　杭州市拱墅区米市巷街道
唐金芝　杭州市江干民兴胶木厂
陈桂英　萧山县瓜沥人民公社新安生产队
曹杏花　萧山县长河人民公社新生生产队
李金凤　富阳县场口人民公社鸿丰生产队

金绍华	半山钢铁厂卫生处码头保健站
丁彩英	国营嘉兴绢纺厂
王惠芳	杭州铁路医院
王兰英	浙江军区一一七医院
周桂芬	浙江省工业设备安装公司
钱重庆	浙江军区一一四医院
王爱勤	浙江越剧二团
陈筱兰	浙江省体育进修学校
张凤云	浙江省浙江医院
应水仙	浙江省浙江大学化学系
龚仙兰	衢州化工厂
王丽梅	浙江省邮电器材厂变压器车间线制组
郦阿珍	韶兴钢铁厂
庞杏珠	德清裕伦丝厂
陆景荣	富春江水力发电工程局
施筑仙	浙江人民广播电台
陶美蓉	杭州市肉类加工厂
陈元春	闲林埠钢铁厂
罗兰秀	新安江水力发电工程局修钎厂
易淑文	瓯江水力发电工程局
陈文娥	长广煤矿
朱蚕毛	鸿丰丝厂

青海省

省直属单位

刘淑新　唐淑华　马荣芬　谷明华

席真卿　孙凤棱　王翠云　吴春萍

吴桂玲　傅景香　赵桂英　徐金芳

高耐冬　梁　霞　谭英珍　李学勤

沈明珍　蔡霞玲　王芝兰　盛玉珺

周存智　陈瑞春　董青兰　张锦华

杨金莲　扎西文毛　侯德燕　沈秀娆

西宁市

王朵花　边玉清　董成兰　杨顺莲

杨贞如　强淑鸾　汪维清　杨砚芬

贺顺菊

柴达木

丘瑞芳　普素英　夏日哈　格日错

田秀玛　庞培力玛

海　北

杜尕什姐　雄宗木　王秋林　德　毛

冷木错　久什吉　罗木错　李永莲

李富娥

海　南

日姐错　张秀芝　曾姐华　洛什吉

刘汉贤　马非儿　李文梅　昂毛太

黄　南

王秀英　伊米兰　刘丽军　松他日

陈秋香　羊　加

玉　树

姚贤芳　扎麻青错

果　洛

伍争什吉　秋　毛　常爱华　果　洛

湟　中

杜玉兰

民　和

田淑贞　马成英

大　通

杨三友　强淑贤　扣采采　杭金喜

乐　都

阿玉兰　李生秀　赵秀芳

互　助

闵玉兰　王玉兰

湟　源

黄葆真　范秀英

化　隆

马玉桂　朋　毛

四川省

唐志英　重庆望江机器厂铣工

张利珍　重庆六一〇厂细纱车间

黄静珍　三台果土农药厂技工

刘昭燦　成都市第三人民医院五官科副主任

杜满玉　眉山县永寿公社哲学教员

蔡邦琼　成都市第三幼儿园

重庆市

唐志英　张友文　张利珍　沈金华

周德淑　李凤琴　李世惠　王世新

周国玉　赵永芳　赵德香　雍兰芳

黄昭金　李庆惠　甘俊芳　张学礼

雷兰香　侯明书　赵孝云　陈华贵

李启英　任素芳　夏更芳　邓仲英

丁竹英　刘惠兰　连燕翼　梁钟玓

苏温洪　侯仲康　谢明春　唐佐铨

胡漱芳　黄远林　李万英　龚世宝

黄代珍　吴永芳　赵子碧　王永碧

丘显珍　全正华　李淑兰　陈容荪

何玉兴

云南省

夏菊芳　昆一师 58 班

金　芝　昆明市官渡区前卫公社稻海区

杨　丽　昆明市盘龙区东升小学

明其坤　昆明市工人医院内科

吴肃霜　昆明市剧团

杨国珍　昆明市盘龙区花木兰理发室

王秀英　昆明市近日公园百货商店

刘琼珍　昆明市五华区大观中心店

钟琼英　云南省建设厅第二工程处 303 区炊事班

张兰英　昆明市西山区沙林尾幼儿园

缪惠玉　昆明市西南仪器厂幼儿园

杜淑娟　昆明市公共汽车公司西站

汪润玉　昆明市邮电局营业科

杨树华　昆明市建筑工程局家属委员会

李凤鸣　昆明市五华山公社富春联合加工厂

赵琼芳　昆明市云茂沙厂摇沙科

徐琼芳	云南建设厅直属公司1042区
单桂仙	云南光学仪器厂
李兴华	昆明总站驾驶员
梁桂莲	南昌冶炼厂
那　托	勐莲县大干河新寨村
侯冯英	勐海县某医院
马秋沙	绿春县农村
周莲英	个旧市云矽老厂建设矽矿
杨惠芬	弥勒县
冯美英	蒙自县冷泉公社
王玉珍	蒙自县新民公社五四区
凌秀珍	河口县城关镇
李起农	红河县哈龙公社
高富英	金平县上游公社哈尼村
蔡真妹	金平县某处炊事员
张秀云	建水县渣腊公社四元区
李文英	石屏县昌合村公社高家湾区
郭云晶	弥勒县西一公社油乍区
白陶玉	元阳县石头寨公社五部生产队
李维石美	元阳县牛角寨公社
高丕英	红河州州机关
李凤金	建水县陈宫公社城郊区
李翠英	昌宁县团山公社
杨维菊	昌宁县团山公社
多西果	瑞丽县户育文化站
舒林秀	腾冲县瑞滇公社
曹依秀	腾冲县庶乌公社
徐学惠	陇川县人民银行弄巴营业所
何显聪	盈江县团结乡中寨小学
马琼芝	腾冲县炊事员
娜　海	西盟县小马散
李凤莲	江城县国庆公社和平大队
咪　朗	易武县猛区三乡
王绍云	墨江县景谷公社太合区
罗风芝	墨江县双龙公社
乔炳珍	普洱县燎原公社裕合区
玉　香	景洪县勐养区曼井砍乡
彭桂珍	景洪国营农场
陈玉兰	景谷县金中山公社联合大队
胡乃华	景东县大前公社永胜区
陈吉妹	景东县大前公社
张惠英	宜良县蓬莱公社永新区
张玉香	永平县工厂
周增如	大理市伤病员之保姆医院
赵桂芝	巍山县青山公社
赵连芳	巍山县金星公社
王美英	大理市凤鸣公社
李作英	大理市九顶山钢矿
汪玉仙	大理市商业局
黄桂仙	大理市邮电局
陈惠英	大理市中和完小
杨润枝	永平县中心商店铁厂购销店
张三妹	大理州茶县炊事员
张淑琴	云南省委幼儿园
叶　翠	云南省第一人民医院
常艰吉	云南省人民印刷厂装订车间
胡泽美	8501部队政治部
董国芬	昆明市商业局副食品局

吕惠仙　昆明铁路局南站食堂
阮　萍　昆明冶金研究所
万竹花　寻甸县河口公社洒米罗区
付琼英　寻甸县杨林公社北街区
张玉珍　曲靖县温泉公社隽旗区
董美娥　曲靖县根治南盘江水利工程排
黄　风　罗平县圭山公社新泰区
王巧芝　寻甸县炼油厂
刘桂芳　罗平县第二机械厂
赵小竹　曲靖县新城公社卡基区
郭开秀　曲靖县三宝公社三宝区
何桂英　宜良县盘江县社赤江区
孙桂英　宜良县蓬莱公社八一区
李菊英　寻甸县杨桥公社太平龙区
赵小三　罗平县则垦公社
梅映仙　宜良县五星公社
付小莲　宣威县（单位不详）
缪石兰　宣威县普立公社卡乌区
晏光辉　宣威县通田机械厂
王早香　宣威县海岱公社清水区
萧秀华　云南外贸局仓库
马寿喜　0923 部队政治部
杨玉庆　昆明军区文工团
王秋芳　0061 部队三支队家属鞋厂
高琼和　楚雄县鹿城镇
杨国珍　双柏县爱尼山公社中心商店
吴桂珍　禄丰县罗茨电影队
何桂兰　楚雄县前进公社
邱如芬　大姚县永丰饲养场
张玉梅　武定县近城公社保育院
杨丽琼　楚雄县前进公社饲养场
山金媛　大姚县永富公社白马河区
郭存秀　大姚县七街公社卫生所
李仁英　牟定县军屯公社
古美琴　大姚县商业局
刘景丽　楚雄县鹿城中心小学
王淑英　牟定县军屯公社金马区清波邑幼儿园
凌遐秀　绥江县农业公社南岸区一大队
马秀明　大关县悦采公社青林区元平大队
黄培秀　大关县庙埧公社大埝
刘仕香　镇雄县芝部公社妇联
熊弟莲　永善县马兰公社马兰区兽医站
金志芬　彝良县毛坪公社虎丘区妇联
杨正英　巧家县营业员
万金民珍　巧家县小河公社黑格区
吴兴芝　威信县罗布公社青龙区
雷声秀　镇雄县罗坎公社茶慰区
陈绍兰　镇雄县牛场公社平上区
胡加芝　威信县观音区
尹从珍　镇雄县联合纺织厂
尹开珍　永善县莲峰公社松田区
童桂仙　通海县西城公社螺吉区
毕丕莲　大春公社公销店
李芳妹　元江县青龙公社果洛垤区
张吉英　玉溪县江都公社黄营区
吕储氏　通海县金山公社大梨区

普金民仙　峨山县城关公社登云区
王秀英　玉溪地区某机床厂
马留英　华宁县盘溪公社盘溪区
花家仙　马关县马白公社文华区
沈心香　马关县健康农场保育院
陶开珍　文山县农具厂
余兴美　西畴县马街公社马街区
王成美　西畴县麻栗坡公社茶园子区
陈凤采　丘北县大铁公社永和区
廖月春　富宁县洞波公社上腊生产队
陆玉英　广南县柏茂公社旧摩区
朱玉珍　广南县杨柳公社长尾区
李应仙　富宁县里达公社
王桂华　文山染织厂
高怀英　广南县童堡区妇联
农大妈　富宁县（单位不详）
熊小妹　文山州丘北县曰者公社普克区
肖世英　耿马县耿宣区菜子地乡
艾喃国　耿马县孟定区河西乡
李俄门　沧源县岩帅区贺南乡
顾玉莲　东川市会泽联社大海公社
钟术娟　东川市某医院
段巧云　东川市新村联社碧各公社新祥大队
王桂兰　富民县西邑区
徐香珍　昆明市马街区大渔村
钱嘉玺　昆明市文化局人事科
许淑清　昆明市拓东中心商店土杂门市部
马凤英　昆明市官渡区清泉区养猪场
陆桂芬　昆明市联盟蔬菜农场
何翠兰　昆明市官渡区第二农场
何麻龙　盈江县综合加工厂
郑戴兰　腾冲县钢铁厂
梅淑兰　陇川县国营农场
米月汉过　潞西县那月乡
咩莲秀　盈江县黄龙乡弄映社
牙妹军　畹町镇混板乡
木　云　陇川县吕良乡
雅帅喊哏　瑞丽县何赛乡
茶木秀　保山县新街公社
肖　芭　沧源县勐角公社角乡
阮士菊　云县大房村爆破手
欧阳文珍　临沧专区机械厂
茶如秀　临沧专区建筑公司砖瓦厂
陈凤兰　临沧县城区公社文化区
马智英　凤庆县凤山公社青树区
和崇兰　丽江县奉开公社柳青区
和桂兰　维西县皆菊区十二小队
和莲花　泸水县思采乡上江农场
童珍竹玛　中甸县格明区翁水四社
刘沛凤　永胜县城关公社灵源区
四马加　碧江县二区南阿早乡
你妈妹　福贡县一区腊乌县
阿玛次兰　宁蒗县永宁公社
都基拉母　德钦县开平区阿东格社
宋文英　某县妇联主任
胡金英　东川市阳丹矿选矿场

刘桂芬　东川市海联鹧鸡公社中心商店
王长英　东川市迤车联社建设公社
吴素珍　昆明市盘龙金碧公社草垫厂
陈兰英　昆明市盘龙区五金薄板厂
施兰英　安宁县跃进公社朝阳区一队
丁凤英　富民县勤劳区三队
李秀珍　昆明市官渡区盘龙泉公社松华区
顾云兰　安宁县燎原公社连燃区
杨桂梅　昆明市国营第三农场二大队红旗营
赵竹仙　云南纺织厂二班一工区

江苏省

葛彩风　无锡市丽新纺织厂钢丝车值车工
潘文娟　新苏丝织厂工人
龚士芹　（单位不详）
王雨珍　射阳县新洋公社桂英大队
单连芝　高埝农中副校长
宋秀华　铜山桠集公社瓦房大队主任

湖北省

韩贤芝　武汉市火柴厂装盒工人
易钟英　武昌实验中学副校长
戴礼芬　健康幼儿园教养员
乔振兰　武汉钢铁公司突击队长
张玉香　武汉市硚口南洋厂工人
邹　云　武汉市武汉低压锅炉厂电焊工
徐秋英　武汉市民族街江新帆布厂车间主任
芦桃英　武汉市市国营新华摇带厂工人
王多英　武汉市国营星火内衣厂工人
方玉环　武汉市长江麻绳厂工人
黄桂珍　武汉市利济街布鞋厂工人
张华珍　武汉市汉正街机器厂生产小组长
菅秋香　武汉市东西湖第二蔬菜场大队女主任
余秀全　武汉市江岸区工商党委餐馆营业员
龙蓉芳　武汉市百货公司中心门市部营业员
王秀英　武汉市汉阳两湖零售商店
胡　巧　武汉市汉阳区车站街炊事员
李美琼　武汉市吉林街储蓄所储蓄员
周德珍　武汉市汉阳车站街缝纫厂厂长
潘冬秀　武汉市硚口荣华街纸壳厂厂长
周春姣　武汉市车站街红星电机厂厂长
刘　路　武汉市江岸区家属委员会小组长
钟喜珍　武汉市工业民用建材设计院三级助理技术员
金雅楼　武汉市市越剧团团长
罗志祥　武汉市武昌首义路民办幼儿园

主任

魏　明　武汉市江岸区黎黄陂路小学教员

高欣荣　武汉市市第二医院妇产科主任

李淑和　武汉市市第一医院工人

唐运姥　武汉市郊区北湖公社管理区副主任

岱菊姥　武汉市东湖公社综合农场副场长

夏望英　武汉市岱山公社妇联主任

周玉兰　武汉市郊区南湖公社妇女大队长

熊小梅　武汉市汉阳东方丝棉织厂织造工人

杨文保　武汉市青山印刷厂工人

熊琼珍　武汉市青山新村三街居委会主任

陈凤英　武汉市青山红旗缝纫厂工人

张惠兰　武汉市硚口军属织布厂托儿所保育员

叶　明　武汉市江汉区东方红人民公社居委会工人书记

马明秀　武汉市江汉区满春街支部书记

罗汉仙　武汉市江岸区先华线厂小组长

李春培　武汉市江岸区大智街妇联副主任

余凤芝　武昌国营红翔制鞋厂生产组长

陈桂枝　武昌解放路街文化工厂厂长

邹秀珍　武昌房产管理委员会房管员

姚　干　武汉市江汉区东方红公安派出所民警

胡玉梅　武汉港客运站服务员

周月华　公用汽车第一保养厂服务研究院院长

张佩杰　武汉市市邮电局长途话务员

朱早弟　武汉市市第一纺纱厂工人

张秀英　武汉市玻璃厂工人

陈德纯　武昌区民主路户部巷居委会主任

李顺先　武汉市黄陂县鲁台公社畜牧厂饲养员

刘菊琴　武汉市黄陂县研子管理区联合生产队第四小队妇女队长

芦玉珍　武汉市黄陂县祁家湾公社建设生产队分支书记

晏桃香　孝感县朋具公社朋具管理区和平生产队妇女队长

骆玉华　孝感县祝站公社闵集管理区教养员

金得云　孝感县城关公社三八砖厂副厂长

刘莲芝　汉川县单位不详

张冬珍　汉川县太平管理区梧桐生产队妇女队长

李凤英　应城县陈沙公社柏树生产队小队长

樊忙秀　应城县朗君公社王桥生产队妇女队长

潘凤保 崇阳县九岭公社公路生产队队长
汪玉英 崇阳县城关中心公社养猪场厂长
余梅秀 崇阳县和平公社和平管理区
万么枝 云梦县伍洛公社旗杆生产队模范饲养员
吴庆芝 通山县蒲桥公社石门管理区党支部书记
谢冬梅 嘉鱼县鱼岳公社联烽生产队妇女副队长
雷旺书 嘉鱼县鱼层公社三八和平队分支部书记
谭华英 大悟县四庙公社第三大队妇女队长
邓道咏 大悟县先峰公社先峰管理区中心生产队党副支书
王三英 武昌县范湖管理区金水生产队植棉能手
高戌寅 武昌县山坡公社灯塔生产队妇女主任
祝元英 蒲圻县营塘公社中火管理区红旗十三队妇女队长
童天秀 蒲圻县车埠公社五好幼儿园
张三桃 咸宁县城关公社繁殖厂饲养员
陈引弟 咸宁县双溪公社高铺管理区生产队妇女主任
杨六珍 应山县广水公社驼子岗管理区妇女主任
汪大英 应山县合作管理区红光十队妇女队长
朱稳当 汉阳县柏林公社柏林管理区妇女主任
沈群弟 汉阳县邓南公社南庄生产队团支部副书记
涂艳平 汉阳县柏林公社利济生产队教养员
吴秀芳 安陆县城东一队分支副书记
张光荣 安陆县高店三队妇女队长
阮桂莲 黄石市手工业局化工厂党支书
刘镜明 黄石市栖儒桥小学校长
曹桂英 黄石市大冶城关镇饲养员
柯引芝 黄石市大冶金牛管理区妇联主任
周文英 黄石市大冶钢厂托儿所保育员
向荣禄 黄石市郊区公社肖铺管理区总支书
齐范珍 黄石市石灰窑建设一村居委会主任
胡雍珍 黄石市黄石港人民街民办幼儿园教养员
余炳英 黄石市华新幼儿园炊事员
田淑芳 黄石市一针织厂化验员
王天凤 黄石市胜阳港粮食门市部营业员
黄桂宝 黄石市源华煤矿钳学徒
惠守清 襄阳专区枣阳梁集公社管委会委员

张顺英 襄阳泥嘴公社卧龙管理区妇联主任
李如英 均县青山公社星光二队妇女队长
汪秀兰 随县厉山公社联群生产队妇女队长
张志荣 郧县安阳公社建国生产队妇女队长
赵昌秀 竹溪县（单位不详）
艾全秀 谷城县石花公社前锋生产队妇女队长
李圣珍 谷城县石花公社天气预报员
罗素珍 谷城县庙滩公社妇女队长
赵秀珍 房县盘北公社生产队长
刘福清 枣阳吴店公社生产队长
周明华 枣阳太平公社社员
杨洪英 郧县大堰公社建设管理区妇女队长
余文华 保康两峪公社麻平管理区姚园队生产队长
秦和英 均县六里坪公社妇女队长
朱可英 宜城流水公社妇女队长
陈义桂 随县安居公社车岗三队妇女队长
祝世英 郧县柳城公社中心商店营业员
杨立兰 枣阳鹿头公社全星一队团支书
黄秀梅 襄樊市算一中学教师
谢国群 襄樊市梯子口居委会主任
亢玉杰 光化县白莲公社妇联主任
戴文英 郧西养猪场副场长
樊孝英 竹溪“三八”养猪场场长
陈世英 竹山柳林公社屏峰管理区饲养员
燕俊杰 南漳巡检公社板桥管理区饲养员
吴运菊 保康马良公社投江管理区党支部副书记
万学士 南漳淋浴公社淋浴管理区永丰队炊事员
高立荣 襄阳石桥公社养猪场场长
王秀琴 襄樊市制鞋厂学员
郑典芝 郧县纺织厂女工
王树珍 宜城城关综合一厂党支部副书记
杨秀珍 随县城关丝绸厂车间主任
王玉荣 谷城冷集公社全民队团分支书
肖桂芝 襄樊市国营旅社服务员
徐玉华 襄阳百货批发站会计员
周桂芝 襄阳专区医院五官科护士长
何国荣 丹江工地
贾全英 丹江工地
张爱珍 监利红城公社管理区妇女主任
彭菊香 监利毛市公社小队长
王佑德 洪湖峰口公社朱市管理区社员
张玉芳 天门县妇联主任
高梅美 天门县山庙公社管理区总支副书记
刘其秀 潜江县蚌湖公社生产小队长

傅兰英　潜江县三江公社中队长
赵艮香　潜江县浩口公社生产队长
姜美英　京山县源泉公社妇女队长
吴培芝　京山县永隆沙公社妇女队长
涂元英　公安县南平镇染织厂女工
刘明秀　公安县黄山公社湖场区妇联主任
杨启兰　松滋县老城公社妇女队长
辛志英　松滋县大同公社生产队分支书
张运凤　松滋县南海公社社员
凡春芝　沔阳八一公社管理区副主任
张珍元　沔阳汉江公社生产队长
薛五英　江陵滩桥公社生产队长
田锦香　漳河水库
马德珍　江陵县制绳厂工人
张汝荷　荆州专区幼儿园保育员
陈金凤　沙市针织厂党支书
陈昌群　沙市服务员
关绪凤　沙市郊区妇联
刘久珍　洪湖化工厂团支书
李光珍　沙市纱厂
董仁秀　江陵县岭坪公社党委副书记
康兰英　钟祥县旧口公社副主任
马秀英　钟祥县旧口公社灯塔队
刘传秀　钟祥县胡集公社机械厂车间主任
易明英　荆门县曾集公社生产队长
张瑞华　荆门县五星公社营业员
李维英　荆门县烟垢公社
范菊梅　石首县团山公社分支书记
成和秀　石首县藕池公社妇女中队长
邓年秀　监利县城关镇畜牧场
胡顺英　监利县城关镇五好干部
黄同婵　监利县朱河公社生产队长
姜延怀　麻城白果公社明山管理区妇联主任
丁风英　鄂城石山公社新庙管理区第一生产队妇女队长
肖玉英　鄂城石山公社管理区党支部书记
王月姣　广济梅川公社南家管理区妇联主任
肖莲英　广济梅山公社水库管理区红明生产队
郑玉思　浠水兰溪公社散花管理区试验组长
刘翠英　浠水巴沙公杜巴一管理区养猪场长
向永清　浠水汪岗公社汪岗管理区妇女队长
陈春莲　蕲春县新生活公社付畈管理区试验组长
陈水英　蕲春县圻洲公社玻璃厂会计股长
方淑英　罗田匡河公社妇联主任
丁凤英　罗田城关公社北丰管理区生产队突击队长
徐胜兰　罗田三里畈公社供销商店营业

员
徐正修　红安公社名誉主任
范秀珍　黄冈团风公社宋祥管理区万能姑娘
刘冬英　黄冈鹿口公社祠岗管理区新华生产队党分支书
郭雪德　阳新寅地公社下羊管理区桃花班班长
柯翠云　阳新寅地公社石田农场副支书
陈惠德　新洲生产队妇女队长
王素华　新洲民兵营长
陈玉莲　濯港公社十里铺管理区
倪素珍　黄冈县田无湾
刘福英　濯港公社十里铺管理区生产队长
赵菊英　黄梅小池镇单仓厂厂长
董少怀　麻城阎河公河阎河管理区八一生产队托儿所所长
凌万英　麻城城关公社闵集幼儿园园长
蔡灵尔　广济武穴公社盘河管理区工农生产队试验场长
潘海东　红安县"三八"养鸡厂饲养员
吴茂农　红安县高桥公社吕店管理区群建生产队队长
夏楚英　蕲春张湾公社范控管理区养猪场场长
肖唐初　英山县幼儿园幼师
林淑英　罗田县兰平湖人民公社东冲畈管理区养蚕场长
陈子香　新洲生产队妇女队长
童细桂　新洲生产队妇女队长
王惠娟　（单位不详）
王秀英　（单位不详）
项大姑　广济龙坪公社龙坪镇敬老院院长
肖文莲　鄂城县城关公社蔬菜大队三八养猪场场长
陈立秀　当阳县河深公社新生生产队
易德莲　当阳县长板公社东群生产队炊事员
涂天秀　当阳县跑马公社紫蓝管理区妇联主任
王文英　当阳县流溪公社铁匠
杨兆芬　远安县荷花公社红旗生产队养蚕姑娘
张传秀　远安县洋坪公社黄竹生产队饲养员
马少秀　英山棒子公社前进生产队炮手
张家玉　英山县宝龙柞蚕场养蚕姑娘
张直兰　五峰县采花公社星岩管理区妇联主任
龙金英　宜昌县小溪塔公社妇联主任
杨凤英　宜昌县五一公社周家嘴水库三冶能能手
韩启英　秭归县郭永坝公社跃进生产队饲养员
谭本秀　长阳邮电局营业员
胡世秀　长阳县津洋口公社灯塔生产队

教师
邱正兰 长阳县都镇塆公社畜牧场饲养员
杨兆茂 宜都县枝城公社凤一生产队勤俭持家能手
余春英 宜都县新场公社红旗生产队棉花姑娘
田光玉 宜都县仙女公社百岭管理区幼师
刘心秀 宜都县人民公社服务员
崔秀昌 宜都市鄂西染织厂挡车工
李永修 宜昌市八一钢铁厂
杨顺秀 宜昌市基建战线泥工
竞德翠 宜德行署交通局干部
李彩萍 恩施县新塘公社下坝管理区妇联主任
崔炳辉 恩施县鸦鹊公社香炉管理区灯塔生产队队长
余泊姑 恩施县城关镇六街妇联主任
杨荣林 恩施灯城公社五峰管理区红五月二队生产队长
甘银香 咸丰尖山公社苏红生产队饲养员
吴银兰 咸丰青岗坝管理区高峰生产队队长
黄仕珍 利川汪营公社黄家管理区六姐突击队长
向智菊 利川柏杨公社白庙管理区炊事员
龚洪春 利川柏杨公社大稻管理区教养员
高三春 鹤峰七泉女采茶组采茶能手
向再香 鹤峰县（单位不详）
田子云 咸丰县黄垙塘管理区齐心生产队
杨翠云 宣恩县（单位不详）
刘志英 宣恩县（单位不详）
易珍香 宣恩县（单位不详）
邓习香 巴东清太公社史家管理区生产队长
侯方凤 恩施花木兰跃进队长
向明秀 来凤县（单位不详）
向万珍 来凤县（单位不详）
杨菊云 来凤县（单位不详）
向金玉 来凤县（单位不详）
冯均香 建始县（单位不详）
李国英 建始县（单位不详）
彭员玉 恩施县署印刷厂总订车间
岳亭秀 恩施专区电灯厂学徒
张芳英 恩施专区皮革厂女工
何　组 工业党委
陈秀珍 地贸局青山电力技工学校打字员
黎珍玉 铁路医院护士
朱祚银 省邮电管理局幼儿园教养师
尤显俊 商业厅打字员
李西珍 省外贸局丝绸公司收账员
韩鑫如 湖北医院内科住院部医师
陈　杰 武汉生物制品所技术员

叶桂华　武汉教学标本模型厂车间书记
蒋秀香　武汉军区空军汉口医院理疗负责医生
陈德新　武汉军区总医院护士长
钟孝珍　武汉军区 190 医院传染科护士
刘成坤　武汉铁路局修造厂徒工
雷素兰　交通厅干部
周正英　省委文书科打字员
丁　琦　丹江枢纽室
郭凤兰　省农科所
钱　华　省汉剧团
苏玉英　省新华印刷厂装订小组组长

内蒙古自治区

呼和浩特市

虎秀英　王孟珍　党茂珍　白玉梅
包秀英　张桂香　段文秀　张林枝
于庆英　王秀英　于秀兰　孙月琴
张秀芳　周兰香　梁锦苹　赵广珠

包头市

王秀兰　李　明　唐嗣孝　梁龙凤
宗玲芳　曹玉香　王果田　薛金莲
刘霞民　毛善富　史润花
阿拉腾其其格　张九莲　李子春
胡淑英　张桂芝

呼伦贝尔盟

鲁凤兰　达日黑吉布　道布钦
东　嘎　嘎勒玛　淑　义　斯佩勒
毕振荣　孙淑琴　白桂珍　郑筱梅
郑　彦　金秀英　包奇英　王玉莲
棍柱伦　高永爱　涂金凤　苏　荣
鄂秀花

哲里木盟

胡翠英　勾桂琴　赵桂儒　邵香芝
张秀芬　从秀媛　格仁其木格
舍义玛　张淑清　齐宝玉　徐秀英
玛　努　金真淑　葡　萄　黄秉洁
李　英　包俊英　姚桂兰　刘淑珍
拉义玛

锡林郭勒盟

那仁格勒　包金花　伊德新好日乐
吴采英　张素荣　邹培珍　吉　汗
吴美荣　赵君斋　乌都斯玛

伊克昭盟

满都格利　杨秀清　银　正
那仁格日勒　乌云柱拉　宝拉代
巴达玛若格　郭女子　仁钦捎
格吉德玛　太平花　郭六女
脑门格日勒

乌兰察布盟

乌吉玛　那木汗　美德格玛
云娥娥　韩二仁　贺梅女　赫妙兰
王秀英　姑　娘　蔺淑兰　李改生
董官花　马云子　李二改　智培荣
孙桂芳　武秀珍　任秀英　马凤英
刘玉林　杨林业　好日老　哨吉玛

鸶　老　阿地牙　苏木牙

巴彦淖尔盟

曹金莲　张凤仙　韩秀珍　郭秀莲
马淑琴　张引弟　王淑惠　都　代
杨惠兰　吕仙荣　毛如兰　刘秀鱼
班三女　彭效文　查汗扣肯
阿拉坦其其格

昭乌达盟

焦桂珍　季秀英　姜余民　马秀荣
潘慧云　张玉兰　齐翠兰　冠秀英
那仁其其格　孙亚珍　梁廷秀
高秀英　王翠平　钱玉珍　王淑贤
银　梅　肖桂珍　孔庆荣　郑相兰
孙井晤　武秀英　那木其　周桂香
袁凤岐　王桂珍　胡庆兰　程立华
姜玉珍　高玉佩　谢桂兰　高素梅
姜素兰　韩秀莲　王湘云

直属机关

刘玉琴　马玉珍

湖南省

邹二英　湖南湘西公路运输局 31 车队驾驶员
张宏春　桑植秘利三七铁厂涡轮机手
闵时莲　安化茶厂茶工
周顺珍　常德市城南草织品厂厂长
谢顺兰　津市第一二旅社经理
郭润芝　临沣国营饭店服务员
罗爱珍　桃源陬市和平路小学教员
许世秀　西洞庭湖农场第四畜牧场饲养员
吴雪珍　常德棉纺厂细纱挡车工
韩湘媛　大通湖农场第五分场机耕队拖拉机手
姚美英　常德七一机械厂钳工学徒
陈金玉　浅粮湖农场三分场一队队长
倪顺妹　常德专署邮局话务员
谌玉梅　湘西钨矿工人
李德华　来阳商业局百货店营业员
谢爱莲　资兴煤矿三工区家属委员会主任
王外秀　郴州市百货公司门市部营业员
朱玖莲　株洲市省建五公司三处泥工学徒
朱友贞　株洲旅社服务员
易碧霞　省运输公社株州大队
欧锡英　株洲机厂铸钢车间翻砂学徒
童明利　株洲麻纺厂粗纱工人
袁国英　衡阳市江东区东站路小学教师
吴全正　道县寿雁公社供销部分店经理
谭爱兰　衡阳探矿机械厂五级车工
王雪桂　零陵冷水滩旅社服务员
周竹玉　宁远水市公社供销部副主任
王太存　衡阳三湖公社和平铁厂矿砂队队长
巫雪兰　长沙市裕湘纱厂织造工艺工程

师
周巧云　长沙市县靖港公社新民大队经济作物专业员
陈碧云　长沙市工商业者家属
高兰英　长沙铁路局长沙车站服务员
孙相英　市人民银行中山路办事处储蓄股副股长
雷庚和　长沙市五一路百货店营业员
余福星　长沙市国营湘剧团副团长
喻惠芳　长沙有色冶金设计院技术员
周银华　长沙县湘绣厂车间主任
陈菊华　长沙靖港公社专丰大队龙赞队生产队长
袁贤良　长沙市顺星桥幼儿园主任
林淑华　长沙市东区东风棉织厂副厂长
傅正春　湘潭市电缆厂修模组组长
聂桃英　攸县福利综合厂副厂长
李运娥　茶陵印刷厂工人
刘锦桃　岳阳血吸虫病防治所医士
贺庆莲　湘潭县石潭公社泉塘猪场饲养员
张福梅　湖南湘剧院名演员
戴以珍　湖南体育学院体操班
尹长民　湖南师范学院讲师
王德珠　湖南军区163医院护士
王静云　湖南省委办公厅打字员
宋长英　省地质局黑阳地区矿探队
李桂云　新化太平里铁厂钳工
蔡清云　邵阳市江北公社大队副支书
刘礎文　锡矿山矿务局选工
陈淑梅　娄底市小碧公社饲养员
徐淑英　涟源钢铁厂机修车间钳工
戚智萍　芷江宝龙山农场
李树英　沅陵城关公社第三联街总支书记
汪建坤　安江纱厂细纱工
周银凤　洪江市鞋底厂工人

西藏自治区

阳凤卿　文教
索朗拉母　西藏贸易总公司仓库工人小组长
尼马布古　支前模范
曲　珍　分工委工作队工作
永　清　昌都县城关区乡农协会主任
陈芝玛　昌都房建队砖瓦厂瓦工教育管理工作
薛咏明　第四医院内科护士长
潘　多　干部
白　玛　四区粮食门市部行政组长

国家机关党委系统

戴彩云　广播局广播设备制造厂天线工程队副工段长

钱纳仁　　国务院东郊幼儿园主任兼医生

中直党委系统

徐　兑　　人民日报农村部副主任
张悟真　　美术家协会对外联络部副主任
岳淑琴　　中南海幼儿园教养员
樊逸民　　中央机要局科员

冯淑英　　工人日报工厂装订车间技工

部　队

张金宁　　三〇二医院护理员
王淑芳　　总参行政部第一招待处西餐厅服务员

1979年

全国三八红旗手标兵

于兰馥　云南省人民医院

马文贤　内蒙古自治区呼伦贝尔盟布哈特哈旗扎兰屯镇正阳办事处大桥居委会

马国兰　宁夏回族自治区西吉县兴隆公社

马春英　福建省福州市仓山先锋粮店

王之任　七机部一院十一所北京工作组

王金秀　湖南省桃源县桃花园区妇联

王家光　辽宁省旅大市计划生育科研所

仁　措　青海省玉树藏族自治州曲麻莱县曲麻莱公社措池大队

方　静　上海市第七医药商店

白秀文　河北省永清县妇联

兰泽央　四川省康定县瓦泽公社营关生产队

包淑和　山西省医学院第二附属医院

古日吉德　内蒙古自治区锡林郭勒盟苏尼特左旗达日汗乌拉公社芒来队

玄姬淑　中国农业银行吉林省延吉县勇新营业所

冉桂英　甘肃省定西县青岗公社大坪大队

龙韵华　贵州省遵义丝织厂

刘凤卿　山西省毛纺织厂

刘国望　广东省连南瑶族自治县寨岗公社

刘靖慧　吉林省长春市第二实验小学

刘家贤　陕西省安康县洪山公社东风二队

戎冠秀　河北省平山县观音堂公社下盘松大队

朱宝英　吉林省化学工业公司

朱荷闷　广东省保亭县保国大队

朱继英　河南省固始县陈淋公社土门岭大队

毕　肯　新疆维吾尔自治区巴里坤哈萨克自治县沙尔乔克公社牧场

许振婉　国家建委兰州市政设计院

孙桂芝　内蒙古自治区昭乌达盟喀喇沁旗马蹄营子公社

严玉兰　青海省医药公司仓库

李玉兰　湖北省汉川县人和公社

李朵金草　甘肃省天祝藏族自治县阿沿沟牧场

李秀苗　湖北省钟祥县妇联

李国兰　四川省成都市金牛区营门口地区中心小学

李丽芳　广东省广州市二龙街侨务小组

李春华　湖南省麻阳县六溪口公社羊古

脑大队
李美珍　上海市宝山县彭浦公社农科站
李淑芬　北京市朝阳区呼家楼北里街道校外活动站
杨玉翠　湖南省泸溪县小章公社
杨兰英　安徽省蚌埠市空压机厂
杨炳姣　广西壮族自治区三江侗族自治县妇联
杨惠英　云南省晋宁县新街公社乐安大队
肖芝兰　四川省仁寿县人民医院
宋欣茹　河北省饶阳县留楚公社常安大队
吴丽芳　江西省于都县铁山垅粮油加工厂
吴淑珍　河北省石家庄市第三棉纺织厂
吴锡军　江苏省南京化学公司研究院
吴静因　山东省济南市四十八中学
汪桂英　江西省景德镇市陶瓷研究所艺术室
汪菊清　浙江省杭州市武林幼儿园
余淑辉　四川省垫江县回龙供销分社
张士珍　天津市蔬菜公司
张友惠　北京市宣武区人民餐厅
张克清　四川省开县长沙公社长沙大队
张诒仙　华南热带作物科学研究院
张秋秀　陕西省渭南县双王公社八里店大队
张浩芬　上海嘉丰棉纺织厂
张　敏　中国科学院上海冶金研究所
张智荣　贵州省晴隆县蔡家公社
张淑华　天津市玻璃耐火材料厂
张瑞芬　上海电影制片厂演员剧团
张瑞英　河北省南皮县刘夫青公社刘夫青大队
邵玉华　河南省郑州市向阳区二里岗办事处
陈玉英　广西壮族自治区防城县峒中公社供销社
陈月英　安徽省宣城县新田公社医院
陈花秀　江西省萍乡市电瓷厂
陈洁华　上海汽车一厂六十六路汽车
陈伦芬　北京市七九八厂
麦志莲　广西壮族自治区柳州市被单毛巾厂
林淑兰　天津市第一毛纺厂
金水莲　浙江省余杭县石鸽公社水产大队
金福业　安徽省舒城县南岗公社藕塘大队
苑淑琴　黑龙江省哈尔滨星光机器厂
范崇嬿　辽宁省沈阳市和平区南宁幼儿园
郎咸萍　山东省潍坊发动机厂
罗荣华　湖南省新邵县雀塘公社庙湾大队
胡世平　河南省洛阳市耐火材料研究所
胡秋香　浙江省兰溪县上华大队

胡蓉仙　云南省玉溪地区玉溪饭店
钟华英　江西省分宜县杨桥公社观光大队
姜桂兰　辽宁省岫岩县岫岩镇公社宏新大队
查正南　江苏省无锡市第二棉纺织厂
洪三妹　浙江省宁波市镇安街道华严居委会
荣凤爱　山东省文登县口子公社口子大队
骆丽琼　福建省惠安县张坂公社玉塘大队
贺　延　河南省三三九九〇部队医院
南斯勒马　内蒙古自治区巴彦淖尔盟昭潮格旗乌力吉公社毕力其尔大队
高希凤　山东省沂源县南麻供销社
徐秀英　内蒙古自治区哲里木盟科左中旗敖本台公社敖本台大队
徐玲君　安徽省合肥市西市区安庆路第二小学
徐　谦　山东胜利石化总厂炼油厂
郭月娥　内蒙古自治区包头市青山区富强路六号街坊第一居委会
韩之云　天津市光复道第一幼儿园
韩玉亭　江苏省徐州市五交化公司彭城五交化商店
莫进莲　广东省怀集县人民医院
聂素芳　河南省隆化县大庙公社老局子大队
黄惠芬　遵义医院院寄生虫教研组
黄满娥　广东省梅县雁洋公社雁下大队
梅月兰　北京绒毯厂
崔玉珍　黑龙江省哈尔滨靖宇幼儿园
常胜男　江苏省东台县三沧公社新五大队
裘梅卿　安徽省芜湖纺织厂
谢希德　上海复旦大学近代物理研究所
谢尔汗 · 阿吉　新疆维吾尔自治区温宿县扎木台公社库依其大队
粟炳珍　河南省社旗县饮食服务公司
褚宝玲　天津市河东区沈庄子街太平胡同妇代会
管友炼　四川省南充炼油厂
翟福兰　陕西省西北国棉一厂赵梦桃小组
潘　多　国家体委中国登山队
魏　群　湖南省技术物理研究所

全国三八红旗手

北京市

贾玉珍　七机部一院211厂十车间电焊工
岳玉芬　北京金笔厂
张大荣　北京眼镜三厂
谷志伟　缝纫机零件一厂
陈伦芬　七九八厂三车间五班班长
许爱华　北京微电机厂分电机车间电班工人
韩光珍　北京市运输公司第十四汽车场
奚润珍　北京制帽厂四车间裁剪工人
祖秀兰　北京唱针厂磨尖一班
赵淑贤　北京市义利食品厂工人
张丽荣　北京电镀总厂
张惠珍　五〇八所三室降落伞加工组工人
沈美娟　玩具四厂配料工
梅月兰　北京绒绒毯厂精纺车间染毛工人
崔淑莲　北京化工实验厂
贺淑兰　北京纺织器材厂沙管车间检验班长
闫喜芬　北京双金属轴五厂车间主任
朱秀英　中型龄轮厂党支部委员，伞齿班班长
夏雅芬　北京电机冲剪厂冲压班
佟淑兰　第二量具厂尺架车间
黄春香　北京开关厂工具科弹簧组副组长
崔凤英　北京橡胶一厂
胡艳清　北京第一轻工业机械厂库工班长
霍淑清　建材水磨石厂一车间抹浆工
张宝莲　北京市木材公司南郊木箱厂
石秀荣　二七机车车辆工厂
王振范　国家建委一局二公司
朱惠芬　北京市邮政局国际邮电营业员
马爱芳　北京电池厂特电车间工人
张正海　北京市内电话四四分局测量员
温淑兰　北京地坛拔丝厂工人
张秀荣　北京耐火材料厂
张桂霞　北京重型电机厂电小件车间厂党委委员
王凤云　北京标准件一厂工人
朱亚珍　京棉二厂细纱挡车工
黎月明　北京手扶拖拉机厂总装车间工

人
洪玉文　北京市煤气用具厂
赵淑珍　公共交通局电车公司106路售票员
王凤梅　绿化处东北郊苗圃
孟玉环　房修一公司西苑处
何大力　第一清洁车辆场炊事班长
陈爱全　第五建筑公司专业处外线电工
李翠珍　第六建筑公司三工区二队队长
施小毛　北京风机二厂车间主任
杜凤芹　化工二厂施工队瓦工四组维修工人
李万花　木城涧矿三八女子掘进队队长
侯希珍　北京市同仁堂制药厂包装组长
范承珍　北京长途电信局长途台话务员
宋玉英　二一八厂一车间四班铣工
刘福珍　机电公司建国门供应站业务员
尹玉芳　北京铁路分局北京站客车间
米洪荣　天津电务工程大修队仓库管理员
张艳红　铁道部电化局一处四段一队女工班班长
唐慧利　重型机器厂机械科维修电工
韩伯茵　京棉一厂准备车间穿筘车工
詹素琴　北京燕山石油化学总公司机修厂加工车间工人
孙琪娜　北京合成纤维实验厂
段清华　首钢矿山公司矿建公司
苏秀兰　北京第二印染厂工人
索桂清　清河毛纺厂精织车间挡车工
郑贵萍　北京羊毛衫厂横机车间挡车工
孙淑芳　北京围巾厂机织挡车工
刘淑芳　北京袜厂织袜工人
王秀文　北京电管局云岗电厂
赵连英　地毯四厂一车间
潘秀芹　北京衬衫厂整烫车间组长
刘素银　北京塑料模具厂工人
闫金凤　首钢运输部机装大队
罗秀岐　西城铅丝制品厂五车间主任
秦淑雅　北京市无线电元件二厂工人
王桂珍　北京无线电仪器厂保管员
韦殿俊　朝阳医疗器械厂三车间
孙桂琴　前进化工厂裂解车间班长
王素玉　北京橡胶五厂工人
于善凤　北京车辆段
李成华　煤炭二厂大红门分部炊事员
范桂英　内燃机总厂供销料库管工
张淑英　北京制药四厂
季桂芬　北京医药站化学试剂批发商店业务员
黎素英　北京齿轮厂元柱车间铣工班长
张子英　北京市汽车修理公司五厂工人
郑香莲　北京长途汽车公司马圈车队售票员
马志平　电讯工具厂
刘淑云　铁道部南口机车车辆机械工厂生产班长
宋秀英　通县麦庄公社崔窑大队饲养员

田淑芬　通县纸箱厂订盒班工人
张秀清　通县胡各庄公社杨庄大队
胡剑秋　通县张家湾公社黎各庄大队
常小珍　崇文区东花市街道“葡萄常”老艺人
孙　惠　北京电务器材厂
刘亚军　北京体操队运动员
纪秀荣　大兴县红星公社旧宫分场妇联主任
禹淑荣　北京特殊钢厂工会女工委员
杨　华　北京卫戍区医院妇产科护士长
韩同慧　北京卫戍区五一一八部队通信营通信连话务员
王凤芹　海淀区四季青公社果树管理站西山果树三队社员
赵世珍　西城区二龙路大木仓工艺美术工厂老艺人
冯瑞兰　顺义县木林公社陈各庄大队饲养员
李凤英　顺义县牛栏山公社半壁店大队党支部书记
杨宝兰　顺义县李通公社沟北大队党支部副书记
周庆申　顺义县后沙峪公社马头庄大队
王淑香　顺义县杨镇公社张家府大队养鸡场场长
高桂珍　顺义县工业局农药厂
宋文荣　海淀区东升公社棉织厂车间副主任妇代会副主任
郑淑敏　海淀区玉渊潭公社永安机械厂维修车间铣铯组生产组长
张淑清　海淀区四季青公社门头村四队党支部书记
董会珍　温家公社太舟坞大队党总支副书记
张景玉　海淀区北安河公社北安河大队
戚淑英　平谷县张各庄公社马各庄大队
张素华　平谷县镇罗营公社朱角峪大队党支部书记
顾希英　平谷县英城公社洼里大队
郭秀芬　密云县石城公社赶河厂大队西苍峪生产队副队长
冯彦玲　密云县东庄禾公社沙峪大队饲养员
于桂芬　新城子公社花园大队一队林业员
李素清　门头沟区水泥厂烘干车间主任
金素华　门头沟区军庄公社军庄大队
李长芝　门头沟区青白口公社珠窝大队
单玉敏　昌平县沙河公社西沙屯七队饲养员
刘广兰　昌平县昌平镇公社西关大队党支部副书记
王淑芝　昌平县中越公社定福皇庄大队
王桂芬　昌平县七一制镜厂
王秀兰　朝阳区高碑店公社党委副书记
曹淑华　朝阳区王四营公社官庄大队唐家坟生产队党支部副书记

宋连娣　朝阳区十八里店公社皂君堂大队党总支副书记
张俭玉　朝阳区和平公社苇沟猪场饲养员
耿会芹　延庆县张小营中学教员
吴荷莲　延庆县高庙屯公社拖拉机站
苓桂兰　延庆县塑料厂
李秀兰　丰台区卢沟桥公社车管头大队
李桂荣　丰台区黄土岗公社草桥大队党总支副书记
白秀兰　丰台区南苑公社农机厂
赵秀荣　丰台区南苑公社南苑大队第七生产队党支部书记
杨秀珍　丰台区王佐公社佃起二队园田组长
苓新华　怀柔县庙城公社郑君庄大队队长
王　云　怀柔县西庄公社枣树林大队干部
张淑荣　房山县塑料厂
吴淑惠　房山县城关公社顾册大队
陈淑苹　房山县南尚乐公社前石门大队
贺玉苹　房山县长阳公社军留庄大队
谢立翠　房山县周口店公社南韩继大队
晋德英　房山县十渡公社平峪大队妇代会主任
高凤珍　大兴县黄村公社七街大队副大队长
韩秀东　大兴县东方红公社社员
户乃芝　大兴县安定公社堡林庄大队党支部书记
王　珉　北京市化学工业局副局长
银重华　首都钢铁公司党委副书记
梅永珍　北京对外经济工作办公室
刘瑞敏　市公安局办公室研究科
刘莲芳　市公安局通县分局城关派出所
隗兰芬　房山东吕小学主任
聂汗云　丰台区第五中学党支部书记兼校长
霍懋征　北京第二实验小学副校长
阮燕君　东城区 27 中副校长
连文凯　朝阳大山子一小团队干部
王进芬　门头沟区欣荣百货商店经理
卫安江　北京建筑机械厂生产科干部
马金芝　北京前进棉织厂工会副主席
成德兰　北京建筑设计院五室
张肖常　北京造纸二厂
贾淑芹　平谷县农科所
单良玉　延庆县下屯公社程家营大队
陈淑纯　大兴县红星公社科技站技术员
于凤玲　平谷县南独乐河大队
于云倩　北京朝阳区和平公社科技站技术员
李荣华　延庆县植保站
李淑贤　密云县城关公社西大桥大队科技员
李秋云　丰台区长辛店公社长辛店大队科技员

林明美　北京市药品检验所化学室负责人
汪　惠　北京市结核病研究所
张兆璞　七机部二院十七所技术员
陈玉兰　北京汽车制造厂设计科技术员
姚舜华　市政工程研究所管材室技术员
陈玉珍　北京市规划局测绘处
陈德荣　北京冶金液压机械厂
张钟恩　七三八厂电子交换机设计工程师
吴鹏鸣　北京市环境保护监测站技术副站长
王之任　七机部一院十一所北京工作组总支副书记
董新菊　北京市地质局
李　云　光华木材厂十一车间技术员
陶国华　市农科院蔬菜所
廖炳英　北京机床工业公司总工程师
刘文岑　设计院土建室结构二组组长
万焕平　北京电业管理局中心调度所
赵长白　首钢公司总调度室
代秀生　北京毛纺织厂副厂长兼副总工程师
胡笑彤　化肥农药工业公司
董启敏　北京无线电零件一厂
刘子瑜　北京市制革厂
李春丽　北京市首饰分公司
张锦霞　北京市计量局
张世英　市情报研究所
朴敬植　中央民族学院语文系朝语组
陈翠仙　清华大学
熊振翔　北京航空学院
张树榛　农业大学农学系教授
杨德馥　人大附中教员
顾孝诚　北京大学生物系
霍亚贞　北京师范学院地理系
赵炳玉　北京九中体育教研组副组长
叶多嘉　北京光明小学教师
王碧霖　北京十一中学教师
付仙芬　北京一四八中教员
许通儒　光明小学教师
肖淑英　一六一中学数学特级教师
张继恒　北京师大附属实验中学物理教师
吕宪珍　丁香小学三年级教师
杨凤仪　北京171中学年级组长
陈秀丽　呼家楼中学教师
陆秀英　通县城关公社杨庄小学
张金芝　密云二中
简秀文　顺义县扬镇中学
黄木兰　延庆小学
曹桂芬　平谷县城关子弟小学
梁秀英　昌平城关小学
孙玉慧　北京门头沟黑山小学
向　前　北京市十一学校
王兰惠　北京市海淀区粉和坊小学
郭士茹　大兴县采育中学数学教师
张丽珠　北医三院妇产科主任教授

王大琬　北京妇产医院
严仁英　北医第一附属医院
孙静明　北京市摩托车配件厂医务室班长
田玉凤　丰台铁路医院内科
赵爱华　首钢公司医院
郑汝芳　燕山石化总公司医院
沈惠娟　北京友谊医院口腔科医生
司堃范　北京朝阳医院
王梅素　北京结核病医院炊事员
张颖杰　积水潭医院妇产科主任
胡亚美　北京儿童医院
章曼萍　北京口腔医院颌面外科护士
黄志明　北京工农兵医院小儿科主治医生
莫荷华　清华大学校医院
王玉英　通县医院
何舜琴　大兴县医院妇产科医师
宣清华　北京市海淀医院
何　营　怀柔县喇叭沟门公社孙栅子大队赤脚医生
金淑真　北京市第四医院
赵淑荣　北京市宣武区椿树医院
张玲宁　西城区二龙路医院护士
张欣远　东四妇产医院
杨　沫　北京市文联专业作家
狄　辛　北京人民艺术剧院
王玉珍　北京京剧院演员
谷文月　中国评剧院
刘亚军　北京市体委体育工农大队北京体操队
李　霞　北京业余体校北京武术队
孟凡爱　北京体育学院射箭队队员
汪　霞　北京印刷三厂排字车间拣字工人
孔秀英　北京新华印刷厂装订车间工人
王荣敏　北京胶印厂检验组组长
安荣珍　北京市制版厂铜锌版车间工人
赵金玉　北京市水产供销公司阜成门批发部
李　燕　市财税局第一分局
刁淑兰　东风市场
何惠清　北京市西单百货商场
潘二兰　北京市友谊公司百货部
刘淑荣　北京粮食局西郊粮库
王淑贤　市果品公司西北郊仓库加工班班长
饶九玲　东城区红叶服装厂
李桂芳　西城银行新街口分理处西大街储蓄所储蓄员
李维贤　西单食品基层店燎原食品店售货员
李淑珍　西城煤炭公司福绥境煤厂送煤工
张　杰　宣武区自行车摩托车修配厂第二门市部组长
姚月霞　崇文区杨家园粮店
金淑兰　昌平县九兰畜牧场

郭素香　朝阳区副食管理处立新基层店燕丰门市副主任
王合义　农机供应站门市部
李淑琴　延庆县井庄供销社
刘淑英　顺义县百货基层商店
席风义　密云县商业局菜蔬公司
刘奎勤　怀柔县七道河粮管所
闫俊珍　市第二服务局旅店公司永安路第三旅馆
韩俊稳　市友谊宾馆主楼四层小组
王桂君　东城区东直门外基层店翔泰饭馆门市部主任
谷守香　东城区东西人民浴池基层店
张友惠　宣武区人民餐厅服务组组长
王淑英　崇文区锦芳小吃店
杨　红　石景山区北辛安理发馆
张淑珍　房山县良乡回民饭店
许维馨　七七四厂保育院副院长
王继芬　东城区东华门幼儿园
范俊卿　北京第一幼儿园园长
平景芬　西城区二龙路京儿道托儿所所长
王秀芝　密云县埝上公社曹村大队幼儿教师
任淑兰　北京仪器厂托儿所
倪荣秀　北京矿务局长沟峪煤矿托儿所所长
张桂香　北京市食品公司托儿所所长
李志强　东城区东华门街道韶九居委会
陈玉梅　东城区交道口交南八条居委会主任
蔡金荣　宣武区椿树第二皮鞋厂
张亚英　宣武区陶然亭综合修理厂车务组副组长
许正香　宣武区大栅栏街道大安澜营居委会党支部书记
邸欢乐　宣武区达智桥居委会党支部书记
李云霞　崇文区建新锦缎制品厂
温芝琳　崇文区茶食居委会
刘玉坤　崇文区永外李村服务站
张文兰　崇文区前门街道打磨厂第一居委会
何淑芹　海淀区八里庄街道田村居委会支部书记
闫玉兰　丰台区右安门办事处二三街居委会
周玉莲　东城区安定门街道头条妇代会主任
刘敬珍　西城区厂桥街道服务所理发员
蔡玉清　西城区月坛街道社会路居委会扫盲积极分子
刘香芝　西城区丰盛街道大乘居委会支部书记
黎　林　西城区西长街西栓居委会理论辅导员
赵志清　西城区展览路街道露园妇代会主任

吴　军　朝阳区朝外大街妇联副主任
李淑芬　朝阳区呼家楼街道北里校外活动站辅导员
刘秀婷　朝阳区三里屯街道白家庄居委会党支部书记
秦秀振　东城区和平里街道兴化西里代销店负责人
刘金兰　石景山区八宝山街道服装厂机工车间副主任
马素花　石景山区古城街道十一委支部书记主任
张瑞云　中国电影工作协会
李　霞　北京市业务体校北京武术队
孟凡爱　北京体育学院

天津市

邵克荣　和平区修配公司服装五厂工人
东玉珍　和平区糖业公司泰隆基层商店门市部主任
宋丽梅　南市燕春楼饭庄服务员
崔桂华　华清池修脚工
王玉兰　和平区体育馆街汉口道居民区群防站群防员
高永春　和平区民园街澳门路居民区支部书记
吴秀珍　和平区小白楼街浙江路居民区
胡成兰　和平区清和街巨粮里妇代会主任
左璧玉　和平区体育馆街设计里居民区支部书记
周　静　和平区第十一幼儿园教师
龚玉兰　天津市第五十五中学教师
田　杰　和平区民园卫生院副院长
陈庸菴　和平区民园街统战学习组
傅玉珍　和平区新兴街妇联主任
李慧兰　河东区李公楼街房地产管理站干部
杨翠兰　河东区副食品公司售货员
马玉兰　河东区十一经路百货商店副支书、经理
李文华　河东区郑庄子街棉五一居委会主任
张文瑞　河东区沈庄子街妇联主任
褚宝玲　河东区沈庄子街太平胡同妇代会主任
卢奋燕　河东区中山门三中教员
杨明珠　河东区石墙子大街第二小学教员
袁秀英　河东区第三幼儿园教养员
蒋孝贞　河东区工人医院医士
李秀芬　公安河东分局干警
白艳玲　河东区第二施工队工人
张士珍　河北区光复道副食品商店党支部副书记
杨秀兰　河北区先锋理发店理发员
迟文和　河北区金家窑街第五服装组组

长
张会卿　东六经路街第一居委会
朱秀兰　河北区粮店街新货场居民委员会主任
廉宝珍　河北区辛庄街第七居民委员会主任
王淑珍　河北区中山路街北站居委会主任
钟玉芹　河北区何兴庄街大闸口居民区妇代会主任
赵连子　河北区京津公路街前进妇代会主任
韩之云　河北区光复道第一幼儿园教养员
何月萍　天津市五十七中教师
邱　英　天津市第一医院副护士长
杨淑琴　河北区王串场街妇联主任
李兰芝　天津市河北区光复道街妇联主任
闫景芝　河西区百货公司南楼商场售货员
董致祥　河西区糖果糕点公司下瓦房基层商店门市部主任
王志华　河西区下瓦房街解放路妇代会主任
薛淑珍　河西区马场街三合里居委会主任
史雅青　河西区大营门街徐州道妇代会主任
孙文敏　河西区桃园村街市政妇代会主任
李春华　河西区挂甲寺街孙家二条妇代会主任
宋玉兰　河西区四号路街第四居民区主任党支部书记
张庄荣　新华中学教师
王志敏　河西区桃园村卫生院助产士
程灵香　津西尖山街妇联主任
金淑珍　河西区下瓦房街妇联主任
夏桐兰　天津市红桥区房地产管理局工程三队工人
王月芹　天津市红桥区百货公司丁字街百货商场鞋帽柜柜长
陈文华　天津市红桥区蔬菜副食品公司北大关副食一店售货员
王士珍　天津市红桥区饮食公司乌市基层店副经理
李淑云　天津市红桥区医药总店民族中心药店门市部主任
庞玉兰　天津市红桥区大伙巷街延年里居委会主任兼党支部书记
张秀芬　天津市红桥区邵公庄街第八居民区党支部书记
孙金娥　天津市红桥区先春园街第八居民区妇代会主任
马淑珍　天津市红桥区西沽街第六居民区代营食堂
于静贞　天津市红桥区河北大街卫生院

妇产科助产士
邵丽琴　天津市公安局红桥分局邵公庄派出所民警
蔡树华　天津市红桥区大胡同街妇联主任
田桂英　南开房管局西湖村仓库器材科库工
宋秀荣　南开区蓄水池副食基层店支部书记
徐佰芬　南开区服务公司西南角旅店门市部主任
张秀兰　南开区西北角街第六居民区党支部书记
吕顺荣　南开区南门西街西南角居委会
董桂芝　南开区向阳路街海洋妇代会主任
贺兰香　南开区蓄水池街办事处东大街居委会妇代会主任
黄扶先　南开区万德庄街南开大学东西村妇代会主任
刘宝珍　南开区东丝里街安然里居委会主任
李淑香　南开区六合市场街妇联副主任
张　璞　南开区三八幼儿园党支部书记
董玉华　南开区中营小学党支部书记
徐淑芹　天津矸厂机械车间工人
史金英　新河船厂工人
范秀英　跃进化工厂工人
李　慧　塘沽建筑公司三队工人
王锦香　饮食公司天津包子铺主任
张长云　东沽街花园妇代会主任
张敬之　新港街第一居民区
刘淑华　塘沽区新村街上海道居民区书记
刘淑琴　塘沽区新华路街文化居民区书记
肖莲榕　塘沽二中教师
张广凤　东沽小学教师
韩爱荣　塘沽医院副总护士长
高秀兰　塘沽清洁大队工人
黄绍珍　汉沽区天津化工厂动力车间工人
董恩芳　汉沽百货公司新开路商店售货员
吴兰英　汉沽区寨上街杨家寨上居民区支部书记
裴秀清　汉沽区营城街东居民区妇代会主任
邱瑞贞　汉沽区汉沽医院儿科医师
胡静云　市工商联原工商业者家属学习组
陈玉玲　蓟县尤古庄公社黄辛庄大队
张秀文　蓟县罗庄子公社杨庄大队
刘志芳　蓟县下仓公社
孙玉荣　蓟县下仓公社大杨各庄大队
金瑞仙　蓟县宋家营公社好女塔大队
武翠臣　蓟县九百户公社
冯桂香　蓟县翠屏山公社西山北头大队

马廷荣　蓟县上仓公社南闵庄大队
于清贤　蓟县许家台公社花甲石大队
赖荣英　蓟县东塔公社荒地大队
刘志芬　蓟县商业局药材公司门市部
宁玉珍　蓟县城关公社东南污大队
李术臣　蓟县官场公社孟农屯大队
谷志生　蓟县建材局水泥厂
汪翠兰　蓟县白涧公社刘吉素大队
张学兰　宝坻县城关公社龙沅
郃焕珍　宝坻县三岔口公社邦道沽
李金宏　宝坻县赵各庄公社沟头
张连芳　宝坻县牛道口公社郭申子
刘井付　宝坻县大吨公社茶棚
靳　秀　宝坻县牛家牌公社牛家牌
孟昭英　宝坻县大白庄公社大白庄大队
李金苹　宝坻县王小庄公社王小庄
白洪青　宝坻县杨家口公社杜庄子
周素兰　宝坻县欢喜庄公社王建庄
刘玉春　宝坻县黄庄公社张洪庄
张瑞云　宝坻县北坛公社佟家庄
代彩霞　武清县大沙河公社大沙河大队
赵翠兰　武清县黄花店公社胜利大队
王秀英　武清县武清农场高楼大队
高玉春　武清县河北屯公社小杨庄大队
刘锦云　武清县王庆坨公社解放大队
王成荣　武清县东马圈公社安标垡大队
朱宝芬　武清县大良公社杨场大队
王维金　武清县汉沽港公社勤劳大队
熊淑芬　武清县黄庄公社三里屯大队
李　芬　武清县城关公社东张营大队
孙秀兰　武清县崔黄口公社东狼尔窝大队
李会文　武清县大顿邱公社西蒲洼大队
侯宝珍　武清县高村公社兰城大队
董秀英　武清县孟庄公社小押虎寨大队
邢景华　静海县胡连庄公社刘家房子大队
梁树宪　静海县东双塘公社西双塘大队
叶凤云　静海县中旺公社班高庄大队
芦玉珍　静海县独流镇团结街大队
程凤荣　静海县团泊公社孟家房子大队
张子兰　静海县食品厂
冯子贵　静海县文教局
韩承桂　静海县静海医院
郭秀梅　静海县台头公社
李艳华　宁河县丰台公社
朱顺云　宁河县大北公社独立大队
李祥风　宁河县南涧沽公社薄台大队
厶春荣　宁河县芦台镇曹庄子大队
林中英　宁河县潘庄公社东塘坨大队
杜文茹　宁河县芦台第二中学
王洪珍　宁河县任凤公社北移民大队
曲玉兰　东郊区新立村公社宝元村大队
孙淑凤　东郊区万新庄公社詹庄子大队
张秋平　东郊区大毕庄公社长青大队
吴世珍　津东郊区赤土公社贯庄大队
马玉兰　西郊区西营门公社五顶堤大队
刘建秀　西郊区杨柳青镇第十三街大队

林宪英　西郊区李七庄公社纪庄子大队
李洪珍　西郊区九一九公社曹庄子大队
张淑萍　西郊区张沃公社
张凤琴　南郊区北闸口公社西右营大队
赵兰凤　南郊区八里台公社八里台大队
薛素兰　南郊区双港公社南马集大队
贾兆俊　南郊区太平村公社太平村大队
杨树华　南郊区长青公社灰堆大队
王桂珍　南郊区戈沽街化学厂
刘贤香　南郊区南羊公社韩城桥大队
成凤英　南郊区北闸口供销社
张凤连　北郊区北仓基层商店
白玉珍　北郊区天穆公社
张兴丽　北郊区双街公社庞嘴大队
王秀英　北郊区北仓公社之义村大队
刘先哲　北郊区南昌中学
杨长茹　新城公社新城大队
孙桂花　北塘公社富裕之路大队
刘志莱　塘沽海洋捕捞队
王桂苓　津汉沽区大田公社大王大队
董少珍　津汉沽区茶淀公社妇联
王宝如　津汉沽区茶淀公社新村大队
孙秀珍　天津市东方红汽车配件厂组长
李瑞林　天津机械厂工人组长
邢玉珍　天津市磨床厂工人、工会组长、资料工具保管员
钟秀枫　天津市电线厂工人、组长
冯秀娣　天津机车车辆厂炊事员
张亚雄　天津机械研究所技术员
易俊芬　电子仪器厂工人
杨秀云　天津市无线电一厂食堂组长
李宗滨　天津市无线电原件五厂工人
焦文兰　天津气象海洋仪器厂工人
谢秋涵　天津市无线电技术研究所技术员
徐淑敏　人民纸制品印刷厂工人
郭淑英　天津市车铃厂工段长
戌学珍　天津造纸研究所工程师、副所长
张淑华　玻璃耐火材料厂工程师
韩荣珍　天津玻璃器皿厂班长
金英顺　天津香皂厂工人
孙美疆　天津市刀剪厂磨刀工人
韩宝珠　天津市第二塑料厂技术员
高金福　天津第六皮鞋厂工人
张云斌　天津市衬衣厂工人
刘盖珍　渤海五金电器厂车间主任
刘义珍　天津市制锁三厂工人
程绍芝　冶金局工会妇女干部
张凤琴　天津市第一炼钢厂采购员
周瑶琴　天津轧钢一厂工人
庞淑兰　化工局长征胶鞋厂班长
张婉华　化工局天津化工研究院专题组长、工程师
武雅琴　化工局四新油漆厂组长
付佩云　天津市染化三厂班长
李淑勤　天津市化学工业局工会女工干部

毛玉根　天津帆布厂织布工人
孔桂英　天津国棉二厂挡车工
林淑兰　天津第一毛纺织厂工人
郑成群　天津四新纱厂工人
王淑媛　天津丝织四厂织绸挡车工
杨秀荣　天津四新纱厂工人
李秋荣　天津市第一棉纺织厂细沙挡车工
段肇谊　天津市第三毛纺厂医师
杨秀文　天津棉纺五厂布场值车工
李淑兰　天津棉纺四厂
高树春　天津棉纺三厂布场挡车工
任俊霞　天津三五二九厂工人
亓兰欣　天津国营七一二厂
王　娟　天津市人民商场售货员
崔淑兰　天津市百货大楼售货员
朱昌琴　天津市纺织品第二总店售货员
高淑菊　天津针织品采购供应站工会干部
刘瑞莲　天津市回民糕点厂组长
孙淑芳　天津二商局食品公司第一加工厂医生
张风兰　天津市第二商业局食品公司第二加工厂工人
李兰芬　天津市汽车修理厂工人
刘仕兰　天津市第二运输公司工会女工干部
程　丽　天津市汽车运输一场保育员
王秋霞　天津铁路分局第四铁路学校教员
岳　进　天津列车段列车长
张玲田　天津车务段北仓车站站务员
郑金玲　天津市电车公司乘务员
戴爱兰　天津市公共汽车三厂乘务员
王振联　天津市建筑工程局女工干部
周玉霞　天津市建筑工程局第六建筑工程公司汽修班班长
王淑荣　石油工业部第四工程公司职工医院食堂炊事员
童军玲　天津市房管局第二修建公司三队瓦工
沈春兰　天津市房地产管理局直属房产公司清和街房管站管养班班长
杨淑华　天津市玻璃纤维厂工人
张秀玲　天津市玻璃厂托儿所负责人
高秀英　天津市政工程局公路处第四管理所辛庄道班副班长
高　敏　天津市物资回收白庙经营部业务员
孔德香　弹棉制品厂组长
彭淑雯　天津市土产进出口公司药材加工厂
夏春铃　天津粮油进出口公司粮油储炼厂三八班班长
王淑珍　天津市粮食局汽车队司机
张启华　天津军粮城发电厂司炉
李凤英　大港油田水电厂家属站站长
徐同台　大港油田第一勘探指挥部

刘俊秀　大港油田第一采油指挥部副指导员
吴春香　大港油田指挥部机关托儿所保育员
敖利华　海洋石油勘探局地质工兼化验员
沈庆霞　港务局第二作业区一货区副库长
李金喜　天津石油化纤厂化工分厂
余韫珠　天津第一中心医院护理部主任
周秦玉　天津儿童医院内科副主任
杜梓伯　天津市中心妇产科医院科主任
颜美怡　天津话剧团演员
骆玉笙　天津市曲艺团演员
王新灵　天津市电子计算所技术员
王春华　天津市红音线材厂车间支部书记
张敬如　天津大学教研室副主任
陈茹玉　南开大学元素所副所长
许文娟　长途电信局长途台话务员
陈立红　第一航务工程局第一工程处混凝土工
游越华　交通局第一航务工程局科研所工程师
窦淑明　天津市胶合板厂保育员
周玉兰　工农联盟农场副队长
赵靖国　天津双林农场副队长
王学敏　中国人民银行天津市分行和平区办事处储蓄员

河北省

栋永梅　河北国防工办凌云机械厂医院
冯素娥　河北省省直第三幼儿园
张万芝　华北油田油建一部家属管理站第二生产队
贾先梅　华北油田指挥部一矿采油二队
高世敬　石家庄铁路分局邢台铁路子弟学校
闫春花　河北省河北梆子剧院二团
付绍萱　河北新医大学药理教研组
尹亚军　河北省体委体工大队
董秀芝　河北省承德矿山机械厂
丁立親　河北省开滦煤炭科学研究所
范素枝　石市矿区贾庄公社天户峪大队
温平平　石市郊区孙村公社留村大队
张艺全　石家庄维尼纶厂
张平均　石家庄市纸箱厂
张秀珍　石市无线电九厂
葛　平　石家庄市无线电十四厂
吴淑珍　石家庄第三棉纺织厂织造车间
邸敬茹　石家庄铁路列车段
高　伟　石家庄市公共汽车公司
武玉梅　石家庄市郊区赵陵铺公社妇联
郭文华　石家庄市桥东区车马路办事处平安路第三居委会
郝素梅　石家庄市永安街明信居委会五七制盒厂

梁美芹　石家庄市百货公司丽华布店
刘志英　石家庄蔬菜公司东方红商店淡村门市部
严纪淑　石家庄市第九中学
董耐芳　河北师范大学化学系
闫士贞　石家庄市东方红区东方红路小学
石莲秀　石家庄市丝弦剧团
梁　慈　来鹿县食品厂
穆新巧　来鹿县中里厢公社中里厢大队
罗会娟　来鹿县纺织厂
彭胜领　晋县总十庄公社东台大队
赵兰欣　晋县城关供销社
王香花　深泽县西河公社缝纫厂
陈建英　无极县张段固公社张段固大队
谈文巧　藁城县农科所
白春芝　藁城县城关二大队
马金英　藁城县城关公社孟村大队
高彦芬　赵县大夫庄公社农机站
张改子　赵县沙河店公社野鸡铺大队
张小梅　栾城县郄马公社宋北大队
常振英　栾城县陈村公社北陈村大队
韩秀书　栾城县郄马公社南郄马大队机务队
王　女　正定县诸福屯公社固营大队
马淑珍　正定县解放街小学
朱玉明　正定县农科所植保植检站
段春花　新乐县大流公社渔砥大队
程增娟　新乐县东王庄公社楼底大队
赵风菊　高邑县中韩公社中韩大队
李月联　元氏县姬村公社闫堡大队
宋彦萍　元氏县正庄公社城郎大队
秦三梅　赞皇县清河公社
杜锁金　井陉县胡家滩大队
李捧金　井陉县威州公社寨湾大队
何风娥　井陉县百货公司东方商场
孟金鱼　获鹿县李村公社百尺杆大队
王君梅　获鹿县大河公社大河大队
戎冠秀　平山县观音堂公社下盘松大队
齐三妮　平山县唐家沟公社王家沟大队
齐素平　平山县里庄公社烟堡大队
靳淑平　平山县孟贤壁公社北贾壁大队
罗淑梅　平山县宅北公社会口大队
史喜荣　平山县柏坡渠道办公室
罗风菊　灵寿县城关公社胡庄大队
栗秀兰　灵寿县三圣院公社同下大队
兰梅彦　行唐县城关公社南街大队
苏玉珍　唐山市陶瓷公司瓷厂彩烤车间
李秀荣　唐山轻机厂
段秀荣　唐山市东矿鞋厂
李凤兰　唐山市华新纺织厂
周素娟　唐山市鞋厂
李素珍　唐山市百货公司省轻站
宁翠文　唐山市郊区岔道公社东八里大队
张瑞萍　唐山市郊区刘家营公社东杨家营大队
于考兰　唐山市郊区果元公社常各庄大

队

范印萍　唐山市郊区女织寨公社大洪桥大队

李永芝　唐山市郊区果元公社李官屯大队

王淑英　唐山陶瓷公司研究所

张秀芹　唐山市唐家庄蔬菜站大桥副食部

李凤兰　唐山市东矿区唐家庄街道新工村居委会

王素芹　唐山市南厂工房办事处楼西居委会

曹瑞华　唐山市路北区西工人新村二街居委会

戚秀珍　唐山市东矿区林西东亚房居委会

王效英　唐山市东矿区古沼第四小学

李学玲　唐山市十一中学

杨慧志　唐山市路北区新华小学

袁　征　唐山市开滦煤矿马家沟矿医院中医科

田凤文　遵化县平安城公社骆马庄大队

郑殿芬　丰润县城内小学

高玉玲　丰润县新军屯大队

任国芬　丰润县唐河甸公社大唐河大队

路　江　昌黎县医院

杨曙明　昌黎县裴家堡公社赵庄大队幼儿园

赵惠兰　乐亭县马头营公社黄坨大队

赵玉芬　乐亭县新屯公社芍坨大队

张桂芬　滦县杨柳庄公社北高庄大队

田桂兰　滦县塔坨工委育红院

张玉兰　遵化县刘备寨公社刘备寨大队

王玉兰　遵化县建明公社西卜大队

安玉香　丰南县刘唐保公社李新庄大队

李吉荣　丰南县高庄子公社东台大队

徐秀兰　丰南县侉子庄公社农机站

李艳霞　丰南县胥各庄公社八街大队

赵尚英　秦皇岛市铁庄公社铁庄大队

石动芬　秦皇岛市耀华玻璃厂一熔车间

李三妮　秦皇岛市海港区新华大街办事处纸盒厂

赵玉荣　唐山地区柏各庄农垦区二农场卫队

王桂芝　秦皇岛市财贸办公室

苳秀兰　秦港杂货作业组

王德兰　迁西县尖城公社西河南宅大队

柴桂珍　迁西县东花院公社东陆庄大队

李文花　迁安县东闯庄公社

马明坤　迁安县武装部

何庆芬　乐亭县养老院

陈玉荣　乐亭县于坨公社北常坨大队

吴秀英　迁安县菜园公社大杨庄大队

彭秀营　迁安县雷庆公社胡各庄大队

孙�青　抚宁县留守营公社七里涧大队

王静春　抚宁县麻姑营公社牛角峪大队

王桂芝　卢龙县李柳河公社大王柳河大队

赵淑贤　卢龙县时各庄公社小莫营大队
黑俊芝　卢龙县应各庄公社下营各庄大队
苑学娴　滦南县倴城育红小学
郭淑芸　滦南县倴城公社西南街大队
姚玉芹　滦南县扒齿港公社李庄户大队
秦淑云　滦县城关镇秦庄大队农试场
张爱莲　玉田县五金门市部
刘秀玲　玉田县渠河头公社孙庄子大队
石继凤　遵化县党峪工委东风渠三八突击队
刘学兰　昌黎县制鞋厂
徐指献　廊坊地区人民医院妇产科
陈福英　大厂回族自治县东彭福大队
孙桂英　坎县西沙大队
孟庆芬　三河县小薄各庄大队
刘凤鸣　大城县凡良村大队
刘淑香　霸县石沟公社石沟大队
王　杰　大城县医院
秦福兰　香河县香城大队
付淑兰　香河仓上大队
屈淑银　香河县蒋辛屯公社窑口大队
张敬珍　固安县东大营大队
申海荣　固安县独流铁工厂
刘秀芬　文安县大长田大队
任淑琴　永清县右奕营大队
沈淑伶　三河县灵山公社
宋士英　文安县大留镇公社
黄维利　安次县廊坊镇四季春门市部
高淑英　安次县周各庄大队
李尚芳　三河县大枣村公社高各庄小学校
白秀文　永清县妇联会
唐玉莲　涞源县东团堡公社东团堡大队
陆素花　徐水县白塔铺公社站里大队
杨　先　安新县新安公社西里村大队
肖瑞兰　安新县大王公社北张庄大队
高继芬　雄县百货公司
张兰池　望都县西堤公社同霞大队
席秀萍　保定市二商局服务公司利民旅馆
胡美花　保定市第二医院
郑志莲　阜平县槐树庄公社高阜口大队
徐海花　保定铁路工务段高碑店养路工区
马淑同　新城县高碑店公社立各庄大队
刘志清　新城县医院
张淑芳　容城县平王公社仇小王大队
胡春霞　新城县白沟公社清源大队
常北女　高阳县南蒲口公社北蔡口大队
吴香文　容城县晾马台公社孟进庄大队
彭素芝　高阳县织染厂
王　忙　高阳县北沙公社东田大队
冯玉霞　清苑县何桥公社农试场
刘淑琴　清苑县闫庄公社钟家营大队
孙凤花　徐水县化肥厂
丁文莲　徐水县紫石口公社松口大队
于俊亭　安国县西伏落公社西伏落大队

陈国利　安国县八五公社八五大队
王春兰　定兴县祖村店公社南辛告大队
侯玉明　定兴县高里公社西高里大队
赵小多　唐县大洋区大洋公社山南庄大队
王青梅　唐县白合公社河南大队
关国花　定县李亲古区邢邑公社邢邑大队
苑彦甫　定县北五村公社赛里大队
雪彦君　保定地区油泵油嘴厂
何建娣　定县清风店区东南宋公社东南宋大队
谢金花　易县塘湖公社塘湖大队
史福芹　易县尉都公社孝村大队
郑改乔　曲阳县元召公社北留营大队
张淑珍　曲阳县城西公社
李淑志　里县城关公社代庄大队
刘志峰　里县大修厂
王菊芬　完县北城公社紫城大队
权　霞　完县农业局农科所
杜玉书　易县野里店公社鹁鸽岩大队
田秀芬　易县后部公社厂东关大队
郑秀玲　徐水县八四公社八四大队
马瑞英　安国县石佛公社路景大队
张桂芝　保定地区邮电局长话科
李占絮　曲阳县产德公社东相如大队
史东吉　博野县小店公社吴王庄大队
张秀云　定兴县东落堡公社陈庄大队
高彦池　里县林堡公社宋庄大队
张彩彦　博野县城关公社东风大队
包占华　涿县孙庄公社供销社前铺服务站
赵玉静　涿县百尺竿公社小邵村气象哨
林书香　满城县东马公社东马大队第四生产队
张喜莲　满城县尹庄公社夏庄大队
田玉珍　保定市新市区铁路街
张焕艮　清源县上下台公社合婚台大队
刘杏爱　清苑县大李各庄公社刘村大队
张目萍　张家口市宣化冶金机修部加工车间
宁秀珍　张家口市铸造厂三八拉管组
任月梅　张家口市庞家堡区东风社白庙大队
李爱兰　张家口市桥西区下东营小学
贾桂兰　张家口市桥东区胜利路办事处妇联会
孙桂莲　张北县饮食服务公司红旗食堂一部
李玉英　康保县赵顺公社平香大队
郭永仙　康保县医院
何志梅　沽源县白土窑公社小西沟大队
祁仲兰　尚义县炕塄公社建民大队
刘国花　蔚县北大坪公社小枣堡大队
王玉莲　蔚县常宁公社庄克大队
杨慧莲　阳原县辛堡公社陈河湾小学
牛文香　怀安县柴沟堡公社分院
董树梅　怀安县左卫公社妇联会

胡玉萍	怀来县新保安公社妇联会
李秀珍	怀来县沙城公社四街大队
李玉梅	涿鹿县东小庄公社妇联会
杨世梅	涿鹿县张家堡公社
李秀鸾	涿鹿县城关镇柳巷大队
王本莲	涿鹿县张家堡公社张家堡大队
温仲花	宣化县沙岭子公社屈家庄大队
孙玉莲	赤城县白草公社白草大队
王秀英	崇礼县清水河公社李家窑大队
李中奇	丰宁县窄岭公社
张瑞云	隆化县旧屯公社鱼亮子大队
闫庆英	丰宁县大阁公社北园子大队
许桂玲	兴隆县下台子公社
韩凤荣	青龙县八道河公社七道河大队
周玉梅	兴隆县石庙子公社东昌叶小学
聂素芳	隆化县大庙公社老局子大队
张玉萍	兴隆县下台子公社苗营大队
张桂兰	围场县牌楼公社
陈翠花	围场县殷家店公社旧拨大队十四队
杨秀莲	青龙县白家店公社姚杖子大队第一生产队
刘玉兰	青龙县三拨子公社西沟大队第三生产队
孙淑珍	宽城县缸窑沟公社缸窑沟大队一队
杨淑兰	滦平县小营公社郎营大队
耿玉莲	宽城县山湾子公社蒋屯子大队三生产队
郑淑云	承德县唐家湾公社水库
赵淑荣	承德市副食品公司
王素英	承德市虹桥区粮市街道
陈殿芬	承德市北梁陶瓷厂
董品清	承德市翠桥区温家沟街道
孙志成	承德钢铁厂运输部
胡桂兰	承德市双塔山麻纺织厂
张金花	承德县一间房公社三道大队七队分校
高凤云	平泉县党坝公社党坝大队
许延波	馆陶县沿村公社西苏大队
郭秀英	馆陶县房寨公社房寨南大队
赵志香	永年县河北堡公社妇联会
田玉光	肥乡县计划生育办公室
张付兰	永年县南沿村公社田堡大队
张淑珍	永年县城关学校
牛明荃	广平县东张孟公社牛庄大队
肖爱付	邯郸县兼庄公社田军堡大队
李凤芹	鸡泽县邢堤公社郭庄大队
段兰娥	涉县河南店公社赤岸大队
肖付爱	涉县偏店公社后寨大队
张玉芹	曲周县河南町公社张庄大队
尹纫华	曲周县城关公社东关小学
刘保叶	临漳县城关公社李家村幼儿园
郝爱荣	临漳县柳元公社胡口大队养猪场
吴连香	邱县梁二庄公社坞头大队育红班
王耀荣	邯郸市商业局幼儿园

杨明菊　邯郸市制药厂
马爱红　邯郸市纺织三厂南纺车间丙班五组
安保荣　邯郸市陶瓷公司第一瓷厂成型车间
杨亚凡　邯郸市城关公社东门里南居委会
郭金凤　邯郸市贸易百货门市
张焕香　邯郸市第三医院
连淑敏　邯郸市峰峰矿区太安公社
王秀荣　邯郸市矿区界成公社刘起沟大队
裴翠花　邯郸市郊区西大屯公社彭家寨大队
刘便芹　邯郸市峰峰矿务局三矿五七生产科
沈素兰　华北冶金矿山建设公司第一建筑安装工程公司
晋学贤　大名县张集公社卫生所
赵占平　大名县埝头公社杏现大队
杜春华　磁县都党公社女子水利专业队
李玉英　磁县服务公司
申玉美　磁县申庄公社滏阳大队
王素梅　成安县九二四公社西南庄大队
温玉莲　魏县爱武装公社爱武装大队
陈香梅　魏县东代固公社张庄大队
赵书芳　魏县西南温公社
郭恒的　武安县阳邑公社柏林寨大队
张双如　武安县骈山公社骈山大队
郭兰霞　武安县商业局药材公司
赵桂兰　邯郸地区交通运输局汽车修理厂
郑玉香　邢台市大众饭店
李秀兰　邢台市织染厂织造一车间
秦玉莲　邢台市红旗五七厂铁路五七连队
景密芬　邢台县东汪公社景屯大队
吴老梅　邢台县祝村公社张屯大队
郭爱妮　邢台县将军墓公社折户大队
马春令　内丘县西台大队
王荣格　柏乡县自阳公社营儿大队
常孟存　隆尧县柏舍公社显化寺第四队
黄河清　隆尧县医院外妇科
曹金珍　沙河县蝉房公社石盆大队
马淑珍　沙河县册井公社锁会大队
尹东棉　任县甄庄出社西甄庄大队
刘仁书　任县西许花大队
郑雪勇　南和县北关大队
同书环　南和县橡胶厂
阳秀荣　宁晋县北楼下大队
石荣改　宁晋县边村公社楼底大队
张秀连　南宫县大高村公社宋旺村大队
白秀珠　南宫县十里公社东八里大队
陈香印　新河县兽医防治院
贾香芝　广宗县董里公社卫家庄大队
杨敬肖　巨鹿县王六村公社王举庄大队
安兰省　巨鹿县官亭公社魏庄大队
徐俊斋　平乡县郭桥公社东徐庄大队

王香花　平乡县平乡公社北门大队
王二贵　威县百货公司
孟秀春　威县常庄公社孟官庄大队
孙秀芬　清河县银行
韩爱茹　清河县小屯公社后什店大队
邱秀梅　临西县下堡寺公社东留善固大队
陈桂玲　临西县尖庄公社蔡辛庄大队
田桂英　河北省沧县姚官屯公社高官屯大队
王华凤　沧洲市南陈屯公社南陈屯大队幼儿园
马玉英　沧洲市第二商业局服务公司新华浴池
张卫玲　沧洲市刘表庄公社祝家院大队
周大群　任丘县天门口公社天门口大队
焦桂芝　任丘县梁台公社梁台大队
苳秀芝　盐山县常庄公社毛集大队
钱文斋　任丘县惠佰口公社边渡口大队
刘玉花　黄骅县赵家堡公社贾家堡大队
范国彦　盐山县城关公社西街大队
于俊环　东光县果头村公社
王秀芹　黄骅县羊二庄公社西花寨大队
赵荣珍　献县南河头大队
康桂芬　东光县郑集公社东寺小学
李大娟　河间县兴村公社边庄大队
张勤荣　沧州地区泊镇火柴厂
韩连荣　肃宁县沃北公社垣城南大队
王秀英　肃宁县妇联会
杨秀森　交河县妇联
曹邦辉　交河县大吴沣公社
杨学英　海兴县杨呈公社
谢丽娟　献县人民医院妇产科
刘彦么　孟村县新县公社新县大队
姚润珍　青县辛集公社周庄子大队
刘文玉　沧县李天木公社机电站
张桂英　沧县医院妇科
邵俊荣　南皮县午马营公社木庄大队
张瑞英　南皮县刘夫青公社刘夫青大队
王大文　河间县北石槽公社北石槽大队
袁春花　河间县南留路公社找子营大队
徐爱华　吴桥县楼子铺公社楼子铺大队
毛玉改　衡水县衡水镇服务公司新华旅馆
孙大素　衡水县大戈村公社王单驼大队
李二省　冀县堤王公社堤王大队
冯秀珍　枣强县崔庄公社后东大队
吴秀云　枣强县城关公社三街大队
聶淑芬　武邑县薛庄公社魏薛大队
王凤义　深县后营公社后营大队
张大撵　深县刘屯公社段家佐大队
宋欣茹　饶阳县角楚公社常安大队
李敬敏　安平县刘口公社西长堤大队
李小娥　安平县油子公社塑料厂
王秀荣　故城县建国公社姜庄大队
高秀芹　故城县辛庄公社高小营大队
于春梅　故城县建国公社和平大队
李秀智　阜城县杨庙公社杨庙小学

李凤云　阜城县古城公社信用社
梁秀兰　景县邮电局
苏桂兰　景县前村公社打井队
王汝端　武邑县赵桥公社袁庄大队
陈建华　景县东风铁厂
王华芬　衡水地区电机厂
汤培茵　武强县邮电局
王　临　临城县百货公司
霍秀荣　内丘县西张村

山西省

朱文华　太原市阳曲县县委副书记
董小苏　中共陵川县委副书记
张菊香　运城县泓芝驿公社党委书记
吴福娥　屯留县吾元公社党委书记
牛烈花　太谷范村公社党委副书记
郭金花　文水县横尖公社党委副书记
刘金梅　五台县茹村公社革委副主任
刘林英　忻县毛巾厂党支部书记兼厂长
忽请芳　永济县韩阳公社革委副主任
金锡鸳　吕梁地委秘书处干事
马禹行　省科技情报研究所副所长
张喜峰　汾阳县公安局城关派出所所长
黄环英　山西省公安局三处法医
王玉峰　原平县委常委、县妇联主任
葛青芳　吉县妇联主任
张华英　高平县妇联主任
薛强香　临县万安里公社妇联主任
贾桂芳　浑原西河口公社妇联主任
刘凤卿　山西毛纺织厂工人
哈素珍　山西纺织印染厂细沙车间挡车工
刘金玉　临汾纺织厂准备车间丙班穿扣挡车工
王小妮　晋华纺织厂后纺车间细纱挡车工
田树荷　忻县地区纺织厂织布挡车工
袁颖芳　怀仁县地毯厂工人
成爱蓉　阳城缫丝厂团总支书记
何淑清　兴安化学材料厂工人
赵惠珍　晋东化工厂工人
项秀英　大同市同力橡胶厂工人
韩凤卿　大同城区北关骨肥厂党支部书记
朱爱梅　山西杏花酒厂成装车间洗瓶组长
和　敬　大同市糖厂工人
刘桂兰　中国地质图制印厂工人
李先印　淮海机械厂炊事员
於　玎　山西省水利机械厂工人
郭林香　晋亚机器厂检验工
张南英　铁三局孟塬机械大修厂内燃钳工
郝桂萍　榆次液压件厂工人
常改香　太原铁路局客运段列车员
李海兰　太原市汽车站站务员

张金梅　临汾汽车站副站长
马巧英　忻县汽车站副站长
史爱英　太原市邮局广场支局投递员
赵秋娥　陵川县邮电局话务组长
张惠芳　万荣县邮局汉薛支局话务员
郭惠芬　山西省测绘局工人
崔　义　太原市建筑工程局二公司三队抹灰工
申纪兰　山西省妇联主任，平顺县西沟大队党总支副书记
宋立英　昔阳大寨大队
孙春莲　右玉县程家寨大队党支部书记
赵芝兰　五寨县新庄窝大队党支部书记
梁桂莲　平遥县西青大队党支部书记
胡文秀　文水县胡兰大队党支部书记
高瑞香　交口县水头大队党支部书记
贺油梅　兴县李家塔大队党支部书记
武夏莲　沁县次村大队党支部书记
史国英　沁源县下壁大队党支部书记
马宝贝　长治县北坡大队党支部书记
王翠翠　晋城县晓庄大队党支部书记
卫梅花　高平县部庄大队党支部书记
李华莲　运城县寺下大队妇代会主任
王小花　太原市南郊区孟家井大队党支部书记
李世杰　大同云冈知青创业队党支部书记
杨玉英　左云县树儿里大队党支部副书记
张林娥　原平县中原岗大队妇代会主任
王香妮　盂县宋家庄大队红大娘队队长
孟银花　介休县西段屯大队党支部副书记
郭　英　平遥县辛村大队党支部副书记、妇代会主任
杨玉娥　孝义县西盘娄大队党支部副书记
张月仙　榆次县两河大队党支部副书记
张俊英　离石县后瓦窑坡大队妇代会主任
马春果　平顺县龙镇大队党支部副书记
师兰英　翼城县北庙大队副书记
毕英姿　侯马市驿桥大队副书记
李广爱　洪洞县北韩大队副书记
张连枝　吉县太和大队副书记
郝枝枝　临猗县王见大队党支部副书记
郑怀亲　稷山县下柏大队党支部副书记
王秀英　太原市北郊区中涧河大队党支部副书记
尹爱一　娄烦县城关公社尹家窑大队党支部副书记
娄玉娥　垣曲县槐南大队革委副主任
姚焕枝　朔县神头公社吉庄大队党支部委员
李清花　山阳县南口前大队妇代会主任
宋玉莲　广灵县海子大队妇代会主任
段玉梅　忻县石家庄大队妇代会主任
王桂兰　平定县官道沟大队妇代会主任

王艾籽　和顺县土岑大队妇代会主任
文雪珍　左权县寒王大队妇代会主任
边改莲　榆次县山庄头大队妇代会主任
李桂香　交城县石侯大队妇代会主任
赵玉芳　汾阳县贾家庄大队妇代会主任
郑巧则　石楼县兰家沟大队妇代会主任
万七则　沁源县棉上大队妇代会主任
陈喜巧　壶关县西山后大队妇代会主任
程双虫　黎成县张家山大队妇代会主任
常焕英　潞城县曲里大队妇代会主任
王改地　永和县郑家坑大队妇代会主任
周少干　洪洞县北段大队妇代会主任
靳双梅　汾西县帅家崖大队妇代会主任
冯秀英　安泽县凤池大队妇代会主任
周木兰　蒲县红卫大队妇代会主任
梁玉珍　临汾县乔李大队妇代会主任
郑玉桂　乡宁县管头大队妇代会主任
任月梅　曲沃县东马庄大队妇代会主任
张女英　闻喜县东鲁大队妇代会主任
薛丑子　河津县北方平大队妇代会主任
罗木兰　永济县干樊大队妇代会主任
高桂莲　太原市古交区寨底大队妇代会主任
吴桂兰　大同市新荣区河东窑大队妇代会主任
禾玉连　大同市南郊墙堡大队
刘有兰　阳泉市黑土岩大队妇代会主任
郑凤仙　榆次市使赵大队妇代会主任
杨新平　临汾县伍级大队贫协主席
李金焕　襄垣县圪塔头大队生产队长
李桂梅　古县五十亩垣大队生产队长
李代菊　新绛县三泉大队生产队队长
王东果　沁县郭村大队妇女队长
夏建华　万荣县杨家垛大队向阳植棉队队长
苏黑簪　芮城县中吉大队红大娘战斗队队长
孙春花　闻喜县东官庄大队红大娘战斗队队长
董金芍　垣曲县北河大队生产队保管
滕小花　临汾市郭家庄大队农业技术员
杨子华　繁峙县南峪口大队社员
董秀珍　昔阳县东丰稔大队党支部副书记
刘子珍　灵石县葫芦头大队社员
李保凤　稷山县东庄大队社员
杨福英　管涔山林局怀道林场工人
赵爱芬　平定县东峪大队党支部副书记
郝改英　武乡县白家庄大队党支部副书记
张秀莲　灵丘县灵源寺大队妇代会主任
胡玉莲　平陆县中张大队护林员
陶茵文　夏县苗圃会计
杨小凤　长治县荫城公社畜牧场场长
李瑞凤　和顺县横岭公社黄牛改良站技术员
张玉花　天镇县义和大队饲养员
李完香　柳林县寺坡大队饲养员

张志莲	大宁县堡村马场饲养员
吕兰英	绛县仓丰大队饲养员
张爱莲	夏县薛庄大队妇代会副主任
张遵莲	沁水县农民蚕桑研究所副所长
田素珍	沁水县端氏大队党支部副书记
辛翠花	浑源县大洼大队养兔饲养员
陆桂香	应县石桥大队饲养员
薛秀峰	隰县千家庄大队米贡加工员
李翠仙	大同县沙岭大队社员
张秋莲	长治市建华菜场
闫爱林	阳高县城关公社东关大队科研队员
高忠丽	太谷县郭家堡大队科研组长
李先菊	长子县水利局钻井队钻机机长
薛蕊香	太谷县东关大队民兵指导员
郝晓琴	文水县胡兰大队民兵营长
袁亚玲	侯马市东庄大队妇代会主任
阿西拉姻	保德县见虎大队妇代会副主任
叶韵蒨	山西省机床厂工程师
何　文	煤炭部科学院太原研究所科研管理科科长、工程师
刘天慰	山西省生物研究所助理研究员
邢学敏	山西原蚕育种场副场长
曹素滨	省水利局水科所副所长
玄　我	新绛县酒厂技术员
王转息	运城行政公署气象局局长
王桂华	太原市重机厂工程师
王玉珍	中阳县气象站观测员
高　华	平鲁县气象站测报员
姬君一	汾西矿务局张家庄矿通风工程师
陈淑华	太原市北城区国师街小学校长
海玉美	大同市城区第十四小学教导主任
高家钜	长治五中教师
刘桂生	长治友谊学校教师
王竞男	右玉城关完小教师
王凤英	代县城关公社西南街学校教师
杨珊珊	忻县地区原平农校教师
李梦津	榆次市寿安里学校教师
曹慧梅	汾阳实验小学教师
刘时成	万荣县西苏冯学校教师
徐美成	山西人民出版社科技组编辑
包淑和	山西省医学院第二附属医院妇产科主任
孙郁芝	山西省中医研究所内科副主任
胡忆梅	山西省荣复军人精神病院医师
高照英	忻县地区医院内科医师
张佩瑛	晋东南地区妇幼保健所所长
姚淑梅	应县医院妇产科主任
申淑彩	兴县医院妇产科主任
房芸洁	太原市中心医院妇产科主任
朱璞华	大同市第一人民医院妇产科
高桂芳	盂县清城公社医院妇产科医生
王林风	河津县医院护士长
谢秀芬	铁道部大同机车工厂医院内科护士长
郭改香	定襄�村大队赤脚医生

侯　翠　定襄县庄力大队爱委会副主任
任　瑞　方山县河庄大队赤脚医生
张生兰　浮山县段村大队赤脚医生
赵俊兰　高平县米山公社卫生院赤脚医生
张彩钰　太原市清徐县东南坊大队赤脚医生
温双娥　孝义县河底大队红大嫂队队长
周晓兰　山西省体委运动员
王爱爱　山西省晋剧院演员
贾桂林　忻县地区北路梆子剧团团长
李树琴　雁北戏曲剧团副团长
程玉英　晋中地区晋剧团副团长
梁碧君　山西省京剧团舞美队员
马玉楼　山西省晋剧院演员
王秀兰　运城地区蒲剧团副团长
王素芳　山西省人民银行副处长
王建敏　雁北地区人民银行营业部联行会计
江秀娟　中阳支行储蓄所外勤储蓄员
陈国英　武乡县蟠龙供销社党支部书记
付素卿　太原市先锋百货商店业务员
杨腊果　阳泉市东村供销社主任
王新立　潞城县翟店粮站站长
朱紫华　太原市粮食局北城太铁粮店副主任
李翠华　朔县神头肉联加工厂工人
张玲爱　晋中地区外贸肉联厂工人
李淑贞　太原市认一力饭店服务组长
常惠英　芮城县饮食服务公司副主任
宋蕊芳　运城银湖饭店主任
樊福梅　原平县服务公司人民饭店售票员
席秀芳　阳方口综合公司饭店炊事员
南仙芝　运城地区幼儿园院长
丁桃枝　稷山县东里大队幼儿教师
原金菊　临猗县西水南大队幼儿教师
李韶仙　交城县城关公社南街大队幼儿教师
朱巧云　霍县永合大队幼儿教师
赵玉枝　襄汾县西贾公社幼教辅导员
李女儿　武乡县涌泉大队党支部副书记
明保姐　长子县前万户大队保育员
张秀花　太原市北城区营西街居委会党支部书记
郭花玲　长治市东风路街道铁匙居委党支部书记
朱恩琢　太原市河西区朝阳街居委会主任
欧学联　大同矿区永定庄街道妇代会主任
张二棒　阳泉市矿区红卫公社第七居民区妇代会主任
杜兰秀　太原市南城区五一东路妇代会主任
李枝丽　晋城县城关公社东街市民大队妇代会主任
赵月英　轩岗矿务局黄甲堡矿五七队家

委会副主任
延花奎　阳城县刘善大队党支部副书记
董爱花　长治市石圪节矿家属五七庄负责人

内蒙古

姑日格木　鄂托克旗查布公社赛乌素大队牧民
旭仁其其格　鄂托克旗查汗淖公社查汗淖大队牧民
乌仁其木格　杭锦旗伊克乌素公社三大队二小队
孟克达来　鄂托克旗阿尔巴斯公社伊克布拉格大队一小队牧工
汪懋娟　伊克昭盟一中教师
罗启云　准旗德胜西公社
李吾川　鄂托克旗阿尔巴斯公社卫生院副院长
董　宇　伊克昭盟绒毛厂
宋素杰　伊克昭盟东胜治沙造林研究所技术员
邢　永　伊克昭盟妇联
田玉珍　达拉特旗树林召镇一完小
张桂兰　准格尔旗民族中学
奇玉莲　准格尔旗贸易公司
莎仁花　乌审旗陶利供销社
张风在　杭锦旗服务公司
王培荣　达拉特旗白尼汴公社道老窑大队西营子小队
崔爱女　达拉特旗乌兰淖公社东山大队六小队
云秀女　准旗四道柳公社云家塔队
郝秀女　东胜县羊场壕公社五五大队党支部副书记
锁　吉　乌审旗乌兰陶劳盖公社巴音西里大队
唐玉兰　达拉特旗高头窑公社不巴大队新邂生产队
阿拉腾花　杭锦旗白音乌素公社三大队一小队
阿日尼顿　杭锦旗白音恩格尔公社四大队
敖　肯　伊金霍洛旗合同庙公社合同庙大队二小队牧工
谢永兰　宁城县头巴营子公社南沟大队第六小队
王春兰　巴林左旗野猪沟公社盖家店大队
张玉兰　林西县教师进修学校
倪素琴　赤峰市解放路副食商店
孙桂芝　喀喇沁旗马蹄营子公社
孙桂琴　宁城县大营子公社四道沟大队
于牧兰　翁牛特旗乌兰傲都公社新满都夫大队哈达火烧生产队接糕保育员
李秀兰　昭盟喀旗牛黄子公社水泉大队
王岫文　赤峰民族旅社

王玉玲　昭盟农科所
王玉兰　林西县五四公社大马金沟大队
胡瑞兰　昭乌达盟林西县保健站
姜翠英　昭盟敖汉四家子公社南大城大队
额尔孜斯其格　翁牛特旗海日苏公社白赛花大队牧业技术员
李川英　赤峰县猴头沟公社海苏沟大队
杨玉珍　赤峰四中
张晓霞　昭乌达盟京剧团
张素珍　赤峰市平庄丝绸厂
仁钦花　克什克腾旗达尔罕公社红旗大队
刘义莲　昭盟敖汉旗宝国吐气象站
刘淑芬　赤峰县太平地公社太平地大队
连拉嘎　昭乌达盟巴林右旗干诺尔公社乌兰敖都大队
任桂霞　赤峰皮革厂二车间
车桂英　平庄矿务局古山煤矿五七农场西三八副业班
东格尔　东苏旗达日汗乌拉公社副书记
吉日吉德　东苏旗达日汗乌拉公社忙来队社员
达垚玛　东苏旗赛汗高毕公社白音芒来队社员
娜布其　西乌旗白音宝力格公社白音宝力格队支部书记
杨吉玛　镶黄旗红旗公社黑沙土队支部副书记
巴达玛　东乌旗沙麦公社韩乌拉生产队妇代会主任
宝日朱力吉嘎　白旗乌宁巴图公社满达拉图生产队妇代会主任
德庆苏茉　锡盟白音锡勒牧场牧工
张茹珍　阿巴哈纳尔旗贸易公司西门市部售货员
张志芳　多伦县西干勾公社小石位大队妇代会主任
莲　花　正蓝旗上都河公社庆格勒图队妇代会主任
杨金苏　正蓝旗那日图公社白音诺尔队社员
关风英　太仆寺旗城镇革委会副主任
娜木吉勒玛　锡盟蒙医研究所大夫
苏布达　正镶白旗宝力根套海公社妇联主任
斯日吉　阿巴嘎旗那仁宝力格公社白音锡力生产队社员
萨木苏　阿巴嘎旗农牧场管理局乌拉盖分局牧工
郭秀英　多伦县耗来沟公社羊盘沟大队队长
李风娥　太仆寺旗光圣公社察佈诺大队副队长
于朵荣　太仆寺旗东井子公社踊跃大队副书记
高玉梅　阿巴哈纳尔旗医院大夫
娜　仁　东乌旗都木德高比公社阿尔宝

力格队教员
娜仁格日勒　东苏旗气象站观测员
罗勒木朝　黄旗白音塔拉公社混都楞队妇代主任
满都日娃　黄旗新宝力格公社哈西雅图队妇代会主任
周秉建　西乌旗团委书记
关秀芳　哲盟科左中旗保康镇第一商店
达古拉　哲里木盟科中旗敖本台公社西敖本台大队
冯桂文　哲盟科左后旗花灯公社西花灯大队
结　所　哲盟科左后旗朝鲁吐公社昂海大队
王桂琴　哲里木盟科左后旗育红小学
黎智快　哲盟通辽县辽河公社知青办
洪　光　哲里木盟通辽县大林公社保安大队
金贞子　哲里木盟通辽县大罕公社鲜光大队
张秀芬　哲盟开鲁县坤都岭公社繁荣大队
甄秀英　哲里木盟开鲁县小街基公社
胡翠英　哲里木盟通辽市委机关印刷厂
于瑞霞　哲里木盟通辽市毛纺厂
金秀环　哲里木盟施介公社东南门办事处
胡　旦　哲里木盟库伦旗茫汉公社奈林他拉大队
娜仁其木格　哲里木盟扎鲁特旗乌兰哈达公社黄沙图大队
乌日古木舍　哲里木盟科右中旗白音忙哈公社白音查干大队
胡达古拉　哲里木盟奈曼旗章古台公社成苏台大队
包玉绪　科左中旗安乐公社前进大队
卢广花　哲盟奈曼旗清河公社妇联
赵会兰　哲盟开鲁县邮电局
徐秀英　哲里木盟科左中旗敖本台公社中敖本台大队
马文贤　布旗扎兰屯镇正阳办事处大桥居委会
陈兆端　牙克石林管局中心医院内科
刘桂兰　海拉尔市幼儿园
张淑贤　额尔古纳右旗黑山头公社
森　德　新巴尔虎左旗成拉布尔公社
詹茹华　满洲里市扎赉诺尔矿区街道红星妇代会
毕振荣　扎赉特旗巴彦高勃公社胜利大队
许明花　扎赉特旗弹勃公社鲜花大队
王桂荣　满洲里市气象站
宋玉伊　阿荣旗红旗公社东光大队
林　克　额尔古纳左旗敖鲁古雅乡猎业队
斯机勒　鄂温克族自治旗孟根公社孟根队
达斯日格玛　陈巴尔虎旗鄂温克公社红旗队

葛淑梅　鄂伦春旗大杨树镇古里生产队
王桂卿　莫力达瓦旗气象站
杨单茹　莫力达瓦旗博荣公社西拉金大队
房玉琴　突泉县太东公社东河大队
林树桐　突泉县实验小学
张学芬　科右前旗服装厂电机车间车间副主任
梁点顺　乌兰哈达公社三合大队
吉　波　乌兰毛都公社满都拉图大队支部书记
齐笑冬　乌兰毛都公社党委
那布其　阿右旗雅布赖公社
巴拉吉尔　额济纳旗红旗牧场
嘎勒佈尔　阿左旗庆格图公社
乌伦其木梅　阿左旗温都尔图公社
乌日古木勒　阿左旗塔木素公社团结大队
铁木尔库肯　阿左旗银根公社
阿迪雅　阿左旗一区卫生院
古日金花　阿左旗一区中学
南斯勒玛　巴盟潮格旗乌力吉公社毕力其尔大队
杨子华　巴盟杭锦后旗三道桥公社七六大队
徐文婉　巴盟杭锦后旗大树湾公社新胜小学
宁成成　巴盟临河县份子地公社
李九苓　巴盟乌拉特前旗造纸纺织厂
王腊女　巴盟乌拉特前旗新安公社八号大队八号小队
格力玛　巴盟乌拉特前旗白彦花公社牧汉其大队
王风花　巴盟五原县向阳公社红赛大队
辛玉梅　巴盟五原县红卫小学
贾玉珍　巴盟五原县幼儿园
秀　珍　巴盟民族中学
赵春莲　巴盟磴口县公地公社公地大队五队
陈加瑞　巴盟第一医院
查干其其格　巴盟乌拉特中后联合旗巴音哈大公社三队
陈淑英　巴盟中后联合旗永胜公社永胜一队
仁庆好日老　巴盟中后旗新呼热公社二队
薄风英　巴盟五原县城关信用社
阿扣腾其其格　巴盟潮格旗那仁宝力格公社乌宝力格大队
李成兰　巴盟磴口县巴镇红卫管理区组长
王玉秀　巴盟乌拉特中后联合旗德岭山公社联合大队
张秀兰　巴盟磴口县补隆淖尔公社友谊二队
张秀女　巴盟前旗朝阳公社五干营子大队
李风琴　巴盟杭锦后旗太阳庙公社五丰七队
史安玉　巴盟临河县小召公社幸福六队

王爱珍　巴盟临河县乌兰公社乌兰大队
韩玉清　巴盟临河县长圣公社星光大队
杨瑞梅　乌兰察布盟丰镇县制鞋厂
董二女　乌兰察布盟丰镇县黑土台公社
其木梅　乌兰察布盟苏尼特右旗吉呼郎图公社图门大队
乌云格日勒　乌兰察布盟苏尼特右旗民中
南斯勒玛　乌兰察布盟苏尼特右旗巴音朱日和公社巴音郭勒大队
史美荣　商都县幼儿园
陈秀花　商都县百货公司
王　珞　商都县屯垦队公社大陆二司大队
王桂贞　乌兰察布盟商都县西井子公社西井子大队第八队生产队
武润花　集宁市医药公司门市主任
马秀荣　集宁市医院
郭补先　和林县新店子公社新店子大队小板申生产队
马俊英　集宁市无线电元件厂副厂长
武拴花　和林县胜利营公社新营子大队
马秀云　乌兰察布盟丰镇县百货公司
谢　春　乌兰察布盟兴和县南湾公社
刘桂花　乌兰察布盟兴和县皮革厂
屈翠花　乌兰察布盟兴和县大库联公社
师云娥　察右中旗三道沟学区小学教师
李鲜花　察右中旗广昌隆公社黄羊沟大队妇代会主任
张培兰　卓资县复兴公社
李春蝉　乌兰察布盟卓资县梅力盖图公社卫生院
牧　骑　乌兰察布盟达茂旗乌兰牧骑
旭　日　乌兰察布达茂旗白彦查汗大队
张二女　乌兰察布盟清水河县杨家夭公社新夭子生产队
任秀珍　乌兰察布盟清水河县妇幼保健所
时桂英　乌兰察布盟凉城县麦胡图公社卫生院
赵枝花　乌兰察布盟凉城县文家夭公社
秦桃桃　乌兰察布盟察右前旗呼和乌素公社种地槽大队
刘绥新　乌兰察布盟察右前旗糖厂机修车间
唐玉英　乌兰察布盟察右前旗前进公社黄土场大队
赛福力玛　乌兰察布盟察右后旗乌兰哈达公社乌兰格日勒大队
闫风珍　乌兰察布盟察右后旗霞江河公社邂和大队
郑芝莲　乌兰察布盟土贵马拉云母矿加工车间
孙井华　乌兰察布盟运输公司
武玉梅　乌兰察布盟化德县土城子公社南林大队
蔡玉莲　乌兰察布盟化德县七号公社七号大队
吴秀珍　乌兰察布盟集宁四中

杜贵玛　乌兰察布盟四子王旗脑木更公社
额尔登其木格　乌兰察布盟四子王旗乌兰花第一完小
乌日娜　乌兰察布盟四子王旗白音花公社
刘美荣　乌兰察布盟武川县百货公司
李牡丹　乌兰察布盟武川县纳令沟公社东城大队
张翠英　包头市昆区反修二小
杨玉娥　包头市郊区国庆公社供销合作社
李静茹　包头市蔬菜公司青山商店五门市部
侯金媚　包头市白云矿区人民银行办事处
柳秀芳　中国人民银行包头市支行东河区办事处
王春梅　包头市粮食局东河区分局第一粮站
赵艳燕　包头市食品公司昆区食品商店第八门市部
李秀丽　包头钢铁建设公司机修厂加工车间
韩　斐　包头市第三塑料厂
邢大荣　包头市棉纺织厂细沙车间
田桂荣　包头市棉纺织厂织布车间
陈玉莲　国营内蒙古第二机械制造厂六〇六车间
白清秀　国营内蒙古第一机械制造厂四分厂四三〇车间
石玉萍　国营内蒙古第一机械制造厂运输处电瓶车车间
李风英　包头市机械工业局玛钢件厂
包　喜　包头钢铁公司白云铁矿
蔡粉玉　包头钢铁公司机总厂
王绍敏　包头市机械工业局电机厂
王玉琴　包头矿务局机电修配厂
郑茹珍　包头市第二热电厂
陈大俊　国营内蒙古第二机械制造厂四〇六车间
刘润兰　包头市东河区团结小学
徐克瑛　二十二冶金建设公司包头留守处
时雅媛　包头钢铁建设公司
高秀兰　包头钢铁公司第三幼儿园
张琬荣　包头市石拐矿区医院
蒋　焰　包头市第五医院
刘兰华　建华机械厂第二研究室
苏步环　建华机械厂七车间
唐嗣孝　包头钢铁公司焦化厂
杨秀英　包头市东河区团结公社光明综合五七厂
郭月娥　包头市青山区富强路公社富强路六号街坊第一居委会
彭兰玉　包头市青山区民主路公社
葛菊花　包头市土右旗党三尧公社当铺尧大队

李香枝　包头市土右旗莎拉齐公社太平大队第二生产队
王秀珍　包头市郊区河东公社臭水井二队
赵红梅　包头市郊区沙尔酒公社阿都赖大队
史润花　包头市郊区新城公社向阳大队
武巧兰　包头市固阳县兴顺西公社五卜子大队
冯二俊　包头市固阳县九份子公社
郭风英　玉泉区大北街居委会
周　荣　锡林路办事处赛北关幼儿园
韩秀英　呼市新城区第二幼儿园
刘清敏　呼市东风区苏虎街小学
赵振広　呼市新城区妇联会
王瑞霞　呼市回民区回族幼儿园
赵玉芹　呼市回民区机床电器厂
姬桂芬　呼市回民区医院
刘桂兰　呼市玉泉区小召街道革委会五塔北街居委会主任
乌　云　呼市土萌特学校
萨仁格日勒　呼市蒙族学校
张淑郁　呼市第一运输公司
韩丽英　内蒙三毛厂
王富英　呼市卷烟厂一车间
金世华　内蒙古电线厂
赵秀文　托县乃只盖公社乃只盖大队
柴技女　托县黑城公社马土窑大队
罗果香　郊区八拜公社
云巧巧　郊区西把棚公社车黑河生产大队
康金凤　土左旗察素齐公社西沟门大队
金　岁　呼市传染病医院
王秀菊　呼市塑料厂
陈锡珍　呼市新华书店
冯雪英　呼市人民汽车公司
王福梅　呼市食品公司一厂
锡小荣　土左旗陶思浩公社
李玫瑰　土左旗哈素公社二十家大队
李秀花　土左旗白庙子公社白庙子大队
马玉文　呼市服务公司
王欣茹　乌达矿务局医院儿科
卜秀英　乌海市电机厂
张现友　乌海市商业局百货公司早晚门市部
段桂兰　乌海市五金交电公司
马秀兰　乌海市海勃湾国营农场
陈丽君　乌海市海勃湾青年农场
沈秀琴　乌海市乌达第一小学
苗鲜叶　乌海市乌达教子沟公社
殷菊花　乌海市乌达五虎山公社
其木格　乌海市海勃湾卡布其公社
朱素芳　内蒙古第一通用机械厂
吴秀英　内蒙古西卓子山水泥厂
陈惠珍　内蒙古海勃湾矿务局平沟煤矿速凝剂厂
郝秀荣　内蒙古乌达矿务局五虎山矿洗煤厂

杨连梅　内蒙古乌达矿务局东方红矿五七农场
吕改林　乌海市海勃湾服装厂
郭敬贤　乌海市海勃湾第一小学
赵秀珍　乌海市海南公乌素公社
杨荣先　中国人民解放军五一一六一部队
李惠琴　内蒙古军区后勤部综合修理连
斯琴托亚　中国人民解放军第三五六医院
郭金华　包头铁路客运段三八组
王秀英　呼和浩特铁路局党委纪委
王玉英　呼铁局集宁铁路第二子弟小学
王秀云　呼和浩特铁路局电务工程队
臧善蓉　中国河西化工机械公司四十六所
周路英　内蒙古监狱新生被服厂
乌仁格日勒　伊盟帆布厂
李隆芝　内蒙古科委计量所
陈昌娅　内蒙古农业研究所
张静洁　内蒙古地质局一〇三地质队三〇二机台
王　刚　内蒙古地质局一〇四地质队
苑瑞芝　内蒙古地质局区域地质测量队
袁凤钿　国家地质总局第三石油普查大队实验室

辽宁省

李淑清　辽中县茨榆坨公社大莲花大队党支部副书记
马桂芝　马三家公社马三家大队妇代会主任
王广英　新民县金五台子公社四台子大队第三生产队畜牧队长
孙恩芝　新民县立新公社大路大队第四生产队副队长
丁龙娟　辽中县刘二堡公社丁家堡大队拖拉机手
谢昭仪　沈阳机车车辆工厂技术科技术员
吴锦英　沈阳冶炼厂工程师
郭阳翠　沈阳化工研究院工程师
郑忠文　沈阳市百货公司北市商店组长
张桂荣　沈阳市副食品公司皇姑副食品商店党支部书记
尹月樵　沈阳京剧院演员
刘宗清　沈阳市和平区和平大街第一小学教师
金毓芝　沈阳市第四人民医院总护士长
陈福香　沈阳市皇姑区辽河第二幼儿园园长
范崇嬿　沈阳市和平区南宁幼儿园教养员
赵玉梅　沈阳市沈河区红星街道党委一经党支部书记
黄凤珍　沈阳市铁西区兴工街道办事处九委妇代会主任
刘佩芝　沈阳市大东区东站街道办事处

第五居民委员会党支部副书记

李秀茹　沈阳市和平区新兴街道办事处四委妇代会主任

常淑荣　沈阳市沈河区正阳街道办事处正义委委主任

李福花　沈阳市东陵区五三公社妇联主任

尹玉清　大连重型机器厂工人

于玉枝　大连耐酸泵厂工人

宋传花　旅大水产化工厂工人

刘春芬　大连麻纺厂织布车间挡车工

方秀贞　大连造船厂机械车间工人

王秀芹　旅大市瓦房店纺织厂织布车间挡车工

孙秀花　大连童装厂工人

宋景环　大连起重机器厂一机械车间工人

王玉清　旅大市甘井子区营城子公社郭家沟大队妇代会主任

戴玉花　旅大市庄河县长岭公社石佛大队社员

周艳辉　旅大市新金县农场三八果树科学实验站副站长兼技术员

于凤荣　旅大市新金县瓦窝公社党委副书记

王金荣　旅大市新金县同益公社庆阳大队社员

周万珍　旅大市复县镇郊公社姜洼大队果树技术员

李淑芳　旅大市复县松树公社半拉山大队十大妈小组组长

韩翠香　旅大市旅顺口区水师营公社大五大队妇代会主任

梁静枝　旅大市金县友谊公社龙王庙大队党支部书记

阚永华　旅大市金县亮甲店公社旭升大队党支部副书记

李巧云　旅大市金县董家沟公社城南大队妇代会主任

马殿峰　大连机车车辆厂机械二车间工程师

侯毓汾　大连工学院化工系

陈怡萱　大连化物所助理研究员

王秀梅　旅大市奶牛场三里桩奶牛队党支部书记

马秀芹　大连东方红商店营业员

曲学荣　中国人民银行旅大市青泥办事处副主任

纪兰香　旅大市服务公司壮志理发馆理发员

姜淑珍　旅大市沙河口区中山路小学教师

曹桂贞　旅大市中山区民生小学校长

王家光　旅大市计划生育研究所所长

朗志瑾　大连医学院附属医院七科副主任

邵彩珍　旅大市西岗区北京街道灭资居民委党支部书记

邢淑琴　辽宁省旅大市中山区青海街道王家屯居民委党支部书记
王凤兰　旅大市沙河口区民权街道革命委党支部书记
郭秀云　旅大市沙河口区红卫街道办事处妇女工作委员会主任
高玉英　鞍山市鞍山钢铁公司无缝厂热轧一车间穿孔机操纵工
苏玉焕　鞍山市煤气公司工程队三八配管班班长
郭振华　鞍山市海城丝绸厂三八小组组长
杨永珍　鞍山市海城县八里公社东八里大队妇女队长
程兰珍　鞍山市郊区沙河公社判甲炉大队党总支副书记
宁庭英　鞍山市郊区沙河公社太平大队妇代会主任
马香春　鞍山市台安县新台公社东桓大队妇代会主任
代玉英　鞍山市立山区太平办事处育红居民委员会支部书记
张丽君　鞍山市鞍钢耐火厂副厂长
林仪媛　鞍山冶金热能研究所型焦研究室主任
王风芹　鞍山市第二商业局零售公司金山鱼菜市场营业员
徐桂芝　鞍山市第六中学教师
刘素兰　鞍山市铁东区实验学校教师
俞济安　鞍钢铁东医院儿科主任
贾秋萍　鞍钢机修总厂北部托儿所所长
李俊英　鞍山市铁东区钢城街道办事处十一委党支部书记
王秀兰　鞍山市铁西区共和街道办事处九委妇代会主任
邸绍华　鞍山市立山区自由街道办事处副主任
张素清　鞍山市海城县王石公社妇联主任
黄希英　鞍山市铁西区永乐街道办事处妇联主任
王彩云　辽宁省抚顺挖掘机厂铣工
孙莲凤　抚顺石油工厂保管员
刘桂珍　抚顺市二轻局熔炼厂炼铜班班长
司忠连　抚顺华丰化工厂冲压车间工人
李翠琴　抚顺市无线电元件厂党支部书记
朴寅顺　抚顺矿务局十一厂一车间纸筒组组长
李宾校　抚顺市新宾县运输公司二十四号包车组乘务员
韩云香　抚顺市清原县大苏河公社碾盘沟大队饲养员
王淑珍　抚顺县章党公社洼子伙洛大队党支部书记
张菊珍　抚顺发电厂技术员
邓　一　抚顺市煤炭研究所工程师

张静波　抚顺市清原县大孤家供销社党支部书记
于秀洋　抚顺市副食品公司古城子商店营业员
金桂云　抚顺市北台小学校教导主任
赵桂芝　抚顺市第二医院血库护士
张淑珍　抚顺市露天区老虎台街四委党支部书记
郭淑琴　本溪市第二轻工业局制鞋二厂工人
李亚文　本溪市纺织局经编厂织机车间挡车工
王淑珍　本溪市物资局化轻公司仓库三八保管班班长
贺明英　本溪县草河城公社沙河沟大队三八养蚕组组长
王亚芝　辽宁省地质局物探大队三八青年测量组组长
赵淑芬　本溪市轴承厂热处理技术员
杨碧三　本溪钢铁公司科技处工程师
廉桂兰　本溪市商业局溪湖人民百货商店百货组组长
杨登梅　本溪市溪湖区后石小学教员
刘兴云　本溪市平山区保洁队队长
狄少英　本溪市第一医院妇产科医师
赵　英　本溪钢铁厂南地幼儿园教养员
宋玉兰　本溪矿务局本溪煤矿家属委员会主任
张　丽　本溪市桓仁县拐磨子公社双岭大队党支部副书记
刘淑珍　锦州纺织厂细沙车间挡车工
郑素琴　锦州市木材公司综合加工厂二车间油漆小组副组长
彭占琴　锦州第一建筑工程公司三工区第八施工队机械工
胡　平　锦州市一五五厂生产车间磨工组磨工
解桂芝　锦州市杨家杖子矿务局选矿厂三八铅锌班班长
李大明　锦州市邮电局电报科公电稽核员
齐　辉　锦州市北镇县闾阳公社兴胜大队第六生产队植棉组组长
刘雅芹　锦州市郊区北郊公社五里大队一队妇女队长
关玉兰　义县聚粮屯公社关家屯大队第二生产队生产队长
尚桂荣　绥中县高岭公社下新木农场密植园试验组组长
李芝英　黑山县代平房公社四家子大队二队大嫂子队队长
周英敏　黑山县姜屯公社农科站土壤肥分化验室化验员
李玉兰　锦西县台集屯公社英房子大队妇代会主任
刘桂兰　锦州市郊区女儿河公社女儿河大队副业队保管员
王殿英　锦州市义县大榆树堡公社敬老

院院长

杨桂莲 锦西县虹螺岘公社虹南大队妇代会主任

曹幸福 锦州市玉器厂副工艺师

张淑良 锦州市饮食服务公司红卫饭店南菜部副主任

康桂珍 锦州市锦县金城饭店主任

朱凤兰 锦州市市百货公司大楼百货商店医药摊营业员

王淑华 锦州市新华书店第一门市部主任

李　铎 黑山县北关实验学校教师

任鸿雁 锦州市市第一医院妇科医生

亢采芝 兴城县河后所公社西关大队幼儿教师

李荣春 黑山县黑山镇十街四组退休工人

王玉珍 锦州市凌河区锦铁街道被服二厂党支部书记

曹淑琴 锦州市古塔区敬业街道办事处东敬业居民委员会党支部书记

王　雁 北镇县妇联主任

李淑玉 锦县大业公社妇联主任

朱玉芬 绥中县前卫公社妇联主任

王金莲 绥中县王家店公社武装部长

闫玉英 丹东市焊条线材厂工人

荀凤莲 丹东毛绢纺织厂毛织车间工人

汤惠珍 丹东绢绸厂织绸车间工人

王淑清 宽甸县长甸公社桦树甸子大队第六生产队生产队长

李茂珍 宽甸县毛甸子公社二道岗大队第七生产队社员

周润芝 东沟县新沟公社沟北大队副大队长

刘　俊 东沟县海洋红公社海洋红大队党支部副书记

徐淑芳 凤城县东方红公社快乐二队妇女队长

刘明珍 凤城县红旗公社三义庙大队第五生产队社员

寇月梅 岫岩县雅河公社同心大队第二生产队妇女队长

姜桂兰 岫岩县岫岩镇公社宏新大队东门生产队社员

王倩茹 丹东化学纤维厂设备部副主任技术员

张春梅 丹东市理发业总店七经路理发部主任

胡培凤 丹东市实验小学教师

梁芝荣 凤城县东方红公社医院医师

王淑文 丹东市第二幼儿园教师

张文清 丹东市元宝区幼儿园汇海分园教师

马桂荣 丹东市元宝区七道办事处崇兴居委会党支部副书记

王桂兰 丹东市振兴区六道沟办事处工业二委委主任

刘美玉 阜新市织布厂工人

季凤英　　阜新市海州矿手选二厂拣煤工人
冷成珍　　阜新市太平区煤海公社文具厂主任
高明珍　　阜新市发电厂锅炉分场电焊班电焊工人
刘淑英　　彰武县章古台公社东章古台大队马家生产队社员
范淑云　　彰武县大四家子公社夕明大队哈巴气小队妇女队长
焦一仪　　阜新市农机研究所研究室副主任
徐桂芳　　阜新市粮库工人
张　宇　　阜新蒙古族自治县实验小学教师
于秀琴　　阜新蒙古族自治县泡子公社郭屯大队民办小学教师
郝淑珍　　阜新蒙古族自治县泡子公社幼儿园教师
白先荣　　阜新市海州区平安西部街道办事处联合支部书记
于淑芬　　阜新市第一人民医院内科副主任
杨素坤　　文圣区塑料印刷厂锻工班长
高素久　　公共汽车公司第二车队党支部副书记
王素香　　辽阳纺织厂细沙车间挡车工人
王美华　　兰家公社寇家大队妇女主任
郑　云　　辽阳市种畜场前三块石分场党支部书记
周桂英　　柳河子公社上老君峪大队第一生产队队长
钟　鼎　　辽阳石油化学纤维总厂生产技术处副总化验师
于素梅　　辽阳市人民浴池胜利门点主任
张玉坤　　辽阳市白塔区西关小学教师
王振清　　辽阳市第二人民医院儿科副主任
宋佩英　　辽阳石油化学纤维总厂生活服务部保教干事
杨丽华　　营口县百寨公社百寨大队农业技术员
石素芬　　大洼县于树农场四家子大队妇代会主任
吴松子　　大洼县荣兴农场中央屯大队妇代会主任
高淑兰　　盖县梁屯公社九盘岭大队社员
袁桂琴　　营口县汤池公社徐家沟大队小队长
金明顺　　盘山县东郭苇场种子队饲养员
王素英　　盖县团甸公社贾屯大队植棉组组长
胡景芝　　营口市郊区路南公社光明大队副书记
冯秀珍　　盘山县喜彬公社喜彬大队小队长
张正子　　盖县西海农场三大队农工
杨馨香　　营口市针织一厂针织工人

李汉英　营口纺织厂细沙车间丙班工人
林桂花　营口市玻璃纤维一厂技术股副股长
吴桂兰　营口市火柴厂新产品车间技术员
鲍素芹　营口市百货公司新民百货商店营业员
王爱华　营口市小楼饭店营业员
丁瑞芳　盖县盖州镇红卫小学教师
李淑姑　营口市站前区建设公社卫生院助产士
张秀英　营口市电线厂托儿所所长
陈　瑛　营口市西市区东方红公社得胜街党支部书记
薛亚琴　铁岭地区棉织厂工人
付月娥　铁法矿务局基建工程处建材厂三入出窑班班长
张家清　铁岭地区化机一厂车工班班长
赵家华　铁岭地区种畜场红旗大队前帽山幼驹育成组饲养员
温玉芝　康平县胜利公社胜利大队第一生产队任队长
侯淑清　昌图县虻牛公社兴隆五队队长
何玉珍　法库县秀水河公社杨家卜大队党支部书记
邱振贤　法库县柏家沟公社头台子大队妇代会副主任
李玉珍　法库县丁家房公社邦牛卜大队党支部书记
李彦云　西丰县平岗公社福榆大队二队养猪饲养员
吕雅芬　铁岭县汎河公社英城子大队会计
孙玉贤　铁岭县熊官屯公社上峪大队创业队队长
庞　伟　昌图县太平公社二台子大队第二生产队妇女队长
于淑芹　昌图县马仲公社西大一队队长
赵桂珍　昌图县付家公社友爱大队妇代会主任
孙学福　铁岭县腰堡公社友谊大队妇代会主任
康桂芝　开原县金沟子公社二道沟第二生产队饲养员
张淑莲　开原县威远公社双城子大队代购代销店营业员
安凤英　铁岭县工农兵副食商店营业员
刘淑杰　康平县生产资料公司营业员
于雅娟　昌图县八面城镇实验小学教师
汤丽雪　西丰县东方红小学教师
朴太德　西丰县平岗镇医院副院长
张德民　铁岭地区人民医院妇产科副主任
荣淑元　昌图县金家公社社直幼儿园负责人
袁兰娣　凌源县针织厂包装车间副主任
赵淑英　朝阳地区运输公司喀左分公司客运一班班长

房玉霞　建平县印刷厂工人
尹翠玉　北票县黑城子公社祥顺号大队干沟子生产队妇女队长
陶桂珍　北票县土城子公社土城子大队“七大嫂”作业组长
刘桂珍　北票县长皋公社长皋大队后松沟中队“十老人”作业组长
于桂兰　建平县孤山子公社留沟大队妇代会主任
刘桂兰　建平县马场公社插花营子大队前长皋生产队
胡春雫　喀左县永泉公社南亮大队第四生产队
石淑芳　凌源县沟门子公社碾房丈子大队碾房丈子生产队妇女队长
牛春兰　凌源县小城子公社大新房子大队第四生产队队长
庄秀英　朝阳县召都公社黄酒馆大队妇代会主任
侯淑清　喀左县十二德堡公社乱泥塘子大队郎家窝铺生产队
崔桂芝　朝阳县木头城子公社郑杖子大队妇代会主任
王翠艳　建昌县老达存公社牛洞子大队冷新图姐妹创业队队长
刘向敏　朝阳县胜利公社西山大队养蚕技术员
孙桂华　建昌县气象站测报员
甘瑞雫　朝阳县十二台公社腰而营子大队农科站副站长
霍英芝　北票县烟酒公司一门市部主任
姜春荣　建昌县烟酒公司回民商店营业员
于雅珍　朝阳地区饮食服务公司党支部书记
蔡桂英　朝阳地区凌源县朝阳街小学校教师
段淑荣　喀左县妇幼保健站大夫
王世辉　朝阳县机关幼儿园支部书记
杨文华　朝阳县朝阳镇北塔街一委主任
李淑兰　沈阳新华印刷厂工人
张淑琴　辽宁省农业科学院小麦作物研究所技师
徐升美　中国科学院金属研究所副总工程师
单慰曾　中国科学院林业土壤研究所微生物室化学模拟生物固氮组组长
任慧珍　冶金研究所药剂室工程师
金东翔　军事体育陆上运动学校射击队小口径步枪运动员
焦　丽　体训班女子篮球队运动员
赵淑娟　人民医院外科护士长
左忠贤　沈阳站客运值班员
李月华　沈阳铁路局丹东乘务员公寓炊事员
尹桂苓　大榆树站五七生产服务队队长
李晓华　锦州铁路局山海关内燃机务段

司机长
吕淑云　锦州铁路局锦铁幼儿园保育园
周秀云　锦州铁路局山海关地压食堂厨师长
杨桂香　兴隆台采油指挥部渤海家属站副站长
陈卫国　兴隆台采油指挥部女子采油队队长
李书清　井下指挥部器材供应站二队队长
佟玉环　抚顺市第一建筑公司综合厂缝纫班班长
孙　娟　辽宁中医学院附属医院

吉林省

朴於今　和龙县和龙镇前进小学校
梁凤芝　敦化县大石头公社新台大队一队
曹素翠　敦化县黄泥河公社大川大队
申宝玉　汪清县汪清镇站前饭店
催义玉　图们市月晴公社卫生院
玄姬淑　中国人民银行吉林省延吉县支行勇新营业所
刘玉梅　珲春镇公社城北一队
朴京淑　珲春县马川子公社五二大队四小队
严今顺　珲春县三家子公社妇联会
黄顺玉　延吉县东盛公社东盛九队
朴顺子　安图县第一医院
李伍福　延吉市长白公社新丰大队
张素清　延边纺织厂织布车间
崔明淑　吉林省和龙县环城公社东街大队
李月顺　和龙县龙水公社龙水大队幼儿园
石兰芳　吉林省敦化林业局三道沟农业家属队
李玉今　延吉县东盛公社莫城大队
姜宝顺　安图县明月镇公社佳坪大队
潘淑庆　敦化县工农兵饭店
郑莲玉　延吉市粮油供应公司第三粮店
石顺姬　延边橡胶厂
张养爱　吉林省通化矿务局松树煤矿中学代课教师
唐桂花　吉林省通化地区集安县麻线公社红星大队
张美花　长白朝鲜族自治县长白镇绿江五队
徐慧中　通化地区卫生学校
盛秀珍　通化钢铁厂职工医院外科护士长
崔长珍　通化市红旗小学
王洪珍　海龙县中和公社张油房大队小学
王云卿　浑江市临江镇民主小学
禹桂花　海龙县小杨公社大杨朝鲜族大

	队
宋玉兰	柳河县向阳公社妇联主任
苏代真	浑江市临江镇东光大队幼儿园
谭桂芝	集安县幼儿园
程玉菊	通化市东昌区东昌街第七居民委
张丽华	浑江市湾沟镇兴工街二委
江雅芹	浑江市粮食加工厂
闫志秋	长白朝鲜族自治县十四道沟公社十四道沟大队
张曼惠	松江河林业局胜利林场十八小二队检尺员
韩玉芝	第五机械工业部国营五五二三厂五七办公室主任
宋文英	通化县马当镇商店营业员
孙桂兰	百城市明仁区金辉办事处
姜桂云	长岭县利发胜公社
李淑芹	乾安县安唱公社渭字大队
刘秀英	辽源矿务局梅河矿二井
翟凤英	辽源市东山区富国街六十七组
王桂琴	辽源市第二针织厂
赵相琴	梨树县人民医院
金淑子	东丰县国营第三二三厂
郑淑芝	东丰县第一小学教员
刘翠英	怀德县南崴子公社大榆树大队一队妇女队长
刘淑芬	双辽县服先公社胜利五队
蒋桂芝	东丰县大众饭店党支部书记
李淑贤	四平市二区解放街一委纸制品厂
潘会英	伊通县靠山公社靠山大队
李秀珍	伊通县五一公社农机修造厂
翟凤琴	双辽县兴隆公社庆丰一队
伊树林	东辽县安石公社东道大队
李　颖	怀德县实验小学教导主任
郑春姬	国营梨树农场
付亚芹	怀德县副食品一商店副主任
王金兰	梨树县靠山公社新开城大队
沈淑兰	四平地区五金站
董淑芬	伊通县新兴公社朝阳大队
陈淑兰	东丰县影壁山公社长胜二队
张凤琴	梨树县十家堡公社
韩亚芹	怀德县秦家屯公社韩家泡子大队农机队
崔秀华	怀德县气门芯厂车间副主任
赵淑英	双辽县玻璃丝厂
吴桂珍	四平市四新饭店
石慧敏	伊通县高压油泵厂
郭秦珍	梨树县刘家馆公社
耿淑清	怀德县凤响公社平顶山大队妇代会主任
高庆香	梨树县百云灰厂
阚秀云	怀德县毛城子公社毛城子大队四队养猪员
于凤琴	梨树县小宽公社新风大队三队
牟长绵	东辽县刺绣工艺厂党支部书记
孙淑华	东辽县安石公社
袁凤芝	通榆县实验小学

李淑珍　通榆县瞻榆公社昌盛大队一队
于桂兰　大安县棉织厂
潘　晶　扶余县服装厂
李崇凤　洮安县东方红造纸厂造纸车间
于淑兰　万宝煤矿工农新村
刘丽华　前郭尔罗斯蒙古族自治县第二小学
刘雨坤　百城地区农业科学研究所
艾　杰　洮安县大旅社
陈玉芝　镇赉县第二粮食供应站
谷佩玉　扶余县五金商店
付巧荣　长岭县医药公司第一商店
崔连玉　通榆县第一医院
吴启凤　通榆县新兴公社东兴大队西兴龙生产队
徐国英　镇赉县建平公社洋营子大队
张桂荣　前郭尔罗斯蒙古族自治县东三家子公社孤店大队第五生产队
张淑琴　大安县烧锅镇公社百兴大队
牛桂荣　扶余县新安镇公社西十号大队一队
刘淑琴　扶余县菜家沟公社百家崴子大队
徐桂芝　镇赉县岔台公社妇联
金淑清　前郭尔罗斯蒙古族自治县大山公社北围子一队
王兰英　前郭尔罗斯蒙古族自治县查干花公社查干花大队二队
袁淑范　扶余县扶余镇两家子大队三队
林淑媛　长岭县前七号公社三义大队九队
付士丰　百城市平台公社民乐大队
彦士兰　洮安县向阳公社文化大队
郎　杰　抚松县妇幼保健站站长
王桂珍　临江铜矿供应科
邵洪叶　通化县二密公社妇联主任
李桂芝　通化市橡胶厂
王金兰　通化地区辉南县朝阳镇爱国街暖气片厂
何桂华　柳河县皮毛厂副厂长
郭凤芝　靖宇县靖宇镇联合大队
李清荣　抚松县抽水公社木器厂
孙红霞　大安县妇联
于贺书　长岭县太平川镇
朱宝英　吉林地区化工公司研究总工程师
孙淑贞　长春五中
马玉珠　长春市玻璃制品厂
梁锐军　吉林医学院院长
齐淑芹　吉林市船营区北极街第一居委会党支部书记
王曼玲　长春市评剧团
温　莉　国营吉林柴油机厂二〇四车间
贾明轩　榆树县恩育公社永发机耕队
王红霞　长春市衬衫厂
陈晓晨　朝阳区重庆公社九委
张玉珍　长春市水箱制造厂
李真熙　第一汽车制造厂生活福利处

高　英　长春市大马路银行办事处保管员
刘国英　长春纺织厂
吕维英　长春市砖瓦厂三车间
赵桂芝　吉林热电厂燃料分场工人
张玉凤　吉林市邮电局投递员
张志芳　吉林市龙潭区龙潭街九委主任
穆英华　五七〇四厂八车间车工
管桂琴　市人民银行昌邑办事处会计员
玄成淑　吉林市百货二商店营业员
全银柱　蛟河县马林公社友谊大队妇代会主任
姜正顺　吉林市郊区大屯公社棋盘大队妇代会主任
纪连花　吉林省舒兰县红旗公社潘屯大队妇代会主任
张桂贤　吉林省舒兰县吉舒镇公社联盟三队饲养员
李　娅　吉林省舒兰县红旗公社妇联主任
赵桂琴　吉林市环境卫生管理处卫生队清扫班长
郭淑珍　吉林市水泥厂党支部书记
邵常珍　蛟河县天南公社富强二队妇女队长
张淑琴　永吉县岔路河公社妇联主任
李斗林　吉林国营江北机械厂三十八车间班长
王修廉　桦甸县妇幼保健站
高惠兰　吉林市船营粮食分局草市粮店保管员
王秀兰　吉林市针织厂挡车工
车云华　电子局八二三二厂党支部书记
许桂英　吉林市昌邑区毛毯厂毛毯车间织毯挡车工
张秀芳　舒兰矿务局吉舒三井班长
苑莲茹　吉林铁合金厂一车间三八炉班长
孙淑珍　长春市实验学校
林　艳　九台县城子街公社妇联
赵春玲　东风副食一百七十三栋售货亭
张希芬　榆树县百货二商店
赵丽华　双阳县太平公社蔡家九队
巩玉珍　农安县榛才公社敬老院
孙淑兰　长春汽车厂发动机分厂曲轴车间
张　强　郊区妇联
刘靖慧　长春市第二实验小学
李景超　长春电影制片厂科教片导演
代焕梅　吉林日报社文教部负责人
章咏华　长春应化所八室
冯尔录　吉林省人民医院
屠漱仪　吉林省广播局
韩　峰　吉林省商业局食品公司
周明清　榆树县李合公社长兴大队第三小队
李　新　二道河子区东盛副食商店信和门市部
刘凤云　南关区曝光公社劳保厂

李秀荣　宽城区站前公社二十一委
冯之榴　吉林应化研究所
李淑荣　长春市百货公司第三商店
张淑云　农安县烧锅公社妇联
姜宗兰　朝阳区重庆路饭店
韩玉芬　九台县气象站
方二婆　磐石县呼兰公社五里大队社员
李传珍　磐石县石嘴公社泉眼大队妇女主任
尹丽英　北台子公社天平大队天平岭生产队队长
李国英　德惠县五台公社郭家大队三队
付秀清　郊区幸福公社光明一队
齐殿云　榆树县光明公社小乡大队小乡生产队
丁志芬　农安县伏龙泉公社区家大队六队
于兰仃　长铁分局列车段三队
李惠英　长春卷烟厂一车间
孙广秀　宽城区群英幼儿园
罗佳翠　九台县卢家公社先锋八队
雷淑芬　德惠县实验小学
李纫兰　长春市体校
满颖芝　吉林师范大学地理系
常秀芝　吉林造纸厂五七农场
陈丽艳　蛟河县蛟河镇一街四委主任
桂　纯　吉林化学工业公司试剂厂副厂长兼副总工程师
陈桂兰　永吉县岔路河公社岔路河大队党支部书记
徐令燕　吉林市船营区二十五小学校教员
马兰菊　吉林市郊区沙河子公社虹园大队第七小队队长
付桂芝　市麻棉纺织厂托儿所所长
闫明玉　烟筒山车务段黄旗屯卫生所所长
刘翠玲　大石头林业局木材综合加工厂军工车间
朴粉玉　延吉县朝阳公社妇联会
尹桂珍　东丰县五道岗公社蚂蚁大队十一队
郭兰香　吉林省吉林市实验小学校长
马洪芬　长春橡胶厂
姚淑华　二道河子区八里堡公社第四居民委
董淑芹　德惠县德惠镇妇联
马凤兰　郊区西新公社繁荣五队
崔广英　靖宇县靖宇公社保安大队
郭喜玲　临江林业局森林铁路处903号包车组
毕玉兰　长春市妇产科医院护士长
刘文君　姚炎公社
苗爱娣　磐石烟筒山公社北安大队养猪场
刘艳斌　吉林市制鞋厂
朱迎春　四平市十一道街小学
陈淑媛　长春市文化系统幼儿园

王凤霞　吉林省京剧团
杨延英　吉林省体育工作队
孙书琴　通化站客运值班员
刘　钢　南关区全安公社全安街委

黑龙江省

徐淑英　大庆油田第四采油指挥部
齐莉莉　大庆油田供应指挥部萨尔图仓库
苑淑芹　哈尔滨市国营星光机械厂
修桂荣　合江地区佳木斯纺织厂
李希英　哈尔滨铝制品一厂
孔庆芳　鸡西市电石厂
王素新　黑龙江省轻工设计院
王淑英　齐齐哈尔市第一建筑工程公司
段丛范　齐齐哈尔市第一建筑工程公司
柳桂芝　齐齐哈尔铁路局修配厂
蔡瑞芬　哈尔滨市电车公司
张玉莲　合江地区七台河矿务局洗煤厂
宋正宝　哈尔滨国营伟建机器厂
齐　丽　齐齐哈尔铁路局三间房车辆段
张桂兰　合江地区勃利县双河公社邮局
孙　艳　合江地区合江电业局佳木斯供电所
刘柏青　齐齐哈尔铁路局列车段
马丽娜　哈尔滨亚麻纺织厂
王淑清　伊春地区服装厂
冯玉芝　五机部六二六厂
马秀兰　鹤岗矿务局十三厂一车间
刘桂兰　牡丹江地区牡丹江市纺织厂络併车间
满瑞芝　牡丹江地区鸡东县被服厂
张洪英　哈尔滨铁路局牡丹江铁路分局房产段
李淑琴　嫩江地区林甸县鞋厂
史洪兰　绥化地区兰西县橡胶厂
田滨兰　哈尔滨船舶修造厂
王　宁　哈尔滨针织二厂
张桂荣　牡丹江地区东宁县客运站
杨念兹　哈尔滨电力设备制造厂
刘登莲　合江地区七台河矿务局建材总厂
阎淑芬　鸡西市发电厂
关淑芹　松花江地区阿城县邮电局
白凤兰　绥化地区肇源县罐头厂
甄桂芝　哈尔滨铁路局哈尔滨站售票室
于俊卿　哈尔滨市长途电信局话务员
张桂兰　双鸭山集贤煤矿压风机组
耿玉兰　松花江地区宾县毛巾厂
孙靖宇　哈尔滨电碳厂
申顺南　齐齐哈尔市劳保服装厂
朴仁淑　牡丹江地区宁安县服装厂
任焕新　哈尔滨轴承厂三车间
张淑安　哈尔滨水泥厂
王　平　省安装公司三工区青年女子焊工班

吴春杰 齐齐哈尔市邮电局
刘爱芝 齐齐哈尔市第一机床厂
徐洪娥 齐齐哈尔市富拉尔基区环境卫生管理站
肖亚芬 齐齐哈尔市富拉尔基纺织厂
于信香 嫩江地区克山县北联公社黎明大队妇代会主任
张淑范 松花江地区巴彦县松花江公社永长大队
牛春华 绥化地区望奎县望奎镇公社曙光一队
孙喜玲 松花江地区呼兰县莲花公社孤榆大队
雷钧芝 绥化地区肇源县超寿公社良种场
刘福荣 牡丹江地区海林县长汀公社奇峰大队
郭丽华 嫩江地区克东县玉岗公社新乡大队
杜勤华 合江地区桦南县阎家公社徐家大队
金玉锦 黑河地区北安县主星公社主星大队
方淑琴 合江地区富锦县上街基公社三合大队
卢　菊 大庆钻井互助村
程相阁 双鸭山市安邦公社西山大队
金花俊 鸡西市城子河区丰安大队
宋协英 绥化地区肇东县种子站
赵淑清 松花江地区双城县五家公社工业猪宗厂
千玉顺 合江地区桦川县星火公社邱少云大队
曹淑芬 合江地区萝北县肇兴公社裕丰大队妇代会主任
付文艳 合江地区同江县前卫公社同胜大队
李月芝 合江地区勃利县倭肯公社兴胜大队
鲁桂兰 合江地区佳木斯市郊区松花江公社模范大队
卞凤芝 合江地区依兰县宏克力公社临江大队
高淑琴 嫩江地区拜泉县国富公社强胜大队
于庆花 合江地区桦川县长发公社东胜大队
潘淑珍 合江地区集贤县沙岗公社农丰大队
尹桂芳 合江地区富锦县太平川公社太平川大队
侯喜兰 绥化地区海伦县海北公社南华大队
康柱荣 绥化地区安达县万宝公社新建大队
李玉贤 绥化地区绥化县三河公社民喜大队
刘凤荣 嫩江地区甘南县长山公社建华

大队

沈顺德　嫩江地区泰来县四里五公社曙光大队

陈桂琴　嫩江地区拜泉县长春公社解放大队

吕桂贤　嫩江地区讷河县通南公社吉庆大队

刘淑玲　嫩江地区龙江县雅鲁河公社红旗大队

夏元莲　黑河地区孙吴县卧牛河公社向阳大队

徐凤香　黑河地区嫩江县城郊公社四季鲜二队

伞翠英　嫩江地区克山县曙光公社光华大队

郝兰仙　嫩江地区克山农场家属管理站

周玉纯　哈尔滨市道里区新发公社大星五队

刘景范　松花江地区双城县韩甸公社群利大队

崔锦礼　松花江地区延寿县中和公社民光大队

孙文芳　合江地区汤原县吉祥公社吉祥大队

刘相芹　合江地区饶河县西林子公社小南河大队

骆世珍　合江地区宝清县尖山子公社东红大队

王玉英　松花江地区木兰县龙江公社龙丰大队

金顺实　松花江地区王常县五常镇兴光大队

于洪霞　黑河地区北安县石华公社永胜大队

张秀兰　黑河地区爱辉县幸福公社幸福大队

马瑞香　黑河地区逊克县车陆公社卫东大队

丁桂兰　嫩江地区克东县新农公社新发大队

汪顺兰　嫩江地区林甸县文革公社治国大队

金玉花　嫩江地区杜蒙自治县克尔台公社伍代大队配种站

王桂兰　黑河地区德都县兴隆公社兴隆大队

商淑芬　松花江地区宾县糖坊公社吉源大队

韩淑兰　松花江地区双城县十一区公社吴家大队

苍亚军　松花江地区阿城县杨树公社翻身大队

杨成秀　松花江地区呼兰县方台公社方台大队

刘淑梅　松花江地区通河县三站公社新立大队

吴仁顺　牡丹江地区宁安县渤海公社江东大队妇代会

俞贞姬　牡丹江地区密山县黑台公社立新大队妇代会

杨淑华　牡丹江地区穆棱县穆棱公社大屯大队妇代会

李翠清　牡丹江地区东宁县大肚川公社胜利大队妇代会

郑春香　黑河地区嫩江县红卫公社赤卫大队

金玉莲　牡丹江地区东宁县三岔口公社三岔口大队

周翠花　牡丹江农场管理局八五一一农场九连

周桂芝　松花江地区尚志县一面坡公社铁道大队

李桂霞　松花江地区方正县天门公社中心大队

刘孝珍　松花江地区双城县希勤公社希勤大队

王影秋　绥化地区明水县永发公社农科站

鲍玉芬　嫩江地区依安县新屯公社洪发大队

王柱英　绥化地区海伦县共合公社共合大队

赵　云　绥化地区兰西县城郊公社新建一队

周柱芬　绥化地区庆安县巨宝公社靠山大队

于淑杰　绥化地区青冈县致富公社望海大队

马　兰　绥化地区绥棱县尼尔河公社永发大队

陈喜云　绥化地区绥化县连岗公社永久大队

王德兰　绥化农场管理局嘉荫农场

霍淑琴　绥化地区肇东县黎明公社四兴大队

魏瑞英　牡丹江地区大海林林业局青云山林场生产队

张井菊　松花江地区苇河林业局青山林场

杨洪洲　大兴安岭地区松岭镇红星生产队

徐世华　黑龙江省宝泉岭农场管理局向阳农场七连

陈立红　齐齐哈尔市昂昂溪区昂昂溪公社黎光大队

李秀华　绥化地区肇州县榆树公社新兴大队

陈淑芝　伊春地区岱岭区良种大队

徐乐兰　大庆农科所技师

翁秀英　省农业科学院大豆研究所

揣桂兰　嫩江地区龙江县头站公社农技站技术员

袁子元　黑龙江省水利第五工程处

古忠玉　合江地区农业科学研究所农业技术员

孟春岩　黑龙江省计量检定测试所工程

师

杨　菊　哈尔滨市道外区东莱公社第六居民委

刘凤琴　大兴安岭地区古莲贮木场生产队

曹　华　牡丹江地区牡丹江市东风区七星办事处红旗街道

王奎莲　伊春地区伊春市东风街道办事处三八餐铺

张　敏　齐齐哈尔市龙沙区湖滨公社联合居民委

姜秀芬　嫩江地区富裕县富裕镇五七大队柳编厂

阎成秀　双鸭山市岭东区三十四委

王凤芹　鹤岗市向阳区机械厂

周玉珍　双鸭山市宝山区建筑工程队

周桂荣　哈尔滨市南岗区代营花园饭店

项志英　哈尔滨市太平区七委

张淑贤　合江地区佳木斯市向阳区第六居民委

孙庆先　哈尔滨市南岗区奋斗公社服装厂

单德琴　鸡西市滴道矿五七办

田文全　鸡西城子河煤矿白房委

王淑清　齐齐哈尔市华安区东安公社十委

孟凤英　哈尔滨市香坊区新立公社二委妇代会

王书范　松花江地区双城县双城镇东方红街

高秀兰　哈尔滨市道外区红旗公社

孟兆芳　鹤岗市红卫区二十委

黄淑芬　牡丹江地区绥芬河市七委妇代会

石春姬　牡丹江地区鸡东县鸡林公社鸡林大队幼儿园

许治芳　哈尔滨铁路局哈铁分局三棵树地区托儿所

孙淑琴　牡丹江地区牡丹江纺织厂托儿所

邵淑萍　齐齐哈尔市建华区北极托儿所

权贞淑　松花江地区五常县民乐公社实验站托儿所

陈桂英　黑龙江省建三江农场管理局胜利农场托儿所

蒋丽军　黑河地区爱辉县黑河镇一街托儿所

王清莲　大兴安岭地区塔河区盘古林场托儿所

黄庆兰　绥化地区望奎县幼儿园

王秀荣　松花江地区呼兰麻纺厂

于振春　合江地区佳木斯纺织厂托儿所

宋桂琴　嫩江地区富裕县富路公社富路大队

曾纪芳　大庆油田第一采油指挥部托儿所

陈宪云　哈尔滨市国营龙江电工厂

金彩玉　齐齐哈尔市国营华安机械厂

毕乃荣　双鸭山市尖山区向阳街十委托儿所
苗宗茹　绥化地区文教科托儿所
史业英　哈尔滨市和平百货商店
盛仙芝　哈尔滨市第一百货商店
卢红梅　合江地区同江县边疆饭店
杜秀坤　绥化地区绥化县百货三商店
牟秋萍　合江地区佳木斯市烟酒公司第一副食品商店
栾　毅　大兴安岭地区呼玛县十八站粮店
邢水凤　齐齐哈尔市富拉尔基区人民饭店
宁春花　鸡西市恒山区供销社合作供销部
何笑容　齐齐哈尔市人民银行龙沙办事处
姜　艳　伊春地区南岔粮食分局第一粮店
初桂芝　鹤岗市大陆副食品商店付力井口服务部
刘桂荣　大兴安岭地区加格达奇百货商店
肖凤芝　绥化地区绥棱县银行
黄淑琴　嫩江地区依安县阳春供销社龙泉部
曲正华　哈尔滨市酱油厂
万丛碧　牡丹江地区密山县野生动物饲养场
蔺絮华　双鸭山市第一副食品商店
范慧琴　松花江地区宾县满井供销社
王淑贤　牡丹江地区牡丹江市第四百货商店
高敬贤　大庆商业局第一百货商店
王艳芳　黑河地区爱辉县第二副食品商店
乔淑华　绥化地区肇源县第一百货商店
赵灵芝　齐齐哈尔市第二百货商店
卫秀英　牡丹江地区税务局绥阳税务所
王维英　牡丹江地区牡丹江市新华书店
薛桂芳　大庆妇联
李长荣　大庆机关
张永令　牡丹江地区妇联
陶玉清　黑河地区爱辉县妇联
刘　莉　合江地区依兰县妇联
屈相芹　绥化地区绥棱县妇联
宫玉凤　合江地区桦南县阎家公社妇联
秦德英　松花江地区尚志县黑龙宫公社妇联
张含侠　绥化地区海伦县海北公社妇联
周秀杰　鸡西市妇联
金英淑　哈尔滨市铁路局西鸡西铁路医院
申福善　桦川县星火公社妇联主任
曹　锋　哈尔滨市道里区松花江浴池
郑淑琴　嫩江地区克山县旅店中心店
钟志耘　黑龙江省北安农场管理局赵光糖厂

柳玉芳　哈尔滨市安广小学
于淑珍　哈尔滨市公园小学
马熙茹　哈尔滨市第三十五中学
崔玉珍　哈尔滨市靖宇幼儿园
王希珍　绥化地区肇州县红旗小学
肖明琴　鸡西市鸡冠区建新小学
杨露辉　牡丹江地区牡丹江市火炬小学
韩贞子　牡丹江地区海林县海南公社南拉古学校
宋学敏　松花江地区阿城县阿城镇新曙光小学
王桂兰　嫩江地区拜泉县东方红小学
杜玉兰　松花江地区巴彦县临城公社五星小学
王　健　伊春市南岔区东方红小学
张玉杰　双鸭山市宝山矿中学
杨丽华　齐齐哈尔市龙沙区永安小学
彭瑰珍　绥化地区绥棱林业局第三小学
白秀玲　大兴安岭地区呼玛县第二小学
李舫珍　黑河地区爱辉县第一小学
陈秀芳　合江地区绥滨县第二小学
王淑珍　嫩江地区富裕县富裕镇第四小学
朴顺德　哈尔滨市新香坊朝鲜小学校副教导主任
顾秋心　哈尔滨工业大学
蒋玉华　哈尔滨市公安局南岗公安分局卢家派出所
冯转运　鹤岗市人民法院
乔凤华　鹤岗矿务局联工医院妇婴分院主治医师
李淑琴　齐齐哈尔市第一医院内科主治医师
施宝珠　哈尔滨医科大学附属第二医院
李继庸　哈尔滨市第一医院妇产科主任
张玉佩　省卫生防疫站检验师
禚玉英　黑河地区九三农场管理局中心医院护士
张继平　黑龙江省军区二一一医院
张丽华　齐齐哈尔市评剧团
张德英　黑龙江省体工队
张力军　黑龙江省体工队

上海市

杨月琴　上海市中级人民法院民事审判庭审判员
张　敏　中国科学院上海冶金研究所副研究员
周光宇　中国科学院上海生物化学研究所第六研究室副主任
顾光青　上海社会科学院经济研究所
周淑群　上海天文台佘山观测站图书管理员
吴娴娟　上海科学技术情报研究所文献馆检索组长
陈玉琳　上海市水产研究所资源品种研

究室负责人
刘慧扬　宝山钢铁总厂热轧部设备技术员
曹天霞　上海市混凝土制品一厂副主任、工程师
周凤瑛　市政工程研究所副总工程师道路研究室主任
何慧琴　上海远洋公司风涛轮大管轮
郑鸿钰　邮电五一九厂模具车间线切割操作工技术员
李淑华　上海铁路分局上海机务段双革技术员
萨本茂　中国人民解放军第4805厂技术科技改革组副组长
吴霞媛　第六机械工业部第九设计研究院三宝结构工程师
赵爱眉　上海新华无线电厂工程师
魏凤巢　上海石油化工总厂市政工程队科研组组长
李　秀　上海农药厂二车间技术员
高骝德　上海第十四制药厂副厂长工程师
张挹芝　上海染料化工八厂副厂长工程师
刘哈丽　上海化学工业研究院技术情报室主任
包惠钏　上海第三钢铁厂中板车间热工技术员
龚洪林　上海钢管厂技术科副科长
虞立箴　上海汽轮机厂锻冶科技术员
杨玉芝　上海电机厂质管科技术员
顾美珍　上海电工仪器研究所第二研究室工程师
马淑华　上海电表厂技术员
诸君菁　上海无线电二十厂工程师技术组组长
李香梅　上海玉石雕刻厂鸟兽车间设计员
邹莱仙　上海市轻工业研究所聘请工程师
谭茀芸　上海印染机械厂研究所副所长
沈安芳　中国纺织机械厂织机研究所工程师
汤蕴瑜　上海市化学纤维工业公司技术科工程师
赵毓芳　上海第二织袜厂工程师
陈留女　上海针织厂质监科技术员
刘湘云　上海第一医学院儿科医院院长儿科研究所所长
徐肇玥　上海第一医学院附属华山医院传染病学教研组副主任
邵葆若　中国医学科学院寄生虫病研究所药理研究室主任
马如波　新疆地段医院助产士
何葆光　上海生物制品研究所主管技师
庞泮池　上海中医学院附属曙光医院妇产科主任
李超莉　上海第一医学院附属妇产科医

院中医科副主任

史明真　上海市中心血站科研室副主任

李奕奕　上海第一结核病院副护士长

王文英　上海市第一人民医院妇产科副主任

李月云　上海市肿瘤医院外科主任

钟戴三　上海第二医学院附属第三人民医院实验室负责人

刘薇延　上海第二医学院附属新华医院儿内科副主任

苏祖斐　上海市儿童医院副院长

黄　桦　上海市第六人民医院理疗科主任

邵家珏　上海第二医学院附属第九人民医院口腔内科副主任

曾儿生　上海第二医学院附属瑞金医院儿内科主任

张仲英　上海第一医学院附属中山医院内科副总护士长

鲁月仙　市民政局老残院病区护理组组长

周莲荣　徐汇区中心医院五官科副主任

张淑孟　杨浦区中心医院内科主治医师

葛成筠　长宁区同仁医院眼科主任

杨莉绿　静安区康定路地段医院医师

叶克义　南汇县妇幼保健所副所长

杨宛华　上海海员医院肺科主任

王若梅　上海日用化学品厂医士

华文漪　上海昆剧团演员

余庆云　上海芭蕾舞团演员

张瑞芳　上海电影制片厂演员

丁是娥　上海沪剧团团长

徐玉兰　上海越剧院演员

李　莉　上海电视台导演

马博敏　上海京剧二团演员

周正行　上海曲艺剧团编剧

李美良　上海芭蕾舞团钢琴伴奏

祝庆英　上海译文出版社编辑

菡　子　上海文艺出版社专业作家

黄宗英　上海文艺出版社专业作家

谢希德　复旦大学校长现任物理研究所所长

宋　彬　上海化工学院数学教研组副教授

丁景清　上海体育学院体武系体操教研组副教授

王簃兰　上海第一医学院卫生系副主任

柏慧英　上海第二医学院解剖教研组第二副主任

颜季琼　上海师范大学生物系副教授

张惠珠　上海第二医学院生化教研室主任

王品素　上海音乐学院党委委员

丁维鈺　上海科技大学一系系副主任

孙璧媃　上海交通大学应用化学系副教授兼系负责人

林飞卿　上海第一医学院微生物教研组主任

张又新　上海农学院植保系负责人
王　戟　梅山工程指挥部职工子弟中学副校长
魏　芳　上海八五钢厂子弟小学校长
赵明华　金山县洙泾中心小学副教导主任
仇明华　青浦县朱家角公社中心小学副校长
夏瑞华　川沙县城厢镇幼儿园负责人
吴惠娟　崇明县堡镇小学副教导主任
于　漪　杨浦中学语文教研组组长
高润华　上海黄浦区格双中学语文教研组组长
裘琴琴　南市区大境中学体育教师
丁盛宝　上海市闸北区育群中学数学教师
陈美兰　徐汇区市第二中学外语教师
毛蓓蕾　虹口区第三中心小学班主任
丁涤骊　静安区北京西路第四小学高年级班主任
周成华　卢湾区长乐路第三小学少先队大队辅导员
赵　赫　长宁区愚园路第一幼儿园教师
孙鞠娟　长宁区少年宫副主任
毛阿银　闸北区朝阳中学语文教师
叶　青　上海市体育运动学校田径教练
朱　政　上海市体工队体操运动员
陈跃迪　同济大学数理力学系党总支书记
沈百余　虹口区中心医院党总支书记
周美蓉　卢湾区妇产医院院长
丁晓禾　黄浦区东宁中学党支部副书记
袁　璿　南市区实验小学
顾家宁　上海市普陀区江宁路小学校长
朱文娴　徐汇区公安分局预审科副科长
刘同英　杨浦区饮食公司党总支副书记
刘永安　上海油脂三厂副厂长
赵银娣　上海市饮食服务公司华山饭店党支部副书记
施桂弟　上海园林管理局北新泾苗圃副主任
赵秉兰　上海煤气公司营业所工会副主席
江淑志　交通部第三航务工程局二处财务科科长
路金妹　上海铁路分局上海站副站长
肖引珍　上海求新造船厂工会副主席
王玉英　上海钢丝厂工会主席
蔡　怡　上海燎原化工厂副厂长
赵德山　上海第一钢铁厂工会主席
周金娣　上海标准件制造公司工会负责人
黄金宝　上海医用仪表厂党委副书记
赵松美　上海江湾机械厂计划科副科长
徐惠莲　上海电钟厂工会主席
顾福元　上海制笔机修厂总务股负责人
应素珍　上海电池厂工会主席
张浩芬　嘉丰棉纺织厂工会主席

金惠芳　嘉定县长征公社党委副书记兼公社妇联主任
徐乃卓　南汇县横公社妇联主任
项夏英　青浦县解放公社党委委员兼妇联主任
毛信贤　上海第二十七织布厂布机挡车工
王桂英　上海第二棉纺织厂细纱挡车工
王良美　上海第五棉纺厂外场组组长
徐国萍　上海第九棉纺织厂布机挡车工
谈新琴　上海第十二棉纺织厂穿筘挡车工
尚桂珍　上海第十四棉纺织厂布机挡车工
唐秀英　上海第十七棉纺织厂
邓金凤　上海第二十二棉纺织厂加工车间物料员
俞九香　上海第二十八棉纺织厂布机挡车工
仉秀芳　上海第三十五棉纺厂工会主席
刘素兰　上海第一丝织厂力织挡车工
丁志勤　上海第三丝织厂力织挡车工
虞建英　上海第十二丝织厂力织挡车工
许佩英　上海第二毛纺织厂布机挡车工
仉宁和　上海第六纺织厂布机挡车工
蔡　琴　上海工业用呢厂染整前工人
邵霞珍　上海针织十二厂挡车工
康一芬　上海手套六厂织造挡车工
张玉兰　上海色织二厂布机挡车工
朱宗娥　上海色织四厂织布挡车工
王菊妹　上海色织廿四厂布机机工
王玉蓉　上海大统被单厂布机挡车工
施莲珍　上海被单五厂织造生产组长
奚惠珠　上海源康祥毛巾厂织造挡车工
柴爱莲　上海毛巾一厂挡车工
严桂珍　上海第十一化学纤维厂欠伸挡车工
周惠华　上海第一印染厂定型机生产组长兼 734 定型机挡车工
李金菊　第七纺织机械厂清整工
张秋琴　上海第廿六织布厂布机挡车工
王韵娜　上海第四织布厂穿线工
周家纺　上海花边商标厂工人
马凤林　上海第一织带厂挡车工
周　萍　上海保温瓶器厂团总支副书记
郁秀兰　上海自行车三厂二车间改拉组组长
任玲娣　上海纸盒十一厂生产组长
黄启珍　上海纸浆厂五金仓库管理员
王桂花　上海梅林罐头食品厂实罐二车间副主任
郑林妹　上海市第三手表厂自动车间生产副组长
卢秀仙　上海搪瓷六厂喷花车间乙班一组生产组长
陈惠宝　缝纫机台板五厂工人
王庆华　上海铱粒厂工会委员撬粉甲班生产组长

张玉珍　上海衬衫六厂缝纫车工工人
卫玉芬　上海皮鞋厂准备车间下料工
强开芬　光明打火机厂冲制大组组长
王文英　上海新华制盒厂驾驶员
陈荣莉　上海乒乓球厂胶刮十组工人
陈少芳　上海长宁拉手厂包装车间核心组负责人
刘莉萍　上海无线电四厂十车间总装一组生产组长
姜惠芳　上海机电一局工会生活女工科科长
王宝翠　上海缝纫机公司工会女工干部
马敬英　上海市广播事业局妇女委员会副主任
黄雪花　南市区周家渡街道妇女干部
江彩英　上海亚明灯泡厂不脱产工会副主席
郭明珠　上海医用仪表厂二车间缩喉三组党委委员生产组长
杨国英　上海无线电十四厂五车间压焊工
郑寄萍　上海无线电十八厂五车间试调工
马佩琳　上海标准件二厂工人
谢素素　上海直流电机厂工人
朱文贤　上海阀门三厂工人
薛云妹　上海整流器厂车间副主任
章凤仙　长江电器厂工人
周培娣　沪光造纸机械厂团支部副书记
陈养娣　上海拖拉机附件厂工人
陈惠贞　上海机床厂工人
章菊芳　上海电机玻璃纤维厂工人
余招明　上海工具厂食堂行政副组长
陈根娣　上海锻压机床厂车工
谈素珍　上海东风机器厂工人
许文绵　上海第一石油机械厂五车间工会委员
吴月美　上海第一钢铁厂技术物资供应辅材供应三站副站长
陆素珍　上海冶炼厂六车间钴提纯二段长
董素凤　上海耐火材料厂二车间高成工段第十组生产组长
周素娣　上海碳素厂辅助材料仓库保管员组长
鞠秀兰　上海东风有色合金厂三车间打包间工人
吴　明　上海第三制药厂 106 车间生产组长
高雯云　上海化工安装队焊工
刘玲华　上海轮胎二厂内胎车间内胎接头工
竺恒芳　上海炼油厂添加剂车间操作工
黄翠宝　上海市橡胶制品三厂生产组长
唐华芳　上海第十三制药厂工人
徐小牧　上海石油化工总厂化工二厂工会委员
帅立芳　上海石油化工总厂化工一厂供

应科仓库保管员

邬耀蓓　上海石油化工总厂涤纶厂纺丝车间拈生产组长

王海玉　上海石油化工总厂机安五处加工厂电焊班班长

刘顺美　上海市物资局金属材料公司彭浦仓库保管股长

董玲娣　上海五七〇三厂五车间热处理工

成淑芳　江南造船厂完整车间工人

曹银凤　沪东造船厂中小件车间小车一组组长

杨秀英　交通部上海船厂造机车间小车四班生产班长

曹秀霞　上海市机电工局新卫机器厂工会副主席

陈新珍　上海市后方基地管理局东风机器厂工会副主席

马兴凤　上海铁路分局上海站服务员

李玉春　上海铁路分局生活管理段无锡公宇服务员

朱正仙　上海铁路南站门吊司机

凌巧凤　上海市汽车运输第二场四车队驾驶员

黄雅美　上海闵行汽车运输场七车队保管员

马婉燕　内航局一区民丹线装卸组组长

贺巧珍　上海市内河装卸公司一区三大队食堂炊事班长

吴志英　上海市内河航运局航道工程队第四船队队长

徐韵和　海运局通信站交通部上海海运管理局通信站电传室报务员

桑红星　曹家渡邮电支局投递员

汤翠红　上海港务管理局第五装卸区冷作钣金组组长

於仕珍　交通部第三航务工程局混凝土预制厂工人

陈洁华　公交汽车一场66路售票员

张　燕　上海市出租汽车公司第二汽车场第四车队驾驶员

赵碧蕙　上海公交电车一场十三路车队副队长

齐美云　上海市煤气公司管线管理所管道工程队办事员

李兆兰　上海市环境卫生管理处五星社日晖大队船队长

徐桂英　上海市公路管理处江湾工区泗塘道班道班长

陈春兰　上海建筑工程局供销处龙华供应站轧机乙班班长

何慰祖　上海市第一建筑工程公司一〇六工程队粉刷工

马德英　上海市机械施工公司土方机械施工队第三中队汽车驾驶员

赵美菊　上海耀华玻璃分厂丙班大组长

朱凤仙　住宅建设总公司602队机操工

冯阿雅　上海房屋设备修造厂车工

石翠菊　大屯煤矿姚桥矿器材仓库保管员
韩桂英　上海字模一厂还模工
徐凤梅　上海市印刷三厂装订车间机折页机长
吴仲华　静运汽车队驾驶员党支部委员
杨桂兰　普陀区运输公司汽车队 107 单车驾驶员
杨玉兰　虹口区环境卫生管理所泾东清洁班班长
黄根娣　黄浦区环境卫生管理所新昌分所清洁工人
吴芝仙　黄浦区第一汽车队副车队长兼车队技术组组长
林仲倍　长宁区房地局修建公司第四工程队水电组组长
毛小青　杨浦区清洁管理站汽车队党支部委员
宋桂芳　杨浦区区交运公司汽车一队驾驶员
徐素珍　南市区清洁管理站小南门班清道工人
陈梅香　卢湾区五星桥房管所泥工兼工人医生
马秀英　闸北清管站总支委员一分站清道工人
顾满凤　徐汇区房修七队泥工副队长
陈琪云　上海市牛奶公司第十二牧场工会主席
章瑞华　上海市五四农场助理技术员
杨玉云　崇明县大同公社信用社副主任
顾洪珍　崇明县五效公社五大队第五生产队队长
黄美琴　崇明县裕安公社十二大队代销店营业员
朱文娥　崇明县新河公社四大队第十五生产队队长
尤林珍　青浦县练塘公社林家草大队第二农业战斗组组长
徐惠芳　青浦县凤溪公社松山大队赤脚医生
陶小妹　青浦县赵巷公社里滨大队第四生产队队长
龚照娣　金山县亭新公社养蜂场二十组组长
费静华　金山县干巷公社四圩大队党支部委员妇代会主任
陈巧英　金山县金卫公社繁荣大队第三生产队植棉组长
曹秀文　金山县枫围公社胜利大队第七生产队农民画家
邱金妹　松江县塔江公社红旗大队邱家生产队妇女队长
夏小妹　松江县天马公社朝阳大队第二生产队妇女代表
毛金宝　松江县泖港公社新兴大队妇代会主任
钟亚英　松江县古松公社联益大队第一

生产队妇女队长

李素宝　松江县城西公社联丰大队北埭生产队队长

邱秀英　南汇县泥城公社远征大队党支部书记

王薇芹　南汇县新场公社新场大队第六生产队副业队长兼饲养员

金明仙　南汇县盐仓公社六楼大队第十生产队队长

赵文仙　南汇县下沙公社梅元大队四工区主任

朱　琴　上海市川沙县顾路公社玻璃纤维厂党支部书记

孙金妹　川沙县六里公社建国大队第六生产队饲养员

汤巧宝　川沙县杨园公社踊跃大队饲养场饲养员

黄根英　川沙县凌桥公社凌桥大队第一生产队队长

陆水芳　奉贤县江海公社团结大队第五生产队队长

陆金云　奉贤县齐贤公社南行大队第二生产队饲养员

马月莲　奉贤县头桥公社向阳大队党支部副书记兼妇代会主任

平亚莲　奉贤县庄行公社工农一大队党支部副书记兼妇代会主任

陈丽芳　奉贤县钱桥公社十六大队党支部书记

许文英　奉贤县盐场海防大队第三生产队妇女队长

张秀兰　宝山县罗泾公社新陆大队南五生产队队长

梁美芳　宝山县横沙公社新丰大队党支部委员

侯云宝　宝山县五角场镇烟糖中心店新村食品门市部主管

沈爱珍　宝山县罗泾公社海星大队党支部委员

李美珍　宝山县彭浦公社农科所党支部委员

邵莲芬　嘉定县娄塘公社邵宅大队赤脚医生

徐云芬　嘉定县徐行公社顾家大队粮管员兼出纳

陈秀琴　上海县虹桥公社虹迈大队小许生产队队长

陆小妹　上海县三林公社胜丰大队张介生产队饲养场饲养员

张福娣　上海县新泾公社天山大队薛家库生产队蘑菇场场长

陆雪宝　上海县鲁汇公社利民大队妇代会主任

王根娣　上海县纪五公社红卫大队第二耕作队妇女队长

韩瑞云　上海县马桥公社吴会大队第十一生产队仓库保管员

许玉英　共和新路街道沪北板箱厂党支

部书记
夏寿仁　淮海街道淮五居委会调备副主任
张敏智　江苏街道岐山居委妇代会委员
李清畹　龙门路街道幼托顾客
张秀珍　闵行街道东风五金工场车工三组组长
范爱宝　湖南街道凯歌电视机厂驾驶员
戴宝娣　延中针织厂党支部书记兼厂长
吕蕙英　北京东路街道新兴五金厂党支部副书记
曹成英　崂山西路街道铁制品二七〇小组装配工
许福如　小东门街道西村居委第八居民小组组长
唐兰英　昆明街道集成坊居委委员
何梅珍　天目西街道长安西里弄党支部委员治保主任
吴小红　青云街道600弄党支部委员
凌学英　徐镇街道柿子湾居委会
韩慧如　徐汇区一中心小学顾问
许小妹　曹相街道文化站党支部书记
杨阿翠　威海街道茂北居委退休工人委员会主任
王育英　辽源街道集体事业总支副书记
常兰珍　胶州街道胶州邨妇代会副主任
秦福英　朱家湾街道洵阳新邨党支部副书记
俞秀卿　吴淞路街道长安居委会妇代主任
丁大宝　华阴街道万三居委会妇代会主任
俞惠兰　蓬莱街道蓬七里弄党支部委员妇代会主任
王莲芳　小东门街道中华居委妇代委员
方秀凤　打浦街道新新里居委会妇代会主任里弄党支部委员
王昭华　张家宅街道张西里委妇代主任
张汝敏　江苏路街道办事处西浜里弄党支部委员
张月珍　汉中街道长安里弄党支部书记
贝利先　北站街道同发里弄党支部书记
徐韵华　五里街道斜土居委会里弄党支部书记
曹秀萍　新乐街道张家弄支部书记
钱菊英　吴淞街道李金里弄党支部书记
孙爱卿　辽源街道陈家头里弄党支部书记
李春娣　中山北路街道光新路党支部书记
卓碧玉　天平街道吴兴居委会
荣濑仁　天平街道吴兴里委
竺蕊芳　淮海街道长一居委会妇代委员
陈碧华　湖南街道淮二托儿所负责人
徐锦鸾　宝山街道王家宅托儿所负责人
严振苹　小北门街道南阳托儿所负责人
沈　莹　天山街道四一幼儿园所长
张雪英　平望托儿所所长

邹金梅　张家巷托儿所所长
刘乐勤　宜川街道第一民办托儿所副站长
邱菊芬　张家宅街道幼托支部书记
吴竹先　彭浦机器厂托儿所负责人
余太新　上海无线七厂托儿所所长
高惠芳　新光内衣染织厂托儿所所长
奚舜杰　中国福利会幼儿园教养员
周冠玉　东长治路街道东风食堂负责人
钟阿裕　普陀路街道菜市弄食堂负责人
孙秀英　卢湾区丽园街道蒙三食堂负责人
刘素珍　长宁区武夷街道西一居民食堂负责人
卢云英　长宁区新华街道生活服务总站站长支部书记市妇联执委
何怡英　中国人民银行上海市卢湾区办事处打蒲桥储蓄所储蓄员
蒋毓珍　上海水产供销公司冷冻二分厂理鱼组组长
赵姑妹　上海市日用杂品公司陶瓷批发部瓷器仓库工人
王　萍　上海废旧物资公司金属机电业务部财会员
王阿妹　上海第一粮食采购供应站麻袋股副股长
丁　环　上海服装进口公司财会员
丁桂英　上海食品公司北新泾肉类加工厂青料加工组组长
余　英　上海市禽蛋公司禽蛋三厂
邓瑞华　上海第一百货商店营业员
戚书美　上海市服装鞋帽公司上海服装商店工场工人
谢翠凤　上海新华书店黄浦区店党支部副书记
邵福荣　机关事务管理局锦江饭店洗衣厂烫车小组组长
华越华　徐汇区虹桥百货修配站负责人之一
林玉英　闸北区热华菜场党支部副书记
薛翠凤　卢湾区副食品公司巨鹿路菜场蔬菜第一组组长
周文娟　卢湾区瑞金制鞋合作商店经理
翁文英　南市区东门水果合作总店主任
方　静　上海市第七医药商店营业员
陈志英　杨浦区副食品公司长白菜场松花站站长
陆三囡　杨浦区吴淞烟糖公司东方食品商店副经理
毛国佩　长宁区医药公司华东医药商店负责人
李琴囡　黄浦区副食品公司中庄路菜场蔬菜二组副组长
李贵英　黄浦区清真饭店服务员
朱巧娣　虹口区天宝废旧物资回收商店党支部书记
曹翠英　虹口区红歌无线电商店副经理
朱玉娣　虹口区三角地菜场海味组组长

虞丽英　虹口区百货公司曙光钟表眼镜店修表员

张小莲　普陀区副食品公司沙洪浜菜场党支部书记

王秀琴　嘉定县娄塘公社娄南大队牧场饲养员

孙翠英　静安区长寿支路菜场九姑娘综合服务组副组长

姚培琪　静安区百货公司金沙江百货商场小商品柜组长

江苏省

谢玲珍　江苏省军区司令部门诊部

李梅芳　江苏淮阴军分区卫生科

刘桂英　南京铁路分局装卸机械厂

沈慧贤　南京化工学院

朱　斌　江苏省公安局

张继青　江苏省昆剧院演员

吴望始　科学院地质古生物研究所副研究员

肖庆璞　江苏省农科院植保所助理研究员

商梅秀　江苏省徐州矿务局煤矿干部学校

斯　霞　南京师范学院附属小学特级教师

黄良娟　江苏工人医院

高继华　南京市511厂工人

李惠如　南京414厂工人班长

张祥凤　南京市513厂203车间班长

张惠珍　南京市三五〇三厂工人

顾静华　南京市晨光机器厂第一托儿所所长

周宗英　南京第一棉纺织厂挡车工

董秀英　南京曙光机械厂四车间铣工

谢春兰　南京工艺雕刻厂工人

张　懿　江南光学仪器厂组长

谢东蓉　南京无线电元件五厂车工

陈　萍　南京水利电力仪表厂班长

徐秋香　南京金陵橡胶厂班长

江芝飞　南京工艺装备制造厂计量工

施邦嵘　南京机床厂四车间组长

许茂红　南京金陵船厂电焊工

张　俊　江苏冶金修配厂工人

吴锡军　南化公司研究院工程师市妇联副主任

陆意心　南化公司基建供应科保管员

管建萍　南京市热河路邮电支局投递员

蒋　栎　长航局2037轮代驾驶员

蒋秋菊　南京市公交公司汽车二场二队乘务员

林志华　公交公司电车场驾驶员

叶菊华　南京市市园林研究所工程师规划设计室副主任

杨红军　南京玄武区房管所修缮队瓦工组副组长

许植之	省妇联副主任
刘梦梅	南京市鼓楼医院妇产科副主任
陈金文	南京市人民商场自行车装车组组长
张　佩	南京市服务公司大新旅社服务员
王　兰	南京市长江路小学特级教师
贾淑华	南京市五老村水巷居委会主任
孙　俊	南京市秦淮小学副校长
王秀英	南京市沁园春小吃店党支部副书记
王爱玲	南京市门西医院骨科医生
鲍贤琨	南京市第二幼儿园教师
黄文奥	南京市代代红幼儿园教师
李素英	江东供销社办事员
何爱秀	南京玻璃钢四厂织布车间主任
王文琴	南京江宁公社清修大队永鸣二队生猪饲养员
曹小红	南京市殷巷公社殷巷大队大队妇女主任
秦腊银	南京市江宁公社邵庄大队大队支书
陆爱华	南京市东沟公社四圩大队妇代会主任
王秀珍	南京市四合公社街南大队下庄生产队队长
孙彩红	江浦县城东公社联合大队公社副书记
查正南	无锡市国棉二厂
薛梅香	无锡市国棉三厂
吴有乐	无锡市染料厂
范蕴敏	无锡泥人厂
林银娣	无锡汽车运输公司
陆美芳	无锡七四二厂
汤红武	无锡电线厂
肖荣娣	无锡郊区河坪公社
王秀英	无锡商业中百二店
许婉英	无锡三八粮店
陶定蓉	无锡第二人民医院
胡玉泉	无锡市一中
顾美云	无锡崇宁路小学
高玲娣	无锡崇安区同山溪街道妇联
李云娣	无锡北塘区梨花居委
锡彩娥	无锡南长区宋巷居委
王厚润	江苏省徐州市公园巷幼儿园
王秀英	江苏省徐州卷烟厂
陈洪英	徐州市二轻局淮海服装厂
朱效华	徐州市狮子山公社骆驼山大队
韩玉亭	徐州市五交化公司彭城五交化商店
裴玉英	徐州市延安粮食管理所红旗粮店
吴伟逸	徐州市规划设计院
孙秀英	徐州市民主路小学
年世兰	徐州市云龙汪彭城办事处晓市街道主任
王玉珍	徐州市贾汪区利群居委会主任
徐宝申	徐州制药厂

王怀萍　徐州市服务公司
艾镇玉　徐州列车段 415/6 次车队女子包乘组
焦洁如　徐州市第一人民医院
蒋　纯　常州人民路小学
周筱丰　常州市市建材机械厂
王红先　常州市百货大楼
万留大　常州郊区新闸公社前进大队
李秀清　常州市机关幼儿园
邵荷香　常州市东风区环卫所
缪雪琪　常州市农委妇联
汪霞文　常州市国棉四厂
王亚卿　常州市拖拉机厂
陈　珊　常州市继电器厂
浦家诚　江苏师范学院化学系
张美芳　江苏刺绣研究所针法研究室乱针绣组长
童英可　苏州市第十中学
陈忆善　苏州有线电厂四车间副主任
陈采珍　苏州电机厂四车间绕线班副班长
胡葆缜　苏州平江街道大儒居委会
高昌明　苏州市沧浪区人民桥街道办事处南园新邨红旗幼儿园
韩月清　中国人民银行苏州市支行营业部联行股股长
程三媛　苏州市上塘菜场
王阿毛　苏州市横塘公社友联大队红星生产队队长
陶引娣　苏纶纺织厂织造车间
江鲁珍　苏州市公共汽车公司三车队
颜扣宝　苏州市航运公司船舶修理站
邵为群　南通国棉一厂
庄锦云　南通市工艺美术研究所
朱连芳　南通市向阳公社节制闸大队
马庆芝　南通市北浩幼儿园
孙希仲　南通市城中区城中街办仓巷妇代会
陈瑞清　南通市城中区西北马路居委会
花幼明　南通市百货商店
李吉林　南通师范第二附属小学
杨福兰　连云港市连云镇临海街
李　腾　连云港市锦屏公社供销社
王淑兰　连云港市解放路小学
周承銮　连云港市蔬菜试验站
张春花　连云港市盐区台北钲青年生产队三八养猪场
张月改　连云港市朝阳公社水利专业队突击队
肖俊华　连云港市机床厂
薛玉霞　连云港市纺织厂
赵建云　连云港市锦屏化工厂
宋元侠　徐州地区食品公司禽蛋加工厂工人
戚后侠　铜山县郑集公社郑东大队民调主任
黄传英　铜山县柳新公社向阳大队黄屯队妇女队长

刘桂贞　铜山县张集公社二陈一队
王跃英　铜山县三堡公社三堡大队一队生产队长
丁仰芝　铜山县大庙公社侯集小学特级教师
刘继兰　铜山县汴塘公社位庄大队副队长
庞桂英　铜山县塔山公社妇联主任
蒋菊兰　东海县农机公司仓库保管员
王礼侠　东海县青湖公社兽医站兽医员
戴金花　东海县洪庄公社车站大队第四生产队饲养员
郃景玺　东海县百塔小学教师
肖瑞英　邳县滩上公社油坊大队油坊生产队队长
高桂珍　邳县石桥公社王庄九队生产队长
王天英　邳县红旗公社安贤大队贫协副主任
赵永芳　邳县运河信用社
张　敏　邳县占城果园陆井工区
武桂华　睢宁县王集公社王集大队小王庄生产队妇女队长
高方娥　睢宁县邱集公社兽医站兽医
鲍　多　睢宁县农业局技术员
孙秀英　睢宁县实验小学教师
戴尔美　睢宁县高作公社大周楼大队位桥生产队会计
陈超美　新沂县造纸厂五金仓库保管员
韩树珍　新沂县新安镇妇联主任
吕太兰　新沂县阿湖公社黄柏大队副大队长
曹广岭　新沂县唐店公社坡桥大队三队队长
杨宝侠　丰县五金公司门市部负责人
李素贞　丰县城关镇渠楼大队渠楼生产队妇代会主任
程秀真　丰县华山公社徐屯大队副支书
化兰英　丰县师砦公社谢屯小学教师
李广英　丰县欢口公社邓庄大队
杨绪花　赣榆县班庄公社妇联主任
李传花　赣榆县黑林公社党委书记
李庆珍　赣榆县青口公社新庄大队幼儿班教师
秦裕珊　赣榆县进修学校附小教师
王洪美　沛县位庙公社韩营六队饲养员
王雅珍　沛县王店公社卫生院五官科医生
胡运萍　沛县鹿楼公社房庄大队妇代会主任
孟爱芝　沛县李集公社张庄大队党支部副书记
吴舜英　淮阴拖拉机修配厂
蔡　惠　江苏省农垦局王图河农场二校教师
王阿娣　清江市城北公社上海路妇代会
崔　相　清江市长征小学
王　瑜　江苏省淮阴中学

张怀玉　淮阴县南吴集公社吴集大队
李翠珍　淮阴县蚕桑场
程玉虹　淮阴县妇幼保健所
万玉秀　沭阳县新风地区医院护士
王月华　沭阳县十字公社王涧大队妇联副主任
徐钖婉　沭阳县实验小学教师
范立英　沭阳县红灯公社先锋大队副大队长
赵中英　沭阳县桑墟公社河西大队妇联主任
宋如英　沭阳县庙头区妇联主任
赵士兰　洪泽县岔河公社农科站
陈　法　洪泽县纺机厂
严秀英　洪泽县双沟公社三庄大队
佘国英　杨集中学
徐兆珍　王集公社
孙广英　灌云县新河公社东风大队
赵树芬　灌南县医药公司
万锦华　灌南县李吉公社拐圩大队
王保珍　灌南县五队公社井场小学
孙宏英　泗洪县王集公社妇联
秦宜侠　泗洪县城头林场邱台大队西邱生产队
姜佩馨　泗洪县金镇公社妇产科
许尔荣　泗洪县青阳镇红旗大队第四生产队
朱文秀　涟水县高沟镇
王翠兰　涟水县南吉公社禹庄大队
任玉莲　涟水县大东公社大东大队
王寿兰　涟水县笪巷大队朝阳队
张秀兰　宿迁县糖业烟酒公司
李桂平　宿迁县丁嘴公社周下大队北李生产队妇女组长
滕　侠　宿迁县来龙公社葛庄大队葛庄生产队
唐小妹　宿迁县王集公社苗圩大队第四生产队
孙桂兰　淮安县城东公社刘弯大队
陆兰英　淮安县缫丝厂
朱宝秀　淮安县新安小学
胡兰英　淮安县城郊公社新桥大队
高梅英　淮安县园艺场
郑素珍　泗阳县仓集公社仓集大队
朱兰英　泗阳县妇女联合会
邓亚军　泗阳县棉纺织厂
谢庆香　泗阳县新元公社于湾大队
翟玉兰　泗阳县棉花原种场
祝玉琴　泗阳县洋河镇庄西大队
赵素娥　盱眙县马坝公社
王兰芳　盱眙县实验小学
左康珍　盱眙县桂五公社花六大队周营队
叶正良　金湖县官塘公社红岗大队第一生产队饲养员
黄翠英　金湖县金沟公社利东大队
姜秀兰　盐城地区纺织厂细纱车间
杨慧君　盐城县大冈小学

孙国珍　盐城红星百货商店
朱亚娟　盐城县新兴公社西园一队
柏志英　盐城县伍佑公社
王阿英　盐城县大纵河公社东王四队
宋长玉　盐城县马沟公社方向六队
姜启风　建湖县近湖公社塘桥二队
麦秀芳　建湖县冈西公社沿河大队
陈苏平　建湖县邮电局
吴其珍　建湖县草埝公社东冈大队五队
王岁华　射阳县海河公社烈士大队农科队
孙志芳　射阳县千秋公社射口大队
赵国英　射海渔业公社东海大队
王学兰　射阳县临海公社太兴大队第三生产队
史云莲　射阳县文教局
陈才英　阜宁县芦蒲公社安陈大队
陈秀梅　阜宁县沟墩公社永胜大队
顾正兰　阜宁县百货公司
陈　静　阜宁县城北公社方黄大队
王秀珍　大丰县通商公社吉丰队幼儿园
陈杏珠　大丰县沈灶公社洪福大队农科队
成炳秀　大丰县小海公社彩虹大队农科队
朱生红　滨海县棉织厂
杨步兰　滨海县临淮公社玉中三队
钱秀芳　滨海县大套公社大套大队
何学珍　滨海县界牌公社众兴大队四队
常胜男　东台县三仑公社新伍大队
叶伯珠　东台县四灶公社埝东四队
练莲凤　东台县弶港公社
常龙芳　东台县许河公社东进大队一队
周　晶　东台县实验小学
杭桂英　东台县台南旅社服务门市部
方　华　东台县利国煤矿
辛尚祥　响水县响南公社
叶庆芬　响水县印刷厂
张凤英　泰州市地毯厂绞花工人
李玉琴　扬州地区行署气象台
汪仪璋　江苏农学院
史金兰　扬州市大华棉织厂
顾馥琴　扬州市人民医院妇产科
常　静　扬州市广陵中心小学
戴淑英　泰州海光机械厂
陶桂兰　泰州土杂品公司废旧物资加工综合厂
李桂英　靖江县越江公社越江大队
侯秀芳　靖江县侯河公社四新大队郑家生产队
孙金菱　靖江县人民医院
吴玉英　靖江县大兴公社金星大队第八生产队
黄翠玉　靖江县妇联
孙红粉　兴化荻垛公社获一大队
王阿根　兴化跃进公社丁家大队
陈粉贯　兴化林潭公社东庄二队
李根所　兴化唐刘公社藕池大队

陶三子　兴化舜生公社红星大队
顾开英　兴化中堡公社江家大队
高芷娟　兴化县五七小学
高冬娣　扬州宝应夏集公社塘北大队
李玉芳　扬州宝应子英河公社运河大队
宋田英　扬州宝应水沙公社刁夷大队
庄秀珍　扬州宝应柳堡公社仁里大队
裘荷英　扬州宝应县烟酒公司副食品商店烟酒柜组长
戴义芳　邗江县新坝公社秀清大队
田淑文　邗江县李典公社大兴大队岔河小队
刘桂英　邗江县汤河公社崔庄大队
王惠英　邗江县沙头公社再兴大队连二生产队
沈美英　江都县凡川供销社
华国芬　江都县三周公社刘家大队刘安生产队
柏箒炭　江都高徐公社联合第四队
刘秀英　江都县邵伯公社前进大队刘庄生产队
蒋秀娣　江都县张纲公社
徐树楠　高邮县秦邮饭店饮食部
贡玉兰　高邮县送桥公社勤丰大队郝庄
蒋秀华　高邮县天山公社妇联
崇斯兰　商邮县城北小学
吴秀珍　泰兴县黄桥布厂
殷秀兰　泰兴县溪桥公社东殷大队
张伯珍　泰兴县孔桥公社东明大队东二小队
张秀英　泰兴县曲虾公社曲三队
何金兰　泰兴县马甸公社彭庄大队
邱淑萍　泰兴县天星公社三友大队
秦玉兰　泰县张沐公社红旗大队
刘美如　泰县光华毛巾厂
王如云　泰县大冯公社先锋大队
陈龙英　泰县沈高公社河模大队
周稳林　泰县姜埝公社东桥大队
郭秀英　仪征县大仪公社朱桥大队新庄生产队
熊秀莲　仪征县十二圩公社黄泥大队
赵玉珍　仪征县刘集公社大房大队黄庄生产队
宣民艺　南通地区金属机电设备公司
申玉玲　建安县向阳公社新刘大队七生产队
田宝芳　建安县韩洋公社卫生院
刘兰英　建安县青萍公社光华大队一生产队
徐连珍　建安县仇湖公社中心大队
杨美娟　建安县海南公社
吴文英　启东县吕四镇派出所指导员
崔素兰　启东县机械厂铣床工
周秀芳　启东县吕北公社四大队支部副书记
樊　群　启东县决心公社八大队
彭七琴　启东县万安公社一〇大队银花组长

黄秀芳　启东县和合公社九大队十三队保育员
袁素珍　启东县吕复公社一〇大队妇代会主任
丁秀英　如皋县丁北公社十大队幼师
陈素英　如皋县胜利公社东燕大队妇代会主任
周淑芳　如皋县伴今供销社旅社服务员
严淑芳　如皋县黄市公社
刘德美　如皋县柴湾公社八大队四小队
吴金梅　如皋县磨头公社十五大队
石兰芳　如皋县高井公社金风大队二生产队银花组长
王信菊　海门县悦来公社医院
袁亚慈　海门县三和公社三南大队
陆忠芳　海门县其林公社利民大队
龚锐芳　海门县厂洪公社农科站
张翠南　海门县正余公社五大队十五生产队
缪兰芳　如东林场
严世珍　如东县新光公社十五大队妇女主任
徐家瑞　如东县丰利镇幼儿园
姚美云　如东县岔南公社医院副院长
张兰芳　如东县南澪公社二十二大队三生产队妇女队长
秦世凤　如东县坚镇公社八大队妇代会主任
龚桂芹　南通县新开公社八大队四生产队队长
张　美　南通县兴仁织布厂工人
范杰霞　南通县国营县平湖饭店服务员
严杰英　南通县英雄公社十二大队农科队副队员
朱　丽　南通县十总公社一大队六生产队饲养员
周菊芳　南通县五窑公社六大队赤脚医生
严忠婉　江苏省镇江蚕种场民主同盟盟员
孔宪华　镇江市迎江公社缸瓦居委会妇代会主任
丁桂芳　镇江市汝山园艺场新华大队副书记
季兰新　镇江市染织厂挡车工
刘风英　镇江市市政工程管理处疏通工
赵文华　丹徒县练壁公社长岗大队农技员
吴秀英　丹徒县江心公社六大队一队银花组长
凌菊影　丹徒县荣炳公社蒲圩大队幼儿园教师
周申吁　武进县政平公社建新大队丹房生产队饲养员
刘　英　武进县炼铁厂化验员
宋菊芬　武进县马杭公社中心校幼儿教师
徐春娣　武进县庙桥公社九华大队妇代

会主任
黄莺白　武进县第二人民医院妇产科负责人
何巧娣　武进县孟城公社山北大队四队队长
袁玉琴　武进县太村公社刘巷大队妇代会主任
沈巨华　宜兴县紫砂工艺厂研究室组长
朱小龙　宜兴县官林公社薛家渎大队四队饲养员
黄菊英　宜兴县周墅公社任墅大队沙田队队长
储翠英　宜兴县支行官林营业所副主任
祝瑞萍　扬中县永胜公社干劲大队饲养员
张兰英　扬中县八桥公社幸福大队二队队长
徐天兰　溧水县茶场制茶工
邢留娣　丹阳县珥陵公社护国大队八队养蚕技术员
陆春仙　丹阳县副食品商店负责人
鄂兰芳　扬中县联合公社红长大队二队队长
朱顺娣　宜兴县张渚镇清管所清扫组长
蔡志荣　金坛县柴油机厂铯工
张锁英　丹阳县折柳公社高家大队陆西队银花组长
眭春花　丹阳县横塘公社蒋巷十一队生猪饲养员
陈桃英　高淳县染织厂女工
谷银凤　高淳县顾陇公社官庄大队十队饲养员
顾秀英　句容县葛村公社方西大队十六队队长
雷宝珍　句容县石狮公社姚徐大队社员
刘银美　金坛县城西公社卫生院助产士
陆志英　金坛县解放居委会主任
葛春娣　高淳县沧溪公社新桥大队七队妇女队长
李琴梅　金坛县水北公社文头大队妇代会主任
凌娟英　溧阳县前马公社水西大队赤脚医生
宋明珍　溧阳县南渡公社妇联主任
罗国琴　溧阳县新昌公社罗浜大队妇代会主任农科队队长
沈红妹　溧阳县印刷厂装订车间副主任
程爱华　溧阳县上兴公社卫生院助产士
吕秀英　溧水县乌山公社红星大队生猪饲养员
欣玫玫　无锡县多管局蚕桑组桑病虫测报站
周龙娣　无锡县前洲公社印乔大队
周莉萍　无锡县东绛公社供销社
殷勤芬　无锡县西漳公社信用社
章志英　无锡县梅村实验小学
吴彩芬　无锡县东亭公社
沈巧根　常熟县莫城公社农科站

王美卿　常熟县石梅小学
汤三宝　国营常熟色织四厂
顾毓和　常熟县虞山镇建新酱油店
时菊芬　常熟县福山公社福山大队二队
喻秀芬　太仓县花桥公社卫生院
黄玉英　太仓县鹿河公社长城大队
陈宝英　太仓县鹿河公社长江大队
叶风珠　太仓县王秀公社供销社
杨雪琴　吴江县平望地区医院
孙玉英　吴江县桃源公社广福十三队
沈二宝　吴江县湖滨公社胜建大队
吴芝芳　吴县东坊信用社
顾美霞　吴县枫桥毛家大队
龚惠卿　吴县水产局
蒋雪英　吴县刺绣厂
王阿玉　江阴县红星布厂工人
赵毛妹　江阴县华士公社华西大队
陆纪同　江阴县月城公社理发店理发员
范秀英　江阴县石庄公社长江大队
王阿娥　昆山县淀东公社畜牧场
黄锡华　昆山县积麦原种场
陆彩英　昆山县逢朗公社里泾大队
高秀珍　沙洲棉织厂经布挡车工
方园英　沙洲中兴公社二大队十一队
李桂珍　沙洲县大新公社十五大队
卞红英　大丰县淮南第二纱厂
耿云娣　沙洲县东来公社十六大队四队
王惠英　沙洲县南丰公社十七大队

浙江省

王素美　浙江大学化学系普化教研组实验室
胡　侠　浙江省交通设计院
杨美英　浙江省杭州地质大队二分队
叶佩素　浙江省体育工作大队田径队
李庆林　浙江省计算技术研究所
刘天香　浙江医科大学附属妇女保健院
周未青　杭州钢铁厂转炉炼钢分厂
姚晓娥　巨州化工厂合成氨分厂
朱杏娣　长广煤矿公司煤山矿灯厂
徐　勤　浙江省工业设备安装公司
林秋菊　泰顺县栾城公社洋望大队
张陶爱　泰顺县大安公社大丘坪大队
吴爱玉　泰顺县良种繁育场
朱来妹　温州市瓯绣厂
蒋钗妹　温州市西城区五星街道郭公山居委会
杨莲莲　温州市毛纺厂
周秀兰　温州市南城粮管所广利粮站
夏邦弟　温州笔桥区笔桥公社石毕大队
张宪妹　温州市永强区永中镇公社东风大队
沈柳妹　温州市饮食公司解放饭店
王灿青　温州市城市建筑设计处
吴银美　瑞安县幼儿园
钱秀英　瑞安县隆山公社畜牧场

杨茶柳	瑞安县城关镇粮管所三八粮站
郑凤姝	瑞安县莘塍区汀田公社寨下大队
周春花	瑞安县锁厂
陈玉兰	洞头县先锋女子民兵连
苳金华	文成县玉和区李林公社光明大队仔猪繁殖场
泮碎花	文成县珊溪区李井公社第一大队第三生产队
吴洪赛	永嘉县后巨公社岭一大队
吴梦菊	永嘉县实验小学
胡采芽	永嘉县桥下供销合作社
叶秀霞	温州工农兵医院
朱秋霞	温州地区瓯剧团
吴性慧	浙江温州医学院
管佩清	黄岩县澄江区中心学校
金彩领	黄岩县界牌公社群谊大队
王秀娟	黄岩县秀岭公社光明大队
王筱湘	黄岩县海门饮服总店
章学英	黄岩县茅公社浦洋大队
何梅英	黄岩县路桥区妇联
张福妹	仙居县城关镇上应大队
李招宝	仙居县红旗公社坎头大队
王冬兰	仙居县双丰公社方山岭大队
王素月	临海县花园区讯桥公社
朱云仙	临海县河溪公社前山小学
许云青	临海县涌泉区西岑公社庄头大队畜牧场
宣秀巾	临海县东塍公社洵珠大队

方哲花	三门县山呑公社埠头大队
杨香妹	三门县橡胶厂
陈才女	三门县山公社红旗大队
许小樱	天台县丽泽公社团结大队杨柳河生产队
张芷花	天台县平桥公社塘里大队
王阿大	天台县工艺编织厂
何桂英	天台县胜利旅社
郑领妹	玉环县清港公社
陈宝柳	玉环县解放塘农场
谢细妹	玉环县坎门镇
汤仙泉	台州医院
朱领妹	温岭县淋川公社红光大队
郑　辉	温岭丝厂
陈彩花	温岭县城关镇东城居民区幼儿班
王麦香	温岭县新河区公所
陈兰英	温岭县岩下公社焦湾大队
李梅英	温岭县长屿公社娄岙大队
胡栋菊	浙江东风萤石矿
上官映雪	金华地区建设银行
刘惠敏	金华地区医院
方根女	开化县塘坞煤矿
郑金梅	浦江县礼张公社双纤大队
赵必华	浦江县平安公社金星大队
彭绍姜	永康县古山公社荣丰大队第三生产队
金杏仙	永康县崇道公社副店大队
洪金贺	常山县二都桥公社新建大队

邓土花　常山县人民银行招贤营业所
童苏香　武义县泉汗公社大塘口大队
雷火女　武义县挑汗公社大路山大队
金娇花　金华县山桥公社山口大队
俞春环　金华县含香公社马头方大队
戴善妹　金华县后大公社胡戴大队
寿秋英　金华七一农垦场
芦月芝　金华县布厂
毛日香　江山县张村公社巨丰大队第三生产队
徐凤珠　江山县关村公社青塘尾大队第二生产队
吕燕童　江山县商业局饮食服务公司
毛根香　衢县副食品公司
谢秀玲　衢县城关镇天皇巷居民会
祝雪珍　衢县下村公社黄茶大队
周香珠　衢县玳堰公社小学
杨水珠　衢州煤矿机械厂
毛雪华　金华县豆制品厂
胡秋香　兰溪县上华公社上华大队
芦三花　兰溪县岩山区委
马汝凤　兰溪县塑料厂
吕冬香　东阳县千祥公社东王大队
王爱光　东阳县屏岩公社龙飞凤大队
张爱香　东阳县六石公社百托墩大队
包金女　东阳县向阳公社柏塔大队
华美仙　东阳棉针织厂
陈丽芳　义乌县大陈公社第一大队
鲍雪琴　义乌县王阡公社王阡大队
傅美芳　义乌县田心公社下西大队幼儿园
楼美珠　义乌县稠城公社大众大队第九生产队
王延芳　浙江省航运公司湖州分公司水泥厂
林正佳　嘉兴地区安吉县青山公社下扇大队大塘生产队
郜金美　嘉兴地区安吉县南湖公社胜利大队茅棚生产队
朱巧和　平湖县钟埭公社共民大队第四生产队
李引宝　平湖米厂
王引珍　平湖县黄山公社陈山大队第十一生产队
唐引娣　嘉兴地区长兴丝厂
毕小宝　长兴县便民桥公社施家村大队
孙未珍　长兴县里塘公社良种场
邱小宝　桐乡县南日公社永宁大队费公里生产队
郁永仙　桐乡县榕桐丝厂
叶励君　吴兴县湖州第一幼儿园
林珠娟　吴兴县湖州妇幼保健院
沈阿凤　吴兴县十八山公社红星大队第五生产队
何阿赛　吴兴县镇西公社红旗大队第三生产队
胡剑英　吴兴县湖州丝厂立缫车间
费阿工　桐乡县炉头公社利民大队

陈爱凤　平阳县水头区江屿公社占江大队“三八”妇女组
张淑芳　绍兴地区医院
李国萱　嵊泗县人民医院
徐芝娣　宁波绣服厂
黄燕文　加兴镇建设小学
施林妹　德清县洛舍公社砂村大队第三生产队
沈月华　德清县士林公社水北大队东坝生产队
马根娣　德清县武林漆丝厂
陆小凤　海宁县钱塘江公社云龙大队
费月如　海宁县东昇公社建农大队
唐丽华　海宁县饮食服务公司硖石旅馆
蒋运兴　海盐县武原镇百杂合作商店
朱阿媛　海盐县长川坝公社秦联大队第九生产队
陈菊囡　海盐县石泉公社东风大队第一生产队
王春芬　嘉善县油脂化工厂
陈大宝　嘉善县洪溪公社幸福大队第五生产队
章小妹　嘉善县罗星公社城乔大队第三生产队
钱大宝　嘉善县妇联
朱桂芳　嘉善县洪溪公社塘东大队第九生产队
张阿妹　嘉兴县澄溪公社东风大队第四生产队
马品湘　嘉兴绢纺厂
单阿香　嘉兴县嘉兴镇东门街道车站路居民会
汪杏秀　舟山地区舟山水产食品厂
周和贞　舟山地区气象台
谢　勤　普陀县棚公社沙大队
夏珠娣　普陀县蚂蚁岛公社
费爱利　岱山县太平公社太平大队
包阿月　舟山地区定海县大丰公社大象大队
王养女　定海县洞岙公社华中大队
韩梅青　岱山县岱西公社海丰大队
丁凤娟　新昌县人民医院
夏美芳　新昌县丝厂
成腰芹　新昌县立新公社丁家元大队
张菊娟　新昌县东溪公社长乐大队
高玉书　浙江师范学院绍兴分校
童春兰　嵊县幸福公社闹水大队
芦含秋　嵊县人民银行
钱爱玉　嵊县越剧团
陈文芹　嵊县黄泽公社前良大队
张定珍　绍兴县饮食服务公司
王阿云　绍兴县东风体育用品厂
项杏云　绍兴丝绸印花厂
李金素　绍兴县东风公社高阳大队
沈阿条　绍兴县孙端公社华胜大队
陆杏珍　绍兴县马安公社童家塔大队
陈杏娥　绍兴县红山公社上旺大队
张水娟　诸暨县布厂

俞善丽　诸暨县牌头区卫生院
赵桂连　诸暨县城南公社方口大队
孟凤英　诸暨县应店街公社前十大队
虞藕根　诸暨县视北公社西山大队
曹阿正　上虞县梁湖公社拗花山大队
郑成开　上虞县虞寺公社灯塔大队
朱阿彩　上虞县三联公社蔡东大队
陈美娟　上虞县丝厂
汪菊清　杭州市下城区武林幼儿园
姚阿二　杭州市拱墅区小河街道红旗居民区
应爱珍　杭州市上城区小营巷街道小营巷居民区妇代会
付水珍　杭州市江于区南星街道服装厂
陈午云　杭州市西湖区西湖公社梅家坪大队
厉巧莲　桐庐县富春江公社俞家大队
赵贞兰　桐庐县洋洲公社上洋洲大队
俞春娥　镇海县亚浦公社通山大队
郑善英　镇海县大碶镇供销社
周玲娣　镇海县小港公社孔墅大队第五生产队
许韵琴　余杭县治桥公社中心小学
金水莲　余杭县石鸽公社水产大队
鲍世英　镇海县柴桥镇公社后所大队西山茶场
陈阿多　宁波机械电子厂
朱信菊　宁波卷烟厂
章桂凤　宁波市饮食公司江左饭店
洪三妹　宁波市江东区镇安街道华长居民会
焦慧珠　宁波成塘街小学
黄英楠　宁波市郊弗市公社余家大队
郑聪球　遂昌县古市镇八大队
黄风芽　遂昌县毛阳公社柘岱四大队
林日香　遂昌县斋坦公社胡村大队
任香梅　云和县澄照公社三石大队
吴魏英　云和县沙溪公社沙溪大队
兰留花　丽水县丽云区双港公社叶村坪大队
张焕美　丽水县水阁公社桐岭大队余村“三八”妇女科学研究组
吴金娟　浙江省汽车运输公司丽水分公司
林李秀　龙泉县雁汗公社道汰大队
黄喜英　庆元县荷地区公社黄壤大队
留爱娥　青田县人民旅馆
王宝英　青田县章村区石帆公社红卫大队第三生产队
颜美英　青田县船寥区海潜公社三星大队第四生产队
陈群玉　缙云县壶镇区委
沈生娟　缙云县壶镇公社中兴大队第二生产队
舒碧琴　缙云县新化公社越练大队
兰银花　建德县洋潜公社团结大队
应朝花　建德县寿昌镇公社
邓云花　临安县堰口公社双坑大队

张爱萍　临安县石瑞公社召黄大队
柯红花　临安县高虹公社
徐爱岳　萧山县楼塔公社岩上大队
郑吾珍　萧山瓷厂
汪玉仙　富阳县东图公社下图山大队
王飞元　富阳人民医院
付淑芳　杭州卫生学校
杜爱娣　杭州为民物资回收商店
章凤仙　杭州市第二商业局
罗阿玉　杭州市牛奶公司
陈耀华　杭州市人民交通公司一车队
周文香　杭州市第一建筑工程公司预制厂“三八”组
朱桂兰　杭州市住宅建筑工程公司第三工地
罗云仙　杭州市天长小学
万桂香　杭州市健壮药店
胡玉香　淳安县厚屏公社畜牧场
应爱吉　淳安县通用厂
高亚儿　浙江麻纺织厂
童爱凤　杭州天成丝织厂
黄国琦　杭州武林机器厂
李树娟　杭州手表厂
张　瑛　杭州硫酸厂
单月影　杭州绣品厂
李水珍　杭州第二棉纺织厂
高杏根　杭州九豫丝织厂
王美莲　浙江省汽车运输公司宁波分公司宁海汽车站
俞福女　宁海县深甽公社深甽大队
丁玉莲　宁海县城关理发商店
陈兰桂　宁海县良种场
林金枝　宁海县官岭公社里岙大队
徐菊香　鄞县樟水区赤水公社周丰大队公社妇联副主任
冯君玉　鄞县宝幢公社明星大队
李妙香　鄞县福明公社桑家大队公社县妇代会委员
胡阿梅　鄞县航运公司鄞东客运站
张夏娣　慈溪县观城镇旅社
沈红英　慈溪县棉织厂
叶冬儿　慈溪县东山公社河西大队
魏建华　慈溪县塘后公社红昇大队
毛金娥　象山县石浦商业零售公司延昌商店
娄月娥　象山县石浦镇中心小学
钟杏梅　象山县珠溪公社新丰大队
沈福寿　象山县黄皮岙公社下岙大队
沈美兰　奉化县莼湖供销社
邬裕能　奉化县裘村公社岭光大队
楼美浓　奉化县丝厂
杨苗祥　奉化县肖镇公社屯头大队
翁慧英　余姚县江中公社红星大队幼儿园
陈玉凤　余姚县双河公社联盟大队
黄桂英　余姚县低塘区朗下公社明山大队
茅彩英　余姚县饮服公司红卫理发店

陈梅玉　平阳县麻步区渔塘公社前垟大队三八妇女队
陈湘娥　平阳县马站区中心小学
梅月英　乐清县五权公社下沿大队赤脚医生
陈阿花　乐清县柳市区翁垟公社高桥大队第四生产队队长
金荷莲　乐清县城关镇公社画帘厂革委会主任
李春姐　乐清县湖务公社小球大队党支部副书记妇代会主任
王银翠　平阳县钱库区项桥公社
周瑞玉　平阳县矾山区南宋公社溪光大队
李秀娟　平阳县万金区“三八”粮站

安徽省

单爱清　淮北矿务局朱庄矿机电科
叶彩凤　合肥市化工厂电石车间
王宏英　合肥市交通局搬运公司四大队装卸班
王秀蓉　合肥市公共汽车公司金工车间
朱佩珍　合肥无线电二厂
李仕兰　合肥锁厂三车间装配组
芦义珍　合肥市中市胶木制品厂
董阿娣　合肥市手扶拖拉机厂铸模车间
王彩月　合肥轴承厂
吕爱英　铁四局机械筑路总队材料厂
王学群　省建工局材料供应运输公司第二汽车队
戴勤兰　巢湖水泥厂制成车间
杨大银　芜湖港务管理局裕区机一队
叶云兹　安徽省兽医生物药厂
沙玉兰　蚌埠市第二橡胶制品厂
朱秀凤　蚌埠市纺织厂
肖庆玲　蚌埠市第二麻纺厂
杨小珠　蚌埠市玉雕厂
杨兰英　蚌埠市空压机厂
汪振玲　淮南市纺织厂准备车间
赵淮梅　淮南市煤炭基地会战指挥部九十七处二工区
刘素凤　淮南市化工局淮南橡胶一厂
史建英　淮南矿务局谢一矿供应科红心厂铁工组
李禄霞　淮南市人民袜厂
陈余芳　芜湖市丝绸厂织造车间甲班
郑秀英　芜湖市工艺绣品厂
朱秀英　芜湖市红光针织厂织袜车间
娄凤英　芜湖市环境卫生管理处新芜分队
沈凤英　芜湖市叶素厂
陈秀霞　芜湖市水泥厂供料车间
吴淑芳　马鞍山市铝制品厂
吴玲凤　马鞍山钢铁公司汽车运输处
高玉兰　马鞍山市十七冶附属企业公司
唐小英　马鞍山市橡胶厂

张益桃　铜陵有色公司铜山矿露天汽车队
施钟英　铜陵市服装厂元件车间
苏翠娥　淮北市棉织厂
徐升霞　滁县地区肉厂
赵淑贞　凤阳县印刷厂
项松莲　旌德县碘石矿选矿队
杨忠琴　滁县化肥厂碳化车间
中　卡　宁国县化肥厂
施人桂　屯溪机床厂
周尉娟　泾县城关镇农机厂
马翠英　广德县农机厂
杨玉女　繁昌县拖拉机修配厂
管必英　芜湖县标准件厂模具车间
陈爱琦　太平县工艺竹编厂
陈正兰　池州供电局
金新如　东至县齿轮厂齿坯车间
徐梅琴　怀宁县汽车站月山分站
梅喜华　桐城县农机厂
罗秀兰　枞阳县汤沟化工厂
周传玉　巢湖地区邮电局
顾爱华　巢湖油泵厂
童宣珍　巢县纺织厂
吴贞桂　无为县纺织厂细纱车间
林秀云　庐江县棉织厂
吕华英　界首县棉织厂
张德芬　阜阳肉联厂
赵建华　亳县邮电局
袁惠敏　阜阳市纺织厂
张素梅　蒙城县东方红印刷厂
荣　英　砀山县化肥厂
王玉侠　灵璧县塑料溶剂厂
娄丹伟　怀远县棉织厂
陈钦兰　宿县地区二机厂
岳帮秋　泗县棉织厂
桑士英　霍山县砖瓦厂
劳遂奋　六安纺织厂
张树珍　舒城城关镇麻纺厂
刘永芳　国营九三五六厂
钱正兰　合肥市郊区属山公社油灯大队夹塘生产队
陆守珍　长丰县岗集公社耿店大队卫庄生产队
雀兴年　长丰县朱巷区造甲公社双丰大队罗庄生产队
庞世英　长丰县朱集公社杨祠大队
程有英　长丰县埠里公社埠里大队
尹万荣　淮光公社星火大队
崔秀兰　小蚌埠公社小蚌埠大队第十三生产队
梁秀珍　凤台县夏集公社康庙大队
姜同荣　淮南市古沟区祁集公社陈湖大队
王华美　淮南市上窑公社外窑大队第二生产队
张玉兰　淮南市田家巷区工农公社泉山大队
魏继云　淮北市任圩公社光明大队

唐金翠　濉溪县南坪公社路东大队姚前生产队

费广英　四合山公社永合大队

崔爱玉　铜陵县顺安公社高潮大队

高秀英　铜陵县钟鸣公社红星大队

王家娣　马鞍山市郊区红旗公社高潮大队

贺泽兴　巢县团山公社岱山大队小二家生产队

车学霞　和县卜集公社胜利大队向阳生产队

罗正英　无为县五洲公社文兴大队

王德英　肥东县古城公社岗头吴生产队

余文秀　无为县得胜公社公路大队

童宏英　无为县昆山公社临湖大队

徐兴英　肥东县王铁公社团结大队

陈曼毓　青阳县朱备公社旗丰大队第三生产队

李翠女　石台县珂田公社徐村大队

汪有兰　石台县河口公社河口大队刘家生产队

方进凤　巢县临湖公社临湖大队第二生产队

李荣华　庐江县双凤公社余铺大队查院生产队

胡聪明　太平县龙门公社东坑大队

丁秀珍　太平县和平公社汪王岭大队

袁西梅　青阳县九华公社柯村大队

何翠香　贵池县殷汇公社读山大队

柯金兰　贵池县桃坡公社桃坡大队老屋生产队

汪莲花　贵池县木闸公社白沙大队白沙生产队

盛巧云　东至县张溪区白笏公社白联大队

雷金娥　东至县官港区官港公社兴隆大队

吴惟安　歙县王村公社王村大队

吴春英　歙县北岸公社北岸大队

胡早娣　歙县璜田公社六联大队

梅来娟　歙县许村公社高阳大队

潘玉仂　休宁县川湖公社盐甫大队塍上生产队

程海仙　休宁县临溪公社林竹大队

方有娣　休宁县五城公社双龙大队

纪春兰　屯溪市奕棋公社林塘大队上林塘幼儿班

郑凤姣　宁国县上门公社中村大队考家生产队

黄发娣　旌德县云乐公社吕家大队妇代会

储万娣　祁门县灯塔公社先锋大队

方丽荪　黟县西武公社光村大队小学

章杏娟　绩溪县华阳镇洪川大队

叶荣翠　南陵县桂山公社桂镇大队

方小英　南陵县太丰公社农机厂

张仁英　芜湖县大闸公社周圣大队沐淮生产队

冯大玉　芜湖县围山公社良福大队三姚生产队
王洪珍　广德县高湖公社团结大队
胡春兰　泾县北贡公社
宋老五　泾县中村公社兰山大队
钱小桂　当涂县查湾公社钓鱼大队陈桥生产队
崔胜兰　当涂县护河公社幸福大队姚庄生产队
孙月英　郎溪县岗南公社王桥大队凹笪生产队
李金菊　芜湖县易太公社永丰大队跃进生产队
李世玉　繁昌县荻港公社桃冲大队亭冲队
杭　琴　当涂县关马公社后岗大队
吕小年　郎溪县梅渚公社李家庄大队
华秀莲　全椒县管坝公社农科站
池永秀　来安县十二里半公社
杨恒翠　来安县龙山公社中所大队
谷夕英　凤阳县太阳升公社刘府大队
齐俊生　凤阳县城南公社齐间大队齐间生产队
江学凤　定远县七里塘公社仁巷大队大安生产队
沙业凤　定远县二龙公社中汤大队大西马生产队
王爱娣　定远县朱马公社
陶秀英　天长县界牌公社
张跃平　天长县汊涧公社汊北大队
潘恒英　滁县曲停公社金山大队助东生产队
李玉兰　嘉山县太平公社张召大队第五生产队
吴文霞　嘉山县桥头公社蒲岗大队蒲岗生产队
胡　兰　国营寿西湖农场四队
郑秀兰　岳西县平等公社平等大队
储国英　岳西县河口公社河口大队
黄金连　岳西县东方红公社友爱大队“三队”桑场
丁庆云　怀宁县枫林公社太庙大队王庄生产队
王桂英　怀宁县老峰公社老峰大队
汪桂英　怀宁县红星公社培文大队
余安秀　怀宁县龙泉公社团月大队
涂玉珍　潜山县官庄公社水贵大队
徐翠华　潜山县余井公社万丰大队
王根兰　潜山县水吼公社水吼大队
殷宗琼　太湖县刘羊公社东风大队
余玉兰　太湖县望天公社华光大队高山生产队
陈梅华　桐城县徐河公社永丰大队
章玉华　桐城县石河公社翻身大队
姚梅花　桐城县香铺公社胜塘大队
章玉娥　太湖县界河公社虎形大队彭冲生产队
张元媖　宿松县高岭公社姚圩大队

李秀珍　安庆市十里公社林业大队雷桥生产队
赵兰英　枞阳县义津公社吐秀大队汪庄生产队
潘艮香　望江县赛口公社罗山大队
洪宝仁　宿松县山公社前进大队齐屋生产队
朱殷氏　枞阳县长安公社沿河大队养猪场
金福业　舒城县南岗公社藕塘大队
江少荣　舒城县张母桥公社冒峰大队
王中华　霍邱县曹墩公社九井大队
孙秀英　霍邱县姚李公社迎岗大队
魏店英　霍邱县彭塔公社陡神大队
芦传琴　霍山县团圩公社舒庙大队胡家洼生产队
沙翠业　肥西县小庙公社分路大队
屠德芳　霍山储佛巷公社茶培场
高宗明　六安县大山寨公社八角塘大队
侯怀香　六安县罗集公社五里大队
陆延珍　六安县中店公社红旗大队
徐宗英　六安县陈家河公社粟树大队
刘学珍　霍邱县户胡公社小圩队
王中兰　寿县丰庄公社卫庙大队
朱明凤　金寨县吴店公社李旁大队
赵贞英　舒城杭埠公社
刘永珍　肥西馆驿公社馆驿大队叶郢生产队
王士华　寿县苏王公社河沿大队
张美荣　五河县夏集公社小韩庄大队
王　芹　五河县武桥公社大荣大队
陈贵珍　萧县赵庄公社汪屯大队
朱朝俊　怀远县古城公社马路大队
张志华　怀远县东庙公社猴洞大队
许良芹　泗县大庄公社佃庄大队五队
董瑞昤　宿县曹村公社古洼大队
王传英　宿县苗安公社宁河大队
赵荣学　宿县永安公社单家大队
欧秀荣　宿县大泽乡公社大宋大队
何秀芝　砀山县城关镇西关大队
毛兰英　灵璧县大路公社张庄大队
龚美昤　砀山县良梨公社翟四大队四新学校
梁修珍　灵璧县大庙公社
韩秀英　灵璧县向阳公社官庄大队
王秀兰　固镇县石湖公社陈桥大队
相兰英　涡阳县龙山公社北三里大队采石厂
包美荣　涡阳县王安公社燕大大队“三八”蚕场
王守珍　颍上县谢桥公社
彭培兰　颍上县耿棚公社小韩庄生产队
许秀兰　界首县胡集公社葛庄大队
陈素英　阜南县方集公社
郭秀英　阜南县城郊公社骆庄大队
庞桂山　阜南县卫桥公社黄寨大队
陆远城　亳县主德公社杨店大队杨寨红卫小学

王登秀　亳县沙土公社张大队王窑小队
何自英　太和县倪邱公社小田大队
许桂兰　阜阳市双河大队杨庄生产队
郁秀侠　蒙城县母集公社农机站
丁怀贞　蒙城县城南区庄周公社东光大队
储可珍　阜阳县老庄公社阎庄大队
周春兰　利辛县城郊公社蒋庄大队杨庄生产队
李仰芝　临泉县杨桥公社杨桥大队
曾献美　临泉县邢塘公社代桥大队
赵玉兰　淮北市相山区蓄电池厂
李梅英　宣城县朱桥公社
陈淑贞　宿县城西公社
杨保华　萧县针织厂
黄庆娥　五河县龙潭湖农场
马　伦　省委统战部
陈少兰　芜湖市光华玻璃厂机修车间
王纪英　淮南市凤台县专卖公司副主任
李　英　合肥市第一轻工业局工会
瞿林云　合肥市郊区红旗公社妇联
闻友珍　淮南市孔集街道
龙冬花　贵池县妇联
胡善英　蚌埠市长淮公社
曹秀荣　固镇县宋店公社
张银兰　宣城县高桥公社
孙月华　桐城县童铺公社
江月明　宁国县狮桥区
崔秀成　东至县大渡口区新庭公社妇干
章金花　青阳县陵阳公社
朱振美　界首县顾集公社
叶荣琼　金寨县江店区
张武英　肥西县化岗公社
李新荣　濉溪县孙町公社妇联
田金花　铜陵市红星区阀门厂
施竹青　淮南市谢家集区焦厂粮店
张凤英　合肥市供销社土产公司长江路一门市部
王宗惠　安徽省财政局
丁芝兰　合肥市百货公司红旗商店
张春英　马鞍山市供销社花山门市部
田广菊　马鞍山市东方红菜场
成风莲　芜湖市新芜区粮油管理站王家巷粮店
张爱英　淮北市百货公司相山百货商店
朱菊花　淮南市田家菴商业局洞山百货店市人委门市部
阮承英　太和县原墙公社
赵桂英　阜阳市第一粮店
胡淑娟　阜阳县马寨供销合作社
陈敬枝　庐江五交化公司
张正侠　泗县瓦坊公司供销社
许秀芳　萧县医药公司肖城中药门市部
杜佩秋　歙县百货公司
阚一林　嘉山县涧溪供销社孙岗供销站
吴喜梅　合肥钢铁公司运输处
夏秀兰　合肥市饮服公司淮上酒家餐厅
唐其兰　淮南矿务局李二矿食堂

周则兰　淮北矿务局芦岭矿行政科
凌素珍　阜阳市红旗旅社
周琍中　利辛县饮服公司东风旅社
丁永兰　全椒县襄河镇新华理发店
罗福珍　霍邱县饮服公司人民旅社
方腊梅　贵池县招待所
邓秀珍　当涂县饮服公司饮食商店门市部
贾佑珍　含山县桐闸公社旅行
王玉华　蚌埠市直机关幼儿园
方际华　蚌埠市商业局幼儿园
芮长兰　淮南煤矿机械厂行政科
赵芝梅　濉溪县城关镇幼儿园
李凤珍　铁道部七〇一工厂总务科
秦素娥　芜湖市镜湖区康美幼儿园
陈菊华　望江县城关镇街道红儿班
许有祺　巢县柘皋镇幼儿园
孔淑云　肥西县三河幼儿园
史毓芝　合肥市光明路街道幼儿园
马玉霞　安徽省杂技团
程　凤　歙县黄梅剧团
陶竹侔　枞阳县黄梅戏剧团
蒋　敏　省体工大队
童德惠　六安地区医院
周月兰　寿县瓦埠医院
缪芝茜　六安县医院
戚曼萍　寿县医院
王建霞　阜阳县苏屯公社
李玉兰　涡阳县张老家公社兽医站
杜韵芳　亳县城北公社医院
严茂芳　太和县医院
汪昭美　定远县人民医院放射科
陈月英　宣城县新田公社医院
张恩丽　繁昌县高安公社
席德华　南陵县医院
郑静华　肥东县医院
武子仪　省工人泮汤疗养院
孙维珍　含山县陶厂公社医院
秦月霞　庐江县白山区卫生院
鲁守华　无为县凤河公社卫生院
江勤珍　和县南义公社卫生院
曹玉娟　贵池县血防站
张晚霞　绩溪县妇幼保健站
尹　仃　合肥农机校
章　健　合肥铁路医院
戚惠珍　淮南市第三人民医院外科护士长
殷慧生　淮南矿务局矿工二院副院长儿科主任医师
朱希享　蚌埠医学院
郭　斌　八一二地质队卫生所
裘梅卿　芜湖纺织厂
许贻琴　铜陵有色金属公司第二冶炼厂化验室
张美英　马鞍山市马钢钢研所
王淑清　一机部合肥通用机械研究所
李希玲　安庆石油化工总厂化肥厂
邓炳英　省维尼纶厂污水处理化验班

高忠麟　合肥工业大学电机系
孙凤仪　中国科学院安徽光激所二室
张玉华　安徽省计量局
周惠兰　来安县第三中学
李守兰　嘉山县实验小学
徐玲君　合肥市西市区安庆路第二小学
胡淑娥　合肥市第四十中学
陈启秀　芜湖市第二中学
杨晓兰　铜陵市教育局实验小学
王鹏敏　马鞍山市二区小学
范业英　白湖农场十三大队小学
曹晓兰　淮北煤炭基地建设会战指挥部机关职工子弟学校
胡淑芳　淮北市相山一小
石文霞　安徽省煤田地质第三勘探队职工子弟学校
马顺梅　利辛县江集二小
朱子兰　淮南三中
化树梅　颍上县润河公社小学
汤旭英　安徽省师范大学安庆分校
杜美英　临泉县周桥公社杜庄小学
张玉荣　阜阳市八中
李宽妘　怀远县第三中学
王苏英　萧县黄口镇第一小学

伍小平　中国科技大近代力学系飞行器结构力学专业
杜长英　宁国县南极公社永宁小学
任其瑾　全椒县襄河小学
王孝良　合肥市西市区延安路街道综合组
魏秀芳　蚌埠市勤俭里居委会
常素华　蚌埠市西区纬四街道二段居委会
杨春兰　蚌埠市中区光荣街道鬃毛加工厂
苏家英　芜湖市马塘区戈江街道李巷居委会
王玉梅　铜陵有色金属公司铜官山铜矿五七大队
张荣生　马鞍山市雨山区雨山街道九村居委会
施胜贵　淮南市大通区九龙岗街道办事处站后居委会
谢万珍　淮南市谢家集区李郢孜街道建井院村居委会
安丰华　安徽省岳西四五二四厂五七连
汪菊枝　安徽省宿松县建设街道妇委会
方秀英　安徽省安庆市东区红旗居委会
王德英　肥东县店埠镇居委会
张树珍　舒城县城关镇麻纺厂

福建省

林荣月　省生物药厂工人
马春英　福州市仓山先峰粮店主任
陈城英　福州市干鲜果锦巷果品商店副

主任
易珠英　福州丝绸厂党委副书记
苏玉英　福州发电设备厂工人
刘宝玉　福州雨伞厂伞柄组组长
郑依媄　福州市耐火厂成型车间生产副组长
饶小茵　福州台江邮电分局投递员
李文英　福州发电设备厂副厂长
江春香妹　闽侯县闽江公社前进大队
林春香　闽侯县南屿公社桐南大队妇代会主任
郑雪杯　福州市第一织布厂“三八”班班长
林宝珠　福州市公交公司65车组驾驶员
倪宝英　福州郊区马江公社快安大队第十四生产队队长
林媄媄　福州环城区赤卫公社七一大队
梁美英　福州市食品公司三保门市部组长
杨淑爱　福州市台江区浤洲街道江七居委会妇代会副主任
林淑英　福州市古楼街道庆城居委会主任
谢志慈　福州市仓山第三中心小学校长
曾国英　福州高级中学教员
陈秀金　福州市食杂联光店党支部书记
康依珠　福州市第二医院小儿科护士长
胡启明　福州市闽剧团演员
骆丽琼　惠安县张坂公社玉塘大队第七生产队党支部副书记
毛碧华　惠安县化工厂碳酸镁车间主任
陈秀恋　惠安县黄塘公社黄塘大队党支部书记
王炒诒　南安县洪濑公社西林大队美星生产队妇女队长
陈　快　德化县双汉公社上春大队妇女耕山队妇代会主任
刘瑞菊　福州北郊华侨农场饲养员
谢宝英　省粮油食品进出口公司福州外贸冷冻厂工人
夏美琼　省妇幼保健院院长
蔡珠英　福建省第六建筑工程公司马江工程处党总支副书记
郑达真　省体工大队
康北笙　中国科学院福建物质结机研究所副研究员
徐宝瑾　福建省地质二队助理工程师
吴心石　福建省拖拉机厂
陈苏岚　福州长途电信局电报分局报务员
吴佩芳　省国防工业设计院设计室副主任
朱金莺　农科院畜牧兽医所畜牧场
李新屏　省商业局汽车运输队
周贞英　福建师大生物系教授
林玉英　福州客运段洗车工
卢文娟　福州铁路分局永安材料厂
连宝珍　惠安县山腰盐场跃进工区幼儿

园教养员
朱清荷　厦门商业局乳牛场工人
林雅丽　厦门市粮食局粮油购销公司厦港粮店
孟庆闻　福建水产学院养殖系
刘正琮　厦门大学海洋系讲师
黄水宝　厦门房管局民房修建二公司
徐　招　厦门汽车运输分公司售票员
魏光媛　厦门第一医院妇产科主任
洪如诗　厦门三中
陈秀诒　厦门门殡葬管理处火葬场
李尾妹　厦门市轻工局罐头厂车间党支部副书记
李美丽　厦门市重工局轴承厂检验员
陈意华　厦门市化工局橡胶厂管理员
杨秀阵　同安县巷东农场
朱景送　同安县莲花公社河田妇女耕山队党支部副书记
钟秀珍　厦门市郊区前线农械厂驾驶员
周彩卿　厦门市向阳区中华公社大庆居委会
黄　梅　同安县汀溪公社五峰大队妇代会主任
卓乌富　同安县新店公社霞梧大队党支部书记
朱月花　福鼎县点头供销社副主任
李阿乳　福鼎县店下公社单港生产队队委
蔡参模　福鼎县嵛山公社渔鸟大队妇代会主任兼生产队长
何玉梅　福鼎县店下公社
富螺俤　连江县小沧公社东风大队金洋顶生产队
吴碧金　连江县浦口公社蝉步大队二十队生产队长
连依明　连江县琯头公社东升大队轮机员
林秀容　连江县城关公社东南街居民
董团姿　福安县坂中公社亭兜大队
叶美容　福安县下白石公社顶头大队副支书
林秀珠　霞浦县从农公社东进大队妇代会主任
林梅英　霞浦县溪南公社芹头妇女茶叶专业队队长
陈月仙　古田县莪洋公社水潮大队妇代会主任
彭秀花　古田县大桥公社张洋大队公社妇联委员
黄淑爱　古田县鹤塘公社鹤塘大队妇代会主任
薛凤珠　罗源县红塔公社红塔青年“三八”耕山队队长
张秀菊　罗源县中房公社上宅大队妇代会主任
黄碧妹　宁德县蕉城公社古溪大队妇代会主任
徐银銮　宁德县赤溪公社红城大队妇代

会主任

安伯兰　周宁县竹器厂刷筷车间刷子造型组组长

熊桂美　屏南县长桥公社下牛山大队妇代会主任

吴梅菊　寿宁县坑底公社浩溪大队妇代会主任

章月英　柘荣县楮坪公社靴岭尾大队妇代会主任

耿兰花　福鼎县潘溪公社金谷大队“三八”女子造林队队长

郭珍玉　南平市铝厂仓管员

吴晓青　南平市纺织厂织布车间工人

吴梅花　南平峡阳公社五七娘子军连党总支副书记

雷　萍　建阳县毛巾厂工人

刘香仔　建阳县麻沙公社溪头大队社员

徐素兰　浦城县城关粮店营业员

吴三妹　浦城县临江公社寨下大队妇代会主任

吴美金　建瓯县小松公社湖头大队社员

范仁柳　政和县汀源公社萍果场“三八”科研队队长

张苏醒　政和县铁山公社高山大队洋屯小学教员

黄水秀　光泽县华侨公社园岱大队妇代会主任

傅清香　光泽县崇仁公社洋塘大队妇代会主任

张颜金　松溪县百货公司仓管员

杨双凤　松溪县城关公社河东大队妇代会主任

叶富枝　松溪县溪东公社古衢大队妇代会主任

高　毅　崇安县吴屯公社举头大队生产队长

江秀珍　崇安县制材厂工人

魏爱香　邵武县胡书公社屯上大队妇代会主任

魏丽芳　邵武丝绸厂准备车间小组长

毛玉英　邵武县大阜岗粮站保管员

崔莲翠　顺昌县汽车站副站长

罗青英　顺昌县洋口公社

林松爱　建阳地区医院外科副主任

吴维瑛　建阳地区医院妇产科主任

林秀子　福州市胜利服装厂

兰文英　长汀县附城公社东关大队妇代会主任

张才莲　长汀县涂坊公社红坊大队党支部副书记

谢香孜　长汀县南山公社中屋大队第六生产队队长

杨兰英　连城县莒溪公社莒溪大队妇代会主任

李銮珍　连城城郊公社跃进大队农技员

杨慎微　龙岩地区一院妇产科主治医生

兰福姑　上杭县庐丰公社丰济十四队生产队长

陈　妹　上杭县官庄公社杨梅山水库工程指挥部女子炮石班班长
丘细妹　上杭县才溪公社妇联会主任
黄亮珍　永定县抚市公社新庄大队第五生产队长
郑聪英　永定县下洋公社东联大队妇代会主任
陈金蕉　漳平县又洋公社徐溪大队妇代会主任
章素心　永定县医院妇产科
陈冬秀　武平县中赤公社上赤大队妇代会主任
曾善玉　武平县象洞公社联坊大队
苏爱英　武平县百货公司
郑金娥　龙岩县红坊公社东埔大队第六生产队队长
邱秀兰　龙岩县曹溪公社王庄第四小队饲养员
翁兰玉　龙岩地区建筑工程公司财运科仓管员
张玉芝　龙岩烟厂卷烟车间主任
梁凤珍　龙岩地区贮木场
林　淑　东山县城关镇下田街妇代会主任
王水莲　漳州市内燃机配件厂车间主任
林阿镖　南靖县金山公社河墘大队妇代会主任
郑金葱　南靖县龙山公社东爱大队官学生产队队长
陈赛香　云霄县陈岱公社峰外大队妇女耕山队队长
黄桃英　云霄县常山华侨农场常山大队幼儿园保育员
林红缎　长太县城关公社积山大队老劳模
林桂娘　华安县仙都公社岭埔大队妇女耕山队
林亚妹　东山县礁头大队托儿所
吴冬卿　漳州第一中学教师
何春英　龙溪地委治海工作部
林乌枣　长太县饮食公司旅社负责人
苏翠兰　长太县岩溪公社上蔡大队饲养员
黄　英　龙海县东园公社畜牧场饲养员
苏豆根　龙海县莲花公社黎明大队妇代会主任
杨翠连　龙海县步文公社朝阳大队妇代会主任
张碰菜　龙海县石码公社渔业大队船长
沈秀卿　诏安县西潭公社阳山大队
张锦孳　诏安县四都公社梅州大队妇女耕山队队长
朱　面　漳浦县万安农场
刘　棉　漳浦县城关公社妇联会主任
黄束华　平和县下寨公社洋坑大队妇代会主任
叶秋花　平和县大溪公社母猪场饲养员
许秀英　漳浦县旧镇公社语江大队托儿

所

李云凤　建宁县城关公社河东大队“三八”畜牧场

熊水娣　将乐县黄潭公社元坪大队支部书记

严春兰　将乐县南口公社南口大队

马凤琴　三明纺织厂织布车间丙班

杨秀金　明溪县盖洋公社娘子军林场

范金莲　明溪县红卫公社“三八”综合场副支部书记

张进女　宁化县禾口公社大路大队

巫学珠　宁化县城关公社红卫大队赤脚医生

许玉香　福建维尼纶厂五七办公室农业队

苏玉英　福建农学院外语教研组副教授

陈梅英　三明市糖烟酒公司化工商店

李番娥　三明市五中附小

黄冬英　龙溪县洋中公社

苏菊英　龙溪县新桥公社妇女耕山队

金桂英　永安县城关镇翻身大队

潘碧桢　永安县山边小学

刘守芬　泰宁县化工厂

肖月云　泰宁县龙湖公社官田大队

刘巧榕　沙县洋溪公社新街大队

邱火招　清流村畲公社石下大队

郭圣汝　清流县糖烟酒公司第一门市部

章巧珠　大田县城关公社红星大队

马淑娇　沙县南坑白学区进坑小学

詹玉姬　大田县广平公社万宅大队

邓三伎　建宁县溪源公社楚尾大队

林顺莲　仙游县大济公社坑北大队

刘吓仙　仙游县度尾公社霞溪大队

陈　春　仙游县城关镇红卫街第一生产队

林秀玉　仙游县书锋公社四黄大队

黄寿萍　永泰县印刷厂

王碧玉　永泰县清凉公社渔溪大队

林珠英　永泰县白云公社白云大队生产队长

黄秀敏　闽清县坂东公社坂西大队生产队长

吴桂英　闽清县造纸厂班长

陈玉英　莆田县江口公社江口大队幼儿园教养员

林金爱　莆田县东桥公社诸林大队

陈素贞　莆田县罐头厂车间副主任

卢秀玉　莆田县梧塘公社亚庄大队

刘美玉　莆田县涵江公社涵亚大队妇代会主任

林庆玉　平潭县屿头公社屿南大队生产队长

王贵英　平潭县潭城公社综合厂党支部书记

郑秀云　平潭县民械厂

林碧珍　长乐县营前公社海星大队

林玉英　长乐县饮服公司饮食店门市部负责人

林雪琴　长乐县鹤上公社农技站
郭福宋　福清县鱼溪公社下埔侨办幼儿园
郑桂宋　福清县东张公社华石大队大队支委
陈春金　福清县汽车运输站副站长
谢钦云　福清县龙田公社石林大队
芦玉哥　莆田地区仙游糖厂炊事班长
蔡雪芳　泉州市大众服务社党支部书记
蔡淑莲　泉州市邮电局邮政股邮政营业组组长
蔡菜燕　泉州市东海公社后亭大队党支部书记
陈根发　晋江地区罐头厂车间主任
陈评诒　南安县纺织厂厂长
李秀梅　南安县官桥公社周厝大队火烧山专业队养猪场饲养员
张贵仁　南安县仑仓公社蔡西大队记工员
陈　惜　南安县丰州公社西华大队第一生产队生产队长
陈秀琼　晋江县饮食服务公司安海旅社党支部书记
蔡气诒　晋江县祥芝公社祥渔大队妇代会主任
蔡天花　晋江县龙湖公社石龟大队社员
杨爪止　晋江县池店公社新店大队党支部副书记
周　莉　安溪县龙门公社
苏玉燕　永春县岵山公社和村大队幼儿园教养员
王志英　永春县卫生防疫站会计
施秀宝　永春县天马山柑橘场饲养员
吴　言　德化县瓷厂彩画车间贴花输送带三八班班长
方　忒　德化县溪洋公社洪田大队妇代会主任
陈美珠　安溪县银行出纳员
付乌治　安溪县蓬莱公社岭美大队妇代会主任
方来妹　福州市安太街道马道纸品厂厂长
郭秀莲　福州铁路分局福州车站
刘　银　惠安县委副书记

江西省

李秀英　广昌县头陂公社山下大队党支部书记
刘小娥　赣南火柴厂工人兼任市厂工会副主任
温坪仔　石城县观下公社车风大队梅花生产队保管员
万长秀　全南县江口公社江口大队生坑生产队队长
刘香英　南康县龙华公社崇文大队党总支书记

李翠兰　全南县小本公社田心大队党支部书记
陈丁秀　赣县沙地公社沙地大队妇女主任
钟丁秀　赣县五云公社五云大队妇代会主任
李友秀　兴国县革委会副主任
周勉秀　全南县大吉山钨矿选矿工工会主任
邱菊连　会昌县幼儿园主任
吴凤秀　兴国县龙冈公社江湖大队上星生产队队长
张兰英　上犹县中稍公社黄塘大队党支部副书记
郑清娥　定南县老城公社老城大队“三八”队队长
刘来玉　定南县新城公社和顺大队妇代会主任
庄爱芳　赣州汽车站副站长
宋寒秀　瑞金县瑞林公社长沙大队妇代小组组长
邓翠兰　大余县邮电局机要员
张丽云　于都县农机公司保管员
汤凤珍　九连山垦殖场林化厂化工车间副主任
叶隆坤　龙南县食品公司生猪仓库负责人
曾日三　宁都县城关一小教师
宋带秀　宁都县赖村公社山生产队队长
曾德饶　省地质局九〇九大队三分队“三八”机台女钻工
刘大媚　崇义县国营高坌采育林场妇联副主任
钟香发　瑞金县九堡公社妇联主任
杨超玉　赣南纺织厂车间副主任
毛宗萍　赣州市教育学校教师
周国华　会昌县会昌小学
魏罗连　安远县孔田公社革委会副主任、妇联主任
袁美华　瑞金县万田公社万田队上寨生产队饲养员
秦绚华　赣州市赣江公社人民居委会主任
徐爱珍　赣州市副食品公司红旗商店营业员
童竞亚　赣南医专讲师
郭洪先　信丰县大阿公社芝峰大队求岭生产队队长
钟三秀　信丰县安西公社窑岗大队革委会副主任
吴丽芳　于都县铁山龙镇粮油加工厂会计
徐慧珍　广昌县人民医院医师
罗秋英　南康染织厂工艺设计员
黄玉英　于都县采茶剧团演员
许冬梅　上饶县尊桥公社芳村大队妇代会主任
杨仙娇　乐平县洛口公社港口大队代家

寨生产队队长
李　芸　弋阳县弋江镇二街民办小学教师
徐海莲　弋阳县弋江镇大树大队李家生产队队长
吕玉英　铅山县鹅湖公社江村大队妇代会主任
张曼玲　铅山县福惠公社白沙小学负责人
何雪娥　波阳县珠湖公社铺田幼儿园幼师
陈赛英　波阳县委常委县妇联主任
姜牡丹　波阳县团林公社团林大队党支部副书记
姜水花　玉山县三湖公社姜宅大队妇代会主任
王茶仙　上饶县三都公社供销社饮食店负责人
潘木英　余干县信河公社党委委员妇联主任
黄美莲　余干县五都公社百湖大队百舍湖铁姑娘队队长
张万清　万年县盘岭垦殖场妇联主任
许天花　万年县梨树坪垦殖场东沅分场党支部书记
张来秀　波阳县饶丰农场花园分场花园队妇女队长
王云娥　乐平县涌山供销社综合门市部负责人
吴真红　余江县平定公社弓塘大队赤脚医生
程元秀　余干县良种场妇女主任
李绍霞　上饶地区人民医院妇产科主任
饶桂花　贵溪县塘湾公社塘湾大队白沙生产队“三八”战斗队长
张露明　玉山县元都公社殿口大队双路口小队幼师
詹成珍　婺源县浙沅公社沱口大队岭下村幼儿园教师
蔡秀清　鹰谭市人民医院口腔科医师
万乐珍　上饶地区铺前煤矿机电车间铯工
余清华　上饶武夷山垦殖场岭沅分场上路街生产队妇女队员
程新娟　婺源县赋春公社兽医站兽医
赵观英　贵溪县白田公社百田大队苏家生产队妇代会委员
桂香风　鹰潭市副食品公司水泵厂门市部营业员
潘三娇　德兴县黄柏公社炉湾大队妇代会主任
周秀梅　广丰县大石公社南屏大队中心一队副队长
毛风娇　上饶市副食品公司水南商店党支部书记
周荣花　上饶市梁织厂挡车工
黄爱芬　上饶地区横峰纺织器材厂副厂长

毛双梅　德兴县银城第二小学党支部书记
黄彩钦　余江县粮食局人秘股副股长
钟华英　分宜县杨桥公社观光大队妇代会主任
姚春珠　宜春地区新余钢铁厂第一烧结车间原料一工段装卸工
周顺英　万载县鹅峰公社联星大队妇代会主任
刘兰英　丰城县妇联主任
陈月英　万载县水稻原种场科研队队长
章连英　新余县南堪公社车洛大队炉前队队长
陈友连　清江县大桥公社妇联主任
陈茶娣　丰城县小港公社刘家大队幼儿园教师
陈春兰　奉新县罗塘公社
徐林秀　清江县永太卫生院保健员
刘永香　安义县万埠公社新基大队刘家队队长
刘剑蓬　奉新县城镇小学教员
晏菜花　宜春地区高安国营相城垦殖场胜利分场“三八”队队长
熊水秀　高安县东方红公社新沙大队四队队长
吕菊香　上高县委副书记县革委会副主任
刘细妹　上高县锦江公社钟家渡大队十一生产队队长
易长娥　上高县饮食公司副主任
杨柳英　高安县东方红公社茜头大队九队饲养员
姚　敏　宜春地区温汤疗养院按摩医生
张家菊　靖安县双溪镇大桥大队泥埚队妇女队长
涂生娣　丰城县二小教师
胡凤玲　清江县昌付公社安阳知青队团支书兼队长
涂理英　靖安县官庄公社革委会副主任
肖美奇　新余县水北公社金星大队铁姑娘战斗队队长
彭惠连　宜春县辽市公社向阳民兵排排长
王　兰　宜春地区新余纺织厂细沙挡车工
况双全　安义县石鼻公社向坊大队第一队幼儿园教师
郭雪连　铜鼓县医院护士长
孙花英　丰城县圳头公社革委会副主任妇联主任
胡玉仔　宜春地区航运局第四装御队党支部书记
李芳爱　宜丰县食品厂工人
胡桂英　宜丰县棠浦公社沙塘大队第九生产队队长
袁长秀　宜春县芦村公社双江大队妇代会主任
谢缓凤　安福县竹江公社矮屋大队妇女

主任
袁福莲　万安县百加公社九贤大队第六生产队队长
赵美琴　泰和县上田公社北门大队第七生产队队长
李玉梅　宁冈县古城邮电所
张春秀　泰和县三都公社兽医站职工
张玉春　遂川县于田公社皋村大队妇女主任
细　姑　吉安市河东公社芜下大队党支部书记
刘樟英　遂川县枚江公社党委书记
刘招英　吉水县盘古公社上曾家大队妇女主任
吕顺秀　遂川县饭店副经理
王春英　吉安市高峰公社红心居委会主任
谢美菊　吉安县永和公社西坑大队第三生产队社员
李福娥　莲花县坊楼公社茶场副场长
陈金枝　莲花县花塘公社中心大队妇女主任
刘央英　井冈山纺织厂织造车间工人
郭　珍　吉安县值夏信用社会计
罗桂祥　新干县界埠公社红星大队妇女主任
章吟华　吉安地区第一人民医院妇产科主任
李页俚　永新县委常委县妇联主任
肖凤俚　万安县窑头公社流坊大队党支部书记
何连娣　峡江县仁和公社官田大队妇代会主任
左页凤　永新县江畔公社茭南大队大队长
伍二英　永丰县佐龙公社西塘大队党支部书记
李冬姑　永丰县瑶田公社党委副书记
王　英　吉安市东方红学校
陈　根　峡江县水边公社红光大队妇代会主任
邹引秀　崇仁县变压器厂车间主任
曾华金　乐安县潭港公社石塘大队书记
胡火红　南丰县三溪公社池丰大队店里生产队社员
佘娥娇　抚州地区妇幼保健院领导小组副组长
吴月英　抚州地区国营七二一矿职工医院医务科副主任
傅银花　临川县展坪公社展坪大队大埠生产队妇女队长
雷细梅　进贤县委常委革委会副主任
苏荣金　资溪县良种场妇女主任
吴金娣　黎川县宏村公社沙下大队幼儿园教师
王四佞　临川县温泉公社党委书记
汪菊花　抚州市桥东街道办事处汝东居委会主任

危金娥　东乡县东乡镇西郊大队党支部书记
周木英　进贤县李渡公社鉴良大队第一生产队“三八”养猪场饲养员
杨水香　进贤县饮食服务公司住宿部负责人
艾荷香　临川县湖南公社永红大队孔庄队队长
吴生荣　南城县洪门公社渡口大队石溪港第六生产队社员
黄仍华　南城县珀玗公社珀玗小学教师
丁长华　金溪县委副书记
徐梅秀　抚州纺织厂细纱车间甲班工人
元才容　南城县百货公司副经理商业局副主任
黄长长　南丰县洽湾公社洽湾大队妇女主任
吴金爱　进贤县捉牛岗垦殖方家大队曾家生产队队长
徐　君　临川县七里岗垦殖场拖拉机驾驶员
洪凤莲　省国营云山垦殖场军山分场农科站饲养员
陈金香　瑞昌县大桥公社大桥大队大队长
任燕梅　地区邮电局报刊发行组发行员
诸爱芬　德安县立新镇后田大队党支部副书记
林芳芝　九江国棉二厂组长操作员
汪和姣　九江市十粮站站长
瞿兰香　九江市国棉一厂细纱车间党支部书记
彭云如　修水县太阳升公社农科所妇女副主任
吴凌花　九江市湓浦公社幸福居委会书记
胡杨凤　永修县百槎公社郭坂大队妇女主任
夏水莲　湖口县东压公社竹庄大队妇代会主任
万淑娟　修水县人民医院妇产科医生
袁魁牡　修水县征村公社棉花大队第五生产队妇女队长
石冬娥　都昌县张岭公社妇联主任
夏桂娥　都昌县三汊港食品站屠宰员
芦锦球　中国人民银行德安县支行邹桥营业所主任
熊玉莲　永修县虬津公社麻洲大队教师
徐立秀　瑞昌县夏坂公社南村三队托儿所保育员
辛从英　武宁县船滩公社五丰大队二队队长
张玉梅　彭泽县棉船公社朝阳大队妇女主任
杨美珍　永修县农机厂车间班长
程检英　星子县五星公社妇女主任
肖木枝　九江县赛城垦殖场赛湖大队党支部副书记

陶秀兰　彭泽县芙蓉公社芙蓉大队党支部副书记
李桂香　南昌市公共交通公司二车队司机
王芸珍　南昌市昌北学校校长
谢招娣　江西第四机床厂四车间车工一组组长
范惠卿　南昌市第一医院妇产科副主任医师
朱风金　江西氨厂机修车间电焊工人班长
胡红卫　南昌冲压件厂四车间副主任
吴凤英　江西棉纺织印染厂第一织造车间挡车工
万招香　南昌市废旧物资收购营业部瑞北收购店主任
王凤英　南昌县小兰公社定岗大队妇代会主任
彭冬香　南昌市抚河区广外五金制品厂负责人
何堂姺　青云谱区井冈山街道办事处包家花园妇代会主任
梅招凤　南昌市百花洲幼儿园负责人
杨水兰　南昌市青云谱区城建科行道树组组长
王林英　南昌市郊区桃湖大队妇女主任
王鸣凤　梅岭公社西昌分场妇女队长
高秀英　东湖区公园街道办事处上营坊居委会主任
饶招莲　西湖服装劳保用品厂厂长
杨美英　南昌县八一公社铁姑娘战斗队队长
夏细任　新建县流湖公社材洲大队妇代会副主任
况秀英　新建县望城公社省庄大队党支部书记
蔡奠华　南昌市西湖区陑子亭 11 号
杜小云　南昌市妇女儿童商店营业员
杨筱梅　南昌市八一学校教师
肖淑珍　南昌市十字街公社幼儿园负责人
徐桂香　南昌市胜利区滕王阁幼儿园炊事员
黄美菊　南昌市八一桥公社街道办事处主任
杨润香　南昌市抚河区朝阳洲利字街居委会主任
周娥仔　南昌县莲塘垦殖场茶果大队饲养员
涂翠莲　南昌县妇联主任
欧阳桂云　萍乡湘东区下埠公社腐铵厂副主任
吁久贞　萍乡师范学校教师
陈花秀　萍乡电瓷厂党委副书记
杨正英　萍乡上栗区赤山公社农科所里耕生产队队长
吴云辉　萍乡城关区萍乡镇保育院院长
阳秀珍　萍乡上栗区桐木公社周田大队

党支部书记
毛凤英　萍乡高坑商店大井门市部负责人
易金莲　萍乡芦溪区宣凤镇吐下大队院下生产队妇女队长
黄和平　萍乡矿务局六六一厂仓库保管员
姚秋英　萍乡农科所科技员
刘月华　萍乡芦溪区万龙山垦殖场龙上大队党支部书记
汪桂英　景德镇陶瓷研究所艺术室主任
徐淑英　景德镇市向阳巷粮站副站长
刘顺华　景德镇市第一医院妇产科副主任医师
刘菊花　景德镇太白园街道党支部书记
金　姣　珠山街道一支部书记
刘金芳　景德镇市食品公司繁殖场党支部副书记
李银凤　景德镇市兴田公社程家大队妇代会主任
余小云　景德镇市枫树山林场三宝分场团支部书记
罗定娇　井冈山垦殖场茨坪林场妇女主任
张善英　井冈山拿山公社妇联主任
刘丽云　井冈山小学教师
吴龙春　庐山砂轮厂二车间党支部书记
杨兰花　庐山红旗公社新桥大队妇代会主任
符式珪　江西医学院第二附属医院妇产教研组副教授
杨素芬　省农业科学院作物研究所新技术研究室主任
王仕筠　省水电局水电科学研究所工程师
李英华　省建筑构件公司二车间副主任
陈才定　南昌铁路局鹰潭车站售票员
毕素娥　省红星垦殖场大桥分场饲养员
龚查英　省革委第一保育院保育员
湛　欣　江西省体工队田径运动员

山东省

杨　玲　安丘县水箱厂三八作业班班长
李传芳　潍坊梁织厂织布丙班一组组长
马秀君　潍县制综厂党支部副书记
闫智慧　昌乐县服装厂机工组组长
张连芳　高密县建筑公司三八瓦工队队长
孙建华　益都县柴油机厂小件车间凸轮轴磨床小组组长
杨潍平　平度县农机修造厂金工车间车工班班长
郎咸萍　潍坊发动机厂加工车间六班班长
杨立荣　潍坊五三厂装配车间线装工
刘秋润　诸城县纺织机械厂党支部副书

记
马玉芳　惠民地区基建局建筑二工区司务长
翟所英　山东北镇汽车运输公司汽车六队电工
杨素清　阳信县邮电局封发员
姚淑琴　烟台市无线电六厂保管员
崔爱敏　文登县丝绸厂缫丝工人
芦吉风　牟平县丝绸厂“芦吉风小组”组长
周舜仪　招远县酒厂白酒班班长
许淑亭　蓬莱县印刷厂装订车间主任
柳月香　莱西县被服厂生产组长
徐桂月　乳山县制丝厂车间党支部副书记
盖桂珍　海阳县绣花厂汽车司机
狄明君　商河县印刷厂车间主任
马秀凤　济阳县化肥厂工人
张振英　临清棉纺织厂细沙值车工
张汝兰　临清烟厂工人
齐秀珍　莘县汽车站副站长
曹朴芳　泰安县造纸厂副厂长
李月花　泰安县造纸厂行政组副组长
段德英　山东省孙村煤矿洗选厂洗煤司机
唐瑞岩　泰安县第一人民医院洗衣工
李学苹　济宁市农业机械厂水箱车间副主任
刘爱英　嘉祥县电器厂机加工车间副主任
王树英　邹县被服一厂门市部主任
宋玉英　菏泽印刷厂工人
王召梅　单县针织厂棉布车间甲班班长
李玉臻　建材八〇三矿采矿车间修理班班长
安　萍　临沂钢铁厂会计
韩纪兰　日照县被服厂缝纫车间主任
吕东花　临沂棉纺织厂络经值车工
高连萍　沂水县被服厂裁剪班班长
陈彦春　沂南县岸堤邮电支局话务员
刘淑敏　青岛市交通局长途汽车运输公司胶南汽车站服务员
李桂珍　青岛红旗化工厂仓库组长
杨秀花　青岛微电机厂一车间磨铣工组组长
芷玉花　青岛市木器一厂四车间梳锯工人
曹秀英　青岛国棉五厂织布车间值车工
李翠英　青岛市房产局第一住宅建筑公司第四施工队工人
江爱珍　青岛国棉七厂织布车间工人
李宗华　青岛制钉厂一车间工人
杨富华　青岛国营前哨机械厂工人
王淑贞　青岛玛钢厂工人
朱秋华　国营青岛第四棉纺织厂整理车间验车工
许秀芹　青岛市沧口船用锅炉厂电焊工人

周桂香　郡姜县花边厂副厂长
盛芳珍　崂山县花边厂副厂长
于振华　青岛汽水厂党总支委员车间副主任
杨桂兰　济南国棉二厂后纱车间工人
明玉兰　济南市无线电三厂工人
国莲蕊　济南市环境卫生处旬柳庄肥料厂工人
邱现娇　济南油漆厂工人，归国华侨
孟新春　济南针织厂经编车间工人
张繁华　济南市房管材料供应站党总支副书记
陈学英　济南汽车制造厂底盘厂四车间党支部书记
王秀荣　济南制革二厂工人
孔令喜　张家清工程指挥部机修车间气焊工人
郭学兰　胜利油田井下作业处女子作业队队长
李永华　济南柴油机厂油泵增压器车间副主任
葛明英　胜利油田钻井指挥部32620钻井队指导员
张玉美　莱芜钢铁厂机修厂铸铁车间造型六班班长
郭风英　淄博市张店区南定剪刀厂旅行剪车间主任
孙启香　淄博市淄川区胜利服装厂厂长
张秀珍　淄博矿务局洪山煤矿机厂工人
李迎新　淄博市周村丝织厂挡车工
崔　丽　淄博市公共汽车公司司机
周　辉　枣庄电厂北厂电气运行三八班班长
解　慧　枣庄矿务局陶庄煤矿机电科配电车间副书记
张道英　滕县木石焦化厂三八看火班班长
马玉真　山东省气象局检定所机务组副组长
张　洪　山东省水文总站水文测量队二级测工
宫建国　山东拖拉机厂齿轮车间伞齿班班长
翟左军　国营山东民丰机械厂供销科仓库保管工
韩秀英　山东裕华总务科做计划生育工作
张秀兰　山东省供销社办公室
蔺慧清　山东省五金矿产进出口公司汽车队保管员
王玉兰　山东省陵县城关公社党委副书记
付长云　巨野县吕官屯公社党委副书记
周同香　掖县曲家公社党委副书记
屠爱珍　崂山县马戈庄公社农技站站长
高建敏　省体委军事体育学校射击运动员
丁道坤　山东省寿光县羊口公社渔业大

队党总支委员
张春秋　省京剧团副团长
孙洪兰　郯城县电影院放射员
徐桂娴　济宁市新华书店党支部书记
张秀亭　郓城县黄堆集公社妇联主任
杨士真　单县谢集公社妇联主任
赵秋菊　东明县武胜公社妇联主任
张朋华　微山县塘湖公社妇联主任
骆　军　邹县中心公社妇联主任
陈淑云　莱阳县躬家庄公社妇联主任
李慎卿　黄县诸由公社妇联主任
田美云　胶南县芷南公社妇联主任
李淑杏　历城县仲宫公社妇联主任
薛清云　阳谷县寿张公社妇联主任
胡勤英　临清县妇联主任
孙成云　沂水县孙祖公社妇联主任
李桂兰　福山县福山镇公社东北关小学教师
杨文荣　寿光县官台公社联合中学副校长
洪舜华　昌潍医学院教务处副主任
李香亭　平度县实验小学教研组组长
姜桂欣　安丘县城关公社城里联中教师
牛建功　诸城县城关公社繁华学校教师
吴敬华　垦利县史口公社南村小学负责人
肖爱珍　邹平县苑城公社陈度联合中学教导主任
包新生　德州市向阳小学教师
邢玉梅　陵县城关公社西关小学教师
付　均　聊城县五七小学教导主任
李家芳　莱芜县第一中学教导主任
王英本　肥城县城关公社南关小学副校长
孔凡岭　邹县实验小学教师
刘桂芳　金乡县吉术公社单楼小学教师
张爱兰　临沂第四中学班主任
吴庆华　费县梁丘院小教师
闵　宜　临沂中学教师
贾玉兰　菏泽县城关公社第二学校教师
马桂荣　梁山县城关公社馍台校副校长
吴静茵　济南四十八中义务教师
刘慧纹　济南市制锦市小学教师
蒋志远　青岛市江苏路小学教师
蔡　玫　淄博市周村区大姜公社大杨小学校长
王秀英　山东滕县城关实验学校副校长
冯静仪　山东省师范学院生物系副教授
郑柏林　山东海洋学院生物系副教授
杨秀芝　济南市历下区东门街道办事处南北历山街居委会主任
曹兰真　青岛市台东区北仲家洼第六居委会主任
徐桂英　青岛市四方区杭州路办事处第五居委会副主任
李清喜　山东省张店街道办事处红旗二路居委会党支部书记
高玉芬　淄博市周村区车站居委会主任

冯作英　淄博市博山区山头公社工艺美术陶瓷一厂副厂长
杜贵英　滕县城关公社西关西市场街居民
黄金英　寿光县工艺品厂发网车间技术员
周君敏　平度县洪山园艺场技师
毛亦平　临沂地区相公庄地震台助理技术员
凌菊翠　苍山县气象局技术员
迟民琦　广饶县化肥厂仪表技术员
徐岐鸣　邹平县农业局植保站技术员
庄秀美　桓台县农科所技术员
徐　谦　胜利石油化工总厂炼油厂副厂长
黄雪清　省建筑设计院设计二室三组工程师
郑守仪　中国科学院海洋研究所无脊椎研究室副研究员
孙桂香　省农业机械科学研究所二室副主任
李寅宾　青岛商品检验局农畜检验室技术员
魏明华　枣庄矿务局八一煤矿洗煤厂技术员
曲志莲　济南市化工厂总工程师
曹秀真　济南市钢铁厂烧结分厂技术组组长
苗可兰　滕县中心人民医院妇产科副主任
安其泉　济南铁路局张店医院医师
张秀泉　梁山县银山公社卫生院妇幼医生
孟瑞兰　郓城县医院妇产科副主任
郑素芳　菏泽地区医院妇产科主任
蒋淑荣　巨野县医院化验科副主任
马风翥　营县县医院妇产科主治医师
孙寿兰　嘉祥县人民医院儿科副主任
刘宝玫　济宁地区人民医院妇产科主任医师
赵桂芝　平原县第一人民医院妇产科主任
张　立　德州市立医院痔瘘科主任
蔡英泉　惠民县中心医院外科主任
陈小仙　广饶县城关公社医院医生
毕桂华　山东省利津县保健站妇幼医生
黄淑花　威海市立医院针灸室医师
马淑芬　安丘县人民医院霍泉分院副院长
赵素芳　潍县人民医院外科护士长
朱嘉英　高密县城关医院护士长
王文郁　益都县何官公社医院副院长
李桂兰　长清县归德公社医院妇产科助产士
苗华珍　青岛市台西医院内科医师
周风起　淄博市二院妇产科主任医师
王秀华　淄博市淄川区人民医院张庄分院副院长

刘桂英　淄博市博山区人民医院龙门分院医士助产
姜绪敏　山东医学院附属医院护士长
蔡斐茜　山东省人民医院妇产科副主任
庄力学　山东省电力工业局卫生所副所长
王兴芳　山东省临沂肉联厂加工车间副主任
陈新祥　莒县爱国供销社副主任
徐会田　莒南县百货公司第二零售门市部主任
高希风　沂源县南麻供销社高庄门市部经理
杨秀珍　临沂县商业局副局长
何　敏　定陶县城关公社供销社采购站营业员
盖玉风　济南市百货公司经十路商店经七路门市部营业员
邵　晶　济南市中区土产杂品物资回收管理处门市部收购员
胡玉英　济南市果品公司天桥核算店门市部主任
李建萍　济南市粮食局历下分局一中心店党支部书记
单桂兰　青岛市物资回收公司团岛路物资回收店回收员
孙兆兰　淄博市博山蔬菜商店果品门市部主任
刘兰英　兖州县糖业烟酒公司第四门市部营业员
黄均兰　邹县百货公司营业员
王林枫　曲阜县农机公司门市部售货员
张承芬　平阳县商业局副食品公司党支部书记
纪宝英　新纹县蔬菜公司小协门市部主任
魏玉珍　泰安县粮食局粮油供应站五马社粮油店
马桂春　肥城县百货公司第三零售门市部负责人
魏秀珍　桓台县起凤供销社副主任
黄士兰　无棣县药材公司批发员
张小芹　荣城县石岛公社工商行政管理所管理员
王春霞　黄县城关供销社第二生资门市部经理
崔秀荣　平度县药材公司中药库保管员
张世凤　昌邑县石埠供销社副主任
王玉兰　五莲县洪凝供销社副主任
刘俊英　安丘县景芝供销社副主任
朱梅英　东阿县副食品公司“三八”零售门市部组长
傅成荣　日照县涛雒公社南店大队幼儿教师
石庆华　沂水县城关公社前贺庄大队育红班教师
刘德偶　莒南县朱边公社刘家连子坡大队托儿所负责人

李爱英　临沂县红旗车辆厂托儿所所长
初秀珍　牟平县姜格庄公社姜格庄大队幼儿园园长
孙承梅　掖县西由公社孙家大队幼儿教师
初美英　莱阳县团旺公社南团旺大队幼儿教师
张玉芹　梁山县银山公社蔡窝大队幼儿教师
刘玉芝　单县张集公社朱庄大队育红班教师
薛　峰　郓城县程屯公社程屯大队幼儿教师
张桂兰　淄博市铝厂托儿所所长
刘锦秀　济南市天桥区宝华街办事处托儿所所长
曹瑞珠　滕县机关幼儿园教师
薛云美　济宁棉纺织厂托儿所所长
颜镜平　山东化学石油工业局幼儿园保育员
葛淑华　茌平县城关公社位庄大队幼儿教师
王艳梅　临清县城镇公社光荣街教养员
李莲娣　聊城钟表厂托儿所所长
宋文英　冠县城关公社北街大队教养员
王日芹　阳谷县张秋公社北街大队幼儿教师
隋明慧　高密县夏庄公社张家庄幼儿园教师
孙素华　昌邑县龙池公社王家庄子大队幼儿园教师
刘玉英　新泰县造纸厂幼儿教师
段桂荣　东平县县直托儿所副所长
赵桂芹　肥城县湖屯公社张庄大队幼儿教师
耿梅欣　莱阳县饮食服务公司新华旅社主任
宋桂芳　潍县央子公社供销社饭店经理
杨秀兰　鱼台县饮食服务公司“三八”饭店主任
公秀兰　蒙阴县刘官公社饭店服务员
程美荣　菏泽县服务公司西关键康旅社副主任
饶曼妮　济南市服务公司清泉池修脚服务员
刘惠贤　青岛饮食服务公司建新池女池组长修脚工
邹玉凤　淄博市临淄区饭店经理
常丽华　淄博市周村服务二店理发员团支部书记
东玉喜　乳山县下初公社下草埠大队妇代会主任
郝菊花　栖霞县松岭公社吕家庄大队妇代会主任
唐寿喜　牟平县城关公社西关大队妇代会副主任
柯本兰　荣城县黎明公社福禄山大队妇代会主任

贾瑞连　莱西县朴木公社前水口大队妇代会副主任
王庆花　福山县谭家庄公社东黄山大队妇代会主任
马金珍　黄县诸由公社冶基大队妇代会主任
杜秀英　海阳县盘石公社金银崮大队妇代会主任
温丽英　黄县石良公社黄城集大队妇代会主任
吴兰花　莱阳县泉水公社
王桂兰　海阳县徐家店公社徐家店大队妇代会主任
江瑞明　文登县铺集公社泊子大队妇代会副主任
王淑华　蓬莱县刘家沟公社刘家沟大队妇代会主任
王培兰　招远县灵山公社大渚流大队妇代会主任
张彩凤　威海市崮山公社沙龙王家大队党支部副书记
邱秀婷　掖县驿道公社花园大队党支部书记
张金凤　招远县城关公社北关西大队第二生产队队长
殷秀金　文登县粈公社
赵美芳　莱西县院里公社史格庄大队社员
闫翠花　乳山县乳山寨公社寨西大队社员
王文波　掖县西由公社畜牧技术员
李淑香　栖霞县唐家泊公社北徐家庄大队保管员
王秀花　烟台市西南村公社上夼大队第一蔬菜生产队队长
姜万玉　海阳县高家公社宅家夼大队赤脚医生
孙克娟　牟平县解甲公社新天堡大队第三生产队饲养员
张文香　乳山县午极公社南庄大队代销员
张翠娥　蓬莱县村里集公社古城李家大队赤脚医生
王玉华　荣城县埠柳公社杭上大队会计
王玉花　栖霞县观里公社观里大队三八妇女养猪场场长
荣凤爱　文登县口子公社气象测报员
马道英　寿光县台头公社牛头镇大队妇代会主任
王秀荣　寿光县田柳公社田柳大队党支部副书记
梁秀英　高密县姜庄公社李仙大队社员
史孝兰　高密县大牟家公社郇李大队党支部副书记
周梦兰　益都县夹涧公社西辛大队妇代会主任
曾宪婷　临朐县七贤公社弥南大队妇代会主任

赵兰英　临朐县寺头公社石佛大队党支部副书记
辛占文　临朐县杨善公社苏家庄大队保健员
张美英　临朐县辛寨公社辛寨大队妇代会主任
苏金兰　平度县张舍公社张舍大队妇代会主任
官美花　平度县蟠桃公社乔家大队会计
齐慕荣　昌邑县龙池公社龙街大队植棉组组长
王保彦　五莲县农建兵团“三八”连指导员
马桂香　安丘县岐山公社南郎庄大队妇代会主任
高玉英　安丘县城关公社城北大队妇代会主任
董砚英　诸城县吕标公社董家埏大队妇代会主任
邱泽英　诸城县百尺河公社队戈庄大队党支部书记
张秀英　潍县双羊公社前却庄大队党支部书记
王树花　诸城县杨州公社大古岘大队妇代会主任
邢光秀　昌乐县城关公社城关大队妇代会主任
刘荫英　昌乐县高崖公社东水大队保管员
徐凤梅　诸城县栗行公社公社店子大队党支部书记
李新荣　无棣县埕口公社商河庄大队妇代会主任
马素贞　广饶县辛集公社西薛大队妇代会主任
李兆云　沾化县李家公社李雅庄大队妇代会主任
张学英　惠民县梁家公社青杨店大队妇代会副主任
步怀英　高青县磨坊公社和店大队党支部书记
王兰英　桓台县周家公社李王大队党支部副书记
郭兰英　滨县北镇公社耿家大队党支部书记
张士荣　高青县田镇公社崖西大队党支部书记
钟秀英　邹平县苑城公社毛张大队保管员
王秀叶　山东省滨县里则公社
蔡玉兰　沾化县义和公社北太平大队党支部书记
齐景美　利津县王庄公社社办编织厂厂长
穆爱兰　博兴县寨郝公社西门大队赤脚医生
王泉岭　宁津县刘营伍公社河北张东大队代销员

韩景爽　庆云县大丁公社杨庄子大队下乡知识青年
冯玉珍　禹城县安仁公社
常德兰　商河县孙集公社前庙大队党支部书记
史玉兰　临邑县田口公社史家大队支部书记
李风秀　临邑县城关公社张庙大队党支部副书记
沙会芳　平原县腰站公社塘坊大队生产队长
李秀英　齐河县付足店公社马社大队第二生产队“三八”植棉组组长
崔瑞明　庆云县东辛店公社鲁家大队生产组长
秦秀英　禹城县石屯公社沈庄大队队长
孟庆英　宁津县柴胡店公社前孔房大队妇代会主任
常玉贞　乐陵县朱集公社大常大队妇代会副主任
朱爱英　济阳县仁风公社楞子陈大队妇代会主任
张淑芳　商河县龙桑寺公社谢家大队妇代会主任
杨素华　武城县鲁权屯公社邢庄大队妇代会主任
孟庆元　武城县城关公社沙庄大队妇代会主任
刘本从　乐陵县华楼公社柳家大队妇代会主任
张秀珍　乐陵县铁营公社赵滩子大队妇代会主任
李爱荣　夏津县雷集公社古城大队妇代会主任
张建敏　庆云县大胡公社西柳行大队妇代会主任
张光英　齐河县马集公社前刘大队妇代会主任
浦呈美　高唐县张庄公社迈官屯大队妇代会主任
边春梅　冠县辛集公社柴庄大队生产队长
杨香兰　聊城县侯营公社“三八”打井队队长
郭玉芝　聊城县道口铺公社梁刘大队科研队技术员
薛连英　莘县城关公社西街大队党支部书记
林玉喜　高唐县城关公社胡庄大队党支部书记
李淑芳　东阿县刘集公社孙郭大队党支部副书记
孟兰英　茌平县王老公社小杨屯大队妇代会主任
贾广爱　莘县朝城公社刘菜园大队妇代会主任
雷明英　肥城县孙伯公社孙西大队妇代会主任

陈传美　新泰县刘杜公社岳庄管区“三八”农场场长
尹燕平　平阴县城关公社老博士大队妇代会主任
王德花　泰安县道朗公社工业办公室一般工作人员
田西英　新泰县城关公社南关大队第三生产队队长
李兰菊　莱芜县羊里公社李中荣大队科技队植保员
程继英　新泰县楼德公社杨家庄大队妇代会主任
刘广菊　泰安县粥店公社堰东大队生产大队队长
樊桂英　宁阳县堽城公社伏庙大队妇代会主任
徐庆兰　新泰县果都公社果都大队妇代会主任
董秀荣　宁阳县伏山公社伏山管区妇女主任
祝桂香　莱芜县苗山公社祝上坡大队党支部书记
李胜荣　东平县花兰店公社花兰店大队党支部副书记
石荣秀　肥城县安庄公社五祖庙大队妇代会主任
颜西荣　宁阳县合山公社泗皋敬老院院长
魏翠英　莱芜县常庄公社横顶大队党支部副书记
柳昭荣　宁阳县东述公社小屯大队饲养员
江廷兰　泰安县下港公社瓦屋头大队妇代会主任
苏相兰　新泰县天宝公社颜后大队妇代会主任
王恒凤　泰安县邱家店公社孙家庄大队党支部副书记
孙成兰　微山县微山岛公社杨材大队妇代主任
王静珍　汶山县次邱公社路楼大队妇代会主任
黄芳荣　金乡县司马公社程庙大队妇代会主任
冯传兰　泗水县泉林公社
倪念英　济宁县唐口公社刘屯大队党支部副书记
李爱英　嘉祥县火中山公社黄庆大队党支部书记
李秀荣　汶上县寅寺公社侯之门大队第三小队植棉组长
范夫香　济宁县石桥公社齐营大队第四生产队棉花专业队队长
朱承满　曲阜县陈庄公社西石桥大队下乡知识青年
李树兰　邹县高庄公社“三八”养猪场场场长
任香廷　泗水县金庄公社中峪大队饲养

员

曹执兰　济宁县李营公社南杨庄大队“三八”养猪场饲养员

刘咸元　汶上县南旺公社梁白大队第五生产队妇女队长

周庆芝　兖州县王因公社周庄大队会计

井培英　临沭县泉埠公社郑山坡大队党支部书记

刘庆兰　郯城县马头公社繁荣大队党支部书记

刘玉贵　沂水县黄山公社中朱冬大队党支部副书记

魏均喜　苍山县兰陵公社西北圩大队党支部书记

赵加兰　平邑县丰阳公社库家村大队党支部书记

窦玉芳　临沭县蛟龙公社东洋南大队党支部副书记

王桂芳　郯城县马站公社庙山东村党支部副书记

柳秀英　莒县龙山公社东涝坡大队党支部书记

孙世秀　莒南县文町公社草岭后大队党支部副书记

崔保英　郯城县小埠公社柚后大队党支部副书记

张秀菊　莒南县大店公社薛泉道口大队党支部副书记

刘清英　沂南县铜井公社仁山庄大队党支部书记

李京花　平邑县郑城公社东张庄大队妇代会主任

贺照端　日照县西湖公社马鞍大队妇代会主任

李桂芬　临沂县太平公社亭子头大队妇代会主任

张士花　沂源县东里公社蚕场大队妇代会主任

刘桂英　临沂县涑河公社庙上大队妇代会主任

吴进美　平邑县临涧公社姑村大队妇代会主任

郭瑞香　莒县陵阳公社大官庄大队妇代会主任

宋玉莲　临沂县义堂公社大义堂大队妇代会主任

杨贵彬　沂水县马站公社杨家朱江大队民兵连副连长

沈秀爱　蒙阴县城郊公社西关大队民兵副连长

王占兰　临沂县汤河公社于屋大队接生员

陈兴合　平邑县城关公社西张庄大队妇产室接生员

牟秀申　日照城关公社小莲村大队饲养员

李士英　苍山县卞庄公社代村大队“三八”养猪场场长

梅玉春　沂源县悦庄公社南营大队"三八"养猪组组长

谭永娥　沂水县官庄公社下潭家沟大队饲养员

丁兆梅　莒县小店公社脉住墩大队社员

韩传兰　平邑县卞桥公社资邱大队社员

朱连花　费县不桥公社墩头大队气象员

沈德彩　费县新庄公社东流大队拖拉机手

张国兰　临沭县岌山公社玉贺大队农科队队长

曹乐秀　苍山县层山公社山东大队保管员

郭继凤　曹县城关公社南关大队副支书

安秀玲　曹县安才楼公社榆林集大队党支部书记

张爱华　单县郭村公社吴三庙大队党支部书记

齐传玉　定陶县丰堤公社冯泮寺大队党支部书记

刘桂香　菏泽县杜庄公社付党大队党支部副书记

李庆荣　菏泽县都司公社西马垓大队副支书

王桂莲　郓城县武安公社赵庄大队党支部书记

王素娟　鄄城县黄河修防段"三八"女子吸泥船副船长

魏德民　单县李半庄公社陈娄大队朱娄生产队保管员

韩秀云　曹县青古集公社刘砦大队植棉组长

王灵芝　曹县砖庙公社荣庄大队养蚕能手

赵翠兰　巨野县营里公社店子大队第四生产队队长

辛　勤　曹县梁堤头公社苗李大队拖拉机手

石秀莲　鄄城县旧城公社屠庄大队生产队饲养员

张翠兰　菏泽县安兴公社安兴大队第七生产队饲养员

侯桂君　郓城县城关公社东关大队妇代会主任

张粉花　鄄城县黄口公社军屯大队妇代会主任

高金玉　梁山县韩岗公社韩堂大队妇代会主任

刘桂荣　成武县张楼公社兰楼大队妇代会主任

岳素梅　菏泽县小留公社前五楼大队妇代会主任

李大贵　东明县成关公社雷庄大队妇代会主任

张维喜　章丘县绣惠公社打井队副队长

周玉莲　历城县柳埠公社外石大队社员

李凤芸　章丘县向公社季家大队党支部副书记

张寒梅　章丘县文祖公社鹁鸽崖大队赤脚医生
吴凤英　历城县东郊公社五舍人大队蔬菜队队长
李春娥　历城县唐王公社唐西大队四小队养猪饲养员
陈秀珍　胶县艾山公社仲家庄大队党支部副书记
毕秀兰　胶南县海崖公社高峪大队党支部书记
杨希娥　青岛市黄岛区薛家岛公社竹岔岛大队党支部书记
王文芹　即墨县乔家屯公社远东大队党支部书记
宫云芳　即墨县城关公社大韩村大队妇代会主任
常彩云　即墨县下泊公社常黄大队妇代会主任
于爱花　青岛市崂山县红岛公社东洋大队妇代会主任
韩秀英　胶县和平公社“三八”养猪场场长
李翠芝　胶县城面公社管理大队调解主任
刘秀美　崂山县河套公社小涧东大队社员
王家英　山东省淄博书淄川区淄城公社西关一大队党支部书记
刘芬永　淄博市博山区南博山公社夏庄大队妇代会主任
徐瑞芬　山东省淄博市临淄区前孔大队党支部书记
贾圣英　淄博市张店区房镇公社中家大队党支部书记
吴秀荣　淄博市淄川区寨里公社小周大队管委会副大队长
史在真　滕县龙阳公社史村大队“三八”科研组组长
王广英　枣庄市峄城区城关公社南关大队妇代会主任
王修云　枣庄市齐村区张庄公社榆树腰大队妇代会主任
王茂英　枣庄市齐村区安城公社大辛庄大队妇代会主任
叶绍英　枣庄市薛城区常庄公社前大庄大队妇代会副主任
郭秀英　枣庄市峄城区古邵公社洛庄大队妇代会主任
刘志玲　枣庄市台儿庄区邳庄公社涛沟桥大队长妇代会主任
杜兴英　滕县山亭公社段庄大队支书
李振荣　枣庄市台儿庄区台儿庄镇公社妇联主任
张建兰　枣庄市市中区郊区公社沙河子大队副支书
李运兰　枣庄市薛城区周营公社周营三村党支部副书记
陈金荣　胜利油田采油指挥部农副业大

队副教导员

河南省

范绍玉　河南省人民医院妇产科主任
葛新爱　河南省体训班运动员
刘宗琴　河南省曲艺团演员
韩玉春　解放军一五三医院检验科
冠凤华　地质十一队三号机副机长
梅玲芬　郑州电务段南信号工区工长
范秀珍　省交通局筑路机械队仓库保管员
陈德薰　河南化学研究所
包国娟　郑州电力修配厂金加工车间工人团支部书记
彭　平　郑铁局中心医院主治医师
贺　延　三三九九〇部队医院卫生员
齐季芳　河南新乡市一三四厂设计所设计员
刘芝英　河南新乡市人民银行北街道办事处
李真华　河南省新乡市百货公司百货大楼
雷秀亭　河南省新乡市针织厂
王永霞　河南省新乡市粮食局工人街粮站
刘秀芬　河南新乡市服务公司理发总店理发员
王素珍　河南新乡市饮食公司平原路一食堂
王桂花　鹤壁市矿务局四矿
夏成英　鹤山区中山一居委会
赵桃英　鹤壁市大河涧公社盘石头大队
郭勤花　鹤壁市红卫公社李家荒大队
徐秀珍　鹤壁市山城区汤河办事处八居委会
马秀荣　鹤壁市一商局百货公司
郭爱梅　开封标准件厂
章继英　开封沙厂工人
左兰英　开封市供销社废旧公司购销站
杨　辉　开封市第二十五中学
杜雪琴　开封市第一人民医院
杨桂荣　开封市食品公司蛋禽商店
陈景娣　开封市龙亭区雨具厂工人
陆秀真　开封市古楼区电瓶车厂
司景萍　开封市郊区西郊公社主任
褚风娥　平顶山市舞钢区武功公社小柴庄大队
曹宝玲　平顶山矿务局一矿三八皮带二班
邱忠兰　平顶山市饮食服务公司中心路理发店
杨爱华　平顶山市工业局绢纺厂准织车间
冯秀敏　平顶山市第五中学
李　律　平顶山市粮食局平马路粮店
魏书敏　平顶山市郊区薛庄公社薛庄大

队

郭素兰　平顶山市新华区油灰厂厂长

孟爱莲　平顶山市卫东区马庄办事处纺麻厂

刘玉华　安阳市鼓楼东街小学教师

王　芬　安阳市豫北棉纺织厂布机车间工人

李付荣　安阳市北关区豆腐营革委会

梁桂芳　安阳市卷烟厂

赵普润　安阳市电子管厂

常素珍　安阳市东郊公社任家庄大队第四生产队

谷月娥　安阳市百货公司

李荣花　安阳市烟酒公司卫东商店

陈秀珍　焦作市红卫兵小学教师

陈宝凤　焦作市饮食服务公司

朱伯珍　焦作市公共汽车公司司机

满秀清　焦作市百货大楼

王荣芝　焦作市“三八”储蓄所

郑桂荣　焦作市陶瓷一厂

吴清可　郑州市第一机械工业部郑州机械研究所

安翠勤　郑州市百货公司二七路百货商店

夏林英　郑州市第四棉纺织厂

孙景荣　郑州市第六棉纺织厂

张玉枝　郑州卷烟厂

李良兰　郑州市舍水汽车灯具厂

张成章　郑州市第一中学

赵湍惠　郑州市中医院

程春先　郑州市第二机械工业部第五设计院

刘兰玉　郑州市曲剧团

李素琴　郑州纸袋厂

邵玉华　郑州市向阳区二里岗办事处

吕香兰　郑州市废油加工厂

邢　影　郑州市中原区委

马春芳　郑州郊区古荥公社

焦淑芬　郑州市服务公司上街商店

阴淑俊　郑州市二七区解放路办事处

薛培芝　郑州市金水区花园路办事处

李瑞荣　郑州市金水区纬三路小学

罗月英　郑州郊区农业局

张素卿　郑州市饮食公司

秦桂花　荥阳县广武公社广武大队

许瑞香　洛阳市轴承厂精密车间

黄自珍　洛阳市机车工厂

王秀芳　洛阳郊区兴隆寨大队

于春霞　洛阳市二商局饮食公司

陈秀英　洛阳市一商局纱厂路煤店

张爱珍　洛阳市建筑机械厂一金工车间

孙秀兰　洛阳市拖拉机制造厂有色分厂铸铁车间

郭静民　洛阳市轴承研究所

李秋娥　洛阳市六一二研究所六室光学零件冷加工组

吴秋静　洛阳涧西区安徽路小学

马麦叶　洛阳瀍河区东关办事处东关大

街居委会
王玉芹　洛阳玻璃厂
武俊言　洛阳涧西区长春路办事处
高丽云　洛阳炼油设计院
虎小白　洛阳沙厂准备车间
杨秀英　洛阳郊区古城公社搓里大队
安嘉云　洛阳市矿山一金工车间
郑明兰　洛阳市铜加工厂二车间
蒋湘宁　洛阳市体育运动委员会田径教练员
王丽珍　三三七四〇部队医院
胡世萍　洛阳市耐火研究所
赵桂荣　许昌第二内燃机配件厂工会副主席
姚德廉　许昌市第一人民医院内科医生
尚凤仙　许昌市郊区南关大队党支部副书记
罗淑兰　许昌地区地直烟厂一车间值班长
张宪荣　民权县北关公社党委副书记
王秀荣　民权县绿州宾馆主任
何振花　民权县人和公社金狮大队妇代会主任
张荣礼　商丘宁陵柳河公社张堂大队副书记
冯玉荣　商丘宁陵阳一公社妇联主任
范芝秀　商丘宁陵县五金交电公司营业员
刘保芯　商丘市民主路一校教师
乔福连　商丘市反修粮店营业员
毕秀兰　兰考县爪营公社一大队妇代会主任
薛小梅　兰考县三仪寨公社党委副书记
徐俊雅　兰考县计委主任
马育丽　兰考县城关镇北街小学校长
李玉莲　虞城县赵庄大队民兵班副班长
张凤英　虞城县大侯公社生产队植棉组组长
张梅青　虞城县农修厂保管员
李玉兰　睢县西郊公社李庄大队拖拉机手
汤其荣　睢县胡堂公社胡堂学校教师
杨素兰　睢县西陵公社北大队育红班幼师
杨翠平　商丘夏邑郭店杨娄大队杨娄队养蚕组长
黄素梅　商丘夏邑县五七小学教师
潘秀兰　商丘县刘口公社中陈大队会计
何芳兰　民权县林七公社林七大队纺织厂厂长
侯秀英　鹿邑县五皮留公社范桥大队妇代主任
卢秀玲　鹿邑县玄武公社卫生院妇产科医生
彭素华　郸城县白马公社连庄大队
杨秀兰　郸城县宁平公社刘竹园大队
闫学兰　郸城县农业局
鲁桂兰　郸城县孙庄大队卫生室

刘秀英　周口镇北郊公社黄庄大队妇代会主任
杜秀荣　周口镇交通局小火车站装卸队三八排排长
卢秀英　鹿邑县城郊公社任庄大队
孙秀芝　鹿邑县城关镇北关小学
王红梅　太康县龙曲公社河坡大队第七生产队幼教
李桂臻　周口五二农场
陈西荣　商水县食品公司仓库
张清兰　商水县练集公社杨庄大队第四生产队
李桂兰　淮阳县安岭公社李庄大队党支部副书记
王洪真　淮阳县五店公社李集大队妇代主任
赵桂兰　周口地区汽车站钳工
金凤英　太康常营黄集大队
王慧敏　太康县老冢公社李屯大队第一队
金菊妮　扶沟县古城公社海岗大队
梁秀荣　扶沟县大李庄公社
李秀真　国营黄泛区农场妇联副主任
翠俊兰　国营黄泛区农场六分场
申凤梅　周口地区越调剧团
李风云　沈丘县刘庄店公社郜寨大队
张喜英　沈丘县邮电局
王兰荣　沈丘县新安集公社雀寨大队
苗桂兰　淮阳百货公司红旗楼交电柜组营业员
韩树梅　淮阳临才公社常楼第六生产队政治队长
李玉荣　项城县水寨镇塑料厂副主任
袁伶兰　项城县高寿公社刁营大队支部书记
吴秀莲　西华县逍遥公社南仓大队
刘爱美　西华县化肥厂
杨爱萍　周口地区医院内科
孟祥真　周口镇沙北区太平居委会街代表
马秀荣　扶沟县城关镇红旗小学副校长
杨桂珍　项城县妇幼保健站站长
王素兰　商水县城关公社红旗大队第七生产队
童　动　商水县舒庄公社杨集大队
陈广兰　杞县苏禾公社毛岗大队三队饲养员
徐素莲　杞县阳堌公社白塔学校小学教师
钟良芬　杞县沙沃公社沙北大队幼儿教师
秦克英　杞县宋店公社宋店大队二队社员
牛小娥　密县曲梁公社蒋坡大队妇代会主任
周秀荣　密县超化公社妇联会主任
常淑琴　密县米材公社米村大队党支部书记

李莲芝　中牟县大孟公社芦岗大队社员
董海松　中牟县仓寨公社妇联主任
王守荣　中牟县万滩公社娄庄大队社员
曹国兰　通许县玉皇庙公社坤三大队妇代主任
杜桂荣　通许县孙营公社妇联主任
于吉莲　通许县竖岗公社李庆大队党支部书记
王玉真　开封县陈留公社
石廷兰　开封县朱仙镇公社河东大队党支部书记
张翠英　巩县回郭镇公社于沟小学教师
刘秋芬　巩县回郭镇公社马口大队妇代主任
李爱勤　巩县孝义公社孝南大队十三队队长
张二英　巩县小关公社口头大队十三队队长
王梅荣　登封县新登煤矿工人
胡桂兰　登封县大冶公社弋弯大队妇代会委员民兵副营长
王彩琴　新郑县薛店公社医药门市部营业员
祝改焕　新郑县梨河公社岗李大队农科站技术员
赵秀鸾　新郑县观音寺公社党支副书记妇联会主任
高瑞兰　新郑县辛店公社北街楼大队妇女主任
张苗云　新郑县卷烟厂工人
陶立梅　尉氏县外贸公司草编技术员
陈秀莲　尉氏县张市公社王老大队第一队饲养员
姚喜梅　尉氏县朱曲公社史井大队第八队植棉技术员
耿秀菊　开封县杜良公社刘井寨大队妇女主任
万淑英　开封县卫校附属医院妇产科主治医师
吉东巧　开封地委机要科机要员
李先勤　安阳县磊口公社西店大队
冯素芝　浚县善堂公社贾胡庄大队
张秀英　安阳县吕村公社
李荣华　安阳县吕村公社西洋凡大队
靳秋花　安阳县安丰公社靳家屯大队
高爱省　清丰县大流公社后大流大队
李素芹　汤阴县服务公司理发员
张金荣　汤阴县宜沟公社芦胜大队幼儿园
李风新　内黄县二安公社前滑固大队
赵丁兰　内黄县六村公社刘形固大队
刘玉风　内黄县东庄公社吴村大队
孙玫香　内黄县石盘屯公社赵固大队
王金梅　滑县造纸厂选纸车间
许连梅　浚县区桥公社连清大队
胡盼喜　淅阳县新习公社新习大队科研组
张香连　淅阳县柳屯公社里信大队队长

路相菊　林县合涧公社小屯大队
李贵芹　林县百货公司
王玉清　湫阳县郎仲公社
王秀菊　湫阳县鲁河公社贾庄大队
张先菊　湫阳县户部台公社户部台大队北街姑娘队
贾秀平　范县羊二庄公社贾石大队
范和君　淇县第一原种厂
韩秀英　长垣县张台公社王堤大队“三八”科研站
陈素梅　范县辛庄公社吴庄大队
金文兰　范县湫城公社北街大队
吴月春　台前县打渔陈公社打渔陈大队
石书竹　林县石板岩公社西乡坪大队黑龙生产队
王风英　滑县慈周寨公社尹庄大队
郭玉梅　滑县老店公社常南大队
吴风栖　南乐县城关公社武环固大队
王敬钗　南乐县近德固公社王村大队
孙素勤　南乐县立村公社元村大队
闫素勤　长垣县城关公社南关大队
于素娥　清丰县汽车站
李梅竹　长垣县武邱公社
赵瑞丽　滑县瓦岗公社邓庄大队
周淑琴　安阳县王宁公社朝冠大队
王秀莲　安阳地区冷冻厂宰猪车间
裴桂英　淇县北阳公社
刘　妙　襄城县丁营公社雀庄大队烟叶技术员
冯　勉　襄城县丁营公社冯庄大队党支部副书记
郑玉枝　叶县任店公社辉岭大队第五队生产队长
张玉仙　叶县辛店公社雷草湾大队小队饲养员
曹桂五　郾城县第一化肥厂妇女主任
岳秀荣　叶县旧县公社双庄大队卫生员
张桂敏　鲁山县背孜供销社旅社服务员
安淑敏　鲁山县苳村公社乔店大队半截楼生产队队长
于秀珍　许昌县苏桥公社双李大队支部书记
王金兰　许昌县尚集公社大队保育员
张秀英　许昌县桂村公社水道扬大队妇女主任
杨　云　宝丰县化肥厂工人
申秀玲　宝丰县闹店公社闹店大队妇代会主任
祝玉梅　襄城县服务公司“三八”理发店
梁芙花　中共郏县安良公社委员会
王喜献　郏县轴承厂
郭春香　禹县梁北公社郭村大队
张套妮　禹县郭连公社太和大队
张荣花　禹县无梁公社苳庄大队
朱德贤　禹县人民医院
马玉兰　鲁山县商业局医药公司“三八”药店

张保花　长葛县和尚桥公社和尚桥大队第三生产队
赵玉芝　长葛县坡胡公社孟排大队第十二生产队
王玉兰　长葛县和尚桥公社赵庄大队第四生产队
武秀梅　临颍县石桥公社方庄大队
龚志民　临颍县瓦店公社龚庄大队
郭月勤　临颍县杜曲公社王风楼大队
南桂花　舞阳县城关镇敬老院
毛风英　舞阳县城关公社潘齐大队育红班
徐　妮　漯河市老街办事处老街居委会
罗秀兰　漯河市人民银行
徐利宁　中国人民解放军三三六一〇部队医院
沈改花　郾城县高桥公社粮种场
田　鲜　郾城县裴城公社大张大队
崔玉美　鄢陵县马栏公社苗圃场
马桂荣　方城县清河公社王营大队第七生产队
张月芝　方城县卜望公社妇联会
余国荣　唐河县昝岗公社副主任
郝淑敏　唐河县妇联会主任
杜贵甫　唐河县昝岗公社闽营大队小学民办教师
李廷珍　唐河县桐河公社李营大队本村大队护林员
隋丰山　唐河县城郊公社刘庄大队北郭湾村二队
吴秀专　南阳地区邓县赵集公社赵马大队
衡连英　邓县桑庄公社陈堂大队第十二生产队
翁秀珍　邓县文渠公社
王莲英　桐柏县固县公社供销社
杨玉荣　桐柏县平氏公社向东大队花庄生产队
李亚兰　33760部队医院
谢慧明　省东风机械厂工程师
李玉荣　南阳地区公路运输公司汽车站
杜兰茹　西峡县五里桥公社大桥沟大队妇代会主任
王风各　西峡县丹水公社青龙庙大队妇代会主任
王胜云　邓县张村公社路庄大队妇代会主任
韩小改　南阳地区城关公社东关大队
邹子勤　南阳地区新店公社张庄大队
樊建梅　新野县奕集公社奕集大队
陈爱月　内乡县夏馆公社食品经营处
张秀荣　内乡县赵店公社申营大队城角生产队
王万云　南台县四棵树公社
郭秀云　淅川县上集公社西湾大队
郑章梅　淅川县滔河公社上寨大队
罗彦风　淅川县副食品加工厂
乔新改　镇平县丝织厂

杨跃敏　镇平县柳泉铺公社大湖大队
宁桂芝　南阳县潦河公社刘营大队
华秀芝　南阳县青华公社华砦大队
朱云兰　南阳棉纺织厂
王建英　南阳县石桥公社二大队
王爱荣　南阳市医药公司工农药店
陈宜家　南阳市十五小学校教师
胡晓爱　南阳市环城公社西关大队第二生产队
王英风　南阳市新华公社新兴幼儿园
郭秀连　社旗县城郊公社河南街大队
粟炳珍　社旗县饮食服务公司修脚门市部
刘玉琴　方城县杨集公社龙庄大队
任桂荣　方城县五七公社王校大队
何五莲　信阳市向阳草绳厂厂长
田宝珠　信阳市东风医院妇产科医生
黄伯授　信阳市无线电厂技术员
吕正清　信阳县五里公社凤台大队庙前生产队社员
罗文芝　信阳县肖店公社刘台大队妇女主任
李国秀　信阳县东双河公社周庙大队第九生产队队长
胡开秀　罗山县青山公社陈洼大队卫生室赤脚医生
闫正兰　罗山县高店公社三合大队大何坊生产队妇女队长
阮秀萍　罗山县床单厂工人
陈世荣　信阳县长台公社甘岸大队胡角生产队党支部副书记
李开秀　罗山县涩港公社涩港大队耕牛饲养员
陈　瑞　潢川县种子公司技术员
张树芝　潢川县人民医院医生
杨永珍　商城县双十公社黄大岗大队南竹园生产队饲养员
彭仁英　商城县汪桥公社曹畈大队吴衾生产队队长
刘光荣　商城县上石桥公社回龙大队何岗小队妇女队长
杨金芝　光山县十里庙公社十里大队妇联副主任
黄德华　光山县服务公司副书记
申其芳　淮滨县淮滨第一理发店职工
筒玉新　淮滨县赵集公社筒楼大队妇代会主任
王口林　淮滨县赵集公社妇联会主任
韩光莲　新县泗店公社光头山林场“三八”女子分场场长
胡成红　新县商业局副食品公司营业员
骆定英　新县代咀公社代咀大队妇联主任
汪兰英　息县关店公社胡庄大队刘小庄生产队队长
贾秀英　息县张陶公社鲁林大队陈小庄生产队社员
龚秀莲　城关“三八”粮店负责人

王金秀　信阳地区粮油食品进出口公司职工
赵玉莲　信阳地区农科所技术员
张秀云　信阳师范附属学校教师
胡洪银　固始县泉河公社石庙大队丁坎小队
褚利萍　固始县麻纺厂
朱德兰　信阳地区段集供销社旅社服务员
张青阳　固始县泉河公社农林场大队妇代会主任
徐承风　固始县力集公社南园大队十三生产队社员
朱纪英　固始县陈淋公社土门岭大队支书
任金花　临汝县杨楼公社黎良大队
王梅英　临汝县大峪公社龙王大队林业队
冯花智　洛阳地区陆浑灌区机械工程队汽车队
杨瑞香　河南省中新机械厂三车间
屈春巧　陕县观音堂公社七里大队
崔西凤　陕县东风公社崔家大队幼儿园
常松芬　偃师县南蔡庄公社香峪大队幼儿园教师
田水霞　偃师县寇店公社坝沟大队妇代会
申翠灵　嵩县白河公社大清大队妇代会主任
秦顺粉　嵩县城关公社北街大队妇代会主任
康玉团　伊川县明高公社元东大队
高秀花　洛阳地区梨园煤矿赵庄矿井
孙慕莲　宜阳县城关镇公社中大队第八生产队
解密亭　灵宝县焦村公社帆布厂
崔如兰　伊川县白元公社白元大队
刘变香　伊川县各庄公社黄庄大队
程秋芬　新安县铁门公社薛村大队
魏　欠　嵩县饭坡公社泥河大队
范素朋　洛阳地区豫西机床厂工具车间
王爱芝　洛阳地区果品公司
任崇暄　三门峡市第一小学教师
彭改华　三门峡市纺织厂器材厂“五七”工厂
李　林　偃师县县医院妇产科
闫玉明　洛阳地区人民医院中医科
翟素爱　宜阳县城关公社马庄大队
乔　婷　宜阳县赵堡公社西赵大队党副支书
董秀梅　卢氏县官坡公社西川大队
程风荣　卢氏县火炎公社江渠大队党支部书记
杜佩芳　临汝县纸坊公社赵庄大队
陈　珍　临汝县尚庄公社妇联干部
李玉娥　汝阳县新华书店
王秀英　栾川县赤土店大队党支部书记
王爱桂　洛阳地区运输公司八队车间电

工组
马　群　洛宁县上戈大队
赵团英　孟津县白合公社白合大队妇代主任
姚旺英　渑池县英浩公社牛王岭大队党支部书记
王志芳　新安县磁涧公社龙彰大队
李　相　新安县城关公社上河大队
符英琴　灵宝县程村公社营田一队
贾俊兰　灵宝县涧口公社涧口大队幼儿教师
李秀英　陕县倪村公社妇联主任
虞素琴　驻马店地区人民医院妇产科
刘翠兰　驻马店地区内衣厂
王秀英　驻马店地区土产公司三仓库
朱秀珍　驻马店地区烟厂
徐秀华　确山县普会寺公社医院
张小宇　确山县朱古洞公社王道庙大队
石秀莲　西平县百货公司十字街大楼纺织组
屈学红　33580部队坦克第十一师电影队
钱保芳　上蔡县一工局丝织厂
王俊芝　上蔡县黄埠公社八一大队第一生产队
刘爱华　上蔡县城郊公社
姚福勤　驻马店镇五一公社五七大队
庞世荣　驻马店镇烟酒公司第二门市部
王素真　驻马店镇第五小学
吴树兰　新蔡县孙昌公社大吴庄大队第三生产队
杨翠兰　新蔡县练村公社日湾大队后王湾生产队
张秀芝　新蔡县砖店公社大宋庄大队
董素真　新蔡县城关镇和平街小学
李新平　遂平县嵖山公社长韩大队三八茶场
李风兰　平舆县平玉公社王堂大队
陈妹莲　遂平县玉山公社玉山大队
沈美兰　遂平城关小学
余登荣　正阳县寒冻公社陈砦大队
张同秀　正阳县麻纺厂
张素琴　驻马店第四机械工业部一〇二七研究所
陈全智　汝南县三小教师
白玉兰　汝南县红光公社红光大队大石庄敬老院
郝秀英　汝南县饮食服务公司三食党门市部
郭素勤　39720部队卫生队
张　风　确山县城郊公社刘庄大队上王庄生产队
张国琴　泌阳县城关粮食供应站
王秀章　泌阳县城关粮食供应站
吴风莲　西平县师灵公社朱庄大队第四生产队
吕七妮　西平县五沟营公社回曲赵大队第二生产队

闫克英　平舆县城关三小
冯爱枝　平舆县辛店公社冯砦大队
范汝珍　温县百货公司二楼营业员
黄连群　温县黄庄公社南韩村大队小学教师
凡桂荣　封丘县居厢公社河东大队妇代会主任
陈玉兰　封丘县印刷厂装订车间工人
秦海莲　博爱县县妇联会主任
张春花　博爱县上庄公社上庄大队社员
李敬兰　获嘉县史庄公社大清大队民办教师
高子玉　获嘉县中和公社东街大队妇代会主任
任玉娥　延津县小店公社妇联会主任
虞广英　延津县丰庄公社丰庄大队妇代会主任
吴效英　武陟县二铺营公社西子庄大队第二生产队队长
朱兰英　武陟县北郭公社解封大队
丁福荣　新乡县大召营公社大召营大队妇代会主任
刘志华　新乡县小冀公社小冀一大队第五生产队长
李雅珍　新乡地区印刷厂工会干部
田贞吾　新乡地区百货站批发部副主任
樊崇英　济源县辛庄公社莲东大队妇代会主任
赵素清　济源县城关公社碑子大队妇代会主任
工　帆　孟县城关第一完小
李玉荣　孟县岳师大队第六生产队
李清芳　汲县服务公司
孟长英　汲县大池山公社花园大队
万子荣　辉县梁村公社路固大队
张梅芬　原阳县阳阿公社苳庄大队
赵凤琴　原阳县师寨公社赵庄大队
侯聚凤　原阳县百货公司
李　萍　修武县方庄公社王窑大队
段玉梅　修武县城关公社小梁庄大队
张子清　济源县轵城公社河口大队
刘桂青　辉县制药厂
李　青　沁阳县西向镇五大队
张获芝　沁阳县崇义公社
王自英　辉县赵固公社下官场大队妇代会主任
杜秀云　商丘县双八公社妇联主任
齐志芳　商丘县毛堌堆公社北街大队第四生产队政治队长
潘秀英　商丘县内衣厂工人
王凌华　永城县医院再障科护士长
蒋桂云　商丘顺和公社合作医疗妇幼保健站助产员
张素华　永城县虞岭公社谢酒店大队党支部书记
李淑秀　永城县总工会副主任
杨免秀　柘城县丝织厂抽丝车间组长
张淑粉　柘城县马集公社妇联副主任

胡风芝　柘城县皇集公社皇集大队妇代主任

陈贵芝　柘城尚寨公社刘楼大队刘楼生产队长

湖北省

王树珍　宜城县针织厂党支书

张桂兰　宜城县讴乐公社讴乐大队

丁冬香　宜城县板桥公社妇联主任

贾清莲　保康县歇马公社简槽大队妇联主任

胡明秀　保康县马桥公社金斗大队第一生产队生产队长

周家菊　保康县欧店公社长岭大队四队民办教师

滕桂花　光化县孟楼公社团结大队妇代会副主任

郑华光　光化县赵岗公社永固大队林场

汪爱枝　光化县豫剧团副书记

刘运芝　枣阳县杨垱公社马庄大队

方安凤　枣阳县兴隆公社幸福大队党支部副书记

彭学英　枣阳县平林公社苏淮一大队妇代会主任

刘华兰　枣阳县服务公司服务员

郑隆慧　枣阳县第一中学教师

郭世英　南漳县薛坪公社洛浴管理区经营大队一小队社员

刘万香　南漳县沐浴公社农科所科研组长

王厚香　南漳县九集公社丁集管理区三大队铁姑娘班副班长

李顺祝　南漳县李庙公社庄庙管理区美满大队

邵菊娃　襄阳县双沟公社郑张营大队支部副书记

李荣英　襄阳县竹条公社胡巷大队

陈德清　襄阳县东津公社营口大队小学教师

杨宗珍　襄阳县中药材公司加工员

陈桂英　襄阳县太平公社徐堤管理区丰收大队妇代会主任

水有荣　襄阳县张湾公社粮管所“三八”粮店

李锦英　襄阳县地区商业幼儿园司机

刘正翠　湖北省国营清河农场三分场十四队会计

余动珍　襄阳地区电力局变电工区茨河变电站

汪秀兰　随县尚市公社星荣大队党支部书记

黄广仙　随县高城公社三大队一生产队妇女队长

喻帮英　随县广家公社光一大队妇代会主任

赵光珍　随县城郊公社友爱大队一生产

队植棉组长
魏玉芳　随县均川公社幸福大队党支部副书记
周廷英　随县厉山公社首义大队妇代会主任
常玉萍　谷城县城关镇乐园“三八”双代店组长
李印阁　谷城县城关镇第一小学教员
刘兴菊　谷城县石花镇平川大队党支部书记
刘爱云　襄樊市十二电容器厂党支部书记
毛明珍　襄樊市襄江旅社副经理
王宝华　湖北省衣梦棉纺织厂细沙车间运转丙班
胡琴香　应城县杨河公社刘堤大队新法接生员
尹金秀　应城县红旗公社国光大队第二生产队
陈桂芳　应城县黄滩公社“三八”大队党支部副书记
谭会君　汉川县饮食服务公司人民旅社
李巧云　汉川县分水公社胜利大队一生产队
姚翠美　汉川县梁织厂织造车间主任
李玉兰　汉川县人和公社党委副书记
喻云巧　汉川县脉旺镇日用制品厂
危淑萍　大悟县副食品公司加工厂
高书珍　大悟县夏店公社朝阳大队
戴礼清　大悟县河口公社河口大队第八生产队现金保管
潘胜华　大悟县东新公社新岗大队第八生产队队长
晏桃香　孝感县明兴公社和平二大队党支部副书记
王自云　孝感县卧龙公社妇联主任
陈淑珍　孝感县二中教师
万兰风　孝感县陡岗公社胜利大队
李旭清　孝感县小悟公社七里大队第十生产队幼师
程静文　黄陂县城关幼儿园教养员
魏望香　黄陂县枹桐卫生院保健医生
袁贤英　黄陂县横店公社东升大队支部副书记
陈文芳　黄陂县姚集公社新建大队妇代会主任
夏银娥　黄陂县鲁昌公社民权大队妇代会主任
程敦英　应山县蔡何公社中心大队三生产队会计
栾静彦　应山县三里河按摩疗法研究所代理所长
李淑芳　应山县城关镇服装厂职工
吴献清　应山县陈巷公社李岗大队妇代会主任
周荣花　应山县瓷厂成型车间二班班长
汪桂兰　安陆县供销社生资公司保管员
华惠珍　安陆县淞水公社妇联主任

江永芝　安陆县术梓公社江河大队四生产队农技员
闵菊英　安陆县城关镇环卫所工人
徐慈子　云梦县道桥公社先锋大队第三生产队
杨春凤　云梦县新店公社供销社旅社服务员
陈运梅　云梦县沙河公社拖拉机站拖拉机手
龚云程　孝感地区农业科学实验所副所长
许素珍　宜昌棉纺织厂细沙车间挡车工
刘自铮　宜昌市一中副教导主任
高炳珍　宜昌县工农兵饭店服务员
刘宗英　宜昌县分乡公社军田坝大队六生产队
邹学英　宜昌县务渡河公社务渡河小学教师
曹代英　宜昌县张家场公社
袁世珍　宜都县五眼泉公社荷叶大队四生产队队长
杨型琳　宜都县饮食服务公司人民旅社主任
曹发秀　宜都县红花套公社新华大队七生产队妇女队长
邹发秀　枝江县白洋公社建新五队“十大妈”战斗组组长
易礼英　枝江县安福寺公社五金大队妇女主任
徐洪兰　枝江县江口沿江旅社公司副经理党支部书记
王圣珍　枝江县新场公社青春六队科研组组长
姚相秀　当阳县双莲公社一大队
张丛英　当阳县两河公社群丰一队战斗组组长
马祖秀　当阳县慈屯公社群华四队生产队长
郭启秀　远安县河口公社
薛永香　远安县旧县公社台子大队妇代会主任
唐运凤　兴山县南阳公社“红色娘子军”基建连连长
刘立秀　兴山县高桥公社兽医站兽医
王家圣　秭归县城关小学教师
陶友秀　秭归县苇坪公社胜利大队
谭志秀　秭归县两河公社新建管理区总支书记
李世俊　长阳县磨市公社白果园大队
李培桃　长阳县津洋口公社桃坪大队双代店营业员
张庭慧　长阳县都镇湾黄草坪小学民办教师
覃孔菊　五峰县牛庄公社沙河大队
李小莉　宜昌地区农机厂班长
李文青　宜昌地区土产公司
何大秀　宜昌医学专科学校教务处副主任

张三桃　咸宁县食品公司中心栏主任
王二妈　咸宁县大桥公社双碑大队“三八”茶场
李元英　鄂城县沙戈公社沙窝大队一小队饲养员
王俊华　鄂城县人民医院主治医师
丁修娥　鄂城县汀祖公社革委会公社妇联主任
杨秋芬　鄂城县花湖公社农机厂
舒细旺　阳新县龙港公社坝上大队六队妇女队长
兰爱珍　阳新县大王公社港东大队幼儿班幼师
刘青香　阳新县枫林公社下庄大队泉岗生产队社员
王文珠　通山县农机厂油漆工人
阮云贵　通山县官塘公社鲁页大队妇代会主任
陈碧桃　崇阳县大桥公社香山大队四生产队队长
高珍玉　崇阳县白霓公社后溪大队妇代会
杨望连　通城县妇女联合会县委委员县妇联主任
谢桃仙　通城县东冲公社内冲大队妇代会主任
任秀云　通城县供销社日杂公司营业员
刘合意　蒲圻县妇女联合会
冯菊志　蒲圻县印刷厂县妇联委员工人
周福珍　蒲圻县益阳公社光明大队二队
李金娥　嘉鱼县四邑公社骨洲农场
陈水凤　嘉鱼县国营头墩农场
刘　瑛　咸宁地区温泉小学
邱农萍　咸宁地区赵李桥茶厂仓库车间原料二班班长
姚均霞　蒲圻纺织总厂东风纺织厂六车间工人
胡长秀　黄冈县回城镇“三八”电器厂工人
王月英　黄冈县回龙公社罗家嘴大队
熊枝姣　黄冈县贾庙公社胡家山大队一生产队
孙莲香　黄冈县淋山河公社凤凰大队
李春秀　新洲县联合公社肖桥大队畜牧厂厂长
童桂元　新洲县人民医院洗衣员
彭姣荣　新洲县和平公社许岗大队六生产队队长
杨惠珍　新洲县方杨公社方院大队党支部副书记
李青莲　新洲县风皇公社余寨大队妇代会主任
刘星叶　新洲县包埠公社杨裴管理区妇联主任
石足荣　红安县七里坪公社长辛店大队一生产队社员
王金桃　红安县觅儿公社红胜大队生产队队长

李桂英　红安县高桥公社高店一大队三小队饲养员
李天华　红安县丰岗公社全乐大队妇代会主任
涂顺兴　麻城县宋埠公社彭沾大队贫协主任
肖引丹　麻城县龟山茶场养蚕辅导员
鲁淑忠　麻城县百果公社百果镇小学教师
郭莉亚　麻城县中一公社顶长岗大队
朱秀荣　麻城县宋埠供销社歧亭大众食堂服务员
李翠莲　麻城县宋埠镇街道综合厂厂长
熊桂枝　浠水县印刷厂装订车间工人
汪菊涛　浠水县汪岗公社妇联副主任
李玉珍　浠水县芽河公社先锋大队书记
陈木莲　浠水县松山公社江堰大队十四队妇女队长
郑玉丝　浠水县策湖公社团中大队妇代会副主任
林淑英　罗田县平湖公社东冲畈大队党支部副书记
郭春明　罗田县缫丝厂缫丝车间
蔡文芳　罗田县三里桥公社河东街大队党支部副书记
徐玉英　英山县杨柳公社土门河四大队妇代会主任
付毅英　英山县邮电局副局长
王湘琳　黄冈地区幼儿园保管员
陈其黄　蕲春县檀林公社楼花大队妇代会主任
李风琴　蕲春县刘河公社花园港大队妇代会主任
骆金叶　蕲春县狮子公社妇联主任
邱月姣　蕲春县麻纺厂副厂长
伍英霞　蕲春人民医院妇科主任
程凡华　黄梅县停前公社三渠大队妇代会主任
柯贵弟　黄梅县土桥公社杉木大队六生产队
赵新兰　黄梅县孔垅公社孔东大队八生产队妇女队长
吴慧娟　黄梅县城关镇小学党支部书记
邢艳娥　黄梅县孔垅镇东风服装厂“三八”班班长
麦汉菊　广济县花桥供销社营业员
刘冬容　广济县横岗公社荷叶林大队妇代会主任
李翠容　广济县龙坪公社朝阳大队上李得生产队铁姑娘队组长
张子香　建始县五星公社妇联主任
付永芝　建始县红岩公社长安大队书记
宋正凤　巴东县饮食服务公司工农兵旅社主任
谭菊秀　巴东县清太坪人民公社高宗村大队一生产队社员
李其寿　巴东县楠木园公社盘溪槽大队第七生产队队长

田梅英　宣恩县大竹坪药材场饲养员
袁小红　宣恩县椒元公社凉风大队二队生产队长
周雪梅　恩施县大山顶石板水小学教师
邱玉莲　恩施县装卸公司装卸工
刘桃云　恩施县大集公社农科站兽医
刘正枚　恩施地区利川县城关镇一小学教师
周术祥　恩施利川县服务公司服务员
谭立秀　恩施地区利川县大塘公社畜牧兽医站
牟伦凡　恩施地区利川县马前公社明星大队妇代会主任
郭泽兰　宣恩县城关镇小学教师
宋晓云　恩施县沐抚公社高台大队第三生产队
李芙蓉　来凤县革勒公社太坪大队妇代会主任
田士梅　来凤县化肥厂工人
曾素枚　咸丰县茶园公社联升大队茶厂厂长
向桑荣　咸丰县忠堡公社明星大队第十三生产队队长
向沛清　咸丰县黄金洞公社继红大队妇代会主任
刘巧月　鹤峰县五里客栈经理
滕守秋　鹤峰县走马公社拖拉机站拖拉机手
王爱京　国营七一一厂保育员
邹远银　江陵县马山公社马兰大队
童寿珍　江陵县城关镇荆城大队大队长
伍明秀　江陵县李埠公社白龙大队三小队幼师
曹素梅　江陵县副食品公司花台门市部组长
辛志英　松滋县涴市公社东风大队党支部书记
杨永珍　松滋县陈店公社团山大队妇代会主任
赵吉玉　松滋县新江口镇街道办事处第五居委会
刘家琼　松滋县刘家场镇园艺大队赤脚兽医
刘学玉　松滋县八宝公社新棉农科所试验队
徐选凤　公安县金狮公社
刘光良　公安县胡厂公社双仁大队第六生产队队长
何春桂　公安县杨厂公社卫生院护士
周定秀　公安县东港公社清江大队妇女大队长
鲁池元　公安县玉湖公社红光大队第五生产队棉花姑娘组长
徐修民　石首县四新公社永红大队支部副书记
旮菊秀　石首县大垸公社黄明大队妇代会主任
赵钦枝　监利县汪桥公社卫生院妇幼保

健医生
朱万香　监利县朱河公社赵祠大队妇代会主任
谢晓华　监利县白螺公社龚塘大队六生产队幼师
汤冬香　监利县汴河公社郑拐大队
胡腊枝　监利县尺八公社党委副书记
甄长英　监利县毛市公社海螺大队四生产队妇女队长
李爱辉　监利县福田公社妇联主任
夏志安　洪湖县曹市公社向红大队农科所所长
孙玉珍　洪湖县燕窝公社边洲大队副书记
吴姣芝　洪湖县黄家口公社岗塔大队棉花姑娘
冯明定　洪湖县印刷厂机印工人
马想枝　天门县黄潭公社新华大队妇女大队长
伍美珍　天门县小庙公社灯塔一队科研组长
刘银枝　天门县杨林公社聂范大队妇女大队长
石银枝　天门县九真公社石场三队小队妇女队长
刘秀清　天门县干一公社蒋场大队妇女队长
祝宝珠　天门县张港采购站职工
唐良珍　沔阳县陈场公社东升大队三生产队
许德英　沔阳县五咀小学校长
刘金枝　沔阳县长埫口公社红伟大队党支部书记
闵新桂　沔阳县郭河公社经纬大队
许新姣　沔阳县西流河公社赵河大队三生产队
黄冬琼　沔阳县仙桃镇制药厂车间主任
李秀苗　钟祥县妇联主任
康兰英　钟祥县罗集公社曙光大队党支部书记
刘学芬　钟祥县冷水公社妇联主任
李安香　钟祥县客店公社天堂大队兽医
杜呈鸾　京山县实验小学教师
谢传玉　京山县三阳公社黄家大队妇代会主任
江子风　京山县孙桥公社新生大队小队队长
聂光美　荆门县官场公社五星大队支部书记
蔡志英　荆门县城关公社建设大队二生产队
曾凡香　荆门县盐池公社北河水库工地刘胡兰石匠队副队长
骆应秀　荆门县后港公社妇联主任
周登尧　荆门县拾桥公社新边学校副校长
龚桃珍　潜江县三江防治组妇幼保健员
杨礼金　潜江县浩口公社洪宋管理区妇

联主任

马元英　潜江县彩农公社团结大队三小队

吴沅芳　潜江县老新公社供销社组长

郭启珍　荆州地区结核病防治院护士长

陈聂秀　湖北省水文地质大队五七棉絮厂党支部书记

刘采云　石首县新厂公社合光大队社员

叶德兰　荆门气象站预报员

李世英　沙市床单一厂工人

魏明玉　沙市市红卫公社先锋居委会纸盒加工厂负责人

刘恒佩　沙市市工农兵学校幼儿园园主任

罗天兰　天门县黄潭公社团结大队党支部书记

邓道航　武汉市工艺雕刻厂

赵秋玲　武汉布鞋厂工人

李竹蓴　武汉市无线电研究所工程师

杜民莲　武汉市第一住宅修建公司八施工队工人

李汉梅　武汉市人民汽车公司四场司机

祁春林　武汉市邮政局武昌区局投递员

盛淑芬　中国人民解放军第三五〇六工厂工人

龙蓉芳　武汉市中心百货商店副经理

袁　哨　武汉肉联厂工程师

代静平　武汉市交通局医生

陈　红　武汉第六棉纺织厂值车工

党俊霞　武汉国棉一厂布机车间值车工

王小梅　武汉市汉江区民意街冈益居委会党支部书记

李秉霞　武汉冶炼厂技术研究室副主任

徐亚纳　武汉卷烟厂卷烟配方工程师

张素珍　汉南农管局汉南农场修配厂电工

李瑞清　武汉长虹电器厂模具班长

何连英　湖北农机液压件厂二车间副主任

邓群生　武昌造船厂机动料管理工

陈超群　国营六八〇三厂一号车间

黄桂英　铁道部武昌车辆工厂车工

余永枝　武昌县乌龙公社新农村大队第三生产队队长

金正枝　武汉市洪山区青菱公社建和大队第五生产队铁姑娘班班长

张友芝　武汉市东西湖辛安渡农场原种站试验队副队长

李春培　江岸区培红幼儿园党支部书记

章德慧　武汉市铭新街小学教师

彭彩兰　武汉市汉阳县大集公社新塘大队幼儿园幼师

李菊珍　武汉市硚口区宗关街汉水二村代销点妇代会主任

王玉琴　武昌县金口镇妇联主任

康冬秀　武汉市硚口区建设科维修二队

侯秀芳　武汉市武昌区二商业局街道口药材商店主任

冯巧云　武汉市江汉区江汉浴池前进脚

病治疗室修脚工
夏菊花　武汉市文化局局长
高欣荣　武汉市二医院副院长
刘　惠　武汉二师幼儿园教养员
汪锦云　武汉市第二中学教师
何秀芳　黄石棉纺织厂
孙秀珍　黄石市武钢大冶铁矿选矿车间选矿试验组技术员
黄金全　大冶县工艺玻璃厂“三八”烤窑班班长
李月英　第十五冶金建设公司机动处仓库保管员
阮桂莲　黄石市服装公司红昇服装厂服装公司副经理
齐港珍　黄石市石灰窑区源建一村居委会党支部书记
徐光仪　黄石市武汉路小学校长
李秀荣　黄石市百货公司红旗商店营业员
石含英　大冶县四棵公社四棵大队副支部书记
徐红林　第二汽车制造厂车桥厂齿轮车间工人
李淑云　中国人民银行湖北省十埝市支行副行长
张勤花　湖北十堰东风轮胎厂工人
朱玉莲　龙感湖农场三分场七队妇代会主任
王玉荣　湖北省国营人民大垸农场珠湖分场林业队妇女班长
徐伏秋　湖北省国营金水农场第六生产队妇女队长
王志敏　湖北省五三农场长滩分场姜畈大队妇代会主任
陈启颜　湖北省总口农场五分场五队农工
何佩芬　湖北省青山热电厂工人
王汉英　武汉冶金机械修造厂一金车间车工
冯定桂　武钢修建部工会副主席
易泳兰　中国科学院水生生物研究所工程师
熊全沫　武汉大学副教授
吴秀凤　武汉市五金文化公司综合商店电料柜副柜长
赵丛云　第一九三医院二科副主任
徐淑清　第一五六医院五官妇产科主任
蔡桂茹　武汉医学院妇产科主任
秦秀兰　湖北第一建筑工程局一公司二处电焊工
刘家宜　湖北省歌剧团演员
龙梅珍　湖北省商业仓储运输公司组长
李永暄　湖北省农业科学院粮食作物研究所
潘汉珍　中共湖北省委招待处
李志英　湖北省荣军休养院护士
吴　敏　武汉铁路局襄樊分局襄樊车站客运车间副主任

余占玉　水利部丹江口管理局物资供应处保管员
唐肖玫　中南冶金地质勘探公司冶金地质研究所化学工程师
崔淑英　铁道部大桥局谷城桥梁厂工人
武秀珍　武汉钢铁公司炼铁厂机电车间“三八”电子组
周日山　三三〇工程局浇筑二分局钢筋队工人
姜　朴　江汉石油管理局第一勘探指挥部地震大队工程师
胡　英　湖北省化肥厂水汽车间工人
汤焕菊　长江航运管理局长航行政处维修队“五七”家属连连长
杨之枚　长江流域规划办公室三三〇工程设计代表处
刘大桂　一冶四公司三工地工会委员
张桂英　竹溪县水坪公社东寨大队党支部书记
丁云先　均县丹江镇二小教师
朱秀英　郧县叶滩公社妇联主任
江西芝　郧县绿松石矿副段长
梁秀兰　竹山县高望大队一小队饲养员
王安凤　竹山县潘口公社双坡大队妇代会主任
吴秀珍　竹山县保丰公社下坡大队五小队幼师
王美婵　竹山县人民医院医师
杨洪梅　郧西县庙川公社虎坪大队妇联主任
王世香　郧西县涧池公社后山大队党支书
夏绍菊　郧西县安家公社东风大队第七生产队饲养员
徐爱卿　郧西县百货公司副经理
李传秀　竹溪县龙坡公社妇联主任
杨娣凤　竹溪县江湾公社保华大队赤脚医生
钱贯英　房县红塔公社三海大队妇代会主任
冼成珍　房县印刷厂排版车间主任
周崇梅　房县上龛公社农机站“三八”科研组社员
朱明秀　神农架林区红花朵公社三堆河大队党支部书记
彭治兰　均县六里坪公社
邹世华　中国人民解放军三五四一工厂工人
章凤兰　郧阳地区糖果厂生产科副科长
罗占荣　郧县梅铺公社西沟口大队妇代会主任
邬惠兰　襄樊市十七中学副校长

湖南省

刘素芬　韶山学校教师
苏孟辉　韶山永义公社永泉大队妇代会

主任
汤秀之　韶山如意公社杨滦大队第二生产队妇代小组长
刘毓兰　韶山毛主席旧居陈列馆办公室副主任
周怡珍　浏阳县镇头公社涧口学校教师
周开喜　浏阳县副食品公司东风门市部营业员
黄素娥　浏阳县张坊区妇女专干
林巧媛　浏阳县山田公社卫生院妇幼保健员
王妹香　浏阳县普迹公社元霞大队妇代会主任
罗　桂　浏阳县沿溪公社永兴大队合兴生产队妇代小组长
谢满娥　湘潭县湘绣厂绣工
潘香泉　湘潭县汾水公社立新大队党支部书记
杨岱珍　湘潭县荷塘公社妇联主任
成曼君　湘潭县云湖桥公社石湖大队小学教师
郭少球　湘潭县麦子石公社石壁大队妇代会主任
贺庆莲　湘潭县雁坪公社泉塘大队
周仁秋　湘乡县湖山公社三角大队妇代会副主任
贺良辉　湘乡县轧桥公社轧桥大队妇代会主任
吕云英　酃县人民医院助产医士
刘湘云　酃县下村公社太坪大队党支部书记
陈礼姑　茶陵县下东公社田心大队十七生产队队长
钟梅秋　茶陵县湖口公社塘头大队支部副书记
易月英　攸县新市公社易清潭大队党支委
谭文贞　攸县县委副书记、鸭塘铺公社党委书记
黄柏兰　攸县第一中学教师
付艳艳　攸县饮食服务公司攸县饭店服务员
陈菊莲　醴陵县王仙区妇女专干
黄开姬　攸县湖南坳公社大瑞大队长铺岭生产队长
张爱云　醴陵县军山公社大龙洲大队余家冲生产队妇代小组长
王雪珍　醴陵县百货公司“三八”商店负责人
阳采华　湘乡县东山学校教师
肖方英　湘乡县中沙公社高桥大队妇代会主任
卢运秀　湘乡县谷水公社梅花大队第六队妇代小组长
徐芝兰　醴陵县普口公社畜牧场饲养员
杨喜珍　省交通配件公司湘潭营业处旧料保管员
陈淑和　华容县妇联主任

陈元香　华容县幸福公社幸福大队二生产队社员
周新庆　湘阴县邮电局瓦窑湾邮电所话务员
彭金香　国营钱粮湖农场三分场二队党支部副书记
瞿多珍　岳阳市南津港居委会主任
孙建秀　岳阳市立新旅社门市部主任
李惠霞　华容县集成公社红旗大队妇代主任
徐纯英　湘阴县东湖渔场水科队饲养员
严玉兰　临湘县陆城公社新港大队植棉科研组长
余三春　汨罗县古培公社古培大队白塘冲生产队社员
郭应兰　汨罗县革委会沼气办公室技术员
李媚兰　平江县芦洞公社党委书记
李庆玲　平江县城关镇城北完小教师
王莲君　岳阳县荆州公社三友小学民办教师
杨玉昭　岳阳县黄金公社黄金大队党支部书记
彭锦梅　国营君山农场一分场牲猪饲养员
姜菊兰　岳阳县公田公社公田大队井堪生产队保管员
陈佩文　岳阳县人民医院妇产科主任
陈望生　临湘县羊楼司公社黄金大队胡家生产队队长
官碧元　临湘县城关镇妇联主任
周淑惠　中国人民解放军第三五一七工厂总务科炊事员
袁淑桃　岳阳地区国营钱粮湖农场二分场机耕队幼师
龚菊兰　国营君山农场三分场抽水机手
陈度香　岳阳地区平江县城关镇妇联主任
曹桂香　沅江县琼湖镇中山纸袋厂厂长
王修己　湖南省妇联益阳地区办事处主任
刘范英　益阳县沧水铺公社双板桥大队党支部书记
刘长云　益阳县槐侍岭公社东风大队栗树嘴生产队队长
周桂南　宁乡县资福公社月形大队社员
胡非清　沅江县肖家霸公社妇联主任
唐冬纯　宁乡县霸塘公社妇联
刘桂花　桃江县桃谷山公社中七里大队妇代会主任
杨霞秀　益阳县堤卡子公社高联大队妇代会主任
姚凤英　南县鸟嘴公社新洲大队妇代会主任
卓德纯　大通湖农场三分场三队生产组副组长
欧翠英　益阳地委招待所服务班班长
许优莲　南县华阁公社东方红大队农机

手
刘　莉　宁乡县城关镇城南小学教师
李再群　益阳地区氮肥厂团支书
蔡立荣　益阳市饮食服务公司副经理
张纯珍　沅江县日杂废旧物资公司废品仓库保管员
贺喜秀　桃江县平潭河公社全丰大队生产队队长
彭湘南　益阳地区物资局机电设备公司保管员
钟桂英　桃江县修山公社石碑大队会计
刘清英　桃江县石井头公社杨家坪大队社员
刘月红　安化县山口公社“三八”茶场场长
芦照兰　南县农机公司保管员
刘跃进　宁乡县全民公社防治站技术员
颜国华　安化县仙溪区公所妇女干部
曾友秀　沅江县新安公社东兴大队
夏水湘　益阳县八字哨公社农科站农技员
王仿梅　安化县龙塘公社红星大队妇代会主任
夏秀桃　安化县文溪公社廖家大队生产队队长
周凤云　茶盘洲农场农科所副支书
柴二妹　常德市大饭店副支书
刘建坤　汉寿县六桥公社八斗丘大队妇代会主任
曾长爱　汉寿县周文庙公社小龙湖大队妇代会主任
刘德益　安乡县安裕公社新安大队妇代会主任
张凤梅　常德市城东街道红卫居委会党支书
周和枝　桃源县三叉港公社建国大队副支书
魏玉爱　桃源县热市公社和平大队党支部书记
黄二姐　常德县长茅岭公社花莲冲大队妇代会主任
张定英　常德县畜牧良种场副场长
张乐光　常德行署人民医院妇产科护士长
张世云　常德电厂广播员
丁碧云　常德地区邮电局话务员
刘腊先　桃源县茅草街公社关山岭大队猪场负责人
黄国华　石门县花薮公社花薮大队幼师
周菊香　临澧县珠日公社七张大队副支书
李二秀　临澧县新安公社下洞坪大队党支部书记
全春贵　汉寿县毛家滩公社农科大队四坪生产队
黄凤珍　汉寿县城关镇猪仓库副主任
李祥菊　常德县河伏公社长青小学民办教师

杨桂元　常德县河伏商店营业员
朱慈珍　慈利县高桥公社四坪大队中坪生产队饲养员
孙玉兰　慈利县许家坊公社堆金大队八队队长
胡玲玲　桃源纺织印染厂细沙车间党支部副书记
范湘衡　临澧县珠日公社雨台小学民办教师
王金秀　桃源县桃花源区公所妇女干部
袁采云　桃源县中医院院长
江代春　石门县皂市公社镇水大队副支书
唐阳秀　安乡县安福公社松湖大队“三八”科研组组长
孟庆英　安乡县安尤公社蹇家坡大队十四队生产队长
任丕凤　澧县王家厂公社大团大队妇代会主任
王先梅　澧县澧东公社三元大队“三八”科研组长
李祖秀　澧县澧西公社
杨成芬　津市中医院副院长
朱云香　津市缫丝厂副班长
杨坤菊　澧县大围公社建新大队妇代会主任
张礼元　常德地区安乡县安丰公社妇女主任
李开华　邵东县食杂果品公司营业员
龙云芳　涟邵煤矿朝阳二区运输队工人
李志香　涟源地区娄底镇北郊区恩口大队妇代主任
谢群英　涟源茶厂车间主任
李又求　涟源地区农科所六队饲养员
旷佩兰　冷水江市皮件厂车间主任
刘兰云　新化县株子公社咚溪大队六生产队妇代主任
罗荣华　新邵县雀塘公社庙湾大队党支书
何秀英　新邵县新田铺公社栗山大队六小队饲养员
李金从　双峰县邮电局报话班班长
何学焦　新化县横阳区长丰公社妇联主任
赵建初　邵东县杨桥公社妇联主任
舒蓉艳　新邵县邮电局工人
贺志玉　邵东县高桥公社爱国大队党支书
唐乔英　邵东县马可公社红星大队第四队队长
左光海　双峰县井字公社同心大队党支书
袁星芝　新化县农机研究所职工
周嫦娥　新化县杨木洲公社光华小学教师
陈玉香　涟源县山塘区妇女干部
李义方　涟源县快溪公社杉树大队党支书

刘又贞　涟源杨家滩区竹冲旅店经理
殷顺秀　涟源县青山公社新民大队东风队队长
罗佳梅　涟源县七星公社七星大队幼儿园幼师
胡细五　双峰县拓塘公社走马大队妇代会主任
吴来秀　涟源地区冷水江市妇联主任
张春英　隆回县桃洪镇玻璃厂
谭远姣　洞口县城关镇平清大队妇代会主任
徐玉花　城步县汀坪公社回龙大队副书记
杨富莲　绥宁县瓦屋公社岩湾大队党支部书记
李代妹　隆回县三阁司公社旱禾田大队党支部书记
阳仁娥　隆回县百货公司开票员
蒋宝玉　洞口县竹市公社向阳大队妇代主任
王湘莲　新宁县一渡水公社一渡水大队园艺场生产队长
蒋玉容　新宁县万塘公社养猪场饲养员
张芙蓉　城步县丹口公社丹口大队五小队生产队长
贺曼莲　武冈县柴油机厂工人
曾冬娥　洞口县花园公社马家大队上尤生产队长
王小春　洞口县造纸厂车间主任
刘春英　邵阳县新华书店炊事员
刘元清　新宁县白云公社沼洲大队党支部书记
伍苏姣　武冈县大甸公社尖山一队饲养员
麦利桃　武冈县龙从公社红旗茶场副场长
莫梅姣　邵阳县白仓公社农机站驾驶员
周期娥　隆回县桐木桥公社副书记
刘介娥　隆回县滩头区苏塘公社树石大队党支部书记
伍学云　邵阳县九龙桥公社游家大队妇代主任
李时姣　邵阳县河伯岭林场石脚楼工区副支书
贺田秀　隆回县兴隆公社乐丰大队妇代主任
谢美姣　邵阳地区洞口县石江区副区长
李永英　衡南县茅市区妇女干部
袁　慧　衡东县岭茶公社妇联主任
陈姣莲　祁阳县太白山公社妇联主任
张永翠　祁阳县妇联副主任
陈金娥　祁阳县新卜公社钢铁大队生产队长
王国顺　祁阳县园种场猪场饲养员
孙庚球　祁阳县黎家坪公社荷叶塘大队力街生产队幼师
颜家凤　衡南县花桥公社“三八”林场场长

刘诗艳　衡南县双林公社三塘大队妇代会主任
肖艾姑　衡南县杨武公社畔垄大队幼师
杨冬芽　衡东县夏浦公社“三八”创业队
颜秀知　衡东县城关镇枧头大队第七队饲养员
王美秀　祁东县过水坪区供销社服务员
雷素清　祁东县坪塘公社青峰林场女子班长
李功纯　祁东县祖山湾公社扎岭坳大队妇代会主任
彭满秀　祁东县城关镇跃进大队复兴生产队饲养员
唐满秀　祁东县金星公社花塘大队妇代会主任
廖友明　常宁县龙门公社张力大队第四生产队社员
唐二秀　常宁县珠塘公社灯坪大队妇代会主任
彭如英　常宁县农机一厂党支部书记
黄云娥　衡阳县檀桥公社檀桥大队又公生产队长
唐小兰　衡阳县关市公社关市大队方谷生产队幼师
黄金秀　常宁县瑶塘公社曲市大队虾罗元生产队队长
刘柱贵　衡阳县樟木公社楠塘大队妇代主任
蒋受林　衡阳县樟树公社罗洪大队党支部副书记
方小梅　衡阳县实田公社洪山大队党支部书记
康菊英　衡山县祝云公社祝云大队妇代会主任
黄凤荣　衡山县长江公社泉塘大队党支部书记
桂容姣　衡阳地区邮电局长话班班长
易如忌　衡阳地区氮肥厂车间主任
邓　英　衡阳地区化轻公司保管员
王珍云　郴州地区耒阳师范学校教师
杜用宽　郴州地区传染病院主治医师
曾辞凤　郴州卫校病灶食堂炊事员
曹气凤　郴州地区资兴县香花公社妇女主任
李德媛　桂东县妇幼保健站医生
袁知德　桂阳县余田公社钟家大队妇代会主任
肖嫦娥　桂阳县洋市公社石廊大队社员
黄己端　郴州师专化学科讲师
王雪珍　白沙局街洞煤矿茶山岭工区工人
张曼玲　白沙局湘永煤矿职工医院医生
谢培幼　宜章瑶岗仙钨矿“五七”大队党支部书记
黄爱凤　汝城县小垣商店大卜分店营业员
谭佩容　宜章县立新公社妇联主任

高日秀　嘉禾县塘村公社英花大队妇代会主任
盘土凤　郴州地区畜牧场第八队农牧工
张建辉　郴州地区面粉厂面条车间面条班班长
田先凤　郴州地区食杂果品公司仓库保管员
戴世金　郴州市运输公司三轮车班长
郑跃凤　郴州市服务公司红卫旅社店经理
张菊兰　郴县园艺场畜牧队饲养员妇女队长
张国清　郴县塘溪公社干部
李贱钗　资兴县清江公社上坪大队上代头生产队社员
彭招月　临武县畔塘大队一队铁姑娘队长
罗溅月　临武县南强公社连塘大队妇代主任
刘作桃　耒阳县水科所饲养员
张美莲　安仁县安平公社赤脚医生
刘香英　安仁县永乐公社神州大队妇代主任
李林花　永兴县马田公社枣子大队十四生产队社员
曾炎宋　宜章县五岭公社沿江大队副支书
刘秋容　江永县汽车站职工
芦火妹　蓝山县荆竹公社友爱大队一队队长
余仁青　新田县城东公社谭田大队十五队队长
朱少荣　新田县田家农场饲养员
王秀清　江华瑶族县东田公社水库大队一队幼师
蒋满玉　东安县新墟公社妇联主任
李红花　道县祥林铺区妇女干部
陈菊英　蓝山县龙溪公社高阳大队幼师
汤臻成　零陵地区人民医院药剂科副主任
谢安香　江华瑶族县肉食品公司加工员
毛德荣　宁远县麦地公社石灰窑大队妇代会主任
钟福玉　宁远县禾亭公社黄湘大队党支部副书记
刘月玉　宁远县梅岗公社村尾大队民兵营长
王爱卿　东安县茶元公社茶元大队党支部书记
甘功银　江永县红旗公社红旗大队林场下放知青
张秋鸾　零陵县永州镇粮店营业员
唐玉桂　双牌县塘底公社大队副支书
何吉秀　道县会潭公社平岗大队妇代会主任
何淑仁　零陵县计划生育办公室副主任
陈桂花　零陵县接履桥公社划育卜大队北斗边队队长

罗竹花　零陵地区零陵县妇联主任
王腊梅　沅陵县桐木溪公社善溪大队倒元队队长
杨生菊　通道侗族自治区菁芜州公社菁芜州大队妇代会主任
贺玉莲　芷江县龙坪公社七里桥大队妇代会主任
曹元珍　芷江县公坪公社孙家冲大队幼师
李　矩　黔阳地区医药器材公司工人
徐林玉　溆浦县仲夏公社卫生院妇幼保健员
蒋子荣　黔阳县太联公社先锋大队妇代会主任
熊善莲　黔阳县沙湾公社沙湾大队第五生产队幼师
阳美玉　洪江县四街妇代副主任
肖元英　靖县藕团公社三桥大队幼师
王银兰　黔阳县硖洲公社妇联主任
姚晚秀　辰溪县城郊公社供销社营业员
何秀梅　会同县洒溪公社翁志大队党支部书记
孙永兰　怀化市奶牛场饲养员
梁淑桃　安江纺织印染厂织布车间工人
杨满芝　新晃侗族自治县凉伞公社坝堤大队坝中畜牧场饲养员
胡银秀　怀化县排楼公社阳台龙大队龙口生产队队长
李春华　麻阳县六溪口公社羊古脑大队赤脚医生
向桂花　麻阳县锦和公社瓮连冲大队妇代会主任
曾飞莲　溆浦县花桥公社灯塔大队五队队长
唐润莲　辰溪县石碧公社新店大队妇代主任
夏银红　黔阳地区溆浦县龙潭公社妇女主任
向健生　湘西土家族苗族自治州妇联副主任
杨玉翠　泸溪县小章公社党委副书记
邹二英　湘运五十四车队司机
吴桂英　泸溪县浦市镇果之大队党支部书记
彭兴翠　保靖县复兴公社拉铁大队副支书
王冬英　永顺县大明公社且格大队党支部书记
冯丽珍　湘西自治州招待所服务员
黄自连　龙山县洗车完小教师
贾祖玉　花垣县团结公社下瓦水大队党支部书记
周华春　桑植县人潮溪公社茶叶湾大队蒋家坡生产队队长
吴妹花　凤凰县腊尔山公社所德大队老饲养员
丁祖银　大庸县新桥公社老木峪大队大屋生产队队长

罗兰英　国营大庸县农场饲养员
龙　英　古丈县城关公社红星大队党支部副书记
沈湘文　永顺县灵溪镇工农兵小学教师
彭碧玉　桑植县瑞塔公社妇联主任
金玉香　龙山县水田公社联盟大队支书
周兴元　吉首县万溶江公社兔岩大队病虫害测报员
谢绍芝　保靖县酒厂炊事员
吴兴华　吉首县社塘坡公社三岔坪大队接生员
唐祥华　长沙向东无线电器厂
万金桃　长沙汽车电器厂电器装配车间机线组政宣员
刘淑英　长沙市郊区上大垅公社蔬菜技术员
李利君　望城县高塘区供销社黄金中心商店布柜营业员
吴惠芳　省建湘瓷厂车间团支部书记
刘玉英　长沙矿山通用机器厂钻工
魏运娥　长沙纺织厂工人
彭春莲　长沙织带厂车间党支部委员
丁招娣　省建材机械厂工人
赵雪娥　长沙自行车厂车间负责人
陈菊华　望城县靖港公社建新大队妇代主任
陈丽娟　长沙船舶厂星火女子班班长
谌伯纯　长沙市十中教员
肖子英　长沙市土产公司柴炭处四门市部班长
王定宇　长沙县谷塘公社大路大队“三八”养猪场饲养员
刘金莲　长沙市蔬菜公司书院路商店南门口菜店门市部负责人
赵庆煌　长沙市一医院妇产科主任
刘稚威　长沙市第三医院妇产科副主任
周　静　长沙市中山路百货商店副经理
夏先梅　长沙市西区学院街劳动新村居委会主任
王仁华　湖南制药厂四车间工程师
甘金文　长沙市清水塘街道幼儿园主任
高玉莲　望城县妇联主任
吴素梅　长沙县金井公社金山大队金月生产队接生员
潘玉英　望城县茶亭公社众星大队生产队长
戚香华　长沙市郊区东吨渡公社五一大队五生产队饲养员
袁　义　株洲市妇联副主任
宇培花　省湘江氮肥厂机修车间电焊工
宋素贞　株洲市南区建设办事处学堂冲居委会主任
彭菊英　渌口内配工具科钳工班长
李桂姣　株洲市肉食水产公司量品加工员
朱友珍　株洲床单厂挡车工
张梅珍　株洲县龙潭公社龙潭大队荷冲生产队

曾竹如　株洲硬质合金厂四车间工艺员
刘志杰　株洲科研所工程师
石爱华　株洲玻璃纤维总厂挡车工
陈顺华　市公共汽车公司客车二队驾驶员
彭祝玲　株洲国营湘江机器厂一分厂工人
文玉香　株洲苎麻纺织厂织布挡车工
陈锦秀　株洲市第五中学教师
王凤兰　省工业设备安装公司加工厂铇工
陈桂和　株洲田心机厂一机械车间车工
陈竹兰　株洲市汽车配件厂工人
旷兰芝　湘潭市妇联会主任
赵淑云　湘潭纺织印染厂一织车间挡车工
周冬梅　湘潭钢铁厂运输部工地食堂保管员
谢玉梅　湘潭市河西区幸福巷残老院院长
陈翠娥　湘潭市长城公社新月大队党支部副书记
江贤琼　湘潭市拉丝编织厂工人
黄月恒　湘潭市为群副食品商店党支部书记
万　容　湘潭市岳塘区妇联主任
谭翠梅　湘潭市第十三中学教师
陈胜霞　湘潭市郊区红旗农场妇女主任
刘言秀　资江农药厂托儿所负责人
谢祥凤　邵阳市桥头区桥头办事处永庆街居委会
宋金华　邵阳市石桥公社马安一队妇代小组组长
李祥云　邵阳市城西公社妇联主任
赵延平　邵阳纺织厂挡车工
刘秀英　邵阳市高崇山公社红碎茶场党支部书记
尹翠英　邵阳市饮食服务公司邵阳旅社副主任
匡邵青　邵阳市二中学教师
李时翠　衡阳市物资回收公司湖南路门市部负责人
熊涟生　衡阳市人民路小学教师
曹福兰　衡阳市城南区妇联主任
肖文淑　衡阳市东方红百货商店营业员
何剑云　城北区红旗街道办事处副主任
李伟萍　衡阳纺织厂织布挡车工
彭贵玉　衡阳市政工程公司工人
陈美波　衡阳市二医院妇产科副主任
刘兰英　省军区三六六医院调剂员
彭园春　湖南省体委体工队运动员
张英桂　省荣军休养院退休老红军
章汉纯　省物资局生产服务公司保管员
陈灿如　湖南省人民银行信贷处副处长
狄晓霞　湖南省话剧团演员
严淑芳　湖南医学院附二医院儿科教授
张旭华　长沙市一中教员
谭幼媛　长沙矿山研究院技术员

王坤崇　湖南省干部疗养院护士

魏　群　湖南省技术物理研究所工程师

齐碧霞　湖南省第四招待所服务员接待班长

郑庆晖　湖南省水利电力勘测设计院工程师

梁政辉　长沙车站客运二班服务员

广东省

钟仲文　广州市黄埔区南岗公社沙布大队沙涌生产队队长

许珠妹　番禺县代龙公社潭山大队农科组组长

阵华君　广州市农场局白玉山农场农机厂副厂长

郭秀珍　增城县永和公社简村大队长旺一队副队长

张燕英　花县炭步公社步云大队党支部书记

姚柳芳　番禺县石基公社官冲大队幼儿园负责人兼保育员

刘洁卿　广州市郊区沙河公社登峰大队经六队队长

严汝娥　从化县温泉公社温泉大队大围生产队队长

江长莲　广州市郊区石龙公社革委会副主任

潘情花　新丰县沙田公社沙田大队支部书记

黄四金　增城县派潭公社高滩大队卫生站接生员

庄楚玲　广州市二轻局广州童服厂

茹宜开　龙门县左潭公社土湖大队妇代会主任

苏顺维　广州染料化工厂工会副主任

何　添　广州市供水公司西村水厂车间主任

邓翠琼　广州市供电局输电工区带电作业班副班长

宋元娣　广州重型机器厂第一铆焊车间自动焊组组长

梁巧玉　广州市轻工局广州电镀厂班长

欧燕萍　广州市二轻局新滘刺绣厂车工

黄燕怀　广州一棉厂细沙早班六组组长

徐涉芬　广州织袜厂生产组长

周宝娣　广州市东山区缝纫机零件厂车间主任

杨满华　广州镀锌铁丝厂镀锋车间包装组组长

禤月娥　广州西药二厂质检员

唐友娴　广州市矿务局第二煤矿运输队队长

廖敬甜　广州市煤建公司第九基层店党支部副书记

赵金玉　广州市泮溪酒家宴会设计师

麦妙容　广州市南方大厦百货商店针织

部组长
林桂女　广州市排水公司淮护工区海珠班班长
苏晋中　广州市机电局广州压铸厂技术员
关惠贤　广州市橡胶局橡胶制品研究所工程师
伍丽芳　从化县农科所副所长
崔良玉　广州市文化局广州市杂技团副团长
刘淑贤　广州市越秀区劳动一小教师
蔡　婉　广州市执信中学教师
杨善存　广州市儿童医院内科副主任
李丽勤　广州市越秀区环卫七队党支部书记
庚月珍　广州市荔湾区清平街五居委妇代会主任
胡少娴　广州市荔湾区清平街妇联主任
冯　玉　广州市越秀区大新街四居委民政组副组长
岑才珍　广州市荔湾区昌华街幼儿园党支部书记
毕根有　花县新华公社三华大队妇代会主任
黄金妹　广州市公安局海珠分局南华西街派出所
吴梅冰　广州市供水公司幼儿园教养员
周焕根　广州市荔湾区金花街一居委会治保主任
梁　焕　广州市交运局第二运输公司班长
邓保文　广州市公共汽车公司二车队乘务员
凌惠钦　广州市纺织局第二针织厂工会副主席
林少英　广州市东山区农林街水均岗居委会主任
曾义华　汕头地区陆丰国营华侨农场第二营区革委副主任
邱静英　陆丰县红湖农场畜牧队饲养员
蔡美英　惠来县隆江公社井尾大队党支部副书记
孙婉文　潮安县赤风公社古年农场“三八”分场场长
陈妹孙　海丰县陶河公社陶新大队第三生产队副队长
钟静吟　揭阳县新享公社硕联大队二十六生产队
陈秀英　海丰县马宫公社南湖大队治保主任
林婵兰　善宁县南溪公社南溪大队试验场场长
王小兰　揭阳县王经富公社富土大队302生产队长
陈瑞刁　饶平县东界公社埕南大队党支部书记
方巧香　普宁县洪阳公社中心产院接生员

吴素珍　潮阳县伐田公社西鼓大队抽纱场场长
卓粉兰　潮阳县染织一厂织布车间工人
林闻婵　汕头市罐头厂
庄奇珍　汕头市织布一厂挡车工
詹　随　饶平县饶洋瓷厂釉坯工人
吴秋菊　潮安县饼干糖果厂车间主任
祝启珠　潮安陶瓷公司美术二厂工人
王美春　揭阳县造船厂工人
王燕璇　陆丰县碣石镇服装绣衣厂工人
秦婵卿　普宁县染织厂车间主任
刘菊花　潮安县潮州镇三办绣花社抽纱工人
卢映习　汕头航运局渐安港客运站
王丽华　揭阳县汽车客运站副站长
朱素枝　汕头市百货大楼棉布组组长
胡四妹　惠来县惠城粮管所粮食门市部营业员
詹细妹　海丰县果菜公司门市部负责人
朱楚珍　广东潮剧院一团演员
郑美清　汕头市三轮车社司机
许　桃　潮阳县城郊公社凤口大队妇代会主任
苏佩君　澄海县农科研技术助理员
李瑞芳　澄海县隆都公社上北大队妇代会主任
林成绒　饶平县师范附属小学教师
彭　信　汕头市中山路第一小学教师
方惠娥　惠来县东陇公社东陇大队妇代会主任
林惠兰　揭西县凤红公社阳西大队妇代会主任
高　洁　汕头市永平幼儿园园长
林惠吟　汕头市郊蛇浦公社蓬如大队幼儿园园长
李尔捐　揭阳县榕城镇中山路幼儿园幼师
周美珊　潮阳县月卢岗公社调和大队幼儿园幼师
林尽华　梅州市西郊公社西郊大队十一生产队长
李唐英　梅县丙村公社人和大队支部书记
黄满娥　梅县雁洋公社雁下大队第九生产队长
何惠英　兴宁县叶塘公社群星大队寨口生产队长
曾祥娣　五华县城镇公社大布大队副支书兼治保主任
陈瑞琼　丰顺县汤西公社和安大队拖拉机手
马蕊花　丰顺县城钲公社舍溪大队饲养员
黄苑华　蕉岭县东方红公社向阳大队新一队队长
曾亚甘　平远县石正公社上新大队坑唇生产队接生员
余松招　梅县松口公社官坪大队支部书

记

张焕娣　五华县兴林公社兴一大队

徐凤兰　梅县农械厂铸造车间纱模二组组长

陈子娇　兴宁县染织一厂挡车工人

魏富英　五华县糖烟酒公司戏院门市部负责人

凌大妹　平远县石正公社食品站站长

吴锦丽　大埔县陶瓷研究所副所长

吴慧翘　梅县东山中学教导处副主任

张梅娇　梅州市东郊公社周溪小学教师

饶翠红　五华县华城小学语文教师

蓝甜芬　大埔县茶阳公社卫生院副院长

豆玉新　梅县石扇公社革委会副主任、妇联主任

饶玉英　兴宁县陂西公社副书记、妇联主任

罗银英　兴宁县长岭公社副书记、妇联主任

李维珍　梅县畜牧制药厂工人

李云金　深圳市龙岗公社爱联大队老西生产队长

何金容　深圳市蛇口公社渔业一大队党支委

冯　娣　惠东县安墩公社安墩大队安墩生产队副队长

梁柱然　惠东县梁化公社下瓮生产队知青

李焕雅　东莞县桥头公社杨公朗生产队养猪场场长

蔡凤云　东莞县清溪公社浮光大队党支书

庞少玲　博罗县长宁公社兴石大队接生员

叶清花　和平县贝墩公社电光大队松全生产队队长

付亚云　连平县惠化公社鹤湖大队新田生产队长

徐月乔　惠阳县潼湖公社琥珀大队红岩生产队出纳

郭细娥　惠阳县潼湖华侨农场二区职工

余美芳　省水电二局起运队重批班副班长

王　存　惠州市机械厂安装车间副主任

何日新　惠东县印刷厂工人

梁　兴　东莞县石龙火柴厂车间主任

张玉英　博罗县农机修造厂修理车间小拖班长

赖顺兰　河源县印刷厂装订车间组长

江银欢　惠阳汽车运输公司材料供应站司机

温梅香　紫金县搬运公司职工

高　云　深圳市公路二区沙头角道班工长

张玉娇　惠阳县食品公司食品仓库种鸡试验场副场厂

翟进花　博罗县城园林旅店服务员

罗思珍　龙川县百货公司针纺综合门市

组长
林群伟　连平县气象服务门地面测报员
罗建国　惠州市第十一小学副校长
巫燕玲　东莞县莞城镇中心小学副校长
何莲芳　龙川县老隆师范学校附属小学副校长
江月敬　深圳市沙井公社革委会副主任
黄美祝　深圳市福田公社下沙大队妇代会主任
谢友娣　紫金县水墩公社革委会副主任
程丁招　河源县黄村公社下七大队妇女主任
张　嫦　东莞县附城公社梨川大队妇女主任
叶丙坤　和平县彭寨公社大塘面大队赤医
林　兰　惠州市桥东区向东幼儿园教养员
黄根妹　东莞县东坑公社坑美大队第二生产队保育员
张彩兰　龙川县鹤市公社罗乐大队幼师
廖　玉　珠海市子霖公社广发大队赤脚医生
陈　执　中山县坦洲公社群胜大队红五星生产队队长
范雪琼　南海县大沥公社
麦丽芳　顺德县场安公社星槎大队十五生产队社员
何兰芳　三水县白坭公社龙池大队黄二生产队队长
朱金妹　新会县双水公社泮河大队党支书记
周认莲　丰门县西安公社农丰大队三八手扶机机长
冯艮妹　丰门县六分公社良潭大队第四生产队队长
余惠英　台山县附城公社白水大队永乐生产队队长
胡奕好　开平县赤坎公社石溪大队党支部副书记
李　带　高鹤县三洲公社苏村大队第一生产队副队长
梁婉嫦　高鹤县合水公社合水小学民办教师
刘桂娉　恩平县中江公社龙湾大队党支部书记
曾明珠　广东省国营海宴华侨农场职工
胡水雁　广东省国营迳口华侨农场第五作业区赖屋生产队副队长
潘瑞葱　广东省红棉丝织厂早班花机组组长
朱素英　佛山市无线电四厂技术员兼车间副主任
冯旺洁　南海县藤厂三车间创样班班长
何玉冰　顺德丝厂前缫车间一工段第五组四十六号车台缫丝工人
梁洁瑜　台山县机械厂绘图员
周美爱　台山县水运公司斗山船队副队

长

曾少卿　佛山地区汽车运输公司佛山汽车运输站售票班长

霍　爱　佛山市服务公司大众旅店主任

马　顺　江门市饮食服务公司人民旅店主任

区秋爱　中山县古镇信用社海洲分社侨汇派送员

陈曾贤　江门市氮肥厂设备动力科科长

王淑贤　江门市北街人民医院副院长、妇产科主任医师

劳美萍　开平县人民医院妇产科副主任

潘碧玉　江门市第一中学化学教师

陈少群　南海县平洲公社党委副书记

关秋珍　开平县长沙公社革委会副主任

杨连娣　珠海市南屏公社南屏大队妇代会主任

陈满好　中山县坦背公社沥心大队妇代会主任

陈润琼　三水县芦苞公社虎眠大队妇代会主任

郑　旋　佛山市教工第二幼儿园大班教养员

龙　奕　顺德县大良镇东四区托儿所所长

郭少琼　三水县乐平公社海洲大队托儿所保育员

李　燕　恩平县群堂公社沙岗大队第四生产队托儿所保育员

卢惠群　佛山市向阳区红光居委会主任

李佩贞　台山县台城镇第二管区妇代会主任

吴观彩　珠海市三灶公社田心大队妇代会副主任

彭明珍　恩平县东安公社祝荷大队东风生产队副队长

苏少英　广东云浮县附城公社丰收大队建中队队长

祝秀珍　云浮县河口公社红光大队党支部书记

陈样妹　封开县罗董公社五星大队民兵营武装基干排班长

李月芳　罗定县黎少公社寨坪大队医疗站赤脚医生

苏连好　四会县大沙公社龙马大队瓦窑生产队队长

何桂连　广宁县古水森工站三八扎排班班长

梁均兰　新兴县天堂公社区村大队村背坊生产队队长

陈四妹　高要县广利公社东股大队第八生产队副队长

丘大媛　郁南县东坝公社大坪大队东风生产队队长

杨月连　封开县长岗公社新丰大队都望生产队社员

李明珍　高要县蛟塘公社新塘大队新塘生产队猪场饲养员

吴颜英 德庆县缫丝厂生产组副组长
罗注群 肇庆地工钢铁厂破碎班班长
覃美峦 肇庆市工艺厂端砚车间雕刻工
黄松珍 郁南县千官公社邮政支局邮递员
慕容月云 肇庆港务局客运站服务员
梁秀荷 罗定县食品公司肠衣加工员
辛佩辉 怀集县江滨旅店服务员
杜结芳 肇庆地区日杂公司仓库主任
冯顺宽 封开县江口镇粮站管理员
黄金莲 高要县六步公社桂皮站职工
汪　定 怀集县合成化工厂技术员
莫进莲 怀集县人民医院门诊部主任
甘素娥 新兴县人民医院妇产科副主任
李丽环 广宁县南街镇一小班主任
梁涉华 肇庆市体委教练员
周玉环 肇庆市妇幼保健院副主任
姚运英 郁南县附城公社水塘大队妇代会主任
吴金好 四会县清塘公社下坅大队党支部副书记兼妇代会主任
顾秋庆 新兴县环城公社木风洞大队妇代会主任
杨友娘 德庆县马圩公社荣村大队石步生产队副队长
杨天娣 四会县龙江公社鱼云大队新围生产队社员
陆耀球 德庆县官圩公社金林大队幼儿园负责人
章　璐 新兴县城关镇第二幼儿园幼师
刘国望 连南瑶族自治县寨岗公社气象站测报员
黄森莲 清远县回兰公社井塘大队保健室赤脚医生
甘新妹 阳山县新墟公社新墟大队第六生产队副队长
唐水娣 阳山县小江公社沙廖大队党支部书记
罗佩芳 连山壮瑶族自治县小三江公社三联大队妇代会主任
莫素媚 连山壮瑶族自治县太保公社上坪大队妇代会主任
李余香 省国营清远华侨农场创新生产队妇女队长
王瑞娟 省国营英德华侨茶场二分场工人
邹明庚 英德县石灰铺公社惟东大队妇代会主任
陈细尾 翁源县江尾公社南塘大队第二生产队队长
李桂宝 仁化县石塘公社京群大队第五生产队妇女队长
姚　团 英德县白水公社太平大队司前生产队副队长
李碧霞 省英红华侨茶场茶机厂刨床工人
何　媚 佛冈县高岗公社长江大队党支部书记

何贵娣　广东省机床厂磨床班班长
李伕娣　省英德硫铁矿锦潭分矿家属农副业队副队长
红志敏　广东省始兴县造纸厂技术员
许细秀　广东省东昌棉纺厂筒摇车间筒子挡车工
江　珍　清远县农机修造厂生铁冷焊工
来天德　广东省英德水泥厂机械技术员
卢杨妹　英德县九龙硫铁矿采矿七班班长
张秀珍　翁源县交通局汽车客运组长
林玉珍　韶关地区商业局驻坪石采供站文化仓库保管员
张秀莲　南雄县人民医院麻醉师
姚瑞琼　仁化县农科所副所长
郭　瑛　南雄县体委武术教练员
罗桂英　连南瑶族自治县金坑公社卫生院副院长
罗明华　乐昌县人民医院护理师
刘甲珍　连县东陂公社中心小学教师
余婉仪　乳源瑶族自治县人民医院护士
王观妹　乳源瑶族自治县东坪公社妇联主任
宋新娥　始兴县江口公社妇联主任
唐二一尔　连南瑶族自治县三排公社山溪大队妇代会主任
梁艮花　阳山县红莲公社党委副书记
黄水妹　连县连州镇党委常委镇妇联主任
李祥贞　南雄县城关镇八一街幼儿园教养员
郑静美　佛冈县迳头公社仓前大队官背生产队幼儿园幼师
罗四女　清远县建筑公司托儿所保育员
潘玉珍　乐昌县河南公社河南大队幼儿园保育员
陈三妹　曲江县马坝公社龙岗大队油寮生产队社员
马华娣　曲江县马坝公社山子背大队山子背生产队拖拉机手
吕巧花　红工矿务局二矿“五七”农场蔬菜队队长
邓顺意　韶关市齿轮厂二车间组长
袁湘兰　韶关市棉纺厂挡车工
汤声美　韶关钢铁厂车间主任
杨慧望　曲江县食品公司长坝鸡场兽医技术员
陈德兰　阳江县双捷公社岗元大队大寨生产队队员
何桂珍　阳江县岗列公社岗列大队猪场场长
李秀珍　遂溪县下六公社下六大队妇女主任
冯绍芳　信宜县池洞公社石庆大队石南生产队队长
陈　娇　电白县博贺镇海鹰大队党支部副书记
张带妹　海康县马石公社乌石渔业大队

轮机长
冯秀芹　阳春县春湾公社新明大队新坡队科研组长
邓秀球　高州县新垌公社钢铁大队钢铁生产队队长
苏兰英　高州县石古公社门前坡大队坡尾生产队队长
张茂英　电白县沙琅公社坡富大队党支部书记
黄银英　廉江县营仔公社新周仔大队党支部副书记
杨秀春　茂名市鳌头公社鳌头大队新兴生产队队长
林秀扬　湛江市郊海头公社西厅大队拖拉机手
成凤英　徐闻县曲界公社石灵溪大队第八队社员
赖玉芳　茂名市橡胶皮革制品厂车间班副班长
吴秀琼　湛江地区建筑公司一工区工会干事
黎燕珍　阳春县春城镇铁矿党支部书记
陈玉琼　廉江县二轻安铺麻纺厂党支书
陈玉英　湛江市家用电器总厂喷漆车间主任
汤志芝　湛江电化厂统计员
方　犇　吴川县邮电局封发员
陈丽珍　信宜县信城镇玻璃厂党支部书记
朱瑞珍　高州县商业局烟糖公司红星门市部
陈淑莲　湛江市霞山爱国粮站主任
赵一芳　茂名石油公司研究所工程师
杨韵笙　电白县电城镇第一小学教师
曹绍贤　吴川县人民医院外科主治医师
黄秀定　湛江市业余军事体育学校摩托车教练员
罗绍英　信宜县东镇公社塘面大队妇代会主任
梁风娟　信宜县东镇公社妇联主任
黄雪珍　廉江县附城公社那良大队妇代会主任
张丽琼　茂名市高山公社文秀大队妇代会主任
李良英　化州县那务公社京塘大队妇代会主任
蔡惠琴　遂溪县附城公社城东大队妇代会主任
李佩华　阳江糖厂托儿所所长
陈瑞芳　湛江市商业幼儿园教养员
吴淑行　高州县分界公社大塘大队柏木二队幼师
刘玉卿　茂名油公司公馆幼儿园幼师
方桂莲　湛江市赤坎区中山街道办事处卫东居委会主任
陈汝琼　海康县北和公社红屋大队妇代会主任
翁裕兴　徐闻县附城公社竹山大队后朗

二队社员
黄秀娟 化州县合江公社北岸大队塘秦生产队社员
罗金凤 海口市砖瓦厂倒砖组组长
陈琼珍 海南长昌煤矿三八掘进队党支部副书记
林小洪 琼海县养殖场三八潜水队队长
黎淑兰 儋县那大汽车站客运组副组长
黄爱琼 海南铁矿汽车队司机“三八”汽车班班长
陈惠珍 海口市立新区皮革厂班长
祝兰香 文昌县清澜公社星火大队高隆祝生产队队长
符月花 文昌县文教公社光辉大队农事试验场场长
许丽华 万宁县兴隆华侨农场党委副书记
林爱莲 屯昌县枫木公社木赖生产队队长
吴淑贞 琼海县长坡公社孟文园生产队队长
陈传英 万宁县龙滚公社农场党支委“三八”班长
沈淑玉 琼山县灵山公社爱群大队大洋田生产队队长
陈爱英 临高县多文公社多郎大队文潭生产队队长
陈雪花 屯昌县南吕公社六根大队八小队接生员
符爱莲 澄迈县福山公社吴池生产队副队长
梁爱玉 琼山县东山公社光明大队第九队保育员
吴琼兰 定安县仙沟公社美南大队杨迈幼儿园幼师
黄玉金 海口市东方红区幼儿园园长
许月娥 琼海县饮食服务公司工农兵大厦负责人
李桂花 儋县那大旅社负责人
许道兰 海口市新华派出所所长
张治仙 华南热带作物研究院技术员
关大新 琼海县农科所技术员
李琼敏 海南体委教练
周容华 海口市第九小学教师
刘三妹 儋县前进公社石屋大队妇代会主任
曾吉英 万宁县礼纪公社竹林大队妇代会主任
王金桂 临高县博厚公社博北大队妇代会主任
吴春花 文昌县锦山公社系家大队妇代会主任
温国英 澄迈县新吴公社妇联会主任
柳兴荣 万宁县环城公社妇联主任
朱荷闷 保亭县畅好公社保国大队赤脚医生
李玉全 保亭县新政公社报什大队新村生产队队长

朱富村　陵水县椰林公社城东大队妇女队长
李春花　崖县荔枝沟公社海罗大队三八科研小组组长
胡采容　崖县藤桥公社藤桥大队旧市生产队队长
张立秀　昌江县乌烈公社峨港大队经八生产队妇女队长
陈人端　乐东县冲坡公社冲坡大队党支部副书记
苻亚东　白沙县牙叉公社南仲大队赤脚医生
邓桂安　琼中县太平公社新安大队第二生产队副队长
符仁娘　东方县东方公社供销社旅店服务员
王玉辉　东方县印刷厂拣字工人
李莲花　陵水县盐场“三八”班班长
林玉兰　琼中县公社路2区三十三道班班长
张向平　黎苗自治州通什百货公司门市部副主任
邱怀箴　陵水县人民医院妇产科主治医师
张月娟　黎苗自治州第三小学校长
王玉兰　琼中县什运公社什统黑大队妇代会主任
钟二女　昌江县南罗公社妇联会主任
杨月金　乐东县大安公社大炮大队妇代会主任
陈则潭　崖县幼儿园教导主任
王秀玲　广东省邮电管理局汇总稽核员
沈仲英　广州铁路分局广州车站行李员
王秀柔　第四机械工业部第五研究所工程师
孔国辉　华南植物研究所助理研究员
酆云鹤　中国科学院广州化学研究所副所长
刘健华　广东省建筑设计院副工程师
徐坚白　广州美术学院油画系副教授
陈肖霞　广东省体委体工队跳水运动员
邹　娃　广东省体委体工队田径运动员
苏炳之　华南师院副教授副系主任
陈为敏　广东省人民医院小儿科副主任
吴秀荣　中山医学院副药理教研组主任
殷细宽　华南农学院土壤教研组副主任
高兆兰　中山大学物理系教授
邓韵秋　华南工学院数力系教授
李丽芳　广州市海珠区二龙街外事侨务工作组副组长
何花兰　海南岛国营南林农场立新队胶工
周爱玲　海南岛国营南阳农场一队胶工
刘帼雄　海南岛国营南田农场前锋队胶工
蔡秀兰　海南岛国营通什茶场十队工人
王桂媛　湛江国营南华农场二队工人
陈　珍　汕头国营葵潭农场惠民猪场饲

养员

广西壮族自治区

陈熙英　钦州县那丽公社红色大队
颜娇英　钦州县新党公社南局五队
黄明珍　钦州镇四街小学教师
刘玉清　上思县花妙公社板文大队
佟仕珍　灵山县沙坪公社兽医站
许家玲　合浦县党江公社亚桥大队
王作萍　上思县叫安公社那布大队
罗世新　钦川地区汽车总站保养场
包耀桂　北海市妇联
徐振美　沙岗公社大山大队
黄庆凤　钦州地区国营东方农场
何怀育　钦州地区农校
黄桂芳　灵山县太平公社那驮大队
程秀芳　灵山灵城镇附城大队第九队
余明月　浦北县龙门公社龙门大队五四生产队
李燕芳　浦北县乐民公社蒙竹大队妇代会
刘坤兰　北海市二轻系统炮竹厂
林俊卿　桂平县江口公社银竹大队
梁少英　玉林地区制药厂包装车间
洪秋云　全州县百货公司四门市部
刘梅英　全州县才湾永佳洞大队妇女主任
俸龙妹　全州东山公社上塘大队妇女主任
赵大姑　全州凤凰公社石沙大队妇代会副主任
唐万媛　全州石塘公社革委副主任
钟筠贞　桂林地区新华书店
李翠弟　桂林地区人民医院
唐良秀　资源县延东公社石溪大队第六生产队
唐玉娥　资源县瓜里公社文溪大队白科生产队
蒋素群　桂林地区兴安镇农业大队
莫爱英　兴安县严关柠树大队幼儿园
孙凤英　兴安县食品公司
胡巧云　龙胜平等公社龙坪大队
石莲花　龙胜平等公社庖田大队龙江渠水利
刘祖琼　永福县和平公社红日大队二山寨队
韦玉英　永福县广福公社矮岭大队猪场队
王喜英　灵川县青狮潭公社兰田大队四队
朱世梅　平南县大新公社推广站
高小玲　平南县麻纺厂
张衍芬　博白县沙河公社双山大队甘园队
胡庆云　贵县综合防治研究所
李满盈　容县杨梅供销社天荫旅社

梁坤瑞　北流县白马公社旺贺大队
刘瑞珍　陆川县乌石公社
梁玉梅　北流县民乐公社南庆大队
晏鸿卿　玉林镇东明大队
苏启贞　容县黎村公社旺安大队
杨尤芳　北流县塘岸公社卫生院
李毓云　博白县旺茂公社民丰大队
陈名玉　博白县松山公社企业食品加工厂
陈健惠　玉林到北市公社院垌大队柴木山生产队
陈永芳　陆川县马坡公社大兴大队妇代会主任
唐忠励　玉林镇解放路一小
黄玉润　玉林县服务公司星火理发室
谢金英　陆川县清湖公社陆坡大队罗亚垌人生产队长
区世霞　贵县钢铁厂
宁敏燕　北流县民乐公社莲塘大队会计
李邦凤　博白县三滩公社邮电所
文瑞琼　桂平县江口镇环卫站
欧月卿　桂平县五金公司
文金棠　桂平县金田公社新江大队第二队
苏美华　南宁郊区向阳公社白沙大队
李秀英　南宁园艺场
涂幼枫　南宁市服务公司环湖理发店主任
李燕萍　南宁市饮食公司新华饭店班长
汤凤琼　南宁绢纺厂
梁婉成　南宁市衡阳区五里亭居委会
潭爱琼　南宁市新城区麻绳厂妇女主任兼副厂长
张秀华　广西区第一安装公司
袁首仁　南宁市园湖路小学教师
廖玉权　贵县糖厂“三八”职工食堂班长
蔡秀简　贵县大岭公社食品站养猪场
甘惠祯　贵县石卡公社西山大队
王桂珍　平南县城箱公社罗合大队
莫希梅　平南县平山公社四〇六队卫生院
韦云芝　融安县大职公社治安大队
韦玉花　象州县大乐公社大乐大队第八队队长
韦海兰　象州县人民医院护士
樊日留　忻城县古蓬公社凌头大队马蚁第二队队长
兰月清　忻城县古蓬公社内联大队卫生室赤脚医生
梁秀珍　忻城县人民医院护士长
全妹思　金秀县长垌公社滴水大队六力队
梁桂香　金秀县金秀公社和平大队范道队
刘小勤　灵川县灵田公社力水小学
蒋风玲　灵川县灵田公社镇义大队南村队

李素芬　临桂县农机一厂工人
赖素么　临桂县医院护士
李福娣　临桂县茶洞公社仁义大队妇代会主任
陈年嫂　临桂县庙头公社水口大人林场场长
罗昌群　恭城县城厢公社化育大队
蒙志杰　平乐县附城公社卫生院
张宝娟　平乐县桥亭公社人和大队第四生产队妇代会副主任
仉佩兰　荔浦县青山公社青云大队妇代会主任
冯碧玉　荔浦县医院内科主治医师
蒙佩玉　荔浦县花篑公社大安大队妇代会主任
李玉兰　阳朔县福利小学教师
李志娥　阳朔县高田公社古登大队妇女主任
雷秀英　灌阳县城关公社革委会
唐泽英　柳州地区卫生防疫站炊事员
何仕坤　柳州地区合山矿务局里兰矿食堂
朱佩银　柳州地区保育院副院长
兰秀淑　柳州地区东泉麻纺厂
马可珍　柳州农机配件厂机修车间电工班长
卓超碧　来宾县桥巩公社巴山大队二十二队
彭玉琼　鹿寨县砖瓦厂
黄秀英　鹿寨县平山公社旅社服务员
张月荣　鹿寨县江口公社六合大队大环生产队妇代会主任
莫桂枝　三江侗族自治县丹洲公社丹洲大队七星生产队
李爱连　靖西县锰矿三八班班长
庞三英　隆林各族自治县妇幼保健站
张凤娇　国营荣光农场
李　青　广西农业科学院
邓志坚　自治区大青山林场
吴玉梅　农垦龙州机修水电厂
方玉潾　武鸣华侨农场
刘树行　广西区商业局政治处
白凤仙　平果县力明公社寿安大队妇女主任
谢宝珠　平果县服务公司旅社服务员
农秀理　德保县足荣公社龙串大队
罗琼英　百色镇航运公司
王贵英　百色人民医院
刘秀华　那坡县城厢公社隆平大队
陆玉玲　那坡县水泥厂
农莲彩　靖西龙临公社龙明大队妇代会主任
骆翠娟　融水县大浪公社桐里第一生产队妇女队长
覃球夙　柳城县风山公社新维大队古城小队队长
莫凤娥　武宣县黄茆公社赖山大队十一生产队饲养员

罗秀深　凌云县下甲公社水陆大队平里一队妇代会主任
梁振球　西林县人民医院
龚美铁　乐业县新化公社甲里大队
卢嫦珊　田阳县五金交电公司
黄秀金　田东县林逢公社平桥大队卫生室
黄惠文　田东县医院
黄振珠　田东县平马镇革委会
古炳窍　德保县医院副院长
玉兰姣　百色县那毕公社七塘大队
周玉琴　那坡县土产公司
黄桂琼　武宣县东乡公社三多大队第十九队队长
廖献群　柳江县成团公社大荣大队新渡生产队指导员
蒙桂英　柳江县土产公司第一日用杂货门市部负责人
韦珍沌　柳江县百朋公社怀洪大队卫生室赤脚医生
钟茂英　柳城县大埔公社大埔镇服务队队长
蒙美姣　融水县杆洞公社小河大队妇代会主任
龚启风　融水县中寨公社民洞大队田脚生产队队长
廖素娟　融安板杭公社桔小学副校长
罗盛梅　柳州市开关厂
陈济美　柳州市煤建公司五一门市部
谢文燕　柳州市郊区黄村公社百沙大队
何锦兰　柳州市第二建筑工程公司
麦志连　柳州市被单毛巾厂
余梅芳　柳州市针织厂三车间
郑　栩　柳州师范学校
成淑芝　柳州市城区红拖厂
潘翠珍　扶绥县印刷厂
吴六妹　扶绥县渠黎公社蕾陇大队
薛珊琴　南宁地区武鸣染织厂
陆珍丽　南宁地区武鸣染织厂
古秋华　南宁地区行署办公室行政科
农月春　凭祥市友谊公社英阳大队巴米生产队
冯美清　大新县硕龙公社岩应大队应屯生产队
沈莲理　河池师专
袁春优　河池环江县龙岩公社革委
陈亮坤　南丹县支行大厂办事处
任桂英　南丹县罗付公社罗付大队
莫翠琼　河池县河池公社河池大队第八队
黄仁麦　河池县九坪公社纳六大队
陆美丽　河池县红卫公社则岭大队拉路队
吴胜乾　东兰县劳动小学
石秀央　广西河池肉联厂
李　静　河池地区计量所
黎爱荣　都安县城厢公社兰堂大队
农秀彩　宜山县怀远镇卫生院

谢淑贞　宜山县医院
莫爱枝　宜山县怀远公社木寨大队拖拉机站
冉大姑　宜山县龙头公社龙田大队板新二人
唐美英　都安县百旺公社百旺大队香厂小队
栗宁馨　都安县大兴公社卫生院
谭美新　河池环江县下南公社堂八大队松存生产队
莫金芳　上林县妇联会
罗永琳　南宁地区医院
吕静霞　凤山县酒厂副厂长
杨金花　凤山县金牙公社更沙大队妇女主任
李翠琼　巴马县妇联
杨满银　巴马县城关公社龙凤大队
吴代双　罗城县四把公社石门大队良谢一队
唐建莲　钟山县公安公社湾岛生产队队长
梁日芬　岑溪县马路公社马路大队猪场饲养员
文陆妹　富川县麦岭公社麦岭大队
何素荣　钟山县钟山公路段五拱水道班副班长
严容珍　梧州地区医院科技战线
罗秀珍　蒙山县蒙山镇公社解放街委会
蔡信英　昭平县龙坪公社马圣大队
赵玉全　贺县公会公社东鹅十二队
龙冬娣　贺县沙田公社狮中大队
聂丑英　贺县建筑公司一工区
欧定群　贺县人民医院
梁二妹　苍梧竹器工艺美术厂工交战线
陈幼华　富川县富阳粮所
刘树辉　梧州地区公安局
郑金英　桂林第二机床厂
韦细燕　邕宁县刘圩公社六阳大队妇代会主任
卢凤珍　邕宁县糖业公司加工场
陆丽兰　邕宁县伶俐公社独岭大队
农爱行　宁明县明江公社凤璜大队
高秀风　宁明县极棍公社叫隘大队
韦杰莲　武鸣县太平公社文坛大队
陆兆莲　武鸣县城厢公社新联四队
梁荣球　大新县榄圩公社荣圩大队第七生产队
李雪兰　崇左县驮卢公社逐盎大队
罗杰秀　崇左县太平公社宜村大队
黄庆兰　崇左县左州公社黄村大队
胡桂娥　金城铁路地区一食堂炊事员
阮美欢　靖西县湖润公社华利大队妇代会主任
林曼萱　南宁铁路医院药师
杨桂枝　桂林市象山区西城街
黄双抽　桂林市一建公司预制场
邓凤清　龙州县水口公社独山大队卜汤小队

邓凤球　龙州县糖业公司
唐七弟　桂林市郊区柘木公社柘木大队
杨八妹　桂林市平山理发店
唐安林　桂林市羽绒制品厂
章　倩　桂林市体委体操班
邱月珍　梧州航运公司船舶修理厂
张丽琼　梧州市服务公司红卫旅店
张少兴　梧州市淀粉厂
周锡芳　梧州市民主路小学
黄　一　梧州市郊区长洲公社长地大队新村五队
何碧琼　梧州市工人医院
欧云英　梧州地区财贸战线的联合加工厂
潘琼英　苍梧县新地公社电村大队第七队
吴群生　藤县天平公社罗平大队
莫秀英　藤县城关公社汽车大队
刘焕英　藤县妇联
潘碧芹　岑溪县附城小学
卢家英　岑溪县新圩公社新坪大队妇代会主任
罗海哲　梧州地区平桂矿务局新路矿木桥面场饭堂
廖细荣　黄金公社拉郎大队洞爰生产队
彭凤莲　乔善公社乔本大队茅洞生产队
韦妈宗明　天峨县向阳公社治安大队
黄妈头　天峨县下老公社罗宜大队
梁桂莲　武鸣县仙湖公社那溪大队
黄月香　宾阳县人民医院
吴宝婵　宾阳县芦圩粮所
陈国桃　宾阳县新桥公社三友大队三友二队
凌启木　扶绥县中东公社三哨大队
潘秀花　马山县古赛公社古赛大队第十二生产队
周秀荣　马山县金钗公社独秀大队
谢洁芳　马山县妇联会
陆秀兰　隆安南圩城厢大队
陆月飞　隆安杨湾百朝大队
任兰芳　隆安县妇联
梁锦坚　上林县白圩公社朝逢大队
潘英香　上林澄泰公社澄泰大队合作医疗站
谭瑞连　凭祥市医药公司
许秀花　龙州县武德公社武德大队
黎玉清　靖西县东方红旅社
鄂秀金　田阳县巴别公社陇朗大队妇代会主任
林秀利　靖西化岗公社群策大队妇代会主任
黄美芳　田阳县那坡公社那坡大队革委大队党支书
潘瑞清　田村老山村场
刘陶菊　百色地区人民医院
黄秀芝　隆林各族自治县德峨公社书场大队上洞生产队
邓美兰　那坡县下华公社上华大队规弄

二队

岑金莲　田林县妇联

黄爱连　德保县燕峒公社平安大队呑同

闺秀芬　平果县城关公社马头一小校副教导主任

易巧云　广西第二地质队

郭凤昭　自治区建委综合设计院

蒋凤文　广西区医院外科

颜伟霞　自治区体工队

余昌琪　广西医学院附院

余颖韶　自治区中医学院第二附院

倪翰芳　广西大学

陈白雪　广西区政协

潘雅真　广西区交通勘测设计院

李　英　南宁民族师范学校

尹凯生　自治区公安局劳动局英山柴油机厂

雷爱祖　广西轻工业研究所

余佩珍　广西区科委

覃芒莲　自治区物资局南宁二级站

钟金枝　自治区革委招待所

周永兰　广西区邮电管理局

张莉萍　自治区测绘局航测内业队

付锦华　广西彩调剧团

林宗菊　横县南乡公社高义小学

韦世波　横县石塘供销社芦村旅社

罗兰英　天等县进结公社卫生院

苏桂虽　天等县进结公社龙凤大队

陆植兰　天等县都康公社妇联会

黄飞英　大新全茗公社顿固大队那钦生产队

黎玉芳　北海市外沙公社外沙大队

李焕娟　防城县滩散公社滩散大队赤脚医生

陈玉英　防城县山同中供销社

黄桂珍　防城县慕公社横路大队

莫永芬　合浦县西场公社马池沟大队

甘庆奎　横县马山公社

梁惠英　自治区外贸南宁凉果加工厂

杨炳姣　三江侗族自治县妇联副主任

四川省

吴永琼　万县地区农机厂

黄维廉　万县地区医院

谢邦秀　万县市化工厂

张廷秀　万县市高丰公社妇联

叶显珍　万县印刷厂

何兴珍　万县曾家坝公社国兴大队一生产队

黄云斌　万县工矿贸易公司清平商店

张克清　开县长沙公社长沙大队

黄　莺　开县城关镇工商所

唐开珍　开县大生公社

德　碧　开县鱼龙公社双店大队

伍代菊　梁平县龙胜公社团结大队第四队

吕恩莲　梁平县妇联
杨明太　梁平县民主公社七星六队
郑高珍　梁平县邵兴煤矿机电车间
陈秀英　忠县丝厂
吴淑珍　忠县红星公社智华大队九队
杨秀珍　忠县丰收公社敬老院
骆玉芝　云阳县凤鸣公社小学
董太琼　云阳县云安邮电支局
李祖秀　云阳县农坝公社幸福大队十五生产队
马元英　云阳县龙角公社大木土生产队
唐崇兴　奉节县新贺公社大同大队
王焕芝　奉节县农机二厂
张国秀　奉节县青政公社青政大队
罗吕珍　巫山县双龙区双龙公社青龙大队
向运兰　巫山县日杂公司
杨金珍　巫溪县兴隆公社安乐大队
赵胜桂　巫溪县中坝公社下坝大队
谢发荣　城口县庙坝公社同心大队
屈成秀　城口县太平公社东风大队
王前秀　城口县新城小学
宋晓琼　达县地区万福铁厂型焦车间
崔月华　达县地区制药厂
刘万琦　达县地区棉纺织染厂前纺车间
申久玉　达县麻柳公社针织厂
方必英　达县明月江水库
王光秀　达县石桥公社十一大队十队
罗万碧　达县市清洁管理所
杜此玉　达县市西外公社五大队党支部书记
王　容　开江县金鸡公社廿六大队三队
薛治蓉　开江县长岭供销社旅馆
肖光会　宣汉县双河公社
龚汝玉　宣汉县风林公社
陈宗琼　宣汉县清溪公社二大队
刘琼芳　邻水县石潭公社四大队
彭秀英　邻水县农机厂
李　英　渠县和乐公社二大队七队
洪义祥　渠县土溪公社先锋大队
冯九兰　平昌县灵山公社二大队十二队
周述莲　平昌县驷马公社龙台大队十一队
罗绍秀　平昌县凤凰公社一大队
吴成碧　大竹县石子公社雨坛大队
严巧荣　大竹县文教局幼儿园
赵克凤　大竹县人民旅馆
杨贵华　巴中县三江公社九大队一队
高述琼　巴中县渔溪供销社
刘义全　巴中县龙洞沟水库
荀兴义　万源县大沙公社六大队
荀德三　万源县旧院区食品站
张显碧　通江县广纳公社火峰大队六队
赵先崇　通江县新场公社六大队六队
罗玉莲　南江县大河公社十一大队
李德英　南江县正直公社十二大队
刘玉辉　崇庆县街子公社二大队四生产队队长

杨建辉　崇庆县元通镇商业支部书记
尚琼惠　新都县革委副主任
郑素香　新都县天元公社团结大队妇代会主任、副大队长
李秀云　新都县万安公社九大队妇代会主任
尤友珍　广汉县城关镇水泥厂党支部书记
廖书琴　广汉县新华公社四大队
陈大平　什邡县糖酒公司
史泽秀　什邡县双盛公社三大队民兵副连长
胡桂莲　温江县金马公社党委书记
李淑君　温江县永兴公社凉水大队幼师
张其珏　邛崃县南街小学教师
李玉华　邛崃县回龙公社妇联主任
陈凤花　邛崃红光公社邮电所营业员
程素华　灌县玉堂公社永康大队党支部书记
周作如　灌县县煤矿工人
王金秀　蒲江县中兴公社二大队生产队幼儿教师
雷田琼　彭县致和公社万家大队三生产队科研组长
黎桂香　蒲江县青龙公社妇联主任
罗玉芳　蒲江县红星公社六大队五生产队耕牛饲养员
张顷平　郫县县革委会副主任
代定芳　郫县红旗公社七大队妇代会主任
张苗英　宁江机床厂钳工
黄如芳　广汉县城郊公社二大队二生产队队长
刘兴珍　广汉县中兴公社十三大队拖拉机手
瞿谨怀　大邑县城关镇北街小学教师
徐素芳　新津县中兴公社四大队九生产队队长
白玉英　新津县邓双公社八大队妇代会主任
杨玉英　崇庆县双河公社九大队妇代会主任
邓秀芳　安岳县龙居公社二大队三队
李素容　资中县翻身公社七大队八生产队
蒋素容　安岳县自活公社一大队八队铁姑娘战斗队
杨碧秀　安岳县八庙公社四大队十一生产队
夏术仙　威远县连介场公社反帝大队二生产队
陈秀惠　威远县新店中心卫生院
李茂清　资中奉安公社八大队四队耕牛饲养员
郭开惠　隆昌县城郊区供销社
高崇钦　内江地区水电局
唐久荣　威远县国营林场工区队长
邝宝潜　四川空压厂职工医院护士长

朱跃久　冶金部成都勘察公司
胡沼清　简阳县赤水公社
贺秀英　资阳页岩砖瓦厂
陈玉华　资阳县凉风公社九大队六生产队
马永桂　资阳县气象站
闵光培　乐至县红旗丝厂
黄紫云　资中县邮电局
刘永淑　内江县百合公社十大队
范世英　内江县农机供应站仓库保管员
张德君　资中县黄家公社三大队八生产队幼儿教师
石翠芳　沱江无线电厂
管兴良　内江市一小
吴桂珍　内江棉纺织厂
江德秀　乐至县仙合公社九大队
余兴琼　乐至县良安区妇联
刘大先　隆昌县石碾公社六大七队养蚕专业队长
贺宗琼　隆昌县李市公社二大队一队副队长
陈碧兰　内江县牛桥公社机械配件厂
杨淑华　内江地区种猪场饲养员
张德珍　涪陵地区垫江县裴兴公社合兴大队妇代会主任
余淑辉　涪陵地区垫江县回龙供销分社主任
冉跃先　涪陵地区黔江县养路段两河道班工人
刘祥芳　涪陵地区彭水县三边四社妇联主任
张传英　涪陵地区彭水县三连公社养地大队党支部书记
李淑芳　涪陵地区彭水县服务公司红旗饭店经理
郭素芳　涪陵地区酉阳县县妇幼保健站站长
杜永康　涪陵地区垫江县城关一校
刘惠敏　涪陵地区南川县公安局城关镇派出所指导员
王永梅　涪陵地区石柱县妇联主任
余世源　涪陵地区石柱县凤凰公社流水大队党支部副书记
刘老润　涪陵地区秀山县玉屏公社甘溪三队饲养员
伍桂仙　涪陵地区秀山县肖塘公社马颈工程女子连指导员
秦友忠　涪陵地区涪陵县城关镇齐心居委主任
胡学珍　涪陵地区涪陵县酒店公社朝阳大队党支部书记
袁树珍　涪陵地区石柱县立场公社六大队妇代会主任
何宗菊　涪陵地区黔江县学堂公社堰塘二队队长
秦文珍　涪陵地区丰都县树人区妇联主任
廖正兰　涪陵地区丰都县龙孔公社一大

队三队饲养员
汪中莉　涪陵地区涪陵县国营红星理发店工人
刘兴碧　涪陵地区酉阳县钟多镇副镇长、妇联主任
冉彩云　涪陵地区酉阳县官清公社响堂大队专业队队员
唐锦瑜　涪陵地区南川县大观公社一大队四队幼儿园老师
李太容　涪陵地区南川县北固公社农机站拖拉机手
胡于淑　涪陵地区武隆县清水公社白果树生产队出纳员
马淑英　涪陵地区武隆县核桃公社大河四队生产队长
李茂先　江津地区医院
王光素　江津地区荣昌陶器厂
肖菊芳　永荣矿务局荣昌煤矿招待所
熊　羽　大足县教师进修校
刘光伦　铜梁县三合公社义和大队七队
黄代秀　铜梁县文曲公社长坝大队生产队
刘守静　铜梁县正义公社第一小学校
陈淑辉　潼南县青云公社一大二队
邓素华　潼南县古溪公社一大一队
陈国玉　潼南县柏梓公社一大一队
王治华　江津县柏林区四面公社建设大队第六生产队
李忠植　江津县仁沱区洛璜公社红旗大队
陈希英　江津县计划生育委员会
马守英　荣昌县三中校
杨远玉　荣昌县双河区委
周树珍　大足县邮亭公社长河大队
刘守玉　大足县观龙公社
陈尚全　大足县龙水制锁厂
陈素清　璧山县广普公社广兴管区莲花大队七生产队队长
杨国民　璧山县妇幼保健站站长
蔡跃琼　璧山县大兴管区双柏大队妇代会主任
潘晓阳　合川县妇联
王仁英　合川县永兴公社石河大队八队
尹大秀　合川县红光旅社
祖明容　合川县喻家公社渠滩大队十队
刘福元　永川县高滩公社五大队六生产队
唐国珍　永川县双石公社向阳七队生猪饲养员
闫福珍　永川县来仪公社水大队
余光涛　永川县马银公社关心大队二生产队
白映芳　苍溪县伏公社东升大队四队
蒋永珍　南充县班竹公社十一大队
蒋清华　南充县芦溪公社八大队
林玉珍　南充县长乐区公所
伍尚仁　南充市一中
陈兰英　南充市东南街道汽配二组

文素群　南充地区缫丝厂
朱冬华　阆中织绸厂
何培碧　南充地区齿轮厂
阳双梅　营山县邮电局
卞玳亢　岳池县百货公司
张政明　西充县义兴公社六大队
贾守铬　西充县先林公社五大队
黄家维　南部县中学校
杨莲芳　南部县太华公社十三大队一队
斯明翠　南部县东坝公社三大队
张素芬　阆中县裕华公社九大队二队
邵玉春　阆中县合手公社
徐仲华　阆中县城关镇第二幼儿园
王仕芳　苍溪县东青公社东阳大队
曾粉荣　蓬安县印刷厂
李万秀　营山县医药公司
张素清　营山县孔雀公社大埝石二班
袁建碧　广安县花桥公社拱桥大队
严文珍　广安县搬运二社
张昌菊　广安县糖果厂
潘承文　武胜县普兴公社
李阳平　武胜县丝厂
杨武琼　岳池县顾县公社
王文珍　岳池县花园公社东方红大队
韩云秀　岳池县溪口公社八大队
李邦珍　仪陇县马安区卫生院
邢素清　蓬安县徐家公社十四大队六队
高怀芝　名山县车岭公社妇联主任
李文英　名山县永兴公社三大队二队队长
杨凤英　雅安县草坝公社幸福一队
李锡淑　汉源县市荣公社妇联主任
周淑英　雅安县大河公社七大队
刘桂香　汉源县双溪公社长征三队
尹全珍　芦山县快乐公社晓星生产六队八生产队
沈万芬　石棉县农场公社向阳大队
冯体芳　宝兴县复兴公社三大队三队
彭加芸　天全县城关幼儿园
许克修　汉源县第一中学
付家瑶　荣径县农业局农技站农技员
杨国英　名山县人民医院
韦启芬　雅安云母厂
张莲英　雅安水电厂周公河发电所
刘洪祥　雅安制药厂
杨枝香　雅安县对岩公社彭家大队
杨碧辉　仁寿县文公区古佛公社利群大队六队科研组长
刘学芳　峨边县王渡公社卫东三队队长
罗学芳　彭山县观音公社杨柳五队队长
袁素珍　金口河工农区永乐公社新乐一队队长
帅淑兰　犍为县金井公社万年青队队长
陈秀芝　洪雅县中山公社如丰二队副队长
李素彬　青神县白果公社五大队三队队长兼妇女主任
张金枝　乐山市双江公社红专六队队长

唐斗英　马边县和平公社红星大队水口庙生产队副队长
李桂贞　乐山市牟子公社九大队妇代会副主任
王金枝　峨眉双福公社
李玉珍　眉山广济公社全心大队妇代会主任
吴秀芳　夹江县新新公社反修二队饲养员
余无珍　沐川县新场公社红花二队耕牛饲养员
蔡茂霞　井研县天云公社龙申二队蚕桑技术员
罗志彬　眉山县修文公社胜利大队代购代销员
丁翠华　仁寿县钟祥公社新埝大队幼儿教师
赵淑珍　洪雅县花溪公社红中一队社员
李素华　乐山缫丝厂工人
杨小林　五通桥盐厂二车间二段党支部副书记
谢永裳　东风电机厂三车间党支部书记
赵发瑛　加阳煤矿职工医院妇产科主治医生
张世莲　乐山市五通桥邮电局封发员
张淑君　乐山市航运子弟学校教师
肖芝兰　仁寿县人民医院总护士长
曲别金石　峨边县勒乌公社党委副书记
万福枝　峨眉符溪公社党委副书记
张文彬　仁寿县付加区委区妇联主任
吴秀玲　夹江县饮食服务公司服务员
刘学为　丹棱县高桥公社战斗大队赤脚医生
杨明书　犍为县麻柳公社十大队党支部书记
兰泽央　康定县营关区瓦泽公社营关生产队
呷太志玛　得荣县东风公社阿村生产队
麦　朵　甘孜县斯俄公社斯俄二队
李美明　甘孜州农牧局畜牧业科研所
仁真志玛　雅江县红龙公社马巨马生产队
沙　娜　石渠县长须贡马公社二队
潘丽君　四川省地质局一〇八地质队三分队三八机场副机长
税碧辉　甘孜州物资局成都物资站簇桥仓库建材库保管员
错　姆　色达县城关公社解放一队
靳玉兰　泸定县泸桥公社沙坝生产队
孟阿交　乡城县卫东公社呷乃卡生产队
王大姐　丹巴县半扇门公社核桃坪生产队托儿所
翁修拉姆　德格县阿须区商店
邓珠志玛　德格县城区小学
泽仁拉珍　白玉县建设公社扎盘生产队
吴庭秀　道孚县卫生局
毛胡秀　九龙县弯坝公社三大队草坪子生产队
米珠玛　新龙县雄龙西公社二大队休古

生产队

壮姆曲错　稻城县商业局门市部烟酒组

四郎拉姆　理塘县主垭区奔戈公社二大队第三生产队

娅　牙　康定运输公司马尼干戈车站

段秀兰　丹巴云母矿甘地工区女子掘进班

呷　底　马尔康县卓克基公社西索大队幼儿园保育员

王大庄　理县通化中学教导主任

仁干木初　马尔康县党坝公社剑北大队党支部副书记

麦　朵　壤塘县宗科公社三大队党支部副书记

贾全娃　南坪县保华公社灵华大队党支部书记

泽幼姐　红原县安曲公社一大队赤脚医生、接生员

彭艳芳　阿坝州壤塘林业局三〇三段工人

罗十格妹　黑水县慈坝公社格窝大队生猪饲养员

唐楷君　阿坝州岷山农业机械厂金工车间铁工车间副主任

朱映兰　阿坝州金刚砂矿细砂车间副主任

陈兴凤　汶川县克枯公社克枯大队妇代会主任

张定秀　金川县安宁公社安宁大队党支部书记

看　学　阿坝县麦昆公社日格扎大队党支部书记

陈秀珍　小金县抚边公社供销社售货员

哈　姆　松潘县供销社售货员

木日桌玛　红原县麦洼公社二大队奶牛畜群组织长

伦　措　若尔盖县班佑公社多玛大队党支部副书记

杨松英　茂汶县三龙公社纳呼大队党支部副书记

穆峰英　凉山州西昌一中教导副主任

芦邂红　凉山彝族自治州文工团二团话剧演员

仝日瑞　凉山州第一人民医院大内科主任

任素碧　凉山州昭觉食品厂炊事班长

卢素华　美姑养路段瓦洛道班炊事员

李素华　会理县铲矿选矿厂磨浮三班班长

张玉斌　会理县镍矿汽车队三八女子驾驶班班长

苏秀英　西昌农场九队炊事员

阿都妈妈　美姑县巴普区天喜公社妇联主任

曲木阿拉莫　越西县顺河区妇联主任

杨太会　雷波县巾田公社不脱产妇联副主任

吉吉木阿色　布拖县特木里公社光明大队

三小队妇女组长
周朝金　甘洛县岩润公社新市坝大队三八农科队队长
黄沃珍　宁南县东风公社三大队八小队生产队长
胡元梅　木里县邮局干部
小次尔玛　木里县博科公社克斯生产队队长
李呷呷　盐源县长拍公社五大队妇代会主任生产队队长
兽阿各　盐源县民胜公社二大队二小队社员
李正芬　冕宁县铁厂公社党委副书记
陈国英　冕宁县城关公社二大队妇代会主任
余体珍　会东县鲹鱼区前进采购站采购员负责人
张万芬　金阳县红卫公社河坪大队迎新生产队饲养员
古里莫阿作　普格县大槽公社四大队党支部书记
陈全珍　会理县南开公社县妇联委员
王致敏　西昌县河西公社前进大队党支部书记
陆　珍　西昌县黄联公社鹿马大队副支书
毛永珍　德昌县五一公社凤凰大队三队生产队长
李善玉　会理县机具厂车间主任
李明玉　会东县战旗公社小学教师
巴久五各　喜德县深沟公社小山大队妇代会主任
吉克阿各　昭觉县竹核区瓦进公社拉牙生产队长
曹贤芬　省七机局国营 692 厂
胡青梅　省国营 465 厂
李贞华　国营泸州化工厂一车间技术员
刘素芬　四川国防工业系统七九九厂供应科工具库
韩志全　一四〇九研究所
阙启秀　省三机局第三机械工业部第六二四所
李永芳　省二机系统二机部第九研究院六所
张淑碧　重庆大溪沟发电厂
周玉仙　江油发电厂
丁开平　重庆铁路分局九龙坡机务段
李碧华　西昌铁路分局西昌车辆段
谢定菊　铁道部第二工程局
汪彩芬　第七勘测设计队
冯翠华　石油管理局川南矿区供应站五七车间
张　霞　石油管理局地质调查处地震二一二队
管　友　省石油局南充炼油厂
温晓玲　省地质局职工医院
周荣珍　省地质局八二〇队
丁　恒　木里林业局

汤明芳	西藏驻眉山太和石油转运站
陈显珍	四川粮食汽车大修厂
胡淑玲	中国科学院成都生物所研究员两栖爬行研究室主任
曾建畜	国家地质总局峨眉矿产综合利用研究所
钱挹芬	中国医学科学院血液学研究所助理研究员
孙　虹	光学实验室
吕玉芝	省邮电科研所装配车间绕制班
吴培珍	省第八建筑工程公司第二工程处第一施工队
黄锦兰	省公安局劳改局直属清江医院
朱钟麟	省农科院土肥所
陈书舫	省川剧院
刘云伎	省卫干院
程宜春	四川农学院园艺系
徐兴华	省一门诊部
田肖昭	省水电局勘测设计院
邓家丽	省直属机关实验婴儿园
曹秀清	成都四中
权家琼	国营锦江电机厂二车间
易德芳	成都市糖业烟酒公司人民北路商店运输班
李桂兰	成都市粮食供应公司武城大街粮店
杨万仪	第五冶金建设公司
刘敏杰	成都市工业设备安装公司
刘述芳	金堂县又新公社五大队八队
陈天云	中国人民解放军三五〇八工厂
范群秀	成都蜀锦厂挡车工
任华蓉	四川省第一棉纺织印染厂
陶荣华	成都市第二工人医院
于秀兰	成都市东城区梓桐桥辖区福兴段妇代会
夏玉英	市汽车运输公司三队女子行车小组
李国兰	成都市金牛区营门地区中心小学
吴飞妮	成都市龙泉驿区大兴公社岩峰小学
马道源	成都金牛区营门口公社前进大队第十生产队
王国平	成都市东城区妇产科医院
钟素珍	成都市龙泉驿区洛带公社岐山大队
刘金华	成都双流县柑梓公社十二大队二队
肖洪金	成都金堂县金龙公社胜利大队
李章荣	成都龙泉驿区柏会公社二河大队
郭惠群	成都市革委机关第一幼儿园
陈家珍	成都市工农兵乳牛场
黄晴晕	成都市第五幼儿园
竞　华	成都市川剧院
乔立玉	成都市青白江区华严公社永红大队
刘敦芾	四川抗菌素工业研究所

黄映秋	成都市水表厂
林玉兰	成都西城区医药百货公司所属国营红光百货店
黄淑华	重庆市长寿县付何公社战旗大队
周根娣	重庆百货商店
龚淑贤	重庆市北碚区天生街道九段
王正蓉	重庆市江北城区饮食服务商店
李梅兰	跃进村街道跃五段妇代会主任
谢培华	重庆市双碑铸造厂
陈　楠	重庆饮食服务公司前进理发总店
李兴秀	重庆前进炼油厂
王素清	重庆机床厂工具车间
雷敬惠	重庆南岸区电动工具厂
刘德英	重庆市塑料五厂党支部
谢　倩	重庆第二针织厂
张　红	重庆市第二棉纺织厂
陈生蓉	重庆仪表厂
刘开书	重庆特殊钢厂
李兴煜	重庆南桐矿区南桐公社云寨大队茶场
万克莉	重庆江北县复兴公社太平大队三生产队幼儿班
罗永秀	重庆江北县两路公社
文登华	重庆市一轻局日用品公司干电池厂
杨思群	重庆红岩汽车弹簧厂技措车间
徐云仙	重庆市公共交通公司
夏德君	重庆水泥厂制成车间
周玉喜	红岩机油厂金工车间保管员
何玉兴	重庆水泵厂车工
卿登惠	重庆綦江县回龙公社永祥大队
阮召学	重庆綦江县扶欢公社新农大队第五生产队
谢莲碧	南岸涂山公社刘胡兰苏菜大队
李敏其	九龙坡区农科所
陈思美	南岸区凉山公社黄荆坡养猪场
丁　玮	重庆二十中学化学教师
凌萝达	重庆医学院第二附属医院妇产科主任
江筱芳	重庆市北碚区团山堡小学语文教师
孙　亭	重庆市天然气化工研究所工程师
厉慧兰	重庆市京剧团副团长
唐德贤	重庆市妇幼保健院副院长
谢德蓉	重庆市市中区公安分局七星岗派出所
周德淑	重钢耐火材料厂
于淑芬	长寿县葛兰公社茗兰大队
雍熙芬	国营江陵机器厂新工艺研究所技术员
王三分	国营空气压缩机厂
石温玉	江北区刘家台街道街妇联副主任
李正菊	重庆市江北区黑石子化工厂
李洪志	长寿化工厂四车间三大组一班

贺银珍　盐边县永兴公社广合二队
孙桂荣　省渡口市矿务局沿江矿“五七”生产队
刘秀芳　渡口市公共汽车公司
徐桂芝　渡口矿山公司机修厂
吕凤琴　渡口十九冶机动公司
陈素清　建工指挥部二公司预制厂
邬淑芝　渡口交通指挥部装卸运输公司
张竹平　渡口十九冶行政处生活科
阮佩芝　渡口攀枝花钢铁公司机修厂
王淑华　渡口攀枝花钢铁研究院
张念平　渡口市第一人民医院
李桂芳　渡口米易县城关一小学校
赵荷菊　渡口商业局河门口商店
石子莲　渡口市米易县麻垅公社二大队二队
李存芳　渡口市米易县头碾公社二大队十队
杨昌碧　渡口郊区新华公社胜利大队
龙联云　自贡井扑设计研究所工程师
贺启先　自贡市硬质合金厂五车间
汤宽从　自贡市鸿鹤化工总厂二氢甲烷车间工人
邓淑能　自贡市水泥厂
马秀珍　自贡市长征机床厂食堂
李舜英　自贡市文工团演员
朱佩英　自贡市第一人民医院
熊成秀　自贡市第二中学校物理教师
彭爱群　自贡市第一幼儿园
白忠惠　自贡市东兴化工厂
彭俊英　自贡市贡井区艾叶公社石辊七队
刘正芳　自贡市郊区联络公社中心大队九生产队
邬淑芳　自贡市郊区高峰公社高峰三队生猪饲养员
江富荣　自贡市大安区高硐街道办事处
朱淑兰　自贡市大安区胜利公社大塆一队
丁淑玉　自贡市荣县过水公社一大队一生产队
赵淑芳　荣县长山公社双河三队队长
吴志君　自贡荣县附北公社妇女主任
李廷芬　泸县奇丰区委
陈继群　泸县妇联福集区妇女办事处
马仕芬　泸县喻寺区加明公社新华五队幼儿园
王礼琼　南化县白沙公社构庄四队大队妇女主任
汤天秀　德阳县德新公社长江大队
陈继秀　绵阳市城郊区石矿公社新民大队任党支部书记
曾中惠　绵阳地区平武县古城公社火炬大队双坪生产队
范淑华　盐亭县高灯公社二大队一队
闫翠兰　广元县新场公社团结水库
浦永芬　广元县西北公社元西五队
罗永秀　蓬溪县金桥公社一大队二队

宋世方　南溪县大坪公社新星四队
何修连　巡场区附城公社坝底九队
张学兰　珙县巡场供销社
张龙珍　筠连县礼义公社西泉大队二生产队
李国清　筠连县廉洁公社联络大队支部书记
朱显英　古蔺县中城区彰德三八养猪场
褚骥英　泸州医学院附属医院妇产科副主任
曾宪华　宜宾地区园艺科研究所
胡元君　宜宾地区文工团
郑代伟　江安县农场
李泽茗　宜宾造纸厂
钟小曼　宜宾五粮液酒厂城区生产车间“三八”酿酒妇女小组
刘廷先　兴文县遡武公社胜利大队妇代会主任
喻亨珍　合江县先市区先市公社八大队六生产队
徐志能　合江县望龙公社大院子大队支部书记
陶体香　古蔺县德跃区箭竹公社团结大队
庞义祥　纳溪县护国公社凤仪大队
陈章英　纳溪县新太公社石银大队
李宗莲　高县怀远公社解放一队队长
范慈珍　高县蕉村公社巩固二茶场场长
彭迈友　屏山县龙华区龙华公社会河大队
张兴明　叙永县两河区两河公社保丰大队第二生产队社员
庞德富　叙永县共乐区共乐公社党委副书记
陈欣珍　江安县说坝公社新隆大队
杨德金　江安县铁清公社
张崇贵　长宁县三元公社党委书记
罗付琼　长宁县农胜公社八一大队第七生产队蚕桑小组组长
林明英　富顺县广福公社勇谋大队十一队社员
邹代芬　富顺县牛佛区卫生院助产士
蒋德先　富顺县福善公社下口大队妇代会主任
陈致德　宜宾市工矿贸易公司
韩光棵　宜宾市医院
周菊生　泸州市皮革厂
陈祖芳　泸州市南城公社
肖开富　宜宾县大塔公社田竹生产队
庞玉兰　宜宾县合什公社养猪场
刘婉芬　宜宾市涌泉街妇联主任
余文贵　绵阳丝绸印染厂缫丝车间
孙永莲　广元棉纺织厂
周素清　三台县乐安区和平公社十一大队四生产队
周万珍　三五三六工厂四车间
姚素芳　江油县养路段
阳庭会　四川玻璃纤维厂

赵翠文　旺苍县黄洋公社农机站
王福华　旺苍县供销社中药材公司
赵淑华　绵阳地区平武县古城营业所
蔡书华　三台县金石区云同公社四大队
陈秀珍　三台县城郊区东山公社三大队十一生产队
邓永香　剑阁县城关镇一小
刘　沙　绵阳地区第一人民医院
童学琼　德阳县孝感公社团结大队
王彦军　射洪县棉纺织厂织布车间
吴晓云　绵阳市无线电厂
蒋隆荣　绵阳地区遂宁县印刷厂
尚桂珍　江油县青林公社六大队六生产队
米昭秀　遂宁县先锋公社一大队九队
刘兴珍　安县兴隆公社柏林四队大队支部书记
文秀英　江油县三合工区合作理发店
邓伯华　盐宁县八角公社妇女联合会
胡正秀　青川县大石区大石公社前河大队
窦在林　青川县青溪区东风公社红旗大队
冯会章　绵竹兴隆公社农科站
任荣秀　绵竹县九龙公社八大队八生产队
陆培然　北川县桃龙公社桃红大队
李光珍　中江县龙怀公社三大队三队
米召芳　剑阁县闻溪公社化林大队
王翠兰　中江县广福公社十大队七队
钱时珍　德阳县孝感公社红光大队
董廷秀　梓潼县建新公社红光大队七生产队
刘炳玉　梓潼县城郊公社西河大队四生产队
胡素荣　蓬溪县红旗公社农场
唐开秀　安县介牌公社农集六队大队支部副书记
何丰贤　射洪县新溪公社一大队七生产队

贵州省

张厚荪　贵阳市规划设计院副工程师
胡和声　息烽县农业局
金婉棣　盘江矿务局火铺矿洗煤厂技术员
喻衣良　罗甸县农科所技术干部
郭麟书　威宁县农科所技术员
王正华　省地震局毕节综合地震台技术员
陈毓蔚　中国科学院贵阳地球化学研究所副研究员研究室主任
左春芬　贵州科学院植物园技术员
邱蕴玉　省地质局第八普查勘探大队实验室地质工程师
李鸿韵　贵阳市京剧团

刘玉田　贵州省话剧团
陆慧卿　贵阳铁路分局都匀铁路医院妇产科
王学英　铁五局四处计划生育办医士
徐莲月　国营风华机器厂
王泰茑　省商业局幼儿园医务室
李勇兰　省人民医院护士
杨国敏　黔西县大关区化屋公社赤脚医生
周惠良　黔东南州医院护士长
程光星　黔南州第一人民医院内科副护士长
吴春梅　松桃县正大公社正光大队赤脚医生接生员
曾光淑　遵义县医院外科医生
郭宗玲　凤冈县人民医院
陈肇端　贵阳市妇幼保健院医师
陆惠英　贵阳妇产医院
费文惠　贵州省体委
袁德华　铜仁地区新华书店门市部主任
李太珍　贵州省新华书店松桃支店副经理
陈芳菊　惠水县城关镇派出所民警
刘素华　贵阳云岩区贵乌办事处第八居委会妇代会主任
徐德义　凯里县凯里镇北京东路居委会主任
许明芬　贵阳市云岩区黔东办事上第十居民委员会主任
梁玉英　贵阳市甲秀小学
熊辅华　贵阳二十七中
周紫阳　安顺地区实验学校
康洪志　安顺市第八小学
王惠业　安顺地区师范学校
沈前素　遵义市第二中学
刘文英　思南县中学教师
付达梅　松桃苗族自治县乌罗公社前进大队小学教师
王鹤仙　兴仁县下山公社民办小学
张梦琼　都匀县牛场农中教导主任
王时明　黔东南师专附中
周次萍　毕节县二中化学教师
李贵真　贵阳医学院生物学教研室教授
黄惠芬　遵义医学院寄生虫教研组
蔡琴芳　贵阳师院讲师
李碧云　省供销社幼儿园
刘成芬　织金县城关镇北门办事处新华北路幼儿班教师
胡廷英　黔南州红星保育院院长
周云锦　贵阳市南明区教师托儿所所长
李应成　务川县丰乐区黄都公社东方红大队
张　惠　织金县珠藏区供销社营业员
周德英　都匀市百货公司二商店针织二门市部主任
任崇荣　道真县药材公司
张桂珍　贵阳市食杂公司前进商店前卫门市部主任

潘兰荣　省储备局五三一处招待所服务员
颜群英　毕节县林口区供销社旅社服务员
仇贵芳　威宁县黑石头区供销社服务员
何道琼　独山县饮食服务公司饮食二门部生产组长
陈昌顺　兴义县饮食服务公司
江云仙　遵义饭店
刘国玉　安顺市赵一曼旅社
胡秀华　安顺地区行署第三招待所
朱克玉　纳雍县乐治区妇联主任
阮秀珍　威宁县羊街区妇联主任
杨才学　黔西县花石公社妇联主任
肖志云　贵阳市南明区妇联主任
汪琼芬　安顺县云峰公社妇联
朱东华　清镇县高乐公社妇联
李惠林　息烽县养龙司公社妇联
张国英　普定县朵贝公社妇联
张家珍　关岭县花江镇妇联
夏国芬　修文县扎佐区清让公社妇联
骆元斌　镇宁县江龙区关山公社妇联
伍朝敏　紫云县落河公社妇联
王国莲　平坝县东歌公社妇联
李家玉　开阳县马场区谷扬公社妇联
杨明秀　紫云县牛场坡公社妇联
张黔西　遵义县三合区妇联
梁昌友　桐梓县羊矿区妇联主任
简祖柳　正安县天楼公社妇联
张云秀　六枝特区郎岱区妇联主任
陈怀美　水城特区杨梅区高石公社革委副主任
张珍风　水城特区城关区教场公社妇联主任
刘永琼　兴义县泥凼区箐口公社妇联
汤龙英　安龙县盘水区江西坡公社妇联
杨文芬　长顺县摆所区尅炳公社革委副主任
陆景珍　贵定县云务区谷撒公社妇联主任
雷安英　瓮安县草塘区太平公社党委副书记
张秀莲　三都县普安区妇联主任
余祥芬　威宁县么站区副区长
孙淑兰　黔东南州农机厂党委委员车间党支书
陈秀绒　盘县特区午昌公司屠宰场工作员
崔志英　遵义县委办公室
陈津风　贵阳市计委
杨学惠　毕节县生机公社方家井生产队妇代组长
李明德　金沙县岩孔区古新公社金江大队党支部
李发碧　金沙县城关区干田公社红卫大队二小队社员
陈绍明　黔西县青杠公社前进大队光辉生产队猪场饲养员

王启珍　黔西县猴场公社石棵大队第二生产队队长
王根银　毕节县杨家湾区栖拉公社水银大队金星二队队长
翟继书　毕节县海子街沙邵公社沙地大队第三队队长
苏文芬　大方县响水公社野拉大队野拉生产队拖拉机手
王正英　大方县六龙区渣坪公社渣坪三队社员
张光玉　台江县东片区东片公社东寨大队妇女主任
吴梅英　黎平县坑洞公社高构大队党支部书记
杨凤梅　天柱县天柱公社联山大队妇代会副主任
龙润珍　黄平县旧丹公社东风大队妇代会主任
陈水秀　三穗县城关公社新寨大队党支部书记
田景昌　剑河县温泉公社内寨大队妇女主任
杨应金　镇远县江古公社山背大队妇代会主任
刘忠莲　麻江县又诗公社大堡大队妇代会主任
余闹里　雷山县桥港公社新塘大队
陈秀英　赫章县青山区田坝公社永康大队党支部书记
田国秀　纳雍县百兴区百兴公社公鸡山生产队队长
丁德英　纳雍县张维区杓坐公社杉树脚生产队饲养员
周琪艳　织金县挂果区新华公社包包寨生产队社员
王德凤　纳雍县百兴区百兴公社新街生产队
张秀呷　赫章县六曲河区六曲公社田湾生产队队长
周清明　大方县理化区长春公社法乐大队妇代会主任
邓秀珍　织金县化起区太平公社老乌山大队高坡生产队社员
丁顺珍　兴仁县马家屯公社前一队
韦天芬　册享县冗县公社冗洪大队
廖杨妹　望谟县二泥公社团保大队
罗朝芬　罗甸县城关区板庭公社红岩大队妇代会主任
姜素珍　惠水县城关镇新光大队胜利生产队队长
石泽芬　三都县九龙区中和公社中和大队民兵副连长
覃爱银　荔波县城关镇板去大队妇女主任生产队长
王友珍　福泉县龙昌区团阳公社枫香树大队妇女主任
陈云珍　龙里县莲花公社莲花大队副支书

罗化莲　独山县兔场公社苗渊大队妇女主任
张正珍　平塘县西关区大塘公社大塘二队妇女队长
罗绍平　都匀县墨冲区良亩公社良亩大队第四生产队妇女队长
李碧珍　瓮安县玉山区鱼河公社板寨生产队队长
袁征素　镇远县羊场公社金盆大队
吴庭珍　凯里县旁海公社猴场大队
王福英　榕江县料里公社料里大队
王治珍　丹寨县龙泉区舍钟公社高跃大队
吴妹珍　榕江县桥来公社桥来大队
张祖兰　黎平县洪州区龙安公社五星大队
王仙桃　岑巩县羊桥公社丁坪大队
吴奶肯　从江县高塔公社高塔大队
孙桂梅　天柱县高让区高让公社三寨大队
赵凤仙　沿河县中界公社新光大队妇女主任
向志英　印江县木黄区新业公社芙蓉大队妇代会主任
张万珍　石阡县城关公社城关大队茶场副场长
田桂花　万山特区高楼坪公社甘塘生产队
陶春花　铜仁县川硐区川硐公社地曼一队
刘成芬　六枝特区新场区拖拉机站驾驶员
王小仙　盘县特区乐民区乐民公社乐民大队党支书
龙远珍　贞丰县旗洋公社塆坵大队
张智荣　晴隆县蔡家公社兽医员
耿仲琴　兴义县下午屯公社乐立大队
余华芬　安龙县洒雨区古里公社陇桥大队林场
杨绍芝　晴隆县新民公社新民一队
朱文礼　凤冈县丰岩区丰岩公社中山大队
王美英　务川县镇南区桃符公社红星大队
石妹菊　松桃太平公社石榴大队妇女主任
覃银桃　铜仁县瓮慢公社毛扣生产队队长
舒顺弟　玉屏县麻音坝公社双龙大队支部书记
吕胜香　德江县朝砥公社党委委员长坝生产队妇女队长
申金梅　德江县冷水公社中和大队漆场组长
胡秀英　江口县兴隆大队潘家队队长
严玉兰　石阡县龙塘公社先锋大队龙沟生产队队长
曾胜香　思南县长信公社双龙大队支部

书记

汪国秀　绥阳县黄阳公社群裕大队红星生产队

古良珍　遵义县虾子区青山公社槽木大队

雷兴福　遵义县高坪区鸣庄大队妇代会

闫登巧　仁怀县茅坝区农井公社同联大队

杨群珍　仁怀县鲁班区五马公社红光大队

高朝芬　仁怀县中枢区茅台公社棉农大队

游冬秀　习水县小山元公社三元大队三元生产队

李方莲　习水县桑抠土河公社大山大队铁匠坡生产队

胡德贵　习水县狮子公社红卫大队

田应华　遵义市高桥公社干田大队三生产队

王玉婵　道真县旧城公社河西大队黎明生产队

杨昌连　余庆县白泥区红旗公社草坪二队

王少碧　余庆县松烟区松烟公社泡桐小队

冯友贤　湄潭县黄家坝协育公社幸福大队红庙小队

曾饶英　湄潭县高台区高台公社窑上大队

唐永芬　湄潭县鱼泉区鱼合公社鱼泉大队

郑绍芬　正安县石研公社七里坡改土工程“三八”战斗队队长

石秀珍　贵阳市乌当区野鸭公社龙泉大队第二生产队

黄学芬　贵阳市白云区沙文公社艳山红大队

曾贵莲　贵阳市花溪区中槽公社中院大队

刘天英　清镇县五里区麦格公社麦格大队马鞍山生产队

李德珍　镇宁县丁其公社小寨大队

丁明玉　普定县龙潭公社下寨大队

陈佑英　安顺县岩腊公社泉峰大队

黄桂芬　修文县城关镇沙溪大队

朱朝珍　关岭县康寨公社麻布大队

陈启珍　开阳县羊场公社水口公社前光大队

廖菊香　开阳县花力公社岩脚寨农科组

张学英　赤水县文华公社先锋大队治山生产队窑师

赵光仙　桐梓县安山区燎原公社火炬大队妇代会

娄义芬　桐梓县狮溪区狮溪公社柳中大队副支书

刘邦容　绥阳县郑场公社万里大队幸福生产队

曾玉先　绥阳县洋川区雅泉公社庆丰大

队

龙应华　遵义丝织厂

陆启英　思南县轻工业缝纫社主任

田素英　沿河县农机厂

张开莲　六盘水煤矿机械厂支柱车间班长

孙水珍　水城矿务局老鹰山选煤厂器材库保管员

尚桂兰　贵阳矿灯厂硫化班班长

罗桂珍　兴义地区马岭化肥厂

孙振华　都匀汽车运输公司炊事员兼保管

刘文英　都匀麻纺厂后纺车间生产班长

李金萍　贵州日报印刷厂

徐启珍　贵阳市花溪奶牛场

熊世芳　贵阳市建筑公司二处

李启芳　贵阳市铁锅厂

何素英　贵阳矿灯厂电池车间工人

蒋富章　贵阳染织厂挡车工

石秀珍　安顺地区药材公司中药厂

王群英　安顺市塑料厂

何登容　赤水县城关镇猪鬃厂

陈　玉　遵义市黄酒厂

李廷珍　黔东南州砂石厂

吴兰芳　贵州新华印刷厂六车间烤版组

杨木花　东方机床厂供运科炉料工段运输班班长

晏朝英　清镇农牧场第四生产队畜牧班班长

王广琴　贵阳农机工具厂工人

鲍依群　四机局永光电工厂 14 车间

罗明春　昆后第三五三五厂工人

袁海桃　水电八局五七综合厂电矿负责人

王玉群　水电部九局三处一队电焊工

滕玉珍　水城水泥厂机修车间电焊工

王怀芝　国家建工总局第四工程局二公司预制厂混凝土一班副班长

王志敏　水城钢铁厂水电厂库房

阮碧英　省工艺美术公司第一门市部

徐　莉　贵阳矿灯厂

周凤琴　贵阳棉纺厂前纺车间

胡克英　贵阳邮电局喷水池支局投递班

邹　稻　东方机床厂三车间

叶建萍　国营春雷机械厂分解工

刘德华　贵州电视机厂装配车间

王德秀　贵阳制药厂片剂车间

云南省

子亮秀　鹤庆县六合公社南坡五队

马赛菊　巍山县永建公社永瑞学校

王学荣　下关市粮油加工厂

邓丽梅　大理州农科所

朱兆兰　鹤庆县印刷厂

刘三妹　永平县龙街公社上村大队大麦地生产队

刘彩映　大理州电机厂

刘桂珍　大理州乔后盐矿
李　珍　宾川县太和公社东寺大队
李昆荣　大理州食品公司
李培菊　祥云县红周公社茨坪大队二生产队队长
李超林　洱源县邓川医院
董如兰　鹤庆县中江公社大坪子小学
陈映珍　弥勒县太花公社信用社
罗应秀　南涧县新民公社老家库生产队
郑季全　云龙县漕涧完小学校
段应吉　剑川县贸易公司糕点厂
姜来安　剑川县甸南公社永和一队
麻映香　祥云县东山公社
潘学芹　大理州永华煤矿
白光珍　姚安县官屯公社稗子沟大队岔河罗家队队长
白桂芝　大姚县仓街公社果园大队卫生员
朱仙兰　元谋县气象站
朱桂仙　禄丰县金山公社官场大队黄土坡小队
刘梅清　楚雄州粮食局
李仁英　牟定县河梁大队吕交城生产队
李玉珍　楚雄县大过口公社磨刀阱大队
李菊芬　楚雄州吕合煤矿
杨林英　禄丰县碧成镇碧城大队新胜街小队
杨珍兰　姚安县海子心大队大竹园生产队队长
杨永英　南华县雨露公社后甸大队袁家丫口队
普应芬　大姚县龙街公社匍甸大队妇女主任
吴子惠　楚雄州花灯团
何保英　楚雄县红旗公社桃园大队外六河生产队
何春仙　楚雄州造纸厂
宋运书　楚雄州良种场拖拉机驾驶员
段兰珍　武定县九厂公社禄金大队解加营生产队
施才英　双柏县大庄公社各三朗大队香树坡生产队
游桂芝　楚雄州禄劝县茂山公社茂山大队第九生产队
龚仕芬　永仁县永定公社糯达大队中村生产队
马　燕　东川市矿务局落雪矿二工区
陈正芬　东川市城建局绿化技术员
陈金盘　东川市东方红公社木树郎大队妇女主任
李家香　东川市老来红商店流动售货员
袁远珍　兰尼坪矿二坑二工区运输五队队长
丁桂连　安宁县八街公社窑坡大队第二生产队
马兰英　昆明市如安街肉食供应站
马德珍　昆明市十八幼儿园
孙秀花　昆明市官渡区关上民办托儿所

刘桂仙　昆明市煤建公司五华管理处龙翔中心门市
杜兰芳　昆明市华山饮食管理处白糕商店
杜荣华　昆明市环卫站
李凤兰　富民县赤旧公社龙潭大队
李银珍　昆明市供销社土产公司门市部
杨惠英　晋宁县新街公社安乐大队
何乃燕　昆明纺织厂
何明芝　昆明市国营第三农场
张凤英　昆明市西山区东风公社张家大队三队
张　玲　昆明市官渡区板桥公社沙井大队
张美青　昆明市西山区团结公社大兴大队
陈鸿玉　昆明延安医院
张国英　云南纺织厂
郑多纯　昆明钢铁厂机修厂
范玉英　昆明市中华小学
郑光娣　昆明市科委种子研究所
姚凤英　昆明市前进木器厂
高培英　昆明市晋宁县上算公社河泊大队
郭兰英　昆明市呈贡县洛阳公社小新册大队第一生产队
郭丽琴　昆明市新白塔巷居委会
曹风英　昆明铣床厂
潘金莲　昆明市土桥居委会
朱谷仙　昆明市盘龙区环城卫生院助产士
方有莲　梁河县河西公社帮读大队下勐连生产队
牙坦卯　畹町镇芒棒公社芒令生产队
张庆兰　芒市公路养护总段
张惠仙　陇川县清平公社卫生所
咩相闷　潞西县遮放公社户弄大队遮告生产队
管咩景　盈江县姐帽公社南多大队南多生产队
何凤英　泸水县花桥坝发电厂
汪从菊　兰坪县营盘公社沧东大队第三生产队
叶秀英　贡山县向阳公社别节娃大队别节娃小队
起友社　福贡县利沙底公社六大队米俄罗生产队
张金妹　碧江县匹河公社甲加大队支部副书记
立　称　中甸县大中甸公社
阿　拉　德钦县羊拉公社规吾大队
赵桂秋　维西县民贸公司前哨组
于兰馥　省第一人民医院副院长妇产科主任
王义明　云南天文台
邓兴惠　昆明地震仪器厂
尹兰泽　云大物理系讲师
代素芳　云南模具二厂二车间

刘青芸　玉溪汽车运输总站一车站
刘世英　省林业局江边林业局综合加工厂
齐秀丽　省外运公司修理厂
代光英　省轻工局一平浪盐矿采矿车间
关肃霜　云南省京剧院
何文英　民族学院总务处
苏容生　中国科学院昆明植物所副处长
李素梅　昆明附一院
张帮芬　昆明师院幼儿园
张素安　铁路局机关幼儿园
张家芬　昆明铁路分局昆明客运段茶炉员
陈云涛　云南中医学院中医师
郑明如　冶金局云锡公司第一冶炼厂机械工程师
林菊凤　元江县华侨农场第一队副队长
周阳秀　德宏遮放农场户拉分场
金正庸　云南省新华印刷厂
赵秀珍　云南省商业局职工幼儿园
段丽兰　云南省体委
段宝珍　昌宁县柯街华侨农场一队组长
师焕云　云南日报排字车间
陶　林　云南省妇联农村处处长
黄玉珠　砚山县平远街农场
康秀英　思茅农场八队组长
彭翠芝　云南省供销社
路云山　文山县天保农场跃进队工人
薛常瑜　省水利局设计院
马树英　蒙自县藏村公社石马脚大队党支部书记
王秀珍　开远县乐百道公社怡星大队新沟生产队
王美华　屏边县新观公社洪马塘大队妇女主任
古凤英　弥勒县西二公社西龙大队小麦地生产队队长
白陶玉　元阳县南沙公社妇联主任
李秀英　蒙自县草坝公社波黑大队妇女主任
李金玉　个旧市大屯公社妇联主任
李英背　绿春县骑马坎公社洞龙大队巴卡小队
杨琪芳　河口县商业局会计
杨琼芬　开远县乐百道公社田心大队下田生产队队长
邱小焕　个旧市锡城公社新冠大队老冠生产队队长
何美琼　石屏县人民医院内科护士长
张小冬　泸西县红卫公社山林大队第二生产队队长
张自英　元阳县攀枝花公社保山寨大队沙舞寨生产队
张美玲　建水县种子公司技术员
张毓英　个旧市反修小学教师
陈约收　红河县乐恩公社多脚大队新寨生产队队长
陈落丕　元阳县黄草岭公社堕碑大队妇

女主任
尚家英　泸西县金马公社雨龙大队第四生产队队长
罗香云　石屏县陶村公社松林大队副书记
罗桂仙　建水县渣腊公社雨尼大队妇女主任
周田荣　河口县桥头公社下湾子大队妇女副主任
段国兰　金平县林业局橡胶场工人
段琼芳　蒙自县电池厂车间副主任
昂学英　弥勒县西三公社马龙大队马龙生产队
洪文仙　弥勒县朋普公社小寨大队灰土生产队
黄自芬　红河州拖白煤矿炼焦工区副主任
黄金秀　金平县十里村公社亚拉寨大队丫口二队副队长
普居妹　红河县宝华公社妇联副主任
熊玉英　屏边县新华公社新华大队妇女主任
何美华　屏边县商业局贸易公司蔬菜门市部
丁惠淑　文山州农科研究所助理研究员
王吴氏　麻栗坡县董干公社马林大队
王咪迷　富宁县田蓬公社田蓬大队茅草坪生产队
王桂英　文山县攀枝花公社卫东大队副书记
王朝荣　砚山县阿基公社水坛大队哈库大队
韦现芳　西畴县法斗公社法斗大队联营厂
龙桂芬　广南县那洒大队第二生产队
卢朝用　马关县南捞公社小麻栗坡大队
朱桂英　麻栗坡县麻栗坡公社牛滚坛大队石盆第一生产队
刘叶华　西畴县东升公社老街大队
刘弟凤　广南县黑支果公社天生桥大队天生桥生产队
关凤鸣　文山分局堂上农场者古队妇女组长
杜正芬　富宁县田蓬公社金竹坪大队金竹坪生产队
李风英　广南县莲峰公社城关大队支书
李如英　砚山县盘龙公社三台大队
杨合妹　丘北县曰者公社丫堵新寨队
余翠珍　丘北县树皮公社矣得大队
张建琼　文山县杨柳井公社邮电所
张翠华　麻栗坡县坝子公社勐洞大队勐洞生产队
林晏玲　文山州邮电局工程师
莫兴会　砚山县维未公社淮未大队油房二队
陶开秀　马关县金厂公社金厂大队下金厂小队
黄子英　文山县德厚公社磺厂小学

黄菊芬　广南县旧莫公社里洋大队妇女主任
廖月春　富宁县洞波公社洞坛大队妇女主任
刀绍芬　镇源县恩乐公社先锋大队副支书
王小迷　江城县国庆公社哈播大队大山寨生产队
王兆秀　镇源县文龙公社登高大队妇女主任
王翠芝　景东县锦屏公社新民大队妇女主任
叶德仙　景谷县钟山公社民利大队大寨一队妇女队长
刘绮郁　思茅地区商业局综合厂饲养员
李玉英　墨江县联合公社章差大队妇女主任
咪召胆　孟连县勐马公社芒蚌生产队科技组长
娜　夏　西盟县新厂公社妇女主任
董娜妥　澜沧县富邦公社平安大队阿布鲁生产队队长
鲁文凤　景谷县碧安公社上寨大队妇女主任
普玉仙　凤岗盐矿家属农场党支部副书记
谭寿仙　普洱县凤阳公社金鸡大队七生产队
玉　涛　西双版纳州勐苍公社拖拉机站
尹明寿　西双版纳州农机厂
朱　的　西定公社南弄大队
咪　艳　景洪县普文公社曼飞聋生产队
李木室　施甸县水长公社小官市大队李家山生产队
李水会　保山县芒宽公社农技站
李若芳　保山新华工厂
李乐珍　保山县印刷厂
陈聪秀　龙陵县帮迈公社帮迈大队合作医疗
罗会成　昌宁珠街公社岔河大队
段登翠　昌宁县柯街公社扁瓦大队团岩生产队
郭嘉燕　保山第一中学校
黄素芹　施甸县七〇七食堂
董美兰　保山县板桥公社乌龙大队
刘正翠　腾冲县火柴厂
丁海英　永胜县东风公社
王桂珍　丽江县大研公社红卫一队
严庆芬　丽江地区制药厂
杨宗珍　华坪县永兴公社华荣大队二队
赵玉仙　丽江地区农科所
给苴茨尔　宁蒗县永宁公社泥鳅沟大队
加日万罗　宁蒗县跑马坪公社沙力坪大队王家村生产队
蔡天珍　华坪县新庄公社八德大队
叶英载　耿马傣族瓦族自治县孟定公社下城大队
字春林　云县茂兰公社中山大队大村生

产队
杨小胖　云县云城镇红星街一队
李廷英　凤庆县凤山公社安石大队中岭干生产队
何秀清　临沧汽车总站大修工间
邱廷竹　临沧县粮食局直属库
赵叶嘎　沧源县岩帅公社建设大队五小队
郭金珍　永德县小勐统公社小勐统大队大寨上队
俸爱国　双江县勐勐公社门乐大队门乐小队
俸家慧　临沧县城区公社南屏大队一队
曾朝英　凤庆县凤山镇
鲍小月　双江县沙河公社勐峨大队
穆小够　镇康县勐棒公社岔沟大队对门山生产队
陈金和　临沧养护总段柏油队
刘金凤　双江县妇联主任
马仕秀　玉溪县北城公社大营二队
王从秀　新平县者竜公社春元大队第四生产队队长
李粉团　华宁县盘溪下街大队妇女主任
李琼珍　易门县红旗公社浦具大队队长
李发英　峨山县塔甸公社第四生产队妇女队长
吴慧鸣　玉溪地区机床厂
沈汝华　通海县四街公社龚阳大队
张芬英　澄江县龙街公社双树大队妇女主任
杨树芳　玉溪县州二小学校
赵　英　新平县杨武公社杨武大队妇女主任
胡蓉仙　玉溪县饭店支部书记
陶关芝　江川县前卫公社前卫大队妇女主任
普桂芬　元江漫林糖厂
马元美　盐津县柿子公社水银大队
王世先　镇雄县大湾公社妇联
王正凤　昭通县乐居公社顺山十队
王启珍　昭通县靖安公社五星九队
王美兰　永善县马兰公社马兰大队龚家坪生产队
王桂才　绥江县农业公社联姜大队十生产队
孔莲英　鲁甸县文屏公社安阁大队
邓炳华　镇雄县人民医院妇产科
付启桂　昭通地区气象台
艾吉珍　威信县石坎公社河口大队
龙文珍　彝良县塘房公社塘房大队
朱美珍　大关县高桥公社车来大队十二生产队
成连飞　镇雄县南台公社南台大队教场坝生产队
李华福　水富区水河公社新田大队
吴学珍　彝良县牛街镇
杨开英　鲁甸县水磨公社海子丫口生产队

杨长香 绥江县太平公社太平大队第八生产队
杨熟良 昭通县永丰公社小闸三队
张开云 巧家县包谷垴公社包谷垴大队
张洪琴 镇雄县芒布公社粮管所
张兴菊 大关县大寨公社团结大队小琼山生产队
郑明珍 威信县新城公社田坝大队水云生产队
黄子秀 盐津县豆沙公社石门大队木香生产队
丁苏梅 宣威县榕城公社新文大队党支部副书记
马小花 陆良县板桥公社旧州大队
王小召 罗平县罗雄公社圭山大队妇女主任
王美丽 宣威县倘塘公社松林大队妇女主任
冯关志 沾益县大坡公社耕德大队山背后生产队
刘保珍 罗平县城关公社红星大队第三生产队
朱鸭美 陆良县马街公社海界大队第三生产队
李树香 曲靖县茨营公社大青大队卫生所
李桂兰 师宗县葵山公社者黑大队
杨欧泉 曲靖师范专科学校
杨绍翠 陆良县龙海公社皈依大队
杨桂华 宣威县妇联
何美英 嵩明县杨桥公社邮电所
邹琼仙 曲靖地区经济作物公司
沈静加 曲靖地区良种场
张玉莲 曲靖县三宝公社兴龙大队
张彦珍 富源县十八连山公社长村一队
张琼芬 曲靖地区被服厂
张惠英 宜良县妇联
张丽英 云南一四三队物测分队
陈桂芬 会泽县城关工农小学
董小白 曲靖补乃硫磺矿
董华兰 曲靖师范学校学校附属小学
范忠芝 马龙县通泉公社缪家田生产队
全顺英 嵩明县四营卫生所
周莲珍 沾益县沾益公社红星大队第一生产队
赵树兰 路南县尾则公社祖莫大队
赵淑英 师宗县竹基公社竹基大队第十一生产队
胡小桃 富源县大河公社脑山大队小堡子生产队
段玉仙 宜良县南阳公社党委副书记
姜迪芳 宜良县狗街公社卫生院
保培珍 会泽县雨碌公社小坝子生产队
梁小惠 曲靖地区面粉厂
蒋传美 寻甸县马街公社马街大队
普志英 曲靖地区毛纺厂
谢另珊 云南氮肥厂职工子弟小学
樊小香 宣威县格宜公社田边大队

西藏自治区

大米玛　西藏自治区第二招待所服务员
马婉玉　西藏农牧学院讲师
赵软苗　西藏自治区驻西安办事处电工
李荣常　陆军一一五医院妇产科医生
顿珠拉姆　西藏造纸厂组长
潘　多　中国登山队中华全国体育总会副主席
索朗曲珍　澎波农场牧工班班长
蓉　雅　西藏自治区交通厅工会干部
子　娣　西藏交通厅拉萨运输公司安多运输站工人
央　宗　西藏自治区公安医院内科护理员
次　旺　自治区计委拉萨综合公司保管员
格桑旺姆　西藏自治区畜科所助理技术员
刘秀英　西藏自治区驻兰州办事处组长
屈乃雪　自治区话剧团化妆师
魏育敏　那曲比如县妇联副主任
卓　措　安多县布曲公社妇联副主任
查　果　聂荣县查吾拉区妇联主任
阿　娘　比如县夏曲区夏曲公社妇联副主任
王淑芳　那曲邮电局营业员
德　庆　那曲县桑地公社放牧员
阿旺卓玛　嘉黎县改成公社民兵副班长
阿衣其美　那曲县红旗公社第三生产队生产队放牧员
罗　中　巴青县巴达公社牧业组组长
朗　宗　隆孜县新巴区新巴公社三队党支部书记
次仁拉姆　乃东县结巴公社党支部书记
益西卓玛　山南洛扎县曲吉麦公社三队放牧员
巴　珠　琼结县曲沟区拉云公社三队公社贫协副主任
格桑卓玛　措美县居巴公社妇联主任
央　宗　贡嘎县人民医院内科医师
岗旦曲宗　贡嘎县朗吉学区朗结学公社二队保育员
任芝欣　山南东辉中学教务副主任
旺　姆　错那县勒公社第一生产队组长
吾金卓玛　桑日县金林公社一队队长
曲　珍　措勤县达雄区夏东公社妇联主任
白　玛　阿里噶尔县粮食局出纳兼开票员
仁青卓玛　改则县物玛区色当公社一队放牧员
卓　玛　普兰县多游公社东吉巴生产队保育员
普　赤　日喀则地区交通局加加养护段班长
谢白羚　定日县措果区医生
拉姆次仁　聂拉木县江东区江林公社赤脚

医生
次仁普知 日喀则县穷让公社党支部副书记
玉　珍 吉隆县妇联主任
次仁卓玛 白朗县嘎东公社二队保育员
央金拉姆 樟木口岸立新公社赤脚医生
索朗旺姆 亚东县下亚东区仁青岗公社四队治保委员
尼　曲 仁布县德吉林区勇公社五队托儿所保育员
江羊拉姆 日喀则交通局莎陈养护段第十道班班长
伍　见 江孜县龙马公社三队保育员
陈世蓉 吉隆县机关托儿所保育员
明　玛 仁布县察巴公社六队放牧员
穷拉姆 日喀则地区农科所组长
昂旺曲旦 昂仁县多白区永结公社第二生产队放牧员
扎西德吉 拉萨市市政工程公司党委副书记副经理
次仁巴桑 尼木县尼木区曲林公社四队公社党支部副书记
旺　姆 林周县阿朗区布岗公社第五生产队生产队长
加央卓玛 拉萨市市政工程公司清洁队分队长清洁工
张淑芝 拉萨市邮电局机要站业务员
小达娃 拉萨市百货商店售货员
阿旺次仁 达孜县拉木公社放牧员
索　姆 曲水县曲浦公社一队副队长
次　基 堆龙德庆县东嘎公社六队副队长
央　宗 墨竹工卡县门巴区门巴公社二队放牧员
德　曲 当雄县甲根多公社第一生产队挤奶组长
参　阿 城关区东风办事处反帝公社四队放牧员
恰巴索朗卓玛 拉萨市政协副主席
张爱武 林芝县妇联主任
松桑姆 拉萨市墨脱县社员
扎西旺姆 昌都丁青县县委常委
洛桑卓玛 昌都地区芒康县盐业公社党支部委员
贾瑞萍 昌都地区第二小学教员
巴　西 昌都地区江达县养护段十五道班江达段党支部委员
扎西拉姆 昌都地区左贡县普绒公社党支部书记
向巴玉珍 昌都地区八宿县糌粑加工厂负责人
巴灯旺姆 昌都地区洛隆县新荣区打龙公社第一生产队放牧员
次成旺姆 昌都县俄洛区加林公社朱各队放牧员
朱树良 昌都泸定运输站事务长
卓　玛 昌都地区粮食局直属库搬运组副组长

公　秋　昌都预制厂工人
向求拉姆　昌都地区类乌齐县生城公社饲养员
扎　珍　昌都地区江达县德登区豆扎公社地普生产队第五作业组组长
王　芹　昌都扎木医院医士
郑　拉　左贡县妇联主任

陕西省

周超如　榆林毛纺厂准备车间
张秀英　榆林地区榆林县制革厂
刘金梅　榆林地区府谷县地毯厂
陈德银　延长油矿
王会珠　铜川市电机厂
王翠平　铜川矿务局王石凹煤矿“五七”办
王雅秋　耀县水泥厂
戴莉娜　铜川市通用机械厂
张凤琴　宝鸡地区凤翔县印刷厂装订车间
刑素芬　宝鸡石油综合机械厂
张宝改　宝鸡市公共汽车公司二队
孙凤贤　宝鸡桥梁厂五七工厂
谢美荣　陕棉十二厂准备车间
冯淑琴　宝鸡仪表厂
孙栏兰　宝鸡市耐火材料厂
刘玉珍　渭南地区临潼县砖瓦厂
腾艳兰　渭南地区华阳县棉织厂
翟福兰　西北国棉一厂
李晓莉　西北国棉二厂
尹莉娜　陕棉二厂改造车间
张桂珍　咸阳地区户县面粉厂
白炳兰　西北国棉七厂准备车间
李秀云　咸阳地区咸阳市革命街公社劳保厂
杨玉爱　陕棉八厂
孙淑英　咸阳地区咸阳市印刷厂
王春娥　陕西毛纺一厂
方春玉　安康地区丝一厂前缫二车间
罗慕兵　陕西汉中汉江工具厂
李栏兰　汉中地区勉县砖瓦厂
尹和莲　商洛地区镇安县化工厂
张锦华　西安市电缆厂
张志秀　西安市石油勘探仪器总厂二分厂
王秀英　西安市第四建筑公司三八粉刷班
毕玉珍　西安市人民搪瓷厂
程善英　西安市电池厂
陈秀英　西安市胶鞋厂成型车间
蔡自秀　西安市内燃机配件厂
张明秀　西安市复新冶炼厂
陈淑芹　西安市新城区胶辊厂
许秀芹　西北国棉五厂准备车间丙班
仝翠兰　省第十棉纺织厂细纱车间乙班
华惠英　省建工局机具修造厂

齐悦兰　东方机械厂
王焕银　铁道部第一工程局建筑处二队四小队
丁宪凤　西安林产化学工厂
王桂芬　西安邮电部第十研究所
卢翠连　榆林地区神木县乔岔滩公社乔岔滩大队
蔡天芳　榆林地区佳县乌镇公社高西沟大队
阎芝英　榆林地区榆林县董家湾公社新农村大队
韩桂清　榆林地区清涧县李家塔公社李家川大队
冯建芳　榆林地区吴堡县丁家湾公社张家山队
郝桂芳　榆林地区绥德县张家砭公社五里湾大队
郑兰珊　榆林地区定边县白湾子公社白湾子大队
高存改　榆林地区神木县大保当公社社办柳编厂
常秀英　榆林地区米脂县高渠公社高西沟大队
侯生俊　志丹县城关公社杨畔大队
白玉莲　延安地区黄龙县崾崄公社崾崄大队
孟芝珍　延安地区安塞县楼坪公社南沟大队
王云英　延安地区黄陵县城关公社二大队
李仁香　延安地区洛川县槐柏公社瓜里大队
王炳莲　延安地区延川县文安驿公社下驿大队
宋金扣　延安地区富县羊泉公社下立石大队
张凤莲　延安地区延长县雷赤公社赵家山大队
陈桂香　延安地区宜君县山岔公社壤地庄生产队
郝志芳　子长县热寺湾公社王家沟大队
谭秋花　宝鸡地区武功县车站公社苓家村大队
王永智　宝鸡地区宝鸡县宁王公社垚底大队
杨志珍　宝鸡地区太白县桃川公社白杨原大队
张梅香　宝鸡地区扶风县上宋公社龙渠寺大队
李烈爱　宝鸡地区岐山县落星公社落二大队
朱玉莲　宝鸡地区太白县终南公社凉峪大队
曹　改　宝鸡地区千阳县草碧公社屈家湾大队
刘玉红　宝鸡地区宝鸡县马营公社明星大队
么拉元　宝鸡地区宝鸡县周原公社高里

大队

杨凤兰　宝鸡地区凤县岩湾公社韩家庄大队

杨玉惠　宝鸡地区千阳县文家坡公社柳家原大队二队

张凤亭　宝鸡地区凤翔县郭店公社三八女子钻井队

张开梅　宝鸡地区千阳县寇家河公社白善坊大队第四队

张　莲　宝鸡地区眉县城关公社东关四队

杨存占　宝鸡地区眉县眉站公社马家大队

赵莲花　宝鸡地区陇县东风公社兴中大队

郭春秀　宝鸡地区麟游县桑树塬公社桑树塬大队

刘玉秀　宝鸡地区麟游县阁头寺公社阁头寺大队西华沟生产队

刘玉珍　宝鸡地区扶风县揉谷公社除张大队第一生产队

冯水梅　宝鸡市四季青公社联盟大队

张秋香　渭南地区渭南县双王公社八里店大队

薛俊秀　渭南地区渭南县双王公社双王大队

郑腊香　渭南地区大荔县石槽公社张家庄大队

张润叶　渭南地区大荔县范家公社雷北大队

侯玉琴　渭南地区大荔县八鱼公社八鱼大队

高贞贤　渭南地区华阳县兴建公社乔营大队

范养兰　渭南地区澄城县醍醐公社北酥酪大队

王粉肖　渭南地区华县侯坊公社侯坊大队

孙淑琴　渭南地区临潼县西泉公社麦王大队

曹竹香　渭南地区渭南县白杨公社红星大队

刘东线　渭南地区渭南县官道公社友好大队

徐玉侠　渭南地区临潼县北田公社滩王产院

屈芝凤　渭南地区蒲城县龙池公社埝城大队

山秀珍　渭南地区潼关县太要公社西堡障大队

高咪娃　渭南地区富平县东上官公社皂西三八猪羊场

雷冬香　渭南地区合阳县甘井公社武阳大队

刘桂花　渭南地区潼关县代字营公社代字营大队

雷菊侠　渭南地区合阳县伏六公社北伏蒙大队

张桂兰　渭南地区蒲城县罕井公社北白堤大队
杨素珍　渭南地区白水县北原公社王庄大队
雷梅英　渭南地区韩城县薛峰公社峰川大队
王灵珍　渭南地区澄城县庄头公社垆洼大队
李巧珍　渭南地区渭南县龙北公社南袁大队青龙学校
赵贤若　渭南地区大荔县安仁公社新华大队
王惠玲　咸阳地区乾县吴店公社吴店大队
赵淑云　咸阳地区三原县鲁桥公社楼底大队
杜元贤　咸阳地区礼泉县烽火公社烽火大队
张惠玲　咸阳地区彬县城关公社南街大队
赵桂兰　咸阳地区泾阳县白王公社三八林场
胡花花　咸阳地区乾县关头公社咀头大队
李菊玲　咸阳地区泾阳县雪河公社山东庄大队第五队
梁玉兰　咸阳地区周至县哑柏公社向阳大队
张爱莲　咸阳地区彬县水口公社张堡大队
陈玉芳　咸阳地区淳化县方里公社方东队
张亚凤　咸阳地区长武县城关公社民兵通讯连女司号班
刘秀英　咸阳地区户县秦渡公社电修厂
洛生华　咸阳地区兴平县庄头公社吴贺大队
刘翠娥　咸阳地区礼泉县南坊公社东峰大队
张秀英　咸阳地区永寿县店头公社苏家原一队
魏　玲　咸阳地区礼泉县裴塞公社裴寨大队
黄素云　咸阳地区周至县楼观公社周一大队
陈辉荣　安康地区紫阳县西河公社共辛大队
张吉才　安康地区岚皋县小沟公社安坪一队
陈美蓉　安康地区汉阴县双溪公社高峰大队
芦世友　安康地区紫阳县深阳公社复兴五队
方加清　安康地区旬阳县桐木公社五星六队
汪宗莲　安康地区旬阳县竹筒公社卫东六队
唐六芝　安康地区镇坪县钟宝公社高桥

十二队
程定银　安康地区宁陕县梅子公社女王大队东岳庙生产队
刘家贤　安康地区安康县洪山公社东风二队
程光萍　安康地区石泉县饶峰公社饶峰四队铁姑娘排
徐辉翠　安康地区汉阴县永宁公社
王　琴　安康地区平利县三坪公社六一大队
梁玉珍　汉中地区勉县汪家河公社树林二队
翟海贤　汉中地区洋县引西工程指挥部
王佐芳　汉中地区镇巴县平安公社土桥大队
蒙秀花　汉中地区洋县小江公社张村大队
刘素英　汉中地区宁强县八海公社张家坝大队十二队
李素玉　汉中地区城固县原公公社西元大队
贺桂英　汉中地区略阳县平沟公社杨家岭大队
宋桂英　汉中地区西乡县三花石公社杨岭大队
张桂芳　汉中地区南郑县石拱公社南堂大队
陈秀清　汉中地区南郑县红光公社民光大队
葛秀英　汉中地区西乡县西乡葛石公社葛石大队
李芝兰　汉中地区汉中县石马公社张万营七队
杨巧云　汉中地区勉县东风公社团结大队
杨兰英　汉中地区佛坪县十亩地公社十亩地二队
曹素兰　汉中地区城固县桃元公社大坝四队
任巧云　汉中地区留坝县柘梨园公社锅厂大队
孟远兰　商洛地区柞水县周垣公社桃园大队
王银珰　商洛地区丹凤县商镇公社五一大队
王金莲　商洛地区山阳县高坝公社桥耳沟大队
刘　粉　商洛地区商县龙山公社刘河大队
廖秀英　商洛地区丹凤县武关公社惠家坪大队
陈学云　商洛地区镇安县峠峪公社桂花大队
潘桂兰　商洛地区洛南县李河公社胜利大队
刘友秀　商洛地区镇安县长哨公社孙家砭大队
杨晓霞　商洛地区商县城关镇西关大队

周大莲　商洛地区柞水县太河公社秦丰大队
罗白英　商洛地区洛南县古城公社红星大队
马国凤　商洛地区山阳县法官公社
关桂贤　西安市长安县杜曲公社寺坡大队
冯素芳　西安市郊区六村堡公社关庙大队
房淑芳　西安市郊区洪庆公社下鲁峪大队
马英兰　西安市长安县韦曲公社东韦大队
马晓军　第四军医大学第二附属医院
申玉梅　原 84601 部队医院医务处
唐　俐　延安地区吴旗县气象站
芦道仙　渭南地区沙苑农场
王爱芹　汉中地区气象台
陈素华　商洛地区气象局
鲁敬莲　安康地区安康县恒口区委
兰翠珍　汉中地区汉中县妇联
鱼桂兰　汉中地区宁强县大长沟公社
高晓慧　榆林地区横山县百货公司
张志茹　延安地区延安市百货第四门市部
李淑英　宝鸡地区宝鸡县蔬菜公司二村门市部
李文海　宝鸡地区武功县代甲公社供销社
杨惠英　宝鸡市百纺公司东方红商店
王　岩　渭南地区华县城关粮站车站门市部
贺芝侠　渭南地区大荔县城关供销社
孙林竹　渭南地区韩城县龙门商店人民旅社
刘碧珍　咸阳地区周至县马召购销社
黄玉修　咸阳地区兴平县五女收购站
谢玉兰　安康地区安康县粮食局城关粮管所巴山粮店
谢明清　汉中地区南郑县新集供销社
周满意　西安市碑林区太乙路办事处跃进缝纫厂
司马荣　西安市莲湖区秦兴食品店
刘桂香　西安市油脂批发部童家巷油脂门市部
高兰英　榆林地区佳县副食公司人民旅社
吴凤莲　榆林地区靖边县饮食服务公司
陈凤兰　咸阳市国营一食堂
于素梅　西安市大众浴池
宋爱玲　西安市饮食公司新安餐厅
唐玉莲　新征机械厂招待所
延春萍　榆林地区绥德县城关幼儿园
刘玉新　铜川市七一路百货商店托儿所
向仁智　汉中地区镇巴县机关托儿所
何继凤　商洛地区洛南县幼儿园
玉美英　西安市新城区托儿所
郭菊仙　西安市青年路办事处育红幼儿

	园
王玉琴	西安市秦腔一团
李瑞芳	陕西省戏曲剧院
雷素卿	榆林地区子洲县医院
孙联珍	延安地区医院妇产科
阿桂花	延安地区延安市蟠龙公社地段医院
李淑侠	宝鸡地区岐山县医院
陈声芬	宝鸡市渭滨医院
陈宝珍	渭南地区渭南县医院
杨采英	渭南地区蒲白矿务局白水煤矿医务所
申芳琴	渭南地区华县少华公社卫生院
姚竹君	咸阳地区周至县医院
茅　麟	安康地区白河县医院
王健和	汉中地区汉中卫校附属医院化验科
徐文珍	商洛地区商县医院妇产科
刘金惠	西安市第四医院妇产科
王秉正	西安医学院第一附属医院
郑玉善	西安市东郊第一职工医院
王菊仙	省妇幼保健院
丁转芹	渭南地区体育班
余纪莲	铜川矿务局三里洞煤矿
杜娥叶	省地质局第二水文地质队
韩元中	安康地区蚕桑研究所
徐永基	西北建筑设计院
彭瑞襄	五机部二〇六所
李守恒	水电部热工研究所
陈湫阳	西北植物研究所
卢剑国	西安市郊区水电局水工队
王瑞芳	榆林地区靖边县城关小学
吴凤英	延安地区甘泉县府村公社东沟中学
韩冠菊	延安地区宜川县城镇公社城关小学
陈孝章	陕西延安中学
杜秀兰	宝鸡地区陇县西大街小学
王景阁	渭南地区澄城县城关小学
吴松筠	咸阳地区三原县中山街小学
宁淑良	咸阳地区旬邑县张洪联小
查振坤	安康地区汉阳县城关新街小学
桑蕗茵	汉中地区汉中县武乡公社东村小学
焦德敏	汉中师范学院
张其惠	汉中地区略阳县东关小学
王文芳	西安市九十一中学
曹蔚清	西安市八十三中学
李瑞鸾	西安市莲湖区大庆路小学
王德慧	西安市新城区尚德路小学
何　明	西北工业大学 401 教研室
杨淑瑜	国营秦峰机械厂
刘秀英	宝鸡市上马营公社西一居委会

甘肃省

周永革	长庆油田地质调查指挥部机修

站工人
王仁娣　兰州市肉联厂班长
金荷英　兰州石油化工机器厂一分厂车工
洪凤珠　第四冶金建设公司一公司运转班副班长
朱美兰　国家地质总局西北地质探矿机工厂车工
达秀珍　外贸局土畜产公司皮毛加工厂工人
周荣华　虹光电子管厂车工班长
杨菊英　白银针织厂工人
杜亚丽　兰州棉纺织厂准备车间工人
保秀英　兰州一毛厂二车间生产副组长
解庆芳　甘肃绒线厂染整车间成品检验工
朱　怡　天水长城电工仪器厂模具车间工人
王桂荣　兰州轴承厂工人
李金贞　金川有色金属公司机修厂喷漆组组长
赵惠珍　陇西冶金设备制造厂加工车间车工
李若芳　省建工局四公司四〇三工程处库工
张兰萍　兰州电器厂工人
马恒仙　金川有色金属公司龙首矿机修车间焊工
关书芹　白银有色金属公司机修厂车工
牛有兰　兰州市市政公司第三工程处道路五班班长
王顺君　酒泉汽车修理厂车工班班长
赵秀娟　甘肃省食品公司陇西肉联厂车间副主任
汪志金　兰州炼油厂化工分厂工会主任
赵爱菊　甘南州印刷厂排字车间主任
周淑英　清水车站客运室值班员
魏荣珍　兰州动力机械厂工人
段玉琴　甘肃光学仪器厂设备科保管员
徐芝琴　兰州新华印刷厂一车间生产组长
张翠香　兰州制药厂机修车间车工
张玉玲　兰州化学工业公司三〇三厂一〇四车间工人
曹玉兰　省地质局第三地质队汽修工
顾优凤　省建工局第一安装公司一处焊工
罗文静　省电信器材厂绕线工
毕美英　兰州市联运公司一队机动板车司机
缪宪莲　环县工程队木工车间工人
张岁英　天水地区制药厂工人
张明娥　兰州市第二毛纺织厂工人
唐桂兰　天水地区果树所园艺场工人
王春梅　天水市毛纺织厂工人
马索非牙　临夏县八坊地毯厂工人
孔文玉　临夏州邮电局报务班班长
莫素蓉　崇信县邮电局报话班副班长

宋惠和　嘉峪关市新华街电机修理门市部负责人
冉桂英　定西县青岚公社大坪大队党支部书记
李朵金草　天祝县阿沿沟牧场放牧员
李付春　安西县西湖公社红柳岭大队党支部书记
杨林爱　舟曲县大川公社老庄大队副支书
张玉娥　正宁县宫河公社姚家川大队党支部书记
王秀莲　临夏县三角公社大鲁家大队党支部书记
周勤花　天水县甘泉公社文家庄大队党支部书记
朵珍花　肃南县西水公社二加皮生产队支部书记
李菊英　高台县巷道公社八一大队支部副书记
宋彩莲　徽县嘉陵公社高崖大队党支部书记
余秀兰　敦煌县肃州公社魏家桥大队党支部副书记
张玉莲　秦安县魏店公社陈庄大队党支部副书记
王秀兰　酒泉县东洞公社棉花滩大队党支部副书记
马春梅　庄浪县永宁公社河湾大队党支部副书记
唐克英　康县白柏公社贺家坝大队党支部副书记
李凤英　成县南康公社新光大队党支部书记
李双喜　临潭县长川公社长川大队党支部副书记
雷喜莲　庆阳县什社公社什丰大队妇代会主任
袁志华　华亭县新安公社关家坪大队副书记
雷登月　灵台县什字公社郭家老庄大队副队长
裴秀英　嘉峪关市新城公社中沟大队副队长
何全英　文县碧口镇何家湾大队大队长
李桂淑　敦煌县吕家堡公社盐茶大队副大队长
韩秀英　兰州市七里河区彭家坪公社牟家坪大队副大队长
王碎香　泾川县梁河公社渠刘大队副大队长
马秀兰　广河县买家巷公社马家咀大队副队长
万秀英　景泰县五佛公社杨庄大队副队长
冯桂兰　和政县城关公社麻藏大队副大队长
乔闯菊　宕昌县木耳公社拉寺大队妇代会主任

杨桂兰　武都县琵琶公社谈坝大队妇代会主任

王丽琴　岷县西寨公社上游大队妇代会主任

宋文秀　民乐县六坝公社东上坝大队妇代会主任

鄂淑珍　临洮县城关公社旭东大队妇代会主任

杜彩娥　陇西县文峰公社四十里铺大队妇代会主任

李培兰　兰州市安宁区安宁公社安宁堡大队妇代会主任

曹秀莲　榆中县城关公社北关大队合作医疗站赤脚医生

包玉英　兰州市红古区红古公社新社大队妇代会主任

王金花　秦安县西川公社农民大队妇代会主任

杨玉勤　秦安县吊湾公社刘湾大队妇代会主任

颉列玉　武山县华林公社赵坪大队妇代会主任

徐玉清　玉门市黄闸湾公社梁子沟大队妇代会副主任

支红女　清水县贾川公社崖沥大队妇代会主任

范改菊　清水县松树公社堡子大队妇代会主任

曹秀英　灵台县邵寨公社东庄大队妇代会主任

蒋毛娃　清水县白沙公社白沙大队妇代会主任

高月桂　平凉县白水公社星光大队妇幼保健站站长

张福莲　静宁县原安公社百付大队妇代会主任

姜学兰　武威县二坝公社机耕队拖拉机手

高桂芳　静宁县仁大公社深沟大队兴坪生产队队长

李凤英　永昌县朱王堡公社流泉大队第七生产队队长

马玉莲　张川县张棉驿公社先马大队郭湾生产队队长

王桂兰　张掖县新墩公社青松一队妇女队长

胡玉莲　会宁县韩集公社袁咀大队生产队队长

赵帮英　靖远县五合公社大节大队生产队副队长

张世英　靖远县东升公社柴新大队生产队副队长

刘海兰　渭源县会川公社下新庄大队生产队长

荀影英　渭源县新景公社张山大队生产队长

李玉莲　榆中县城关公社大营大队第四生产队妇女队长

梁有英　皋兰县武川公社火烧沟生产队队长
孙玉英　康乐县景古公社阿古山大队吊林生产队队长
崇发兰　永靖县杨塔公社杨塔大队湾子生产队队长
龙秀英　东乡族自治县那勒寺公社郭泥沟大队阳哇生产队队长
王海娥　宕昌县哈达铺公社下街二队生产队长
杨代香　文县石坊公社东峪口大队第一生产队队长
曾文兰　临洮县牙下公社联合大队生产队长
王凤玉　成县陈院公社武山大队生产队长
刘玉兰　靖远县种田公社五星大队生产队长
刀吉草　迭部县电尕公社牙古生产队队长
黄彩芹　徽县永宁公社秋木林大队秋西生产队副队长
江　草　玛曲县欧拉公社当强三队副队长
张当梅　宁县和盛公社和盛大队社员
张录娥　庆阳县肖金公社三不同大队赤脚医生
杨桂风　正宁县宫河公社东里大队赤脚医生
王粉卓　武山县东顺公社奎阁大队教师
冉秀兰　漳县东泉公社韩川大队党支部委员
杨淑珍　民勤县六坝公社六坝大队综合厂米面加工员
张保才　临泽县新华公社星光六队社员
高秀兰　张掖县碱滩公社草湖二队社员
陈玉英　山丹县霍城公社双湖三队社员
丁芬莲　民勤县东镇公社致力一队社员
吴正秀　景泰县寺滩公社三好大队社员
杨翠英　高台县南华公社义和大队七队积肥员
陈凤英　两当县杨店公社土峰大队石家山生产队饲养员
赵桂英　临泽县平川公社黄一大队第二生产队养猪员
曹生桂　华池县五蛟公社刘沟岔大队饲养员
刘忠花　合水县吉岘公社王家咀大队养猪员
王桂芳　平凉地区国营红卫农场养猪员
杨金花　庄浪县朱店公社牛儿咀大队养猪员
张莲英　崇信县高庄公社张湾大队大湾队饲养员
中　格　省农牧局玛曲马场河曲种畜场奶牛组组长
曲　哈　阿克塞县团结公社第四生产队放牧员

扎　满　肃北县石包城公社鱼儿红一队放牧员
韩粉梅　环县耿湾公社四合塬大队放牧员
季开梅　岷县维新公社马莲滩大队放牧员
王桂莲　华池县柔远公社土坪大队放牧员
牛治梅　镇原县庙渠公社孙寨大队挂山队牧羊员
赵石榴　礼县永坪公社上石嘴大队西山生产队放牧员
张锦花　西和县石峡公社焦山大队梁上生产队放牧员
妥秀兰　肃南县前滩公社二队放牧员
卓玛草　夏河县麦西公社木道生产队放牧员
拉　毛　卓尼县完冒公社根沙队放牧员
赵有拉吉　天祝种羊场放牧员
陈桂英　永登县连城公社牛站大队第五生产队保育员
铁秀莲　永登县通远公社上坪大队下坪生产队护林员
张翠萍　兰州市奶牛繁殖场饲养员
崔秀珍　通渭县榜罗公社涧滩生产队农机手
王桂兰　渭源县会川公社西关大队赤脚医生
蔺芝英　会宁县侯川公社齐斳大队赤脚医生
林秀英　山丹一四五勘探队家属农场大队队长
吕瑞兰　四〇四厂家属队队长
张淑敏　前进机械厂食堂管理员
姚玉芳　兰州市西固区医药公司中街门市部营业员
郭爱民　天祝县打柴沟旅社服务员
蔡文雅　陇西县人民银行支行副行长
马玉振　山丹县南湖邮电所营业员
张玉英　兰州市城关区蔬菜公司庆阳路瓜果门市部主任
张金仙　兰州市七里河区国收商店小西湖门市部主任
杨子英　兰州市白银区百货公司工民路百货门市部营业员
刘英芳　西和县城关公社信用社会计员
王美蓉　临洮县服务公司服务员
赵改生　庆阳县饮食服务公司服务楼理发员
安金凤　甘谷县饮食服务公司第二食堂服务员
任华明　二〇七工程指挥部招待所所长
魏筱玉　兰州市城关区西北新村幼儿园园长党支部书记
刘桂花　文县城关幼儿园园长
苏宝荷　玉门石油管理局机械厂托儿所所长
宋玉凤　武威县副食公司托儿所所长

刘德卿　九条岭煤矿技术科工程师
丰学桂　定西地区农科站技术员
王谦谦　兰州高原大气物理所助理研究员
马桃桃　兰州近代物理研究所第五室助理研究员
张林宝　铁道部第一勘测设计院第四站场队工程师
许振婉　国家建委兰州市政设计院科研室主任
王碧云　第五一〇研究所研究员
任玉琴　玉门石油管理局水电厂汽机车间工程师
毛桂芝　临夏州农科所农技干部
李金源　兰州市邮局机修科技术员
陈引弟　兰州市安宁区农业局水利技术员
刘自仓　东乡县水电局技术员
王琴芳　兰州铁道学院副教授
仝允栩　兰州大学生物系副教授
李玉琳　永昌县第一中学教师
王海云　皋兰县石洞学校教师
杜梅林　礼县第一中学教师
桑秀娣　临夏县城关中学校长
胡佩珍　天水县北道镇第一小学副校长
谢丽梨　武都县一中化学教研组长
朱筱泸　兰州市七里河小校教师
梅青宁　兰州铁路局兰州铁一小教师
冯淑瑶　古浪县中学教员
王兰英　甘南藏族自治州合作第一小学副校长
高玉梅　正宁县山河公社小学教师
朱冰如　崇信县锦屏小学教师
古雪冰　泾川县中街小学教师
李毓秀　平凉县西街二校教师
寇莉莉　金塔县建国小学教师
李真廉　岷县人民街小学教师
李介瑷　省话剧团演员
王素绵　省陇剧团演员
王　湝　省图书馆干部
刘维玉　武威地区第一人民医院眼科医师
陈　佩　窑街矿务局医院妇产科副主任
郑颐真　水电部五局职工医院外科副主任
李桂银　兰州铁路局武威南铁路医院儿科医师
虞影祥　省人民医院内科护士长
乔月娥　兰州生物制品研究所斑疹伤寒组组长
潘爱兰　康乐县莲麓公社卫生院助产士
彭金凤　兰州化学工业公司职工医院内业公科护士长
赵　芬　定西地区医院妇产科主任
吴金媛　酒泉地区农垦局职工医院护士长
孙仲元　第八冶金建设公司职工医院检验科检验士
陈淑英　民勤县红柳园公社中心卫生院

护士

罗玉英　天祝县古城卫生院护理员

俞延秀　省体工大队自行车队教练

李芝琴　镇原县上肖公社党委书记

崔秀英　合水县西华池公社党委副书记

马梅英　临夏县韩集区委副书记

马玉兰　张家川回族自治县妇联会主任

杨朝来　舟曲县城关公社妇联主任

丁盘华　正宁县气象局气象员

李大仙　兰州市西固区西固城街道党支部书记

青海省

吴成敏　青海长毛绒厂

周　芳　青海桥头发电厂电气车间

吕传珍　青海省第一建筑工程公司

王叶兰　青海省茫崖石棉矿精选车间选矿工人

张树英　西宁供电公司送电工区

喻以文　青海毛条厂

陶富群　省绒毛加工厂

张守梅　省外贸局畜产公司加工厂

严玉兰　省医药公司中药仓库

石玲华　青海拖拉机厂

蔡风兰　青海重型机床厂齿轮车间工人

张辉玲　青海无线电一厂

相晓琴　国营昆仑机械一厂

杨荣霞　大通矿务局建井工程处

马海生　西宁钢厂物资处储运科

马晓宁　青海电化厂动力车间仪表组技术员

李风珍　电力工业部四局机修厂四车间

杨荣华　电力工业部四局机电队机械中队

王钰德　国营二二一厂

黄金芳　青海第二毛纺厂毛条车间挡车工

下午吉　循化县尕楞公社牙尕大队党支部书记

马春花　循化县东风公社拉边大队

陈五梅　化隆县加合公社下加合大队

谭阿西拉　化隆县群科公社群科大队

马法土买　化隆县德恒隆公社拉大队

曹玉英　化隆县甘都公社东三大队

李玉桂　互助土族自治县五十公社奎浪大队

李芳兰　互助土族自治县林川公社包马三队

刘玉梅　乐都县雨润公社刘家大队

李元梅　乐都县李家公社擦沟大队

王玉兰　乐都县高店公社小河滩大队

段生芳　湟源县和平公社茶汉素大队

马玉兰　湟源县城郊公社国光大队第三生产队

王春香　湟源县日月公社雪隆大队

安玉莲　湟源县申中公社庙沟大队

王莫彦　民和县西沟公社凉坪大队
李玉芳　民和县中川公社清泉大队
王存梅　民和县古鄯公社郭家山大队
祁惠莲　平安县三合公社东村大队
申淑秀　湟中县拦隆口公社前庄大队第四生产队
陈金芳　湟中县维新公社尕庄大队第三生产队
李玉兰　湟中县总寨公社农建团女民兵营
苏生芳　大通县新庄公社新庄大队
杨桂芳　海晏县金滩公社光明大队
拉龙吉　黄南州同仁县双朋西公社宁他大队
安如梅　贵德县河西公社下刘屯大队党支部副书记
尕日毛措　祁连县多隆公社海浪大队
希林白　乌兰县茶卡公社他拉大队第五生产队
杨吉布　乌兰县宗务隆公社光明大队第四生产队
才　叶　都兰县诺木洪公社第三生产队
才仁措　都兰县香加公社向阳大队一队
藏　毛　天峻县生格公社第二生产队
仁　哲　都兰县热水公社治尕日二队
卓　玛　黄南州河南县智后茂公社阿木荷大队
恰洛乎　同德县巴水公社科干大队放牧员
麻久姐　共和县黑马河公社加龙大队党支部副书记
才　毛　兴海县温泉公社长水大队党支部书记
才　仲　班玛县吉卡公社二大队
三　忠　达日县桑日麻公社前进大队
巴　中　甘德县青珍公社四大队
依　洛　久治县哇尔依公社满格大队
满吉玛　班玛县班前公社一大队四小队
冷　则　玉树州称多县歇武公社下赛巴大队
罗　松　玉树州玉树县仲达公社唐达大队
才仁青措　玉树州治多县扎河公社口前大队
曲　周　玉树州曲麻莱县麻多公社巴颜大队
干　拉　玉树州昂欠县尕羊公社色青大队第二生产队格勒畜群组
吉沙俄来　玉树州杂多县旦荣公社跃尼大队
俄　科　贵南县芒拉公社上洛哇大队党支部书记
朱庆莲　互助土族自治县东和公社
李四杰　民和县隆治公社
卓玛青措　玉树州玉树县妇联
李辉章　大通县后子河公社
胡月英　互助土族自治县百货公司
李启花　湟中县百货公司第二门市部

张莉影　中国人民银行西宁市支行营业部
李秀菊　西宁市蔬菜公司北大街副食品门市部
李风莲　乐都县饮食服务公司
陈银女　省农机铸造厂食堂科
张美玲　省电影机械厂
王玉琴　青海新华印刷厂托儿所
蔺秀芳　省微电机厂托儿所所长
才让吉　海南州文工队舞蹈演员
宋雅杉　省人民医院
秦玉晓　省儿童医院
孟桂兰　青海医学院附属医院
马梅颜　循化县城镇公社下草滩坝大队赤脚医生
谢若晖　民和县人民医院
张秉兰　湟中县上新庄公社申南大队
张世英　海北州人民医院
杨桂莲　门源县东川公社卫生院
马丽萍　黄南州尖扎县加让公社卫生所
看　着　泽库县恰科日公社措日更大队合作医疗站
杨　毛　玛多县黑河公社第五生产队
仁　措　玉树州曲麻莱县曲麻河公社措池三队
孔亚平　省体工队射箭队
周　莉　省军体校
涂明惠　冷湖油矿生产科
依　拉　玛沁县当洛公社小学
董桂芳　西宁胜利路小学
郭廉洁　省贵南牧场四分场学校
徐　漓　青海教师进修学院
胡宗琴　国营二二一厂二中教师
马风珍　互助土族自治县城南小学
司美彦　大通县桥头小学
杨富珍　西宁市城东区杨家庄小学
高明兰　西宁铁路分局宁京客运段列车员
刘俊霄　西宁铁路分局车务段杏园车站站长
付军风　刚察县知青农场
刘秀英　西宁市郊区廿里铺公社廿里铺大队
王兰香　西宁市城中区南滩办事处南滩东居委主任

宁夏回族自治区

马秀珍　永宁县养和公社永丰大队党支部书记
耿淑琴　银川市新城区第二办事处被服厂工人
申一民　银川市棉织品厂工人
陈月梅　银川市银新公社双渠口大队党支部书记
洪长萍　银川市搬运二社工人
金东玉　银川市物资回收公司城区站会

计

季　芳　银川市卫生防疫站公卫医师

龚秀珍　银川市公安局城区分局利民街派出所副所长

苏凤翥　银川市第十小学教师

陈慧萍　银川市第九小学教师

潘新民　贺兰县习岗小学教师

焦健梅　贺兰县洪广公社金沙大队七队妇女队长

吕秀英　银川市掌政公社镇河大队第五生产队饲养员

郭秀琴　银川市中山北街办事处第七居民委员会主任

李惠珍　银川市新城区第一办事处基建队政治指导员

祁凤莲　银川市湖滨旅馆服务组组长

胡桂英　石嘴山市石炭井矿务局乌兰矿家属炼焦厂厂长

方丽珍　石嘴山市二区弹簧厂党支部书记

郭凤英　石嘴山市大武口服装社党支部副书记

李友春　石嘴山市瓷厂二车间链条组工人

李蓉芳　石嘴山市京剧团演员

沈　岚　石嘴山市二中教师

朱玉兰　石嘴山市一区大武口总机修厂农场生产队长

徐金花　石嘴山市园艺公社一大队党支部书记

赵莲芳　石嘴山市庙台公社前卫一队保管员

丁红珠　石嘴山市郊区西永固公社卫生院护士

欧凤华　石嘴山市三区工交局刺绣厂负责人

李桂芳　石嘴山市矿务局一矿农业生产队长

郭兰英　陶乐县东方红公社第六生产队妇代小组组长

白玉君　陶乐县妇联主任

黄晓溪　平罗县头闸供销社会计

林秀凤　平罗县城关一小教务主任

毛秀琴　吴忠材料试验机厂工人

靳凤英　吴忠县吴忠镇服务站主任

王慧琴　吴忠县皮毛厂裁制工人

马保英　同心县马高庄公社妇联主任

马桂芳　吴忠县汉渠公社团庄大队第四生产队妇女队长

杨凤英　灵武县城关完小教师

周秋光　灵武农场七队饲养员

魏春花　灵武县建筑工程队副队长

姚翠英　青铜峡县叶盛公社叶盛大队副大队长兼妇代会主任

莫桂荣　青铜峡县青铜峡镇革委会副主任

孙惠茹　青铜峡安装处托儿所所长

孙赛艳　青铜峡铝厂动力车间技术员

李玉霞　中宁县城关公社城关大队医疗站负责人
姚秀兰　中宁县枣园公社高山寺大队党支部副书记
董凤琴　大河机床厂“五七”农场副场长
邵梅英　中卫县镇罗公社沈桥九队管理委员会副主任
白秀英　中卫县永康公社艾湾大队第五生产队社员
陈剑敏　中卫县粮食局城关粮库会计
孔秀兰　中宁县东华公社南桥大队党支部书记
张淑芳　中宁县康滩公社孔滩二队妇女队长
石俊梅　同心县张原公社汪家堰大队党支部副书记兼妇代会主任
付玉梅　同心县韦州公社中心卫生院助产士
史凤兰　盐池县高沙窝公社营西大队党支部副书记
王文清　盐池县萌城公社四股泉大队四股泉生产队放牧员
俞丽云　青铜峡县妇联主任
苏玉芳　吴忠县古城公社古城大队妇代会主任
吴秀英　中宁县印刷厂党支部委员排字车间副主任
田桂珍　盐池县青山公社青山大队侯家河生产队妇女队长
马国兰　西吉县兴隆公社高进大队党支部书记
马志英　西吉县马莲公社后庄大队妇代会主任
苏光花　西吉县编城公社编城大队社员
王庆玲　西吉县三合公社卫生院医师
李芙蓉　固原县城关公社大滩大队兰河生产队长
田兰英　海原县徐套公社砂沟大队党支部书记
丁云兰　海原县关桥公社关桥大队党支部副书记
虎彦秀　海原县李旺公社团庄大队二队饲养员
张玉玲　海原县综合修配厂副厂长
张凤莲　海原县西安公社党委委员妇联主任
底秀兰　泾源县惠台公社惠台大队党支部副书记
冯玉霞　隆德县峰台公社陈靳大队妇代会主任
杨秀芝　隆德县城关一小教师
邓桂华　固原县商业局百货公司经理
朱爱兰　隆德县饮食服务公司人民旅社服务员
祁秀山　固原县城阳公社城阳大队妇代会主任
张涵一　固原县城关第三小学教师

冯丽贤　固原县大湾公社妇联主任
海玉莲　固原县官厅公社刘店大队赤脚医生
牛秀花　固原县小盆公社小盆大队乱堡生产队饲养员
刘珑玫　固原县农业局畜牧技术员
王淑英　固原县三营地区医院护士长
王希蒙　农学院园林系讲师
李楚芬　医学院生理教研组副主任
吴淑筠　自治区农科所作物系科技干部
李小平　宁夏体委体工大队武术队教练员
孙月英　贺兰山农牧场农二队饲养员
夏根娣　银川橡胶厂二车间工人
段淑珍　银川棉纺织厂织布车间挡车工
李再玲　自治区话剧团演员
乔桂芬　自治区医药公司成药厂泡制组组长

新疆维吾尔自治区

巴哈那义　乌鲁木齐县东风公社小渠子大队高潮队牧民
帕夏汉哈木提　乌鲁木齐县地窝堡公社红卫二队副队长
郭秀英　乌鲁木齐市头屯河农场五队蔬菜班班长
张　岚　乌鲁木齐市第一小学教师
马金芳　乌鲁木齐市天山区清扫队清扫工
韩芹英　乌鲁木齐市红旗帆布厂班长
安庆明　乌鲁木齐市牛奶公司新市区门市部组长
海力且木　自治区六道湾煤矿家属委员会主任
汪怀英　乌鲁木齐市星火电器厂车间指导员
桑瑞莲　乌鲁木齐市公共汽车公司副经理
吴光启　乌鲁木齐市电信局长途台话务员
刘根媛　乌鲁木齐市东风副食品商场蔬菜班班长
姜永红　乌鲁木齐市粮食局沙区粮食分局东门口粮店营业员
冯向阳　乌鲁木齐市红卫综合厂工人
贾文芳　乌鲁木齐市第十八中学教师
熊明星　乌鲁木齐市沙依巴克区黄河路街道办事处和田街居委会主任
杨桂清　乌鲁木齐市沙依巴克区长江路街道办事处干部
沙热木　乌市第五小学教师
热乃木　乌鲁木齐市城市规划设计院晒图员
查从献　乌鲁木齐市饮服公司厨师
蔡青兰　克拉玛依炼油厂
欧有梅　克拉玛依职工医院

姚素珍　　克拉玛依市商业局
扎甫拉赛依提卡马尔　克拉玛依采油二厂采油大队
俞权平　　石油管理局独山子炼油厂工程师
高素清　　克拉玛依井下作业处家属管理站指导员
阿依娜西　　克州乌恰县铁力克公社四大队妇代会主任
吐尔汗司拉木　克州伽师县四公社第一管理区接生员
早来木沙汗　　克州康苏煤矿妇联副主任
卡仑比比　　克州阿合奇哈拉布拉克
张桂玉　　克州人民医院医生
阿依木尼沙尼牙孜　克州阿图什县松塔克公社大队妇代会主任
海尔尼沙　　克州阿图什县一中教师
阿依夏木铁木尔　克州伽师县七公社三十六大队
孙晓文　　克州州食品公司副食品公司门市部
妮沙汗　　于田县红旗公社六管理区一大队副书记
斯拉木汗　　民丰县叶亦克公社阿吾斯大队二小队
托合提汗　　和田县火箭公社十大队放牧员
杜拉尼沙汗　皮山县桑株公社五大队二生产队长
沙衣甫汉　　墨玉县光明公社第八管理区三大队妇女主任
提拉汗　　墨玉县火箭公社第十管理区一大队党支书记
古丽松木汗　策勒县东方红公社二大队
古力沙地汗　洛甫县鱼龙克公社第四管理区一大队一小队
沙依甫汗　　和田专区东风商店
邢桂英　　和田专区四十七团四连
布沙依甫汗　和田镇四大队支部书记
张惠英　　和田地区托儿所
杨新兰　　和田丝绸厂
古尼沙汉马哈木权　和田地区外贸局地毯厂
毕格木汗艾拜依都拉　和田地区皮山县跃进公社民族村第二十三大队
空　拜　　阿勒泰富蕴一牧场六队
扎力比亚　阿勒泰县红卫公社牧二队
马尔乎娃　阿勒泰福海种羊场牧工
巴　停　　青河县东风公社牧一队
卡比拉　　哈巴河县胜利公社六队
李树俭　　农垦183团
加玛力　　吉木乃东风公社牧四队
木力合　　布尔津供销社
钟永丽　　阿勒泰地区二中
邓宪华　　阿勒泰地区幼儿园教养员
曹香芬　　阿勒泰地区和什煤矿三队四班班长

晏玉蓉　塔城师范校医
武忠玉　塔城县工农兵农场二队康拜因手
古生汗　沙湾县乌拉乌苏公社三官殿大队妇女队长
努尔海霞　额敏县突击公社幸福之花大队妇代会主任
茅珍娣　沙湾县饮食服务公司服务员
古沙合什　裕民县国营牧场牧业队牧民
江俄勒　和丰县三牧场牧工
马布扎　托里县红旗公社六大队牧业队妇代小组组长牧工
班翠莲　塔城地区161团牧业连
曾庭先　塔城地区168团水利连
巴的哈什　乌苏县前进牧场一队
再乃再衣布　托里县天前牧场牧业一队接生员
李之清　乌苏县国营牧场党委副书记
张美婷　农垦总局一三〇团六连
张金花　农垦总局一二四团三营十二连
赵连英　伊犁地区反修医院小儿科医生
李澄清　伊宁市针织厂技术班长
比沙热木　伊宁市东方红公社科研大队党支部副书记
加米拉　伊宁市二十一小学教员
热衣木汗　霍城县猛进公社二大队妇代会主任
付晓芳　霍城县伊车嘎善公社一大队妇代会主任
艾来买斯　伊犁十月公社红旗牧场
夏拉帕提汗　伊宁县新路公社三大队妇代会主任
库尔班柯孜　伊宁县团结公社温尼亚尔大队女拖拉机手
肖　梅　察布查尔锡伯自治县东方红公社五星大队妇代会主任
热依汗　昭苏县妇联主任
娃依斯汗　尼勒克县红十月公社二大队兽医
白衣先汗　特克斯县三公社三大队二小队
泽　肯　新源县镇公社二大队妇代会主任
阿达斯汗　新源县红星公社牧场兽医
托手提汗　巩留县东方红公社东光大队妇代会副主任
张凤英　伊犁七十团场四连
张纯莲　伊犁七十一团生产四连女青年班班长
薛洪聪　伊犁地区六十九团三连职工
施　丽　伊宁市农科所园艺技术员
韩秀珍　伊宁市一区七官区基层综合厂厂长
复热克　喀什地区塔什库尔干县塔合曼公社二大队
钟玉辉　喀什地区第一人民医院
何淑民　喀什市二中
杜世芳　喀什八一面粉厂
梁永华　喀什第六运输公司六车队

庄桂娣　喀什棉纺织厂准备车间
杨金风　喀什地区四十一团畜牧二连奶牛班班长
陈秀菊　喀什地区四五团十连
买尼沙阿布都克目木　叶城县棋盘公社妇联主任
阿衣古力　疏附县木升公社八大队社员
汗阻热　疏勒县阿拉力公社拖拉机站
沙娜尔汗　岳普湖县岳普湖公社五大队
艾木热汗吐地　泽普县依肯苏公社八大队一小队
吐地汗托乎提　麦盖提县红旗公社先锋大队副支部书记
托手提汗　阿克塔拉牧场
李凤云　喀什市百货公司东方红商店
奴尔玛汉　英吉沙县乌恰公社妇联主任
张彦亭　莎车县妇联副主任
阿依木汗吾斯满　喀什地区五十一团一营五连一排
白　伟　喀什地区幼儿园
布热吾汗沙克　喀什市英吾斯坦公社牧场
阿羲汗艾莎　巴楚县色力布亚公社九大队社员
张梅贞　喀什市饮食服务公司工农兵服务部理发员
海尼沙艾买　莎车县一公社二十一大队妇代会主任
郑巧秀　石河子企市 122 团十四连
代桂英　石河子地区 143 团四营十九连
董瑞珍　石河子总场六中学校小学部
孟庆荣　石河子企（市）棉纺织厂
邹如清　石河子企（市）农科所
杨永清　石河子企（市）总场
玛丽亚　石河子企（市）151 团二连
王　桦　吐鲁番地区农科所政治部
海利其汗热衣木尼牙孜　吐鲁番县葡萄公社高潮大队农科队
吾尔尼亚孜汗吐尔逊　鄯善县达浪坎公社七大队
买尼汗沙迪克　托克逊县跃进公社供销社
海热娅汗　托克逊县前进公社医院妇产大夫
吴明珠　吐鲁番地区行政公署副专员
买日彦木　轮台县红星公社七大队副书记
道来提汗　且末县团结公社红光大队一生产队副队长
阿瓦汗哈里克　库尔勒县和什力克公社下和什力克大队副书记
马新兰　焉耆县永宁公社一大队二队回乡青年
穷　格　和静县巴仑台区新光大队基层妇代会主任
董庭金　巴州二十二团八连班长
周品珠　巴州二十九团场二十连饲养员
郭春花　巴州三十四团农科所班长
孙秀梅　巴州棉纺织厂准备车间工人
姜富荣　巴州贸易公司人民商场副主任

于志忠　巴州第四中学教师
柯益慧　巴州第一人民医院妇产科主任
奥尔来　巴音布鲁克区火星牧场放牧员
吐逊汗　巴州食品公司
陈桂新　阿克苏地区农垦三团三连
潘风英　阿克苏地区农垦十团
赵克敏　阿克苏地区农垦五团五连
王俊爱　阿克苏地区农垦七团
魏润香　阿克苏地区农垦十六团八连
张玉珍　阿克苏地区农垦一团三营十三连
早尔汗　阿克苏地区建筑公司砖厂
李晓颖　阿克苏县第四小学
海尼沙汗阿乃托拉　沙雅县花园公社三大队
吉乃提汉　阿克苏地区沙雅县塔里木公社
早来木司马义　库车县牙哈公社三大队二小队
孜来汗马木提　阿瓦提县塔木托拉克公社医院
阿依夏木胡吉克　拜城县黑英山公社牧场二队
再乃甫汗托合提　乌什县亚曼苏公社三大队一小队
王素清　阿克苏地区贸易公司
吐拉汗　阿克苏地区报社编辑部
谢尔汗阿吉　温宿县扎木台公社库衣其大队
月日木　阿克苏县伯什推各曼公社妇联主任
毕　肯　巴里坤县沙尔乔克公社牧场
尼沙汗　博乐县胜利公社胜利大队
张进兰　精河县人民医院
任秀英　博尔塔拉州八十四团十连
刘宪惠　博尔塔拉州八十五团卫生队
奴尔巴尼　博州第一人民医院
艾力木汉　博乐县前进牧场先锋队
博尔欧空　温泉县前哨牧场牧六队
王志勤　哈密地区红星二场
帕他木塔力甫　哈密市银行干部
沙达提谢力甫　哈密县回城公社
戴世英　哈密地区农场三分场
阿衣木汗　哈密地区医院
宋静宁　哈密地区农科所
沙尔首　昌吉回族自治州木垒县大石头公社七个城子大队
席桂兰　昌吉回族自治州奇台县碧流河公社永丰渠大队
吾乎兰　昌吉回族自治州吉木萨尔县天山公社新地大队
杜采英　昌吉自治州吉木萨尔县东风公社红旗大队
哈里亚　昌吉自治州阜康县上户沟公社白杨河牧业一队
马白莲　昌吉自治州米泉县红旗公社新庄子大队
马吉荣　昌吉自治州昌吉县六工公社联盟大队

刘德英　昌吉自治州呼图壁县王二公社西树窝子大队
许桂兰　昌吉自治州玛纳斯县食品公司食品门市部
赵多香　昌吉自治州玛纳斯县红旗公社下桥子二队
冯粉堂　农垦 106 团二连
李素兰　农垦 102 团四营十九连托儿所
郑瑞云　昌吉州农机厂二车间
李月桂　昌吉回族自治州奇台县镇一校
裴绍英　昌吉回族自治州奇台县妇联主任
米居兰　昌吉县食品公司向阳商店
汪玉珍　新疆地质局第二地质大队
徐　敏　新疆地质局第一地质大队
陈瑞华　石油局驻乌办事处保育院
叶中菁　自治区党校
肖慧贞　农垦总局农垦医院
徐克聪　新疆八一农学院讲师
古尔泥沙　自治区人民医院外科二组护士长
卓尔汉　自治区体委体工队排球队教练
章　静　新疆教育学院
赵裕琳　新疆医学微生物教研组
朱京琳　农科院林科所
段百凤　自治区农委水电勘测大队
李文华　自治区农委农机公司
许秀华　新疆水泥厂工艺科工程师
丁秀云　建工局五公司六队
甫达秀　铁路工程局二局
梁舒华　中国人民建设银行新疆维吾尔自治区分行档案员
余桂花　乌鲁木齐五金站仓库财务
王玉春　自治区供销社日杂公司五七连
呼西旦吉里里　自治区供销合作社办公室
盛逢珍　自治区农业银行
阿依努儿　自治区畜产品公司外贸皮厂
王秀英　自治区商业局商运司第五车队
沙比尔汉　石油公司财会科科员
谢莲香　新疆粮油机械厂工人
肖哲民　新疆文工团
吐尔尼沙库尔班　新疆人民广播电台维语台播音组
帕它木热一丁　新疆歌剧团
薛启霞　新疆日报社汉文编辑部记者
李维琪　中国科学院新疆化学研究所
韩俊亭　中国科学院新疆分院乌鲁木齐人造卫星观测站
努尔尼沙　中国科学院新疆生物土壤沙研究所助理研究员
涂风英　新疆轴承厂二车间
彭吉中　科研所冶炼工程师
陈惠芬　新疆制药厂
贾淑珍　新疆电力安装公司
沈素清　新疆煤岩工业局
孙金华　有色金属公司可可托海矿务局选厂浮选工
竹庆兰　新疆盐湖化工厂盐场

叶秀英　新疆七一第二棉纺织厂准备车间
付玉珍　自治区国防办前进厂工具科技术员
张定省　乌铁中心医院
王桂花　乌鲁木齐铁路局柳元车间客运室
海力其汉　自治区交通局市运公司
马秀莲　自治区邮电管理局邮车运输总站
俞浣贞　钢铁公司
艾民拜　新疆农机厂二金二车间
回广霞　新疆胜利机器厂子弟学校教师

中央直属机关

徐践英　中央办公厅机要局副处长
罗文华　中央办公厅人民大会堂管理局服务员
骆文惠　中央办公厅国务院办公室联合接待室接谈员
刘小平　中央办公厅信访局会计
孟　君　中央办公厅档案馆图书管理员
张瑞仙　中共中央党校总务科服务员
周　逸　中共中央党校党建教研室主任
胡　珍　中共中央党校机要科机要员
李新芝　中共中央毛著编委办公室图书室干部
王文郁　中共中央对外联络部苏联研究所综合组副组长
何素清　中共中央对外联络部总务组公务班
罗静宜　中央调查部八局顾问
张玉芝　中央调查部管理局幼儿园园长
郭慧芬　中央调查部外交总台电传机械设备维修工
左莲珍　中央调查部国际关系学院打字室负责人
王燕芬　中央统战部行政处管理科医务室医生
郑浙兰　政协全国委员会医务室医生
庄锦秀　全国总工会工人日报社干部
何玉芳　全国总工会文工团独唱演员
刘佩英　全国总工会食堂出纳管理员
郭楠拧　共青团中央中国青年杂志社编委
王玉清　共青团中央中国青年出版社印刷厂工人
施德玲　共青团中央中国少年儿童出版社《我们爱科学》杂志编委
窦玉敏　共青团中央办公厅秘书处文印负责人
金贞淑　国家民委民族出版社朝文编译室翻译
赵明欣　国家民委民族印刷厂党委装订车间检查工段委员
冯之才　国家民委民族印刷厂活版车间

铸排工段工段长
霍桂兰　国家民委中央民族经文翻译局保管员
段星光　国家民委民族文化宫俱乐部临时负责人之一
李克林　人民日报农村部主任
宁燕华　人民日报食堂保管员
金银香　人民日报印刷厂铅印组长
刘丽英　中共中央纪律检查委员会专职委员
温宪玲　光明日报社印刷厂工人
杨蕴华　中央编辑局翻译

中央国家机关

吴秀英　外交部国务院侨务办公室电话总机电话员
王效贤　外交部亚洲司日本处副处长
刘　涛　外交部信使队一组副组长
李宝英　外交部汽车材料仓库保管员
宋　嘉　外交部旅游总局翻译
孟如秀　外交部外语学院子弟小学干部
于洪玲　外交部外交人员服务局工人
刘　军　国家计委办公厅幼儿园教养员
甘文雨　国家计委国家地质总局航空物探大队九〇九资料组组长
王建之　国家计委国家劳动总局办公室群众来访组干部
孙秀芳　国家计委国家物资总局办公室信访处干部
苏翠峰　国家计委国家统计局办公室干部
侯重初　国家计委国家地质局计算技术研究所党委委员
杨毓华　国家经委调度局综合处干部
张玉荣　国家标准总局技术标准出版社印刷车间工人
胡佩芝　国家建委办公厅医生
李娥飞　国家建委中国建筑科学研究院建筑计算研究所工程师
夏宗玕　国家建委城市规划局综合处负责人
黄光帷　国家建委国家成套总局干部
李宝云　国家建委中国建筑工业出版社印刷厂工人
白金凤　国家科委科学普及出版社编辑
高僖贤　国家科委中国计量科学研究院实验工厂工程师
丁金妹　国家科委国家计量总局北京计量仪器厂工人
魏安惠　公安部三二九厂一车间车工组组长
陈雅光　中央政治干部图书馆负责人
杨明洁　外贸部国际贸易研究所翻译
白皎吾　外贸部贸促会医务室医生
黄美英　外贸部贸促会杂志社英文组翻译

张玉梅　外贸部办公厅第一行政处幼儿园教养员

石翠英　对外经济联络部办公厅幼儿园保健大夫

刘　红　农业部中国农业科学院蔬菜所副所长

林思本　农业部出版社印刷厂排字车间铸字组副组长

李秀香　农业部招待所食堂炊事员

黄文惠　农业部畜牧总局草原处农业技师

陆静娴　林业部森林综合调查大队技术员

徐纬英　林业部中国林业科学院林业科学研究所研究员

彭淑清　农业机械部办公厅炊事班副班长

孙秀玲　农业机械部农机院医务室负责人

周文瑛　冶金工业部建设研究院焊接研究室工程师

吴　玖　冶金工业部钢铁研究院第六研究室工程师

陆德桢　冶金工业部有色金属研究总院301室副主任

聂守坤　冶金工业部矿冶研究总院实验厂永磁车间压型工人

王兰英　冶金工业北京有色冶金设计院选矿科技术员

宋春凤　冶金工业部冶金工业出版社印刷厂装订车间工人

刘　珩　北京钢铁设计研究总院幼儿园政治指导员

顾秀范　冶金工业部行政处幼儿园保育员

刘益佩　第一机械工业部自动化研究所科研办公室工程师

李贵蓉　第一机械工业部幼儿园中二班教养员

李淑琴　第一机械工业部情报所机工印刷厂配钉组组长

孙学智　第一机械工业部生产调度局干部

史美芳　第二机械工业部五所技术员

孟繁淑　第二机械工业部四〇一所四九二室工程师

杨　林　第三机械工业部机关幼儿园园长

杜秀玲　第三机械工业部五七四厂管理工

於歆芳　第三机械工业部第三〇一研究所热工艺室主任

季美琴　第三机械工业部第四规划设计研究院描图员

孙明慧　第四机械工业部北京酒仙桥职工医院医生

吴志红　第四机械部四〇二医院医生

王树英　第四机械部一四一一所二车间

工人
李才云　第四机械部一四一二所保育员
姚翠英　第四机械部一九一五所门诊部医生
牛淑琴　第四机械部第十研究院幼儿园保育员
沈宜春　第四机械部第十研究院工程师
张素琴　第四机械工业部第十研究院工程师
刘皓莹　第四机械工业部一四一一所十一室工程师
何秉娴　第四机械工业部一九一五所六室技术员
王世英　第五机械工业部设计研究院技术员
潘复兰　第五机械工业部设计研究院土建科工程师
马玉媛　第五机械工业部科学研究院二〇八所工程师
周宗潢　第五机械工业部教育局干部
王桂荣　第六机械工程部综合试验室技术员
任家葆　第六机械工业部第六〇二所热处理车间工艺设计技术员
张志菊　第六机械工业部办公厅公文档案档案员
张仲一　第六机械工业部总调度室干部
丁凤姣　第七机械工业部一院七〇三所技术员
张世凤　第七机械工业部第七设计院三室工程师
屠丽南　煤炭工业部煤炭科学研究院工程师
栾桂兰　煤炭工业部煤炭文工团歌唱演员
颜若筠　煤炭工业部干部学校教师
陈慧珠　煤炭工业部供应局经营处工程师
冈秦麟　石油工业部油气田开发司副总工程师
陆婉珍　石油工业部石油化工科学研究院副总工程师
陆英理　石油工业部石油勘探开发科学研究院《石油勘探与开发》杂志编辑组工程师
王金霞　石油工业部外事局科技处翻译
唐宝翠　石油工业部物探局第二指挥部二二〇一现阶段的放线工人
高树臻　石油工业部管理局秦皇岛管理处迁安泵站泵工
张继榕　化工部规划局工程师
居玉霞　化工部北京重型机械化施工公司技术员
吴泳蕴　化工部北京化工研究院工程师
马　兰　化工部化工出版社印刷厂工人
王淑琴　化工部北京橡胶工业研究设计院行政科食堂炊事员
叶琪仙　化工部机关塑料厂会计

李桂芬　水利部水利水电科学研究院水力学冷却水研究所工程师
胡士华　水利部招待所服务员
张志芳　纺织工业部科技司工程师
张伯华　纺织工业部办公厅打字员
邝美娴　轻工业部设计院油化室建筑专业工程师
史长旭　铁道部基建总局工程师
张德敏　铁道部北京铁路医院主任医师
杨世璇　铁道部科学研究院金化所金属室研究员
呼延生　铁道部中国铁路文工团副团长
丁菊英　铁道部通讯段食堂炊事员
张湘渌　铁道部北京铁路医院医师
汤亚西　铁道部办公厅行政处招待所炊事员
宫维圣　交通部水运规划设计院工程师
邱素芬　交通部科学研究院医务室幼儿园
胡连英　交通部直属房建大队政工组组长
齐白羽　交通部公路一局修配厂汽车司机
王卓倩　邮电部人民邮电出版社美工编辑
陆桂珍　邮电部招待所出纳员
郑明淑　邮电部邮电医院护士长
严静兰　邮电部电信传输研究所工程师
韩桂英　财政部行政司行政处长
齐　颢　财政部预算司制度处处长
侯景铭　中国人民银行老干部处处长
娄桂兰　中国人民银行核算工厂穿孔员
殷素娥　中国人民银行财会处电子计算机组操作员
林芬英　商业部设计院设计处石油工艺科技术员
刘伯林　粮食部医务室负责人
蒋燕生　全国供销合作总社医务室医生
李维康　文化部中国京剧三团演员
赵　青　文化部中国歌舞剧院演员
方掬芬　文化部中国儿童艺术剧院演员
郑小瑛　文化部中央歌剧舞剧院歌剧团领导小组成员
凌　元　文化部北京电影制片厂演员
姜锦明　文化部北京电影制片厂服装员
郭宝书　文化部北京电影洗印厂鉴定车间影片鉴定员班长
郭代昭　文化部中央音乐学院声乐系党员部委员系秘书
邸　力　文化部北京电影学院副教授
孙家琇　文化部中央戏剧学院戏剧文学系外国戏剧教授
王世鑫　文化部中国电影器材公司业务员
毕雪融　民政部政府机关事局干部
王俊君　教育部人民教育出版社印刷厂工人
张兰香　教育部人民教育出版社印刷厂

工人
宋兰筠　卫生部北京医院托儿所保育员
付福贞　卫生部首都医院内科副总护士长
张金泉　卫生部中医研究院针灸研究所临床主治医生
陈孝曙　卫生部中国医学科学院卫生研究所食品卫生研究室副主任
杨紫霜　卫生部人民卫生出版社编辑
张惠芬　北京医院内科副主任
刘爱鸾　卫生部中医学院制药厂检验室负责人
江佩芬　卫生部中医学院化学教研室兼中药专业党支部副书记
金蕴华　卫生部中国医药工业公司规划处工程师
何韵兰　人民体育出版社美术编辑
孔祥明　国家体育训练局围棋运动员
昌　措　国家体委军体局登山运动员
孙晋芳　国家体委训练局排球运动员
冷桂英　北京射击场副主任兼运动员
崇秀云　国家体委训练局田径教练员
蒋丽金　中国科学院感光所室副主任研究员
邹仪新　中国科学院天文台研究员
张乐澧　中国科学院物理所副研究员
薛禹谷　中国科学院微生物所副所长
谭娟杰　中国科学院动物所副研究员
郭玉钗　中国科学院计算所助理研究员
吴锦秀　中国科学院地震局地质研究所助理研究员
宗杰琍　中国科学院声学所助理研究员
赵献英　中国科学院综考会助理研究员
刘雁云　中国科学院电子所工程师
范士荣　中国科学院科学仪器厂工程师
罗淑静　中国科学院图书馆馆员
王淑英　中国科学院半导体所器材处仪器仪表科副科长
何　勤　中国科学院行管局幼儿园副园长
马淑萍　中国科学院印刷厂工人
夏淑芳　中国科学院化学所炊事员
胡秀春　建筑材料工业部研究院工程师
胡莲洁　建筑材料工业部北京玻璃钢研究所工程师
杜和明　建筑材料工业部地质公司工人
李明豫　建筑材料工业部水泥局技术员
章　淹　中央气象局气象科学研究院天气气候研究所技术员
任中婩　第八机械工业总局生产局生产准备处处长
王伟复　第八机械工业总局第三设计部技术员
孙汉文　第八机械工业总局第三研究院一五九厂六车间调度组组长
肖建红　第八机械工业总局〇六四基地三〇四厂工作员
朱宝馨　国家水产局海洋局技术员

王履苑 国家出版局中国印刷技术研究所印刷制版工艺室总书记
田　林 新华社国内部副主任
陈娟美 新华社摄影部研究室摄影记者
郭日静 新华社参编部要闻组副组长
欧阳采薇 新华社对外部文教组翻译编辑
赵英琪 新华社国际部对外组编辑
何冰玉 新华社技术部报房班长
谭慧丽 新华社印刷厂排字工人
季霞仙 新华社秘书处收发室内部通讯组负责人
乌　仁 中央人民广播电台民族部播音员
陈根茹 中央广播事业局广播科学研究所技术员
胡　志 中央广播事业局广播科学研究所支部书记
陆青霜 中央广播事业局文工团民族管弦乐团独唱演员
田　良 中央广播文工团电视剧演员
金文兰 中央广播事业局文工团广播剧场服务班长
方惠生 中央广播事业局 582 台业务组负责人
张树荣 中央广播事业局 491 台托儿所职工
高凤兰 中央广播事业局 491 台器材管库员
刘文琴 中央广播事业局中控室对内科值班员
王秀云 中央广播事业局中控室对外科值班员
陈现菊 中央广播事业局中控室行政用品保管员
李亦琴 中央广播事业局中控室对外传音科值班员
马玉兰 中央广播事业局医务所护士组长
胡　萍 中央广播事业局医务所医生
吕珍珍 中央广播事业局监测台值机班班长
沈怀珍 中央广播事业局大修队业务组长
石桂荣 中央广播事业局电视服务部内修组长
丁一岚 中央广播事业局国际广播电台
魏　琳 中央广播事业局国际台英语组组长
崔建辉 中央广播事业局炊事员
孟效予 中央广播事业局中央电台副台长
汪桂兰 中央广播事业局天线队管理员
王淑华 中央广播事业局中央电视台服务班班长
霍秀荣 中央广播事业局安装工程队班长
徐正禄 中央广播事业局设计室
毕桂兰 中央广播事业局第二幼儿园

王　敏　中央广播事业局医务所
陈金玲　最高人民检察院接待员
徐　静　毛主席纪念堂管理局副局长
马秀琴　国务院机关事务管理局第一招待所服务员
张秀英　国务院机关事务管理局幼儿园保育员
马玉茹　财贸战线报社
刘素勤　最高人民法院刑事审判庭
余　迪　最高人民法院政工组

中国人民解放军

刘　宏　总参谋部第三通信团二营七连连长
朱钟秀　总参谋部第五十六研究所一处三室工程师
张　瑜　总参谋部第三部第五十七研究所五处二室技术员
郭毅飞　总参谋部管理局卫生处第四门诊部见习军医
郭　玉　中国人民解放军八一体工队田径队运动员
左哈拉　总政治部文工团歌舞团演员
张　虔　总政治部军乐团理论教员
张培英　总后勤部军事医学科学院家属委员会副主任
潘荣文　总后勤部第二军医大学第二附属医院妇产科主治军医
喻佩珠　总后勤部第三〇九医院结核三科护士长
李彦荣　总后勤部高级军械学校训练部实习工厂工人
冯汝仙　总后勤部后勤技术装备研究所卫生装备研究所卫生所军医
董湘毅　北京军医射击队运动员
刘醒华　北京军医后勤部二五四医院主任军医
张琼珍　北京军区第二十四军七十一师二一二团五七工厂工人
马玉涛　北京军区政治部歌舞团副团长
宁多荣　北京军区白求恩国际和平医院护士长
石桂芳　北京军区装甲兵坦克配件厂职工
阮英超　石家庄高级步校门诊部医助
陈凤娟　南京军医第一二五医院军医
何煜珍　南京军医第十二野战医院二所护士长
钱藏敏　南京军医装甲兵坦克第二师医院护士
夏鸿恩　南京军区第一二六医院传染科主任
邓　平　南京高级步校门诊部副主任
刘贵勤　沈阳军区第二〇五医院外科手术室护士
许信贞　沈阳军区第二十三军六十八师

家属

刘文秀　沈阳军区炮兵第七十四师六五五团家属工厂副厂长

王玉兰　沈阳军区第四十军一一九师三五六团家属工厂工人

田俊茹　沈阳军区第六十四军一九二师幼儿园教养员

于文君　沈阳军区第六十八军二〇四师六一〇团卫生队军医

王荣慧　广州军区第四十一军一二一师医院护士

谭洁冰　广州军区第四十二军一二六师医院三所军医

李秋霞　广州军区第五十五军一四一医院三所五官科护士

陈燕卿　海南军区七四三〇工厂电镀工

肖泽慈　广西军区第三〇三医院传染科军医

杨爱华　广州军区第一通信总站一营二连干部报务员

黄翠红　广州军区一九六医院二外科护士长

彭忠兴　广州军区第三局六处一科助理研究员

黄凯琪　福州军区第一八六医院妇儿科副主任

蒋宝华　福州军区第三局一处二科助理研究员

陈莉莉　福州省军区独立师医院军医

安玉善　福州军区第一三七野战医院主治军医

陈维新　济南军区第八八医院妇产科主治军医

孙月娟　济南军区第一四一医院外二科护士

张凤珍　济南军区通信总站二营四连单边带干部报务员

王来娟　济南军区长山要塞区通信营通信连班长

李　群　武汉军区第一五三医院小儿科主任军医

贺　延　武汉军区第五十四军一六二师医院二所副班长

韩冬云　武汉军区第一九五医院供应室护士长

胡秀英　武汉军区第一通信总站五营一连副分队长

王金英　兰州军区步校理发员

邵静梅　兰州军区第一医院护士长

阮德贞　兰州军区第五一四野战医院三所副所长

王春鸣　成都军区第三十九医院卫生员

次　珍　成都军区第四野战医院护士

张力军　成都军区第五十一医院护士

王　涛　四川省军区通信站三连话务员

杜文琼　昆明军区第十一军三十一师医院护士

李宪昆　昆明军区第十一军三十一师医

院护士
吕凤肖　昆明军区第四十四医院妇产科主任
焦守军　昆明军区第一通信总站二营一连报务员
赵　虹　昆明军区政治部保育院主任
江宝珠　昆明军区第一三八医院外科护士长
姜孔秀　乌鲁木齐军区第六师军医
吾尔也提　乌鲁木齐军区第十四医院护士
徐水娟　北疆军区门诊部军医
潘巾贤　海军北海舰队三七〇〇一部队训练团教研室主任
盛韵姑　海军总医院妇产科副主任
杜碧兰　国家海洋局温盐预报组组长
朱桂馨　海军南海舰队第四二一医院妇产科主任
张安波　中国人民解放军划船队运动员
杨庆云　海军三八五〇四部队六连技师
江一青　空军总医院内一科副主任
张　凌　空军航空兵第三十八团飞行一大队飞行员
穆英华　空军第五七〇四工厂工人
李　莉　空军获鹿医院一科军医
贺立朝　空军衡阳医院门诊部军医
杨翠霞　沈阳军区空军通信团电话连班长
周嘉秀　空军兰州医院药局副主任
辛翠华　民航一〇二厂技术员
刘安珍　炮兵高射炮校校务部军务科电话站班长
邸京利　第二炮兵通信总站一连战士
许燕玲　第二炮兵第五十六基地医院内科护士
王淑珍　装甲兵技术学校院务部卫生处护士
刘巧云　工程兵建筑第五十三师医院卫生员
于淑琴　工程兵六四一工厂财务科副科长
薛建江　铁道兵第六师医院护士长
陈淑英　铁道兵第六四四一工厂车工班副班长
李新珍　国防科委第二十试验训练基地后勤部服务处工人
贺春云　国防科委第二十四试验训练基地二七五医院护士
赵松花　国防科委第二十五试验训练基地光遥测量站时统中队班长
丁　玉　军事学院院务部门诊部副主任
方爱勤　政治学院门诊部病房护士长
马惠清　后勤学院专业系军需教研室教员
钟鸿英　基建工程兵北京指挥部设计院工程师
郭付菊　基建工程兵第十二支队后勤部医院卫生员

1983 年

全国三八红旗手

北京市

李　霞　北京武术队教练员兼运动员
刘建设　北京市体工大队篮球班运动员
张世英　北京市科技情报所社会工程研究室副主任
陆维德　北京市太阳能研究所研究室副主任
张颖杰　北京积水潭医院妇产科主任
司堃范　北京红十字朝阳医院外科护士长
郎雪宝　北京市妇女保健所主治医师
胡亚美　北京儿童医院院长
蔡君馥　清华大学副教授
滕尚英　第二医学院附属宣武医院护师
许延敏　北京医学院附属人民医院内科护士
潘季淑　北京农业大学副教授
陈维勤　北京体育学院讲师
李树蓉　北京农学院讲师
霍亚贞　北京师范学院地理系副教授
刘秀芳　北京师范大学数学系讲师
陈堃銶　北京大学汉字信息处理技术研究室副教授
杨芙清　北京大学副系主任
赵国湘　清华大学讲师
杨之岭　北京师范大学教育科学研究所讲师
曾黎力　中国人民大学讲师
查立豫　北京工业学院副教授
索南卓嘎　中央民族学院讲师
姚康乐　北京航空学院三系 307 教研室讲师
肖景馨　国营第 738 厂副主任医师
冯传瑾　北京广播器材厂第一设计所组长
刘　影　国营 211 厂设计员
陈伦芬　国营 798 厂三车间五班班长
曾学荣　国营曙光电机厂工人
王淑丽　航天工业部二院炊事员
杨维英　国营 318 厂八车间干部
李素春　北京市门头沟区水泥厂车间主任
张淑英　北京门头沟斋堂中学教员
杨　红　北京市石景山区服务公司理发基层店北辛安理发馆理发员
李兰义　房山县邮局十三支局副局长

张淑珍　房山县良乡服务商店熹春饭馆经理
李素静　丰台区成寿寺小学教员
张淑珍　丰台区丰台百货商场副经理
李梅英　通县通州镇塑料制品厂厂长
吴逦忻　通县农业机械化研究所助理工程师
孙云珍　北京市百货公司崇文区公司天桥百货商场副组长
姚月霞　崇文区粮食局永外粮管所杨家园粮店店组长
马庆文　北京市崇文区房地产管理局天坛房管所段长
叶多嘉　北京市崇文区光明小学教师
刘跃香　北京市朝阳区建设局绿化队班长
孟桂茹　朝阳区物资回收公司十里堡收购站库长
朱宗敦　北京市小庄医院外科副主任
林保珍　北京市朝阳区呼家楼中心小学教员
李淑珍　西城区煤炭管理处福绥境煤厂组长
李维贤　西城区副食品公司西单素馨食品店售货员
唐玉萍　北京西单菜市场售货员
贾京中　北京水电印刷厂工人
李桂芳　中国人民银行西城区办事处新街口分理处西大街储蓄所负责人
肖淑英　北京市第161中学教师
白　蕊　北京市西城区二龙路医院
杨文琴　海淀区副食品公司售货员
曹淑敏　海淀区服务公司长征食堂服务组组长
张立新　中国人民解放军一二〇一工厂拣字工人
林静华　北京市六一幼儿园教养员
李瑞琪　宣武区服务公司人民理发馆理发员
张兰香　宣武区煤炭管理处天桥煤厂工人
杜秀琴　宣武区房地产管理局天桥房管所房屋管理员
张惠雯　宣武区右安门大街一小校长
陈　莉　延庆县农科所所长
董桂兰　延庆县塑料厂副厂长
肖志英　东城区服装公司王府井服装店售货员
王焕贵　东城区副食品公司东外基层店组长
吴玉花　东城区环境卫生局一队分队长
叶秋英　北京市第五中学体育教师
欧阳缦　北京市第一幼儿园园长
钱雪涤　东城区建国门医院副院长
高桂珍　顺义县环境卫生管理所副所长
王爱英　顺义县医院护士长
牛淑敏　昌平县化肥厂技术干部

解秀林　昌平上苑中心西营完小教师
曹树芝　昌平县服务公司昌平服务基层店门市部组长
汪瑞芹　北京怀柔县碾子公社卫生院司药
张金芝　密云县第二中学副校长
付亚芳　平谷县东高村学区西高村小学校长
何舜琴　大兴县医院妇产科主治医师
李文霞　北京电视设备厂工程师
张巧珍　北京市无线电厂工人
张淑琴　北京市电子仪表工业局电声器材总厂班长
张丽荣　北京市电子仪表工业局电镀总厂工人
董启敏　北京市无线电零件一厂副厂长
秦淑雅　北京市无线电元件二厂工人
王桂珍　北京市无线电仪器厂组长
刘春明　北京市酱油厂副厂长
张桂香　北京市食品公司托儿所所长
张惠萍　北京市百货公司百货批发部保管员
刁淑兰　北京市东风市场针织部售货员
周延年　南郊农场科技站蔬菜实验场副场长
孙淑珍　朝阳区双桥农场畜牧分场管庄猪场饲养员
孔秀英　北京新华印刷厂工人
汪　霞　北京印刷三厂拣字工人
黄腊荣　北京科学技术书店营业组长
刘玉华　公共汽车三厂四车队售票员
任玉琢　公共交通总公司电车公司二场110车队售票员
周　怡　北京市公安局地铁公安分局前门站派出所民警
金凤鸣　北京市金属材料公司干部
刘福珍　北京市机设备公司工具供应站业务员
程兰英　北京铁路分局北京车站服务员
熊德菊　北京铁路分局丰台保温车辆段助理工程师
李　云　北京市光华木材厂车间主任
王蜀平　北京市螺钉厂核算员
李秀英　北京市建材建筑安装工程公司第三施工队二分队油工
苗俊芬　北京市建工局建筑工程机械厂金工车间铯工班铯工
陈爱全　北京市第五建筑工程公司专业处第三专业队电工
万焕平　华北电管局中心调度所工程师
王秀文　北京第三热电厂运行工人
崔淑莲　北京化工实验厂供销杂品保管员
张春珊　北京炼焦化学厂机动科机械工程师
王建伦　北京化工机械厂总工程师办公室工程师
张玉英　北京轮胎厂工人

王　珉　北京市化学工业局副局长党组成员、总工程师
陈永琴　北京玻璃器皿厂托儿所所长
孙慎飞　北京造纸六厂副科长
刘玉兰　北京灯泡厂生产科长
叶如珠　北京造纸总厂油毡原纸厂工程师
马爱芬　北京电池厂工人
刘淑惠　北京义利食品厂工人
沈美娟　北京市玩具四厂车间主任
高俊经　北京市皮毛三厂工人
马志平　北京市电讯工具厂工人
郑　桐　北京金属网厂挡车工
刘素银　北京市塑料模具厂铣工班长
奚润珍　北京制帽厂工人
刘宝珠　北京六一鞋厂设计室副主任
祖秀兰　北京市唱针厂班长
刘建芳　北京家用电器研究所工程师
韩玉竹　北京金漆镶嵌厂工人
李公骥　北京市工艺美术品总公司地毯公司地毯四厂工人
刘晓钟　首钢钢铁设计研究院情报翻译
王桂芝　首钢医院副护士长
赵长白　首钢生产部经理助理
李爱华　北京市有色金属熔炼厂工程师车间主任
温淑兰　北京地坛拔丝厂润滑工
陈琴芳　北京红冶钢厂库主任
杨玲霞　北京矿务局基建公司零一工地电工班长
安正孚　北京矿务局王平村煤矿机电科灯房班长
林娟华　北京市运输公司第十四汽车厂勤杂工
张桂荣　北京市长途汽车公司马圈车队大厅组服务员
张子英　北京市汽车修理公司五厂工人
王素英　燕山石油化学总公司研究院炊事班长
詹素琴　燕山石油化学总公司机械厂工人
曹志琪　燕山石油化学总公司技术处工程师副科长
赵彩云　北京第二汽车制造厂底盘车间工人
宗秀梅　北京制药厂针剂车间工人
张淑英　北京第四制药厂工人
侯希珍　北京市药材公司同仁堂制药厂组长
刘秀荣　北京西直门粮库司炉工
黄顺禧　北京市市政设计院工程师
于　铧　北京市环境卫生科学研究所副所长工程师
张　丽　北京市煤气公司南郊罐瓶厂干部
田荣芳　北京市房管局房修一公司三处一队
沈玉兰　铁道部丰台桥梁厂工程师

邹祖跃　中国民航北京管理局航行部航管站站长工程师
娄春兰　北京市煤炭总公司四厂内勤业务员
杨嘉秋　北京长话局长途台话务员
张淑琴　北京市电信局郊区长途局延庆县电信局话务班副班长
王韵秋　铁路电化工程局电气化技工学校教师
石秀荣　铁道部北京二七机车工厂铇床工
刘淑云　铁道部南口机车车辆机械厂管理工
王爱华　中国建筑第一工程局油工班长
孙玉英　北京市市政工程局第五市政工程公司炊事员
陶国华　北京市农业科学院蔬菜研究所副所长
王淑贤　北京市果品公司西北郊仓库储保副组长
刘志平　北京市旅店公司建外旅馆服务员
王蜜妮　北京饭店餐厅部厨师副组长
李春丽　北京首饰进出口公司副科长
刘君茹　北京第二棉纺织厂织布车间挡车工
索桂清　北京清河毛纺织厂织布挡车工
高俊华　北京毛线厂挡车工
阚淑琴　北京七一棉织厂工人
邓丽华　北京第一针织厂工人
贺淑兰　北京纺织器材厂组长
魏秀文　北京涤纶厂工人
李秀荣　北京丝绸厂挡车工
戴秀生　北京市纺织局毛纺研究所所长
王淑梅　北京市手扶拖拉机厂干部
张秀兰　北京市机械工业局干部
唐慧利　北京重型机器厂工人
佟淑兰　北京第二量具厂钳工
董文媛　北京阀门总厂工具科科长
朱秀英　北京机床齿轮厂工人
闫喜芬　北京双金属轴瓦厂车间书记兼主任
张桂霞　北京市机械工业局北京重型电机厂中小件车间工人
廖秉瑛　北京市机床工业公司副经理兼总工程师
施小毛　北京风机二厂干部
刘秀艳　北京电器元件厂工人
李凤英　北京市邮政局海淀路邮电局投递员
唐宁华　北京市地质局总工程师室工程师
马凤娥　园林局颐和园四队副班长
杨爱芝　北京汽车制造厂底盘分厂工人
张秀芝　北京市海淀内燃机电机厂工人
吕亚林　北京广播事业局电视制片厂导演
曾明顺　北京卫戍区警卫第四师医院军

医

刘爱臣　朝阳区团结湖街道北头二条居委会党支部书记

吴　军　朝阳区朝外大街妇联主任

宋连娣　朝阳区十八里店公社妇联主任

曹淑华　朝阳区王四营公社官庄大队唐家坟生产队党支部书记

王秀兰　朝阳区高碑店乡党委副书记乡长

德玉兰　朝阳区将台公社酒仙桥大队妇代会主任

刘恩珍　朝阳区酒仙桥街道万红路居委会主任

杨爱贤　朝阳区左家庄街道牛王庙居委会主任

宋文荣　海淀区东升公社棉织厂车间主任

孙文璟　海淀区青塔院学校教师

魏俊英　海淀区四季青公社敬老院副院长

才静轩　海淀区甘家口街道向群居委会主任

闫玉兰　丰台区右安门外燕华皮毛厂副厂长

李秋云　丰台区长辛店公社长辛店大队科技员

温芝琳　崇文区崇文门街道西茶食居委会主任

松桂芳　崇文区东花市街道西关厢妇代会主任

马茹兰　崇文区前门街道冰窖妇代会主任

铁执中　石景山区金顶街街道四北妇代会主任

白亚琴　燕山区人民银行办事处东方红储蓄所主任

王灵焕　东城区朝阳门街道松竹毛织厂工艺室负责人

邱兰馨　东城区安定门街道北锣鼓巷居委会党支部书记

马淑英　东城区和平里街道民旺西妇代会主任

赵鸿令　东城区东四街道新开路居委会副书记

许政秀　宣武区大安酒营居委会主任支部书记

俞桂仙　东城区白纸坊崇电居委会支部书记、居委会主任

蔡进荣　宣武区椿树皮鞋厂厂长

孙文彬　宣武区大安酒营幼儿园党支部书记

平景芬　西城区二龙路新京几道托儿所所长

白权枢　西城区新街口双寺居委会副主任

蔡玉清　西城区月坛街道社会路居委会主任

黎　琳　西城区西长安街街道西栓居委

	会主任
时桂荣	延庆县旧县公社大柏老大队社员
张红玉	延庆县珍珠泉公社文化干事
黄木兰	延庆县南菜园小学教师
杨　敏	延庆县医院妇产科副主任
李荣华	延庆县政府农业办公室副主任
王留萍	延庆县城关公社孟庄大队第二生产队队长
高玉兰	房山县崇各庄公社豆各庄大队主任
王健美	房山县窑上公社官庄大队幼师
宁淑兰	房山县琉璃河公社李庄大队社员
晋德英	房山县十渡公社平峪大队妇代会主任
王淑珍	密云县新城子公社遥桥峪大队主任
李书贤	房山县城关公社西大桥大队农业技术员
冯艳玲	房山县东庄禾乡沙峪村四队饲养员
杨瑞芹	北京矿务局工农区河北公社黄土坡大队妇代会主任
刑桂兰	门头沟区永定公社苛萝坨大队党支部书记
王秀英	门头沟区妙峰山公社陈家庄大队妇代会主任
李淑芳	门头沟城子办事处商场居委会妇代会主任
李长芝	门头沟区青白口公社珠窝大队副大队长
李敬云	平谷县马昌营公社东阵各庄大队幼儿教师
贾淑芹	平谷县农业局技术科副科长
于凤伶	平谷县南独河公社南独河大队技术员
胡自兰	平谷县刘店公社江木洞大队妇代会主任
马凤英	大兴县礼贤公社田营大队妇代会主任
韩秀东	大兴县北臧村公社北臧村大队妇女队长
姬秀荣	大兴县红星公社大楼居委会党支部书记
王秀芝	大兴县垡上公社曹村大队幼师
户乃芝	大兴县安定公社堡林庄大队党支部书记
王淑珍	顺义县高丽营公社敬老院院长
李淑英	顺义县沿河公社付各庄大队会计
张春英	顺义县木林公社蒋各庄大队妇代会主任
王淑香	顺义县杨镇公社张家务大队鸡场场长
薛永兰	顺义县李桥公社洼子大队支部副书记
周庆申	顺义县后沙峪公社马头庄大队

	党支部书记
董新华	怀柔县庙城公社郑重庄大队生产队长
王　云	怀柔县西庄公社椴树岭大队
刘俊英	怀柔县七道河公社上孟营大队社员
刘广兰	昌平县城关乡西关村妇代会主任
姜兰英	昌平县阳坊乡东贯市村妇代会主任
张玉敏	昌平县南邵乡四合庄村生产队长
兰新华	昌平县南口乡红泥沟村兽医
吴克玲	通县永乐店农场草场分场北寺大队社员
张秀清	通县胡各庄公社敬老院院长
魏淑兰	通县徐辛庄公社王辛庄大队社员
王淑兰	通县城关公社杨庄大队针织厂厂长
王淑敏	通县西集公社肖家林大队社员
许维馨	北京市家庭教育研究会理事
吴　珍	北京市公安局交通管理处工程队工人
王文锦	北京市公安局宣武分局牛街派出所民警
张静须	通县牛堡屯公社苍头大队社员
王杏珍	北京市中级人民法院助审员
王玉珍	北京市剧院演员
狄　辛	北京人民艺术剧院演员
谷文月	中国评剧院演员
张智慧	北京卫戍区 51112 部队军医
索维芳	北京市司法局公证处副主任
吴鹏鸣	北京市环境保护监测中心副站长
马建华	北京市公安局十三处工程师
孙家琇	中央戏剧学院戏文系主任
马玉文	北京市委员会居委会主任
林娥珍	北京第一棉纺织厂工人
熊振翔	北京航空学院教授
费路路	北京市高级人民法院办公室顾问
黄　织	北京市工商联妇女工作委员会主任
粟秀玉	北京外语学院教授
任景芸	北京市第四中学教师
张树榛	北京农业大学农学系副主任
黄蕴慧	中国地质科学院矿床地质研究所副研究员
钱玉昆	北京医学院微生物学教研组副教授
王　群	北京同仁堂制药总厂副厂长
林明美	北京市药品检验所技术科主任
黄美玉	中国科学院化学所第十一室助理研究员
赵敏如	国际关系学院日语系讲师
陈秀丽	北京市呼家楼中学教师
杨风仪	北京市 171 中学教师

云佩琏　北京市市政工程局第四市政工程公司会计师

天津市

乔玉屏　天津市东方红中学教务处副主任
田晓秋　和平区昆明路小学教师
周　静　和平区第十一幼儿园副主任
杨翠云　和平区中医医院主治医师
沈春兰　和平区房管局清和街房管站
东玉珍　和平区糖果糕点公司泰隆路基层店门市部主任
王延兰　和平区服务公司东升理发基层店香山门市部理发员
牟贞淑　和平区贵阳路百货基层商店小百货门市部主任
付玉珍　和平区小白楼街妇联主任
左壁如　和平区体育馆街设计里居委会支部书记
王玉兰　和平区体育馆街华荫南里居委会
胡承兰　和平区清和街聚良里妇代会主任
高永春　和平区民园街道办事处澳门路居委会主任
陈庸菴　和平区民园街统战学习组市妇联委员
蔡兆荣　和平区清和街妇联主任
冯学云　河北区五号路街富青饭馆副经理
李兰芝　河北区光复道街妇联主任
钟玉芹　河北区何兴庄街大闸口妇代会主任
廉宝玢　河北区辛庄街孟家树林居委会主任
杨淑琴　河北区王串坊街妇联主任
迟文和　河北区全家密街第五服装组车间负责人
朱秀兰　河北区粮店街新货厂居委会主任
王淑珍　河北区中山路街容和里居委会主任
韩芝云　河北区第一幼儿园教养员
王希萱　河北区新开小学副教导主任
邱　瑛　天津市第一医院护士长
邢伯英　河北区饮食公司于厂基层商店副经理
彭素芬　河北区京津公路基层商店大众食堂副经理
李新凤　河北区东六经路副食基层店东六门市部售货员
赵彩琴　河西区下瓦房街解放路妇代会
吴学凤　河西区挂甲寺街妇代会主任
宋玉兰　河西区四号路街西十四段居委会主任
孙惠芬　河西区桃园村街海口路居委会

业务员
郭凤春　河西区大营门街双顺里居委会生产副主任
刘静娴　河西区东楼街红旗里妇代会主任
金淑珍　河西区下瓦房街办事处妇联主任
闫景芝　河西区百货公司南楼百货商场组长
杜德兰　河西区房管局第二工程队工人
张淑英　河西区饮食公司下瓦房基层店琼州道门市部经理
董致祥　河西区糖果糕点公司下瓦房基层店经理
张惠文　河西区蔬菜副食品公司陈塘庄副食店主任
张庄蓉　天津新华中学教研组长
褚宝玲　河东区沈庄子街太平胡同妇代会主任
杨永珍　河东区唐家口街妇联党支部书记
宋淑珍　河东区郑庄子街郑三居委会主任
张梦兰　河东区中山门街钢三居委会妇代会主任
王华荣　河东区李公楼街春光缝纫厂副厂长
王学红　河东区粮食局中山门第七十二粮店门市部主任
杨翠兰　河东区副食品公司柜组长
马玉兰　河东区百货公司副经理
李坤兰　河东区房地产管理局器材供应站司机
卢奋燕　天津市中山门三中副校长
解淑惠　河东区中山门中心幼儿园支部副书记
王士珍　二商局饮食公司红桥区鸟市饮食基层店副经理
陈文华　红桥区蔬菜副食品公司大胡同基层店北大关门市部组长
王月琴　红桥区百货公司裕华百货商场副经理
张秀芬　红桥区邵公庄街缝纫一厂厂长
庞玉兰　红桥区大伙巷街清真寺前居委会主任
卢玉文　红桥区先春园小马路居委会妇代会主任
邵丽琴　公安局红桥分局档案员
刘玉英　红桥区妇联主任
张惠玲　红桥区园林工程队工人
朱娟娥　红桥区妇幼保健站医士
郭卫巾　红桥区中心小学教员
谭玉芬　红桥区南头窑街办事处党委书记
姜国玲　南开区蔬菜副食品公司西南角基层店泳延街门市部柜组长
张　璞　南开区三八幼儿园园主任
徐伯芬　南开区服务公司西南角旅馆经

理
李树香　南开区六合市场街妇联主任
贺兰香　南开区蓄水池街东大街居委会主任
耿玉兰　南开区长征综合五金厂党支部书记
董桂芝　南开区向阳路街妇联海洋妇代会主任
徐连君　南开区炮台庄金属制造厂经理
黄扶先　南开区万德庄街南开大学东西村居委会党支部副书记
张世芬　南开区西南角街张家大院妇代会主任
张秀兰　南开区西北角街罗家居委会党支部书记
周玉兰　南开区兴业里街兴华里居委会主任
张相兰　天津碱厂工人
范秀荣　天津市跃进化工厂工人
杜桂琴　天津市公共汽车五厂司机
史世英　天津市新港船厂主办工程师
张广风　塘沽区东沽小学教导处副主任
肖莲榕　塘沽区第二中学教员
孙玉兰　塘沽区蔬菜副食品公司售货员
张静芝　塘沽区新港街道办事处第一居委会妇代会主任
孙长云　塘沽区东沽街花园居民区主任
刘淑琴　塘沽区新华路街纸盒厂党支部书记
孙桂花　塘沽区北塘镇富裕之路大队妇代会副主任
刘志荣　塘沽区海洋捕捞队冷库支部委员会计
刘桂凤　塘沽区新河大队妇代会主任
董恩芬　汉沽区新开路百货商店售货员
夏友珍　汉沽区长芦盐场质量科工程师
吴兰英　汉沽区寨上街杨家寨居委会支部书记
裴秀清　汉沽区河西街肖明里居委会妇代会主任
邱瑞珍　天津市汉沽医院副院长科主任
黄绍珍　天津化工厂动力车间工人
董绍珍　汉沽区茶淀公社妇联会主任
王桂玲　汉沽区大田庄公社大王大队妇代会主任
田庆碧　大港区胜利街四化建家属管理站妇代会主任
王　昭　大港区小王庄公社王房子小学教师
王汝慧　大港区太平村公社刘庄大队社员
贾兆俊　大港区太平村公社太平村大队社员
李桂芹　蓟县人民医院主治医师妇产科主任
刘志芬　蓟县药材公司副经理
武翠臣　蓟县城关镇居民干部
霍艳玲　蓟县翠屏山公社妇联主任

梁淑荣　蓟县逯庄子公社桃花寺大队妇代会主任
孙玉荣　蓟县下仓公社大杨各庄大队妇代会主任
汪翠兰　蓟县白涧公社刘吉素大队妇代主任
于清贤　蓟县许家台公社花甲石大队妇代会主任
王桂英　蓟县别山公社周庄子大队妇代会主任
刘翠兰　蓟县上仓公社桥头大队妇代委员妇女队长
张秀文　蓟县罗庄子公社杨庄大队妇代会主任
金瑞仙　蓟县宋家营公社女子女塔大队妇联主任
孟伯英　蓟县马伸桥公社木马庄大队妇代会主任
李淑臣　蓟县官场公社孟官屯大队副大队长
陈玉伶　蓟县尤古庄公社黄辛庄大队妇代会主任
闫会兰　宝坻县新开口公社六户大队
张秀敏　宝坻县八门城公社东鄽大队妇代会主任
孟兆英　宝坻县大白庄公社大白庄大队妇代会主任
李瑞娥　宝坻县霍各庄公社香铺妇代会主任
杨凤芹　宝坻县城关镇第一生产大队妇代会主任
白洪青　宝坻县杨家口公社杜家庄大队妇代会主任
张素兰　宝坻县五卜庄公社前张司马大队党支部副书记
陈桂兰　宝坻县赵各庄公社庞各庄大队妇代会主任
单淑英　宝坻县林亭口公社小靳庄大队妇代会主任
张瑞云　宝坻县北坛公社佟庄大队妇代会主任
张桂敏　宝坻县南仁垺公社西南仁垺大队妇代会主任
郭淑良　宝坻县师范学校教师
李　芬　武清县城关公社东张营大队妇代会主任
孙秀兰　武清县崔黄口公社东狼尔窝大队妇代会主任
刘锦云　武清县王庆坨公社解放大队妇代会主任
高玉春　武清县河北屯公社小羊庄大队妇代会主任
朱宝芬　武清县大良公社杨场大队党支部书记
熊淑芳　武清县杨村公社柴官大队妇代会
赵翠兰　武清县黄花店公社胜利大队妇代会主任

刘凤玉　武清县上马台公社王老庄大队妇代会主任
宋宝芳　武清县大碱厂公社西辛庄大队饲养员
王维金　武清县汉沽港公社勤劳大队妇代会副主任
柳秀英　武清县大顿邱公社大南宫大队妇代会主任
李凤兰　武清县河西务公社周羊庄大队妇代会主任
王宝兰　武清县大黄堡公社八里庄大队妇代会主任
杜书云　武清县工业局第一农机厂车间主任
韩承桂　静海县医院内科副主任
张子兰　静海县食品加工厂车间负责人
钱慧格　静海县第一中学教师
臧文玉　静海县府君庙公社府君庙大队幼儿园负责人
程凤荣　静海县团泊公社孟家房子大队党支部书记
闫德敏　静海县徐庄子公社徐庄子大队妇代会主任
曹炳兰　静海县陈官屯公社小集大队妇代会主任
曲凤荣　静海县沿庄公社西弹房大队妇代会主任
赵玉芬　静海县西瞿庄公社胡庄子大队妇代会主任
闫淑娟　宁河县板桥公社田庄坨大队妇代会主任
郭少金　宁河县潘庄公社潘庄大队党支部委员
马如敏　宁河县岳龙公社国化营大队社员
王洪珍　宁河县任凤公社北移民大队支部委员
李淑华　宁河县芦台镇育红街支部书记
王玉芹　宁河县西塘坨大队敬老院服务员
曲玉兰　东郊区新立村公社宝元村大队妇代会副主任
吴世珍　东郊区赤七公社贯庄大队妇代会主任
李学淑　东郊区程林工业区基层商店经理
闫秀花　西郊区木厂乡当城村妇代会主任
周　力　西郊区杨柳青镇政府退休干部
范玉杰　西郊区九一九公社曹庄大队队长
武士荣　西郊区西营门公社妇联主任
薛素兰　南郊区双港公社南马集大队妇代会主任
刘贤香　南郊区南洋公社韩城桥公社妇代会主任
张凤琴　南郊区北闸口公社西石营大队支书

李振娥　南郊区小站公社传字营大队妇代会主任
张惠萍　南郊区教育局北湖联校教师
王秀英　北郊区北仓公社汶村大队支委
白玉珍　北郊区天穆乡副乡长
张凤莲　北郊区商业局副食品公司工会主席
邸广惠　北郊区宜兴埠第一小学教师
胡静云　天津民建工商联妇委会妇女支部副主任
何金荣　青联实业公司河北青年针织厂组长
吴　佩　天津动力机厂工程师
冯秀娣　天津机车车辆机械工厂管理员
路玉芬　天津拖拉机制造厂工人
冯秀兰　天津起动器厂干部
张桂芬　天津无线电元件六厂组长
梁淑珍　天津自动化仪表八厂切割工
周瑶琴　天津轧钢一厂工人
李子珍　天津第二钢丝绳厂工人
张淑华　天津玻璃耐火材料厂副厂长
叶淑英　天津第二自行车零件厂代理车间书记
刘玉莲　天津搪瓷厂工会组长
韩增萍　天津保温瓶三厂工会组长
张文菊　天津井冈山塑料厂工人
李　燕　天津衬衣厂组长
张金钟　天津第一便鞋厂车间负责人
刘义珍　天津制锁三厂工人
谢　玲　天津四新纱厂
张万华　天津棉纺一厂技术科副科长
王维生　天津色织三厂工人
李金萍　天津第二染整厂工人
郭惠美　天津丝织四厂
王玉霞　天津羊毛衫厂
赵秀锦　新天津染整厂工人
马永成　天津针织五厂工人
赵玉珍　第二纺织机械制造厂工人
刘金芬　毛巾一厂工人
陈如意　天津化学试剂四厂车间主任
张婉华　化工部天津化工研究院专题组长
庞淑兰　天津长征胶鞋厂工人
王淑芹　天津化工机械厂工人
邓秋俊　天津电力工业局用电管理处工人
李克英　大港油田采油一部攻关队助理工程师
左淑珍　大港油田运输指挥部交通队司机
刘桂芝　海洋石油勘探局修船厂电焊工
王薰芳　第四机械工部一四一八研究所副总工程师
任俊霞　中国人民解放军三五二九工厂工人
李宗滨　天津无线电元件五厂工人
汪寅生　天津广播器材厂计划员
米江桐　天津第一中药厂药物研究室助

理工程师
郭玉兰　天津长途电信局报务员
李兰芬　天津汽车修理二厂工人
储　锐　天津汽车运输六场司机
张玲田　天津铁路分局车务段站务员
王秋霞　天津铁路分局职工子弟第五小学校长
鞠晓岚　天津港第二作业区仓库保管员
刘淑洁　天津酿酒厂车间副主任
李士芬　天津卷烟厂工人
柳有霞　铁道部第三勘探设计院工程师
刘乃娟　天津建工局机械施工公司工人
王振联　天津建筑工程局工会妇干
杨玉霞　天津构件公司构件二厂工人
王淑荣　石油部第四工程公司职工医院炊事员
杨淑华　天津玻璃纤维总厂工人
王淑训　天津市政工程勘测设计院工程师
尹志利　天津市园林局设计处技术干部
鲁凤敏　天津公房修建公司第二工程队工人
许凤芹　天津长途汽车公司售票员
刘丝秀　天津公共汽车公司三厂乘务员
张玉佩　中国市政工程华北设计院工程师
陈德辉　天津市交通部一航局四处机工
赵　嫕　天津石油化纤厂工程指挥部工人
刘淑华　天津百货大楼售货员
王昭云　天津化工采购供应站商品技术科副科长
邵克荣　天津津海服装厂工人
张士珍　天津蔬菜公司副经理
周亚璋　天津食品公司第二加工厂副厂长
张文忠　天津土产进出口公司药材加工厂保育员
曹玉芝　天津物资回收南开分公司和平综合经营部主任
苏家蔷　中国人民银行天津分行河东区办事处王庄子分理处副主任
于桂芬　天津煤建公司四厂副股长
窦淑明　天津胶合板厂托儿所班长
赵靖国　天津双林农牧场副队长
魏梦香　天津重光五金厂工人
齐植兰　天津大学基础科学系应用数学教研室副教授
向婉成　天津大学教师
陈茹玉　南开大学教授
王　存　天津纺织工学院教员
刘宝琦　天津医学院附属医院护师
方佩华　天津医学院附属医院讲师
崔玮华　天津体育学院教师
芦翠云　天津外国语学院讲师
卢巽珍　地质矿产部天津地质矿产研究所副研究员
金绍美　民航学院马列教研室党史组讲

师

何月萍　天津教育学院教师

于淑珍　天津歌舞剧院演员

骆玉笙　天津曲艺团副团长

李秀云　天津评剧院演员

颜美怡　天津人民艺术剧院演员

周映清　天津医院副主任医师

关小瑛　天津市第一中心医院护理部主任

张静安　天津河东医院妇产科主任医师

冯金玲　天津眼科医院医师

曹秀凤　天津和平保育院保育士

刘美玲　天津体育工作大队运动员

梁璞珍　天津师范学校教员

张桂香　天津宾馆餐厅管理员

杨永娥　天津海关干部

范　萍　天津高级人民法院庭长

王敏霄　天津司法局律师

阮美琳　天津警备区机关门诊部主治军医

徐宜珍　五二八五七部队主治军医

李淑芬　天津市机关行政管理局第二饭店客房班

徐　谦　天津石油化学工业公司副总工程师

河北省

田益兰　石家庄市国棉二厂辅导员

刘志英　石家庄市蔬菜公司门市部主任

周爱华　石家庄市粮食局桥东粮站主任

刘素珍　石家庄市物资回收公司义堂经营处加工组组长

陈金兰　华北制药厂青霉素发酵工段支部书记

何淑珍　石家庄市桥西区永安街办事处废品收购站主任

郭文华　石家庄市桥东区东华路办事处综合商店主任

赵淑珍　石家庄市郊区桃园公社东古城大队技术员

陈美玉　河北化工学院支部书记

刘琼芳　石家庄市第一医院内科副主任

陈淑敏　石家庄市桥东卫生一队工人

苏卫卫　石家庄市公共汽车公司售票员

吴淑珍　石家庄市国棉三厂织造车间挡车工

段秀娥　石家庄市国棉六厂挡车工

尹月芳　石家庄市水泵厂金工车间二零组工人

王卿尧　石家庄铁路分局石家庄列车段列车员

张英丽　石家庄市塑料编织厂挡车工

祁平华　石家庄拖拉机配件厂保管员

张秀满　唐山市色织厂工人
李淑芬　唐山市公共汽车公司乘务员
李秀荣　唐山市轻工业机械厂金工车间工人
张秀芹　唐山市东矿区糖业烟酒公司唐家庄商店支部书记
陈淑芬　唐山市开平区栗园公社养猪场厂长
张玉凤　唐山市华新纺织厂工人
郑素华　唐山市棉纺织厂后纺车间工人
李淑兰　唐山市百货公司胜利路商店售货员
王淑英　唐山市陶瓷研究所工程师
范淑艳　唐山市高压电瓷厂工人
段秀荣　唐山市二轻局东矿制鞋厂工段长
王应文　唐山市唐山陶瓷厂
崔占书　唐山市开平区梁家屯公社新袁庄大队书记
王素芹　唐山市路南区南厂工房办事处楼西居委会主任
杜晓凤　唐山市陶瓷工业公司第三瓷厂工人
孙翠莲　唐山市路北区南新道小学教员
袁　征　唐山市开滦马家沟矿医院医师
宋桂兰　唐山市果园陈家屯大队社员
姚连爱　唐山市丰润新区常庄公社崔一大队妇代会主任
王慎言　唐山市路北医院医士
田桂兰　唐山市滦县塔坨工委育红院院长
孟宪兰　唐山市滦县商家林公社东孟家屯大队妇代会主任
王兰会　唐山市滦县医院妇产科主治医师
陈玉荣　唐山市乐亭县于坨公社北常坨大队妇代会主任
赵会兰　唐山市乐亭县马头营公社黄坨大队支委
赵玉芬　唐山市乐亭县新寨公社芍坨大队妇代会主任
李艳霞　唐山市丰南县胥各庄镇八街大队妇代会主任
赵淑青　唐山市滦南县实验小学副主任
姚玉芹　唐山市滦南县扒齿港公社李庄户大队妇代会主任
郭淑芸　唐山市滦南县倴城公社西南街大队妇代会主任
张素英　唐山市迁西县人民银行储蓄股股长
赵翠香　唐山市迁西县下营公社妇联主任
李凤琴　唐山市柏农垦区造纸厂纸盒厂厂长
孟安荣　唐山市玉田县窝洛沽公社孟二庄大队妇代会主任
高树申　唐山市玉田县霞港公社霞港大队妇代会主任

李永凤　唐山市玉田县城关公社东蒙各庄大队妇代会主任
王会兰　唐山市玉田县杨家套公社东高桥大队妇代会主任
高玉玲　唐山市丰润县新军屯公社新军屯大队妇代会主任
任同芬　唐山市丰润县唐河甸公社大唐河大队妇代会主任
刘贵英　唐山市丰润县北下庄公社仰山大队妇代会主任
郑展芬　唐山市丰润县城内小学教员
徐秀兰　唐山市丰南县侉子庄公社钢窗厂
王爱民　唐山市遵化县小马坊公社南岗大队妇代会副主任
赵淑华　唐山市遵化县马各庄供销社副主任
刘瑞珍　唐山市遵化县新店子公社新店子大队妇代会主任
徐秀芬　唐山市遵化县西留村公社西留村大队兽医
彭秀营　唐山市迁安县雷庄公社胡庄大队妇代会副主任
李海兰　唐山市迁安县木厂口公社宗佐大队支委
李文花　唐山市迁安县东周庄公社高各庄大队支委
杜春兰　唐山市迁安县闫家店公社洗甲河大队妇代会主任
孙树桓　秦皇岛市商业服务楼支部书记
马希文　秦皇岛市针织厂副厂长
周秀云　秦皇岛市山海关铁路地区食堂主任
耿述廉　秦皇岛市海港区海阳路居委会退休干部
韩素琴　秦皇岛市卢龙县相公庄公社西马庄大队妇代会主任
黑俊芝　秦皇岛市卢龙县应各庄公社下应各庄大队妇代会主任
路　江　秦皇岛市昌黎县县医院科主任
杨曙明　秦皇岛市昌黎县裴家堡公社赵庄大队幼儿教师
杜学兰　秦皇岛市昌黎县百货公司售货员
张玉环　秦皇岛市抚宁县后白塔公社许家峪大队社员
王静春　秦皇岛市抚宁县麻姑营公社牛角峪大队妇代会主任
高淑芝　秦皇岛市抚宁县鲁庄公社枣园屯大队妇代会主任
刘庆珍　秦皇岛市北戴河区平安路居委会主任
沈丽珍　秦皇岛市青龙县肖营子邮电支局话务员
朱　曦　秦皇岛市青龙县医院妇产科副主任
伊素琴　秦皇岛市青龙县肖营子公社肖营子大队教师

宋梅菊　石家庄地区栾城县医院妇产科医生
冯秀君　石家庄地区栾城县城关信用社储蓄所储蓄员
邵兴瑞　石家庄地区栾城县万村公社南力大队技术员
王兰英　石家庄地区行唐县光荣院服务员
董梅彦　石家庄地区行唐县城关公社南街大队社员
赵桂荣　石家庄地区行唐县阳关公社赵阳关大队幼儿教师
刘玉芹　石家庄地区赵县农机修理制造厂技术员
姬秀鸽　石家庄地区赵县马平公社张家庄大队妇代会主任
彭胜领　石家庄地区晋县总十庄公社东台大队妇代会主任
谷新台　石家庄地区晋县杨家营公社杨家营大队妇代会主任
李秀芬　石家庄地区束鹿县中里厢公社泊庄大队妇代会主任
王德贞　石家庄地区束鹿县妇幼院副院长
杜锁金　石家庄地区井陉县胡家滩大队幼儿教师
刘志英　石家庄地区井陉县南王庄公社妇联主任
张淑珍　石家庄地区平山县胜伏公社胜伏大队妇代会主任
许均风　石家庄地区平山县岗南公社郭苏大队社员
贾桂林　石家庄地区平山县原种厂技术员
翟树霞　石家庄地区获鹿县宜安公社东焦东大队社员
张兰妮　石家庄地区获鹿县永壁公社南杜大队妇女队长
高彩云　石家庄地区元氏县医院妇产科副主任
李月联　石家庄地区元氏县姬村公社闫堡大队妇代会主任
苗月勤　石家庄地区无极县棉织厂织造车间工人
谷月敏　石家庄地区无极县东侯坊乡西池阳村幼儿教师
段春花　石家庄地区新乐县大流公社渔砥大队社员
谢延华　石家庄地区新乐县医院医生
支荣珍　石家庄地区藁城县岗上公社小丰大队妇代会主任
张秀英　石家庄地区藁城县商业局第一零售公司棉布组组长
阎秀琴　石家庄地区藁城县邮电局副班长
栗秀兰　石家庄地区灵寿县三圣院公社同下大队副支书
吕二梅　石家庄地区灵寿县烟酒公司一

门市职工

何敏娟　石家庄地区高邑县城关公社孙家庄大队学校幼儿教师

刘素珍　石家庄地区高邑县花园公社大夫庄大队妇代会主任

王良兰　石家庄地区赞皇县城关公社东街大队妇代会主任

范秋双　石家庄地区赞皇县龙门公社榆底大队副支书

米　荣　石家庄地区正定县南村公社南村社员

申闺女　石家庄地区正定县三里屯公社三里屯村社员

黄明珠　石家庄地区深泽县医院助产师

王香花　石家庄地区深泽县西河公社缝纫厂厂长

孙秀荣　保定地区易县北奇公社西市大队幼儿教师

宋桂兰　保定地区易县白羊公社盘神庙大队副支书

隗贵兰　保定地区易县大石盘公社玉山铺大队

张兰池　保定地区望都县西堤公社彤霞大队妇代会副主任

麻俊琪　保定地区望都县城关公社北关大队幼儿教师

李占贤　保定地区涞水县蓬头公社邢各庄大队妇代会主任

刘淑芹　保定地区清苑县钟家营大队妇代会主任

刘杏爱　保定地区清苑县大李各庄公社刘村大队妇代会主任

何爱梅　保定地区清苑县离休干部家属院退休干部

郑秀玲　保定地区徐水县大寺各庄公社大寺各庄大队副支书

陆素花　保定地区徐水县白塔铺公社站里大队社员

高一芳　保定地区徐水县医院副院长

赵金凤　保定地区涿县棉织厂工人

王淑云　保定地区涿县幼儿园园长

庞晓玲　保定地区新城县加录公社杨家务大队支书

于秀英　保定地区新城县农业局农业技术部副站长

潘玉英　保定地区阜平县东下关公社栗元铺大队兽医员

郑志连　保定地区阜平县槐树庄公社高阜口大队副大队长

张彩艳　保定地区博野县城关公社东风大队妇代会主任

邓荣先　保定地区博野县医院妇产科副主任

马淑珍　保定地区满城县贤台公社小次韩大队社员

徐秀荣　保定地区满城县方顺桥公社孔村大队妇代会主任

肖瑞兰　保定地区安新县大王公社北张

	庄大队妇代会主任
冯兰雪	保定地区安新县同口公社同口一大队社员
王喜联	保定地区定县纸方头乡北陵头村妇代会主任
何健娣	保定地区定县东南宋乡东南宋村妇代会主任
吴　谦	保定地区定县城关镇新立街幼儿园幼儿教师
徐志华	保定地区定县妇幼保健院医师
高继芬	保定地区容城县百货公司支书
吴香文	保定地区容城县晾马台公社猛进庄大队副支书
李树芝	保定地区雄县医院医生
高大领	保定地区雄县南十里铺公社南十里铺大队妇代会主任
权　霞	保定地区完县人民政府副县长
王菊芬	保定地区完县北城公社子城大队妇代会主任
于俊亭	保定地区安国县西伏落公社西伏落大队妇代会主任
常北女	保定地区高阳县蒲口公社北蔡口大队支书
尹玉平	保定地区涞源县南马公社小关城大队社员
王淑娥	保定地区涞源县塔崖驿公社二道河子大队
杨志卿	保定地区曲阳县城西公社杨家庄村技术员
南凤苗	保定地区曲阳县城关医院副院长
杨淑英	保定地区曲阳县董家马公社任家岸村妇代会主任
贾秀芬	保定地区定兴县高里公社北章大队妇代会主任
张秀云	保定地区定兴县东落堡公社西陈庄大队技术员
张素芬	保定地区定兴县李郁庄公社侯官营大队妇代会主任
南树芬	保定市新中国面粉厂工人
徐韫琪	化工部第一胶片厂工程师
王成兰	保定市肉食联合加工厂美味零售门市部副主任
李　敏	保定市妇幼保健院妇产科主任
齐兰芬	保定地区蠡县齐村信用社出纳员
曹兰芳	保定地区医院护士
陈文珍	保定地区唐县县北大队幼儿园教师
赵小多	保定地区唐县大洋公社山南庄大队妇代会主任
刘仙乔	保定地区唐县东风区妇联主任
王淑芳	邯郸市邯山区南关小学教师
张秀珍	邯郸市复兴区铁路大院办事处综合商店支书
裴翠花	邯郸市郊区彭寨公社彭家大队妇代会主任
王秀荣	邯郸峰峰矿区界城公社刘起沟

大队妇代会主任
沈素兰　华北矿建公司第一建设工程公司保管员
尹秀春　邯郸国营第二棉纺织厂工人
程金秀　邯郸地区永年县粮食局机关供应站主任
武美英　邯郸地区永年县针织厂挡车工
郭恒的　邯郸地区武安县阳邑公社柏林寨上大队支书
郭兰霞　邯郸地区武安县医药公司售货员
韩群芝　邯郸地区大名县团委辅导员
曹妹云　邯郸地区大名县龙王庙公社二大队社员
安凤英　邯郸地区魏县大庄公社妇联主任
薛淑英　邯郸地区魏县县医院护士长
李玉英　邯郸地区磁县商业局服务公司服务员
庄付芹　邯郸地区磁县来村公社北来村大队妇代会主任
刘保叶　邯郸地区临漳县城关公社李家村大队幼儿教师
段兰娥　邯郸地区涉县河南店公社赤岸大队社员
冯喜枝　邯郸地区涉县辽城公社西辽城大队支委
刘宪敏　邯郸地区邯郸县支行股长
常芳芹　邯郸地区邯郸县兼庄公社汉巴庄小学教师
王素梅　邯郸地区成安县人大常委会副主任
李红霞　邯郸地区成安县粮食局粮油供应站开票员
许延波　邯郸地区馆陶县沿村公社西苏大队妇代会主任
武风兰　邯郸地区馆陶县王桥公社前姚庄大队妇代会主任
郝秀芳　邯郸地区馆陶县西陶公社东苏村大队妇代会主任
胡建华　邯郸地区肥乡县河头堡公社沙窝大队妇代会主任
李秀玲　邯郸地区肥乡县元固公社三里堤大队幼儿教师
张荣梅　邯郸地区曲周县褚庄公社湾东李庄大队妇代会主任
殷纫华　邯郸地区曲周县城关公社东关小学教师
徐玉香　邯郸地区曲周县呈孟公社西呈孟大队幼儿教师
李秀玲　邯郸地区邱县南辛店公社辛店大队妇代会主任
郭兰育　邯郸地区邱县马落堡公社马落堡大队妇代会主任
宋平香　邯郸地区广平县平固店公社南下堡大队支书
王桂荣　邯郸地区广平县城关公社东关大队妇代会主任

李亭莲　邯郸地区鸡泽县双塔公社东申底大队社员
杨爱芹　邯郸地区鸡泽县小寨公社小寨镇大队妇代会主任
李延芳　河北医学院邯郸分院主治医师
秦玉莲　邢台市桥东区西门里办事处铁路饮食部支书
李秀兰　邢台市织染厂工人
郑玉香　邢台市饮食公司大众饭店副经理
翟双珠　邢台地区邢台县妇联主任
郭爱妮　邢台地区邢台县将军墓公社折户大队县妇联副主任
景密芬　邢台地区邢台县东汪公社景家屯大队副支书
马淑珍　邢台地区沙河县册井公社锁会大队妇代会主任
曹全珍　邢台地区沙河县蝉房乡石盆村妇代会主任
赵海姐　邢台地区临城县城关公社南城村妇代会主任
张英梅　邢台地区内丘县金店公社王家屯大队社员
霍秀荣　邢台地区内丘县河巨公社西张村大队支书
及淑清　邢台地区柏乡县理发馆理发员
常孟存　邢台地区隆尧县柏舍公社显化寺大队妇代会主任
范彦坤　邢台地区隆尧县地毯厂工人
李爱琴　邢台地区任县县医院护士
胡荷花　邢台地区南和县阎里公社宋台大队支委
阴秀荣　邢台地区宁晋县曹伍町公社北楼下大队支书
张秀珍　邢台地区宁晋县城关公社繁荣小学教师
肖爱喜　邢台地区南宫县南便公社南便大队妇代会主任
张跃华　邢台地区南宫县医院妇产科主任
安兰省　邢台地区巨鹿县官厅公社魏庄大队社员
夏跃华　邢台地区巨鹿县农业局病虫测报站副站长
陈香印　邢台地区新河县兽医院兽医
赵淑维　邢台地区新河县尧头公社妇联主任
刘淑可　邢台地区广宗县核桃园公社卫生所医生
尹淑卿　邢台地区平乡县冯马公社梁里马大队妇代会副主任
郑爱珍　邢台地区平乡县乞村公社南牌小学教师
张桂芬　邢台地区威县方营公社徐古寨大队社员
王艳娥　邢台地区威县农业银行出纳员
韩爱茹　邢台地区清河县小屯公社后什店大队支委

巩翠英	邢台地区清河县孙洼公社孙洼大队妇代会主任
郑书英	邢台地区临西县凡林公社妇联主任
徐玉平	邢台地区临西县单屯公社瓜厂大队支委
李树英	廊坊地区三河县燕郊镇妇联主任
寇文艳	廊坊地区永清县管家务乡管家务村妇代会主任
李素兰	廊坊地区永清县龙虎庄公社
李　云	廊坊地区行政公署农业局土肥站副站长
李尚芳	廊坊地区三河县高各庄公社高各庄小学教师
刘书义	廊坊地区文安县大溜镇公社北李大队妇代会主任
张敬珍	廊坊地区固安县东湾公社东大营大队支书
张玉香	廊坊地区大城县郑家村公社后屯大队妇代会主任
王　杰	廊坊地区大城县医院副院长
高淑英	廊坊市北史家务公社周各庄大队妇代会副主任
黄维莉	廊坊市商业局四季春商店副经理
刘宏芬	廊坊地区固安县医院护士长
王艳君	廊坊地区大厂回族自治县特艺厂技术员
李桂兰	廊坊地区霸县辛店公社北高各庄大队妇代会主任
张兴会	廊坊地区香河县钱旺公社康庄大队妇代会主任
张宝霞	廊坊地区香河县光荣院服务员
吴素华	廊坊地区霸县老堤公社敬老院院长
唐素霞	廊坊地区医院儿科
刘秀芬	廊坊地区文安县德归公社大长田大队妇代会主任
张桂英	沧州地区沧县县医院医生
刘文玉	沧州地区沧县李天木公社珍珠岩厂书记
王爱华	中国农业银行孟村回族自治县支行复核会计
姚运珍	沧州地区青县辛集公社周庄子大队妇代会主任
代秀兰	沧州地区青县回民食品厂车间主任
王秀珍	沧州市色织厂车间主任
梁云兰	沧州市西花园公社敬老院院长
姚玉芬	沧州地区河间县时村公社傅间河大队社员
王双桂	沧州地区河间县西九吉公社娄堤屯大队妇代会主任
强金荣	沧州地区盐山县孟店子公社卫生院院长
范国艳	沧州地区盐山县城关公社西隅大队幼儿教师

李桂兰　沧州地区黄骅县贾象公社西崔庄大队妇代会主任
白桂英　沧州地区黄骅县常郭公社常郭大队幼儿教师
韩英珍　沧州地区吴桥县宋集公社北彭大队幼儿教师
崔庆荣　沧州地区吴桥县佛刘公社崔庄大队妇代会主任
王秀英　沧州地区肃宁县妇联主任
于俊环　沧州地区东光县大刘公社妇联主任
康桂芬　沧州地区东光县郑集公社东寺小学教师
王洪杰　沧州地区南皮县汤庄公社大赵庄大队妇代会主任
张瑞英　沧州地区南皮县刘夫青公社刘夫青大队妇代会主任
赵荣珍　沧州地区献县南河头公社南河头大队妇代会主任
梅菊年　沧州地区献县十五级公社十五级大队妇代会主任
谢丽娟　沧州地区献县医院妇产科主任
李友芹　沧州地区任丘县人民银行会计
张小花　沧州地区任丘县北辛庄公社司马庄大队妇代会主任
芨大爱　沧州地区任丘县吕公堡公社宋屯大队妇代会主任
郑兰凤　沧州地区交河县酱菜门市部主任
吴秀芬　沧州地区交河县桑庄公社杨潘大队妇代会主任
杨银兰　沧州地区海兴县苏基公社马厂大队妇代会主任
王凤仪　衡水地区深县后营公社后营大队支书
毛玉改　衡水市新华旅馆经理
王华芬　衡水市电机厂厂医
甄士敏　衡水县种子站站长
王汝瑞　衡水地区武邑县赵桥公社袁庄大队妇代会主任
姚桂芬　衡水地区武邑县怀甫公社冯牛大队幼儿教师
刘金芳　衡水地区深县城关公社礼门寺大队学校教师
耿惠范　衡水地区深县土路口公社妇联主任
汤培茵　衡水地区武强县邮电局话务员
胡文允　衡水地区饶阳县医院妇产科主任
宋欣茹　衡水地区饶阳县留楚公社常安大队支书
张梅朵　衡水地区安平县南王宋公社张刘乡大队学校教师
孟梅花　衡水地区安平县察罗公社北满子大队社员
陈香菊　衡水地区冀县食品公司门市部组长
赵焕爱　衡水地区枣强县腾村公社王腾

村大队社员
武秀云　衡水地区枣强县城关公社三街大队妇代会主任
康焕英　衡水地区故城县辛庄公社东辛庄大队幼儿教师
刘素芳　衡水地区景县广川公社卫生院计划生育助理员
陈建华　衡水地区景县东风农机厂工人
李风云　衡水地区阜城县古城公社信用社副主任
陈志明　衡水地区阜城县建桥公社东张庄大队妇代会主任
高丽莉　衡水地区建筑设计处建筑师
贾玉淑　衡水地区枣强县粮食局城关粮站开票员
王素侠　承德地区承德县下板城镇下板城大队社员
赵淑珍　承德地区围场县围场镇粮食所第二粮店店主任
李文延　承德市第二中学教师
孙志成　承德钢铁厂运输部卫生所医生
张秀英　承德地区围场县郊区公社前进大队副大队长
李艳堂　承德地区平泉县大吉口公社龙泉大队妇代会主任
杨惠英　承德地区平泉县白池沟公社白池沟大队社员
李桂英　承德地区宽城县板城公社南沟大队妇代会主任
孙丰琴　承德地区宽城县新华书店会计
周玉梅　承德地区兴隆县石庙子公社八品叶小学教师
丁淑荣　承德地区滦平县副食品公司第二门市部门市组长
马淑芹　承德地区承德县双峰寺小学幼儿教师
张瑞云　承德地区隆化县旧屯公社鱼亮子大队支书
金文彩　承德地区隆化县隆化镇回民小学教师
李桂芝　承德地区围场县桃山公社桃山大队妇代会主任
柳宝兰　承德地区平泉县饮食服务公司站前旅馆门市组长
山口合子　承德医学院附属医院护士
张玉平　承德地区兴隆县下台子公社苗家营大队妇代会主任
王荷苒　承德地区丰宁县大阁第一小学校长
腾国贤　承德地区兴隆县食品厂罐头车间副支书
刘国花　张家口地区蔚县祁家皂公社小枣堡大队社员
袁丽贤　张家口市第一中学副校长
杨慧莲　张家口地区阳原县辛堡公社陈河湾小学教师
白恩莲　张家口市饮食公司玉带桥回民饭馆门市副主任

王贤方　张家口市宣化区妇联主任
张晓峰　张家口地区涿鹿县城关镇实验小学教师
李韩梅　张家口地区宣化县东望山公社东望山大队妇代会主任
杨守芳　张家口地区宣化县江家屯公社新胜大队妇代会主任
赵祖云　张家口地区运输局沙城运输站职工
张月萍　张家口市宣化冶金环保设备制造厂工人
王兰芳　张家口市桥西区大境门托儿所所长
张焕林　张家口地区阳原县烟酒公司二门市部职工
赵凤花　张家口地区蔚县草沟堡公社上里罗大队配种员
郭凤兰　张家口地区赤城县东万口公社炭夭沟大队妇代会主任
闫富荣　张家口地区涿鹿县城关镇汪堡村社员
牛文香　张家口地区怀安县中医院医生
孙云香　张家口地区沽源县饮食服务公司红旗食堂会计
李素梅　张家口地区张北县小二台公社小二台大队社员
刘少英　张家口地区康保县二号卜公社乔士连大队社员
李月娥　张家口地区张北县商业局百货公司一商场售货员
冯照枝　张家口地区怀安县沙家屯公社沙家屯大队社员
郭永先　张家口地区康保县医院妇产科主任
周秀莲　张家口地区万全县旧堡公社妇联主任
郭仲兰　张家口地区尚义县坑塄公社建民大队妇代会主任
王素梅　张家口地区赤城县样田公社郭家屯大队妇代会主任
王秀英　张家口地区崇礼县清三营公社李家夭大队妇代会主任
李艺花　河北省体工队运动员
周保生　河北省石家庄电视机厂二车间副主任
付玉兰　华北石油管理局勘探一公司运输大队工人
贾玉阁　石家庄铁路分局科委助理工程师
鲁馥珍　石油部管道局职工医院传染科护士长

山西省

种小丽　忻县地区纺织厂挡车工
张玉凤　吕梁兑镇煤矿充电工
王小妮　山西晋华纺织厂挡车工

郝桂萍　榆次液压件厂组长
冀凤英　和顺县邮电局投递员
原圪都　晋东南端氏缫丝厂组长
赵秋娥　陵川县邮电局副局长
刘临爱　临汾纺织厂工人
张秀兰　永济纺织厂挡车工
柳雅庄　太原矿机刘胡兰小组组长
刘祥云　太原塑料一厂车间主任
乔桂花　太原造纸厂整纸工
陶素华　山西纺织厂支部书记
赵仁妹　太原五金公司副工段长
哈素珍　山西纺织厂挡车工
项爱莲　太原毛织厂挡车工
史爱英　太原邮电局报刊门市部组长
刘凤卿　山西毛纺织厂厂党委委员
畅菊梅　大同矿务局化工厂工人
刘桂兰　中国地图制印厂工人
宋桂英　兴安化学材料厂班长
王焕珍　天镇顾家湾大队支部委员妇代会主任
袁翠珍　大同县北庄大队支部副书记妇代会主任
王向东　广灵县沙泉东堡大队社员
周顺英　灵丘县张湾大队社员
姚焕枝　朔县吉庄大队党支部委员调委会主任
陈香莲　应县杨庄大队社员
宋果叶　怀仁县下海子大队妇代会主任
冯金女　左云县二通沟大队社员
韩引兰　忻县高城大队妇代会主任
徐全些　五台县北贤大队社员
蔚四喜　定襄县后营大队妇代会主任
侯西风　繁峙县富家庄大队社员
蔚秀兰　神池县小羊家大队社员
张改转　偏关县石沟子大队妇代会主任
阿西拉姆　保德县见虎塌大队妇代会主任
赵芝兰　王寨县新庄窝大队党支部书记
赵玉芳　汾阳县贾家庄大队党支部书记
胡凤娥　交口县高庙山大队妇代会主任
王爱珍　文水县南光大队妇代会主任
温双娥　孝义县河底大队妇代会主任
贺油梅　兴县李家塔大队党支部书记
崔金兰　柳林县木村二大队党支部书记
韩秋香　临县白文大队妇代会主任
武小妮　榆次县源涡大队社员
原改仙　榆社县申村大队党支部书记
车福兰　太谷县程家庄大队妇代会主任
王桂兰　平定县官道沟大队党支部委员
潘换鱼　盂县清城大队党支部副书记
侯桂梅　平遥县西湖大队社员
边改莲　榆次县山庄头大队妇代会主任
郭瑞晶　祁县会善大队社员
赵润兰　昔阳县杓铺大队妇代会委员
张映金　寿阳县羊头崖大队妇代会主任
赵艾芬　平定县东峪大队党支部副书记
郭　英　平遥县辛村大队支部副书记妇代会主任
郑凤仙　榆次市使赵大队妇代会主任

申纪兰　平顺县西沟大队党总支副书记
马宝贝　长治县北坡大队党支部书记
白清娥　襄垣县桥头大队社员
卫梅花　高平县浩庄大队党支部书记
常爱先　潞城县小沟大队支委、妇代委员
朱喜果　壶关县其家坡大队社员
秦常娥　壶关县集店大队社员
王江兰　黎城县车旺大队妇代会主任
蒋旗秀　沁县南沟大队社员
田素珍　沁水县湍氏大队党支部书记
王翠翠　晋城县晓庄大队党支部书记
李枝丽　晋城县东街市民大队妇代会主任
李女则　长治县太义大队社员
李雪桃　平顺县西沟公社西沟大队妇代会主任
吴桂英　曲沃县杨庄大队社员
靳双梅　汾西县师家崖大队毛渠沟大队党支部副书记
药玉叶　永和县官庄大队川口生产队妇代会主任
张月好　襄汾县车徐大队社员
李　艳　翼城县西王大队团支部书记
郭秋萍　翼城县西梁大队妇代会主任
毕吴姿　侯马市驿桥大队党支部副书记
卢金枝　新绛县北关大队妇代会主任
王中会　万荼县青谷大队妇代会主任
董金勺　垣曲县北河大队妇代会主任
张彦娥　河津县固镇大队妇代会主任
苏黑赞　芮城县中基大队县妇联委员
罗木兰　永济县干樊大队妇代会主任
潘月英　运城县运城镇北街大队社员
张文叶　夏县王峪口大队妇代会主任
贺正兰　夏县苏村大队妇代会主任
周基英　绛县城内大队妇代会主任
徐莲菊　闻喜县河底大队妇代会主任
姚贞莲　临猗县甘露园大队党支部书记
薛丑子　河津县北方平大队妇代会主任
王小花　太原南郊区孟家井大队党支部书记
昝秀荣　大同市南郊区北村大队妇代会主任
李润香　大同新荣区拒墙大队妇代会主任
刘有兰　阳泉市郊区黑土岩大队妇代会主任
马巧美　忻县汽车运输公司汽车站副站长
黄淑英　太原汽车公司十路车乘务员
王淑华　太原铁分局客运段副车长
王明茹　蒲县白家庄大队党支部书记
李瑞凤　和顺县横岭公社黄牛改良站技术员
李继珍　灵丘县孤山大队社员
赵翠兰　平鲁县平鲁城大队妇代会主任
张玉英　浑源县张庄大队社员
白秀莲　朔县沙洼大队社员

李兰英　大宁县楼底大队社员
李保金　隰县西坡底大队社员
张振英　临汾县车辐大队社员
王木奈　娄烦县杜交曲大队社员
张秋莲　长治市建华菜场社员
郑美兰　51083部队医院排长
薛卿珍　空军灵丘场站幼儿园主任
王玉峰　原平县人民政府副县长
刘林英　忻县人大常委会副主任
金锡鸳　吕梁地区直属党委纪检科长
吴福娥　屯留县吾元公社书记
唐棣华　山西省纺织品公司针织科科员
张华美　高平县妇联会主任
原保金　屯留县高素公社妇联主任
葛青芳　吉县妇联主任
刘元达　洪洞县马牧公社妇联主任
王建敏　雁北地区银行中心支行会计副股长
江秀娟　中阳县储蓄所外勤储蓄员
周淑香　石楼县粮食局会计股长
刘桂英　柳林县百货公司门市部主任
高卫红　盂县银行会计
侯玉珍　灵石县百货公司统计师
李玉萍　沁源县农业银行会计股长
王新立　潞城县翟店粮店站长
冯素香　乡宁县城关信用社会计副主任
杨幼娟　临汾市百货公司古楼商店营业员
何治枚　运城地区百货纺织品公司党支部副书记
李　丽　太原市食品公司六味斋门市部业务员
薛玉莲　太原银行营业部储蓄组长
朱紫华　太原市粮食局太铁粮店主任
刘焕梅　大同市百货公司电厂商店蔬菜门市部主任
李秀梅　阳高东风旅馆主任
樊福梅　原平服务公司售票员
席秀芳　宁武县阳方口饭店主任
潘莲英　介休车站小食店炊事员
宋蕊芳　运城县银湖饭店副主任
常会英　芮城县饮食服务公司副经理
李淑贞　太原市服务局认一力饺子馆服务组长
朱书慧　阳泉市饮食公司上站饭店服务员
李韶仙　交城县南街大队幼儿园幼儿教师
李玉英　岚县史家庄大队幼儿园幼儿教师
李女儿　武乡县涌泉大队支部副书记、幼儿园园长
明保姐　长子县前万户幼儿园保育员
李　秀　襄汾县西李大队幼儿园负责人
靳　萍　古县北平大队幼儿园幼儿教师
乔板秀　霍县城关大队家庭幼儿园幼儿教师
南仙芝　运城地区幼儿园支部书记

杨淑亮　临猗县王村幼儿园幼儿教师
李平琴　闻喜县东社小学幼儿教师
秦银仙　稷山县东柏幼儿园幼儿教师
秦明霞　永济县赵伊大队幼儿园幼儿教师
施玉仙　太原南郊区石沟幼儿园幼儿教师
窦彦荣　阳泉矿务局一矿幼儿园保育员
李树琴　雁北晋剧团副团长
贾桂林　忻县北路梆子剧院名誉院长
程玉英　晋中地区晋剧团名誉团长
郝聘芝　晋东南戏曲学校副校长
王秀兰　运城地区蒲剧团副团长
王爱爱　省晋剧院副院长
李霞裳　省群众艺术馆《晋阳文艺》副主编
宋汝兰　阳高县东小村公社医院医生
高照英　忻县地区人民医院主治医生
黄彩琴　静乐县青年庄大队赤脚医生
崔瑞莲　离石县人民医院内科主任
任　瑞　方山县河庄大队支部委员赤脚医生
王国静　左权县人民医院副院长
郝玉桂　介休洪山公社卫生院医士
许润英　榆次市环卫处清扫队长
魏素香　沁县人民医院妇科主任
闫曼丽　安泽县妇幼站副站长
张生兰　浮山县段村大队大队医生
赵月美　平陆县晴岚卫生院副院长
胡舜芝　太原市人民医院儿科副主任
傅淑卿　太原市西山矿务局医院护理师
朱璞华　大同市第一人民医院副院长妇科主任
包淑和　山西医院第二附属医院医学院教授妇科主任
于载畿　山西医院第一附属医院医学院教授妇科主任
柴静霞　太原航空运动学院运动员
高　华　平鲁气象站气象测报员
吴世淳　平遥县水利局工程师
高忠丽　太谷县农科所助理农艺师
巢骥迅　沁水县蚕桑研究所所长
刘静清　太原钢铁二轧厂工程师
曹改莲　阳曲县原种场农业技术员
毛芙菊　阳泉矿务局工程处农管队工程师
竺一苇　太原重型机械学院工程师
史美筠　太原工学院教研室副主任副教授
曹素滨　山西水利科研所所长
陈淑贞　省地震局太原基准地震台测震组组长
周永娴　地质局物探队综合分队工程师
刘云彦　省农科院助理研究员
汪漱云　农科院经济作物研究所棉花室助理研究员
刘天慰　生物研究所助理研究员
奚小妹　145 厂工程师

王菊华　铁三局机械厂助理工程师
王竞男　右玉县育红小学教师
杨珊珊　忻县地区原平农校教师
郝巧云　宁武县七一校特级教师
王凤英　代县红旗中学副校长
曹慧梅　汾阳县实验小学教师
刘桂生　长治友谊学校教师
徐平生　太原二十六中教师
陈淑华　太原北城区国师街小学校长
海玉英　大同城区十四校副校长
高家钜　长治市五中教师
黄环英　省公安厅法医
笈先菊　武乡县公安局股长
张凤仙　山西日报社美术编辑
张秀花　太原北城区巨轮街道办事处营西街居委会主任、书记
杜兰秀　太原市南城区桥东办事处五一东路居委会主任
李　华　太原市河西区南寒街道办事处红星居委会主任
欧学联　大同永定庄十二居委会妇代会主任
张二棒　阳泉赛鱼办事处新建居委会主任
郭花玲　长治东街铁匙居委会支部书记
董爱花　长治石圪节打网组组长

内蒙古自治区

马玉文　呼市服务公司第二理澡服务部新欣理发馆门市部主任
白翠云　呼市粮油供应公司健康街粮站主任
初香亭　呼市第三运输公司工人
徐瑞荃　呼市第二中学教师
莎仁格日勒　呼市蒙古族学校特级教师
李玲仙　呼市第五幼儿园主任
王性纯　呼市内蒙古第一毛纺厂科长
韩丽英　呼市内蒙古第二毛纺厂工人
胡国华　呼市内蒙古电视机厂工人
许彩云　呼市精神病院护士长
孙英华　呼市卷烟厂工人
郭兰英　呼市回民区新华办事处四合兴二居委主任
刘桂兰　呼市玉泉区小召办事处五塔寺北街居委会主任
云巧巧　呼市郊区西把栅公社东黑河大队支部书记
邵淑芳　呼市新城区妇联副主任
白团娥　呼市土左旗善岱公社保同河大队妇代会主任
柴枝女　呼市托县黑城公社马士夭大队妇代会主任
韩　斐　包头市第三塑料厂工会主席
田桂荣　包头市棉纺厂织布车间工人

陈爱卿　包头市东河区邮电局投递股投递员
王建华　包头市内建一处二队工人
徐克瑛　廿二冶包头留守处中学教师
屈改林　包头市粮油供应公司毛其来中心站主任
关淑婷　包头市东河区公园路小学教师
苏布环　包头市二〇二厂七车间工程师
李生艳　包头市包钢建设公司第一建筑工程公司供应科仓库保管员
胡秀兰　包头市固阳县下湿壕公社妇联主任
蒋　焰　包头市第五医院妇科主任
史润花　包头市郊区新城公社武银福大队妇女队长
李思敏　包头市钢铁公司干事
唐嗣孝　包头市钢铁公司焦化厂厂长
郭月娥　包头市青山区富强路办事处富六综合服务厂支部书记兼厂长
张国娟　包头市内蒙古二机厂六〇四车间工人
王桂芳　包头市内蒙古二机厂保教科科长兼支部书记
杨淑坚　包头市拖拉机制造厂工人
李静茹　包头市蔬菜公司青山商店第九门市部主任
宋宝兰　内蒙古包头市昆区白云路百货商场售货员
王秀英　包头市土右旗海子公社圪梁大队妇代会主任
张新玉　包头市东河区粪肥公司司机
段桂兰　乌海市五金交电公司乌达中心商店新区门市部主任
黄自兰　乌海市乌达矿务局机修厂幼儿教养员
吕改玲　乌海市海勃湾区服装厂工人
赫桂英　昭盟巴林右旗朝阳公社海苏坝大队三队社员
敖尔吉玛　昭盟巴林右旗巴彦尔灯公社十家大队哈鲁队社员
吉秀芬　昭盟巴林右旗直属机关托儿所炊事员
胡瑞兰　昭盟林西县医院妇产科主任
杨玉兰　昭盟巴林左旗土木富州公社石匠沟大队妇代会主任
色布吉德玛　昭盟巴林左旗白音勿拉公社乃利珠大队妇女主任
刘　芹　昭盟巴林左旗哈拉哈达公社舍尔吐大队社员
傅连玉　昭盟巴林左旗碧流台公社中段大队社员
刘义莲　昭盟翁牛特旗气象局测报员
额尔敦斯其格　昭盟翁牛特旗海日苏公社白音花队畜牧技术员
李凤兰　昭盟翁牛特旗白音汉公社下包子大队敬老院院长
霍玉芬　昭盟翁牛特旗毛山东公社三家大队社员

张桂芝　昭盟宁城县大朋乡哈脑村妇代会主任
王桂芳　昭盟宁城县榆树林子乡步登皋村赤脚医生
王桂琴　昭盟宁城县头道营子乡头道营子村社员
杨桂杰　昭盟宁城县服务公司第二饭店副主任
朱翠兰　昭盟宁城县地毯厂车间副主任
王桂荣　昭盟元宝山发电厂工人
郭淑媛　昭盟畜牧兽医科学研究所科长
阎玉芬　昭盟平庄矿务局元宝山煤矿“五七”家属工人
宋玉兰　昭盟喀喇沁旗马蹄营子公社社员
孙桂芝　昭盟喀喇沁旗马蹄营子公社妇联主任
林孝凤　昭盟喀喇沁旗乃林纺织厂细纱挡车工
李秀兰　昭盟喀喇沁旗牛营子公社敬老院院长
蔡淑苹　昭盟喀喇沁旗锦山税务所干部
萨木嘎其其格　昭盟阿鲁科尔沁旗坤都公社翁根毛都大队牧民
杨凤枝　昭盟阿鲁科尔沁旗巴彦包特农场五大队妇代会主任
贾玉荣　昭盟阿鲁科尔沁旗新民公社浩力宝大队妇代会主任
孟根其其格　昭盟克旗达里诺尔公社东发展大队妇代会主任
罗金荣　昭盟克旗经棚镇敬老院服务员
张廷枝　昭盟克旗广兴公社永丰大队妇代会主任
马秀珍　昭盟克旗直属机关幼儿园炊事员
刘凤兰　昭盟林西县隆平农场红旗大队妇代会主任
张玉兰　昭盟林西县第二中学教师
齐瑞环　昭盟赤峰县河南营子公社波罗胡同大队妇代会主任
郑凤枝　昭盟赤峰县当铺地公社当铺地大队林业队社员
王丽萍　昭盟赤峰县业余体校教练
张国勤　昭盟赤峰县安庆沟公社元茂隆大队幼师
刘桂芹　昭盟赤峰市城郊公社工农大队保育员
荣凤珍　昭盟赤峰市南新街街道办事处红星雕刻厂厂长
倪素琴　昭盟赤峰市糖业烟酒公司解放路副食商店党支部书记
张玉霞　昭盟赤峰市邮电局话务员
高井一　昭盟敖汉旗新惠第一小学教师
郭凤花　昭盟敖汉旗王家营子公社敬老院服务员
曲秀英　昭盟敖汉旗皮毛厂副厂长
孟秀香　昭盟敖汉旗长胜公社马架子大队社员

邱佩芹　呼盟海拉尔市乳品厂干部
苗雅清　呼盟大杨树农场管理局大兴煤矿指导员
苗春荣　呼盟国营谢尔塔拉种牛场牧业三队挤奶员
赵桂芳　呼盟海拉尔市粮食局供应公司第十二粮店主任
马文贤　呼盟布特哈旗扎兰屯镇正阳办事处福兴居委会治保主任
边　巴　呼盟陈巴尔虎旗西乌珠尔公社西格登塔拉队妇代会主任
达斯日格玛　呼盟陈巴尔虎旗鄂温克公社亚图嘎队副队长
吉亚图　呼盟新巴尔虎左旗塔日根诺尔公社塔日根诺尔队牧民
张吾珊　呼盟布特哈旗扎兰屯针织厂班长
李秀琴　呼盟布特哈旗务大哈气公社良种场妇代会主任
王　剑　呼盟阿荣旗幼儿园园长
敖农孝　呼盟莫旗腾克公社提古拉大队大队长
孟明华　呼盟阿荣旗格尼公社医院医师
傅静坤　呼盟阿荣旗格尼公社山里屯大队第三队社员
道力玛　呼盟新巴尔虎左旗巴音塔拉公社巴音塔拉队牧民
朱格都尔　呼盟新巴尔虎右旗达来东公社妇联主任
边　巴　呼盟新巴尔虎右旗克尔伦公社乌力吉吐队牧民
王玉珍　呼盟草原站技术干部
吴常玉　呼盟鄂伦春自治旗古里乡古里生产队党支部副书记
内淑金　呼盟鄂伦春自治旗甘奎公社朝阳队妇女队长
詹茹华　呼盟满洲里市扎赉诺尔矿区服务公司托儿所所长
潘淑珍　呼盟满洲里市扎赉诺尔矿区利民妇代会主任
米益兰　呼盟额尔古纳右旗三河种马场第五队机工
李桂兰　呼盟额尔古纳右旗莫尔达嘎镇第六妇代会主任
王安年　呼盟喜桂图旗牙克石第一小学教师
邢秀兰　呼盟喜桂图旗博克图镇第二办事处西沟队妇女队长
斯琵勒　呼盟鄂温克自治旗孟根朝鲁公社孟根托雅队党支部书记
林　克　呼盟额尔古纳左旗敖鲁古雅鄂温克族乡猎业队猎民
王桂卿　呼盟莫旗气象局股长
肖舜华　哲盟库伦旗库伦镇小学教师
达古拉　哲盟库伦旗国营养畜牧林场林业工人
王桂云　哲盟科左后旗甘旗卡育红小学教师

冯桂文　哲盟科左后旗花灯公社西花灯大队妇代会主任
结　所　哲盟科左后旗朝鲁吐公社乌兰图嘎大队牧工
陈秀英　哲盟奈曼旗衙门营子公社提木筒大队妇代会主任
卢广花　哲盟奈曼旗清河公社妇联主任
齐秀英　哲盟奈曼旗沙力好来公社东沙力好来大队妇代会主任
韩淑兰　哲盟奈曼旗明仁公社博尔梯大队妇代会主任
任桂先　哲盟通辽市施建办事处一委托儿所保育员
金秀环　哲盟通辽市施建办事处居委主任
胡翠英　哲盟通辽市政府机关印刷厂厂长
于瑞霞　哲盟通辽市毛纺厂代理支部书记
尚久云　哲盟科左中旗七棵树公社于海屯大队社员
包玉清　哲盟科左中旗安乐公社前进大队妇代会主任
吴淑清　哲盟科左中旗饮食服务公司知青饭店经理
杨福珍　哲盟科左中旗保康镇保五大队社员
何凤兰　哲盟开鲁县东来公社妇联主任
赵会兰　哲盟开鲁县邮电局话务班班长
邓万荣　哲盟开鲁县明仁公社民主大队社员
达尼玛　哲盟扎鲁特旗格日朝鲁公社格日朝鲁大队妇代会主任
桑吉德玛　哲盟扎鲁特旗巴雅尔吐胡硕公社北沙拉大队妇代会主任
房桂芝　哲盟公安处干部
刘祥勤　哲盟吉剧团队长
杜秀荣　哲盟通辽卫生材料厂保育员
呼　和　哲盟妇幼保健站站长
王春荣　哲盟畜牧兽医科学研究所畜牧干部
曹淑娟　哲盟通辽县辽河公社腰街大队社员
王力军　哲盟通辽县木里图公社团结小学幼师
庞亚芹　哲盟通辽县育新公社育新大队社员
侯秀英　哲盟通辽县大林供销社售货员
田玉英　巴盟杭锦后旗南渠公社长庆大队第三队社员
丁桂芳　巴盟气象台工程师
阿拉腾其其格　巴盟乌拉特后旗巴音温都尔公社乌宝力格大队放牧员
敖特根　巴盟乌拉特中旗巴音哈太公社一队牧民
张二板仁　巴盟乌拉特前旗黑柳子公社苏木图队社员
簿凤英　巴盟五原县城关信用社副主任

杨春林　巴盟五原县城关镇东风路街道副主任
贾玉珍　巴盟五原县幼儿园主任
刘培菊　巴盟临河县图克乡隆强村二社妇女组长
王玉珍　巴盟杭锦后旗小召乡新胜村第五合作社社员
牛白女　巴盟五原县丰裕公社生产大队第一队社员
刘秀清　巴盟杭锦后旗制鞋厂厂长
曹凤英　巴盟磴口县协成公社南营子大队妇代会主任
刘秀珍　巴盟磴口县妇联主任
高荫兰　巴盟师范附小教师
李翠玲　内蒙古体委体工队
策布格米德　锡盟阿巴嘎旗伊和高勒公社额尔敦乌拉队牧民
白花朵　锡盟阿巴哈纳尔旗浩特镇希日塔拉办事处满都海街组长
张庆兰　锡盟苏尼特右旗朱日和气象站观测员
斯　琴　锡盟苏尼特右旗额仁淖尔公社卫生院院长
鲁勒木朝　锡盟镶黄旗巴音塔拉公社混都伦队牧民
苏布达　锡盟正厢白旗妇联主任
莲　花　锡盟正蓝旗上都河公社青格勒图大队牧民
斯　琴　锡盟西乌旗吉林郭勒公社供销社主任
珠　拉　锡盟苏尼特左旗白音宝力道公社萨如勒塔拉队牧民
其其格　锡盟苏尼特左旗民族幼儿园负责人
陈玉芝　锡盟东乌旗第一小学校教师
巴拉吉尔　阿拉善盟额济纳旗额肯查干种驼场牧工
查干其其格　阿拉善盟阿左旗锡林高勒完小教员
乌日古木勒　阿拉善盟阿右旗塔木素公社团结队牧民
孟和吉雅　阿拉善盟阿左旗敖伦布鲁格公社查干德日斯大队牧民
阿拉腾花　伊盟杭锦旗巴彦乌素公社第三大队希尼其日嘎队牧民
古日古木　伊盟鄂托克旗查布公社赛乌素大队牧民
田玉珍　伊盟达拉特旗一完小党支部委员
崔爱女　伊盟达拉特旗乌兰淖尔公社东山大队妇代会主任
莎仁龙　伊盟乌审旗陶利公社供销社副主任
朝勒蒙　伊盟乌审旗妇联主任
赫连素珍　伊盟东胜县第一幼儿园教导主任
刘子华　伊盟东胜县城关镇交通街办事处居民组长

郝秀女　伊盟东胜县羊场壕公社营盘壕大队党支部副书记
叶　葵　伊盟伊金霍洛旗农机修造厂技术股股长
斯庆花　伊盟鄂托克前旗珠和公社呼和特老盖大队妇女主任
张先彤　伊盟准格尔旗沙圪堵果园农艺师
云香女　伊盟准格尔旗四道柳公社云家塔生产队农民
王显慧　伊盟准格尔旗沙镇幼儿园教养员
都贵玛　乌盟四子王旗脑木更公社乌兰希勒大队妇代会主任
郭月梅　乌盟察右中旗德胜公社社员
赛福力玛　乌盟察右中旗库联公社大队妇代会主任
杜兰娣　乌盟察右中旗五金线材厂工人
吴梅梅　乌盟和林县西沟门公社哈拉沁大队社员
唐瑞敏　乌盟凉城县东十号公社社员
张艮兰　乌盟凉城县曹碾公社大泉大队营盘梁生产队社员
王士娴　乌盟四子王旗东八号公社绿家沟大队社员
程梨女　乌盟四子王旗活福滩公社英士大队社员
张桂贞　乌盟兴和县幼儿园幼师
曹玉花　乌盟兴和县曹四夭公社二道洼大队二道洼村社员
屈翠花　乌盟兴和县大库联公社铁匠沟大队妇代会主任
任秀珍　乌盟清水河县计划生育局副局长
刘何香　乌盟清水河县五良太公社三十一号大队妇代会主任
黄玉莲　乌盟集宁市桥东街道办事处东九龙街居委会主任
马俊英　乌盟集宁市无线电元件厂厂长
郭翠兰　乌盟集宁市土产公司乌兰大街商店门市部主任
金　玉　乌盟医院心外科护理单元护士长
李牡丹　乌盟武川县纳令沟公社东坡大队支部书记
张秀兰　乌盟丰镇县妇联主任
杨瑞梅　乌盟丰镇县制鞋厂工人
周慕清　中国人民银行丰镇县支行储蓄内勤
芦培霞　乌盟丰镇县红砂坝中学体育教师
赵美云　乌盟察右后旗土牧尔台公社团结大队社员
赛夫力玛　乌盟察右后旗乌兰哈达公社伊和古拉大队牧民
蔡玉莲　乌盟化德县七号公社七号大队妇代会主任
木其尔　乌盟达茂旗乌兰牧骑演员

殷龙英　乌盟卓资县拖拉机配件厂工人
武金莲　乌盟卓资县哈达图乡永丰村社员
金梅兰　乌盟商都县春明小学教师
李俊花　乌盟商都县高勿素公社国营配种站站长
王桂珍　乌盟商都县西井子公社西井子大队社员
唐玉英　乌盟察右前旗白海子公社黄土场大队大队长
郭翠芬　乌盟察右前旗百货公司商场售货员
曹玉花　乌盟察右前旗印刷厂车间主任
碑敬之　乌盟食品公司自办幼儿园保育员
王兰娣　乌盟中级人民法院干部
徐明华　兴安盟扎赉特旗绰勒公社鲜光大队妇代会主任
乌日吉木苏　兴安盟科右中旗白音忙哈公社白音套海大队党支部书记
娜嘎格斯尔　兴安盟扎赉特旗音德尔镇第二小学校长
孙亚芝　兴安盟乌兰告特市兴安办事处第五届委会主任
胡玉英　兴安盟乌兰浩特市爱国街退休教师
杜恒华　兴安盟扎赉特旗商业综合公司第二综合商店主任
韩玉芝　兴安盟科右中旗杜尔基供销社分销店营业员
房玉琴　兴安盟突泉县太东公社社员
林树桐　兴安盟突泉县实验小学教导主任
解桂清　内蒙古伍他其农牧场中学小学部副主任
吕淑贤　兴安盟乌兰浩特柴油机厂机修车间工人
高玉兰　兴安盟科右前旗保门公社保兴大队社员
汪桂清　兴安盟科右前旗白辛公社妇联主任
杜凤英　兴安盟科右前旗医院儿科主任
梁点顺　兴安盟乌兰浩特市乌兰哈达公社三合大队妇代会主任
张素芳　兴安盟扎赉特旗客运站售票员
郭惠文　中国人民解放军第二九一医院小儿科副主任
冯国凤　五一一四一部队“五七”厂生产管理委员会保管
高淑珍　集宁铁路医院护士长
陈曙科　呼和浩特铁路局呼和浩特客运段厨师
赵　瑛　呼铁局中心医院护士
王永秀　内蒙古棉纺织厂织布车间挡车工
曹艳英　内蒙古医院内科五病房护士
于凤芝　内蒙古地质矿产局第三地质大队工程师

吴永华　内蒙古地质矿产局一一五地质队化验室工人
田新英　内蒙古第三建筑工程公司第二施工队工人

辽宁省

贾淑妍　新民县实验小学教师
刘先澜　沈阳市第四中学校长
杨素莲　电子工业部第四十七研究所工程师
瞿学军　人民旅社服务员
秦凤兰　沈阳市联营公司营业员
安静娴　东北制药总厂工程师
刘惠兰　五三工厂工人
张桂芝　沈阳市卷烟厂技术副厂长
许桂贤　沈阳纺织厂挡车工
杨秀芳　沈阳第三机床厂十一车间铣工
夏凤清　沈河区城市建设局市政建设工程队工人
李秀茹　和平区新兴街道妇联副主任
张　颖　和平区中华路幼儿园教养员
于桂芝　和平区中华路幼儿园园长
马太萱　沈阳歌舞团演员
邓竹君　沈阳市体育运动学校教练员
陈桂珍　铁西区人民法院信访科科长
慕世英　苏家屯区医院妇产科副主任
刘兰若　国营松陵机械公司工会主任
赵跃兰　沈阳市第七人民医院儿科主任
梁贤清　沈阳市科学技术情报研究所农艺师
韩桂英　沈阳市东陵区东陵公社妇联主任
韩素梅　辽中县肖寨门公社三南大队
郭玉芹　新民县三道岗子公社牛营子大队社员
苏玉兰　新城子区新城子公社六王大队社员
于悦芝　苏家屯区大淑公社大淑大队社员
陈汝荣　于洪区大兴公社光辉大队养鸡专业户
杨世修　大东区万泉街道办事处家庭教育辅导员
王玉香　铁西区艳粉废旧物资代购站主任
黄荣霞　大连市交通公司乘务员
张玉梅　大连长途客运公司庄河客运站值班站长
王永香　大连第五塑料厂二车间班长
王丽华　复县瓦房店纺织厂工人
孙秀花　大连童装厂
陈淑君　大连石油七厂检修车间工人
韩桂琴　大连市第一副食品公司长春路商店工人
纪兰香　大连壮志理发店主任
马玉贤　大连第三人民医院护士长

郎志谨　大连医学院副教授
肖　燕　大连体育学校教练员
于巧玲　大连市公安局副科长
姜淑珍　大连市沙河口区中山路小学教师
叶淑巧　大连师范学校讲师
马殿峰　大连机车车辆厂工程师
程树琪　辽宁省化工研究所工程师
李志英　大连岭前农场饲养场党支部书记
张绪玲　大连机电安装工程公司电焊工
许广春　大连市中山区环境卫生管理队清洁工人
于淑芬　长海县獐子公社敬老院服务员
邢淑琴　大连市中山区春海街道服装厂书记
邵彩珍　大连市西岗区北京街道委支部书记
王凤玲　大连市甘井子区大辛寨子公社家畜人工授精技术员
刘淑芬　大连市旅顺口区铁山公社生产队长
梁静枝　金县友谊公社龙王庙大队党支部书记
南玉玲　复县三台公社玉米原种场农业技术员
周万珍　复县镇郊公社姜洼大队果树技术员
刘玉芳　庄河县横道河公社兴道岭大队妇女队长
曹俐明　大连第一商业局星海幼儿园幼儿教师
林仪媛　冶金工业部鞍山热能研究所副总工程师研究室主任
李爱玲　鞍山市铁西区北陶街道办事处八委主任
巴素琴　鞍山市郊区大孤山公社崔家屯大队三队队长
代玉英　鞍山市立山区太平街道办事处党委副书记
孙殿玲　鞍山市化纤纺织厂织布车间工人
郭玉华　鞍钢第三炼钢厂助理工程师
刘兰芳　鞍山市曲艺团副团长
刘绍兰　鞍山黑色冶金矿山设计研究院工程师
刘素兰　鞍山市铁东区实验学校教师
李俊英　鞍山市铁东区钢城办事处第11妇代会主任
梁素珍　鞍山市铁西区环卫管理处陶官所副所长
姜发珍　鞍山市白鸽幼儿园幼儿教师
张惠秀　鞍山市第一医院科副主任主治医师
王　汇　鞍山汽车公司工会女工委员
张素英　鞍山海城县感王公社东庙大队“三八”养鸡场场长
唐桂秋　鞍山海城县验军公社验军大队

幼儿班教师
吕淑珍　鞍山市第二商业局服务公司三八旅店门点主任
马素芹　鞍山市针织三厂厂长
王玉文　鞍钢矿山公司齐大山选矿厂工人
张玉平　鞍山市台安县大张公社妇联主任
孟春兰　抚顺市矿务局机械修配厂工会女工委员
张淑蓉　抚顺石油总公司石油二厂工程师
邵嘉愉　抚顺发电厂修配分场工程师
阎桂云　抚顺市炭黑厂服务公司车间主任
司忠莲　国营抚顺华丰化工厂四〇一车间工人
李翠琴　抚顺市无线电元件厂党委书记
韩秀兰　抚顺市火葬场火化班长
童淑梅　抚顺市百货大楼营业员
王桂琴　抚顺市副食品公司古田商店门市部主任
邓凤兰　抚顺市公共汽车公司乘务员
金竹花　抚顺郊区李石公社朝鲜族小学教师
黄慧芝　抚顺市结核病防治院科护士长
王淑莲　抚顺市上马公社敬老院服务员
严再顺　抚顺市郊区前甸公社新村大队妇女队长
金英玉　抚顺市新宾县红升公社白鲜大队妇委会主任
王玉芬　清源县北三家子公社妇女主任
张淑珍　抚顺市露天区虎台街四委支部书记
薛巧玲　本钢第一机修厂三加工车间班长
李桂兰　本钢工会女工部副部长
姜　新　本溪市溪湖区被服一厂长
刘秀英　本溪市平山区教育局第二幼儿园幼师
刘兴云　本溪市平山区城管局明山环卫所所长
杨玉兰　本溪市联营公司百货部日化班组长
罗淑珍　中国人民银行本溪市分行平山办事处解放路储蓄所
李玉南　本溪市市政设施管理处下水班
危　蔚　本溪市水泵厂设计科助理工程师
熊秉兰　本溪市第二人民医院眼科主任医师
孙桂英　本溪市汽车公司司机
王玉玲　本溪县草河口公社云盘大队幼师
孙忠英　桓仁县二棚甸子公社摇钱树大队社员
宋玉兰　本溪矿务局斜井矿里街家属主任

岳光兰　本溪矿务局彩屯煤矿行政科食堂副主任
刘淑贤　本溪市立新区牛心台公社下牛三八缝纫组
韩丕琪　丹东水产研究所副所长
崔桂芬　丹东市纺织工业公司棉织一厂织布工人
胡培凤　丹东市实验小学教师
石玉英　丹东粮食局站前粮管所四道粮店负责人
杨月华　丹东市第二医院护士长护理师
王玉珍　丹东无线电一厂班长
宋文娥　丹东市凤城丝绸厂工人
荀凤莲　丹东市毛绢纺织厂挡车工
马桂荣　丹东市元宝区七道办事处崇兴委党支部书记
匡凤英　丹东市振兴区六道办事处六道东幼儿园园长
刘淑贞　丹东市振兴区五龙背小学副校长
李淑春　丹东宽甸县青椅山公社关门砬子大队党支部书记
王玉梅　丹东市宽甸县图书馆儿童阅览室管理员
赵玉英　丹东市岫岩县洋河公社河家堡大队妇代会主任
姜桂兰　丹东市岫岩县岫岩镇宏新大队东门生产队社员
王淑妍　丹东市东沟县前阳公社山城大队
周润芝　丹东市东沟县新沟公社沟北大队妇代会主任
于凤清　丹东市凤城县通远堡镇综合服务公司搬运队队长
徐淑芳　丹东市凤城县蓝旗公社镶白旗大队二队妇女队长
王翠琴　北镇县赵屯公社妇联主任
李荣春　黑山县黑山镇十街义务辅导员
周英敏　黑山县姜屯公社化验员
朱玉芬　绥中县前卫公社妇联主任
亢守芝　兴城县沙后所公社西关大队幼儿园
张玉芬　兴城县元台子公社王家大队
李贞淑　锦西县被服厂裁断组长
蒋桂芳　锦西县农机修配一厂财会股长
丁伟萍　锦西县台集屯公社英房子大队四队
苏玉琴　义县五道岭公社妇女主任
崔秀芬　义县前扬公社郭帽屯大队妇代会主任
王桂芳　锦县大业公社小业大队幼儿园幼师
段秀兰　锦县沈家台公社妇联主任
朱凤兰　锦州市百货公司大楼百货商店营业员
赵桂英　锦州皮革总厂裁断组组长
王志英　锦州市第一医院副主任医师
刘季秀　锦州市政管处排水工人

景丛贤	锦州市实验小学副校长
崔素云	锦州市太和区妇联主任
李树梅	锦州市凌河区榴花街道铁建联委支部书记
龙秀芹	锦州市凌河区凌安街道办事处妇联主任
高影贤	锦州市古塔区站前街道三保三委居委主任
尚桂荣	锦州市绥中县高岭公社下张木农场科研组长
李凤兰	郊区老边公社前石大队
陈　英	西市区得胜办事处得胜街党支部书记
李书姑	站前区建设办事处卫生院
牛洪英	盘山县盘山镇旌旗街居委会党支部书记
邬凤珍	盘山县棠树林子公社于树坨子大队二队妇女队长
石素芬	大洼县榆树农场四家子管理区妇代会主任
吴松子	大洼县荣兴农场中央屯管理区妇代会主任
冯际春	盖县太阳升公社尚和寨大队棉花技术员
辛凤云	盖县十字街公社连云大队果树技术组长
丁瑞芳	盖县实验小学教师
王素英	盖县团甸公社贾屯大队植棉组长
袁桂琴	营口县汤池公社徐家沟大队四队队长
付艳霞	营口虎庄公社杨家大队社员
杨　坤	营口高坎公社妇联主任
刘彩霞	营口市针织二厂成衣车间工人
李忱茹	营口市饮食服务公司站前理发店理发员
冯　华	营口市长途客运站乘务员
李丕光	营口市第一中学教师
林桂花	营口市建材局副科长
吴玉翠	营口市教育局幼儿园教养员
张　宇	阜新市蒙古族自治县实验小学教师
刘万芬	阜新市运输公司长途客运站乘务员
王　杰	阜新市服务公司人公旅社服务员
焦一仪	阜新市农机研究所研究室主任
于淑芬	阜新市第一人民医院主任医师
王桂珍	阜新市郊区清河门粮食管理所河西粮店收款员
孙亚珍	阜新市新邱区街基公社自谋职业
郭秀兰	阜新市彰武县东六公社卧牛山大队社员
齐秀荣	阜新县福兴地公社福兴地大队社员
白先荣	海州区平安西部街道办事处第三居委会主任

张福荣　阜新市蔬菜公司太平副食商店门市部主任
齐宝金　阜新矿务局矿材厂行政科服务员
蒋硕安　阜新市第一人民医院妇产科主任
黄秀华　灯塔县马峰公社针织厂工艺股股长
于淑静　辽阳石油化学纤维工业总公司第三小学教师
邸秀清　辽阳市国营庆阳化工厂四车间压伸工组组长
方云利　辽阳市综合利用研究所室主任
王振清　辽阳市妇幼医院副院长
宋丽敏　辽阳纺织厂细纱车间挡车工
鲍秀英　中国人民银行辽阳市支行站前办事处副科长
吴玉芝　辽阳市公共汽车公司乘务员
钟　华　辽化总公司热电厂锅炉车间运行四班班长
周雪萍　白塔区南林子小学教师
何秀文　郊区太子河公社兴隆四队技术员
杨淑坤　辽阳市文圣区塑料印刷厂车间负责人
王美华　辽阳县兰家公社寇家大队妇代会主任
温玉芝　康平县胜利公社胜利大队党支部书记
刘淑杰　康平县农贸公司一商店副主任
汤丽雪　西丰县东方红小学教师
谢淑贤　西丰县安民公社育才大队社员
傅月娥　铁法矿务局基建工程处班长
赵松芝　铁岭市红旗街三委青少年活动站辅导员
韩秀珍　铁岭市第一工业局龙山酒厂副厂长
张德民　铁岭地区人民医院妇产科主任
李　兵　昌图县第一人民医院总护士长
李春英　昌图县昌图镇实验小学教师
池艳玲　昌图县针织总厂一分厂挡车工
于淑芹　昌图县马仲公社西大一队队长
于凤芹　昌图县金家公社陶家大队八队养鸡专业户
富　巍　开原县第三中学教师
张淑莲　开原县威远公社供销社主任
康桂芝　开原县金沟子公社二道沟大队二队农民
阚秀宁　铁岭县腰卜公社范家屯学校幼师
于淑芹　铁岭县熊官屯乡熊官屯村沙石场保管员
雷兴华　铁岭县凡河公社大莲花大队妇代会主任
佟秀芹　法库县新华书店门市部主任
张玉杰　法库县红五月公社果子园大队社员
蔡桂英　凌源县朝阳街小学教师

袁兰娣　凌源县针织厂车间主任
富　恩　朝阳地区农机局副科长
傅秀荣　北票县西关营公社妇联主任
霍英芝　北票县糖业烟酒公司门市部主任
王焕春　北票县机关幼儿园教养员
黄连琴　朝阳县六家子公社未营子大队社员
荣振清　朝阳县孙家湾公社洞子沟大队社员
王世辉　朝阳县机关幼儿园主任
王晓梅　喀左县大营子公社妇联
姜春荣　建昌县烟酒公司营业员
胡春霞　喀左县水泉公社二道门子大队社员
费玉芹　建平县向阳公社农科站站长
于雅珍　朝阳市饮食服务公司人民饭店支部书记
王淑云　建昌县建昌镇北营大队社员
冯玉贞　建昌县温杖子公社妇联主任
杨秀荣　建平县黑水公社后山大队妇代会主任
金凤芹　朝阳地区热水畜牧场柳编厂技术厂长
黄彩平　朝阳县下三家子公社柳编厂技术员
王家光　辽宁省计划生育科研所所长
欧阳筱苏　辽宁大学外语系副教授
任慧珍　辽宁省冶金研究所高级工程师
张　蓓　中国国际旅行社沈阳分社助理翻译
姜　英　沈阳体育学院分院排球运动员
徐志华　沈阳铁路分局沈阳列车段列车员
于丽珍　沈阳铁路局电务大修段助理会计师
鲍宝珍　沈阳铁路局沈铁电务修配厂技术员
郝桂芝　锦州铁路局阜新分局朝阳车站客运服务员
马春芳　锦州铁路局锦州分局锦州机务段熔焊工
鲜继康　东北电业管理局辽宁电力勘测设计院工程师
张凤君　辽河石油勘探局运输指挥部
董秀云　东北输油管理局辽宁一处鞍山泵站

吉林省

车硕琴　吉林化学工业公司电石厂联合化工厂饭店党支部书记
沈国芹　吉林市体育训练班运动员
张雅琴　吉林市政府机关幼儿园教师
高惠兰　吉林市粮食局粮油供应公司粮店主任
张玉风　吉林市邮电局船营分局投递员

管秀兰　吉林市交通公司乘务员
王金莉　吉林市商业经济学校教师
玄成淑　吉林市百货二商店营业员
张岩慧　吉林市日杂公司船营合作总店第二商店副经理
徐淑敏　水电部第一工程局第二工程处机械队电瓶班工人
李玉荣　吉林市蔬菜公司哈达湾副食品商店副经理
桂　纯　吉林化学工业公司试剂厂总工程师
朱宝英　吉林化学工业公司研究院院副总工程师
鲁书香　吉林化工公司化肥厂合成车间工人
赵桂英　吉林市龙潭区龙华街十委主任
贾玉花　舒兰县吉舒镇天合街一委十四组居民
沈顺爱　舒兰县平安公社新光三队社员
秦　学　舒兰县开原公社赵家大队妇女主任
马桂荣　磐石县镇郊公社光辉大队妇女主任
姜乙芬　吉林市丝织印染厂挡车工
张桂秋　吉林市评剧团副团长
邵凤兰　蛟河县漂河公社漂河大队三队社员
李斗林　国营吉林江北机械厂三十八车间工人
全银柱　蛟河县乌林公社友谊大队妇代会主任
陈玉芹　吉林市昌邑区幼儿园教养员
刘亚娥　磐石县第一中学教师
李传珍　磐石县石嘴公社妇联主任
马兰菊　吉林市郊区沙河子公社虹园大队七队生产队长
金典玉　吉林市郊区孤店子公社红光大队妇代会主任
崔贞福　永吉县双河镇公社双河镇大队妇代会主任
陈桂兰　永吉县岔路河镇岔路河大队党支部书记
单月美　永吉县统计局统计师
张玉芳　吉林市船营区江南街道办事处妇联主任
吴朋琴　吉林市船营区环卫大队工人
孔玉芝　吉林市昌邑区怡春里服装厂厂长
谷淑珍　桦甸县苏密沟公社煤窑大队妇代会主任
李玉清　桦甸县人民医院护理部副主任
邵长珍　蛟河县天南公社富强大队妇代会主任
李淑琴　乾安县安唱公社渭字大队社员
周志贤　乾安县工农湖公社妇联主任
杨淑芬　洮安县洮南镇幼儿园保教员
曹雅明　大安县妇联主任
李崇凤　洮安县东方红造纸厂造纸车间

副主任
冯丽欣　洮安县洮南镇妇联主任
李淑珍　长岭县北正镇公社北正镇七队社员
刘云华　大安县静山公社幸福大队妇女主任
于淑芹　长岭县七撮公社后二十七大队妇女主任
冯玉珍　扶余县粮食管理所第十粮店店主任
牟玉芝　扶余县增盛公社兴旺大队七队社员
武秀芬　白城市纺织厂挡车工
范德纯　白城市第一幼儿园副园长
陆　宝　白城地区农业科学研究所技术员
刘　杰　扶余县蔡家沟公社妇联主任
陈玉兰　扶余县四马架公社五大队妇女主任
陈玉芝　镇赉县粮食局总店第二粮店店主任
徐桂芝　镇赉县岔台公社妇联主任
马春芳　镇赉县教师进修学校教研员
于菊芝　白城地区万宝煤矿第一小学校长
尹桂荣　吉林市油田管理局物资供应处器材总库保管员
程桂兰　白城铁路分局镇来车站值班员
李淑庄　大安县塑料制鞋厂设计员
术　丽　前郭县邮电局话务员
曲艳春　前郭县妇幼保健站站长
杜桂芹　前郭县乌兰图嘎公社妇联主任
崔连玉　通榆县第一医院副院长
姜桂云　长岭县前进公社卫生院保健员
袁凤芝　通榆县实验小学副校长
付巧荣　长岭县医药知青药店营业员
包双桃　通榆县西艾力公社乌合大队社员
袁淑范　扶余县扶余镇两家子大队社员
刘艳民　扶余县七家子公社小五号小学幼师
孙桂兰　白城市长庆办事处三委委主任
杨淑琴　敦化县林业机械厂铣工
李曾淑　延边大学副教授
金娘淑　延边农业科研所助研
张桂珍　安图县明月镇东风街副街长
陈会兰　延吉市小营公社工农大队大队长
郑莲玉　延吉市第三粮店主任
金玉子　图们市民族针织厂工人
姜贤淑　图们市新华街办事处妇女主任
朴惠淑　龙井县医院护士
金顺岩　龙井县光开公社光宗大队三队妇女主任
刘善梅　敦化县黑石乡前屯村党支部书记
许英玉　敦化县运输公司客运站副站长
于钊英　敦化县粮食局敦化分局供应站

主任
李万淑 和龙县环城公社团结大队妇女主任
徐顺子 和龙县环城公社妇联主任
朴京淑 珲春县马川子公社敬老院护理员
朴顺子 安图县第一人民医院妇产科主任
申宝玉 汪清县汪清镇站前饭店主任
刘玉梅 珲春县珲春镇城北大队一队生产队长
刘凤云 长春市南关区曙光针织服装厂书记
杨淑珍 长春市劳保布轮厂书记
付秀清 长春市南关区幸福公社光明一队副队长
李秀荣 长春市宽城区站前街道办事处廿一委委主任
张雅琴 长春市政府机关第二幼儿园园长
孙桂芝 长春市人民制药厂车间主任党总支委员
吴金兰 长春市双阳县邮电局话务班长
周明清 长春市榆树县李合乡长兴村三队妇女队长
齐殿云 长春市榆树县光明乡多种经营办公室副主任
李　杰 长春市榆树县五棵树镇一委十三组居民组长
张希芬 长春市榆树县百货公司百货批发商店调拨员
姜佩珍 长春市榆树县榆树镇第四小学教师
巩玉珍 长春市农安县榛柴乡敬老院院长
由桂珍 长春市农安县肉联厂工人
张淑云 长春市农安县烧锅乡妇联主任
张桂荣 长春市农安县柴岗乡红旗村第七生产合作社社员
丁志芬 长春市农安县龙泉乡匡家村第六生产合作社主任
孙成玲 长春市德惠县邮电局汇检员
李清梅 长春市通化县六道沟公社先锋大队妇代会主任
李国英 长春市德惠县五台公社郭家大队妇女主任
董淑琴 长春市德惠县德惠镇人民政府妇联主任
曲秀华 长春市郊区大屯镇四委委主任
陈晓晨 长春市朝阳区重庆街道办事处支部书记
赵春玲 长春市蔬菜副食品公司东风副食品商店营业员
罗佳翠 长春市九台县卢家公社先锋大队副书记
林　艳 长春市九台县九郊公社妇联主任
韩玉芬 长春市九台县气象站副站长

徐仲智　长春市防锈材料厂副厂长
李桂芝　长春市色织布总厂工人
刘国英　长春市纺织厂工人
戴忠赤　长春市制药厂工人
王红霞　长春市衬衫厂工人
姜焕芬　长春第一汽车制造厂工具分厂女工委员
孙　力　长春市汽油机厂工会干事
王桂荣　国营吉林柴油机厂工人
李淑荣　长春市百货公司第三商店营业员
樊　华　长春市南关旅店业总店主任
李兰香　长春饭店中餐部部主任
张淑芬　长春市吉林大街粮管所兴隆路粮店店主任
李　新　长春市东盛副食品商店东盛门市部主任
韩淑芝　长春地质学院马列主义教研室讲师
聂增淳　长春市实验中学教师
孙淑珍　长春市第一实验小学特级教师
冯之榴　中国科学院长春应用化学研究所副研究员室主任
朱淑芳　长春市妇产科医院副主任医师
李纫兰　长春市青少年业余体校教练
王曼玲　长春市评剧团副团长
申宁华　长春地质学院地球物理系副教授
满颖之　东北师范大学副教授
田　平　长春市新春照相感光器材厂主任
贾淑琴　长春市宽城区个体工商业劳动者协会
刘桂香　四平市物资回收公司第二收购站收购员
籍亚琴　四平市福利机械厂党支部副书记
王培知　四平市机床附件厂厂长
王如珍　四平市妇联主任
张桂荣　怀德县轴承厂工人
耿淑清　怀德县凤响乡平顶山村妇代会主任
庞　伟　怀德县实验饭店服务员
李　颖　怀德县公主岭二中教师
刘晓仙　怀德县公主岭永兴委辅导员
王秀兰　怀德县制酒厂副厂长
于海琴　怀德县永发乡西立村社员
杨亚文　梨树县商业局托儿所所长
张凤琴　梨树县十家堡公社妇联主任
于凤芹　梨树县小宽公社新风大队妇女队长
王金兰　梨树县林海公社新开城大队妇女主任
鲁桂珍　梨树县梨树镇第五小学校长
杨春华　梨树县毛巾厂工人
张桂茹　梨树县孟家岭公社妇联主任
石慧敏　伊通县高压油泵厂工人
陆淑范　伊通县大孤山公社妇联主任

白桂芳	伊通县妇联主任
陈素兰	东丰县影壁山公社长胜二队生产队长
郑淑芝	东丰县实验小学副校长
许桂芳	东丰县制药厂车间主任
高宝香	双辽县医院护士
赵淑英	双辽县玻璃纤维厂副厂长
刘淑芬	双辽县服先公社胜利大队妇代会主任
蒋兰瑞	辽源矿务局机电修配厂工程师设备科长
王黎红	辽源市石油化工厂托儿所教养员
高　杰	辽源市粮食局朝阳管理站第四粮店店主任
马玉环	辽源市石驿公社关门五队妇女队长
田　柏	辽源市第一人民医院主治医师
张玉秀	辽源市第一实验小学教师
沈淑兰	四平五金交电化工采购站管理员
佟会玲	通化市床单厂教练员
程玉兰	通化市东昌街七委委主任
王　艳	中国人民银行通化市支行新华储蓄所储蓄员
金凤梅	海龙县花园公社金星大队幼师
巩德香	海龙县花园公社妇联主任
禹桂花	海龙县小杨公社大杨鲜大队妇代会主任
韩玉顺	长白朝鲜族自治县邮电局投递员
金桂顺	长白朝鲜族自治县妇联县妇联主任
赵桂荣	辉南县石道河公社妇联主任
孙秀芬	辉南县实验小学教导主任
王金兰	辉南县朝阳镇爱国街暖气片厂副厂长
谭桂芝	集安县幼儿园园长兼支书
周桂兰	集安县妇联主任
王秀英	临江林业局职工医院妇科主任
郝桂兰	浑江市闹枝公社菜园子大队妇代会主任
江亚琴	浑江市粮食局面粉厂工程师
苏代真	浑江市兴隆小学校代幼儿班教师
夏玉芳	浑江市三岔子镇森工街三委委主任
赵景珍	柳河县孤山子公社中心幼儿园园长
宋玉兰	柳河县向阳镇公社妇联主任
玄明淑	靖宇县人民医院主治医师妇科主任
郭凤芝	靖宇县靖宇镇木器厂支部书记
程英兰	抚松县泉阳镇供销社副食组长
郑世芬	抚松县北岗公社浦春河大队第一生产队队长
姜福来	通化县光华公社中心小学校带幼儿班教养员

顾凤兰　吉林铁路局吉林分局吉林第一小学校长
申今善　吉林铁路局图们分局延吉站客运员
王佩云　吉林省人民政府机关第一幼儿园教师
晏　敏　吉林省长白山宾馆服务员
王凤霞　吉林省京剧团副队长
宋　欣　吉林铁路局通化分局通化列车段列车长
黄　荷　吉林铁路分局吉林电务段助理工程师
张　颖　吉林省水利勘测设计院工程师
王桂玲　吉林省公安厅干部
张大简　中共吉林省委党校教研室主任
修丽娟　吉林省体工队国家队运动员
小山永利子　吉林省土产果品公司仓库工人
鲁彦平　吉林省高级人民法院信访处助审员
杨树梅　中国科学院长春光机所助理研究员
戴焕梅　吉林日报社科教部副主任
孙洪菊　长春市饮食业公司重庆饭店门市部副主任
孙逸泽　白求恩医科大学幼儿园主任

黑龙江省

马丽娜　哈尔滨亚麻厂技术培训班学员
王　萍　省安装工程公司电焊工人
腾克英　哈尔滨毛织厂五车间工人
刘福明　哈尔滨市邮政局道里支局投递员
苑淑琴　哈尔滨市星光机器厂工会副主席
周志民　哈尔滨市长途电信局电报科投递员
宋凤焕　哈尔滨市汽车公司四车队乘务员
曲爱琴　哈尔滨松江电机厂一〇四车间工人
宋正宝　国营伟建厂冶金科工程师
蔡玉梅　哈市养禽场肉鸡队队长
曲正华　哈市食杂公司酱油厂技师
史业英　哈市百货公司和平商店支部书记
孙淑梅　哈市香坊区香庆饭店副经理
曹　锋　哈市龙江浴池医脚师
蒋玉华　哈市南岗分局芦家派出所民警
于淑珍　哈市公园小学教师
柳玉芳　哈市安广小学教师
朴顺德　哈市新香坊朝小教师
马熙茹　哈市第三十五中学校教师
崔玉珍　哈市靖宇幼儿园教师
陈宪云　哈市龙江自行车厂保育员

宋淑娟　哈市道外区人民医院医生
李继庸　哈市第一医院主任医师
孙庆先　南岗区奋斗办事处一委被服厂负责人
杨　菊　道外区东来办事处六委主任
高秀兰　道外大同街道十四委妇代会主任
项志英　太平区大寨路第七居民委主任
吴春杰　齐市邮电局投递员
申顺南　齐市服装四厂工会副主席
肖亚芬　齐齐哈尔富拉尔基纺织厂工人
孙永红　齐齐哈尔华安机械厂工人
张淑坤　齐市华安区曙光公社前程大队妇代会主任
何笑容　齐市龙沙区银行副主任
王淑英　齐市建筑科学研究所所长
韩晓芬　齐市湖滨办事处机床二厂八委养鸡专业户
杨丽华　齐市龙沙小学教师
申星姬　齐市传染病院主治医师
邵淑屏　齐市建华区北极幼儿园园长
张　敏　齐市龙沙区湖滨办事处联合委妇代会主任
王淑清　齐市华安区东安街办事处十委主任
赵秀兰　齐市昂昂溪区新兴办事处西居宅委主任
袁秀英　大庆公路工程公司三大队三中队工人
孙桂春　大庆井下作业公司压裂大队汽车司机
李淑芬　大庆采油七厂采油一矿七〇二队井长工人
芦　菊　大庆农工商钻探分公司副站长
张　伟　大庆解放商店主任
赵素英　大庆市科研院开发二室工程师
冉竹友　大庆市采油四厂幼儿园园长
戴淑华　大庆中学教师
池荷芹　大庆市水电讯农工商分公司妇代会主任
李长荣　大庆市妇联副主任
隋秀芳　鸡西市穆棱煤矿团委副书记
何玉英　鸡西市煤炭局新民煤矿工人
金敬慧　鸡西市滴道区大半道商店副主任
陈英琼　鸡西市供销社农艺师
于淑珍　鸡西市第一中学教师
田文全　鸡西市城子河矿委主任
吴淑英　鸡西市鸡冠区中兴收购站主任
张桂芹　鸡西市小恒山煤矿家属科副科长
徐　述　鹤岗市轻化工业局织袜厂班长
刘桂芝　鹤岗市矿务局岭北矿运输区值班员
初桂芝　鹤岗市烟酒公司大陆副食商店副主任
冯转运　鹤岗市中级人民法院庭长
乔凤华　鹤岗矿务局职工医院儿科主治医师
孟兆芳　鹤岗市兴山区二十委妇代会主

任

周玉珍　双鸭山市保山区工程队瓦工

蔺絮华　双鸭山市第一副食品商店副书记

张维歧　双鸭山岭东区树人小学校长

毕乃荣　双鸭山尖山区十二委幼儿园园长

阎城秀　双鸭山市岭东区三十四委井长

刘亚君　伊春市美溪邮电局投递员

彭德丽　伊春铁力局建设营林所工人

宋秀芬　伊春市第一百货商店部主任

王　健　伊春南岔区东方红小学教师

潘利娟　肇州县客运站乘务员

李凤兰　绥化县邮电局话务员

司空今女　绥化县兴和公社勤劳大队妇代会主任

李艳华　肇源县二站公社曙光大队赤脚医生

苗维秀　肇东县合居公社供销社联营公司社员

牛春华　望奎县镇公社曙光大队一队队长

侯喜兰　海伦县海北公社南华大队妇代会主任

于淑杰　青冈县富民公社望海大队妇代会主任

宋淑珍　明水县通泉公社宏岩大队妇代会主任

宋迎春　庆安县新民公社新丰小学民办教师

杨桂英　兰西县奋斗公社前途四大队妇代会委员

吕国珍　绥棱县双岔河公社新发大队社员

冯桂兰　安达县卧里屯龙华大队妇代会主任

郭亚君　肇州县肇州镇五四大队支部副书记

张淑琴　安达县水产公司一商店公司副经理

乔淑华　肇源县第一商店党支部副书记

宁德文　绥棱县人民银行会计

高淑贤　绥化地区海伦县东安派出所副所长

王希珍　肇州县第三小学教师

刘习英　肇东县第一中学校长

谢　晶　肇源县人民医院医生

吕子珍　绥化地区青冈县青冈镇建设街四委组长

龙志和　绥棱县绥棱镇妇联主任

黄庆兰　望奎县幼儿园教师

杨咏梅　五常县纺织厂工人

朱成珍　尚志电子仪器厂厂长

李桂霞　方正县天门公社中心大队妇代会主任

柳井芝　延寿县新村公社洪山大队社员

刘景范　双城县韩甸公社群利大队妇代会主任

周桂芝　尚志县一面坡镇铁道大队妇代会主任
杨锦春　宾县经建公社常合四队妇女代表
金顺实　五常县五常镇镇西大队妇代会主任
刘淑平　木兰县柳河公社向阳大队民兵连副连长
李淑琴　呼兰县石仁公社双榆大队三队生产队长
孙玉莲　阿城县红星公社振兴大队妇代会主任
王淑琴　巴彦县为民公社长奎大队六队保管员
范慧琴　松花江地区宾县满井供销社务华供销部经理
肖淑范　松花江地区延寿县百货商店副经理
史月兰　松花江地区延寿县制药厂厂长
贾淑云　阿城县小岭公社石河小学教师
贾淑珍　木兰县石河公社中心小学校长
周文瑞　巴延县妇幼保健站助产士
权贞淑　五常县民乐公社新乐大队幼儿保教员
丁惠芳　松花江地区阿城县车站街街道副主任
刘春芳　巴彦县妇联主任
李淑芹　林甸县制鞋厂党支书
孙凤云　林甸县东风公社长胜大队妇代会主任
沈顺德　泰来县四里五公社曙光大队妇代会主任
王素云　依安县红星公社文化大队社员
刘淑珍　讷河县长发公社平安大队妇代会主任
全玉花　杜蒙自治县对山奶牛场配种员
于仁霞　克东县玉岗公社青山大队社员
揣桂兰　龙江县农业科农艺师
盛淑琴　拜泉县保华公社朝阳大队妇代会主任
伞翠英　克山县曙光公社兴光大队支部书记
苏亚范　甘南县查哈阳公社双河大队妇代会主任
张淑琴　富裕县塔哈公社库木大队社员
赵凤霞　嫩江甘南县宏建供销社副主任
刘　军　龙江县广厚公社文化站站长
王淑珍　富裕县富裕镇第四小学教师
王桂兰　拜泉县育英小学教师
罗玉敏　讷河县第一小学幼儿园园长
郑淑芹　克山县一旅社主任
张桂琴　嫩江行署林管局工程师
麻淑华　佳木斯市羊毛衫厂助理设计师
张桂兰　勃利县双河邮电支局话务员
王凤玉　萝北县客运站站务员
刘登莲　七台河矿务局建材总厂副厂长
崔秀英　集贤县集贤公社丰收大队社员
曹淑芬　萝北县召兴公社裕丰大队社员
葛增美　抚远县通江公社东红大队社员

尤喜芳　同江县八岔公社八岔大队妇代会主任
王秀香　宝清县尖山公社东方大队妇代会主任
千玉顺　桦川县星火公社邱少云大队妇代会主任
都善姬　依兰县迎兰公社北方大队妇代会主任
孙文芳　汤原县吉祥公社吉祥大队社员
尹桂芳　富锦县隆川公社隆川大队妇女队长
杜勤华　桦南县阎家岗公社徐家大队支部书记
刘栢琴　饶河县西林子公社小南河大队妇代会主任
潘淑珍　集贤县沙岗公社农丰大队妇代会主任
何无女　绥滨县绥东公社陈大大队妇代会主任
李玉杰　富锦县国营一饭店副主任
左忠玉　合江农科所助理研究员
马桂云　佳木斯电机厂工程师
苗　敏　佳木斯市体委运动员
张丽双　佳木斯市丽双服装店裁缝
申福善　桦川县星火公社妇联主任
刘桂珍　佳木斯市前进区二十八委妇代会主任
王　颖　合江地区桦南县城镇街道党支部书记
于振春　佳木斯纺织染厂保教员
王桂英　桦南县第二中学副校长
陈学兰　依兰县人民医院副总护士长
冷桂凤　同江县幼儿园园长
梁凤影　佳木斯市长春公社五一大队社员
于庆花　桦川县长发公社东胜大队党支部副书记
张秀英　牡丹江市工艺绣品厂工人
朴仁淑　宁安县被服厂厂长
廉月兰　密山县和平公社庆余二队社员
王忠敏　林口三道通公社三道通大队妇代会主任
王成云　鸡东县下亮子公社西庄大队社员
张淑梅　密山县富源公社富强大队妇女队长
杨淑华　穆棱县穆棱镇公社大屯大队妇代会主任
姜学茹　海林县海南公社拉南大队妇代会主任
全玉莲　东宁县三岔公社三岔大队妇代会主任
吴仁顺　宁安县渤海公社江东大队妇代会主任
赵顺英　虎林县义和公社桦南大队社员
滕宪娥　牡丹江市第三百货商店营业组长
王黎清　牡丹江地区宁安县第一百货商

店党支书
戚桂荣　穆棱县农业银行副股长
王友珍　牡丹江市中药厂工人
静桂珍　鸡东县向阳供销社药店经理
陈桂华　海林县恒道河子酒厂工程师
杨露辉　牡丹江市光华小学教师
韩品芳　宁安县第一小学教师
鲁婉青　穆棱县八面通一中教师
石春姬　鸡东县鸡林公社鸡林大队幼儿园幼师
卫秀英　东宁县绥阳税务分局局长
郝亚芹　牡丹江市爱民区向阳办事处街道主任
韩玉清　牡丹江地区密山县密山镇二街办事处支部书记
刘淑兰　北安县鞋帽厂工人
赵淑珍　北安县自民公社自平三队社员
洪淑珍　逊克县逊河公社西兴大队支部副书记
朱秀芬　爱辉县四嘉子公社四嘉子大队妇代会主任
王桂兰　德都县兴隆公社兴隆一队妇女队长
徐凤香　嫩江县墨尔根公社四季鲜大队妇代会主任
尹胜荣　孙吴县沿江公社西屯大队妇代会主任
王艳芳　黑河市第二副食品商店主任
李舫珍　黑河市实验小学教师
全日花　嫩江县妇幼保健站站长
蒋丽君　黑河市一街托儿所所长
王桂兰　德都县妇联主任
冯玉芝　黑河地区国营庆华工具厂退休工人
孟淑芳　呼玛县鸥浦公社白银那大队社员
曲建芳　塔河县第一综合商店营业员
王清莲　塔河县盘古林场托儿所所长
杨洪州　松岭区松岭镇第一家属生产队队长
栾　毅　大兴安岭地区塔河县十八站粮店党支书
王英荃　大兴安岭地区漠河县西林吉镇妇代会主任
白秀玲　呼玛县第二小学教师
魏瑞英　牡丹江林管局大海林林业局生产队指导员
张景菊　松花江林管局苇河林业局青山分公司队长
付淑珍　牡丹江林管局东京城林业局临时工
刘木可　齐铁白城铁路分局货运员
杨韵莉　齐铁电务段总工程师
田滨兰　哈尔滨船舶修造厂工人
翁秀英　省农科院大豆研究所副研究员
嵇汉雄　省机械工业研究所工程师
王　虹　省杂技团演员
曹慕文　省体校教练员

叶 勤　省军区211医院主治军医
顾秋心　哈尔滨工业大学副教授
张玉佩　黑龙江省卫生防疫站检验师
郭毅梅　黑龙江省旅游局翻译
甄桂芝　哈尔滨车站值班员
常淑贤　哈铁林口机务段事务员
卢丽娟　哈铁勘测设计所工程师
刘木芝　省农场总局跃进农场修造厂厂长
张汝碧　宝泉岭农场局宝泉岭农场积肥员
包明一　北安农管局逊克农场机务工程师
冯紫琅　红兴隆农管局科研所农艺师
张淑琴　省阎家岗农场饲养员
王承艳　红兴隆国营农场管理局教师
崔中女　牡丹江农管局八五一农场场直托儿所长

上海市

杨素珍　上棉一厂托儿所所长
王桂英　上棉二厂挡车工
侯翠英　上棉六厂挡车工
高惠芳　新光内衣染织厂托儿所所长
陈婉芳　上棉二十一厂总会计师
冯 婷　上海丝绸科学技术研究所产品设计室副主任
赵毓芳　上海市织袜二厂技术科副科长
康一芬　上海手套一厂挡车工
龚金凤　上海第五毛纺厂食堂工人
陈留女　上海针织厂质监科副科长
王司凤　上海毛巾十四厂食堂生产组长
奚惠珠　上海源康祥毛巾厂织造工
薛宝珠　上海第一纺织机械厂钻床工
倪秀芳　上海第三十五棉纺厂细纱落纱工
谢月香　上海第三十一棉纺织厂细纱挡车工
郑树兰　上海宽紧带厂副厂长
王滨子　上海飞轮制线厂医务室药剂士
倪 红　上海第七棉纺厂挡车工
王子芳　上海第十七棉纺织厂布机挡车工
陈秀芳　上海第二十八棉纺织厂细纱挡车工
李红专　上海第二十九棉纺织厂布机挡车工
洪桂兰　上海章华毛纺织厂毛织机挡车工
陆国珍　上海第八羊毛衫厂横机挡车工
余丽君　上海第五丝织厂劳资科统计员
张 黎　上海第六丝织厂挡车工
张帼英　上海针织十厂大园机挡车工
周龙英　上海第一织袜厂科研室主任助理
潘竹芬　上海民光被单厂厂工会副主席

陈宝英	上海第一织布厂布机挡车工
李小英	上海床罩厂绣花挡车工
余杏媛	上海第十一化纤厂工长
尚桂珍	上海第十四棉纺织厂布机挡车工
唐渝生	上海第二纺织机械厂产品工艺师
徐巧娣	上海第三印染厂挡车工
范蕴萍	上海自行车链条厂联合机工人
陈雅文	上海自行车四厂工人
顾菊芳	上海缝纫机三厂保健站站长
刘国英	上海缝纫机针一厂技术科副科长
毛碧霞	上海自行车三厂生产组长
王佩佩	上海市钟表工业公司上海钟厂机动车间车铜二组工人
黄玲玲	上海朝晖造纸厂助理工程师
徐月明	上海油墨厂车间副主任
王秀兰	上海泰康食品厂揩缸大组长
曹蔚文	上海新型发酵厂助理工程师
罗彩鹃	上海眼镜二厂镜片车间划片工
陈湖贞	上海不锈钢器皿厂冲床工
陈惠宝	上海缝纫机台板五厂托儿所负责人
任玲娣	上海人民印刷十一厂轧车工
卢苏仙	上海搪瓷六厂生产组长喷花工
陆文漪	上海 3516 厂医生
李香梅	上海玉石雕刻厂工艺技术员
戴世荃	上海新康玩具厂设计员
裘莉明	上海衬衫二厂车间副主任
王根英	上海钢椅厂抛砂工
陈荣莉	上海乒乓球厂刮边工
强开芬	上海光明打火机厂大组长
沈　瑾	上海第四皮件厂生产组长
李榴英	上海起重工具厂车间副主任
樊玲娣	上海华光仪器仪表厂供应组副组长
常国香	上海日用五金铸锻厂造型工
王文英	上海黄河皮鞋厂汽车驾驶员
赵福珍	上海窗纱厂挡车工
俞菊花	沪南电表厂金工车间主任
冒文朱	上海胶鞋九厂助理工程师
张素青	上海泡化碱厂副厂长
黄有芳	上海胶鞋制品二厂工人
李丽云	上海染料化工八厂质监科分析组组长
刘乃瑛	上海化工机械二厂工程师
魏慧珍	上海溶剂厂副科长
黄　鸪	上海试剂一厂工业一车间设备员
徐爱珠	上海染料化工一厂技术员
诸君菁	上海无线电二十厂副厂长
刘海凤	上海无线电二十一厂二车间车床乙组工人
丁梅珍	美多无线电线圈厂工人
顾美珍	上海仪器仪表研究所工程师
王莲珠	上海无线电一厂工人
陈　践	上海无线电四厂托儿所所长

陆时晴　上海无线电十四厂工程师
陈积芸　上海电讯器材厂一车间装配工
徐忠芳　上海自动化仪表一厂行政科党支部副书记
龚小智　上海亚明灯泡厂检验科科长
吴常娥　上海第二制药厂环保科科长
刘　俊　上海制药机修三厂工人
沈美琴　上海齿科材料厂食堂组长
王彩琴　上海通用电器厂一分厂工人
虞立箴　上海汽轮机厂八车间副主任
祝根娣　上海起重运输机械厂车工
李佩熙　上海电炉耐火材料厂副厂长
徐爱仙　上海中国弹簧厂工人
王顺英　上海机床铸造五厂造型工
董淑冬　上海东风机器厂技术科工程师
姚春妹　上海跃进电机厂电装车间内接工
劳兰英　上海柴油机厂油泵分厂工人
陈　岚　上海彭浦机器厂工人
李永红　上海四方锅炉厂金工车间车床二组生产组长
周金娣　上海市标准件公司工会主席
谢素素　上海南洋电机厂车间生产组长
姜惠芳　机电一局工会生活女工科科长
马文宪　上海第一水泵厂工人
赵爱眉　上海新华无线电厂高级工程师
郑秀琴　上海新新机器厂工程师
曾阿静　上海第十钢铁厂电焊工
姚立云　上海矽钢片厂工人
龚洪林　上海钢管厂技术副厂长
宁辉霞　上海冶炼厂高铟小组组长
俞莹宣　上海冶金机械总厂供运科科长
江子芬　上海第二钢铁厂拉丝工
包惠钏　上海第三钢铁厂中板车间工程师
翟文姝　上海新沪钢铁厂助理工程师
萨本茂　中国人民解放军四八〇五厂技术科化学工程师
陈丽云　中华造船厂船体车间电焊班长
朱爱莲　江南造船厂修安车间钳工
姜德昭　沪东造船厂职工医院内科病房主治医生
应自珍　求新造船厂工人
洪美珍　国家物资局上海储运公司虹口区库保管员
阎少英　上海华东电业管理局杨浦发电厂运行值班员
沈明芳　华东电业管理局上海电力建设局焊接工程师
王海玉　上海石化总厂机安五处加工厂电焊班长
杨图珍　上海石化总厂腈纶厂职工中等学校教务主任
张香梅　上海石化总厂机修厂助理工程师
谢佩敏　五七〇三厂器材仓库零件保管工
吴玉珍　上海后方基地八五钢厂工段党

支部书记
任爱玲　梅山工程指挥部铁矿井巷处卷扬机值班长
虞　东　上海高桥化工厂工程师
朱正仙　上海铁路分局上海南站装卸作业所副指导员
李　霖　上海铁路分局上海机务段化验室主任
李玉春　上海铁路分局上海生活管理段无锡公寓服务员
马兴凤　上海铁路分局上海站客运副指导员
韩银珍　上海铁路分局上海列车段沪京车队副队长
贺巧珍　上海内河装卸公司第一装卸区三大队食堂炊事班长
房锦妹　上海市内航局陆延线沪航客51轮船长
陈燕飞　上海汽车修理四厂工人
屠美娣　上海汽车运输三场三〇九车队驾驶员
杨志芬　上海市汽车运输第四场一车队驾驶员
范玲玲　上海港务局第十装卸区电气工程师
滕爱珍　上海港客运总站三八售票班班长
於仕珍　交通部第三航务工程局混凝土预制厂工会副主席
许克敏　民航上海管理局运输服务处助理员
强英英　上海海运局长锦轮服务员
孙阿妹　交通部上海海运管理局荣新轮服务员
宋泉花　邮电部上海电话设备厂金工车间生产组长
庄美娟　上海市邮政局南车站路支局斜桥邮电所营业员
张继珍　上海市邮政局杨浦邮电支局投递班长
郑亚琴　上海市公交公司汽车四场售票员
邬永姑　上海市公交公司电车二场驾驶员
赵秉兰　上海市煤气公司营业所工会副主席
张红秋　上海第一建筑工程公司泥操工
沈朋研　上海混凝土制品一厂副厂长
许凤新　上海市工业设备安装公司第一工程队焊工副班长
徐尚兰　上海市第三市政工程公司三〇五工程队炊事员
李兆兰　上海市环境卫生管理处五星运输社日晖港大队船队队长
王汝松　上海市市政工程管理处沪东工务所杨浦养护队道路工
於学珍　上海市环境卫生管理处汽车运输一场驾驶员

侯琴芳　上海立新建筑材料厂副厂长
王式玖　上海市第六住宅建筑工程公司六〇一工程队台灵吊司机
陈启华　上海水泥厂电工
倪月荷　上海市园林科学研究所工程师
章　明　上海市民用建筑设计院副总工程师
李杏英　上海工业建筑设计院组织科长
谢企华　上海宝山钢铁总厂工程指挥部基建处财务预算科副科长
王娟华　上海市第十百货商店营业员
戚书美　上海服装商店工场服装技术员
邓瑞华　上海市第一百货商店营业员
金　燕　华山饭店厨师
凌雷群　上海市禽蛋公司金桥养鸡场车间主任
王　萍　上海市物资回收利用公司金属机电业务部计财股副股长
高贵珍　上海市日用杂品公司陶瓷批发部记账员
丁　环　上海市服装进出口公司财会科财务费用组组长
杨凤娣　上海市畜产进出口公司肠衣厂人事股股长
陈玉琳　上海市水产研究所助理研究员、品种室副主任
王云玲　上海市水产供销公司冷冻厂理鱼工
江刘仙　上海制面厂包装工
蔡吉晖　中国人民银行上海市分行普陀区办事处长寿路储蓄所主任
刘小玲　中国人民银行上海市分行长宁区办事处中山公园储蓄所主任
王娟娟　中国人民银行上海市黄浦区办事处组织科科员
尹文英　中科院上海昆虫研究所副所长
曾绍先　中科院上海硅酸盐研究所助理研究员
张丽青　中科院上海有机化学研究所副研究员
李淑俊　中科院上海植生所副研究员
章博华　电子工业部第五十研究所副总工程师
罗小未　同济大学建筑历史与理论教研室主任
刘馥英　华东化工学院教授
丁维钰　上海科技大学教授
张又新　上海农学院植保系负责人
李秀治　上海交通大学工程力学系讲师
徐　燕　复旦大学化学系副教授
高芝兰　上海音乐学院声乐系教授
洪　腾　上海音乐学院钢琴系讲师
林飞卿　上海第一医学院基础部微生物学教研室名誉主任
陈秉衡　上海第一医学院卫生系副主任
谢文英　上海第二医学院基础部组胚教研室主任
程婉敏　上海体育学院基础部讲师

吴兰芳　上海市业余工业大学电大教学处负责人
左淑东　上海市教育局师范教育处处长
曹燕华　上海市体工队运动员
孙璧娽　上海交通大学教授
王光正　第一医学院附属妇产科医院副院长
张佩珠　中国福利会国际和平妇婴保健院院长
陈　映　中央卫生部上海生物制品研究所主管技师
王文英　上海市第一人民医院妇产科副主任
司马惠兰　上海市防疫站主管医师
朱南孙　上海中医学院附属岳阳医院妇产科副主任
唐　曙　上海第二医学院附属新华医院皮肤科副主任
孙慧华　上海第二医学院附属第三人民医院眼科主治医师
刘薇廷　第二医学院附属新华医院儿内科副主任
丁是娥　上海沪剧院院长
胡晓平　上海乐团女高音独唱演员
周渝生　上海木偶剧团副团长
汪齐风　上海芭蕾舞团演员
张玲英　上海艺术剧场服务组长
徐檬丹　上海评弹团编剧
华文漪　上海昆剧团演员
山文葆　上海人民广播电台少儿组组长
马雪松　新华社上海分社记者
王惠珍　上海社科院世界经济研究所研究室副主任
俞　理　上海少年儿童出版社编辑
倪延英　上海译文出版社外国文学编辑室编辑
黄宗英　上海文艺出版社作家
菡　子　上海文艺出版社作家
唐　澄　上海美术电影制片厂副导演
张福娣　上海县新泾公社天山大队薛家库生产队
杨美娟　上海县塘湾公社星火大队调解主任
杨惠莲　上海县漕河泾镇一条街托儿所营养员
袁瑞荣　上海县马桥公社吴会大队第十一生产队仓库保管员
徐金花　上海县龙华燃料中心店副经理
张莲娣　上海县诸翟公社杨更浪大队柴塘北生产队队长
王秀琴　嘉定县娄塘乡娄南大队牧场饲养员
刘德勤　嘉定县南翔医院妇产科副主任
佘清桂　嘉定县真如镇桃浦新村托儿所负责人
陈胜南　嘉定县方泰乡方泰大队妇代会主任
姚培娟　嘉定县银行城西营业所出纳员

孙月珍　宝山县淞南公社张行大队西严生产队队长
苏彩玉　宝山县盛桥公社新丰大队第十生产队队长
薛桂珍　宝山县江湾公社红卫大队纪念生产队队长
张秀兰　宝山县罗泾公社新陆大队党支部委员
樊玲妹　宝山县废旧物资公司五角场站副站长
凌水宝　川沙县蔡路公社友谊大队第五生产队队长
沈全妹　川沙县六里公社艾东种子场党支部副书记
黄根英　川沙县凌桥公社凌桥大队队长
周根娣　川沙县杨思公社塘子泾大队党支部书记
沈雅雪　川沙县中学教师
陈宏转　川沙县洋泾食品厂食品车间生产组长
马梅辛　南汇县惠南镇人民居委组长
唐林华　南汇县周浦捻线厂党支部书记
陈芹仙　南汇县祝桥公社祝西大队第四生产队队长
华翠英　南汇县坦直公社港桥大队妇代会主任
王学红　南汇县大团公社织布厂妇女干部
孙翠娣　奉贤县头桥公社幼教辅导员
姜桂仙　奉贤县四团公社三坎大队队长
陆水芳　奉贤县江海公社团结大队五队队长
张新官　奉贤县庄行公社新华大队党支部书记
何秀娟　松江县新桥公社陈街巷大队幼儿园教养员
盛桂芳　松江县华阳桥公社香山大队赤脚医生
邱金妹　松江县塔江公社江边大队邱家生产队妇女队长
李　华　松江县大港公社种子场三队棉管员
陆阿多　松江县新浜公社胡家埭大队妇代会主任
赵明华　金山县朱泾中心小学副教导主任
费湘云　金山县朱行公社欢兴大队第一生产队养蚕员
陈巧英　金山县金卫公社长春大队第三生产队植棉组组长
马美芳　金山县亭新公社荡泾大队牧场场长
龚照娣　金山县亭新公社养蜂场第廿组组长
许纪英　青浦县华新公社马乔大队农机员
项爱英　青浦县解放公社妇联主任
陈玉倩　青浦县人民医院政工股长

夏爱英　青浦县莲盛公社港都大队妇代会主任
池瑞芬　青浦县朱介角镇街道办事处党支部书记
刘红英　崇明县竖河公社堡西大队幼儿园教师
施秀芬　崇明县港沿公社齐成大队第八生产队队长
龚士兰　崇明县三星公社敬老院清洁工
吴惠娟　崇明县堡镇小学副教导主任
周静英　崇明县港东公社卫生院助产士
黄丽欣　崇明县畜牧局兽医站兽医
黄景民　上海市新海农场果园中学教师
章瑞华　上海市五四农场农业科助理农艺师
陈琪云　上海市第六牧场工会主席
张小莲　普陀区沙洪浜菜场党支部书记
顾家宁　普陀区江宁路小学教师
吴凤霞　普陀区利群医院护士长
施晓云　普陀区两委妇女工作组组长
刘乐勤　普陀区宜川二村托儿所
许小妹　普陀区曹杨新村街道文化站支部书记
朱孝珍　普陀区沙洪浜街道顺义村居委民改主任
赵玲珍　普陀区宜川街道赵园居委会居民妇代委员
李春娣　普陀区中山北路街道光新路居委会党支部书记
常兰珍　普陀区胶州街道胶州村妇代会副主任
邱小妹　静安区长寿支路菜场支部副书记
周小君　静安区长风皮鞋店营业员
陈佩琛　静安区五四中学物理教师
孟燕敏　静安区春光织造厂平车挡车工
杨秀珍　静安区愚园街道三义坊居委会支部书记
杨阿翠　静安区威海街重华居委会妇代会主任
唐祥芬　静安区万航街道中行居委会台湾回沪定居居民
施慧贞　静安区上海日用化学四厂华山街道常熟居委会卫生副主任
陈金凤　黄浦区金陵东路房管所沟路工
叶淼淼　黄浦区春秋服装店营业员
李贵英　黄浦区清真饭店副经理
瞿惠钧　黄浦区人民饭店服务组副组长
高润华　黄浦区格致中学校长
吕惠英　黄浦区新兴五金厂厂长
李清畹　黄浦区龙门街道集管所幼托管理组顾问
鲍国珍　黄浦区中心医院护理部副主任
何荣玲　黄浦区培罗蒙服装商店工会女工委员
苏嫦娥　黄浦区上海市市中中学体育教师
李红娣　闵行区烟糖公司采购站驾驶员

周引娣　闵行区副食品公司浦江菜场副经理
将子嫣　黄浦区闵行集体事业管理局幼托管理站站长
田明云　闸北区环卫所汉中清洁班班长
马秀英　闸北区环卫所清道工
邵静珍　闸北区第一中心小学教师
董　言　闸北区延长路幼儿园教师
袁以奕　闸北彭浦新村街道医院副院长
郑英甩　闸北山西街道老泰安居委支部书记
沈　瑛　闸北区市侨联副主任
李　丽　闸北上海市共和中学教师
周寿华　闸北中兴街道联社荣福旅社服务员
林仲信　长宁区房地局区修建公司第四工程队电工
赵　赫　长宁区愚园路第一幼儿园副园长
孙鞠娟　长宁区少年宫副主任
葛成筠　长宁区同仁医院眼科主任医师
丁大宝　长宁区华阳街道万三妇代会主任
张汝敏　长宁区江苏街道南二居委文教主任
王映秋　长宁区遵义街道联建居委文教副主任
张敏智　上海市工商联妇委会副主任
黄亭秀　徐汇区永嘉路二小音乐教师
袁杏秀　徐汇区木龙港托儿所营养员
张秀芳　徐汇区虹桥居委党支部副书记
沈云贞　徐汇区宛南街道龙山居委主任党支部副书记
顾满风　徐汇区房修公司“三八”女子班负责人
韩慧如　徐汇区第一中心小学校长
吕舜玲　上海市红十字会社会福利站创办人
荣漱仁　上海市工商联顾问
陈美兰　上海市二中学英语教师
钱菊英　吴淞区吴淞镇街道二纺居委支部书记
吴静勤　吴淞区淞扬楼饭店服务组长
唐桂芳　吴淞区区环卫所吴淞分所清厕工
李慧芳　吴淞区海滨街道妇委会主任
洪慧珍　吴淞区泗塘托儿所所长
黄淑清　吴淞区中心医院主管药剂师
周美蓉　卢湾区产院院长
郑有凤　卢湾区新歌电视机商店经理
竺蕊芳　卢湾区妇联副主任
张金娣　卢湾区环卫所大组长
荣君立　卢湾区侨联副主任
徐韵华　卢湾区五里桥街道斜土居委党支部书记
夏金妹　卢湾区顺昌街道徐一居委党支部书记街道妇委副主任
方秀凤　卢湾区打浦街道新新居委妇代

主任
薛翠凤　卢湾区巨鹿路菜场蔬菜一组组长
王素英　卢湾区第二中心小学教导主任
郭永妹　虹口区中山北菜场水产营业员
杨月华　虹口区西湖饭店部门组长
虞丽英　虹口区百货公司钟表眼镜店钟表修理工
曹翠英　虹口区红歌电视机商店副经理
朱正礼　虹口区崇明路小学副校长
桂帼芳　虹口区新港半导体原件厂副厂长、助理工程师
邹金梅　虹口区虹镇街道张家巷托儿所所长
刘莉娟　虹口区乍浦街道海宁居委党支部书记
俞秀卿　虹口区吴淞街道共和居委会妇代会主任
朱钧毅　虹口区长治街道东风居委国棉卅一厂退休工人
谢　咏　虹口区广中街道模范居委退休医生
于　漪　杨浦中学特级教师
梁丽玲　杨浦区齐齐哈尔路第一小学语文教师
胡　苹　杨浦区四中心小学教师
孙爱卿　杨浦区辽源街道双辽居委党支部书记
毛小青　杨浦区区环卫所汽车队驾驶小队长
朱兰琴　隆昌街隆六服务站站长
莫楚云　杨浦区四平街道党委书记
柳梅秀　杨浦区平凉菜场营业员
袁桂英　杨浦区长眉居委主任
龚佩之　杨浦区区卫生局医疗预防科副科长
滕佩兰　杨浦区鞍山四村四居委党支部书记
常金华　杨浦区眉州街道顺成里妇代会主任
袁　璿　南市区实验小学校长
方　静　上海第七医药商店党总支委员
徐素珍　南市区新开河分所广园清道班工人
于兰英　南市区乔家栅饮食店班长
邵黎柳　南市区荷花池幼儿园教养员
李　琦　南市区第二人民医院护士
朱桃英　南市区周家渡街道迎新花线厂组长
孙文娟　南市区半淞园街道唐家宅居委会党支部书记
周慧贞　南市区小东门街道聚奎居委会党支部书记
黄雪花　南市区周家渡街道妇女干部
王莲芳　南市区小东门街道妇代会委员
邬润珠　南市区小南门街道居民
郑　慈　上海市工业工作委员会委员
王本俊　上海市中级人民法院审判员

江苏省

张慧君　南京第二灯泡厂厂长
朱秀华　南京锅厂工人
马士平　南京电气控制设备厂管理员
章桂琴　南京汽轮电机厂工人
蒋桂珍　南京金陵橡胶厂工人
张　懿　江南光学仪器厂工人
周德玲　南京中兴源丝织厂工人
陈金凤　南京第一棉纺织厂工人
张慧玉　南京无线电厂工人
施传线　南京显像管厂工人
谢东蓉　南京无线电元件五厂工人
梁国珍　南京市江东公社河南大队农民
甘秀英　南京市迈皋桥公社藤子大队农民
章艳美　南京盘城公社盘城大队农民
曹小红　江宁县殷巷乡殷巷行政村农民
杨现茹　江宁县陆郎乡羊毛衫厂赤脚医生
黄秀玲　南京葛塘乡山潘大队农民
韩宝凤　六合县泉水公社精华大队农民
杜家英　江浦县星甸公社解放大队
吕秀英　溧水县岛山公社红星大队
孙彩红　江浦县城东乡政府乡长
王惠萍　南京港务管理局客运站值班站长
李建萍　南京市邮政局山两路支局投递员
田桂荣　南京电信局报务员
刘翠华　南京市公交公司汽车二场乘务员
查杏妹　南京铁路分局南京生活管理段厨师长
林志华　南京市公共交通公司接待员
陶佩芬　南京市新街口百货商店营业员
蔡移山　南京车站南北货商店营业员
王秀英　南京市饮食公司秦淮区公司党支部书记
王树彩　南京姑苏糕团店门市部主任
顾静华　南京三〇七厂第一幼儿园托儿所长
石国英　高淳县椏溪乡椏溪村中心幼儿园幼儿教师
蒋敏华　南京市第一医院护理部副主任
刘梦梅　南京市鼓楼医院妇产科主任医师
王爱玲　南京市秦淮区门西卫生院副院长
曾锐言　六合县五带公社卫生院副院长
闵玉娣　高淳县人民医院妇产科医师
周景华　江宁县人民医院护士长
吴锡军　南京化学工业公司研究院院长
周佩芬　南京国营旭光仪器厂工程师
伍美贞　南京汽轮电机厂工程师
丁　莹　南京电力自动化设备厂工程师
林月琼　南京市第三中学教师

王　兰　南京市长江路小学特级教师
孙　俊　南京市夫子庙小学校长
谢秀兰　南京市建宁路小学教师
余玉茹　南京市琊琊路小学教师
刘桂英　南京市红玫瑰理发店负责人
汤红武　无锡市电缆厂计划科副科长
陆美芳　无锡七四二厂车间党支书
谢本娣　无锡市郊区山北公社红星袜厂工人
沈巨华　宜兴紫砂工艺厂研究室工艺师
陈小妹　江阴县棉纺织厂织布车间教练员
张娟芬　无锡第三棉纺织厂工人
刘达肩　无锡市建筑公司第四工程队工人
黄银凤　江阴县璜土公社江南大队党支部书记
赵毛妹　江阴县华士公社华西大队党支部书记
黄菊英　宜兴县周墅公社任墅大队农民
周龙娣　无锡县前洲公社印桥大队农民
郭海棠　无锡市港务管理处第七作业区装卸十一班工人
吴彩芬　无锡县东亭公社副书记
王金娣　无锡市北塘区粮营所惠商乔粮店店主任
潘华珍　无锡市第二百货商店营业员
储翠英　宜兴县支行官林营业所副主任
陈凤媛　无锡县硕放供销社理事会副主任
殷勤芬　无锡县西漳信用社出纳员
陆纪凤　江阴县月城公社合作理发店理发员
朱顺娣　宜兴县张清镇清管所清扫组组长
赵淑琴　无锡市第一人民医院主治医师
陆慕贤　江阴县青阳医院妇产科主治医生
王　岚　宜兴县丁山工农医院小儿科医师
吴有乐　无锡染料厂工程师
王冠华　无锡纺织研究所工程师
屠曾端　无线电元件一厂工程师
胡玉泉　无锡市一中教研组长
章志英　无锡县梅村实验小学教师
钱彩娥　无锡市南长区宋巷居委党支书
陆银华　无锡市周山滨街道大冈路妇代会主任
潘惠如　无锡市政协妇女组副组长
李素贞　睢宁县棉纺织厂工会主席
张　环　铜山县纺织厂工人
李玉英　徐州矿务局第二机电修配厂工人
周广顺　徐州锅厂工人
杨秀珍　徐州市织布厂车间副主任
赵文娟　徐州市合成洗衣粉厂研究所所长
张　琳　邳县丝绸厂工人

朱孝华　徐州市郊区狮子山乡骆驼山村村主任
程秀贞　丰县华山公社徐屯大队党支部书记
孟爱芝　沛县湖屯公社张庄大队党支部书记
胡运萍　沛县鹿娄公社房庄大队妇代会主任
周继兰　邳县八集公社石横大队农民
徐则英　邳县碾庄乡农科站农民
高方娥　睢宁县邱集公社畜牧兽医站司药员
鲍　多　睢宁县植保站副站长
王继侠　铜山县棠张乡跃进大队农民
黄传英　铜山县柳新乡马楼村农民
王传彩　铜山县拾屯乡杨西大队妇代会主任
贺迎春　沛县民政局福利敬老院院长
韩玉亭　徐州市五金交电化工公司彭城五交化商店公司党委副书记
裴玉英　徐州市粮食局鼓楼粮管所红旗粮店经理
李洪莉　铜山县支行三堡营业所出纳员
杨宝侠　丰县五金交电公司经理
沈怀英　新沂县农业机械公司保管员
刘佰侠　邳县饮食服务公司门市部副主任
张树兰　新沂县饮食服务公司新沂旅社服务员
王怀萍　徐州市服务公司沧浪浴池修脚工
张美荣　丰县李寨公社
赵书侠　睢宁县李集公社中心小学幼师辅导员
顾玉兰　铜山县三堡乡中心幼儿园幼师
任芷梅　新沂县人民医院护士长
童敬珍　铜山县紫庄乡卫生院副院长
林　青　徐州市第四人民医院主治医生
焦洁如　徐州市第一人民医院妇产科主任
王雅珍　沛县王店公社卫生院五官科医生
杜梅妹　邳县中医院医师
孙秀英　徐州市民主路小学特级教师
张清华　徐州市第一中学教师
王秀平　徐州市贾汪区新新小学教师
朱天秀　徐州市青年路小学教师
丁仰芝　铜山县大庙侯集实验小学特级教师
孙秀英　睢宁县实验小学副校长
王建清　邳县八集中学教师
化兰英　丰县师寨公社中心小学副校长
赵以蕙　中国矿业学院采矿系通风教研室副主任副教授
陈亚先　常州市工艺美术研究所副所长
严梅妹　武进县电机厂工人
袁玉琴　武进县泰村公社刘巷皮鞋厂厂长

周金娣 常州袜厂教练员
张祥英 常州市国营洪庄机械厂工人
杨祁平 常州戚墅堰机车车辆厂工人
许兰红 常州市建材二五三厂工人
陈玉珍 武进县潞城公社彭家大队农民
胡教娣 武进县剑湖公社钱家塘大队妇代会主任
钱荷秀 武进县小新桥公社郭塘大队妇代会主任
刘粉英 溧阳县汤桥公社彭家大队农民
李月娥 金坛县洮西公社岳阳大队妇代会主任
孙迎红 常州市服务公司理发进修室店主任
程爱华 溧阳县上兴公社卫生院助产士
朱翔凤 常州市第一人民医院小儿科主任医师
李凤珠 常州市第二电子仪器厂工程师
康静华 武进县聋哑学校副校长
巢令仪 常州市第二十三中学教师
陆志英 金坛县金城镇西门居委会主任
强素珍 溧阳县漂城镇反扒窃小组
姚　镇 苏州化工厂化工研究所负责人
陈彩珍 苏州电机厂工人
汤三宝 常熟市色织四厂工人
陈忆善 苏州有线电厂厂长
周杏媛 苏州市苏纶纺织厂工人
石妙云 常熟市冶塘公社西张大队妇女主任
李彩亚 太仓县浏河公社东海大队妇代会主任
施邦兰 沙洲县三兴公社民港一队农民
耿云娣 沙洲县东莱公社南桥大队农民
范玉英 沙洲县乐余乡文兴大队党支部副书记
杨小妹 吴江县平望公社联南大队妇代会主任
魏金珍 吴江县八都公社双板大队农民
周瑞娟 吴县东山公社槎湾大队农民
王建珍 吴县镇湖公社西京大队农民
顾凤珍 吴县涠泾公社北前大队农民
戴招玲 苏州市娄葑公社新升大队卫生所赤脚医生
顾毓和 常熟市虞山镇建新副食品商店主任
徐　也 吴县金庭营业所信用社现金复核员
王星娣 昆山县石牌公社粮食管理所“三八”粮店
管云宝 苏州食品公司玄妙鲜肉站营业员
王有英 太仓县城厢镇南区居委幼儿小班退休教师
杨丽华 苏州市沧浪区葑门街道双塔托儿所教养员
喻秀芬 太仓县板桥公社卫生院副院长
杨雪琴 吴江县平望地区医院副院长
朱月英 昆山县陆家公社中心卫生院副

院长
徐　亲　苏州市第三人民医院护士长
张美芳　苏州市刺绣研究所针法乱针研究所主任
周月琴　常熟市化工厂中试室主任
钱小萍　苏州市丝织试样厂设计室副主任
姜亚光　苏州大学激光研究室副教授
王美卿　常熟市石梅小学教师
程素洁　吴县东山实验小学教师
王雅云　苏州市虎丘中学教师
徐惠芬　常熟市虞山镇城北办事处早北居委党支部书记
骆金凤　昆山县玉山镇妇联主任
龚若青　苏州市平江区悬桥党支部书记
周　萍　如皋县染织厂工人
张　美　南通县兴仁织布厂工人
王宏珍　海安县丝厂工人
张炳珍　南通市包装装潢厂工人
倪　霞　南通市国棉二厂工人
陆　静　南通第三棉纺织厂工人
姜　萍　南通市第一棉纺织厂工人
王亚芳　海门县汤家公社中兴大队队长
袁亚慈　海门县三和公社三南大队党支书
严淑芳　如皋县黄市公社生建大队妇代会主任
季永兰　如皋县林梓公社林西大队支部副书记
夏春秀　如皋县长江公社复兴沙大队农民
刘德美　如皋县紫湾公社茶安大队农民
严极英　南通县英雄公社万愿楼大队农民
瞿　娟　南通县海丰公社海南大队妇代会主任
丁美云　南通县岸西公社沙家坝大队农民
唐会英　南通县西亭公社周桥大队农民
龚锐芳　海门县厂洪公社农科站农技员
李志兰　海安县角斜公社五坊四队农民
孙美凤　如东县岔南公社中心大队党支书
季方珍　如东县岔北公社土山大队妇代会主任
朱兰英　启东县近海公社良民大队党支书
张秀英　启东县东元公社四堤大队妇代会主任
马惠莲　南通市八厂公社城南大队农民
徐晓萍　如东县邮电局报务员
孙晓春　海安县航运公司工人
王太华　海安县大公公社赉巷大队农民
陈　娟　如东县环北公社陈高大队兔场农民
曹钟菊　启东县惠和公社新农大队副业场场长
李振华　如皋县卫生局人秘股副股长

翁正凤　如皋县丁埝区供销合作社组长
宣民艺　南通市金属材料公司业务员
韩红英　南通市百货商店营业员
潘水英　启东县吕四镇吕四旅社服务员
范杰霞　南通县国营平潮饭店服务员
刘灵菊　南通县五甲公社陈墩大队幼师
徐家瑞　如东县丰利镇幼儿园主任
黄秀芳　启东县和合公社裕丰大队保育员
王信菊　海门县刘浩公社医院助产士
王心安　南通县人民医院内科副主任
姚曼怡　海门县麒麟中学教师
章玉玲　海安县中学教师
李吉林　南通师范第二附属小学特级教师
张荣花　连云港市台南盐场蒿西工区工人
李秀兰　连云港市造纸厂车间党支部书记
张翠英　赣榆县土城公社孙坡大队妇代会主任
刘　炜　赣榆县金山公社石埠大队农民
孙广英　灌云县宁海公社东风大队妇代会主任
刘安兰　东海县牛山公社西蔡塘大队妇女队长
李　腾　连云港市新海南北货商店营业员
蒋菊兰　东海县农机公司仓库经营员
姜自尊　连云港市服务公司陇海饭店服务员
李　萍　东海县桃林公社中心幼儿园幼师
王长霞　灌云县伊芦公社罘山大队幼师
王星南　灌云县妇幼保健所中心
邓瑞珍　连云港市维尼纶厂副厂长
王淑兰　连云港市解放路小学教师
秦裕珊　赣榆县实验小学教师
邹景玺　东海县实验小学教师
王茂晨　盱眙县糖果厂工人
陆兰英　淮安缫丝厂工人
任秀兰　宿迁县商业机械厂工人
张珍珍　宿迁县葡萄酒厂股长
王春林　淮阴市清江电机厂工人
宋庭兰　盱眙县河桥公社蒋郢大队社员
王家英　盱眙县穆店公社马湖大队党支部书记
陈　勇　泗洪县戚庄原种场植保员
王月华　沭阳县十字公社王涧大队妇代会主任
高梅英　淮安县园艺场驾驶员
王开平　涟水县时码公社陈李大队农民
王翠兰　涟水县南集公社禹庄大队党支部书记
陈安侠　宿迁县支口公社支口大队农民
崔桂华　淮阴县徐溜公社茶棚三队农民
范立英　沭阳县官墩公社宋庙大队副队长

赵中英　沭阳县桑墟公社河西大队妇代会主任
谢庆香　泗阳县新元公社于湾大队农民
赵仕兰　洪泽县岔河公社街道大队党支部书记
赵明宏　灌南县堆沟公社八尺大队农民
张发英　灌南县田楼公社路北大队妇代会主任
何善兰　淮安县流均公社中桥大队妇女队长
吴康勤　淮阴市邮电局店务员
郑碧霞　淮阴县种猪场饲养员
卢翠兰　泗洪县石集公社妇联主任
朱兰英　泗阳县妇联妇联主任
贺永惠　泗阳县农业银行会计
魏素华　泗洪县青阳幼儿园幼师
蔡秀洁　沭阳县七雄公社建新大队幼儿园幼师
姚湘兰　淮安县平桥公社卫生院妇产科医生
姜佩馨　泗洪县妇幼保健站助产士
兰继军　泗阳县人民医院护士长
万玉秀　沭阳县庙头中心卫生院护士长
刘晓兰　淮阴市第二人民医院护士
戴秀英　泗洪县第二中学教师
朱宝秀　淮安县新安小学教师
窦淑华　涟水县实验小学副校长
王彩萍　宿迁县机关幼儿园教师
傅美成　淮阴县中学教师
徐银婉　沭阳县实验小学教师
崔　扬　淮阴市实验小学教师
王阿娣　淮阴市清河区城北办事处居委会主任
严珍宝　淮阴市清江街道办事处新生居委会妇代会主任
任素英　金湖县闵桥公社水产养殖场工人
郁晓菊　大丰县飞轮厂车间副主任
张素珍　盐城市水泥制品二厂车间副主任
张　红　滨海县八滩公社老滩大队农民
杨步兰　滨海县临淮公社玉中大队农民
陈　静　阜宁县城北公社方黄大队赤脚医生
郭兰珍　阜宁县板湖公社前进大队农民
蔡兴云　射阳县耦耕公社岔北大队妇代会主任
陈汝兰　射阳县临海公社同胜大队农民
陈金秀　建湖县近湖公社胜利大队农民
何学珍　滨海县界牌公社众兴大队党支部副书记
成春巧　盐城市郊区永丰公社永南大队妇女队长
王阿英　盐城市郊区大纵湖公社东王大队妇代会主任
张宏英　盐城市郊区北蒋公社盛花大队副大队长
王翠成　盐城市郊区北龙港公社封葛大

队妇代会主任
智彤兰　大丰县三圩公社协力大队妇代会主任
陈凤兰　东台县梁垛公社倪王大队妇代会主任
何志云　东台县弶港公社蹲门大队农民
陈秀芳　大丰县新丰镇裕南村农民
李容钧　建湖县冈西人民公社管委会副主任
杭桂英　东台县台南公社供销社旅社服务员
王玉芳　响水县运河营业所副主任
杨锦红　中国人民银行滨海县支行储蓄员
顾正兰　阜宁县百货公司营业员
许　青　中国农业银行东台县支行统计员
薛　花　射阳县人民商场营业柜组长
陈才英　阜宁县芦蒲公社安陈大队幼儿班幼师
吴志琴　射阳县黄尖公社新同大队幼儿园幼师
施惠珍　大丰县金墩公社幼师辅导员
袁茹坚　响水县人民医院主治医生
陈庚玲　建湖县人民医院副院长
邵丽芳　盐城市郊区大冈公社卫生院护士
郑文茂　盐城市农业科学研究所农艺师
周　晶　东台县实验小学副校长
孙菊琴　扬州毛毯厂工人
王　勤　泰县胜利布厂工人
王善珍　兴化县兴化棉纺织厂工人
吴秀珍　泰兴县黄桥布厂工人
周　玲　靖江县前进针织厂工人
王龙玉　邗江县杭集公社农科站技术员
刁锦香　宝应县天平公社泗河大队妇代会主任
李玉芳　宝应县子英公社丰收大队农民
熊秀莲　仪征县十二圩公社黄泥大队副大队长
秦玉兰　泰县张沐人民公社和平大队会计
王如云　泰县大冯乡十里铺村妇代会主任
季顺珍　邗江县六圩公社永安大队队长
冷秀章　江都县正谊乡友谊村农民
何圣华　兴化县临城公社五里大队妇代会主任
苏元凤　高邮县横泾公社韩张大队妇代会主任
郭真梅　高邮县周山公社薛家厦大队农民
房日凤　兴化县合塔公社卜塞大队赤脚医生
李根锁　兴化县唐刘公社藕池大队副大队长
殷秀兰　泰兴县溪桥公社殷庄大队妇代会主任

张伯珍　泰兴县孔桥公社东明大队妇代会主任
刘美芳　靖江县新桥公社务平大队农民
刘玉芳　靖江县斜桥公社斜桥大队副大队长
周梅芳　江都县妇联少儿部长
胡桂英　泰兴县常周公社妇联主任
陈道存　兴化县海河公社妇联主任
徐雪梅　泰州市食品公司中山肉店记账员
裘荷英　宝应县商业零售公司第二副食品商店主任
陶桂如　兴化县纺织品公司大兴棉百商店营业员
沈美英　江都县凡川旅社服务员
胡厚芬　扬州市商业职工幼儿园副主任
扬国玉　仪征县古林中心小学幼儿园幼师
杨晓虹　扬州市省示范幼儿园幼师
孟德怀　江都县直机关幼儿园主任
赵玉英　泰兴县口岸公社中心幼儿园园长
殷永敏　泰州市幼儿园教养员
陈锦春　兴化县实验小学幼儿园教师
陆高梅　高邮县马棚公社庆成大队幼儿园教师
宣　琴　靖江县城北小学幼儿园教师
黄秀珍　邗江县槐泗公社中心幼儿园教师
顾馥琴　扬州市妇幼保健院妇产科副主任
王永玲　宝应县人民医院妇产科医师
朱美玲　江都县人民医院眼科医师
李玉凤　江都县化肥厂工程师
高　玲　仪征县化肥厂助理工程师
汪仪璋　江苏农学院基础课系数学教研组主任
常　静　扬州市广陵区广陵中心小学教师
汪美金　泰县姜堰小学教导处副主任
万修霞　邗江县沙兴中心学校教师
崇斯兰　高邮县实验小学教师
黄龙珍　泰兴县根思公社小新小学副校长
胡献华　宝应县中港公社渔业大队渔民
王　明　镇江市纺织厂工人
黄君励　镇江市无线电元件二厂计划科长
徐连娣　丹阳县云林公社伦地大队党支部书记
邢留娣　丹阳县珥陵公社护国大队养蚕技术员
莫罗娣　丹阳县上党公社李何大队棉技员
张春英　句容县陈武公社佴池大队党支部书记
姚桂女　扬中县永胜公社干劲大队兽医
孙美凤　镇江市象山公社星星大队养鸡

专业队队长
凌菊影　丹徒县荣炳公社中心幼儿园副主任
马光琳　镇江市人民医院小儿科主治医生
高培丽　句容县人民医院妇产科主任
陈德训　丹阳县实验小学教研组长
孔宪华　镇江市金山区缸瓦厂居委会主任
王淑娴　镇江军分区第三干休所军医
杨素华　江苏省外事旅游服务公司丁山宾馆电工
孙荷珍　江苏省省级机关幼儿园主任
李菊杰　南京体育学院击剑班运动员
毕玉澄　江苏省工人医院妇产科副主任
王惠茹　江苏石油勘探开发公司地质研究所工程师开发组组长
董亚芳　江苏省农科院畜牧兽医研究所兔病研究组组长
陈明琍　水电部南京自动化研究所计算机室工程师
韦　钰　南京工学院无线电电子学研究所室主任
武崇真　江苏省高级人民法院党委副书记

浙江省

黄瑞琳　省工商业联合会市工商联常委
陈锦云　省航运公司杭州分公司
徐道安　杭州市结核防治所护理师
曹萱龄　浙江大学省政协副主席
陈钟秀　浙江大学校工会副主席
张筱云　浙江医科大学附属第二医院护士长
王恭琛　杭州钢铁厂设备管理处
李庆林　省计算技术研究所
李玲蔚　省体工大队
颜玲啼　省衢州化工厂副经理
王季婴　浙江水利水电学校教研组组长
杨喜娟　宁波市人民法院庄桥法庭副庭长
王香英　杭州自行车零件一厂
朱杏玉　杭州皮鞋厂组长
金月林　杭州叉车厂
胡宝珠　杭州仪表厂
丁雪花　杭州永明树脂厂生产组长
万桂香　杭州医药采购供应站健壮药店
施录娟　浙江省横山钢铁厂工程师
童爱凤　杭州天成丝织厂
陈跃华　杭州市公共交通公司汽车一场
黄阿珠　杭州第一毛纺厂车间副支书
高杏根　杭州九豫丝织厂
赵月香　杭州福华丝绸厂副值班长
汤林美　杭州第二棉纺织厂
孙家芸　杭州市邮政局庆春路支局
郦眉若　杭州第二中学副教导主任
崔秀珍　杭州红十字会医院
祁黎萍　中国人民银行杭州市支行西湖

	办事处
张霞妹	杭州钱江钟表店
丁爱玲	杭州市光明副食品商店经理
应爱珍	杭州市上城区小营街道小营巷居民区居委会主任
汪菊清	杭州市下城区武林街道武林幼儿园园主任
沈连娣	西湖区南山街道杭州轮叉厂副厂长
陈舞云	杭州市西湖区西湖公社梅家坞大队党支部书记
陈利贞	杭州市江干区凯旋街道华家池第一居民区妇代会主任
凌桂珍	杭州市江干区四季青公社常青大队妇代会主任
孙美珍	杭州市拱墅区湖墅街道大夫坊居民区党支部书记
叶桂珍	萧山县赭山公社中心学校
郑吾珍	萧山瓷厂厂党委副书记
吴香妹	桐庐县良种场畜牧组组长
许水香	桐庐镇环境卫生管理站组长
倪金兰	富阳县湘主公社元村大队
王正元	富阳县人民医院副院长
方绿英	临安县河桥公社兽医站站长
柯红花	临安县高虹公社妇联主任
金水莲	余杭县石鸽公社水产大队党支部书记
姚湘玉	余杭县红旗丝厂厂党委委员
应朝花	建德县寿昌区区妇联主任
程春凤	建德县洋溪公社朱池大队妇代会主任
汪菊菊	淳安县界川公社交界大队妇代会主任
应爱吉	淳安县通用机械厂副厂长
张美菊	宁波农药厂工段长
邱永林	宁波床单厂
许素娣	宁波卷烟厂值班长
吴文波	省汽车运输公司宁波分公司
葛雪娟	宁波市环卫处江北环卫所
应亚芬	宁波市物资回收公司东胜料瓶仓库负责人
洪三妹	宁波市江东区镇安街道华严居委会党支书
焦慧珠	宁波市镇明区咸塘街小学副校长
陈　云	镇海县城关镇后大街道县政协常委委员
鲍世英	镇海县柴桥镇后所大队妇代会副主任
叶冬儿	慈溪县东山头公社针织厂厂支部副书记
盛丽娟	慈溪县浒山镇皮革制品厂
潘彩芹	慈溪县彭东公社乾炳大队党支部委员
张夏娣	慈溪县观城旅社负责人
汪丽娟	余姚县人民医院传染科护士长
潘月姑	余姚化纤棉纺厂棉纺分厂
李夏梅	余姚县陆埠区供销社旅馆负责

	人
苏正芬	余姚县二六市公社相岙大队
黄桂英	余姚县郎下公社明朗大队妇代会主任
王金凤	奉化县楼岩公社方夹岙大队妇代会主任
江春叶	奉化县丝织厂
范榴仙	奉化县饮服公司人民饭店组长
何伟英	奉化县妇女联合会主任
周雅芳	象山县糖烟酒菜公司东风商店主任
钟杏梅	象山县珠溪公社新丰大队支部书记
周寿妹	象山县晓塘公社做布厂大队妇代会主任
吕聪丽	宁海县竹口公社钱岙大队
丁玉莲	宁海县饮服公司东方理发店副经理
俞福女	宁海县深甽公社深甽大队妇代会主任
沙明月	鄞县赤堇乡上周村妇代会主任
郑定妃	鄞县丝厂
陈耀红	鄞县姜山镇仪门村妇代会主任
陈宫霞	温州市公共交通公司二车队副队长
吕明明	温州市矛牌剪刀厂班长
李绿野	温州矿山机械厂
李鄂生	温州市第三人民医院外科主任
杨莲莲	温州毛纺厂厂长
朱传弟	温州市汽车运输公司
王玉英	温州市肉类联合加工厂组长
钱春兰	温州市百货公司春蕾百货商店负责人
陈加昭	温州市广场路小学
徐玉英	温州市南城区乘凉侯街居委会主任
蒋钗妹	温州市西城区郭公居委会主任
林和英	瓯海县泽雅公社雷峰大队妇代会主任
夏邦弟	瓯海县笔桥公社石埠大队妇代会主任
陈彩花	瓯海县灵昆公社海思大队妇代会主任
黄金銮	瓯海县白象公社鹅湖大队
王寿花	洞头县大门公社仁前途大队支委
章正芬	乐清县虹桥区妇联
高彩柳	乐清县柳市镇东仁岩大队党支部书记
李春姐	乐清县湖雾公社小球大队党支部书记
陈金花	永嘉县桐州公社下岸大队妇代会主任
胡林花	乐清县清水埠镇瓯北居委会主任
张玉兰	瑞安县中学
钱秀英	瑞安县隆山公社畜牧场
江小娜	瑞安百好乳品厂

施三娜　平阳县鹤溪公社鹤垟大队“三八”林场
李秀娟　平阳县万全粮管所站长
陈湘娥　苍南县马站区教育组
周瑞玉　苍南县南宋公社溪光大队
潘碎花　文成县李井公社井头大队
郑淑华　文成县大峃镇第二大队
曾陈莲　泰顺县东安公社松岭大队党支部副书记
洪根娣　嘉兴市丝厂
陈杏林　嘉兴市第一毛纺织厂
朱荷宝　嘉兴市余新公社曹王大队妇代会主任
周道宝　嘉兴市净湘公社栖王埭大队妇代会主任
丁春晓　嘉兴市第二医院
黄雪芳　湖州市道场公社道场山大队幼儿班
沈阿凤　湖州市戴山公社宜船湾大队妇代会副主任
林珠娟　湖州市妇幼保健院副院长
邱琴芬　湖州市镇西公社里庄大队妇代会主任
包月琴　湖州丝厂
王春芬　嘉善县油脂化工厂县人大常委
王爱宝　嘉善县良种繁育场县政协委员
顾云秀　嘉善县西塘公社新为大队妇代会主任
孙亚琪　平湖县棉纺织厂
王富根　平湖县前进公社马厩大队妇女队长
刘秀珍　海宁县硖石镇十三街居委会主任
张小毛　海宁县钱塘江敬老院院长
曹月芬　海宁县盐官镇环卫站站长
俞凤仙　海盐县澉浦公社东方大队妇女队长
张敏娟　海盐丝厂生产组长
蒋运兴　海盐县武原镇百杂商店经理
沈明娟　桐乡县崇德丝厂
费阿二　桐乡县炉头公社单桥大队党支部副书记
邹美娟　桐乡县乌镇商店国营旅馆负责人
沈月华　德清县士林公社水北大队妇代会主任
王玉如　德清县第二人民医院妇产科主任
孙根姐　长兴县雉城镇环卫所
金美琴　长兴县洪桥供销社副主任
吴月娥　长兴县煤山公社二都大队妇代会主任
夏杏娣　安吉县赫坞公社
林正佳　安吉县白水湾公社下扇大队妇女队长
宇巧珍　安吉县梅溪粮管所副所长
孙国美　绍兴市新建染织厂班长
蔡仲芳　绍兴市平水区供销社

沈阿芬　绍兴市钱清公社灵江大队生产队长
张红菊　绍兴市妇幼保健院副主任
陈丽文　绍兴市平水区中心校区校辅导员
许永安　绍兴茶厂副科长
曹阿珍　上虞县梁糊公社拗花山大队妇代会主任
虞阿糯　上虞县饮服公司东风饭店副经理
葛英姿　上虞县松厦区卫生院护士长
阮小花　上虞县哨金公社沽渚大队棉花科技组副组长
陈文芹　嵊县黄泽镇前良大队妇代会主任
钱爱玉　绍兴地区越剧团党支部委员
丁仙花　嵊县幸福公社妇联主任
王华娟　嵊县广利公社宋家墩大队妇代会主任
成腰芹　新昌县大明市公社丁家园大队妇代会主任
刘锦霞　新昌县人民医院副院长
俞月萍　诸暨县上峰中心小学
郦志罗　诸暨县大侣公社郦村大队妇代会主任
石小琴　诸暨县浣沙供销社
陈婉仙　诸暨县第一丝厂车间管理员
虞藕根　诸暨县视北公社西山大队副书记
盛卫军　金华地区医院肿瘤科副主任
潘爱娣　省东风萤石公司杨家萤石矿
王　璎　中国人民银行金华市支行城中储蓄所副主任
张阿美　金华市雅畈区农技站
徐秋香　金华市开化乡开化村妇代会主任
史阿凤　金华市布厂
汪素玲　兰溪县云山小学校务委员
汪金香　兰溪县长陵乡下祝宅村妇代会主任
吴翠月　兰溪县上华乡马鞍徐村妇代会主任
马兰群　永康县饮食服务公司副经理
李梅珍　永康县城关镇河头大队党支部书记
方宝婷　武义县水电局
赵凤彩　武义县大众饭店经理
丁文英　义乌县佛堂供销社副经理
傅美芳　义乌县田心乡雅西村幼儿园
张荷莲　浦江县平安公社平一大队妇代会主任
朱玉璋　浦江县浦阳镇公社城北大队妇代会主任
王秀玲　常山县棉纺织厂副值班长
陈爱素　常山县城关镇解放街居委会主任
王爱光　东阳县屏岩公社龙山凤大队公社党委副书记

包月仙　东阳县百货公司门市部副主任
卜雪瑶　东阳县象岗公社中心小学副校长
包金女　东阳县明德公社柏塔大队妇代会主任
何文兰　东阳县凤山公社西宅大队妇代会主任
谢秀玲　巨州市下街办事处天皇巷居委会主任
吴玉兰　巨州市上方公社葱口大队妇代会主任
孙城里侬　巨州市姜家山公社陈家大队妇代会主任
俞水君　巨州市安仁公社中央徐大队公社妇联委员
郑书香　江山县何家山公社彭里大队副大队长
刘沁文　江山县卫生进修学校
何丽萍　开化县中村供销社副主任
周双鸯　开化县大路边公社丰家大队妇代会副主任
胡桂英　丽水县碧湖镇碧一大队妇代会主任
叶雪萍　丽水县毛巾厂班长
许婉婷　青田县环卫所
金横英　青田县浮弋公社腊口大队
兰著英　云和县云和镇新岭大队
叶式枚　云和县医药管理局副股长
廖世奶　龙泉县岱垟公社木岱口大队妇代会主任
周根珠　龙泉县上东乡东书村
吴菊月　庆元县菊隆区委区妇联主任
吴荣娇　庆元县举水公社炉山大队妇代会主任
潜永祝　缙云县舒洪公社舒洪大队妇代会主任
刘钟仙　缙云县方川公社石松大队妇代会主任
黄凤芽　遂昌县柘岱口公社柘岱口大队党支部副书记
郑葱球　松阳县古市镇八大队党支部书记
郑若男　松阳煤矿
王筱湘　椒江市椒江饭店主任
金彩领　椒江市界牌公社下马大队妇代会主任
宣秀巾　临海县东塍公社珣珠大队党支部书记
王人娥　临海县汛桥公社汛桥大队党支部书记
林浦雁　临海县城关镇东湖大队会计
叶临仙　临海县东风棉织厂值班长
章学英　黄岩县茅畲公社浦洋大队党支部副书记
施梅凤　黄岩县宁溪公社小街大队妇代会
何梅英　黄岩县路桥区公所区妇联主任
潘艳飞　黄岩县洪家区卫生院

邱菊梅　黄岩县路桥镇中心幼儿园副主任
朱领妹　温岭县淋川公社红光大队妇代会主任
杨领姐　温岭县下郑公社蔡林大队妇代会主任
李梅英　温岭县长屿公社楼岙大队党支部书记
陈彩霞　温岭县龙门公社白岩小学
王美玲　仙居县埠头公社农科站农科员
吴小花　仙居县医药公司养鹿场
顾雪珍　仙居县怀仁公社西垟大队党支部书记
姜宝福　天台县城关镇桥上大队县政协常委
朱再飞　天台县义宅公社信用社主任
朱雪年　天台县屯桥公社妇联主任
金冬香　天台县洪求公社二百央大队妇代会主任
金春娥　三门县吴岙公社下介溪大队妇代会主任
吕芳芝　三门县人民医院总护士长
杨香妹　三门县绣衣厂副厂长
林筱湘　玉环县楚门镇
郭锦莲　玉环县西台公社红旗大队党总支委员
郑领梅　玉环县凡塘公社凡宏大队
胡珍珍　舟山地区人民医院妇产科副主任
于瑾兰　省海洋水产研究所
陈亚娣　舟山船厂
徐　军　定海县城关镇南珍居委会主任
张杏妹　定海县皋泄公社富强大队妇代会主任
郭雪珍　岱山县秀山公社海龙妇女大队公社妇联副主任
金根娣　岱山县长涂公社长东渔业大队妇代会主任
夏翠娟　普陀县芦花公社徐家大队支部书记
王亚美　普陀县人民医院总护士长
楼新秋　普陀县沈家门小学教导主任

安徽省

王彩月　合肥轴承厂工具车间工人
徐光霞　合肥小汽车修配厂工人
郭仁芳　合肥建三公司 801 工程处钢筋一班工人
谢玉珍　合肥供销社印刷厂扑克车间副主任
张菊娣　国防工办皖江机械厂班长
王桂兰　淮南钢铁厂工人
杨秀华　宿县地区邮电局分拣室分拣员
岳邦庆　泗县丝棉织厂退休工人
郭桂英　萧县葡萄酒厂车间班长
荣　英　砀山县烟草公司统计员

王玉侠　灵璧县塑料溶剂厂工人
范世宏　五河县酒厂工人
邓海云　舒城县茶厂工人
王元珍　滁县蔬菜公司豆制品厂工人
夏兰英　滁县地区水泥厂副主任
杨忠勤　滁县化肥厂车间主任
胡巨芹　嘉山县织布厂车间主任
戴勤兰　巢湖水泥厂制成车间组长
顾爱华　巢湖油泵油嘴厂检验员
黄华英　肥东县纺织厂工人
林秀云　庐江县棉织厂车间主任
秦桂萍　无为县纺织厂织布车间技术工
谢珮凤　宣城县纺织厂工人
马梁英　广德县纺织机械厂电工
仇小燕　泾县宣纸厂工人
石腊梅　潜山县酚醛塑料厂工会主席
金新如　东至县齿轮厂车间主任
宋良华　贵池县池州化肥厂助理工程师
苏小妹　徽州印刷厂工人
项松莲　旌德县硃石矿
贾宝珠　合肥市安纺一厂布机车间挡车工
刘吉珍　合肥市建工局预制厂班长
沙德英　合肥市电镀厂镀锌车间车间主任
李仕兰　合肥市锁厂二车间锁壳装配组长
褚作芳　合肥市大庆路煤球厂
董阿娣　合肥市手扶拖拉机厂铸工车间
刘友英　合肥市猪鬃综合加工厂副厂长
赵荣花　合肥市安防二厂检查员
吴传珍　合肥市城建局粪便清运队
陈彤文　蚌埠市六一童装厂工人
杨春兰　蚌埠市鬃毛加工厂副厂长
乔文艳　蚌埠市第二麻纺织厂布机车间挡车工
胡志云　淮南市谢三矿劳保队工人
宋金芝　淮南市纺织厂工人
李录霞　淮南市人民袜厂
夏永兰　淮南市环卫处清扫队副队长
王志华　淮南市谢家集区清洁管理站组长
徐亚芹　淮南市煤炭会战指挥部三十九工程处机电科保运队焊工
谢一贤　淮南市八公山区清洁管理站工人
蒋文英　淮南市矿务局望峰岗选煤厂调度员
仲兰珍　淮南市煤炭会战指挥部四十二处劳保仓库保管员
周则兰　淮北市矿务局芦岭矿行政科浴池厂工人
苏翠娥　淮北市棉织厂工人
李　莉　淮北市毛巾被单厂工人
鲍士芬　淮北市纺织一厂工人
倪　平　淮北市电厂电气运行班工人
赵玉兰　淮北市相山区蓄电池厂支书
单爱清　淮北市矿务局朱庄矿机电科工

人

王秀华　淮北市九一〇厂85号车间工段长

汤菊芳　濉溪县搬运公司会计

张凯英　芜湖市红光针织厂经编车间代班长

居秀珍　芜湖市火柴厂工人

陈曼丽　芜湖市纺织厂北纺车间细纱丁班挡车工

娄风英　芜湖市镜湖区环卫所班长

穆康明　芜湖市电工专用设备厂金工车间副主任

潘宏霞　芜湖市麻纺厂布机车间工人

管必英　芜湖市标准件厂模具车间工人

方爱清　安庆市迎江区环卫处清厕工

杨莉荣　安庆市造纸厂班长

牛桂青　安庆市染织总厂织布车间乙班一组挡车工

吴玲凤　马鞍山市马钢汽运处电工

唐小英　马鞍山市橡胶厂工人

王风英　马鞍山市十七冶二公司工人

李燕玲　马鞍山市纺织公司帆布厂挡车工

丁玉霞　马鞍山市铜陵县塑料厂工人

张吉芳　铜陵市有色公司铜山矿电铲队工人

施忠英　铜陵市无线电元件二厂车间主任

高学英　阜阳市闸车公社后王庄大队“三八”养兔场饲养员

王兰英　阜阳市伍明公社许营大队妇女队长

任学英　阜阳县程集公社西刘大队队长

魏秀英　亳县龙德公社位王大队妇代会主任

张永芝　亳县双沟公社邹李大队妇代会主任

张世芳　颍上县新河公社沙北大队妇代会主任

曾献英　临泉县邢塘公社代桥大队书记

刘秀英　临泉县刘集公社赵庄大队队长

付玉贞　蒙城县马庙公社徐西大队队长

谢桂英　蒙城县辛集公社李庙大队队长

李华美　利辛县王人公社高寨大队书记

王西英　利辛县马店公社沈营大队妇女队长

郑英信　阜南县柴集公社茶棚大队农民

张凤英　阜南县高庄公社二河大队

沈素娥　阜南县三塔区李小郢大队副书记

包美荣　涡阳县代庄公社燕大大队副书记

李玉兰　涡阳县赵屯公社兽医站站长

何秀芝　砀山县城关镇西关大队副书记

梁修珍　灵璧县大庙公社邢庄大队副书记

朱　华　泗县大庄公社关庄八队妇代主任

乔德英　怀远县姚山公社赵拐大队农民
蔡宗銮　宿县北十里公社素张大队农民
李兴梅　宿县贡山公社黄林大队农民
张景梅　萧县新庄公社花娄大队副书记
许振翠　五河县小圩公社大许大队农民
金福叶　舒城县南港公庄藕塘大队
宗德新　舒城县孔集公社孔集大队妇干
王克珍　舒城县五显公社陈院大队
舒仁凤　肥西县小庙公社拐岗大队支书
何宜珍　肥西县化岗公社过岗大队妇女队长
何桂英　肥西县苏小公社赵郢大队妇代主任
孙兰美　六安县翁墩公社养兔场社员
吴厚英　六安县孙岗公社照庆寺大队妇女队长
舒绪云　霍山县下符桥区洛阳河公社复兰山大队生长队长
吴远香　霍山县佛子岭公社三星大队妇代主任
程敬华　寿县枸杞公社枸杞大队农民
王忠兰　寿县丰庄公社陈寨门大队书记
朱明凤　金寨县吴店公社李塝大队妇代主任
汪华英　霍邱县新店公社伊檀大队副书记
周秀霞　滁县三官公社秋桐大队队长
余秀凤　滁县曲亭公社瓦庙大队队长
池永秀　来安县十二里半乡拥巷村队长
许翠山　定远县连江乡陈村妇代主任
李月英　天长县王店乡农科站农民
范广霞　嘉山县潘村公社柳塘大队妇代主任
谷夕英　凤阳县刘府乡刘府村支书
高吉兰　凤阳县殷涧乡张湾村制种员
王绍华　凤阳县武店乡武店村妇代主任
石印芳　余椒县复兴公社老王大队茶场场长
表开珍　巢县岱山公社三胜大队妇代主任
张　萍　含山县关镇乡敬老院院长
孙世群　肥东县青龙山公社洪庙大队妇代主任
王惠莲　肥东县店埠镇蔬菜大队妇代主任
徐兴英　肥东县王铁公社枣巷大队副支书
曾元英　和县卜陈公社卜陈大队副支书
翁良琴　和县金城公社团结大队农民
黄桂英　无为县檀树公社檀树大队妇代主任
余文秀　无为县金鸡公社妇联副主任
李荣华　庐江县双凤公社余铺大队队长
张水娣　郎溪县幸福公社上杨大队农民
王宏勋　当涂县黄池公社南社大队农民
袁西梅　青阳县九华公社柯村大队党支委
刘永娥　广德县四合公社农民

宋老五　泾县中村公社兰山大队书记
邓本秀　繁昌县保定公社新胜大队妇代主任
赵征霞　繁昌县荻港公社桃冲大队绣花厂副厂长
叶爱荣　宁国县三元公社瑞林大队农民
周守珍　宣城县敬亭公社林场大队场长
叶荣翠　南陵县桂山公社桂镇大队妇代主任
陈月梅　桐城县黄甲区中义公社中岭大队妇代主任
杨荣华　东至县杨桥公社杨套大队妇代主任
邱国娥　贵池县牌楼公社牌楼大队副乡长
张凯兰　枞阳县其林区阳和公社阳和大队农民
吴晓肖　枞阳县老洲公社湖东大队会计
周春秀　怀宁县小市公社五星大队农民
沈发荣　怀宁县总铺公社永林大队妇代主任
江巧云　怀宁县枫林公社四亿大队妇代主任
陈玉锁　望江县雷港公社雷港大队农民
殷宗琼　太湖县刘羊公社刘山铺大队妇代主任
王根兰　潜山县水孔公社水孔大队妇代主任
徐翠华　潜山县余井公社万丰大队妇代主任
王桂枝　宿松县套口公社孤山植棉组组长
陈春琴　屯溪市屯光公社湖边大队技术员
吴春英　歙县北岸乡北岸村妇代主任
储菊兰　歙县巨川公社石门大队妇代主任
章杏媚　绩溪县华阳镇洪川大队妇代主任
程海仙　休宁县临溪公社林竹大队妇代主任
金月仙　祁门县新安乡合沅村妇代主任
李翠女　石台县河田公社徐村大队支书
徐子英　合肥市安农蔬菜门市部
韩明腊　合肥市东方红公社飞健牛奶场团支委
顾元珍　合肥市长丰县朱巷公社农技站站长
徐　惠　合肥市长丰县孔店公社刘庄大队
姚树珍　蚌埠市长淮公社余滩大队妇女队长
邵素华　淮南市宫集公社胡圩大队妇代主任
王杏云　淮南市祁集公社曹岗大队妇代主任
曹志荣　凤台县钱庙公社妇联副主任
荣　侠　濉溪县宋町公社雷山大队农员

曾凤銮　濉溪县四铺公社北陈大队副支书
殷秀萍　芜湖县王旭公社永正大队队长
冯大玉　芜湖县围山公社良福大队副主任
殷石榴　铜陵县钟鸣乡孔光村妇代主任
姚秀英　安庆市郊渔业公社轮机运输大队司机
陈爱琦　太平县竹扁工艺厂生产队股长
许庭华　无为县神塘乡乡长
王玉华　六安市服装刺绣厂副厂长
韩秀英　灵璧县官庄公社居委会主任
朱玉平　利辛县王市区医院院长
张　玲　安庆市烟酒公司经理
曹晓兰　淮北市教育局支书
刘荣英　淮南市田家菴区人民医院院长
李桂真　合肥市图书馆馆长
李　瑛　合肥市一轻局工会干部
瞿定振　白湖农场管教科干部
张献芝　阜阳县枣庄区妇联主任
张彦娥　临泉县长官区妇联副主任
刘素珍　颍上县杨湖区妇联主任
马秀英　界首县界首镇妇联主任
赵学荣　宿县大许公社妇联主任
王　琴　五河县白墩公社妇联主任
毛兰英　灵璧县大路公社妇联主任
屠德芳　霍山县诸佛菴公社茶培场妇干
叶荣琼　金寨县江店区妇联主任
疏仁英　庐江县妇联副主任
崔礼英　肥东县妇联主任
吴丰妹　和县大闸公社妇联主任
薛　梅　天长县龙集乡妇联副主任
缪克珍　望江县华阳公社妇联副主任
李菊香　枞阳县城关镇政府妇联主任
胡丽霞　歙县妇联主任
吴方英　凤台县顾桥公社妇联主任
杨玉英　淮北市烈山公社妇干
王芝英　淮北市蔬菜公社主任
李俊英　濉溪县双堆区妇联主任
赵桂英　阜阳市第一粮店经营员
曹培芝　阜阳县口孜区粮店保管员
李怀兰　颍上县人民银行出纳股副股长
丰兰英　亳县棉布商店第二门市营业员
李兰英　临泉县土产杂品公司门市部负责人
朱莉华　涡阳县人民银行爱民储蓄所
许秀芳　萧县中药门市部副主任
陈　辉　寿县安丰区供销社会计
陈敬芝　庐江县五交化公司营业员
张永华　定远县农行炉桥支行副主任
张正英　当涂县城关粮站
陈家秀　广德县南门储蓄所副主任
王海燕　郎溪县农业银行会计
殷龙芝　枞阳县支行副股长
曹林珍　绩溪县镇头粮油分店会统员
夏秀兰　合肥市淮上酒家京津中餐厅副主任
娄良英　合肥市副食品公司钢南商店主

任

王竹青　合肥市巢湖街道废品代收点主任

张凤英　合肥市土产日杂公司营业员

陈怀英　蚌埠市土产公司土产商店主任

张影珍　蚌埠市人民银行南岗办事处

邢家芳　淮南市新庄孜粮店粮管员

朱菊花　淮南市洞山百货商店组长

方　玲　中国人民银行淮南市支行八公山办事处副股长

欧春娣　淮北市五交化公司相山商店

田庆玉　芜湖市果品公司北门门市部副主任

张国芬　芜湖市蔬菜公司四新门市部主任

成凤莲　芜湖市中山路粮店主任

伍　娟　马鞍山市人民银行记账员

田广菊　马鞍山东方红副食品商店主任

刘秀英　铜陵市东方红商店营业员

姚玉梅　铜陵市物资局燃料公司炼厂煤球商店经理

雷业霞　宜城旅社旅客食堂副主任

丁永兰　全椒县古河区供销社旅社服务员

谭守华　六安市大众理发室书记

周利中　利辛县东风旅社开票员

辛再英　淮南市新庄孜回民饭店经理

廖和玉　淮南市红星旅社副书记

金　玲　长航芜湖分局铜陵港务局托儿所保育员

张德芳　太和县旧县镇幼儿园幼师

马开兰　固镇县曹老集区小学幼师

许有琪　巢县柘皋镇民办幼儿园教养员

赵淑珍　霍邱县户胡小学教师

张立梅　和县新塘小学幼儿班教养员

陈菊枝　宿松县凉亭区幼儿班幼师

汪菊枝　宿松县城关建设居委会保育员

陈菊华　望江县城关镇红旗幼儿班幼师

范寿荣　休宁县五城公社古林大队幼儿班幼师

史毓芝　合肥市明光路街道幼儿园主任

王玉华　蚌埠市直属机关幼儿园副主任

赵芝梅　濉溪县新城幼儿园主任

章孟和　六安县文化馆馆员

张昌廉　歙县黄梅剧团演员

鲍翠真　太和县城郊区医院副院长

周培英　宿县夹沟区医院医师

鲁敬云　固镇县妇幼保健站副站长

李荣兰　肥西县长镇公社卫生院

杜庆兰　霍邱县石店区医院护士

姚悦照　六安地区医院传染科护士长

王　采　巢湖行署人民医院护士

卜世秀　巢县槐村区卫生院助产士

李志扬　庐江县泥河区卫生院医士

于　影　含山县医院护士长

张亚谨　嘉山县医院助产士

李家英　来安县复兴集乡卫生所保健员

阎秋云　青阳县医院门诊主任

王金云　怀宁县黄龙公社卫生院保健员
黎沪娟　合肥市西市区站门诊部副主任
黄友兰　合肥市长丰县杨公区卫生院
王玉萍　淮北市矿工总医院护士
张婉平　安庆市第三人民医院护士
岳振芳　马鞍山市南山铁矿职工医院医师
王美芳　铜陵市人民医院内科护士长
叶秀贞　省科学器材公司科员
龙正蓉　省农科院作物所杂粮研究室副主任
伍小平　中国科大近代力学系副教授
熊宝珠　省地质局实验室工程师
宫世民　阜阳县妇幼保健院主治医师
杨惠芳　临泉县医院主治医师
杨茂芳　太和县医院主治医师
张芝增　界首县医院妇产科主治医师
任淑贞　怀远县医院内科主治医师
戚曼萍　寿县医院主治医师
汪昭美　定远县人民医院主治医师
陈淑时　宣城地区医院副主任医师
赵素云　安庆地区医院主治医师
胡羽仙　屯溪市变压阀门厂助理工程师
瞿文玉　黟县医院主治医师
孙敏明　合肥市塑料四厂工程师
雷良芬　蚌埠江淮化工厂工程师
朱希亨　蚌埠医学院副教授
于爱菊　淮南化肥厂仪表车间技术员
汪荷枝　淮南孔集煤矿机电科工程师
陈敬毅　淮南市第二人民医院主治医师
魏纯华　淮南市煤炭指挥部九十六处工程师
殷慧生　淮南矿务局第二矿工医院副院长
杜文秋　淮北市袁庄矿技术科工程师
胡琼玉　芜湖市第一建筑公司工程师
李希玲　安庆市化肥厂尿素车间副主任
黄秀南　安庆市建筑设计院一室副主任
李高祺　马鞍山矿山研究院高级工程师
唐敬爱　马鞍山钢铁研究所工程师
赵清玉　马鞍山钢铁公司修建部施工科工程师
杨秀梅　铜陵市第一冶炼厂工程师
李家荣　铜陵市有色公司职工总医院内科主治医师
林玉琼　铜陵狮子山铜矿第一冶炼厂车间主任
吴淑霞　铜陵凤凰山铜矿安全科工程师
缪焕勤　铁四局襄樊技工学校教员
张玉荣　阜阳市第八中学教师
杨全英　阜阳市城郊公社城郊小学校长
殷秀兰　太和县倪邱区大胡小学副校长
何仰华　蒙城县一中教师
化素梅　颍上县润河区润河小学教师
龚美岭　砀山县李庄区四新小学教师
李文谦　亳县十九里区十九里小学教师
王苏英　萧县黄口镇第一小学教师
李宽妘　怀远县三中教导主任

任其谨　全椒县实验小学教导处副主任
匡光英　六安县苏埠镇第一小学副校长
权循惠　寿县正阳镇第一小学教导主任
朱梅生　含山县清溪小学退休教师
杜长英　宁国县杨狮小学教师
曹晓惠　桐城县塘桥公社中学教师
何启消　太湖县二中教师
李洁萍　贵池县池州镇城关小学教师
徐玲君　合肥市安庆路第二小学特级教师
胡淑娥　合肥市第四十中学教师
刘文礼　淮南市二中教师
胡淑芳　淮北市相山一小副校长
冯正雯　淮北市煤炭指挥部三十六工程处教师
石文霞　淮北市第三勘探队小学教师
陈启秀　芜湖市二中教师
汪玉英　安庆市人民路一小教导主任
黄翠媛　铜陵市教育局实验小学教师
刘桂珍　阜阳地区中级人民法院助理审判员
赵碧华　来安县长山乡广播放大站值机员
邓秀英　桐城县城关镇公园居委会支书
陈巧云　南陵县城关镇北街居委会支书
马玉兰　霍邱县叶集镇西街居委会干事
耿翠萍　怀远县城关镇永平办事处支书
尤秀连　太和县城关镇西大居委会支书
郁素华　蒙城县城关镇漆园居委会支书
王呈喜　铜陵市铜官山区新民居委会主任
杨凤珍　安庆市大观区德宽路居委会主任
汪翠英　芜湖市北京路街道办事处社会工作股副股长
施胜贵　淮南市大通区九龙岗街道站后居委会主任
常素华　蚌埠市西市区纬四街道向前居委会主任
王翠芳　蚌埠市东市区治淮街道办事处办事员
李雪梅　界首县颖光服装皮件厂厂长
陈正利　怀远县城关镇个体幼儿园幼师
周素珍　泗县城关镇麻袋厂厂长
白树兰　霍邱县城关镇外街道石棉瓦厂厂长
曹金桃　太湖县城关园桑场副场长
王孝良　合肥市芜湖路综合厂厂长
郭丽娟　蚌埠市中区工商个体户
孔凡英　淮南谢一矿土建工区副经理

福建省

饶小茵　福州市邮政局台江邮电分局投递组投递员
杨位捷　福州市工业科学技术研究所所长

刘小兰　中国人民银行福州市支行会计科工业组组长
林斯英　福州市水产加工厂车间主任
马春英　福州市先锋粮店店主任
陈城英　福州市锦巷果品商店主任
龚美珠　福州高级中学教研组组长
康依珠　福州市第二医院小儿科护士长
郑雪华　福州五一苗圃助理工程师
陈丽玉　福州市工商联妇女工作委员会主任
林淑英　福州市鼓楼区鼓东街道庆城居委会主任
方来妹　福州市鼓楼纸品厂厂长
谢志慈　福州市麦顶小学校长
严大娱　福州市台江区洋中街道奋斗妇代会主任
唐美珍　福州市饮食公司温泉饭店主任
陈　晶　福州针织厂工人
黄宗媛　福州油墨厂工程师
江水华　福州市水运公司计划办负责人
彭　玲　福州抗菌素厂车间党支书
程三妹　福州市阀门厂工人
郭淑英　福州市盖山公社竹榄大队妇代会主任
倪宝英　福州市马尾公社快安大队生产队长
施妹哥　闽侯县荆溪公社仁洲大队妇代会主任
张秀珍　闽侯县南屿公社五都大队妇女代表
杨　玲　厦门市公园小学副教导
林秀吉　厦门市郊区禾山公社高殿大队妇代会主任
陈莲华　厦门市郊区集美镇第二大队饲养员
余丽卿　厦门市鼓浪屿日光幼儿园园长
陈卫英　厦门市鼓浪屿区四松居委会
杨彩凤　厦门市鹭江街道鹭江居委会妇代会主任
黄水仙　厦门市思明区文安街定安居委会主任
洪秀园　厦门市杏林区杏林公社霞阳大队妇代会主任
朱昭仪　厦门第二中学英语教研组组长
陈家璠　厦门大学讲师
杨水萍　厦门市中国旅行社仓管员
陈秀治　厦门市殡葬管理所工人
黄好好　厦门造船厂二船体车间统计员
林晶晶　厦门制药厂车间主任
李美玉　厦门思明区思明街大中居委会妇女代表
卓乌富　同安县新店公社中心卫生院支部书记
曾素珠　同安县妇幼保健站站长
童月红　南平针织厂工人
章秀英　南平市区粮店负责人
王荣金　南平市峡阳公社大埂大队
张凤英　南平市樟湖公社上坂大队妇代

会主任

吴晓青　南平纺织厂布机挡车工

董壁贞　南平市胜利小学教师

曾风娇　建阳县麻沙公社街道调解员

邱爱珠　建阳县城区粮站西街粮店负责人

林松爱　建阳地区医院主任医师

冷玉芳　建阳县医院副院长

项素兰　浦城县忠信公社妇联主任

潘华妹　浦城县医药公司三八门市部营业员

暨桂英　浦城县古楼公社大洋大队妇代会主任

王冬娘　顺昌县大干公社仙坛大队社员

郭水娘　顺昌县岚下公社兴源大队妇代会主任

黄水秀　光泽县华侨公社园岱大队党支书

吴翠汝　光泽县城关公社大陂大队妇代会主任

廖淑贞　政和县梨洋小学校长

龚妹仔　崇安县武夷公社赤石大队妇代会主任

黄富金　建瓯县小松公社定高大队社员

江雪珍　建瓯县实验小学副校长

周彩声　邵武县第二搬运公司队长

毛玉英　邵武县粮食局大埠岗粮站保管员

叶婴妹　松溪县饮服公司车站旅社服务员

黄碧妹　宁德县城郊公社古溪大队妇代会主任

林赛宝　宁德县漳湾公社溪口大队妇代会主任

周秀贞　连江县饮服公司饮食一店服务员

吴美英　连江县凤城镇西南街妇代会主任

陈粦娘　连江县长龙华侨农场出纳

游炳秀　罗源县妇幼保健站副站长

吴桃妹　罗源县白塔公社风坂大队副支书、妇代会主任

张月娇　福鼎县毛巾厂副厂长

包秀璋　福鼎县桐山镇桐南街副街长

李春梅　福鼎县秦屿区孔坪乡妇代会主任

谢竹青　霞浦县实验小学教员

王惠娟　霞浦县松城镇俊星街道居委会党支书

钟秀英　霞浦县国营饮服公司门市负责人

李幼英　柘荣县医院妇产科护士长

张贵花　寿宁县平溪公社燕窝大队妇代会主任

叶银娇　寿宁县竹管垅公社江后大队妇代会主任

卢菊兰　寿宁县线毯厂副厂长

沈惠秋　周宁县实验小学教员

王德斌	屏南县长桥公社长新大队妇代会主任
黄淑爱	古田县鹤塘公社鹤塘大队妇代会主任
苏玉桂	古田县大桥公社瑞岩小学校长
刘宜容	福安县赛岐小学幼儿园负责人
钟金梅	福安县坂中公社仙岩大队妇代会主任
陈发眉	福安县潭头公社太逢大队党支部书记
林秀娥	莆田地区医院妇产科主任
郑金玉	莆田县华亭公社山牌大队妇代会主任
黄金莲	莆田县黄石公社江东大队妇代会主任
柯朱金	莆田县大洋公社可山大队妇代会主任
姚文水	莆田县麟峰小学副校长
李金莺	莆田县鞋革厂车间负责人
许顺英	莆田县百货公司涵江百货商店负责人
郑华云	福清县妇联主任
严德兴	福清县医院护理部主任
施珠英	福清县龙田公社下一村大队妇代会主任
郭福宗	福清县渔溪下里下埔幼儿班教师
陈训玉	福清县饮服公司福清旅社副主任
林丽玉	长乐县金峰公社首台大队妇代会主任
陈兰花	长乐县第一中学外语教研组长
朱庆容	仙游县效尾公社染厝大队妇代会主任
刘吓仙	仙游县度尾公社霞溪大队副支书、茶叶队队长
刘秀治	仙游县实验小学幼儿园教员
翁珠梅	平潭县潭东公社龙南大队妇代会主任
李有妹	平潭县流水公社五星大队妇代会主任
郑秀云	平潭县农械厂车间主任
赖梅仙	永泰县清涼公社清涼大队党支部副书记
后圣华	永泰县实验小学教员
林春香	永泰县长庆供销社炊事员
刘爱金	闽清县白中公社攸太大队大队长
吴桂英	闽清县造纸厂车间主任
苏秀兰	泉州海滨服装皮件厂车间主任
骆秀页	泉州市河市公社南塘大队妇代会主任
陈根发	泉州罐头厂实罐车间主任、党支部书兼厂工会主席
陈素珍	泉州市开元街道办事处北门街居委会
洪淑霜	晋江县石狮公社大崙中心园园长

李乌谅　晋江县永宁公社沙堤大队妇代会主任
洪秀理　晋江县陈埭公社四境大队副书记、妇代会主任
张美珍　晋江县罗山公社沙塘大队妇代会主任
刘惠芬　南安县罗东公社卫生院院长
陈来腰　南安县石井公社老港大队幼儿园园长
徐秀湖　南安县丰洲公社旭山大队庙下专业队队长
吴乌嫌　南安县水头公社招待所服务员
毛碧华　惠安县化工厂仓管员
庄笑娘　惠安县妇联副主任
连宝珍　惠安县山腰盐场埭港工区幼儿园教养员
骆丽琼　惠安县张坂公社玉塘七队生产队长
洪慧娟　安溪县第一中学教师
李丽君　安溪县医药公司城关门市部营业员
林抱花　安溪县城厢公社参山大队妇女主任
傅乌治　安溪县蓬莱公社岭美大队妇代会主任
黄仁软　永春县湖洋公社桃源大队妇代会主任
苏玉燕　永春县岵山公社和林大队幼儿园教养员
郑爱珠　永春县化工厂工人
庄丽卿　德化县第二瓷厂加工车间工人
刘幼治　德化县医院妇产科负责人
赖淑紫　德化县葛坑公社妇联副主任
林秀月　漳州市西桥街道办事处主任
韩丽珠　漳州市北塔幼儿园负责人
吴冬卿　漳州市第一中学教师
王水莲　漳州市内燃机配件厂车间负责人
黄银莲　龙海县石码环卫处清洁工
杨翠莲　龙海县步文公社朝阳大队妇代会主任
张碰菜　龙海县石码镇渔业大队妇代会委员
陈爱花　长泰县岩溪公社洼后大队妇代会主任
颜淑琳　长泰县电力总站党支书兼站长
陈再花　华安县湖林公社岛赖大队妇代会主任
黄束花　平和县霞寨公社洋坑大队妇代会主任
何瑞花　平和县城关公社林果场管委负责人
郑金葱　南靖县龙山公社东爱大队生产队长
林亚镖　南靖县金山公社河墘大队妇代会主任
林　淑　东山县城关镇下田居委会妇代会主任

陈素金　诏安县蜜饯厂包装车间主任
沈彩琴　诏安县金星农场供销社营业员
林圆花　云霄县马浦公社石芹大队妇代会主任
朱　面　漳浦县万安农场职工
叶娇英　漳浦县幼儿园园长
邓玉璇　龙岩地区汉剧团副团长
张雪琴　福建省龙岩色织厂车间党支部副书记
曾翠云　福建省龙岩矿务局机修厂工人
刘秀英　龙岩水产分公司仓管员
张洪娥　龙岩市西陂公社西山大队妇代会主任
张金珍　龙岩市万安区幼教辅导员
李惠卿　龙岩市建筑设计所所长
兰文英　长汀县附城公社东关大队妇代会主任
张才连　长汀县涂坊公社红坊大队支部副书记兼生产队长
谢甲秀　武平县东留公社新联大队妇代会主任
王三才　武平县医院总护士长
谢桂荣　武平县中山公社阳民大队党支书
叶秋英　漳平县防疫站护士
陈翠莲　漳平县南洋公社永兴大队妇代会主任
黄丽华　漳平县永福公社兰田大队幼儿班教养员
林小南　连城县莒溪公社莒莲大队妇代会主任
吴小蓉　连城县城关镇文川旅社副社长
廖富英　永定县果品食杂公司门市部负责人
吴绿明　永定县卫生防疫站妇幼股股长
章素心　永定县医院妇产科主任、主治医师
李淑珍　上杭县太拔公社卫生院医师
丘满金　上杭县通贤公社通贤大队妇代会主任
石　三　上杭县官庄公社上珊瑚大队竹背生产队
张克君　上杭县车队工人
蒋蓉娟　三明纺织厂值班长
张学文　三明地区第一医院主治医师
陈素迎　三明市实验幼儿园园长
林　宜　三明钢铁厂炼铁厂设备科助理工程师
余清兰　将乐县环境卫生管理站清洁工
谢甘治　清流县公路段砂碎道班班长
谢美姑　沙县高砂公社茶厂管理员
陈淑贞　沙县林业局水南林场工区负责人
徐宝瑾　福建省明溪闽西地质大队工程师
陈丽莉　建宁县黄坊公社武调大队务农
邓三汝　建宁县溪源公社楚尾大队妇代会主任

章秀妹　永安县西洋公社岭头大队妇代会主任
胡艳玲　永安县医药公司燕江门市部副主任
潘碧祯　永安县实验小学教师
金桂英　永安县城关镇翻身大队党支部书记
廖新芳　大田县广平公社苏桥大队妇代会主任
林幼桂　大田县武陵公社大石大队妇代会主任
曹安秀　宁化县饮服公司翠江门市部负责人
陈风招　宁化县泉上公社豪亨大队党支书
郭先英　尤溪县城关公社蔬菜大队妇代会主任
黄冬英　尤溪县洋中公社妇联主任
詹金莺　泰宁县实验小学校长
戴莲金　福建县地质中心实验室工程师
王建英　福建省人民政府办公厅干部
陈文肖　福建省总工会金鸡山工人温泉疗养院主治医师
林素娥　福州华侨塑料二厂生产科副科长
黄秀贞　福建省福州外贸冷冻厂加工车间主任
魏冠玉　福州第一中学教员
王莲英　福建省委办公厅三处干部
夏美琼　福建省妇幼保健院院长
秦永清　福州电信局长途话务公局话务班长
陈洪卿　福建省林业厅助理会计师
林　瑛　福建省闽剧实验剧团演员副队长
冯玉兰　福建省农科院畜牧兽医研究所助理研究员
曾巧珍　福州铁路分局邵武铁路第二小学教务主任
郭秀莲　福州铁路分局福州车站客运外勤值班员

江西省

毛宗萍　赣州市教育学校教研员
徐小东　赣州市水泵厂铸造车间女子造型组组长
徐爱珍　赣州市副食品公司红旗商店支部书记
王洪英　赣州市人民医院门诊部副主任
曾才莲　赣县白石公社地头大队妇女主任
钟丁秀　赣县五云公社赣江大队妇女主任
许兰秀　南康县蓉江粮管所保管员
刘香英　南康县龙华公社崇文大队党支书

杨明德　南康县二医院总护士长
杨秀华　信丰县九渡公社黄坑大队副书记
卢俭英　信丰县崇仙公社东水大队妇女主任
兰正莲　信丰县桃江公社同益大队妇女主任
邓翠兰　大余县邮电局机要通信员
龙立英　上犹县石油公社河唇大队社员
周美林　崇义县横水供销社业务组长
吴琼珍　崇义县横水公社鱼梁大队高滩生产队社员
魏罗连　安远县孔田公社党委副书记
刘石娣　定南县中医院护士
赖正坤　龙南县东江公社中和大队社员
李翠兰　全南县木公社田心大队党支部书记
黄桂秀　宁都县田头公社王坊大队妇代会主任
曾鸣华　宁都县财政局预算股负责人
胡南秀　宁都县黄陂公社山堂大队妇代会主任
吴丽芳　于都县铁山垅粮油加工厂副厂长兼会计
曾淑芳　于都县西郊公社河田大队妇代会主任
黄玉英　于都县采茶剧团演员队副队长
罗玉香　兴国县均村公社均村大队妇代会主任
王有秀　兴国县丁龙公社三八林场场长
胡祥玉　兴国县崇贤公社崇贤大队妇代会主任
谢金莲　瑞金县黄柏公社向阳大队妇代会主任
钟小英　瑞金县合龙公社岭脑大队幼儿班教师
邱菊连　会昌县幼儿园主任
李亮秀　石城县高田公社湖坑大队妇代会主任
李秀英　广昌县头陂公社山下大队党支部书记
庄爱芳　赣州汽车运输公司赣州客运站副站长
巫雪花　赣南卷烟厂工人
童竞亚　赣南医学专科学校教研组主任
曾德饶　省地质局九〇九大队三分队工人
雷惠宁　赣州地区人民医院内科副主任医师
凌厚珍　赣南纺织厂细纱车间挡车工
汤风珍　赣州地区九连山垦殖场林化厂化工车间主任
郦筱燕　婺源县鄣公山共大养猪场饲养员
肖秀琼　婺源县荷包鲤鱼研究所工程师
胡桂英　贵溪县周坊公社前进大队姜沅村妇代会小组长
饶桂花　贵溪县塘湾公社塘湾大队白沙

生产队妇代会小组长
何雪娥 波阳县珠湖公社铺田大队幼儿园幼师
姜牡丹 波阳县团林公社团林大队党支部副书记
俞冬菊 余江县邓埠公社马岗大队党支部副书记
胡瑞华 波阳县赣剧团副团长
黄彩钦 余江县人民政府办公室收发员
周凤玉 广丰县壶桥公社壶桥大队二队社员
周秀梅 广丰县大石公社南屏大队中心二队大队妇代会副主任
郑蓉香 上饶县沙溪公社妇联主任
王茶仙 上饶县三都供销社饮食店负责人
黄冬娇 铅山县永平镇中心小学教师
吕玉英 铅山县鹅湖公社江村大队妇代会主任
杨仙娇 乐平县洺口公社港口大队副书记
吴春兰 乐平县乐平镇第二小学副教导主任
李　芸 弋阳县城镇一小教师
徐海莲 弋阳县花亭垦殖场大树大队妇代会主任
程元秀 余干县国营良种场妇联主任
黄美莲 余干县五都公社百舍湖村妇女队长
潘木英 余干县信河公社党委副书记
霍季英 鹰潭市妇联主任
张梅娜 鹰潭水泵厂工人
桂香凤 鹰潭市副食品公司水泵厂门市部主任
蔡秀清 鹰潭市人民医师医师
许无花 万年县梨树垦殖场妇联主任
饶海凤 横峰县磨盘山公社陈村湾大队妇代会主任
肖文青 德兴县银城中心小学教师
毛双梅 德兴县银城镇银城二小校长
陈开英 玉山县岩瑞公社岩洲大队社员
韩水凤 玉山县百货公司新集体门市部主任
毛凤娇 上饶市综合商店党支部书记
郑黛丽 上饶市殡仪馆工人
李绍霞 上饶地区人民医院妇产科主任
张来秀 上饶地区饶丰综合垦殖场花园分场花园生产队妇女队长
刘元清 分宜县大岗山砮里大队养蜂专业户
肖小沅 安义县文化馆干事
姜受蕉 宜春工程机械厂工人
孙兰英 丰城矿务局坪湖矿综合厂副厂长
姚春珠 新余钢铁厂一烧车间大班长
黄世彦 宜春地区农业科学研究所农艺师
阴　华 奉新县百货公司大集体商店经

理
吕菊香　上高县人民政府县长
简仁香　上高县敖阳粮管所车站粮站站长
熊水秀　高安县东方红公社新沙大队党支部副书记
晏莱花　高安县相城垦殖场羽绒厂副厂长
胡木桂　高安县祥符公社供销社支部书记
郭雪连　铜鼓县人民医院总护士长
李芳爱　宜丰县食品厂职工
罗银秀　宜丰县芳溪公社溪浒大队第一队社员
周圣英　万载县康乐镇饮食公司副书记
陈友莲　清江县大桥公社妇联主任
徐林秀　清江县永太公社卫生院保健员
陈茶娣　丰城县小港公社刘家大队幼儿园幼师
雷友凤　丰城县石滩公社石滩大队支部书记
涂生娣　丰城县城镇第二小学教师
刘兰英　丰城县妇联主任
易冬娥　万载县大桥公社绍江大队副书记
陈梅芳　丰城县委副书记
李桂兰　宜春市床单厂织造车间副书记
易玉秀　宜春县南庙公社白马大队妇代会主任
钟玲香　宜春县三阳公社下门大队社下生产队社员
钟华英　分宜县杨桥公社观光大队副书记兼妇女主任
简素梅　新余县下村供销社助理会计
彭冬秀　清江县妇联主任
章莲秀　新余县南港公社东洛大队炉前生产队队长
肖美奇　新余县水北公社三八茶场
张家菊　靖安县双溪镇大桥大队泥埚生产队妇代小组组长
王春英　吉安市习溪桥戴家塘居委会主任
黄英华　吉水县冠山公社排下大队社员
罗香英　吉水县白水供销社服务员
曾件英　吉安县油田公社七里大队社员
刘兰凤　吉安县庐陵饭店服务员
肖福英　吉安县固江公社田西大队妇代会主任
彭春秀　吉安县敦厚镇妇联主任
王慈妹　宁冈县睦村公社睦村大队妇代会主任
李满秀　遂川县瑶下公社卜村大队妇代会主任
郭华英　遂川县禾沅公社谷团大队妇代会主任
刘樟英　遂川县委统战部副部长
邹六英　新干县洋湖公社玉桥大队上横生产队队长

李页俚　永新县人大常委会副主任
左页凤　永新县江畔公社茇南大队
杜仁娥　莲花县琴水镇西边大队妇代会主任
朱冬英　峡江县沙坊公社新江大队妇代会主任
刘相英　安福县横龙公社东谷大队社员
彭美英　安福县太平公社谷口大队妇代会主任
刘桂秀　井冈山县拿山公社南岸大队社员
赵美琴　泰和县上田公社北门大队生产队副队长
张春秀　泰和县三都公社兽医站职工
曾彩霞　泰和县机关幼儿园园长
刘全媛　泰和县桥头信用社高市分社会计
伍招英　永丰县七都公社枫树大队社员
严成秀　万安县武术公社社田大队党支部书记
吴有俚　吉安地区副食品公司仓库负责人
朱艳娇　吉安地区井冈山纺织厂挡车工
杨水香　进贤县饭店主任
胡青枝　进贤县梅庄公社富田大队社员
吴金爱　进贤县捉牛岗公社方家大队生产队长
危金娥　东乡县孝岗镇畜牧站站长
洪水娥　东乡县畜牧繁殖场畜牧队队长
周春梅　资溪县百货公司第二门市部营业员
陈海英　金溪县采茶剧团演员
邹引秀　崇仁县变压器厂车间主任
曾荣金　崇仁县凤岗公社朱溪大队妇代会主任
黄仍华　南城县实验小学教师
黄才容　南城县上唐供销社营业员
徐云娥　南城县万坊公社邱坊大队社员
曾华金　乐安县潭港公社石塘大队书记
彭罗陂　乐安县罗陂公社水口大队妇代会主任
胡火红　南丰县三溪公社池丰大队店里生产队社员
刘金凤　临川县大岗公社妇联主任
熊大佞　临川县龙溪公社司尧大队妇代会主任
刘荣花　临川饭店餐厅负责人
王四佞　临川县温泉公社党委书记
顾堪金　抚州市桥东办事处汝东园居委会主任
余娥娇　抚州地区人民医院副院长
徐梅秀　抚州市棉纺织厂副工长
吴月英　国营七二一矿职工医院医务办公室副主任
郑雪霞　中国人民解放军第一七一医院护士长
金苏玲　九江南湖宾馆服务员
罗曼女　江西轻工业机械厂工人

芦绵珠　德安县农业银行人秘股长
程秀玲　九江地区医院麻醉科副主任
傅仁珍　修水县马坳公社马坳大队第十一生产队社员
姜丽辉　修水县黄港公社中心完小教师
陈景牡　修水县太阳升公社黎明大队一生产队妇女队长
诸爱芬　德安县河东公社后田大队大队长
程检英　星子县五里公社妇联主任
万淑娟　永修县医院副院长
杨美珍　永修县农机厂工人
钱芝和　九江县第一小学教师
陈金贵　九江县岷山公社妇联主任
余凤初　都昌县城第二小学工会主席
叶大妹　都昌县盐田公社管委会副主任
陶秀兰　彭泽县芙蓉公社芙蓉大队党支部副书记
欧阳爱娥　彭泽县浩山公社岚陵大队第四生产队队长
李云兰　武宁县莲花公社山坪大队第十一生产队妇代会主任
范惠卿　南昌市第一医院妇产科主任医师
胡虔珍　南昌市建筑科学研究所试验室负责人
訾素云　南昌市第一医院护士长
朱凤金　江西氨厂机修车间班长
吴凤英　江西棉纺织印染厂织布挡车工
潘若男　南昌市医学科学研究所检验技师
孙光彩　南昌无线电厂工程师
谌　旭　南昌市公共交通公司电车队司机
胡珠彩　南昌市煤炭公司第二中心店书院街煤球店负责人
聂爱莲　南昌市第五中学副总务主任
梅招凤　南昌市东湖区百花洲幼儿园园长
黄美菊　南昌市东湖区八一桥街道妇联主任
黄水香　南昌市东湖区杨家厂街道办事处田家巷居委会主任
蔡奠华　省侨联名誉主席
张　云　南昌市粮食局西湖分局副站长
饶招莲　南昌市西湖服务劳保用品厂副站长
王鸣凤　南昌市湾里区梅岭公社小岭林场生产队副队长
肖淑珍　南昌市西湖区十字街幼儿园园长
杨润香　南昌市西湖区朝阳州街居委会主任
张　玲　南昌市青云谱学校教师
王林英　南昌市郊区湖坊公社桃湖大队第三生产队妇女队长
涂翠莲　南昌县人大副主任
廖淑惠　南昌县人民医院妇科医师

周娥仔　南昌县莲塘垦殖场畜牧大队饲养员
熊细女　新建县大塘公社光明大队副书记
罗桂莲　新建县石岗公社向阳大队社员
叶梅芳　萍乡市人民医院妇产科副主任
喻久贞　萍乡市教育学院负责人
姚益珍　萍乡市萍乡镇妇联副主任
易利媛　萍乡矿务局青山煤矿机电科副科长
刘艳纯　萍乡市湘东区下埠公社光华大队
肖淑兰　萍乡市商业局饮食服务公司东方红理发店
杨正英　萍乡市上栗区赤山公社万新大队柑橘场场长
汪桂英　轻工业部陶瓷工业科学研究所艺术室副主任
刘祝平　景德镇市工商联省市工商联委员
徐志军　景德镇市光明瓷厂工程师
刘金芳　景德镇市食品公司支部副书记
刘菊花　景德镇市昌江区太白园街道办事处党委委员
孙中慧　景德镇一中教师
李玉娣　景德镇市鹅湖区鹅湖公社东埠大队河西一队社员
胡宁儿　景德镇市跃进瓷厂车间副主任
方水仙　蛟潭区九龙山垦殖场长滩分场妇代会主任
祝青枝　景德镇市石狮埠街道办事处五片党支部书记
梁镜芳　景德镇市立新瓷厂车间副主任
姚淑君　九江市国棉一厂细纱车间挡车工
林芳枝　九江市国棉二厂技术科质量员
姚金龙　九江市粮食局第三粮站站长
吴菱花　九江市浔阳区湓浦街道办事处
王菊桂　九江市环卫所粪管队队长
陶金花　九江市郊区茅山头畜牧场饲养员
高摄渊　江西医学院组织胚胎学教研室副教授
戴匡渠　江西第一人民医院病理科主任
李希成　江西师范学院化学系副主任
夏爱红　南昌铁路局向塘火车站客运室服务员
王秀云　南昌铁路局工程三处十一段三〇三队工人
叶月英　江西省儿童医院护士长
王平华　江西省第一人民医院保健科科长
符式珪　江西医学院教授
陈熙雯　江西大学生物系副教授
宗玉明　江西省体工大队江西女子篮球一队队长
钱　萍　江西省体工大队羽毛球运动员
刘再荣　敖山华侨农场分场妇女主任

吴贵卿　省八一保育院教养员
曾德饶　省地质局九〇九大队工人
温春莲　国营洪都机械厂车工
梁银秀　南昌电信局长话值班长
郜桂英　江西省南昌贮木场招待所炊事员
涂金娥　江西省蚕桑海味精厂味精车间包装班班长
易　萍　江西省军区通信站副班长
杨凤兰　江西省南昌市四经路菜场出纳员

山东省

刘洪凤　济南面粉厂副股长
马序云　济南胜利食品厂车间负责人
邱文桂　济南市自来水公司工人
邱现娇　济南油漆厂电气焊工
郑　慧　济南第一棉纺织厂织布车间值车工
阚玉兰　济南第二机床厂工具科工人
曹秀真　济南钢铁厂工程师
纪淑芬　青岛市崂山糕点厂副厂长
李致兰　青岛第三针织厂工会干事
刘梅香　青岛第二纺织配件厂车间工会主任
管恩德　青岛汽轮机厂生产组长
周　波　青岛第九棉纺织厂穿箱值车工
徐桂英　青岛食品厂班长
王瑞华　青岛皮件二厂三车间组长
王秀香　青岛农药厂工段长
周继美　青岛第九橡胶厂生产组长
高玉芬　淄博市周村制刀制刷厂政工办公室主任
赵宪芬　淄博市张店区南定铸造厂大炉班班长
张秀珍　淄博矿务局洪山煤矿机厂防爆组工人
孙启香　淄博市淄川区工业公司
沈清凤　枣庄市农业机械厂车间书记
王秀云　枣庄市棉纺织厂工人
王令秀　枣庄矿务局山家林煤矿洗煤厂工程师
姚淑琴　烟台无线电六厂副科长
门玉琦　蓬莱县绣花厂书记兼厂长
房云璞　乳山县草制品厂设计员
时惠英　文登县酿造厂副厂长
李秀亭　掖县材料试验机厂工程师
梁美云　寿光县麻纺厂车间副主任
刘爱珍　昌邑县火化厂工人
孙　易　潍坊化肥厂科长
郎咸萍　潍坊发动机厂班长
刘秋润　诸城县纺织机械厂副书记
马秀君　潍县制鬃厂党支部书记
陈学英　博兴县水泥厂化验室主任
迟民琦　广饶县化肥厂工程师
丁丽华　德州棉纺织厂生产组长

孟凡秀　宁津县机械厂车间主任
冯志民　齐河县酒厂厂长
张振英　临清棉纺织厂值车工
张汝兰　临清县烟厂工人
刘光荣　新汶矿务局协庄煤矿工人
迮继荣　泰安棉纺针织厂细纱车间轮班工长
李月花　泰安市酒厂人秘股长
周　芹　汶上县染织厂车间主任
韩纪兰　日照县服装厂车间主任
李守英　沂水县服装厂党支部书记
陈静文　日照丝绸厂缫丝工
王兴芳　临沂地区肉联厂车间副主任
田洪英　沂源县缫丝厂工人
于桂萍　胜利油田采油指挥部 3720 女子井组采油工
于宪英　齐鲁石化总公司炼油厂检查科工程师
刘茂坤　国营九七六厂副科长
韩兆玉　山东省建筑机械厂工人
邓　劲　山东黄河河务局规划设计室实验工
孙桂兰　历城县英雄山公社西河大队妇代会主任
李风芸　章丘县相公庄公社季家大队大队长
王秀兰　济南市郊区西郊公社井家沟大队大队长
杨希娥　青岛市黄岛区薛家岛公社竹岔鸟大队党支部书记
孙宪芬　胶南县铁山公社前辛庄大队社员
李翠芝　胶县城南公社管理大队党支部副书记
陈秀珍　胶县艾山公社仲家庄大队党支部副书记
王文芹　即墨县乔家屯公社远东大队党支部书记
官云芳　即墨县城关镇大韩村大队妇代会主任
徐瑞芳　淄博市临淄区北羊公社前孔大队党支部书记
贾圣英　淄博市张店区房镇公社钟家大队党支部书记
陈会英　淄博市淄川区西河公社安仁大队大队长
刘芬永　淄博市博山区南博山公社下庄大队妇代会主任
黄敦秀　枣庄市台儿庄区马兰公社官宅大队党支部书记
李明菊　滕县城关镇荆河办事处党支部副书记
张建兰　枣庄市市中区郊区公社沙河子大队党支部副书记
王广英　枣庄市峄城区峄城镇南关大队妇代会主任
李景香　枣庄市齐村区濶口公社韩庄大队党支部书记

李运兰　枣庄市薛城区周营公社三村大队大队长、妇代会主任

张福敏　滕县城关镇滕东大队生产队长

阎翠花　乳山县乳山寨公社寨西大队社员

王秀花　烟台市西南村公社上夼大队缝纫厂厂长

张彩风　威海市崮山公社沙龙王家大队妇代会主任

隋乐桂　福山县城关镇东北关大队妇代会主任

王淑华　蓬莱县刘家沟公社刘沟大队妇代会主任

汪淑英　蓬莱县城关镇水城大队妇代会主任

朱桂芝　长岛县砣矶公社井口大队妇代会主任

王淑荣　黄县诸由公社前柞杨大队社员

温丽英　黄县石良公社黄城集大队妇代会主任

高瑞玉　招远县罗山公社小李家大队妇代会主任

所淑奎　掖县平里店公社淳于大队妇代会主任

邱秀亭　掖县驿道公社花园大队党支部书记

刘玉芝　掖县程郭公社刘家大队妇代会主任

荣风爱　文登县口子公社口子大队气象测报员

陆颐真　莱西县院里公社淤场大队赤脚医生

尹秀芳　莱西县朴木公社寨西头大队社员

姜秀爱　莱西县牛溪埠公社潘格庄大队妇代会主任

郭翠敏　莱阳县谭格庄公社东昊家大队妇代会主任

郝菊花　栖霞县松山公社计吕家埠大队妇代会主任

王桂兰　海阳县徐家店公社徐家店大队妇代会主任

姜万玉　海阳县高家公社宅家奇大队赤脚医生

臧淑杰　海阳县大辛家公社南庄大队妇代会主任

江瑞明　文登县铺集公社祝家伯子大队妇代会主任

董木卿　荣城县泊于公社大邓格大队妇代会主任

崔培华　荣城县石岛镇南车大队妇代会主任

张惠英　荣城县崖头大队二分队妇代会主任

姜秀英　荣城县大疃公社吴家大队党支部副书记

苏金兰　平度县张舍公社张舍大队妇代会主任

官美花　平度县蟠桃公社乔家大队妇代会主任
邱泽英　诸城县百尺河公社张戈庄大队党支部书记
王树花　诸城县相州公社大古县大队妇代会主任
高玉英　安丘县城关镇城北大队妇代会主任
马桂香　安丘县庵上公社南郎庄大队党支部副书记
孔宪香　五莲县中至公社陡峨大队党支部书记
邢广秀　昌乐县城关镇东南村大队党支部副书记
王兴兰　临朐县蒋峪公社屹峪岭大队党支部书记
赵兰英　临朐县寺头公社高家庄大队党支部副书记
张美英　临朐县辛寨公社辛寨大队妇代会主任
周梦兰　益都县东高公社西辛大队妇代会副主任
刘翠文　寿光县南河公社南岔河大队妇代会主任
安廷芬　寿光县纪台公社安家大队妇代会主任
吴永兰　寿光县上口公社林二大队妇代会主任
任美春　高密县土庄公社土庄大队社员
梁秀英　高密县姜庄公社李仙庄大队妇代会委员
张秀英　潍县双杨公社前却庄大队党支部书记
徐桂荣　昌邑县青乡公社七甲大队妇代会主任
陈曰芹　昌邑县饮马公社前辉大队社员
孙秀花　桓台县荆家公社王明大队社员
张翠芳　邹平县长山公社大田大队妇代会主任
任常英　垦利县宁海公社宁家大队妇代会主任
李新英　无棣县呈口公社商河庄大队妇代会主任
王金英　博兴县店子公社沙旺大队妇代会主任
步怀英　高青县唐坊公社和店大队党支部书记
刘秉卿　沾化县四扣公社新建大队妇代会主任
李兆云　沾化县李家庄社李雅庄大队妇代会主任
齐景美　利津县王庄公社后张大队妇代会主任
高士英　惠民县大年陈公社毛王庄大队管区放环员
朱爱英　济阳县仁风公社楞子陈大队妇代会主任
李元荣　商河县城关公社东三里大队党

支部书记
韩桂英　商河县岳桥公社西尚大队妇代会主任
常德兰　商河县孙集公社前庙大队党支部书记
李爱英　武城县梁庄公社付王庄大队妇代会主任
孟庆元　武城县老城公社沙庄大队妇代会主任
郭宗英　禹城县莒镇公社大郑大队妇代会主任
张桂兰　禹城县房寺公社长里大队妇代会主任
宋玉亭　禹城县二十四铺公社朱道口大队社员
史玉兰　临邑县田口公社史家大队党支部书记
沙惠芳　平原县腰站公社塘坊大队大队长
马金荣　陵县惠王公社董窦大队党支部书记
刘本从　乐陵县华楼公社柳家大队妇代会主任
张秀珍　乐陵县铁营公社赵滩子大队妇代会主任
彭爱华　齐河县小周公社城关大队党支部副书记
宗金枝　庆云县板营公社前乔大队妇代会主任
齐秀芳　庆云县解集公社菜王大队妇代会主任
李月平　阳谷县高庙王公社后薛大队党支部书记
李振爱　临清县康庄公社康三大队社员
周秀芳　冠县斜店公社十里铺大队党支部副书记
李桂芝　聊城县许营公社店子大队妇代会主任
林玉喜　高唐县城关镇胡庄大队党支部书记
李淑芳　东阿县刘集公社孙郭大队妇代会主任
贾广爱　莘县朝城公社刘菜元大队妇代会主任
李风英　茌平县莱屯公社崔营大队妇代会主任
孟兰英　茌平县王王老公社小杨屯大队妇代会主任
张美丽　高唐县赵寨子公社养鸡场技术员
王庆华　肥城县王瓜店公社穆庄大队妇代会主任
尹燕平　平阴县城关镇博士大队管区妇女主任
祝桂香　莱芜县苗山公社祝上坡大队党支部副书记
魏翠英　莱芜县常庄公社横顶大队妇代会主任

赵风英　莱芜县口镇公社大冶大队党支部副书记
刘桂娥　莱芜县寨里公社边王许大队妇代会主任
颜西荣　宁阳县鹤山公社敬老院院长
樊桂英　宁阳县堽城公社伏庙大队妇代会主任
董秀荣　宁阳县伏山公社农业机械管理站副站长
肖玉珍　肥城县安站公社刘村大队妇代会主任
陈秀兰　肥城县老城公社拾屯大队妇代会主任
阴桂秋　肥城县桃园公社张里大队妇代会主任
陈传美　新泰县刘杜公社辉德大队妇代会主任
程继英　新泰县楼德公社杨家庄大队妇代会主任
苏相兰　新泰县天宝公社颜后大队妇代会主任
田西英　新泰县城关镇南关大队第三生产队队长
刘光菊　泰安市粥店公社堰东大队大队长
江廷兰　泰安市下港公社瓦屋头大队妇代会主任
王文真　邹县城关镇西关办事处党支部副书记
范夫香　济宁县石桥公社齐营大队妇代会副主任
倪念英　济宁县唐口公社刘屯大队党支部副书记
周庆芝　兖州县娄庄公社周庄大队会计
孔庆菊　曲阜县防山公社钱家村大队妇代会主任
孔祥玲　曲阜县城关镇西关大队第七生产队队长
窦建英　泗水县马家庄公社马家庄大队妇代会主任
孙成兰　微山县微山岛公社杨村大队妇代会主任
朱广英　微山县夏镇纸坊前村大队妇代会主任
张伊英　微山县两城公社两城五大队妇代会主任
张继莲　鱼台县清河公社学屋大队妇代会主任
孙桂芹　鱼台县周堂公社毛王大队团支部书记
王玉兰　金乡县肖云公社郑小楼大队党支部委员
张凤菊　金乡县城郊公社朱楼大队会计
马继凤　汶上县南站公社成村大队党支部书记
王宗兰　汶上县苑庄公社李村大队妇代会主任
李爱英　嘉祥县仲山公社黄庄大队党支

部书记
张国兰　临沭县岌山公社王贺大队一级农民技术员
贺照端　日照县西湖公社马鞍大队妇代会主任
窦玉芳　临沭县蛟龙公社东泮南大队党支部书记
刘秀英　莒南县岭泉公社庞疃大队妇代会主任
马秀兰　沂水县马站公社沙家庄大队妇代会主任
刘玉香　沂水县城关镇南关大队妇代会主任
李桂英　沂水县官庄公社林头大队妇代会副主任
刘金英　沂水县高校公社高桥二大队妇代会主任
魏均喜　苍山县兰陵公社西北圩大队党支部书记
付新华　苍山县磨山公社西町疃大队团支部副书记
李伯芝　费县探沂公社张家村大队党支部副书记
张丙荣　费县胡阳公社李家村大队大队长
廉德项　平邑县地方公社两泉大队妇代会主任
岳桂荣　莒县刘家官庄公社白家湖大队妇代会主任
张明花　郯城县高峰公社江庄大队社员
盛月华　郯城县归昌公社陈庄大队党支部书记
李桂芬　临沂县太平公社亭子头大队妇代会主任
胡庆荣　临沂县李官公社三官庙大队妇代会主任
王玉美　临沂县郑旺公社大官庄大队管区计划生育网长
刘桂英　临沂涑河公社庙上大队管理区妇代会主任
刘德偶　莒南县洙边公社刘家连子坡大队妇代会主任
张士花　沂源县东里公社蚕场大队妇代会主任
李庆荣　菏泽县都司公社西马垓大队妇代会主任
王翠萍　菏泽县小留公社前王楼大队妇代会主任
刘桂香　菏泽县杜庄公社付堂大队党支部副书记
魏德民　单县李半庄公社陈娄大队妇代会主任
郭保真　单县陈蛮庄公社扈庄大队党支部书记
张爱华　单县郭村公社吴三庙大队党支部书记
张春菊　郓城县侯咽集公社秦集大队妇代会主任

张秀廷　郓城县黄堆集公社妇联主任
王桂莲　郓城县武安公社赵庄大队党支部书记
郭继风　曹县城关镇南关大队党支部书记
徐风云　曹县朱洪庙公社任庄大队党支部书记
王福荣　曹县郑庄公社孔西大队妇代会主任
江　炜　曹县位湾公社位湾大队妇代会主任
张训兰　曹县韩集公社刘莲方大队妇代会主任
智秀花　成武县九女公社南张娄大队社员
赵翠兰　巨野县营里公社前店子大队妇代会主任
李大贵　东明县城关镇雷庄大队妇代会主任
齐传玉　定陶县半堤公社潘寺大队党支部书记
王兰芝　梁山县班店公社魏河大队党支部书记
高金玉　梁山县韩岗公社韩堂大队妇代会主任
陈素云　鄄城县付春公社尹庙大队社员
曹翠英　胜利油田运输处五七大队副大队长
王贯素　沂南县杨坡公社靳家管泉大队接生员
王占兰　临沂县汤河公社于屋大队接生员
吴建英　泗水县圣水峪公社黄家庄大队社员
王秀荣　巨野县田桥公社西朱庄大队妇代会主任
党金兰　济南市市中区运输公司团支部书记
徐惠芝　济南铁路局青岛车辆段工长
方瑞华　山东省公路运输联合公司青岛长途汽车站售票员
杨素青　阳信县邮电局封发员
王德芬　新汶市邮电局话务员
李翠兰　苍山县邮电局投递员
王　砺　济南铁路分局济南电务段副段长
张　青　烟台市公安局跃进路派出派副指导员
王振华　日照县人民检察院刑二科科长
柳尧芝　栖霞县蛇窝泊公社畜牧兽医站站长
王惠芳　菏泽地区畜牧兽医站副站长
杨秀芝　济南市历下区南北历山街居委会主任
王秀兰　青岛四方区大寨路街道办事处第一居委会主任
郭兰英　滨州市北镇办事处第一居委会主任

金兰英　泰安市市场居委会党支部书记
周同香　掖县曲家公社党委副书记
吕华翠　莱阳县万第公社党委副书记
栾曰美　高青县商业局人事股副股长
张海迪　聊城地区文联创作员
蒋淑荣　巨野县卫生局人事股副股长
田美云　胶南县藏南公社妇联主任
刘美兰　青岛市台东区登州路办事处妇联主任
陈淑云　莱阳县羊郡公社妇联副主任
孙敬芝　文登县城关镇妇联主任
赵学经　黄县芦头公社妇联主任
徐文华　济阳县二太平公社妇联主任
张淑华　齐河县大张公社妇联主任
韩香莲　宁津县双碓公社妇联主任
胡勤英　临清县妇联主任
李秀苹　莘县单庙公社妇联主任
赵秋菊　东明县武胜公社妇联主任
郝景风　济南市天桥食品店门市部主任
周　敏　济南市物资回收公司市中分公司利民门市部主任
许玉慧　济南市百货大楼营业员
曾秀兰　山东畜产进出口公司青岛肠衣厂工人
李新华　青岛百货商店售货员
王西兰　枣庄市水产公司门市部主任
孙国玲　牟平县百货公司袜子组组长
张廷华　栖霞县百货商店副经理
耿美欣　莱阳县第二饮食服务公司副经理
侯淑芹　招远县第二百货商店针织组副组长
王道米　福山县百货商店销货员
贾素亭　平度县副食品公司第一门市部主任
刘俊英　安丘县景芝供销社副主任
刁明花　五莲县副食品公司门市部副主任
刘建华　潍坊市第五百货商店营业员
张世风　昌邑县城关镇供销社副主任
黄士兰　无棣县药材公司批发部主任
吴秀梅　山东省北镇五金交电化工采购供应站保管员
王爱华　夏津县烟酒糖茶副食品公司营业员
杨玉英　平原县恩城供销社饭店二级厨师
朱梅英　东阿县副食公司门市部主任
张承芬　平阴县商业局综合公司支部书记
刘忠元　东平县百货公司第三部主任
江慧荣　泰安市果品公司生产股长
刘姻姗　济宁市自来水公司副经理
马兆荣　兖州县糖业烟酒公司门市部主任
王树英　邹县服装一厂材料门市部主任
唐毅敏　邹县蔬菜公司市部副主任
宋世英　莒南县农业银行岭泉信用社信

贷员
李海燕　临沂县人民银行第三储蓄所副主任
高希凤　沂源县南麻供销社副主任
陈新祥　莒县爱国供销社主任
王秀梅　蒙阴县人民银行储蓄所副主任
刘　洪　菏泽县蔬菜公司工会主任
冯安玲　定陶县百货公司第一门市部主任
刘惠贤　青岛市饮食服务公司建新池特级修脚技师
高士英　山东铝厂工程处行政科炊事员
邹玉凤　淄博市临淄区饮食服务公司副经理
常丽华　淄博市周村区工农理发店理发员
孙玉芳　桓台县饮食服务公司门市组长
厉瑞兰　惠民地区青龙山水泥石炊事班长
任青云　山东省地质局第六地质队炊事员
姜希运　济南塑料一厂幼儿园园长
纪爱云　崂山县仙家寨大队幼儿园园长
李瑞芳　滕县木石公社木石三大队幼儿教师
初秀珍　牟平县姜格庄公社姜格庄大队幼儿园园长
徐淑华　乳山县机关托儿所副所长
王仁凤　海阳县二轻局托儿所所长
陈好媚　招远县灵山公社马埠陈家幼儿园教师
刘永华　寿光县北洛公社刘家大队幼儿园教师
张桂芬　昌乐县马宋公社大河洼大队幼儿园教师
陈瑞芝　平度县蓼兰公社胜利大队幼儿教师
宋文英　冠县城关镇北街大队幼儿教师
马桂喜　茌平县冯屯公社刘马大队幼儿教师
李贻华　阳谷县城关镇东街大队幼儿教师
王艳梅　临清县城关镇箍桶巷街幼儿园教师
刘玉英　新泰县造纸厂幼儿园教师
苏娟娟　莱芜县运输公司幼儿园教师
高振华　沂南县孙祖公社东高庄大队幼儿教师
田德云　日照县三庄公社三庄三村大队幼儿教师
付承荣　日照县涛雒公社南店大队幼儿教师
杜福荣　莒县爱国公社爱国大队幼儿园教师
纪常英　平邑县政府机关幼儿园保育员
刘玉芝　单县张集公社朱庄大队幼儿教师
王秀岭　成武县党集公社党集大队幼儿

园教师
张玉琴　梁山县银山公社才沃大队幼儿教师
周连云　莱芜钢铁厂动力部托儿所所长
颜井平　山东省化学石油工业厅幼儿园保育员
秦　冰　山东省委机关幼儿园主任
宋玉美　济南市杂技团演员
李红霞　益都县电影公司宣传员
于凤娟　山东省杂技团演员
王玉梅　山东省话剧团演员
沈翠贤　济南市第二人民医院助产士长
周风起　淄博市第二医院副院长
刘桂英　淄博市博山区石门分院妇产科医师
苗可兰　滕县中心人民医院妇产科主任
王淑芹　招远县人民医院护士长
冷淑珍　诸城县桃林医院护士长
张秀亭　昌乐县医院妇产科主任
凌雪芳　高密县人民医院妇产科副主任
赵素芳　潍县人民医院总护士长
姜绪敏　山东医学院附属医院外科护士长
孙秀爱　高密县大栏公社医院放环员
王文郁　益都县妇幼保健站副站长
马淑芬　安丘县贾戈公社医院院长
陈小仙　广饶县城关镇中医院副院长
刘吉云　陵县人民医院总护士长
顾丙惠　临邑县人民医院总护士长
陈素芹　武城县人民医院总护士长
赵桂芝　平原县第一人民医院妇产科主任
张　立　德州市立医院痔瘘科主任
吴木兰　德州地区幼保健所副所长
张敬梅　聊城县医院妇产科主任
唐瑞岩　泰安市第一人民医院洗衣工
尚太英　泰安市环境卫生管理所副队长
张学英　肥城县人民医院护士长
宋凤梅　嘉祥县人民医院护士长
公冶青　济宁县人民医院儿科副护士长
刘保玖　济宁地区医院副院长
李桂珍　山东省革命残废军人疗养院副总护士
岳　玲　日照县城关镇卫生院按摩员
马凤翥　莒县县医院副院长
陈素贞　郯城县人民医院护士长
李滕芳　平邑县城关镇卫生院医师
王富英　蒙阴县坦埠公社医院妇产科护士长
于光荣　莒南县人民医院妇产科主治医师
孟瑞兰　郓城县妇幼保健站站长
陈宝兰　鄄城县人民医院妇产科主任
宋秀婷　菏泽地区人民医院护士
孟凡文　山东省千佛山医院二病房副护士长
孙继英　山东省劳改局中心医院外科护士长

屠爱珍	崂山县农业局种子推广站站长
周郡敏	平度县科学技术协会高级农艺师
徐歧鸣	邹平县农业局植保站副站长
李环子	莒县林业局植保站站长
朱宝玲	莒南县农业局植保站站长
毛亦平	临沂地区相公庄地震台工程师
凌菊翠	苍山县气象局工程师
周世纯	济南铁路局第一工程处施工科工程师
齐彦美	山东省商业厅基建公司助理工程师
万珊珊	山东交通规划设计院高级工程师
刘慧纹	济南市天成路小学教师
吴静因	济南第四十八中学教师
刘文志	青岛第十五中学教师
蒋志远	青岛市江苏路小学副校长
于淑惠	枣庄市立新小学特级教师
林秀兰	牟平县龙泉公社卧龙堡小学教师
牟湘英	益都县段村公社中心小学教师
姜桂欣	安丘县城关镇城里学校特级教师
牛建功	诸城县繁华学校特级教师
李香亭	平度县实验小学副教导主任
萧爱珍	邹平师范附属小学负责人
吴敬华	垦利县一中附属小学校长
刘茹芳	阳信县机关子弟小学教师
徐世风	利津县城关中学附设机关子弟小学特级教师
刘景荣	滨县阎家公社西玉小学教师
伊秀荣	滨州市第二小学教师
包新生	德州市黎明街小学副校长
付　钧	聊城县实验小学副校长
黄兰贞	东平县实验小学教导主任
申长芝	济宁市实验小学副校长
孔凡苓	邹县实验小学教师
李淑一	金乡县城关镇实验小学教师
郑淑霞	嘉祥县实验小学教师
陈增兰	平邑县实验小学教师
毕爱芹	蒙阴县岱崮公社十字涧小学教师
伏开云	郯城县第一实验小学副教导主任
张爱兰	临沂县第四中学副教导主任
张申一	临沂行署教育局教研室教研员
吴庆华	费县城关镇西关完小副校长
甄玉珍	临沭县第一中学教导处副主任
贾玉兰	菏泽县城关镇第二小学教导主任
尹秀贤	菏泽县教师进修学院数学教研室副主任
狄保珍	菏泽供销学校讲师
郑柏林	山东海洋学院生物系副主任
鲁月娥	山东大学数学系讲师
高同芬	山东省科学技术干部学校教研室副主任

洪舜华　昌潍医学院副教授

河南省

王花让　栾川县庙子公社英雄大队
兀川巧　陕县大营公社党委副书记
杨春英　渑池县西阳公社妇联主任
阎淑芳　偃师县城关粮油购销站
岳玉芳　灵宝县新灵食堂班长
陈红娟　灵宝县寺河公社林场场长
伊爱菊　宜阳县城关公社后庄大队社员
张桂知　洛宁县罗岭公社前河大队妇代会主任
戚风英　汝阳县计划生育技术指导站医生
翟素爱　宜阳县城关公社马庄大队妇代会主任
姚成英　义马市粮食局门市部主任
常松芬　偃师县南蔡庄公社香峪大队幼师
陈　玢　临汝县庙下公社妇联主任
郭云范　孟津县横水公社亢庄大队副队长
李金枝　洛阳地区豫剧二团
李春希　洛阳地区师范附属小学教师
王爱枝　洛阳地区果品公司农艺师
李松爱　偃师县岳滩大队妇代会主任
李桂莲　嵩县白河公社大青大队社员
刘爱玉　嵩县饭坡公社新饭坡大队社员
程风英　卢氏县城郊公社江渠大队党支书
王芝芳　新安县磁间公社尤彰大队
张霞子　新安县城关镇社员
王素芳　孟津县王良公社桐落大队妇代会主任
马淑芳　伊川县酒后公社白瑶大队党支书
宫风环　伊川县高山公社妇联主任
金素清　临汝县小屯公社小屯大队社员
张春女　临汝县庙下大队一队队长
钱小春　三门峡市蔬菜公司营业员
姬爱朋　三门峡市会兴棉纺厂织布车间
姚忍宁　陕县观音堂公社甘壕大队
李风香　郏县堂街公社小寨大队支书
谷爱杰　郏县黄道公社黄南大队
刘　妙　襄城县丁营公社崔庄大队技术员
祝玉梅　襄城县商业局服务公司三八理发店工人
王爱莲　襄城县人民医院妇产科医士
荆步云　许昌行署机关幼儿园教师
李秀兰　许昌烤烟厂值班主任
张　迷　舞阳县辛安公社吴岗大队社员
南桂花　舞阳县城关镇敬老院院长
刘　伟　许昌市槐街小学教师
范美兰　许昌市糖烟酒公司七一路门市部
方彩梅　许昌市通用厂

张天兰　漯河市五四青年旅社支书
王桂兰　漯河市东风建筑公司经理
姜桂莲　许昌县蒋李集公社税务所副主任
余培兰　许昌县教育局干部
于秀珍　许昌县苏桥公社双李大队支书
黄玉霞　许昌县桐木加工厂工人
张桂欣　鲁山县董周公社妇联主任
魏　华　鲁山县张官营公社吴营小学教师
张桂敏　鲁山县背孜公社供销社服务员
李清珍　禹县张得公社山李大队妇代会主任
朱德贤　禹县医院妇产科负责人
郭春香　禹县梁北公社郭村大队副支书
赵趁妮　禹县郭连公社张涧大队社员
张宝华　长葛县城关镇桥北大队支书
任爱香　长葛县坡胡公社孟排大队
李华东　宝丰县李庄公社妇联主任
王玉双　宝丰县集体商业公司理发店
梁玉平　郾城县邵陵公社妇联主任
尚如意　郾城县人民医院妇产科医师
沈改花　郾城县商桥公社面粉厂副书记
乔玉莲　叶县任店公社中其营大队支书
李　贤　叶县棉织厂工人
沈甲云　叶县保安公社话务员
武秀梅　临颍县石桥公社方庄大队副书记
祁爱花　临颍县台陈公社祁庄大队
王贵田　鄢陵县三八副食楼副经理
蒋风鸾　鄢陵县马坊公社马坊集大队幼师
沈保华　南阳市七里园公社魏营大队妇代会主任
崔秀莲　新野县城关镇东关大队妇代会主任
王秀珍　新野县溧河公社吴堂大队妇代会主任
李姣娥　淅川县大石桥公社东岳庙大队支书
张万芝　唐河县源潭公社袁楼大队妇代会主任
杜贵甫　唐河县昝岗公社闽营大队小学教师
陈占梅　唐河县黑龙镇公社赵朗庄大队社员
粟炳珍　社旗县饮食服务公司人民浴池工人
刘春菊　邓县十林公社十西大队幼师
陈映南　南阳县医院护士
张风歧　社旗县太和公社刘集大队女队长
陈宜家　南阳市十五小学特级教师
李玉荣　南阳地区南阳汽车站
王爱荣　南阳市济康药店党支书
李桂芳　唐河县张店公社秦刘庄大队妇女队长
宋增云　南召县南河店公社城口湾大队

妇代会主任
曹巧云　镇平县老庄公社老庄大队社员
乔新改　镇平县丝织厂副厂长
刘玉芝　镇平县彭营公社柳园大队农民
马连玲　南召县城郊公社史庄大队妇代会主任
杨国芝　方城县独树公社朱沟大队社员
刘德荣　方城县柳河公社柳河大队社员
吴新华　淅川县上集公社卫生院蛮子营门诊部护理员
田勤荣　南阳县红泥湾公社白营大队支书
张爱玲　内乡县板场公社玉皇大队妇代会主任
符春楼　内乡县光荣院护理员
王莲英　桐柏县固县公社供销社营业员
彭　明　桐柏县城郊公社信用社业务员
文兰君　社旗县丁庄公社妇联主任
翁秀珍　邓县文曲公社翁寨大队支书
王玉香　西峡县田关公社田关大队妇代会主任
郑章梅　淅川县滔河公社上寨大队支部书记
谢会明　河南省东风机械厂工程师
张云芳　邓县城郊公社湍南大队农科员
顾文玉　南阳县石桥公社朱村大队农科站组长
孙章莲　西峡县桑坪公社塘埒大队妇代会主任
丛桂英　方城县人民银行
杨巧玲　内乡县赵店公社赵店大队医生
任桂荣　方城县二郎庙公社花山留大队妇代会主任
徐秀娥　新野县前高庙公社下庙大队妇代会主任
冯湘云　罗山县潘新公社种子场妇代会主任
黄显春　商城县观庙公社副书记
许淑敏　信阳市一商局人民商店经理
朱稼青　潢川县城关大巷街四段
王友芳　淮滨县涂营公社妇联主任
刘同凤　淮滨县城郊公社李楼大队廖庄小队社员
褚利平　固始县麻纺厂运转班主任
党兰英　固始县城关镇妇联主任
彭仁英　商城县汪桥公社曹畈大队吴洼生产队长
刘丽珍　固始县服务公司旅社负责人
潘文芳　固始县外贸局畜产公司仓库负责人
朱继英　固始县陈淋公社土门岭大队党支部书记
郑爱英　息县临河公社杜围孜大队社员
贾秀英　息县张陶公社曹村大队陈庄生产队社员
周洪春　信阳县商业局服务公司理发门市部理发员
王泽秀　信阳县龙井公社屈岗大队妇女

队长
许仪秀　信阳县明港镇妇联主任
张树志　潢川县人民医院副院长
李莲珍　新县城关粮管所营业员
周明华　新县城郊公社彭河大队社员
陈连清　信阳市第十一小学教师
郭世芳　信阳市皮革厂助理工程师
郑廷梅　光山县晏河公社
朝春秀　光山县二工局织染厂副厂长
杨光英　光山县十里庙公社刘岗大队社员
郑淑珍　信阳地区卫生防疫站副站长
乐晓平　罗山县铁铺公社种子场妇代会主任
陈惠贤　罗山县人民银行股长
杨世珍　淮滨县白露河公社沙坝大队妇代会主任
巩　爱　确山县任店公社巩庄大队妇代会主任
余开连　确山县杨店公社妇联主任
魏秀美　正阳县同中公社同中大队妇代会主任
马丽云　遂平县化肥厂调度办公室副主任
沈美兰　遂平县城关镇三小副教导主任
孙秀芳　驻马店市工商局车站检查员
武翠兰　正阳县雷寨公社甘楼大队幼师
杨秀梅　正阳县气象站站长
路腊梅　驻马店市麻纺织厂工人
孙秀英　西平县宋集公社席赵大队大队长
郑玉英　西平县粮食局城关粮所副所长
蒋荣花　西平县外贸局种兔场养兔技术员
李俊梅　平舆县和店公社木香店大队民办教师
余世英　平舆县郭楼公社高平寺大队社员
张妮娃　平舆县西洋店公社毛陈大队妇女队长
殷兰花　汝南县留盆公社殷湾大队社员
段兰英　汝南县三桥公社辛庄大队社员
崔景梅　汝南县常兴公社马屯大队社员
李风英　确山县文教局试验小学教师
邱广英　上蔡县齐海公社汪庄学校校长
钱保芳　上蔡县丝织厂工会委员
葛玉兰　上蔡县邵店公社小楼大队社员
崔文纯　上蔡县人民医院副院长
张　卉　驻马店地区内衣厂工人
崔正琴　驻马店地区农业局副局长
彭社英　新蔡县余店公社余店街
耿　伟　新蔡县孙召公社幼儿园幼师
杨翠兰　新蔡县练村公社甘湾大队党支书
周金英　新蔡县弥陀寺公社常桥大队民办教师
王德荣　泌阳县黄山公社山庄大队妇代会主任

李枝梅　泌阳县大路庄公社柳河大队台山学校义务教师
郭秀真　泌阳县农业银行支行出纳股股长
张秀英　濮阳县白堽公社王密城大队妇代会主任
董玉珍　安阳地区畜产进口公司仓库保管员
吴　华　安阳地区中级人民法院刑二庭书记员
赵海琴　安阳县商业局水冶饮食服务公司会计
李荣花　安阳县吕村公社西洋凡学校民办教师
张银春　安阳县许家沟公社相村大队农民
李新玲　安阳县水冶棉纺织厂工人
杨焕芝　清丰县外贸局猪鬃加工厂副书记
王秀俭　清丰县马村公社大岳村大队管委会主任
孙素芹　南乐县元村公社元村大队妇代会主任
韩翠淑　南乐县谷金楼公社梁方大队妇代会主任
郭社菊　浚县善堂公社东善堂大队农民
李云英　浚县城关镇农业技术指导站副站长
郑　泉　内黄县林业局副局长
刘荣娥　内黄县豆公公社机械厂翻砂车间
朱秀之　范县白衣公社南杏村大队幼师
石海玲　范县颜村铺公社八里庄大队
位俊英　濮阳县五星公社杜寨大队团支书
吴庆云　濮阳县医药公司营业员
张贵宗　濮阳县新习公社焦二寨大队
马秀莲　淇县桥盟公社前张进大队农民
武兆田　滑县互岗公社营业所干部
王金梅　滑县造纸厂车间主任
徐东花　滑县白道口公社后吾旺大队妇代会主任
李振华　滑县妇幼保健所医师
李新英　林县茶店公社后子岗大队社员
刘月英　林县姚村公社姚村大队妇代会主任
张翠琴　林县临淇公社妇联主任
周新英　林县人民医院妇产科副主任
吴月春　台前县打渔陈公社打渔陈大队支书
张雪银　台前县侯庙公社徐岭大队社员
韩秀英　长垣县张占公社王堤三八科研站站长
李梅竹　长垣县武邱公社妇联主任
闫素芹　长垣县城关镇南关大队妇代会主任
张金荣　汤阴县宜沟公社芦胜大队妇代会主任

李秀琴	汤阴县白营公社北陈王大队妇代会主任
丁福荣	新乡县大召营公社大召营大队妇代主任
万子荣	辉县梁村公社路固大队支部书记
刘桂青	辉县制药厂副厂长
查兰英	辉县妇联主任
刘志华	新乡县小吉公社小吉一大队第五小队队长
花水仙	孟县谷旦公社后录大队第七队队长
张敬枝	沁阳县崇义公社金塚大队妇代会主任
崔风娥	温县杨磊公社前杨磊大队管棉技术员
吴效英	武陟县二铺营公社西小庄大队支部书记
廉淑英	武陟县西陶公社西滑丰大队
朱怀珍	原阳县桥北公社洪庄大队党支书
王书梅	原阳县城关公社南街小学教师
支俊卿	新乡地区公安处副科长
赵景华	新乡地区人民医院医生
王风娥	博爱县金城公社王保大队党支书
秦海莲	博爱县妇联主任
樊崇英	济源县辛庄公社连东大队妇代会主任
赵素清	济源县城关公社碑子大队妇代会主任
李坤吾	延津县生各公社妇联主任
李　萍	修武县方庄公社王窑大队妇代会主任
侯娥妮	修武县城关公社河北辛庄大队妇代主任
李清芳	汲县饮食服务公司团副书记
崔玉芹	封丘县城关公社五里井大队幼儿教师
位成真	封丘县赵岗公社马道大队妇代会主任
陈玉兰	封丘县印刷厂副厂长
王秀荣	获嘉县商业局烟糖第三门市部组长
郭爱云	沁阳县副食品公司第二门市部负责人
董秀英	民权县王桥公社幼师
王秀荣	民权县服务公司绿洲宾馆主任
刘广兰	民权县北关公社东大队妇代会主任
杨淑侠	夏邑县业庙公社王油坊大队医生
贾秀兰	柘城县老王集公社方楼大队妇代会主任
崔秀云	柘城县妇幼保健所副所长
吴爱荣	睢县城关回族镇西门里大队妇代会主任
刘春芳	睢县副县长

徐爱兰	宁陵县程楼公社徐八楼大队党支书
戚文英	宁陵县孔集公社辛庄大队妇代会主任
刘永芝	夏邑县妇联主任
黄素梅	夏邑县实验小学副主任
高爱英	夏邑县车站公社刘堤圈大队农民
温秀兰	商丘市邮电局营业员
乔福莲	商丘市粮食局东风粮管所解放粮店副主任
刘保芯	商丘市民主路二校副校长
张　燕	商丘市服务公司胜利楼浴池修脚工
吕风荣	柘城县陈清集公社谢庄大队妇代会主任
鲁桂兰	商丘汽车站客运室副主任
范索云	虞城县张集公社高堂寺大队社员
赵俊英	虞城县贾寨公社妇联主任
余美荣	睢县人民医院副院长
潘秀英	商丘县针织内衣厂工人
王爱真	商丘县王坟公社妇联副主任
李秀芝	商丘县幼儿园教养员
潘秀兰	商丘县刘口公社中陈大队妇代会主任
袁允兰	商丘县城关镇平等办事处主任
程翠平	永城县人民法院审判员
王素芝	永城县妇联秘书
李登云	永城县马桥公社马桥中学教师
许廷粉	淮阳县朱集公社妇联主任
荣雪香	郸城县石清槽公社医院医生
郑桂芝	周口地区地直幼儿园教养员
张凤利	扶沟县大新公社副书记
申凤梅	周口地区越调剧团团长
苗桂兰	淮阳县交电公司门市部主任
范秀英	淮阳县王店公社范老家大队
王新建	太康县银行
金凤英	太康县常营公社黄集大队党支部副书记
王慧敏	太康县老塚公社李屯大队党支部副书记
王巧琴	商水县医院副院长
张法兰	商水县陈集公社杨庄生产队妇代会主任
张秀芝	商水县舒庄公社北王张大队
徐　惠	商水县直新建小学教师
王玉芝	郸城县城郊公社杨庄大队
欧兰英	郸城县胡集公社李庄学校教师
孟照英	郸城县烟酒公司负责人
常桂英	扶沟县江村公社西冯岭大队妇代会主任
吉凤仙	扶沟县吕潭公社吕潭大队团支书
杨桂珍	项城县人民医院副院长
戚秀珠	项城县城关公社三里庄大队
李玉荣	项城县小寨镇塑料厂副厂长
贾玉环	西华县实验小学教师

钱玉荣　西华县红花公社柳城大队
李玉梅　沈丘县陈寨公社朱李庄大队
王兰荣　沈丘县新集公社农机管理站
张国英　沈丘县一中教师
苏桂荣　周口市服务公司七一旅社副经理
张学玲　周口市毛巾被单厂工人
杨桂枝　周口市园林管理处工人
芦秀英　鹿邑县城郊公社任庄大队妇干
莫西凤　鹿邑县气象站副站长
邢凤兰　西华县医院药剂师
芦秀玲　鹿邑县新集卫生院副院长
宋玉华　鹿邑县观堂公社妇联主任
张芳云　周口地区国营黄泛区农场一分场
张晓荣　周口地区黄泛区农场园艺场学校教师
王玉荣　周口地区五二农场学校教师
石廷兰　开封县朱仙镇公社河东大队党支书
李凤云　开封县曲兴公社曲兴大队社员
李永兰　通许县朱砂公社小岗大队社员
李连英　通许县大岗李公社游庄大队大队长
王凤英　兰考县汽车站服务班长
李香阁　兰考县三义寨公社西马庄大队党支书
马育丽　兰考县城关镇北街小学校长
刘凤莲　密县苟堂公社付寨大队社员
吕桂花　密县酒厂工人
祝改焕　新郑县梨河公社岗李村大队长
贺庆莲　新郑县城关镇北街学校教师
王雅湘　新郑县龙王公社文化站干部
张二英　巩县小关公社口头大连生产队长
庞淑芬　巩县百货大楼营业员
白志强　巩县中心粮店城镇供应门市部
刘凤英　登封县大冶公社南街大队农民
单守敬　登封县医院妇产科医生
刘松枝　中牟县狼城岗公社南仁大队代销员
祁秀兰　中牟县商业局糖业烟酒公司第三门市部负责人
曹继风　杞县平城公社楚庄大队农民
季洪芝　杞县付集公社大郑庄大队妇代会主任
徐周莲　杞县于镇公社于北小学民办教师
段中洁　尉氏县百货公司会计
张桂兰　尉氏县蔡庄公社郭庄大队技术员
林毓菁　开封地区人民医院外科副主任
闫秀焕　开封地区直属机关幼儿园副园长
刘九花　开封地区新郑烟厂生产班长
李素琴　郑州纸袋厂副厂长
李莲英　郑州金水红卫木模店
夏林英　郑州国棉四厂总工程师

王希玲　郑州市豫剧团副队长
程桂梅　郑州铝厂工人
邓秋香　郑州国棉五厂团支部委员
张荷香　河南省第一建筑工程公司机械化工程处电焊工
钟美梅　郑州市第三人民医院主治医师
邵玉华　郑州市公安局齐礼闫劳教场场长
王秀荣　郑州市食品水产公司建文商店
张成章　郑州一中副校长
杨玉荣　荥阳县城关公社李克寨大队农民
张占先　郑州市水利局工人
王锁花　郑州市高村公社真村大队农民
郝凤英　农业银行郑州郊区办事处圃田营业所
马春芳　郑州市郊区妇联副主任
罗月英　郑州郊区科学技术协会副主任
李瑞荣　郑州市金水区纬三路小学特级教师
刘米兰　郑州市金水区花园路办事处纬四路居委会主任
杨秀英　郑州市金水区卫生管理处班长
冯金荣　郑州市二七区蜜蜂张办事处工农兵饭店主任
孟秀卿　郑州市二七区农业公社西陈庄二队中华旅社服务员
景翠则　郑州市中原区绿东村办事处第六设计院居委会主任
李秀荣　郑州市秦岭办事处郑棉一厂第二居委会党支书
郑万贞　郑州市向阳回族区解放中路办事处干部
黄玉英　郑州市向阳路幼儿园园长
刘世香　郑州市向阳化二厂厂长
焦淑芬　郑州市服务公司上街商店理发员
易玉珍　郑州市金海区小岗刘六队队长
刘凤英　开封市邮电局电信营业员
张素珍　开封市北郊公社仁和大队二队农民
王宝真　开封市纺织品公司义丰厚商店组长
洪鸿娴　开封市化肥厂职工医院副院长
吕文英　开封市第一人民医院护士长
郭秀凤　开封市公共汽车公司售票员
左兰英　开封市物资回收公司购销站组长
郭爱梅　开封市标准件厂镀锌班班长
张素英　开封市市建公司电焊工
李　莉　开封市实验豫剧团副队长
陈景娣　开封市龙亭区塑料印刷厂焊接组长
何玉琴　开封市十六中教师
杨淑琴　开封市粮食局龙亭粮管所主任
段巧荣　开封市造纸网厂织网工
樊爱琴　开封市糖业烟酒公司南关合作商店门市部主任

王　橙　平顶山市第一高中教师
李　律　平顶山市粮食局平马路粮店副主任
邱忠兰　平顶山市二商局中心路理发店理发员
李守枝　平顶山市煤炭公司矿工路经营处营业员
何梅英　河南省第一绢纺织厂布机车间挡车工
惠明琴　平顶山市化肥厂造气车间电焊班长
杨风兰　平顶山市姚孟电厂汽机分厂工人
蒋庆敏　平顶山市矿务局第一小学教师
韩桂芬　平顶山市矿务局七矿食堂副班长
李　改　平顶山市郊区东高皇公社任寨大队党支部书记
赵凤仙　平顶山市中兴路办事处和平路南居委会主任
姚增秀　洛阳市老城区妇联主任
郭　贤　洛阳市妇联主任
郝德贞　洛阳市西工区道北办事处妇联主任
马麦叶　洛阳市瀍河回族区东关办事处东关大街妇代会主任
马云霞　洛阳市涧西区湖北路小学教师
杨秀英　洛阳市郊区古城公社锉李大队农民
王秀芳　洛阳市郊区工农公社兴隆寨大队党支部副书记
赖淑珍　洛阳市侨务办公室工程师
蒋湘宁　洛阳市体委体校教练员
陈　颉　洛阳市第二人民医院心血管研究室主任
蒋巧云　洛阳市二商系统烟糖公司门市部主任
李景枝　洛阳市一商系统百货公司老城商场副经理
马金凤　洛阳市豫剧团副团长
郑桂英　洛阳市第六中学教师
冯翠华　中国人民解放军洛阳外语学院副教授
郭静民　洛阳市轴承研究所工程师
胡世平　洛阳市耐火材料研究所副总工程师
黄桂宣　洛阳市钢厂工人
张　智　洛阳市玻璃厂教师
王久连　洛阳市棉纺织厂机动车间工人
杨钦顺　洛阳市轴承厂精密分厂工人
胡慧莉　洛阳第一拖拉机厂冶金处工程师
陈志兰　新乡市水泵厂工人
刘芝英　新乡市人民银行北干道办事处出纳员
赵兰风　新乡市红旗区罗庄街居委会主任
刘秀兰　新乡市丰乐里大队妇代会主任

吴秀梅　新乡市国营一三四厂设计员
张惠琴　新乡市邮电局话务员
刘金秀　新乡市煤建公司北干道商店工人
芦仙荷　新乡市红卫线厂挡车工
杨桂荣　新乡市新华区自由路居委会主任
冯文池　新乡市师范学院讲师
王永霞　新乡市红旗粮油公司工人街粮站主任
于　芳　新乡市烟酒糖果公司平源路新新食品副经理
曹桂娥　河南轮胎厂技术科助理工程师
游合云　焦作市城建局环卫处焦南清道队队长
李云芳　焦作市解放区民生办事处民生南街居委会支部书记
梁素荣　焦作市郊区王封公社李封二大队农民
王荣芝　焦作市人民银行民主路办事处“三八”储蓄所主任
郑桂英　焦作市陶瓷一厂班长
陈秀珍　焦作市学生路小学教师
刘云芝　焦作市矿务局机电公司汽车大修厂电工组长
谢翠梅　焦作市卫生材料厂挡车工
闻人根娣　焦作市二商局焦东日夜门市部组长
张桂馨　焦作市人民医院护士长
潘秀芝　安阳市铁西区梅元庄办事处食堂负责人
张宝英　安阳市豫剧一团副团长
王素仙　安阳市公安局劳教场中队负责人
常素珍　安阳市郊区东郊公社任家庄大队副主任
魏永芬　安阳市百货公司安钢商店副经理
姚海珍　安阳市安钢厂冶炼铁分厂副厂长
王　芬　安阳市豫北棉纺织厂布机车间丁班挡车工
王秀云　安阳市卷烟厂配方组长
李付荣　安阳市北关区豆腐营办事处豆腐营妇代会主任
许秀珍　安阳市北关区人民大道小学教师
闫秀芹　安阳市青年粮店收款员
张学芳　安阳市服务公司国营理发中心店副经理
李凤叶　鹤壁市无线电一厂车工班长
徐秀珍　鹤壁市山城区汤河桥办事处奔流街七巷居委会主任
夏成英　鹤壁市鹤山区中山街道办事处建安村居委会主任
李玉靖　鹤壁市矿务局钢丝绳厂班长
崔学枝　鹤壁市烟酒公司长红商店副组长

杨立力　鹤壁市矿务局第六煤矿学校教师

郭勤花　鹤壁市鹤壁集公社李荒大队技术员

张秀英　鹤壁市鹿楼公社鹿楼大队妇代会主任

宋东香　鹤壁市石林公社东马村大队妇代会主任

郭素娈　省文化局幼儿园园长

刘雪兰　省农技总站土肥站副站长

韩玉春　中国人民解放军153医院检验科主任

李德珍　郑州铁路局洛阳机务段电焊工

张洪群　郑州铁路局中心防疫站主管医师

吴松兰　郑州铁路局开封铁路第一小学教师

金桂香　省煤矿设计研究院工程师

刘卉芬　郑州市园林科学研究所工程师

安常娥　省化工研究所所长

巫兰英　省陆上运动学校运动员

张秀嫩　省体训班运动员

朱海军　省人民医院内科护士

魏　云　省豫剧三团演员

丁　岚　省话剧团演员

陈德薰　省科学院化学研究所研究室副主任

李　珏　省科学院能源研究所助理研究员

郭月芳　郑州工学院讲师

张克勉　省实验小学副校长

湖北省

伍英霞　蕲春县人民医院妇产科主任

严玉叶　蕲春县花园公社盘龙大队妇代会主任

高爱琴　蕲春马畈公社拢盘头大队妇代会主任

徐桂妹　蕲春蕲州公社南门大队妇代会主任

冯淑丹　麻城县张家畈公社张门口大队民办教师

徐作存　麻城县乘马公社妇联主任

杨辉菊　麻城县关厢公社枫树大队妇女队长

祝玉华　麻城县物资局化工建材公司采购员

白先荣　麻城县三河口公社舒家畈大队养蚕员

罗珍云　鄂城县胡林公社新港大队社员

陈秀英　鄂城县长港农场畜牧场饲养员

王俊华　鄂城县人民医院副院长

陈理畅　英山县缫丝厂车间副主任

徐美芳　英山县杨柳公社游击冲大队社员

蔡文芳　罗田县三里桥公社河东街大队

副书记
何月平　罗田县缫丝厂缫丝车间工人
熊瑞霞　黄冈地区农科所研究室主任
赵金华　鄂城市凡口街办事处鄂钢桥水泥厂团支部书记
徐菊容　鄂钢桥广济县余川公社妇联主任
张喜妹　广济县阳城公社妇联主任
张桂梅　广济县第一中学教师
袁秀英　黄冈县上巴河公社车站大队孟家仓生产队妇女队长
童桂仙　黄冈县服务公司黄州饭店服务员
童金枝　黄冈县付家河公社土门大队妇代会主任
朱淑贤　新洲县妇联主任
陶翠珍　新洲县双柳公社龙口管理区妇联主任
李金枝　新洲县李集公社妇联主任
孙爱莲　新洲县城关镇妇联主任
徐炳兰　浠水县团陂公社鸡鸣尖大队社员
杨春芳　浠水县汪岗公社前进大队妇代会主任
万桂芳　浠水县十月公社妇联主任
李玉珍　浠水县蔡河公社企业管委会副主任
吴映莲　红安县八里公社卫生院检验士
熊菊莲　红安县城关镇居民委员会居民
王和英　红安县金河公社联河大队妇代会主任
吴海愿　黄梅县大庙公社妇联主任
吴慧娟　黄梅县黄梅镇小学支部书记
商利华　黄梅县独山供销社“三八”分店收购员
程凡华　黄梅县亭前公社三渠铺大队妇代会主任
孙天根　中国农业银行湖北省孝感地区中心支行干部
张秀华　孝感县燃料公司北门煤球厂生产队长
陈淑珍　孝感县第二中学党支部书记
王凤仙　孝感县祝站公社联合大队党支部副书记
李耀清　孝感县小悟公社七里大队八队幼师
万兰凤　孝感县陡岗公社胜利大队党支部副书记
向艳梅　孝感县杨店公社解放大队社员
万桂菊　黄陂县长虹堰公社白龙寺大队妇代会主任
梅碧琴　黄陂县环城公社红星大队妇代会主任
夏银娥　黄陂县鲁台公社王家店大队妇代会主任
赵美珍　黄陂县天河公社陈叶六队吴家大湾社员
程静文　黄陂县直属机关幼儿园教养员

高树珍　大悟县夏店公社朝阳大队妇代会主任
韩清芳　大悟县刘集公社铁寨大队妇代会主任
吴献钦　应山县陈巷公社李岗大队妇代会主任
熊本兰　应山县马坪镇幼师
湛永秀　应山县十里公社林丰大队社员
易祝英　应山县百货公司广水商店门市部营业员
李锡珍　安陆县河水公社毛河管理区副主任
郭远芝　安陆县孛畈公社团委副书记
冯大华　安陆县烟店公社宋垅一队社员
杨春凤　云梦县下辛店公社供销社三咀旅社服务员
徐慈子　云梦县道桥公社满天星大队社员
韩秀芳　应城县杨河公社大堰大队刘杨生产队社员
陈桂芳　应城县黄滩公社黄滩大队妇代会主任
徐继慧　应城县城关镇计划生育干事
喻云巧　汉川县脉旺镇湖北制伞厂厂长
龚引娣　汉川县分水公社光一大队妇代会主任
葛冬珍　汉川县西江公社打堰管理区妇幼保健员
方腊芝　汉川县新堰公社邓三大队妇代会主任
林正华　汉川县南河公社丁集大队幼儿园幼师
邹远银　江陵县马山公社马兰大队党支部书记
吴秉珍　江陵县荆州镇猪鬃厂保管员
陶美玉　江陵县袜厂设计员
李重艳　江陵县副食品公司花台商店主任
王贤玉　松滋县万家公社供销社生资门市部营业员
谢承玉　松滋县大湖公社裴家河大队妇代会主任
王安翠　松滋县西斋公社九岭岗大队妇代会主任
杨玉芳　松滋县京剧团副团长
徐选凤　公安县金狮公社窑星大队妇女队长
樊必芳　公安县床单厂车间副主任
刘光良　公安县章田寺公社双仁大队妇女队长
徐想珍　石首县小河公社合兴大队七队社员
梁桂9　石首县人民医院内科主任
贺桂华　监利县龚场公社新河大队三队社员
肖明娥　监利县白螺公社柘木米厂出纳
黄承秀　监利县新沟镇妇联主任
朱万香　监利县朱河公社赵祠大队妇代

会主任
张桃英　监利县三洲公社东北大队二队社员
肖汉芝　洪湖县医药公司赤卫路门市部主任
王环珍　洪湖县洪湖公社金湾渔场社员
白银秀　洪湖县曹市公社跑马大队妇代会主任
张忠贞　天门县横林公社供销社副主任
洪秀英　天门县棉纺针织厂细纱车间挡车工
廖焕生　天门县李场公社红花大队妇代会主任
张金枝　天门县小庙公社灯塔大队农技员
覃兆椅　天门县妇幼保健所医师
吴元芳　潜江县老新公社旅社组长
张国秀　潜江县浩口公社柴河大队妇代会主任
李孝珍　潜江县龙湾公社李台大队妇代会主任
陈慧蓉　沔阳县彭场公社晓口大队社员
刘金枝　沔阳县长埫口公社万家湾大队党支部副书记
田华姣　沔阳县杨林尾公社塘林湖大队社员
李乾秀　沔阳县郭河公社农科七队制种员
黄冬琼　沔阳县仙桃制药厂车间主任
鲁　静　荆门县实验小学特级教师
杨桂玲　荆门县烟垢公社刘庙大队幼师
王祥玉　荆门县石桥公社东风六队社员
刘华芳　钟祥县洋梓公社管委会计划生育助理员
应多桃　钟祥县官庄湖农场畜牧场饲养员
张国媛　钟祥县服装厂班长
苏　华　钟祥县棉织厂设计员
杜呈鸾　京山县实验小学教师
谢传玉　京山县三阳公社黄家大队妇代会主任
卓乐姒　荆州地区微生物研究所病毒组组长
艾延荣　荆州地区行署机关幼儿园教养员
何　英　荆门市东宝公社兽医站兽医员
李晓顺　荆门市副食品公司业务股副股长
郑淑梅　五三农场园艺分厂石料厂工人
李巧云　咸宁县汀泗桥公社妇联主任
韩玉英　咸宁县渠首公社何家垴大队妇代会主任
邓茂芳　咸宁县横沟公社袁铺大队妇代会主任
熊明经　嘉鱼县实验小学特级教师
赵国珍　嘉鱼县财政局预算股长
李明乔　蒲圻县机关幼儿园副园长
方元英　蒲圻县蒲圻镇市容环卫所所长

冯菊意　蒲圻县印刷厂车间党支部书记
任秀云　通城县日杂公司瓷器门市部营业员
谢桃仙　通城县东冲公社内冲大队妇代会主任
林金桃　通城县麦市公社九房大队妇代会主任
李菊保　崇阳县召山公社五港大队党支部书记
孙香兰　崇阳县商业局中心商店党支部书记
彭玉英　通山县人民银行副股长
许细妹　通山县通羊镇居民
陈世英　湖北省阳新县荻田公社白杨大队凉亭生产队社员
成清英　阳新县木港公社坳头大队下高生产队农民
柯菊先　阳新县大德公社漆方大队妇代会主任
刘合意　蒲圻县妇联主任
李德洁　咸宁地区富水水库管理局农艺师
黄少芬　襄阳县程河公社宋庄大队七队社员
黄风云　襄阳县双沟公社高营大队二队社员
司金风　襄阳县古驿公社余咀大队五队妇代会主任
杨风清　襄阳县牛首公社九合大队八队社员
房凤英　襄阳县黄龙公社黄祠大队党支部书记
胡顺芝　襄阳县太平店公社太平镇家庭幼儿园幼师
陈桂英　枣阳县鹿头公社妇联干事
赵玉双　枣阳县刘升公社赵老湾大队二队团支部委员
武清贞　枣阳县化肥厂工段长
刘德琴　枣阳县杨垱公社杜庄大队妇代会主任
叶家秀　襄阳地区车河农场农工
杨楚云　随县均川公社国际大队社员
邹名杰　湖北省枣阳县第一中学教师
刘红斌　随县安居镇五大队二队幼师
黄广仙　随县高城公社高城管理区三大队一队妇女队长
余永兰　随县唐镇公社大桥管理区孤山大队三队社员
周廷英　随县厉山公社两水管理区首义大队九队妇代会主任
刘兴菊　谷城县石花镇平川大队党支部书记
李印阁　谷城县城关镇第一小学教师
胡明秀　保康县马桥公社金斗大队党支部副书记
汪爱枝　光化县豫剧团团长
滕桂花　光化县孟楼公社团结大队妇代会主任

郭世英　南漳县薛坪公社洛浴管理区平田大队一队社员
王厚香　南漳县九集公社丁集管理区三大队妇代会主任
张桂兰　宜城县讴乐公社讴集大队党支部委员
王树珍　宜城县毛巾厂党支部副书记
胡道英　随州市南关街道办事处妇联主任
孟秀华　老河口市北京路办事处铸造厂党支部书记
高为煜　襄阳地区医院妇产科副主任医师
彭其香　襄阳地区拖拉机厂铸造车间工人
陈琼英　襄阳地区农校教员
蒋锡尧　宜昌县直属机关幼儿园副园长
邹学英　宜昌县务渡河公社务渡河小学教师
高秉珍　宜昌县饮食服务公司旅社负责人
刘宗英　宜昌县分乡公社军田坝大队队长
曹发秀　宜都县红花套公社吴家岗大队接生员
李德英　宜都县枝城公社竹山大队妇代会主任
黄维芬　枝江县百里洲公社双桥大队幼儿班教师
王圣珍　枝江县七星台公社张家场大队社员
辛德凤　枝江县化肥厂电焊班长
张政梅　当阳县玉阳镇环卫所清洁工
刘兰菊　当阳县慈化公社五台大队副大队长
苏　红　远安县晓坪公社晓坪中学教师
李修兰　远安县鹿苑公社红岩大队社员
简凤兰　兴山县高岚公社罗家垭大队妇代会主任
宋发枝　秭归县梅家河公社王家坡大队妇代会主任
向方春　秭归县新华印刷厂装订车间副主任
赵以让　长阳县后山茶场场长
李培桃　长阳县津洋口公社桃坪大队
李世俊　长阳县磨市公社兽医站兽医
向家竹　五峰县渔洋关公社曹家坪大队妇代会主任
覃孔菊　五峰县牛庄公社沙河大队妇代会主任
袁晓红　宣恩县椒园公社凉风大队生产队长
龙冬云　宣恩县和平公社干溪大队农会主任
唐守秀　来凤县百纺公司经理
侯松云　来凤县接龙桥公社土堡大队妇代会主任
邱玉莲　恩施市装卸运输公司工人

黄丙元　巴东县野三关区柳家山乡张岩大队妇代会主任
展清荷　巴东县信陵镇幼儿园副园长
吴光春　巴东县沿渡河区堆子场乡妇联主任
付永喜　建始县红岩公社大店子大队党支部书记
王翠兰　建始县竹园公社铜钱坝大队六队生产队长
王会珍　建始县人武部炊事员
牟伦凡　利川县马前公社白荣坝大队妇代会主任
唐术艺　利川县马前公社妇联主任
刘正枚　利川县城关镇一小教师
王进平　利川县建南公社和平大队妇代会主任
金齐林　咸丰县杨洞公社花台山大队接生员
吴桂芝　咸丰县大路坝公社谭家坪大队妇代会主任
刘山秀　鹤峰县饮食服务公司民族餐馆主任
熊珍姐　鹤峰县太平公社复兴大队六队农民
张兆桃　恩施县崔家坝公社中村大队支部书记
宋菊芳　恩施县沐抚公社龙塘大队一队社员
袁先昌　恩施县龙凤公社供销社营业员
刘永秀　恩施县橡胶厂工人
田相芝　均县三官殿公社三殿大队妇代会主任
蔡万华　均县丹江饭店服务员
王世香　郧西县涧池公社后山大队支部书记
王太炳　郧西县福利院院长
黄登云　郧西县城关镇春桥大队妇代会主任
施胜音　竹山县汽车配件厂厂长
王美婵　竹山县人民医院副院长
李　萍　竹山县师范幼儿园幼师
刘桂香　竹溪县龙坝公社双建大队社员
罗忠兰　竹溪县水坪公社船形寨大队妇代会主任
甘秀英　竹溪县城关镇西关街服装厂厂长
张文芳　房县红塔公社妇联主任
叶丽珠　房县人民医院妇产科医生
席文凤　房县白窝公社孙家湾小学教师
朱明秀　神农架林区红花公社三堆河大队支部书记
李宜禄　郧阳一中教师
罗喜荣　郧县梅铺公社西口沟大队妇代会主任
龚永秀　郧县茶店公社茶店大队三小队社员
李世玉　郧县城关镇西岭街幼儿园幼师
王宝芝　中国人民解放军第3611工厂

工人
陈四荣　武汉市江岸区新风绸布商店副经理
陈翠华　武汉市江汉区民族街办事处妇联主任
汪友莲　武汉市硚口区宗关街办事处妇联主任
郑桂芬　武汉市汉阳区两湖副食品商店柜长
杨娅萍　武汉市武昌区武昌酒楼服务员
罗志祥　武昌区首义路街武昌路幼儿园主任
盛惠茹　武汉市青山区工人村幼儿园主任
王海珍　武汉市洪山区永丰公社磨山大队
余永枝　武汉市武昌县乌龙镇新农村大队妇代会主任
易木兰　武汉市东西湖区径河农场永丰大队农工
杜昌志　武汉市汉南农管局乌金农场农工
叶芳琴　武汉市汉阳县沌口公社养猪场农民
薛慕光　武汉市华中师范学院副教授
严玉兰　武汉市江岸公安分局六智路派出所副指导员
张潮华　武汉市无线电三厂工人
徐亚纳　武汉卷烟厂工程师
陈　红　武汉市第六棉纺织厂南细车间乙班值车工
鲁桃香　武汉市第四棉纺织厂北布车间值车工
邓道航　武汉市工艺雕刻厂副工艺师
崔桂娥　武汉市第二医院护士
胡美智　武汉市武昌实验中学教师
郭淑华　武汉市硚口路小学教师
张顺娥　武汉市武汉商场柜长
王　革　武汉市电信局二分局副班长
袁　啸　武汉市肉类联合加工厂工程师
马翠林　武汉市公共汽车公司五场车务员
戴静萍　武汉市中南汽车修配厂医师
陈雪珍　武汉市薄板厂生产班长
王旺先　武汉市第三市政工程公司分队长
王宜洵　武汉市武昌造船厂科研设计二室工程师
姜翠兰　武汉市楚剧团演员
吴秀凤　武汉市汉口友谊商店副主任
李秀荣　黄石市百货公司红旗百货商店营业员
方　炜　黄石市六中教师
周洁珍　黄石市第一医院副护士长
李小珍　黄石市公共汽车公司车务员
吴杏娥　黄石市铁山区铁山公社龙衢湾大队占家泉生产队社员
叶年桂　黄石市下陆区肖铺公社王寿大

队三小队社员

齐范珍　黄石市石灰窑区源建一村居委会党支部书记

梁雪枝　黄石市黄石港区交通里居委会党支部书记

邹传英　十堰市土门公社土门大队饲养员

秦守芬　十堰市染织厂质量检查员

何立荣　十堰市茅箭街道办事处妇联主任

李显明　宜昌市得胜街小学教师

望作英　宜昌市塑料编丝织带厂助理工程师

王家玉　宜昌市窑湾公社汉宜大队社员

廖素英　宜昌市胜利一路居委会支部书记

陈　进　人民银行襄樊市支行人民路办事处干部

孙本霞　襄樊市床单厂挡车工

余翠英　襄樊市直属机关幼儿园教养员

李荫环　襄樊市湖北蓄电池厂工程师

郭金霞　沙市第二人民医院妇产科副主任

韩芳秀　沙市食品公司活鲜香肉食店营业员

刘恒佩　沙市大赛巷小学幼儿园幼师

邱文珍　湖北省沙市胜利街道办事处妇联主任

沈韫芳　中国科学院水生生物研究所副研究员

石昭象　湖北省劳改局襄北农场农科所农艺师

周　杰　湖北省旅游局璇宫饭店服务员

李惠露　湖北省医学科学院技师

韩爱萍　湖北省体工大队羽毛班运动员

姚　蕾　湖北省电力工业局青山热电厂电气运行班副班长

王宝华　云梦棉纺织厂细纱车间细纱挡车工

何胜荣　蒲圻纺织总厂针织一厂技术员

罗桂华　湖北日报印刷厂工人

姚蔚生　恩施地区水文分站副站长

胡志巧　湖北工业建筑设计院建筑师

王　劲　湖北省博物馆副馆长

赵丛云　第一九三陆军医院二内科副主任

杨云玫　水利电力部长江流域规划办公室施工处工程师

刘宗英　铁道部第四勘测设计院线路处工程师

陈巧姑　长航武汉分局客货轮一大队东方红26号轮服务员

陈秀卿　航天工业部066基地万山厂副科长

刘莄芬　第二汽车制造厂技术中心材料实验室工程师

唐肖玫　中南冶金地质勘探公司研究所高级工程师

吕世荣　武汉铁路局荆门车务段当阳车站客运员
葛婉华　武汉市汉阳铁一小教员
刘达桂　第一冶金建设公司四公司三工地电焊工
欧有清　江汉石油管理局一矿采油三队工人
徐忠荣　武钢冷轧厂吊车司机
唐　群　国营九六一六厂子弟学校副校长
张玉莲　国营江山机械厂工人
徐鸣琴　长江葛洲坝工程局安装分局副主任
周钦韫　武汉钢铁设计研究院土建科工程师
朱玉莲　国营龙感湖农场沙湖分场下沙生产队妇女队长
王爱华　国营总口农场北东泓分场农科所农工
李菊娣　国营人民大垸农场职工医院医师
王志敏　国营五三农场长滩公场姜畈大队妇代主任

湖南省

刘淑云　长沙正元动力配件厂车工
玉仁华　湖南制药厂副总工程师
赵雪娥　长沙自行车总厂车间副主任
张爱莲　长沙塑料厂炊事班班长
李德林　长沙鼓风机厂清砂班班长
郑云莲　长沙市制药二厂车间主任
左润先　长沙汽车仪表厂车间主任
陶　廉　长沙纺织厂细纱车间轮班教练员
曹银华　长沙路口区妇联主任
张　惠　长沙县农业局土肥站副站长
谭佩霞　长沙县安沙区鼎功公社花桥大队妇女主任
胡　敏　长沙县北山公社北山小学校长
曾爱华　望城县建材总厂水泥分厂副厂长
刘春美　望城县五丰公社妇联主任
颜淑华　长沙市郊区岳麓山公社桃花大队生产队队长
齐　新　长沙市原省政府直属机关第三幼儿园园长
危新华　长沙市南区向阳路办事处干部
肖惠华　长沙市南区个体经营者联合会服务业协会委员
夏先枚　长沙市西区学院街劳动新村居委会主任
程婉湘　长沙市北区望麓园建中塑料包装厂厂长
吴颂阳　长沙市韶山路商店营业员
韩莲洁　长沙市肉食水产公司福胜街商店门市部负责人

赖梅媛　长沙市废旧物资公司西区总店西长街门市部收购员
谌伯纯　长沙市第十中学教师
刘稚葳　长沙市三医院主治医师
彭祝玲　株洲市湘江机器厂工人
李伟平　衡阳市纺织印染厂挡车工
肖文淑　衡阳市东方红百货商店店党支部副书记
陈美波　衡阳市第二医院妇产科主任
王振凤　衡阳市城北区环卫所清洁工
张春华　衡阳市城南区先锋街道办事处主任
罗淑梅　衡阳市岳屏公社红旗大队社员
陈桂和　株洲电力机车厂车工
肖建华　株洲玻璃厂工段长
邓芝懿　株洲苎麻纺织印染厂挡车工
游利如　株洲市棉纺厂挡车工
刘志杰　株洲冶炼厂工程师
申善吾　湖南省煤田地质勘探公司高级工程师
王满珍　株洲选矿药剂厂工程师
彭菊英　株洲火花塞厂机械技师
施访梅　株洲市南区人民医院主治医师
陈锦秀　株洲市第五中学教师
蒋三玲　株洲市公共汽车公司司机
刘正春　株洲市环卫处清扫工
陈丽君　株洲市钟鼓岭蔬菜店门市部负责人
王芝凤　株洲市郊区鹅颈洲渔场三八母猪场饲养员
刘云莲　邵阳市金笔厂五金车间班长
曾如琅　邵阳市第一人民医院护士
尹翠荚　邵阳旅社党支部书记
谢祥凤　邵阳市桥头区桥头办事处永庆街居委会主任
佘如蓉　邵阳市第十一中学教师
宋金华　邵阳市郊区石桥公社马安一队妇女队长
李建平　湘潭纺织印染厂二厂后纺车间工人
谭翠梅　湘潭市第十三中学教员
黄月恒　湘潭市为群副食品店党支部书记
诸玉凤　湘潭市板塘区聋哑学校党支部书记
周正东　湘潭市国营江南机器厂十车间工人
凤敬如　湘潭市湘江区环卫所工人
陈胜霞　湘潭市郊区红旗农场副场长
刘素辉　湘乡县双江公社东岭大队妇代会主任
贺良辉　湘乡县轧乔公社轧坪大队党支部副书记
阳采华　湘乡县东山学校特级教师
李淑华　湘乡县涧山公社涧山大队妇代会主任
李慈荚　湘乡县环卫所工人
成曼君　湘潭县易俗河镇烟塘小学教员

阳岱珍　湘潭县荷塘公社妇联主任
刘菊香　湘潭县易俗河区供销社饭店服务员
苏孟辉　湘潭县永义公社永家大队妇代会主任
刘玉英　湘潭县方上桥公社高泉大队社员
楚利平　湘潭县白云公社月形大队妇代会主任
瞿秀君　浏阳县永安供销社营业员
王妹香　浏阳县普迹乡元霞村妇代会主任
任永兰　浏阳县林业科学研究所技术员
刘宜会　浏阳县石湾公社平安大队社员
张荣华　浏阳县大围山乡田心村妇代会主任
刘春莲　浏阳县青草公社妇女主任
成冠群　醴陵县农业局植保股副股长
王雪珍　醴陵县百纺公司百货商场主任
钟金凤　醴陵县长岭公社党委副书记
徐芝兰　醴陵县浦口公社碧泉大队社员
贺利珍　醴陵县孙家湾公社井下大队社员
黄柏兰　攸县一中教导处副主任
谭剑珍　攸县农业银行会计
罗姣娥　攸县大同桥公社大同大队妇代会主任
刘回年　茶陵县严塘公社合心大队妇代会主任
郭晚姣　茶陵县马江公社兽医站兽医
吕云英　酃县人民医院妇产科主任
彭石莲　湘乡县工会干部
逯复兴　浏阳县沙市公社黄花大队养鸡专业户
陈秋中　湘乡县东山公社双连大队妇代会主任
杨淑明　华容县人民医院妇产科副主任
张君蓉　华容县城关镇西街幼儿园幼师
黄三秀　华容县万庾公社妇联主任
唐桂香　临湘县聂市公社联盟大队社员
周爱珍　临湘县人民医院检验科主任
李层喜　临湘县陆城公社新港大队社员
许妙恩　湘阴县人民医院妇产科副主任
游桂云　湘阴县城关粮店主任
徐纯英　湘阴县东湖渔场饲养员
唐年珍　汨罗县白塘公社党委副书记
何仙桃　汨罗县川山公社盐景大队党支部副书记
王莲君　岳阳市黄秀公社建设小学教师
王凤荚　岳阳市人民医院内科主任
孙建秀　岳阳市立新旅社经理
瞿多珍　岳阳市城南办事处南津港居委会主任
许光荣　平江县南江区供销社长毛兔培殖员
岳素云　平江县钟洞区思溪公社和众大队民办教师
刘为英　平江县向家公社卫生院副院长

龚菊兰　岳阳地区君山农场电排站抽水机手
彭玉平　岳阳地区钱粮湖农场三分场水产队妇代会主任
田小英　岳阳地区麻纺厂工人
侯彩花　岳阳地区化工总厂锦纶厂托儿所保育员
卢照南　南县农机供应公司门市部主任
万正英　南县牧鹿湖公社防治站品改员
崔毛秀　沅江县针织厂技术股副股长
龚爱兰　沅江县普丰公社梅南大队妇代会主任
杨秀英　沅江县草尾镇妇联主任
柳华英　益阳县农业科学研究所技术干部
杨霞秀　益阳县卡子公社高联大队妇代会主任
晏玉英　益阳县泞湖公社陶家冲大队党支部委员
宋　勇　宁乡县人民银行储蓄所会计
刘　莉　宁乡县城关镇南小学特级教师
肖　健　宁乡县城关镇医院中医士
张淑桃　宁乡县官山公社妇联主任
谭南香　宁乡县花明楼公社花明大队妇代会主任
王仿梅　安化县种畜场职工
陈淑元　安化县印刷厂工人
颜国华　安化县梅城区妇联主任
夏秀桃　安化县文溪公社廖家山大队和睦生产队队长
刘桂花　桃江县桃谷山公社中七里大队妇代会主任
林秀英　桃江县泗里河公社淡园大队妇代会主任
钟桂英　桃江县修山公社石牌大队会计
刘月英　桃江县人民医院护士长
邓琼珍　益阳市布鞋厂技术股副股长
杜菊红　益阳市工农理发店理发师
卓德纯　益阳地区国营大通湖农场三分场职工
张桂香　益阳地区国营茶盘洲农场新华分场统计员
王云辉　益阳地区国营大通湖农场农科所技术员
俞曼君　益阳地区麻纺厂工人
马桂迟　益阳地区林科所工程师
王湘菊　益阳师范专科学校外语科副主任
彭湘兰　益阳地区机电设备公司仓库保管员
杨桂元　常德县河洑商店党支部书记
张定英　常德县畜牧良种场副队长
粟绍群　常德县计划生育办公室副主任
高妹枝　常德县韩公渡公社牛古陂大队妇代会主任
杨坤菊　澧县大围公社新建大队妇代会主任
汪隆英　澧县洞市公社洞市小学校长

王先梅　澧县澧东公社三元大队党支部副书记
张礼元　安乡县安丰公社妇联主任
刘菊秀　安乡县一农场妇联主任
辛春秀　安乡县安昌公社金家垱大队妇代会主任
占腊珍　石门县泥沙区公所妇女干部
黄国华　石门县白洋湖公社保宁桥大队幼师
朱云香　津市缫丝厂自缫车间班长
罗贻秀　津市蚊香总厂党委委员
张凤梅　常德市城东红卫居委会党支部书记
顾建云　常德市针织厂“三八”织袜班班长
张世云　常德地区电业局油库管理员
李赞美　汉寿县大南湖农场七工区一队妇女队长
李秋兰　汉寿县饮食服务公司芙蓉面馆主任
瞿爱华　汉寿县明月潭公社饭店服务员
黎菊香　慈利县东岳观公社斗垭大队妇代会主任
庹雪浓　慈利县熊家庄公社卫生院医生
王云桂　慈利县城关粮店主任
苏玉媛　临澧县合口商店营业员
范湘衡　临澧县珠日公社雨台大队学校教师
王金秀　桃源县桃花园区妇女干部
周如新　桃源县人民医院妇产科主任
刘腊先　桃源县茅草街公社官山岭大队七队社员
魏玉爱　桃源县热市公社象牙大队党支部书记
方金莲　桃源县龙虎公社集云大队八队社员
马作媛　桃源县热市公社党委副书记
李淑菊　常德棉纺厂挡车工
罗美珍　新化县胜利公社民主大队妇代会主任
田桂芝　新化县杨木洲公社光华大队幼师
刘桂英　新化县妇女联合会副主任
谢合云　新化县吉庆供销社吉庆分社经理
肖素英　娄底市涟滨公社高溪大队社员
段绍辉　冷水江市禾青公社里福大队幼师
陈玉香　涟源县三塘区妇联主任
周爱莲　涟源县洸湄公社合玉大队社员
廖毓香　涟源县人民医院总护士长
殷顺秀　涟源县马头山公社乌鸡坝大队生产队长
谢秋英　新邵县雀塘公社半边街大队社员
罗荣华　新邵县雀塘公社庙湾大队党支部书记
谢　美　新邵县陈家塘区妇联主任

贺顺英　邵东县两市塘区妇联主任
贺志玉　邵东县皇帝岭公社爱国大队党支部书记
曾小春　邵东县余田桥公社高桥大队社员
胡细五　双峰县柘塘公社走马大队妇代会主任
彭立辉　双峰县白碧公社妇联副主任
胡瑞霜　双峰县人民医院副护士长
何学焦　娄底地区人事局干部
刘顺姣　新邵印刷机械厂工人
罗丁凡　娄底师范学校教师
王苏华　双峰县茶叶示范场干部
梁素娥　武冈县人民医院副护士长
肖菊英　武冈县安心公社三联大队社员
阳仁娥　隆回县百货公司针纺批发部负责人
刘槐香　隆回县人民医院护士长
范解莲　隆回县九龙山林场工会委员
王小春　洞口县石江造纸厂漂洗车间主任
谭远姣　洞口县城郊公社平清大队党支部副书记
谢美姣　洞口县石江区副区长、妇联主任
倪爱云　新宁县金石镇劳动服务公司经理
王香莲　新宁县一渡水公社一渡水大队园艺场生产队队长
刘春英　邵阳县新华书店炊事员
黄桂娥　邵阳县双江公社双江大队党支部书记
陈菊彩　邵阳县河边公社屏峰油桐场场长
杨玉梅　绥宁县在市镇在市大队妇代会主任
黄竹青　绥宁县瓦屋公社和团大队社员
徐玉花　城步县汀坪公社回龙大队党支部副书记
周湘英　邵阳地区畜牧研究所畜牧医师
黄茂林　衡南县泉溪区妇联主任
周正英　衡南县江口公社妇联主任
肖艾姑　衡南县杨武公社畔壁大队幼师
费明菊　衡南县大山公社岳龙大队妇代会主任
曹时燕　衡南县泉湖公社小江大队妇代会副主任
袁　慧　衡东县石湾区妇联主任
何洪英　衡东县真塘公社仙鹅大队党支部副书记
周正英　衡东县双沅公社杨梓坪大队妇代会主任
刘娓萍　衡山县南岳镇妇联主任
王冬云　衡山县农业银行岭坡公社营业所副主任
刘运英　衡山县马跡公社长岭大队妇代会主任
王志廉　衡阳县西渡区妇联主任

蒋美英　衡阳县水寺公社中心大队妇女干部
方小梅　衡阳县富田公社洪山大队党支部书记
沈檍林　衡阳县第六中学教研组长
吕阶苏　衡阳县樟树公社群益大队幼师
王翠英　祁东县中和堂公社妇联主任
贺满秀　祁东县砖塘公社长滩桥大队社员
刘满秀　祁东县蒋家桥邮电支局话务员
唐月英　祁东县归阳镇第二居委会幼师
李功纯　祁东县祖山湾公社扎岭大队妇代会主任
陈姣莲　祁阳县太白公社妇联主任
文世瑜　祁阳县农业局粮作股副股长
袁菊英　祁阳县人民医院内科护士长
占起云　祁阳县城关镇城东居委会八联组组长
廖友明　常宁县龙门公社江栗大队社员
鲁振华　常宁县化肥厂车间党支部书记
黄珍秀　常宁县瑶塘公社曲市大队副队长
林雪雯　衡阳地区人民医院小儿科主任
蒋玉仙　衡阳地区地直机关幼儿园副园长
李佐英　汝城县服装厂工人
黄爱凤　汝城县小垣商店七铺分店负责人
欧阳凤英　桂阳县荷叶公社新市大队幼师
邓爱兰　临武县妇联主任
张玉莲　安仁县城关镇城北居委会居民
李梅花　安仁县朝阳供销社营业员
曹庚苏　资兴县城关商店多宝红一班班长
曹香凤　永兴县柏林公社龙王市大队社员
罗光美　永兴县百货公司零售商店负责人
胡远英　宜章县人民医院副护士长
邱丽霞　宜章县一中副教导主任
陈桂珠　桂东县增口公社侃大大队妇代会主任
彭云辉　桂东县农业局植保股长
谭冬兰　郴县农业银行出纳
谢树招　郴县华塘公社南岸大队社员
杨六亿　郴州市氮肥厂副厂长
代世金　郴州市运输公司三轮车班工人
王　青　郴州市城建局园林处党支部书记
刘作桃　耒阳县水科所鱼苗鱼种繁殖场饲养员
蒋萍萍　耒阳县仁义公社十里大队社员
李香玉　嘉禾县坦坪公社托山大队妇代会主任
张建辉　郴州地区面粉厂班长
田先凤　郴州地区食杂品公司保管员
杜用宽　郴州地区传染病医院主治医生
李芝英　郴州地区卷烟厂班长

孔美英　零陵县冷水滩肉类联合加工厂副主任
文秀宝　永州市染织厂班长
樊德荣　蓝山县田心公社东联大队妇代会主任
陆柏凤　新田县毛里坪公社石古区大队妇代会主任
刘平娥　宁远县人民医院总护士长
钟福玉　宁远县禾亭公社黄湘大队党支部副书记
黄成英　江华县新华书店营业员
刘秋蓉　江永县汽车站服务员
何吉秀　道县会潭公社平岗大队妇代会主任
石解英　道县寿雁区供销社服务员
胡明桂　双牌县外贸局技术员
邓芳芳　东安县大庙口公社湾里大队社员
尤蓉香　东安县白牙市镇幼儿园幼师
钟花香　零陵县天字地公社天字地大队党支部委员
魏美英　零陵县鸟塘铺公社妇联主任
吕桃英　零陵县冷水滩车站食堂主任
肖　艳　蓝山县商业局幼儿园园长
陈明英　沅陵县高砌头公社王家坪大队妇代会主任
冯桂仙　沅陵县黄垠坪公社黄垠坪大队幼师
熊六妹　辰溪县锦滨公社锦滨大队第十队队长
谭秀英　辰溪县供销社生产培植员
邹　敏　溆浦县罐头厂技术员
曾飞莲　溆浦县双井公社灯塔大队妇代会主任
向桂花　麻阳县锦和公社瓮蓬冲大队妇代会主任
姚兰英　新晃县兴隆公社民生大队赤脚医生
李复松　芷江县第一幼儿园名誉园长
彭喜玉　怀化县泸阳公社妇联副主任
杨彩琴　怀化市床单厂工人
袁小芳　黔阳县沅河公社十里大队妇代会主任
汪兰香　黔阳县农业局农作物病虫测报站站长
何秀梅　会同县洒溪公社翁老大队党支部书记
芮琴妹　靖县甘棠公社敬老院服务员
杨柳清　通道县木脚公社溪上大队社员
阳美玉　洪江市新街办事处妇联主任
傅吉仙　怀化地区卫生防疫站食品卫生科主任
谌孙懿　安江纺织印染厂织布车间挡车工
田邦香　龙山县农车公社东坪大队大队长
夏声音　龙山县桶车公社下池大队幼师
顾菊香　桑植县洪家关公社敬老院服务

员
彭碧王　桑植县瑞塔铺区妇联主任
丁桂兰　永顺县塔卧公社土寨大队妇代会主任
梁洪斌　保靖县中心公社卡当大队党支部书记
陈寿兰　保靖县人民医院妇产科主治医生
吴兴华　吉首市社塘坡公社三岔坪大队赤脚医生
贾祖玉　花垣县团结公社下瓦水大队党支部书记
苏国荣　凤凰县农业局种子公司助理农艺师
李风云　古丈县龙鼻嘴公社畜牧站兽医
张光英　古丈县城镇茶叶大队妇代会主任
邹二英　省汽车运输管理局161车队客车二级驾驶员
杨玉翠　泸溪县小章公社党委副书记
姚明英　泸溪县浦阳公社城乡大队党支部书记
丁祖银　大庸县新桥公社老木峪大队党支部副书记
李兴娥　大庸县红土坪公社妇联主任
丁碧云　常德地区邮电局话务员
朱树蓉　怀化地区邮电局医生
梁政辉　长沙铁路分局长沙车站客运员
朱福元　衡阳铁路分局郴州电务段话务员
梁秋玲　怀化分局怀化车站售票员
郭东安　湖南省人民银行储蓄处副处长
岳瑞兰　黔阳县人民银行小溪坑储蓄所主任
主立军　桃源县农业银行漆河营业所会计
胡立清　国营湘江机器厂一分厂钳工
王福绒　国营沅江机械厂科研所工程师
王志苓　湖南省向阳机械厂子弟小学教师
李燕萍　国营洪源机械厂检验科代主任
唐旺姑　国营江麓机械厂附属工厂工人
方　明　省军区一六三医院妇产科主任
陆心安　国防科技大学一系工程师
王　萍　解放军铁道兵学院话务班班长
龙凤芝　湖南省林业科学研究所工程师
郑庆晖　水电部中南勘测设计院机电处工程师
周美玲　中南矿冶学院讲师
王　珏　湖南省妇女联合会科级干事
文芝芳　省体委射击学校运动员
李莲凤　省人民医院护士长
赵庆英　第五石油指挥部五物二分队工人
黄苹苹　冶金工业部长沙矿山研究院工程师
刘胜利　省日杂废旧物资公司徐家冲仓库工人

王利玄　湖南省委纪律检查委员会副科级干事
王运华　湖南省科学技术情报研究所外文翻译
王淑媛　共青团湖南省委员会办公室主任
邵国秀　省司法厅公证律师处科长
纪爱华　省委统战部炊事员
郑维立　省马王堆疗养院内科主任医务处副处长
黄斌元　省委办公厅秘书处副科长
盛　纯　省委办公厅接待处工人
张林芝　省电视台播音员
辛小嘉　省花鼓戏剧院一团副团长
黄淼清　省人民政府第二招待所服务员
左都洞　省人民政府直属机关第三幼儿园特级教养员
陈　寅　省农学院教授
刘玉娥　新邵职工疗养院护士长
单传英　长沙师范学校讲师

广东省

黄妙容　广东实验学校教师
王秀柔　电子工业部第五研究所副所长
陈碧珊　广东省百货公司科员
廖文芬　广东省体委田径运动员
陈肖霞　广东省体委跳水运动员
陈为敏　广东省心研所副所长
余爱雅　广东省邮电局医疗所护理师
邓韵秋　华南工学院数力系教授
区宝祥　中山医学院病因学研究室主任
孔国辉　华南植物研究所助理研究员
谢菊娘　广州化学研究所党支部书记
沈道英　广东省土壤研究所研究室副主任
刘惠贞　广州卷烟一厂工人
董淑娴　广东新会纺织厂工人
余丽华　中山丝厂工人
吴秋菊　潮州市饼干糖果厂工人
王朝葵　湛江市公共汽车公司司机
石瑞琼　德庆县公路工区道班长
李维珍　梅县兽医生物药厂工人
宁定伟　广州铁路中心医院护士
苏晋中　广州压铸厂副厂长
黄浩辉　广州石油化工厂仪表车间工程师
陈招莲　广州国营南华机械厂工段长
伍惠珍　广州造船厂计量试验室工程师
陈妙英　广州市延安家具厂油色二班班长
何素兰　广州李裕兴针织厂工人
杨露真　广州市红卫电化厂工程师
区　巧　广州人民胶鞋厂工人
李丹红　广州音乐曲艺团演唱员
关渭贞　广州市体工队羽毛球队运动员
张凤仪　广州市第 103 中学教师

颜美德　广州市十四中学校长
李合莲　广州市粮食科学研究所助理工程师
郑淑莹　广州市百货公司西湖商场搪瓷柜柜长
郭容欢　广州市光扬肉菜市场水产合作组副组长
叶丽群　广州市新亚旅店服务总台组长
周雪容　广州市精神病院护士长
杨爱莲　广州市第一人民医院外科副主任
郑丽华　广州市电信局长话分局话务员
肖锦萍　广州市中级人民法院民事审判庭审判员
徐　珍　广州市公安局三处十科侦察员
邓保文　广州市第一公共汽车公司六车队乘务员
梁　焕　广州市第二运输公司装卸工
曹述昭　广州公路局测设队工程师
邓淑芬　广州市住宅建设公司三八瓦工班班长
林月容　广州市维修管理处海珠工区三八班班长
罗细妹　广州市东山区环卫局保洁二队清洁工
陈志强　广州市海珠区十五粮店主任
黄群英　广州市海珠区宝岗街环卫队队长
卢　嘉　广州市荔湾区西村街幼儿园幼师
黄雪英　广州市荔湾区环卫二队副队长
刘淑贤　广州市越秀区劳动路第一小学校长
黄玉珍　广州市越秀区光塔街一居委妇联主任
陆绝群　广州市黄埔区南岗公社南岗大队社员
张建好　广州市郊区沙河公社杨箕大队党支部书记
刘洁卿　广州市郊区沙河公社登峰大队第六队社员
石璞玉　广州市郊区三元里公社妇联主任
陈丽娟　龙门县龙城镇街道居委副主任
潘永花　龙门县地派公社芒派大队社员
陈润桂　番禺县灵山公社七一大队第二生产队队长
何焕英　番禺县市桥镇环卫处清洁队长
陈　妹　番禺县南沙公社大岭大队妇代会主任
姚柳芳　番禺县石基公社官冲大队幼儿园幼师
朱洁芳　增城化工厂工人
阮容新　增城县仙村公社蓝山大队妇女主任
张来娣　增城县永和公社翟洞大队花口生产队女队长
梁博学　新丰县委农村工作部干事

李远娣　新丰县梅坑公社梅坑小学幼师
张燕英　花县炭步公社步云大队党支部书记
毕根有　花县新华公社三华大队妇代会主任
陈慕贤　从化县神岗公社西湖大队社员
伍丽芳　从化县农业局副局长
郑瑞英　海口市柴厂第二车间党支部书记
郑留荣　海口市建筑工程公司第三工区班长
周容华　海口市第九小学教师
黄少珍　海口市新华区滨海居委会主任
朱丽霞　文昌县机关幼儿园教师
吴春花　文昌县锦山公社录家大队妇女主任
吴兰昌　琼海县南寨公社南掘大队坡五小队队长
李杏花　琼海县温泉公社农科站助理农艺师
韦衍蓉　琼海县大路公社蔗园坡大队党支委
李菊花　万宁县乐来公社林场苗圃工人
姜亚花　万宁县牛漏公社七甲大队社员
林桂美　琼山县甲子公社青云大队妇女主任
沈玉英　琼山县府城镇解放管区绣衣居委会主任
吴琼兰　安定县仙沟公社扬迈小学幼儿园教师
张爱兰　安定县永丰公社高大埇二队社员
童秀英　屯昌镇卫生院副院长、主管医师
陈雪花　屯昌县南吕公社陆根大队妇女主任
连仕珍　儋县兰洋公社兰洋大队北牙队队长
何妙珍　儋县第一人民医院妇产科主治医师
林好花　临高县调楼公社调楼大队妇女主任
符群容　临高县人民医院副院长、主治医生
许莲桂　澄迈县老城公社大场大队妇女主任
余春花　澄迈县永发公社卜岸大队党支部副书记
严慕慈　海南行政区机关幼儿园园长
陈　翘　广东民族歌舞团副团长
蔡文兰　海南人民医院护理部副主任
尹桂英　海口汽车站服务班长
张治仙　华南热带作物研究院情报所助理研究员
王顺拾　东方县板桥公社抱社大队社员
李凤香　东方县新街公社北黎大队社员
钟二女　昌江县南罗公社妇女主任
钟德美　昌江县昌城供销社大风糖厂供

应点营业员
黄玉萍　保亭县新政公社社员
陈颖莲　保亭县新政小学教师
吴红女　白沙县光雅公社可好大队妇女主任
陈旋芹　白沙县第一小学副校长
陈爱珍　陵水县提蒙公社远景大队岭头园二队社员
邓桂安　琼中县吊罗山公社新安大队妇代会主任
王月金　琼中县商业局饮服公司理发店理发员
王忠兰　乐东县公路工区千家道班养路工
刘秀荣　乐东县抱由镇抱由大队副大队长
陈则谭　崖县幼儿园教导主任
苏国香　崖县三亚镇椰庄农场副场长
李少雅　海南自治州人民医院副总护士长
朱素梅　汕头市百货大楼棉布组组长
朱岳卿　汕头市镇平街道妇委会委员
肖玉英　汕头市织布一厂工场织布车间班长
李馥娥　汕头市第一医院妇产科主治医生
郭碧銮　潮州市无线电厂技术员
黄英坚　潮安县妇幼保健院副院长
杨秀蕊　潮安县古巷公社古四大队妇女主任
祝启珠　潮安县美术瓷二厂技术员
谢烈端　揭阳县藤厂林梗创新组组长
李尔娟　揭阳县榕城镇中山路办事处幼儿园主任
林名音　揭阳县农科所助理农艺师
李佩卿　揭阳县榕江旅社三八班组长
王丽华　揭阳县汽车站副站长
蔡巧銮　澄海盐鸿公社上社大队十三生产队队长
马娥辉　澄海隆都公社下西小学副教导主任
詹细妹　海丰县果菜公司第一门市负责人
何兰英　海丰枚陇农场场部托儿所保育员
李　痛　南澳县云澳公社茎园大队妇代会主任
梁　妮　陆丰县南塘公社南湖大队妇代会主任
杨玉芳　陆丰甲子镇幼儿园负责人
杨淑香　揭西县京溪园公社新洪大队社员
林惠兰　揭西县凤江公社阳西大队妇女主任
方巧香　普宁县洪阳中心产院负责人
林婵兰　普宁县南溪大队妇委
秦婵卿　普宁县染织厂电织车间主任
黄丽明　普宁县引榕工程管理处助理工

程师

林美珠　惠来县靖海公社资深大队妇代会主任

谢昭筠　惠来县农业局科教股股长

黄妙贞　饶平县人民医院药制科主任

刘巧兰　饶平县邮电局邮政营业员

詹秀枝　饶平县新丰公社洞泉大队妇女主任

杨绍元　潮阳县第一中学教员

肖巧珍　潮阳县搬运公司吊机组长

周细妹　潮阳县糖专公司北门市主管

黄秀定　湛江市体委军体校副校长

麦秀英　湛江市赤坎区环卫队工人

林　养　湛江市殡葬管理所副所长

李良英　化州县那务公社京堂大队妇代会主任

黎少珍　化州县城郊公社东山大队金鸡地村幼儿园幼师

饶美云　遂溪人民医院妇产科医师

马　凤　遂溪县北潭公社妇联主任

梁秀英　遂溪县城西公社牛路大队妇代会主任

黄肖英　信宜县东镇公社坡岭大队妇代会主任

韦绍旭　信宜县池洞公社妇联主任

梁恩明　信宜县人民医院副院长

简佩芬　湛江地区水电局工程师

唐金荣　湛江市郊区东山公社文下大队妇女主任

李丽琴　湛江市郊区太平公社卫生院

黄雪珍　廉江县石城公社那良大队妇代会主任

李　英　廉江县幼儿园园长

陈玉琼　廉江县安铺麻纺厂支部书记

何勤芳　高州县人民印刷厂车间副主任

吴淑行　高州县机关托儿所保育员

阮桂珍　高州县大井公社大坡山大队社员

周美娟　电白县羊解公社中心小学教师

陈　娇　电白县博贺镇海鹰大队支部副书记

许丽仙　茂名市百货公司露天矿商店副主任

朱惠莲　茂名市鳌头公社公文大队妇代会主任

赖玉芳　茂名市橡胶皮革制品厂班长

文秀英　吴川县吴阳公社芷芎大队妇代会主任

谢如玉　吴川县人民医院护士长

利素霞　阳江县合山公社牛栏大队社员

杨秀珍　阳江县饮服公司南强饭店服务员

戚秀珍　阳江县人民医院妇产科副主任

蔡秀芳　海康县龙门公社九斗大队妇代会主任

沈丽珊　徐闻华建糖厂车间副主任

陈惠莲　徐闻县龙塘公社赤农大队社员

叶瑚森　阳春县附城公社二粮店负责人

曾少卿　佛山地区运输公司汽车站售票员
李满华　佛山市第一人民医院护士
潘瑞葱　广东省丝棉丝织厂力织车间工人
郑　旋　佛山市第二教工幼儿园幼师
吴丽素　佛山市邮电局报务员
康　棉　佛山市升平百货商店针织组组长
黄帼清　江门市制漆厂副厂长
吕惠卿　江门市人民医护理部主任
李艳宝　江门市第一饮食服务公司江门大厦餐厅服务员
黄慕贞　江门市堤东街道办事处石湾直街居委会主任
邓欢美　南海县南庄供销社售货员
黄润屏　南海县机关幼儿园园长
冯旺结　南海藤厂织件创样班班长
莫银英　恩平县沙湖公社南平大队饲养员
宋亩稳　恩平县果菜副食品公司售货员
蔡一鸣　顺德糖厂技术科科长
霍淑仪　顺德县陈村公社弼教大队社员
潘肖珠　顺德县勒流公社富裕大队沙夫片幼儿园幼师
黎建君　顺德县伦教丝织厂挡车工
陈少香　高明县合水公社小洞大队社员
邓云开　三水县金本公社天湖大队生产队副队长
吕万平　鹤山县共和公社铁岗大队社员
宋玉梅　鹤山县雅瑶公社昆东大队妇代会主任
朱卫华　开平县氮肥厂工会委员
林惠芳　开平县农业科学研究所助理农艺师
吴翠莲　开平县龙胜公社妇联主任
何美婷　开平县水口公社思城小学教师
梁洁瑜　台山县机械厂助理工程师
梅佩琼　台山县斗山公社其乐大队妇代会主任
伍淑芬　台山县都伏公社莘村幼儿园园长
罗连好　斗门县莲溪公社农丰大队妇代会主任
谭细妹　斗门县六乡公社社员
陈业开　新会县妇幼保健院副护士长
梁丽群　新会县麻纺厂挡车工
蔡玉媛　中山县小杭镇滘口小学校长
利胜好　中山县三角公社三解大队妇代会主任
郭梅好　中山县阜沙公社卫民大队生产队长
周银珍　韶关地区工业科学研究所工程师
林玉珍　韶关地区商业局驻坪石采供站仓管员
刘穗湘　韶关地区拖拉机厂金工车间插床工

张庆英　韶关地区复退军人医院医生
邓光珍　南雄县工交幼儿园园长
简秀霞　南雄县城镇粮所繁荣粮店负责人
陈细尾　翁源县江尾公社南塘大队红二队队长
刘美兰　翁源县棉织厂挡车工
陈省花　翁源县附城公社蓝青大队党支部书记
黄森莲　清远县回兰公社井塘大队卫生站赤脚医生
江桂梅　清远县禾公社禾云大队妇代会主任
谭运基　清远县秦皇公社秦皇中心小学教师
曹艳芳　清远县日杂公司废品收购站负责人
卢金丽　始兴县委宣传部副部长
易祥銮　始兴县日杂公司仓库管理员
黄国香　乐昌县三溪公社神前岭大队社员
孔丽霞　乐昌县棉纺厂细纱车间挡车工
邓新柳　乐昌县坪石土产站收购站负责人
温冬云　乐昌县第一中学教师
郑静美　佛冈县高岗公社机关幼儿园幼师
何　媚　佛冈县高岗公社长江大队党支部书记
蓝沅香　仁化县丹霞公社胡坑大队卫生所赤脚医生
周月娥　仁化县水泥厂工人
陈福珍　英德县浛洸公社中心小学教师
邹明庚　英德县石灰铺公社惟东大队党支部书记
李亚华　英德县牯塘公社长江大队向阳队社员
赵桂兰　乳源县游溪公社大村大队妇代会主任
唐顺娇　乳源县民族中学教师
黄水妹　连县连州镇副镇长、妇联主任
邓亚翠　连县星子公社联西大队四甲村六队社员
李爱琼　连县连州师范学校讲师
何惠贤　连县印刷厂制版车间主任
罗佩芳　连山县禾洞公社计划生育专职干部
刘玉兰　连山县人民政府托儿所保育员
黄枚英　阳山县岭背公社莲塘大队水二生产队社员
梁银花　阳山县青莲公社党委副书记、妇联主任
唐二一尔　连南县三排公社山溪大队妇女主任
黄秀英　连南县三江公社联红大队第二生产队社员
林　兰　惠州市桥东区向东幼儿园保育员

何婉然　惠州市制革厂副厂长
梁洪英　惠州市供销供果品副食公司购销零售门市部售货员
钟玉娣　惠阳县大岚公社大岚大队新屋生产队队长
姚火兴　惠阳县法院民庭副庭长
卢新明　惠阳县淡水公社妇联主任
罗秀微　惠东县水泥厂化验室主任
陈祥世　惠东县平山公社下联大队横港生产队农民
李丽嘉　博罗县畜牧水产局副局长
林进友　博罗县附城公社鸡麻地大队支部书记
林翠贤　东莞县饮食服务公司人民饭店服务员
张志云　东莞县机关幼儿园副园长
巫燕玲　东莞县莞城镇中心小学副校长
黄祝英　东莞县附城公社农科技术员
曾先玲　东莞县太平镇无线电厂助理工程师
陈丽浓　河源县二轻纺织厂副厂长
陈向英　河源县叶潭公社妇联主任
简翠馨　紫金县农业局助理农艺师
钟梅林　龙川县玻璃厂车间副主任
罗素珍　龙川县百货公司第四门市部售货员
张彩兰　龙川县鹤市公社罗乐大队老围片幼儿园教养员
陈廉珍　连平县气象局工作人员
梁纯英　和平县附城公社丰道大队斯吉生产队护林员
黄谷英　和平县彭寨公社西长大队五一生产队技术员
江银欢　惠阳地区汽车运输公司材料供应站司机
邹美邕　惠阳地区机关幼儿园教养员
伍杏流　肇庆地区茶畜进出口支公司饲养股副股长
梁淑华　肇庆市体委田径教练
陈苏女　肇庆市果品副食公司永新副食商店主任
昌　洁　肇庆市公安局民警
黄月薇　高要县人民医院妇产科主任
张式贤　高要县水泥厂化验室主任
胡　砧　高要县新桥镇居民大队党支部副支书
梁何妹　高要县河台公社都权大队第十队队长
黄美容　怀集县农业局副局长、农艺师
冼月英　德庆县沙旁公社沙旁大队河尾村队长
卢杏华　德庆县糖烟酒公司统计员
廖秀英　罗定县泗轮公社胜乐大队妇代会主任
叶翠苹　罗定县农科所助理畜牧兽医师
陈丽汉　罗定县罗城镇南区小学副校长
梁秀莲　罗定县百货公司建新商店门市部主任

肖　敏　广宁县南街镇派出所指导员
李丽环　广宁县南街镇一小教研组组长
冯顺宽　封开县江口粮所管票员
林少云　封开县渡头公社九盘大队社员
梁三妹　封开县平凤公社范村大队党支书
徐炳妹　四会县龙江公社江明大队妇代会主任
周冰容　新兴县人民医院外科副主任
顾秋庆　新兴县环城公社枫洞大队妇代会主任
陈丽容　云浮县食品公司
保汝怀　云浮县云浮中学化学科组长
苏少英　云浮县附城公社丰收大队建中生产队长
邓景开　郁南县西江中学教师
丘大媛　郁南县东坝公社大坪大队东风队长
姚远英　郁南县附城公社水塘大队妇代会主任
侯春娇　梅县地区齿轮厂金二车间齿一班班长
陈亚妮　兴宁县城镇公社菜场宁江队社员
廖蔼玲　兴宁县中医院副院长
刘运英　兴宁县水口公社英勤大队妇代会主任
陈子娇　兴宁县染一厂班长
谢灵书　梅州市中区印刷工艺厂厂长
叶小青　大埔县邮电局发行汇兑会计
杨珍宝　大埔县百侯幼儿园园长
曾韵度　平远县黄花坡果林场副场长
凌大妹　平远县石正公社食品站站长
古金友　梅县城东公社上坑大队党支部书记
廖承招　梅县松口公社下坪小学幼儿园幼师
杨华珍　梅县松东公社小学教导主任
曾祥娣　五华县水寨镇大布队支部副书记
胡惠英　五华县岐岭公社北源大队治保主任
古萍珊　五华县水寨镇中心小学教师
廖丽娟　五华县变压器厂主办会计
黎玉萍　丰顺县人民医院妇产科主任
王凤枝　丰顺县日杂公司出纳员
黄苑华　蕉岭县东方红公社向阳大队新一队队长
许少兰　蕉岭华侨农场老场学校幼师
邓淑芳　韶关市服务公司江旅店服务员
杨慧碧　韶关市曲江县食品公司长坝鸡场助理兽医师
司徒桥　韶关市棉纺厂细纱车间挡车工
吕巧花　韶关市红工矿务局二矿农场场员
程丽容　韶关市十四小学教师
黄坚英　韶关市曲江县大桥公社长坝大队金光冲队队长

杨茂芳　韶关市第一人民医院内二科副护士长

杨少芳　韶关市人民银行新韶办事处出纳

黄美祝　深圳市罗湖区福田办事处下沙村妇代会主任

邹　洪　深圳市友谊餐厅总经理

陈观玉　深圳市沙头角水产站职工

胡梅英　深圳市建设总公司副总经理

吴秀莲　珠海市拱北边防检查员

张金定　珠海市南屏公社妇产科医生

卢君彦　珠海市南屏公社广生小学教师

曾义华　广东省陆丰华侨农场工会副主席

李余香　广东省清远华侨农场创业管理区妇女主任

傅灵花　广东省彬村山华侨农场职工

曾明珠　广东省海宴华侨农场商店售货员

马淑卿　广东省平沙华侨农场所副所长

卢翠莲　广东省大旺华侨农场职工

蔡秀兰　广东省国营通什茶场十队工人

吴清秀　崖县南田农场海燕作业区工人

潘藕洁　保亭热带作物研究所科办工程师

彭杏梅　定安县金鸡岭农场十五队工人

黄裕秀　国营西联农场东风队工人

袁玉珍　万宁县东和农场工人

王桂媛　湛江农垦局南华农场二队班长

钟翠珍　湛江海康县金星农场十一队工人

许文銮　湛江农垦局红五月农场七队割胶工

丘静英　汕头农垦国营铜锣湖农场畜牧队饲养员

侯玉凤　广东省国营东平农场东风队托儿所所长

广西壮族自治区

张秀华　自治区第一安装公司加工厂工人

汤凤琼　南宁绢纺厂挡车工

尹正铁　柳州西江造船厂工人

朱亚妮　柳州市电机厂工程师

杨琼珍　柳州市袜厂挡车工

苏　适　桂林电动工具厂技术科副科长

俞　曼　桂林市第二食品厂副厂长

柏桂英　桂林市叠彩区东风电炉厂厂长

张秀贞　桂林市棉纺厂细纱挡车工

黄玉英　天等县农机厂工人

黄雪珍　扶绥县糖业加工厂酱料组组长

黄彩香　柳州地区东泉麻纺厂布机挡车工

黄秀英　陆川县东山电站工人

江先英　玉林地区制药厂班长

李善华　玉林县纺织厂织布挡车工

何丽芬　博白县邮电局话务员
张明珍　平南麻纺厂织布车间布机丁班班长
黄秋同　田阳毛绢纺厂班长
潘师珍　合浦县畜牧局制药厂厂长
陈琼芳　防城各族自治县畜牧局兽药厂厂长
庞秀娟　北海市印刷厂工会主席
柯珉珉　东兰县制药厂工程师
罗善琳　柳州水泥厂库工
李桂婵　平桂矿务局机修厂电焊工
林慧妮　自治区第一建筑工程公司技术科工程师
黄燕琴　南宁市人民印刷厂检字员
梁玉梅　南宁市国营金光农场跃进队饲养员
黄碧云　南宁市郊上尧公社友爱大队社员
陆秀兰　南宁市郊三塘公社福禄大队妇代会主任
梁曼萍　桂林市穿山公社穿山大队第九生产队社员
贺秀英　阳朔县白沙公社白沙大队妇代会副主任
邓丽莲　隆安县杨湾公社那湾大队第九队社员
陆永莲　隆安县南圩公社发立大队妇代会主任
凌启木　扶绥县中东公社三哨大队妇代会主任
甘秀金　邕宁县伶俐公社独岭大队妇代会主任
马兰英　邕宁县苏圩公社仁德大队社员
陆美荣　武鸣县城厢公社马香大队妇代会主任
赵显美　大新县硕龙公社岩应大队妇代会主任
赵德仙　大新县恩城公社陆榜大队苏屯生产队社员
李明捷　天等县天等公社应村大队妇代会主任
莫建清　宾阳县大桥公社丰州大队妇代会主任
谢育英　宾阳县芦圩公社蒙村大队妇代会主任
覃兴兰　崇左县左州公社中街大队妇代会主任
李秀兰　宁明县驮龙公社怀利大队妇代会主任
梁锦坚　上林县白圩公社朝韦大队妇代会主任
韦少霞　凭祥市友谊公社卡凤大队团支部书记
黄美清　马山县古零公社乔老大队妇代会主任
钟菊花　马山县周六公社武早大队民办教师
黄芳兰　横县马岭公社龙坪大队妇代会

主任

黎爱清　宁明县桐棉公社板岸大队队长

潘英香　上林县澄泰公社圩底大队妇产院接生员

韦秀兰　柳江县三都公社白见大队大队长

熊秀荣　柳江县成团公社灵江大队水灵三队农民技术员

覃孝凤　柳城县六塘公社冲脉大队副大队长

刘秀英　柳城县太平公社太平大队妇代会主任

邱庆芳　象州县运江公社京岭大队妇代会主任

黄秀珍　象州县水晶公社马旦大队妇代会主任

梁桂香　金秀瑶族自治县金秀公社和平大队妇代会主任

赵莲英　融水县安陲公社大段大队妇代会主任

蒙美姣　融水县杆洞公社小河大队妇代会主任

吴金女　三江侗族自治县林溪公社程阳大队妇代会主任

莫爱英　融安县沙子公社红庙大队队长

兰月清　忻城县古蓬公社内联大队赤脚医生

九日留　忻城县古蓬公社凌头大队蚂蚁生产队队长

黄桂琼　武宣县东乡公社三多大队妇代会主任

谭珍安　武宣县桐岭公社新龙大队妇代会主任

覃世英　来宾县城厢公社城厢大队第九队社员

盘扬新　来宾县平阳公社大隆大队妇代会主任

盘雪琴　鹿寨县黄冕公社山脚大队社员

钟秋清　临桂县机耕队工人

吴小妹　临桂县渡头公社粟村大队党支部书记

廖玉荣　荔浦县新坪公社凤岗大队大乐山生产队社员

卓代娣　平乐县张家公社香花大队妇代会主任

张秀英　全州县凤凰公社望高大队妇代会主任

唐顺德　全州县永岁公社乐家湾大队同亨村社员

彭美英　灵山县海洋公社海洋大队妇代会主任

刘桂英　永福县龙江公社龙山大队老瓦生产队社员

罗昌群　恭城县城厢公社化育大队三队妇女队长

侯玲芬　昭平县龙坪公社龙坪大队妇代会副主任

廖桂荣　蒙山县文圩公社桃垌大队妇代

会主任
潘竹香　钟山县石龙公社松桂大队社员
温祥英　钟山县望高公社新联大队妇代会主任
梁凤兰　藤县和平公社都坡大队妇代会主任
李雪英　藤县南安公社孔良大队党支部书记
黎玉华　岑溪县大隆公社合和大队妇代会主任
高瑞芬　岑溪县归义公社谢村大队妇代会主任
李继妹　富川县福利公社井湾大队妇代会主任
罗超英　苍梧县夏郢公社夏郢大队旺村生产队社员
何秀枝　苍梧大坡公社大坡大队妇代会主任
张玉珍　贺县黄田公社里松大队卫生员
温仕珍　陆川县清湖公社永平大队上坡生产队妇女代表
林雪萍　陆川县马坡公社靖东大队妇代会主任
何祥英　博白县文地公社茂石大队妇代会主任
李毓云　博白县旺茂公社民丰大队妇代会主任
朱世梅　平南县大新公社大有大队下化生产队队长
王桂珍　平南县平南镇罗合大队妇代会主任
叶翠英　容县县底公社龙山大队妇代会主任
吴远新　北流县白马公社黄金大队垌尾生产队果场场长
韦月清　贵县三里公社石社大队妇代会主任
黄月媚　贵县樟木公社樟木大队南二队幼师
胡庆云　贵县农业局副局长
陈健惠　玉林县北市公社院垌大队社员
庞继贤　玉林县樟木公社樟木大队社员
黄容基　桂平县金田公社王举大队妇代会主任
龚美铁　乐业县新化公社仁里大队妇代会主任
赵秀清　靖西县湖壬公社华利大队社员
石桂莲　百色县那毕公社大旺大队妇代会主任
农秀里　德保县足荣公社龙串大队庭林小队妇代小组长
农凤丽　靖西县化峒公社意江大队妇代会主任
万桂珍　凌云县玉洪公社力洪大队丰香坪生产队妇女组长
廖翠微　国营百色华侨农场第八生产队副队长
鄂秀金　田阳县巴别公社陇朗大队妇代

会主任

白凤仙　平果县黎明公社寿安大队六朋第二队社员

黄秀荣　田东县印茶公社江城大队新屯二队社员

马春英　那坡县平孟公社平孟大队六沙小队社员

潘美波　钦州县小董公社那学大队分销店代销员

韦华色　浦北县大成公社较车大队较车村社员

彭秀珍　灵山县烟墩公社茅针大队第一生产队社员

盘　梅　防城各族自治县板八公社板沟大队妇代会主任

刘桂兰　上思县平福公社六改大队妇代会主任

黄群先　巴马瑶族自治县姜圩公社东杠大队妇代会主任

韦秋姬　都安瑶族自治县大兴公社九屯大队街上茅六小队社员

吴金美　罗城县四把公社龙马大队党支部书记

罗佩云　宜山县矮山公社六坡大队上魏村社员

黄美柒　凤山县凤阳公社坡坡大队妇代会主任

兰连玉　金城江镇桥大队第七生产队队长

张玉群　南丹县芒场公社拉麻大队卫生室卫生员

覃美飞　东兰县长乐公社长乐大队妇代会主任

李　青　广西农科院副研究员

温桂英　广西柳州木材厂工人

蒋友兰　武鸣县罗波公社河西大队妇代会主任

吴云英　广西国营先锋农场工人

方汉英　邕宁县刘圩公社那里大队那里生产队社员

陈淑芙　茶城县城厢公社同乐大队妇女主任

邓　四　梧州市水运公司妇女主任

郑秀丽　柳州铁路局柳州客运段列车员

曾秀玲　鹿寨县汽车站服务员

方杏花　河池汽车总站保养场二保车间副主任

吴秀芳　环江县冶金车队司机

宾祖祯　三江侗族自治县森工局助理工程师

何开旺　合浦县营盘公社沿海防护林场三队副队长

蔡银花　天峨县林朵林场工会副主席

姜宗媛　广西南宁七坡林场班长

郭同昭　自治区建委综合设计院办公室副主任

罗桂松　自治区物资局化工建材公司副科长、工程师

周美娥　自治区物资局储运公司南宁分公司行政保管员
古秋华　中共南宁地委组织部副科长
蒋家羽　富川县物资局保管员
康永卫　河池地委宣传部打字员
冯凤乐　天等县妇联主任
黄丽颜　横县百合公社妇联主任
韦秀梅　武鸣县城厢镇妇联主任
谢素珠　资源县人合镇妇联主任
唐发姣　灌阳县文市公社妇联主任
刘丽萍　蒙山县妇联主任
邓务增　藤县和平公社妇联主任
范德芬　平南县安怀公社妇联主任
胡雪云　苍梧县夏郢公社妇联主任
唐梅芳　桂平县江口镇妇联主任
林定一　自治区妇联玉林地区办事处主任
郑卫红　博白县妇联主任
卢汉奎　容县灵山公社妇联主任
李秀杏　百色县百色镇妇联主任
陆玉秀　凌云县妇联主任
陆爱萍　那坡县坡荷公社妇联副主任
陈铭芬　合浦县公馆公社妇联主任
谢秀祥　灵山县妇联主任
蒋　连　北海市外沙公社妇联主任
李翠琼　巴马瑶族自治县妇联主任
蓝春连　都安瑶族自治县菁盛公社妇联主任
谢洁芳　马山县妇联主任
符少珍　南宁市饮食公司竹成面食店主任
陈济美　柳州市煤建公司五一门市部主任
桂　杰　桂林市物资回收公司加工挑选员
高荫慈　梧州市人民银行干部
张　妹　梧州市食品公司班长
陈宁机　崇左县食品公司饲养员
韦莲香　邕宁县五塘供销社付款员
区金凤　荔浦县浦芦供销社医药门市部营业员
将文鸣　中国农业银行全州县支行副股长
梁连芬　龙胜各族自治县瓢里公社信用社副主任
莫素芬　昭平县糖业烟酒公司门市部主任
林美兰　藤县服务公司糕点门市部主任
邓秀珍　北流县平政供销社图书门市部售货员
欧月卿　桂平县五金公司门市部副主任
吴莉芬　贵县百货公司跃进商店门市部主任
白崇珠　西林县支行会计
周玉琴　那坡县果菜公司保管员
王启珍　灵山县石塘供销社文具图书门市部负责人
廖何年　防城各族自治县供销社售货员

黄锦玲　中国农业银行上思县支行出纳股副股长
李耀芳　河池县糖业烟酒公司东方红门市部主任
李康榕　环江县人民银行会计股副股长
朱展眉　自治区石油公司助理工程师
陈松花　桂林市甲山饭店服务班长
涂菊芝　来宾县服务公司副经理
银彩鸾　融水县汪洞公社供销社旅社服务员
唐爱云　兴安县饮食服务公司灵渠酒楼门市部负责人
李继梅　博白县服务公司燕石饭店班长
黄玉润　玉林县服务公司南江理发店副主任
李满盈　容县杨梅供销社大荫旅社服务员
李惠芬　靖西县服务公司东方红旅社组长
黄美芳　浦北县饮食服务公司第四甜品门市部负责人
张彩凤　河池地区地委第二食堂炊事班长
何秀娥　南宁明园饭店餐厅副组长
钟金枝　自治区人民政府招待服务员
罗烈芳　左江华侨农场招待员
张尚文　柳州市公园路幼儿园副园长
黄翠芳　玉林县石南公社七团大队幼儿园园长
钟礼凤　合浦县廉州镇中心托儿所所长
李玉玲　防城各族自治县东兴镇幼儿园教师
谢　巧　罗城县直属机关保育院副院长
黄小曼　自治区话剧团演员
唐小琴　都安瑶自治县文化馆干部
李小芬　岑溪县文艺队演员
顾屺瞻　柳州市工人医院儿科副主任
何碧琼　梧州市工人医院妇科主任
谭桂芳　南宁地区卫校妇产科副主任
陈月莲　南宁地区人民医院工人
罗玉凤　龙州县人民医院妇产科主任医师
莫　慷　横县陶圩公社陶圩卫生院医生
赵善家　大新县人民医院护士长
孙秀萍　鹿寨县医院清洁工
冯碧玉　荔浦县人民医院副院长
莫玉英　兴安县兴安镇防卫站工人
伍芝兰　资源县人民医院主治医师
李培华　临桂县四塘公社计划生育办公室赤脚医生
刘陶菊　百色地区人民医院护士长
罗素琴　天峨县医院妇产科干部
张慕洁　右江民族医学院副教授
覃美香　大新县太平公社卫生院妇产科护士长
邱引明　自治区人民医院内科主治医师
马凤鲜　广西医学院附属医院卫生员
曾玉珍　南宁市红十字会医院门诊护士

长
印　武　广西体工大队技巧运动员
李润芬　柳州市青少年业余体育运动学校体操教练
陈维芳　北海市业余体校运动员
卢慧淑　广西植特研究所副科长
苏志贤　南宁市天桃小学副教导主任
罗紫娟　广西师范学院生物系教师
李爱梅　南宁肉联厂子弟学校教师
郭秀英　凭祥市第二小学副教导主任
张超荣　邕宁县蒲庙第二小学教师
陆素珍　柳城县中学教师
唐仁坤　平乐县平乐第一小学教师
刘小勤　灵川县灵田公社力水小学副教导主任
刘惠珍　贺县沙田中心校教师
黄宁珍　容县容城镇第一小学教师
刘莹婉　桂平县浔州高中教师
王雪芳　隆林县德峨公社猪场大队小学教师
周秀芬　平果县马头一小副教导主任
曾超超　田东县中学教师
黄飞雄　钦州县教研室教研员
覃文贤　浦北县乐民公社中心校教师
吴佩娥　北海市第三小学教师
沈莲理　河池师范专科学校讲师
潘志琴　桂林市榕湖小学退休老师
王缉姮　玉林县玉林镇东成小学教师
李祥麟　广西艺术学院讲师
杨瑞文　北流县陵城小学教师
刘振梅　柳州铁路局白山铁小副校长
刘树辉　梧州地区公安处办公室副主任
徐　滁　梧州市殡葬管理所党支部书记
陈玉英　自治区人民武装警察总队医院护士
卢美珍　自治区公安厅劳改局百色茶场指导员
梁婉成　南宁市城北区五里亭居委会主任
梁淑兰　龙州县龙州镇龙江居委会党支部书记
卢云仙　南宁市环境卫生管理处班长
高汉群　柳州市园林局柳侯公园管理员
谢惠芹　南宁市人民公园工程师

四川省

李维新　成都市环境保护设备厂厂长
张廷凤　成都市百花制鞋厂工人
田洪宁　德明第二重型机器厂三号车间工人
沈又玲　国营成都峨眉机械厂八十三车间工人
苟秀英　成都市东方丝绸厂工人
邵志琼　成都帆布厂工人
解玉兰　成都无缝钢管厂工人
钟正英　成都毛巾床单厂工人

王言覃　国营成都七八四厂十二车间工人
刘国华　金牛区金牛公社跃进大队妇代会主任
闵秀英　双流县中兴区中和乡瓦子堰村支部书记
万玉琼　龙泉驿区山泉公社花果五队果技组长
黄双英　金堂县官仓公社十三大队一小队社员
范庆玉　成都市公共交通公司三总站售票员
冷素芳　成都市电子仪表工业局统计员
曾发英　青白江区绣水公社妇联主任
易德芳　成都市糖业烟酒公司运输班长
李桂兰　成都市粮食供应公司天仙桥粮站武城大街粮店主任
王家惠　市级机关第四幼儿园园长
徐　棨　成都市川剧院三团编剧
唐亚萍　成都国营新都机械厂医院护士
唐昌祥　成都市第三人民医院五官科副主任
古正元　龙泉驿区妇幼保健站医师
付师亭　成都市第二人民医院小儿科副主任
刘适兰　成都市工队棋队国际象棋运动员
卞　苑　成都市量具刃具厂工程师
刘文壁　成都市商业场小学教师
蔡杏云　成都电讯工程学院讲师
陈安玉　四川医学院附属口腔医院院长
蒋美珍　成都体育学院体操教研室教授
易　婉　成都五中数学教研组组长
任俊英　新津县花桥公社蔡湾大队一队社员
李秀琼　新津县长乐公社东华大队二队社员
武英会　什邡县农业局副局长
林远菊　什邡县城关第一小学教师
辛成芝　什邡县两路口公社白沙泉大队三队社员
陆义芳　蒲江县供销合作社助理农艺师
张文彦　郫县德源公社永光大队幼师
范跃君　邛崃县石坡乡一大队妇代会主任
张顺萍　郫县人大常委会副主任
王秀兰　邛崃县民政局火葬场火化组长
赵青秀　邛崃县羊安乡党委副书记
岑吉英　大邑县合明公社联和大队十三队队长
何安琼　大邑县安仁公社安仁大队七队社员
岑学明　大邑县妇联主任
程术华　灌县玉堂公社永康大队党支部书记
翟文蓉　温江县农业局畜牧师
刘　琼　温江县永宁公社九大队幼师
刘素华　温江县镇子公社红专大队妇代

会主任
陈　平　新都县城关合作寄卖店副经理
李秀云　新都县万安乡民印村党支部书记
李世玉　彭县丽春公社妇联主任
黎风惠　彭县九尺公社新街大队一队社员
龙友珍　广汉雒城镇水泥厂党支部书记
戴　宁　中国人民银行广汉县第一储蓄所负责人
刘兴珍　广汉县南兴乡欢喜村农机站副站长
刘玉辉　崇庆县街子乡中和村妇代会主任
马玉芳　崇庆县西山乡妇联主任
黄健华　原温江地区轴承厂第一生产组组长
刘　莎　重庆市市中区七星岗地区个体手工业者
王正蓉　江北区饮食服务公司上横街餐厅管理员
石蕴玉　江北区刘家台街道二段退休教师、街妇联副主任
康忠玲　重庆机床工具工业公司重庆机床厂车间副主任
王泽珍　重庆第二阀门厂造型工
王　秀　重庆天府矿务局工人
张广兰　重庆国营空气压缩机厂工人
梁金梅　重庆国营平山机械厂工程师
陈晓云　重庆第一航道工程师处助理工程师
刘世英　重庆汽车修理总厂漆工
冯初爽　四川长寿化工厂工程师
刘富英　重庆长江橡胶厂生产组长
苏温洪　重庆水文站副主任工程师
詹碧荣　重庆钢铁公司大轧厂副厂长
何丽君　重庆六一童鞋厂生产组长
王传熙　重庆印制第三厂助理工程师
刘永兰　重庆第一棉纺织厂工人
王图权　重庆第二棉纺织厂织车工
李荣华　市中区邮电局投递员
何长容　重庆市干果公司综合商店较场口门市部组长
杨安梅　重庆市针织品公司针零商店组长
黄庆文　重庆市农业科学研究所土肥研究室副主任
杨才书　长寿县龙溪地区但渡公社大塘生产队队长
何信国　江北县鸳鸯公社柿子二队社员
吴承碧　北碚区代家公社青峰大队茶场场长
侯昌兰　九龙坡区南泉公社虎啸大队四生产队妇女队长
刘桂英　綦江县三角区横山公社隆兴大队党支部书记
彭之芬　巴县界石乡新玉村村民委员会主任

陈方琼　江北县石船区妇联副主任
孔庆芳　南桐矿区妇联副主任
苏守玲　重庆市南岸区涂山公社刘胡兰大队幼儿园园长
陆履佩　重庆市第三人民医院内科副主任医师
钱　玲　重庆幼儿师范学校幼儿园园长
谢德蓉　市中区公安分局解放碑派出所副指导员
何玉兴　重庆水泵厂仓库保管员
吕应珍　重庆市第二棉纺织厂幼儿园园长
刘清远　重庆市话剧团演员
李士明　重庆市第八中学校教师
章　紫　江北区皮件厂工程师
龚灿瑜　重庆市沙坪坝区人民法院审判员
陈共珏　重庆市教师进修学院教师
李至甫　潼南县梓潼镇第一幼儿园园长
陈国玉　潼南县柏梓公社一大队拖拉机手
雷成芬　江津县贾市区供销合作社副组长
刁跃容　江津县李市区李市公社街道幼儿班幼师
成守行　江津县石蟆区石蟆公社社员
邱以书　江津县永兴区高屋公社社员
李荣芳　江津县第四中学校长
聂煦兰　江津县吴滩区吴市公社卫生院院长
孙桂先　大足县玉龙公社玉丰大队党支部书记
万菊花　大足县妇幼保健所副所长
王玉白　合川县天星公社大碑大队幼师
杨世群　合川县沙坪公社妇联主任
杨　明　合川县铜溪小学支部书记
康　容　合川县丝厂缫丝工人
雷建国　合川县盐井区供销分社营业员
奚一燕　潼南县古溪区妇联主任
陈德坤　荣昌县石河公社十二大队中心幼儿班幼师
王兴菊　荣昌县许溪公社妇联主任
袁英华　荣昌县双河区治安公社六大队联办林场场长
张世碧　璧山县璧泉公社天池大队书记
李生荣　璧山县丁家区妇联主任
李秀玲　璧山县甘棠区卫生院医师
艾披秀　永川县东风旅馆服务员
凌宗喜　永川县临江区妇联主任
陈天图　永川县陈食公社梅家桥水库党支部书记
张启芳　永川县永荣公社妇联副主任
张桂芳　永川县青峰公社转龙桥大队幼师
刘守静　铜梁县虎峰小学教师
马淑玉　铜梁县平滩区妇联主任
段如兰　铜梁县医院妇产科主任
韩淑兰　自贡市轻工机械厂一车间电焊

工

赖永培　自贡市自流井区低压阀门厂车工

贺启先　自贡硬质合金厂五车间副主任

邓淑能　自贡水泥厂五金库库管员

黄玉芳　自贡市公共汽车公司自井站驾驶员

黄淑琴　自贡市糖果厂中点组组长

卫奉一　自贡师范学校讲师

余丛厚　自贡川剧团演员队队长

陈俊华　自贡市妇幼保健院副院长、副书记

余淑尧　自贡市贡井区艾叶街李家桥居委会家庭教育辅导组组长

魏明德　自贡市大安区凉高山水泵厂副厂长

刘淑芳　自贡市荣县国营农场成佳果园副队长

彭爱群　自贡自井区第一幼儿园支部书记

刘家琴　自贡市沿滩区卫坪公社老房大队妇代会主任

徐登秀　自贡市富顺县丝绸厂工人

韩尚芝　自贡富顺县赵化区飞龙公社新丰六队社员

蒋得先　自贡市富顺县板桥区福善公社大下口大队四队

邹代芬　自贡市富顺县牛佛区卫生院

李吉鸾　攀枝花钢铁公司自动化研究所数理统计工程师

丁爱谱　攀枝花钢铁公司炼钢厂炉村车间工人

陈璟琚　攀研院炼钢研究室铸造工程师

龙大玉　渡口百货公司妇女儿童商店经理

李官蓉　渡口建设局二公司汽车队油库工

邬素芝　渡口交通局运输公司驾驶员

张良明　攀矿公司机修厂金工车间加工一组工人

郭妙娲　十九冶技工学校教师

赵荷菊　渡口市西区河门口商场二大组组长

朱大珍　渡口市西区清香坪街道第四居委会主任

张念平　渡口市第一人民医院内科党支部书记

王永芬　渡口市仁和区大河公社沙沟大队党支部书记

范才先　米易县莲华乡水塘坝大队妇代会主任

李桂芳　米易县城关第一小学校长

贺银珍　盐边县永兴公社主合大队二队社员

钟光德　四川省泸州市装卸运输公司四站三轮车驾驶员

张图秀　四川省泸州市南城公社养鸡联合体组长

姚利坤　四川省合江县先市区供销合作社日杂门市营业员
任盛秀　四川省合江县城关区真龙公社白沟大队妇代会主任
徐志能　四川省合江县望龙乡大院子村党支部副书记、副村长
万义俊　四川省纳溪县江北区丹林公社罗嘴大队党支书
韩均文　四川省纳溪县大渡区绍坝公社应石二队社员
高　媛　四川省泸县人民医院妇产科主任
康刚菊　四川省泸县通滩公社中心小学教师
邱有书　四川省泸县石洞区妇联干部
王章晏　四川省泸县牛滩区清和公社党委副书记
曹正英　射洪县双庙公社白燕子大队党支部副书记
张玉兰　射洪县太和镇派出所副所长
李容一　绵竹县中学教研组组长
岳邦兰　绵竹县东北公社广和大队妇代会主任
肖林玉　北川县坝底区卫生院妇产科医师
廖思秀　蓬溪县大石桥公社南塘大队妇代会主任
阳运秀　蓬溪县赤城镇草帽厂厂长
申　惠　蓬溪县赤城镇下河街小学教师
张翠良　旺苍县普济区供销社营业员
孙香业　旺苍县五峰公社石坝六队社员
窦在林　青川县三锅公社黄水大队党支部书记
刘少华　剑阁县开封公社和平大队二队社员
王继蓉　剑阁县白龙区禾丰公社两河大队三队幼儿教师
向宗芬　安县永安公社小学教师
柳天珍　安县高川公社高川大队妇代会主任
吕崇蓉　平武县高村公社光一大队妇代会主任
周吉华　广元县三堆公社三堆大队党支书
刘翠岩　广元县第一人民医院内二科护师
蒋隆荣　遂宁县印刷厂副主任
吴立秀　遂宁县凤台公社四大队二生产队社员
何俊兰　江油县青连区八一公社新民大队社员
徐兴清　江油县永胜公社农科站饲养员
王翠荣　梓潼县潼江公社先峰大队大队长
敬荣珍　梓潼县儿童教养院保育员
蒙乃翠　盐亭县黑坪区石牛庙公社灯塔大队三队社员
罗　青　盐亭县人民银行会计股会计

勾秀容　盐亭县凤灵区临江公社石坎大队社员
江一秀　德阳县糖业烟酒副食合作二店营业员
左长秀　德阳县德新公社经楼大队妇代会主任
周素清　三台县建平公社十一大队四队队长
徐世蕴　三台县人民医院妇产科副主任
任启容　三台县丝厂工人
李光珍　中江龙怀公社妇联主任
田秀辉　中江县缫丝厂工人
杨桂珍　绵阳市物资回收公司保管员
刘庆华　国营绵阳市红光旅馆服务员
吴晓云　绵阳市无线电厂党支部副书记
王家秀　绵阳市普明乡村支书
何吕群　绵阳地区精神病院护士
蒋启珍　绵阳地区煤建公司蜂窝煤厂工人
唐友蓉　绵阳地区遂宁棉纺织厂生产组长
杨素珍　广元矿务局广元煤矿班长
黄大英　绵阳中药厂班长
王碧芳　南充县荥溪公社元蹬子大队六队社员
蒋永珍　南充县斑竹公社朝阳庵大队党支书
郭清华　四川省汽车运输公司南充联合公司南部汽车站客运组副组长
周尚英　南充地区林业局技术科副科长
刘乾珍　华云工农区高兴公社高峰岩大队四生产队队长
廖玉斌　华云工农区国营红光仪器厂助理工程师
张联芳　四川广安县计划生育办公室副主任
李万秀　四川营山县医药公司门市部副主任
伏启绪　四川省阆中县文城区妇联主任
周　敏　四川省苍溪人民银行信贷股副股长
李华英　四川省广安县德胜公社拱桥大队社员
杨芝文　四川省蓬安县清溪乡回龙沟大队一队社员
徐仲华　四川省阆中县保宁镇第二幼儿园园长
朱冬华　四川省阆中绸厂挡车工
邢素清　四川省蓬安县徐家坝公社十一大队六队队长
许加淑　岳池县同兴公社十二大队五队社员
秦自生　四川省南充师范学院生物系副教授
杜月华　四川省南部县升钟公社三大队妇代会主任
刘先绂　四川省南部县建兴中学教师
伍尚仁　四川省南充市一中副校长

陈兰英　四川省南充市东南街道嘉陵服装厂副厂长
杨万英　四川省南部县楠木区旅社服务员
曾培华　四川省营山县农科所助理农艺师
徐云偕　四川省岳池县邮电局汇兑检查员
陈国芬　四川省广安县长五公社水池大队社员
杨志玉　四川省仪陇县新政公社新南大队妇代会主任
李帮珍　四川省仪陇县马鞍区医院医师
王家英　四川省西充县塑料厂车间主任
谭德玉　四川省武胜县妇幼保健站站长
徐祥秀　四川省武胜县普兴公社四大队妇女主任
罗孝碧　四川省西充县义兴公社妇联主任
白映芳　四川省苍溪县伏公公社陶家坪大队社员
柏令玉　四川省达县市妇联主任
赖兴孝　四川省达县市荷叶街党支部书记
郭彦秀　四川省达县市粮食粮油供应公司营业员
黄国兰　四川省达县黄庭公社连心大队四队社员
李德珍　四川省达县双庙公社管委会副主任妇联主任
李秀明　四川省达县新村公社管委会副主任
曾祥桃　四川省开江县妇联主任
郭凤菊　四川省开江县广福公社卢家沟大队妇代会主任
向贵玉　四川省宣汉县城关镇妇联主任
吴道珍　四川省宣汉县东南公社九大队大队长
徐顺菊　四川省万源县青花公社窝窝店大队党支书
杨世萱　四川省万源县妇联主任
王芝香　四川省通江县麻石区妇联主任
张显碧　四川省通江县广纳公社火峰村六村民小组小组长
刘桂珍　南江县大河区妇联干部
赵洪秀　南江县关路公社二大队四队队长
刘良秋　四川省巴中县化成区妇干
何泰兰　四川省巴中县芦山公社石溪大队妇代会主任
沈逢满　四川省平昌县青凤公社妇联主任
王召翠　四川省平昌县雷山公社和平大队幼师
赵多琼　四川省大竹县妇联主任
邓仲英　四川省大竹县双溪乡妇联主任
徐青莲　四川省大竹县新桥乡白鹤村一组社员

李培珍　四川省渠县鲜渡区妇联主任
杜特梅　四川省渠县渠江镇一小教师
周世忠　四川省渠县李渡乡五龙村十三村民小组社员
曾庆珍　四川省渠县三汇镇退休协会妇代会主任
陈玉芝　四川省邻水县兴仁区妇联主任
冯玉珍　四川省邻水县石永公社石稻场大队妇代会主任
饶清碧　四川省白沙工农区沙滩坝公社妇联主任
叶红林　四川省达县地区棉纺织染厂梳篦二车间值车工
谭德全　四川省妇联达县地区办事处秘书
何晓明　万县市废品物资公司工农废品收购店负责人
万启秀　万县市郊区公社丰收大队第一生产队社员
陈志秀　万县邮电局话务员
何清华　万县凉风区凉风公社小学教师
姜天玉　万县天城区供销社旅社服务员
卫芝英　万县高梁区李河公社蔡河大队二队会计
杨官秀　开县养路段赵家道班炊事员
张克清　开县长沙公社长沙大队党支部书记
姚家碧　开县岳溪公社玉乔大队妇代会主任
高传芬　梁平县福禄公社青桥大队党支书
吕恩莲　梁平县妇联主任
罗荣富　梁平县柏家区柏家公社柏家大队妇代会主任
李安珍　忠县马灌区金鸡公社白仙大队党支部书记
杨秀珍　忠县官坝区丰收公社敬老院党支部书记
余春蓉　忠县饮食服务公司忠县旅馆服务员
刘翠华　忠县高洞公社高渡大队幼儿教师
彭德蓉　云阳县长洪供销分社营业员
苏永珍　云阳县长洪公社广木三队社员
易兴秀　云阳县云安镇八居民幼儿班教师
任伦英　云阳县沙市公社小学教师
张国秀　奉节县公平区青政公社青政大队大队长
周武华　奉节县永安镇人民路小学教师
唐崇兰　奉节县兴隆区新贺公社大同大队党支部书记
赵　汶　奉节县妇联副主任
刘兴莲　巫山县巫峡镇环境卫生管理所所长
姚开聪　巫溪县凤凰公社小学教师
李成秀　巫溪县上磺区古路公社白家大队社员

王前秀　城口县葛城一小副校长
刘永密　城口县新城区税务所会计
张志芳　万县地区农业局多种经营科科长
何成秀　万县棉纺厂挡车工
文坤琼　省妇联万县地区办事处主任
黄维康　万县地区人民医院内二科护士长
张永琦　万县市公安局第二派出所户籍民警
胡学珍　涪陵县酒店公社堤口大队党支部书记
秦友中　涪陵县城关镇黔靖居委会主任
汪中莉　涪陵县国营红星理发店副经理
秦文珍　丰都县树人区妇联主任
谭正琼　丰都县建国公社二大队六生产队社员
徐启秀　垫江县普顺公社白合大队党支部副书记
龙禄珍　垫江县桂溪镇镇中居委会幼儿园教师
余淑辉　垫江县土产果品公司副经理
于梅频　石柱县科委农艺师
马慧芳　石柱县双庆公社团结大队团结生产队社员
唐锦瑜　南川县大观区级机关幼儿园教师
周琴花　南川县金山公社畜牧兽医站站长
胡于淑　武隆县清水公社清水大队农业大队长
曹承淑　武隆县凤来公社永兴大队八队妇女队长
徐立和　彭水县龙射公社金龙大队十八生产队社员
张幼瑜　黔江县联合镇小学教师
冉跃仙　黔江县金洞公社退休工人
熊素珍　酉阳县龙东公社面山大队会计
段少华　酉阳县百货公司营业员
宋素珍　酉阳县龙坛公社敬老院院长
甘碧玉　秀山县官庄公社官联大队幼儿班教师
吴洪秀　秀山县中和镇妇联主任
杨桂桃　涪陵地区粮食局储炼厂伙食团长
黄淑君　省妇联涪陵地区办事处副主任
马永桂　四川省内江气象局资料组长
官举良　四川省内江市第一小学特级教师
张刚文　四川省内江市肥料管理站工人
罗　励　中国人民银行内江市支行会计员
吴　琳　四川省内江市妇联主任
黄思秀　四川省内江县凌家区畜牧站永安公社配种站配种员
刘文秀　四川省内江县史东公社凤凰大队幼师
闻永裕　四川省内江县华山公社妇联主

任

杨　蜀　四川省资中县缫丝厂工人

李群芳　资中县双河公社长堰塘大队七生产队社员

陈光荣　资中县金紫公社妇联主任

郑秀卫　四川省水利建设工程公司医师

刘素珍　资阳县林业局林科所副所长

邱英华　资阳县中学英语教师

马志华　资阳县宝台公社半山大队一队社员

王秀清　资阳县金带铺公社妇联主任

李谋芳　简阳县氮肥厂厂长、助理工程师

李正如　简阳县贾家区妇联主任

陈秀蕙　威远县人民医院副院长、内科主治医师

唐久云　威远县国营林场新场工区主任

刘庚容　威远县妇联主任

彭名寿　隆昌县文星公社四大队幼儿园幼师

曾国春　隆昌县肖家桥公社联盟大队七生产队妇女队长

曾昌琼　隆昌县高星公社妇联主任

温钦文　安岳县蚕种场副场长

王以薇　安岳县石羊区卫生院医师

何仲吉　安岳县周礼区妇联主任

张淑玉　乐至县饮食服务公司乐至旅馆服务员

余兴琼　乐至县良安区妇联主任、区委委员

谭万娴　宜宾地区高县文江镇幼儿教师

范成云　宜宾地区高县沙河公社元田大队妇代会主任

黄先珍　宜宾地区筠连县双腾公社沙坝大队妇代会副主任

吴定芬　宜宾地区珙县公路养护段景阳道班班长

彭自端　宜宾地区珙县表公社靛塘大队党支书

舒兴友　宜宾地区兴文县仙峰公社仙峰大队妇代会主任

何昌贵　宜宾地区屏山县白塔公社黎明大队妇代会主任

张崇贵　宜宾地区长宁县花滩公社党委书记

甘永文　宜宾地区长宁县育水公社荷叶大队妇代会主任

陈昌高　宜宾地区南溪县城郊公社信用社主任

陈代权　宜宾地区南溪县黄沙公社田兴四队社员

罗淑兰　宜宾地区宜宾县泥南公社小学校长

李志红　宜宾地区宜宾观音区粮站徐家粮管所会计

刘春琼　宜宾地区宜宾县白龙公社店子大队妇代会主任

陶体香　宜宾地区古蔺县德跃区箭竹公

社团结大队党支书

邵明珍　宜宾地区古蔺县中城区大星公社火星二队社员

申桂芳　宜宾地区叙永县香水山公社正南二队社员

商小平　宜宾地区叙永县西湖社太平一队社员

费维莲　宜宾地区叙永县丹岩公社夏家大队妇代会主任

彭　君　中国人民银行宜宾支行记账员

韩光樑　宜宾地区宜宾市人民医院妇产科主治医师

陈明珍　宜宾地区江安县滥坝公社乱石山大队妇代会主任

张再英　叙永县日杂废旧物资公司工人

黄清珍　仁寿县清水公社石鼓大队妇代会主任

刘华先　仁寿县龙马区妇联主任

潘素技　乐山市剑峰公社计划生育宣传员

杨淑华　乐山市茅桥区副区长

王淑技　乐山市福禄公社平原大队四队社员

李满玉　眉山县金花公社川古大队第七队社员

陈月联　眉山师范学校附属小学教师

杨明书　犍为县双溪公社硝水大队党支部书记

万淑君　犍为县敖家公妇联主任

凌本珍　峨眉县符溪公社符坪大队妇代会主任

李光德　峨眉县绥山镇第三小学校长

鲜淑兰　洪雅县天宫公社大安大队妇代会主任

张玉芬　丹棱县张场公社莱湾大队妇代会主任

蔡茂霞　井研县天云公社蚕桑场技术员

胡菊英　彭山县江渎公社清凉大队妇代会主任

何淑琼　彭山县人民医院妇产科主任

廖秀枝　夹江县茶坊公社东月大队大队长

沈晓沛　中国人民银行夹江县支行事后监督

刘玉华　夹江县沔江公社易澧四队社员

王燕芬　沐川县幸福公社松林大队五队社员

袁洪英　马边县劳动公社荣丁大队三八女子茶场场长

曲木铁石　峨边新林公社黄泥大队妇代会主任

黄安珍　金口河工农区永胜公社民主六队农民

代玉清　乐山地区业余体校教练员

刘静华　乐山缫丝厂挡车工

丁树林　峨眉水泥石库工

林俊卿　仁寿县农业局植保站副站长

廖碧华　青神县天庙公社六大队二队社

员
杨德芳　峨眉县饮食服务公司三八女子饭店组长
蔡冬凤　峨眉燕岗公社蔡村大队妇代会主任
彭素莲　雅安县草坝公社幸福大队支部书记
范惠洁　雅安县城关二幼园长
杨枝香　雅安县对岩公社彭家大队支部书记
邱宣春　天全县城关幼儿园副园长
尹全珍　芦山县快乐公社晓里八队队长
郝秀莲　汉源县大田公社新堰大队社员
张芝兰　汉源县富林公社农政九队社员
刘永芬　名山县商业局糖酒公司门市部副主任
白文玉　名山县红岩公社罗大队妇代会主任
冯体芳　宝兴县复兴公社三大队三队队长
沈万芬　石棉县农场公社向阳大队支部书记
胡文花　雅安地区茶厂工人
范世柯　雅安云母厂医师
刘鸿祥　雅安中药厂技术科长
方春芬　荥经县妇联主任
胡琼兰　凉山州西昌市第二中学教导主任
陆从珍　凉山州西昌县黄联公社鹿马大队党支部书记
徐永珍　凉山州德昌五一公社凤凰大队妇代会主任
范正秀　凉山州会理县横山公社马颈大队妇代会主任
王文美　凉山州会东县中学教师
莫色阿足足　凉山州甘洛县城关镇粮站党支部书记
刘阿牛　凉山州越西县曲若地公社光荣大队党支部书记
克日阿儿　凉山州喜德县且拖公社大队妇代会主任
陈国英　凉山州冕宁县环城公社长征大队三小队队长
李正芬　凉山州冕宁县铁厂公社党委书记
熊文珍　凉山州盐源县下海公社二大队党支部副书记
次尔丙宗　凉山州木里县茶布郎区巴尔牧场妇联委员
郭文琳　凉山州普格县委办公室打字员
杨汝英　凉山州南县景星公社天鹤大队二小队妇代组长
阿古莫阿杂　凉山州布拖县拉果公社二大队二小队社员
马比阿只　凉山州昭觉县久铁洛古公社特口岳尔洪大队妇代会主任
马么日尾　凉山州金阳县红联公社芦家

大队翻身生产队社员

惹格阿女　凉山州美姑县莫尼公社马依大队党支部书记

杨太会　凉山州雷波县中田公社妇联主任

曹延湘　凉山州第一人民医院五官科主任

任素碧　凉山州商业局炊事班长

文志兰　凉山州制药厂保管员

黄质彬　凉山州食品厂核算统计员

陈花花　茂汶羌族自治县雅都公社四寨大队妇代会副主任

瓦　基　阿坝州黑水县妇联主任

蒋远蓉　茂汶羌族自治县粮油加工厂挂面车间组长

贾全娃　阿坝州南坪县双河区保华公社灵华大队党支部书记

马学云　阿坝州小金县商业县懋功商场副主任

看　学　阿坝州阿坝县中阿坝区麦坤公社日格扎大队党支部书记

李哲生　阿坝州松潘县委行政科长

若满磋　阿坝州松潘县水晶公社医院护士

看中磋　阿坝州松潘县毛儿盖公社农业大队大队长兼妇代小组长

王代芳　茂汶羌族自治县黑虎公社紫关大队大河生产队社员

倪素华　阿坝州理县薛城公社欢喜大队副队长

唐楷君　阿坝州山机械厂金工车间主任

陈兴凤　阿坝州汶川县克枯公社妇联副主任

彭子华　阿坝州若尔盖县人民医院护士长

孙　炬　阿坝州马尔康县人民银行出纳员

兰泽央　康定县瓦泽公社云关生产队接生员

靳玉兰　泸定县泸桥公社畜牧兽医站兽医

徐秀珍　丹巴县东谷公社阴山生产队社员

胡天清　九龙县烟袋公社棋木湾生产队社员

四郎拉姆　理塘县奔戈公社三队队长

生　东　道城县东义区俄牙同公社同顶生产队社员

格桑志玛　巴塘县团结公社东风一队社员

四郎拉姆　道孚县麻孜公社菜子坡生产队队长

意　姆　色达县色柯公社约若大队党支部书记

麦　朵　甘孜县拖坝区斯俄公社一大队党支部书记

泽仁拉珍　白玉县建设公社扎盘生产队社员

志玛错　新龙县甲孜公社相堆生产队副

队长
张成英　甘孜州道孚林业局二二四林场女子索道班班长
陈亚西　甘孜州泸安机械厂技术员
张晓芸　甘孜州康定毛纺厂车工
陶大碧　康定县计划生育办公室副主任
杨世清　康定县鱼通区妇联主任
谢兆林　乡城县城区小学校长
倪秀春　得荣县招待所负责人
翁修拉姆　德格县阿须区商店主任
裴谦惠　四川省高级人民法院审判员
康莲洁　四川省直属机关红星幼儿园教师
刘淑珍　成都科分院地理研究所助理研究员
钟家德　四川省物资局会计
朱钟麟　四川省农牧厅农科院研究室副主任
何德秀　四川省人民医院检验科副主任
陈世英　中共四川省纪律检查委员会副处长
袁蓉花　四川省商业厅日杂废旧财资公司打字员
陆小雅　峨眉电影制片厂副导演
李普全　省计划生育委员会干事
王开义　重庆木材综合工厂职工医院护士长
朱玉芳　长江木材调运局轮船运输处焊工班班长
耿怀英　白马发电厂幼儿园园长
王桂兰　成都线路器材厂化验员
邓学琼　地质部第二地质大队主治医师
马学勤　四川省地质局区域地质调查队工程师
曾品文　四川石油管理局供应处隆昌库副股长
张膺才　四川石油管理局石油学校教师
刘今朝　四川石油管理局内燃机修理厂班长
于肇申　铁道部第二设计院勘测处工程师
邓萍影　铁道部第二工程局二中教师
赵安华　成都铁路局工业公司重庆配件厂车工
李碧华　成都铁路局西昌分局西昌车辆段甩线工
潘昌玉　成都铁路局重庆铁路分局九龙坡机务段探伤工
祁素琼　国营长虹机器厂制冷工程师
李淑华　四川省宜宾市金川无线电器材厂工程师
王仁梅　中国船舶公司国营永平机械厂工人
马仙英　国营九〇三厂煤场负责人
陈雅梅　国营九〇三厂工程师
曹贤芬　国营川南机械厂工人
杨荣碧　四川精密机械公司总护士长
刘忠怀　国营新安仪器厂医师

肖燕平　国营江华机器厂工人

云南省

姜映仙　昆明市建筑二公司施工队工人
任嘉陵　昆明纺织厂穿筘工
王文贤　昆明市第一幼儿园教师
罗少荇　云南印染厂教师
李凤英　安宁县大营公社董家营大队妇女主任
杨桂英　晋宁县晋城公社西门七队护林员
赵水英　西山区海联公社妇联主任
罗映仙　官渡区联盟公社下马村生产队社员
刘迪芬　西山区大渔小学教师
蔡玉英　安宁县八街公社中所小学教师
李从仙　安宁县青龙公社青龙大队李白生产队社员
徐琼贤　西山区海口农机修造厂厂长
刘树林　西山区碧鸡公社碧鸡关生产队队长
赵康凤　呈贡县大渔公社大河大队幼儿园幼师
王丽萍　官渡区龙泉公社岗头村大队幼儿园幼师
李保英　富民县保健站站长
肖树森　富民县永定小学校长
王秀英　昆明百货大楼营业部主任
潘金莲　五华区土桥办事处西岳庙上段居委会主委
龚秀英　昆明市民政局火葬场接运工
卢开瑛　昆明市市科技委员会农艺师
傅德义　云南冶炼厂工程师
杜荣华　盘龙区环卫站副队长
穆秀英　五华区环卫站工人
龙碧琏　盘龙区盘龙小学教师
马德珍　五华区 18 幼儿园主任
吴琴芳　盘龙区拓东路办事处妇女干部
刘绿萍　五华区莲华小学教师
雷昌萍　东川矿务局因民矿一坑一工区组长
李家香　东川市商业局落雪商店流动售货员
陈正芬　东川市城建局助理工程师
龙桂芳　巧家县人民医院医师
云明凤　永善县马楠公社妇联副主任
彭家芬　昭通市南城办事处副主任
钱厚珍　大关县寿山公社寿山大队妇女主任
张美兰　昭通县洒渔公社新立大队妇女主任
黄安英　绥江县板栗公社桂花大队妇女主任
胡再举　镇雄县城关镇妇联副主任
黄光萍　绥江县农业公社妇联主任
熊信佳　威信县田坝中心完小幼儿班教

师

刘美云　永善县茂林公社小学教师

罗宗才　水富县新安小学教导副主任

张兆蓉　盐津县兴隆公社妇联主任

张明秀　昭通县靖安公社妇联干部

申时林　镇雄县泼机公社中心小学教员

金海群　鲁甸县邮电局报务组组长

兰盛珍　巧家县幼儿园主任

朱田凤　彝良县饭店一门市门市主任

王美丽　宣威县倘塘公社松林大队妇女主任

杨忠英　宜良县马街公社马街大队社员

吴长芝　陆良县马街镇金家村社员

周顺萍　陆良县中枢镇北门街社员

金顺英　嵩明县四营公社卫生所所长

马瑶芝　嵩明县嵩阳公社回辉大队八队社员

赵映仙　会泽县畜牧兽医工作站助理兽医师

卯时芬　寻甸县商业局饮食服务公司人民旅社招待员

徐晓锦　师宗县丹凤小学教师

陈小建　沾益县沾益公社龙华大队妇女主任

杨云芬　罗平县马街公社妇联主任

严建芬　罗平县罗雄镇团结大队果园组工人

赵树平　富源县中安镇清溪大队幼儿教师

李学珍　富源县十八连山公社否德大队妇女主任

张凤仙　曲靖县珠街公社西海大队幼儿教师

孙学英　曲靖县工委潦浒瓷厂燻花车间主任

董华兰　曲靖地区师范学校第二附属小学教导主任

阿恒仙　曲靖地区越州钢铁厂教师

张三囡　马龙县马鸣公社永胜大队妇女主任

赵树兰　路南县尾则公社祖莫大队第三生产队副支书

赵常英　宣威县板桥公社虹桥大队妇女主任

杨秀珍　宣威县热水公社营沟大队十二生产队社员

桂　凤　富源县中安镇妇联妇女干部

李秀堂　楚雄州红旗饭店副经理

殷琼翠　楚雄州公安处总务

何　萍　楚雄州卷烟厂二车间工人

苏兰花　禄劝县转龙公社桂泉大队妇女主任

李如美　元谋县老城公社妇联主任

苏　珍　永仁县莲池公社查里么大队羊子文小队社员

张锦英　元谋县羊街公社木溪悟大队妇女主任

何淑惠　元谋县人民医院医师

李梅芬　武定县发窝公社旧方小学教师
吴志兰　牟定县军屯公社河梁大队妇女主任
李曼卿　南华县商业局百货公司门市部副主任
周桂凤　姚安县前场区妇联主任
王翠菊　大姚县七街公社席坝大队妇女主任
周朝英　禄劝县九龙公社妇联主任
普美香　禄丰县旧庄公社和平大队汉度箐小队妇女委员
田锦珍　楚雄县苍岭公社李家大队范家弯小队生产队长
栗美英　楚雄县鹿城幼儿园幼师
张洪芬　峨山县小街镇兴旺大队生产队长
白阿婼　元江县龙潭公社妇联主任
张来仙　江川县龙街公社云岩大队六队大队妇女主任
张培仙　澄江县城关公社北门四队副队长
马顺珍　峨山县城关公社城关大队副大队长
王学芬　通海县河西公社新蒙大队生产队长
张兰芬　华宁县青龙公社福禄得大队二生产队农会副组长
马仕秀　玉溪县北城公社大营大队二队大队副支书
邱桂芝　新平县前进公社纳溪大队妇女副主任
杨怀英　通海县河西公社石山嘴大队妇女主任
杨玉英　元江县红河公社桥头大队妇女副主任
杨树芳　玉溪县州城第二小学教导主任
陶关芝　江川县前卫公社前卫大队妇女主任
马章秀　易门县方屯公社韩所大队妇女副主任
明　礼　绿春县虫胶厂车间主任
黄莫梭　绿春县半坡公社炊事员
杨如兰　红河州水电勘测设计队助理工程师
张翠华　个旧市环境卫生管理站班长
白仕芝　开远市小龙潭公社马街大队妇女主任
杨琼芬　开远市乐百道公社田心大队下田生产队队长
文玉英　蒙自县妇联主任
龙会仙　石屏县龙朋公社桃元大队妇女主任
毕惠兰　弥勒县西三公社妇联主任
段秀珍　弥勒县糖厂炊事员
尚家英　泸西县金马公社雨龙大队党支部副书记
白兰英　屏边县滴水层公社龙古大队妇女主任

张美荣　河口县畜牧兽医站兽医
冯兰英　建水县盘江公社曲东大队妇女主任
张二娓　石屏县龙武公社旧沙大队妇女主任
张秀英　金平县大寨区妇联主任
陈落丕　元阳县黄草岭公社堕碑大队妇女主任
张自英　元阳县攀枝花公社保山寨大队副支书妇女主任
李胜能　红河县甲寅公社老博大队马撒生产队社员
梁凤英　马关县白马公社花枝格大队十队农民
盘德英　麻栗坡县杨万公社铜厂大队妇女主任
查以香　西畴县马街公社坡脚大队中寨小队女队长
秦保仙　麻栗坡县委办公室打字员
张兆斌　文山州工业局办公室副主任
李会芬　西畴县东升公社新街大队妇女主任
赵春凤　西畴县西洒公社妇联主任
朱琼英　文山县新街公社新街大队妇女主任
王子林　文山县古木公社民办幼儿园幼师
杨明玉　富宁县皈朝公社旧寨大队妇女副主任
唐声兰　广南县鸡街公社董角大队妇女副主任
何莲清　广南县八宝公社板幕大队龙俄茶场场长
陆玉福　广南县莲峰公社小广南大队妇女队长
祝开兰　丘北县东门大队向阳三队女队长
张凤珍　砚山县阿舍公社妇联主任
严祖荫　文山州民族师范学校教师
师晓英　思茅地区织布厂挡车工
李存芬　思茅县百货公司四门市组长
李璜英　镇源县恩乐公社民江大队赤脚医生
李秀林　思茅县南屏公社整碗大队妇女主任
李娜期　澜沧县拉巴公社南畔大队小寨生产队农民
蒋芝惠　西盟县医院医师
罗万珍　江城县红疆公社妇联主任
吴坤仪　思茅地区医院副院长
王凤仙　镇源县者东公社学堂大队妇女主任
朱万英　景谷县妇联主任
黄绍芬　澜沧县人民医院副院长
白多芝　孟连县幼儿园教师
李绍芝　思茅县思茅镇妇联主任
高丽华　普洱县中学教师
冯以庄　景东县小学校副校长

张玉芝　墨江县坝溜公社妇联主任
贺全英　勐腊县城镇第一小学教员
叶　都　勐腊县格朗河公社苏湖大队接生员
沙　麦　景洪县基诺公社曼稚大队妇联主任
马素玲　景洪县人民银行会计
迷　者　景洪县允景洪镇三达峡队商业小组售货员
王金枝　大理州棉毯厂毛二车间织毯工
李永丽　永平县杉阳公社妇联主任
沙丽琴　宾川县县级机关幼儿园幼师
蒲裔芬　宾川县牛井供销社金甸购销店营业员
段映吉　剑川县糕点厂厂长
张　微　鹤庆县城镇小学副校长
文金英　漾濞县脉地公社紫阳大队赤脚医生
李顺珍　南涧县无量区和平小学教师
郭晓梅　大理县商业局医药公司营业员
张克芳　弥渡县苴力公社大坪地小学教员
李爱莲　下关市第四中学教师
杨如义　洱源县双廊公社大建旁大队文书兼妇女主任
舒惠仙　巍山县巍宝公社卫生所所长
杨儒伟　南涧县妇联主任
孙丕翠　祥云县马街公社芹菜二队社员
段琴珍　大理卫校门诊部妇童科医生
杨秀香　云龙县团结公社河西大队妇女主任
陈秀英　保山县辛街公社陶孔大队社员
郭嘉燕　保山一中教师
李朝惠　施甸县保场公社羊毛小学幼儿教师
杨朝菊　昌宁县耇街区土皮乡党支部书记
陈学范　保山县丝绸厂副厂长
董兆兰　腾冲县饮食服务公司门市主任
杨纵果　龙陵县镇安公社月亮田大队妇女主任
高　虹　腾冲县城关镇民办幼儿园副园长
赵秀星　腾冲县和顺公社四大队支部副书记
周德坤　梁河县河西公社芒竜大队妇女组长
咩洪保　盈江县姐冒公社芒线大队农民
肖惠兰　德宏州农业科学研究所托儿所保育员
牙坦卯　畹町镇芒棒公社芒令生产队社员
罗顺银　瑞丽县勐秀公社妇联主任
李美召　盈江县支那公社妇联主任
钟燕华　陇川县妇联主任
何木锐　潞西县西山公社妇联干部
李　宁　宁蒗县人民医院医师
杨文淑　永胜县城关镇小学教师

代桂英　华坪县商业局百货公司售货员
周学芬　华坪县中心公社楠木大队妇女主任
马树云　宁蒗县跑马坪公社妇联妇女干事
和文选　丽江县龙蟠公社龙蟠大队妇女主任
陈荣珍　永胜县片角公社热河大队生产队长
杞家懿　福贡县幼儿园园长
和积珍　碧江县妇联副主任
波莱妞　泸水县称戛公社马普拉的大队四排拉多队组长
杨祥润　兰坪县营盘公社白羊大队妇女主任
董瑞华　贡山县丙中洛公社闪打大队社员
娜卡次姆　德钦县红山公社尼水生产队社员
李镜满　维西县水电局炊事员
和自香　维西县攀天阁公社戛戛大队妇女主任
李玉连　中甸县农业局金江农技点点长
罗双兰　凤庆县洛党公社妇联主任
田文仙　云县爱华镇妇联主任
赵淑贤　凤庆县凤城完小幼儿园主任
陈光一　云县忙怀公社麦地小学教师
陈仕菊　临沧地区冶炼厂驾驶员
蒋三秀　耿马孟定农场二分场 13 队工人
刘金凤　双江县妇联主任
杨翠珍　永德县从干公社大平掌小学教师
杨永芬　临沧县城关小学教师
周丽华　沧源县城区小学校长
铁文兰　双江县那蕉小学教师
赵庆辉　凤庆县服装厂组长
魏月清　云县人民医院清洁员
杨昌宁　临沧县博尚公社碗窖大队农科组农科员
张凯琳　省科学技术情报所室副主任
关肃霜　省京剧院院长
严亭亭　昆明电影制片厂编辑
胡琴英　省工商联专职妇干
顾复华　云南光学仪器厂副主任
蒋瑜云　省建筑材料机械厂三车间车工
杨秋余　云南人造纤维厂车间统计员
张锦弼　省商业厅幼儿园副主任
张凤英　国营勐撒农场分场一队工人
唐云芝　昆明机床厂铸造车间工人
罗忠玉　滇西北汽车运输公司修制二车间焊工
张　霞　云南工学院总务处技术员
王开莲　云南大学教研室副主任讲师
柯美华　金沙江木材水运局幼儿园所长
黎永芝　昆明铁路局藏村车务段倮姑车站站务员
陈文淑　省宾川太和华侨农场中医士

周显康　云南锡业公司研究所副所长
刘　建　省妇联办公室副主任
陈月娥　省第一人民医院护士
付金凤　宜良县可保煤矿工人
林瑞群　昆阳磷矿地测科测量员

贵州省

吕凤肖　中国人民解放军第四十四医院妇产科主任
袁　密　贵州省地质局106地质大队子校教研组组长
刘延惠　贵阳市教育局教研室数学教研员
林　容　贵州省科学院冶金研究室副主任
许祖芬　贵州省山京畜牧场六队养猪班饲养员
叶贵龄　贵州省人民医院病理科副主任
朱　兢　贵州省体委体工大队运动员
李素珍　贵阳市环境卫生管理站清洁工
张仁俊　中国建筑第四工程局三公司水电队队长
陈焕英　贵州省建筑职工医院护士长
赵世玉　水电部贵阳勘察设计院规划室工程师
陈素兰　贵州省艺术学校教师
董瑞芝　国营云马机械厂锅炉工
贺启容　核工业部地质局206大队教师
张迈若　国营枫阳机械厂供应科机电非金属库室主任
周正银　贵阳发电厂汽机分场水泵班班长
廖世容　贵阳铁路分局水城机务段检修车间电器工长
洪安华　水城矿务局汪家寨煤矿职工医院院长
罗定宇　贵阳市邮政局瑞金路支局质检员
王菊华　贵阳钢铁厂冶炼车间班长
易　雪　安顺汽车运输公司中心站乘务员
陈智慧　清镇纺织印染厂工人
于文英　贵阳矿灯厂工人
阎凤霞　六枝矿务局四角田煤矿工人
陈惠莉　贵阳市矿山机器厂工人
王淑君　贵州省第七机械工业局3405厂工人
李华梅　中国科学院地球化学研究所副研究员
田尚英　贵阳市装卸公司驾驶员
常志群　贵阳卷烟一厂车间副主任
王玉英　贵阳市公共汽车公司一场四车队驾驶员
刘淑钧　贵阳市云岩区中西清洁队队长
徐启珍　贵阳市花溪牛奶场工人
蔡长英　贵阳市白云区艳山红公社黑石

头大队支书

张承珍　贵阳市云岩区黔灵公社宅吉大队马蹄生产队队长

吕玉珍　贵阳市乌当区新添寨镇阿栗大队旧寨生产队队长

曾忠莲　贵阳市花溪区中曹乡中院村妇女主任

张桂珍　贵阳市供销社副食果品公司延东商店主任

黄荣芳　贵阳市遵义路工商所辖区个体工商户贵阳市个体劳动者协会委员分会主任

邹　云　贵阳市百货大楼营业组长

周惠珍　贵阳市工人医院护士

李荣柏　贵阳市第三十中学教师

李爱萍　贵阳市京剧团演员

王晓玲　贵阳市省府路小学副校长

罗德华　贵阳市云岩区公安分局北京路派出所所长

张厚荪　贵阳市建筑设计院设计组负责人

林　茵　贵阳市工商业联合会市工商联副主任

伍群转　贵阳市第十三中学教师

唐应秀　贵阳市乌当区新添寨镇北雅大队民兵排长

龙振菊　贵阳市乌当区新场公社妇女主任

丁桂兰　贵阳市南明区西湖办事处第一居委会主任

岳玉如　贵阳市南明区遵义路街道办事处妇代会主任

汤韵文　贵阳市云岩区中东办事处第九居委会妇代会主任

龚丽华　贵阳市袜厂工人

马禄英　贵州橡胶制品厂准备车间班长

黄永德　贵阳市第一人民医院妇产科副主任

褚应林　贵阳卷烟二厂工人

黄素华　贵阳市乌当区金华公社社员

龚吉英　贵阳市乌当区人民医院医生

刘素华　贵阳市贵乌办事处第八居委会主任

阮秀英　贵阳市科学研究所研究室主任

牟荣善　六盘水市卫生学校教务科副科长

徐锦节　六盘水市机关子弟学校教师

张云秀　六枝特区郎岱镇妇联主任

任清翠　六枝特区二小教师

方淑琴　盘县特区海铺公社冯家寨大队妇代会主任

宋桂仙　盘县特区亦资孔供销社火铺分销店分销店负责人

王小仙　盘县特区乐民公社乐民大队支书

马培琼　水城特区城关医院医生

陈忠秀　水城特区大河区妇联主任

蔡碧珍　水城特区玉舍区竿架公社公社

半脱产妇干

梁泽慧 水城矿务局汪家寨煤矿平洞机电队班长

陈国英 水城车辆监理所财务副股长

白锐精 六枝矿务局一中教务处副主任

腾玉珍 水城水泥厂机修车间工人

刘秀兰 水城钢铁厂生活服务公司保管员

沙文南 水城发电厂电器车间副班长

王雪印 六盘水市盘江矿务局建筑安装工程处医生

石玉香 沿河县城关公社坝坨大队农民

杨素仙 沿河县毛田公社毛田大队农民

牟永英 德江县平原区高席公社水车头大队妇代会主任

张玉蓉 德江县潮砥公社岩坝大队妇代会主任

王忠贤 石阡县建筑公司泥工一队队长

王开初 石阡县坪山公社坪洋大队农民

王德华 松桃苗族自治县妇幼保健站医师

付达梅 松桃苗族自治县乌罗区中心完小教师

牟长秀 印江县天堂公社天堂大队接生员

李应花 江口县城关饮食合作店净山旅社服务员

但云贵 思南县双塘公社小岩关大队妇代会主任

蒲有娣 万山特区下溪公社公社妇联主任

舒顺娣 玉屏县麻音塘公社双龙大队支书

张应碧 铜仁地区邮电局投递组副组长

黄永纯 兴义县马岭区品甸公社车槲大队党支书

辛立会 兴义县敬南公社胡家湾生产队妇女队长

周正芬 兴义县水泥厂妇委会主任

陈昌顺 兴义县饮食服务公司山城饭店职工

周玉芬 兴仁县农业银行会出股副股长

王原美 贞丰县者相区妇联主任

黄正琴 贞丰县鲁贡区妇联副主任

贺素元 黔西南州水电局工程师

王儒封 望谟县法院庭长

唐贞玉 普安县地瓜区凉水公社小学学前班民办教师

陈淑秀 晴隆县水泥厂工人

陈先碧 安龙县人民医院儿科主治医师

王永芬 安龙县化力区坡脚公社分销店营业员

龙文芹 黔东南州人民医院护士长

夏平凤 黔东南州林业汽车场大修车间组长兼保管员

杨春梅 贵州省凯里制药厂班长

王天英 凯里县炉山区大田公社白腊大队社员

梁玉英　黎平县德凤公社龙坪大队妇女主任
陆广秀　黎平县九潮公社卫生所卫生员
余丙兰　榕江县车江公社四大队妇女主任
王福英　榕江县忠诚区料里公社妇代会副主任
张小姑　天柱县石洞公社汉寨大队下马生产队社员
彭春柳　天柱县邦洞区织云公社赖洞大队妇代会主任
洪碧珍　黄平县旧州公社东风大队第十二生产队会计
龙启兰　黄平县代支公社代支大队登包生产队社员
黄菊珍　镇远县蕉溪公社妇女主任
刘忠连　麻江县杏山区又诗公社大堡大队妇女主任
赵锦珍　丹寨县兴仁小学教师
王先桃　岑巩县羊桥公社丁坪大队赵小坪生产队大队党支部书记
李继芳　从江县皮鞋厂工人
杨二妹　锦屏县敦寨公社敦寨大队第七生产队社员
陈水秀　三穗县长坡公社新寨大队党支书
王安英　台江县排羊公社排羊大队生产队长
彭粤平　中共遵义地委办公室机要员
冯蜀珍　遵义地区医院护士
米运碧　遵义行署机关幼儿园教养员
江云仙　遵义市饮食服务公司遵义饭店餐厅主任
沈前素　遵义市二中校长
赵玉华　遵义市电子仪器厂班长
曹光荣　遵义县枫香区街道妇干
张中仙　遵义县团溪区西坪公社厂上大队社员
李成会　遵义县板桥区泗渡公社施家坝大队妇干
张明先　遵义县鸭溪区邮电支局话务员
刘英华　遵义县南白镇第一小学教师
袁崇惠　遵义县农业局副局长
邓明珍　桐梓县酒厂保管员
曹素珍　桐梓县城关镇蔬专大队妇代会主任
董远霞　桐梓县新场小学副主任
安仕林　凤冈县永和公社高桥大队妇代会主任
王正玲　凤冈县琊川区营业所副主任
张正碧　凤冈县琊川区大堰公社人民大队社员
胡绍芳　仁怀县喜头区喜头公社不脱产妇干
袁仲先　仁怀县长岗区太阳公社联合大队副支书
王远秀　余庆县龙溪区卫生院洗涤工
罗尤惠　余庆县沙堆公社粮山大队大山

生产队小组长
张学英　赤水县文华公社山王大队治山队农民
冯芳华　正安县小雅区工农公社四合大队妇代会主任
陈一华　绥阳县保健站副站长
田新孝　绥阳县宽阔区天台公社联庄大队支书
胡德贵　习水县良村区狮子公社红卫大队副支书
张发书　习水县寨坝区妇联主任
任宗荣　道真县药材公司营业员
郑继碧　湄潭县城关区双龙公社清泉大队社员
田茂霞　务川县都濡镇上坝二队社员
叶自碧　正安县商业局饮食服务公司组长
唐玉涵　毕节地区妇联主任
王允娟　毕节地区医院医生
丁冬梅　毕节地区汽车运输公司驾驶员
王厚安　毕节地区中医院医生
黄美莲　毕节地区建筑一公司女工委主任
杨美珍　毕节地区麻风医院工人
颜群英　毕节县林口区供销社
杨志文　毕节县植保站副站长
李慧文　毕节县六街家庭民办幼儿园保教员
徐思顺　毕节县龙场区岩脚公社农教干部
喻茂珍　织金县珠藏区邮电局支局局长
熊恩佑　织金县城关区妇联副主任
李永秀　织金县城关北门公社幼儿班保教员
张幼仙　黔西县重新区小学教师
先友英　黔西县百货公司营业员
张秀玲　威宁县么站区畜牧兽医站副站长
仇贵芳　威宁县黑石头区旅店负责人
陈秀英　赫章县田坝公社妇联主任
李世珍　大方县沙厂区黄泥公社桃源生产队社员
罗玉静　大方县安洛公社偏寨坪生产队民办教师
罗舜华　纳雍县城关酱酒厂厂长
张瑞英　纳雍县妇联主任
闵胜刚　金沙县安底区长坝公社管委会副主任
方大英　金沙县平洛公社金塔大队团支书
杨元碧　金沙县沙土公社炊事员
田国秀　纳雍县百兴公社五大队妇代会主任
王琼群　毕节地区师范学校教师
王顺兴　织金县阿弓区吹聋公社妇代会主任
程光星　黔南州第一人民医院护士长
喻衣良　黔南州罗甸果科所副所长

周德英　都匀市纺织品公司二门市部主任
张晓匀　都匀市黄麻纺织厂工人
罗忠兰　都匀市砖瓦厂工人
史化莲　都匀县迎恩区摆楠公社旺竹大队妇代会主任
李文芝　都匀县畜牧局秘书
秦元秀　惠水县清水公社清水大队三联小队妇代会主任
姜素珍　惠水县城关镇星光大队一队队长
李智英　三都县大河公社红光大队大队科研组长
王秀养　三都县水龙区安塘公社丁寨大队民办教师
贺云碧　瓮安县永和区洗马公社妇联主任
李碧珍　瓮安县玉山区渔河公社板寨生产队生产队长
罗化连　独山县翁奇区兔场公社苗渊大队大队长
康兴屏　独山县农场技术员
王茹瑞　长顺县长寨区机关幼儿园教师
谢锡坤　平塘县科委农艺师
覃爱银　荔波县城关镇板吉大队第一生产队妇代会主任
王友珍　福泉县团阳公社旧堡生产队生产队长
王永芬　罗甸县城关区矸也公社妇联主任
代玉珍　龙里县冠山乡冠山村十队党支部副书记
彭芝兰　贵定县水泥厂化验室负责人
石秀珍　安顺地区中药制药厂工人
付子礼　安顺地区农科所副所长
曾　虹　安顺棉纺织厂工人
王顺秋　安顺市无线电厂班组长
罗学琴　安顺市第七小学校长
刘洪芬　安顺市公共汽车公司乘务组长
张纯玉　安顺县华严区高寨小学农教专干
杨金秀　安顺县蔡官公社梅家庄大队社员
吴晓青　安顺县杨武公社鱼良坝生产队妇代会主任
陈显惠　关岭县永宁区供销合作社营业员
王付芬　关岭县落哨公社下岩大队窝凼生产队妇女队长
廖菊香　开阳县花力公社清江大队岩脚寨生产队农科组副组长
罗锡舜　开阳县平寨公社妇联妇联主任
蒋俊芳　开阳县新凤公社洋水大队妇女主任
陈国芳　修文县久长区妇联主任
潘伯仙　修文县乌栗公社大塘大队妇联主任
樊高荣　息烽县妇联主任

胡昌珍　息烽县永靖镇南门大队妇代会主任

任清芳　普定县马官区妇联主任

丁明玉　普定县龙潭公社龙下生产队妇代会主任

邓大英　镇宁布依族苗族自治县大山公社妇干

李玉兰　镇宁布依族苗族自治县城关镇居委会主任

王尚珍　紫云布依族苗族自治县新明公社摆纳大队妇代会主任

李占兴　紫云布依族苗族自治县板当区落河公社妇代会主任

王开珍　清镇县五里区龙窝公社妇联主任

王学珍　平坝县大屯公社王寨大队妇代会主任

刘正兰　清镇县饮食服务公司理发员

西藏自治区

石　巴　那曲地区申扎县雄梅区妇联主任

其美巴珠　那曲地区双湖办事处茶桑区嘎措一队放牧员

措　姆　那曲地区索县亚拉公社社员

次仁央宗　那曲地区比如县彭盼区曲江公社妇联主任

扎　桑　那曲地区那曲县妇联副主任

旺　措　那曲地区聂荣县扎玛区色勤公社第四生产队长

德　吉　那曲地区嘉黎县措扎公社管委会副主任

扎西央宗　那曲地区交通局局长

索朗玉珍　山南地区朗县洞嘎区洞嘎公社妇联主任

德吉玉珍　山南地区交通局扎囊养护段一工区五道班班长

格桑卓玛　山南地区措美县乃西区具巴公社妇联主任

达　嘎　山南地区浪卡子县白地区白地公社供销社供销员

旦增曲吉　山南地区隆孜县商业科副科长

古桑曲珍　山南地区扎囊县卓子公社管委会副主任

白　珍　山南地区琼结县穷果区白日公社党支部书记

洛桑旺姆　山南地区贡嘎县朗杰学区江雄公社管委会主任

安　子　山南地区洛扎县嘎波公社第七生产队副队长

地　姆　山南地区错那县公社第七生产队副队长

次仁拉姆　山南地区乃东县人大常委会副主任

卓　玛　山南地区邮电局报刊分发员

白　玛　阿里地区噶尔县商业科粮食站

出纳员

帧珠卓玛　阿里地区日土县热帮区龙门卡公社生产队副队长

曲　宗　阿里地区革吉县人民医院院长

彭　多　日喀则地区日喀则县甲惜区下鲁公社妇联主任

尼玛曲巴　日喀则县东嘎区红卫公社妇联主任

白　珍　日喀则地区亚东县帕里区卫生所卫生员

石　达　日喀则地区仲巴县龙格尔区卫生所医生

马秀英　日喀则地区谢通门县委组织部收发员

旦　珍　日喀则地区聂拉木县养护段五十一道班班长

金阿拉姆　日喀则地区定结县莎陈养护段班长

拉　姆　日喀则地区定日县长所区尼下公社妇联主任

次丹参决　日喀则地区白朗县强雄公社妇联主任

卓玛普赤　日喀则地区南木林县粮油管理站售货员

仓　巧　日喀则地区萨迦县孜松区妇联副主任

央金拉姆　日喀则地区樟木口岸立新公社雪布岗互动组

索朗穷吉　日喀则地区昂仁县措迈区美通公社管委会主任

斯达普芝　日喀则地区建筑公司泥工组长

群　宗　日喀则地区保育院保育员

次仁卓玛　日喀则地区邮电局话务员

加　姆　日喀则行署交通局汽车一队医士

次仁卓玛　日喀则地区政协

德　吉　日喀则地区中心支行会计

扎西拉姆　拉萨市堆龙德庆县乃琼区贾热公社党支部副书记

阿旺次仁　拉萨市达孜县拉木十队牧民

洛　洛　拉萨市林芝县米瑞区广久公社赤脚医生

松条姆　拉萨市墨脱县德庆区文浪公社社员

旺　姆　拉萨市林周县布岗公社妇联主任

次仁白增　拉萨市尼木县尚日区塔荣公社妇联主任

央　宗　拉萨市墨竹工卡县门巴公社放牧员

强巴次仁　拉萨市城关区巴尔库办事处前进公社七队放牧员

加央卓玛　拉萨市城建局环卫局清洁队副队长

叶　静　拉萨市城关区实验小学副校长

米　玛　拉萨市电信局电话科长途台话务员

小达洼　拉萨市百货商店售货员

巴　桑　拉萨市西郊门市部营业员
白　珍　拉萨市第一小学副校长
肖慧明　西藏地质局中心实验室工程师
昌　觉　西藏自治区商业厅贸易公司车队炊事员
次卓玛　西藏农牧学院党委、院长办公室副主任
卓　嘎　西藏自治区工业厅水电工程处水工一队炊事员
张梅英　西藏自治区交通厅格尔木运输公司汽车一队铜工
扎巴桑　西藏自治区气象局办公室办事员
洛松卓玛　昌都地区芒康县盐井区盐业生产二队管委会委员
向秋拉姆　昌都地区类乌齐县生成公社副主任
益西拉姆　昌都地区芒康县莽岭区委副书记
呷　地　昌都地区左贡县乌雅区公社妇联主任
拥林亚　昌都地区察隅县呷腰生产队副队长
曲　珍　昌都地区贡觉县木协区木协公社妇联主任
卓　玛　昌都地区边坝县委办公室打字员
黄秋英　昌都地区波密县邮电局报务员
仓　西　昌都地区波密县松宗区茶岗公社妇联主任
格桑措姆　昌都地区八宿县新华书店会计
邓珠拉姆　昌都地区昌都县城关镇胜利居委会妇联主任
水　嘎　昌都地区昌都县粮站站长
泽仁群措　昌都地区行署第一招待所二幢招待班长
刘安慧　昌都地区二中教导处副主任
朱树良　昌都地区运输公司泸定运输站副站长
泽仁拉姆　昌都建筑公司医生
次旦卓嘎　昌都地区运输公司汽车修配厂工人

陕西省

吴淑范　西安保温瓶厂喷花车间工人
赵桂英　西安市光明开关厂车间主任
陈秀英　西安市胶鞋厂成型车间党支部书记
王秀英　西安市第四建筑公司一工区粉刷班长
毕玉珍　西安人民搪瓷厂炊事员
张绵华　西安电缆厂值班班长
张秀英　西安市草滩农场牧二队饲养班长
范瑞莲　西安石油仪器总厂五分厂保管工

蔡自秀　西安内燃机配件厂生产班长
尤存怀　西安钢铁厂炼钢车间工人
李夕岚　西安市秦腔二团演员
周淑华　西安市儿童医院主治医师
屈天玉　西安高压开关厂设计科工程师
冯瑞瑜　中国人民银行西安市分行土门办事处营业室副主任
于素梅　西安市大众浴池修脚工
马秀英　西安市新城区自强路红光汽车修配厂厂长
韩润莲　西安市碑林区柏树林公社曙光幼儿园园长
任菊梅　长安县细柳小学教师
李淑珍　长安县医院护士
马英兰　长安县韦曲公社东韦大队党支部书记
刘赛贤　西安市灞桥区席王公社席王大队妇代会主任
米金梅　西安市雁塔区大雁塔小学教师
卢剑国　西安市灞桥区政府副区长
刘月琴　西安市雁塔区鱼化公社老烟庄大队妇代会主任
何彩兰　西安市未央区汉城公社杨善小学校长
冯素芳　西安市未央区六村堡公社关庙大队大队长
司马荣　西安市莲湖区秦兴食品核算店副主任
魏前英　凤县南星公社南桥堡大队妇代会主任
赵桂兰　宝鸡市石油煤炭公司店子街商店营业员
么拉元　宝鸡县周原公社高业大队党支部书记
刘玉红　宝鸡县马营公社明星大队缝纫组组长
陈广莲　宝鸡县丝绸厂值班长
李淑英　宝鸡县蔬菜公司二村门市部主任
傅爱媛　武功县普集街公社普东大队党支部书记
李文海　武功县代家公社供销社副主任
郑月爱　扶风县段家公社辛李大队妇代会主任
王淑云　扶风县绛帐地段医院护士
净占侠　岐山县益店公社益峰大队妇代会主任
康拴翠　凤翔县彪角公社上庄大队第一队社员
张竹芳　凤翔县西街中学教师
杨存占　眉县车站公社马家大队党支副书记
赵莲花　陇县东风公社兴中大队党总支副书记
屈秀云　陇县城关粮站营业员
古　巴　千阳县幼儿园园长
韩秀香　麟游县常丰公社常丰大队妇代会副主任

黄秀英　太白县终南公社蒿谷堆二队妇代会主任
王淑琴　宝鸡钢窗厂副厂长
刘秀珍　宝鸡市金台区上马营办事处西家委会主任
尹秀兰　宝鸡市渭滨区电焊条厂车间主任
杨改华　宝鸡市渭滨区经二路小学副校长
史玉琴　宝鸡烟厂家委会主任
张彩彩　宝鸡市床单厂值车工
宋玉坤　宝鸡市医药玻璃厂安瓶车间工人
刘霞新　宝鸡市制鞋厂设计员
冯淑琴　宝鸡市仪表厂工人
吴芝青　宝鸡市卫生学校妇产科教研究组长主任医师
钟振球　宝鸡新秦造纸厂科研室主任
柳素莲　铜川市环卫处装卸队清洁队长
张金英　铜川市郊区黄堡公社五星大队妇代会主任
黄金凤　铜川市中医医院医师
张月华　铜川市人民银行红旗街分理处会计
王亚兰　铜川市庄里陶瓷厂工段长
丁淑华　耀县医院妇产科医师
张云英　耀县柳树公社五联大队生产队会计
王万英　渭南地区医院护士长
武仙娥　陕西省大荔师范学校数学教师
蒋会芬　渭南地区棉纺织厂细纱车间工人
张筱品　华县下庙公社甘村大队第八队社员
王　岩　华县城关粮站车站粮油门市部负责人
薛俊秀　渭南县双公社双王大队党总支副书记
曹竹香　渭南县白杨公社红星大队党支部书记
张保真　渭南县良田公社良田中学英语教师
蒋录云　渭南县城关镇个体理发员
侯均茹　渭南县化工厂试验室组长
张焕珍　合阳县王家洼公社同中大队党支部副书记
洪梅英　蓝田县灞源供销社营业员
杨建光　富平县车站小学教师
牛立兰　富平县印刷厂装订车间副主任
张存英　澄城县韦庄公社韦一大队幼儿园幼儿教师
王灵珍　澄城县庄头公社洼大队接生员
孙淑琴　临潼县西泉公社麦王大队党支部书记
刘玉琴　临潼县砖瓦厂工人
张天侠　白水县收水公社农机站保管员
侯牡丹　白水县八一陶瓷厂工人
郝淑芳　白水县许道公社许家河大队妇

代会主任
牛变玲　华阴县华山气象站观测员
吴岱娣　华阴县印刷厂排版车间组长
雷梅英　韩城县薛峰公社峰川大队放牧员
吴小延　韩城县实验幼儿园幼儿教师
山秀珍　潼关县太要公社西堡障大队党支部副书记
张润叶　大荔县范家公社雷北大队党支部副书记
郑拉香　大荔县石槽公社张家庄大队大队长
张　辉　大荔县许庄公社许庄大队幼儿园园长
侯玉琴　大荔县八鱼公社八鱼大队妇女大队长
贺芝侠　大荔县城关供销社主任
赵贤若　大荔县安仁公社新华大队双代员
屈芝凤　蒲城县龙池公社埝城大队妇代会主任
刘慧琴　蒲城县龙阳公社南湾大队小学民办教师
郗云仙　蒲城县妇幼保健站站长
孙淑英　咸阳市印刷厂车间主任
韩敬党　咸阳市公共汽车公司售票员
关若珠　咸阳市计划生育办公室干部
卢淑贤　咸阳市新兴办事处北居委会副主任
陈凤兰　咸阳市饮食公司国营一食堂副主任
侯淑莲　泾阳县高庄公社阜下大队妇代会主任
黄玉修　兴平县食品公司五女收购站站长
叶会贤　高陵县榆楚公社安家大队妇代会主任
李秀云　高陵县张小公社韩家大队妇代会主任
徐转婷　高陵县湾子公社生王学校教师
沈淑兰　礼泉县阡东公社北寨大队妇代会主任
刘翠娥　礼泉县南坊公社东峰大队党支部书记
钟宝琳　淳化县园艺站站长
宁淑良　旬邑县张洪公社张洪街小学教师
梁玉兰　周至县哑柏公社仰天大队副大队长
梁荣侠　周至县城关公社镇东大队一队出纳员
姚竹君　周至县医院副院长
范彩玲　乾县东风公社延河大队妇代会主任
王惠玲　乾县吴店公社吴店大队妇代会主任
李淑芸　乾县人民医院妇产科主治医师
徐桂珍　三原县城关镇南大街居委会党

支部书记
谢凤莲　长武县彭公公社鸭儿沟大队妇代会主任
张会玲　彬县城关公社南街大队党支部副书记
王会艳　彬县卷烟厂工人
张秀英　永寿县店头公社苏家原大队一队大队妇主任
杜明兰　户县光明公社崔南四队社员
牛玉梅　户县涝店公社蚕桑站党支部书记
卢秀琴　户县西街小学校长
王梅英　泾阳县太平公社插杨大队社员
邢秀英　宁强县阳平关镇西站居委会主任
罗丛英　宁强县国营旅社副班长
郑久华　城固县南坎营公社妇女干部
梁桂茹　城固县考院学校教员
潘小英　城固县卷烟厂包装车间主任
李春芳　南郑县观音沟大队第二生产队妇代会主任
谢明清　南郑县新集区供销社门市部负责人
李素兰　南郑县岭镇区医院妇幼保健医生
张素芳　洋县谢村公社东韩大队妇代会主任
梁彩侠　洋县剧团业务股长
蒙秀华　洋县小江公社张村大队幼儿教师
刘秀珍　西乡县五渠初级中学校长
刘兴凤　西乡县马宗滩公社枣元大队妇代会主任
陶桂英　勉县小河公社固益沟大队妇代会主任
康明华　勉县食品公司天堰食品店营业员
李玉玲　勉县医院主治医师
苗惠英　略阳县接官亭公社二道河大队党支部书记
张琪惠　略阳县东关小学教师
康树芳　镇巴县兴隆公社寨垭大队妇代会主任
许桂英　留坝县庙台子公社五里铺大队妇代会主任
肖世英　佛坪县老庵大队第一生产队会计
张素英　汉中市赵庄公社新岗二队妇代会主任
江秀英　汉中市物资回收公司东关收购部主任
吴利华　汉中市环境卫生管理处清洁工
邓辅坤　汉中地区植物研究所助理工程师
汤秀英　汉中地区制药厂车间主任
韩元中　安康地区蚕桑研究所科研室主任
刘家秀　安康县建设公社长和大队三队

社员
秦晓文　安康县丝绸纺织厂副厂长
陈普菊　安康县茨沟区妇联办事处主任
文芝兰　石泉县迎丰公社公花坪一队社员
陈辉荣　紫阳县西河公社长辛大队党支部书记
吴晓瑜　旬阳县农行城关营业所会计
张飞兰　旬阳县小河区仁河公社枫坪五队社员
张桂桢　岚皋县医院外科副主任妇产医师
段茂春　岚皋县铁佛公社红岩大队二队社员
汪会春　平利县朝阳公社前进大队一队社员
于少芳　宁陕县老城公社鱼洞大队社员
刘万芝　镇坪县白家公社中心四队社员
胡玉生　汉阴县城关镇西街幼儿园幼儿教师
查振坤　汉阴县城关一小教师
陈德荣　汉阴县蒲溪公社安沟大队妇代会主任
肖应莲　白河县大坪公社黑水大队妇代会主任
胡宝清　安康地区第一缫丝厂缫丝工
张凤英　柞水县周恒公社桃元一队社员
朱家焕　镇安县乾佑公社青槐大队代销员
邓益梅　镇安县红庙公社明光大队妇代会主任
张玉娥　山阳县中村区委副书记
王金莲　山阳县高坝公社桥自沟大队党支部书记
周冬芹　丹凤县菜川公社金月大队不脱产公社妇干
贾淑芳　丹凤县葡萄酒厂工人
薛粉莲　丹凤县幼儿园园长
曹雪栋　洛南县尖角公社鱼池大队妇代会主任
赵淑霞　商县大赵峪公社东西岭大队五队农民
徐庆兰　商县陈源公社上河大队社员
陈卫珍　商县副食公司副食商店营业员
吴德荣　商南县新庙公社阳华二队社员
章桂英　商南县东岗公社五里牌大队支部副书记
郭竹梅　商洛地区医院儿科副主任
薛　平　延安市火柴厂工人
王青兰　吴旗县城关供销社营业员
马俊图　子长县余家坪公社新寨河大队妇代会主任
赵秀珍　延长县黑家堡公社杨家湾大队社员
李秀芳　安塞县沿河湾公社贾家坬大队社员
宋金扣　富县羊泉公社下立石大队妇代会主任

郑竹叶　黄陵县仓村公社沟西大队妇代会主任
党碧琴　黄龙县白马滩小学副校长
李仁香　洛川县槐柏公社坬里大队党支部书记
侯生俊　志丹县城关公社杨畔大队大队长
刘桂梅　延川县贺家湾公社刘家河大队社员
孙联珍　延安地区人民医院妇产科主任
刘仁英　延安地区农科所农艺师
惠保锡　延安丝绸厂副厂长
李凡一　中共延安地委纪律委员会副书记
兰秀英　宜川县党湾公社圪大队妇代会主任
彭玉梅　榆林地区毛纺织厂挡车工
张秀英　榆林县制革厂车间主任
闫芝英　榆林县苳家湾公社新农村大队妇代会主任
延春萍　榆林县幼儿园教师
高生芳　佳县百货公司第二门市部副主任
吴兰珊　定边县白湾子公社湾子大队党支部书记
贺福英　清涧县寨沟公社寨沟大队妇代会主任
王芝兰　绥德县石家湾公社霍家沟大队党支部书记
王瑞芳　靖边县城关小学教师
吴凤莲　靖边县饮食服务公司股长
高晓慧　横山县百货公司针织门市部负责人
雷素卿　子洲县医院妇产科副科长
刘金梅　府谷县地毯厂生产组副组长
杨飞飞　神木县瑶镇公社窝兔采当大队妇代会副主任
卢翠莲　神木县乔岔滩公社乔岔滩大队党支部副书记
张莲英　吴堡县辛家沟公社高家庄大队党支部书记
常秀英　米脂县高渠公社高西沟大队妇代会主任
宋桂纯　陕西八一铜矿选厂磨浮工段工人
贾晓卫　铁道部第一工程局三处三段九队女工班长
陈　晨　邮电部第十研究所工人
周殿雄　陕西机械施工公司一处二队队长
库玉珍　西安铁路局临潼工程医院护士长
金熹卿　西北电力设计院工程师
张秀英　兴平玻璃纤维厂织布三车间织带挡车工
刘春兰　韩城矿务局下峪口煤矿工人
任惠侠　西安筑路机械厂三车间工人
侯素霞　宝鸡石油钢管厂工人

柴丽芳　中国人民银行西安市北大街办事处出纳员
宫凤英　陕西省第五测绘大队工人
牛桂香　陕西第二针织厂生产组长
李玉莲　国营烽火机械厂十三车间工人
刘书惠　陕西省纺织工业公司工会干部
于小文　西安仪表厂托儿所副所长
林秋心　陕西省医药科研试验厂工程师
路端谊　陕西省农林科学院植保所副研究员
徐凤兰　航天工业部一六五试验站工程师
赵伯碧　陕西澄合矿务局二矿工程师
王曼雪　陕西省地质局西安实验室工程师
李德芬　西安铁路局宝鸡分局机务段工程师
朱月恒　国营惠安化工厂科研一所设计工程师
冯若渠　国营黄河机器制造厂高级工程师
于素莲　国营红安机械制造公司设计所二室设计室副主任
郑玉善　西安东郊第一职工医院副主任
张立同　西北工业大学四〇三教研室
闫凤琴　陕西农林学校讲师
王菊仙　陕西省妇幼保健院妇产科主治医师
王　瑛　陕西省卫生局副局长
关希梅　陕西省航空运动学校跳伞运动员
李继云　西北水土保持研究所土壤地理室副主任副研究员
王秉正　西安医学院第一附属医院妇产科教研室主任、教授、主任医师
范丽娟　西安交通大学电工原理教研室副教授
章表秀　省民建工商联两会妇委会主任
邢润贤　大荔县公安局城关派出所民警
邓大军　第四军医大学口腔医院护士
赵惠芳　中国人民解放军三二三医院皮肤科主治军医
范莲芬　城固县天明区妇联主任
朱文华　西安体育学院田径教研室讲师

甘肃省

季秀英　榆中县城关公社杨家庄大队妇代会主任
赖新兰　永登县秦川乡炮台村妇代会主任
王海云　皋兰县石洞小学教员
董竹莲　永登县古山乡公社妇联主任
杨正英　白银区百货公司人民路门市部营业大组长
卢梅儿　七里河区安西路小学教员

张玉英　城关区蔬菜公司庆阳路商店美味斋门市部主任
魏筱玉　城关区延寿巷幼儿园园长
陈玉梅　西固区西固乡主任
孟素琴　西固区洗衣粉厂副主任
张佩梅　红古区海石学校教师
李培兰　安宁区安宁乡安宁堡村委会副主任
周玲芝　兰州第二毛纺织厂工人
宋乃娴　兰州市勘测设计院工程师
周　桦　兰州市豫剧团一队演员
郑茂兰　兰州市联合运输公司第三车队报车司机
陈水娥　兰州市糖业烟酒公司营业员
裴秀英　嘉峪关市新城公社中沟大队副大队长
崔秀丽　酒泉钢铁公司烧结厂电焊工
车文贤　金川镇北京路办事处石头房居委会主任
刘承荣　金川有色金属公司动力厂机动科工程师
李玉琳　永昌一中教师
芦玉梅　永昌县水源公社胜利大队妇代会小组长
赵秀英　酒泉县上坝乡福地村妇代会主任
赵瑞花　金塔县双城乡东岔村妇代会主任
黄彩调　敦煌县商业局百货公司七里镇门市部营业员
哈　南　阿克塞县团结乡放牧员
扎　满　肃北县石包城公社鱼儿红大队放牧员
徐美兰　安西县柳园综合商店石油总库零售点营业员
魏佐芝　张掖地区农业科学研究所助理研究员
陈桂华　张掖地区水利局水利助理工程师
曾冬梅　张掖县新墩公社双塔三队养鸡专业户
李菊英　高台县巷道公社八一大队妇代会主任
荆莲英　高台县正远公社骆驼城农场妇代会主任
郑郁恒　民乐县洪水小学教师
妥秀兰　肃南县明花区前滩公社二队牧民
马玉振　山丹县邮电局南湖邮电所营业员
倪子兰　国营条山农场组长
韩玉秀　国营八一农场组长
司凤琴　武威汽车运输公司站务员
郭玉琴　武威地区麻纺织厂工人
胡月妹　武威汽车修理厂助理工程师
禚惠珍　武威县支行副股长
宋玉凤　武威县糖业烟酒公司托儿所所长

张凤英　武威县医院妇产科主任
窦金花　武威县韩佐公社大队妇代会主任
陈碧英　古浪县百货公司门市部负责人
赵春梅　天祝县乌鞘岭公社兽医站兽医技术员
郭爱民　天祝县打柴沟旅社服务员
路秀英　景泰县芦阳公社城关大队大队长
陈宝娣　民勤县招待所服务员
蔺芝英　会宁县侯川公社齐靳大队妇代会主任
李彩芹　会宁县杨集公社卫生院医士
师秀英　会宁县建筑公司工人
吴彩霞　定西县汽车运输公司客车驾驶员
石映梅　定西县内官公社内官大队种子专业户
龚兰英　定西县内官公社内官大队妇代会主任
丰学桂　定西地区油料试验站助理研究员
李兰华　陇西县文峰公社安家门小学校长
张秀英　靖远县北滩公社粮窑大队文书
韩成芳　靖远县城关公社西关大队副书记
李天凤　靖远县百货公司一零门市部主任
张雪梅　渭源县会川公社醋那大队妇代会主任
曹映莲　渭源县会川文峰小学教员
王芝兰　通渭县饮食服务公司服务员
马清凤　通渭县吉川公社许堡小学教师
石栓弟　临洮县中孚公社下石家大队妇代会主任
师卿云　临洮县幼儿园园长
张秀英　临洮县人民医院总护士长
刘英芳　西和县城关信用社主任
王托儿　西和县城关公社王磨大队妇代会主任
纪　鸾　西和县城关幼儿园园长
支红女　清水县贾川公社崖湾大队妇代会主任
颉列玉　武山县柳林公社赵坪大队副大队长
魏淑华　天水地区石油公司副科长
杨清香　天水地委天水行署医务室护士
郑佩兰　天水地区医药公司解放路一门市部主任
孙欣玲　秦安县城关二小教师
杜宝清　秦安县王窑公社丁山大队社员
杜海琴　漳县石川公社小石门大队妇代会主任
蒲俊卿　礼县盐官百货批发站保管员
卜秀珍　天水县人民检察院检察员
蒲玉莲　天水县工艺编织厂技术员
万惠兰　天水县科协畜牧兽医师

马锁萍　武山县袁河公社三台大队妇代会主任
周友兰　武山县城关小学教师
陈菊梅　徽县栗川公社郇庄大队赤脚医生
付琴娃　甘谷县印刷厂工人
兰秀珍　甘谷县一中教导主任
何香莲　甘谷县盘安公社石家庄大队妇代会主任
张天花　天水市玉泉公社盐池大队妇代会主任
韩惠圃　天水地区天水市三中教师
张俊娥　天水市新华旅社主任
张文英　天水市环境卫生管理处组长
马玉莲　张川县张棉公社先马大队队长妇代会主任
马玉兰　张川县妇联主任
黄彩芹　徽县永宁公社秋木林大队秋西生产队队长
范翠文　武都地区农业局会计
汤仲莲　武都地区邮电局总务
杨绘春　岷县秦许公社包家沟大队妇代会主任
王映兰　岷县锁龙公社拨那大队妇代会主任
何万英　康县店子公社吴家山大队吴家山生产队队长
王桂花　康县邮电局话务班长
张富花　宕昌县哈达铺公社下街四队生产队长
赵素条　宕昌县服务公司第一旅社组长
杨玲秀　武都县汉王公社汉王大队养鸡专业户
康玉秀　武都县百货公司裁剪师
张育梅　成县镡河公社半山大队下山生产队社员
李秀香　成县支旗公社梁旗大队妇代会主任
王秀雨　平凉地区印刷机械厂工人
杨志宏　平凉一中教师
林凤兰　平凉县城关镇五金厂厂长
张　纯　平凉县人民医院副院长
王春芳　平凉县柳湖公社柳湖大队妇代会主任
杜银香　泾川县飞云公社南峪大队副大队长妇代会主任
刘俊花　灵台县新集公社崖瑶川大队社员
王桂兰　华亭县安口陶瓷厂工人
罗玉珍　华亭县东华公社供销社
祝素兰　华亭县第一医院医师
马春梅　庄浪县永宁公社河湾大队副支书
章绒仙　静宁县医院护士
雷玉珍　庆阳地区中医院副主任
杭淑琴　庆阳县支行中寨储蓄所主任
金喜莲　西峰饮食服务公司第一理发门市部主任

曾桂芳　庆阳县彭原公社刘岭大队北岭生产队社员

白粉珍　庆阳县西峰镇寨子大队后庄巷生产队社员

赵凤英　庆阳师范学校讲师

张巧华　正宁县第一人民医院外科副主任

豆春兰　宁县新宁公社任堡大队王湾生产队支部书记

陈爱玲　宁县城关小学教师

苟月兰　镇原县彭阳公社阎沟大队阎沟生产队支书

苟能香　镇原县上肖公社南李大队西庄生产队社员

许敏华　环县第一人民医院医师

杨淑卿　华池县王咀子公社刘家庙大队保健员

徐欣珠　合水县雪茄烟厂车间主任

魁令玉　永靖县坪沟公社卫生院赤脚医生

龙秀英　东乡县那勒寺公社郭泥沟大队阳洼生产队队长

刘自伦　东乡县水电局助理工程师

王兰香　积石山县妇幼保健站副站长医生

王桂兰　积石山县邮电局话务员

冯桂兰　和政县城关公社麻藏大队副大队长

陈玉梅　广河县城关公社火红大队学校校长

潘爱兰　康乐县莲芦公社卫生院妇产科医师

邱莲莲　临夏县南龙公社新龙大队副大队长

黄玉珍　临夏县公安局城内派出所户籍警

孔文玉　临夏州邮电局报务班班长

徐海霞　临夏州农科所干部

刀杰草　迭部县电尕公社拉路大队妇代会主任

香召草　中国人民银行夏河县支行副行长

杨林爱　舟曲县大川公社老庄大队副支书

树义毛　卓尼县康多公社白土咀大队队长

谢秀荣　甘南藏族自治州燃料公司保管

洪龙代花　临潭县陈旗公社唐旗大队妇代会主任

瞿金华　正宁县气象站气象观测员

闵光琼　省林业局舟曲林业局茶岗林场营林段段长

赵玉清　甘肃省国营下河清农场班长

张秀萍　甘肃省国营黄羊河农场班长

王素香　甘肃省草原工作队畜牧师

李国兰　甘肃省水利厅水利管理局工程师

马恒仙　金川有色金属公司龙首矿机修

车间焊工
王凤芝　第八冶金建设公司安装工程公司二工程队工人
孙梅英　西北铜加工厂工段长
赵松琴　白银公司劳动服务公司民办托儿所所长
宋焕宇　甘肃省天水风动工具厂工艺科助理工程师
金荷英　兰州石油化工机器厂一分厂工人
袁昭定　兰州通用机器厂理化工程师
潘秀玲　阿干镇煤矿技术员
张玉玲　兰州化学工业公司化工厂高压聚乙烯车间
孟有莲　甘肃绒线厂托儿所所长
杨秀兰　兰州长一毛纺织厂织呢车间挡车工
宋庆淑　兰州棉纺织厂准备车间甲班党支部书记
王惠波　甘肃省国营天光集成电路厂工程师
张珍娜　国防工办国营四〇四厂电气工程师
杨旭芹　国防工办国营岷山机械厂技术员
张淑敏　国防工办国营前进机械厂食堂科副科长
王顺君　甘肃省酒泉汽车修理厂工人
庄　静　兰州市邮政局质量检验员
汪昌金　甘肃省建工局一公司一〇二处工人
廖忠熔　电力局刘家峡水电厂工会副主席
范园珍　长庆油田勘探开发研究院油田开发室主任
贾瑞芹　兰州铁路局工程一段工人
王友如　甘肃省地质矿产局办公室主任
冯玉珍　省百货公司兰州纺织站调拨员
刘爱荣　省供销社畜产公司勤杂工
达秀珍　甘肃省土畜产进出口公司畜产加工厂肠衣车间保管组长
蔡文雅　中国人民银行陇西县支行副行长
万庚育　甘肃省敦煌文物研究所干部
付春瑛　甘肃省歌舞团演员
高淑惠　甘肃省兰州市张掖路新华书店营业员
金文嫩　甘肃省中医院小儿科主任主治医师
张瑞兰　甘肃省人民医院护士
李淑玉　兰州医学院教研室主任副教授
苏莲香　甘肃省体委射击运动员
郝正里　甘肃省农业大学畜牧系饲养教研组副主任
李素珍　兰州大学化学系工程师
仝允栩　兰州大学生物系动物学教研室主任
任　侠　兰州铁道学院工程系讲师

卡毛吉　西北民族学院体育教研室讲师
吴寿春　甘肃省科学院助理研究员
许振婉　中国市政工程西北设计院副总工程师
王凤树　铁道部第一勘测设计院兰州中学教师
王树芬　中国科学院兰州近代物理研究所副研究员室主任
马桃桃　中国科学院兰州近代物理研究所助理研究员
童林荟　中国科学院兰州化学物理研究所课题组长
俞惟乐　兰州化物所副所长研究员
崔志孝　兰州医学院二院妇产科主任副教授
朱任秋　兰州炼油厂研究所二室主任工程师
张仁玲　甘肃农业大学副教授
朱继琼　兰州铁路中心医院儿科副主任医师
李宗艾　甘肃省中医学院门诊部医师
李月英　兰州市公安局七里河分局小西湖派出所户警
吴蕴华　甘肃省合水县检察院会计
李　莹　兰州市中级人民法院打字员兼法警
刘春花　临泽县鸭暖乡野沟湾村妇代会副主任
丁素兰　甘肃省计委电子计算站
司秀英　临洮县八里铺公社王家大庄大队

青海省

李秀珍　玉树州称多县人民政府办公室翻译
罗　松　玉树州玉树县仲达公社嘎拉大队支部副书记
李培兰　玉树州玉树县民族中学校长
仁　措　玉树州曲麻莱县曲麻河公社措池大队赤脚医生
干　措　玉树州杂多县昂赛公社热情大队妇女主任
陈华科　玉树州治多县医院医师
扎　拉　玉树州昂贝县香达公社香达大队社员
巴世杰　海西州格尔木市卫生防疫站医士
尼　玛　海西州格尔木市唐古拉公社四队社员
史化芬　海西州都兰县人民医院副院长
希林白　海西州乌兰县茶卡公社他拉第五生产队社员
李争春　海西州冷湖镇邮电局干部
李慧光　海西州柴旦镇新华书店营业员
梁佳花　海西州天峻县邮电局话务员
才　叶　海西州都兰县诺木洪公社第三

生产队社员
才合吉　黄南州河南县托叶玛公社曲海大队社员
夏吾吉　黄南州同仁县牙浪公社阿宁大队乡村医生
昂　秀　黄南州河南县智后茂公社智后茂大队社员
刘玉兰　黄南州尖扎县康扬公社上庄大队副书记
马丽萍　黄南州尖扎县加让公社卫生所医生
尕　巴　黄南州汉库县人民医院护理师
巴　中　果洛州甘德县青珍公社四大队社员
哇　德　果洛州达日县上红科公社牧民医生妇产组牧医
花毛措　果洛州玛沁县东倾沟公社一大队大队妇代会主任
三　忠　果洛州达日县桑日麻公社二大队社员
王巧玲　果洛州皮革厂工人
滕木热　果洛州久治县宁友大队社员
班　措　果洛州玛多县黑河公社六队社员
贾翠萍　果洛州甘德县银行副主任
俄　科　海南州贵南县茫拉公社上洛哇大队支部书记
切　巴　海南州同德县河北公社上知迈大队
陶金兰　海南州贵德县河阴公社郭拉四队社员
谢宗礼　海南州贵德县人民医院副院长
才　毛　海南州兴海县温泉公社长大队支部书记
刘海梅　海南州共和县曲沟公社苏呼拉大队妇代会主任
娘　毛　海北州祁连县多隆公社扎沙大队放牧员
美多才让　海北州刚察县泉吉公社宁夏大队妇代主任
詹自琴　海北州祁连县八宝公社营盘台小学教师
杨桂莲　海北州门源县妇联主任
唐玲琍　海北州机关托儿所幼儿教师
赵淑芬　海北州刚察县人民医院妇产科医生
牛洪钧　海北州人民医院副院长
李风英　平安县第二小学教研组组长
沈芳兰　平安县寺台公社寺台大队妇代会主任
石玉兰　化隆回族自治县医药门市部营业员
魏桂萍　化隆回族自治县农行统计员
周兰润　化隆回族自治县轻工局第一地毯厂保管员
王存梅　民和县古鄯公社郭家山大队书记
张秀萍　民和县计划生育办公室干事

李启华　湟中县食品公司第三门市部主任

马桂花　湟中县上五庄公社帮巴大队书记

张秉兰　湟中县上新庄公社申南大队妇代会主任

安玉莲　湟源县申中公社庙沟大队妇代会主任

韩永秀　湟源县东峡公社响河大队妇代会主任

马玉兰　湟源县城郊公社国光大队生产队长

马秀莲　循化县红旗公社妇联主任

马麦燕　循化县城镇公社下草滩大队妇代会主任

苏存顺　乐都县引胜公社李家台大队妇代会主任

王玉兰　乐都县高店公社小河滩大队党支部书记

权文兰　乐都县洪水公社阿东大队妇代主任

薛恩祥　乐都县岗沟公社下教场大队社员

刘　丽　乐都县卷烟厂生产组组长

代朝兰　互助土族自治县招待所服务员

韩　龙　互助土族自治县人民银行储蓄股股长

李玉桂　互助土族自治县五十公社奎浪大队党支部书记

邢玉梅　互助土族自治县南门峡公社祁家庄大队妇代会主任

李玉华　西宁市粮食局古城台粮站营业部保管员

苏生芳　大通县新庄公社新庄大队妇代会主任

李秀菊　西宁市北大街蔬菜副食商店营业员

刘淑兰　西宁市土产杂品公司贸易货栈主任

李云鹤　西宁市城东区东关大街办事处干部

孟秀梅　西宁市棉织二厂班长

韩宝英　西宁市郊区沈家寨公社晨光大队作业组长

李春花　城西区兴海路办事处中华巷北居委妇代会主任

任凤英　大通县东峡公社元墩子大队书记

李淑琴　大通县第二中学教师

张莉影　中国人民银行西宁市支行副科长

董桂芳　西宁市胜利路小学教师

张秀文　西宁市郊区东郊公社乐家湾大队妇代会主任

王兰香　西宁市城中区南滩办事处南滩东居委支部书记

孙桂英　西宁市城中区人民街办事处南关街西居委支部书记

杨淑琴　青海省委机关托儿所所长
耿凤华　海南州同德气象站副站长
王瑞英　青海省民族歌舞剧团演员
侯桂芳　青海石油局运输处炊事员
喻以文　青海省纺织工业公司毛条厂工段长
孔亚萍　青海省体工队运动员
马君荣　中国人民银行民和县支行出纳员
郝巧英　国防工办无线电一厂班长
孙桂兰　青海电化厂工段长
秦玉琇　青海省儿童医院副护士长
谈桂芳　青海西宁桥头发电厂司炉工
罗玉秀　青海省体工队运动员
徐志璜　青海劳改局职工医院护理师
朱锦沁　青海省地方病防治研究所室主任
袁珊珍　青海大通矿务局工程师
迟书华　青海长毛绒厂工人
王玉秀　青海省畜产进出口分公司加工厂肠衣工人
初家仪　青海地质局第一区调队绘图室技术负责
姜竞先　青海省军区第四医院护士长
杨荣华　水电部四局工人
严玉兰　青海省药材公司股长
张莘芝　青海省人民医院护士长
高明兰　西宁铁路分局西宁客运段南京五组列车长
陈惠卿　青海省冶金局西宁钢厂研究所工程师
王秀琴　玉树州邮电局工人
曾广赓　国营221厂工程师
裘竹芬　青海省第四建筑公司电工

宁夏回族自治区

吉变荣　吴忠金积贸易公司综合门市部主任
王榴梅　吴忠仪表厂托儿所所长
常毓华　吴忠县第一中学教师
靳凤英　吴忠县吴忠镇汉民饭馆主任
余景霞　吴忠县妇联主任
赵秀贞　青铜峡县一中英语教师
王　红　灵武绒线厂细纱车间全摇小组组长
郭云姣　灵武县食品公司营业员
肖翠兰　灵武县崇兴公社韩渠大队第六生产队社员
吴玉兰　灵武县新华桥公社河中大队第六生产队社员
兰玉霞　灵武县城关小学教师
苏明昌　盐池县水电局水工队队长
张富兰　盐池县城郊公社沟沿大队妇代会主任
王文清　盐池县萌城公社四股泉大队四股泉生产队社员

苏永霞　同心县韦州公社闫家圈大队妇代会主任
金凤英　同心县新庄集公社李寨科大队大队长
叶惠芬　同心县医院总护士长
马秀英　同心县下流水公社白圈子大队党支部书记
蒯　膜　青铜峡县瞿靖公社蒯桥大队大队长
孙赛艳　青铜峡铝厂动力车间机械助理工程师
谭月花　青铜峡县妇联主任
顾月珍　青铜峡水泥厂托儿所保育员
郭秀兰　青铜峡县青铜峡镇街道综合社党支部书记
俞秀英　中卫县宣和乡东月村副主任
李桂春　中卫县木器家具厂出纳
任其贤　中卫县城关第三小学教师
王玉英　中卫县城郊乡八字渠村副主任
李玉霞　中宁县城关大队乡村医生
吴秀英　中宁县印刷厂排字车间主任
马庆华　中宁县新堡公社创业大队妇代会主任
陈玉田　银川市支行新城办事处会计股股长
金秀春　银川市第二医院副院长
蒋凤珠　银川市毛纺织厂机织车间织呢挡车工
刘玉凤　银川市邮政局包裹组组长
臧　青　银川棉纺织厂前准备车间车工
杨风兰　自治区建一公司安装队设备分队通风工
宋建华　自治区建二公司二区五队油工班长
马少华　银川市东风棉织品厂工人
谢彩兰　银川饭店医务室卫生员
罗敦员　银川九中英语教师
郝玉兰　银川市联运一公司汽车驾驶员
庄宏灿　银川市新城区第四小学教导处副主任
高明英　银川市第一幼儿园教研组
赵秀兰　永宁县百货公司营业员
杜秀兰　永宁县李俊公社魏团八队
陈月梅　银川郊区银新乡党委副书记
王淑兰　银川市城区第十二小学教导主任
李代芳　银川市城区环卫局清扫队队长
刘风玲　银川市新城区铁西街道办事处第一居委会主任
耿淑琴　银川市新城区铁路西街办事处被服门市部负责人
冯秀珍　贺兰县习岗公社经济桥大队妇代会主任
介兰英　贺兰县四十里店公社张亮大队妇代会主任
李友春　石嘴山瓷厂二车间工人
张有荣　石嘴山煤机一厂工人
汤培华　石嘴山矿务局综合工程处土建

工程师

王香玲　石嘴山市幼儿园副园长

吴志美　石嘴山市医院医师

朱玉兰　石嘴山市大武口区人民路街道办事处总机修厂居委会副主任

毛兰萍　石嘴山市大武口区粮食局三厂粮站负责人

方丽珍　石嘴山市石嘴山区弹簧厂党支部书记

沈　岚　石嘴山市第二中学教师

孙凤云　石嘴山市碳井二矿机电助理工程师

郑秀珍　石嘴山市碳井区新华南街居委会主任

付冬燕　平罗县妇联主任

马兰英　平罗县灵沙公社统一大队妇代会主任

林秀凤　平罗县城关第一小学教导主任

杨仙芝　平罗县城关镇第一居委会

何秀兰　陶乐县高仁镇公社白家台子二队社员

徐凤兰　陶乐县城小学教师

何桂兰　固原县大湾公社苏堡大队妇代会主任

田志兰　固原县古城公社妇联主任

贾芝梅　固原县医院麻醉医生

康效梅　固原县南郊公社青石峡大队妇代会主任

蔺桂兰　固原县王洼公社小学教师

党世桂　固原县草庙公社王洼大队妇代会主任

杨永红　固原县商业局百货公司大库保管员

杨如秀　固原县七营公社马堡大队马堡生产队社员

陈凤莲　海原县医院儿科主治医师

丁永兰　海原县关桥公社关桥大队大队长

陈玉英　海原县盐池公社盐池大队妇代会主任

唐宗玉　海原县医院内儿科护士长

唐明玉　海原县城关医院护士

马凤英　泾源县黄花公社店堡大队妇代会主任

柳秀香　隆德县峰台公社妇联主任

李月琴　隆德县联财公社妇联主任

李秀兰　隆德县神林公社庞庄大队大队长

石秀花　隆德县杨河公社杨河大队妇代会主任

满秀璟　西吉县城关粮油仓库职工

马彩环　西吉县城关第二小学副校长

王秀花　西吉县妇联副主任

马国兰　西吉县蒋台公社东坡大队赤脚医生

董翠霞　西吉县新营公社陈阳川大队妇代会主任

苏桂花　西吉县玉桥公社玉桥大队妇代

会主任
于淑霞　宁夏固原地区医院妇产科主任
罗桂莲　宁夏国营清河机械厂食堂科炊事员
顾兰香　宁夏体委体工大队自行车运动员
朱玉洁　宁夏国营平吉堡奶牛场九队农技员
王桂连　宁夏国营渠口农场园艺一队职工
张茂芝　宁夏交通局固原汽车运输公司客运站副站长
李楚芬　宁夏医学院生理研究室副主任、副教授
陈玉书　宁夏化工研究所研究室副主任
胡宛禾　自治区党委政策研究室副主任
叶玲芳　宁夏物资局托儿所所长
吴淑筠　宁夏农林科学院农作物研究所品种资源研究室主任
孙惠茹　宁夏电力局青铜峡安装处托儿所所长

新疆维吾尔自治区

张　岚　乌鲁木齐市第一小学教师
于世芬　乌鲁木齐市沙依巴克区政府计划生育办公室副主任
胡翠英　乌鲁木齐县大湾公社大湾大队党支部书记
韩琴英　乌鲁木齐市红旗帆布厂挡车工
安庆明　乌鲁木齐市牛奶公司经二路牛奶供应站新市区门市部组长
储风娥　乌鲁木齐市第三人民医院骨科护士长
冯向阳　乌鲁木齐市天山缝纫厂工人
孙明珠　乌鲁木齐市计划生育委员会办公室副主任
沙热艾合买提　乌鲁木齐市第五小学校长
艾米拉汗　乌鲁木齐市沙依巴克区友好路街道办事处清运工
海里且木克里木　乌鲁木齐市矿务局六道湾煤矿居委会主任
帕夏汗阿木提　乌鲁木齐县地窝堡公社小地窝堡大队妇女队长
阿依木汗　商业局纺织品公司解放路纺织品商店营业组长
热比亚　乌鲁木齐市第五中学副校长
热乃木　乌鲁木齐市城市规划设计院图档员
帕塔木海维尔　乌鲁木齐市人民银行二宫分理处出纳
马金芳　乌鲁木齐市天山区清扫队工人
马　岩　乌鲁木齐市粮食局天山区分局西河坝粮店主任
玛丽亚　乌鲁木齐市新市区三宫办事处内燃机配件厂指导员
阿斯亚　乌鲁木齐市锅炉厂动力科副科

长

黄亚芳　乌鲁木齐石油化工厂医院儿科主任

徐用慧　克拉玛依市独山子矿区职工医院小儿科副主任医师

孟月芝　克拉玛依市独山子矿区生活科托幼支部

姚素珍　克拉玛依市商业局准噶尔菜场主任

赵秀梅　克拉玛依市克拉玛依公路段养路工

艾尼沙　克拉玛依市油建公司居委会调解员

古力沙拉　克拉玛依市小拐新光公社二大队社员

梁景慧　新疆石油管理局采油四大队十一小队地质工人

于跃芹　石河子“八一”毛纺厂毛条车间工人

胡金凤　石河子一四三团十二连大田二排排长

倪鹏青　石河子一三四团一中教师

樊玲琴　石河子八一棉纺织厂细纱车间甲班工人

张玉珍　石河子市星火人民公社曙光二队妇女队长

范作仁　石河子市人民医院五官科主任

玛丽亚　石河子市紫泥泉种羊场二连牧工

郭能秀　昌吉自治州木垒县西吉尔公社西吉尔大队妇代会主任

戴春梅　昌吉自治州奇台县碧流河公社塘坊门大队七队妇女队长

王智贤　昌吉自治州奇台县一中教师

田芬佩　昌吉自治州吉布库公社吉布库大队妇女队长

马艳珍　昌吉自治州吉木萨尔县三台公社西地大队妇女队长

雷秀兰　昌吉自治州昌吉县滨湖公社下泉子二队妇女队长

张翠花　昌吉自治州呼图壁县五工台公社乱山子大队副大队长

张桂云　昌吉自治州玛纳斯县农技站农艺师

许桂兰　昌吉自治州玛纳斯县糖业烟酒公司门市部组长

刘秀英　昌吉自治州玛纳斯县兰州湾公社兰州湾大队支部书记

孔庆珍　昌吉自治州直一中教员

马效娟　昌吉自治州五宫煤矿井下大巷运输工

于秀花　昌吉自治州昌吉县二六工公社光明大队妇女主任

米菊兰　昌吉自治州昌吉县糖业烟酒公司向阳食品门市部营业员

兰秀花　昌吉自治州呼图壁县园户公社供销社营业员

哈里千木　昌吉自治州阜康县城关公社头

工十队社员

许桂莲　昌吉自治州米泉县古牧地公社东二大队妇代会主任

张有岭　哈密地区钢铁厂炼铁车间副主任

陈维琪　哈密矿务局露天煤矿医院护士长

蔡生华　哈密地区哈密县沁城公社胜利大队妇代会主任

甘玉清　哈密地区哈密市第二小学教师

帕它木塔里甫　中国人民银行哈密市支行副行长

阿克孜力克　哈密地区伊吾县托尔库里牧场三分场牧工

毕　肯　哈密地区巴里坤县沙尔乔克牧场副场长

邹文娟　哈密军分区托儿所保育员

易胜难　吐鲁番地区建筑公司助理工程师

曹桂英　吐鲁番地区托克逊县河东公社计划生育干部

曹庆兰　吐鲁番地区吐鲁番县园艺场二队妇代会主任

胡少华　吐鲁番地区七泉湖化工总厂盐矿采盐工

吾尔尼牙孜汗阿不都　吐鲁番地区鄯善县辟展公社八大队妇代会主任

艾比布汗　吐鲁番地区吐鲁番县艾丁湖公社妇联副主任

阿依木汗　吐鲁番地区托克逊县伊拉湖公社二大队妇代会主任

施　丽　伊犁州伊宁市农牧局农技站副站长

胡秀英　伊犁州奎屯市饮服公司甜食店班长

包仁娣　伊犁州霍城县伊车嘎善公社农科站妇代会主任

刘凤兰　伊犁州霍城县供销社土产公司第一门市部主任

王丽华　伊犁州巩留县人民医院主治医师

李翠菊　伊犁州昭苏县人民医院门诊部中医室医师

丛美芝　伊犁州人民医院眼科副主任医师

陶世仪　伊犁州伊宁市第八中学教师

张和平　伊犁毛纺织厂绒细车间工人

胡金红　伊犁州伊宁县愉其温公社托克斯塔拉大队八队队长

阿达思汗　伊犁州新源县红星公社牧场兽医站兽医

再依乃甫　伊犁州新源县红旗公社一大队妇代会主任

外依斯汗　伊犁州尼勒克县喀拉托别公社兽医

卡玛勒依克巴依　伊犁州文工团演员

阿甫斯汗　伊犁州伊宁县胡地亚于孜公社

波斯坦大队妇代会主任

布沙拉木 伊犁州伊宁市喀尔墩公社砂子厂副厂长

拜夏汗 伊犁州特克斯县二公社三大队妇代会主任

赵玉兰 伊犁州察布查尔县托儿所保育员

马金莲 塔城地区和丰县夏孜盖公社第九生产队妇女队长

姜春阁 塔城地区裕民县哈拉布拉公社二大队一小队队长

郭大华 塔城地区乌苏县西大沟公社一大队一队党支部书记

田奇风 塔城地区额敏县第二中学教师

刘亚玲 塔城地区沙湾县四道河子公社农胜四队幼儿班教师

罗正卿 塔城地区邮电局报务员

吾孜拉汗 塔城地区乌苏县第二居民委员会副主任

乌拉孜汗 塔城地区种牛场医生

巴哈提 塔城地区沙湾县反修公社牧场二队牧工

沙吾列 塔城地区托里县贸易公司营业员

马玉芬 塔城地区塔城县阿不都拉公社社员

隋玉芳 塔城地区第一人民医院妇产科主任

库力巴然 塔城地区托里县库普公社牧业一队牧工

刘希增 阿勒泰地区银行中心支行副科长

程树英 阿勒泰地区皮革厂质量检查员

刘秀花 阿勒泰地区吉木乃县贸易公司门市部主任

钟永利 阿勒泰地区直属小学教导处副主任

海尼尔 阿勒泰地区布尔津县杜来提公社妇联主任

哈米达 阿勒泰地区阿勒泰县红墩公社中学校长

塔兰甫汗 阿勒泰地区福海县种羊场牧民

巴哈提汗 阿勒泰地区富蕴县喀拉布勒根牧场牧二队牧工

沙马尔热 阿勒泰地区哈巴河县沙布拉克公社牧业四队社员

买乃木汗 阿勒泰地区青河县夏合尼湖里公社牧业四队社员

如黑亚 阿勒泰地区阿勒泰县防疫站医生

王玉娣 博尔塔拉州温泉县农业银行会计股副股长

杨进仙 博尔塔拉州博乐县达勒特公社红旗大队副大队长

李希琴 博尔塔拉州第一小学教师

仇银琴 博尔塔拉州精河县牛场农八队卫生员

阿格达 博尔塔拉州温泉县前哨牧场牧

业六队妇女主任
李秀兰　博尔塔拉州精河县城镇红旗一小教师
阿米娜　博尔塔拉州博乐县一中教师
严吉玛　博尔塔拉州温泉县哈尔布呼公社四牧场妇女主任
沙依甫汗　和田地区东风商店营业员
尼沙汗买买提　和田地区于田县奥依托格拉克公社妇联主任
哈斯也提　和田地区于田县妇联主任
帕提木汗　和田地区策勒县固拉合玛公社八大队妇代会主任
买合甫孜汗　和田地区洛浦县杭桂公社妇联主任
热比汗　和田地区和田县拉斯奎公社一管理区三大队副大队长
吐然尼沙汗　和田地区皮山县桑株公社五大队小队长
艾木然汗　和田地区皮山县科克铁热克公社十三大队妇代会主任
提拉汗　和田地区墨玉县普恰克其公社五管理区一大队副支书
买尼嘎汗　和田地区民族医院医生
斯克尼汗　和田地区民丰县叶亦克公社金泉大队六小队牧工
斯皮热木汗　和田地区于田县先拜巴扎公社七管理区克格月克大队
买旦然木汗　和田地区洛浦县恰瓦克公社四管理区三大队赤脚医生
布艾西汗玉素甫　和田地区墨玉县乌尔其公社信用社出纳
古里尼沙汗　和田地区和田县拉依克公社三管理区二大队五小队社员
何鸣凤　和田地区医院妇产科大夫
阿瓦汗　和田地区墨玉县卡巴克公社十八大队副支书
阿米娜买买提　喀什地区疏附县巴扎小学教师
买尼沙阿不都克日木　喀什地区叶城县七盘公社副书记
阿依先木·艾买提　喀什地区岳普湖县第一小学教导主任
阿依木沙卡地　喀什地区第一人民医院儿科副护士长
吐地汗·托乎提　喀什地区麦盖提县央塔克公社阿尔郎喀大队副书记
阿米娜玉素甫　喀什地区喀什市红旗公社一大队妇女主任
艾米达巴拉提　喀什地区疏附县帕哈太克里公社妇联副主任
阿提干买买提　喀什地区疏勒县人民医院外科护士长
康巴古丽　喀什地区伽师县人民政府办公室工人
阿合其汗　喀什地区巴楚县色力布亚公社二十一大队护林员
阿依汗吐拉克　喀什地区巴楚县人民银行

镇储蓄所副主任
提拉汗吾守 喀什地区疏勒县洋大曼公社十二大队四小队社员
白 伟 喀什地区幼儿园主任
李风云 喀什地区喀什市百货公司东方红商店副主任
何淑民 喀什地区喀什市第二中学教师
庄桂娣 喀什地区喀什棉纺织厂准备车间挡车工
孙秋宁 喀什地区英吉沙县汽车队统计员
朱荣凤 喀什地区莎车县人民医院儿科主任
贠朝阳 喀什地区莎车县人民银行储蓄员
吾尼克 喀什地区塔什库尔干县塔什库尔干公社四大队牧民
杨忆群 泽普县第二中学教师
古丽色力阿巴白克力 喀什地区英吉沙县芒申公社妇联主任
尼沙汗 克孜勒苏州中级人民法院院长
阿瓦汗 克孜勒苏州阿克陶县第一中学教师
库尔班比比 克孜勒苏州贸易公司售货员
阿依夏汗 克孜勒苏州阿合奇县贸易公司售货员
哈提木苏来曼 克孜勒苏州乌恰县波斯坦铁列克公社二大队牧民
海尔尼沙 克孜勒苏州阿图什县第一中学教师
托乎提汗 克孜勒苏州阿克陶县阿克达拉拉牧场牧民
沙代提 克孜勒苏州阿图什县兽医站兽医
张桂玉 克孜勒苏州医院副院长
吉格地汗司地克 克孜勒苏州阿克陶县木吉公社食品厂工人
史国枢 阿克苏地区第一人民医院妇产科副主任
王定媛 阿克苏地区公路总段工程师
王素清 阿克苏地区商业局百货公司第二商店支部书记
冯海翠 阿克苏地区阿瓦提县农技站助理农艺师
乔根娣 阿克苏地区百货公司胜利商店组长
罗秀芳 阿克苏地区第四中学副校长
陈光玉 阿克苏地区第二人民医院小儿科主治医师
诸 玲 大光棉毛纺织厂粗纺车间工人
加马力汗 阿克苏地区乌什县火箭公社妇联副主任
赛力克木肉孜 阿克苏地区新和县排先巴扎公社穷托拉克大队党支部副书记
买然木汗阿不拉 阿克苏地区库车乌宗公社乌什哈拉大队党支部副书记

古来木木沙　阿克苏地区阿克苏县镇公社栏杆办事处党支部书记

则乃提汗热木吐鲁　阿克苏地区沙雅县托依堡公社提力克大队党支部书记

吉拉提汗司马义　阿克苏地区沙雅县塔里木公社东库塘大队牧民

帕他木阿不代克　阿克苏地区拜城县黑英山公社牧场牧业二队牧民

努斯热提买苏木　阿克苏地区阿瓦提县第一中学教师

买然木尼沙汗　阿克苏地区温宿县外贸地毯厂副厂长

提拉汗艾库丽　阿克苏地区柯坪县五一公社下卡西力克大队妇代会主任

沈秀英　巴音郭楞州和硕县清水河农场二队副队长

秦玉珍　巴音郭楞州焉耆县七个星公社乎尔东大队二队队长

王夏兰　巴音郭楞州库尔勒县医院妇产科医师

姜富荣　巴音郭楞州库尔勒市人民商场副主任

周少英　巴音郭楞州巴州果酒罐头厂工程师

春　格　巴音郭楞州和静县巴仑台区巴仑台公社乌拉斯台沟大队妇代会主任

奥尔来　巴音郭楞州和静县巴音布鲁克区那拉特牧场牧民

桑玉花　巴音郭楞州巴州文工团演员

热依来木　巴音郭楞州轮台县阳霞公社妇联主任

白凤琴　巴音郭楞州博湖县查干诺尔公社乌庭郭勒大队妇女队长

马颜芳　巴音郭楞州焉耆县永宁公社七大队副大队长

朵来提汗　巴音郭楞州若羌县第一小学副校长

热比汗托乎提　巴音郭楞州且末县阿羌公社阿羌大队三队牧民

卡日汗吾甫尔　巴音郭楞州尉犁县东河滩公社二大队四小队牧工

谭永聪　巴音郭楞州库尔勒县粮食局粮油加工厂榨油车间主任

冯粉堂　新疆生产建设兵团农六师一〇六团二连牧工

郑全美　新疆生产建设兵团农四师六十六团八连妇女六班班长

周家荣　新疆生产建设兵团农二师二十九团五连植棉班班长

马静芳　新疆生产建设兵团农一师畜牧兽医研究所副所长

陈菊芬　新疆生产建设兵团农一师二团机三连妇女二班班长

程　仙　新疆生产建设兵团农七师一二

九团六连班长

陈彩凤　新疆生产建设兵团医院中医科护士长

祝桂兰　新疆生产建设兵团农二师三十五团六连排长

张俊影　新疆生产建设兵团农十师北屯毛纺厂染整车间洗线工

牟秀芬　新疆生产建设兵团工一师三团工人

刘焕奎　新疆生产建设兵团农一师一团十九连农工

左昌桂　新疆生产建设兵团农三师五十三团畜牧连工人

杨开群　新疆生产建设兵团农六师军户农场加工厂工人

李小玲　新疆生产建设兵团农九师一六六团六连班长

杨兆一　新疆生产建设兵团哈密农场管理局红旗二场三连分销店营业员

肉孜汗阿力马司　新疆生产建设兵团农一师五团民族连排长

艾孜赞木卡德尔　新疆生产建设兵团农五师八十六团民族学校教师

常巧云　新疆生产建设兵团农八师一三三团幼教

李淑兰　新疆生产建设兵团农六师一〇二团四营十九连班长

谢丽芬　自治区冶金局建设公司职工医院药剂师

许秀华　新疆水泥厂工艺科高级工程师

宋芳兰　新疆十月拖拉机厂发动机车间工人

张　丽　新疆钢铁公司炼铁厂烧结车间技术组组长助工

顾明华　自治区农业银行奎屯市农业银行会计股副股长

赵著华　石油工业部运输公司职工医院妇产科主任

沈福兰　交通局第九汽车运输公司工人

李留网　建工局第五建筑工程公司锅炉工

王翠芳　新疆七一棉纺织总厂二分厂精纺车间工人

袁阿彩　铁路局哈密分局哈密机务段设备车间电力工长

刘学贤　铁路局乌鲁木齐站售票员

梁秀玲　邮电局乌鲁木齐市邮政局信函分拣员

扎甫拉赛依提卡玛尔　石油管理局采油二厂采油六队工人

奴尔尼沙　新疆七一棉纺织总厂一分厂织造车间工人

黄　桢　中国科学院乌鲁木齐人造卫星观测站业务科长

李维琪　中国科学院新疆化学研究所助理研究员

黄　瑄　教育厅乌鲁木齐八一中学教师
哈丽曼　新疆医学院解剖教研组讲师
郭梅珍　自治区体委体工大队射箭队运动员
李　颖　自治区人民政府办公厅第二秘书处副科长
法蒂哈　新疆歌剧团演员

中直机关

廖淑萍　中央办公厅人民大会堂管理局服务处服务员
黄士英　中央办公厅警卫局 305 医院护师
刘丽英　中央纪委纪桥三室副主任
张跃华　中央组织部排字工
王惠敏　中央宣传部(享受司局级待遇)
邢灵芝　中共中央对外联络部食堂班长
丁　玒　中央调查部八局业务组长
宋　敏　中央调查部外交通信总台电传员
刘加云　中央调查部管理局门诊部护师
胡　珍　中央党校校办公室机要处干部
藏志凤　中央党校政治经济学教研究助理研究员
顾光耀　中央编译局医师
徐乃文　广播电视部中央人民广播电台对台广播部播音员
孙克文　广播电视部电视台新闻部编辑
韩雨风　广播电视部办公厅医务所口腔医师
陈秀昌　广播电视部干部司老干部处干事
吴克俭　广播电视部工业局广播设备制造厂工人团干部
张荣禄　广播电视部无线局七二四台机房主任
尹凤英　广播电视部无线局中控室对内传音科值班员技术员
赵传兰　广播电视部外经办公室打字员
娄学钰　广播电视部艺术团合唱团资料员
林　宁　新华社对外部离休干部
刘俊荣　新华社技术部机线组话务员
钟沙琳　新华社图片社医务室医生
葛　华　新华社办公厅计划生育工作专职干部
卢玉华　人民日报印刷厂排字工人
金银香　人民日报印刷厂行政组长
袁淑华　红旗杂志社机关党委委员
王莉华　光明日报社天津记者站站长
岳素花　中央书记处研究室干事
郭思敏　中共中央文献研究室图书资料干部
吴伟子　全国总工会干部学校教养员
陈　丁　全国总工会国际部干部
王惠君　中国青少年出版社党委办公室

副主任
董惠英　中国青年出版社印刷厂工人
米　玲　中央团校青年工作教研室干部
许文芝　中国青年报社干部
罗晓红　全国妇联离休干部
张瑞云　中国电影家协会党委办公室主任
白金凤　中国科学技术协会科普出版社编辑室副主任
郑浙兰　政协全国委员会机关医务室医师
黄静华　中共中央党史资料征集委员会副处长

中央国家机关

俞昌琼　全国人大常委会法制委员会干部
资中筠　外交部国际问题研究所副处级
许月琴　外交部干部司福利处干部
毕　力　外交部机要员
刘　军　国家计委办公厅幼儿园副园长
郑　力　国家计委国民经济综合计划局国民经济计划管理处处长
赵喜莲　经委建材局地质公司计划处副科长
邬友英　经委建材局北京玻璃钢研究所工程师
胡秀春　经委建材局建研院水泥研究所高级工程师
韩淦如　经委中国专利局文献中心副组长
张玉荣　经委中国标准出版社照排工人
葛梅瑛　国家体改委科员
刘静华　国家科委科技情报所副译审
马玉芳　国家民委西藏驻京办事处服务员
黄玲波　国家民委民族印刷厂工段长
申今顺　国家民委中央民族语文翻译局资料组副组长
张亚萍　公安部消防器材公司北京消防器材厂计量室工人
何梅英　公安部一一二九研究所十室副主任
乔学敏　民政部政策研究室干部
韩桂英　财政部老干部局副局长
王士干　财政部税务总局干部
曾茂春　中国人民银行综合计划司统计处处长
娄桂兰　中国人民银行核算工厂数据科副科长
吴文桂　中国人民银行农业银行总行机关党委副书记
舒雯娟　中国银行营业部干部
罗健飞　商业部棉麻局科员
孙蝶霞　商业部粮油工业局科员
林芬英　商业部设计院副主任

陈龙珠　经贸部国际贸易研究所国别地区研究室主任
曾佛清　经贸部中国对外贸易运输总公司科长
黄文惠　农牧渔业部畜牧局草原处副处长
王德秀　农牧渔业部全国植物保护总站高级农艺师
林黎奋　中国农业科学院品种资源研究所室副主任
石社民　中国农业科学院作物育种栽培研究所助研
蒋德恩　中国水产科学研究院副院长
周超南　林业部林产工业设计院工程师
何新蓉　中国林业科学研究院行政处卫生所医生
陆静娴　林业部资源司工程师
王侨生　水电部水利水电科研院英语教员
贾京中　水电部水利电力出版社印刷厂工人
李汉香　水电部电力科学研究院工程师
李桂芬　水利水电科学研究院水力学研究所副所长
雍永智　建设部环保局副处长
李娥飞　建设部建筑科学研究院设计所副主任工程师
许晓莉　建设部市政公用局助理工程师
崔维丽　建设部中国建筑工业出版社印刷厂工人
张文玲　地质矿产部地科院印刷厂厂长
季　平　地质矿产部办公厅会议楼管理员
郝诒纯　地质矿产部武汉地质学院北京研究生部教研室主任
周开君　冶金部建筑研究总院研究室主任工程师
顾秀范　冶金部机关幼儿园教养员
吴　玖　冶金部钢铁研究总院合金钢室高级工程师
陈惠芳　机械工业部中国机械设备进出口总公司科长
廖瑞风　机械工业部起重所运输室工程师
刘锡儒　机械工业部机电研究所工程师
左宗珍　机械工业部机床研究所工人
吕琬芳　机械工业部基本建设局财务处处长
王承书　核工部科技委常任委员
刘　堃　核工部政治工作办公室副处长
张孝颐　核工业部北京第五研究所工程师
孟繁淑　核工部原子能研究所四九·二研究室工程师
宓素珍　航空部办公厅秘书处值班室值班员
许世琴　航空部第六二八研究所炊事班长

高　扬　航空工业部第六二一研究所工程师
鲁　霞　航空部第三〇三所工程师
胡淑兰　航空部574厂工人
席凤琪　电子工业部办公厅科级干部
梁玉蓉　电子工业部第四〇一职工医院内科副主任
姜乐惠　电子部雷达工业管理局技术管理处处长
姚翠英　电子部第十五研究所医师
甄桂芳　电子工业部第十二研究所工程师
程永翔　电子工业部第十一研究所工程师
程女范　兵器工业部第二〇八研究所计算机组组长
杨玉仙　兵器部二〇一所试制厂副厂长
蒋　诠　兵器部第五设计研究院工程师
王善松　兵器部幼儿园园长
李广华　航天部一院七一一医院内科护士
金郁芬　航天部第五研究院五二九厂二车间工人
孙冠娟　航天部七二一医院内三科护士长
王宝珍　航天部三院二三九厂研究所二室工程师
秦裕蓉　航天部五院五〇一设计部八室工程师
徐云霞　航天部第一研究院第一设计部工程师
蔡淑华　航天部三院三部三室工程组长
屠丽南　煤炭部煤炭科学研究院高级工程师
王广仁　煤炭部基建司管理工程师
孙俭美　煤炭部幼儿园副园长
白　珊　中国煤矿文工团演员
成芸心　石油部石油勘探开发科学研究院室主任
陆婉珍　石油部石油化工科学研究院副总工程师
畅春香　石油工业部物探局研究院计算机一室工程师
吴素香　石油部管道局华东输油管理局临邑泵站医师
程烨华　石油部北京石油设计院工程师
陆蓓华　化工部科技局综合计划处工程师
杨馨洁　化工部机关生产综合司质量处司副总工程师
吴咏蕴　北京化工研究院四室工程师
皮德祥　纺织工业部纺织科学研究院工程师
邝美娴　轻工部设计院工程师
张荣华　轻工部基建司综合处统计师
刘京生　北京铁路总医院护士
吴德范　铁道部铁道科学研究院机车车辆研究所助理研究员

史长旭　铁道部基建总局高级工程师
沈艳霞　铁道部通信信号公司北京器材厂材料工
李淑英　铁道部直属房产建筑工程处油工队油工班长
孟业华　铁道部北京材料总厂助理工程师
齐白羽　交通部路桥公司办公室汽车司机
徐怀文　交通部机关党委教师
沈淑琴　交通部人民交通出版社印刷厂拣字组长
李敬东　交通部公路科研所工程师
李军弘　邮电部邮电科研院数据通信技术研究所工程师
林芳萍　邮电部幼儿园食堂炊事员
邹建军　邮电部中国邮票总公司邮票设计
郑明淑　北京邮电医院总护士长
穆益勤　文化部文物局故宫博物院干部
曲敬霞　文化部外文出版局中国建设杂志社翻译
金桂霑　文化部外文出版局北京外文印刷厂工人
李维康　文化部艺术局中国京剧院演员
程式如　文化部艺术局中国儿童艺术剧院艺术室副主任
郭宝书　文化部北京电影洗印厂车间副主任、支部书记
王好为　文化部北京电影制片厂导演
陈锦俶　北京儿童电影制片厂副厂长
郑小瑛　中央歌剧院指挥
戴　穗　教育部办公厅机关印刷厂排字工人
陈文灿　教育部人民教育出版社出版一科负责人
周　芬　教育部人民教育出版社编辑
马　青　教育部人民教育出版社印刷厂工人
任秀纯　卫生部药品生物制品检定所纪检干部
刘　庆　中国红十字总会打字员
屠国瑞　中医研究院中药研究所副研究员
陈曼红　中医研究院西苑医院科副主任
单南英　中医研究院广安门医院护理部副主任
凌秀珍　中国医学科学院首都医院神经科护士长
刘汉英　阜外医院研究室副主任
林福美　国际体委体育科学研究所运动医学研究室主任
张晓岚　体育报社编辑
何慧娴　《新体育》杂志社记者
陈永妍　国家体委训练局体操运动员
余秀芬　计划生育委员会科学技术研究所科研办负责人
夏培肃　中国科学院计算所研究员

罗曼丽　中国科学院自动化所助理研究员
曹泳清　中国科学院动物所副研究员
宗杰琍　中国科学院声学所助理研究员
郑儒永　中国科学院微生物所副研究员
林梅梅　中国科学院半导体所助理研究员
刘静和　中国科学院心理所副研究员
蒋丽金　中国科学院感光所研究员
于淑秋　中国科学院化工冶金所高级工程师
白明珠　中国科学院科学出版社编辑
何　勤　中国科学院行管局北郊幼儿园园长
曹美真　社科院数量技术经济研究所工程师
周以光　社科院世界史所助理研究员
丁如筠　社科院近代史研究所翻译室翻译
马岱华　国务院侨务办公室离休干部
李文辉　国务院机关幼儿园副主任
马秀琴　国务院机关事务管理局招管处第一招待所客房服务员班长
徐梅芬　国务院办公厅信访局副处长
苏　华　国家统计局医师
古光荣　民航总局一〇三厂工人
陈弥尔　民航总局北京管理局运输服务部设备站水暖工
王　勤　民航总局上海管理局一〇二厂工人
杜碧兰　国家海洋局海洋环境预报中心组长
纪书敬　国家海洋局海洋仪器所招待所招待员
潘汉明　国家气象局北京气象中心气象台预报员
张宗淳　国家地震局地质研究所研究室副主任
林　红　国际旅行总社办公室收发员
张宁玲　中国船舶工业总公司系统工程部工程师
王兴芬　中国船舶工业总公司第七研究院六七三医院检验师
詹静文　中国船舶工业总公司军工部工程师
王　云　中国船舶工业总公司机关党委办公室干事
陈雪珍　对外友协美大处理事
白皎吾　贸促会医务室医务工作者
孙富健　中国有色金属工业总公司北京有色金属设计研究总院工程师
聂守坤　中国有色金属工业总公司矿冶研究总院实验厂工人

中国人民解放军总政治部

王雪琴　炮兵技术学院训练部数学教研室讲师
王茹芝　工程兵原子防护工程研究所副所长
宋景华　总参第三通信团一营一连分队长
钟玉征　防化学院第八教研室副教授
王媛媛　总参三部十一局三处二科助理研究员
吴学梅　装甲兵学院院务部军需处工人
于淑琴　工程兵六四一二工厂财务科副科长
余玛丽　洛阳外国语学院三系副教授
朱育群　装甲兵七四五一工厂五车间八班班长
赵兰芳　炮兵装备技术研究所 9 级工程师
冀晓秋　总政话剧团舞美队副队长
马燕红　八一体操队运动员
林勋杰　总后兽医大学兽医院药局副主任
张志军　解放军总医院临床二部手术室护士长
张晨晖　总后运输技术学校校务部卫生科军医
闻　萍　第二军医大学护校学员
黄翠芬　军事医学科学院基础医学研究所教授
柳静宜　解放军第三〇四医院理疗科护师
贾　艳　军委办公厅行管处招待科餐厅班班长
杨晋凉　中国人民解放军八九九五五部队三十分队工人
杨桂婷　中国人民解放军五九一八〇部队医院门诊部护士长
焦　杰　中国人民解放军八九八〇一部队十四分队工程师
张时英　中国人民解放军八九七二七部队七室助理工程师
杨庆云　海军司令部第二发信台副大队长
梁香莲　中国人民解放军三八六四二部队政治部宣传处广播员
刘　忠　海军总医院中心实验科放免室技师
白玉文　中国人民解放军三八六七二部队基础教研室教员
王淑宏　海军北海舰队工程指挥部设计处建筑设计室工程师
丁桂琴　中国人民解放军三八六一〇部队第一一〇所三室助理工程师
苏肇琇　海军北海舰队四〇一医院副院长
萨本茂　海军东海舰队四八〇五工厂工

程师
黄素娥　海军南海舰队四二四医院护理部主任
赵树珍　空军第一研究所工程师
周嘉秀　空军兰州医院药局副主任
尉文霞　沈阳军区空军直属幼儿园教养员
计孝文　空军大足场站工人
黄德蓉　空军昆明医院内一科军医
段士孚　空军总医院助产士
张健钰　空军广水医院护理主任
王　兰　北京军区空军育翔幼儿园保教干事
郭　灵　空军三九一二三部队司令部服务队副队长
张　新　空军硕放场站卫生队药剂师
王耀敏　空军八七〇八三部队副股长
孙秀梅　福州军区空军通信团电话连电源站站长
孙文侠　空军大连医院内二科主治军医
赵忠兰　空军济南医院护士长
徐凤珍　空军郑家屯场站军人服务社营业员
霍瑞云　空军八七〇四八部队技术员
刘晓莲　空军三九二八七部队司令部副参谋长
邱　晨　空军体工队女子篮球队队员
王　炬　第二炮兵第二研究所九级工程师
王明清　铁道兵工程学院政治部秘书处干事
黄广蓉　铁道兵第五师医院外科手术室战士
邵主兴　铁道兵第十一师五十五团司令部技术股股长
张　英　中国人民解放军炮兵第五师政治部宣传科干事
王葡萄　中国人民解放军第一一五野战医院三所护士
马秀清　陆军第三十八军一一三师高炮团家属工厂工人
杨淑英　中国人民解放军第一〇八野战医院军医
姜秀英　河北省军区招待所职工
韩瑞芬　北京军区测绘大队政治处股长
刘　薇　北京军区政治部歌舞团编导室原主任
崔吉君　北京军区总医院内五科主任
刘醒华　中国人民解放军第二五四医院副院长
龙吉荣　八一五六二部队医院妇产科主治军医
胡国贤　八一〇二一部队机关幼儿园园长
靳淑兰　八一一四五部队政治部干部科干事
章淑敏　八一三二五部队家属工厂副厂长

孙成美　八一二九二部队工人
肖　亮　内蒙古科左前旗索伦公社兴隆沟联合中学教导主任
王　凤　辽宁省军区后勤部被服修理所工人
王丽琨　沈阳军区第二〇八医院副院长
张继平　沈阳军区第二一一医院五官科主治军医
丛　愿　沈阳军区司令部机要局译电员
刘旭光　沈阳军区第二〇五医院内二科护士
陆慕莲　山东潍坊第八九医院内二科副主任
王　军　济南军区体工队女篮队员
李恩芝　山东博山第十一野战医院三所妇产科军医
汪秀珍　安徽省军区第一〇五医院护士长
陈美珍　浙江省军区第十二医院护士长
陈凤娟　江苏省军区第一二五医院军医
唐祖贵　南京军区后勤部第一二七医院副院长
叶　瑾　南京军区政治部体育工作队游泳队教练员
黄建玲　福州军区第一三七医院三所护士
唐幼惠　福州军区第一七八医院门诊部接诊室护士长
郑惠丽　福州军区测绘大队六队作业员
陈冬英　广州军区防化技术室助理工程师
林素兰　广州军区后勤部第一六七医院战士
吕爱萍　海南军区长途通信营海口载波连三分队班长
巫宝乾　广州军区后勤部第一七九医院副主任军医
刘利娟　广西军区三〇三医院小儿科主治军医
李范生　广东省军区五三九〇〇部队保育员
姜惠荣　武汉军区测绘大队五队技术员
崔新惠　武汉军区陆军第四十三军一二九师三八六团工人
张秀英　陆军第二十军五十八师幼儿园保育员
汤建芬　武汉军区军医学校训练部药理教研室副主任
央　宗　中国人民解放军第三野战医院护师
贾东霞　陆军第五十军一四八师医院战士
陈琼玉　四川省军区通信营三连班长
王春鸣　陆军第十三军三十八师医院护士
王泽燕　成都军区总医院内二科副主任
耿美香　昆明军区第五十九医院五官科军医

谌莉萍　昆明军区三五〇四八部队三营八连技术员
赵　波　昆明军区第四十四医院小儿科副主任
安瑞平　陆军第五医院护士长
郝秀芝　中国人民解放军七三二三工厂班长
李效梅　解放军第一三三医院护士长
常惠文　陆军第五一四医院妇产科副主任
文秀清　兰州军区第二测绘大队助理工程师
茹克燕　乌鲁木齐陆军学校门诊部护士长
蔡桂英　乌鲁木齐军区三局二处三科技术员
黄品兰　陆军四师十团卫生队军医
姚蕴玉　军事科学院院务部卫生处门诊部医生
朱慧芳　军事学院院务部门诊部内儿科副主任
王　勤　政治学院通信站技师
马惠清　后勤学院军需教研室教员
李桂莲　南京高级陆军学校警通连班长
宋丽华　石家庄高级陆军学校校务部警通连战士

民主党派

颜明宜　民革中央妇委会委员
陈久敬　民革中央妇委会委员
杨鉴清　荣毅仁同志的夫人
应伊利　王光英同志的夫人
齐淑坤　民进中央文教委员
李　曼　致公党中央机关打字员
霍亚贞　北京师范学院自然地理系第二教研室主任
王巧璋　首都医院口腔科主任

1984 年

全国三八红旗手

第23届洛杉矶奥运会获奖运动员

张蓉芳　　女子排球
郎　平　　女子排球
朱　玲　　女子排球
周晓兰　　女子排球
杨锡兰　　女子排球
梁　艳　　女子排球
姜　英　　女子排球
侯玉珠　　女子排球
苏惠娟　　女子排球
李延军　　女子排球
杨晓君　　女子排球
郑美珠　　女子排球
吴小旋　　女子射击
栾菊杰　　女子花剑
马燕红　　女子体操
周继红　　女子跳台
李玲娟　　女子射箭
宋晓波　　女子篮球
修丽娟　　女子篮球
陈月芳　　女子篮球
郑海霞　　女子篮球
邱　晨　　女子篮球
李晓勤　　女子篮球
张　惠　　女子篮球
丛学娣　　女子篮球
张月琴　　女子篮球
巴　燕　　女子篮球
王　军　　女子篮球
柳　青　　女子篮球
武邢江　　女子手球
刘玉梅　　女子手球
陈　静　　女子手球
张维红　　女子手球
高秀敏　　女子手球
王琳炜　　女子手球
刘莉萍　　女子手球
张佩君　　女子手球
孙秀兰　　女子手球
李　兰　　女子手球
王明星　　女子手球
陈　珍　　女子手球
郭英泽　　女子手球
何剑平　　女子手球
朱觉凤　　女子手球

陈永妍	女子体操
吴佳妮	女子体操
黄　群	女子体操
周秋瑞	女子体操
明桂秀	女子体操
周　萍	女子体操

1985年

全国三八红旗手

北京市

黄　琳　市半导体器件三厂厂长
钱秀珍　市服装公司新新服装店经理
胡道芬　市农林科学研究院作物研究所研究室主任
刘碧莲　通县梨园乡高楼金村永兴家庭畜牧场
胡亚美　北京市儿童医院院长
巫昌祯　中国政法大学民法教研室

上海市

周娟英　金山县枫围乡新春一队养鸭专业户
霍坚萍　上海工艺编织厂厂长
王菊珍　上海灯泡厂
汪齐凤　上海市芭蕾舞团演员
于　漪　杨浦中学语文教师

天津市

褚宝玲　河东区沈庄子街太平胡同妇代会主任
张亚雄　市机械研究设计院副院长
王薰芳　电子工业部第十八研究所
谢云霞　汉沽区第一小学语文教研组组长
郝玉琴　蓟县翠屏山乡西河套村

河北省

张英梅　内丘县金店乡王家屯村
王介明　保定市脑血管病医院
李月珍　石家庄市郊区西里乡西焦大队印刷厂厂长
王　军　省农林科学院蚕桑研究所
李毓芬　廊坊市晶晶清洗公司经理

山西省

田　梅　太原电解铝厂厂长

满兰珍　省农牧厅畜牧局技术室负责人

侯月琴　太谷县城关乡田丰村企业合作社副社长

王翠翠　晋城市钟家乡晓庄村党支书

张振英　临汾市卫村镇车辐村

内蒙古自治区

赵桂花　赤峰市宁城县忙农乡坤头村团支部副书记

李玉环　哲里木盟奈曼旗沙日浩来乡孟和杭沙尔村牛头沟屯

元二福　包头市东河区二福服装加工店

张令佳　乌兰察布盟集宁市电焊条厂厂长

辽宁省

刘兰芳　鞍山市曲艺团团长

王云峰　沈阳市联营公司总经理

张丽珍　丹东色织布厂科长

苏玉兰　沈阳市新城子区新城子乡六王村养殖专业户

马殿峰　大连机车车辆厂副总工程师

吉林省

张大慧　长春市第七十三中学外语教研组组长

李长华　四平市农业科学研究所

尹月丽　蛟河县蛟河镇二街14委98组养兔专业户

朴顺玉　延吉市羊毛衫厂厂长

钟顺玲　浑江市制鞋厂厂长

黑龙江省

翁秀英　省农业科学院

刘凤臻　大庆石油管理局勘探开发研究院地震资料处理室主任

梁凤颖　佳木斯市郊区长青乡五一村

王墨宣　哈尔滨市墨宣印刷设备修理部经理

高淑英　哈尔滨市经委会企业管理处处长

陕西省

杨彩霞　商县沙河子区芋上原村第一村民小组

沈慧俐　西北工业大学航空发动机系
阎凤琴　省农林学校
赵桂生　西安市平绒厂厂长
赵艳利　渭南市新青工艺美术油漆店

甘肃省

王素香　省科委
司秀英　临洮县八里铺公社王家大庄妇代会主任
曹秀兰　酒泉县泉湖乡春光村一队
陈以南　兰州炼油厂研究所第四室主任

宁夏回族自治区

杨静芳　彭阳县沟口乡张湾村义务办学教师
尤金花　青铜峡县峡口乡巴闸村缝纫专业户
张光璧　自治区建筑勘测设计院
王树贞　银川毛纺织厂厂长

青海省

何廷农　西北高原生物研究所
曲建霞　青海省柯柯盐厂
孔亚萍　省体工队副领队
韩哈七买　循化县街子乡三兰巴海村

新疆维吾尔自治区

阿米娜汗　鄯善县连木沁乡汉墩卡日子村社员
瓦衣斯汗　尼勒克县卡拉吐拜公社巩鄂那德尔大队
李碧琴　新疆建筑机械厂
阿曼古丽　民丰县农业技术推广站副站长

山东省

吴静因　济南市第 48 中学义务教师
李守先　青岛市塑料十一厂技术设备科副科长
李秀春　德州市柴市街妇代会副主任
陆　宣　费县毛家河乡下牛田村党支书
栾春凤　牟平县宁海镇西关村被服厂厂长
王兆美　益都县城乡建设环境保护委员会设计室主任

江苏省

王　颖　南京大学地理系海洋地貌与沉积研究室主任
邓瑞珍　连云港涤纶厂厂长
陈奇梅　无锡县东绛乡党委书记
张慧君　南京第二灯泡厂厂长
韦　钰　南京工学院生物医学工程系主任

浙江省

张福书　嘉兴市民丰造纸厂
郑　树　浙江医科大学校长、党委副书记
鲍文琴　黄岩县鼓屿乡山前村专业户
陆百花　宁波奉化县东海西服总厂厂长
沈小云　杭州市第四织布厂党委书记

安徽省

方锦萍　当涂县方锦萍养鸡场
邹　刍　巢湖市峰宝营养品厂厂长
刘荣英　淮南市田家巷区区医院院长
张先德　合肥晶体管厂
宣奉志　蚌埠医学院幼儿园主任

江西省

宗敏华　国营南昌钢丝床厂责任厂长
胡丽华　吉水县八都乡孵鸭厂厂长
徐志军　景德镇市光明瓷厂厂长
胡淑华　赣州市皮革制品厂厂长

福建省

陈丽莉　建宁县黄坊乡武调村
周曼丽　福建医学院附属协和医院整形外科副主任医师
金丽惠　福州市台江百货大楼经理
李丽蓉　晋江县金井乡溜江大队妇代会主任
刘维灿　厦门卷烟厂厂长

河南省

赵凤仙　平顶山市新华区生产服务公司经理
祁爱花　临颍县台陈乡祁庄村草编技术员
戴惠芳　河南省第二毛纺织厂总工程师
王桂兰　漯河市东风建筑公司经理
邵玉华　郑州市司法局劳教处副处长

湖北省

王腊梅　襄阳县牛首区竹条镇竹条村
赵菊华　华中工学院机械工程二系金属材料教研室
杨凤玲　监利县毛市区福畤镇薛庙村
杨宁辉　武汉市明光电筒厂厂长
陈美兰　武汉大学中文系当代文学教研室副主任

湖南省

田冬凤　麻阳县潭家寨乡妇女主任
黄淑媛　祁东县洪峰乡赵坪村新桥铺
杨超尘　株洲市硬质合金厂研究所所长
向　敏　湖南省冷水滩耐火材料厂劳动服务公司经理
鲁云英　津市市阳由乡农科村妇代会主任

广东省

赖兰喜　茂名市乡镇企业局
曾桂宝　广州军区第五招待所总经理
黄秀英　连南瑶族自治县三江区联红乡寨脚村
李招燕　惠州市花厂厂长兼党支书
邹　洪　深圳市友谊餐厅副总经理

广西壮族自治区

李兰英　荔浦县青山乡松林村刘家厂生产队
沈阳娟　百色市百色镇镇长
麦九妹　北海市郊区地角镇家庭渔网加工厂
康　琴　南宁市棉纺织厂厂长

四川省

曾碧仙　重庆市沙坪坝区双碑贸易公司经理
涂开珍　德阳县和兴乡德中村
卢云清　南充地区农科所经济作物研究办公室副主任
王瑞淑　四川医学院卫生系主任
李翠琴　阿坝藏族自治州汶川县水磨乡黑土坡村小学教师
闵玉珍　仁寿县幼儿园园长

贵州省

刘晓云　兴义县酒厂副厂长
杨金秀　安顺县蔡官区民族民间蜡画厂技术厂长
余中和　贵阳市第六中学副教导主任
罗尤会　余庆县松烟区林苗产销公司
李桂莲　省农科院综合研究所

云南省

盛玲玲　云南省微生物研究所所长
肖代芬　云南省第一人民医院妇科主任
杨金莲　开远市灵泉食品厂厂长
线秋琴　德宏州瑞丽县法律顾问处律师

西藏自治区

阿　西　昌都城关镇光明街86号
陈素清　山南地区畜牧兽医总站

中直机关

冯元华　广播电视部设计院
郭梅尼　中国青年报社记者部主任
樊云芳　光明日报社驻湖北记者站
芮苑如　瞭望周刊社副总编辑

国家机关

胡启恒　中科院自动化研究所所长
王曼霞　航天工业部一院第703研究所所长
修瑞娟　中国医学科学院微循环研究中心主任
李梅芳　中国农业科学院作物研究所
常沙娜　轻工业部中央工艺美术学院院长

解放军

刘弥群　军委空军司令部高炮部技术处处长
钟惠玲　中国人民解放军昆明军医学校
吴明霞　国防科技大学计算机研究所软件室
苗超尘　济南军区八八医院原副院长兼妇产科主任、现任技术研究员

1987年

全国三八红旗手

刘玉坤　黑龙江省齐齐哈尔市第一重型机器厂女工

关广梅　辽宁省本溪市东明商业集团总经理

王华冰　河南省郑州工学院党委副书记

1988 年

全国三八红旗手

史静贤　北京市保温瓶工业公司总经理

杨丽坤　北京市制呢厂厂长

张桂华　北京市第四制药厂厂长

龚洪林　上海市钢管厂厂长

杨秀真　上海市第十二丝织厂厂长

赵志芳　上海市梅林罐头食品厂厂长

周春玲　天津市华兴漆包线厂厂长

周惠兰　天津市运动鞋厂厂长

高秀兰　河北省石家庄市第二棉纺织厂厂长

田　梅　山西省太原铝厂厂长

吴丽新　内蒙古呼和浩特市西装总厂厂长

关广梅　辽宁省本溪市蔬菜公司东明商业集团总经理

宁佩英　辽宁省大连纺织厂厂长

张桂琴　辽宁省沈阳市木兰实业总公司总经理

李桂莲　辽宁省新金县服装总厂厂长

叶树梅　吉林省通化市第三针织厂厂长

贺静纯　黑龙江省齐齐哈尔市糖厂厂长

郭成秋　黑龙江省牡丹江市仪器仪表厂厂长

赵桂生　陕西省西安市平绒厂厂长

侯欣志　甘肃省白银棉纺厂厂长

徐鸣凤　宁夏银川市新华百货大楼经理

齐淑云　青海省西宁市毛纺厂厂长

司秀珍　新疆天山毛纺织品有限公司针织二厂厂长

王玉芬　新疆乌鲁木齐市新疆锂盐厂厂长

李德珍　山东省青岛市电视机厂厂长

门玉琪　山东省蓬莱县绣花厂厂长

钱　敏　江苏省无锡市江阴第二纺织厂厂长

黄丽群　江苏省扬州市制药厂厂长

徐　琭　江苏省苏州市染料厂厂长

王秀芳　江苏省苏州市昆山皮件羽绒服装厂厂长

王银飞　浙江省嵊县工艺竹编厂厂长

高春花　浙江省余杭临平绸厂厂长

沈爱琴　浙江省杭州市笕桥绸厂厂长

唐湄媞　浙江省杭州市化纤厂厂长

邹　刍　安徽省巢湖市蜂宝营养品厂厂长

徐志军　江西省景德镇光明瓷厂厂长

张玉如　福建省三明化工厂电石厂厂长

陈水妹　福建省福州市鼓山乡针织厂厂长

郑惠芳　河南省舞阳县机械厂厂长兼书

记

张天中　河南省安阳市豫北棉纺织厂厂长

余云先　湖北省襄樊市棉纺织印染厂厂长

吴金美　湖北省沙市印染厂厂长

杜　聆　湖南省衡阳市变压器厂厂长

丁镇华　湖南省株洲苎麻纺织印染厂厂长

林肖娟　广东省东莞市茶山镇服装玩具厂厂长

罗宝森　四川省成都市电焊机厂厂长

刘谷音　四川省重庆中南橡胶厂厂长

蒲大珍　四川省重庆木模厂厂长

徐英莲　贵州省中国振华电子工业公司经理

朱宝凤　云南白药厂厂长

1989 年

全国三八红旗手

北京市

林家桂　清华大学核能技术研究所副所长
金燕静　通信公司总经理
彭绪敏　大兴县养花专业户
王兰英　昌平县史各庄乡东店村党支部书记
杜震芬　房山县窦店乡窦店村党支部副书记
杨瑞琴　工农矿区河北乡黄土坡村党支部书记
杨廉斯　邮电部北京通信设备厂高级工程师
王正之　北京松竹毛织厂常务副厂长
张素琴　宣武区张一元茶庄经理
王瑞荣　石景山区计划生育办公室主任
翟京华　西城区育民小学语文教师
朱翠林　怀柔县杨宋庄乡仙台村养殖灵芝专业户
张树梅　通县台湖乡新新妇幼用品厂厂长
胡道芬　北京市农林科学院植物细胞工程实验室主任
陆淑玲　崇文区审计局综合科干部
林明美　北京市药品检验站副站长
贾希贞　羊坊店中心小学副校长
王振华　昌平县纪检委副书记
马建华　北京市公安局二处刑事科学技术研究所高级工程师
覃明惠　北京市人民机器厂副厂长
单　萍　北京锅炉厂培训中心技能教师
刘春明　北京酱油厂副厂长
余淑英　北京制呢厂毯织车间工人
肖文芬　北京维尼纶厂技术科专业技术负责人
蒋士芹　左家庄街道办事处计划生育办公室主任
包解军　丽源日用化学股份有限公司总经理
安保冬　北京首饰厂厂长
牛静兰　同仁堂药店调剂部主任
彭春花　北京饭店餐厅服务员
魏桂英　延庆县井庄乡三司村村民
王淑珍　密云县新城子乡遥桥峪村党支委、妇联主任
李德荣　门头沟乡兰龙实业公司党支部

书记、经理

闫玉兰　　丰台区右安门街道纸制品厂厂长

杨淑连　　平谷县乐政务乡经济联合总公司副总经理

樊佩琴　　兴隆百货商店兼琉璃井百货商店经理

李祥兰　　顺义县城关镇服装厂厂长

江载芳　　儿童医院儿科研究所所长、主任医师、教授

天津市

苗静荣　　天津光电通信公司磁性材料厂技术室主任

张素兰　　天津宝坻县王卜庄乡第二综合养殖场厂长

杜存婷　　天津市百货公司劳保批发部业务员

段淑云　　天津第二幼儿师范学校政治教师

辛淑娥　　天津市塘沽区饮食公司渤海餐厅特级宴会师

黄凤兰　　天津市大港区房管局修建队工人

徐风英　　河北区房管局江都路房管站换房员

刘树凤　　天津津西服装厂厂长

沈建业　　武清县畜牧水产局兽医站副站长兼政协副主席

李志新　　宁河县任风乡东移民村

刘乃兰　　天津东郊区荒草坨洗衣粉包装厂厂长

郝玉琴　　蓟县翠屏山乡西河套村妇代会主任

石家明　　静海县蔡公庄乡大邱庄农工商联合公司党委副书记

姚宝兰　　天津市北郊区宜兴埠镇华欣织袜厂党支部书记

李振娥　　天津市南郊区小站镇传字营村妇代会主任

宋玉兰　　天津市河西区越秀路街十四段居委会主任

陈　齐　　天津市汉沽区华新制药厂副厂长

刘瑞芳　　天津市河东糕点厂托儿所所长

邢淑玲　　天津市红桥区房产公司房管员

刘　婷　　天津市南开区蔬菜副食品公司晋宁道商店经理

周宝美　　天津长城食品厂工人

骆秀英　　天津市人民检察院分院副检察长

尚子荣　　电焊网厂检验组组长

陆景瑞　　天津市第二棉纺织厂工人

李胜美　　天津和平区中医医院

娄壮志　　静海东双塘乡杨家园农工商联合公司副经理，永青五金厂厂

长

张亚雄　天津市机械研究所所长

张益信　天津市第二医学院附属第一中心医院护理部副主任

陈赛芝　天津 6443 厂铸造车间工程师

彭华敏　天津市东风化工厂副厂长

韩凤兰　天津市渤海饲料添加剂厂厂长

衡　志　天津大港石油管理局测井公司总地质师

姜翠云　天津钢厂氧气厂副厂长

刘桂芝　天津渤海石油海洋平台制造公司电焊工

周桂兰　天津市河东区环卫局大王庄环卫队班长

河北省

姚清銮　盐山县五金交电公司经理

刘凤芝　泊头市帆布厂厂长

杨晓华　沧州市新华电器厂厂长兼书记

张金茹　沧州市小赵庄乡红光皮鞋厂副厂长

刘　霞　高阳县高阳镇提花厂厂长

刘淑英　完县编织公司经理

李晓霞　保定地区中级人民法院副院长

朱理璇　保定十七中副校长

李湘茹　保定市体委业余体校

于瑞兰　隆化县林业局红果研究所所长

徐桂兰　滦平县种子公司经理

王艳秋　兴隆县司法局局长

宋慧君　承德市邮局发行科报刊发行员

张明英　承德市针织一厂厂长

张云玲　铁道部基建总局山海关桥梁工厂热处理高级工程师

李德芳　秦皇岛耀华玻璃总厂副厂长

赵玉莲　张家口市下花园电石厂厂长

侯翼飞　张家口市殡仪馆主任

马秀芳　霸县第三百货公司经理

张自新　大厂县服装厂厂长

许恒素　石家庄市解放路肉食部经理

田文华　石家庄市乳业公司经理

梁凤娥　石家庄市丽华皮鞋厂厂长

杜秋荣　邯郸市邯山区永辛实业公司经理

杨兰菊　邯郸市食品工业公司经理

刘金鱼　涉县西戍镇西戍村党支部书记

王曼琼　邯郸地区医院妇产科主任

乔子云　辛集市技术中心植保站站长

许留申　河北丽华童装厂

周淑卿　邢台市机床厂厂长

武秀荣　邢台市桐泰祥商店经理

王桂枝　怀安县珍稀动物养殖总场董事长兼副场长

佟桂荣　怀来县燕山服装厂厂长

张秀兰　冀县南午村供销社主任

赵新爱　衡水市个体服装裁剪学校创办人

刘海云　临西县农业局技术站站长
张英梅　内丘县农村饲料研究所所长
李洪芝　芦台农场马从乡东双村农民
郝金荣　丰南县联营福利矿筛厂厂长
姜庆环　渤海陶瓷有限公司一彩车间贴花工

山西省

董艾英　阳高县农副产品购销公司经理
刘美英　忻州进出口公司土畜产加工厂厂长
刘美芳　大同市色织厂厂长
孔令环　太谷县侯城乡北沙河轻化厂厂长
魏虎仙　榆次市冷饮甜食商店经理
白　枫　太原五中数学教研组组长
张腊梅　太原市玉河网围栏公司总经理
张晋生　山西省人民银行太原分行行长
李旭春　阳泉纺织厂细纱挡车工
陈英贤　吉县城关镇西关村助理技师
刘凤英　侯马市华夏饭店尼纶电磁线厂总经理
张振英　临汾市魏村镇车辐村个体企业
王翠翠　晋城市城区钟家庄乡晓庄村党支部书记
申纪兰　平顺县西沟乡西沟村党支部副书记
霍国俊　吕梁地区聋哑职业学校校长
王翠娥　吕梁地区人民医院妇产科副主任
张留印　长治汽车站副站长
芦改梅　保德县改梅服装厂厂长
杨月英　万荣县糖酒公司副经理
石转绸　平陆县常乐镇妇联主任
秦湘云　闻喜县西官庄乡金字庄村养驴示范户
范灵枝　大同县杜庄乡落阵营村务农
白新生　山西师范大学生物系副教授
陈玉香　山西省农业科学院谷子研究所室主任
陈春爱　山西省人民医院护理部主任

内蒙古自治区

侯桂芳　呼盟牙克石市药检所所长
曲秀琴　海拉尔市贝尔饭店经理兼书记
韩云霞　乌兰浩特市风味饭店经理
赵桂珍　科右前旗索伦镇社员
王育琴　哲盟奈曼旗妇联主任
于丽华　哲盟第二毛纺织厂工人
色　玛　哲盟乌力吉仁苏木牧民
李树杰　赤峰市巴林左旗五金公司经理
哈斯托亚　赤峰巴林右旗查干诺尔苏木卫生院妇幼医士
徐爱文　赤峰市红山区城郊林场副场长

呼都特　锡林浩特市朝克苏木牧民
王兆琴　化德县对外经济贸易公司经理
黄绍英　乌盟农科所副研究员
贺　勤　伊盟气象处预报科预报股长
诺力玛吉德　达茂旗新宝力格苏木牧民
白清珍　巴彦淖尔盟杭锦后旗人民法院院长
梁恩杰　巴盟临河市城关乡晨光村二社农民技术员
岳玉荣　内蒙古化学纤维厂厂长
高凤莲　呼和浩特市女子柔道队运动员
那仁其木格　阿盟右旗额日布盖苏木学校校长
王　琦　包头稀土研究院联营厂总工程师
金丽华　包头纺织总厂织布一车间挡车工
何锡男　内蒙古海勃湾矿务局公乌素煤矿总会计师
赵玉美　内蒙古自治区医院院长
汪素勤　呼铁局包头客运段女子车队队长
唐乙龙　内蒙古工学院建筑设计研究院院长

辽宁省

崔淑英　沈阳市铝制品厂厂长
王惜时　沈阳市影剧票印刷厂厂长
冯舜华　辽宁大学经济管理学院教授
朴京子　沈阳市于洪区大兴朝鲜族乡新光村京子养鸡合作社社长
黄蕙芬　大连医学院寄生虫学教授
梁静枝　大连市金州区龙王实业公司经理
何大川　大连重型机器厂设备处润滑油站站长
郎志谨　大连医学院附属第一医院放射线教研室主任
王玉琴　鞍山市中级人民法院院长
郑光华　鞍钢轧辊厂铸造高级工程师
任春玲　抚顺钢厂高级工程师
高　阳　抚顺市顺城区会元乡兴安村养鸡专业户
孙晓华　抚顺市望花区雷锋小学校长
李秀芝　本溪市饮食服务公司盛溪酒家经理
于若梅　本溪市公安局明山区公安分局副局长
初　艳　本溪市南芬区南芬乡柏峪村农民
徐　华　丹东市浪头食用菌厂厂长
冷淑梅　丹东市元宝区珍珠路街道办事处居民
李福杰　锦州百货商场总经理
王珂玲　锦州市中心医院副院长
张艳秋　绥中县王宝乡三八服装厂厂长

周明艳　营口市盖县双台乡复兴村村民
张桂珍　营口市教育委员会主任
齐秀荣　阜新蒙古族自治县福兴地乡福兴地村
贾树岩　阜新地毯总厂厂长
王　志　辽阳市第三医院妇产一科主任
刘雅静　辽阳市太子河区福利金属加工厂党支部书记
韩秀贞　铁岭市龙山酒厂厂长
王皓茹　铁岭农业学校高级讲师
费玉芹　朝阳市建平县向阳乡副乡长
宋玉华　朝阳市朝阳县酒厂副厂长
王淑卿　盘山县妇联农工商购销公司经理
李忠云　辽宁省体育运动技术学院女子柔队运动员
张雅琴　沈阳铁路局大连分局大连列车段列车长
张桂琴　沈阳市木兰实业总公司总经理
赵素清　鞍山市旧堡区东鞍山乡四方台村党支部书记

吉林省

全今莲　和龙县头道镇龙坪村妇代会主任
严姬淑　延吉市商业职工学校校长兼延港时装发展有限公司董事长
赵雅茹　安图县第二幼儿园教师
王淑琴　辽源市客运总站副站长
楚金英　辽源市百货大楼化妆商品部主任
吴秀琴　四平市纺织二厂厂长
李桂珍　四平市机电研究所所长
柴雅华　双辽县计划生育委员会主任
周坤茹　浑江市粮食局临江分局临江管理所副所长兼工农店主任
单光兰　长白县龙岗乡太阳村人参专业户
李　坤　吉林省通化钢铁公司副经理
解淑梅　柳河县实验小学教员
国长清　白城市聋哑学校校长
徐玉贤　扶余市三岔河公安分局民警
胡彩玉　洮南市毛纺织厂织准车间织布挡车工
谭竹清　长春市二道河子区东站街道办事处第十居民委委主任
吕文香　长春市电信局长话科科长
韩春梅　长春市群众艺术馆少儿工作部主任
孟　欣　长春电视台文艺部文艺编辑
何孟元　东北师范大学生物系系主任
岳桂玲　吉林市凌城刺绣厂厂长
赵秀荣　吉林市船营区二十五小学教师
陆　钰　吉林碳素厂涂层车间主任
郎　莹　吉林市医院内科二病区护士长
曲淑岩　吉林省中医中药研究院中药所

药理研究室主任

齐翠珍　中国科学院应用化学研究所辐射化工材料厂厂长

黑龙江省

李云霞　庆安县庆安镇童鞋厂厂长

巩艳荣　兰西县榆林镇家庭刺绣厂厂长

张述荣　肇州县粮油供应公司经理

王素馨　黑龙江省轻工设计院总工程师

杨玉贤　饶河县航运公司出纳员

董祖珏　机械电子工业部哈尔滨焊接研究所专业组长

张静茹　哈尔滨市房屋土地综合开发公司经理

陈淑兰　阿城市委书记

赵玉霞　哈尔滨市复华小学

李淑琴　林甸县制鞋厂厂长

王连芹　第一重机厂耐火建材厂综合服务厂厂长

贺静纯　齐齐哈尔市糖厂厂长

陈晓君　齐齐哈尔市第二中学高级教师

曹　华　牡丹江市东安区景福居委会主任

姜春云　牡丹江市十五中教师

张春梅　牡丹江百货采购供应站总经理

梁凤颖　佳木斯郊区长青乡五一村养鸡专业户

刘桂珍　佳木斯市前进区二十八委主任

杨　艳　佳木斯市实验饭店经理

刘凤珍　双鸭山市日杂商场经理

陆秀云　鹤岗市粮食局工农粮所第九粮店主任

陆雅琴　伊春市啤酒厂厂长

康文荣　大庆油田设计院总体规划室主任

于光敏　七台河市农机公司经理

董淑琴　嫩江县伊拉哈镇南岗村妇代会主任

张海云　省农垦科学院科技情报研究所《现代化农业》编辑部副主编

王浪西　黑龙江省林业设计研究院高级工程师

朱连香　哈尔滨站客运员

孟淑芳　呼玛县白银纳民族乡林产公司经理

金彩顺　尚志县朝鲜族文化馆馆长

赵淑清　双城县五家镇猪鬃工厂厂长

张亚琴　五常县百货站经理

赵喜君　海伦县向荣乡向华村农民

樊福芹　海林县山市镇道南村妇代会主任

陈艳茹　鸡西市第一中学语文教师

上海市

尹文英　中国科学院上海昆虫研究所
孔昭懋　船舶工业总公司第七研究院第711研究所高级工程师
谭丽芳　中国科学院上海冶金所开发处处长
陈　文　上海市广播电视局新闻部记者
马博敏　上海京剧院院长
黄蜀芹　上海电影制片厂一级导演
相文意　上海市体育运动技术学院国际健将级运动员
章　萃　复旦大学计算机系软件专业副教授
胡之璧　上海中医学院室主任
姜　楞　上海医科大学附属中山医院副院长
陆　苹　上海农学院妇委会主任
沈丽琴　上海市服装进出口公司总经理
俞秀琴　上海兰天色织厂设计室负责人
李　靖　上海第三十五棉纺织厂工人
周佩兰　上海实业交通电器有限公司总经理
严晶晶　上海无线电一厂车间副主任
刘爱妹　上海石油化工总厂炼油部研究所所长
邹叔英　上海铁路分局装卸科副科长
胡中明　上海电机厂交直流产品部部长
于文娟　上海万象百货公司经理
项振乐　闸北区人民法院院长
江晚霞　上海康华电线电缆厂厂长
马爱珍　上海富丽时装工业公司经理
陆小英　普陀区中山北路街道仁义里居委会党支部书记
马竹卿　长宁区中心医院药剂科主任
聂　容　上海市市东中学退休教师
陆美红　虹口区商丘菜场蔬菜二组营业员
周美蓉　卢湾区妇幼保健院院长
李佩培　上海市宇宙平绒总厂厂长
闵祥仙　南汇县周西乡秀龙二队队长
邱其珍　金山县兴塔乡曹都村养殖场场长
陆根兄　松江县佘山兴中铜厂副厂长
何巧娟　上海市卫生局党委书记
王玉英　上海市公安局宝山区分局局长
葛丽芳　南市区蓬莱路第二小学校长

江苏省

王凤瑛　南京汽车站站长
张淑兰　南京市公安局刑警大队技术科副科长级侦察员
谢秀兰　南京市下关区天妃宫小学教师
叶菊华　南京市城乡建设委员会总工程师

张梦月　无锡市住宅设计室主任
陆慕娟　无锡县第二塑料厂厂长
周敏如　无锡市第一棉纺织厂铁姑娘班班长
韩从华　徐州市新沂县城岗乡岗南村农民
姜启玲　徐州市中级法院民事庭审判员
过湘琴　徐州市徐港电子企业有限公司总经理
史华丽　徐州市郊区蔬菜科副科长
魏　震　常州百货采购供应站经理
蒋宪刚　常州市妇产医院妇产科主任医师
毛建群　常州市溧阳县社渚镇南门村养鸡专业户
桑小玉　常州市大义镇东南村农民
朱金媛　苏州化学纤维厂厂长
张淡珍　苏州市中国高岭土公司研究所
顾乃勤　苏州市妇幼保健院原院长
吴美琴　南通市百货大楼总经理
邹荣世　南通市中医院院长
王邦惠　南通市如皋县如城镇幼教辅导员
薛允玉　江苏省启东县永阳乡永阳村十二村民
张月成　南通市计划生育委员会主任
惠康英　连云港市连云区高公岛乡柳河村养猪专业户
高丽芳　连云港市东方贸易大厦经理
宋　敏　淮安市第二人民医院护理部主任
苏惠玉　江苏省双沟酒厂技术质量部部长
郑娟华　淮阳市淮阴肉联厂畜牧兽医师
刘桂兰　淮安市平桥镇平桥村妇代会主任
王敬祯　盐城市纺织厂职工子弟学校教导主任
任一萍　射阳县人造革制品厂厂长
朱英华　盐城市第二纺织工业公司兼妇女工作
颜锦霞　泰州石油化工厂副总工程师
戚俊宏　扬州市泰兴县口岸镇船舶修造厂厂长
严婉玲　扬州市兴化市大邹镇新五村联队农技员
唐丽珍　扬州中学语文教师
石　耘　镇江市大鹏商业总公司总经理
郭桂荣　镇江市第二饮食服务公司美发美容进修室特工
蒋　荷　江苏省农科院粮作所品种资源研究室副主任
丁　杰　东南大学自动控制学电路及电子技术学科组副主任
孙洪兰　江苏省儿童少年活动中心副主任
金庆民　地质矿产部南京地质矿产研究所副研究员

浙江省

蔡兰英　杭州百货批发公司总经理
陈筱慧　杭州市五四中学教师
林水英　杭州桐庐县邮电局横村支局乡村投递员
袁芬娟　杭州市第一织布厂二车间丙班布机挡车工
葛彩娟　杭州余杭县封公乡石漱村妇代会主任
胡蕊初　宁波市“台联会”副会长
史金娟　宁波海曙区达敏学校校长
王富英　鄞县邱隘镇西服厂厂长
陈金娣　宁波市江东东郊乡养鸭专业户
章锦湘　温州医院附属医院神经内科主任
程美孙　温州文成县大峃区中樟乡中二村农民
王碎奶　温州永嘉县桥头镇市场党支部书记
黄燕文　嘉兴市实验小学高级教师
张玉英　海宁市伊桥乡伊桥村农民
周小华　德清县武康丝厂缫丝工
朱静怡　湖州市实验幼儿园教师
严晏绮　绍兴市龙山宾馆副经理
吕杏亚　嵊县甘霖镇黄胜堂村妇女主任
盛祖平　金华车圈厂厂长
沈云华　金华市人民医院妇产科副主任
陈阳春　兰溪市墩头乡后陈行政村党支部书记
戴梅诗　江山市三卿口乡元通安村三队农民
仇如华　衢州化学工业公司劳动服务公司幼儿园主任
魏安靖　浙江省常山油茶研究所林业高级工程师
邱冬莲　仙居县人民医院妇产科主任
赵荷花　椒江市联谊实业总公司商业公司经理
江香莲　温岭县松门镇新兴制冷厂厂长
陈金茶　遂昌县妙高镇文明路居民
许婉婷　青田县环卫所副所长
周淑兰　缙云县农牧特产局农业技术推广中心农艺师
胡珍珍　舟山市人民医院妇产科主任
蔡杏珍　舟山市定海区第一中学老师
康曼丽　浙江医科大学附属儿童医院党委书记
兰　玲　浙江越剧院服装设计技师
厉凤英　浙江省军区第 117 医院供应室护士长

安徽省

王丽梅　合肥城市改造工程指挥部规划建筑设计室副主任

张瑞英　合肥聋哑学校办公室主任
陈修琴　合肥肥西县防虎乡李塘村务农
戴桂兰　滁州缸套第二纺织机械厂金六车间 75 缸套班班长
邹学英　来安县油箱厂副厂长
吴龙华　芜湖市第十七中学语文教师
秦官民　芜湖市工商银行中二街办事处储蓄股股长
杨靖凤　芜湖纺织厂北纺车间细纱工段挡车工
林玉英　淮北市政府机关党委办公室主任
化桂云　淮北矿务局张庄煤矿分公司工人
刘桂兰　马鞍山市纺织厂厂长
吴庆妹　当涂县围屏乡洞阳行政村妇代会主任
阮又玲　铜陵市无线电元件厂车间主任
易灿炎　铜陵市化纤厂财务科长
吴双凤　黄山市焦村乡章村黄田村民小组务农
杨云碧　黄山卫生学校讲师
刘素敏　临泉县酒厂厂长
张玉芹　亳州市古井镇第一酒厂副厂长
马华英　界首县第一小学校长
孟现娥　宿县曹村区程庄乡段庄
李彩华　灵璧县高楼区张营乡妇联主任
汪河池　六安市纺织厂细纱车间操作员
许金玲　寿县粮油食品工业公司副经理
吴翠兰　和县如方山林场场长
刘金霞　含山县运漕皮鞋厂厂长
束云芳　东至县七里湖乡吸风嘴村妇干
桂适平　池州市农机公司副经理
陈静毅　淮南市第一人民医院主治医师
谢　薇　淮南市省电站二公司助理工程师
顾玲娣　广德县第二丝织厂厂长
宋水菊　宁国县西津商店经理
汪顺莲　安庆市怀宁县金拱乡双河村妇联主任
陈庆儿　安庆活塞环厂厂长
马自娟　安庆市迎江区火正居委会主任
谢明玲　五河县小圩区小圩乡钟阳村
王秀华　蚌埠市第一人民医院儿科行政副主任
刘锦兰　蚌埠市棉纺织印染总厂织造分厂筒子挡车工
李成荃　安徽省农科院院长
赵彩棠　铁路局医院副主任医师
殷永红　蚌埠铁路分局工务科副科长

福建省

冯玉兰　福建农业科学院副院长
蔡雅珠　福州实验小学校长
潘秀珍　福建省立医院院长
郑瑞英　福州市郊洪山乡党委书记

金丽惠　福州华联商厦总经理
黄诚中　福州第二医院护理部主任
黄坚瑜　福州市公共交通公司乘务员
仉光远　闽清县电力分公司生产股股长
翁木金　福州市儿童学园园长
庄进治　晋江青阳镇莲屿塑料厂副总经理
谢金珍　南安县洪濑珠拖鞋厂厂长
杜亚美　泉州市鲤城区土产日杂公司副经理
查　辉　德化县雷锋乡妇联副主任
郑美媛　仙游县榜头镇抽纱站站长
方凤珠　莆田县传动机械厂厂长
黄家爱　莆田市涵江畜牧兽医技术服务中心
梁　佩　漳州市教育学院生物教研组组长
陈玉霞　长泰县防疫站站长
张亚美　平和县小溪镇溪州村妇代会主任
郭惠芬　漳州市芗城区新桥包装厂厂长
张学文　三明市第一医院党委副书记
林秀光　将乐县一中高级教师
郑友珍　三明纺织厂副厂长
李　华　龙岩钢铁厂党委书记
雷秀珍　永定县抚市鞋厂副厂长
钟美珍　连城县北团乡江茵村妇代会主任
孙毓真　福建南平市立医院内科主任
汪木莲　福建邵武市粮油供应公司中心粮店主任
葛兰妹　建瓯县吉阳镇玉溪村委副主任
许巧云　厦门市第一百货商店营业员
唐崇惕　厦门大学生物系教授
郑婉如　福鼎县茂华玩具厂厂长
吴松娟　宁德市五交化公司副经理
陈夏妹　古田县杉洋乡兰田食用菌种推广站
王海琴　福州铁路分局永安机务段设备车间

江西省

许艳梅　省第一体工大队跳水运动员
冉素芸　江西钢厂技术处副处长
符式珪　省妇产医院主任医师
杨素芬　省农科院水稻所副处长
宋广伦　江西共青垦殖场羽绒厂副厂长
刘慧英　萍乡矿务局机关医院院长
熊信芝　南丰一中教师兼县政协副主席
徐章英　省教育科研所理论教研室副主任
毕兆华　赣州市机绣童装厂厂长
王道瑞　上饶市第一饮食服务公司副经理
杨　芳　贵溪县周坊乡下二堡村小组长
刘法祯　赣州地区计划生育委员会主任

周润珍　江西棉纺织印染厂二织造车间挡车工
冷元春　南昌市向阳造纸厂厂长
巢明英　万载县康乐出口花炮厂厂长
郭月秋　江西制药厂厂长代党委书记
黄六妹　泰和县马市镇占村养殖专业户
胡瑞华　波阳县赣剧团团长
周涵真　农工党江西省委员会顾问
吕彩香　南昌铁路分局鹰潭车站客运值班员
刘水英　南昌市青山化工电镀厂厂长
王有凤　乐平县金鹅山乡农科所饲养员
杨国范　景德镇市第七中学化学教研组组长
王菊桂　九江市浔阳区甘棠环卫所所长
胡小孔　彭泽县上十岺垦殖场职工
刘惠英　新余市渝水区胜利居委会居民
饶海风　横峰县新篁乡陈村湾村妇代会主任
王淑琴　吉安汽车客运站行车服务班副班长
谢德凤　瑞金县象湖镇解放路个体户
胡仕芬　大余县水成幼儿园园长
边燕云　鹰潭市余江县绵江镇个体户
唐吉芳　宜春市农业局副站长
杨正英　萍乡市上栗区赤山乡万新村副村长
杨海梅　临川县兽药厂副厂长
孟　素　省政协驻会常委

山东省

杨讴青　山东梁山棉纺织厂厂长
黄　瑛　菏泽地区人民医院副院长
刘学敏　泰安市高压开关厂副厂长
高　霞　山东省东平县接山乡徐村农民
徐香兰　山东莘县单庙乡后高庙村地毯厂厂长
赵振兰　山东聊城地委统战部部长
任长英　山东垦利县宁海乡宁家村村委副主任
卜美江　山东广饶县大王镇济东印刷包装厂厂长
张士英　山东滕州市制镜厂厂长
张延娥　山东枣庄市薛城区薛城镇五街街长
李玉珍　山东范公酒厂副厂长
冯国妹　山东无棣县小泊头镇曹家村村民
吴兰婷　山东潍坊一中校长
丁桂英　山东青州市清真罐头厂厂长
黄桂兰　山东省临沂市罗庄镇党委副书记
陈增兰　山东省平邑县平邑镇第三小学校长
闫梅玲　山东省人民检察院临沂分院检察员
赵桂芝　山东平原县第一人民医院妇产

科主任
厚云兰　山东陵县黄集乡王集村村民
吕秀梅　山东桓台县唐山镇西毕村村民
岳桂兰　山东淄博市饮食服务公司总经理
周爱菊　山东济南槐荫区段店镇多种经营办公室主任
张秀玲　山东济南大观园商场营业员
苏爱卿　山东济南裘革制品总厂厂长
于桂兰　山东烟台童鞋总厂厂长
杨洪娥　山东牟平化工塑料联合生产经营公司经理
贾树平　山东省嘉祥县嘉祥镇敬老院院长
胡之文　山东济宁市金属材料公司经理
李国贤　山东文登市绣品厂厂长
曹善珍　山东乳山县服装厂厂长
李森香　山东青岛列车段青京特快一组列车长
姜玉玲　山东青岛国货公司经理
刘爱玲　山东省即墨县段泊岚乡段一村妇代会主任
石珍荣　青岛医学院眼科教研室教授
王为珍　山东科学技术出版社社长总编
李凤琴　山东省医学科学院药物研究所副所长
童静苹　山东省食品发酵科研所副所长
陈婉妹　山东省农业科学院副研究员
徐琴霞　山东省城乡建设勘察院副总工程师
王秀婷　山东省体育运动技术学院田径队运动员
徐淑珍　青岛第八棉纺织厂厂长

河南省

弓盛梅　郑州市邙山区水稻中心站
丁桂英　郑州市管城回族区妇联主任
李淑转　巩县小关乡竹林村党总支副书记
付仅玉　第一拖拉机厂发动机分厂工人
王玖云　洛阳市郊区工农乡党委书记
陈逍北　中国石化总公司洛阳石化工程公司高级工程师
常　青　开封市纺织品进出口公司经理
陈秀梅　通许县公路段段长
叶昌恋　平顶山市百货采购供应站经理
胡振梅　平顶山市新华区李庄村党支部书记
石宝珍　安阳县辛店乡柏庄村党支部书记
王如林　安阳市制冷设备厂厂长
齐秀琴　鹤壁纺织厂后纺车间络经车工
杨喜荣　淇县高村乡鱼坡村副村长
房瑞阁　濮阳市妇幼保健院副院长
陈　银　濮阳县百货公司副经理
刘志华　河南省京华实业公司总经理

刘栋枝　河南省华新棉纺织厂细纱挡车工
郑　琴　温县南张羌乡朱家庄农民
牛素芳　焦作市矿山机器厂三金二分厂助理工程师
党香莲　鄢陵县柏梁乡孔村连花兽医站站长
袁桂梅　许昌市第一汽车运输公司五车队司机
崔秀英　郾城县圩五里否乡西刘村妇代会主任
曹世敏　漯河市群力皮鞋厂厂长
王法叶　卢氏县工商银行西街储藏所所长
陆素兰　三门峡国营会兴棉纺织厂厂长
张传真　商丘县包公庙乡后庄户村小学教师
王学荣　商丘地区人民医院主管护师
杨光捷　驻马店地区高中高级教师
杨桂兰　遂平县车站乡焦庄村妇代会主任
包凤芝　南阳市张仲景医院西医内科医师
杨富珍　镇平县袜厂技术科科长
李忠英　南台县城郊丝织地毯厂厂长
穆秀玲　商水县巾被厂厂长
陈尚若　淮阳县织机配件厂副厂长
胡孔英　信阳县平昌乡刘湾村党支部书记
鲁春荣　商城县丝绸厂厂长
梁　军　河南省妇联干校妇女业务教研室主任
张秀清　省农业科学院粮食研究所研究员
邓文义　方城县妇联党支部书记
魏金花　郑州铁路局郑州分局车辆北段油线室工长

湖北省

裴淑娟　英山县温泉镇小学校长
胡韵荷　黄冈地区律师事务所律师
李君荟　武穴市刊江办事处宋奇武村
周卓嬍　武汉华中理工大学物理系讲师
任玉芬　蒲圻市税务局莼川税务所副主任
陈振翠　通山县第一中学高级教师
郑燕珊　宜昌市卫生防疫站副主任医师
李兴辉　荆门市印刷厂厂长
许宽用　湖北省农机公司经理
梁巧珍　铁道部第四设计院工程概预算处工程师
马宪桂　湖北利川市团堡镇长增村委副主任
黄惠嫦　鄂西自治州红庙农科所高级农

艺师

刘周荣　十堰市茅箭区二堰街办十堰桥村党支部书记

朱汝昌　湖北华新水泥厂科研所工艺试验组组长

杨惠玲　广水市兴隆乡兴隆街村民

张凤云　孝感市三汊镇地毯厂厂长

曹桂菊　随州市第一中学党总支书记

李顺祝　南漳县李庙镇荆竹园村副书记

贾华英　襄樊市新华综合服务公司经理

张成林　湖北松滋矿山机械厂厂长

刘汉珍　潜江市林粮种物果园二队队长

姚怀瑛　江陵县纺织总厂厂长

牟志红　仙桃市商业大楼柜长

吴仙美　监利县棋盘乡侯王村农民

来秀凤　宜昌地区棉纺厂厂长

余从英　秭归县档案局局长

高焕意　鄂州市刺绣一厂厂长

胡宾苏　神农架林区检察院批捕科科长

熊汉仙　武汉市汉海经济技术开发总公司总经理

谭淑英　武汉钢铁公司供水厂厂长

江泽熙　武汉儿童医院外科主任

李凤兰　武汉市汉南食品厂厂长

童秀清　竹溪县福利院院长

宁茂顺　丹江口市第一医院护理部主任

王　燕　沙市床单总厂织造挡车工

湖南省

李时红　长沙卷烟厂副厂长

袁淑纯　长沙市东区法院民庭庭长

洪菊珍　株洲冶炼厂科研所高级工程师

李解南　醴陵白兔潭镇标塘村村民

夏剑霓　衡阳市一中教导处副主任

陈祖文　衡阳市湘南化工厂厂长

赵中福　长宁县林业局股长

眭宝华　湖南农药厂厂长兼党委副书记

陈顺录　城步苗族自治县白云洞乡大木山村妇代会主任

邹柏兰　隆回县造纸厂厂长工程师

伍利云　邵阳市红星副食品商店经理

舒师蕴　长沙荣塆镇洞庭蜂业开发公司经理

何静怡　湖南洞庭苎麻纺织印染厂厂长

张燕洁　常德市中心百货大楼经理

路志英　常德市第一人民医院妇产科主任

谢三妹　汉寿县沧港镇党委委员

章祥云　慈利县林业局工程师

姚竹安　益阳市会龙办事处南站居委会主任

罗腊娥　桃江县桃花江乡龚家湾村党支部书记

杨兆兰　新化县燎原乡副乡长

郭友秀　冷水江市禾青乡双星村党支部

书记
蒲学仙　新晃县米贝苗族乡竹坡村党支部书记
高佩琪　湖南安江纺织印染厂厂长
蒋路明　永州市二轻局局长
刘桂娣　双牌县审计局局长
何惠华　永兴县林业局林业技术推广中心副主任
卢玉花　安仁县橡胶厂原厂长
石梅英　花垣县工艺厂厂长
黄珍菊　长沙铁路分局长沙客运段长京三组餐车长
周红英　新化县税务局城关税务所副所长
罗席珍　工商银行衡阳县支行169储蓄所经济师
肖　玲　湖南省农业厅经济作物局高级农艺师
雷惠质　湖南省农业科学院研究员技术顾问
聂　薇　长沙监狱印刷二厂五中队队长
汤康恩　湖南省计算技术研究所副研究员
卢光诱　湖南医科大学生殖工程研究室主任
赵聚英　湖南大学环境工程系供热通风教研室主任
陈翠婷　湖南体操队队员
李娟玲　长沙市公共汽车公司六车队三八号车组组长
李　静　通道县文化馆馆长

广东省

黄宝玉　广东省珠江糖厂厂长
王妙媛　广州市芳村区芳村小学副校长
李穗芳　广州市住宅建筑设计院土建一室主任
陈翠霞　广州市白云区石林镇潭岗村十六队农民
何少乾　云浮县副县厂发电厂主任
罗近南　高要县妇幼保健所所长
施碧莲　陆丰县东风小学教员
唐文娇　清远市连山县永和镇红阳村农民
高桂珍　清远市清城区清城镇童服厂厂长、党支书
魏珍珠　东莞市石龙人民医院护士长
李英贤　中山市师范附小校长
江汉廉　紫金县第二小学教导主任
邹月连　龙川县无线电厂副厂长
徐世清　湛江市面粉厂副厂长
吴礼珍　广东省廉江廉湛三八水果场场长
张爱国　高州县公安局刑警队政治指导员
卢婵君　电白县东方彩釉砖厂副厂长

郭振仪　江门市中心医院妇产科副主任
温月娥　开平县嘉士利饼业公司开平糖饼厂副厂长
廖小燕　深圳市新安企业公司总经理
刘红珍　兴宁县纸箱厂厂长
曾云兰　梅州市殡仪馆职工
陈妙珍　汕头市揭阳县新亨镇硕联村村民
林婵哖　广东省地方国营澄海渔网厂厂长
黄纵珊　汕头市同平区杉排纺织工艺厂厂长
郭淑华　南雄县教育局局长
陆带娣　韶关市武江区河西乡黄塱什石园村
张倩玲　珠海市珠海宾馆总经理
阮葆甦　阳江市江城区江城中学教师
朱少瑜　惠州市商业大厦总经理
李梅玉　惠州惠东县黄埠镇鞋厂厂长
何福带　广州铁路局广州电务段高级工程师
刘婉玲　羊城晚报机动记者、报社机关组委副书记
曾碧露　中国科学院广州分院华南植物研究所高级工程师
姚志华　广东省技巧队运动员
曹秀琴　广东省粤剧院青年剧团二级演员
李桂云　中山医科大学基础学院副院长
廖丽华　顺德县万事发饼业公司经理
尹少莲　三水县东平镇尹边村农民
周玉珍　广州酒家副经理

广西壮族自治区

胡良慧　柳州市第二棉纺厂厂长
谢丽珍　柳州市郊区黄村乡磨淮村农民
廖泳莲　桂林市轮胎厂高级工程师
陈夏仁　临桂县体委教练县人大副主任
范成芳　梧州市日用化工厂技术科科长
何秀英　北海市珍珠公司经理海水养殖工程师
梁秀莲　南宁地区蒲庙水泥厂副厂长
韦　明　宾阳县宾州镇塑料工艺厂厂长
黄彦琼　扶绥县渠黎镇渠新村公所党支部书记
王延敏　柳州地区医院妇产科主任
覃玉俏　来宾县七洞乡桥勒村公所贡则村农民
宁开兰　桂林地区平乐县源头农场工人
彭伟仁　桂林地区联合收割机厂卫生所负责人
罗碧云　钟山县西湾镇菜队菜农
毛新秀　富川县朝东镇秀水村农民
曹琼芳　北流县陵城镇城南小学教师
朱业群　玉林市自行车总厂厂长
覃连芳　贵港市东龙镇闭村村公所妇代

会主任

叶　艺　博白县沙河圩镇个体户

吴永兰　浦北县安石乡马坪村公所榕木塘村农民

张小玲　钦州市民政福利公司售货员

韦秀英　百色市民族服装厂厂长兼党支部书记

黄秀欢　德保县都安乡伏山村弄意屯农民

韦月爱　河池市金城江镇民族街委会主任

甘木兰　罗城县小长安乡民族村新安屯妇代会主任

晋翠华　南宁市 86383 部队卫生队药房主任

黄妹荣　广州军区守备第三师医院护士

李桂莲　柳州铁路局工程处总工程师

雷爱祖　自治区科学技术委员会副主任

邓日带　南宁绢麻纺织印染厂织布挡车工

林凤至　南宁市水泥制品厂科研室主任

曹德柔　广西医学院内科副主任

邓树义　自治区公安厅三处副处长

刘月莲　梧州地区岭溪公路段段长

石元俊　自治区人民医院院长

海南省

江佩英　海口市饮料厂厂长

曾惠琴　海口市乳胶厂厂长

黄瑞珍　乐东黎族自治县妇幼保健站站长

张籍香　华南热带作物科学研究院兴隆试验站组长

梁惠珍　屯昌县人民医院妇产科主任

许连桂　澄迈县老城镇大道村委会党支部副书记

黄玉萍　保亭县新政镇什色一村农民

孙文彩　儋县洛基镇农科站站长

陈秀玲　海南铁路总公司机务段助理工程师

袁玉珍　万宁县东和农场胶工

四川省

桂韵秋　成都市东方电子材料总厂总工程师

魏宗峤　四川师范大学附中高级教师

张国芳　成都双流县中和镇双土村养鸡专业户

詹碧荣　重庆钢铁公司副总经理

何信国　重庆江北县人和区鸳鸯乡柿子村二组专业户

邱家富	国营长安机器制造厂工艺研究所高级工程师
刘玉英	富顺县怀德区石道乡塘冲村农民
谢富英	自贡市百货公司经理
刘凤云	攀枝花市仁和区仁和镇棉沙湾村养殖专业户
金家文	攀钢轨梁厂电器工程师
彭国亮	四川省农科院水稻高粱研究所高级工程师
李国琨	西南化工研究所高级工程师
姚佩文	什邡县新华书店经理
刘昌秀	绵竹县清道乡金土村妇女主任
刘碧贵	绵阳市农业专科学校高级农艺师
周　华	华西电子计算机厂高级工程师
冯秀英	广元市织布厂党支部书记
王素华	蓬溪县任隆乡妇联主任
张伯羽	内江市威远县南街小学高级教师
黄贵兰	简阳县红塔乡光学元件厂厂长
彭斌茹	眉山县食品调味厂厂长
李　琼	乐山市人民医院儿科主任
金志琼	万县商业局副局长
王红春	开县大进区梓橦乡金银村党支部书记
岳龙芳	垫江县绿柏乡湖滨村社长
陈常辉	涪陵柴油机厂厂长
胡芳清	石柱县卫生防疫站主管医师
张先乔	屏山县锦屏乡附城村党支部书记
范国琼	宜宾五粮液酒厂陈酿勾兑车间副主任
岳定松	蓬安县人民政府副县长
高如曾	四川省石油局南充地质调查处高级工程师
李友英	达县地区制药厂厂长
王碧珍	达县地区钢铁厂服务公司经理
王金玉	雅安市大兴乡乡妇产科医师
李玉香	汉源县市荣乡太平村妇代会主任
格西门初	阿坝州群众艺术馆馆员
冯丽君	阿坝州农科所高级农艺师
陈永姜	凉山州西昌市西郊乡农民
方太英	泸定县科委农艺师
白　玛	甘孜县斯俄乡二队农民
俄木尼扎	凉山州布拖县拖觉区补尔乡一村农民
黄淑英	四川省人民医院主管医师
戴少瑶	重庆师范学院中文系副教授
敖田彬	成都铁路局重庆铁路分局重庆车务段伏牛溪车站货运值班员
葛　薇	成都市人民商场百货经营部日杂组营业员

贵州省

唐老冬　印江土家族苗族自治县合水乡敬老院院长
冯修娥　德江县平原区高席方村抬头林民组农民
李丽玲　铜仁市水利电力局高级工程师
白　燕　水城钢铁公司工会副主席
索正一　六盘水市六枝特区蔬菜办主任
吴朝蓉　六盘水市水城百货大楼经济师
佘冬香　凯里棉纺织厂
杨光英　麻江县铜鼓乡铜鼓村农民
陈水秀　三穗县长坡乡新寨村妇代会主任
孙香碧　毕节县商业贸易公司收款员
董孝玲　毕节地区林果药茶开发公司副经理
李淑彬　大方县六龙区六龙镇新丰村农民
景信芬　遵义县南白区畜牧站站长
肖芙初　遵义铁合金厂运输公司生产班班长
袁崇惠　遵义县人民政府副县长
狐昌藻　晴隆县民族中学校长
魏忠仙　兴义市桔山办事处新场村妇女主任
聂淑兰　黔西南州人民医院副院长
曹树珍　清镇县站街区甘沟乡破岩村妇代主任
徐盛琴　紫云苗族布依族自治县农业局农技站站长
李淑英　安顺地区医院妇产科主任
刘忠英　惠水县永红食品厂厂长
高玉琼　贵州省生物技术研究开发基地助理研究员
李玉珍　中国人民解放军三五三五厂计划科科长
陆载余　贵州师大体育系副教授
黎耀云　独山县下司区下司镇下司村农民
梁书玲　贵阳市公安局通信处科长
刘文珍　贵阳棉纺织厂细纱车间挡车工
田应梅　贵阳市乌当区野鸭乡大凹村家庭医生
王学聪　贵州省公安厅五处副处级侦察员
朱美云　贵州省建材科研设计院高级工程师
黎声云　荔波县司法局副主任科员
王国秀　贵阳市朝阳棉布商店工会副主席
陈太华　航空航天部贵州新艺机械厂饱工
孟宪陶　贵阳市妇幼保健院行政副主任

云南省

张　芸　河口县人民检察院刑检科副科长
周蓉珍　省宣威县鹏程联营社
王光华　省民族贸易公司仓库保管员
钟焕娣　省体委体工队田径一队运动员
董佩德　宣威汽车运输总站沾益大修厂副厂长
周立端　云南省农业科学院园艺所副研究员
杨敬华　红河县乐群农场
曹逸云　中国医学科学院医学生物学研究所副研究员
杨金花　富宁县新华镇新华办事处马市街队妇代组长
赵兴玉　麻栗坡县邮电局猛洞支局支局长
焦月凹　德宏州潞西县芒市镇北里一社副社长
李荣仙　普洱县凤阳乡西萨村妇女主任
黄秀英　澜沧县竹塘乡募乃村卫生室
范素泽　宣威县田坝镇新民办事处专业户
陈桂兰　曲靖市环城乡保度村公所
康德琳　开远市农业局种子公司副经理
吴庆芬　个旧市有色金属加工厂总工程师
吴庆芳　玉溪地区医院内科副主任医师
钟　英　保山市棉织厂厂长
李裳云　东川矿务局落雪矿选厂主任工程师
皮桂芬　楚雄州元谋县黄瓜园镇下点莲村
李胜北　楚雄市百货公司经理
李玉芳　宁蒗彝族自治县人民医院妇产科主任
玉　教　西双版纳州景洪县允景洪镇曼景兰村农民
林东初姆　迪庆州中甸县大中甸乡五村妇女主任
陈桂兰　凤庆县凤山镇旧城办事处
段志英　怒江州泸水县医院妇产科主任
陈若珊　云南省昆明市卫生局局长
铁双秀　昆明市工艺美术公司副经理
解焕坤　合庆县城郊乡莱园村妇代会主任
赵永烈　云南省大理水泥厂总工程师
徐仙桂　昭通市毛纺织厂青工
代济瑞　镇雄县医院副院长
黄　润　昆明医学院肿瘤病理研究室主任
关美兰　禄劝县计生委宣教股股长

西藏自治区

索郎央金　拉萨市贡德林办事处雪居委会服装三厂妇联主任
格桑曲珍　尼木县尼木乡乡长
斯曲卓玛　那曲地区小学教师
拉姆卓玛　林芝县人民医院医师
拉　巴　日喀则地区农科所党支部副书记
拉　姆　定日县长所区聂下乡妇联主任
格桑曲珍　自治区气象局党组成员、人事教育处处长
泽仁拉姆　昌都地区建筑公司党支部书记
尼玛次仁　阿里地区普兰县多由乡乡长
央　金　拉萨市人民政府办公厅会计

陕西省

王幼玲　西安市竹木器沙发厂厂长
都英莲　宝鸡叉车制造公司叉车研究所党支部书记
张玉兰　咸阳市饮食服务公司服务楼旅社经理
王　军　西北国棉五厂党委书记
任桂清　西安电力机械厂财会部部长
赵淑琴　国营庆华电器制造厂生产处副处长
王　云　乾县邮电局报务员
杨德香　西安石油勘探仪器总厂研究所多道一室中心站组长
宋文革　西安客运段直快三组列车长
许桂荣　商州市保险支公司城市业务科科长
吕鲜芳　陕西省第二建筑工程公司第二工程处机械工
陈秀云　汉中市家具厂厂长
金玉莲　铜川市郊区城关汽车综合修理厂厂长
何秀英　富平县杜村镇五金厂厂长
沈玉蓉　西北有色金属研究院第六研究室行政组长
董　琪　陕西省广播电视设备厂新产品开发部设计二室主任
王必元　国营燎原机械厂技安科环保室主任
薛秀庄　陕西省农业科学院生物技术研究室主任
朱楚珠　西安交通大学人口研究所副所长
薛祥煦　西北大学研究生处处长
刘欣欣　延安市三中语文教师教研组长
张长儒　商州市城关小学教导副主任
方鸿霞　西北工业大学幼儿园主任
王振卿　西安市公安局未央分局预审科干部
乔荆竹　榆林地区中级人民法院审判员

李　红　镇坪县公安局城关派出所副所长
朱秀萍　西安市第一医院眼科主任医师
郗云仙　蒲城县妇幼保健所所长
张美琴　白河县妇幼保健站站长
陈达力　西安电影制片厂剪辑科剪辑员
傅美琳　陕西人民教育出版社文科编辑室副主任
张烈娥　延安地区富县羊泉乡侯家庄村妇代会主任
辛月英　清涧县白草畔牧场场长
袁仙阁　商南县工艺绣品总公司技术顾问
田维兰　铜川市城区桃园街道办事处光明路居委妇代会主任
石得玉　延安大学化学系有机化学教研组组长

甘肃省

何荣素　兰州市城关区种子公司经理
郭　琳　兰州石油化工机器厂副总工程师
张鸿才　天水市第二针织厂厂长
刘彩花　静宁县灵芝乡何杜村党支部书记
郭风莲　镇原县屯字镇屯字村农民
刘　燕　陇南地区武都县黄连研究所副所长
漆兰芳　定西县城关镇鬃毛加工厂厂长
拜惠英　临夏市三星商行经理
魏肖莹　白银市白银公司劳研所中毒研究室主任
牟福香　嘉峪关市粮食局新华街区粮站主任
杨郁华　金川公司冶炼厂总工程师
谢桂英　武威市百货公司大楼经理
李秀兰　张掖市畜牧局副局长
王生年　玉门市赤金镇苗圃村农民
班代草　益哇乡当多村个体司机
毛菊荣　兰州阀门厂设备动力科科长
何　鄂　省美术公司副总工艺师
梁淑珍　国营四〇四厂质量处长
甄风萍　兰州铁路局武威铁路分局张掖铁小教员
纪蕴霞　甘肃省供销联社兰山商场经理
穆荣有　甘肃省妇幼保健院主治医师
贾敬芬　兰州大学生物系细胞研究室主任
杨　斌　甘肃省地震局助理研究员
王家澄　中国科学院兰州冰川冻土研究所副研究员
徐莉芸　兰州军区第一通信总站五连分队队长

青海省

任卫东　青海师范大学副校长

董淑琴　西宁市第一人民医院院长

曹风仙　青海省第三建筑公司钢筋班班长

郭文梅　贵德县河西乡下马家村支部书记

黄素霞　青海省海北州妇幼保健站站长

南　忠　果洛州玛沁县下大武乡牧民

赵玉兰　乐都县碾伯镇八里桥村妇代会主任

扎西吉　泽库县和同邮电所话务员

王生梅　海西州都兰县沱海村

李　萍　西宁客运段列车长

宁夏回族自治区

徐鸣凤　银川市新华百货商店经理

贾秀云　银川市第二针织厂厂长

田凤兰　银川市郊区掌政乡农民

冯凤梅　石嘴山市石嘴山区造纸厂厂长

王玉霞　惠农县园艺个体鞋厂厂长

马兰瑜　泾源县文教科教研员

马凤莲　隆德县城郊乡农民

严明述　吴忠市人民医院儿科主任

张秀花　灵武县东塔乡农民

王柏玲　宁夏农垦科研所研究室主任

新疆维吾尔自治区

吐妮沙汗　于田县医院内科主任

吐拉妮莎·阿比提　喀什市第八小学校长

吾里也提·艾色艾提　克孜勒苏自治州人民医院妇产科主任

帕夏古丽·布沙克　阿克苏温宿县客运个体户

王夏兰　库尔勒市妇幼保健站站长

阿米乃　霍城县芦草沟乡西宁庄村三组林业专业户

唐钦辉　和田洛浦农技站蚕桑组组长

阿勒特汗　尼勒克县胡告尔台乡兽医站兽医师

马风英　昌吉市一校教务主任

帕提玛　塔城市也门勒乡阿今托别村牧民

杨启莲　沙湾县乌拉乌苏小庙村村民

努尔吉丽·沙比提　乌市第二十小学教师

张瑞芝　哈密市民族绣品厂厂长

苏文华　博州农行调研信息科副科长

王效英　石河子市城建局副总工程师

陈宝安　石河子造纸厂厂长

沈新莉　乌鲁木齐铁路局柳元机务段内燃司机

莎黑玛　福海县科克阿尕什乡村民

李维琪　中国科学院新疆化学研究所研究室主任
董令仪　新疆八一农学院农学系作物栽培教研室主任
郭茂华　湖光纺织厂成衣车间包边挡车工
胡尔尼莎奴尔　自治区第二监狱监狱长

国家机关

钱小英　民政部
罗九茹　国家海洋局
徐　婉　公安部
黄育馥　社科院
陈亚乔　民航局
朱圣光　轻工部
龚双瑾　邮电部
姜婉君　铁道部
张佩佩　航天航空工业部
杨丽萍　民委
杨素琴　财政部
贾风英　石油天然气总公司
谷粟红　教委
魏　岭　农业部
屠丽南　统配煤矿总公司
程玉琴　科委
程　萍　核工业总公司
高　敏　体委
潘复兰　机械电子部
张秀芝　交通部
林　红　经贸委
肖素华　卫生部
邝业梅　计委
李云音　中科院
俞仁培　中科院
白湘文　纺织部
迪里拜尔　文化部
曹贤钦　商业部

中　直

徐　静　毛主席纪念堂管理局局长
郑淑兰　中央档案馆资料处科长
张绪文　中央党校教研室副主任
吴芸红　团中央离休干部
芮苑如　新华社对外部主任
顾迈南　新华社高级记者
蔡晓晴　广播影视部一级导演
陈　真　广播影视部译审
张　纯　人民时报社车间副班长
苏　红　全总文工团一级演员

武　警

皮毓清　武警山东省总队医院内一科副

主任

解放军

刘江秋　沈阳军区后勤部军事医学研究所助理研究员

段佩若　北京军区后勤部第六分部二六二医院临床实验科主任

田　菊　新疆军区步兵第六师通信营通信连班

戴　斌　中国人民解放军第一〇七医院特检科副主任

张南征　中国人民解放军第九七医院内一科副主任

赵子义　广州军区武汉总医院专家组成员

王云华　陆军第五十九医院外科护士长

杨　晓　解放军划船队运动员

江一青　空军总医院内二科主任

岳喜翠　空军航空兵第 13 师 38 团飞行员

何彦芳　第二炮兵驻 211 厂高级工程师

云　霞　总参三部三局一处副研究员

李娴娟　八一电影制片厂纪录片室编导

王锦玲　第四军医大学附属一院耳喉科主任

陈丽珊　国防科工委 27 基地宜宾测量站总体室程序组组长

张德铃　军事科学院军事运筹分析研究所助理研究员

蒋炳英　中国人民解放军国防大学校办工厂厂长

1990 年

全国三八红旗手

全国“双学双比”竞赛活动先进女能手*

北京市

孙淑英　李凤芝

上海市

林月英　杨玉慧

河北省

王　琴　张翠香　周英改

山西省

贾晋卿　权冬平　桂改润

内蒙古自治区

来　晓

黑龙江省

杨景芬　申　淑　周玉纯　许莲淑

吉林省

谢凤清　张桂芹　王成贤　张清凤

辽宁省

刘长香　包淑兰

江苏省

徐长珍　严春红　史建兰　范云妹

花春玲　陈翠红

浙江省

章建琴　罗祥英

安徽省

江安梅　张　兰　吴国兰　吴光英

宋迎琴

福建省

陈秀凤　林清莺

江西省

陈祥娣

山东省

王守英　李杰民　王秀英　杨成效

湖北省

徐金保　李吉群

湖南省

李其英　钟县花　胡爱莲　陈华云

广东省

梁顺英　雷美荣　何玉珍

广西壮族自治区

雷水带　黎喜定　黄丽汉　周承杰

河南省

张娆妮　李秀红　刘兰英　王爱芝

王素芬　李月波　贾松梅　吴翠兰

* 授予全国“双学双比”竞赛活动先进女能手全国三八红旗手称号。

海南省

黄菊梅　　王崇兰

云南省

马培英　　汤丽英　　熊会英　　张凤琼

贵州省

肖　华　　王超全

西藏自治区

德　吉

四川省

魏胜群　　孙秀琼　　丁秀荣　　毛振华

李文香

陕西省

牛玉琴　　胡彦平

甘肃省

王玉惠　　曹雪芹　　师月美

宁夏回族自治区

李勇智　　黄凤英

青海省

卡毛措

新疆维吾尔自治区

吐汉尤努司

全国见义勇为女英雄*

北京市

吕东来

河北省

高兴敏　　靳爱芬　　石成惠

辽宁省

徐艳梅　　张冬梅　　齐　跃　　金桂珍

吉林省

金贞元　　孙喜玲　　姜凤芹

江苏省

李兰英

浙江省

洪亚萍

安徽省

张长侠

山东省

张文华　　周晓萍

河南省

邵娜娜

海南省

李瑞珍

贵州省

杨世琼

甘肃省

张燕民

青海省

田国萍

宁夏回族自治区

王惠文　　丁佩杰

新疆维吾尔自治区

高明秀

* 授予全国见义勇为女英雄全国三八红旗手称号。

铁道部

崔英爱

商业部

章水英

中国民航局

张丽萍

十一届亚运会荣获金牌运动员

马苗兰　马　娜　王玉锦　王丽娜
王丽红　王晓红　王　萍（田径）
王　萍（武术）　王　颖　文艳芳
邓亚萍　田玉梅　宁梦华　邢　芬
邢丽威　庄　泳　庄晓岩　刘华金
刘爱玲　刘稀蓉　关渭贞　许志娟
许艳华　许艳梅　农群华　孙聿红
苏自芳　杜　红　巫　丹　李文红
李对红　李红铃　李秀明　李忠云
李国君　李桂莲　杨文意　吴伟英
何燕雯　张小冬　张　山　张华杰
张丽（田径）　张丽（赛艇）
张　迪　张秋萍　张彩华　张　颖
陈莉红　陈菊英　陈跃玲　陈翠婷
林志爱　林　莉　金香兰　周守英
周　杨　周　青　周荣华　周玲美
周淑敏　郑丽娟　赵友凤　赵　燚
胡亚东　柳絮青　钟焕娣　侯雪梅
施　文　钱　红　高　敏　郭秋香
郭　梅　唐九红　黄洁兰　黄晓敏
黄晓瑜　黄晓燕　曹棉英　阎　明
梁三妹　隋新梅　彭丽萍　董　瑛
韩长美　韩　青　鲁素艳　曾美兰
鄢东玲　廖小丽　翟秀敏　熊其英
樊　迪

即时授予

潘星兰　湖北省枝江县董市镇桂花信用社职工
杨大兰　湖北省枝江县董市镇桂花信用社职工
冯依淼　福建省福州市东街口百货大楼总经理
周玉娟　湖北省武汉市公共汽车公司票务员
刘燕兰　湖北省武汉市公共汽车乘务员
乌　云　内蒙古哲里木盟库伦旗第一中学高级教师

1991年

全国三八红旗手

全国“双学双比”竞赛活动先进女能手 *

北京市

张立平　通县张家湾乡

刘延琴　怀柔县汤河口乡

天津市

王秀霞　塘沽区中心桥乡

杨荣风　汉沽区东尹乡

韩士华　武清县农技推广中心

河北省

崔彩莲　清苑县温仁镇

张新改　深县双井乡

李新芳　邯郸县河沙镇

武秀环　定兴县棉麻公司

柳淑华　正定县南岗张

山西省

黄晓琴　永济县蒲州镇

贾润平　原平县崞阳镇

侯月琴　太谷县城关乡

内蒙古自治区

太平其其格　科尔沁右翼前旗

范巧珍　包头市郊区新城乡

莲　花　正蓝旗上都河苏木

辽宁省

王　芬　新金县夹河庙镇

武春珍　辽中县茨榆坨镇

赵英香　海城市牛庄镇

吉林省

韩淑荣　梨树县梨树乡

郝富霞　梅河口市中和乡

孙凤霞　东丰县三合乡

黑龙江省

薛红艳　通河县镇郊乡

潘桂芝　集贤县沙岗乡

梁桂玉　杜尔伯特蒙古族自治县泰康镇

上海市

陈海芹　上海县红桥乡

张彬鑫　金山县兴塔乡

江苏省

薛云玉　启东市永阳乡

孔起美　高淳县漆桥乡

孙永堂　泗洪县半城镇

杨南珍　无锡市蠡园乡

* 授予全国“双学双比”竞赛活动先进女能手全国三八红旗手称号。

浙江省

黄彩琴　嵊县友谊乡
成央珍　慈溪市胜北乡

安徽省

唐莲英　宿松县洲头乡
叶宗云　繁昌县峨桥乡
王　侠　泗县彭铺乡
王国梅　含山县骆集乡

福建省

苏秀宝　晋江县内坑乡
兰秀银　宁镇市金涵乡
张仁花　龙岩市大池乡

江西省

余木秀　新余市渝水区良山镇
胡小孔　彭泽县双石岭垦殖场
高喜风　波阳县鸦鹊湖农场
梁菊香　瑞金县溪背村

山东省

毕华梅　桓台县唐山镇
阎凤玲　莱阳市照旺庄乡
郑爱花　郓城县八里庄乡
潘进香　灵山县卫镇
潘凤英　沂水县崔家峪镇

河南省

成灵果　孟县槐树乡
李秀莲　西华县西夏镇
潘金贵　方城县广店乡
刘冬环　洛阳市古城乡
贾明芳　邓州市植保站

湖北省

雷三蓉　应城县三合镇
黄应桂　恩施市红庙区
胡书英　枝江县百里洲乡
熊　波　大悟县新城镇
叶桂芬　蕲春县株林供销社
郑新乔　英山县温泉镇
李兆淮　武昌县农技推广中心

湖南省

向云坤　衡东县霞流乡
陈翠环　临湘县原种场
曾奎贤　涟源市常林乡
文美英　冷水滩市蔡市乡
李利纯　长沙市东屯渡供销社

广东省

蔡日妹　遂溪县北坡镇
张亚树　珠海市万山区
冼海英　德庆县马圩镇
麦凤群　南海县平州镇

海南省

刘秀荣　乐东县抢由镇
文梅英　万宁县港北镇

广西壮族自治区

欧肖荣　邕宁县苏圩镇
顾秀连　合浦县党江乡
梁庆全　柳州市羊角山乡
谭月英　宾阳县武陵乡

四川省

瞿光芝　秀山土家族苗族自治县迎凤乡

杨松英　茂县三龙乡
蒋茂华　蓬溪县回马镇
李孝芳　巴中县明扬乡
林贵芳　泸县桐兴乡
王世仙　彭水苗族土家族自治县新场乡

贵州省

李红英　关岭布依族苗族自治县
洪仕芬　思南县双坝乡

云南省

蒋玉英　开远市羊街乡
姜美兰　大姚县三岔河乡
段福英　昆明市龙城镇
邓银花　兰坪县通甸乡

西藏自治区

阿欠欠　那曲县自白乡

陕西省

赵军贤　临潼县浴金镇
罗光群　岚皋县东山乡
来静秋　南郑县中所乡

甘肃省

盛翠萍　高台县骆驼城乡
石兰英　天水市二十里铺乡
张巧兰　甘肃日用杂品公司

青海省

王玉珠　湟中县马场乡
拉　毛　共和县恰卜恰乡

宁夏回族自治区

崔兰英　平罗县下庙乡
哈晋华　银川郊区通贵乡

新疆维吾尔自治区

拜合提汗　墨玉县扎瓦乡

抗洪救灾先进个人 *

乔传秀　安徽省寿县县长
孙如兰　安徽省五河县新集镇河头村党支部书记
朱彦清　安徽省长丰县史院乡仇嘴村妇代会主任
林中莲　湖北省麻城市中驿镇李家村妇代会主任
田秀英　湖北省阳新县浮头镇荻田村妇代会主任
张月芹　江苏省淮安市南闸乡中南村党支部书记
王雪英　浙江省长兴县横山乡蒋家墩村大田墩自然村妇女队长
朱美娟　浙江省丽水市莲乐乡莲房村村民、抗洪救灾英雄周丽平烈士的母亲
徐学英　湖南省临澧县合口镇镇长
周训梅　湖南省澧县宫垸乡妇联主任
王文珍　北京市怀柔县汤河口镇大北沟门村妇代会主任
高淑英　北京市密云县冯家峪乡下营村妇代会主任

* 授予抗洪救灾先进个人全国三八红旗手称号。

丁素梅　河南省平舆县刘乡任黎村村委主任
唐乐英　河南省淮滨县谷堆乡乡长

税务系统先进女工作者 *

杨淑志　北京市税务局昌平县分局
李　华　黑龙江省德都县税务局
郝柳芳　山西省原平县税务局
刘　扬　上海市税务局第二分局
汤平琴　江西省靖安县税务局高湖税务所
张晓华　浙江省杭州市上城区税务所
罗惠英　广东省丰顺县汤坑镇税务所
庞学雅　海南省琼海县税务所
高　玲　贵州省松桃县蓼皋镇税务所
口土逊尼牙孜汗·司马义　新疆维吾尔族自治区策勒县达玛沟税务所

* 授予税务系统先进女工作者全国三八红旗手称号。

即时授予

谢　军　世界女子国际象棋冠军
倪以信　清华大学教授
张淑凤　国防科工委某基地测控技术部指挥站总工程师
孙淑兰　黑龙江省革志监狱副监狱长
刘兴英　河南省南召县南河店镇桑树坪村妇代会主任
王凤莲　安徽省巢湖市方集乡分王行政村妇代会主任

1992年

全国三八红旗手

全国“双学双比”竞赛活动先进女能手*

北京市

高玉兰　海淀区四季青乡
胡素花　丰台区西局鸡场

天津市

于金华　武清县下朱庄乡
王素顺　静海县杨成庄乡

河北省

许建华　徐水县华光灶县厂
陈淑敏　青县王台庄乡
李淑杰　黄骅市常郭乡
么晓娣　抚宁县牛头崖镇

山西省

张爱兰　离石县城关镇
王巧珍　孟县苌池乡
王月兰　平定县供销社

内蒙古自治区

张根桃　察哈尔右翼前旗土贵乡
朗腾花　鄂托克旗查希苏木

* 授予全国“双学双比”竞赛活动先进女能手全国三八红旗手称号。

辽宁省

田玉英　沈阳市新城子区财落乡
曲秀云　宽甸满族自治县步达远乡
杨素贤　海城市验军镇

吉林省

宁清芬　浑江市市郊乡
曹仁玉　延吉市长白山乡
千明淑　吉林市二道乡

黑龙江省

刘玉洁　双城县乐群乡
姜淑艳　呼兰县李家乡
栾桂英　大庆市井下丰收管理站大田三队

上海市

杨玲玲　嘉定县娄塘镇
张美珍　上海县新泾乡

江苏省

李抱娣　金坛县五一乡
华瑞玲　镇江市官塘桥乡
俞秀英　吴县通安乡
陈　平　睢宁县张圩乡

浙江省

周美琴　安吉县白水弯乡
叶亚球　嵊泗县枸杞乡

王平朵　诸暨市外陈乡

曹香玲　磐安县仁川供销社

安徽省

寿银玲　灵璧县沙滩乡

王同霞　淮南市安成镇

杨尚芝　马鞍山市冯桥乡

汪碧玉　岳西县汤池乡

福建省

何俊云　福清县江镜镇

林荣花　漳浦县绥安镇

廖琼秀　长汀县童坊乡

江西省

周界芬　新干县荷浦乡

邱开英　渝水区排上乡

余娥英　东乡县珀乡

山东省

王文秀　东营市义和镇

张永惠　莱州市西由镇

王立红　宁津县小店乡

高焕平　嘉祥县黄垓乡

韦　超　费县方城镇

河南省

韩道华　睢县西门里村

刘　焕　许昌县长村张乡

万秀琴　新安县仓头乡

张莱青　武陟县詹店镇

陈明凤　光山县凉亭乡

张合英　林县小店乡

湖北省

宋桂枝　天门市黄谭镇

张淑珍　鄂州市葛店镇

段桂芳　竹溪县中峰镇

聂祖英　枝江县刘巷棉花收购加工厂

张春秀　远安县河口乡

湖南省

唐杏仁　浏阳县上洪乡

刘梦辉　湘潭县响水乡

李年妹　安仁县竹山乡

潘清珍　石门县袁公渡乡

广东省

江秀娟　阳西县织篢镇

赖凤英　顺德县乐从镇

邓　捷　广州市白云区石井镇

司徒彩媚　新会县司前镇

海南省

黄月良　通什市什保管区

李和益　海口市白龙乡

云秀凤　文昌县铺前镇

广西壮族自治区

陈升洁　合浦县银盘乡

杨玉荣　桂林市郊区二塘乡

王燕凤　桂平县石龙乡

四川省

向芝珍　广元市麻柳乡

李吉桂　巫溪县胜利乡

邓雪芬　南溪县林丰乡

刘昌秀　绵竹县清道乡

王明琼　攀枝花市仁和镇

李素平　简阳县六隆场乡

李桂碧　邻水县长安乡

贵州省

杨　兰　松桃苗族自治县长兴镇

雷　丽　绥阳县雅泉乡

吴焕姣　黎平县茅贡区

云南省

方桂珍　昆明市黑林铺镇

普木果　陇川县赛号乡

叶　虾　西盟佤族自治县中课乡

西藏自治区

曲　吉

陕西省

侯舜娥　安康市建民乡

吴芬兰　大荔县八鱼乡

王秀英　临潼县相桥镇

甘肃省

高宁娥　宁县新宁镇

陶竞美　文县中家乡

张桂兰　临洮县建宁乡

青海省

包生梅　格尔木市大格勒乡

任增梅　平安县小峡乡

宁夏回族自治区

沙翠英　平罗县黄渠桥镇

新疆维吾尔自治区

布阿吉尔　阿克陶县皮拉力乡

贾　露　建设兵团农四师

阿米娜苏来曼　疏附县塔什米力克乡

全国“巾帼建功”活动标兵 *

北京市

包解军　市丽源公司

罗　玲　市政设计研究院

天津市

王淑琴　市织物厂

河北省

陈　力　河北电影电视剧制作中心

张　静　张家口市医学院

徐再兰　廊坊市植物油厂

山西省

郭志强　省石油总公司

内蒙古自治区

姜秀岚　哲里木盟家畜繁育指导站

辽宁省

薛钰芝　大连铁道学院

吉林省

万淑清　吉化炼油厂

杨美华　东北师大

黑龙江省

张春英　大庆勘探开发研究院

周淑兰　哈尔滨飞机制造公司

王雪梅　哈尔滨丰华机器厂

* 授予全国“巾帼建功”活动标兵全国三八红旗手称号。

江苏省

杨　雷　苏州市振亚丝织厂

史小娟　南京市曙光机械厂

王典钧　南通市纺织工学院

莫慕珍　常州市百货大楼

浙江省

严　巍　浙江工学院

陈励君　杭州市华日电冰箱厂

安徽省

王应凤　芜湖市工商银行

刘冬女　石台县河口粮站

张　静　淮南市纺织厂

福建省

陈巧声　福州市华联商厦

林　熙　厦门集美航海学院

江西省

陆观珍　新余钢铁总厂

谢琳珍　南昌市百货大楼

山东省

王鼎玲　牟平县妇联

王清华　夏津县农业银行

黄纯懿　济南钢铁总厂设计院

王艳秋　淄博市临淄百货公司

邵立芬　青岛崂山百货大楼

河南省

陆素兰　三门峡市会兴棉纺织厂

赵玉莲　信阳地区农科所

于秀荣　郑州市中原大厦

湖北省

邹三梅　武汉市汉阳百货商场

冉宏英　武汉市二十六中学

王利群　安陆棉纺织厂

湖南省

梁红建　长沙五金采购供应站

涂　萍　省公路桥梁建设公司

卓乐雯　衡阳市妇幼保健院

广东省

刘芷君　广州铁路局工程总公司

海南省

覃碧霞　海口市罐头厂

邢玉英　三亚市保险公司

广西壮族自治区

卢一萍　南宁市糖业烟酒公司

尹　怡　柳州钢铁厂烧结分厂

四川省

罗定碧　达县地委

吴群梅　成都市五金公司

高如曾　石油管理局地调处研究所

周照兰　重庆市第一棉纺织厂

胡明兰　重庆市南岸区税务分局

贵州省

付善琼　毕节地区印刷厂

孙贞玉　安龙县石盘小学

云南省

李瑞英　云南大学药物研究开发中心

熊莲英　开远市政府

西藏自治区

桂　桑　　自治区体委登山队

陕西省

杨丽清　　省园艺蚕桑技术工作站

甘肃省

姜爱琴　　金川有色金属公司

钟恕风　　航空航天部万里机电厂

青海省

董金梅　　西宁市第线人民医院

吴玲娣　　西宁钢厂

宁夏回族自治区

孙嫦兰　　石嘴山市医药管理局

宋粉荣　　银川市电焊条厂

新疆维吾尔自治区

张珍玟　　乌鲁木齐市工商银行

姚爱华　　石油管理局独山子炼油厂

共青团中央

董振红　　河南省开封市百货站

国家教委

赵玉芬　　清华大学

林理彬　　四川大学

化工部

李凤云　　天津油漆厂

李秀兰　　山东省威海橡胶厂

轻工部

宋兰珍　　四川省成都保温瓶厂

纺织工业部

房晓娟　　江苏省仪征化纤工业联合公司

张红梅　　山西省榆次市国营经纬纺织机械厂

赵延雯　　湖北省武汉纺织工学院

交通部

张菊英　　湖北省武汉港客运站

吴秀兰　　河北省承德隆化县交通局

商业部

邹运铮　　湖北省当阳市百纺公司

于淑霞　　黑龙江省哈尔滨市粮食局

朱瑞英　　宁夏回族自治区贺兰常信供销社

广播电影电视部

潘　霞　　电视剧中心艺术处

卫生部

张新年　　江苏省南京市钟阜医院

乌　兰　　内蒙古自治区中蒙医医院

国家机关工委

朱　静　　冶金部钢铁研究总院

中直机关工委

范丽青　　新华通讯社

解放军总政治部

贾丹兵　　中国人民解放军沈阳军区第 211 医院

核电系统女先进工作者 *

吴德馨　　中国科学院微电子中心

* 授予核电系统女先进工作者全国三八红旗手称号。

杨菊娣　武汉市钢铁研究所

陈志云　河南省驻马店地区医院

凌克持　上海核工程研究院驻秦山核电站现场服务设计队

夏成烈　秦山核电站 812 厂

白素云　秦山核电站 523 厂

即时授予

梁春芳　陕西省西安市公安局碑林分局户政科科长

1993年

全国三八红旗手

全国“双学双比”竞赛活动先进女能手*

北京市

刘淑丽　怀柔县庙城镇
高玉霞　丰台区花乡
柳佩荣　房山区窦店乡
胡广霞　房山区良乡地区办事处

天津市

刘惠敏　津南区辛庄乡
刘乃兰　东丽区荒草坨乡

河北省

韩露芝　乐亭县代张庄乡
沈丽华　隆化县张三营镇
刘凤芝　大城县郑家村乡
韩宝胜　河间市沙洼乡

山西省

王芳英　孝义市白壁关乡
刘玲萍　沁县南里乡
李连云　蒲县薛关镇

内蒙古自治区

史俊英　乌拉特前旗先锋乡
永青加布　额济纳旗赛汉桃来苏木

辽宁省

高秋菊　大连市兴满乡
周明艳　盖州市双台乡
塔秀珍　大洼县前进农场
原秀英　凤城满族自治县东汤镇
宋　敏　辽阳县下八会乡

吉林省

林　杰　梨树县石岭镇
徐玉芬　舒兰市舒兰街道
高凤兰　农安县开安镇
席文艳　东丰县南屯基乡
蔡淑珍　梨树县梨树乡

黑龙江省

刘桂芹　宝清县夹信子乡
闫吉香　依安县新兴乡
张秀华　鹤岗市东方红乡

上海市

蒋月英　嘉定县封浜乡
马桂珍　上海县梅陇乡
李培佩　望春花实业股份有限公司

* 授予全国“双学双比”竞赛活动先进女能手全国三八红旗手称号。

江苏省

王秀珍　如皋市新姚乡
金凤娟　苏州市虎丘乡
丁绿碧　泰兴市分界乡

浙江省

戚志英　平湖市乍浦镇
裘洁丽　慈溪市观城镇
白美新　平阳县腾蛟镇

安徽省

张效兰　灵璧县渔沟镇
杨　灵　阜阳市颍东乡
李道珍　巢湖市铜阳镇

福建省

苏娟娟　莆田县梧塘镇
陈霖仙　建瓯市芝城镇

江西省

余寒玉　南丰县市山乡
谢昌菊　铜鼓县大段乡
陈景莲　修水县太阳升镇

山东省

牛玉花　诸城市辛兴镇
王艳荣　平原县十里铺乡
薛丽娥　青岛市北宅镇
崔秀丽　广饶县西营乡
陈振英　惠民县第三保乡
金兰英　泰安市夏张乡

河南省

藏秀英　郑州市东城乡
刘振荣　遂平县和兴乡
黄现花　汤阴县韩庄乡
高国团　叶县邓李乡
张金英　内乡县王店乡

湖北省

徐宗珍　安陆市王店乡
王勤秀　荆门市团林镇
甘烈芬　黄陂县塔年岗乡
周桂兰　钟祥市双河镇

湖南省

舒师蕴　岳阳县关王乡
包光良　株洲县群丰乡
吴显群　吉首市吉首乡

广东省

黄秀英　连南瑶族自治县三江镇
占土贵　遂溪县草潭镇
梁　妹　顺德市大良镇
邹燕妮　广州市白云家禽发展公司

广西壮族自治区

吴慈珍　象州县象州镇
梁启之　灵山县新圩乡
蔡道凤　北海市西塘乡
苏玉锦　德保县敬德镇

海南省

洪带娇　三亚市南海街道办事处
符金花　昌江黎族自治县乌烈镇

四川省

钟建萍　金川县曾塔乡
尹荣霞　巴县白市镇
杨兰菊　岳池县长田乡

黄素华　　郫县三道堰乡
泽拉姆　　丹巴县延呷乡
孙忠秀　　纳溪县东登供销社
凡开琴　　广元市东坝乡
郭立芝　　绵竹县什地乡

贵州省

洪以荣　　玉屏侗族自治县大龙镇
蒋永兰　　仁怀县鲁班镇

云南省

尹金兰　　东川市绿茂乡
赖京灼　　丽江县大研镇
玉班叫　　勐海县布朗山镇

西藏自治区

吉卓玛　　工布江达县仲萨乡

陕西省

张秀凤　　柞水县红岩寺区
孙云云　　泾阳县扫宋乡
王俊芳　　渭南市五里铺乡
陈淑琴　　铜川市王益乡
穆彩侠　　凤翔县汉封乡

甘肃省

李怀玲　　张掖市上秦乡
高玉霞　　玉门市玉门镇
陆凤英　　定西县内官镇

青海省

李毛才让　同仁县麻巴乡

宁夏回族自治区

闫翠梅　　永宁县杨和乡
计慧兰　　固原县七营乡

新疆维吾尔自治区

伯　丁　　阿勒泰市切尔克吾乡
胡娜尔汗·阿娜都　伊吾县韦子峡乡

全国“巾帼建功”标兵*

共青团中央

吴丽娟　　上海彭浦机器厂

国家教委

马芯兰　　北京市朝阳区幸福村中心小学
王玉兰　　辽宁大连市女子职高

国家科委

罗曼丽　　中国科学院自动化所
李　林　　中国科学院物理所

国家人事部

周有芬　　湖北松滋县人事局
于慧智　　黑龙江省牡丹江市人事局

化学工业部

曾宪泽　　湖南化工研究院
迟凤志　　哈尔滨化工总厂

轻工业部

郝建芝　　山东一轻张店陶瓷厂
吴玲美　　上海二轻绣品厂

纺织工业部

刘英慧　　纺织工业部研究院化机厂
宋若花　　郑州国棉三厂

* 授予全国“巾帼建功”标兵全国三八红旗手称号。

徐　红　浙江海宁市中丝三厂

交通部

潘丽娟　中国公路运输工会黑龙江分会

方瑞华　山东青岛市公路运输总公司琴通大厦

商业部

张淑云　郑州华联商厦

刘素梅　唐山市24小区粮油食品店

周建华　长沙县农资公司

广播电影电视部

孙秋萍　中央电视台国际部

卫生部

曾　纬　四川中药研究所

桑　姆　西藏改则县人民医院

国际机关工委

董清泽　最高人民法院

中直机关工委

侯　波　新华社摄影部

解放军总政治部

愈惠琴　济南军区第88医院

徐莉莉　海军指挥学院分院

全国总工会

关秀荃　中国工程物理研究所

林引中　上海第七印绸厂

北京市

张　力　北京宣武区白广路百货商场

陈文秀　北京牡丹电子集团公司

天津市

胡庆卿　天津市有色金属研究所

刘丽华　天津市水产冷冻厂

河北省

王子欣　河北省农林科学院蔬菜所

程丽花　邯郸市第二棉纺织厂

山西省

原喜莲　长治市潞安矿务局

张飞琴　吕梁地区商业综合经营公司

内蒙古自治区

李凤英　乌海市乌达商场

宁大明　呼市土左旗一中

辽宁省

刘桂琴　沈阳特种环保设备制造总厂

刘佩贞　抚顺铝厂五一分厂

吉林省

苏慧卿　长春市挂面厂

林淑媛　四平市教科所

黑龙江省

金　焱　哈尔滨市量具刃具厂

常敏中　鸡西市妇幼保健院

上海市

黄燕岭　上海市机械施工公司土方工程处

王培君　上海市万国证券公司

江苏省

权太淑　徐州市卫生防疫站

彭桂莲　扬子石化华扬工业公司

裔　希　盐城市塑料一厂

杨玉莲　南京第一棉纺织厂

浙江省

董桂芳　中国银行绍兴分行
彭亚芬　宁波象山公路段

安徽省

马堂芳　淮北第一棉纺织厂
黄冰树　安徽省地震局
项　玲　芜州市燃器用具厂

福建省

郑碧漪　福州市纺织印染厂
郭美英　三明市真菌研究所

江西省

曾思襄　南昌日用化工总厂
李淑芳　兴国县种子公司

海南省

符青云　琼山县工商银行
周往珍　三亚市安由小学

山东省

陈贵芝　山东新泰市第三人民医院
薛洪霞　枣庄市二轻木材公司经理
张国兰　山东济宁抗生素厂
徐　杰　烟台市永生金属结构厂

河南省

崔梅兰　平顶山市被单厂
陈浅平　鹤壁市第一医院党委书记
张瑞璋　南阳地区畜牧兽医站
杨碧如　河南省妇联

湖北省

李国英　省人民医院
黄英萍　省化肥厂
孙祝新　十堰市粮油公司

湖南省

刘静波　株洲硬质合金厂研究所
曾　嵘　长沙市毛巾集团公司
刘少先　新邵县人民医院

广东省

李艳芳　肇庆市郁南县中兴机器厂
张妙然　珠海市百货集团
李少媛　江门市藤器家具厂

广西壮族自治区

梁慧玲　交通银行南宁分行
何禄珍　桂林威达集团公司
赖星华　广西农科院植保所

四川省

俞梦文　攀钢科技处
刘志华　成都市百货公司
赵　里　达县市幸福食品厂
陈禄英　重庆市级机关工委
丁普芬　德阳市粮食局粮店

贵州省

张金菊　玉屏侗族自治县妇联
张国民　望谟县复兴镇税务所

云南省

李兴芳　云南省军区机要处

陕西省

杜国兴　宝鸡市红星食品厂
黄玉美　陕西机械学院

甘肃省

张荣归　兰州铁路局工会

付惠钟　酒泉地区农科所

青海省

马国花　青海湟中县酒厂
庄晓丽　西宁市第十四中学

宁夏回族自治区

张翠莲　石嘴山市第六小学
韩光霞　银川市新城区建材厂

新疆维吾尔自治区

于秀兰　新疆石油管理局通信公司
鲍凌宇　呼图壁县农行工会

西藏自治区

扎　西　日喀则市地毯厂

运动员

王军霞　田径运动员
曲云霞　田径运动员
张丽荣　田径运动员
张林丽　田径运动员
马丽艳　田径运动员
赵晓莲　蹼泳运动员
谢　芳　蹼泳运动员
王　静　蹼泳运动员
麦　静　蹼泳运动员
金　凡　蹼泳运动员
程　超　蹼泳运动员
符晓云　蹼泳运动员
李少珍　蹼泳运动员
陈莲娇　蹼泳运动员
吴笑慧　蹼泳运动员

全国见义勇为女英雄 *

张惠萍　北京服务管理学校富国旅馆业务员
王琳莲　天津河北区十月饮食店业务员
崔福顺　吉林省和龙县农行西林储蓄所职员
白花子　吉林省和龙县农行西林储蓄所职员
黄英姬　吉林省和龙县农行西林储蓄所职员
胡桂秋　黑龙江省鸡西市恒山矿务公司工人
蔡佳佳　上海长宁区虹桥中学学生
夏朝霞　浙江省鄞县古林供销社会计
陈丽琴　福建省漳州市石油分公司劳务公司营业员
阮建红　江西省新余市建行电工厂储蓄所储蓄员
胡银凤　江西省贵溪县供销社土产公司营业员
贾秀珍　河南省安阳市公交公司司机
郭庆年　湖北省荆门市工行炼油厂办事处检察员

* 授予全国见义勇为女英雄全国三八红旗手称号。

杨昌玉　湖北省荆门市后港卫生院退休工人
李荣京　湖南省宜章县建设银行干部
张秀珍　四川省眉山县第二汽车运输公司售票员
李龙碧　贵州省遵义市北关乡和平小学教工
符翠玲　陕西省宝鸡县陵塬信用社出纳员
杜　萍　甘肃省张掖地区电影公司工人
余　琴　甘肃省金昌市再生资源回收公司付款员
杜　霞　甘肃省地矿局物探队工人
高　芸　交通部云南禄丰养路费征收稽查站会计
吐尔逊·古丽　工商银行乌鲁木齐市小西沟储蓄所干部
任凤英　哈尔滨铁路局佳木斯铁路列车段列车员

全国航天系统女先进工作者 *

高尚勤　航空航天部一院十二所三室研究员
沈月仙　航空航天部二院七〇六所生产部政治指导员、党支部书记
刘庆楣　航空航天部三院三部副主任
王素素　航空航天部五院五〇二所康拓公司红外工程部主任
周桂芳　航空航天部〇六一基地三〇二所主管设计师
杨佩娟　航空航天部四院驻内蒙古指挥部四十六所研究室主任
申桂芳　航空航天部五一九厂副总工程师兼技术处处长
叶以正　航空航天部哈尔滨工业大学微电子技术教研室教授
刘福菊　航空航天部〇六二基地七三〇三厂职工医院护士长
胡月华　航空航天部四院七四二二厂容器车间喷漆工

* 授予全国航天系统女先进工作者全国三八红旗手称号。

1994 年

全国三八红旗手

全国“双学双比”竞赛先进女能手*

共青团中央

曾庆荣　　哈尔滨市松雷实业集团公司

国家教委

何丽娟　　湖南省道县会潭乡白露小学

周官芬　　贵州省兴义市红星路小学

人事部

沙达提·艾木都　新疆人事厅大中专毕业生分配处

化工部

陈兰芬　　青岛市同泰橡胶厂

眭宝华　　湖南省南天实业股份有限公司

轻工总会

刘淑荣　　佳木斯市啤酒厂

陈桂贞　　广州市味精食品厂

纺织总会

严明英　　咸阳市纺织机械厂

袁琴华　　中国纺织大学

林红桔　　天津市纺织工学院

* 授予全国“双学双比”竞赛先进女能手全国三八红旗手称号。

交通部

冼丽花　　海南省昌江县公路分局

方　华　　广西柳州地区交通征费稽查处

国内贸易部

莫色阿足足　四川甘洛县城关粮油贸易公司

丛秀明　　山东威海市再生资源公司综合经营部

广播电影电视部

易淑珍　　中央人民广播电台

蒋巧云　　中国国际广播电台

卫生部

陈文征　　湖南省华容县血防站

吴巧娣　　新疆吉木萨尔县医院

国家机关工委

许志琴　　地矿部地质科学院

万选蓉　　残联中国聋儿康复研究中心

解放军总政治部

林淑云　　国防科工委工程设计研究所

何慧婉　　二炮第四研究所

女企业家协会

薛明辉　　广西柳州市汽车发动机厂

孙晓兰　　北京市工美经济贸易公司

北京市

杜秀兰　朝阳区环卫局二队
王淑华　元隆顾绣绸缎商行
杨瑞英　昌平县福翔针织厂
郭　晶　怀柔县庙城镇
林风军　丰台区花乡
陈连英　昌平县高崖口乡

天津市

王　瑛　天津市服装四厂
马秀玲　天津河西区越秀路街办事处
牛秀敏　北辰区南坪乡
傅　静　大港区太平村
于金华　武清县下朱庄乡

河北省

贾春梅　邯郸市人民检察院
吕毅华　石家庄市国际大厦
杜春花　开滦矿务局范各庄矿行政科
焦素萍　栾城县冶河种鸡厂
侯福苓　文安县刘么乡
闫会英　沧县张官屯乡
史彦景　冀县码头李乡
吕红玲　盐山县千童镇
高瑞华　围场满族蒙古族自治县围场镇

山西省

赵光晋　太原市糖业烟酒公司双合成食品店
郭天平　浮山县张庄乡
张果川　原平市石寺乡
董爱兰　山阴县黑圪塔乡

内蒙古自治区

王　琦　包钢稀土研究院
岳玉荣　内蒙古自治区化学纤维总厂
邵德琴　乌兰浩特市城郊乡
其木格　鄂托克旗查布苏木

辽宁省

巴福荣　辽宁鞍山市妇儿医院
张菊香　辽宁省人民医院
樊玉珍　新宾满族自治县新宾镇
孙淑菊　锦州市太和区女儿河乡
刘福玉　大连市金州区里堡镇
景玉红　大连市金州区亮甲店镇
曹延风　沈阳市于洪区陵东信用社

吉林省

吴淑清　松原市扶余区第一医院
蔡　莉　吉林工业大学
赵玉香　榆树市环城乡
李亚兰　大安市四棵树乡
屈庆英　东辽县白泉镇

黑龙江省

张玉兰　齐齐哈尔市建筑一公司涂料厂
王淑梅　哈尔滨市道外北三菜市场
夏普玲　双城市金城乡
李桂琴　牡丹江市郊区北安乡
叶喜琴　拜泉县兴国乡
郑英爱　逊克县干岔子乡
桑桂清　五常市拉林生产资料供应站

上海市

葛雅珍　上海市五金矿产进出口公司

何静芝　中国人民保险公司上海分公司
鲁慧琴　上海市瑞金医院
王建华　金山县金卫镇
赵雪珍　南汇县横沔乡

江苏省

许　莉　扬州市邗江县农科所
王巧云　淮阴市毛巾厂
李传花　连云港市郊区公路管理站
殷静珠　无锡市第二丝织厂
傅玉香　丹徒县上党里墅
李菊英　江阴市云亭镇
周克玲　东台市许河镇
施秀琴　盐城市计生委
周菊英　吴县太平乡水利站
王立侠　泗洪县陈圩乡

浙江省

张光琼　浙江大学机械系
茅威涛　浙江省小百花越剧团
虞阿玲　黄岩市新前镇
熊月娥　遂昌县大柘镇

安徽省

吕启秀　阜阳地区界首市毛巾厂
宛志沪　安徽农业大学
董鸿玲　安徽贵池市工商银行
江水莲　怀宁县石牌镇
贡玉香　宣州市向阳乡
高明珍　凤阳县小溪河镇
董思英　肥西县丰乐镇

福建省

卢元方　南平市山鹰饲料集团公司
柴敏娟　福建省厦门大学
黄爱华　闽清县池园镇
徐淑英　武平县城厢乡
游玉琼　武夷山市星村镇

江西省

张冬仙　江西省农科院旱作研究所
艾春菊　余江县洪湖乡
黄香妹　南昌县泾口乡
姚冬菊　乐安县龚坊乡
王卫芳　吉水县八都镇服务站
彭爱媛　金溪县丛麓乡

山东省

杨世荣　泰安市财政局
卞金凤　潍坊市百货大楼股份有限公司
陈玉兰　青岛即墨市发制品集团公司
李国贤　文登市云龙绣品工业公司
兰桂珍　青岛市崂山区流亭镇
李英芳　潍坊市寒亭区固堤镇
张玉玲　曲阜市小雪镇
隆爱芬　利津县利津镇

河南省

苏平芝　河南省轮胎厂
杨秀英　郑州市洁云工业公司
王苗玉　开封化学试剂总厂
官树华　信阳市保健院
任改层　内乡县马山口镇
廉淑英　武陟县西陶乡

贾志英　鄢陵县大马乡
李爱云　郑州市管城区东城乡

湖北省

陈芹华　湖北省沙棉股份有限公司
张淑珍　湖北黄石市锦江食品厂
王正华　湖北随州市塑料四厂
熊家珍　松滋县新江口镇
张志清　枣阳市吴店镇
黄平君　咸宁地区妇联
黄旭学　浠水县斗方山信用分社

湖南省

杨仕伟　浏阳市城关出口花炮厂
谢丽芳　湖南省妇女儿童活动中心
文春艳　长沙铁路总公司衡阳列车段
陈爱华　邵东县灵山寺乡
刘华莲　溆浦县双井乡
汪上桃　慈利县零溪乡

广东省

杜仁秀　广州有线通信工业公司
王莉莉　广东肇庆市新兴县体委
游景玉　珠海市亚洲仿真公司
钟　叶　陆丰县南塘镇
许楚珊　潮阳市关埠镇
郑杏棠　清远市清城区

广西壮族自治区

刘　洁　梧州市锅炉总厂
钟元珍　北海市水泥制品厂
曾宽荣　来宾县大湾乡
凌小英　博白县沙河镇
欧兴凤　合浦县沙岗镇

海南省

林翠英　海南省白沙县陶瓷厂
劳瑞珍　海南省儋州市那大中学
王玉民　保亭黎族自治县加茂镇
吴　平　琼山县云龙镇

四川省

张振坤　内江市第一人民医院
蒲雅西　名山县国土局
朱文明　自贡市长征机床厂
刘　艺　绵阳市涪江影剧院
谭英利　涪陵地区新锦绸厂
余让珍　西昌市礼州镇
陈世琼　江津市长冲乡
曹福秀　雅安市南郊乡
李元凤　开县临江镇
庹友碧　广安县苏台乡
郑杜芳　阆中市江南镇

贵州省

姚福珍　贵州汽车制造厂
李运芳　贵州水城矿务局工会
张伯英　平塘县卡蒲乡
张　碧　贵阳市白云区牛场乡

云南省

苏自芳　云南省体工大队
周金碧　昆明市五华区春城小学
陈惠芹　保山市永昌镇
杨琼英　昆明市官渡区双凤办事处
姜启仙　镇雄县盐源乡

赵淑仙　　保山市丙麻乡

陕西省

胡雅丽　　西安电力整流器厂

张桂平　　咸阳市公安局

何秀琴　　宝鸡市渭滨区

薛彩霞　　西安市雁塔区

贺海荣　　延安市贯屯乡

甘肃省

赵　群　　甘肃省临夏州农科所

李小凤　　甘肃银光实业公司模塑厂

王玉花　　兰州市七里河区

张板孩　　甘谷县十里铺乡

青海省

左育兵　　青海省工商银行乐都县支行

许桂芳　　西宁市城西区税务分局

金玉珍　　西宁市城西区彭家寨乡

宁夏回族自治区

刘桂兰　　宁夏有色金属冶炼厂研究所

王爱华　　银川铁路分局中卫机务段

单秀明　　西吉县兴隆镇

陆巧凤　　平罗县二闸乡

新疆维吾尔自治区

夏依扎　　伊犁地区妇幼保健所

姚玉萍　　克拉玛依油田勘察设计研究院

道　协　　和静县巴音乌鲁乡

兵　拜　　温泉县查干屯各乡

西藏自治区

方长铨　　武警水电第三总队

才　卓　　阿是城地区狮泉河人民医院

彭　多　　日喀则市甲措雄乡

“巾帼建功”报告团成员 *

刘淑琴　　北京市百货大楼

邹　竞　　中国乐凯胶片公司第一胶片厂

韩露芝　　河北省乐亭县大吕庄

张腊梅　　山西省平朔安太堡煤矿

顾汉萍　　江苏省常州市民政局

刘玉琴　　河南省郑州市公安局管城分局

胡曼丽　　湖北省武汉钢铁公司钢花中学

李素凤　　甘肃省嘉峪关酒泉钢铁公司

全国见义勇为女英雄 **

白雪洁　　辽宁省鞍山市轧钢厂工程师

徐国梅　　湖北省宜昌县鸦鹊岭信用社储蓄所营业员

刘玲英　　浙江省云和县局村信用社职工

---

* 授予“巾帼建功”报告团成员全国三八红旗手称号。

** 授予全国见义勇为女英雄全国三八红旗手称号。

全国计划生育优秀工作者*

何鲁丽　北京市人民政府
石　梅　内蒙古赤峰市人民政府
景玉红　辽宁大连市金州区亮甲店镇石磊村
肖彩琴　江苏常熟市计生委
李秀兰　山东金乡县马庙乡计生服务站
黎卫平　湖南临澧县计生委
苏迪亚·依明　新疆伽师县计生局
杜学芳　吉林省妇联
周桂梅　海南琼山市龙塘镇妇联
李云芬　四川峨眉山市桂花桥镇妇联

* 授予“全国计划生育优秀工作者”全国三八红旗手称号。

1995年

全国三八红旗手

全国妇联系统先进工作者*

苏瑞铭　北京市丰台区妇联
石婉珍　北京市崇文区东花市街道妇联
刘玉珠　天津市河北区妇联
夏玉秀　天津市静海县妇联
孙素坤　河北省妇联
左俊华　河北省黄骅市妇联
郭巧文　山西省阳泉市妇联
史玉芳　山西省蒲县妇联
王秀华　内蒙古自治区库伦旗妇联
乌力吉苏都　内蒙古自治区鄂托克前旗布拉格苏木妇联
朱占华　辽宁省锦州市妇联
王昕华　辽宁省朝阳市妇联
朱桂云　吉林省吉林市妇联
南英淑　吉林省龙井市东盛涌镇英城村
高艳华　黑龙江省牡丹江市妇联
吴桂芳　黑龙江省尚志市妇联
赵翠根　上海市黄浦区妇联
张　云　上海市虹口区四川北路街道妇联
谭保娣　江苏省常州市妇联
朱宝侠　江苏省新沂市妇联
尹心娣　浙江省宁波市妇联
马春娥　浙江省金华市妇联
陈明秀　安徽省合肥市郊区妇联
刘兰芳　安徽省阜南县妇联
吴秀华　福建省南安市妇联
李宏英　福建省建瓯市妇联
司马燕　江西省赣州地区妇联
孙正祥　江西省新干县沂江乡大洲村
郭玉兰　山东省淄博市妇联
崔淑香　山东省烟台市妇联
刘绪乾　河南省妇联《妇女生活》杂志社
刘金兰　河南省周口地区妇联
喻　英　湖北省武汉市硚口区妇联
陈国秀　湖北省宜昌县妇联
刘德莲　湖南省湘潭市妇联
邹白琼　湖南省桃源县妇联
邝巧云　广东省台山市妇联
叶桂妹　广东省东莞市常平镇妇联
廖鸾凤　广西壮族自治区南宁地区妇联
潘柳英　广西壮族自治区融水苗族自治

* 授予“全国妇联系统先进工作者”全国三八红旗手称号。

县妇联

姚兰香　海南省文昌县妇联

罗华修　四川省苍溪县妇联

胡玉珍　四川省甘孜县妇联

冯洪珍　贵州省桐梓县妇联

魏忠先　贵州省兴义市桔山镇新场村

赵丽萍　云南省沧源佤族自治县妇联

侯兆芳　云南省弥渡县妇联

江松英　西藏自治区噶尔县妇联

其米玉珍　西藏自治区洛扎县扎日乡妇联

毕列巧　陕西省凤翔县妇联

王　宏　陕西省西安市幼儿园

张凤琴　甘肃省环县妇联

李树芳　甘肃省景泰县喜泉乡兴泉村

吾毛交　青海省循化撒拉族自治县妇联

李毛才让　青海省同仁县麻巴乡拉巷村

朱英棠　宁夏回族自治区银川市妇联

夏凤兰　宁夏回族自治区惠农县尾闸乡尾闸村

海依夏　新疆维吾尔自治区额敏县玛热勒苏乡妇联

肉孜汗·日介甫　新疆维吾尔自治区策勒县策勒乡四大队

张晓玲　全国妇联办公厅

全国见义勇为女英雄 *

刘秋虹　吉林省梅河口市实验幼儿园

辜　梅　黑龙江省东方学院

王才珍　江苏省苏州市合金材料厂双桥分厂

卢翠萍　福建省三明市工业设备安装公司

潘秀珍　广西桂林象山区临桂街委会

符慧芳　海南省儋州市那大二中

夏朝芳　云南省昆明市公安出租汽车公司

刘玉荣　江苏省铜山县利国信用社马山信用站

警界女杰 **

李玉芬　北京市公安局房山分局

张雅君　黑龙江省哈尔滨市公安局南岗革新派出所

格日乐　内蒙古呼盟红花尔基林业公安派出所

袁　玲　天津市公安局大港分局刑警队

杨学琼　四川省大邑县公安局

辛彩霞　河北省围场满族蒙古族自治县

---

*　授予全国见义勇为女英雄全国三八红旗手称号。

**　授予“警界女杰”全国三八红旗手称号。

公安局

王恩琴　湖南省永州市公安局城北派出所

倪宝蓉　江西省南昌市公安局刑侦支队

林玉琴　湖北省武汉市公安局汉阳分局翠微派出所

即时授予

韩素云　山东省汶上县南旺镇石闸东村农民

吴晓梅　内蒙古呼伦贝尔盟鄂伦春旗工商支行大杨树办事处第五储蓄所储蓄员

德铁梅　内蒙古呼伦贝尔盟鄂伦春旗工商支行大杨树办事处第五储蓄所主任

林碧玲　福建省宁德地区福安市农行康厝营业所出纳员

胡玉萍　辽宁省抚顺市顺城区河北乡西葛联社农民

1996 年

全国三八红旗手

巾帼系列行动

全国妇联

任竹君　江苏武进芙蓉电子实业总公司

共青团中央

段建群　湖北襄樊卷烟厂

全国总工会

薛守荣　吉林化工公司江城化工总厂

国家教委

蒙洪燕　广西梧州市第八中学

正　月　内蒙古海拉尔呼伦小学

国家科委

王代同　科技日报绿色周刊

黎懋明　国家科委综合计划司

国家人事部

文海英　国家人事部综合计划司

化工部

张惠玲　山西太化公司化学厂

丁占茹　吉林吉化股份有限公司染料厂

轻工总会

袁八妹　江苏常州玻璃制品厂

刘丽春　辽宁大连塑料彩印厂

纺织总会

刘福梅　山西经纬纺织机械厂

张现英　仪征化纤股份有限公司前纺车间

桂继烈　西北纺织工学院

内贸部

张香蒲　河北化鑫集团公司

孙晓平　吉林北方粮油经销公司

广播影视部

孙素平　中央电视台

卫生部

庞卫东　新疆喀什卫校附属医院

王如侠　江苏徐州市中医院

解放军总政

李小鹰　解放军总医院

汪金陵　83501 部队卫生所

交通部

简荣兰　江西赣州公路分局崇义公路段丰州养路队

肖衍芬　武汉交通科技大学

国家机关工委

王　涛　林业部林科院

中直机关工委

端木来娣　新华社港台编辑室

女企业家协会

黎惠芬　广东纺织品进出口集团公司
李忠恕　华能福州分公司电厂

北京市

柳端今　北京同仁医院
关秀琴　怀柔县黄坎乡
毛昌鸿　延庆县大榆树乡
田振兰　顺义县俸伯乡

天津市

关苏芬　河西区尖山街办事处
石慧敏　和平里劝业场街恒和西里居委会
王希芹　宝坻县大口屯镇
于培玲　武清县天庆坨三街

河北省

王淑君　衡水市畜牧水产局
李德荣　河北省建筑设计研究院
田雅丽　中国长城葡萄酒有限公司
李红梅　临漳县狄邱乡
付国菊　柏乡县固城店镇
王焕荣　保定市杨庄乡
刘桂英　文安县刘么乡
裴桂莲　迁安县马兰庄镇红石崖村

山西省

贺焕亮　忻州地区科委
刘值锦　柳林县军渡乡
赵贵秀　平定县张庄镇
丰新兰　怀仁县跃胜预制厂
崔如香　垣曲县英言乡

内蒙古自治区

李桃花　乌海市海通工贸公司
李小玲　内蒙古水文地质勘探队
关培华　包头市郊区新城乡
花　拉　兴安盟科右中旗巴仁哲里木苏木
刘金凤　呼伦贝尔盟莫力达瓦达斡尔族自治旗塔温敖宝乡

辽宁省

张世芹　抚顺市辽东合成防水材料厂
白敏冬　鞍山静电技术研究院
左桂珍　抚顺市华光蜡厂
刘仁敏　大连市甘井子区营城子镇
朱艳芬　昌图县此路树镇

吉林省

吴英萍　空军第七飞行学院卫生科
孟春艳　白山市邮电局
杨秀荣　前郭县前郭镇
李梅香　梅河口市新合镇
陈云莲　榆树市太安乡

黑龙江省

孝　英　大庆钻井一公司腾达化工厂
杜烈奋　哈尔滨炼油厂
兰淑珍　鸡西市虎林县伟光乡
朴姬善　尚志市尚志镇
史黎辉　勃利县小五站镇

上海市

田赛男　浦东新区城建局市政处
苏祖英　奉贤县奉城镇

张水仙　南汇县东海镇
金秀芳　浦东新区北蔡镇

江苏省

王瑞华　省果口食杂公司
陈慧延　省肿瘤研究所
徐　芸　南通海盟有限公司
高　潮　宿迁商场
周银妹　武进市芙蓉镇
孙永侠　泗洪县太平乡
黄杏娣　扬中市亚泰美地毯厂
邢梅珍　锡山市堰桥镇

浙江省

胡家梅　宁波市效实中学
潘　焱　浙江省中国银行信息科技部
陈爱华　天台县城关镇
朱叶梅　文成县黄坦镇
叶关爱　松阳县玉岩镇
陈敏珠　海宁市长安镇

安徽省

胡惠珍　黄山市外贸旅行社
李素光　蚌埠市百货大楼
范志英　霍山县下符桥镇洪山村
王必红　芜湖市灯芯绒厂
袁　钊　阜阳市程集镇
朱学霞　当涂县薛津镇
王巧梅　安庆市郊区白泽湖乡
张苏华　天长市万寿乡
刘瑞莲　砀山县葛集镇

福建省

余静娟　南安市南辉时装有限公司
杨杏葶　漳州市百货大楼
林雪儿　福鼎县桐城镇
余秀明　福清市龙田镇
张萌花　漳浦县深土镇
詹秋芳　尤溪县行阳镇
周　娣　上杭县旧县乡

江西省

鲁纯葆　江西省医学院第二附属医院
杨洪珍　寻乌县保险公司
刘苏梅　兴国县五里亭乡
温银花　九江县白华乡
欧阳红梅　崇仁县沙堤乡

山东省

薛云芝　青岛第二刺绣厂
率秀英　济南市公安局天桥分局站前派出所
张秋萍　山东省交通规划设计院
王晓明　潍坊棉织厂准备车间
逯少梅　寿光市卧铺乡
樊新花　荣成市崖头镇
王秀华　淄博开发区石桥镇
贾淑芝　莱州开发区东郎农工贸总公司
刘桂英　宁阳县宁阳镇
邓秀梅　高密市高密镇永安村

河南省

关淑英　中船总公司第七研究院第七二五研究所

买玉宝　郑州刘胡兰有限责任公司
张新华　河南省妇女联合会
刘敏珊　郑州工学院
马惠英　邓州市穰东镇
陈淑琴　原阳县齐街乡
李玉华　清丰县高堡乡
魏亚丽　叶县任店镇
袁本英　开封县杜良乡

湖北省

马建先　襄樊市樊东区白鹤实业公司
刘崇明　人民银行湖北省分行
肖掌珠　鄂州市针织总厂
何庆华　广水市长岭镇种禽场
罗志萍　宜昌市国营草埠湖农场
陶桂芬　襄阳县双沟镇成人文化技术学校
陈家秀　丹江口市六里坪镇

湖南省

姚林辉　岳阳市富盛实业总公司
李荣辉　衡阳毛纺织厂
韦　颖　长沙矿山研究院研究所
梁辉秀　会同县若水“三八”股份林场
张　英　衡南县三塘镇
刘双凤　永州市南津渡办事处
胡祖菊　澧县梦溪镇
曹金荣　蓝山县荆竹乡

广东省

罗亦根　封开县江口中学
劳德荣　深圳市能源总公司
卢梅娘　东莞市金鹏集团公司
冼洁梅　罗定市新城区
叶红璋　东莞市大朗镇
张文雅　揭西县龙潭镇
王梅秀　梅县松源镇
欧东齐　韶关市新丰县回龙镇

广西壮族自治区

张俊玲　钦州市妇幼保健院
何小玲　广西服装针棉毛织品进出口公司
李喜仙　南宁市亭子乡白沙养鸡场
谢礼芹　北海市银盘镇
梁翠玉　鹿寨县城关乡
潘炳英　苍梧县广平镇

海南省

陈徽娥　琼海市民政局
钟文秋　昌江县妇联
王秀芳　安定县岭口镇
邓月梅　陵水黎族自治县椰林乡

四川省

黄秀群　成都青羊区苏坡乡政府
苟正英　万县市中心医院
米光碧　遂宁市计划生育委员会
伍班华　泸州市环卫一所
杨晓碧　黔江地区水电局
黄桂珍　西充县双凤镇
何桂秀　宣汉县峰城乡
肖代玉　重庆市通桥乡
胡元蓉　双流县金花镇

夏清珍 金州县庆宁乡

贵州省

谭代英 黄平县公安局

周蔚敏 安顺市第二人民医院

刘桂华 贵阳市黔灵乡

戎家碧 瓮安县渔河乡

瞿朝会 赤水市官渡镇

云南省

许文英 省高级人民法院

向可碧 中国人民保险公司云南省分公司

宋培芝 思茅市思茅镇

郑子琼 元谋县元马镇

玉香叫 景洪市嘎栋乡

腾文英 开远市灵泉办事处

方胜华 大理市市郊乡玉龙村

陕西省

陈　茹 西安飞机工业公司

贾韵梅 陕西玻璃纤维总厂

张市梅 宝鸡县上王乡

王爱琴 耀县演池乡

陈玉玲 泾阳县桥底镇

邓桂芳 柞水县乾佑镇

何秀琴 宝鸡市渭滨区姜城村

甘肃省

鲁秀玲 天水长城开关厂

葛永霞 兰州金城宾馆

马玉芳 景泰县芦阳镇

常会珍 酒泉市泉湖乡

雷秀川 泾川县窑店乡

青海省

苏多杰 青海省委党校

杨丽琴 青海省第二建筑工程公司

苟积梅 门源县西滩乡

赵秀章 互助县沙塘川乡

措　牙 玉树县下秀拉乡

宁夏回族自治区

张乐琴 宁夏中药厂

杜荷莉 宁夏轻工设计研究院

张玉莲 西吉县将台乡

马玉兰 永宁县杨和乡

白春兰 盐池县杨柳堡乡

新疆维吾尔自治区

张玉珍 自治区体委体训二大队

哈斯也提库尔班 塔西南勘探开发公司石油一中

巴哈提柯孜 伊犁市昭苏羊场

夏吐提汗 策勒县奴尔乡

张素兰 生产建设兵团农七师一二三团九连

西藏自治区

扎西央宗 自治区交通厅设计院

次仁宗巴 加查县安饶乡

优秀女技工*

任淑玮	北京电力建设公司第二工程公司
阎　涛	中国长江轮船总公司
刘　翎	上海卷烟厂
王德英	河北石家庄第一棉纺厂
胡利云	湖南省湘绣研究所
刘碧云	福建惠安华兰影雕工艺厂
王静侠	山东济南成通纺织有限责任公司
徐丽卿	广东广州大同酒家
杨淑芳	云南机床厂
詹金芬	陕西西北国棉四厂
周　丽	吉林长春纺织厂
夏淑君	江苏宜兴紫砂工艺五厂
李　艳	山东青岛国棉六厂
孟敏青	浙江杭州酒家
张艺霞	湖北蒲圻纺织总厂

即时授予

王庆芝	山东聊城地委印刷所工人（孔繁森同志的妻子）

* 授予“优秀女技工”全国三八红旗手称号。

1997 年

全国三八红旗手

巾帼系列及妇联系统优秀妇女干部*

裴立静　山东省泰安市郊区北集坡镇西柏子坡村

陈赛娟　上海血液学研究所

尚舒兰　浙江省萧山市党山镇沙北村

常婉莹　武警吉林省总队医院

羊美华　中国银行海南省分行海府路中心办事处

赵玉娟　天津市南营门街四平包子铺

邹朝碧　四川省个体劳动者协会

王淑华　北京市延庆县妇联主席

王冬琴　北京市朝阳区香河园街道妇联主席

张广慧　北京市大兴县长子营乡留民营村妇代会主任

贾淑琴　天津市津南区妇联主席

房士华　天津市大港区胜利街道妇联主席

孙连霞　天津市宁河县苗庄乡妇联主席

* 授予巾帼系列及妇联系统优秀妇女干部全国三八红旗手称号。

程秋美　河北省妇联城乡工作部部长

肖　辉　河北省邢台市妇联主席

巩秀菊　河北省邯郸市妇联主席

陈桂兰　河北省承德市妇联主席

董何翔　山西省长治市妇联主席

闫林英　山西省忻州市妇联主席

元桂花　山西省朔州市朔城区妇联主席

祁玉兰　内蒙古自治区伊克昭盟妇联副主席

李英华　内蒙古自治区哲里木盟通辽市妇联主席

徐凤莲　内蒙古自治区赤峰市宁城县大城子镇妇联主席

唐淑琴　辽宁省丹东市妇联主席

高自然　辽宁省锦州市妇联副主席

王桂英　辽宁省海城市妇联主席

石桂霞　吉林省四平市双辽宁省市妇联主席

阿　荣　吉林省松原市前郭县妇联主席

赵淑荣　吉林省白城市通榆县妇联主席

姜束霞　黑龙江省妇联宣传部正处级调研员

夏永智　黑龙江省绥化地区妇联主席

胡佳云　黑龙江省佳木斯市富锦市妇联

主席
诸雪梅　上海市南市区妇联主席
徐亚萍　上海市闵行区碧江街道妇联主席
陈翠英　上海市奉贤县邵厂镇横桥村妇代会主任
苏守儒　江苏省淮阴市妇联主席
王　溢　江苏省苏州市妇联主席
曹桂英　江苏省盐城市妇联主席
马翠英　江苏省徐州市妇联主席
张雅珍　浙江省舟山市妇联主席
张冰莹　浙江省杭州市建德市妇联主席
张爱卿　浙江省衢州市龙游县妇联主席
姚菊云　安徽省巢湖地区妇联主席
石秀兰　安徽省蚌埠市固镇县妇联主席
刘正兰　安徽省宣城地区广德县高湖乡妇联主席
戴丽芳　福建省厦门市妇联主席
陈素清　福建省漳州市平和县妇联主席
熊竹兰　福建省龙岩地区永定县妇联主席
周桂秀　江西省吉安地区新干县妇联主席
叶素珍　江西省九江市武宁县妇联主席
张福兰　江西省抚州地区临川市河埠乡妇联主席
王宝玲　山东省济南市妇联主席
王葆苓　山东省临沂市妇联主席
赵志荣　山东省日照市妇联主席
高金莲　山东省莱芜市妇联主席
李学敏　河南省妇联办公室主任
潘翠兰　河南省许昌市妇联主席
周志萍　河南省鹤壁市妇联主席
周伯超　河南省信阳地区新县妇联主席
高友枝　湖北省黄石市妇联主席
龚季春　湖北省咸宁地区蒲圻市妇联主席
李翠华　湖北省孝感市孝南区妇联主席
汪存华　湖北省十堰市郧县妇联主席
姚五零　湖南省长沙市妇联主席
胡粉元　湖南省娄底地区妇联主席
侯玉英　湖南省湘西自治州妇联主席
颜雪华　湖南省益阳市安化县妇联主席
刘　菊　广东省湛江市妇联主席
张玉珍　广东省河源市龙川县妇联主席
曾少球　广东省佛山市三水市西南镇妇联主席
韦凤美　广西壮族自治区柳州地区妇联副主席
韦月英　广西壮族自治区玉林地区妇联权益部长
刘娟英　广西壮族自治区梧州市万秀区平民东路居委会妇代会主任
陈金琼　海南省通什市妇联主席
林秀凤　海南省三亚市崖城镇妇联主席
李成星　四川省重庆市北碚区妇联主席
张翠娥　四川省乐山市峨眉山市妇联主席

刘双秀　四川省阿坝州金川县妇联主席
代邦友　四川省达川地区渠县妇联主席
吴桂臻　贵州省六盘水市妇联主席
张　兵　贵州省毕节地区妇联主席
莫如兰　贵州省黔南州独山县妇联主席
毛凤英　云南省曲靖地区妇联主席
徐梅芬　云南省昆明市路南县妇联主席
李朝平　云南省思茅地区孟连县公信乡妇联主席
其米才巴　西藏自治区昌都地区妇联副主席
嘎　多　西藏自治区拉萨市曲水县妇联主席
确　巴　西藏自治区日喀则地区江孜县江孜镇妇联主席
张一敏　陕西省咸阳市妇联主席
李玉兰　陕西省西安市未央区妇联主席
刘爱珍　陕西省渭南市韩城市妇联主席
曹佩芝　陕西省延安市延长县妇联主席
刘小秦　甘肃省天水市秦安县妇联主席
蒋慧琴　甘肃省甘南州卓尼县妇联主席
王小琴　甘肃省定西地区临洮县石家楼乡妇联主席
周　措　青海省海南州妇联主席
逯启秀　青海省海东地区乐都县妇联主席
刘玉兰　青海省黄南州尖扎县康扬镇妇联主席
舒　流　宁夏回族自治区卫生厅直机关妇委会副主任
王素霞　宁夏回族自治区石嘴山市石嘴山区妇联主席
王秀英　宁夏回族自治区银川市新城区妇联主席
陈桂玲　新疆维吾尔自治区巴音郭楞蒙古自治州博湖县联主席
妮甫汗·托乎提　新疆维吾尔自治区喀什地区巴楚县胜利乡妇联主席
阿斯亚　新疆维吾尔自治区伊犁哈萨克自治州富蕴县杜热乡大坝村妇代会主任
王乃坤　全国妇联办公厅编刊处处长
翟芝贞　中央国家机关国内贸易部妇工委主任
王瑞莲　中央直属机关人民日报社妇委会办公室主任

即时授予

刘晓云　浙江省临安县气象局
韦桂萍　江西省萍乡市邮局储汇科
王玉荣　河南省郑州市公安局火车站分局
傅映柏　海南省海口市第二十七小学
轮　祖　西藏自治区那曲地区聂荣县十四村
陈颂兰　江西省萍乡市东桥乡南干村
王六秀　湖南省嘉禾县行廊镇新屋场村
朱筱萍　中国人民解放军452医院

1998 年

全国三八红旗手

全国“双学双比”女能手、全国“巾帼建功”标兵*

北京市

王淑敏　石景山区环境卫生管理局司机
闵　嫣　同仁医院眼科副主任医师
尚秀云　海淀区法院审判员
程显新　通州区张家湾镇农民
张桂茹　密云县东邵渠乡农民
张　勤　奥士凯集团总公司董事长
董　红　北京衬衫厂工人

天津市

王静康　天津大学教授
匡金枝　天津市公安局五处刑科所主检法医师
马学凤　北辰区双街镇农民
郭清兰　西青区南河镇农民
张玉兰　中国银行天津市分行高级经济师
杨凤兰　个体劳动者

*　授予全国“双学双比”女能手、全国“巾帼建功”标兵全国三八红旗手称号。

河北省

辛彩霞　承德市公安局政治部副主任
李建昭　华北制药集团有限责任公司董事
吴瑞芳　河北医科大学第二医院主任医师
魏灵芝　唐山市路北区果园乡农民
李金玲　青县流河镇农民
段文翠　涉县偏店乡农民
李翠英　藁城市种兔场农民
李翠花　邯郸市峰峰第一服装厂厂长
高梅淑　栾城县纪委书记
常玉珍　唐山市路南区常记商店经理

山西省

张小鱼　忻州地区妇联主席
阎巧玲　古交市梭峪乡农民
王玉梅　太谷县城关乡农民
索广娥　长子县宋村乡农民
李庆玉　太谷县实验小学教师
闫朝霞　泽州县信用社营业部经济师

内蒙古自治区

李红宇　内蒙古自治区气象局副局长
段秀英　伊盟准格尔旗沙圪堵乡伏路村农民

包文华　库伦旗茫汗苏木农民
乌仁其木格　苏尼特右旗赛汉乌力吉苏木农民
张桂霞　翁牛特旗山嘴子乡农民
杨凤梅　个体劳动者
王桂花　桂华塑料制品有限责任公司董事长

辽宁省

艾　农　沈阳市和平区妇联主席
张福荣　沈阳市和平商场股份有限公司董事长兼总经理
陈英华　沈阳市苏家屯区城郊乡农民
刘士华　凌海市东花乡农民
牛桂芝　北票市三宝乡农民
董丽萍　沈阳铁路分局沈阳站货运员
侯成云　丹东市美食园快餐店工人

吉林省

白云通　榆县七井子乡光明村小学教师
高大权　吉林市高大权食品总厂总经理
周春莲　长春市纷芳园艺有限公司总经理
陈士华　抚松县新屯子镇农民
邱凤芹　吉林市昌邑区孤店子镇农民
李晓侠　榆树市弓棚镇农民
丛菊芝　通化市维尔美实业有限公司美容师
王明珍　长春百货大楼营业员

黑龙江省

李俊荣　绥化市红卫胶件厂厂长
李美珍　伊春市交通局嘉荫县公路站党支部书记
郝淑贤　虎林市义和乡农民
李红甘　甘南县音河乡农民
董兴华　伊春市翠峦区农民
王宏伟　杜尔伯特蒙古族自治县宏伟野生动物养殖场场长
沈建华　哈尔滨锦华国际贸易公司总经理

上海市

陈重远　上海开开（集团）有限公司总经理
袁　鸣　上海东方电视台节目主持人
朱振芳　嘉定县南翔镇农民
施玉香　崇明县竖新镇农民
李爱珍　中科院上海冶金所博士生导师
顾大雯　上海市对外服务有限公司翻译

江苏省

刘丽涛　徐州市公安局刑警支队二大队副大队长
李　蕾　南京市园林局总工程师
钱月宝　江苏梦兰集团公司董事长
杨庭娣　建湖县恒济乡农民
嵇夕华　宜兴市张泽镇农民
毕淑芝　徐州市妇联
王如红　南京市栖霞区农民
李庚南　南通市启秀中学教师
贾又敏　镇江日报社记者
顾爱华　扬州市妇联城乡部部长

黄稀梅　江苏省妇联城乡部副部长

浙江省

任美清　玉环县陈屿镇草皮塘小学教师
泮世珍　安吉县安成镇兰田村农民
金梅玉　杭钢集团公司转炉炼钢厂设备科
陈　芬　庆元县五大堡乡农民
蒋优珠　舟山市定海区白泉镇农民
王　肖　天台县平桥镇农民
沈桂宝　海宁市伊桥乡农民
许沈华　浙江省肿瘤医院副所长
虞雪君　浙江省地震局副研究员

安徽省

仉桂芹　淮南市公路站洞山道班副班长
朱慧秋　安徽省生物工程药业有限公司总经理
吕云侠　蚌埠市怀远县法院河溜人民法庭庭长
梁旭芳　凤阳县城西乡农民
高素芬　寿县双桥镇农民
万利云　怀宁县海口镇农民
施翠萍　宁国市河沥溪镇农民
张耀荣　中国农业银行临泉支行主任
杜荣珍　马鞍山市眼镜厂厂长
胡世卿　安徽省妇联处长

福建省

林雪峰　厦门市湖里区人民检察院经检科副科长
蓝秀珍　中共宁德地区周宁县委副书记
曾毓湘　古田县湖滨乡农民
林枝姝　南平市延平区太平镇农民
林水英　莆田市涵江区三江口镇农民
陈丽红　泉州市城厢镇农民
彭美凤　福建省地震局主任
薄永香　三明市公交公司工人

江西省

钟八莲　中共信丰县安西镇党委书记
梅美华　九江市浔阳区甘棠环卫所所长
许炎莲　泰和县澄江镇农民
丁建兰　萍乡市安源区郊区乡农民
詹璜员　鹰潭市刘家站垦殖场农民
刘水英　南昌市印染化工厂厂长
胡淑华　赣州创业工业集团公司总经理

山东省

刘新芬　滨州地区沾化县人大常委会副主任兼县妇联主席
孙绪杰　山东医科大学附属医院外科护士长
谢汉真　济宁秦城工贸实业总公司总经理
孙淑香　莱西市李权庄镇农民
王常玲　泗水县泗水镇农民
凌沛凤　临沭县临沭镇农民
杜秀云　聊城市东昌东路女子实业学校
赵春英　文登市界石镇农民
张富文　淄博市博山陶瓷厂工人
李清玲　东营市河口区义和中学教师
王育华　山东省立医院医师

吴秀凤　莱阳市柏林庄镇供销社工人

河南省

赵鑫荣　信阳市上游环宇服装内衣厂厂长

徐桂姣　濮阳市妇联权益部部长

傅筱玲　中保财产保险河南省分公司总经理

魏　玲　郑州市中原区阳光午托服务部经理

黄新秀　唐河县黑龙镇农民

李桂荣　扶沟县曹里乡农民

段巧玲　灵宝市朱阳镇农民

杨香莲　鄢陵县陈化店镇农民

杨素珍　济源市克井镇农民

张佩祯　武陟造纸公司经理

陈德宇　郑州市中医院院长

潘仁桔　洛阳国营第五一一一厂副教授

于建华　水利部小浪底建设管理局翻译

湖北省

方凤莲　葛洲坝集团公司二公司三峡指挥部工人

包金华　随州市妇联主席

陈三珍　鄂州华富丝绸制衣有限公司董事长

谭祖新　公安县黄山头镇农民

向新平　天门市黄潭镇农民

王荷荣　红安县峰岗乡农民

阳爱民　潜江市园林办事处

王少杰　荆门市第一人民医院医师

杜开英　宜昌县移民局干部

李　萍　湖北美岛服装有限公司副总经理

湖南省

杨崇媛　湘西自治州永顺县实验学校校长

孟凡英　中共澧县妇联主席

黄月云　株洲冶炼厂配料技师

彭兆平　湖南少年儿童出版社副社长

王文辉　宁乡县大屯营乡农民

徐戊英　邵东县仙槎桥镇农民

黄大珍　澧县小渡口镇农民

方美英　临湘市五里乡农民

逯复兴　长沙五星特种养殖公司总经理

李韵珍　韶峰水泥集团总经理

唐爱球　衡山县公安局预审股长

广东省

苏　珍　先达饲料购销部总经理

周曙光　珠海经济特区威尔发展公司总经理

翟美卿　广州市香江集团有限公司总经理

许玉卿　揭东县炮台镇农民

伍顺平　高要市白土镇农民

吴世清　化州市合江镇农民

岑学英　阳春市马水镇农民

孙家珍　省人民医院心血管病研究所主任医师

韩太真　汕头大学医学院博士生导师

刘玉茹　深圳石化集团业成公司经理

广西壮族自治区

江佩珍　金嗓子制药厂厂长
吴艳艳　广西区体工大队游泳队运动员
林海珍　贵港市石卡镇农民
倪声姣　灌阳县红旗乡农民
李秀念　凌云县沙里乡农民
卢慧莲　隆安县那桐乡农民
黄志英　贺州市卫生局医师
宁流建　国营灵山县平山林场工人

海南省

符华儿　海南省信息中心数据库部主任
钟元銮　昌江县昌城乡农民
黄秀芳　万宁市礼纪镇农民
符秀英　海南日报社时事部编辑
陈荣英　工商银行文昌支行储蓄员
曾建南　海南省公安边防总队临高县博厚边防派出所随军

重庆市

刘中慧　石柱县高级职业中学校长
何天宠　重庆杂技艺术团副团长
张瀛丹　重庆瀛丹物业发展有限公司董事长
汤朝美　南川市南平镇农民
秦玉芳　巴南区鱼洞镇农民
李红华　民航重庆市管理局副经理

四川省

王行美　成都市树德中学高级教师
刘嘉琴　川化集团有限责任公司高级工程师
唐永隆　隆昌银华丝绸有限公司总经理
梁大碧　南江县高塔乡青春村妇代会主任
罗通容　射洪县柳树镇农民
熊兴美　宁南县竹寿镇农民
古兴华　金堂县清江镇农民
严绍英　什邡市农村信用联社主任
徐德英　泸州市邮电局主任

贵州省

任凤媛　省新技术研究所所长
唐永淑　省体工大队羽毛球运动员
魏　琼　六枝特区大用镇农民
叶荣芝　凯里市大十字街道
代红艳　石阡县本庄镇农民
徐绍英　毕节地区化肥厂副厂长
粟时容　遵义市妇联副主席

云南省

刘凤英　省妇幼保健院院长
殷冬菊　曲靖市陆良县马街镇朱家堡办事处
崔桂华　中国科学院昆明动物研究所高级工程师
杨玉发　大理市七里桥乡农民
朱翠萍　禄丰县一平浪镇农民
刘琼珍　石屏县宝秀镇农民
白才农　绿春县牛红办事处
邵象英　保山百思特医疗器械有限公司董事长

高核巧　中共鲁甸县委常委

西藏自治区

明　玛　日喀则地区定日县农牧局水利队队长

白　玛　林芝县达则乡农民

王克菊　建设银行西藏分行副经理

陕西省

张　沥　西安市中心医院消化科主任

韩宝静　澄城县冯塬镇孙堡村妇代会主任

张文婷　定边县裕丰农业科技示范场农民

王　荣　西安市临潼区栎阳镇农民

高冬会　大荔县婆合乡农民

徐彩莲　吴旗县吴仓堡乡农民

柯桂兰　陕西省农科院研究员

藏苗芳　西安飞机工业有限责任公司高级工程师

甘肃省

马金岚　积石山县希望小学校长

方秀兰　酒泉市银达乡银达村农民

高双萍　天水市秦城区杨家寺乡农民

毛玉堂　临夏市城关乡农民

马水梅　兰州市皋兰山乡农民

王允华　兰州市农技中心植保站农艺师

尉秀兰　天水市甘谷县人民医院医师

青海省

赵芝秀　省第二毛纺织厂挡车工

程小娟　中国银行西宁市分行副行长

英木周　甘德县青珍乡农民

韩海姐　循化县街子乡农民

王正存　互助县东和乡农民

王　萍　李家峡工委财政局局长

孔宪菊　海晏县城关镇小学校长

宁夏回族自治区

马玉兰　宁夏农业勘查设计院副总工程师

王秀兰　银川市郊区良田乡农民

李淑香　中卫县永康乡农民

谢满秋　银川智星工业技术开发有限公司总经理

姜黛珠　宁夏农业技术推广总站副部长

新疆维吾尔自治区

海里旦木·艾买提　和田地区民族医院

付堂碧　生产建设兵团农六师111团三连

阿依夏木沙木沙克　阿克苏市托普鲁克乡农民

卡米拉　布尔津县窝依莫克乡农民

帕丽旦　伊犁第二毛纺厂工人

安立新　新疆安全厅主任科员

中直机关

孙秀荷　中央广播电视发射台副台长

熊　蕾　新华社对外部编辑

中央国家机关

花晓梅　中国林业科学院林学所研究员

左丽华　石化总公司石油科学研究院硕士

解放军

王亚真　中国人民解放军第三〇九医院第一干部病房主任
邱　玲　广东省军区通信站有线电连话务班班长
赵秀兰　二炮科技情报中心高级工程师
刘长秀　国防科工委89952部队研究员

武警部队

黎洁英　武警广西壮族自治区总队医院外二科主管护师

新疆生产建设兵团

彭壮瑜　阿克苏农一师十二团副团长

全国妇联

叶礼艳　中国妇女旅行社总经理

共青团中央

纪　颖　沈阳市新颖商贸公司经理
卢　勤　中国少年报社副总编

国家教委

龙绍苹　云南玉溪市第二小学校长
郭翠君　河北赵县高村乡东大章学校教师

国家科委

吴波尔　国家科委条财司处长
赵锦英　中国图书进出口总公司党委书记

化工部

孙韶渝　化工部晨光研究院高级工程师

轻工总会

张淑华　中国轻工总会皮革日用品办公室副主任

纺织总会

蒋　莎　上海第四纺织机械厂技术员
马桂兰　天津纺织机械厂工人

内贸部

周菊明　上海市燃料总公司沪东公司经理
罗欣荣　哈尔滨秋林公司党委书记
项昌荣　山东潍坊商业集团总经理

广电部

郭清华　中央电视台海外中心专题部编辑

卫生部

黄人健　北京协和医院副院长
李敏林　湖南浏阳妇幼保健院院长

交通部

随风雪　山东日照港务局高级工程师
张晓玲　内蒙古阿盟公路管理局工人

劳动部

周桂英　武汉市硚口第五建筑公司党支部书记

邮电部

胡　燕　北京市百万庄邮电局营业员

女企业家协会

傅泰慧　厦门盛达进出口有限公司高级工程师
高颖维　北京贵友大厦有限公司总经理
刘铭君　上海延安制药厂厂长

第二届“中国十大女杰”及提名奖获得者*

吴启迪　同济大学校长
王宏明　辽宁省沈阳黎明服装集团董事长
王果香　内蒙古自治区达拉特旗树林召乡副乡长
沈之荃　中科院院士、浙江大学教授
刘玉芬　河北省邢台市邢东企业集团总经理
郭新志　山西省脑瘫康复医院院长
雷　敏　武警四川总队女子特警队中尉
王玉娥　青海省农林科学院生物技术研究中心主任
尔孜古丽·阿尤夫　新疆维吾尔自治区乌鲁木齐空军医院政治委员
李　恒　云南省昆明植物所研究员
黄依群　陕西省西安市公安局雁塔分局缉毒科副科长
朱德瑶　江西省农科院研究员
郑　捷　福建省福州市格致中学教师
高　萍　新华社《半月谈内部版》主编
雷菊芳　甘肃省奇正实业集团有限公司董事长
戴锡孟　天津中医学院院长
钟梅庆　海南省琼山市司法局副局长
王世文　电子部第二十九研究所高级工程师

即时授予

周菊英　湖北省石首市大垸乡黄木山村妇代会主任
罗玉娥　中国石油天然气总公司长庆石油勘探局采油二厂采油工

* 授予获得第二届“中国十大女杰”及提名奖获得者全国三八红旗手称号（已获得此称号的，不再重复授予）。

1999年

全国三八红旗手

全国妇联系统劳模、先进工作者 *

覃凤金　广西壮族自治区百色市百色镇利园村妇代会主任
杨兰英　海南省临高县博厚镇西田村妇代会主任
古　巴　西藏自治区林芝地区波密县古乡古村妇代会主任
马金慧　北京市东城区妇联主席
刘淑叶　北京市海淀区妇联主席
毕志明　天津市和平区妇联主席
陈桂兰　天津市静海县妇联副主席
卢晓霞　河北省唐市妇联主席
胡继红　河北省保定市高碑店白沟镇妇联主席
王素英　山西省晋城市妇联主席
王青枝　山西省运城地区河津市妇联主席
刘润燕　内蒙古自治区乌兰察布盟妇联主席
斯　琴　内蒙古自治区呼伦贝尔盟妇联主席
沈清远　辽宁省本溪市妇联主席
刘鹤兰　辽宁省营口市妇联主席
王洪珍　吉林省长春市榆树市妇联主席
牛　凤　吉林省四平市梨树县妇联主席
翟春梅　黑龙江省哈尔滨市道里区妇联主席
刘淑英　黑龙江省妇联儿童工作部部长
包美琪　上海市闸北区妇联主席
施美凤　上海市崇明县妇联主席
贾宝中　江苏省常州市妇联主席
顾洪玲　江苏省南通市妇联主席
顾亚奋　浙江省宁波市镇海区妇联主席
王美芬　浙江省温州市平阳县鳌江镇妇联主席
张秀珍　安徽省宿县地区萧县妇联主席
曹云兰　福建省淮北市朔里镇妇联主席
方　健　福建省龙岩市长汀县妇联主席
钟爱珠　福建省建阳市黄坑镇妇联主席
邓才秀　江西省赣州地区妇联主席
郑水仙　江西省上饶市妇联主席
陶玉梅　山东省聊城市妇联主席
于秀玲　山东省威海市文登市妇联主席
田改香　河南省南阳市妇联主席

* 授予全国妇联系统劳模、先进工作者全国三八红旗手称号。

常润仙　河南省三门峡市灵宝市大王镇妇联主席
江慧群　湖北省十堰市妇联主席
陶　丹　湖北省宜昌市秭归县妇联主席
孙鸟元　湖南省娄底地区涟源市杨市镇妇联主席
谢雪琼　广东省梅州市妇联主席
麦市崧　广东省佛山市南海市妇联主席
海金明　广西壮族自治区桂林市七星区妇联主席
袁丁群　重庆市南岸区妇联处级调研员
黎开容　重庆市綦江县妇联主席
徐荣珍　四川省广安市武胜县妇联主席
林荣芳　四川省巴中地区巴中市恩阳镇妇联副主席
曾晓虹　贵州省安顺地区妇联组织宣传部部长
贾莲霞　贵州省遵义市绥阳县妇联主席
张宗泽　云南省楚雄彝族自治州妇联主席
李建琼　云南省昆明市安宁市青龙镇妇联主席
拉巴彭多　西藏自治区喀则市妇联主席
高桂英　陕西省榆林地区妇联主席
李秀华　陕西省汉中市妇联主席
雷玉兰　甘肃省张掖地区张掖市妇联主席
冯应莲　甘肃省平凉地区静宁县妇联主席
丁青林　青海省西宁市妇联主席
金　华　青海省海西蒙古族藏族自治州德令哈市妇联主席
景梅英　宁夏回族自治区银川市妇联主席
刘小玲　宁夏回族自治区固原地区隆德县妇联主席
阿提卡木·达吾提　新疆维吾尔自治区克拉玛依市妇联主席
茶　汗　新疆维吾尔自治区巴音郭楞蒙古自治州和静县妇联主席
方玉珠　全国妇联权益部信访处处长

全国十大杰出女法官*

高炳环　北京市通州区人民法院执行庭审判员
秦玲妹　上海市徐汇区人民法院经济审判第一庭审判员
岳　路　辽宁省盘锦市中级人民法院经济审判第一庭助理审判员
刘丽萍　吉林省延边朝鲜族自治州中级人民法院立案庭副庭长
戴　飞　江苏省盱眙县人民法院临淮人民法庭庭长

* 授予“全国十大杰出女法官”全国三八红旗手称号（尚秀云同志已获得此称号，不再重复授予）。

朱筱玫　浙江省温州市鹿城区人民法院院长

汤肇华　安徽省枞阳县人民法院院长

赵小莉　广东省高级人民法院刑事审判第一庭审判员

阳映红　广西壮族自治区桂林市叠彩区人民法院民事审判庭庭长

"巾帼创新业"报告团成员 *

孙红春　上海市测绘院副院长

陆　芸　天津市天津医院显微外科副主任医师

* 授予"巾帼创新业"报告团成员全国三八红旗手称号。

戚秀玉　辽宁省大连市劳动力市场职业指导师

何　青　湖南省科神电器有限公司总经理

全国十大农民女状元 **

王银香　山东省曹县五里墩乡

喻　英　贵州省六枝特区平寨镇

** 授予"全国十大农民女状元"全国三八红旗手称号（其他8名同志已获得此称号，不再重复授予）。

2000 年

全国三八红旗手

北京市

刘秀兰　丰台区人民法院卢沟桥法庭副处级审判员
关亚民　平谷县峪口镇总公司副经理
张　韵　北京市市政工程设计研究总院副所长

天津市

李正华　天津泵业机械集团有限公司高级工程师
苏　杭　天津文联理论研究室作家
杨月霞　天一纺织集团二分场细纱车间挡车工

河北省

王书珍　唐山市迁西县妇联主席
王华清　石家庄市妇联主席、党组书记
张晓丽　承德市检察院反贪局副局长
曹玉萍　河北大学教授

山西省

宋瑞珍　中共榆社县委书记
郭美琴　山西太谷玛钢集团太谷玛钢建筑有限公司董事长兼总经理

内蒙古自治区

边建欣　包头市民政起重机械厂

辽宁省

陈宝岩　沈阳宝岩企业集团董事长
祝　捷　大连市西岗区黄河街道振华居委会主任、书记

吉林省

林学钰　长春科技大学教授
秦　和　吉林省华侨外国语专修学院校长

黑龙江省

李桂花　海林市妇联主席
胡玉梅　依安县依龙镇妇代会主任

上海市

孙　雯　上海市女子足球队运动员
孙凤艳　上海医科大学教授

江苏省

庄印芳　邳州市运河镇个体
许培箴　常州市妇幼保健医院科主任
陈兴汉　南京栖霞建设（集团）公司党委书记

浙江省

俞瑶芬　新昌县巧英乡上三坑村妇代会主任
秦兰英　湖州市龙溪乡杨家埠村下岗女工
嵇蓉珍　宁波市镇海区骆驼电器仪表厂下岗女工

安徽省

方寿花　歙县井潭卫生院院长
刘冰濉　溪县百善镇农民技术员
杨　燕　马鞍山师范附属小学
施佳明　蚌埠市地方税务局中区分局

福建省

丁　榕　福州铁路公安处福州火车站派出所民警
谢佩珍　福州大学土木工程学院教授

江西省

林培明　昌河飞机工业公司副总工程师

陶宝珍　　星子县泽泉乡三八林场场长

山东省

李淑敏　　小鸭集团有限责任公司党委书记
胡士兰　　滕州市妇联主席
郭玉娟　　青岛市即墨市营上镇党委书记

河南省

王惠萍　　河南省农科院研究员
张悦华　　濮阳市妇联主席
陈青枝　　舞阳县辛安乡党委书记
周国荣　　郑州市双凤皮鞋厂厂长

湖北省

汪爱民　　湖北荆州九龙集团公司党委书记
胡冰心　　武汉武商集团股份有限公司总经理

湖南省

向才银　　津市市人民法院南区法庭庭长
杨　霞　　湖南职工体院运动员
张秀国　　常宁市妇联主席

广东省

许　雁　　广州市文艺创作研究所创作员
杜　欣　　广东省人民医院血液科主任
张锦堃　　汕头大学医学院组织学与胚胎学教授

广西壮族自治区

刘连芳　　广西计算中心实验室主任
李元君　　广西接力出版社社长

海南省

孙莲英　　海南省卫生防疫站计划免疫科科长

重庆市

王令方　　重庆大新药业股份有限公司董事长
沈铁梅　　重庆市川剧院副院长

四川省

毛翠英　德阳市旌阳区城区乡工农村党支部书记

米瑞蓉　成都乐民房屋开发有限公司总经理

曹清惠　青神县省级示范幼儿园园长

贵州省

张菲菲　贵阳一中数学高级教师

蒋雁群　兴仁县妇联主席

云南省

张　玲　玉溪市妇联主席

黄　波　昆明儿童外国语研究所所长

西藏自治区

巴桑卓玛　西藏自治区气象局气象台遥感科科长

陕西省

许春霞　西北农林科技大学植物所校区副主任

李玉翠　紫阳县人民法院毛坝人民法庭庭长

甘肃省

吴玉兰　兰州市妇联副主席

郄秀书　中国科学院寒区旱区环境与工程研究所研究员

青海省

邓国青　海东地区妇联主席

宁夏回族自治区

刘　梅　宁夏回族自治区气象台副台长

鲁增英　石炭井矿务局三矿煤质科选研班长

新疆维吾尔自治区

张秀珍　昌吉回族自治州妇联主席
何文静　巴楚县妇联副主席

中直机关

韩秀英　国家广电总局工会女工部部长
解　波　人民日报社海外版高级编辑

中央国家机关

刘鸿志　国家环保总局污控司水处副处长
董红敏　中国农业科学院农业气象研究所环境工程室主任

解放军总政

姜云燕　中国人民解放军第十八医院内科护士
蔡金燕　中国人民解放军军械工程学院光学与电子工程系雷达教研室副主任

武警部队

陆　英　武警 8690 部队通信连班长

新疆生产建设兵团

段菊花　农七师一二八团五连职工

全国“巾帼建功”标兵 *

黄醒华　北京妇产医院妇产科主任
刘爱琴　天津市夕阳红民族老年公寓院长
曲慧霞　吉林省长春欧亚集团股份有限公司副董事长
顾双彦　黑龙江大庆市让胡路区法院经济庭庭长
钱　可　浙江省嵊州市城南小学校长
杨美玉　福建省厦门市友利智饮有限公司经理
刘　裕　江西省宜春大众清洁服务公司经理
王淑萍　湖南省公安厅禁毒处处长、厅机关妇委会主任

* 授予全国“巾帼建功”标兵全国三八红旗手称号。

药立波	第四军医大学博士生导师、教研室主任
孙仙梅	宁夏回族自治区银川市新城区正茂巷居委会主任

在第27届悉尼奥运会上获得金牌的女运动员 *

刘　璇	运动员
龚智超	运动员
高　崚	运动员
王丽萍	运动员
袁　华	运动员
唐　琳	运动员
陶璐娜	运动员
王　楠	运动员
李　菊	运动员
杨　霞	运动员
陈晓敏	运动员
林伟宁	运动员
丁美媛	运动员
桑　雪	运动员
李　娜	运动员
陈　中	运动员

* 葛菲、顾俊、伏明霞已获得此称号，不再重复授予。

在第11届残奥会上获得金牌的女运动员 **

张小玲	运动员
朱宏艳	运动员
董启明	运动员
陈伟红	运动员
徐红艳	运动员
富桃英	运动员
刘美丽	运动员
罗福群	运动员
陆春敏	运动员
任桂香	运动员
李瑞芳	运动员
曹　萍	运动员
吴红萍	运动员
姚　娟	运动员

** 边建欣已获得此称号，不再重复授予。

2001年

全国三八红旗手

“巾帼建功”标兵、“巾帼建功”先进工作者、巾帼创业带头人*

中宣部

邵滨鸿　中国社会科学院《国际经济评论》编辑部主任

教育部

吴国珍　河北省遵化市小厂乡杏峪小学校长

交通部

张　杰　河北省沧州市交通局副局长

广电总局

殷淑东　中央人民广播电台工会主席

解放军总政治部

宋春丽　八一电影制片厂一级演员

中国建设银行

张燕燕　江苏分行科技处工程师

北京市

高金英　北京市广渠门中学高级教师

陈济生　北京医药股份有限公司总经理

吴秀萍　北京市妇联副主席

天津市

苏雨兰　天津市塘沽区新华化工厂书记

罗　萍　信息产业部电子十八所高级工程师

孙茂芳　天津市南华制鞋公司总经理

河北省

田文华　河北省石家庄市三鹿集团股份有限公司董事长

何广明　河北省唐山市路南区友谊街道福寿公寓院长

王峰翡　河北省邯郸市妇联主席

邢丽红　河北省保定市徐水县文化局副局长，徐水县新华书店经理

山西省

张烈珍　山西省妇联办公室主任

翟翠兰　山西省潞城市妇联主席

内蒙古自治区

刘　虹　内蒙古自治区鹿王羊绒集团总经理

洪建军　内蒙古自治区赤峰市妇联副主席

于　慧　内蒙古自治区乌海市金米兰服装有限公司董事长

---

* 授予“巾帼建功”标兵、“巾帼建功”先进工作者、巾帼创业带头人全国三八红旗手称号。

辽宁省

李龙珍　辽宁省鞍钢设计院院长

姜志杰　辽宁省葫芦岛市地税局党组书记

吴　英　辽宁省沈阳市儿童医院院长

吉林省

王志霞　吉林省长春市汇通驾驶员培训学校校长

李亚勤　吉林省吉林市中心血站站长

宋治平　吉林省吉林市招商集团有限责任公司董事长

黑龙江省

汪秀梅　黑龙江省长丽织造印染集团董事长

袁晓光　黑龙江省生活报主编

王　玲　黑龙江省妇联生产部部长

王耀华　黑龙江省森林保护研究所化学研究室主任

上海市

黄　倩　上海市第一人民医院中心实验室主任

赵兰娣　上海市闸北区法院刑事审判庭庭长

刘格春　上海市建筑科学研究院

江苏省

焦蓉芳　江苏省无锡市江阴市妇联主席

唐　伟　江苏省徐州市雪里红清洗公司总经理

谢　健　江苏省南京市鼓楼区检察院副检察长

张　杰　江苏省军区通信站长途通讯业务主任

浙江省

冯维青　浙江省杭州高级中学教师

林晓芬　中国农业银行浙江省瑞安支行助理会计

叶月仙　浙江省天台县天宇灯饰有限公司董事长

安徽省

杨　玲　安徽省生物研究所副研究员

陈　俭　中国工商银行蚌埠工行涂山办事处副主任

徐　华　安徽省好世界酒店管理有限责任公司经理

福建省

陈毅真　福建省厦门航空有限公司乘务分部经理

王美珍　福建省国税局直属分局副局长

余忠玲　福建省福州市妇联城乡部部长

江西省

丁红梅　江西省女子监狱指导员

王信英　江西省信丰县公安局刑侦大队副指导员

万月兰　江西省赣东医院副院长

山东省

刘东玲　山东省聊城市妇联主席

邓红双　山东省淄博市妇联副主席

王　君　山东省潍坊市妇联副主席

张建伟 山东省烟台市妇联副主席

河南省

林艾英 河南省人事厅厅长、党组书记，省编办主任

祁敦芳 河南省妇联副主席

刘桂梅 河南省漯河市妇联

李　萍 河南省妇联副主席

湖北省

徐金环 湖北省十堰市京华超市有限公司董事长

王花兰 湖北省荆门市种子总公司总经理

胡爱娣 湖北省武汉市爱帝集团有限公司董事长

湖南省

胡湘玲 湖南省湘潭市妇联主席

陈碧云 湖南省桃源公路局红卫道班班长

广东省

黄大喜 广东省肇庆市风华高科技集团有限公司党委副书记

石　冰 广东省中山市中级人民法院副院长

朱秀琴 广东省茂名市石化建设公司工人

林霓阳 广东省汕头市汕大医学院第一附属医院儿科副主任

广西壮族自治区

余桂平 广西壮族自治区桂林日用化工厂书记

姜一珍 广西壮族自治区玉林市公安局交警支队玉州大队副大队长

农玉波 广西壮族自治区女子监狱监狱长

海南省

罗春娥 海南省澄迈县国税局老城分局副局长

杜德英 海南省海口市罗牛山三八蛋鸡场场长

重庆市

晏治贞 重庆市第三人民医院党委书记

彭亚飞 重庆市渝中区国税局稽查局副局长

刘崇梅 重庆市沁园食品有限责任公司董事长

四川省

代正鸣 四川省自贡市中橡集团炭研院设计所电气室主任

邓桂兰 四川省炉霍县支行会计国库股股长

杨崇华 四川省委办公厅妇委会主任

贵州省

何安书 贵州省盘江煤电公司月亮田矿被服厂厂长

余明惠 贵州省贵阳云岩康利公司经理

高玉琼 贵州省生物技术研究开发基地副研究员

云南省

蔡　葵　云南省地理研究所助理研究员

杨　燕　武警部队云南边防总队芒卡边防工作站战士

毕惠仙　云南省阿惠家政服务中心主任

西藏自治区

刀　姆　西藏自治区林芝地区墨脱县妇联主席

斯郎卓玛　西藏自治区昌都地区建设银行副行长

陕西省

孟绍菁　陕西省西安交大第一医院老年外科主任

闫当萍　陕西省延安市植保植检站副站长

张　新　陕西省新承纺织厂厂长

甘肃省

董丽萍　甘肃省天水市妇联主席

沈玉琴　甘肃省和政县铜套有限责任公司董事长

蔡晓红　中科院兰州分院近代物理研究所研究员

青海省

朱春云　青海省农科院所长

王生丽　中国农业银行大通支行营业部主任

宁夏回族自治区

肖　云　宁夏回族自治区固原县云霄纺纱厂厂长

陈毓秦　宁夏回族自治区银川第一中学校长

新疆维吾尔自治区

孜克也·毛明　新疆维吾尔自治区乌鲁木齐市热哈提商贸有限公司总经理

毛丽塔　新疆维吾尔自治区额敏城镇卫生防疫保健站站长

张元清　新疆维吾尔自治区永升建筑安装有限责任公司董事长兼总经理

全国“十行百佳”妇女*

最高人民法院

葛建萍　上海市浦东新区人民法院六里人民法庭审判员

宋鱼水　北京市海淀区人民法院经济审判第一庭副庭长

周　丽　天津市宝坻县人民法院城关镇人民法庭庭长

卿　艳　湖南省新邵县人民法院刑事审判庭庭长

杨晋宁　陕西省西安市新城区人民法院审判员

罗海燕　广东省广州市中级人民法院审

* 授予全国“十行百佳”妇女全国三八红旗手称号（8名同志已获得此称号，不再重复授予）。

判监督庭审判员

姚丽青　福建省莆田市涵江区人民法院政工科长

刘春荣　辽宁省义县人民法院执行庭庭长

古丽米拉·库尔班　新疆维吾尔自治区乌鲁木齐市头屯河区人民法院审判员

格宪华　西藏自治区拉萨市城关区人民法院院长

最高人民检察院

刘金铃　辽宁省大连市西岗区检察院纪检组组长

孙桂华　黑龙江省哈尔滨市检察院反贪局副局长

刘蕴玉　甘肃省天水市北道区检察院副科长

毛　军　山东省淄博市淄川区检察院检察长

徐萃苹　河南省洛阳市廛河回族区检察院检察长

潘映新　江西省安远县检察院检察长

高素英　河北省保定市检察院批捕处处长

买尔言木·尼牙孜　新疆维吾尔自治区检察院吐鲁番分院审查批捕处处长

尹东华　天津市和平区检察院审查起诉科副科长

王东晖　湖南省湘潭市检察院审查起诉科副科长

国防科工委

祝学军　中国航天科技集团一院型号总设计师

张紫丽　中国航空工业第二集团长春航空机载设备公司化油器厂工人

杨红鸣　中国核工业集团上海核工程研究设计院高级工程师

顾文娟　中国船舶工业集团江南造船（集团）有限责任公司科长

郝　莹　中国工程物理研究院化工材料研究所研究员

王卫民　中国兵器工业集团云南北方光学电子集团有限公司高级工程师

薛　利　中国航天机电集团公司纪检组长

张苑苑　中国航空工业第一集团北京长城航空测控技术研究所所长

莫郁薇　信息产业部电子第五研究所数据中心主任

公安部

曾宪萍　黑龙江省齐齐哈尔市公安局政治部主任

王　敏　安徽省颍上县公安局胜利派出所副指导员

孙凤梅　湖北省公安厅刑侦总队高级工程师

张京穗　广东省广州市公安局预审监管处副处长
覃嗣玲　广西壮族自治区南宁市公安局收教所所长
姚世凤　贵州省赫章县公安局交警大队民警
耿玉仙　昆明铁路公安局昆明公安处工会主席
陈姝萍　公安部治安管理局二处处长

国土资源部

刘书蓉　黑龙江省牡丹江市土地管理局局长
宋惠芬　辽宁省抚顺市地质矿产局局长
徐　洵　国家海洋局第三海洋研究所重点实验室主任
苏山舞　国家测绘局地理信息系统与地图工程研究所所长
马素兰　河南省国土资源厅地籍处处长
白志琳　广州海洋地质调查局海洋矿产地质调查所副所长
杨　素　四川省内江市土地管理局局长
肖桂珍　河北省国土资源厅地质环境处处长
周　红　广西地勘局第六地质队幼儿园园长
任玉桃　新疆地质矿产勘查开发局组织处副处长

交通部

郜玉兰　山西省公路局忻州公路分局局长
邵爱珍　上海巴士一电公共交通有限公司乘务员
李　瑞　江苏省南京长途汽车站服务员
郑月兰　浙江省苍南县公路管理段溪头埠公路站站长
郭金平　山东省无棣县公路管理局局长
李维娟　湖南省交通规则勘察设计院第一勘察设计处副处长
蔡建书　中国长航集团长江轮船海外旅游总公司国宾九号旅游船船长
袁卫东　长江重庆航道局信号员
常毅芳　青岛港务局总经济师
陈韵娴　上海海事局上海航标处处长

卫生部

田惠光　天津市卫生局公共卫生监督所所长
郝　敏　山西医科大学第二医院科主任
鄢亚琴　吉林省梅河口市中医院副院长
郑玉玲　河南中医学院第一附属医院院长
李燕玲　江西省新建县人民医院护士长
王云侠　陕西省宝鸡市中心医院科副主任
林丽香　福建省立医院主任医师
王琳芳　中国医学科学研究院基础医学研究所主任
陈子江　山东省立医院教授

国家税务总局

张晓梅　北京市崇文区国税局第一税务所所长
张家林　天津市地税局和平区分局局长
韩钰华　吉林省长春市地税局朝阳分局局长
郭爱莲　福建省福州市台江区国税局征收分局副局长
余稳成　湖南省岳阳县国税局局长
邓绮文　广东省广州市地税局稽查局调查二科副科长
黄若惠　贵州省安顺市国税局直属征管分局干部
边巴仓决　西藏自治区阿里地区国税局人教科科长
诸葛晴霞　陕西省西安市国税局新城分局长乐西路税务所所长
刘德梅　新疆维吾尔自治区且末县地税局局长

国家环保总局

郑伟英　北京市西城区环保局局长
宋丽波　山东省莱州市环保局局长
虞银花　浙江省宁波市环保局局长
多杰措　青海果洛州城建环保局科长
刘兰英　湖北省武汉市新洲区环保局局长
罗珍丽　贵州省黔南州环保局局长
肖燕芳　河北省衡水市环境监理站工程师
王红军　辽宁省沈阳环境科学研究所所长
张　晔　新疆昌吉州环保局纪检组长
沈英娃　中国环境科学研究院室主任

国家体育总局

王　妍　国家体育总局田径运动管理中心竞走运动员
乔晓卫　国家体育总局乒乓球羽毛球运动管理中心教练员
钟少珍　国家体育总局游泳运动管理中心教练员
白　玲　国家体育总局体育信息研究所研究员
吴　筠　国家体育总局运动医学所副研究员
张淑芳　国家奥林匹克体育中心行政部党支部书记

2002年

全国三八红旗手

北京市

马　扬　海淀区地方税务局试验区所所长

王树彤　北京世纪卓越信息技术有限公司首席执行官

刘淑环　平谷县镇罗营镇桃园村党支部书记

朱维究　中国政法大学比较法研究所所长

郭延红　北京建工集团投资管理部部长

裘季燕　北京市农林科学院植物保护环境保护研究所学术委员会主任

天津市

孙同文　北辰区双口镇下河头村“天地和”肉鸭养殖场场长

刘　莹　市第一中级人民法院刑一庭助审员

吴迺峰　天士力集团有限公司副总裁

张淑梅　《今晚报》社群工部主任记者

张英凤　天津红旗饭庄总经理

聂　影　铁三院电信处信号所总工程师

河北省

于贵勤　承德市承德县三家乡孤山小学校长

白　珊　石家庄北国商城有限责任公司党委书记、总经理

邵喜珍　石家庄市第二中学校长

袁妙枝　张家口市张北县张北镇林业工作站站长

吕桂朵　满城县满城镇韩佐村妇代会主任

谭秀玲　邯郸市妇幼保健院新生儿科主任

山西省

王香莲　省妇联吕梁地区办事处主任

田玉先　朔州市北方康乐美食有限责任公司董事长

李树林　山西金龙石油有限责任公司副总经理

郭述真　山西医科大学第一医院妇产科教授、医务处主任

内蒙古自治区

珠日嘎　兴安盟科右中旗布敦化牧场妇联主席

李若金　临河百货大楼有限责任公司董事长、总经理

高红梅　内蒙古金元集团股份有限公司工会主席

谢玉桂　中国人民银行阿拉善右旗支行行长

辽宁省

王秀珍　阜新市妇联主席

刘　瀛　沈阳市国家税务局沈河分局稽查六科科长

刘　威　沈阳市公安局交警支队法医

何　晶　丹东农业科学院丹东国家玉米改良分中心副主任

孟繁芝　中油辽宁本溪销售分公司经理

吉林省

王丽影　吉林省金都集团有限公司董事长

张春成　沈阳铁路局长铁分局长春列车段北京队副队长

施国琴　吉林亚泰（集团）股份有限公司副总裁

周　慧　吉林大学生命科学院副院长

黑龙江省

孔玉范　哈尔滨市第三中学校长

孙淑昉　牡丹江市委组织部副部长

胡晓丹　黑河市黑河中学校长

燕玉萍　伊春市乌马河林业局乌马河经营所工人

上海市

严秀琴　南汇区农业技术推广中心主任

张永莲　中科院上海生物化学与细胞生物学研究所研究组长

周梅珍　闵行区启音学校教师

周红玲　上海航天局第八〇一研究所主任设计师

查文红　上海宜川购物中心武宁百货公司退休职工

江苏省

王永和　中国石化集团清江石油化工有限责任公司董事长
王　颖　南京大学地学院院长
左成懃　江苏大生集团有限公司党委书记
李　蓁　苏州市妇联主席
陈秀兰　里下河地区农科所党委副书记
张明珠　无锡市妇联主席
陶柏芳　徐州市妇联主席

浙江省

吕　帆　温州医学院眼视光学院副院长
陈爱莲　浙江万丰奥特集团董事长
徐亚芬　省万里教育集团党委书记
陶晓莺　杭州三替综合服务有限公司总经理
程雅锦　浙江武义田歌实业有限公司董事长

安徽省

王喜霞　蚌埠市百货大楼党委书记
毛剑珊　中国科学院等离子体物理研究所研究员
卢　平　滁州市汽车运输总公司汽车中心站站长
包素兰　省妇联副主席
詹灵芝　安徽华茂集团有限公司副总经理

福建省

孙建娜　漳州市长泰县财政局农税稽查队队长
张城妹　宁化县公安局翠江派出所指导员
赵志华　邵武市实验小学校长
郭素清　厦门市第二医院妇产科主任

江西省

孙　华　贵溪市妇联主席
杨秀珍　南昌铁路局南昌车站客运车间副主任
黄菊花　南昌大学机电工程学院教授

曾鸣华　赣州市财政局副局长

山东省

李淑芳　省体育运动技术学院柔道队运动员

连　方　山东中医药大学附属医院妇科副主任

河南省

李淑玲　河南农业大学林学园艺学院教授

李顶霞　固始县妇联主席

吴凤琴　平顶山市新特药批发总公司总经理

张向元　南阳蒲山发电运营中心主任

侯玉梅　开封市妇联主席

魏　爱　省妇女儿童活动中心党支部书记

薛景霞　郑州康利达装饰工程有限公司董事长

湖北省

王正华　随州市华龙塑业有限公司董事长

王秋萍　省公安厅交通警察总队车管处科长

李世英　孝感市孝南区书院街道党委书记

陈芝凤　荆门市公路管理局副局长

郭玉兰　竹溪县中峰镇长岭村二组农民

惠述银　襄樊枣阳市吴店镇中心村农民

湖南省

杨兰芝　新晃侗族自治县兴隆镇人民政府副镇长

欧细满　省农业厅土肥站站长

龚润谷　湘乡市壶天镇小水村党支部书记

彭　文　株洲硬质合金厂大制品事业部工艺技术室副主任

谢清涛　湖南嘉利香料有限公司总经理

刘　芳　岳阳市二医院骨科主任

广东省

刘维花　河源市源城区下城小学副校长

朱小蔚　广州市电信局党委书记

陈超菊　肇庆星湖生物科技股份有限公司总经理

杨林静　广东榕泰实业股份有限公司党支部书记

柯　军　阳春市人民法院审判员

徐惠明　梅州市塔牌集团有限公司总经理

广西壮族自治区

朱丽红　防城港市公安局防城分局政委

林翠琼　荔浦县马岭镇广安村农民

唐淑双　富川瑶族自治县妇幼保健院院长

黄玉鸾　广西百矿股份有限公司技术部部长

潘婧奎　玉林市中级人民法院政治部主任

海南省

王丽芳　省高级体育运动技术学校运动员

王扬兰　澄迈县发展计划局局长

唐丽英　海南爱力房地产开发有限公司董事长

重庆市

王庭桂　万盛区公安局东林派出所教导员

陈仕琼　忠县汝溪邮政支局局长

袁素国　云阳县农业产业扶贫项目毛猪洋三元良种繁育推广基地

四川省

张大明　攀枝花市攀钢自动化公司计算机室主任

张晓梅　《美容时尚报》社长、总编辑

曹世如　成都红旗连锁有限公司党委书记

范琼花　南充市蓬安县徐家镇方广村党支部书记

张吉树　成都通信电缆厂常务副厂长

唐月明　四川双马水泥（集团）有限公司董事长

欧阳晓玲　广安华蓥山黄花梨有限公司董事长

贵州省

丁成珍　六盘水市盘县妇联主席

文建英　黔西南州地方税务局党组书记

陶华碧　贵阳南明老干妈风味食品有限责任公司董事长

云南省

马　岚　　云南大学生化学院副教授

冯咏梅　　玉溪市滇剧团副团长

陈竹华　　开远市红疆饮食有限责任公司党支部书记

高丽华　　云南农垦勐腊农场五分场二队割胶工

西藏自治区

吉　吉　　区体委登山队国家级运动健将

贡桑玛　　阿里地区外贸公司工会主席

卓嘎玛　　林芝地区波密县扎木镇通木村妇代会主任

陕西省

于　文　　西安开米股份有限公司董事长

李桂芳　　陇县东南镇演峪山村党支部书记

周卫建　　中国科学院地球环境研究所黄土与第四纪地质国家重点实验室主任

邓菊梅　　西安市碑林区文艺路街道环南路社区居委会主任

甘肃省

卢定华　　平凉市四十里铺镇吴岳村党支部书记

宋建明　　省妇联酒泉地区办事处主任

陈　雯　　省农业生产资料总公司总经理

金　玉　　兰州医学院第一附属医院儿科主任医师

青海省

邓盛英　　省气象台天气科高级工程师

徐凤茹　　西宁市个协副会长

宁夏回族自治区

王艳琴　　银川市人民检察院检察员

赵　慧　　宁夏大学回族文化研究所所长

姜翠兰　　银川市新市区地税局稽查局局长

新疆维吾尔自治区

阿米娜·阿不来提　　和田地区检察分院反贪局原副局长

刘 琴　乌鲁木齐市邮政局天山区分局幸福路支局局长

张海文　乌鲁木齐市海闻实业有限公司总经理

中直机关

张玉兰　《人民日报》社机关工会副主席、妇委会主任

段素娟　中央办公厅机要研究所副研究员

中央国家机关

田元兰　国家经贸委机关服务管理局副局长

刘玉梅　农业部中国农业科学院蔬菜花卉研究所研究员

孙晋芳　国家体育总局体育彩票管理中心主任

何晔晖　最高人民检察院刑事申诉检察厅厅长

陈朝武　公安部第一研究所安防事业部研究员

阎保平　中科院计算机网络信息中心主任

解放军

刘素珍　解放军第八五医院医疗技术科副主任护师

侯艳宁　白求恩国际和平医院药剂科主任

韩雅玲　沈阳军区总医院副院长

武警部队

吴晶琦　武警辽宁省总队一支队三大队卫生所所长

新疆生产建设兵团

李春霞　农十二师一〇四团二连副连长

全国十大农民女状元、全国十大绿化女状元*

韩书琴　北京市延庆县张山营镇前黑龙庙村妇代会主任

孙慧敏　河北省三河市明慧养猪集团有

* 授予“全国十大农民女状元”“全国十大绿化女状元”全国三八红旗手称号（8名同志已获得此称号，不再重复授予）。

限公司总经理

杨雪兰　　甘肃省宁县早胜镇遇村党支部书记

曲　珍　　西藏自治区丁青县丁青镇丁青村羊毛加工厂厂长

孙广美　　山东省利津县明集乡广美农场场长

程富友　　重庆市荣昌县荣发茶叶进出口有限公司董事长

赵　君　　辽宁省庄河市东方农庄总经理

殷玉珍　　内蒙古自治区乌审旗河南乡尔林川村农民

靳月英　　河南省淇县黄洞乡鱼泉村农民

钱秀兰　　湖北省钟祥市磷矿镇前小河村农民

龚艳琼　　云南省寻甸县钟灵山农业科技开发有限公司总经理

盘秀育　　广西壮族自治区上思县南屏乡汪乐村妇代会主任

即时授予

朱缀绒　　浙江省舟山市定海区白泉镇皋泄村党支部书记

杨　扬　　第十九届盐湖城冬季奥运会女子短道速滑金牌获得者

2003 年

全国三八红旗手

“巾帼建功”标兵*

团中央

李　薇　团中央办公厅财务处处长

国家经贸委

王琴华　国家经贸委产业损害调查局局长

公安部

王　梅　天津市公安局河西分局土城派出所所长

劳动部

唐　嫣　四川省红苹果幼儿园园长

交通部

易　华　重庆市第一公共交通公司114路队售票员

信息产业部

苟太玲　中国网通河南省通信公司焦作市分公司高级工程师

卫生部

王国相　中日友好医院神经科主任

中国人民银行

何淑芳　中国人民银行成都分行国库处处长

国家税务总局

梁月洁　河北省沧州市肃宁县国家税务局副局长

国家广电总局

王效杰　国家广电总局科技司副司长

中国银行

江尚英　中国银行深圳市分行蛇口支行行长

中国工商银行

张　黎　中国工商银行陕西省分行营业部粉巷储蓄所主任

解放军总政

张微微　解放军北京军区总医院神经内科主任

北京市

陈　燕　陈燕家政服务中心经理

天津市

于淑娴　于大娘义务职业介绍所所长

河北省

唐殿宏　宽城县宏富山庄经理

暴同风　邯郸市峰峰矿务局万年矿“小天使”幼儿园园长

* 授予“巾帼建功”标兵全国三八红旗手称号。

山西省

郝利涛　平定县家乐下岗职工家政服务中心总经理

内蒙古自治区

张凤金　兴安盟科右中旗妇联百芳家政服务公司总经理

辽宁省

曹晓东　辽阳市晓东职业介绍所所长

吉林省

崔正梅　通化市二道江区就业局综合服务队经理

黑龙江省

庄翠萍　天源煤炭股份有限公司总经理

肖纫冬　哈尔滨市妇联家庭服务中心家政服务员

上海市

孙祥英　长宁区祥和面馆经理

顾品华　奉贤区“编织基地”负责人

江苏省

苗兰春　常州裕兰色织有限公司董事长兼总经理

浙江省

徐爱娟　绍兴双保路桥工程建设有限公司董事长

安徽省

宁中伟　金种子集团金牛实业股份有限公司副董事长

福建省

杨美玉　厦门老友利餐饮有限公司总经理

江西省

胡庭贞　赣州饭店总经理

山东省

包兰英　济南金海岸旅游汽车出租公司董事长兼总经理

阎　红　青岛市育圣幼儿园园长

河南省

杨　云　省妇联副主席

黄玉清　周口万果园商贸有限公司总经理

湖北省

廖海琼　宜昌连邦软件有限责任公司总经理

湖南省

周宝莲　迅达集团有限公司副总经理

广东省

董明珠　珠海格力电器股份有限公司总经理

广西壮族自治区

张　敢　自治区劳动和社会保障厅副厅长

海南省

李　燕　文昌琼燕农业开发有限公司经理

重庆市

梁凤梧　巴南区凤梧商贸有限公司董事长

四川省

杨秋平　铁骑力士集团副董事长

孙小松　五粮液集团公司党委宣传部部长

贵州省

袁　野　安顺市稻谷香宴宾楼有限公司董事长兼总经理

云南省

郭晓桦　昆明晓桦制衣有限公司董事长

西藏自治区

边巴卓嘎　日喀则地区卡嘎公路道班班长

陕西省

李慧玲　长岭美神实业公司经理、高级经济师

甘肃省

兰　玲　天水市同心合商贸有限公司经理

青海省

冯全忠　杰森房地产开发有限公司董事长兼总经理

宁夏回族自治区

蔡雪英　石嘴山海燕计算机网络工程公司总经理

新疆维吾尔自治区

解玉红　石河子亚龙油脂加工厂厂长

各级妇联系统先进工作者*

北京市

王　琳　朝阳区妇联主席

贾清红　门头沟区妇联主席

天津市

何致建　南开区妇联主席

闫淑荣　宁河县妇联主席

河北省

杜爱荣　河北省妇联权益部部长

陈素珍　抚宁县台营镇妇联主席

山西省

郝秀珍　晋中市妇联主席

张秀峰　大同市妇联主席

内蒙古自治区

田雪梅　赤峰市妇联主席

谷风芝　通辽市妇联主席

辽宁省

王秀玲　阜新市妇联主席

梁成君　丹东市妇联主席

吉林省

张岱英　白城市妇联主席

汤亚清　公主岭市妇联主席

黑龙江省

李铁强　大兴安岭地区妇联主席

* 授予各级妇联系统先进工作者全国三八红旗手称号。

王淬颖　绥化市妇联主席

上海市

王伟芳　金山区妇联主席

张明芝　普陀区妇联主席

江苏省

吴炳霞　淮安市妇联主席

刘瑞英　常州市武进区妇联主席

浙江省

谢建英　上虞市妇联主席

谢秋妹　苍南县龙港镇妇联主席

安徽省

董经枝　黄山市妇联主席

屈少颖　利辛县妇联主席

福建省

伍秀枞　泉州市妇联主席

王小玲　南平市妇联主席

江西省

汪　霞　上饶市妇联主席

唐杏玲　高安市妇联主席

山东省

张桂兰　山东省妇联儿童部部长

鲁德荣　新泰市刘杜镇妇联主席

河南省

李　征　焦作市妇联主席

黄兰兰　济源市克井镇妇联主席

湖北省

柳　琳　老河口市妇联主席

向东方　黄石市妇联主席

湖南省

彭桂英　衡阳市妇联主席

罗仲春　泸溪县妇联主席

广东省

陈丽娟　江门市妇联主席

陈丽明　佛山市顺德区妇联主席

广西壮族自治区

韦秀英　河池市妇联主席

梁爱荣　邕宁县蒲庙镇妇联主席

海南省

何秀英　琼海市妇联主席

重庆市

刘词莲　南岸区妇联主席

栾一新　合川市妇联主席

四川省

徐代琼　万源市妇联主席

赵　梅　得荣县子庚乡妇联干事

贵州省

何瑞明　正安县妇联主席

王府燕　镇宁布依族苗族自治县妇联主席

云南省

赵晓凌　建水县妇联主席

石德莲　腾冲县荷花傣族佤族乡民团村妇代会主任

西藏自治区

巴桑玉珍　林芝地区妇联主席

李咏梅　那曲地区妇联主席

陕西省

惠月红　蒲城县妇联主席

王冬梅　陕西省延安市志丹县妇联主席

甘肃省

肖广辰　甘肃妇女国际旅行社总经理

王俐平　临夏回族自治州妇联主席

青海省

乔红英　海北藏族自治州妇联主席

雪　怡　果洛藏族自治州妇联主席

宁夏回族自治区

马绍芹　青铜峡市妇联主席

王素梅　平罗县妇联主席

新疆维吾尔自治区

海尔尼沙汗　和田市肖尔巴格乡妇联主席

夏绿清　木垒哈萨克自治县照壁山乡妇联主席

全国妇联

吕　晋　全国妇联办公厅编刊处处长

防治“非典”一线优秀女医务工作者*

北京市

李秀华　中日友好医院护理部主任

聂秀虹　首都医科大学附属宣武医院呼吸科主任

蒋小燕　北京急救中心急救科副主任兼党支部书记

贾　蕾　北京市疾病预防控制中心医师

孙桂云　房山区第一医院护士长

段立静　首都医科大学附属北京友谊医院中心手术室护士长

王瑞琴　北京酒仙桥医院呼吸内科主任

张勤勤　北京冶金医院护理部主任、妇委会主任

何晓蕴　煤炭工业部总医院呼吸内科主任

阙呈立　北京大学第一医院呼吸内科副主任

李海红　北京小汤山医院 B 区副主任

冯　芸　第三军医大学第二附属医院急诊科护士

刘红英　解放军总医院生化科主管技师

杨　红　南京军区一八〇医院传染科副主任

韩红芳　解放军第三〇四医院呼吸科护士长

陈朝辉　沈阳军区总医院心血管外科护士长

李玉玲　海军总医院胸外科护士长

刘学芹　济南军区总医院保健一科护士长

赵书元　北京军区总医院护理部副主任

天津市

周　惠　天津市第一中心医院护师

* 授予防治“非典”一线优秀女医务工作者全国三八红旗手称号。

展　春　天津市第三中心医院主治医师

河北省

李淑琴　张家口市传染病医院护士长

张　玲　河北省胸科医院呼吸内科主任

山西省

李　红　太原市第二人民医院急诊科护士长

薛　燕　山西医科大学第二医院骨科护士长

周　卫　山西医科大学第一医院护理部副主任

仁泽萍　山西省疾病预防控制中心检验一科副科长

石贞仙　山西省人民医院护理部主任

韩　颖　太原市人民医院“隔离病房”护士长

内蒙古自治区

白雪梅　内蒙古医院护理部总护士长

李月梅　内蒙古胸科医院副主任医师

崔丽英　内蒙古医学院第一附属医院呼吸内科主任

张江雁　呼和浩特市第一医院护理部主任

王惠敏　包头市医学院第一附属医院呼吸科主任

李素芳　巴盟临河市医院肿瘤外科护士长

辽宁省

孔灵菲　中国医科大学附属第一医院博士生导师、教授

吉林省

陈　晶　吉林大学第一医院二部泌尿外科护士长

上海市

崔　洁　上海市传染病医院一东病区护士长

浙江省

周建英　浙江大学医学院附属第一医院呼吸内科主任

安徽省

蒿艳蓉　阜阳市第二人民医院肿瘤科副主任

福建省

陈美云　福建医科大学附属第一医院呼吸内科主任医师

山东省

房　锐　山东省胸科医院主管护师

河南省

王玉芬　襄城县人民医院传染科主管护师

湖北省

杨华芬　武汉市传染病医院六病区科主任

湖南省

胡成平　湖南省湘雅医院呼吸科主任

广东省

邓西龙　广州市第八人民医院主治医师

张积慧　广州市第一人民医院护士长

韦燕芳　广州市胸科医院七内科护士长

杜　琳　广州市疾病预防控制中心主任

区健茹　广东省人民医院感染科护士长

万卓越　广东省疾病预防控制中心微生物检验所副所长

何东红　广东省一七七医院五内科护士长

汤　彦　暨南大学附属第一医院呼吸科主任

钟美香　广州中医药大学第一附属医院观察室护士长

伍　卫　中山大学附属第二医院内科主任、教授

林　奕　深圳市东湖医院一病区护士长

潘　瑶　广州医学院第一附属医院广州呼吸疾病研究所科护士长

惠　萍　江门市五邑中医院呼吸内科主任

卫　敏　中山市人民医院感染科主任

广西壮族自治区

黄民娇　贵港市人民医院传染科主任

四川省

袁　宏　广元市四一〇医院副院长

陕西省

姜佳贵　西安市第八医院护理部主任

甘肃省

杨琴英　定西地区医院传染科护士长

宁夏回族自治区

曹相原　宁夏医学院附属医院ICU科主任

解放军

何　珂　解放军第三〇九医院结核病中心结核三病区护士长

张　立　海军总医院神经外科监护室护士长

周学君　解放军第四五八医院院长

张玉芝　白求恩国际和平医院传染科护士长

成　雯　广州军区第一五七医院传染科护士长

张春霞　武警医学院附属医院老年病科主管护师

2004年

全国三八红旗手标兵

凌　锋　首都医科大学宣武医院神经外科主任

申　雪　哈尔滨市体育工作队运动员

徐亚芬　浙江省万里教育集团董事长

于淑珉　山东省海信集团有限公司总裁

王桂凤　河南省新乡县翟坡镇杨任旺村农民

郭惠绮　深圳市罗湖海关科长

江佩珍　广西金嗓子有限责任公司党委书记

张金容　中国航天科技集团公司第六研究院第十一研究所二室副主任

姜云燕　解放军第十八医院传染科护士长

张兰华　新华社国际新闻编辑部阿文编辑室主任

全国三八红旗手

北京市

郭培华　东城区委区政府信访办公室主任

王秀兰　北京张一元茶叶有限责任公司董事长

郭俊琴　北京上地数码科技大厦有限公司董事长

李桂珍　北京市石景山区八角街道工委书记

肖　英　北京市房山华冠商贸有限公司

胡秀平　北京市工商行政管理局昌平分局党组书记

王秀英　密云县正溪肉鸡协会会长

王秀丽　北京市房山区石楼镇秀丽养殖场

刘秀丽　北京华德液压泵分公司工人

谷玉珍　北京市建工集团三建有限公司第14项目部
肖智敏　北京北方红旗机电有限公司科技部副部长
单　薇　北京资生堂丽源化妆品有限公司生产部部长
史　琳　清华大学热能工程系教授
孙荣臻　北京新北方旅游产业发展有限责任公司董事长
侯志宁　金融街控股股份有限公司副总经理
宋红玲　北京亮都投资有限公司党支部书记
刘彭芝　中国人民大学附属中学校长
王秀玲　北京市门头沟区东辛房街道纪检书记
苏宝兰　北京市顺义区精神病疗养院医师
金国英　北京市平谷区妇女联合会主席
张　莉　延庆县医院院长助理
冯　坤　北京市木樨园体育运动技术学校、北京女子排球队运动员
金　茹　首钢技术研究院工程师
于晓明　北京市公安局刑侦一大队侦查一中队探长
秦　川　中国医学科学院实验动物研究所所长
凌　锋　首都医科大学宣武医院神经外科介入中心主任
汪　涓　北京体育大学学生
程珊莲　北京市崇文区园林局副局长
吴　双　北京二十一世纪科技发展有限公司总经理
乔世红　丰台区政协秘书长
轩淑清　北京市通州区妇女联合会主席
于淑惠　北京秋畅更年期综合症防治研究中心主任
孟昭霞　北京市怀柔区人民政府区长助理
郭桂鹅　昌平区百善镇妇联主席
王　兰　北京世纪铭人珠宝有限公司董事长
金玉枝　中国建筑一局集团机施公司印刷厂厂长
栾茂茹　北京翠微大厦股份有限公司党委书记
蔺桂芬　北京卷烟厂销售部经理
王惠文　北京航空航天大学复杂数据分析研究中心主任
李　艳　北京辽丹黄海汽车零部件有限公司董事长

天津市

于　静　天津市梦得投资有限公司董事长
闫凤英　协和干细胞基因工程有限公司

副总裁
张家林　天津市财政局总经济师
魏月蘅　天津日报教育新闻工作室主任
冯亚青　天津大学化工学院党委书记
姜　若　天津市第二十一中
吴　晶　天津市津南区妇幼保健院副院长
张连香　天津市凯立房地产开发有限公司董事长
刘旭云　中国建设银行天津市分行宁河支行
刘　向　天津市医疗急救指挥中心非典应急分站医生
袁淑苓　天津市妇女联合会宣传部部长
朱天慧　南开大学医学院院长
孙茂芳　天津南华制鞋有限公司总经理
张月萍　天津市汉沽区寨上街铁坨里党总支书记
陈　娟　铁三院建筑研究设计分院建二所副所长
关蔷华　中油大港油田天然气公司天然气处理站高级工程师
王希芹　天津胜利集团有限公司董事长
张文荣　天津市大港迎宾超市经理
季惠芬　天津市宾园物业有限公司经理
王桂英　天津中新药业集团股份有限公司销售公司总经理
王撷秀　天津市
朱兆林　天津市新华中学教师
李玲君　天津市富贵食品厂厂长
谭　雪　天津体工大队击剑队运动员
肖仲慧　天津市交通局经营办公室主任
李卫卿　天津市电力公司高压供电公司利民道基地站站长
王　虹　天津市河东区人民法院政治处副主任
魏　玲　天津第五中心医院院长
于淑娴　天津市河北区月牙河街于大娘义务职业介绍所所长
轧春妹　天津市传染病医院乙楼科护士长
张　燕　天津市公安局三处

河北省

刘荣秀　石家庄市天荟贸易公司经理兼书记
张小平　华北煤炭医学院附属医院院长
张建平　河北
韩新华　邯郸县公安局刑警大队技术中队中队长
梁俊义　清河县供电局局长兼党委书记
李艳萍　沧州市城建开发有限公司总经理
江　燕　廊坊市广阳区地方税务局党组书记
李美艳　秦皇岛市妇幼保健院党委书记

白玉香　河北省张家口市妇联主席
刘丽霞　河北省杂技团编创室主任
周伟文　河北省社会科学院社会发展研究所所长
张玉娟　河北省安新县地方税务局副局长
郭利维　正定县食用菌技术开发服务中心主任
王　云　石家庄市交通医院院长
张　萍　唐山一中校长兼党委副书记
王海棠　河北宝硕股份有限公司副总经理
陈致憨　邯郸制药有限公司董事长
李妍慧　宁晋县换马店乡人民政府党委书记
张兰新　河北省衡水市妇联主席
吕炳素　河北省廊坊市妇联主席
刘文凤　秦皇岛市妇联主席
李香菊　河北省农林科学院粮油作物所杂草研究室主任
芦海英　河北日报报业集团部主任
周　源　承德市妇联主席
刘俊平　河北省妇联事业发展部部长
韩　梅　河北医科大学研究生学院副院长
刘福莲　石家庄三鹿集团股份有限公司董事会董事
方合群　唐山东方房地产开发有限公司董事长
邝秀兰　河北省望都县新华书店经理
王新惠　邯钢集团公司线材厂机修车间主任
戴秀芬　河北小洋人生物乳业有限公司副总经理
杜文娟　河北省衡水市桃城区计生局妇产医院
马秀茹　承德颈复康药业集团有限公司副总经理
栗春莲　河北省张家口市赤城县妇女联合会主席
于凤华　河北省人民医院妇产科主任
和秀芬　河北省水利水电第二勘测设计研究院主任工程师
董志平　河北省农林科学院谷子研究所植保室主任
范文平　河北省妇联机关党委专职副书记

山西省

李毓玲　太原市教育局党委书记、局长
解廷香　大同市人民政府副市长
支秀兰　山西省朔州市妇联会副主席
刘奋昂　山西省妇联吕梁地区办事处主任
杨连静　平遥康明眼科医院院长
荆青莲　闻喜县人民政府县长

臧悦萍　太航仪表有限公司总装厂高级工程师

张晋叶　山西省妇女儿童工作委员会办公室专职副主任

陈爱红　山西长雷工艺绣品有限公司董事长

李艾珠　太原市精神文明建设委员会办公室主任

巩引贞　阳泉市妇联主席

郎凤娥　忻州蓝天锅炉有限责任公司董事长

李琦连　方山县电力公司党支部书记

武俊英　山西省运城市蒲剧团团长

李慧芳　运城市广播电视局台长

吕改英　山西省太原市医药药材采购供应站批发部经理

常改苗　山西省林业厅植树造林处处长

张金兰　山西省长治市妇联主席

张向励　大同市城市建设开发公司总经理

郭秀英　晋城市强民乳业有限公司总经理

智黄娥　山西省忻州市妇联副主席

刘藏琳　山西金华苑宾馆有限公司董事长

贺　洁　山西省临汾市中级人民法院监察室主任

赵龙凤　山西医科大学第一医院感染病科主任

任果仙　山西省高速公路管理局工会副主席

武　春　山西省临汾市传染病医院消化一科护士长

龙晓霞　山西平顺县苗庄镇司法助理员

内蒙古自治区

李改枝　内蒙古师范大学化学与环境科学院有机教研室主任

杨　萍　内蒙古自治区地方税务局机关党委副书记

戈文英　呼和浩特市和林格尔县城关第一小学语文高级教师

唐小琪　内蒙古医学信息研究所摄影记者

李香菊　乌海市公共交通有限责任公司乘务员

王艳红　神华准能公司黑岱沟露天矿电器助理工程师

马淑兰　锡盟多伦县回族小学教导主任

阿柔娜　内蒙古电视台新闻中心主任助理兼《内蒙古新闻》栏目制片人

陈　英　呼和浩特铁路局总工会

邱智敏　包头市呱呱叫调味品有限责任公司董事长

李红艳　赤峰市中级人民法院审判监督

庭庭长

周玉莲　内蒙古鄂尔多斯市准格尔旗布尔陶亥乡农民

白素梅　内蒙古呼伦贝尔市海拉尔区妇联主席

包金香　内蒙古图书馆蒙文部主任

李变霞　呼和浩特市妇联副主席

樊小平　内蒙古恒茂（集团）有限责任公司任董事长

孟繁英　包钢焦化厂生产副厂长

张艳芬　内蒙古通辽市中心血站站长

佟斯琴　内蒙古自治区兴安盟科右中旗妇联主席

辽宁省

张桂平　沈阳格微软件有限责任公司总经理

崔庆群　大连市妇女联合会主席

张素荣　鞍山市巾帼华夏社区服务有限公司董事长

王玉华　丹东玉华食品有限公司总经理

陈丽坤　大石桥市高级中学校长

李渤燕　铁岭市妇女联合会主席

刘英伟　辽宁省葫芦岛市中心医院

季　岩　沈阳市国家税务局铁西分局计征科科长

申雅娟　辽宁省种子管理局局长

刘淑兰　辽宁省本溪市交通局公路工程质量监督站站长

谭立萍　沈阳市百泰生物资源研究所所长

纪瑞梅　中国人寿保险公司大连市分公司高级业务经理

杨　敏　抚顺罕王实业集团有限公司董事长

王桂荣　辽宁省锦州市京剧团国家一级演员

杨铁娟　阜新市岗花食品有限公司

王力平　辽宁省朝阳县国家税务局局长

项　荣　沈阳铁路局沈阳铁路分局沈阳北站

尚　红　中国医科大学附属第一医院副院长

商韶莹　辽宁省锦州市公安局防暴警察支队女子防暴大队大队长

薛丽华　大商集团董事局副主席

王爱新　沈阳市大东区妇联干部

顾宪英　大连市纺织工业局供销公司总经理

李庆华　本溪华联商厦有限公司总经理

夏慧娟　辽宁省锦州市义县九道岭镇边门子村妇代会主任

王亚丽　辽阳石油化纤公司塑料制品厂工人

李长英　盘锦铁路商贸服务中心经理

王　惠　辽河石油勘探局工会女职工委

员会副主任

吴士平　辽宁省锦州市实验中学语文教师

吕丽华　中国人寿保险股份有限公司营口分公司党委书记

秦家荣　本溪市地方税务局经济技术开发区分局局长

吉林省

柴玉娟　吉林省长春市双阳区通达鹿特产品经销公司经理

刘力臻　东北师范大学教授

杜丽华　吉林远东药业集团股份有限公司董事长

崔基玉　延吉金达莱饭店有限责任公司董事长

李桂珍　四平艾斯克机电开发有限公司董事长

王宏坤　吉林省辽源市妇婴医院副院长

张雪梅　前郭尔罗斯宾馆总经理

历建荣　通化市城市信用联社党委书记

赵丽梅　吉林省农业科学研究院研究员

王志霞　长春市汇通驾驶员培训学校校长兼党支部书记

王俊杰　吉林市丰满区妇幼保健院院长

袭敏霞　吉林市市政公用局局长

马宪华　珲春市一小分校果树小学教师

吴佩臣　白城市文化小学校长兼党支部书记

董秋香　辽源市公用局副局长兼环卫处处长

李琳萍　白山市中级人民法院行政庭庭长

刁云萍　吉林省梅河口市新合镇新兴村二组村妇代会主任

白明霞　吉林省国防教育委员会办公室主任

于晶华　长春市明星企业集团有限公司董事长

苗玉魁　蛟河市拉法镇政府妇联主席

全今淑　吉林省龙井市朝阳川镇合成村妇代会主任

刘亚元　四平市地直街小学校长

沈文娟　洮南市三友制衣有限责任公司总经理

王淑侠　松原市城市信用联社副主任

张丽伟　临江市信用联社党委书记

赵　波　吉林省卫生厅疾控处助理调研员

黑龙江省

申　雪　哈尔滨市体育工作队运动员

赵小红　哈尔滨九洲电气股份有限公司总经理

曾宪萍　齐齐哈尔市公安局政治部主任

李松善　牡丹江市新曙光城市建设投资开发有限责任公司副董事长

王　芳　大庆石油管理局电力总公司供电三分公司马鞍山一次变电所值班长

徐　颖　鹤岗市劳动和社会保障局党组书记

孟丽波　七台河市园林管理处党总支书记

孙百华　黑龙江省漠河县妇女联合会主席

赵　彦　哈尔滨铁路局工会生活女工部副部长

裴雅琴　黑龙江信恒集团首席执行官

孙志华　哈尔滨天一裘皮有限公司董事长

于艳杰　黑龙江省富华集团副总经理

訾　华　牡丹江市财政局副局长

马奎兰　鸡西市佳源煤炭销售有限责任公司董事长

刘子艳　双鸭山市宝清县夹信子镇夹信子村妇代会主任

苏艳霞　黑龙江省肇东市苏萌绿色开发有限公司总经理

李　英　黑龙江农垦8511农场三队工人

刘　冰　黑龙江省水利厅直属机关党委专职副书记

钱丽敏　哈尔滨市眼科医院副院长

张秀芬　哈尔滨市道里区教育局副局长

孙赛男　黑龙江省牡丹江市妇联主席

徐　明　佳木斯市传染病院院长

庄翠萍　黑龙江天源煤炭股份有限公司

苗颖杰　伊春市南岔区东方红小学副校长

刘玉霞　黑龙江省黑河市妇联主席

彭秀丽　黑龙江省东京城林业地区公安局局长

上海市

于井子　普陀区人民医院护师

李　蓉　解放日报报业集团《解放日报》经济部副主任

徐妍玮　上海体育运动技术学院运动员

胡安康　中国船舶工业第七〇八研究所所长

孔红梅　上海兴盛房地产开发（集团）有限公司常务副总裁

徐　菲　中国人民保险公司上海市分公司总经理助理

高一敏　上海市徐汇区科技幼儿园园长

丁美凤　上海泰晤士西餐有限公司董事长

张玉华　松江岳阳街道荣乐居委会党总支书记

徐蕴华　南汇区就业促进中心党总支书记
陈红霞　江南道船（集团）有限责任公司电装室副主任
黄丹枫　上海交通大学农业与生物学院副院长
马　兰　复旦大学国家重点实验室副主任
何金娣　卢湾区辅读学校校长
戴兰珍　上海航天设备制造总厂数控组组长
陈赛娟　上海第二医科大学附属瑞金医院上海血液学研究所执行所长
严婵琳　上海市地铁运营有限公司通号分公司技术主管工程师
姚希毅　上海申达股份有限公司副总经理
翁曼君　中英合作上海红宝石食品有限公司总经理
杨德琴　中国石化集团股份有限公司上海石油化工研究院
彭亚芳　金山区亭林电视器材厂退休
周雪琴　上海市崇明县绿化镇绿园村妇代会主任
林丽华　上海大众汽车有限公司规划员
黄淑帧　上海市儿童医院医学遗传研究所分子遗传室和转基因动物研究室主任
马海燕　上海东方商厦有限公司经营师
项桂珍　上海市赛胜科技有限公司董事会
曹致红　上海市公安高等专科学校主任科员
汤　雁　上海市嘉定区普通小学校长兼党支部书记
俞正娟　青浦区华新镇马阳村委会党支部书记
高文武　黄浦区建设委员会党工委书记
印天同　上海华博系统工程股份有限公司董事长
王建萍　上海市建设工程交易中心闵行区分中心副主任
何林芳　上海大祥化学工业有限公司主管
何建瑾　上海柴油机股份有限公司技师
林　莺　上海隧道股份有限公司混凝土搅拌总站经理
卢根娣　第二军医大学第二附属医院呼吸内科护士长
张明芝　普陀区妇联主席

江苏省

杨学珍　南京市妇女联合会主席
唐菊仪　南京市鼓楼区妇联主席
沃增兰　梁寨镇杨新庄村村委会主任
刘新玲　溧阳市茶果技术指导站副站长

李惠芳　苏州工业园区锦丰工艺玩具有限公司董事长
王筱梅　苏州大学材料学院教授
陈　莉　南通医学院病理学教研室主任
丁秋霞　连云港市墟沟明国餐饮服务有限公司总经理
吴素常　南京医药（淮安）天颐有限公司董事长
许　丽　东台金丽达工艺品有限公司董事长
姜春兰　扬州经济开发区工委副书记
唐龙珍　泰州市妇女联合会主席
侯春荣　宿迁市妇联副主席
李晓英　武警南京医院院长
鲍莉萍　南京金肯建筑安装工程有限公司创办人
潘霄燕　江苏无锡商业大厦集团有限公司董事长
王华玲　江苏省徐州矿务集团义安煤矿助理工程师
是蓉珠　江苏省常州日盈电器有限公司总经理
陈亚萍　亚萍布业有限公司董事长
陈　莉　南通海关关长
姚焕霞　江苏省淮安市妇联妇女发展部部长
杨爱华　江苏省盐城市妇女联合会主席
丁建民　扬州市妇联主席
周宜一　镇江电视台副台长
薛春凤　江苏省姜堰市妇联主席
黄爱玲　江苏省沭阳县七雄县委书记
张丽艳　南航机电学院航空宇航制造工程系副主任
陈京萍　南京市社会儿童福利院院长
孙美萍　无锡市梅园横山风景区管理处主任
梁　敏　徐州金合律师事务所
秦　力　江苏省梁丰高级中学校长
刘岱南　江苏省连云港市审计局党组书记
王国兰　江苏省淮安市商业银行党委书记
高玉林　盐城市商业银行城东支行行长
刘　澄　中共扬州市委党委哲学社会学教研室主任
马金芳　镇江飞达制衣有限公司董事长兼总经理
王美玲　泰州市交通局工会工作委员会主任
徐立华　江苏省农业科学院室主任
韩才峰　江苏清江药业有限公司董事长

浙江省

蒋莉萍　杭州龙盈庄园有限公司董事长
郑丽萍　杭州纸友科技有限公司总经理
袁培芬　宁波市江东区人民检察院检察

长

陈　健　温州市中级人民法院民一庭副庭长

胡国萍　湖州梦圆集团董事长

李兰花　浙江省海宁市上峰化工有限公司

肖国英　浙江华港染织有限公司

黄桔英　浙江超界集团董事长

阮云兰　中国飞跃集团公司副总经理

陈　频　浙江艾莱依羽绒制品有限公司董事长

薛巧英　浙江省公安厅纪委监察室副主任

吴　莹　杭州吴越人家工艺服饰有限公司总经理

杨凌娜　宁波市公安局海曙西分局刑侦大队教导员

康雪芬　余姚市恒大禽业有限公司总经理

章海燕　温州百一超市有限公司董事长

应丽斋　嘉兴日报新闻中心副主任

宋幼平　浙江省新昌县中医院内科主治医师

于高飞　金华市妇联主席、党组书记

许　彤　浙江省衢州日报社专刊副刊中心主任

张桂芳　浙江省仙居县官路镇石井村妇代会副主任

金海萍　浙江省华侨友谊有限公司董事长

白同平　浙江省工程学院党委书记

董伟平　百大集团股份有限公司董事长

史利英　宁波培罗成集团有限公司总裁

赵晓云　浙江省温州市第二人民医院传染科主任

吴云兰　文成县二源乡坑底村妇代会主任

周惠英　嘉兴市秀洲区油车港镇杨溪村万惠养殖场长

吴凤花　绍兴小百花越剧团副团长

张小荷　浙江金棉纺织有限公司董事长

杨　翎　舟山市群艺馆副馆长

蔡玉英　浙江省台州医院副院长

罗雪娟　省体训一大队游泳队运动员

安徽省

丁太环　中铁四局青藏铁路工地医院护士长

王明丽　安徽医科大学病原生物学教研室教授

卫　阳　中国联通芜湖分公司总经理

左贵明　安徽省霍邱县冯瓴乡马台村党支部书记

王莉莉　安徽北方之光律师事务所副主任

张珈馨　巢湖市临湖宾馆总经理

彭清荣　安徽福丰玩具有限责任公司总经理
王振玉　凤台县人民检察院侦查监督科副科长
张明珍　安徽省阜阳市颍泉区卫生局局长
伍东平　安庆市妇联主席
赵景玉　安徽省妇女联合会副主席
王志军　省直机关工委副书记
朱　宁　合肥市财政局党组书记
欧阳永红　安徽省亳州市妇联主席
卜广秀　安徽省蚌埠市妇联主席
李水莲　安徽省石台县计划生育委员会党组书记
方　敏　安徽省铜陵市妇联主席
李　雳　宿州市公安局交警支队女子班班长
郭冬梅　中共颍上县委组织部长
盛年英　黄山市徽州区徽州华夏彩印有限公司
陈桂兰　安徽省妇女联合会办公室副主任
吴谊春　安徽省人大常委会人选工委办公室主任
郑晓燕　合肥百货大楼集团股份有限公司董事长
辛莉莉　六安商之都有限责任公司总经理
冯玉萍　全椒县襄河镇水上社区居委会支部书记
陆亚萍　安徽环亚办公用品（集团）有限公司总经理
吴永洪　宣州区沈村镇人民政府副镇长
王克侠　安徽省淮南市潘集区妇联主席
唐瑞琴　砀山县妇联会主席
许　鹏　安庆市大观区环境卫生管理处书记
许德美　马鞍山市商业银行董事长
郑立智　上海浦东发展银行芜湖支行行长

福建省

刘　琳　福州日报社采访部主任
陈力文　厦门大学党委副书记
张　茹　漳州市龙文区地方税务局局长
郑文娥　中共泉州晚报社编委
邱凤娇　福建省三明市三元区中村乡埔头城村书记
宋美妹　福建省莆田市新美蔬菜综合开发有限公司董事长
黄　雯　福建省顺昌县人民检察院公诉科主诉检察官
梁有金　顺昌县洋墩乡郭源村党支部书记
卢锦景　福安市财贸口党委副书记
王　晶　福建新大陆科技集团有限公司

董事长
潘平可　福州美可食品有限公司董事长
叶美兰　厦门惠尔康食品有限公司董事长
傅丽芬　金冠（龙海）塑料包装有限公司董事长
杨丽影　石狮市祥芝镇党委书记
万松青　沙县汇源贸易有限公司总经理
林爱萍　莆田市荔城区双凤鞋业有限公司董事长
陈松凤　福建南纺股份有限公司纺纱厂后纺车间挡车工
黄秀菊　龙岩市人民政府教育督导室主任
赵光艳　柘荣一中校长
毛雪华　福建省肿瘤医院主任医师
陈丽英　闽侯县荆溪镇厚屿村三八林场场长
陈　媛　厦门市湖里区妇联主席
邱素秋　漳浦县霞美镇巷内村党支部书记
邓美华　泉州市安溪县龙门镇龙美村村主任
梁宝芳　三明市电信分公司客户响应部主任
黄丽萍　仙游县富民综合厂董事长
余玉兰　南平市延平区检察院监所科副科长
邱爱华　连城县九重溪生态园总经理
蔡坚基　福安市潭头学区锦桌头小学副校长
郭琼霞　福建出入境检验检疫局技术中心研究员

江西省

高国兰　江西医学院副院长
金姗姗　江西省公安厅四处科长
万　莉　交通银行南昌分行南莲支行行长
陈如华　江西省分宜县华粮大酒店总经理
邱耀君　江西省永修县百槎镇农民
温娓媛　铜鼓县烟草专卖局局长
郭永红　江西五丰食品有限公司总经理
周贵香　江西省临川区罗针镇丁湖村农民
张春蕾　武警江西总队医院传染科副主任
吴　俐　江西省信息中心应用一部部主任
席维花　江西省宜黄县人民法院副院长
边慧英　江西省玉山县第一中学工会副主席
刘荣梅　九江市庐山区荣达制衣厂厂长
杨国香　江西省丰城市铁路镇陂上村党支部书记

梁萍茹　吉安市文艺学校党支部书记
曾康华　瑞金市妇幼保健院妇女儿童医院院长
李金霞　昌江区西郊街道森林社区党支部书记
徐芷芬　江西省南昌市西湖区地方税务局局长
敖美兰　江西省南昌市公安局青山湖分局洪城大市场派出所所长
颜艳辉　江西省萍乡市湘东区国家税务局局长
徐玉琴　上饶县妇联主席
戚建萍　江西金泉铜业有限公司董事长
金桂英　江西省吉安市妇联主席
谢　瑶　赣州市市容环境卫生管理处赣江环卫所清扫班班长
黄晓莲　江西省中共资溪县乌石镇党委书记

山东省

于建芳　济南市公路管理局公路工程处处长
王宗兰　山东省枣庄市妇女儿童工作委员会办公室主任
陈芳萍　山东省烟台供电公司党委书记
南秀霞　潍坊市奎文区廿里堡街道南屯村委会主任
刘玉勤　山东省泰安市妇联主席
丁艳丽　山东省公安厅国内安全保卫总队现行案件侦查科科长
曹晓岚　山东中医药大学附属医院医务部主任
石兰香　山东省莱芜市妇儿工委办公室主任
田友梅　山东省临沂市妇儿工委副主任兼办公室主任
崔尚红　胜利油田孤东采油厂采油四矿工人
秦俊梅　华夏银行股份有限公司聊城支行
鲁　丽　菏泽市妇联副主席
董雅娟　莱阳农学院科研处副处长
陈玉兰　青岛即发集团股份有限公司董事长
尚秋云　淄博市妇联主席
苏卫红　枣庄日报社政文采访部副主任
蔡纪华　潍坊市妇联副主席
张爱华　济宁市妇联主席
尹燕英　山东省泰安市岱岳区道朗镇南大圈村党支部书记
张　玲　山东省生物药物研究院副院长
迟金萍　山东省宁津县保店镇红庙李村妇代会主任
周玉萍　山东省荣成市委常委
张　巧　中国石化齐鲁股份有限公司塑料厂工程设计室主任

石增云　临沂云雀集团党委书记
周淑贞　山东省滨州市妇联副主席
张芳琦　济铁分局女工委主任
刘晓晖　青岛警备区 64 分队副政治教导员
王　瑛　山东省济南市公安局历下区分局泉城路派出所教导员
马明洁　淄博矿业集团公司工会女职工委员会主任
董启敏　山东省龙口市林业局局长
张　惠　山东省东营市妇联主席
高战胜　邹城市百货大楼有限责任公司董事长
杨玉娥　德州市妇联主席
李少华　山东省人民检察院副检察长
林相英　日照岚星化工工业有限公司董事长
吕俊光　威海市立医院妇产科主任
梁凯丽　莱芜钢铁集团有限公司技术中心能源管理科科长
王秀英　山东时风（集团）有限责任公司党委副书记
王桂香　山东省邹平县人民政府副县长
孙爱珍　菏泽市牡丹莲花苗圃总经理
于淑珉　山东省海信集团有限公司总裁

河南省

李改秀　郑州市改秀化纤有限公司总经理
杨雪玲　河南省洛阳市嵩县城关镇新二村党支部书记
何振华　平顶山市妇联主席
李玉玲　人保财险焦作市分公司总经理
宋　丽　鹤壁市电业局职工
杨素芳　三门峡市妇联主席
闫树秀　河南省宁陵县程楼乡闫庄村
宋玉勤　郸城县养殖有限公司经理
高香兰　河南省驻马店市妇联主席
崔　伟　河南省南阳日报社主任编辑
党小井　济源市第一中学副校长
乔玉环　郑州大学第一附属医院院长
李爱梅　河南日报政文新闻采访部副主任
赵素萍　中共漯河市常务副市长
刘桂英　郑州市政协副秘书长
吴君芝　伊川电力集团总公司总经理
贾焕枝　中国建设银行新乡分行行长
王淑君　安阳市国家税务局局长
宋敬华　河南省鹤壁市妇联主席
袁英敏　河南省许昌市魏都区政府副区长

刘冬梅　商丘市梁园区建设办事处干部
李海燕　河南省周口市海燕职业中等专业学校校长
刘凤娥　河南省确山县杨店乡大邓庄村支部书记
胡爱华　河南省信华保温建材有限公司董事长
杨　玲　河南省财政厅副厅长
朱金荣　河南省畜牧局外资办主任
郭金凤　郑州铁路分局郑州客运段北京车队队长
李建美　河南省妇联组织部部长
王志梅　开封蓝天集团总经理
陶秋霞　平顶山市新华国税局党组书记
唐艳青　河南省新乡市妇联主席
吴海芝　河南省范县孟楼乡党委书记
范海莲　海联企业集团董事长
高　平　人行临颍县支行行长
孟　玮　河南省商丘市妇联主席
段腊梅　河南省驻马店市人民政府常务副市长
王　瑛　镇平县侯集镇东门村村委会主任
王道云　中共河南省信阳市委副书记
段秀莲　河南省总工会
赵　勇　河南省军区门诊部副主任
赵军伟　郑州长途汽车中心站站长
艾高缨　河南省妇联宣传部部长

湖北省

王建枝　华中科技大学同济医学院病理生理系教授
刘丽华　黄石市中心医院大内科副主任
王　静　湖北省襄樊市第五中学教研处主任
王际凤　湖北省洪湖市妇女联合会主席
赵小红　宜化集团有限责任公司办公室
邓散心　梦天湖娱乐有限公司董事长
王金初　湖北省黄冈市英山县温泉镇百丈河村党支部书记
方彩琴　咸宁市通山县实验小学校长
张　清　湖北省随州市曾都区南郊办事处主任
张德萍　仙桃市政协副主席市妇联主席
黄先美　神农架林区妇联主席
朱跃红　武汉耀宏巾帼家政保洁服务有限公司总经理
陆霖红　黄石市林红物业管理有限公司董事
涂　霓　湖北省十堰市公安局刑警支队六大队副大队长
刘　萍　荆州市沙市一棉纺织有限公司董事长
高　勤　荆门市妇联主席
吕红芳　湖北省鄂州市新民街小学校长
杨爱琼　湖北省孝感市妇女联合会副主席

孙如君　咸宁市崇阳县桂花泉镇妇联主席

胡彩婷　湖北省利川市楚硒源科技开发公司总经理

曾腊英　潜江市园林办事处辉煌社区居委会党总支书记

王莉娅　湖北省实验幼儿师范学校校长

胡爱娣　武汉爱帝集团有限公司董事长

任百鸣　湖北省襄樊市国家税务局稽查局

胡　平　湖北省十堰市人民医院妇产科主任

王恩珍　宜昌三峡建筑工程有限公司副总裁

全翠丽　湖北省荆门市体育艺术学校一级教练

高新福　湖北省蕲春县妇联主席

刘尚辉　湖北省孝感市玉泉小学校长

吴艳萍　广水市妇联主席

傅星娥　湖北恩施山里星经贸有限公司董事长

刘秋香　湖北省天门实验高级中学语文教师

宋双伟　襄樊市妇联主席

湖南省

朱雪琴　中冶集团长沙冶金设计研究院高级工程师

丁彩兰　湖南省白马垅劳教所一大队大队长

郭拥华　湖南唐人神集团股份有限公司

李健如　湖南省湘潭市妇联主席

段志平　湖南省新邵县地方税务局局长

杨芳丽　湖南张家界芳丽生态大观园有限责任公司董事长

魏延湘　华容县司法局党组书记

何玎玉　湖南永州石油分公司经理

邵四莲　湖南省娄底市妇幼保健院院长

柳爱平　湖南省海利高新技术产业集团湖南化工研究院首席专家

余淑君　湖南卫视《乡村发现》专栏主编

蒋金桃　省直机关妇女工作委员会主任

廖小明　湖南友谊阿波罗股份有限公司副董事长

袁兰辉　湖南省株洲地泰实业有限公司总经理

刘丽华　湖南省南岳区区长

钟金莲　得丰房地产开发有限公司董事长

黄菊香　湖南省临澧县新安镇南闸社区居委会支部书记

涂光荣　湖南省益阳市荣昌锑业有限责任公司总经理

赵水英　湖南省永州市江华瑶族自治县妇联主席

袁跃军　湖南正清制药集团股份有限公

司副总裁

严腊英　湘西土家族苗族自治州妇女联合会主席

余小玲　湖南长沙卷烟厂营销中心销售总监

尤昭玲　湖南中医学院院长

肖雅珩　长沙市妇联主席

王西平　湖南省湘乡市怀其制革有限公司总经理

王庆玉　湖南王一实业集团董事长

易丽珍　岳阳市妇联主席

齐淑兰　湖南同德职业学院董事长

卢建萍　郴州市湘淼人家饮食文化有限公司董事长

陈跃远　湖南省涟源市樟树村村主任兼妇委会主任

陈绪莲　湖南省凤凰县竿子坪乡牯牛坪村村长

易　阳　湖南省兽药饲料监察所党支部书记

胡群花　湖南省长沙市宁乡县煤炭坝镇明月村村主任

广东省

赵文华　广州日报报业集团广州报刊发行公司总经理

潘翠玲　广东省从化市友生园林有限公司总经理

郭惠绮　罗湖海关科长

关苏华　广东移动通信有限责任公司汕头分公司副总经理

蔡　红　广东省韶关市田家炳中学英语组组长

陈秀清　梅县南口镇政府妇联主席

李远贞　汕尾市妇联主席

肖惠南　广东省中山市民众镇副镇长

邓新仪　广东省江门市新会区妇联主席

江春燕　阳江市宝马利汽车空调设备有限公司常务副总经理

林海燕　中国体育彩票 10060 网点业主

黄惜荣　饶平县创荣抽纱机绣厂有限公司董事长

聂亚丽　广东省黄村体育训练基地

肖日英　廉江市副市长

钟爱东　广州市花都区恒泰农业经济发展有限公司总经理

叶映霞　深圳市龙岗区平湖镇妇联主席

卢亚妹　珠海市斗门区白藤湖现代农业开发公司经理

陈岱娜　汕头市澄海区妇女联合会主席

欧运华　广东省河源市妇幼保健院院长

张舜玲　广东省惠州市中心人民医院副院长

黄碧莲　东莞市妇女联合会主席

古有婵　广东省中山市疾病预防控制中心主任

黄学军　广东省佛山市中级人民法院审判员
林　奋　湛江市实验雷剧团团长
陈晓红　肇庆市第一人民医院内科副主任
田玉珊　中国银行揭阳分行党委书记
刘景梅　广东省农业科学院植物保护研究所所长
曾　玲　华南农业大学资环学院教授
曾柳英　深圳市宝安区沙井镇爱心一族协会会长
刘　新　中山海关缉私分局侦查科科员
陈春花　广东省韶关市农业科学研究所高级农艺师
孙粉娇　广东省兴宁市妇幼保健院院长
周卫平　广东惠州学院校学术委员会副主任
黄桂莲　广东省东莞市虎门镇副镇长
陈月心　台山市高新竹艺有限公司总经理
张小娟　佛山市中医院医务科兼医院感染管理科副科长
程文娣　广东省湛江市麻章区湖光镇圆坡村委会农民
莫祖英　清远市连山壮族瑶族自治县人民医院妇产科主任
黄锦珠　郁南县财政局局长
丁　凯　深圳市创维群欣安防科技有限公司董事长

广西壮族自治区

米世春　南宁祥兴日百公司总经理
江佩珍　广西金嗓子有限责任公司党委书记
胡群芳　恭城瑶族自治县旺达竹木工艺厂厂长
郑玉远　北海市海城区第八小学校长
李　宁　贵港市桂平镇中心小学校长
覃丽娥　广西百色市奶牛科技示范场场长
黄献芬　广西壮族自治区河池市金城江区第五小学校长
何光爱　广西壮族自治区崇左市计划生育委员会主任
胡灼君　柳州铁路局中心医院院长
李冬兰　广西壮族自治区南宁市邕宁县蒲庙镇良勇村委会妇代会主任
贾海滨　广西区电信有限公司柳州市分公司党委书记
唐秀菊　广西壮族自治区桂林市灌阳县观音阁乡政府
陆莲荫　广西防城港市防城实验高级中学副书记
刘秋玲　广西玉林市红十字会医院急诊科护士长
黄丹萍　广西平果县国家税务局副局长
刘莉芳　广西贺州市桂东电子科技有限

责任公司副总经理

李　敏　广西壮族自治区人民医院眼科主任

陶叶廷　新时期好军嫂

陈仕英　广西横县校椅花茶厂厂长

梁梅英　广西桂林银海纺织集团公司二分厂挡车工人

廖桂兰　梧州市妇联主席

邓丽珍　广西钦州市灵山县丰塘镇平岭村妇代会主任

庞富英　广西玉林市富英制革有限公司

周素媛　河池市妇联权益部长

谢金莲　广西壮族自治区来宾市忻城县妇联主席

周　密　广西体育局羽毛球队运动员

海南省

刘丽玲　海南省三亚市妇联主席

吴素秋　海南省海口市第九小学校长

毛燕妮　海南东方市中通物流有限责任公司总经理

刘玉英　万冲镇三人村妇女主任

陆明健　白沙县凯达实业有限公司总经理

蒋玉美　万宁市北大镇山牛田村农民技术员

吉爱英　琼中县湾岭镇农民

符春兰　海南省东方市大田镇党委书记

王月花　海南省儋州市财政局局长

陈丽美　海南省陵水黎族自治县公安局交警大队办公室主任

符洁超　海南省文昌市妇联主席

符惠卿　保宁县购物放心商场总经理

林金花　五指山市环境卫生管理站

许少珍　海南省琼海市妇幼保健院副院长

孙红花　海南省定安县雷鸣镇埇坡村农民

蒙麓光　海口艺术团国家一级编导

安美霞　海南省临高县人民医院妇产科主任

甘文萍　海口市中级人民法院一庭副庭长

王海兰　海南省高级体育运动学校运动员

张静莲　海南省南林农场高原队班长

重庆市

冉元智　重庆市巴南区畜牧兽医站站长

黄月琴　重庆市巫山县福田镇桥头村示范户

游庆华　南川市师范幼儿园党支部书记

徐晓琴　重庆市公安局高新区分局二郎派出所副所长

谯　红　重庆市云阳县盘石镇革岭小学
赖芸英　重庆四维高科技有限责任公司总经理
甘茂惠　重庆市惠雅建材有限公司董事长
周　敏　重庆移动通信有限责任公司网络部主任
陈丽莎　重庆市运动技术学院
彭忠英　重庆市新大兴实业（集团）有限公司董事长
薛牧沙　重庆市荣昌县财政局党组成员
华　利　重庆市大渡口区大渡口小学校长
阴正勤　第三军医大学第一附属医院眼科主任
金先翠　巫溪县劳动和社会保障局副局长
郭建春　铜梁县疾病预防控制中心党支部书记
涂富霞　重庆艾佳实业集团董事长
邹凌嘉　重庆市地方税务局副局长
冉　兰　西南铝业（集团）有限责任公司压延厂副主任
胡珍蓉　璧山县文化馆党支部书记
黄芙蓉　中国农业银行武隆县支行党委书记
周顺悌　渝中区政府办公室主任
代世碧　垫江县社会福利院副院长
向菊瑛　重庆市秀山土家族苗族自治县文化体育局副局长
冯胜梅　重庆市长寿区妇幼保健院院长
潘纯洁　重庆市电信有限公司数据通信分公司运行维护部主任
杨桂华　重庆市妇女联合会副主席

四川省

李光丽　仁寿县双天酒家总经理
崔富华　南充市农业科学研究所花生研究室主任
聂　莉　四川省德阳市人民医院党委书记
刘　英　内江百科科技有限公司
钟兴琼　遂宁市妇联主席
吴水蓉　四川省广安市妇联主席
李　晓　四川省农业科学院科技情报研究所所长
刘丽梅　四川航空股份有限公司妇委会主任
饶　华　巴中市委、市政府接待工作办公室主任
刘永梅　凉山州西昌市凯丽莱酒店总经理
马晓蓉　成都中医药大学党委副书记
罗代榕　四川省泸州金梦煤化企业集团有限公司董事长
罗丽华　四川川润（集团）有限公司

马丽萍　四川省攀枝花市妇联主席
朱雪纯　中国工商银行乐山市分行党委书记
杜一平　宜宾市第二人民医院副院长
王　静　四川米兰服饰有限公司总经理
周秀华　四川明星电力股份有限公司总经理
江学勤　四川省第四人民医院针灸科主任
龚兰英　汉源县畜牧局清溪冷配站助理
吴　瑛　成都国际经济技术合作股份有限公司董事长
敖　萍　中国联通宜宾分公司党委书记
林　玲　资阳市雁江区雁江镇第一小学校长
杨　兵　四川省达州市通川区第一小学校长
杨珍良　四川省广元市妇联主席
李亚莲　绵阳市妇联主席
杨茂兰　成都冰娥实业有限公司董事长
蒋佩勋　中房集团德阳房地产开发有限责任公司董事长
益　嘎　四川省甘孜州民族歌舞团团长助理
陈　英　阿坝州九寨沟风光图片社总经理
江　南　四川省人民医院传染科主任

贵州省

王伦芬　花溪区黔陶乡谷洒村
钟建珍　贵州省遵义经济技术开发区高桥镇鱼芽村党委书记
彭晓萍　中国人民政治协商会议天柱县副主席
周惠萍　贵州省移动通信公司黔西南分公司党组书记
张兴珍　铜仁市供销社副主任
王川玲　贵州师大离退休干部处处长
姜　琪　双阳飞机制造厂试飞站工段长
林　莉　贵州省体育局体操运动管理中心运动员
张　莉　贵州省贵阳市公共交通总公司第八中心站十五路线长
王福英　安顺市妇幼保健院院长
沈成秀　六枝特区总工会主席
李新林　都匀二中副校长
白学翠　国家电力公司贵阳勘测设计研究院水道设计部主任
张爱华　贵阳医学院公共卫生学院院长
杜黔枫　贵州地质工程勘察院图文信息中心主任
牟　霞　武警贵州省总队医院门诊部主治医师
陈云英　民革遵义市中山医院院长
潘文桃　贵州省黔东南州凯里市农业局

副局长

舒鸿葵　中国工商银行盘县支行红果分理处主任

刘龙秀　贵州省毕节地区医院副院长

毕献武　中国科学院地球化学研究所研究员

王舒宇　中国航天科工集团公司〇六一基地井冈山仪表厂副总工程师

王先群　中国南车集团贵阳车辆厂幼儿园园长

冯曙光　贵州省妇联宣传部副部长（男）

云南省

董云妹　昆明市西山区政协委员

邹　萍　云南楚雄州农业科学研究推广所旱粮站副站长

朱丽旗　孟连县农业技术推广中心农艺师

李春梅　漾濞县残疾人联合会

张宝珍　丽江市妇联主席

李志勤　昆明陆军学院附属藏族中学校长

魏凤玲　云南省女子劳教所副所长

张碧君　云南锡业股份有限公司工会副主席

沈晓燕　交通银行昆明分行楚雄支行行长

张明先　昭通市大关县委副书记

白荔璟　玉溪工业财贸学校高级讲师

依拉罕　勐腊县副县长

白中燕　昌宁县总工会副主席

高长珍　兰坪白族普米族自治县畜牧局主任科员

施立新　武警昆明指挥学校副教授

徐　丹　云南大学信息学院教授

刘淑芝　云南省建筑机械化施工公司工程师

沙所香　师宗县卫生局副局长

童明珍　红河州金平县金河镇观音庙村妇代会主任

尹晓玲　大理卷烟厂工人

胡菊兰　德宏州医院集团人民医院主任医师

杨双英　临沧地区人民医院护士长

毛丽萍　国家电力公司昆明勘测设计研究院副总经理

和　平　云南省中医医院主任医师

汪同芬　水电十四局曲靖分局工人

西藏自治区

拉　布　西藏自治区第二人民医院妇产科主任

曲　珍　中国西藏自治区纪律检查委员会副书记

德　央　拉萨市公安局交警支队城南大队

姆　姆　察雅县工青妇办公室主任

次春群措　西藏那曲地区政协秘书长

曾群辉　西藏大学农牧学院畜牧兽医系教授

卓　嘎　堆尼德庆县人民政府县长

卓玛央吉　日喀则地区统计局农牧科科长

索朗德吉　西藏山南曲松县罗布莎镇妇联主席

普　珍　西藏自治区拉萨中学

白秀英　拉萨百货大楼妇联主任

巴　吉　西藏日喀则地区岗巴县妇联主席

强巴措　西藏那曲地区聂荣县聂荣镇 10 村

米　玛　中国农业银行西藏自治区分行营业部副主任

吾　金　噶尔县昆莎乡索麦村妇女主任

陕西省

杨　芳　陕西电视台新闻中心播音部副主任

姜景芝　陕西省公安厅直属工作处处长

刘　远　陕西省人民艺术剧院副院长

王润琴　陕西省延安市子长县史家畔乡湫峪沟村农民

王志兰　陕西省榆林市定边县郝滩乡高寨则村农民

张爱华　铜川市华信服装有限公司总经理

张淑珍　陕西省电业工会女职委副主任

门爱贤　西安市董白面粉有限公司总经理

张庚莲　咸阳市秦都区同心科技农场

杜　涓　陕西省军区通信站一中队政治指导员

张艳宁　西北工业大学计算机学院系主任

薛芝粉　陕西省华县梁堡行政府妇女主任

袁祖芳　陕西省工程监理有限责任公司总经理

张巧玲　延安市洛川农业科学研究所副所长

李晓华　凤翔县新世纪绿业园经理

张金容　中国航天科技集团公司第六研究院第十一研究所二室副主任

孙富英　陕西省安康市石泉县妇联主席

陈　艳　于素梅脚病修治部经理

郝庆玉　陕西省卫生厅疾病控制处处长

唐秀云　商洛市商州区妇联主席

梁丽莉　西安市灞桥区灞桥镇敬老院院长

陈　敏　陕西汉王药业有限公司副董事长兼总经理

马桂林　陕西省榆林市子洲县审计局经审办副主任
王　琼　杨凌博迪森生物科技发展股份有限公司董事长
牟文兵　陕西省西安市国家税务局新城分局长乐西路所所长
徐嘉唯　西安宇华科技实业有限公司董事长
许淑云　陕西咸阳市第一人民医院眼科中心主任
杨　虹　华陆工程科技有限责任公司

甘肃省

常晓兰　兰州市国家税务局城关一分局稽查四处队长
杨永花　嘉峪关市阿禧艳餐饮有限责任公司董事长
高素琴　甘肃省玉门市玉门镇环宇公司经理
周爱兰　甘肃定西爱兰马铃薯种业有限责任公司董事长
鲁毛草　夏河县藏族中学副校长
于红箭　核工业集团公司四〇四厂三分厂生产科副科长
刘　英　甘肃省民勤县妇联主席
杨君花　清水县馨兰花卉公司经理
赵秀茹　甘肃省庆阳市妇联主席
张淑玲　甘肃省榆中县龙泉学区水坡小学教师
马秀英　临夏市民营经济发展局副局长
穆荣肖　甘肃省妇幼保健院副院长
杨晓丰　甘肃省庆阳市镇原县人民法院刑二庭庭长
付惠萍　金塔县金塔乡妇联主席
赵永瑞　金昌市妇联主席
杨秀英　甘肃省武威市水利科学研究所
李　慧　甘肃省陇南地区武都县富民农场场长
杨卓玛　甘肃省甘南州妇联主席
丁慧茹　甘肃省体工一大队武术队教练
何　平　中国科学院寒区旱区环境与工程研究所研究员

青海省

卫亚莉　西宁大十字百货商店有限公司董事长
冷海苏　青海省平安县平安中学英语教师
冯秀英　门源县妇联主席
苏海红　青海省社会科学院经济研究所副所长
张清华　西钢股份公司炼钢分厂一炼车间天车工段天车工
黄巧仙　西宁市天马美容公司总经理

杨玉梅　海东地区妇联办公室主任
郭晓华　西宁市公共交通有限责任公司驾驶员
李雪青　海南州中级人民法院
曾光兰　乐都县下营藏族乡大庄村支部书记
才卓玛　玉树州疾病控制中心
尼　玛　青海省红十字会常务副会长
范　莉　青海省电信工会副主席
顾桂珍　青海海源铝业公司总经理
戴朝兰　青海省互助土族自治县妇联主席
刘红东　瀚海企业集团工会主席
刘　萍　青海省军区教导大队管理处管理员
王亚萍　武警青海总队医院妇产科主任
格桑卓玛　果洛州计划生育委员会

宁夏回族自治区

刘荣荣　宁夏科技信息研究所所长
陆　冰　宁夏移动通信公司副总经理
郑佩玲　银川市妇联副主席
丁兰玉　吴忠市妇联主席
安凤珍　宁夏惠农县燕子墩乡汪家庄村六队农民
马玉芳　三营镇新月养殖有限公司经理
杨巧玲　宁夏回族自治区人民医院眼科主任
李红燕　中国建设银行灵武市支行
巨丽红　宁夏启元药业有限公司副总经理
拜　萍　吴忠市财政局核算中心主任
霍丽明　中国联通有限公司石嘴山分公司总经理
黄湘宁　固原市林业局副局长
马英玲　银川市第二十一小学校长
李培文　中共宁夏回族自治区委员会党校行政管理教研部副教授
朱彩虹　贺兰县金贵镇汉佐村农民
孟凤英　宁夏回族自治区吴忠市利通区教育局工会主席
孙丽华　宁夏石嘴山市大武口区人民路工人街社区党支部书记
张　青　彭阳县农业技术推广中心

新疆维吾尔自治区

提拉·马木提　巴楚县琼库尔恰克乡14村妇女主任
崔元玗　新疆农业科学院植物保护研究所研究员
彭鸿焱　石河子地方税务局征收管理局副科长
李亚男　新疆日报社策划部
李霞飞　博州农业科技开发中心土肥站

站长
吕玉兰　新疆油田公司重油开发公司采油作业二区九八西边远联合站站长
提拉克孜·马木提　喀什地区公安局正科级侦察员
明　杰　和硕县种子站农业局妇委会主任
郑彩霞　乌鲁木齐正泰房地产开发有限责任公司董事长
方　敏　新疆广汇实业投资集团监事局主席
玛　海　托里县个体工商户
姜淑清　北京妇产医院主任医师
夏依努尔·沙德瓦哈孜　阿勒泰地区第一高级中学教师
杨晓红　自治区人民医院呼吸科主任
索芙蓉　建设银行昌吉州分行建国西路分理处
迪力达尔·克里木　伊宁市塔什科瑞克乡副乡长
尼亚散库提　库车县阿拉哈格镇比苏提二村村民
努尔尼沙吐送　和田棉纺织厂二纺公司党总支副书记

新疆生产建设兵团

王淑萍　新疆石河子人民医院护理部主任
王美华　新疆生产建设兵团十师183团8连农工
陈唐月　新疆生产建设兵团农十二师西山农牧场蔬菜站农工
王建春　一六四团工会女职工委员会主任

中直机关

崔淑惠　全国妇联权益部副局级协调员
訾　绮　人民政治报社《健康周刊》主编
张兰华　新华社国际新闻编辑部阿文编辑室主任
吴　兢　人民日报国内政治部法制组副组长
黎　星　中国日报总编辑助理兼特稿部主任
吴亚平　中国劳动关系学院劳动关系和工会学系教授
杨一曼　国家广播电影电视总局科技司网台运行管理处处长
肖晓明　外文出版社社长
蔡　敏　中国妇女报社新闻部记者
胡玉敏　中央纪委监察部纠正部门和行业不正之风室主任
侯丽华　新华社新闻信息中心文字新闻供稿部主任

施明慎　人民日报经济部副主任
刘兰芳　中国文联副主席
古丽巴哈尔　中央人民广播电台民族广播中心维语部副主任
竺新原　中国华侨经济科技部巡视员
王瑞琴　人民文学出版社少儿读物编辑室主任
贾淑琴　中央文献研究室办公厅副主任
唐　虹　新华社国内部二编室副主任
王　俊　求是杂志社总编室校对处处长
龚　莉　中国大百科全书出版社副总编辑
钱　蔚　中央电视台社教节目中心社会专题部《今日说法》栏目总制片人
赵　涛　中共中央政策研究室副秘书长

中央国家机关

管松英　人民大会堂管理局服务处助理调研员
周　伟　公安部边防局政治部副主任
王静霞　中国城市规划设计研究院院长
王小凤　中国地质科学院地质力学研究所室主任
赵汝蘅　中央芭蕾舞团团员
周　英　水利部人事劳动教育司司长
王　秀　国家信息中心主任
吴令安　中科院物理所研究员
张　虹　中国核动力研究设计院核动力设计研究所
黄维娜　贵州航空发动机研究所产品设计部部长
孙晨华　中国电子科技集团公司第 54 研究所卫星通信与广播电视专业部系统部副主任
高正红　西北工业大学航空学院教授
张凤艳　最高人民检察院公诉厅抗诉处副处长
路和平　财政部社会保障司司长
王立真　中国船级社信息开发咨询中心副总经理
王淑敏　商务部局长
崔　丽　国家人口和计划生育委员会人事司司长
姚向君　农业部规划设计研究院能源环保所所长
姜笑梅　中国林业科学研究院木材工业研究所材性室主任
武　寅　中国社会科学院研究生院院长
葛文蕊　中国航天科技集团公司第八研究院第八设计部二室主任
杨文华　大连新船重工有限责任公司舾装公司电焊工
崔国兰　哈尔滨工业大学党委副书记
傅　莹　外交部亚洲司司长
周玉兰　国防科学技术工业委员会

王秀军　信息产业部电信管理局副局长
张勤勤　北京冶金医院护理管理负责人
刘宝英　人事部专业技术人员管理司司长
郭敬霞　北京市中日友好医院肾病中心科护士长
吕厚荃　国家气象中心遥感应用与农业气象室
赵泽华　中国残疾人杂志社《三月风》编辑部首席编辑
金其明　中国航天科工集团第二事业部副部长
王晋英　北方重工机电设备公司六车间工人
郝燕玲　哈尔滨工程大学自动化学院院长

国资委

王　丽　新疆电信公司伊犁州分公司解放南路营业厅值班长
王燕飞　中国农业机械化科学研究院党委委员
罗　敏　黑龙江省通信公司哈尔滨市分公司服务监察部业务主管
陈同滨　中国建筑设计研究院建筑历史研究所所长
邵尧霞　中铁十七局集团第四分公司青藏铁路项目副总工程师
杨国华　东风汽车有限公司重型车厂汽车电工
关焕贞　中国南车集团株洲电力机车厂铸造分厂翻砂工
马艳红　中航勘察设计研究院工程师
艾和平　户县热电厂钳工班技术员
张荷香　建筑工业（集团）有限责任公司车间主任
吴静芬　沪东中华造船（集团）有限公司
李丽芹　中国一汽解放汽车有限公司车身厂技术发展部部长
吴明华　二重集团公司金结重型制造分厂电焊技能教师
于世元　中国航天科工集团第三研究院副院长
贺志荣　中铁二局路桥公司贵阳金阳新区阳关立交桥项目部经理
万春兰　中国建筑一局（集团）有限公司工会副主席
徐俊霞　中铝公司包头铝业集团公司供电技术科科长
周云霞　中国石油大庆炼化公司副总工程师
章丽琴　上海大屯能源股份有限公司拓特机械制造厂金工车间铣工

解放军

周丹丹　中国人民解放军 61786 部队 22 分队

陆　蕾　第二军医大学第二附属医院普外科护士长

曹京宜　中国人民解放军91872部队帆缆涂料研究室工程师

姚云竹　军事科学院世界军事研究部第二研究室主任

杜英梅　黑龙江省军区通信站助理工程师

王秀丽　解放军第一医院传染科护士长

江旻舟　中国人民解放军75775部队副科长

吴　瑛　解放军信息工程大学信息工程学院二系教授

杨　晓　军事医学科学院生物工程研究所发育与疾病遗传学研究室主任

李　鸿　空军95889部队1站副站长

丁立平　国防大学训练部图书馆副馆长

王建秀　66166部队自动化工作站站长

王　丽　中国人民解放军71834部队55分队队长

黄　欣　成都军区总医院干部病房护士长

赵蕊蕊　解放军八一体育工作大队女子排球队运动员

李勇枝　中国人民解放军63919部队十一室主任

佘新荷　96411部队副总工程师

卢芳云　国防科技大学理学院应用物理系武器效应物理教研室主任

姜云燕　解放军第十八医院传染科护士长

任卫红　中国人民解放军73636部队副科长

武警

王雪艳　武警沈阳指挥学院训练部管理教研室法学副教授

刘苏冰　武警河南省总队医院副院长

林玉梅　武警吉林省总队医院药剂科主管护师

杨宗英　武警云南省总队司令部办公室主任

卢雪梅　武警长沙指挥学校训练部文化教研室副教授

秦力子　武警部队政治部体工队散打队运动员

女法官*

牟乃桂　山东青岛市中级人民法院

王树华　河南省漯河市源汇区人民法院

* 授予获得“中国法官十杰”称号和提名奖的女法官全国三八红旗手称号（宋鱼水、席维花已获得此称号，不再重复授予）。

吴　苹　江苏省南京市鼓楼区人民法院民事审判第一庭副庭长

丁卫红　广州天河区法院刑庭副庭长

王晓慧　辽宁大连市沙河口区人民法院民一庭副庭长

在第28届雅典奥运会上获得金牌的女运动员

杜　丽　射击运动员

陈艳青　举重运动员

刘春红　举重运动员

唐功红　举重运动员

王　旭　摔跤运动员

冼东妹　柔道运动员

罗　微　跆拳道运动员

邢慧娜　田径运动员

郭晶晶　跳水运动员

吴敏霞　跳水运动员

劳丽诗　跳水运动员

李　婷　跳水运动员

张怡宁　乒乓球运动员

张　宁　羽毛球运动员

杨　维　羽毛球运动员

张洁雯　羽毛球运动员

孙甜甜　网球运动员

李　婷　网球运动员

在第12届残奥运会上获得金牌的女运动员

李春花　铁饼运动员

薛兰梅　柔道运动员

张海原　田径运动员

周菊芳　自行车运动员

王　芳　田径运动员

王　婷　铁饼运动员

吴春苗　田径运动员

郑宝珠　铅球运动员

王燕红　射箭运动员

雷丽娜　乒乓球运动员

黎玉强　乒乓球运动员

顾改改　乒乓球运动员

在西气东输工程建设中作出突出贡献的女建设者 *

刘玉英　中国石油管道三公司三八女子焊工班班长

裴亚萍　中国石油华北石油管理局工程建设公司管道分公司管焊二队电焊工

郭艳林　中国石油工程设计西南分公司

* 授予在西气东输工程建设中作出突出贡献的女建设者全国三八红旗手称号。

项目经理

汤立新　中国石油塔里木油田分公司西气东输气田建设项目经理部综合部副主任

余淑明　中国石油长庆油田分公司西气东输气田开发处副处长

张文伟　中国石油管道局管道工程有限公司工艺室副主任

钟　梅　中国石油管道局西气东输项目部控制合作部文控部工程师

侯晓辉　中国石油管道公司廊坊油气储运分公司工程师

阿达来提　新疆维吾尔自治区博湖县国土资源局副局长

周小玫　浙江省发展和改革委员会能源处助理调研员

全国十大女状元、全国十大绿色女状元*

甘长英　天津市静海县中旺镇姚庄子村农民

刘淑云　河北省遵化市西留村乡朱山庄村农民

任长城　山西省祁县田旺农场农民

项秀武　浙江省上虞市开发区农民

涂成荣　安徽省六安市金安区三十铺镇蚕桑站站长

李兰英　江西省南昌市湾里区罗亭镇农民、助理工程师

李殿印　山东省平邑县大洼林场护林员

王桂凤　河南省新乡县翟坡镇杨任旺村农民

王索求　湖南省特种动物养殖总场经理

陈运媚　广东省深圳市龙岗区坪地镇年丰村农民

唐燕子　四川省广安市协兴镇牌坊村农民

吴林花　贵州省锦屏县新化乡新化寨村农民

朱美华　云南省昆明市官渡区矣六乡五蜡村农民

马玉兰　青海省平安县沙沟乡石沟沿村农民

周月琴　宁夏回族自治区银川市芦花镇昊苑村农民

肉孜尼沙·肉孜　新疆维吾尔自治区和田县吐沙拉乡加拉勒巴格村

即时授予

蒋　庆　贵州省贵阳市白云区人民法院法官

* 授予第三届“全国十大女状元”“全国十大绿色女状元”全国三八红旗手称号（已获得此称号的不再重复授予）。

2005年

全国三八红旗手

为神舟六号作出突出贡献人员*

林　涓　中国航天科技集团公司一院一部长征二号F遥测系统副主任设计师

熊晓英　中国航天科技集团公司五院总体部“神六”飞船总体电路主任

陈红斌　中国航天科技集团公司四院飞船逃逸固体发动机主任设计师

许湘君　中国航天科技集团公司六院十一所副总工程师

顾畹敏　中国航天科技集团公司时代电子公司539厂厂长

毕雨雯　中国航天科技集团公司八院高级工程师

李素循　中国航天科技集团公司十一院研究员

陈　楠　中国航天科技集团公司一院十二所四室副主任

* 授予为神舟六号作出突出贡献人员全国三八红旗手称号。

即时授予

巨粉娥　陕西省长武县植保植检站站长

靳伟杰　河南省漯河市实验小学教师

高翠英　河北省张北县副县长

吴美角　浙江省温州市泰顺县筱村镇东垟村妇代会主任、党支部委员

2006 年

全国三八红旗手标兵

金桂兰　黑龙江省宁安市人民法院东京城法庭审判员

宋美姝　福建省莆田市荔城区新度镇东郊村农民

马文丽　南方医科大学基因工程研究所所长

严　琦　重庆陶然居饮食文化集团董事长

向　菲　中央人民广播电台《中国之声》主持人

周建华　中国人民解放军61081部队总体技术室主任

田桂荣　河南省新乡县合河乡范岭村村委会主任

江尔·热哈提　新疆维吾尔自治区福海县妇幼保健站站长

胡安康　中国船舶工业第708研究所所长

陈子江　山东省省立医院副院长

2006年全国三八红旗手

北京市

柳　茹　北海幼儿园园长

张松凌　东城区安定门街道工委妇联主席

果淑兰　北京市第十一中学校长

古燕琴　宣武区康乐里小学副校长

支　芬　朝阳区高碑店乡高碑店村党总支书记

杨跃进　北京中航科创质量技术开发中心常务副总经理

刘秀兰　丰台区司法局司法助理员

刘大华　北京市石景山医院皮肤性病科

主任

樊　颖　门头沟区人民法院执行庭执行员

王秋艳　北京房建建筑股份有限公司第二分公司常务副总经理

敖淑明　通州区梨园镇妇女养殖乌鸡服务中心经理

牛玉俊　大兴区黄村镇信访办主任

李克美　北京市中技克美谐波传动有限公司副董事长

刘淑华　昌平区水产公司总经理

张宏宇　怀柔区财政局局长

见立荣　北京华阳服装有限公司董事长

李淑媛　密云县医院护理部主任

刘淑凤　延庆县四海镇妇联主席

满芙蓉　北京市运通客运有限责任公司乘务员

顾惠东　北京松下彩色显像管有限公司电子枪科科长

姜淑清　北京妇产医院妇幼保健院医生

朱丽俐　北京更香茶业有限责任公司总经理

孙素芬　北京农林科学院农业科技信息研究所所长

韩鲁佳　中国农业大学工学院农业工程系教授

石萍萍　北京市建筑设计研究院第四设计所主任

陈亚芹　北京卫戍区司令部直属73分队副指导员

邢筱萍　北京市中关村中学校长

王弭力　中国地质学会秘书长

李瑞华　北京市女子监狱监狱长

陈映红　北京市木樨园体育运动技术学校游泳队主教练

史红梅　北方昆曲剧院国家一级演员

马巧云　北京远南之星盲人按摩中心经理

王小兰　北京民营科技实业家协会会长

张秀荣　北京市运输管理局宣武管理处处长

李　琼　北京生物工程和新医药产业促进中心战略研究部部长

关玉香　北京奥瑞金新美制罐有限公司董事长

王燕英　北京101中学党总支书记

张秀华　通州区中山街小学校长

任兆敏　北京翔达投资管理有限公司党委书记

于海霞　延庆县富香民奶牛合作社董事长

天津市

王之球　天津市妇联主席

薛志华　天津市三条石有色金属铸造有限公司总经理

张连香　天津市凯立房地产开发有限公

司董事长
孙红梅　天津万龙养殖场场长
高秀冬　西青区中北镇党委书记
王　芸　河西区马场街道办事处主任
李俊萍　汉沽区大田镇大马勺沽村村委会主任
李永兰　天津市永建热能安装有限公司董事长
曹　影　天津市桂顺斋糕点有限公司西式裱花制作技工
张津奕　天津市建筑设计院副总建筑师
李海艳　蓟县白涧镇生猪养殖科技园区总经理
王景毅　德中利德（天津）生物技术有限公司董事长
田凤英　中法合营王朝葡萄酿酒有限公司副总经理
张爱东　中石化股份公司天津分公司炼油部油品作业部工人
郭　葳　天津市第一商业学校校长
郑文杰　天津市出入境检验检疫局动植食分中心副主任
黄俊霞　河东区环境卫生管理局清除队工人
武秀芬　东丽区大毕庄农村信用社主任
张学红　天津移动通信有限责任公司总经理
焦玉玲　天津市文化局调研员
高桂琴　天津电视台副台长
戴　明　天津市人民检察院研究室副处级检察员
许文妍　天津钢管集团有限公司钢管研究所应力腐蚀实验研究室室主任
朱家玲　天津大学机械学院地热中心主任
纪文静　天津市公安局河东分局刑侦三大队
张　婼　天津市大港博爱医院
孟　红　天津药物研究院研究员
张　彤　天津领先集团有限公司总裁
田惠光　天津市卫生局副局长
林艳敏　天津天铁冶金集团有限公司科技质量部副部长
张春荣　天津市传染病医院护理部主任
杜茂珍　武清区大王古庄镇大营村农民

河北省

葛瑞芳　石家庄市妇联主席
盛新玲　行唐县人民医院院长
蔡英敏　河北省红房子家居广场有限公司董事长
张军华　石家庄市公安交通管理局副局长
舒丽莎　河北北方学院附属第一医院副院长

郝建华　张家口第一煤矿机械有限公司副总经理
马玉莲　河北盛华化工有限公司副总经理
杨秀华　承德县下板城镇朝梁子村党支部书记
武治辛　中国网通有限公司承德分公司大客户营销中心经理
申英俊　河北省承德钢铁集团有限公司炼钢厂运转工段段长
郑喜兰　唐山市丰润区人民检察院副检察长
潘丽英　唐山市兴丰饲料有限公司总经理
张艳春　唐山市妇联主席
梁　辉　遵化市委农村工作委员会书记
杨　玲　德龙水泥有限公司董事长
沈丽君　秦皇岛市公安局经济技术开发区分局法制科科长
孙慧敏　三河市明慧养猪集团总经理
岳润华　廊坊市广阳区逸夫小学教师
钱建华　廊坊市环卫局清扫管理处副处长
姚秀珍　保定市妇联主席
田　烈　保定市第一中学校长
郝海玲　河北秀兰房地产集团有限公司总裁
吴　伟　满城县青山绿源荒山开发有限公司总经理
王金兰　沧州市第二幼儿园园长
王淑玲　泊头市北方绣品有限公司总经理
刘慧敏　沧州市妇联主席
陈东寒　衡水启明学校董事长
林秀贞　枣强县王常乡南臣赞村农民
房丽君　隆尧县委副书记
郑丽萍　临城县人民法院院长
刘　巍　邢台市福鑫商贸有限公司董事长
王晓平　肥乡县人民法院院长
王俊萍　邯郸县黄粱梦镇党委书记
武想兰　永年县文兰种养有限公司总经理
田彤颜　河北省公安厅缉毒总队禁制科科长
周人纲　河北省农林科学院遗传生理所研究员
吴美荣　河北省妇联权益部部长

山西省

梁豫秦　山西省妇联主席
康树芬　太原市妇联主席
李学花　太原市动物检疫站站长
张在玲　大同市建筑设计院院长
郭便花　平定县妇儿工委办主任
刘一平　壶关县公安局局长
常买肉　泽州县东常村党支部书记

苏红平　高平市红萍服饰有限公司总经理
冯改朵　朔州市委副书记
刘彩萍　原平市范亭中学教师
师亚玲　吕梁市动物检疫站站长
朱俊峰　晋中市气象局局长
韩爱珍　临汾市妇联主席
许红霞　翼城县亿通钢铁有限责任公司董事长
郑凤梅　运城市妇联主席
郑　冰　永济市农民协会会长
刘　青　山西省田径运动管理中心运动员
孟银凤　山西日报政法部主任
邢燕芬　山西省委组织部副部长
王淑珍　山西省商务厅厅长
刘变英　山西省人民医院内镜室主任
王娟玲　山西省农业科学院旱地农业研究中心主任
马　华　山西医科大学第二医院中医科主任医师
陈续臻　临汾市文化新闻出版管理局局长
李菊芬　太原市邮政局纪检书记
常丽萍　太原理工大学煤科学与技术教育部副主任
王一丁　太原市第二人民医院不孕不育中心主任
顾青圻　山西省妇联办公室主任

内蒙古自治区

胡达古拉　自治区团委副书记
马迎春　自治区人民检察院法律政策研究室主任
韩秀娥　自治区妇联儿童部部长
乔晓莉　包头市妇联主席
李秀文　兴安盟工会主席
平淑英　呼和浩特市广播电视局副局长
赵林平　内蒙古大学艺术学院舞蹈系主任
麦丽丝　内蒙古电影制片厂一级导演
赛　娜　内蒙古饭店董事长
陈雅琴　中国航天科工集团第六研究院41所科技委秘书长
施美珠　鄂尔多斯施美珠制衣有限公司总经理
乌兰格日乐　内蒙古体工一大队运动员
杜　钧　内蒙古电力公司工会女职工委员会主任
闫巧梅　乌海市海勃湾区人民法院刑事审判庭庭长
阿拉腾图雅　阿拉善盟阿拉腾蒙医专科医院院长
毛　云　北京军区给水工程团司令部呼和浩特市66259部队技术室高级工程师
张淑芳　乌兰察布市兴和县妇联主席

斯琴花　锡盟阿巴嘎旗德力格尔苏木萨如拉希力嘎查牧民

薛玉荣　赤峰市元宝山区平庄镇五支箭村主任

席根小　奈曼旗章古苏木干歹嘎查牧民

辽宁省

卢朝霞　沈阳市东软软件股份有限公司高级副总裁

何晓光　沈阳市妇联主席

刘　洁　沈阳市贝得数据股份有限公司总经理

许淑芬　大连市韩伟企业集团董事长

王艳玲　中信银行大连分行营业部总经理

孙玉华　大连外国语学院院长

任素华　鞍山市联营商贸有限责任公司董事长

王绍辉　鞍山市鞍钢化工总厂精制车间主任

张丽莉　抚顺市中心医院循环内科病房主任

苗树新　抚顺市安厦供热有限公司董事长

丛三阳　本溪市妇联主席

丁玉霞　本溪市泰和有限公司董事长

曲　静　丹东市新一百商业有限公司副董事长

仇申燕　丹东市金山种禽孵化场场长

于　萍　锦州华宇集团董事长

赵丽辉　锦州市公共交通总公司总经理

王秀荣　营口东北钢琴（集团）公司总经理助理

林茂英　大石桥市水源镇肉鸡种禽孵化场场长

宋艳丽　阜新市第一中学教师

张万勤　阜新市委宣传部长

安素华　辽阳市妇联主席

吴素贤　辽阳市红十字会常务副会长

张志学　朝阳市喀左县农业技术推广中心主任

徐树范　朝阳市妇联主席

于素玲　盘锦市双台子区建设街道铁西社区

崔永贤　铁岭市清河区手工制品创业辅导基地主任

赵淑艳　铁岭市昌图县朝阳镇前珀林子村农民

祝兴华　葫芦岛市绥中县妇联主席

刘雪艳　葫芦岛兴城益丰运动服饰有限公司董事长

许晓青　辽宁省劳动和社会保障厅就业失业保险处处长

朱金凤　辽宁五峰米业集团公司董事长

吉林省

杨湘岚　吉林省妇联主席
李明侠　榆树市明侠菌业技术推广中心主任
卞德兰　长春市南关区自强街道北安社区主任
万芝兰　长春市人民政府国有资产监督管理委员会主任
蔡文凤　长春市朝阳区人民法院院长
孙永君　中国一汽集团公司专用汽车有限公司产品设计审核员
王春丽　吉林市体工队越野滑雪运动员
刘玉锦　北华大学护理学院院长
荣　竹　吉林江北机械制造有限责任公司总经理助理
高淑琴　吉林市铁安物资经销处经理
王　宏　四平市吉平宾馆总经理
姚红飞　四平市八马路小学校长
李　波　梨树县四姐妹禽业集团百万鸡雏孵化厂经理
辛慧春　辽源市水务局局长
姜　莹　通化市民政局局长
潘　巍　通化万通药业股份有限公司副总经理
赵春芳　白山市靖宇县泉成律师事务所主任
金姬玉　白山市公路管理处计划科长
程玉芝　扶余县第一中学英语教研室主任
韩玉珍　松原市大唐长山热电厂党委书记
张丽娟　白城市社会福利院呆傻生活区主任
徐淑梅　白城市通榆县妇联主席
杜友兰　延吉百货大楼股份有限公司党委书记
车玉丹　延边州邮政局副局长
周　园　吉林省军区门诊部副主任兼主治医师
王绍萍　吉林省农业科学院玉米所副所长
周志霞　永吉县春登乡金三村农民

黑龙江省

金桂兰　宁安市人民法院东京城法庭审判员
高一军　哈尔滨市妇联宣传部部长
王淑萍　阿城市三北防护林种苗苗圃经理
孙　杰　齐齐哈尔市妇联主席
张雅英　牡丹江市立新实验小学校长
赵俭荣　桦南县孟家岗镇群英村妇代会主任
栾　红　大庆市妇联副主席
孙立珠　鸡西市时代美发美容培训学校校长
刘桂英　双鸭山市尖山区富安办事处南山社区主任

孙玉芹　伊春市中级人民法院副院长
刘　丽　七台河市新兴区委副书记
杨秀芬　中国工商银行黑龙江省鹤岗分行行长
于爱文　北安市第一中学校长
苗永珍　绥化威森服装有限公司总经理
祁月英　塔河县依西肯乡卫生院院长
杨　敏　黑龙江省出入境检验检疫局局长
郝燕玲　哈尔滨工程大学教授
符丽萍　黑龙江省实验中学副校长
黄迎新　黑龙江省劳动和社会保障厅副厅长
徐建华　哈尔滨市鑫羽鹏经贸有限公司总经理
佟建华　建三江农垦法院洪河人民法庭庭长
涂利娟　清河林业局职工医院院长
徐　彤　黑龙江日报报业集团家庭保健报社社长
梁桂兰　哈尔滨市邮政局局长
杨　丹　哈尔滨消防支队特勤道里中队指导员
李亚兰　黑龙江省龙电律师事务所主任律师

上海市

孟燕堃　上海市妇联主席
劳春燕　东方卫视《东方夜新闻》制片人
孙　静　上海市闵行区人民检察院副检察长
张　菁　徐汇区大华医院肝病研究室主任
王玉花　上海卫星工程研究所二室副主任
潘秋胜　上海市南汇秋生养老院院长
马卫星　上海申新巴士有限公司49路乘务员
张冠华　武警上海指挥学院训练部文化工作教研室主任
张园园　杨浦区江浦路街道陈家头第二居委会主任
周桐宇　上海威达高科技（集团）有限公司董事长
黄丽华　复旦大学管理学院副院长
阎小娴　新民晚报体育部主任记者
周小燕　上海音乐学院声乐系教授
郑慧琼　中科院上海生命科学研究院植物生理生态研究所
王　彤　上海交通大学机械与动力学院副教授
陈　珺　上海大众产品工程部发动机项目控制股股长
董剑珍　上海市华亭宾馆有限公司董事长
任玉苓　宝钢股份公司宝钢分公司冷轧厂首席工程师
许颉雯　江南造船（集团）责任有限公司设计部舾装室主任

滕　峥　上海市疾病预防控制中心副主任技师
傅月琴　上海大昌铜业有限公司总经理
潘梅芳　金山区吕巷镇夹漏村党总支书记
沈巧英　上海市松江泖港经济技术开发公司总经理
顾美芳　青浦区练塘镇妇联主席
戴亚兰　崇明县庙镇庙西村党支部书记
邢连芳　奉贤区柘林镇翁家村农民
谢　虹　上海宏佳电脑信息科技有限公司
鲍叔如　卢湾区五里桥街道党工委书记
张红妹　普陀区长风新村街道妇联主席
陈锡珠　闸北区妇联主席
安君英　长宁区房屋土地管理局副局长
马　勤　上海浦东中软科技发展有限公司总经理
顾凤惠　上海明华物业公司总经理
陈翠萍　上海市舒乐巴士公司陈翠萍车队名誉队长
曹玉兰　宝山区月罗环境卫生服务有限公司经理
陈　颖　中国建设银行股份有限公司上海宝钢宝山支行营业室主任

江苏省

高茹萍　南京市浦口区沿江街道妇联主席
阎　勤　南京师范大学附属小学校长
辛颖梅　南京擎天科技有限公司董事长
陈凤娟　无锡市崇安区妇联主席
陆小兰　无锡中润集团服装进出口有限公司董事长
缪冬琴　无锡惠源高级润滑油有限公司总经理
郭　萍　徐州市广播电视台副台长
沙荣侠　邳州市总工会主席
王　颖　徐州万事达计算机系统集成有限公司董事长
曲　勤　金坛市妇联主席
陈丽君　常州市住房公积金管理中心武进分中心主任
张耀芳　常州市外事办公室主任
王春花　江苏华佳投资集团有限公司董事长
蔡小桃　张家港市国际购物中心有限责任公司董事长
王　芳　苏州昆剧院副院长
章幼奕　南通市第三人民医院副院长
陈德萍　如皋市妇联主席
陆云芳　南通市台联三通房业经济发展公司董事长
钟慧娟　江苏豪森药业股份有限公司董事长
于丽华　连云港市妇联主席
杨晓梅　淮安市公安局工会副主席
苏守凤　淮安市新星幼儿园
张晓惠　盐城市妇联副主席

刘　玲　盐城瑞信律师事务所主任
兰宝华　扬州市维扬区梅岭街道锦旺社区党总支书记
沈高芳　扬州市公安局刑警支队副大队长
薛冬梅　江苏移动通信有限责任公司镇江分公司副总经理
姚银娣　扬中市妇联主席
李萍萍　江苏大学研究生处处长
王顺珠　泰州市妇联城乡部部长
高　琴　靖江市第一中学大队辅导员
王素玲　宿迁红十字肝胆病专科医院院长
陶美霞　宿迁市人大副主任
申晓健　省对外贸易经济合作厅外资处处长
陈志谊　省农业科学院植物保护研究所副所长
钱　燕　省扬子大桥股份有限公司收费员
娄国伟　南京理工大学电光学院微小型探测系统研究中心副主任
谭国慧　省水利厅专职工会主任
张　杰　省军区通信站长途业务室主任
薛新梅　常州市武进盛隆皮业有限公司总经理

浙江省

汪素莲　杭州康鑫食品有限公司董事长
丁常菊　杭州巾帼家政有限公司总经理
邱　锋　杭州市第十四中学副校长
聂海芬　杭州市公安局刑侦支队六大队大队长
葛菊英　宁波市镇海区招宝山街道后大街社区党委书记
竺兆英　宁海县深圳镇柘坑戴村党支部书记
董越君　宁波西摩电器进出口有限公司总经理
蔡桂芬　宁波市鄞州区妇联主席
郑雪君　温州晚报编委兼要闻部主任
韩真真　浙江省温州医学院附属第二医院眼科主任医师
胡玲玲　温州康尔达印刷器材有限公司总经理
王丹霞　温州华侨职业中等专业学校实训处副主任
吴美丽　湖州市织里镇人民政府司法所所长
葛加美　嘉兴市妇幼保健院产科主任
孔丽群　平湖市钟埭街道定云村村民委员会主任
陈引珍　嘉兴市嘉善县魏塘镇妇联主席
陈夏英　浙江山下湖珍珠集团股份有限公司董事长
吕苗芬　浙江友谊菲诺伞业有限公司董事长
马　立　绍兴市建功中学校长
俞巧仙　浙江森宇控股集团有限公司董

事局主席
方巧飞 兰溪市妇联主席
吕月眉 浙江飞月进出口有限公司董事长
江 文 中国联通衢州分公司副总经理
余金红 舟山市定海区干镇新建社区党支部书记
许菊芳 台州市路桥区金清镇蒋桥村党支部书记
徐玉姬 天台县福溪街桥南社区居委会主任
林 英 台州市海啊进出口集团有限公司副董事长
王素梅 云和县妇联主席
姜 蔚 浙江省人民医院甲乳外科主任
张冬青 浙江省农业科学院作物与核技术应用研究所研究员
桑如波 浙江北仑发电有限公司副总经理
杨肖娥 浙江大学环资学院教授
潘秋梅 建德市秋梅食品有限公司总经理

安徽省

马尔健 合肥市疾病预防控制中心主任
梁 虹 合肥市劳动和社会保障局局长
万 莉 淮南市妇幼保健院产科主任
葛晓燕 马鞍山市二十二中教师
杨瑞银 安庆市财政局副局长
王和霞 安庆市康力源食品有限公司
朱晓天 芜湖市妇联副主席
潘天武 芜湖市统计局局长
王莉敏 蚌埠市财政局副局长
曹效琴 蚌埠市第三人民医院护理部主任
梅肖瑾 安徽省淮北印染集团公司新产品开发办副主任
李美珍 铜陵市铜都阀门有限公司
潘国霞 六安市金寨县齐发栗业有限公司总经理
杨冬梅 六安市寿县华联百货责任公司董事长
王良琴 中国工商银行滁州分行副行长
单付云 滁州市民政局社会福利科科长
曹 薇 黄山市黟县中学副校长
万 新 巢湖市妇联主席
何映岚 巢湖市公安局出入境管理科科长
江建平 池州市妇联主席
姚 鸳 阜阳市颍州区马寨乡皮楼村
宁晓萍 阜阳市阜南县妇联主席
刘 萌 宿州市教育局副局长
吴玉玲 宿州市萧县妇联主席
王建华 宣城市绩溪县人民医院妇产科主任
谭灶娣 宣城市旌德县庙首镇妇联主席
牛 品 亳州市海日农化有限责任公司董事长
何 红 高速公路总公司全权管理处
周亚娜 安徽大学工商管理学院院长
夏英萍 安徽省种子管理总站副站长

孔　健　合肥蜀王餐饮集团总经理

梁万珍　中国科技大学化学物理系微尺度国家实验室教授

姜风清　池州市青阳县陵阳镇梅山村农民

福建省

吴如玲　福州市鼓楼区妇联主席

万　玲　福州市台江区法院副院长

黄秋容　福州市玉华山种兔场场长

梁宜珍　厦门市思明区妇联主席

邵石花　厦门市同安区复兴鞋材有限公司总经理

白建英　漳州市妇联主席

王燕美　漳州龙海育美养猪场

刘红英　泉州市邮政局工会主席

张美雪　晋江市地税局副局长

杨婷婷　泉州市丰泽区丰泽街道丰泽社区党支部书记

张　虹　三明市国有资产投资经营公司董事长

王　雁　福建邱宁江律师事务所副主任

苏兰莺　莆田市鹭飞旅游用品有限公司董事长

李美和　莆田市仙游县盖尾莲井林场场长

陈金妹　福建省南平恒大实业有限公司总经理

刘瑞敏　浦城县殡仪馆馆长

翁雪芬　龙岩市新罗区畜牧水产局局长

林新玉　连城县凯宏硅业有限公司董事长

谢云妹　宁德市福鼎市农业局经作站站长

黄少姿　宁德市妇联主席

戴丽玉　福建省妇幼保健院副院长

李岱一　福建省林业厅造林处处长

黄珊汕　福建省体工大队体操技巧运动中心蹦床运动员

孙建新　公安厅行动技术总队副科长

李立群　福建省建瓯市社会治安综合治理委员会办公室主任

徐力克　福建省军区门诊部副主任

施琦婷　中国人民解放军鼓浪屿疗养院政治委员

宋岩峰　南京军区福州总医院妇产科主任

李玉蓉　厦门市公安消防支队正营职纪检员

王燕晴　厦门航空有限公司客舱服务部乘务分部副经理

黄冬芳　龙岩市总工会副主席

江西省

张　芸　安义县政协主席

黄晓岚　南昌市工商局西湖抚河分局局长

燕荷花　南昌青岚食品有限公司董事长

邵丽娟　永修县艾城镇九龙湖农民

周小琴　修水县琴海学校董事长

左丽华　中国直升机设计研究所系统研究室主任
李小青　萍乡市第二中学党总支副书记
熊　乔　渝水区人民法院民一庭副庭长
俞　艳　江西移动通信有限责任公司贵溪分公司经理
蓝　琳　南康市城建局副局长
王建中　赣州市人民医院副院长
范惠珍　宜春市人民医院消化内科主任
程冬琴　上饶县手工艺来料加工女经纪人
刘焕荣　弋阳县福利厂会计
廖慧香　吉安市青原区东固畲族乡江口村妇代会主任
谭玉英　南丰县三溪乡党委书记
谈琼华　江西公路开发总公司温厚高速公路“全国巾帼文明班”班长
钟　玲　江西省植保植检站农业技术推广研究员
余　蔚　江西省国家安全厅机关党委专职副书记
钟文花　玉山县南山乡枫林小学退休教师
陈　强　江西省儿童医院副院长
谭　洁　中国人民解放军第94医院护士长
左梅香　宜春市妇联主席
王玉萍　景德镇市妇联主席
晏金华　信丰县妇联主席
刘依湘　彭泽县芙蓉墩镇妇联主席
罗淑兰　江西淑兰窗帘装潢厂厂长
廖淑芳　江西珊娜果业开发公司经理

山东省

赵玉兰　山东省妇联主席
隋国华　济南市公安局监管支队副支队长
刘振华　济南市皮肤病防治院住院部主任
孟红伟　济南市长清区人民检察院反渎职侵权局综合科科长
张德兰　济阳县崔寨镇谷庙村党支部书记
牛翠宁　青岛市城阳区城阳街道城阳村社区党委委员
傅　平　青岛市妇女儿童医疗保健中心副院长
刘　晓　青岛源丰实业集团有限公司董事长
陈曙红　淄博唯达汽车服务有限公司董事长
赵　霞　桓台县新城镇党委书记
廖国英　枣庄市妇联副主席
赵　虹　东营市东营区区委宣传部长
王秀花　东营市地税局局长
辛玉麟　烟台经济技术开发区规划局局

长
毛成艳　烟台毓璜顶医院副院长
聂振萍　潍坊市妇联主席
张俊兰　潍坊市寒亭区邮政局局长
宋宜云　济宁市妇联主席
孟　丽　济宁运河发电有限公司总经理
米培莲　泰安市泰山区省庄镇东孙村党支部书记
郝　玲　泰安市地税局副局长
施章钧　威海市妇联主席
陶　琳　威海纺织集团有限公司董事长
张洪英　日照市妇女儿童工作委员会办公室主任
张　玲　山东金长城集团有限公司总经理
袁玉荣　临沭县临沭镇琅西村农民
龙广霞　鲁南制药集团股份有限公司副总裁
黄艳丽　德州市人民医院副院长
张　莉　德州市妇联副主席
吕淑琳　济南市气象局副局长
刘素芹　聊城市妇联副主席
姚　冬　中国人民银行聊城市中心支行副行长
冯艳霞　滨州市财政局副局长
李姗妹　邹平县国税局稽查局局长
薛　兰　山东东明石化集团有限公司副总经理
赵方花　菏泽市牡丹区妇女儿童工作委员会办公室主任
孙全玲　山东省人事厅人事处处长
张　飒　山东省气象科技开发中心专业气象台副台长
谢少宁　中国网通（集团）有限公司济南市分公司人力资源部主任
杨　文　山东英才职业技术学院董事长
刘　静　省立医院门诊部科护士长
山红红　中国石油大学（华东）校长
毛丽华　山东登海种业股份有限公司副董事长

河南省

陈艳芳　郑州市公安局管城分局副局长
杨惠琴　郑州市政协主席
张桂兰　郑州市妇联主席
胡大白　黄河科技学院院长
赵　凯　开封市财政局副局长
李红霞　中钢集团洛阳耐火材料研究院院长
张素丽　中国南车集团洛阳机车厂金热车间钳工技师
吕彩霞　平顶山市常务副市长
燕金凤　河南省金凤仿真植物花卉有限公司董事
王玉清　滑县人民法院副院长
刘合燕　鹤壁市国税局财务科长

谢锡兰　新乡市金鑫化工设备有限责任公司党委书记

田桂荣　新乡县合河乡范岭村村委会主任

靳艳军　焦作市鑫诚轻工耐火材料有限公司党委书记

李久兰　濮阳市林业局副局长

程志伟　许昌市妇联主席

戴　萍　许昌瑞贝卡大酒店有限公司董事长

马改民　漯河市财政局副局长

秦海棠　三门峡市妇联副主席

王秀勤　南阳市妇联调研员

田向和　南阳市卧龙区委书记

潘金贵　方城县广阳镇瓦屋村党支部书记

任慧娟　商丘市梁园区双八镇镇长

石兰云　商丘市第一中学党委书记

蒋美兰　夏邑县委书记

张春香　信阳市副市长

扶元凤　新县吴陈河镇夏湾村党支部书记

戴春枝　淮阳县委副书记

郭秀峰　项城市妇联主席

赵焕之　驻马店市副市长

李　峰　正阳县王勿桥乡黄庄村党支部书记

王素萍　正阳县委书记

杨红先　济源市畜牧局畜产品质量管理办公室主任

李爱香　济源市妇联主席

何向阳　河南省社会科学院文学研究所副所长

高　平　河南龙源大酒店总经理

张雪花　河南省财政厅教科文处副处长

毛卫华　河南省财政厅行政政法处副处长

周春艳　济源市委书记

刘建平　河南省妇联助理巡视员

刘晓平　河南省妇联办公室主任

李　稳　河南省豫东花卉有限公司总经理

湖北省

方　文　武汉市公安局武昌分局紫阳路街派出所副主任科员

高文芳　武钢（集团）公司技术中心工艺研究所室主任

孙桃香　湖北三五醇酒店有限公司董事长

王春兰　湖北省黄石莹春连锁经营商贸有限公司总经理

蔡娅萍　荆州市维多贸易有限公司总经理

王建国　湖北荆大精密钢管实业有限公司董事长

胡安梅　郧西县湖北口回族乡桃源沟小学校长
欧阳俊　十堰市公安局汉江路派出所户籍内勤
罗忠秀　长阳县资丘镇白沙坪中心小学教师
胡光芹　宜昌市卫民园林环境工程有限责任公司总经理
龙利民　宜昌市气象局气象台台长
丁开正　襄樊市委市直机关工委书记
王相蕊　保康县妇联主席
陈宗云　湖北凤凰薯业有限公司董事长
袁梅芳　荆门市汽车客运中心职工
黄画剑　国电长源荆门热电厂三期工程部电气专责工程师
刘　玲　中国航空工业第605研究所副总工程师
姚惠萍　孝感市孝南区书院街道办事处主任
宗映红　大悟县人寿保险公司经理
周德香　中外合作湖北信柳工艺有限公司党支部书记
肖燕梅　黄冈市妇联主席
叶秀荣　麻城市宋埠镇个协主席
余华英　咸宁市妇联主席
孙碧云　崇阳县碧云牧业饲料有限责任公司总经理
李　兰　咸宁市地税局温泉分局副科长
周　静　随州市教育局局长
谭吉英　恩施自治州妇联主席
吴希敏　恩施自治州民族贸易技校校长
陶群琼　巴东县绿源农产品开发有限公司经理
李又枝　仙桃市安达集团仙桃高客有限公司副经理
朱玉芬　天门市公安局交警支队多宝中队政治指导员
黄文萍　潜江市妇联主席
吴长谊　神农架林区妇联副主席
万群华　湖北省图书馆馆长
乔　忠　湖北移动通信有限责任公司纪检组长

湖南省

黄美春　益阳市妇联主席
王国群　长沙市物价局党组书记
罗美元　湖南省忘不了服饰有限公司董事长
郭淑英　株洲电力机车研究所高级工程师
尹冬玲　株洲市长安服饰公司总经理
谢秋莲　湘潭市机构编制委员会办公室主任
文花枝　湘潭市新天地旅行社导游
谢先含　衡阳市妇联副主席
伍冬兰　衡阳市耒阳市龙潭镇东冲村妇

代会主任
肖吉平　邵阳市第一人民医院儿科主任
罗金莲　邵阳县岩口铺镇梅冲村党支部书记
李元珍　岳阳市启明星房地产开发公司总经理
黄凤姣　岳阳市湘北女子职业学校校长
周学元　常德市津市残联副主席
高绪秀　常德市东风纺织服饰有限责任公司董事长
宋桃森　张家界九天食品有限责任公司总经理
蒋满兰　郴州市宜章县妇联主席
占小春　郴州市电信分公司副总经理
唐淑娥　永州市妇联主席
周娟华　永州市东安县大盛镇党委书记
颜桂兰　娄底市妇联主席
赵世珍　怀化市沅陵县社会福利院院长
贾元珍　湘西自治州永顺县妇联主席
魏毅晖　湘西酒鬼酒股份有限公司勾兑中心工人
张丹丹　湖南卫视《晚间新闻》主持人
汪安兰　湖南省肿瘤医院大内科主任
舒冬菊　溆浦县人民法院院长
叶格秀　湖南清源律师事务所主任
肖晓辉　邵阳市地税局大祥分局副局长
毛跃兰　娄底市国税局计统科科长
柳小春　湖南农业大学动物科技学院教授
唐娅辉　湖南省妇女干部学校校长
蒋浪花　长沙卷烟厂卷包车间挡车工
陈晓红　中南大学商学院院长
李力量　娄底市社会福利院院长

广东省

于　力　广州市第一人民医院儿科主任
王　雄　广州铁路公安处巡警队民警
覃振凤　广州市荔湾区市容环境卫生局第二管理所保洁组长
温淑春　从化市良口镇三村小学教师
曹　艳　深圳市元平特殊教育学校教师
杜　舟　深圳市公安局刑警支队副主任
区又君　中国水产科学研究院南海水产研究所研究员
成泽彦　深圳市罗湖区妇联主席
张凤珍　珠海市金湾区三灶镇鱼林村村委会妇女主任
阮小凤　汕头市公安局公共信息网络安全监察科科长
刘毅婉　汕头市华侨中学教科室副主任
魏建萍　佛山市扬升经贸有限公司董事长
苏燕云　中金岭南公司凡口铅锌矿选矿厂浮选工
杨美云　韶关市妇联副主席
何利荣　梅州市人大常委会副秘书长

叶维园　梅州市妇联主席
刘玲芳　惠州市龙门县龙城镇第二小学校长
王　臻　惠州市口腔医院正畸科副主任
谢心源　汕尾市海丰县政协副主席
叶惠英　东莞市人民检察院副检察长
张巧利　东莞市疾病预防控制中心防疫科副科长
朱锐芳　中山市妇联主席
冯丽芳　广东省电信实业集团中山市有限公司总经理
蒋　青　江门市第九中学教师
陈冰莹　江门日报社采访中心副主任
谢爱珠　阳江市阳西县程村镇红光村党支部书记
郭遂红　广东海洋大学公共外语教学研究部主任
何建猷　广东医学院附属医院内科主任医师
黄　敏　茂名市第一中学高级教师
谭帼英　肇庆市华锋电子铝箔有限公司董事长
程雪芳　清远市体育局文化广电新闻出版局局长
卢春梅　潮州市城南小学暨中英文学校校长
李　莉　中国移动广东揭阳公司综合部总经理
李冠芬　云浮市新兴县看守所副政治指导员
李淑仪　广东省生态环境与土壤研究所研究员
李晓方　广东农科院水稻所研究员
马文丽　南方医科大学基因工程研究所所长

广西壮族自治区

施焕新　南宁市宾阳县露圩镇健新养殖场场长
慕　群　南宁市邕宁区卫生局副局长
梁秀霞　南宁市妇联主席
邓红英　柳州市公共交通有限责任公司驾驶员
韦飞燕　广西花红药业有限责任公司董事长
刘艺霞　桂林漓江游船公司女子导游班班长
李叔美　桂林市全州县才湾镇白石村妇代会主任
唐小玲　梧州市妇联妇女发展部部长
钟碧珍　梧州市广播电视局党委书记
杨　迅　北海市北海中学政教处副主任
磨素颖　防城港市上思县国税局局长
何坚英　灵山县妇幼保健院副院长
余少珍　贵港市平南县妇联主席
韦珍兰　贵港市覃塘区蒙公乡高占小学

副校长

文　玉　玉林市地税局稽查局局长

李日球　玉林市红升复合肥料厂厂长

张解球　柳州地区民族高中化学教研组长

刘裕秀　贺州市八步区莲塘镇畜牧水产站站长

李丽娜　广西东泥股份有限公司副总经理、总工程师

李秀丹　百色市德保县妇联主席

张彩燕　河池市大化县妇联主席

唐小英　都安县地苏乡右江村漏一屯农民

冯月龙　龙州县农业局农作物病虫测报站农艺师

梁瑜珍　南宁江北公路局养路科副科长

徐欢澜　广西建筑综合设计研究院三所副所长

黄立新　中国银行南宁市邕州支行行长

卢玉良　来宾市兴宾区南泗乡茶罗村农民

海南省

吴　杰　文昌市人民法院院长

常　诣　三亚市仙逸园管理所副所长

刘春梅　琼海市委副书记

王桂新　五指山市冲山镇副镇长

黄爱容　海南省定安中学教师

江　慧　中国银行昌江支行副行长

郑碧霞　海南省海口金童幼儿园进阳小学负责人

卢　炜　海南省东方女性杂志总编

周　婷　中国人民银行海口中心支行调统处科长

樊　星　海口市地震监测中心主任

罗素兰　海南大学生物技术实验中心主任

周岁余　海南省陵水县提蒙乡远景村农民

陈运儿　乐东县黄流镇赤龙村妇代会主任

陆海鹰　海南省广播电视台新闻中心副主任

杨惠凤　海南省三亚市公路局雅亮道班班长

陈琼英　海南省万宁市地税局社会保险费征稽局局长

李　勇　武警海南边防总队医院护士长

农旭英　海南省国营乐中农场八队胶工

王三姐　临高县东英镇和新村委会头洋下村农民

陈玉珍　澄迈县财政局局长

重庆市

汪　夏　重庆市第一中级人民法院执行局长

马　力　重庆市气象局副局长

胡　萍　重庆市国家安全局处长

董　青　重庆市地税局副局长
王晓红　重庆市委组织部办公室副主任
阚基容　西南铝业有限责任公司技术开发科科长
马　宏　重庆市巴蜀小学党政办主任
王　军　重庆市交通运业有限责任公司陈家坪汽车站管理科科长
尹俊杰　渝中区地税局中山路所所长
马云霄　万州区国税局稽查局检查二科科长
李　红　共青团重庆市委机关党委副书记
严　琦　重庆市陶然居饮食文化集团董事长
罗静虹　重庆市委统战部副部长
杨　琼　合川市狮滩印刷厂厂长
廖新兰　重庆市第四检察分院公诉处副处长
刘英超　重庆市字水中学党委书记
傅在鹰　璧山县委副书记
易幼民　重庆报业集团晨报副总编
谭　红　石柱县人民医院副院长
李文菊　大足县龙岗冬菜专业合作社负责人
胡亚玲　开县工商局汉丰第二工商所所长
王亚非　重庆市杂技艺术团副团长
王　旭　重庆大学机械工程学院教授
刘瑛慧　重庆运动技术学院田径系运动员
何　平　巴南区妇联主席
唐国秀　渝北区妇联主席

四川省

郭　月　成都电视台新闻综合频道副主任
李　宁　成都市人民政府副秘书长
顾鲜平　中国农业银行荣县支行行长
李红燕　攀枝花市东区妇联主席
帅　兰　绵阳市江油兰兰糕点城总经理
钱昌燕　东方电机股份有限公司设计部主任工程师
张丹红　德阳市气象局业务科技科副科长
罗良岚　威远县妇联主席
孙素清　四川省四海集团董事长
张克芬　广元市市中区南鹰小学校长
刘玉萍　广元市疾病预防控制中心副主任
姜淑琼　峨眉山市新平乡新民村农民
范秋美　遂宁市委组织部长
曹碧林　南充市高坪区百塔小学校长
甘尚群　古蔺县双沙镇山村小学退休教师
徐家平　泸州公交公司驾驶员
陈范华　四川省宜宾学院政治系党总支书记
匡建明　四川华蓥建设工程有限公司总经理
叶秀琴　石棉县新棉镇老街社区家政公司经理

曹志碧　达州市妇联主席
秦　蓁　巴中市妇联正县级调研员
刘桂英　眉山市宏鹰农业发展有限公司总经理
张兴玉　甘孜州色达县城小学教研组长
程孔冰　阿坝州理县农牧水利局土肥站站长
周秀华　阿坝州汶川县威州中学副校长
何京江　中国人民解放军63796部队数据处理室高级工程师
马海燕　四川省交通厅交通建设工程造价管理站审价科科长
张成荣　省政府机关事务管理局离退休处处长
彭卫红　四川省农业科学院土壤肥料研究所副研究员
谢　泸　武警成都指挥学院训练部语言教研室教授
黄娅丽　内江鸿深房地产集团董事长
许君如　成都倍特发展集团股份有限公司副总裁
杨　洪　四川省第三建筑工程公司总工程师
慕竹平　四川省总工会副主席
邹　平　安岳县文化局长
马志惠　郫县德源镇永光村农民

贵州省

喻钟秀　贵阳市花溪区吉麟花卉和特种养殖协会会长
朱维春　贵阳国家高新技术产业开发区国税局管理科副科长
向　明　遵义市遵义县新舟镇妇联主席
刘　琴　遵义市湄潭县复兴镇两路口村农民
刘乔英　安顺市平坝县高峰镇麻郎村党支部书记
郭云翼　安顺市妇幼保健院副院长
蒙祥碧　六盘水市水城县猴场乡红星村农民
毛执琴　六盘水市水钢炼钢厂运行车间二净环站站长
陆　美　黔南州平塘县环境卫生管理所后勤保障组组长
黎顺兰　黔南州独山县城关镇翁桥村农民
杨秀芳　黔东南州台江县革一乡白方村农民
李春琴　黔东南州凯里市金正酒店经理
贺春秀　黔西南州安龙县公安局政委
马　燕　黔西南州望谟县第二中学教师
黄　玲　毕节地区金沙县岚头镇岚丰村党支部书记
贾　茜　毕节地区林业局妇委会主任
何柳群　铜仁地区印江土家族苗族自治

县合水镇合水村农民

章孟花　铜仁地区江口县农村信用合作联社副主任

刘小华　贵州省司法厅主任科员

黄小云　中国振华群英无线电器材厂机加分厂车工班班长

李　雯　民航贵阳空管中心航务部区域管制室带班主任

何秀容　贵州恒霸药业有限责任公司董事长

何　云　中国人民解放军第四十四医院副院长

张国秋　道真县华山绿色产业有限公司经理

云南省

赵秀英　云南省政协港澳台侨和外事委员会副主任

李海燕　昆明华曦牧业集团有限公司副总裁

姚　红　昭通市第一人民医院副院长

潘　镜　曲靖市罗平县海丰银鱼有限公司副总经理

杨　义　玉溪市卫生局局长

方彩文　楚雄州双柏县大麦乡普龙完小校长

王建华　红河州蒙自县环境卫生管理站站长

孙天竹　文山州副州长

王　春　思茅市疾病预防控制中心性病艾滋病科副科长

依香甩　勐腊县勐满镇勐满村委会党总支书记

郑昆芳　大理瑞鹤药业有限公司董事长

王静慧　保山市隆阳区好大一个家餐厅经理

彭秀兰　丽江市扶贫办主任

郭久兰　德宏州盈江县弄璋镇南永村新寨农民

金木玲　德宏州陇川县城子镇曼冒村委会上寨坝村民小组农民

舍付兰　怒江傈僳族自治州水利局农水科科长

李学英　中国农业银行迪庆州分行文化路分理处营业员

杨学英　临沧市凤庆县凤山镇等上村农民

刘一波　昆明医学院第一附属医院门诊部主任

刀玉琴　德宏州潞西市公安局刑警大队副大队长

刘守兰　云南师范大学外语学院院长

董　薇　昆明钢铁集团有限责任公司动力能源分公司检修车间工人

白凤英　建水县科学技术协会主席

尧蔚云　成都军区云南军事法院审判员

张琼昌　文山州人大常委会副主任州妇联主席
龚保仙　德宏州梁河县芒东镇妇联主席
刘菊梅　丘北县温浏乡下丁响村农民

西藏自治区

王　峻　阿里地区副专员
仓决卓玛　林芝墨脱县达墨珞巴民族乡党委书记
次仁班增　拉萨市尼木县塔荣镇塔荣村党支部副书记
达　珍　拉萨市妇幼保健院党支部书记
玉　珍　西藏自治区公安厅反恐总队党委副书记
索朗益西　西藏自治区政府办公厅督查处副处长
强玛措　那曲聂荣县聂荣镇10村牧民
尼尼卓嘎　山南地区农业科学研究所所长
曲　珍　日喀则地区白玛县致富带头人
米　玛　日喀则地区萨迦县妇联主席
姬秋梅　农科院畜牧兽医研究所副所长
燕　红　昌都地区团委书记
西热拉姆　昌都地区昌都县如意乡如意村村委会副主任
党宗莲　西藏自治区党委组织部人事厅纪检组副组长
郎杰央宗　西藏电视台新闻部藏语播音组副组长
马卫红　西藏自治区扶贫办副主任

陕西省

黄丽琼　西安市北方光电有限公司技术开发中心高级工程师
王海玲　西安市公安局未央分局局长
冯月菊　宝鸡市副市长
康柳毅　咸阳市公安局渭城分局政委
郭　艳　铜川市宜君县云梦乡妇联主席
刘会莲　合阳县甘井镇同堤坊村党支部书记
杨　妍　渭南市妇联副主席
蔺治萍　延安中学数学教研组组长
尹志琴　定边县秀海荒山治理有限责任公司总经理
魏淑梅　汉中市西大街小学校长
刘代存　安康市平利县城关镇纸坊沟村村委会主任
徐升莲　商洛市丹凤县商山敬老院院长
燕君芳　陕西省杨凌本香农业产业集团有限公司董事长
周　健　第四军医大学西京医院眼科教授
弥　曼　陕西省医学高等专科学校副校长
范代娣　西北大学化工学院副院长

冯健雪　陕西省歌舞剧院院长
张恩娣　陕西省妇幼保健院妇科主任
路花丽　陕西省水上运动管理中心高级教练员
刘景异　陕西省公安厅出入境管理处受理接待科科长
白秀兰　西安市莲湖区学习巷社区党支部书记
刘青青　陕西人民美术出版社编辑室主任
张学华　安康公路管理局宁陕公路段三官庙女子道班班长
刘玲玲　陕西省长庆石油勘探局第二采油技术服务处工人
年玉芳　陕西省唐华四棉有限责任公司并粗车间质量员
薛　露　陕西省军区通信站一中队长话分队班长
李冬花　西安市糖坊街一片红串串香火锅店经理
王树平　陕西五环（集团）实业有限责任公司董事长

甘肃省

白富秀　庆阳市镇原县殷家城李园子村农民
杨惠琳　甘肃省膜科学技术研究院总工程师
李勇红　兰州市人民检察院公诉二处检察员
张卫梅　兰州三毛股份公司细纱车间挡车工
李妍怡　甘肃省中医院心脑科主任
姚桂兰　天祝藏族自治县炭山岭镇菜籽湾村支部书记
杨淑英　甘南州卓尼县扎古录镇计生专干
杨映红　兰州资源环境职业技术学院副教授
王艳萍　兰州市中级人民法院助理审判员
杨丽萍　甘肃省高级人民法院政治部主任
史晓燕　甘肃省兰州供电公司副经理
旦正草　甘南州夏河县甘加乡仁青村医师
康天香　陇南市西和县大哥大酒店经理
郭爱珍　定西市金海水产养殖有限责任公司总经理
马梅英　临夏回族自治州妇联副主席
王　启　陇南市西和县妇联主席
谭秀珍　陇南市徽县麻沿乡麻安村村委会主任
王灵英　张掖市妇联主席
沈瑞劼　敦煌市妇联主席
马　兰　兰州煤矿设计研究院工业工程设计所高级工程师

青海省

罗爱华　格尔木市昆仑路食品街社区居委会党支部书记
勇　丰　祁连县妇联干部
星凤英　祁连县八宝镇下庄村妇代会主任
万成秀　海南州贵德县人民医院副院长
才　科　河南县民族贸易有限公司董事长
扎西措　果洛藏族自治州大武镇玛沁县第一民族小学教师
刘智平　玉树州财政局行财科科长
开晓青　达日县人民法院院长
程克华　武警青海总队政治部司法办正营职干事
李　敏　青海省地方病预防控制所鼠疫预防控制科科长
潘　杰　青海省芒芒技术学校校长
郭艳荣　西宁市城中区上滨河路社区居委会党支部书记
王金莲　西宁市城中区环卫职工
黄　洁　西宁市城南苗圃工程师
刘　安　西宁市湟源县申中乡河拉村藏毯加工厂经理
马小英　化隆县职业教育培训中心特殊教育学校副校长
韩哈西热　循化县积石镇下草村农民
李志芳　海西州都兰县下柴源村农民

宁夏回族自治区

马　晶　银川市兴庆区妇联主席
马　旭　银川市金凤区北京中路街道党工委书记
王晓花　灵武市第一小学教师
秦凤英　石嘴山市第二人民医院业务副院长
罗春桃　宁夏东方有色金属集团公司星日电子研究所主任
杨甫玉　石嘴山市大武口区环境卫生管理站清扫队队长
杜培霞　吴忠市妇联副主席
罗向红　吴忠市人民医院副院长
高盐芬　盐池县委政法委书记
王金凤　固原市原州区第二中学教师
郭慧琴　隆德县妇幼保健所所长
童玉梅　泾源县香水镇下寺村党支部书记
马　兰　中卫市妇联主席
马生花　海原县郑旗乡吴湾村农民
王存莲　中宁县鸣沙镇黄营完小教师
杜秀岚　自治区女子监狱监狱长
刘玉华　自治区人民医院妇产科主任
杨润兰　自治区食品药品监督管理局药品安全监查处处长

新疆维吾尔自治区

高　英　喀什地区农技推广中心干部
帕提古丽·卡德尔　喀什地区体育运动学校教练
马丽君　昌吉州妇联主席
古丽坚娜提·阿里木　和田地区墨玉县妇联主席
李南方　自治区人民医院副院长
热比古·依明　喀什地区叶城县女子道班站长
辛　学　塔城市副市长
马月萍　伊宁市巴彦岱食品加工厂厂长
江尔·热哈提　阿勒泰地区福海县妇幼保健站站长
张　杰　中国石油新疆油田分公司采油三厂注输联合站稀油处理站技师
王变英　克州阿图什市便民劳动服务中心经理
张锦莲　巴州焉耆县妇联主席
吴　彬　天业集团聚乙烯项目筹建处总指挥
再娜甫汗·莫名　阿克苏地区新河县渭干乡布卡堂木村农民
古丽加乃提·卡德尔　吐鲁番地区托克逊县国税局计划征收科科长
姚来丽　博尔塔拉蒙古自治州博乐市地税局副局长
单秀梅　新疆益天洋商贸有限公司分公司经理
张　瑛　哈密地区二中副校长
潘晓铃　新疆大学副校长
薄丽萍　神华新疆公司六道湾煤矿洗煤厂职工

中央直属机关

胡艳辉　中共中央办公厅机要局机要研究所第二研究室副主任
傅　旭　人民日报社国内政治部副主任
韩红梅　中国劳动关系学院行政管理处处长
陆士桢　中国青年政治学院党委书记
樊爱国　《婚姻与家庭》杂志社总编兼社长
张　静　全国妇联国际联络部部长
向　菲　中央人民广播电台《中国之声》主持人
张　伟　国家广电总局监测中心副主任
刘素云　中国国际广播电台多媒体发展办公室媒体业务部主任
周轶君　新华社国际部专特稿中心编辑
朱　玉　新华社国内部主任
陆瑞君　光明日报社麦肯光明广告公司

董事长
陈小力　经济日报社总编室副主任
乔惠先　中国外文局直属机关党委副书记
姜加林　中国外文局对外传播研究中心主任
邓仁娥　人民出版社马列国际编辑室副主任
周小平　中国大百科全书出版社副社长
马五一　中国出版集团荣宝斋总经理

中央国家机关

董　洁　全国人大常委会机关工会主席
王凤琴　中国女检察官协会副秘书长
薛捍勤　外交部驻荷兰大使兼驻禁止化学武器公约组织代表
王　英　科技部直属机关党委常务副书记
车瑶华　公安部经济犯罪侦查局助理巡视员
陈凤英　中国现代国际关系研究院院长
崔广芹　国土资源部直属机关党委调研员
王素卿　建设部建筑市场管理司司长
胡雅岚　铁道部信息中心副总工程师
许春风　交通部财务司助理巡视员
张　琪　信息产业部电子信息产品管理司司长
申保珍　农民日报社国内政治部主任
向　欣　商务部全国整顿规范市场经济秩序领导小组办公室秘书长
杨文英　中日友好医院内分泌科副主任
张世琨　国家人口和计划生育委员会科学技术司司长
刘　丹　国家审计署驻广州特派员办事处金融审计二处处长
赵兴玉　国家税务总局地方税务司司长
李　卫　国家工商行政管理总局直属机关党委调研员
邱　雁　国家林业局林产工业规划设计院专业主任工程师
王志珍　中国科学院生物物理研究所研究员
苏　宁　北京西郊宾馆有限公司总经理
韩乃锦　中央纪委驻中国社会科学院纪检组副组长
林　兰　国家中医药局中医科学院广安门医院主任医师

国资委

于　婷　中国航天科工集团公司 8511 研究所党委书记
徐　丽　中国兵器工业集团公司西安东方集团有限公司零件加工五分厂工程师
吕镜清　中国电子科技集团公司第 29 研

究所研究员

孙淑光　中国石油天然气集团公司中国石油大庆油田有限责任公司党委书记

张建荣　中国石油化工集团公司江汉油田江汉采油厂副总地质师

周京阳　国家电网公司中国电科院电网自动化研究所总工程师

沈秀香　中国华能集团公司大庆新华电厂煤化验班班长

王小红　中国华电集团公司四川广安发电有限公司党委副书记

张建莉　中国国电集团公司靖远发电有限公司发电部网控主值班员

张晓鲁　中国电力投资集团公司副总经理

李晶华　中国长江三峡工程开发总公司三峡技术经济发展有限公司工程管理部主任

顾秀花　神华集团有限责任公司神东煤炭分公司维修中心焊工

崔素君　中国网络通信集团公司大连市分公司大客户服务中心客户经理

刘　彤　中国联合通信有限公司上海分公司移动通信业务部经理

邹恒琪　东风汽车公司制造规划总部总部长

白　凌　宝钢集团有限公司检测公司环境检测站站长

姜雅琴　武汉钢铁（集团）公司大型轧钢厂技术改造办公室高级工程师

孙　舫　中国铝业公司国际工程有限公司贵阳铝镁设计研究院副总工程师

何爱云　中国南方航空集团公司南航机务工程部航材管理部计划经理

蔡桂茹　中商企业集团公司欧洲商业开发投资中心主任

方　芳　中国材料工业科工集团公司中国建材技术装备总公司总经理

姚　燕　中国建筑材料集团公司总经理

孙　莉　中国北方机车车辆工业集团公司大连机车车辆有限公司车体车间工程师

王丽峰　中国生物技术集团公司成都生物制品研究所党委书记

周　洁　中国华源集团有限公司江西华源江纺有限公司一织分厂工程师

程晓娟　中国铁通集团有限公司邯郸分公司客户服务部经理

最高人民法院

葛建萍　上海市浦东新区人民法院民事审判第四庭庭长

袁月全　上海市第二中级人民法院民事审判第一庭审判员
贾建平　浙江省湖州市南浔区人民法院刑事审判庭审判员
莫秀琴　广西壮族自治区百色市右江区人民法院民事审判第一庭副庭长
杨　霞　贵州省铜仁地区中级人民法院刑事审判第一庭审判员
方　芳　武警成都军事法院审判员
钟蔚莉　北京市朝阳区人民法院民事审判第二庭副庭长
李昆仑　山东省冠县人民法院定远寨人民法庭庭长
赵爱彬　河北省秦皇岛市中级人民法院刑事审判第一庭副庭长

解放军

郝叶力　总参第54研究所所长
周建华　中国人民解放军61081部队总体技术室主任
胡　滨　南京政治学院基础部军事科技与装备教研室副教授
王维俊　后勤工程学院营房管理与环境工程系电力保障教研室主任
毛远丽　第302医院临床检验中心主任
吴颖霞　中国人民解放军63871部队部队长
赵　辉　中国人民解放军63921部队第8研究室研究员
刘艳超　中国人民解放军91550部队第210所副所长
刘文力　中国人民解放军95377部队53分队大队长
左　莉　中国人民解放军96657部队6室高级工程师
陈　力　军事科学院战争理论和战略研究部正师职研究员
李　莉　国防大学军事后勤与军事科技装备教研部讲师
杨丽佳　国防科技大学理学院训练部部长
李　芳　中国人民解放军第211医院副院长
尹　璐　中国人民解放军66072部队软件管理室主任
刘　宁　第18医院30里营房医疗站外科护士长
黄忠红　中国人民解放军72946部队64分队技术室主任
岑爱萍　中国人民解放军第81医院心血管内科护士长
李　俊　广州军区装备部指挥自动化工作站站长
彭　燕　成都军区西藏那曲军分区门诊所护士

李淑君　第二炮兵总医院肛肠外科护士长

武警部队

杨天兰　武警云南省总队医院保山分院医务处副营职助理员
孙香萍　武警宁夏回族自治区总队医院精神卫生中心医生
庄永珍　武警 8610 部队后勤部医院内一科主任
神科琳　武警特种警察学院作战大队女子特警队分队长
赵　峰　武警总部机关幼儿园园长
王黎娜　武警总医院妇产科主任

新疆生产建设兵团

张利莉　塔里木大学教师
鞠爱华　新疆生产建设兵团农二师二十二团农工
魏丽光　新疆生产建设兵团农六师新湖一场一连职工
扎帕尔·玉素甫　新疆生产建设兵团十三师医院医生

即时授予

丁艾梅　安徽省省立医院神经内科护士长
王　濛　第二十届都灵冬季奥运会 500 米短道速滑冠军
陈淑秀　湖南省资兴市坪石乡昆村妇代会主任
马红梅　广东省广宁县东坑镇妇联副主席

2007 年

全国三八红旗手

为我国首次月球探测工程作出突出贡献的人员

姜　杰　中国航天科技集团公司一院12所长三甲系列运载火箭副总设计师

睢丽琴　中国航天科技集团公司四院设计部型号副总设计师

孙大媛　中国航天科技集团公司五院总体部主任设计师

张翠儒　中国航天科技集团公司六院11所大发动机设计室涡轮泵组副组长

余文华　中国航天科技集团公司七院692厂副主任设计师

徐荣萍　中国航天科技集团公司八院801所生产处处长、工程师

李　强　中国航天科技集团公司中国航天时代电子公司704所研究员

富向东　国防科工委月球探测工程中心综合管理部部长

李红艳　中国海上卫星测控部技术部总体室型号方案组组长

王　霞　北京航天飞行控制中心四室副主任

左　维　中国科学院国家天文台绕月探测工程地面应用系统主任设计师

阮　萍　中国科学院西安光学精密机械研究所绕月探测工程有效载荷光学成像探测分系统结构主管设计师

即时授予

黎菊兰　江西省萍乡市青峰水泥有限公司退休女工，香炉山居委会副主任

罗映珍　云南省临沧市永德县公安局民警罗金勇的妻子

陈治萍　重庆市沙坪坝区陈家桥镇农业服务中心助理兽医师

李明素　重庆市沙坪坝区回龙坝镇退休教师

陈巧云　特级残疾军人闫绍田的妻子，江苏省江都市双拥办副主任

段中慧　广东省公安边防总队政治部副团职处长

2008年

全国三八红旗手标兵

刘俊华　北京市公交新奥客运分公司三队 718 路售票员

申纪兰　山西省长治市平顺县西沟乡西沟村党总支副书记

杨　敏　辽宁省抚顺罕王实业集团有限公司董事长

王红阳　第二军医大学东方肝胆外科研究所常务副所长、教授，中国工程院院士

杨　文　山东英才职业技术学院董事长

薛　荣　河南圆方物业管理有限公司董事长

汤　敏　四川省成都市公安局金牛区分局光荣派出所政治教导员

洪　漫　新华社驻加沙分社首席记者

富向东　国防科工委月球探测工程中心综合管理部部长

刘苏冰　武警河南省总队医院副院长兼眼科主任、主任医师

全国三八红旗手

北京市

孙丹威　北京吴裕泰茶叶股份有限公司总经理

柳　青　北京市西城区人民检察院助理检察员

雷国秀　北京便宜坊烤鸭集团有限公司董事长、总经理

阴建玲　北京金源投资管理有限公司董事长

乔竹兰　北京市朝阳区王四营乡党委书记

刘　燕　北京市六一幼儿园园长

赵桂琴　北京市丰台区卢沟桥医院党支部书记

刘　燕　北京市石景山区文化委员会党委书记
李洛云　北京市门头沟区人民法院政治处主任
蔡俊清　北京市通州区人民法院宋庄法庭庭长
孟繁欣　北京科泰兴达高新技术有限公司总经理
侯亚军　北京市顺义区特殊教育学校校长
李爱芳　北京市大兴区中医院院长
朱小霞　北京市昌平区劳动和社会保障局副局长
陈立荣　北京市平谷区妇联副主席
李春华　北京市怀柔区老干部局局长
侯春华　北京绿湖工贸有限责任公司经理
刘少先　北京市延仲养鸭合作社社长
董世珍　北京市监狱管理局清河分局一级警督
武云云　北京城乡仓储超市综合办公室主任
姚淑鹏　北京市地铁运营公司车辆一公司 1 号线运用车间电客司机
马鸿韬　北京体育大学体育艺术系主任、教授
田媛媛　中国人民解放军 66400 部队医院三所专业技术 13 级护士
徐　滔　北京电视台科教节目中心副主任
孙力力　北京市杂技学校艺术教学总监、中国杂技团有限公司副总经理
王北榆　北京市公安局平谷分局刑侦支队副支队长
金莲淑　北京市律协女律师联谊会会长、北京市金平律师事务所主任
秦建平　北京市丰台区人民法院执行庭副庭长
刘俊华　北京市公交新奥客运分公司三队 718 路售票员
李　先　北京交通发展研究中心副总工程师
王霄云　北京市公交电车客运分公司 103 路车队乘务员
姜庆岳　北京市西单商场股份有限公司西单商场售货员
刘秋合　北京市药品检验所党委书记
李名选　北京市科学技术委员会调研员
陆　婵　北京市东城区国税局进出口税收管理科科长
钱剑兰　北京市地税局奥运税务办公室主任
秦明照　首都医科大学附属北京同仁医院干部医疗科副主任
马　辛　北京安定医院院长
陈　颖　北京市射击运动技术学校运动员、初级教练
严望佳　北京启明星辰信息技术有限公

司首席执行官
刘晓霞　北京市晓知霞服装屋负责人
王　兰　北京世纪铭人珠宝有限公司董事长
高　杨　北京龙泉机动车驾驶员培训中心总经理
冯乐平　北京市大兴区庞各庄镇乐平西甜瓜专业合作社理事长

天津市

牛予冬　天津电台新闻频道副总监
乔以钢　南开大学文学院党委书记兼中文系主任
王　华　天津市大港滨城商贸有限责任公司经理
王秀红　天津市邮政公司邮政投递局一号桥投递分局投递员
刘　荣　天津市规划局市政处处长
高立勤　天津市药品检验所所长
张莉颖　天津农村合作银行营业部客户经理
杨宝琴　天津市公安局河北分局看守所副政治指导员
师新利　西门子电气传动有限公司副总经理
牛予其　中共天津市委统战部联络处处长
王光含　易泰达科技有限公司泰达呼叫服务中心坐席员
刘淑梅　天津市大港油田第三采油厂作业三区家七站站长
苏　华　天津市激光技术研究所所长
汪静萱　天津市和平区第十一幼儿园教师
袁滨渤　天津市第四十二中学副校长
李丽玲　天津市红桥区经济协作办公室主任
刘艳霞　天津市工商局河东分局消费者权益保护科科长
齐俊萍　天津市南开房地产开发公司总经理
陈淑华　天津市河北区新开河街劳动保障服务中心科长
段　红　天津市塘沽区第一中学年级主任
孙长华　天津市汉沽区人民法院民一庭副庭长
王会杰　天津市大港区妇联副主席
刘桂芳　天津市友联有限公司董事长、总经理
孙秀茹　天津市西青区杨柳青第一中学教务副主任
张福芸　天津市津南区畜牧水产局水产技术推广站站长
张玉霞　天津市双街置业集团副总经理
张秀霞　天津市宝坻区民盛养鸡合作社

理事长

郭立华　天津市武清区大王古庄镇妇联主席

芦仿林　天津市蓟县水务局地下水资源办公室党支部书记

刘广红　天津市红奕金属制品有限公司总经理

王淑仿　天津市中得保温材料有限公司董事长兼总经理

田智娟　天津市公安局安康医院老年康复病房内科主任

孙爱如　天津市公安局津南分局看守所民警

李德荣　天津市河西区称心包子铺经理

田淑华　天津市蓟县中林苗木花卉有限公司经理

河北省

苏富梅　河北省张家口市特殊教育学校校长

高华山　河北省张家口市农业技术推广站高级农艺师

刘阿珍　河北省张家口市桥东区地税局局长

张殿琴　河北省秦皇岛市青龙县木关凳镇邱丈子村党支部书记

李晓兰　河北省秦皇岛市山海关区老车夫宾馆经理

张玉新　河北省承德市围场满族蒙古族自治县邮电局朝阳湾支局局长

宁　洁　河北省承德乾隆醉酒业有限责任公司副董事长

纪春艳　河北省承德市残疾人联合会副主席，承德市峰达硅砂有限责任公司董事长、总经理

许荷英　河北省河北梆子剧院国家一级演员、名誉团长

王　娟　河北省人民医院肿瘤科主任

信淑娥　河北信迪克涂料有限公司总经理

鲁聚平　中国移动通信集团河北有限公司石家庄分公司党委副书记

王玮玮　河北省石家庄市第二十中学校长

王聪颖　河北华脉房地产开发集团有限公司董事长、总经理

易建平　河北省唐山市妇幼保健院院长

孟兰芝　河北省唐山市天柱钢铁集团有限公司董事长

阚春凤　河北省唐山顺利城商贸公司总经理

张丽钧　河北省唐山市开滦第一中学校长

高玉凤　河北省廊坊市妇联副主席

杨　华　河北省廊坊市广阳区人民检察院检察长

张东丽　河北省廊坊市丽都鑫潮商贸有限公司董事长

李淑芳　河北省保定天威保变电气股份公司副总经理

闫晓丁　河北省保定供电公司副经理

许顺兰　河北省保定日报副总编

鲁守梅　河北省保定市南市区环卫局清洁总公司清扫分公司经理

谢清洁　河北省沧州市运河区公园街道办事处北环桥社区居委会副书记

崔凤兰　河北华戈化学集团常务副总裁

刘素娟　河北省任丘市妇联主席

侯荣芳　河北省衡水百货大楼（集团）股份有限公司总经理

孙云霞　河北省衡水市妇联主席

甄丽英　河北省邢台市妇联副主席

鲁敏丽　河北省邢台市临城县残联理事长

王素平　河北省邢台市巨鹿县县长

刘秀娟　河北省邯郸市妇联副主席

马凤华　河北省邯郸市邯郸县户村镇党委书记

孙兰萍　河北省邯郸第三医院副院长兼眼科主任

雷建新　河北省邯郸市第一财经学校党委书记

高　天　河北省妇联权益部部长

国宝莲　河北省雄县坤宝养殖公司总经理

山西省

蒋风云　山西省电信公司财务部主任

黄宝琴　山西省太原市人民政府副秘书长

荣　超　山西省大同市第一技工学校校长

徐尚红　山西省大同市天镇县县长

申纪兰　山西省长治市平顺县西沟乡西沟村党总支副书记

张素珍　山西省长治市第一职业高级中学校长

丰新兰　山西省朔州市跃胜实业公司总经理

李学敏　山西省忻州市幼儿园园长

陈义青　中共山西省岢岚县委书记

杜晓凤　山西省吕梁市离石区人民法院院长

常爱玉　山西省晋中市环丽清洁服务公司经理

李玲琴　山西省平遥亲圪壍餐饮文化传播有限公司董事长

张兰香　山西省临汾市曲沃县里村镇文敬村党支部书记

丁玉萍　山西省临汾市古县店上煤业有限公司、山西玉和泰煤业有限公司董事长

王鲜朵　山西省运城市康杰中学教师

闫金萍　山西省运城同德医院首席主任医师

贾桂梓　山西省社会科学院副院长

刘芬萍　山西省公安厅刑侦总队副总队长

许凌云　山西广播电视总台新闻中心副主任

张俊玲　山西省太原铁路公安局局长

张　晶　山西省话剧院国家一级演员

樊英英　山西省阳泉市东海大酒店董事长

李　健　上海浦东发展银行太原分行行长

李怀莲　山西省晋中市昔阳县大寨镇大寨村妇代会主任

任改英　山西省晋城市妇联副主席

段新民　山西省太原市妇联副主席

路民牛　山西省长治市妇联副主席

张苏丽　山西省妇联办公室主任

张莉清　山西省妇联组织部部长

内蒙古自治区

郭明社　国家开发银行内蒙古自治区分行行长

塔　娜　内蒙古电视台新闻中心副主任

哈斯敖登　内蒙古民族歌舞剧院国家一级演员

李春萍　内蒙古工业大学科学技术处处长

李　燕　内蒙古电力（集团）有限责任公司工会主席

白　梅　中国人民解放军第 253 医院消化内分泌科副主任医师

宗炜宏　武警呼和浩特指挥学院心理学教研室副主任

托　娅　内蒙古民航机场集团有限责任公司党群工作部副部长

何　娟　内蒙古第一机械集团公司工会副主席

吴世勇　内蒙古自治区呼和浩特市公安局刑警支队技术中心教导员

邢　旗　内蒙古农牧科学院草原勘察设计所干部

王国英　中国电信内蒙古分公司 10000 号客服中心主管

韩振敏　呼和浩特铁路局包头客运段列车长

郎晓燕　内蒙古自治区呼伦贝尔市妇联副主席

贾卫红　内蒙古自治区呼和浩特市妇联宣传部部长

陈春娟　内蒙古自治区乌兰浩特市乌兰浩特第一中学校长

张慧敏　内蒙古自治区通辽市开鲁县农业技术推广中心副主任

张亚军　内蒙古自治区赤峰学院附属医

院副院长

钱金英　内蒙古自治区锡林郭勒盟正镶白旗星耀镇明亮村妇联主任

钱崇艳　内蒙古自治区乌兰察布市凉城县妇幼保健所医生

刘朝霞　内蒙古自治区鄂尔多斯市林业治沙科学研究所正高级工程师

刘俊芳　内蒙古自治区巴彦淖尔市医院院长

尹秀凤　内蒙古自治区乌海市妇幼保健院院长

满都格日勒　内蒙古自治区阿拉善盟额济纳旗达来呼布镇吉日嘎朗图嘎查长

李国婧　内蒙古农业大学教授

乌云斯庆　内蒙古自治区鄂尔多斯市乌审旗苏力德苏木昌黄嘎查牧民

辽宁省

高　阳　辽宁省沈阳市公安局刑警支队副主任法医师

辛　彦　中国医科大学肿瘤研究所第四研究室主任

吴凤琴　辽宁省沈阳鼓风机（集团）有限公司财务总监

肖淑芳　辽宁省大连长信房地产开发有限公司总经理

戴大双　大连理工大学教授

岳喜芳　辽宁省长海县大长山岛镇小盐场村党支部书记

王向东　辽宁省鞍山市公安局刑侦支队技术二大队教导员

李春哲　鞍钢集团矿业公司大孤山选矿厂磁选车间管理主任

辛晓环　辽宁省抚顺市顺城区长春街道工委书记

孟　玲　辽宁省抚顺市新抚云顶演唱俱乐部董事长

武秀君　辽宁省本溪满族自治县秀君服务队经理

李福玲　辽宁省桓仁满族自治县二棚甸子镇政府民政助理

曲秀云　辽宁省宽甸满族自治县步达远镇新兴村党支部书记、妇代会主任

孙　芳　辽宁省凤城市妇联主席

赵　杰　辽宁省锦州市商业银行工会主席

董　艳　辽宁省义县妇联主席

宋洪芳　辽宁省盖州市华威养殖有限责任公司董事长

陈秀艳　辽宁省营口市老边区柳树镇太平山村党总支书记

蹇　丹　辽宁省阜新市妇联主席

张明晶　辽宁省阜新市细河区四合镇党委书记

李　琳　辽宁省辽阳可立亚南原餐饮有限公司董事长
王晓燕　辽宁省辽阳供电公司试验所所长
王淑珍　辽宁省铁岭市妇联主席
刘清华　辽宁省朝阳华康药业有限公司总经理
雒　波　辽宁天龙药业有限公司总经理
郑学勤　辽宁省葫芦岛市妇联主席
景　佳　辽宁电视台新闻中心采访部主任记者
金晓玲　辽河石油勘探局工会副主席
朱蓓薇　大连工业大学生物与食品工程学院院长
孙黎江　辽宁移动通信有限责任公司铁岭分公司总经理
井　梅　东北电网有限公司大连培训中心高级培训师
罗娅红　辽宁省肿瘤医院副院长
张秀茹　辽宁省农业科学院稻作研究所课题组长
任桂荣　辽宁省机场管理集团公司旅客服务公司经理
陈素芬　辽宁省沈阳市辽中县淮海农场场长

吉林省

赵丽华　吉林省长春市人民检察院侦查监督处副处长
金惠茹　吉林大学农学部后勤处公寓管理部管理员
李东明　吉林省长春公交集团北达汽车公司三车队驾驶员
台丽伟　吉林省长春市绿园区至爱老年医疗护理院院长
张茹珍　吉林省榆树市弓棚镇养鸡协会会长、茹珍孵化厂厂长
贾丽娜　吉林省长春市妇联主席
朱燕芹　吉林省吉林市国资委企业改革处处长
陈红纬　吉林省吉林市地税局副局长
冷　瀛　北华大学附属医院眼科主任
李　兵　吉林化纤集团拓普纺织产业开发有限公司经理
王伟华　吉林省四平市铁西区财政局局长
王玉芝　吉林省嘉源建筑工程咨询有限公司董事长、总经理
田玉华　吉林省四平市经济开发区地税局局长
刘　波　吉林省辽源得亨股份有限公司总工程师
宋艳红　吉林省东辽县双惠牧业合作社

主任

乔淑萍　吉林省通化市人民医院儿科主任

孙亚琴　吉林省辉农粳稻科学技术开发有限公司总经理

吴　静　吉林省白山市中级人民法院刑事审判庭庭长

李　涛　吉林省白山职业技术学校教务处长

冯淑华　吉林省松原市中心医院神经内科主任

刘红霞　吉林省松原市宁江区女企业家协会会长

王丽辉　吉林省镇赉县水利局机械施工队技术员

吕　品　吉林省白城市洮北区长庆街道办事处白鹤社区党总支书记

金九淼　吉林省延边脑科医院院长

兰玉莲　中国移动通信集团吉林有限公司延边州分公司总经理

康阳顺　吉林省延吉市兆源有限责任公司董事长

徐雅娟　吉林省中医药科学院国家中医药管理局重点实验室主任

张春茹　吉林省南湖宾馆总经理

何惠阳　中科院长春光机所研究员

黑龙江省

马云芳　黑龙江省哈尔滨市五常市牛家镇二屯村五屯农民

刘春英　黑龙江省美联美容管理有限公司、女王美容连锁机构董事会主席

殷培贤　黑龙江省哈尔滨市政府妇女儿童工作委员会办公室主任

曹书杰　黑龙江省齐齐哈尔市第一医院院长

王凤菊　黑龙江省牡丹江市文化局局长

徐　芳　黑龙江省富锦市头林镇新合村玉米叶工艺品编织坊负责人

赵小平　黑龙江省大庆市妇联主席

张广兰　黑龙江省鸡西市民政局局长、市双拥办主任

董　濮　黑龙江省鸡西市旅游局局长

张　晶　黑龙江省双鸭山市双兴牧业有限责任公司董事长

陈国荣　黑龙江省伊春市第一医院党委书记

刘　婉　黑龙江省七台河市妇联主席

王淑霞　黑龙江省鹤岗市妇联主席

张兆华　黑龙江省黑河市妇联主席

沈桂兰　黑龙江省绥化市绥棱县靠山乡东方红村党支部书记

尹　静　黑龙江省大兴安岭地区漠河县

邮政局北极乡邮政支局局长、乡邮员

李兆荣　黑龙江省鹤岗市绥滨县二九〇农场三十五作业站工人

赵金花　哈尔滨铁路局齐齐哈尔车辆段涉外女子检车班工长

徐洪霞　大庆石油管理局物业集团物业管理二公司八百垧物业管理三处环卫班班长

高金芳　中国龙江森林工业（集团）总公司党委书记

张晓虹　哈尔滨理工大学电气与电子工程学院党总支书记

白锦婵　黑龙江省供销社直属党委专职副书记

宁文娟　黑龙江省哈尔滨市道外区大陆五金建材商店总经理

褚天舒　黑龙江电视台制片人、主持人

魏丽荣　黑龙江省农业委员会科教处处长

张凤兰　黑龙江省总工会女职工部部长

姚丽芬　哈尔滨医科大学附属第一医院神经内科教授

杨　敏　黑龙江省哈尔滨市日光口腔研究所所长，日光牙科学校校长

程慧娟　中国银行股份有限公司哈尔滨动力支行行长

李华菊　黑龙江省政法管理干部学院教授、法理教研部副主任

上海市

王红阳　第二军医大学东方肝胆外科研究所常务副所长、教授，中国工程院院士

曾　璇　复旦大学专用集成电路与系统国家重点实验室副主任、微电子研究院副院长

严国琴　上海锅炉厂有限公司高级技师

张静娴　上海昆剧院创研部主任

王　英　上海市浦东新区辅读学校校长

余金琦　上海市医药股份有限公司总经理

李　琴　上海市长宁区江苏街道李琴人民调解工作室主任

金慧敏　上海市公安局特警总队防暴突击一支队女警大队大队长

徐　兰　上海市嘉定区农业技术推广中心主任

黄　倩　上海市第一人民医院中心实验室主任

浦雅玲　上海古今内衣有限公司董事长、总经理

谢晓云　上海锦沧文华大酒店有限公司副总经理

刘佩琴　上海梅园邨大酒店有限公司总经理

苏勤勤　上海申花钢管有限公司工程师

张海英　上海市杨浦区五角场社区（街道）党工委书记
王京敏　上海市闸北区共和新社区（街道）党工委副书记、纪工委书记
张竹君　上海市虹口区青少年体育运动学校击剑一线运动队女子花剑主教练
徐晓燕　上海市金山区金山中学校长
盛建华　上海市普陀区长风社区卫生服务中心主任
谭海岚　上海市松江区松江第一中学校长
乔　慧　上海市南汇报社总编辑
刘秀妹　上海市宝山区吴淞社区（街道）泗东新村居民区党总支书记
卫　萍　上海市奉贤区南桥镇贝港第五居委会主任
陆夏娟　上海市青浦区白鹤镇朱浦村党总支书记
庄婵娟　上海市闵行区浦江社区卫生服务中心副院长
车顺爱　上海交通大学化学化工学院教授
孙晓玮　中国科学院上海微系统与信息技术研究所实验室主任
陈惠芳　东华大学材料学院高级工程师
朱丽萍　上海市第一妇婴保健院副院长
冷伟青　上海市国资委党委领导人员管理处处长
何惠娟　中共上海市市级机关工作委员会组织部部长
单南琴　上海市徐汇区人民法院审判员
印海蓉　上海文广新闻传媒集团电视新闻中心首席主持人
吴　华　中国航空无线电电子研究所副总设计师
周　霞　上海浦东大众公共交通有限责任公司 980 路售票员
潘艾方　上海市邮政公司宝山区邮政局翔殷支路投递员
徐海燕　上海浦东发展银行总行公司及投资银行总部总经理
王永芳　上海市江桥批发市场经营管理有限公司董事长
刘恩芳　上海现代建筑设计（集团）有限公司现代都市建筑设计院院长
熊鲁霞　上海市城市规划设计研究院总规划师
丁美红　上海市聚隆律师事务所副主任

江苏省

胡娅莉　江苏省南京市鼓楼医院副院长、妇产科主任
唐富春　江苏省南京医药产业（集团）

有限责任公司副董事长、总经理

张　敏　江苏省南京市妇联副主席

高玉萍　江苏省无锡市公安局收容教育所所长

金秋萍　江南大学太湖学院党委书记、执行院长

沙玉琴　江苏省宜兴市高塍镇高塍村党总支书记

黄丽泰　江苏利安达服装集团有限公司董事长、总裁

陈秋燕　江苏省徐州市市政工程养护管理处党委副书记

李淑华　江苏省徐州市妇联副主席

张灵兴　江苏省徐州市丰县大沙河镇后双庙村农民

沈玉华　江苏省常州华锦针织服装有限公司总经理

陆秋枚　江苏省常州大诚纺织集团有限公司董事长、总经理

张　跃　江苏省常州市科学技术局局长

钱阿玲　江苏省吴江汉通纺织有限公司总经理

郁霞秋　江苏省长江润发集团副董事长、总裁

李惠华　江苏省常熟市虞山镇妇联主席

程　静　江苏省南通市妇联主席

唐慧娟　江苏省海门市兴旺肉制品有限公司董事长

陈凌云　中国移动通信集团江苏公司南通分公司

卢　宁　江苏省连云港佳殿轻工有限公司副董事长、总经理

李江蓉　江苏省连云港市中级人民法院副院长

张红梅　江苏省淮安市楚东职业技术学校校长

乜爱梅　江苏省淮安中央新亚百货股份有限公司副总经理

陈筱云　江苏省淮安市楚州区妇联副主席

季卫兵　江苏省盐城国际妇女时装有限公司中方总经理

张晓晴　江苏省盐城易青服饰有限公司董事长、总经理

唐玉花　江苏省盐城市爱民米业有限公司董事长

徐　莉　江苏省扬州市邗江区人民法院刑事审判庭审判员

徐丽玲　江苏省扬州广播电视总台台长

张桂红　江苏省扬州市邗江区邗上街道妇联主席

钱秋菊　江苏省镇江市妇幼保健院副院长

周素英　江苏省镇江市环境卫生管理处业务考核员

王晓东　江苏省靖江市妇联主席

丁秋玲　江苏省泰州日报社妇委会主任

张　萍　江苏省泰州第一百货商店股份有限公司总经理

张鸭红　江苏省泰州市高港区政府办副主任、区机关事务管理局局长

丁　梅　江苏省宿迁市唯美制衣有限公司董事长

裴昌彩　江苏省泗洪县界集实验小学教师

夏正芳　江苏省高级人民法院民一庭副庭长

李　洁　江苏省演艺集团·江苏省京剧院领衔主演

田　倩　江苏省建筑科学研究院有限公司工程师

汤晓燕　江苏省军区南京第二干休所政治干事

齐　璇　武警江苏省总队医院外三科主任

顾丽华　江苏省盐城市消防支队防火处监督管理科科长

陆亚行　江苏省海门市中南村党支部副书记

浙江省

宣尧仙　浙江省医学科学院国家新药安全评价研究重点实验室主任

陈美月　浙江省电力物资供应公司工会副主席

潘春飞　浙江省能源集团兰溪发电有限公司运行部单元长

赵知劲　杭州电子科技大学通信工程学院院长

汪丽君　浙江省杭州市下城区长庆街道王马社区党委书记

蒋　忆　浙江大学快威科技集团有限公司总裁

郑素英　浙江吉天农业开发有限公司经理

钟　斌　中国电信杭州分公司党委书记、工会主席

顾静芬　浙江省宁波海和森食品有限公司总经理

徐娣珍　浙江省慈溪市中国慈吉集团董事长

王　静　浙江省宁波市江北区文学艺术界联合会秘书长

辛雪莉　浙江省宁波人民广播电台副台长

何献敏　浙江省温州市妇联主席

陈晓敏　浙江俊尔新材料有限公司董事长

郑莱莉　浙江省康奈集团有限公司副总经理

陈冬妹　浙江省温州市永嘉县岩坦镇蛙蟆垄村村民

周美凤　浙江省湖州市南浔区南浔镇息

塘村党总支书记

楼黎静　浙江省湖州市经济作物技术推广站站长

张　甦　浙江省湖州市妇幼保健院副院长

胡娟英　浙江省海宁市人民医院肝胆外科主任

孔德萍　浙江省秦山核电公司技术支持部经理

吴玉红　浙江省海宁市第一中学校长

袁鸿娟　浙江省绍兴市汽车运输集团有限公司公路客运中心业务站副站长

王姿琴　浙江省绍兴市越城区鉴湖镇镇长

金霞芬　浙江省嵊州市崇仁镇张家村党支部书记

倪晓燕　浙江省金华市婺城区财政局会计核算中心主任

张秀娥　浙江省东阳市湖溪镇湖溪村村委会主任

韦妙芬　浙江省金华市磐安县大伟茶叶有限公司董事长

费小阳　浙江省金华市人民医院妇产科主任

叶　霜　浙江省衢州市第二中学副校长

周水仙　浙江省衢州市柯城区府山街道坊门街社区居委会主任

林秋红　浙江纪元电气集团有限公司总经理

王萍亚　浙江省海洋开发研究院海洋公共实验室副主任

张赛萍　中国水产舟山海洋渔业公司绳网厂财务核算员

袁惠萍　浙江省舟山市人民医院护理部副主任、大外科护士长

陈珍芬　浙江省台州市三门学院、三门教师进修学校教科室主任

陆艳华　浙江省台州天仪表业有限公司董事长、总经理

王佳琴　浙江省台州市黄岩区妇联主席

魏小青　浙江省台州市椒江区城市建设档案馆馆长

朱伯英　浙江青田县海口服饰有限公司董事长

洪志和　浙江志和工具有限公司董事长

邹丽华　浙江省丽水莲都外国语学校校长

应优芬　浙江省舟山市普陀区大海洋生物技术有限公司董事长

安徽省

杭　玲　安徽省马鞍山市政府副秘书长、市信访局局长

胡　梅　安徽省合肥市重点工程建设管理局高级工程师

陶　霞　安徽省合肥市人民检察院公诉处处长
年介舜　安徽省淮南市马山传染病医院院长
刘志凤　安徽省淮南东岳建筑公司董事长
赵月英　马钢集团（控股）有限公司、马鞍山钢铁股份有限公司工会副主席、女职工委员会主任
江胜霞　安徽省桐城市嬉子湖镇蟠龙村党总支书记
许先梅　安徽省安庆市儿童社会福利院院长
李　伟　安徽省芜湖融汇化工有限公司总经理
杨国红　中国人民解放军第5720工厂电缆修理工
何　懿　安徽省怀远县副县长
许春燕　安徽省蚌埠市妇联副主席
张香娥　安徽省淮北市妇联副主席
张陵生　安徽省铜陵市妇联主席
张世群　安徽省六安市人民医院心内三科主任
钟　彬　安徽省中欣印务包装有限公司董事长
叶　敏　安徽省滁州市妇幼保健所所长
姜英杰　中国农业银行天长市支行行长
汪冰洁　安徽省黄山市徽州区妇联主席
梅胜芳　安徽省黄山区龙门中心学校小学教师
邵　庆　中国工商银行股份有限公司巢湖分行女职工委员会主任
吴淑湘　安徽省含山县环峰镇副镇长
邹武庆　安徽省池州市疾病预防控制保健中心主任
答朝荣　安徽省阜阳市公共交通总公司乘务员
朱会蕊　安徽省界首市明星商贸公司总经理
吴秀芝　安徽皖王面粉集团有限公司董事长、总经理
巩　辉　安徽省宿州市妇幼卫生保健所所长
邵巧秋　安徽省绩溪县妇幼保健所所长
程祖岚　安徽省广德中学教师
刘　莉　安徽美丽园工艺有限公司总经理
唐乃玲　安徽省直属机关妇女工作委员会主任
胡艳军　安徽大学计算智能与信号处理教育部重点实验室副主任
李琴美　安徽省铜陵有色集团设计研究院检测中心业务部主任
郑　敏　武警合肥指挥学院训练部副部长

福建省

林碧英　福建省福州市蔬菜科学研究所研究室主任

黄晨莺　福建省福清市妇联主席
丁　萍　福建省福州市法律援助中心主任
许　甘　福建省厦门市同安区洪塘镇郭山村农民技术员
由　欣　福建省厦门火炬高技术产业开发区管理委员会副主任
陈　敏　福建省厦门市湖里区金山街道党工委书记
滕秀兰　福建省漳州市城区农村信用合作联社理事长
连竹叶　福建省龙海市妇联主席
谢珍珠　福建省平和县小溪镇岩坂村妇代会主任
柳瑞榕　福建省泉州市妇联副主席
曾银鸾　福建省惠安县农村信用合作联社理事长
周秀丽　福建省德化县浔中镇浔中村党支部副书记、妇代会主任
陈金琴　福建省莆田市恒丰房地产发展有限公司董事长
刘黎婴　福建省莆田市秀屿区海珍品养殖有限公司副总经理
李宝兰　福建省三明市妇联主席
黄金莲　福建省三明市特殊教育学校校长
吴清銮　福建省将乐县黄潭镇上峰村党支部书记
毛建红　福建省浦城县古楼乡中潭村党支部书记、绿洋竹业有限公司总经理
李红萍　福建省南平市公安局技侦支队副支队长
何雪芬　福建省松溪县农村信用合作联社理事长
陈秀容　福建省漳平市招商局、外经局局长，漳平工业园区管委会办公室主任
顾丽娜　福建省福建龙岩喜鹊纺织有限公司董事长、总经理
薛彤云　福建省福安市工夫茶叶有限公司副总经理
蔡玉美　福建省寿宁县医院妇产科主任
胡宝珍　福建警察学院法律系主任
李　梅　福建省气象台台长
黄文英　福建省电力有限公司调度通信中心主任
许竞虹　厦门航空有限公司旅客服务部地面服务分部乘机处副经理
田丽娅　福建省军区司令部通信处参谋
阎成美　南京军区福州总医院护理部主任
祁　皑　福州大学土木工程学院副院长
林小红　福建省公安边防总队司令部政治部协理员
卢　敏　福建省南平铝业有限公司铝加工分厂党综管部经理
蓝　琳　福建省厦门市公安局出入境管

理处台湾居民办证中心证件受理科副科长

田小榕　福建省宁德市公安局人事科科长

陈丽英　福建省惠安小岞妇女林场场长、党支部书记

陈金妹　福建省南平市恒大实业有限公司总经理、南平市龙得宝稻米专业合作社社长

江西省

袁　鹏　江西省新余日报社副总编辑

丁成芷　江西省南昌水业集团副董事长

林延敏　江西省南昌经济技术开发区国税局局长

沈冬英　江西省南昌市安义县政协副主席、财政局局长

李电花　江西省南昌市妇联主席

陈　玲　江西省星子县人民医院护理部主任

朱金花　江西省欣祥包装彩印有限公司董事长

曹铭华　江西省景德镇市第一人民医院内三科主任

张婉玲　江西省萍乡市艺婉建材有限公司董事长

周京华　江西省新余市果业局技术服务站站长

汤冬莲　江西省果喜实业集团有限公司副总经理

叶军蓉　江西省赣州市公安局交警支队直属大队女警中队中队长

曾桃珍　江西省赣州市章贡区解放街道西津路社区居委会主任

林慧琼　江西省南康市妇联主席

彭　鹰　格特拉克（江西）传动系统有限公司赣州分公司采购部副经理

付秀秀　江西省高安市筠阳街道筠泉社区主任

周丽珍　江西省奉新县第二中学高级教师

舒桂秀　江西省余干县五一商贸有限公司董事长

胡　燕　江西省上饶市立医院内三科副护士长

王莉娜　江西省上饶市妇联副主席

黄建华　江西省遂川县妇联主席

刘　勍　江西省吉安市中心人民医院副院长

刘小平　江西省吉安市园林处绿化管理科科长

黄燕华　江西省金溪县合市镇党委书记

彭贞红　江西洪门实业集团有限公司董事长

李隆玉　江西省妇幼保健院院长助理、

肿瘤科主任

尹　洁　江西省气象局首席预报员

杨琪琪　江西省计量测试研究院高级工程师

徐桂芬　江西省煌上煌集团有限公司董事局主席

李碧霞　江西春源绿色食品有限公司董事长

李安南　江西省国家安全厅计财装备处处长

李群花　江西省妇联妇女发展部部长

张　敏　江西省东乡县公安局国保大队民警

山东省

王雪滨　山东省济南市市中区妇联主席

焦桂云　山东省济南市社会福利院儿童部主任

陈叶翠　山东省济南市历下区甸柳新村街道第一社区居委会主任

王　伟　中国工商银行股份有限公司济南经二路支行经三纬五所主任

孙　倩　山东佳怡物流有限公司董事长

马卫华　山东省青岛市卫生局妇委会主任

占美丽　山东省青岛市市政公用局固体废弃物处置有限公司小涧西综合处置场总工程师

李淑芝　山东省青岛万里江茶业有限公司董事长

翟乃翠　山东省淄博市妇联主席

郭　琴　山东新华医药集团董事长

丁印荣　山东省枣庄市林业局局长

贾玉娟　山东省东营市妇联副主席

赵　岩　山东省垦利县副县长

魏玉敏　山东省蓬莱市妇联主席

马永卿　山东省龙口市妇联主席

彭文彬　山东省莱州市文昌路街道北关居委会主任

杨守伟　山东省潍坊市儿童福利院护理员

甄曰菊　山东吉青化工有限公司董事长、总经理

徐晓玲　山东省兖州市绿源食品有限公司董事长

黄鲁琼　山东省济宁市广播电视局电视中心副主任

胡桂花　山东梁山华宇集团董事长

张美菊　山东省泰安市泰山区岱庙街道迎暄社区居委会主任

曲航黎　山东省新泰市司法局局长

张思玉　山东省威海市妇联副主席

李春荣　山东省威海市立医院妇产科主任

单素贞　山东省日照经济开发区人民法院立案庭庭长

王致英　山东省日照市岚山区国税局副

局长

吕淑芳　山东省莱芜市气象局局长

闵惠玲　山东省临沂市妇联副主席

公丕凤　山东新华印刷厂临沂厂厂长

尹卓今　山东省武城县第二中学教师

孙玉芝　山东省德州市商业银行董事长

周国辉　山东省滨州市公安局滨城分局市西派出所所长

田俊征　中国银行股份有限公司滨州分行综合管理部主任

桑艳艳　山东省菏泽市立医院外科护士长

党明娜　中国银行业监督管理委员会菏泽监管分局局长

刘志敏　山东省临清市武训实验小学校长

郝润霞　山东省济南幼师聊城分校党支部书记

管叙玲　山东省省直机关工会工委主任、妇工委主任

丁　玎　山东省文化厅直属机关党委专职副书记

王建春　山东省立医院保健科副主任、保健心血管一科主任

王　惠　山东航空股份有限公司机长、教员

苏　琪　山东艺术学院二级学院副院长

侯春梅　中石化胜利油田现河采油厂采油二矿副政治教导员

王连梅　山东省博兴县龙升食品有限公司总经理

河南省

孟月娥　河南省农业科学院园艺研究所副所长

孙　梅　河南省郑州市管城区财政局局长

吴桂荣　河南省登封市妇联主席

张　芬　河南省开封市妇联调研员

邵爱香　河南省开封县副县长

李　华　河南省洛阳华翔包装有限公司总经理

吴秀云　河南省洛阳白马集团有限责任公司织布分厂挡车工

丁林平　河南省平顶山市湛河区区长

赵秀珍　河南省滑县种子公司经理

田爱军　河南省安阳市公安局楼前路派出所副所长

付青霞　河南省鹤壁市福源精煤有限公司生产部副部长

原连庄　河南省新乡市农业科学院园艺研究所所长

张桂香　河南省新乡市妇联主席

李　晖　中共河南省新乡市牧野区委副书记

任全梅　河南省辉县市政府妇女儿童工

作委员会副主任

马彩枝　河南省焦作市第十七中学教师

刘乡英　河南省濮阳市文化局（新闻出版局）局长

毛乾民　河南省濮阳市妇联主席

李　莉　中国移动通信集团河南有限公司许昌分公司总经理

陈爱琴　河南省禹州市妇联主席

贾晓云　河南省漯河医学高等专科学校第二附属医院院长

魏　萍　河南省三门峡市检察院政治部副主任

贾崇兰　河南省南阳市女子书画院院长

买永红　河南省南阳市纵横丝绸纺织有限公司董事长、总经理

翟建华　河南省商丘市睢阳区人大常委会主任

常　睿　中共河南省商丘市梁园区区委常委、组织部部长

方忠莲　河南省光山县中原布业总经理

雷丽萍　河南省信阳市妇联主席

赵玉珍　河南省固始县人大常委会副主任

司亚雪　河南省周口市中医院护理部主任

李　华　河南省周口市农科院科技开发公司高级农艺师

张巧云　河南省驻马店市乐华物资贸易有限公司总经理

张梅月　河南省驻马店市中心医院妇产科主任

郭玉霞　河南省济源市社会医疗保险中心主任

张菊新　河南省人民医院妇儿临床医学部主任、主任医师

毛如雯　河南省开封市商业银行行长

彭亚方　河南省科技厅院士办主任

韩玉洁　河南省公安厅刑科所主任科员

张爱民　河南省叶集至信阳高速公路建设有限公司董事、常务副总经理

周新敏　河南省国家税务局机关妇委会主任

胡俊峰　河南省郑州女子监狱政委

李世欣　河南省郑州市管城区残联理事长

薛　荣　河南圆方物业管理有限公司董事长

赵　洁　河南省妇联权益部部长

靳福叶　河南省鹤壁市浚县钜桥镇富贵养鸡合作社社长

湖北省

曹来英　武汉大学人民医院产科主任

刘琼书　湖北省武汉市新洲区新集邮政支局邮递员

桂贤娣　湖北省武汉市汉阳区钟家村小学教师
胡　坚　湖北美尔雅集团美红服装有限公司总经理
刘建兰　湖北省黄石市下陆区公安分局老下陆派出所副所长
刘春华　湖北省十堰市人民医院副院长
路道平　湖北省十堰市双庆工程咨询监理有限公司总经理
张　燕　湖北省洪湖市妇联主席
李婷婷　湖北省蓝特集团副董事长、湖北二十一世纪物流股份有限公司总经理
孙田田　湖北省荆州市公安局行动技术支队侦察员
尚　葵　湖北省宜昌市妇联主席
颜立琼　湖北省秭归县妇联主席
孙万清　湖北省宜昌市西陵区二马路社区党委副书记
马蓓蓓　湖北省宜昌市疾病预防控制中心副主任
李云锡　湖北省襄樊市襄阳云锡柳编厂厂长
宋爱洁　湖北妞妞食品有限公司董事长
程年娣　湖北省鄂州市植物保护站站长
熊彩平　湖北省鄂州市吴都小学校长
杨燕妮　湖北省荆门市中医院院长
张　斌　湖北省荆门市教育局党委委员，市大中专办副主任
马秋耕　湖北省孝感市烟草专卖局（公司）副局长、副经理
田子君　湖北省应城市田店镇田店村青少年心理咨询热线志愿者
程锦芳　湖北省黄冈市妇联副主席
王爱玲　湖北省黄冈市黄州区赤壁街道办事处汉川门社区主任
孙梦兰　湖北省黄冈市黄商贸易有限责任公司副总经理、黄商购物中心总经理
彭春姣　湖北省嘉鱼县高铁岭镇长河特种水产养殖场场长
王郡郡　湖北省鄂南果树研究所所长，咸宁市星火富民工程示范基地负责人
陈梅生　湖北省咸丰县土司皇宫刺绣有限公司总经理
张新莲　湖北省来凤县环境卫生管理所所长
黄　苹　湖北省随州市曾都区环潭镇镇长
黄秋菊　湖北省广水市副市长
丁克美　湖北省仙桃市剅河镇黄桥村党支部书记
刘小军　湖北省潜江市人民法院民事审判一庭副庭长
黄　琼　湖北省天门市妇幼保健院副院长
张　云　湖北省神农架林区红坪镇镇长

吴小玲　湖北省省直机关妇工委主任
周正素　湖北省妇联组织联络部部长
叶景丽　湖北省妇联办公室主任
付道华　湖北省老河口市仙仙果品公司总经理

湖南省

刘云霞　湖南省长沙市妇联副主席
沈佩齐　湖南友谊阿波罗家润多商业股份有限公司友谊商城总经理
付　玲　湖南省长沙中联重工科技发展股份有限公司职工
龙利君　湖南省株洲市太阳宫艺术学校校长
黄月红　湖南省株洲市天元区政府妇女儿童工作委员会副主任
杨应君　湖南省湘潭县响塘乡金湖村金塘组村民
谭凤姣　湖南省湘潭县妇幼保健院院长
李　丽　湖南省衡阳市李丽家庭教育工作室主任
唐立清　湖南省衡阳市蒸湘区司法局副局长、蒸湘区公证处主任
杨　辉　湖南省衡阳市住房公积金管理中心主任
邓国庆　湖南省邵阳市妇联主席
赵小春　湖南豫湘工贸集团有限公司副董事长
沈绿叶　湖南省云峰水泥有限公司总经理
袁劲进　湖南省岳阳市妇幼保健院院长
沈富荣　湖南省岳阳市富凯针织制衣有限公司总经理
陈楠波　湖南省华容县审计局财政金融审计股股长
胡长城　湖南省澧县妇联主席
肖群英　湖南省常德市格莱水产食品有限公司董事长
向　实　湖南省常德市鼎城区国税局局长
郑云桂　湖南省张家界市永定区地税局税政科科长
段润良　湖南省益阳市大通湖区金盆镇腾飞村党支部书记
彭志深　湖南省益阳橡胶塑料机械集团有限公司高级工程师
全昌萍　湖南省郴州有线客户服务分公司总经理
樊美屏　湖南省资兴市煤业第一分公司总经理
伍丽英　湖南省永州市冷水滩区蔡市镇虾塘村党支部书记
盘晓红　湖南省永州市蓝山县楠市镇中心小学教师
阳国秀　湖南熙可食品有限公司董事长
谭秋姣　湖南省涟源市政协副主席

卢红英　湖南省冷水江市自来水公司经理
曾　华　湖南省怀化市女子职业学校董事长
龙四清　湖南省芷江侗族自治县禾梨坳乡古冲村党支部书记
马　兰　湖南省湘西自治州农办工会联合会主席
章　华　湖南省泸溪县达岚镇镇长
田大伦　中南林业科技大学教授
刘英姿　湖南省射击运动管理中心运动员
杨　霞　湖南省歌舞剧院副院长
汤　萌　湖南省妇女儿童活动中心主任
张芙蓉　湖南省芷江县地税局局长
宣桔仁　湖南省浏阳市高坪镇生猪养殖合作社社长

广东省

李敏霞　广东省广州市建设委员会副总工程师兼政策法规处处长
何爱玲　广东省广州市大鹏家禽养殖有限公司总经理
王绮红　广东省深圳市体工大队办公室副主任
杨　蔚　广东省深圳市罗湖区社会福利中心副主任
王桂莲　广东省珠海市第二中学副校长
徐素平　广东省珠海市中级人民法院行政审判庭庭长
黄育英　广东省汕头市妇联调研员
周来英　广东省汕头海事局指挥中心无线电话台副台长
陈小媚　广东省佛山市南海区中医院门诊科副护士长
潘　媚　广东省佛山市人民检察院公诉科副科长
叶润莲　广东省北江监狱后勤服务中心食堂职工
陈德莲　广东省韶关市乐昌市大源镇水源村党支部书记
邝兰先　广东省河源市源城区埔前镇妇联主席
黄谷英　广东省河源市和平县彭寨镇星丰村党支部书记
李仙花　广东汉剧院院长
陈秀娥　广东中烟工业有限责任公司梅州卷烟厂工会副主席
陈丽芬　广东省惠州市国道 205 麻陂收费站收费员
林飞燕　广东省惠州市国土资源局服务大厅主任
朱小娟　广东省汕尾市海丰县妇联主席
黄映秀　广东省东莞市黄江镇党委委员、妇联主席
易健华　广东省东莞市人民法院助理审

判员

陈　娟　广东省中山市小榄镇妇联主席

邓降娥　中国移动通信集团广东中山分公司党群工会部主任、工会副主席

赵菊花　广东省江门市中级人民法院副院长

李艳明　广东省台山市妇联主席

苏淑姬　广东省阳江市邮政局东风一路邮政营业处副主任

邓家凤　广东省阳西县金凤经济开发有限公司董事长

钟田英　广东省麻章区国税局纪检组长

龙秀忠　广东省坡头区南调街道办富美村妇女小组长

吕春慧　广东省信宜市妇联主席

许学冰　广东省茂名市社会保险基金管理局茂南分局局长

钟春燕　广东省肇庆市农业科学研究所农艺师

彭　端　广东省肇庆市气象局气象台副台长

吴小洁　广东省清远市公安局刑警支队副主任法医师

黄雪玲　广东省潮州市中级人民法院立案庭庭长

杨素华　广东顺发五金制品有限公司总经理

许冬瑾　广东康美药业股份有限公司副董事长、副总经理

林瑞英　广东省揭阳市波英食品有限公司经理

陈瑞爱　广东大华农动物保健品有限公司总经理

王　玫　广东省军区审计处处长

唐海燕　广东省广州海关工会主席

赵黛青　中国科学院广州能源研究所研究员、所长助理

张燕銮　广东省公安厅刑事侦查局大要案处打拐追逃科科长

马　娅　广东省美容美发化妆品行业协会会长

冯秀冰　广东省广州市洲星食品有限公司副总经理

广西壮族自治区

农向华　广西壮族自治区南宁市公共交通总公司九车队驾驶员

方洁玲　广西壮族自治区南宁市第三中学校长

孙黎明　广西壮族自治区柳州市妇联主席

谢　萍　广西柳工机械股份有限公司技术研究院副院长

周清华　广西壮族自治区桂林国家高新

区七星区妇联主席
陈　静　广西壮族自治区桂林中国国际旅行社有限责任公司部门副经理
陈桂丽　广西壮族自治区桂林市人民医院大内科主任
刘杰兰　广西壮族自治区梧州市福利医院总护士长
周亚仙　广西壮族自治区梧州神冠蛋白肠衣有限公司董事长、总经理
黄　玉　广西壮族自治区北海市环卫处中区管理所保洁工人
何倩宜　广西壮族自治区防城港务集团有限公司党委副书记、工会主席
韩　瑜　广西壮族自治区钦州市钦北区小董镇中心校教师
黄月芬　广西壮族自治区钦州市钦南区沙埠镇中心小学教师
陈　泉　广西壮族自治区贵港市国税局机关党委副书记
岑晓静　广西壮族自治区贵港市桂平市西山镇新岗村农民
陈小容　广西壮族自治区玉林市北流市西埌镇平山村农民
张　华　广西壮族自治区玉林市福绵管理区福绵镇沙浪小学教导主任
钟超英　广西壮族自治区百色市右江区卫生局副局长、右江区人民医院院长
农桂花　广西壮族自治区百色市靖西县新甲乡新荣村党支部书记
龙凤鸣　广西壮族自治区贺州市钟山县人民法院副院长
韦香兰　广西壮族自治区河池市公安局禁毒支队副支队长
兰秋姣　广西壮族自治区河池市罗城县小长安镇立新村村委会主任
苏金姣　广西壮族自治区来宾市象州县邮政局投递员
黄月娥　广西壮族自治区崇左市教育局督导室主任、市政府督导办主任
常贵琴　广西壮族自治区妇联组织部部长
兰月康　广西壮族自治区公安厅刑事侦查总队三队副队长
黄秋艳　广西壮族自治区田径运动发展中心教练员
江柳明　广西人民广播电台副监制
陈利新　广西壮族自治区武宣县康正菌业有限公司董事长
张清莲　广西壮族自治区桂平市垌心乡金鸡林场场长

海南省

李静娜　海南兴旅导游服务有限公司导游
杨向萍　海南省血液中心主任

云 嵘 海南省海口市人民医院护理部主任

翁建华 安利（中国）日用品有限公司海南分公司经理

何红艳 中国人民解放军第187中心医院消化内科护士长、主管护师

陈华琳 海南省万宁市国税局人事教育股股长

李美荣 海南省白沙黎族自治县人口和计划生育局局长

陈矣菊 海南矿业联合有限公司露天采矿部机运车间23号电机车副车长

符荣芳 海南省屯昌县政府办公室主任

王淑菲 海南省琼中黎族苗族自治县农业局副局长

陈素珍 海南省海口市琼剧团团长

李秋波 中共海南省澄迈县委组织部副部长

冯玉红 海南大学分析测试中心主任

王 萍 海南省三亚市妇幼保健院院长

黄桂妹 海南省儋州市那大镇力崖村委会主任

李芳芳 海南海汽运输集团有限公司三亚分公司客运部主任

吴锦菊 海南省儋州市白马井镇福村农民

文秀莹 海南师范大学附属中学工会副主席

张惠英 海南农垦国营邦溪农场十五队胶工

肖丽梅 海南省乐东黎族自治县第二小学教导主任

陈 瑜 海南省三亚市妇联家政服务中心主任

文月朗 海南省东方市中西医结合医院总护士长

符菊波 海南省文昌市保密局局长

谢 銮 海南电网公司琼山供电公司新坡变电站站长

陶凤交 海南省昌江县昌化镇昌化居委会居民

重庆市

孙辉菊 重庆市合川区燕窝镇鞍山村党支部书记

田忠曼 重庆市第二中级人民法院立案庭庭长

陈小林 重庆市开县巨龙中等职业技术学校校长

李传梅 重庆市万州区太龙镇龙潭村村民

刘 南 重庆市南岸区花园路街道南湖社区居委会主任

吴亚梅 重庆医科大学附属第一医院肺科主任

彭瑶玲　重庆市规划设计研究院副院长、总工程师
石元英　重庆市秀山县保安乡中心校教师
张文京　重庆师范大学教授
何永智　重庆小天鹅投资控股（集团）有限公司总裁
吕中华　重庆市农业科学院推广研究员
张亚雯　重庆市运动技术学院运动员
李淑娥　重庆市忠县涂井乡敬老院义务管理员
丁继泉　重庆市人民小学校长
谷秀全　长江重庆航道局丰都航道处独珠滩信号台台长
邹晓彬　重庆市江北区教师进修学院德育教研员
余桂书　重庆市长寿区葛兰镇沙河村村民
万绍碧　重庆市涪陵辣妹子集团有限公司总经理
项　华　重庆澳美广告有限公司董事长
张礼慧　重庆市歌剧院副院长
陈家瑜　重庆市联谊印务有限公司董事长
徐丽霞　重庆丽达律师事务所主任
张　芸　重庆发电厂工人
刘　英　重庆阿兴记餐饮有限公司董事长
张仁蓉　重庆市亚东亚电气（集团）有限责任公司总经理
吴安鸣　重庆行知技工学校校长
刘北平　重庆市公安局沙坪坝区分局新桥派出所民警
申明月　重庆市黔江区妇联主席
刘　菁　重庆市渝中区妇联主席
王成珍　重庆市南岸区妇联主席
熊　梅　重庆市荣昌县妇联主席
李世明　重庆市巫溪县妇联主席
冯　坤　重庆市秀精鼎药材科技开发公司总经理

四川省

周晓莎　四川省成都市妇联副主席
唐　蓉　四川省成都市龙泉黑金果业妇女合作社社长
汤　敏　四川省成都市公安局金牛区分局光荣派出所政治教导员
刘　艺　四川省乐山市交警支队直属一大队副教导员
刘跃敏　四川省乐山市沐川县妇联主席
刘小芸　四川省德阳市人民医院儿科主任
税少莲　四川省泸州市合江县五通镇顶子小学教师
贾瑞红　攀枝花钢铁（集团）公司工会副主席

黄海彦　四川省遂宁市妙善文化（观音绣）艺术坊负责人
赖建容　四川省自贡市汇东实验学校副校长
何淑蓉　四川省广元市妇联主席
何运昉　四川省广元市第一人民医院副院长
黄琪英　四川省绵阳市妇联主席
杨建新　中国移动通信集团四川有限公司内江分公司党委书记
张　琴　四川省南充市大百合高科技农业发展公司总经理
林　敏　四川省宜宾市南溪第一中学副校长
吴忠祥　四川省宜宾市江安县江安镇五社区主任
唐燕子　四川省广安市伟业绿色园艺有限公司董事长
刘先萍　四川省雅安市中级人民法院副院长
杨　娟　中共四川省达州市开江县委书记
代安英　四川省巴中市平昌县妇联主席
高凤琼　四川省海圣实业有限责任公司董事长
李亚非　中共四川省眉山市委统战部部长
益西曲珍　四川省甘孜藏族自治州甘孜县妇幼保健院院长
杨绍珍　四川省阿坝州小金县新格乡元营村村委会主任
龙升艳　四川省阿坝藏族羌族州九寨沟中学教科室主任
补尔莫各惹　四川省凉山彝族自治州布拖县妇联主席
胡　敏　四川省凉山彝族自治州会理县老街乡兰厂村党支部书记
杜　方　四川省地震局预报研究所副所长
熊　鹰　四川省农业科学院土壤肥料研究所科长
李　佳　四川省民政干部学校招生就业部副主任
张世慧　四川省交通厅勘察设计研究院党委副书记
张　虹　四川省肿瘤医院副院长
马　建　武警四川省总队机关门诊部主任
陈　莉　中国人民解放军驻四川大学和西南交通大学后备军官选拔培训工作办公室干事
余　江　四川省江申实业发展有限公司董事长
赵艳斌　成都军区空军第三招待所分所所长
袁新华　四川省内江市统计局党组书记
张勇波　中国光大银行成都市玉双路支行行长

贵州省

张　毓　贵州省贵阳市妇联主席
陈贵蜀　贵州省贵阳市蔬菜工作办公室主任
蒲春燕　贵州省遵义市红花岗区妇联主席
俞　丽　贵州省安顺市远大房地产公司董事长
张　晴　贵州省安顺市西秀区公安分局民警
王炳兰　贵州省六盘水市钟山区城管局环卫处副主任
班丽梅　贵州省六盘水市钟山区民族宗教事务局局长
李琼芬　贵州省黔南州罗甸县农业局副局长
张凤飞　贵州省黔南州机关幼儿园园长
杨漫江　贵州省黔东南州农业局土肥站副站长
吴传香　贵州省黔东南州黎平县高屯镇高屯村村民
王　菁　贵州省兴义市布谷鸟民族实业发展有限公司执行董事
杨　燕　贵州省黔西南州普安县第一中学教师
龙丽琴　贵州省烟草公司毕节地区公司经理
张永学　贵州省毕节地区洪南农产品批发市场董事长
吴静华　贵州省江口中学教师
李秀兰　贵州省思南县公路管理所职工
陶丽萍　贵州省民族事务委员会副调研员
王　虹　贵州省开磷质量检测中心有限责任公司综合管理部部长助理
夏　欣　贵阳医学院附属医院纪委书记
彭泽君　中国航天科工集团 061 基地工会副主席
田　耘　中国人民解放军第 44 医院医务处护理主任
李　娟　武警贵州省总队政治部保卫处干事
欧阳如娇　贵州省安厦房地产开发有限公司董事长
陈忠兰　贵州省残联游泳队运动员

云南省

锁　芳　云南昊龙实业集团有限公司副总裁
邢玉娥　云南省曲靖市广播电视局节目中心主任
王秀珍　云南省玉溪市北城镇北城居委会主任
刘树和　云南省保山市龙陵县龙山镇云

山社区卫生室医生

杨冠英　云南省楚雄彝族自治州人民医院妇科主任

卢如芬　云南省红河哈尼族彝族自治州石屏县宝秀镇卢氏酱菜厂经理

陆会芳　云南省文山壮族苗族自治州西畴县安乐村委会克广村民小组党支部书记

杨进兰　云南省普洱市江城县国庆乡田房村委会妇女主任

邱　娅　云南省西双版纳傣族自治州景洪市人民医院妇产科主任

徐　珍　云南省大理白族自治州南涧县环境卫生管理站工人

尹祖鸾　云南省德宏傣族景颇族自治州陇川县景罕镇广宋村卫生室医生

瑞　红　云南省德宏傣族景颇族自治州瑞丽市妇联主席

章晓梅　云南省第一人民医院生殖遗传科主任

和秀花　云南省怒江傈僳族自治州贡山县妇幼保健站站长

取　此　云南省迪庆藏族自治州德钦县佛山乡鲁瓦村美丽石村村民

施秀芳　云南省临沧公路管理总段镇康公路管理段卖盐场站长

陶　琦　云南铜业新星锌合金有限公司质量经理

杨黎青　云南省妇女儿童发展中心主任

杨淑芬　云南师范大学附属中学校长

周雪萍　云南电视台首席编辑

王富仙　云南日报报业集团人事部副主任

詹亚平　云南省昆明天天洗涤有限公司总经理

隋　军　云南省肿瘤医院院长

何　黎　昆明医学院第一附属医院皮肤科主任

周铁花　云南省公安边防总队瑞丽边防检查站法制科科长

董　文　云南省公安厅政治部干部处调研员

朱榆红　昆明医学院第二附属医院副院长

杨赵琼　云南省杂技团演员

肖　燕　云南省昆明市福保文化城总经理

西藏自治区

张秋丽　武警西藏自治区边防总队日喀则边防支队定日大队政治委员

边巴拉姆　西藏自治区高级人民法院审判监督庭庭长

强俄巴·次央　西藏大学副校长

嘎　多　西藏自治区人民医院急救中心

护士长
颜红君　西藏自治区公安厅反恐特警总队女子特警队队长
巴桑卓玛　西藏自治区直属机关工作委员会办公室主任
仓　拉　西藏自治区登山队女子分队运动员
德　吉　西藏自治区党委办公厅印刷厂高级工
骆春煌　西藏天路股份有限公司项目经理
次旦卓玛　西藏自治区拉萨市墨竹工卡县妇联主席
尼　玛　西藏自治区拉萨市人民医院妇产科主任
尼玛仓决　西藏自治区日喀则地区日喀则市年木乡普嘎村村民
央　金　西藏自治区日喀则地区昂仁县教育局教研室副主任
张娅娜　西藏自治区那曲地区妇联主席
德吉卓玛　西藏自治区那曲地区尼玛县申亚乡副乡长
泽永华　西藏自治区昌都地区妇联副调研员
四郎措姆　西藏自治区昌都地区边坝县副县长
索朗拉姆　西藏自治区山南地区措美县哲古镇人大副主任、哲古村委会党支部书记
孙金玲　西藏自治区林芝地区财政局局长
次仁措姆　西藏自治区阿里地区改则县财政局局长
德　庆　西藏自治区拉萨市曲水县茶巴朗村妇代会主任

陕西省

史金凤　陕西省周至县聋哑学校校长
杨红丽　陕西旺家旺家居建材超市有限责任公司董事长
蒋智能　陕西省西安市碑林区东关南街古迹岭社区主任
郑书领　陕西新艺小天地餐饮有限公司董事长
杨秀莲　陕西省宝鸡秦渭电子有限公司董事长、总经理
李秀英　陕西省麟游县九成宫镇党委副书记，紫石崖村党支部书记
郭桂绒　陕西省咸阳市殡仪馆殡殓组组长
胡玉芬　陕西省铜川市吉富商贸有限责任公司董事长
叶　珺　陕西省白水县县长
姚春绒　陕西省大荔县空心砖厂厂长，瑞德宾馆经理
李银兰　陕西省富平县妇联主席

宋庆珍　陕西省志丹县义兴发大酒店总经理
刘银娥　陕西省神木县恒源华盛有限责任公司董事长、总经理
王春丽　陕西省汉中市城乡建设规划局局长
李荣清　陕西省汉中市妇联主席
白　梅　陕西省安康中学初中部副校长
陈　陶　陕西省旬阳县妇联主席
张丹英　陕西省丹凤县豪丰制衣有限责任公司总经理
李　娉　陕西省镇安县妇联主席
赵惠燕　西北农林科技大学植保学院教授、陕西农村妇女科技服务中心主任
金沙曼　陕西省委党校妇女研究中心常务主任、副教授
雷焕香　陕西省澄城县科协主席
马国联　西安建筑科技大学工会主席
齐乐华　西北工业大学机电学院教授
李　娟　陕西省戏曲研究院青年团副团长
张玲霞　陕西省西安市中心医院大内科副主任、消化科副主任
张清华　陕西省田径运动管理中心高级教练
屈　蓉　陕西省西安市灞桥区人民法院民事审判第二庭审判员
张晓娟　陕西省咸阳市工商行政管理局渭城工商分局新兴工商所科员
王淑惠　中国电信咸阳分公司大客户服务中心经理
刘丽莎　陕西省西仪集团有限责任公司工会主席
王漪靖　陕西省金堆城钼业股份有限公司科技信息部高级工程师
赵凤侠　陕西省宝鸡市法门寺天马贸易有限公司董事长，宝鸡市辣椒产业协会会长

甘肃省

樊锦诗　敦煌研究院院长
王亚丽　甘肃省定西市人民医院护理部主任
陈瑞兰　甘肃省临夏州和政县新庄乡关滩沟村农民
何丽霞　甘肃省林业科技术推广总站工程师
王菊花　甘肃省兰州市七里河区城市管理行政执法局清扫管理所工人
李高捷　甘肃省天水市武山县妇联主席
刘　斌　甘肃省庆阳市西峰区人民检察院副检察长
谢秀英　甘肃省兰州市妇幼保健院副院长
宋小红　西北师范大学附属中学教师

拉　毛　甘肃省甘南州夏河县藏医院妇产科主任

周爱莲　甘肃省平凉市华亭县妇联主席

张琴玲　甘肃省武威市医药有限责任公司董事长、总经理

付兰琴　甘肃省慈善总会童鹤赡养院院长

李　玲　甘肃省张掖市新乐超市有限责任公司经理

刘　萍　甘肃省酒泉市肃州区人民法院院长

张建华　甘肃省嘉峪关市公安局户政科科长

瞿金叶　甘肃省四方拍卖有限责任公司董事长、总经理

陈桂云　甘肃省甘南州迭部县人民医院妇产科主任

王莲英　甘肃省嘉峪关市胜利路街道福民第一社区党支部书记

王　莉　甘肃省临夏州永靖县计划生育服务站副站长

母桂珍　甘肃省陇南市徽县农技中心主任

魏惠英　甘肃省定西市供电公司校验班班长

郭爱珍　甘肃省漳县金海水产养殖有限责任公司经理

王义梅　甘肃省金昌市金川区双湾镇农民技术员

马艳丽　甘肃省白银市会宁县柴门乡泰和养鸡场场长

高红红　甘肃省天水市麦积区元龙镇底川村林场场长

青海省

常金岭　青海省西宁市公安局城东区分局大众街派出所民警

王爱萍　青海省西宁市第五中学副校长

王生兰　青海省湟中县甘河滩镇上河湾村党支部书记

刘正辉　青海省乐都县交通局局长

马晓兰　青海省循化县查汗都斯赞上村党支部书记

马雪英　青海省民和县妇联主席

陈荷萍　青海省德令哈市第二中学教师

张　敏　青海省海西蒙古族藏族州财政局副局长

李雪玲　青海省格尔木市审计局副局长

吉合托　青海省海南藏族自治州兴海县龙藏乡赛日巴村村民

李　凌　青海省共和县中学教师

才晓红　青海省海北藏族自治州政府妇女儿童工作委员会办公室主任

周玉梅　青海省海北藏族自治州第一人民医院护理部主任

杨红瑛　青海省玉树藏族自治州教育局

政工科科长

才拉毛　青海省玉树藏族自治州妇联主席

卓　果　青海省果洛藏族自治州公安局信息处主任科员

杨菱芳　青海省西宁市地税局局长

姜玉红　中国水利水电第四工程局第四分局官地项目部电焊工人

毛韶玲　武警青海省总队一支队卫生队医生

黄　滑　青海省西宁市龙升阁餐饮有限公司总经理

边惠萍　青海省心血管病专科医院副院长

李　杰　青海大学医学院教授

邵　颖　青海省西宁市中级人民法院执行局局长

林金梅　青海省门源县门牛乳制品有限责任公司总经理

宁夏回族自治区

蒋小安　宁夏回族自治区银川市兴庆区回民第二小学校长

陈英萍　宁夏回族自治区银川市兴庆区凤凰北街崇安社区党支部书记

庙月萍　宁夏回族自治区贺兰县洪广镇金山村党支部书记

蔡学红　宁夏回族自治区银川市妇联城乡部部长

李登芳　宁夏回族自治区石嘴山市城市信用社董事长

宋益群　宁夏发展工贸有限公司董事长

杨金萍　宁夏回族自治区平罗县通伏乡通伏日月新米业公司经理

王兰花　宁夏回族自治区吴忠市胜利镇民生社区居民

蔡　菊　宁夏回族自治区吴忠市妇联主席

薛伟萍　宁夏回族自治区青铜峡市人民法院一庭副庭长

杨　玲　宁夏回族自治区隆德县联财镇中药材合作社理事长

杨玉琴　宁夏回族自治区固原市妇幼保健院院长

张亚萍　宁夏回族自治区固原市妇联办公室主任

卢兴华　宁夏回族自治区中卫市建设局建设科科长、中卫市垃圾处理厂厂长

马如燕　宁夏回族自治区中卫市农牧林业局市场法规科科长

马银花　宁夏回族自治区海原县水务局工会主席

王进香　宁夏回族自治区动物疾病预防控制中心诊断室副主任

韩晓勇　宁夏回族自治区计生委宣教处

处长

杨立红　宁夏回族自治区总工会女工部部长

连小芳　宁夏日报报业集团宁夏日报社时政新闻部副主任

师小农　宁夏广播电视总台影视频道总监

卢苏萍　宁夏回族自治区银川市商业银行党委书记、董事长

严国辉　神华宁夏煤业集团有限责任公司液化项目执行委员会副主任

杨丽芸　宁夏回族自治区银川市锦旺农业综合开发有限公司总经理

新疆维吾尔自治区

郑　苏　新疆维吾尔自治区伊犁哈萨克自治州妇幼保健院院长

阿依努尔·艾力木江　新疆维吾尔自治区伊犁哈萨克自治州统计局计算站助理工程师

邱树华　中共新疆维吾尔自治区昌吉回族州呼图壁县委书记

谭炳云　新疆维吾尔自治区博尔塔拉蒙古自治州温泉县人民医院院长

邢桂香　新疆维吾尔自治区库尔勒市天山街道电力社区党支部书记

布茹玛汗·毛勒朵　新疆维吾尔自治区克州乌恰县吉根乡沙孜村牧民

艾力曼·买买提　新疆维吾尔自治区吐鲁番市亚尔乡妇联办公室主任

刘玉莲　新疆维吾尔自治区哈密市二堡镇二堡村卫生室卫生员

热孜万古丽·斯地克　新疆维吾尔自治区喀什地区叶城县喀格勒克镇三居委会居民

阿曼古丽·艾山　新疆维吾尔自治区阿克苏地区人口与计划生育委员会副主任

徐爱玲　新疆维吾尔自治区喀什市公共交通有线责任公司副经理

吾哈力尼沙·艾斯吐拉　新疆维吾尔自治区和田地区中级人民法院刑事审判第一庭审判员

古丽娜孜　新疆维吾尔自治区塔城地区裕民县妇幼保健站站长

阿丽亚·阿斯哈提　新疆维吾尔自治区阿勒泰地区人民医院产科助产师

阿米娜·克里木　新疆维吾尔自治区乌鲁木齐市妇联主席

鬲黎峰　中石油新疆油田分公司准东

采油厂沙南作业区沙联站天然气班班长

宋晓玲　新疆维吾尔自治区石河子天业集团副总经理

吴　萍　新疆电视台汉语综艺频道总监

阿斯木姑·吾布力　新疆维吾尔自治区交通厅阿图什公路总段阿图什养护站站长

赵　莉　新疆农业大学教授

刘　朋　乌鲁木齐客运段北京三组列车长

金　俊　新疆天川毛纺织（集团）有限责任公司原料分公司毛条车间值班长

刘　健　中国移动通信集团新疆有限公司呼叫服务中心总经理

巴合夏　新疆维吾尔自治区伊犁哈萨克自治州尼勒克县喀拉苏乡赛普勒村柯赛刺绣厂厂长

中央直属机关

李欣欣　中央政策研究室社会研究局局长、研究员

唐维红　人民网总裁助理、要闻部主任

孙立极　人民日报社记者

鲍　丹　人民日报驻山西记者站记者

杨冬梅　中国劳动关系学院工会学系主任，干部培训部党总支书记

庞　洋　中国工人出版社党委副书记、副总编

武力平　中国青年政治学院中文系党总支书记、院纪委委员

李丽华　全国妇联权益部信访处调研员

李志存　全国妇联组织部干部处调研员

郎峰蔚　中央人民广播电台网络中心编辑部副主任

张　立　中国国际广播电台西亚非中心阿拉伯语部主任

冯　卓　中央电视台新闻中心时政新闻部编辑

胡　玫　中国电影集团公司艺术创作人员中心一级导演

姜　涛　国家广电总局无线局 491 台会计

洪　漫　新华社驻加沙分社首席记者

陈　芳　新华社国内部主任记者

吴学俊　新华社信息部发稿中心主任

丁　惠　新华社技术局互联网技术部高级工程师

张志英　新华社体育新闻编辑部办公室主任

徐立京　经济日报导刊部常务副主任

高文英　中国美术出版总社荣宝斋生产部木版水印车间主任

刘　宇　人民文学出版社青年编辑室主任

中央国家机关

刘忠珍　全国人大人民大会堂管理局服务处副处长
姜　岩　外交部纪委综合室主任
唐　瑱　国家发展改革委员会价格司电力处主任科员
曲比阿乌　中央民族歌舞团国家一级演员
周东平　公安部第一研究所科研处研究员
李　初　国家安全部处长
赵　凡　中国国土资源报社记者部副主任
李晓华　人民铁道报社记者通联部副主任
李亚茹　交通部公路科学研究院公路交通发展研究中心主任、研究员
王丽宏　信息产业部国家计算机网络与信息安全管理中心处长
赵立欣　农业部规划设计研究院能源环保研究所所长
马　梅　中央歌剧院国家一级演员
张　敏　中国人口宣教中心节目部主任
厉　萍　国家审计署信息邮政审计局一处处长
曾燕珲　海关总署中国电子口岸数据中心总工程师
刘　敏　国家工商行政管理总局公平交易局反不正当竞争处处长
王　军　国家质量监督检验检疫总局中国计量科学研究院研究员
李　培　国家环保总局对外合作中心项目二处处长
王　丹　华北科技学院管理系主任，经济管理研究所所长
刘秀英　国家林业局中国林科院木材工业研究所高级工程师
陈　曦　国家知识产权局通信部广播处审查员
高　寅　国务院法制办公室秘书行政司人事处处长
刘四清　中国科学院空间科学与应用研究中心副主任
杨　珍　中国社会科学院历史研究所清史研究室主任
张永仙　中国地震台网中心科技委副主任、预报部副主任
马梅梅　国家开发银行评审管理局审查一处处长
王　蕙　中国进出口银行软件开发部总经理助理
王赤红　中国农业银行软件开发中心技术总监室处长
范为宇　中国中医科学院中医药信息研究所文献资源中心主任
孙俊英　中国气象科学研究院研究员
赵红艳　北京华风气象影视信息集团有限责任公司主持人

国资委

罗巧军　中国航天科技集团公司第一研究院第十一所长三甲系列火箭副总设计师

马　杰　中国航天科工集团公司二院 283 厂厂长

康　琳　中国航空工业第二集团公司规划设计院副总建筑师

郭晓丽　中国兵器工业集团公司北方惠丰机电有限公司科研设计二所副所长

周红霞　中国石油天然气集团公司长庆石油勘探局工会常务副主席

董　宁　中国石油化工集团公司石勘院处理解释中心副主任

邓　玲　国家电网公司合肥供电公司包河营业厅经理

邢文平　中国国电集团公司邯郸热电厂电气分部继电保护班班长

杨斌懿　中国电力投资集团公司远达环保工程有限公司高级工程师

贺　攀　神华集团有限责任公司神东煤炭分公司供电处职员

王铁兰　中国移动通信集团公司四川有限公司建设中心无线办公室副经理

郭立群　中国第一汽车集团公司技术中心商用车部主查

汤银霞　东风汽车公司悬架弹簧有限公司研发中心主任

孙海燕　中国第二重型机械集团公司锻造厂技术副厂长

王笑波　宝钢集团有限公司宝钢研究院首席研究员

孔君华　武汉钢铁（集团）公司研究院产品研究所高级工程师

陈　翔　中国远洋运输（集团）总公司集装箱运输有限公司副总经理

班　艳　中国中化集团公司宁波有限公司医药事业部总经理

杨　红　中粮集团有限公司中国粮油有限公司副总经理、大米部总经理

陈　蕾　中国建筑工程总公司一局国家游泳中心项目总工程师

周琼芳　国家开发投资公司华夏电力公司工程师

李爱华　中国中材集团公司科技股份总经济师、南京玻璃纤维研究设计院副院长

吴淑玄　中国南方机车车辆工业集团公司戚墅堰厂机车分厂总装二车间电焊三班班长

周桂云　中国新兴（集团）建设开发总公司一公司副总经理

陈筱燕　中国煤炭地质总局航测遥感局西安煤航印刷材料有限责任公

司总经理

肖双仁　中国水利水电建设集团公司八局三峡机电制造安装项目电气二次班班长

王晓雯　华侨城集团公司总裁助理、财务部总监

陈淑芸　中国铁通集团有限公司新疆分公司计费中心主任

最高人民法院

包津燕　天津市大港区人民法院滨海人民法庭副庭长

李希平　河北省衡水市中级人民法院执行庭副庭长

袁志丽　吉林省白城市洮北区人民法院刑事审判庭庭长

王玉珍　黑龙江省鸡西市鸡冠区人民法院未成年人刑事案件审判庭庭长

黎淑兰　上海市第一中级人民法院民事审判第五庭副庭长

陈燕萍　江苏省靖江市人民法院江阴园区人民法庭副庭长

袁晓贞　浙江省台州市中级人民法院民事审判第三庭庭长

张　岳　福建省沙县人民法院少年审判庭庭长

刘亚丽　河南省许昌市中级人民法院监察室副主任

袁洪英　重庆市南岸区人民法院民事审判第一庭审判员

史志君　四川省成都市中级人民法院刑事审判第一庭副庭长、少年审判庭副庭长

岳淑华　山东省高级人民法院民事审判第三庭审判员

最高人民检察院

白　洁　河南省灵宝市人民检察院侦查监督科副科长

王　岚　四川省南充市人民检察院反贪污贿赂局局长

马俊镠　湖北省荆州市荆州区人民检察院政治处主任

杨洪梅　重庆市人民检察院第五分院副检察长

刘玉萍　山西省晋中市人民检察院监所检察处处长

解放军

刘　军　中国人民解放军61932部队副政治委员

周璧华　中国人民解放军理工大学工程兵工程学院伪装与仿真工程系教授
徐　颖　总政治部组织部组织局原副局长
白瑞雪　新华社解放军分社记者
刘　慧　中国人民解放军61716部队门诊部主管护士
顾　瑛　中国人民解放军总医院医技部激光医学科主任
张　宏　中国人民解放军总医院外科临床部麻醉手术中心主任
符菊梅　中国人民解放军63790部队试验技术部测发总体室副主任
牛忠英　中国人民解放军第306医院副院长
丛爱丽　中国人民解放军91286部队司令部气象处处长
文　敏　中国人民解放军92057部队99分队一班班长
程晓健　中国人民解放军95028部队副参谋长
刘小荷　空军指挥学院训练部作战模拟实验室教授
梁晓婧　中国人民解放军96618部队政治委员
孙晓文　军事科学院军队建设研究部第六研究室研究员
梁　芳　国防大学战略教研部第一大学生军训教研室副教授
傅婉娟　国防科技大学人文与社会科学学院社会科学系副教授
戴守莲　沈阳军区政治部前进报社总编辑室副主编
于洪霞　中国人民解放军65026部队翻译
马　莉　中国人民解放军66240部队62分队工程师
刘　瑛　天津警备区司令部通信连政治指导员
余　军　陕西省军区政治部干部处干事
马　云　中国人民解放军68611部队副政治委员
陈　芳　中国人民解放军71781部队教导队副政治指导员
吕　青　中国人民解放军第153医院手术外科护士长
刘　昕　中国人民解放军73131部队政治部宣传科干事
应志琪　南京军区政治部文工团团长
张湘玲　广州军区株洲军分区离职干部休养所卫生所所长
刘晓翠　广州军区政治部战士文工团三队队长
刘志华　成都军区政治部办公室高级会计师
王红梅　成都军区总医院护理部副主任

武警部队

胡梅芬　武警北京市总队第二医院副院长

齐　璇　武警江苏省总队医院外三科主任

张　蕾　武警江西省总队第一支队班长

刘小利　武警湖南省总队医院传染科副主任

王翩翩　武警成都指挥学院共同科目教研室教员

杨　辉　武警云南省总队政治部秘书群联处处长

朱守兰　武警 8630 部队医院副院长

包图娅　武警云南森林总队机关门诊部主任

郭　婕　武警工程学院科研部学报编辑部主任

邹　零　武警部队政治部组织部青年处处长

新疆生产建设兵团

高　碧　新疆生产建设兵团农一师阿拉尔市十团四连职工

冯文兰　新疆生产建设兵团农五师中心团场 86 团文兰养殖场场长

张新玲　新疆生产建设兵团农六师 102 团敬老院院长

马惠平　新疆生产建设兵团石河子市第二小学校长

梅　莲　新疆生产建设兵团农九师团 161 团九连卫生员

瞿　霞　新疆生产建设兵团农十二师三坪农场三连职工

杨淑芬　新疆生产建设兵团第一中学校长

第五届“全国十大农民女状元”“全国十大绿化女状元”、首届“全国十大农产品流通女经纪人”*

国宝莲　河北省雄县坤宝养殖公司总经理

陈素芬　辽宁省沈阳市辽中县淮海农场场长

郝富霞　吉林省富霞农业种子有限公司董事长

马云芳　黑龙江省五常市牛家镇二屯村村长

陆亚行　江苏省海门市中南村党支部副

* 授予第五届“全国十大农民女状元”“全国十大绿化女状元”、首届“全国十大农产品流通女经纪人”（郝富霞、廖春花、王志兰在 2008 年前已获得了此称号）。

书记

应优芬　浙江省舟山市普陀区大海洋生物技术有限公司董事长

彭贞红　江西省实业集团养殖有限公司董事长

王连梅　山东省博兴县龙升食品有限公司总经理

宣桔仁　湖南省浏阳市高坪镇生猪养殖合作社社长

陈利新　广西壮族自治区武宣县康正菌业有限公司董事长

田淑华　天津市蓟县中林苗木花卉有限公司经理

乌云斯庆　内蒙古自治区鄂尔多斯市乌审旗苏力德苏木昌黄嘎查牧民

陈丽英　福建省惠安小岞妇女林场场长兼党支部书记

张清莲　广西壮族自治区桂平市垌心乡金鸡林场场长

陶凤交　海南省昌江县昌化镇昌化居委会农民

冯　坤　重庆市秀精鼎药材科技开发公司总经理

廖春花　云南省香格里拉县小中甸镇吴公村农民

德　庆　西藏自治区拉萨市曲水县茶巴朗村妇代会主任

王志兰　陕西省定边县荣兰荒漠治理有限公司总经理

高红红　甘肃省天水市麦积区元龙镇底川村林场场长

冯乐平　北京市大兴区庞各庄镇乐平西甜瓜专业合作社理事长

陈金妹　福建省南平市恒大实业有限公司总经理、南平市龙得宝稻米专业合作社社长

靳福叶　河南省鹤壁市浚县钜桥镇富贵养鸡合作社社长

付道华　湖北省老河口市仙仙果品公司总经理

冯秀冰　广东省广州市洲星食品有限公司副总经理

唐　蓉　四川省龙泉驿黑金果业妇女合作社社长、成都龙泉驿黑金果业有限公司经理

赵凤侠　陕西省宝鸡市法门寺天马贸易有限公司董事长、宝鸡市辣椒产业协会会长

林金梅　青海省门源县门牛乳制品有限责任公司总经理

杨丽芸　宁夏回族自治区银川市锦旺农业综合开发有限公司总经理

巴合夏　新疆维吾尔自治区伊犁哈萨克自治州尼勒克县喀拉苏乡赛普勒村柯赛刺绣厂厂长

为抗震救灾斗争中作出突出贡献的人员

第一批

四川省

孙国利　四川省成都市公安消防支队队长
刘筱柳　共青团成都市委书记
王　进　四川省成都市妇联主席
孙　静　成都交通广播电台播音员
廖小平　四川省成都市都江堰市副市长
薛志雄　四川省成都市都江堰市妇联主席
杨　秋　四川省成都市都江堰市向娥乡卫生院医生
陈寒秋　四川省成都市彭州市商务局局长
张秀云　四川省成都市彭州市妇联主席
张存玉　四川省成都市彭州市桂花镇丰乐场社区书记
周汝兰　四川省成都市彭州市红岩小学教师
杨亚群　四川省成都市崇州市委常委、统战部长
尹　艳　四川省德阳市妇联主席
吕宗英　四川省德阳市什邡市妇联主席
宋德芝　四川省德阳市什邡市洛水镇党委副书记
徐红玉　四川省德阳市什邡市人民医院妇委会主任
张　艳　四川省德阳市绵竹市妇联主席
江　林　四川省德阳市绵竹市人民医院副院长
罗德蓉　四川省德阳市绵竹市汉旺镇党政办主任
张学会　四川省德阳市旌阳区柏隆镇党委书记
陈秀蓉　四川省绵阳市妇联儿工部副部长
蒋晓娟　四川省绵阳市江油市公安局巡警大队民警
黄　琼　四川省绵阳市中医院手术室护士长
王春燕　四川省绵阳市 404 医院医生
尚兴琼　四川省绵阳市北川县工商联党组书记
王绍惠　四川省绵阳市平武县交通局局长
刘辉玉　四川省绵阳市三台县立新镇拦河小学教师
彭立华　四川省绵阳市江油建南学校教师
郑丽霞　四川省广元市第三人民医院护理部主任
文　艺　四川省广元市青川县妇联主席
湛华英　四川省广元市剑阁县民政局副局长

胡广萍　四川省广元市利州区卫生局副局长
牟加红　四川省广元市青川县关庄镇妇联干部
肖志元　广元日报社记者
蒲云波　四川省广元市公安局交警支队特勤大队副大队长
周　鸣　四川省雅安市妇联主席
李　静　四川省雅安市预备役团卫生队调剂师
骆　霞　四川省雅安市预备役团卫生队药士
邵　文　四川省雅安电视台新闻部副主任
刘　平　四川省雅安市名山县公安局法制科副科长
龚俊芬　四川省雅安市汉源县中医院急诊科护士长
代万琴　四川省雅安市汉源县片马彝族乡党委副书记兼乡妇联主席
佟元琼　四川省雅安市宝兴县硗碛藏族乡妇联主席
杨秀芳　四川省阿坝州汶川县草坡乡党委书记
聂晓燕　四川省阿坝州汶川县映秀镇幼儿园教师
吴泽惠　四川省阿坝州汶川县映秀镇中滩堡村妇代会主任
尹玉琼　四川省阿坝州理县关口道班工人
杨秀娟　四川省阿坝州小金县医院护士
董群凤　四川省阿坝州茂县医院护士
苗惠芳　四川省阿坝州茂县档案局干部
罗清华　四川省阿坝州茂县南新镇牟托村妇女主任

甘肃省

韩　艳　甘肃省中医院抗震救灾医疗救援队队长、内科主任医师
李俊艳　中国人民解放军兰州军区61师医院二级士官
赵素英　甘肃省甘南州舟曲县插岗乡塘古村党支部书记
杨雪红　甘肃省陇南市文县妇联主席
韩玉娟　甘肃省陇南市西和县苏合乡副乡长
夏银萍　甘肃省陇南市康县阳坝小学教师
王桂英　甘肃省陇南市武都区外纳乡吕赵教学点教师
徐玉珍　甘肃省陇南市两当县电力局职工
孙玉凤　甘肃省陇南市文县贾昌村白杨林农家乐个体经营户
余恩波　甘肃电视台记者

陕西省

金　霞　中国人民解放军第四军医大学第二附属医院副院长
苏　慧　中国人民解放军第四军医大学

第一附属医院主治医师
张　华　武警陕西省总队医院副院长
徐　茜　陕西电视台记者
孙　瑛　陕西省建材医院手术室护师
马菊英　陕西省宁强县妇联主席
李　阳　陕西省宁强县广坪镇镇长
杜晓燕　陕西省宁强县青木川镇青木川村党支部书记
王　敏　陕西省宁强县黄坝驿乡九年制学校教师
杜培翠　陕西省镇巴县医院内二科护士

重庆市

李廷玉　重庆医科大学附属儿童医院院长
肖　蕾　重庆市公安局特警总队8支队政委
周利荣　中国人民解放军第三军医大学新桥医院政治部协理员
廖淑梅　中国人民解放军第三军医大学第三附属医院野战外科研究所骨科护士长
刘晓琼　重庆市梁平县文化镇中心小学教师
匡丽娜　重庆日报社记者
谢　莉　重庆奇火锅快乐餐饮有限公司总经理

云南省

王　慧　云南省昆明市公安局特种警察支队特别警务大队民警
苏爱红　云南公安边防总队护师
周晓梅　云南省疾病预防控制中心病媒监测科科长、主任医师
范　玲　云南电视台新闻中心记者

卫生部

刘　霞　卫生部疾病控制局传防处副处长
武桂珍　中国疾控中心机关处长
张　娟　中国疾控中心改水中心实验室负责人
王临虹　中国疾控中心妇幼中心主任
靳　妍　中国疾控中心 CFETP 学员
亓　晓　中国疾控中心机关流行病学室职工
徐冬蕾　中国疾控中心传染病所职工
毛永辉　北京医院肾内科副主任、副主任医师
郑　伟　北京医院急诊科副护士长
常　明　中日友好医院药学部副主任
徐　潜　中日友好医院感染科主任
卞维静　中日友好医院肾病中心主任医师
郭敬霞　中日友好医院大内科护士长
张灿灿　健康报社记者
丁丽霞　中国药品生物制品检定所党委副书记
王　芸　中国中医科学院望京医院手术室护士
王　宜　中国中医科学院广安门医院营

养室主管营养师

张　健　中国中医科学院西苑医院CCU病房护士

水利部

肖向红　水利部建设与管理司调研员

胡早萍　长江水利委员会办公室副主任

宁　磊　长江水利委员会长江勘测规划设计研究院高级工程师

李　真　长江水利委员会宣传出版中心主任记者

王　婷　黄河水利委员会黄河中心医院医师

隆文非　四川省农田水利局副总工程师

由丽华　四川省紫坪铺开发公司副总经理

刘和蓉　四川省成都水文水资源勘测局水质科工程师

张　敏　四川省水利电子工程局子弟学校校长

黄　锦　四川省广元市青川县水利农机局办公室副主任

全国妇联

宋文珍　国务院妇女儿童工作委员会办公室儿童工作处处长

乔　虹　中国妇女报社首席记者

新华社

白瑞雪　新华社解放军分社记者

茆　琛　新华社重庆分社记者

崔　静　新华社中央新闻采访中心记者

李　杰　新华社音像新闻编辑部编辑

吴丽华　新华社通信技术局高级工程师

卜　敏　新华社新华网四川频道编辑

人民日报

梁小琴　人民日报驻四川记者站采编部主任

侯露露　人民日报驻重庆记者站记者

吴　焰　人民日报上海分社记者

中央人民广播电台

季苏平　中央人民广播电台“中国之声”新闻编辑部监制

李天娇　中央人民广播电台“中国之声”时政采访部记者

任磊萍　中央人民广播电台驻河南记者站记者

中央电视台

伍　辉　中央电视台新闻中心《军情连连看》栏目制片人

张泉灵　中央电视台新闻中心记者

李小萌　中央电视台新闻中心记者

何　莉　中央电视台新闻中心记者

卜晓春　中央电视台新闻中心地方新闻部编辑二组制片人

任永蔚　中央电视台海外新闻部制片人

吕　芸　中央电视台社教中心《健康之路》栏目制片人

窦　岩　中央电视台广经中心国内资讯组记者

解放军

徐　军　中国人民解放军总参管理保障部卫生局局长

谭　洁　解放军报社记者

费晋秀　中国人民解放军第三二三医院副院长

杨亚娟　中国人民解放军第二军医大学第二附属医院护理部总护士长

鲜继淑　中国人民解放军第三军医大学第一附属医院神经外科护士长

段惠娟　中国人民解放军第三〇二医院医务部副主任

郭　璐　中国人民解放军第一六一医院儿科护士长

于爱英　中国人民解放军六三八二三部队军政教研室高级讲师

梁　频　中国人民解放军六三八三一部队一〇二室工程师

那　薇　中国人民解放军第三〇六医院护理部助理员

王文珍　中国人民解放军海军总医院护理部总护士长、抗震救灾第一医疗队队员

甄　鹰　中国人民解放军空军总医院中西医结合正骨治疗科护士长、主管护师

王　英　中国人民解放军第二炮兵总医院呼吸内科副主任医师

陈　红　中国人民解放军沈阳军区总医院麻醉科手术室护士长、军区北川野战医院护理部主任

王晓慧　中国人民解放军第二六一医院精神病一科主任

吕　焰　中国人民解放军六八二〇二部队宣传科干事

时敏秀　中国人民解放军济南军区总医院护理部助理员、军区总医院抗震救灾医疗队护士长

吴佩宁　中国人民解放军第四五五医院护理部助理员、军区抗震救灾医疗二队二组护士长

席云珍　中国人民解放军广州军区疾病预防控制中心信息科主任兼副主任医师

海　青　中国人民解放军七七一一五部队八十九分队卫生队医生兼心理咨询师

黄云珍　中国人民解放军七七二八三部队五十七分队二所护士长

蒋海波　中国人民解放军七八一五五部队四队助理工程师

王红梅　中国人民解放军成都军区总医院麻醉科主管护师

李丽萍　中国人民解放军成都军区昆明总医院体检中心护士长

汪玉明　中国人民解放军第四十二医院干部病房护士长

武警部队

李广群　武警四川省总队医院成都分院内一科护士长
张　莉　武警四川省总队政治部新闻站干事
符　颖　武警海南省总队医院妇儿科主治医师
逯　雷　武警陕西省总队医院妇产科主治医师
王　霞　武警甘肃省总队医院医务处助理员
周秋蘋　武警第 38 师通信营通信连女兵班班长
张　彦　武警部队政治部电视宣传艺术中心记者
韩慧娟　武警医学院护理部主任

第二批

邬　霞　四川省绵竹市公安局交警大队大队长
郑　方　四川省中江县公安局政工科科长
牟秋月　四川省汶川县公安局映秀镇派出所民警
张　镓　重庆市公安局特警总队民警
张文萍　陕西省汉中市公安局监管支队副支队长
马　莉　广东公安边防总队医院副院长
陈伟红　广东公安边防总队第七支队卫生队队长
舒晓静　云南省公安边防总队医院妇儿科医师
邓丽娟　福建省公安边防总队机关门诊部士官
黄　瑛　福建省公安边防总队福州边防检查站卫生队队长
李燕飞　边防警察报社记者
罗秀华　公安部消防局宣传处副处长
马　杰　浙江省公安消防部队医院院长
李　艳　浙江省公安消防总队医院主治医师
薛　红　重庆市公安消防总队医院院长

在第 29 届北京奥运会上首次获得金牌的女运动员

陈燮霞　举重运动员
曹　磊　举重运动员
郭文珺　射击运动员
陈　颖　射击运动员
陈若琳　跳水运动员
王　鑫　跳水运动员
刘子歌　游泳运动员
张娟娟　射箭运动员
杨秀丽　柔道运动员
佟　文　柔道运动员
杜　婧　羽毛球运动员
于　洋　羽毛球运动员

唐　宾　赛艇运动员
金紫薇　赛艇运动员
奚爱华　赛艇运动员
张杨杨　赛艇运动员
王　娇　摔跤运动员
何可欣　体操运动员
何雯娜　蹦床运动员
殷　剑　帆船运动员
吴静钰　跆拳道运动员

在北京 2008 年残奥会上首次获得金牌的女运动员

黄丽莎　董红娇　刘文君　张　婷
郭华平　崔　娜　林海燕　吴　晴
肖翠娟　袁艳萍　刘　静　李　倩
周　影　米　娜　孟根吉米素
王　君　周杨静　谢　青　青素萍
江福英　黄　敏　王丽静　张春翠
周洪转　汤红霞

为我国神舟七号载人飞船飞行成功作出突出贡献的女性科技工作者

刘燕敏　中国航天科技集团公司一院 18 所长征二号 F 运载火箭主任工艺师
吕　晔　中国航天科技集团公司五院总体部飞船系统综合测试主任设计师
韩晓静　中国航天科技集团公司四院设计部某型号主管设计师
混　平　中国航天科技集团六院 165 所某型号地面试车指挥员
钱纪红　中国航天科技集团公司八院 149 厂 921 型号副指挥
李水月　中国航天科技集团公司中国航天时代电子公司 825 厂装配工

即时授予

徐翠萍　安徽省巢湖市庐江县泥河镇党委委员、副镇长
熊　宁　陕西省西安市的一位青年创业者
蒋　敏　四川省彭州市公安局政工监督室民警

2009年

全国三八红旗手

北京市

康　佳　北京市鼓楼中医医院院长

罗　藜　北京市第六十五中学教师

张慧影　北京市西城区环境保护监测站副站长

李雅静　北京市公安局公安交通管理局西城交通支队政秘科民警

陈　艳　北京建远投资经营有限公司董事长

冯建军　北京市崇文区妇联主席

王春利　北京菜市口百货股份有限公司总经理

邵　敏　北京市公安局宣武分局刑侦支队禁毒队队长

蔡淑敏　北京市朝阳区常营回族乡人民政府乡长

侯　杰　北京市公安局朝阳分局平房派出所民警

马　骏　北京市朝阳区呼家楼学区管委会主任兼朝阳区呼家楼中心小学校长

赵小云　北京市海淀区四季青镇人民政府副镇长

刘　畅　北京市海淀区中关村第一小学校长

高　静　北京市公安局海淀分局花园路派出所民警

李有毅　北京市第十二中学校长

李　岚　北京市丰台区劳动保障局局长

安钟岩　北京丰顺工贸集团董事长、总经理

龙笑江　北京市石景山区城管监察大队副大队长

张　红　北京市石景山医院急诊科主任

姜淑琴　北京市门头沟区人口和计划生育委员会主任

王秀莲　北京市门头沟区斋堂镇爨底下村党支部书记

王春霞　北京市通州区惠民工艺品厂厂长

李　峥　北京市通州区人民检察院侦查监督处副处长

姜　希　北京市房山区工业总公司党委书记、纪委书记、工会主席

厉　莉　北京市房山区法院法官助理

张金英　北京市顺义区城镇环卫服务中

心设施科职员
蔡玉民　北京市顺义区仁和镇平各庄村党支部书记
安春玲　北京市大兴区财政局副局长
王雅玲　北京市大兴区老干部局局长
李春英　北京市宣武区妇联主席
吴琢如　北京市海淀区妇联主席
王　璐　北京市昌平区妇联主席
孙淑波　北京市昌平区回龙观镇三合庄村党支部书记，村股份合作社董事长
李玉凤　北京市平谷区医院内分泌科主任
马秋兰　北京华夏毛织厂厂长
刘秀英　北京市怀柔区渤海镇三岔村党支部书记、村委会主任
马红民　北京市怀柔区第一中学高级教师、年级主任
赵秦岭　北京市密云县妇联主席
陈福兰　北京奥斯云肉食品有限公司经理
徐瑞玲　北京市延庆县井庄镇红杏山庄生态园总经理
霍桂兰　北京市京迅出租汽车有限责任公司董事长、总经理
王　秋　北京人民广播电台副总编辑、高级记者
魏春荣　北方昆曲剧院一级演员
吴春妹　北京市人民检察院第二分院公诉二处副处长
李　红　北京市巡特警总队五支队综合大队大队长
张立华　北京环境卫生工程集团有限公司北清分公司经营发展部部长
王丽萍　首钢技术研究院线材首席工程师
张　蕾　北京市人工影响天气办公室常务副主任
王蕙萍　北京市住房和城乡建设委员会造价处党支部书记
盛京兰　北京市信访办来访接待处处长
黄　敏　北京市朝阳区妇联主席
刘晓燕　北京市房山区妇联主席
蔡　琦　北京市科学技术委员会农村发展项目管理部部长
乔　耀　北京市八宝山殡仪馆副主任
郭丽双　东方美亚投资有限公司董事长
赵凤琴　北京工业大学党委常委、机关党委书记、教授
黄　如　北京大学微电子学系主任、微电子学研究院副院长
刘军萍　北京市农村经济研究中心综合处处长
师迎春　北京市植物保护站推广研究员
刘春梅　北京龙徽酿酒有限公司总经理
刘瑗琴　北京燕山石化公司炼油一厂运行保障部主管
柳　浩　北京市政路桥建材集团有限公

司副总经理、总工程师

雅　翘　北京市燃气集团有限责任公司工会女工委主任

李彩霞　北京市门头沟区残联理事长

付宝荣　北京市芦城体育运动技术学校女子曲棍球队运动员

庞星火　北京市疾病预防控制中心副主任

王以新　北京安贞医院全科医疗科主任，北京安贞医院教育处副处长

冷金花　北京协和医院妇产科主任医师、教授

王增勤　北京市高级人民法院申诉审查庭庭长、北京市女法官协会秘书长

卢　希　北京市人民检察院副检察长兼政治部主任

范承玲　中国体育报业总社《心理月刊》杂志副总编、主编

夏　华　依文企业集团董事长

杨　澜　阳光媒体集团主席、阳光文化基金会主席

王珉珠　中国人民大学附属中学党委书记兼副校长

王晓琳　北京木真了时装有限公司董事长兼总设计师

严晓燕　北京银行行长

李　烈　北京第二实验小学校长

天津市

曾昭娟　天津评剧院副院长、一级演员

张　娟　天津市委统战部研究室调研员

郎素平　天津市高速公路运营有限公司一分公司收费员

田家萍　天津市纪律检查委员会正处级纪检监察员

张富荣　天津银行滨海分行行长

张忠秀　天津市宏亚工程咨询有限公司董事长

杨佳玲　天津市产品质量监督检测技术研究院总工程师

刘　娟　天津钢管集团股份有限公司工会女工委主任

魏鸿茹　天津市南开医院妇委会主任

靳秀云　天津市澳川混凝土科技有限公司董事长、总经理

李存荣　天津市养老院院长

朱　巍　天津市公安刑事侦查局十三支队生物物证检验室副主任

律淑洁　天津市金桥焊材集团有限公司销售经理

戴　薇　天津电气传动设计研究所系统分所产品管理部部长

张　勤　天津市水产技术推广站站长、推广研究员

张　红　天津医科大学眼科中心主治医

师、教授

刘　涛　天津师范大学体育竞赛训练中心教练员

王惠兰　南开大学保卫处处长

李艳玲　中国石油化工股份有限公司天津分公司化工部质量技术部主管、系统专家

隋　岩　天津市天锻压力机有限公司技术中心副主任

毛　玥　天津市建筑材料供应总公司副总经理、天津市名家物业有限公司总经理

白　萍　天狮集团副总裁兼天狮中国区执行总裁

李兰贞　天一建设集团总经理

张虹红　今晚传媒集团《今晚报》重要新闻部主任助理

魏贺明　天津市北辰区双街镇党委书记

郭齐放　金融街（天津）置业有限公司董事、总经理

王志荣　天津市和平区委机关妇委会主任

王世珍　天津市红桥区道路清扫二队营门西班长

杨　双　天津市红桥区科学技术协会普及部部长

刘春慧　天津市众友相声艺术团演员

杜娜丽　天津市河北城市建设投资有限公司董事长、总经理

李　越　天津市公安局河西分局柳林派出所副主任科员

刘亚敏　天津市河西区环境卫生管理局四队队长助理

门继萍　天津盛名投资集团有限公司董事长

刘　方　天津市南开区嘉陵道街道办事处嘉陵北里社区党总支书记、居委会主任

石崇敏　天津市河东区常州道街道常州里第二社区党总支书记、居委会主任

栾玉华　天津电力建设公司市场品牌处副处长、鼎泰公司总经理

宫丽艳　天津市塘沽区妇联主席

杨景贵　天津市第五中心医院妇产科行政主任

张金芸　天津金佰汇商厦有限责任公司董事长、总经理

高建春　天津市汉沽区求实幼儿园园长

韩　英　天津市大港区残联理事长

张贤凤　天津市大港区中塘镇中塘村党总支书记

武广华　天津市东丽区妇联主席

景　君　天津市傲绿农副产品有限责任公司董事长

孙丽君　天津大桥焊材集团有限公司副总经理

蔡志萍　天津市西青区人民法院院长

张荣华　天津荣程联合钢铁集团有限公司总经理
刘春艳　天津市咸水沽第一中学教师
赵军屹　天津塑力线缆集团有限公司董事长、总裁
刘　珊　天津市兴辰巾帼阳光编织服务有限公司经理
毛艳霞　天津市武清区杨村街道工委办公室副主任
高秀青　天津市武清供电有限公司客户服务中心主任
刘云玲　天津市宝坻区农业局蔬菜公司副经理
李　萍　天津市宝坻区华夏摄影棚总经理
张维娟　天津金世神农种业有限公司副总经理
王凤玲　天津市宁河县新佳水产技术服务站总经理
王玉英　天津市静海县农业局粮经信息科副科级员
姚淑芬　天津市静海第一中学英语教研组组长
付桂敏　天津市蓟县上仓镇郑家套村正鑫种鸡孵化有限公司销售经理
卢树会　天津市蓟县育才学校教师

河北省

郭风娟　河北省石家庄市射击运动业余学校校长
赵铁英　河北省石家庄市旅游学校校长
杨素金　河北省石家庄市公安局出入境管理处处长
张　波　河北省石家庄市殡仪馆馆长
王铭维　河北省医科大学附属第一医院院长
裴红霞　河北省石家庄外国语学校副校长
许春华　河北省张家口市明德北街道办事处清河园社区党总支书记
李　朝　河北省张家口市第一中学英语教研组组长
刘素梅　河北省张家口市星球建筑设计有限公司董事长
高海林　河北省张家口市妇联副主席
刘　虹　中国银行张家口分行行长
王凤珍　河北省承德市妇联主席
陈慧春　河北省承德市妇幼保健院院长
付亚茹　河北省承德市丰宁满族自治县县委常委、宣传部长
杨文华　河北省承德市平泉县妇联主席
唐金燕　河北省承德市滦平县绿梦生态农业有限公司董事长
郭彦徽　河北省承德市迁西县委常委、

副县长
韩桂荣 河北省唐山市龙悦酒业饮品有限公司董事长
宋丽安 河北省唐山市电视台新闻综合频道总监
丁 岚 河北省唐山第一中学副校长
冬瑞芹 唐山瑞丰钢铁（集团）有限公司董事长、总经理
王彦钧 河北省唐山市迁安市园林绿化管理局副局长
杨 超 河北省秦皇岛市海港区人民法院民事审判一庭庭长
李宏伟 河北省秦皇岛日报社副总编辑
齐香军 河北省秦皇岛市昌黎县妇联主席
金春梅 河北省秦皇岛市青龙满族自治县肖营子镇肖营子村党支部书记兼村委会主任
杨越冬 河北科技师范学院科研处处长
李文娟 河北省廊坊市广阳区光荣院院长
尚淑霞 河北省廊坊市人民医院体检中心主任
郭秀珍 河北省廊坊市妇联助理调研员
李月杰 河北省廊坊市固安县北农大健康养猪专业合作社社长
刘海霞 河北省廊坊市大厂回族自治县发展改革局项目办主任
张秀玲 河北省高碑店市和平办事处高三村党支部书记、村委会主任
姚红专 河北省保定市天河电子技术有限公司董事长
郑丽娟 河北省高阳县供电公司经理
闫燕平 河北省涿州市新华书店经理
倪学红 河北省新市区文体教育局局长
蒋兰梅 河北省保定市妇联主席
李艳玲 河北省沧州意明购物有限责任公司董事长
李福芹 河北省沧州市新华区副区长
刘寿玲 河北省沧州市商业银行光荣路支行行长
张秀平 河北省盐山县益民养殖服务有限公司经理
方 琳 河北省沧州市妇联副主席
信金焕 河北省衡水中学教师
张立合 河北省冀州市妇联主席
张 宇 河北省武邑县人民政府副县长
武凤丽 河北鹤煌股份有限公司总经理
赵彦婷 河北省衡水市第十四中学校长
牛晓平 河北省邢台市妇联主席
姜桂莲 河北省邢台市发改委主任
王连芹 河北省邢台市第三医院院长
冯瑞华 河北省邢台市建筑设计研究院总建筑师
蔡跃平 河北省邢台市桥西区就业服务局局长
董艾君 河北省邯郸市交通局运输管理处副处长兼工会主席

郭素芹　河北省邯郸市冀翔冶金材料集团有限公司董事长
武洪涛　河北省邯郸市公安局丛台分局副局长
李　强　河北省邯郸市邯郸县林业局局长
张淑梅　河北省邯郸市磁县诚信养殖有限公司总经理
王秀玲　河北省邯郸市永年县曲陌乡曲陌二分村党支部书记
田　静　河北省农林科学院粮油作物研究所食用豆研究室主任
张娟娟　河北日报报业集团新闻出版中心主任
马香玲　河北省水利科学研究院水资源与水环境研究所所长
汪　莉　河北省发改委妇委会副主任
范增国　河北省省直机关第八幼儿园园长
杨　雨　河北省妇联机关党委专职副书记
曹素英　河北省妇联正厅级干部

山西省

冯　霞　山西省太原市晋源区区长
赵　欣　山西省太原电视台台长
张　岭　山西万峻计算机软件开发有限公司总经理
程惠萍　山西省太原市迎泽区青年路小学校长
张　峥　山西省阳曲县妇联主席
薛丽娟　山西省大同市妇联主席
戎有平　山西省大同市第三人民医院院长
王继芳　山西省大同市御河生态林管理处处长
刘玉清　山西省大同市广灵县南村镇党委书记
张秀珍　山西省朔州市平鲁区双碾乡党委书记
余晓兰　山西省右玉县杨千河乡南崔家窑村村民
韩培英　山西省忻州市妇联主席
刘婷芳　山西省神池县县长
马变梅　山西省忻州市工商局财务科科长
高奇英　山西省吕梁市妇联主席
王　辉　山西雪恩农牧集团有限公司董事长
王凤莲　中国邮政储蓄银行吕梁市分行行长
黄耀春　山西省寿阳县委书记
欧阳英　山西省晋中市公共交通有限责任公司董事长
温建玲　山西省山西灵石新生煤矿有限公司董事长

朱玉芳　山西省阳泉市妇联主席

亢晓英　山西省盂县妇女儿童工作委员会常务副主任兼办公室主任

李湘益　山西省长治市三宝生化药业有限公司董事

孙刘琳　山西省潞城市市长

魏春青　山西省潞安集团常村煤矿选煤厂主任工程师

魏　武　山西省长治医学院附属和平医院院长

茹栋梅　山西省陵川县县长

吕惠兰　山西省晋城市工商局局长

马慧琴　山西省晋城市市政工程总公司女子排水队长

任建英　山西省临汾市妇联主席

黄妙娟　山西省临汾市尧都区土圪塔手工布艺有限公司董事长

张　琼　山西省临汾市中级人民法院民一庭副科级审判员

谢爱玲　山西省运城市环保局局长

杨海娟　山西省夏县庙前镇镇长

王兵娟　山西兵娟制衣有限公司董事长

张孔玲　山西省公安厅机关党委副书记

陈颖清　山西省军区第四干休所副处级干事

郝瑞珍　山西省物资产业集团有限责任公司董事长

张品琴　山西省体操击剑运动管理中心主任

杨丽萍　中国工商银行山西省分行公司业务一部副总经理

杨林花　山西医科大学第二医院血液科主任

杨　辉　山西医科大学第一医院护理部主任

李　冰　山西省眼科医院副院长

梁丽萍　山西大学政治与公共管理学院教授

李文英　山西省太原理工大学国际合作处处长兼国际交流学院院长

李　方　《山西科技报·企业家》周刊总编

王秀珍　山西省祁县县委副书记

郭宝荣　山西同元实业集团有限公司董事长

申莉平　山西省妇联机关党委专职副书记

郭蕴藻　山西省妇联办公室调研员

内蒙古自治区

张连云　内蒙古自治区呼和浩特市赛罕区世纪新村农民

何小菊　内蒙古自治区呼和浩特市晋剧团演员

乌日娜　内蒙古自治区呼和浩特市妇联儿童部部长

屈惠华　内蒙古自治区呼和浩特市实验中学校长
李　梅　内蒙古科技大学科技与产业处处长
张艳华　包头供电局大用户管理处处长
刘凤娥　包钢钢联股份有限公司焦化厂副部长
德丽娟　内蒙古自治区呼伦贝尔市莫力达瓦旗尼尔基第一中学副校长
钱瑞霞　内蒙古自治区呼伦贝尔市旅游局局长
斯琴高娃　内蒙古自治区呼伦贝尔市陈巴尔虎旗呼和诺尔镇安格尔图嘎查牧民
刘凤书　红云红河集团乌兰浩特卷烟厂厂长
柳纪放　内蒙古自治区兴安盟扎赉特旗妇联主席
崔达非　内蒙古自治区通辽市公安局出入境管理局局长
李艳荣　内蒙古自治区通辽市科尔沁左翼后旗旗长
张桂华　内蒙古自治区通辽市开鲁县无公害蔬菜产业协会会长
高淑茁　内蒙古自治区赤峰市巴林左旗人口和计划生育局局长
岳　玲　内蒙古自治区赤峰市农业多种经营管理站站长
鲍华琴　内蒙古自治区赤峰市红山区妇联主席
宋　晖　内蒙古自治区赤峰市检察院公诉处副处长
娜仁图雅　内蒙古自治区锡林郭勒盟苏尼特右旗乌日根高勒嘎查妇代会主任
郑树峰　内蒙古自治区锡林郭勒盟乌拉盖管理区巴音胡硕镇计生助理
张效玲　内蒙古自治区乌兰察布市察右前旗平地泉镇蔬菜协会会长
薛素梅　内蒙古自治区乌兰察布市中心医院副主任医师
孙莉萍　内蒙古自治区乌兰察布市察右中旗法律援助中心主任
林娟妹　内蒙古自治区鄂尔多斯市诚达商贸公司总经理
辛俊梅　内蒙古自治区鄂尔多斯市达拉特旗吉格斯镇梁家圪堵龚吉仁奶站负责人
袁宝玲　内蒙古自治区巴彦淖尔市临河区农业局瓜果蔬菜服务中心主任
王文英　内蒙古自治区巴彦淖尔电业局工会主席
杨庆华　内蒙古自治区巴彦淖尔市中级人民法院审监庭庭长
赵文静　内蒙古西水创业股份有限公司副总裁
于　力　内蒙古自治区乌海电业局工会女工委主任

王　芳　内蒙古自治区阿拉善盟环境监测站水室主任

毛图雅　内蒙古自治区阿拉善盟爱心雅商贸公司总经理

托　雅　内蒙古自治区二连浩特市海关行邮科副科长

于海燕　内蒙古自治区满洲里市环境保护局副局长

于俊兰　中国人民解放军第291医院院长

哈斯格日勒　内蒙古电视台大型活动节目中心导演

张印国　内蒙古保安沼监狱财务科科长

张立新　内蒙古自治区农牧业厅农机推广站产业化科科长

祝啸先　内蒙古妇幼保健院妇产科主任

赵　雅　内蒙古林业工会女工部部长

臧志红　内蒙古电力公司包头供电局纪委书记

云玉霞　呼和浩特铁路局包头客运段工会指导员

辽宁省

赵　霞　沈阳飞机设计研究所副总设计师

史　霞　辽宁省沈阳金贸医药集团总裁

夏　萤　辽宁省沈阳市公安局刑警支队技术一处主任科员

于凤琴　沈阳出入境检验检疫局研究员、博士生导师

王玉辉　沈阳师范大学文学院教授、教研室主任

石领娣　辽宁省大连市沙河口区李家街道锦霞社区党委书记、主任

孙迎霞　辽宁省大连新星房地产开发集团有限公司董事长

王焕凤　辽宁省大连长海凤克海珍品养殖场经理

罗力彦　辽宁罗力彦律师事务所主任

刘　宇　辽宁省大连乐世食品有限公司总经理

刘宝红　辽宁省鞍钢铁运公司机车厂技术设备部电器设备管理员

刘　娟　辽宁省鞍山市立山区灵山街道灵西社区党委书记、主任

包素芹　辽宁省鞍山民族商贸有限公司董事长

刘　君　辽宁省台安县巾帼花卉种植合作社理事长

白艳杰　辽宁省抚顺市望花区工农街道北厚社区书记

艾继红　辽宁省抚顺市顺城区新华街道工委书记

李月英　辽宁省抚顺天麒房地产开发公司董事长

侯又新　辽宁省抚顺市妇联宣传部部长

陈立红　本钢技术中心汽车板研发所先进高强钢组组长

李桂娟　辽宁省本溪市第一高级中学校长
姜　岩　辽宁省本溪市中心医院院长
贾金荣　辽宁省本溪市明山区联丰小学校长
张晓芳　本钢集团公司教授级高级工程师
姜淑华　辽宁省丹东市中心医院检验科主任
卢学坤　辽宁省凤城市宝山镇党委书记
王　晶　辽宁省丹东市看守所副所长
杨淑梅　辽宁省锦州市妇联主席
王凤君　辽宁省锦州市军队离休退休干部第一服务管理中心主任
冯晓华　辽宁省锦州市审计局局长
侯春华　辽宁省大石桥市妇联主席
韩桂敏　辽宁省营口市西市区五台子街道党工委副书记
郝　军　辽宁省营口市高级中学教师
张云霞　阜矿集团锦州福兴有限公司党委书记、总经理
汤晓丹　辽宁实维天食品有限公司董事长、总经理
刘　旭　辽宁省阜新市交警支队车辆管理所车辆管理科科长
陈沙莉　辽宁省辽阳市妇联主席
张　红　中国工商银行辽阳分行行长
朱素凡　辽宁省辽阳市宏伟区合成催化剂厂厂长
王雅彬　辽宁省铁岭市公安局社区警务管理支队支队长
马伟平　辽宁省铁岭市民政局副局长
王淑云　辽宁省铁岭市结核病医院院长
王晓梅　辽宁省喀左县妇联主席
李　莉　辽宁省微生物科学研究院院长
郑晓玲　东风朝阳柴油机有限责任公司党委书记
徐玉敏　辽宁省盘锦市妇联主席
冯　英　辽宁省盘山县委副书记
刘桂玲　辽宁省大洼县水利检测试验中心主任
杨翠杰　辽宁省葫芦岛市财政局局长
李玉环　辽宁省葫芦岛市凯森蒙制衣集团有限公司总经理
郭立新　辽宁财贸学院董事长
付　敏　辽宁省妇联调研员
王玉砚　辽宁省高级人民法院民事审判第三庭庭长
蒲若梅　辽宁日报政教部主任
王佳新　沈阳铁路局工会保障和女工部副部长
温　静　中油辽河油田分公司勘探开发研究院油田开发所副所长
刘晓明　沈阳工业大学电气工程学院教授、博士生导师
宁妍艳　中国人民解放军 65042 部队 71 分队分队长

李　扬　辽宁省地方税务局稽查局副局长

吉林省

于　英　吉林省长春市公安局副局长兼政治部主任
董玉杰　吉林省长春市民政局低保处处长
孙尚红　吉林省长春市朝阳区妇联主席
李云凤　吉林省长春市双阳区齐家镇郭家村党支部书记
杨淑洋　吉林省长春市二道区远达街道英俊社区党总支书记、社区主任
林　絮　吉林省长春市希望高中校长
王　弋　吉林省长春日报社副总编辑
白　冰　吉林省长春市公路客运总站班长
权　红　吉林省吉林市妇联主席
李晓华　吉林省昊宇石化电力设备制造有限公司总裁
赵淑华　东北电力大学马克思主义中国化研究所所长
刘　湃　吉林省龙兴集团董事长、总裁
胡海英　吉林省舒兰市实验小学校长
于建红　吉林石化公司炼油厂分析车间仪器分析班班长
郝桂华　吉林省四平市妇联办公室主任
王晓杰　吉林省四平昊华化工有限公司董事长、总经理
杜　妤　吉林省梨树县委常委、政法委书记
崔玉玲　吉林省四平市中心人民医院副院长
赵淑芳　吉林省辽源市妇联主席
江桂琴　吉林省东丰万隆商贸有限责任公司董事长
李　晶　吉林省辉南县妇联主席
张玉霞　吉林省通化市文化新闻出版和体育局局长
钟敬英　吉林省通化市正铭丰商贸有限公司董事长
许永翠　中国人民财产保险股份有限公司白山市分公司总经理
李顺云　吉林省靖宇县妇联主席
金桂玲　吉林省松原市前郭尔罗斯宾馆副总经理
王晓敏　吉林省松原市妇联主席
王金萍　吉林油田新闻中心主任
金　英　吉林省松原市经济技术开发区国家税务局副局长
胡玉华　吉林省白城市妇联主席
梁玉梅　吉林省洮南市卫生局人秘科科长
崔晓艳　吉林省白城市洮北区保平街道办事处党工委书记

千海兰　吉林省延边朝鲜族自治州妇联主席

郭淑芹　吉林敖东延边药业股份有限公司董事长、总经理

张启霞　吉林省延吉市国家税务局副局长

杜秀华　长白山保护开发区管理委员会池北区第二中学校长

张冰冰　吉林省农业科学院果树研究所党支部书记、研究员

范国英　吉林省电力有限公司调度通信中心主任

丁晓燕　吉林省社会科学院软科学所所长

林彩文　吉林省邮政公司书报刊经销局副经理

石　馨　吉林省第二实验学校教导处主任

孙丽莉　武警吉林省总队医院医务处助理员

高　峰　吉林省通化军分区政治部副团职干事

刘　瑛　吉林省妇女儿童发展中心主任

葛艳华　吉林延安医院院长

宋亚坤　吉林福源馆食品集团有限责任公司董事长

杨　虹　吉林边防总队长春边防检查站执勤业务二科科长

程　颖　吉林省肿瘤医院院长

张晓艳　吉林省城乡规划设计研究院院长

黑龙江省

王志洁　黑龙江省哈尔滨市友协经济发展有限公司董事长、总经理

陈化兰　中国农业科学院哈尔滨兽医研究所国家 /OIE 禽流感参考实验室主任

王丽梅　哈工大集团红博商业总经理

陈玉舫　黑龙江省哈尔滨市第二社会福利院关怀病房护士长

牛　惠　黑龙江省齐齐哈尔市第七医院院长

黄　慧　齐齐哈尔女子专修学院院长

李淑惠　黑龙江省齐齐哈尔市碾子山区房产管理处主任

朱晓华　黑龙江省牡丹江市爱民区区长

贾　酝　黑龙江省牡丹江和音乐器有限公司董事长

于　君　黑龙江省牡丹江市镜泊湖公安局局长

张碧玉　黑龙江省佳木斯市地方税务局局长

王　莉　黑龙江省佳木斯市前进区人民法院副院长

宋维威　黑龙江省佳木斯市第二中学教

师

邹彩飞　大商集团大庆百货大楼有限公司总经理

许建华　黑龙江省大庆市妇联副主席

武文芳　黑龙江省大庆第一中学校长

车莲香　黑龙江省密山市委书记

闫　华　黑龙江清河泉米业有限责任公司董事长

赵建梅　黑龙江省双鸭山市电业局副局长

苏艳彦　黑龙江金谷农业科技发展有限公司董事长

关　伟　黑龙江省伊春市桃山林业局党委书记

高云虹　黑龙江省伊春林业科学院原生态食用菌研究所副所长

王淑红　黑龙江省天龙浩经贸集团董事长

潘丽娟　黑龙江省七台河市公安局行政装备办公室主任

张艳华　黑龙江省鹤岗市卫生局党委副书记

伍　辉　黑龙江省鹤岗市第一中学副校长

王　杨　黑龙江省边防总队黑河边防检查站检查员

郭爱云　黑龙江省嫩江县人民检察院控告申诉科接待室主任

赵　辉　黑龙江省绥化市北林区紫来办事处党委书记

王　艳　黑龙江省绥化市绥棱县上集镇天放村党总支副书记、日月新草柳编织合作社社长

汪亚琴　黑龙江省兰西县中心敬老院院长

徐　月　黑龙江省大兴安岭地区妇联主席

赵桂荣　黑龙江省大兴安岭地区漠河金马饭店党支部书记兼副总经理

佟林江　哈尔滨铁路局牡丹江站客运车间总服务台值班主任

姜海波　黑龙江省农垦总局牡丹江分局八五六农场石场经理

黄金凤　黑龙江省林业科学院研究员

王金娥　中国石油大庆石化公司乙烯工程指挥部指挥、中国石油大庆石化公司工会女工委员会主任

王丽茹　黑龙江省人力资源和社会保障厅工资福利处处长

刘　娣　黑龙江省农业科学院教授

王伟明　黑龙江省中医研究院副院长

姚冬梅　黑龙江人民广播电台都市女性广播“母爱好时光”主持人

武伟杰　黑龙江省高级人民法院机关工会副主席、女工委负责人

梁文珠　黑龙江航运集团大连旅顺滨海船舶修造有限公司总经理

黄小莺　黑龙江省七台河市茄子河区国

税局局长
杜洪岳 黑龙江省农业委员会机关党委专职副书记
王小心 黑龙江省哈尔滨市公安局香坊分局安乐街派出所所长
孙久杰 黑龙江省未成年犯管教所政委
于秀华 黑龙江省公安厅出入境管理局局长
金亚娜 黑龙江大学俄语学院教授
季文英 黑龙江省哈尔滨市和平邨宾馆副总经理
韩淑华 黑龙江省妇联组织部部长
李秀兰 黑龙江省人大内司委副主任委员

上海市

辛雅琴 上海市黄浦区金融服务办公室主任
林　芝 上海凡家香实业有限公司总经理
刘　懿 上海市公安局闵行分局指挥处副处长兼指挥中心主任
费　霞 上海市闵行区龙柏街道办事处党工委书记
王苏梅 上海市市北中学年级组组长
林　荫 上海市公安局闸北分局宝山路派出所民警
滕　平 上海市徐汇区高安路第一小学校长
张静芳 上海市徐汇区就业促进中心副主任
夏照帆 第二军医大学第一附属医院烧伤外科主任
崔爱平 上海市长宁区妇幼保健院功能科主任
朱国萍 上海市长宁区虹桥街道虹储居民区党总支书记、居委会主任
柏万青 上海市静安区柏万青志愿者工作室负责人
唐　韵 上海市静安区中心医院急诊科主任助理
邓亚新 上海市第一人民医院分院副院长
张晓燕 上海市虹口区艺术幼儿园园长
邬露露 上海市慈善基金会卢湾区分会常务副会长
申惠芳 上海市宝山区罗店镇天平村党总支书记
潘兰英 上海市宝山区城市管理监察大队七分队分队长
顾文兰 中国石化上海石油化工股份有限公司腈纶事业部副总工程师
樊　蓉 上海航天局第八〇五研究所第九研究室副主任设计师
徐倩雯 上海号百信息服务分公司114呼

叫中心运营三部值班经理
夏秀芳　上海市普陀区中心医院党委书记
韩　娜　上海全一快递有限公司董事长
徐惠琴　上海体育职业学院游泳运动中心上海游泳队主教练
王莉萍　上海市松江区人口和计划生育委员会主任
虞剑芬　上海市塔汇针织厂厂长
陈幸幸　上海市松江区环境卫生管理署署长
杨　玲　上海万达信息股份有限公司事业部总经理
冯林音　中国科学院上海药物研究所室主任
顾萍兰　上海市嘉定区徐行镇敬老院院长
孙　伟　上海市嘉定区发展和改革委员会主任
徐红仙　上海市奉贤区南桥水务管理所所长
张育青　上海市奉贤中学发展与质量保障中心主任
吴彩芳　上海市青浦区重固镇新联村党支部书记、村主任
沈雅娣　上海申雅电池有限公司董事长
丁　榕　上海铁路公安局上海公安处副处长
陈　虹　中交上海航道勘察设计研究院有限公司项目管理部项目经理
皇甫小燕　上海申通轨道交通研究咨询有限公司副总工程师
夏瑞妹　上海市金山区园林管理署署长
庄国妹　上海市金山区石化街道山龙居民区党支部书记、社工站站长
茅晓佩　中国交通银行上海分行工会副主席
陆红洁　上海银行营业部总经理
段慧霞　上海市浦东新区社会工作者协会常务副会长、秘书长
周　敏　吉尔生化（上海）有限公司总经理
张红梅　中国人民银行上海总部金融稳定部金融体制改革处副处长
倪秀红　上海市南汇区种植业技术推广中心推广站站长
董　梅　上海尚信玻璃有限公司董事长兼总经理
王开芳　上海市杨浦区人民政府合作交流办公室主任
杨菊芳　上海市杨浦区大桥街道市容环境卫生管理所副所长
肖　萍　上海市疾病预防控制中心毒性评价科主任
贾伟平　上海市交通大学附属第六人民医院副院长
黄　妹　上海市崇明县长兴乡丰产村党

支部书记

沈雁君　上海市崇明县植保站站长

陈　峥　上海市公安局公交分局三大队主任科员

张庄宁　上海市委政法委综合协调处调研员

印丽萍　上海出入境检验检疫局动植物与食品检验检疫技术中心植物与粮谷实验室副主任

吴　恬　上海海关缉私局督察处监察科副科长

金　鸣　上海市高级人民法院立案庭审判员

张剑英　上海市政工程设计研究总院交通综合规划院副总工程师

邵　鸿　上海光明食品集团食品进出口公司富达分公司经理

马龙英　上海汽车工业集团总公司工会副主席

郭丽娟　上海世博集团对外服务有限公司董事长

耿文秀　华东师范大学教授

瞿　涤　复旦大学教授

徐家华　上海戏剧学院教授

辛丽丽　上海芭蕾舞团艺术总监

江胜信　文汇报首席记者

胡晓丽　上海文广新闻传媒集团广播新闻中心首席主持人

柳　红　中国科学院上海药物研究所研究员

陆　静　上海市杨浦区妇联主席

姚　军　上海市普陀区妇联主席

江苏省

杨芸芸　江苏省高淳县妇联主席

姬桂玲　江苏省南京市建邺区委常委、组织部部长

龚祖英　江苏省南京市国税局局长

姜勇美　江苏省南京市秦淮区旅游局局长

鲍意华　江苏省南京市民政局副局长

王　萍　江苏省南京市玄武区人民法院庭长

聂筑梅　江苏亚东建设发展集团有限公司董事局主席、董事长

程　红　江苏省无锡市滨湖区副区长

陈丽芬　江苏阳光集团有限公司副总经理

徐　琳　江苏省无锡市惠山区人民法院纪检组组长

苏青和　江苏省无锡市第三人民医院烧伤整形科副主任

刘建美　江苏省无锡市少年宫主任

钱凤娥　江苏宏源纺机股份有限公司技术中心副主任

李玉娟　江苏省徐州市妇联主席

刘　婧　江苏省铜山县铜山镇镇长
叶弘媚　江苏省徐州一中高级教师
李甦雁　江苏省徐州市眼病防治所所长
张海燕　徐工集团徐州重型机械有限公司高级工程师
李　琼　海星金属材料有限公司总经理
吴　珍　江苏省徐州市贾汪区农村信用合作联社党委书记、理事长
王　莉　江苏省常州市妇联主席
李国庆　江苏省常州市金坛市鑫源特钢厂厂长
戈亚琴　江苏省常州轨道车辆牵引传动工程技术研究中心副总裁
王寒茹　江苏省寒茹日用品有限公司总经理
周瑞珏　江苏省常州市第一人民医院医务处主任
邢晏芝　江苏省苏州评弹学校副校长
姚建萍　江苏省姚建萍刺绣艺术馆馆长
戚秋兰　江苏省苏州瑞富祥丝绸有限公司总经理
沈红英　江苏省苏州玫瑰园园艺有限公司董事长
钱晓萍　江苏港通路桥集团有限公司中试室副主任
胡建铭　苏州大学附属第一医院妇产科副主任
徐　娟　江苏省苏州市妇联副主席
仲建华　江苏省海安县妇联主席
陈美珍　江苏省如皋市长江镇三洞口村党总支副书记
刘志娟　江苏省通州市五接镇开沙岛果树生态园农民
陆宗琴　江苏省海门市双爱黄金珠宝行董事长
张逸芳　江苏神通阀门股份有限公司高级工程师
吴和平　南通师范学校第二附属小学校长
滕　雯　江苏省连云港市海州区委书记、人大常委会主任
王吉梅　江苏省赣榆县厉庄镇谢湖村妇代会主任
曹佳莉　江苏省连云港市妇幼保健院保健部主任
杜友娟　江苏省灌云县妇联主席
孙国庆　江苏省淮安市清河区环卫处书记
钱玲珠　江苏省淮安市妇幼保健院院长
颜　赤　江苏省淮安市淮阴区人民法院院长
张晓玲　江苏飞翔纸业有限公司董事长
丁从英　江苏省东台市女企业家商会会长
潘海燕　江苏省盐城市公安局科员
冯　华　江苏省建湖县烟草专卖局局长
顾　来　江苏华伦天怡服饰有限公司董事长

朱稚雅　江苏省盐城市妇联宣传部长
王成女　江苏省阜宁县公安局治安警察大队综合中队中队长
伏正予　江苏省扬州市荷花池社区党委书记、主任
孙金文　江苏省仪征市妇联主席
孔金蝉　江苏省扬州迎春制衣有限公司总经理
胡春英　江苏省扬州市公交总公司利达分公司驾驶员
杨　敏　江苏省扬州市妇联主席
李　红　江苏大学流体机械工程技术研究中心研究员
姚公琴　江苏省镇江市江心洲生态农业园区五套村农民
时　英　镇江日报社京江晚报热线新闻部主任
葛秀琴　江苏省丹阳市妇联主席
王晓洪　江苏省泰州市中医院内科主任
任桂云　江苏耀龙服饰有限公司董事长
戎晓健　江苏省兴化市地税局副局长
刘爱红　江苏明星减震器有限公司工程师
邱晓红　江苏省泰州市高港区老建会会长
王晓红　江苏省宿迁市妇联副主席
王益斌　江苏省沭阳县审计局副局长
朱晓芹　江苏省宿迁市鸿大化工有限公司董事长
颜士侠　江苏省宿迁市泗阳霞飞中等专业学校校长
王志鸿　南京女子监狱一监区监区长
葛云霞　江苏省中西医结合医院ICU护士长
王　毅　江苏省建筑工程管理局监察室主任
蔡建芬　江苏省交通规划设计院有限公司建筑与环境设计所所长
彭茹雯　南京大学物理系教授
李黎丽　江苏省公安消防总队镇江市支队润州区大队大队长

浙江省

朱雅仙　浙江省杭州市下城区天水街道灯芯巷社区党委书记
李春艳　浙江省杭州第十一中学教师
施秋琴　浙江省萧山秋琴农业有限公司总经理
屠红燕　万事利集团有限公司董事局执行主席
沈月华　美好控股集团有限公司董事长
谢莉萍　浙江省临安市西天目乡乡长
金　红　浙江省杭州市公安局特警支队政治处副主任
陈建华　浙江省杭州市妇联主席
林　萍　浙江省宁波市太平洋保险分公

司镇海支公司业务主管

钱国英　浙江万里学院副院长

崔　平　中国科学院宁波材料技术与工程研究所所长

陈海珍　浙江省宁波都市果园果品有限公司总经理

翁巧琴　浙江省余姚市欣农兔业有限公司董事长

周明琴　浙江省宁波市传染病医院护士长

葛桂娣　浙江省奉化市家庭教育指导中心副主任

伊敏芳　浙江省宁波市妇联主席

王金凤　浙江双凤食品有限公司董事长

季秀兰　浙江省温州市中制药机械设备厂总经理

童青妹　浙江省泰顺县大自然生态农业实验场场长

李　琴　浙江省平阳县水头镇第一小学校长

林青兰　浙江省温州市森林病虫害防治检疫站干部

任映红　温州大学思政教研部主任

李海鹰　浙江省温州市工业科学研究院化机研究所副所长实验场场长

黄亚琴　浙江七幸实业有限公司董事长

宋昌美　浙江省安吉县溪龙乡乐平茶厂厂长

沈金汝　浙江省湖州市吴兴区人民法院环城人民法庭审判员

罗亚琴　浙江省德清县国亚奶牛场负责人

许连英　浙江省平湖市新埭镇镇政府工会副主席

李明华　浙江卡森皮革有限公司工人

李　瑾　浙江省桐乡市百家律师事务所执行主任

姚肖萍　浙江省嘉兴市秀洲区法院立案庭副庭长

褚富宝　浙江省褚大姐甜瓜专业合作社社长

赵　霞　浙江省嘉兴市住房保障局常务副局长

傅月英　浙江新兴中昇集团有限公司董事长

王红卫　浙江省嵊州市城关中学校长

徐爱华　浙江华联集团有限公司董事长

宋逸婷　浙江震元股份有限公司董事长

屠剑虹　浙江省绍兴市城市建设档案馆馆长

高维英　浙江省绍兴市越城区越都社区党委书记

施金仙　浙江和丰禽业专业合作社理事长

王爱文　浙江博爱家纺有限公司总经理

厉　萍　浙江省东阳市妇联主席

周晓光　新光控股集团有限公司董事长

朱惠照　浙江寿仙谷生物科技有限公司

董事长

童燕萍　中国银行金华经济开发区支行行长

叶素梅　中国银行衢州市分行公司业务部副主任

孙建英　浙江省开化七一电力器材有限责任公司副总经理

吴水英　浙江省红火集团有限公司总经理

傅梅英　浙江省衢州市衢江区大洲镇板固村党支部书记

甘文英　浙江省常山县东案乡里村农民技术员

谢支芬　浙江省舟山市定海社会福利院院长

邱亚娟　浙江省岱山县长涂镇长西社区党总支书记

徐爱华　浙江省舟山市法律援助中心主任

陈东英　浙江省舟山海峡轮渡集团有限公司舟渡 17 号轮乘务长

王春英　浙江省台州市椒江区洪家街道挡港桥村副村长

戴月萍　浙江省台州市路桥区妇幼保健所所长

杨幼萍　浙江省温岭市第二人民医院院长

杜洪英　浙江省玉环县委组织部干部

陈　蓉　浙江高速投资发展有限公司天台服务区主任

奚爱华　浙江巨力电机成套设备有限公司副总经理

沈根花　浙江省丽水市妇联主席

施建英　浙江省丽水市中心医院副院长

梁微琴　浙江省云和县委老干部局副局长

吴丽芸　浙江省庆元县福兰德电脑有限责任公司总经理

朱连钗　浙江省遂昌县妙高镇葛坪村村民

叶玉珠　浙江省景宁县林业局森检站站长

刘立群　浙江省卫生监督所党总支书记、副所长

吴微微　浙江省公安厅物证鉴定中心 DNA 室主任

包　健　杭州电子科技大学软件职业技术学院副院长

何莲珍　浙江大学外国语言文化与国际交流学院院长

赵秀洪　舟山警备区 50 分队助理工程师

宫　毅　浙江警察学院教务处处长

安徽省

王爱华　安徽省合肥市规划局局长

潘崇珍　安徽省合肥市庐阳区妇联主席

武红霞　中国联合网络通信有限公司合肥市分公司副总经理

郭恒华　安徽华恒生物工程有限公司董事长

方　艳　安徽淮化集团热电联供车间工艺员兼段长

张　群　安徽省淮南市花之友美容美发休闲中心总经理

常　莹　安徽省莹润园食用菌专业合作社理事长

冷玉梅　安徽省马鞍山市花山区人民检察院检察长

李丽萍　安徽省马鞍山市食惠商务有限责任公司经理

李安凤　安徽省安庆市妇联主席

鲁梅丽　安徽省安庆市第一人民医院护理部主任

刘月红　安徽省岳西县宇鸿纺织工艺制品有限公司董事长兼总经理

章荣秀　安徽省怀宁县女企业家协会常务副会长

谢　兵　安徽省芜湖市妇联主席

邓美华　安徽省芜湖精工船用机械有限公司董事长、总经理

李幼谦　安徽省芜湖市作家协会名誉主席

潘　虹　安徽省蚌埠市农业技术推广中心主任

方　雯　安徽省蚌埠市昊业滤清器有限公司董事长

刘巧云　安徽省蚌埠市淮上区吴小街镇西门渡村农民

傅　瑛　淮北煤炭师范学院文学院教授

潘金兰　皖北煤电集团祁东煤矿选煤厂厂长

卞荣英　安徽省铜陵市宝兴化工有限责任公司法人代表、执行董事

马雪花　安徽省铜陵县鱼病防治专业技术协会会长

孙　云　安徽省六安市第一中学英语教师

焦永国　安徽省霍邱县奔盛化工有限公司党委副书记

詹少兰　安徽省舒城县万佛湖镇妇联主席

赵开云　安徽省滁州市商务局副局长

牛海燕　安徽省凤阳县妇联主席

胡　兰　安徽省天长市金盾涂料有限责任公司总经理

程　婉　安徽省黄山市屯溪区法院政治处主任

方　颖　安徽省黄山市旅游委员会信息中心主任

谢　戎　安徽省黄山谢裕大茶业股份有限公司总经理
谢群慧　安徽省含山县仙踪镇党委委员
许凤琴　安徽省巢湖市妇联发展维权部部长
鲍冬梅　安徽省巢湖市中级人民法院民事审判第一庭庭长
刁吉润　安徽省巢湖市居巢区委副书记、组织部部长
陆　萍　安徽省池州市妇联宣传部部长
姚红英　安徽省石台县横渡镇镇长
方学松　安徽省池州市房地产交易所所长
宁中伟　安徽金种子集团有限公司总经理
刘晓琳　安徽省阜阳市人民医院质控办主任、儿科第一主任
吴玉颍　安徽省阜阳市颍东区正午镇党委书记
袁　影　安徽省太和县妇联主席
刘瑞莲　安徽省砀山县葛集镇白腊园村党总支书记
陈　静　安徽省宿州市供电公司党委书记、副总经理
杨燕萍　安徽省宿州市妇联副主席
黄爱玲　安徽省宁国市教育体育局教育科幼儿教育专干
孙益辉　安徽省郎溪县疾病预防控制中心艾防科科
周琳琼　安徽省宣城市宣州区西林街道办事处西林社区党总支书记、社区主任
姚　丽　安徽省涡阳县石弓镇高庄村农民
孙　霞　安徽省亳州市谯城区地方税务局局长
方　坚　安徽省武术拳击运动管理中心套路队主教练
谢品华　中科院合肥物质科学研究院安徽光机所研究室副主任
谢　毅　中国科学技术大学化学与材料科学学院教授
陈晓蓉　安徽医科大学教授、校工会副主席
章安敏　安徽省淮北矿业集团公司建设发展部副部长
董　慧　安徽省叉车集团有限责任公司桥箱事业部数控车工班班长
王玲梅　安徽电视台经济中心副主任
周　琪　安徽省军区合肥第五干休所主管护师
周　敏　武警合肥指挥学院训练部军事心理学教研室主任

福建省

柯　华　福建省福州市疾病预防控制中心检验科科长

林燕滨　福建省福州市交通局重点办主任

林姝敏　福建省福州市歌舞剧院副院长

邹雪玉　福建省长乐市植保植检站站长

陈绍瑄　福建省厦门市第一幼儿园园长

林秋红　福建省厦门海沧佳味馆饮食有限公司董事长

苏　侦　福建省厦门市地方税务局规费征管处处长

许丽端　福建省厦门市翔安区新店镇党委副书记

黄玉虾　福建省东山县陈城镇岐下村村主任

许英香　福建省漳浦县妇幼保健院副院长

吴秀丽　福建省南靖县龙山顺发加油站总经理

肖淑琼　福建省漳州市公安局芗城分局户政中心主任

甘端蓉　福建省泉州市妇联主席

吴新文　福建省晋江市青阳街道中和中心小学校长

郑雪英　福建省石狮市亿胜服饰有限公司董事长

曾华汝　福建省永春县蓬壶镇仙岭村村委会委员

吴晓玲　福建省沙县审计局局长、支部书记

陈秀云　福建省尤溪县珊元畜牧有限责任公司董事长

郑淑淋　福建省大田县公安局刑侦大队技术中队中队长

朱玲玲　福建省永安市农业局土肥站站长

林惠玉　福建省莆田市妇联主席

吴小舟　福建省莆田万家惠购物广场有限公司总经理

代丽英　福建省莆田市荔城区西天尾镇三山村党支部书记

方碧娟　福建省莆田市天宇林业开发有限公司总经理

陈美妹　福建省南平市延平区妇联主席

洪顺金　福建省邵武市洪顺养殖专业合作社理事长

潘丽贞　福建省南平市人民医院副院长

吴金花　解放军第九二医院精神病科护士长

邓菊芳　福建省龙岩市妇联主席

胡　静　福建畅丰车桥制造有限公司董事长

沈腾香　福建省长汀县策武乡南坑村党支部书记

包枝容　福建省屏南县妇联主席

陈桂清　福建省周宁县玛坑乡首章村党支部书记

游爱金　福建省柘荣县实验小学语文教研室主任

刘　玉　福建省宁德市第一中学语文组

组长
胡玉荣　福建省寿宁县胡玉荣面制品加工坊
李　红　福建省立医院副院长
夏　青　福建省福州实验小学副校长
林丹晴　福建省公安厅法制处行政法规科科长
张艳璇　福建省农业科学院植物保护研究所二级研究员
林　瑛　福建省实验闽剧院院长、一级演员
任君翔　福建日报社记者通联部主任
刘巧云　福建省森林病虫害防治检疫总站检疫科科长
江启森　福建省女子监狱副监狱长
郑丽绥　福建省晋江市公安局法制科科员
郑　起　福州大学化肥催化剂国家工程研究中心研究员
吴荔涵　福建省莆田市特殊教育学校党支部副书记
吴健敏　煤炭集团厦门京闽中心酒店总经理
林　如　福建省南纸股份有限公司销售部部长
高瑛瑛　福建省泉州市儿童医院副院长、主任医师
吴建跃　福建省建宁县人口与计划生育局局长
方丹芬　福建省特种设备检验院人力资源部部长兼监察室主任
谢　曲　福建省厦门市湖里区吕岭社区残疾人联络员
李　真　福州海关缉私局查私处副处长
陈莉莉　福建出入境检验检疫局食品监管处综合科科长
刘一宁　中国电信股份有限公司厦门分公司10000号客户服务中心经理
倪晓嵘　中国人民财产保险股份有限公司福建省分公司系统团委书记、福州市分公司纪委书记兼湖滨支公司经理
王素芳　福建省电力勘测设计院变电工程专职设计总工
鄢　蕾　福建水口发电有限公司财经部会计
赵　彬　福建省妇联宣传部调研员

江西省

罗玉英　江西省南昌市青山湖区湖坊镇进顺村党委书记、主任
王乐秋　江西乐秋截瘫康复中心主任，南昌市肢残人协会副主席
刘莉芬　江西省南昌市人民检察院副检察长

史小琴　江西省南昌市洁佳物业实业公司董事长
谌燕军　江西省南昌市工商局昌北分局局长
钟　虹　江西洪都钢厂厂长
王秀英　江西省南昌外国语学校校长
谢　敏　江西省南昌经济技术开发区国税局纪检员
陈幸蕙　江西云山集团畜牧水产良种公司经理
黎丽威　江西省武宁县鲁溪镇梅颜村党总支书记
丰小琴　江西蓝天玻璃制品有限公司党总支书记兼常务副总经理
张小华　江西省九江市田家炳实验中学校长
刘晓红　江西省九江市甘棠环卫所党支部书记、所长
任珍秀　江西省九江鸿立食品有限公司董事长
万　露　江西省景德镇万客隆超市贸易有限公司董事长、总经理
罗　珏　江西省景德镇市国税局稽查局副局长
彭冬梅　江西省芦溪县妇联主席
倪艳芬　江西省萍乡市中级人民法院办公室副主任
詹慧珍　江西省赣西科技职业学院董事长
罗伟华　江西省新余市地方税务局局长
罗　敏　中国太平洋财产保险股份有限公司鹰潭中心支公司总经理
陈晓玲　江西省石城县翔宇选矿设备有限公司总经理
黄亚珍　江西省龙南县人民法院院长
谢晓芳　江西省瑞金市直属机关幼儿园园长
饶发招　江西省会昌县晓晓服装厂总经理
赵金霞　江西省赣州市纪委监察三室主任
朱来英　江西省兴国县宏兴木业有限公司总经理
古德妮　江西省安远县赣之源果业发展专业合作社负责人
赖美秀　中国人民银行宜春市中心支行女工委主任
阎文芳　江西省靖安县财政局党组书记、副局长
高明珍　江西省万载县青叶食品有限公司副总经理
李红秀　江西省上高县巾帼种养殖基地负责人
官银香　江西省玉山县双明镇窑山村妇代会主任
俞菊芳　江西省广丰县中医院副院长
黄春梅　江西省上饶县中学教师
毛晓慧　江西省弋阳县妇联主席

杨淑珍　江西省弋阳县朱坑镇塘坪村党支部书记
吴淑金　江西省余干县康山综合垦殖场插旗分场土地经营户
彭春妹　江西省井冈山大学教育学院院长
吴晓华　江西省吉安市财政局行政政法科科长
聂建梅　江西省新干青苹园林有限公司总经理
罗静婷　江西省吉安市甘雨亭商贸有限公司总经理
张　俐　江西省抚州市中级人民法院民一庭副庭长
黄晓云　江西省临川第一中学副校长
朱丽萍　江西省抚州市第一人民医院妇产科主任
吴冬秀　江西省广昌县甘竹镇党委书记
李　艳　江西省国资委机关党委主任科员
高溢英　江西省气象局直属机关妇委会副主任
周丽萍　江西出入境检验检疫局轻纺服装科科长
吕农华　江西省南昌大学第一附属医院副院长
邢　丽　江西省南昌航空大学教师
丁仲荣　江西铜业集团公司永平铜矿汽修厂电焊工
周海萍　江西省南昌供电公司东湖客户服务中心营业班班长
陈希梅　江西省萍矿集团青山煤业公司机电科充电房工人
胡淑萍　江西省丰城矿务局坪湖煤业有限责任公司洗煤厂女子洗煤班班长

山东省

卓长立　山东省济南市阳光大姐服务有限责任公司总经理
高淑贞　山东省章丘市双山街道办事处三涧溪村党支部书记
姜绍权　山东省济南市卫生局妇委会主任
郭迎春　山东省平阴县妇联主席
袁小冬　济南电视台《泉城夜话》制片人
王玉芹　山东省济南市大观园股份有限公司董事长
韩俊芝　特星集团山东公司董事长
刘丽萍　山东省青岛市妇联主席
江　颖　山东省青岛市医疗保险管理中心主任
庞学志　山东省平度市云山镇曲埠村村民
王　虹　青岛国际机场集团有限公司党

委书记

郭　凤　山东省青岛迪生集团有限公司董事长

董　辉　山东省青岛慧海实业集团有限公司董事长

孙晓燕　中国移动通信集团山东有限公司淄博分公司总经理

孙淑文　山东省淄博市张店区潘庄社区党委委员

昃秀花　山东省淄博市昃秀花艺术研究所所长

卞　军　山东省淄博市妇联副主席

王　玲　山东星辰供水公司总经理

于　青　山东省枣庄市妇联主席

郑飞雪　山东省枣庄市十里泉发电厂党委书记

满昌芝　山东省滕州市金芝旺商贸有限公司经理

李小华　山东康力置业有限公司总经理

崔　湘　山东省东营市飞来广告有限责任公司董事长

孙　炜　山东省烟台市芝罘区民政局局长

张　宁　山东省烟台市福山区张格庄镇党委书记

孙玉卿　山东格莱德编织品制造有限公司总经理

郭美娟　山东省招远市第一中学校长

杨越嵋　山东省海阳市忠美毛织有限责任公司董事长

于曼萍　山东省潍坊市劳动和社会保障局副局长

吕春芳　山东省高密市女企业家联谊会副会长

尹秀荣　山东省临朐县妇女儿童工作委员会办公室主任

黄　芳　山东省青州市高柳镇党委书记

李月淑　山东省潍坊百货集团股份有限公司中百佳乐家超市总经理

王玉峰　山东省济宁市公安局任城区分局局长

周桂萍　山东省汶上县委书记

曹　霞　山东省济宁市金利达汽车贸易有限公司总经理

朱秀芝　山东省济宁市妇联副主席

高　玲　山东省泰安市工商行政管理局局长

王　蕾　山东省泰安市妇联副主席

张心凤　山东省泰安市岱岳区满庄镇满北村党支部副书记

李　锋　山东省泰安市泰山风景名胜区工作委员会副书记

丛培卿　山东省威海市妇联主席

姬秀芬　山东省威海蓝天宾馆接待经理

张艳红　山东省威海魏桥科技工业园有限公司总工程师

申作芳　山东省日照市岚山区国税局局长

刘梅芬 山东省日照市东港区妇联主席
田庆爱 山东省莱芜市妇女儿童工作委员会办公室副主任
李志方 山东省临沂市人民医院儿科主任
房利娜 山东省临沂市文化市场管理执法局局长
蔡丽霞 山东省临沂市兰山区人民法院民事审判一庭庭长
刘春莲 山东省沂水县妇联主席
刘桂香 山东省蒙阴县八一希望小学教师
张化琴 山东省德州市妇联主席
陈　玫 山东省德州市中级人民法院审判监督庭庭长
袁敬华 山东省夏津县精华聋儿语训希望学校校长
解洪英 山东省聊城市妇联副主席
张立珍 山东省聊城市植物园有限公司总经理
姜　颖 山东省聊城市国税局科员
赵敏静 山东省滨州市妇联副主席
张红霞 山东魏桥纺织股份有限公司董事长
刘巧云 山东省菏泽市妇联主席
孙新玲 山东省菏泽市教育局干部
朱瑞军 山东省鄄城县委副书记
袁丽霞 山东省单县高韦庄镇党委书记
王丽英 山东省经贸委机关党委专职副书记
张沂平 山东省人口计生委机关党委专职副书记
张　清 山东电视台发射台台长
杨青青 山东电视台高级编辑
周惠敏 山东慧敏科技开发有限公司董事长
马　莹 山东省齐鲁置业有限公司董事长
刘　军 山东省立医院保健科护士长
张洪英 山东省委高校工委宣教处副处长
贾海宁 山东师范大学团委书记
史佩珍 山东省军区七一三一八部队卫生所所长
江　霞 济南铁路局聊城车务段聊城站客运副主任
张海花 胜利石油管理局钻井工艺研究院高级工程师
李玉平 莱钢集团有限公司自动化部高级工程师
赵　卉 中国石化股份有限公司齐鲁分公司烯烃厂高级工程师

河南省

高建慧 河南省郑州市社会治安综合治理委员会主任

张桂华　河南省郑州市粮食局总经济师
徐惠俐　河南省郑州市妇联主席
王彦华　河南省开封市人民政府调研员
路　云　河南省开封市鼓楼区委办公室主任
黄学花　河南省洛阳市新华旅游汽车有限公司出租车司机
盛玉敏　中国石油化工股份有限公司洛阳分公司化验一车间工人技师
徐红莉　河南省平顶山天瑞集团旅游发展有限公司总经理
杜贞爱　河南省安阳市第三人民医院院长
徐凤霞　河南省安阳市家庭教育指导中心副主任
姚菊泉　鹤壁日报社社长
朱　莉　河南省新乡市延津县司寨乡党委书记
王正先　河南省新乡市妇联宣传部长
温红霞　河南省焦作市财政局建设科科长
袁凤勤　河南省濮阳市人民医院院长
李书勤　河南省许昌市鄢陵县人民检察院检察长
赵改焕　河南省漯河经济开发区党工委副书记、管理委员会主任
马和平　河南省漯河市妇联主席
王苏霞　河南省三门峡市湖滨区阳光花卉盆景园总经理
庆志英　河南省三门峡市妇联主席
庞震凤　河南省南阳市宛城区区长
张文媛　河南省南阳市公安局交警支队政委
柳克珍　河南省南阳市妇联主席
夏文英　河南省商丘市柘城县副县长
谷月梅　河南省永城市人民检察院工会主席
高曙霞　中国农工民主党信阳市委负责人
尹　红　河南省信阳市移动公司淮滨分公司经理
程　玲　河南省固始县妇联主席
解冰山　河南省周口市卫生局局长
赵　玲　河南省淮阳县文化艺术学校教师
马月平　河南省周口市妇联主席
刘红平　河南省北纬律师事务所主任
马凤枝　河南省驻马店市实验小学校长
武兰芳　河南省驻马店市妇联主席
王爱竹　河南省济源市档案局局长
陈砚秋　河南省妇女儿童工作委员会副主任
徐慧玲　河南省委宣传部宣传处处长
马玉霞　河南省实验中学副校长兼分校校长
金　萍　河南省歌舞剧院副院长
胡　娜　河南省委政研室社会处主任干事

桂　娟　新华社河南分社对外采访室副主任
王　绣　河南省洛阳博物馆馆长
李汴霞　河南省委省直机关工委副书记
徐普桓　河南省浚县善堂镇司法所负责人
渠桂荣　河南师范大学教研室主任
唐兴丽　河南省发展和改革委员会工业处副处长
王　旭　河南省发展和改革委员会城市发展处副处长
李　涵　河南省第二实验中学校长
周红霞　河南省双学双比巾帼建功协调小组办公室主任
李传凤　河南省信阳市浉河区吴家店镇太阳坡村党支部书记、村委会主任
王月玲　河南省洛阳市吉利区第二初级中学一级教师
杨桂平　河南省漯河市源汇区老街办事处环卫站站长
刘玉琴　河南省纪委监察厅监察综合室副处级纪检监察员
齐桂素　河南煤业化工集团焦煤公司赵固一矿副总工程师、选煤厂厂长
陈　静　河南省委省直机关工委工会主任
冯启波　河南人民广播电台创作中心主任
杨健燕　河南省政法管理干部学院副教授
王秀芝　河南省维护妇女儿童权益协调组办公室主任
雷　方　郑州大学第二附属医院眼科教授、主任医师
孔　夏　郑州铁路局工会副主席、女工委主任
凌　红　河南亿美佳商贸公司董事长
李书转　河南省巩义市竹林镇人民政府镇长
许淑娟　河南省妇女问题理论研究会秘书长
邬　敏　河南卓越工程管理有限公司董事长
王桂梅　河南省许昌市委统战部部长
董晓凤　河南省舞阳县副县长
王　惠　河南省豫剧一团副团长、国家一级演员
马丽伟　河南省妇联机关党委专职副书记
宋海萍　河南省商丘市中级人民法院院长
王喜云　河南省家庭教育研究会秘书长
葛爱美　河南省安阳市老区建设促进会副会长
高　潮　河南省国有资产管理委员会党建处调研员
刘孟舟　河南省妇联组织部调研员

王艳华 大公报驻河南办事处主任
李焕云 河南财经学院党委副书记
宋凤仙 河南省广播电影电视局研究员
霍淑云 河南省女企业家协会副秘书长
巩玉梅 河南省郑州紫荆山百货商场有限公司总经理、党委书记
李秀君 河南省妇联办公室副调研员
潘道荣 河南省郑州亿万饭店管理有限公司总经理
张　军 河南省委统战部干部处调研员
李梅花 郑州大学陶瓷文化研究所所长
杨雪梅 黄河科技学院副院长

湖北省

王　静 湖北省武汉市公交集团有限责任公司578路驾驶员
程华英 湖北省武汉市英才生态农业发展有限公司总经理
毛　靖 华中科技大学同济医学院附属同济医院口腔医学中心副主任、口腔科主任
张红霞 湖北省武汉市公安局硚口区分局易家墩街派出所社区民警
李　茵 湖北省武汉实验外国语学校校长
张玉莲 湖北省大冶市金牛粮食购销公司出纳员
牛南钢 湖北芳通药业股份有限公司董事长、总经理
舒红霞 湖北省阳新县惠美家生活广场董事长
敖大焕 湖北省襄樊市襄阳区古驿镇吕镇村支部副书记
李晋华 湖北襄樊四中高中部教师
任新华 湖北省襄樊市妇幼保健院党委书记
彭　钟 湖北省襄樊市公安局出入境管理科科长
饶同珍 湖北省荆州市妇联主席
蔡芙蓉 湖北省荆州市云天酒店发展有限公司总经理
庞昌慧 湖北省昌慧美容商贸有限公司董事长
郑祖兰 湖北省荆州宇翔畜禽有限公司董事长
胡秀容 湖北省荆州小胡鸭食品有限责任公司总经理
向　玲 湖北省宜昌市公安局巡警支队特警大队副大队长
胡小云 湖北省远安县委常委、政法委书记
曾　莹 湖北省宜昌市西陵区妇联主席
万犁昌 湖北省宜昌市夷陵区雾渡河镇党委书记、镇长
余秀碧 湖北省宜昌市沙龙宴餐饮有限责任公司员工

周　辉　湖北省十堰市太和医院副院长
罗　慧　湖北省十堰华昌达机电有限公司董事长
王安华　武当山旅游经济特区接待办公室主任、武当山宾馆总经理
彭小凤　湖北省孝昌县邹岗镇金光村支部书记兼妇代会主任
王淑华　湖北省孝感市财政局局长
谭之平　湖北职业技术学院学生
金艳萍　湖北省应城市苗苗幼儿园园长
桂　芳　湖北省胜人服饰有限公司总经理
李志珍　湖北省荆门市妇联主席
赵贵香　湖北省白鹿春实业股份公司董事长
张金华　湖北省荆门市会计管理局副科长
姜　云　湖北省钟祥市双河镇镇委书记、镇长
罗　琴　湖北省鄂州市鄂城区妇联主席
张相华　湖北省鄂州市华容区蒲团乡党委书记、乡长
李　华　中国建设银行鄂州分行营业部主任
洪再林　湖北省团风县县长
张立新　湖北省蕲春县妇联主席
刘锦秀　湖北省罗田县锦秀林牧专业合作社理事长
戴　英　湖北省黄冈市中心医院妇产科主任
庄　艳　中国建设银行湖北省黄冈分行副行长
王　艳　湖北省咸宁市咸安区妇联主席
朱金玉　湖北省咸宁市川玉茶业有限责任公司总经理
华长春　湖北通山大自然石业有限公司总经理
吴相梧　湖北福人药业股份有限公司常务副总经理
刘春荣　湖北省恩施土家族苗族自治州水利电力勘测设计院副院长
吴曼丽　湖北省利川市广播电视局总编辑
向玉华　湖北省恩施市屯堡乡妇联主席
侯义梅　湖北省建始县林业局高级工程师
陈　翠　湖北省广水市吴店镇常务副镇长
何纯洁　湖北省随州市政府教育督导室副主任督学
刘为玉　湖北省仙桃市陈场镇沈湾村支部书记、主任
刘祖男　湖北省潜江市积玉口镇妇联主席
贺梅安　湖北省潜江市殡葬管理所殡仪服务班班长
鲁　蓉　湖北省天门市渔薪镇妇联主席
万月娥　湖北省天门市农业技术推广中

心正高级农艺师

莫维莲　湖北省神农架林区机关工委常务副书记

宋念华　湖北省动物疫病预防控制中心副主任

台保军　武汉大学口腔医学院党委副书记

袁群荣　湖北省大冶市人民检察院党组书记、检察长

张丽华　湖北省黄石市中级人民法院立案庭庭长

王　俊　湖北广播电视总台电视卫星频道新闻中心记者

冯　丹　华中科技大学计算机学院教授、博导、副院长

田淑琼　中铁大桥局集团武桥重工桥梁机械有限公司总经理

湖南省

寻金花　湖南省浏阳市黄荆坪村党支部书记

汤兰玲　湖南省长沙市公安局开福分局湘雅路派出

王桂红　湖南省长沙市芙蓉区解放路街道办事处丰泉古井社区书记

周小春　湖南省长沙市妇联副主席

郑知求　湖南家润多超市有限公司党总支书记

蒋笑波　湖南省株洲市商业银行副行长

朱蓓蕾　湖南省大唐华银株洲发电有限公司

贾宗芸　中国航空工业动力机械研究所副主任

张霞妹　湖南省炎陵县三河镇天平村党支部书记

张海霞　湖南省步步高投资集团股份有限公司

杨翠英　湖南省湘潭县妇联主席

陈利文　湖南省湘潭市发展和改革委员会副主任

王君洁　湖南省湘潭市妇幼保健院业务副院长

王　辉　湖南省衡阳市妇联副主席

冯小艳　中国工商银行衡阳市分行江东支行大堂经理

伍月英　湖南省衡阳市文英学校董事长

胡　健　湖南省衡阳钢管（集团）有限公司检验检测中心化验班班长

李桂梅　湖南省衡山县开云镇甘棠桥社区党支部书

田　奇　湖南省衡阳市石鼓区政府区长

谭建明　湖南省邵阳县交通局局长

周　平　湖南省邵阳市教育科学研究所党支部书记

王书云　湖南省新宁县回龙镇杨桥村党支部书记

马腾云　湖南省城步苗族自治县国家税务局局长
刘活龙　湖南省电力公司新邵电力局局长
曾韵华　湖南省邵阳市精神病医院五病区护士长
喻岳兰　湖南省岳阳市妇联主席
李　红　湖南省岳阳率新苎麻纺织厂总经理
李开菊　中石化长岭分公司炼油第二作业部副班长
吴　波　湖南省岳阳市岳阳楼区东方红小学副校长
陈志莲　湖南省岳阳市云溪区人民政府区长
龚美爱　湖南省常德市妇联主席
陈学科　湖南省常德市公共交通总公司1路线驾驶员
朱明瑶　常德职业技术学院护理系主任
杨学初　湖南省桃源县马宗岭柑橘产业协会会长
钟广英　中国移动通信集团湖南有限公司常德分公司副总经理
欧芳艳　湖南省张家界市永定区妇联主席
黄　红　湖南省张家界市人民医院院办主任
张青娥　湖南省安化县梅山文化生态园园主
谢　荣　湖南旭荣制衣有限公司总经理
段菊香　湖南省克明面业股份有限公司董事
李玉萍　湖南省嘉禾县妇联主席
侯小娇　湖南省桂阳县方元镇坪石村党支部书记
欧阳玉辉　湖南省郴州爱心文体办公用品有限公司总经理
黄雪云　湖南省永州市中级人民法院审判员
邓宁萍　湖南中烟有限责任公司零陵卷烟厂党支部书记
罗秋月　湖南省江华瑶族自治县贝江乡贝江村党支部书记
谭群英　湖南省永州市异蛇科技实业有限公司董事长
彭爱华　湖南省双峰县委书记
刘新红　湖南省冷水江市金竹山乡坪塘居委会十九组居民
曾海军　湖南省娄底市娄星区杉山镇党委书记
李　莉　湖南省怀化市妇联主席
刘　岚　怀化医专附属医院暨市三人民医院眼科主
邹碧云　湖南省靖州苗族侗族自治县寨牙乡江口村党支部书记
杨　琳　湖南省阿菊家政服务中心总经理
田宗英　湖南省吉首市葛四民族食品开

发公司董事长

王定娥　湖南省龙山县妇联主席

陶小爱　湖南日报社报业集团驻长沙记者站站长

孙桂均　湖南科学技术出版社科普·生活图书编辑事业部主任

张艳琼　湖南省科学技术厅直属机关党委专职副书记

朱国均　中建五局三公司审计部部长

杨金凤　湖南省肿瘤医院麻醉科副主任

唐　玲　交通银行湖南省分行行长

潘桂妹　中石化湖南石油分公司党委书记、纪委书记

王小平　湖南省长沙市教育局党委书记

宁联芳　湖南省长沙生殖医学医院院长

冯湘保　湖南省人大常委会内司委副主任委员

广东省

钟广静　广东省广州市越秀区大塘街工作委员会书记

苏国霞　广东省广州市海珠区人民法院执行局副局

何月玲　广东省广州市天河区天园街骏景社区党支部书记、居委会主任

曾佩玲　广东省广州市市政工程维修处市政设施养护所“三八”班班长

谢　欢　广东省广州市公安局白云分局三元里派出所副所长

杨爱华　广东省广州市增城中学校长

黎凤娇　广东省深圳市南山区蛇口街道办事处综治办主任

吕湘平　广东省深圳巴士集团第四分公司101线乘务大队长

萧彦红　欧姆龙深圳有限公司员工

王晨虹　广东省深圳市妇幼保健院副院长

何彩英　广东省深圳长城开发科技股份有限公司技术研发实验室总监

戴伟群　广东省深圳市罗湖区人民法院副院长

谢丽琪　深圳出入境检验检疫局食品检验检疫技术中心副主任

陈德玉　广东省珠海市金湾区人民法院行政审判庭庭长

谢惠刁　广东省珠海威丝曼服饰股份有限公司副董事长

梁艳美　广东省珠海市斗门区白蕉镇黄家村村支部书记、主任

古群红　广东省珠海市水产养殖（海水）科学技术推广站站长

马婵兰　广东省珠海百货广场有限公司董事长、总经理

李楚兰　广东省汕头市妇联主席

杨棉华　汕头大学医学院院长助理兼教务处处长
蔡爱华　广东爱华毛织工艺有限公司总经理
林佩环　广东省汕头市金平区人民法院政工科副科长
郑红颖　广东省汕头市潮阳区平和东小学校长
梁颂青　广东省佛山市同济小学校长
田　乔　广东省佛山市南海区人民医院妇产科副主任
梁敏仪　广东省佛山市顺德区启智学校校长
陈小桃　广东省佛山市高明区人民医院内二科主任
黄玉英　广东省佛山市三水区大塘镇潦边村委大沙西村养殖专业能手
屈莉莉　佛山科学技术学院机电与信息工程学院自动化系副教授
许红雁　广东省粤北人民医院副院长
陈莲娣　广东省新丰县回龙镇新村村农民
朱祖春　广东省始兴县逸夫小学副校长
廖兰英　广东省仁化县委宣传部副部长、仁化县广播电视台台长
金美华　广东省河源市宝源房地产发展有限公司、河源市假日酒店有限公司、河源宝源饮用水有限公司副董事长、副总经理
许建花　广东省连平县妇联主席
邬碧云　广东省大埔县公安局刑事侦查大队四中队指导员
李利平　广东省梅州市人民医院妇产一科主任
洪淑玲　广东省梅县雁南飞茶田度假村围龙大酒店总经理
张秀云　广东省惠州市环卫局河南岸环卫所工人
陈杏芬　广东省惠州市惠城区汝湖镇南新村委会党支部书记、村委会主任
李楚云　广东省汕尾市城区妇联主席
杨小乔　广东省汕尾逸挥基金医院功能科B超室主任、副主任医师
傅丽娟　广东省东莞市卫生局纪检组组长
刘全凤　广东省东莞广播电视台台长助理、阳光网站总监
李小玲　广东省东莞市社会保障局南城分局分局长
秦　波　广东省中山市南头镇经贸发展有限公司总经理
罗勰平　广东省中山市华侨中学老师
江秀娟　广东省中山市广播电视台节目部副主任
梁美贤　广东省江门市江海区委书记、区人大常委会主任
陈玉珍　广东省江门市中心医院护理部

副主任
何　梅　广东省阳春市妇幼保健院院长
黄贤凤　中国银行阳江分行财会部会计经理
王丽峰　广东省廉江市人民医院妇科主任、主任医师
陈雪荣　广东省徐闻县龙塘镇东角村委会党支部书记、村委会主任
陈淑芬　广东省雷州市妇联主席
李　勤　广东省信宜市福音特殊教育学校校长
陈　蕾　广东省电白县妇联主席
陈玉云　广东省封开县江口中学校长
江洁容　广东省德庆县妇联主席
杜丽仙　广东省肇庆市新联国有资产管理有限公司党委副书记、纪委书记、工委会主席
卫晋花　广东省清远广播电视台总编辑
徐秀英　广东省清远市人民检察院检察技术科副科
张素英　广东省潮州市湘桥区意溪镇荆山村村党支部书记、村委会主任
余琼丽　广东省饶平县千秋绿农牧有限公司总经理
周惠琴　广东省惠来县妇联主席
杨颖秋　广东省揭阳市榕城区人民医院副院长
何明霞　广东省新兴县纪委副书记、新兴县监察局局长
谢小华　广东省郁南县新永光大酒店总经理
杨　维　广东省体育运动技术学院羽网中心副主任
冀春燕　广东省财政厅调研员、妇委会主任
何雪香　广东省林业科学研究院高级工程师
张　欣　广东省疾病预防控制中心副主任技师
徐玉娟　广东省农业科学院研究员
唐丹玲　中国科学院南海海洋研究所研究员
于　剑　广东省深圳市水务集团有限公司董事长
刘慕玲　广东省东莞市巾帼创业家庭服务有限公司董事长、总经理
欧春华　广东省汕尾市人民检察院民事行政检察科科长
白　玲　广东南方广播影视传媒集团党委书记

广西壮族自治区

董秀银　广西壮族自治区南宁市劳动和社会保障局局长
高　虹　广西壮族自治区南宁市妇联主

席

梁素梅　广西壮族自治区南宁市粤剧团副团长

黄少新　广西壮族自治区南宁市绿化工程管理处中心养护管理站站长

阮桂芳　广西壮族自治区宾阳县妇联主席

张佩珍　广西壮族自治区宾阳县古辣镇刘村村委文书

江　柳　广西壮族自治区柳州市公安局中南派出所副所长

郭改琴　柳州钢铁集团气体公司生产科科长

贾学秀　广西壮族自治区柳州恒达巴士股份有限公司驾驶员

廖美萍　广西壮族自治区融水苗族自治县妇联主席

闻建成　广西壮族自治区桂林市妇联主席

高翠兰　广西壮族自治区桂林庆和食品有限公司总经理

梁立天　广西壮族自治区桂林银海纺织集团公司总经理

牛喜宏　广西壮族自治区桂林橡胶机械厂质量部部长、质量支部书记

沈荔芳　广西壮族自治区灌阳县人民政府县长

许淑清　广西壮族自治区梧州中恒集团股份有限公司董事长兼总裁

唐　珊　广西壮族自治区岑溪市水利电业有限公司营销部主任

杨兴凤　广西壮族自治区合浦县沙田镇海战村村支书、村委主任

韦华红　广西壮族自治区防城港市气象局测报工程师

余　玲　广西壮族自治区钦州市财政局副局长

黎相艳　广西壮族自治区钦州市实验小学副校长

吕雪娟　广西壮族自治区贵港市港南区教科局教研员

林少群　广西壮族自治区贵港市环境卫生管理处清洁工

黄秋莲　广西壮族自治区贵港市港北区人口和计划生育局局长、党组书记

蒙爱杏　广西壮族自治区贵港市平南县委副调研员、武林镇党委书记

覃小红　广西玉柴机器股份有限公司总会计师

陈志芳　广西壮族自治区玉林市参皇养殖有限公司副总经理

黄小凤　广西壮族自治区玉林市黄小凤健康美容生活馆总经理

叶　莉　中国建设银行玉林分行支行行长

黄小倢　广西壮族自治区百色市博爱医药连锁有限公司总经理

陈月香　广西壮族自治区乐业县妇联主席
欧阳艳　广西壮族自治区田阳县百育镇九合村坡林屯农民
陈晓娟　广西壮族自治区贺州市国家税务局办公室主任
李春枚　广西壮族自治区昭平县仙回瑶族乡茶山村党支部书记
韦艳芳　广西壮族自治区河池市金城江区法院庭长
韦红梅　广西壮族自治区宜州市洛西镇妙调村妇代会主任
陈炳群　中国农业银行来宾分行城中支行行长
黄英光　广西壮族自治区忻城县北更乡塘太村党总支书记
陆芙蓉　广西壮族自治区崇左市妇联主席
张卫红　广西壮族自治区凭祥市发展与改革局局长
朱其连　广西壮族自治区崇左市扶绥县西长林场农民
刘　彬　广西壮族自治区直属机关妇工委主任
梁秀香　广西壮族自治区妇联妇女发展部部长
黄筱冬　广西壮族自治区公安厅机关党委专职副书记
谭凤花　广西壮族自治区高级人民法院审判员
李文嘉　广西农科院蔬菜研究所副所长
宋建慧　南宁铁路局信息技术所软件科科长
王文玲　广西军区政治部业余演出队队长

海南省

钟春燕　海南椰国食品有限公司总经理
蔡　伦　海南新世通医药集团董事长
林蔚茹　海南省海口市中级人民法院刑事审判一庭审判员
肖　亮　海南省海口市工商行政管理局12315指挥中心主任
陈燕萍　海南省海口市金牛岭公园管理处主任
王涯燕　海南省海口市教育局副局长
刘庆鸯　海南省三亚市海源实业有限公司农民企业家
石小燕　海南省三亚市邮政局田独支局局长
符　婉　海南省三亚市河西区管理委员会副主任
王春兰　海南省儋州市那大镇大同社区居委会书记、主任
陈　芳　海南省儋州市地方税务局办税服务厅主任

张跃美　海南省琼海市民政局局长
颜青冰　海南省琼海市国家税务局股长
林　雁　海南省文昌市文教镇镇长
王玉凤　海南省文昌市百丽雅理容院董事长
王　晓　中国农业银行海南省万宁市支行女工委主任
卢运飞　海南省东方市信访局副局长
邓清辉　海南省五指山市审计局局长
洪　兰　海南省公路局澄迈县分局太平道班班长
曾海燕　海南省澄迈县统计局局长
辜秀文　海南省定安县地方税务局社会保险费征稽局局长
颜雪玲　海南省陵水黎族自治县会计管理中心会计站站长
陈春怡　中国移动通信集团海南有限公司保亭分公司综合事务员
徐雪华　海南省屯昌县公安局副局长
陈　荣　海南省琼中黎族苗族自治县人口与计划生育局局长
符丽萍　海南省临高县临城镇兰罗村委会头南村农民
吴阳春　海南省白沙黎族自治县国税局局长
林美珍　海南省昌江黎族自治县十月田镇镇长
黎媛玲　海南省乐东黎族自治县黄流镇副镇长
谢　瑛　华能海南发电股份有限公司海口电厂发电部主管
王　英　海南省农垦中学教师
戴　瑾　海南省农垦中心测试站综合档案室副研究馆员
吴小玲　琼台师范高等专科学校教导处副主任
唐彩霞　海南省海南中学高级教师
陈　巍　华能海南实业有限公司海口喜来登温泉度假酒店副总经理
陈艳莉　海南海汽运输集团有限公司海口分公司运输一队副经理
王花莉　武警海南省边防总队海口支队东营派出所仲恺警务室警长
郭　凯　海南锦绣织贝实业有限公司董事长
武雪丽　海南省第一中级人民法院民二庭副庭长
符琼芬　海南法立信律师事务所律师
庄　亦　中国建银投资证券有限公司海口市龙华路证券营业部总经理

重庆市

何洪宣　重庆市万州区五桥街道民强村养殖户
龚兰英　重庆烟草工业公司黔江分厂卷烟包装设备高级操作工

何庆华　重庆市涪陵区妇联主席
申　琼　重庆市渝中区人民政府公开电话办公室副主任
景　莉　重庆市大渡口区春晖路街道翠华社区居委会党委书记
孟卫红　重庆市沙坪坝区人民检察院副检察长
汤　英　重庆市沙坪坝区妇联主席
刘　宏　重庆市九龙坡区妇联主席
徐从兰　重庆市南岸区人民法院副院长
吴兴芬　重庆市万盛区青年镇堡堂村党委书记
朱子玉　重庆市渝北区古路镇乌牛村农民
许维娜　重庆市长寿区公安局国保支队民警
何姗姗　重庆江津区双龙养殖场场长
吴志琼　重庆市合川中学副校长
胡晓芹　重庆市南川区妇联主席
李　虹　重庆市南川区大观镇龙川村党支部书记
张祥兰　重庆市綦江县妇联主席
沈　蓉　重庆市潼南县统战部部长
张兴伦　重庆市铜梁县妇幼保健院院长
李晓华　重庆市大足县邮亭镇人民政府目标督察办公室主任
吕玉荣　重庆市富吉公路运输（集团）有限公司董事长
钟　莉　重庆市璧山县国家税务局办税服务厅主任
罗桂英　重庆市梁平县人民医院护理部主任
邓小琴　重庆市城口县妇幼保健院护士长
何　蓉　重庆市丰都县妇联主席
钟洪波　重庆市垫江县妇联主席
刘作会　重庆市武隆县蓝群食品有限责任公司总经理
陈玉英　重庆市忠县自强残疾人服务站站长
杨永琼　重庆市云阳县大可农业有限公司经理
马　辉　重庆市奉节县劳动和社会保障局局长
黄元翠　重庆市巫山县骡坪镇汪家馆餐饮有限公司总经理
王帮富　重庆市巫溪县宁厂镇敬老院院长
田永碧　重庆市石柱土家族自治县南宾镇小学工会主席
程明仙　重庆市秀山县塘坳乡大寨村党支部书记
宋　嵋　中国移动通信集团重庆有限公司酉阳分公司内控管理
李　力　中国人民解放军第三军医大学大坪医院妇产科主任
汪　涛　第三军医大学护理学院心理学教研室副教授

司马文霞　重庆大学电气工程学院教授
刘春帼　重庆日报社会新闻部主任
秦　瑶　重庆市统计局核算处处长
徐　楠　重庆圣雅菲科技有限公司总经理
李荣强　中国电子科技集团公司第二十四研究所高级工程师
牟长秀　重庆钢铁集团建设工程有限公司焊工高级技师
张　玲　重庆医科大学附属第二医院副院长
冯白翎　重庆市刑警总队主任法医师
王　毅　重庆市曲艺团团长
李世蓉　重庆市对外贸易经济委员会干部
任幼蓉　重庆市地质环境监测总站总工程师
赵崇明　重庆市地产集团大宅物业管理有限责任公司总经理
秦远红　重庆秦妈餐饮管理有限公司董事长
徐　革　重庆商社新世纪百货连锁经营有限公司世纪新都副总经理
冷　楠　重庆市人口和计划生育委员会调研员
刘　行　重庆市电力公司超高压局继电保护班班长
刘庆瑞　重庆庆瑞实业集团董事长
张晓春　重庆市纪委干部
张淑钰　重庆市妇联宣传部部长

四川省

刘　娟　四川省成都师范附属小学校长
郭　洁　四川省成都市龙泉驿区妇联主席
黄　山　四川省成都市妇联调研员
邹　平　四川三联家禽有限责任公司董事长
龚旭萍　四川省成都市金牛区劳动和社会保障局劳动保障监察大队大队长
谢桂清　四川省乐山市市中区妇幼保健院院长
穆婷云　四川川投峨铁（集团）公司总经理
张会群　四川省乐山市井研县水产协会会长
刘　莉　四川省德阳市公安局出入境管理处民警
江建华　四川省德阳市外国语学校高级教师
李　琦　四川省德阳市商业银行党组书记董事长
彭　涛　四川省泸州市江阳区蓝田中学教师
李　燕　四川省泸县二中教师
徐光珍　泸州老窖股份有限公司工人
蒲玉红　四川省攀枝花市疾病预防控制

中心慢病防治科副科长

蒲晓鸿　四川省射洪县国库支付管理局局长

唐亚平　四川省大英县公安局太吉派出所民警

吴新春　四川省遂宁市高升实验小学校副校长

周　耘　四川省自贡市妇联主席

张润英　四川省自贡市高新区工业办副主任

王　瑛　中国移动四川广元分公司副总经理工会主席纪委书记

刘晓红　四川省广元市利州区妇联主席

吴清莲　四川省平武县妇联主任科员

王卫莉　四川省北川县计生局股长

徐　平　四川省安县电力联营公司总经理

贾智艳　四川省绵阳市总工会副主席、女工委主任

晏　华　四川省内江市市中区临江小区社区党支部书记

邱玲嫦　四川省资中县银山镇社区党委书记

秦振菊　四川省隆昌县林业局局长

马　平　四川省内江市第二人民医院副院长

李南春　四川省南充市妇联主席

杨　莹　四川省南充嘉能天然气有限责任公司董事长

何素兰　四川省南充市农业科学研究所甘薯研究室副主任

王芙蓉　四川省南充市弘诚园林景观工程有限责任公司总经理

王娜美　四川省宜宾市妇联主席

肖池权　四川省宜宾天原集团股份有限公司董事长兼党委书记

古　燕　四川省宜宾市燕君贸易连锁有限责任公司执行董事

付　萍　四川省广安市妇女儿童工作委员会办公室主任

张惠玲　四川省广安市慧博玻璃工业有限公司董事长

黄　琼　四川大不同商贸有限公司总经理

郑树莲　四川省雅通置业有限公司、四川省雅通药业有限公司董事长兼总经理

王　平　四川省达州市中心医院党委书记、副院长

何晓霞　达州钢铁集团有限公司副总裁

王小平　四川省开江县妇联党组书记主席

赵克瑛　四川省巴中市直属机关工作委员会副书记

李光珍　四川省巴中市巴州区第三小学校长

陈帮惠　四川省资阳市妇联主席

苏俊清　四川省简阳中学副校长

刘　艺　四川省安岳县来凤乡计生服务站站长
李溥婕　四川省洪雅县槽渔滩镇中心小学校荣誉校长
刘菊仙　四川省仁寿县城堰乡赵家村支部书记
高莉琼　四川省色达县翁达镇中心小学教师
彭树琼　四川省茂县南新镇棉簇村妇代会主任
曹智荣　四川省阿坝州档案局（馆）党组书记、局（馆）长
庄坤慧　四川省西昌第二小学校长
马秀珍　四川省凉山州五交化有限责任公司董事长
曲木阿呷　四川省金阳县人民政府副县长
石　梅　四川省公安厅出入境管理局受理审批科科长
吴晓玲（吴楚瞳）　四川日报报业集团天府早报社首席记者
张安琴　四川省医学科学院四川省人民医院护理部主任
魏　华　四川省委组织部机关党委副书记
秦　蓁　四川省农业厅植物保护站党支部书记站长
刘　红　四川省国资委处长
母海鹰　四川省军区政治部宣传保卫处副处长
景秀京　武警四川省总队医院成都分院院长
冀宁萍　四川省委办公厅机要局副调研员
常　江　四川省财政厅教科文处处长
刘　敏　四川省经济委员会电力处长
郑　嘉　四川省体育局游泳系花游队总教练
屈晓华　四川省委政法委副秘书长
毛　萌　四川大学华西第二医院院长
刘凌莉　四川省歌舞剧院国家一级编导
周晓俊　四川省妇联宣传部部长
卢建梅　四川省妇联发展部部长
何迎晓　四川省人大办公厅人事处处长
李晓宁　四川省成都秀域商务咨询有限公司经理
黄茂华　四川省宜宾市戎宸运业有限责任公司董事长

贵州省

高　蓉　贵州省贵阳市南明区委副书记
黄南武　贵州省息烽县黄南武辣子鸡店总经理
朱桂云　贵州省贵阳市花溪区委书记
马凤萍　贵州省贵阳汽车客运有限公司党委副书记兼总经理
王礼琴　贵州省六盘水市六枝特区副区

长
唐　英　贵州省六盘水市盘县农村信用合作社红果信用社主任
刘官碧　贵州省六盘水市水城县第一小学语文教研组长
但琪营　贵州省六盘水市钟山区国家税务局巴西税务分局局长
蔡崇英　贵州省湄潭县购得乐超市负责人
姚晓岚　贵州省遵义市人口和计划生育局办公室主任
张　艺　贵州省仁怀市妇联主席
胡广芬　贵州省遵义贵山红辣椒系列食品厂厂长
李　佳　贵州省遵义市公安局汇川分局法制室主任
李朝华　贵州省安顺市妇联主席
杨忠琼　贵州省平坝县人大常委会副主任、城关镇党委书记
刘　玲　贵州省安顺市人民医院组织人事科科长
赵佐敏　贵州省安顺市农业科学研究所科研管理科副科长兼生物技术中心主任
黄云霞　贵州省黔南州人民医院妇产科主任
陈露霞　贵州省黔南州都匀一中英语教师
陆永珍　贵州省独山县基长镇阳地村党支部书记
孙丽华　贵州省黔南州都匀第二中学校长
张老新　贵州省施秉县双井镇双井村凉伞五组农民
庞秀凤　贵州省黎平县德顺乡平甫村党支部书记
黄树花　贵州省凯里市炉山镇社会事务办公室主任
潘春梅　贵州省剑河县革东镇建新村六组农民
余必丽　贵州省兴仁县李关乡鹧鸪园村支部书记
涂爱民　贵州电网公司兴义供电局调度所运行方式专责
付作芬　贵州省晴隆县花贡镇妇联主席
李凤琴　贵州省望谟县民族中学教师
兰世英　贵州省毕节地区织金公路管理段党支部书记
高文凤　贵州省大方县琼芳食品开发有限公司总经理
刘　菊　贵州省威宁县第一小学教导主任
杜万群　贵州省黔西县卫生局副局长
兰辉珍　贵州省石阡县本庄镇葛彰司村总支宣传委员、妇代会主任
钱建英　贵州省铜仁市桐木坪乡卜口村委会主任
方义榕　贵州省松桃县蓼皋镇一完小副

校长

江玉红　贵州省玉屏县科技局局长

陈文英　贵州省交通厅高等级公路管理局凯里西征费站站长

竺瑾瑶　贵州省贵阳海关机关服务中心副调研员

岑南琴　贵州省体育局水上运动管理中心皮划艇队运动员

杜林华　贵州钢绳（集团）有限责任公司设备制造公司副经理

陶渝苏　贵州大学人文学院院长

袁　南　贵州力源液压股份有限公司柱塞分厂钳工

孙兰英　中国人民解放军第四十四医院干部病房主任

褚惠敏　武警贵州省总队政治部秘书群联处副处长

云南省

张红霞　云南省昆明市地方税务局局长

何全玲　云南省昆明市盘龙区妇联主席

唐柱芬　云南省昆明市官渡区关上第二小学校长

黄　燕　云南省昆明市第一人民医院产科主任

张朝芬　云南省昆明市东川区乌龙镇碑棋村村主任兼支部书记

徐　英　云南省永善县龙晨养殖场场长

方成蓉　云南省绥江县长江德利物流有限公司总经理

唐敬东　云南省沾益县人民法院院长

杨于梅　云南省沾益县地方税务局局长

秦竹莲　云南富强高新材料有限责任公司董事长

张云花　云南省玉溪市妇联党组书记

普　绩　云南通海斯贝佳食品有限公司董事长

彭晓解　云南省龙陵县勐糯南阳宾馆总经理

张惠兰　云南省保山市隆阳区永昌艺术幼儿园园长

张玉萍　云南省楚雄中大会计师事务所有限公司董事长

孟树仙　云南省楚雄州人口和计划生育委员会主任

普菊红　云南省红河州妇联主席

李　萍　云南省个旧市卡房镇城建办主任

岳珍姝　云南省文山县人民法院副院长

刘　仙　云南省砚山县稼依镇新寨村民委员会党总支书记

王成兰　云南省澜沧县勐朗镇勐滨村党总支副书记

王　萍　云南省镇沅县九甲乡九甲村村民

保正仙　云南省景洪市人民法院普文中

心人民法庭庭长
李菊仙　云南省洱源县大理天滋实业有限责任公司总经理
何锡珍　云南省云龙县宝丰乡大栗树村船口小组
凤　云南省瑞丽市姐相乡暖波村等丰喊村民小组妇女组长
方安品　云南省潞西市妇联主席
张桂梅　云南省丽江华坪女子高级中学校长兼儿童之家院长
邬小凤　云南省泸水县鲁掌镇鲁掌村子克村民小组组长
杨　香　云南省兰坪县金顶镇妇联主席
尼玛拉木　云南省德钦县云岭乡邮政所投递员
邹　红　云南省临沧市妇联主席
杨　蕙　云南省凤庆县公安局刑侦大队法医
自　蓉　云南省第一人民医院妇科
谭　毅　云南省第二人民医院妇科主任
盛汝芬　云南省姚安县大成中学教师
曾宪英　云南省文山州一中教务处主任
李　钦　云南省公安厅刑侦总队侦查一处副调研员
洪琼花　云南省畜牧兽医科学院副院长、研究员
刘金凤　云南省林业技术推广总站高级工程师、科长
范爱贞　云南省水利水电学校教务处处长
蒙桂萍　云南省昆明市官渡区地方税务局稽查局局长
李燕芳　云南省曲靖监狱支部书记、监区长
张　莹　云南日报报业集团记者部记者
陈　舒　云南电视台都市频道主持人
张秋玲　云南人民广播电台少儿广播副总监
钱玉江　云南红塔集团玉溪卷烟厂卷包二车间
和志虹　云南省昆明边防检查站执勤业务一科政治教导员
杨瑞新　云南省公安消防总队副总工程师
徐小芳　云南浙商集团有限公司董事长

西藏自治区

次仁卓嘎　西藏自治区拉萨市城关区地毯厂厂长
谢玉梅　西藏自治区拉萨市商务局科长
胡书霞　西藏拉萨地毯有限责任公司党支部书记、工会主席兼监事长
根　丹　西藏自治区尼木县续迈乡妇联主席
达　仓　西藏自治区日喀则地区妇联副主席

仓木决　西藏自治区日喀则地区文化局办公室副主任
参木拉　西藏自治区日喀则地区山东大厦财务室经理
达　潘　西藏自治区日喀则地区农行江孜支行会计师
德　吉　西藏自治区日喀则市第三中学团支部副书记
曲尼旺姆　西藏自治区扎囊县人民医院检验科医师
米　玛　西藏自治区山南地区检查分院党组成员、纪检组组长
格桑卓嘎　西藏自治区乃东县多颇章乡妇联主席
格桑卓嘎　西藏自治区错那县库局乡副乡长
李　桑　西藏自治区工布江达县县长
薛　雅　西藏自治区察隅县人民医院住院部主任
达　瓦　西藏自治区米林县米林镇帮中村村民
美　朵　西藏自治区比如县比如镇嘎叶村村民
洛　吉　西藏自治区那曲地区人民医院妇产科副主
参木决　西藏自治区那曲地区劳动和社会保障局医疗保险管理中心副主任
次仁德吉　西藏自治区那曲镇二居委二组个体工商户
雷泽蓉　西藏自治区昌都地区妇联副主席
王　蓉　西藏自治区昌都县饿洛镇党委副书记
泽　拥　西藏自治区昌都地区农业技术服务中心农艺师
扎西旺姆　西藏自治区察雅县人民政府县委副书记、县长
泽　永　西藏自治区江达县江达镇嘎通村村民
胡雪飞　西藏自治区阿里地区妇联主席
才　卓　西藏自治区阿里地区人民医院护士长
白　姆　西藏自治区阿里地区狮泉河镇加木村党支部书记兼主任
李春燕　西藏农牧学院学生工作处副处长
琼　琼　西藏自治区藏医院护理部主任
德西美朵　西藏自治区歌舞团副团长
甘　露　西藏自治区公安厅刑事侦查总队副主任科员
次仁卓嘎　西藏自治区人民检察院公诉一处主任科员
梅　珍　西藏公路工程总公司党委书记、副总经理
邓晓红　西藏自治区妇联组宣部部长

陕西省

高红林　陕西省西安市公安局碑林分局柏树林派出所主任科员

姚晓玲　陕西省西安市莲湖区青年路街道办事处党工委书记

赵越英　陕西省西安市雁塔区电子城街道办西京社区居委会主任、党总支书记

于凤玲　陕西省路安特实业有限公司董事长

黄秀英　陕西省西安皮薄餐饮有限公司总经理

姜巧样　陕西省西安市临潼区斜口街道芷阳村党支部书记

高亚凤　陕西省宝鸡得力康乳业有限公司董事长兼总经理

符中华　陕西省宝鸡聚丰房地产开发（集团）有限公司总裁

赵烈梅　陕西省眉县妇幼保健院院长

闫桂蓉　陕西省岐山县秦兰养殖有限责任公司董事长

邹　莉　陕西省咸阳市公安局秦都分局钓台派出所副所长

陈丽华　陕西省咸阳师范学院附属中学副校长

郭　侠　陕西省泾阳县永乐镇南流村党支部书记

石玲玲　陕西省兴平市妇联主席

宋新亚　陕西省铜川市农业科学研究所土肥研究室主任

杨海丽　陕西省铜川市耀州区塔坡小学校长

靳爱华　陕西省渭南市第一医院妇产科主任

路小春　陕西省合阳县路井镇韩家城村党支部书记兼村委会主任

崔亚利　陕西省渭南市畅泰餐饮管理有限责任公司董事长

刘筱萍　陕西省渭南市招商局局长

赵延花　陕西省延长县黑家堡镇中村党支部书记

郝秋风　陕西省子长县妇联主席

祁秀荣　陕西省延安市防汛抗旱指挥部办公室政秘科科长

刘银娥　陕西省神木县恒源华盛有限责任公司董事长

贺瑞林　陕西省榆林市第二医院妇产科主任

刘世英　陕西省靖边县宁条梁镇庙畔村党支部书记

刘茂芳　陕西省榆林市妇联主席

冯素梅　陕西省宁强县燕子砭镇党委书记

张　琴　陕西省汉中市中心医院神经内科主任

温　霞　陕西省汉中市师范附属小学副

校长

刘馨瞳　陕西省安康市小佬湘餐饮有限公司执行董事

李诗艳　陕西省安康市蚕种场原种科科长

田　珍　陕西省平利县长安镇中坝村妇代会主任

户亚萍　陕西省山阳县工商管理局科员

李　娜　陕西省商洛市仙娥湖餐饮娱乐有限责任公司总经理

陈建英　陕西省杨凌示范区工商局副局长

王安玲　陕西省西安公路研究院岩土所所长

朱艳梅　陕西省田径管理中心运动员

高　昕　陕西新世纪场馆建设技术工程集团有限公司董事长

马兰香　武警陕西省总队医院心血管内科副主任、主治医师

吕云霞　中铁一局物资工贸公司哈大客运专线金州制梁场项目经理

石惠芝　陕西省西安北方光电有限公司地控车间装调班班长

岳　莉　陕西风轮纺织股份有限公司喷气车间值车工

穆桂彦　陕西省农业厅科技教育处干部

寿锡凌　陕西省人民医院心内科副主任

何菊仙　陕西省妇幼保健院妇三科主任

常秀云　陕西省野生动植物保护协会副秘书长

程　弘　陕西省西安小学校长

王雅玲　陕西省蒲城县城关镇北关小学党支部书记兼副校长

常艳玲　陕西省财政厅国库处处长

余顺清　陕西省宁陕县人民检察院检察长

陈冰霞　陕西省延安市公安局宝塔分局凤凰派出所社区民警

张　苗　陕西电视台新闻中心《陕西新闻联播》责任编辑

山　卓　陕西省西安市莲湖区北院门街道白鹭湾社区党支部书记兼主任

焦香莉　陕西省旬邑县地方税务局税管员

甘肃省

陈冬梅　甘肃省兰州市七里河区西湖街道党工委书记

张淑菊　甘肃省兰州市妇联主席

王雪莹　甘肃省兰州高新技术产业开发区国家税务局副局长

徐惠英　甘肃省天水市职业技术学校教研室主任

徐　姣　甘肃省天水市庆泽园煎饼屋、大和商行总经理

张玉莲　甘肃银城实业总公司党委副书记、工会主席
于　萍　甘肃省白银市妇联主席
刘延芳　甘肃省白银市景泰县红水镇泰安村党支部书记
王永玲　甘肃省金昌市金川区金冶里社区党工委书记、社工委主任
张建华　甘肃省嘉峪关市公安局户政科科长
豆喜娥　甘肃省庆阳市中心血站副站长
王长庆　甘肃省平凉市妇联主席
胡晓凤　甘肃省陇南市武都区城郊乡桥头村支部书记兼村主任
王巧玉　甘肃省通渭县马营建材厂董事长、马营镇双合村妇代会主任
杨惠琴　甘肃省定西市长乐纸业有限责任公司总经理
王亚男　甘肃省甘南州妇联主席
石小蓉　甘肃省兰州市国土资源局城关分局副局长
裴春梅　甘肃省武威市技工学校校长
魏红梅　甘肃省张掖格瑞尔生物科技有限公司总经理
强　梅　甘肃省张掖市妇联主席
何菊芳　甘肃省临夏州枹罕镇后杨村主任
高　桦　甘肃省临夏州妇联主席
林　萍　甘肃省合作市妇幼保健站站长
左玉丽　甘肃日报时政部副主任
李惠静　甘肃省公安厅机关党委专职副书记
张淑玲　甘肃省平凉市崆峒区检察院控告申诉科科长
彭筱云　甘肃省正宁县宫河镇南堡子小学教师
陈　华　甘肃省保育院院长
姬跃红　甘肃省抗旱防汛指挥部办公室副主任
胡　兰　甘肃省妇联宣传部部长
张　红　中国科学院近代物理研究所研究员、甘肃省重离子束辐射医学应用基础重点实验室主任
流　云　甘肃省广播电影电视总台电视新闻中心播音部副主任
徐允娟　甘肃省兰州青年汽车出租有限责任公司经理
宋艾芳　甘肃省兰州兰雅实业集团有限公司董事长
顾月芬　甘肃德乾鱼池口小商品批发市场董事长
干玉梅　甘肃省女子监狱党委书记、监狱长
陈雪蓓　建设银行甘肃省分行营业部总经理、党总支书记
宁　婧　甘肃省兰州市公安消防支队正连职参谋
毛春燕　甘肃省中医学校校长
彭德华　西北师范大学教育学院心理学

教授
盛其宏　甘肃省金昌市金川集团公司冶炼厂顶吹炉车间工人
闵晓惠　甘肃省歌剧院演员剧团团长
赵秋燕　甘肃省庆阳石化公司工程建设管理处处长兼技术研究所所长
许　萍　甘肃省武威市妇联主席

青海省

翟西君　青海省海西州种子站农艺师
王惠芳　青海省海西州地方税务局纪检组长
才　保　青海省天峻县织合玛乡第一牧委会委员、牧民
任晓燕　青海省文物考古研究所、副所长
叶裴文　青海省经济委员会资源节约与综合利用处处长
刘迎春　青海宁食（集团）有限公司党委书记、工会主席
张锦梅　青海省西宁市湟水林场场长
马索非牙　青海省西宁市城东区大众街办事处先进村村民兼西宁市凤凰寺食品有限公司经理
周继敏　青海省西宁市城北区劳动和保障局局长
王　芳　青海省湟中县共和镇苏尔吉村农民
美　玲　青海省同德县唐谷镇东格村牧民
卓改措　青海省兴海县完全民族中学教师
贾国英　青海省海南州妇联主席
多杰卓玛　青海省玛沁县大武乡江前村牧民
王凤霞　青海省果洛州妇联主席
陈桂兰　青海省化隆县妇联主席
何建敏　青海省循化县积石镇东州春蕾小学校长
李桂业　青海省互助县台子乡下一村八社农民
陶风英　青海省民和县核桃庄乡钟家村党支部书记
倪　敏　青海海东地委党校理论教研室主任
当　毛　青海省黄南州河南县组织部
孙永华　青海省黄南州水电开发公司铁吾水电站运行值班长
赵玉莲　青海省玉树州委统战部副部长
江文卓玛　青海省治多县治渠乡同卡村妇代会主任
韩金梅　青海省祁连县八宝镇黄藏寺农民
朵秀春　青海省海北州妇联主席
王文琴　青海省西宁市动物卫生监督所检疫员、监督

刘秋花　黄河电力检修工程有限公司李家峡检修部电焊班电焊工

庞晓丽　青海省西宁市十四中学高级教师、青海省党外知识分子联谊会理事

路青华　青海省第四人民医院肝病科主任主任医师

王玉梅　青海省第五人民医院

武秀云　青海省兽药饲料检查所所长、技术负责人

马　宏　青海卫生职业技术学院党委委员、副院长、工会主席、教授

扎西才吉　青海省三江源药业有限公司董事长

祝雅琦　青海油田基础教育管理中心第一小学

杨文姬　青海省湟川中学物理教研组组长

拉毛措　青海社会科学院哲学社会所副所长、研究员

苏王钗　青海科达眼镜（集团）有限责任公司总经理

杨春兰　青海省西宁市中级人民法院民事审判第三庭庭长

宁夏回族自治区

杨晓红　宁夏回族自治区银川市中级人民法院副院长

钱　芳　宁夏残疾人学习创业网创办人

沈彦平　宁夏回族自治区银川市金凤区农林牧业局能源站站长

曹德玲　宁夏回族自治区银川市西夏区北京西路街道地矿局社区党支部书记兼主任

杨淑燕　宁夏回族自治区贺兰县立岗镇民乐村农民

任丽琴　宁夏回族自治区永宁县妇联主席

杜紫薇　宁夏中银绒业股份有限公司打包车间主任

丁丽萍　宁夏回族自治区平罗县民政局老年服务中心副主任

陈　莉　宁夏回族自治区石嘴山市公安局副主任法医师

刘红霞　宁夏回族自治区石嘴山市林业技术推广服务中心书记、副主任

马学芳　宁夏回族自治区石嘴山市第十三小学副校

侯秀琴　宁夏回族自治区石嘴山市惠农区环境卫生管理站副站长

邓　军　宁夏新华百货商店股份有限公司总经理、宁夏夏进乳业集团股份有限公司董事长

曹玉华　宁夏回族自治区吴忠市交通局副局长、公路工程质量监督站站站长

杨秀萍 宁夏回族自治区青铜峡市峡口镇草台子村农民

陈建华 宁夏回族自治区盐池县兴华滩羊养殖专业合作社理事长

金彩兰 宁夏回族自治区同心县卫生监督所所长

马金鹏 宁夏回族自治区吴忠市红寺堡开发区妇联主席

马晓琳 宁夏回族自治区固原市妇联主席

魏喜娟 宁夏回族自治区固原市原州区第五小学党支部书记

姚桂霞 宁夏回族自治区固原市原州区河川乡上黄村一组农民

李淑霞 宁夏回族自治区西吉县文工团演员、妇委会主任

马玉莲 宁夏回族自治区泾源县妇幼保健所所长

余　慧 宁夏回族自治区彭阳县农牧与科学技术局高级农艺师

王云霞 宁夏回族自治区中卫市公安局沙坡头区分局纪检监察警务督察大队大队长

刘淑芳 宁夏回族自治区中宁县宁安镇镇长

李桂秀 宁夏回族自治区海原县人民医院副院长

杨晓花 宁夏回族自治区海原县关桥乡教委教师

白　华 宁夏回族自治区儿童福利院院长

王美云 宁夏农业广播电视学校校长

李　丽 宁夏疾病预防控制中心副主任

平　洁 宁夏回族自治区地税局计划财务处主任科

刘　洁 宁夏工商局12315消费者申诉举报指挥中心受理岗位坐席班长

陈少华 中国移动通信集团宁夏有限公司总经理助理、综合部总经理

张　琳 宁夏医科大学护理学院院长

徐力卫 宁夏发电集团宁电太阳能发电有限公司总经理助理

刘　静 宁夏回族自治区红十字会专职副会长兼秘书长

刘长涛 宁夏悦海宾馆副总经理

邢仙茹 长庆油田公司第三采油厂虎狼峁作业区柳二转井区井区长

金萍芬 宁夏回族自治区人大常委会委员

新疆维吾尔自治区

萨吾列 新疆维吾尔自治区昭苏县昭苏镇第一社区干部

佟雪琴 新疆维吾尔自治区察布查尔锡伯自治县人口与计划生育委员

会主任

魏玛丽　新疆维吾尔自治区伊犁花城医药连锁有限责任公司董事长

李新花　新疆维吾尔自治区玛纳斯县人民检察院检察委员会委员、侦查监督科科长

柳学珍　新疆维吾尔自治区阜康市城关镇党委副书记、镇长

艾丽娅　新疆维吾尔自治区温泉县妇联主席

张丽丽　新疆维吾尔自治区博州邮政局局长

布仁巴依　新疆维吾尔自治区巴州人民医院肾病科风湿免疫科血液科护士长

邱兴芝　新疆维吾尔自治区且末县计划生育委员会主任

谢晓黎　克孜勒苏报社社长

沙力塔纳提·买买提吐尔干　新疆维吾尔自治区克州三中副校长

古丽孜热汗·铁木尔　新疆维吾尔自治区托克逊县托克逊镇金泉社区主任

王文群　新疆维吾尔自治区吐鲁番地区实验中学教

曹红霞　新疆维吾尔自治区伊吾县淖毛湖镇西坎一村村委会委员

阿瓦古丽·阿不力孜　新疆维吾尔自治区哈密市公安局交通警察大队副大队长

阿米娜·马木提　新疆维吾尔自治区阿瓦提县阿依巴格乡上格木什村农民

海热古丽·阿孜　新疆维吾尔自治区拜城县康其乡种子队农民

塔西尼亚孜汗·莫拉比提　新疆维吾尔自治区温宿县依希来木其乡苏勒瓦村 2 组农民

王　瑛　新疆维吾尔自治区英吉沙县档案史志馆馆

阿斯姆故丽·阿卜杜克热木　新疆维吾尔自治区疏附县乌帕尔乡二村组农民

阿曼古丽·艾则孜　新疆维吾尔自治区麦盖提县第一中学政教办副主任

阿米娜·阿洪尼亚孜　新疆维吾尔自治区和田市拉斯奎镇阿瓦提村党支部书记

杨家梅　新疆维吾尔自治区墨玉县南航明珠幼儿园党支部书记

沙丽塔娜提·黑那亚提　新疆维吾尔自治区塔城地区地委委员、妇联主席

常寿兰　新疆维吾尔自治区达斡尔塔城地区电影公司副经理、女子流动放映队队长

纪凤霞　新疆维吾尔自治区青河县副县长

阿英古丽·尼合买提　新疆维吾尔自治区阿勒泰市妇联主席

李　鹏　中国工商银行乌鲁木齐分行营业部八一路支行理财经理

李芳艳　新疆维吾尔自治区乌鲁木齐县果蔬研究所种子站联合党支部书记

茹克亚·托乎提　新疆维吾尔自治区乌鲁木齐市天山区胜利路街道办事处党工委副书记、办事处主任

帕力达·阿斯马提　新疆维吾尔自治区乌鲁木齐市中级人民法院刑一庭审判员

李　静　新疆维吾尔自治区克拉玛依市独山子石化公司乙烯厂聚乙烯车间技术员

张丽英　新疆维吾尔自治区石河子市十户滩镇147团13连农工

缑新红　武警新疆总队医院神经外科护士长

高翠萍　新疆维吾尔自治区审计厅派出审计一处处长

阿依努尔·沙比提　新疆维吾尔自治区新闻出版局“扫黄打非”办公室府副主任、自治区出版物市场稽查队副队长

沈雅屏　新疆日报社汉文策划部主任

侯　榕　新疆维吾尔自治区公安厅刑侦总队高级工程师

肖　东　新疆维吾尔自治区人民医院外科重症监护室（SICU）副主任

热娜·吐尔逊　新疆维吾尔自治区妇联妇女发展部副部长

蔡树梅　宝钢集团新疆八一钢铁有限公司能源中心制氧分厂工艺工程师

李　玲　新疆工业高等专科学校社科部主任、教授

任志红　中国联通新疆分公司业务支撑系统部部门副经理

黄玺蕻　乌鲁木齐铁路局乌鲁木齐客运段上海车队党总支书记

新疆生产建设兵团

谷新萍　新疆生产建设兵团农一师医院护理部主任

雷冬梅　新疆生产建设兵团农四师医院超声波主任

夏燕姣　新疆生产建设兵团农五师八十

六团五连妇代会主任

高凡凡　新疆生产建设兵团农八师一五〇团十一连农工

姜淑霞　新疆生产建设兵团农九师一六三团妇联主

张丽华　新疆生产建设兵团农十师一八三团八连女工委主任

陈玲芳　新疆生产建设兵团建工师一中校长

田笑颜　新疆生产建设兵团十二师五一农场中学校长

刘　玲　新疆生产建设兵团农十四师四十七团妇联主席

罗　昕　石河子大学机械电气工程系书记

吴燕子　新疆生产建设兵团医院副院长

张爱民　新疆生产建设兵团奎屯储运公司副总经理

解放军

李幼平　中国人民解放军61646部队研究发展中心总体室主任

黄永勤　中国人民解放军总参谋部第56研究所所长

刘东红　中国人民解放军总参谋部第61研究所软件中心2室主任

武　芳　中国人民解放军信息工程大学测绘学院地图学与地理信息工程系教授

杨玉玲　中国人民解放军西安政治学院党建系中共党史教研室主任

庞　敏　中国人民解放军八一电影制片厂生产部主任

王　平　中国人民解放军电视宣传中心副主任兼政治部主任

康少华　中国人民解放军军事交通学院装运机械系装运机械教研室教授

粟永萍　中国人民解放军第三军医大学军事预防医学系防原医学教研室主任、研究员

赵　敏　中国人民解放军第302医院感染1科主任、主任医

程玉青　中国人民解放军第477医院第2麻醉科护士长兼主管护师

黄伟芬　中国人民解放军63919部队1室研究员

孙华燕　中国人民解放军装备指挥技术学院光电装备系光电工程教研室主任、教授

王宝华　中国人民解放军63767部队1室高级工程师

谌　丽　中国人民解放军92956部队2中队1分队工程师

卫爱平　中国人民解放军91550部队91分队高级工程师

宋祖英　中国人民解放军海军政治部文工团副团长、一级演员

刘　洋　中国人民解放军 95377 部队中队长

张海霞　中国人民解放军 95773 部队副部队长

郑斌芬　中国人民解放军 93762 部队卫生队门诊所副主任医师

黄小萍　中国人民解放军桂林空军学院教研部实验中心高级工程师

万　荣　中国人民解放军 96151 部队后勤部 532 医院护理部主任

任宁莉　中国人民解放军第二炮兵装备研究院第 3 研究所 301 室研究员

刘丽宏　中国人民解放军第二炮兵总医院药剂科主任

徐云兰　中国人民解放军军事科学院军队建设研究部副研究员

由运果　中国人民解放军军事科学院第 1 离职干部休养所卫生所副主任医师

陈　雁　中国人民解放军国防大学军事后勤与军事科技装备教研部外语教研室主任、副教授

胡　梅　中国人民解放军国防大学门诊部主管护师、护士长

黄　健　中国人民解放军国防科学技术大学机电工程与自动化学院自动化研究所军用仿真技术研究室主任、副教授

孟　洲　中国人民解放军国防科学技术大学光电科学与工程学院光电信息教研室主任、教授

白　雪　中国人民解放军 65304 部队通信执勤站站长

官美华　中国人民解放军沈阳军区政治部文工团创作室一级编剧

袁辽荣　中国人民解放军第 406 医院 215 临床部临床心理 2 科护士长

尹小智　中国人民解放军 66019 部队 21 分队政治指导员

郑　静　中国人民解放军北京军区联勤部信息化工作办公室副主任

李冬丽　中国人民解放军 66055 部队指挥自动化站助理工程师

骈建蕾　中国人民解放军 68202 部队 21 分队政治指导员

燕晓娟　中国人民解放军 68307 部队 39 分队战士

任　静　中国人民解放军 68011 部队 5 队工程师

李汉春　中国人民解放军河南省军区门诊部内科兼保健科主任

张海静　中国人民解放军 71988 部队卫生队队长兼副主任医师

戴冬梅　中国人民解放军第 88 医院护理部主任

孔叶萍　中国人民解放军 73681 部队 522 分队班长

刘志红　中国人民解放军南京军区总医院肾脏病科主任

刘　茹　中国人民解放军 73908 部队高级工程师

胡爱霞　中国人民解放军第 425 医院急诊科护士长兼主管护师

焦刘洋　中国人民解放军广州军区政治部体育项目队游泳运动员

丁世芳　中国人民解放军广州军区武汉总医院心血管内科主任兼主任医师

王堂林　中国人民解放军 77103 部队 62 分队战士

朱毓姝　中国人民解放军 78086 部队教导员

李西宁　中国人民解放军成都军区战旗文工团团长

武警部队

霍艳环　武警北京市总队二师八支队一大队副大队长兼十六中队中队长

齐双一　武警天津市总队政治部业余文工队队长

田艳红　武警太原指挥学院训练部文化教研室教授

郭丹力　武警黑龙江省总队政治部干休所政治委员

张彬彬　武警安徽省总队政治部业余文工队战士

王燕群　武警福州指挥学院教研部政治理论教研室主任

洪绍彩　武警广西壮族自治区总队医院内一科主任

吴秀琳　武警重庆市总队医院内三科主治医师

王秋蓉　武警西藏自治区总队政治部组织处干事

毕春英　武警西宁指挥学院训练部文化教研室主任

杨秀芝　武警兵团指挥部医院外二科主任

孙艳萍　武警八六二〇部队医院外科主管护师

徐梓芸　武警八六八〇部队政治部秘书群联科干事

王坤吉　武警八七五〇部队医院内二科主治医师

丁秘枣　武警黄金第一总队二支队实验室高级工程师

张毓育　武警交通第二总队八支队副政治委员

李　莉　武警指挥学院教育管理系军事法学教研室主任

中直机关

左　琳　中央办公厅机要局通信中心三处处长

路而红　中央办公厅电子科技学院电子信息工程系系主任

吴晓光　全国政协机关党委专职副书记

黄依华　中央对外联络部二局朝韩处处长

丁艳灵　中央台湾工作办公室综合局主任科员

刘　萱　中央对外宣传办公室研究室四局副局长

张红梅　中央直属机关工委宣传部活动协调处副处长

石　霞　中央党校经济学教研部教授

吴绮敏　人民日报社国际部国际要闻版主编（主任编辑／主任记者）

李　舫　人民日报社政治文化部文化采编室主编

张秀娟　中央文献研究室办公厅副主任兼秘书处处长

王长春　中央党史研究室医务室辅助主任医师

王　旸　中央党史研究室第三研究部副研究员

王艳琳　全国总工会中国工人出版社校对科科长、社工会主席

王　文　共青团中央中国青年政治学院教务处处长

佟吉清　全国妇联中国妇女报社评论部主任、主任编辑编委会成员

乔艳琳　广电总局中央电视台社教中心社会专题部制片人

王　璐　广电总局中国国际广播电台英语中心副主任、FM915 总监

许　兵　广电总局中国电影集团公司电影发行放映分公司经理、党总支副书记

丁　玫　新华社新闻摄影编辑部发稿中心主任、高级编辑

江　红　新华社体育新闻编辑部主任记者、终审发稿人

李　菲　新华社国内新闻编辑部记者

马宝珠　光明日报社《文摘报》总编辑

齐东向　经济日报社评论理论部副主任

朱　喆　中国日报社新闻中心记者

王　复　中国外文局今日中国杂志社阿拉伯文版主

孙兆华　中国记协国内部副主任、新闻战线“三项学习教育”活动领导小组办公室副主任

程力华　中国出版集团中国大百科全书出版社少儿百科分社社长

芦茉莉　中国出版集团中国图书进出口（集团）总公司图书文献事业部总经理、图书文献党支部书记

中央国家机关

干高潮　国家信访局办公室秘书二处处长

万晓君　国家统计局资料管理中心网站管理与开发处处长

王　恒　国务院港澳事务办公室交流司经济处处长

金　樱　安全部副处长

邓玉梅　中国银行业监管委员会银行监管三部准入处处长

孔繁艺　中国农业银行人力资源部总部员工管理处副处长

卢景华　民政部办公厅副巡视员兼信访办主任

石秋池　水利部水资源司保护处处长

石效卷　环境保护部污防司饮用水源保护处处长

毕惜茜　公安部中国人民公安大学侦查系副主任、教授

刘　多　工业和信息化部电信研究院通信标准研究所所长、教授级高级工程师

江　涛　中国保险监督管理委员会财产保险监管部监管一处处长

孙　艳　中信银行股份有限公司总行营业部崇文支行行长

苏爱萍　国家发展和改革委员会办公厅信访办副主任

李沧桑　国家民委中央民族歌舞团国家一级作曲

李秋燕　中国人民银行办公厅正处级机要秘书

李朝晖　中国证券监管委员会信访办副调研员

李　霞　国务院国资委办公厅信访办公室主任

肖　玮　最高人民检察院检察日报社编委、新闻中心主任

张京南　国家旅游局机关服务中心行政保卫处副处长

张　晋　教育部国际合作与交流司欧洲处副处长

张　鹭　交通运输部水运科学研究院自控与通信工程部主任

宋　健　中国宋庆龄基金会联络部台港澳处处长

武　红　国家开发银行财会局财务计划处处长

武红敢　国家林业局中国林业科学研究院资源信息研究所研究员

林雅献　国家税务总局财务司处长

杨燕怡　外交部亚洲司司长

杨佳燕　住房和城乡建设部房地产市场监管司房地产交易与权属处处长

周　岚　商务部政研室贸易处调研员，

部团委常委、政研室党支部纪检委员

周毓瑾　中国民用航空局民用航空医学中心副主任

郑小英　国家税务总局收入规划核算司规划处调研员

赵　环　中国海关总署科技发展司处长

赵　晖　国务院法制办政法人力资源社会保障法制司处长、机关妇委会副主任

赵颖慧　国家外国专家局中国国际人才交流协会财务部副部长

钟奇志　国家邮政局综合司综合调研室副主任

钟晓平　全国社会保障基金理事会基金财务部会计处处长

施进明　中国气象局国家卫星气象中心副总设计师

徐恒玫　中华全国供销合作总社科技推广中心处长

徐慧兰　中国残疾人联合会北京按摩医院科教科主任

郭彩云　审计署办公厅政研室副主任

彭艳萍　国家国防科技工业局科技与质量司高新技术处调研员

韩喜球　国家海洋局第二海洋研究所中国大洋勘查技术与深海科学研究开发基地副主任

景蕊莲　农业部中国农业科学院作物科学研究所研究员、副系主任

杨　佳　中国科学院研究生院外语系教授

国资委

覃中华　中国核工业建设集团公司第二四建设公司核电工程分公司焊工

翟英存　中国兵器工业集团公司第二〇三研究所研究员级高工

刘文红　中国兵器装备集团公司重庆大江工业有限责任公司汽车零部件公司 102 车间磨工

陈念江　中国电子科技集团公司第十一研究所所长助理

张晓红　中国石油化工集团公司北京化工研究院塑料加工开发研究中心党支部书记、副主任

周晓红　中国海洋石油总公司中海石油研究中心工艺室经理、油气工艺首席工程师

肖瑞怀　中国华能集团公司澜沧江水电有限公司漫湾水电厂电气二次班技术负责

江秀梅　中国大唐集团公司下花园发电厂燃料管理部副部长

褚衍荣　中国华电集团公司滕州新源热

电有限公司煤化验班班长

童宇红　中国国电集团公司吉林热电厂热工分场自动班技术员

胡青梅　中国电力投资集团公司江西中电电力工程有限责任公司贵溪分公司综合部副经理

胡兴娥　中国长江三峡工程开发总公司枢纽运行管理局枢纽运行部主任

陶　萍　中国电信集团公司安徽分公司党组书记、总经理

王俊英　中国第一汽车集团公司铸造有限公司铸造二厂造型车间电工高级技师

杨　玲　东风汽车公司商用车车身厂装焊一车间装备保全班电工

王丽杰　中国第一重型机械集团公司设备维修分公司小件工段车工

关　菊　鞍山钢铁集团公司第三炼钢连轧厂生产技术室副主任

王　奕　宝钢集团有限公司宝信软件股份有限公司解决方案本部ERP软件事业部副总经理

马　琳　中国海运（集团）总公司客轮公司普陀岛轮客运部主任

张瑞雪　中粮集团有限公司中粮面业（秦皇岛）鹏泰有限公司总经理

冯　彤　中国五矿集团公司中国矿产有限责任公司焦炭外销二部经理

王正宴　中国建筑工程总公司第三工程局三公司天津分公司安全总监

陈海英　中国储备粮管理总公司库尔勒直属库主任兼新疆收储经销有限公司董事长、总经理

武变萍　国家开发投资公司阳泉市南庄煤炭集团有限责任公司大阳泉煤炭公司机电队矿灯组充电工

徐冬莉　中国港中旅集团公司陕西渭河发电有限公司运行分场单元长

严林芳　中国商用飞机有限责任公司上海飞机设计研究所综合航电设计研究室主任

于淑华　中商企业集团公司中商商业经济研究中心副主任

张秀芬　中国中煤能源集团公司龙化矿业公司第一采区机电段电修班班长

罗　艳　中国机械工业集团公司中工国际工程股份有限公司董事长、总经理

罗　书　中国冶金科工集团公司中冶瑞木镍钴有限公司董事长，瑞木镍钴管理（中冶）有限公司总经理、党总支书记，瑞木项目巴新现场临时党委书记

张丽荣　中国中材集团公司新疆天山建材集团有限责任公司党委书记，新疆天山水泥股份有限公

司总裁

任桂芳　中国建筑材料集团公司中国复合材料集团有限公司副总经理，连云港中复连众复合材料集团有限公司党委书记、董事长

李红芳　中国有色矿业集团有限公司中国十五冶金建设有限公司电装工程处主任

曹　然　中国北方机车车辆工业集团公司长春轨道客车股份有限公司海外业务部副总经理

欧清莲　中国南方机车车辆工业集团公司长江车辆有限公司株洲分公司组装车间中电班班长、电焊技师

武　农　中国铁路工程总公司工程设计咨询集团公司副总经济师兼计划经营处处长

李　芳　中国铁道建筑总公司第二十局集团第四公司总会计师

赵春华　中国交通建设集团公司一公局第五工程有限公司测量技师

李　莉　中国农垦（集团）总公司赞比亚中垦农场场长

孙　芳　中国国旅集团有限公司中国免税品（集团）有限责任公司精品营销高级主管、团委书记

黄　洁　新兴铸管集团有限公司南京际华三五二一特种装备有限公司新产品开发处处长

黎　岚　中国电力工程顾问集团公司西南电力设计院规划中心主任

张君花　中国水利水电建设集团公司第十三局有限公司二公司甘德杰拉斯大坝项目部工程师

程云俊　攀枝花钢铁（集团）公司攀枝花钢钒有限公司技术质量部计量车间向阳计量站班长

孙莉萍　武汉邮电科学研究院光迅科技股份有限公司产品开发管理部副经理

谢　滔　华侨城集团公司深圳市华侨城酒店集团有限公司副总裁、总工程师

周力争　中国葛洲坝集团公司葛洲坝集团股份有限公司总经理助理

徐　华　国资委机关服务管理局副局长、直属机关妇工委主任

王　黎　国资委群众工作局综合处处长

十佳全国巾帼建功标兵*

周慧敏　河南省郏县妇幼保健院院长兼党支部书记

* 授予十佳全国巾帼建功标兵全国三八红旗手称号。

斯卫平　四川省阿坝州工商局党组书记、局长

束滨霞　中国石油辽河油田公司欢喜岭采油厂采油站站长

张文俊　山东省淄博世纪英才外语学校董事长

赵红霞　青海省西宁市城北区城市管理行政执法局服务科科长

谢玉红　西藏自治区水文资源勘测局副局长

巴哈尔姑丽　新疆维吾尔自治区喀什地区泽普县依肯苏乡兽医站冷配技术员

吴丽洁　国家开发银行内蒙古自治区分行副行长

张玉秋　上海复旦大学神经生物学研究所教授、副所长

崔　燕　广东省中山市中级人民法院执行局局长

即时授予

王　瑛　四川省巴中市南江县委常委、纪委书记

杨竹芳　云南省昆明市西山区人民检察院侦查监督科科长

2010 年

全国三八红旗手标兵

罗玉英　江西省南昌市青山湖区湖坊镇进顺村党委书记、村委会主任

王　静　湖北省武汉市公交集团公司第五营运公司 578 路驾驶员

彭　燕　解放军西藏那曲军分区门诊所技术十一级护师

茹克亚·托呼提　新疆维吾尔自治区乌鲁木齐市胜利路街道办事处党工委副书记、办事处主任

杨　澜　阳光媒体集团、阳光文化基金会董事局主席

卓长立　山东省济南阳光大姐服务中心主任

周晓光　新光控股集团有限公司董事长

邬　敏　河南卓越工程管理有限公司董事长

杨　佳　中国科学院研究生院教授

全国三八红旗手

在第 21 届温哥华冬奥会上首次获得金牌的女运动员

周　洋　中国女子短道速滑队队员

中国第八支赴海地维和警察防暴队女队员

包梦琼　云南省公安边防总队司令部边防检查处副处长

王润泽　云南省公安边防总队昆明边防检查站执勤业务二科检查员

杨　彬　云南省公安边防总队昆明边防检查站执勤业务五科检查员

彭晓亮　广东省公安边防总队佛山边防检查站执勤业务一科检查员

黄凌怡　广东省公安边防总队佛山边防检查站执勤业务一科检查员

即时授予

刘　薇　中央电视台《每周质量报告》栏目记者

林　萍　浙江省湖州市安吉县梅溪镇党委委员、石龙村党委书记

庞玉芹　陕西省西安市临潼区马额街道南刘村党支部书记

何　敏　解放军第四医院外科副主任、副主任医师

2011 年

全国三八红旗手标兵

陈燕萍　江苏省靖江市人民法院江阴园区法庭副庭长

何　敏　解放军第四医院妇产科主任

赵　霞　沈阳飞机设计研究所副所长、副总设计师

杨玉玲　黑龙江省伊春市嘉荫县青山乡建华村村委会主任

侯凡凡　南方医科大学南方医院肾内科主任，中国科学院院士

雷　方　郑州大学第二附属医院主任医师、眼科教授、硕士生导师

张新玲　新疆生产建设兵团农六师五家渠市一〇二团敬老院院长

田金珍　湖南省湘西土家族苗族自治州花垣县吉卫镇腊乙村妇代会主任

尤立红　大港油田第五采油厂第一采油作业区油水井管理二组组长

顾凤惠　上海明华物业公司总经理、党委书记

全国三八红旗手名单

北京市

王佳一　北京人民广播电台首席主持人

艾红波　北京市石景山区八宝山街道永东北社区妇联主任

陈敏华　北京肿瘤医院超声科首席专家

王　欢　北京市东城区史家胡同小学校长

王水霞　北京京地人和文化艺术发展有限公司董事长

余立新　北京和源沐泽科技发展有限公司董事长

王晓松　北京市第二中级人民法院少年

审判庭庭长

黄全胜　北京市金路易速冻食品有限公司董事长

韩冬梅　花木兰（北京）投资基金管理有限公司董事长

孙　萍　北京外国语大学公共外交研究中心执行主任

沈　琦　北京市公安局西城分局牛街派出所民警

天津市

张俊兰　天津日报主任记者

张秀燕　天津市和平阳光义工爱心社社长

蒙新生　天津市公安局蓟县分局刑侦支队二大队（缉毒）队长

尤立红　大港油田公司第五采油厂作业一区油井管理五组组长

田淑敏　天津市宁河县妇联主席

付玉玲　天津市燃气集团第二销售分公司红桥营业所佳园里服务站收费员

张春静　天津新华投资集团有限公司董事长

盛水青　安利（中国）日用品有限公司天津分公司高级经理

关牧村　天津市歌舞剧院国家一级演员

河北省

任秋华　河北省沧州市中级人民法院民事审判第三庭副庭长

张贺荣　中国电子科技集团公司第五十四研究所高级工程师

张丹参　河北北方学院研究生部主任、药学系主任

谢晓琴　河北省承德市承德县妇联主席

刘长英　河北省唐山市兴义工贸有限公司经理

单慧英　河北省秦皇岛市妇联副主席

张　梅　河北省廊坊市妇幼保健中心主任

王玉英　河北省保定市定州大世界集团总经理、党支部书记

王爱平　河北省邢台市人民医院党委书记、院长

贾玉芹　河北省邯郸市新世纪商业广场副总经理

山西省

韩雅琴　山西省太原市英辉建筑安装公司经理

张双娥　山西省太原市房产管理局党组书记、局长

蔡懿霞　山西省朔州市应县天美瓷业有限责任公司董事长
赵凯琴　山西省晋中市妇联主席
张富梅　山西省长治市机构编制委员会办公室主任
乔香平　山西省晋城市阳城县乔枫瓷业有限公司董事长
任秀红　山西省运城市平陆县人民政府县长
祝珊珊　山西省射击射箭运动管理中心射击运动员
张红健　晋美工商管理专修学院院长
沈建军　山西新华化工有限责任公司输送带公司党委书记

内蒙古自治区

海　红　内蒙古自治区科学技术厅人事处处长
包奇志　内蒙古自治区统计局办公室副主任
李　琳　内蒙古电视台新闻中心首席播音员
何永慧　内蒙古自治区呼和浩特市玉泉区小黑河镇大库伦村妇代会主任、计生主任
李世云　内蒙古自治区包头市昆都仑区人民检察院检察长
蔡慧星　内蒙古自治区通辽市锦秀木业有限公司董事长
魏牡丹　内蒙古自治区鄂尔多斯市东胜区妇联主席

辽宁省

刘　瀛　辽宁省沈阳市铁西区国税局局长
田若南　辽宁省抚顺永茂建筑机械有限公司总经理
彭兴华　辽宁省丹东市质量技术监督局党组书记、局长
赵秀芹　辽宁省锦州华昌光伏科技有限公司董事长、总经理
杨　帆　辽宁省营口广播电视台编委、副总监
霍丽芬　辽宁省阜新华通管道有限公司董事长
邹　威　辽宁省辽阳市白塔区星火街道党工委书记、办事处主任
李　华　辽宁省铁岭市外事学校校长
嵇育楠　辽宁省妇联调研员
王淑英　辽宁省大连市西岗区出租汽车个体联队驾驶员兼党支部书记、“共产党员号”车队队长

吉林省

张晓霓　吉林省吉林市吉化第一高级中学校长

贾会云　吉林省四平市华正眼科医院院长

万　宇　吉林省孤儿职业学校校长

赵美花　吉林省延吉市保健医学美容医院院长

马文华　吉林省松原市宁江区实验中学校长

张旭霞　吉林省通化市靖宇中学校长

黑龙江省

葛春香　黑龙江省黑河市逊克县边疆镇新丰村党支部书记

杨玉玲　黑龙江省伊春市嘉荫县青山乡建华村村委会主任

王国辉　中国银行绥化分行党委书记、行长

高　虹　黑龙江省齐齐哈尔市富裕县委书记

李　郁　黑龙江省人民检察院副厅级检察员

韩　晶　黑龙江省国土资源厅地质博物馆办公室副主任

孙玉华　黑龙江省牡丹江市市直机关工委常务副书记

张兰杰　龙江银行股份有限公司七台河分行行长

张日红　黑龙江圣基伟业房地产开发有限公司董事长

上海市

罗　岚　上海苏河湾投资控股有限公司董事长、总经理

吉玉萍　上海市闵行区绿化和市容管理局局长、区城管大队大队长

施　雁　上海市第十人民医院护理部主任

高　洁　中国石化上海石油化工股份有限公司化工事业部动力联合装置工段长

焦　琳　上海港码头管理中心浦江监督站站长、党委副书记、女子监督队队长

谢　莎　上海期货交易所交易运作委员会执行主任

戴　菊　宝钢发展有限公司空调维护部空调技术员

张冬梅　上海飞机制造有限公司主任工程师

江苏省

毛银玲　江苏省南京市栖霞区副区长

赵　伟　江苏省无锡威孚高科技集团股份有限公司工程采购部工程处副处长

张天然　江苏省徐州市铜山区单集镇党委委员、洪楼村党支部书记

王艳红　江苏省常州金坛市人民政府副市长、妇儿工委主任

顾　芗　江苏省苏州市滑稽剧团名誉团长

唐　艳　江苏省连云港港口股份有限公司东联港务分公司机械一队队长助理

吴逸娥　江苏省盐城大丰市妇联主席

张凤霞　江苏省镇江市京口区四牌楼街道江滨新村第一社区党支部书记、社区主任

商翠云　江苏省靖江市太平洋百货有限公司董事长、总经理

高开亮　江苏省宿迁市泗洪县人民医院（集团）董事长、院长

浙江省

徐凤娟　浙江盛洋科技股份有限公司副总经理

吴月华　万里扬集团有限公司总裁

翁　青　浙江省台州温岭市委组织部副部长

钟杏菊　浙江省舟山市嵊泗县嵊山中心卫生院壁下社区卫生服务站医生

陈建平　浙江省工商行政管理局企业注册处副处长

虞晓芬　浙江工业大学经贸管理学院院长、教授、博士生导师

杨小娟　浙江红旗机械有限公司工装车间研磨工

施丽萍　浙江省温州市洞头先锋女子民兵连政治指导员

安徽省

夏世芳　安徽省马鞍山市雨山区半山花园社区党支部书记、社区主任

朱彩惠　安徽省池州市东至县木塔乡党委书记、乡长

谢胜云　安徽省淮北市疾病预防控制中心主任

方红珍　安徽省铜陵市锦鹏工艺品有限责任公司总经理

章熙红　安徽省宣城市绩溪县临溪镇妇联主席

汪雪艳　安徽省淮南市公安局刑警支队教导员

吴　莎　安徽省体育局田径游泳运动管理中心田径队运动员

钱　勇　安徽省安庆市中级人民法院党组副书记、副院长

卞德兰　安徽省蚌埠市五河县小溪镇赵庄村党支部书记、村委会主任

徐家萍　安徽农业大学生命科学学院研究员

福建省

林春兰　福建省福州市公安局鼓山派出所副所长

黄怀蓉　福建省泉州市惠安县妇联主席

廖艳霞　福建省龙岩市新罗区红坊镇龙溪邦村支委、村妇代会主任

吴玲红　福建省歌舞剧院副院长

张　红　福建日报报业集团常务副总编

张　俐　福建中医药大学骨伤学院院长

刘建华　南京军区福州总医院中医科主任

程　璇　福建三盛房地产开发有限公司总经理、福建省巾帼志愿者协会副会长

陈超华　福建省第一电力建设公司机化处总工程师

沈　俪　福建晋江天然气发电有限公司电气二次专业工程师

江西省

曾　凯　江西省高安市看守所所长

李亚丽　江西三川水表股份有限公司机械表事业部检验员

朱清玲　江西莲花山矿产实业有限公司董事长、总经理

陈根荣　民革江西省景德镇市委员会主任委员

陈香文　江西省萍乡市达金花炮材料有限公司总经理

黄丽红　江西省赣州市妇联主席

余小英　江西省九江市经济开发区国税局局长

陈　侃　江西省抚州市汇嘉幼儿园教师

张小红　江西省新余市渝洲绣坊董事长

邓珊莲　江西省吉安市新干县妇联主席

山东省

黄淑玲　九阳集团董事长

赵国芳　山东省东营市妇联主席

于　玲　山东省烟台市开发区财政局局长

李金凤 山东省青州尧王集团董事长

李玉玲 山东省济宁市微山县春蕾物资贸易有限公司总经理

孙成文 山东省临沂市费县农村合作银行董事长

周培荣 山东省德州市宁津县人民医院院长

杨淑云 山东省滨州市妇联主席

徐映红 山东电视台新闻中心副主任

庄 玲 济南莎蔓莉莎管理咨询有限公司总裁

刘成俐 山东省济南市文化广电新闻出版局副局长

赵金菊 山东省中矿金业股份有限公司董事长、总经理

河南省

李 莉 中国移动通信集团河南有限公司郑州分公司党委书记

刘丽丽 海燕出版社有限公司计划财务部主任

王苏惠 河南省地税局国际税务处处长

张建淑 河南溢洋刺绣工艺品有限公司总经理

陈苏河 河南省商丘市女领导干部联谊会会长

陈 勇 河南省政府副秘书长

吕 岩 河南省妇女理论研究会副会长

崔爱兰 河南省妇联双学双比巾帼建功协调小组办公室副主任

张桂英 河南省政府妇儿工委办公室副主任

于静丽 河南省公安厅政治部组教处处长

李淑杰 河南省鹤壁市地税局局长

湖北省

王争艳 湖北省武汉市汉口医院金桥社区卫生服务中心主任

许 云 中国长江航运集团对外经济技术合作总公司常务副总经理

孙小蓉 湖北省武汉兰丁医学高科技有限公司董事长

运建立 湖北省襄樊市环境保护协会会长

鲍 丹 湖北省荆门市公安局侦察员

陈敬道 湖北省仙桃市剅河镇范关中学副校长

车勤玲 湖北省十堰市艺术剧院院长

王桂珍 湖北省孝感安陆市雷公镇王畈村妇代会主任

郑 磊 中铁十一局集团四公司综合三队塔吊司机

成建梅 中国地质大学（武汉）环境学院教授

湖南省

王丹丹　湖南省长沙市殡葬事业管理处班长

黄小玲　湖南省醴陵市醴泉窑艺陶瓷有限公司总设计师

杨　芳　江南机器（集团）有限公司二分厂数控编程员

许萩琰　湖南省衡阳市妇幼保健院党委书记

杜春芝　湖南省张家界市妇联主席

王安安　湖南艾华集团股份有限公司总裁

周彩莲　湖南省永州市道县祥霖铺中心小学教师

田金珍　湖南省湘西土家族苗族自治州花垣县吉卫镇腊乙村妇代会主任

胡晓鲁　湖南省妇联办公室副主任、调研员

王湘英　湖南省人民医院重症监护室科主任

广东省

侯凡凡　南方医科大学南方医院肾内科主任，中国科学院院士

赵思源　广州越秀水泥集团有限公司党委书记、董事长

袁秀丽　广东省广州市水务工程建设管理中心总工程师

张冬敏　广东省广州市公安局越秀分局人口管理大队科员

陈锦云　广东省广州市番禺区沙湾镇党委副书记

李建兰　广东省广州市妇联主席

郑小爱　广东省深圳市汇宗药业科技有限公司总经理

董加兰　广东省汕头市潮阳区海门镇城关社区党支部书记

梁凤仪　广东昭信企业集团有限公司党委书记、董事长

邢　丽　广东省韶关市妇联主席

邱福兰　广东省韶关市仁化县丹霞街道岭田村七星岗村小组村民

邱影玲　中国移动通信集团广东有限公司梅州分公司市场部总经理

高利洁　广东省惠州市第二妇幼保健院院长

庞国梅　广东省东莞市委常委、组织部部长

李国萍　广东省湛江市遂溪县人大常委会副主任

宗卫平　广东省清远市清城区东城街道办事处党工委委员

李土群　广东省云浮市妇联主席

易思玲　广东省黄村体育训练基地射击队步枪运动员

刘　虹　广东省体育运动技术学院田径运动管理中心运动员

何　姿　广东省体育运动技术学院跳水运动管理中心运动员

杨晓燕　中华人民共和国罗湖海关旅检十三科科长

广西壮族自治区

文惠新　广西壮族自治区玉林市玉州区人民法院少年刑事审判庭庭长

胡金莲　广西百大集团董事长

马朝梅　柳州两面针股份有限公司党委书记、董事长

林　琳　广西壮族自治区岑溪市第二小学校长

谢玉华　广西三正拍卖有限公司董事长

黄丹红　广西大玉余甘果有限责任公司总经理

吴惠芳　广西壮族自治区贺州市人民医院妇产科主任

何　玲　中国移动通信集团广西有限公司纪检组长、工会主席

陈庆晖　广西壮族自治区钦州市妇联主席

海南省

秦瑞静　海南省海口市人民检察院反贪污贿赂局副处级检察员

谭丽琳　海南日报政文部首席记者

周晓惠　海南省三亚夏日百货有限公司总经理

李景萍　海南广播电视总台国际旅游岛之声副总监

卓林梅　海南省万宁市后安镇党委书记、人大常委会主任

重庆市

施廷懋　重庆市运动技术学院学生、跳水运动员

陈兴芜　重庆出版集团总编辑

刘轶茂　重庆联合产权交易所股份有限公司党委书记、董事长

张　红　重庆市第一中级人民法院刑一庭审判员

姚珈娜　重庆市公安局渝中区分局大溪沟派出所社区民警

戴　萍　重庆市北碚区人民检察院检察长

唐　宁　重庆市巴南区妇联主席

四川省

孙延清　四川省成都市锦江区妇幼保健院妇产科医院院长

李晓华　四川龙兴农业科技有限公司董事长

李　敏　四川省宜宾市统计局局长

胡　杰　四川省达州市发展和改革委员会党组书记、主任

张安华　四川省委宣传部综合处正处级调研员

骆　丽　四川省凉山彝族自治州人民检察院侦查监督二处处长

郭林华　四川省发展和改革委员会财政金融处处长

彭　洪　四川成南高速公路有限责任公司（川中片区）董事长、党委书记

杜志敏　西南石油大学校长、教授、博士生导师

向杜梅　四川省高级人民法院立案一庭副庭长

贵州省

余留芬　贵州省六盘水市盘县淤泥乡岩博村党支部书记

朱　琦　贵州省黔南布依族苗族自治州都匀市第三中学高三年级组长

张春英　贵州省榜香郁苗绣服饰开发有限公司董事长

杨丽敏　贵州省黔西南布依族苗族自治州贞丰县委常委、副县长

燕翠萍　贵州省毕节地区燕氏骨伤科医院院长

赖　桑　贵州省铜仁市法院刑事审判庭副庭长

苏日新　中国航天科工集团〇六一基地三〇二设计研究所第五研究室主任

付　莉　首钢水城钢铁（集团）有限责任公司工会副主席

何晓玲　贵州恒霸药业有限责任公司董事长

云南省

蒋立虹　云南省昆明市延安医院党委书记、院长

铁飞燕　云南省公路开发投资有限责任公司昭通管理处普洱渡收费站收费员

李　琦　云南省保山市妇联主席

蒋丽娟　云南省楚雄彝族自治州水利局副总工程师

李　洁　云南省文山壮族苗族自治州文山县委副书记、县长

刘　策　云南省普洱市财政局总会计师

刘　芬　云南省大理六顺方圆经贸有限公司总经理

杨树蘅　云南省临沧市人民医院心内科主任医师

张英杰　云南民族大学教授、博士生导师

西藏自治区

扎桑拉姆　西藏自治区邮政公司副总经理

尼玛卓玛　西藏自治区农牧科学院农业研究所经济作物研究室主任

罗布卓玛　西藏自治区山南地区洛扎县人口计生委主任科员

索朗拉姆　西藏自治区昌都地区畜牧技术推广站站长

次　仁　西藏自治区日喀则地区粮食局调控科副科长

陕西省

张　昂　陕西省西安市公安局交警支队莲湖大队一中队民警

杨瑞辉　陕西省铜川市王益区金华社区卫生服务中心康复护理部主任

刘彩云　陕西省延安市吴起县妇联主席

王美琴　陕西省汉中市勉县定军山爱心事业集团董事长

龚爱爱　陕西省榆林市神木县农村商业银行兴城支行行长

罗　琼　陕西省宝鸡康瑞技术有限公司董事长、总经理

王三翠　陕西省安康市岚皋县四季乡头桥村杨家院子“三彩阁”农家山庄负责人

贾旭芝　陕西省西安宏府集团副董事长

蒋秀侠　陕西省渭南市财政局局长

王巧芬　陕西省西安铁路局西安客运段K165次二组列车长

甘肃省

张改琴　甘肃省政协常委、科教文卫体委员会副主任

常晓丹　甘肃省广播电影电视总台（集团）新闻综合广播副总监

郑晓静　兰州大学副校长、研究生院院长

马少敏　甘肃省京剧团演出经营部主任

席倬霞　甘肃扶正药业科技股份有限公司董事长

晁亚玲　甘肃省酒泉市公安局肃州分局东城关派出所副主任科员

白菊业　甘肃省兰州市城关区妇联主席

青海省

邓　存　青海省玉树藏族自治州州直机关妇联主席

马连英　青海省西宁市公共交通有限责任公司副总经理

孔庆芬　青海省海北藏族自治州职业技术学校校长

卓　玛　青海省海南藏族自治州共和县龙羊峡镇查那村村民

魏如姑牙　青海省海东地区循化撒拉族自治县查汗都斯乡新建村党支部书记

宁夏回族自治区

崔树瑞　宁夏回族自治区银川市规划建筑设计研究院有限公司给排水总工程师、给排水正高级工程师

赵惠娥　宁夏理工学院院长

李慧琴　宁夏回族自治区固原市妇联办公室主任

张旭兰　宁夏回族自治区中卫市西部枣业食品有限公司总经理

弓月娥　宁夏回族自治区儿童福利院护理部主任

新疆维吾尔自治区

依木汗·热汗　新疆维吾尔自治区哈密地区巴里坤哈萨克自治县奎苏镇卫生院护师

努尔曼古艾海提　新疆维吾尔自治区喀什地区疏附县劳务输出办公室副主任

阿米娜·卡斯木　新疆维吾尔自治区和田地区和田市吐沙拉乡托库孜拱拜孜村妇代会主任

李　凤　新疆中泰化学（集体）股份有限公司技术中心副主任

茹合娅　新疆维吾尔自治区伊犁哈萨克自治州特克斯县第一小学教师

刘红丽　新疆维吾尔自治区公安厅法制总队复议劳教科副科长

巴特那生·托卡　新疆维吾尔自治区塔城地区和布克赛尔县人民检察院检察长

蒙莱西罕·麦提赛迪克　新疆维吾尔自治区于田县先拜巴扎镇刺绣协会会长

新疆生产建设兵团

陈荣辉　新疆生产建设兵团医院医务科主任

周圣洁　新疆生产建设兵团农十师一八四团五连职工

解放军

黄永俭　中国人民解放军 61786 部队研究员

谭　晶　总政歌舞团歌队一级演员

李　红　第四军医大学研究生管理大队博士队政治委员

何京江　中国人民解放军 63796 部队 5 室高级工程师

王红梅　中国人民解放军 92323 部队油料技术监督室主任

秦慧策　中国人民解放军 91458 部队 60 分队战士

温玉娟　空军政治部电视艺术中心一级演员

李艳梅　中国人民解放军 95007 部队 61 分队政治教导员

周　乐　中国人民解放军 96275 部队 51 分队政治指导员

董　艳　军事科学院军事运筹分析研究所副研究员

于巧华　国防大学军队建设与军队政治工作教研部副研究员

兰　芬　国防科学技术大学人文与社会科学学院军队政治工作研究所副教授

侯　丹　中国人民解放军 202 医院护理部主任

张燕燕　中国人民解放军 66240 部队政治处副主任

杜彦秋　中国人民解放军 68241 部队 64 分队移动通信班班长

房　萍　济南军区第一通信总站一营八连政治指导员

王　静　中国人民解放军第一一七医院血液内分泌科主任

孙秋月　广州军区政治部战士文工团三级演员

胡　艳　昆明陆军学院藏族少年培训大队第一教研室主任

於　丽　武警重庆市总队第六支队卫生队药师

宋玉霞　武警昆明指挥学院军事心理学教研室主任

崔玉芳　武警乌鲁木齐军事法院审判员

中直机关

赵丽华　中央联络部六局巴尔干处副处长
张　艳　中共中央台办联络局工人
朱　迅　中央电视台综艺频道主持人
刘黎黎　中央人民广播电台《中国之声》特别报道部记者
孟　娜　新华社对外部政文室副主任

中央国家机关

王宁敏　最高人民检察院检察技术信息研究中心高级工程师
许镜湖　外交部中国驻摩洛哥大使
卢　江　人民教育出版社小学数学室主任、编审
张惠珍　中国建筑工业出版社党委委员、副总编辑、编审
曹　沫　交通运输部科学研究院副总工程师
张玉玲　中国铁道科学研究院铁道建筑研究所研究员
何　萍　中国农业科学院农业资源与农业区划研究所研究员
李习臻　商务部市场运行调节司市场监测处处长
吴玉霞　中央民族乐团副团长
张晓慧　中国人民银行货币政策司司长
何英姿　中国航天科技集团公司五院控制与推进事业部研发中心主任
石晓荣　中国航天科工集团公司第四研究院十七所国家某重点型号副总设计师、国家某重点型号副主任设计师
李笑娟　中国兵器装备集团公司西安昆仑工业（集团）有限责任公司副总设计师
王　娜　中央储备粮管理总公司新乐直属库仓储科职工
崔丽君　中国建筑材料集团有限公司北新建材（集团）有限公司总经理
刘建媛　中国铁路工程总公司工会副主席、女工委主任
周苏红　浙江体育职业技术学院大球系副主任
崔向群　中国科学院国家天文台南京天文光学技术研究所研究员
李春玲　中国残疾人联合会维权部信访处副调研员
王　晖　中国中信集团公司中信银行太原分行党委书记、行长
林洪生　中国中医科学院广安门医院肿瘤科主任
李锡香　中国农业科学院蔬菜花卉研究

所种质资源研究室主任、研究员

于雪梅　黑龙江省大庆市工商局驻大庆市行政服务中心办公室主任

在嫦娥二号任务中作出突出贡献的女性科技工作者

汪　玲　中国航天科技集团公司一院12所长征三号甲运载火箭副总设计师

王静华　中国航天科技集团公司一院一部长征三号甲运载火箭副主任设计师

太　萍　中国航天科技集团公司五院总体部“嫦娥二号”副总指挥

李　天　中国航天科技集团公司五院508所“嫦娥二号”分系统指挥

刘　莉　中国航天科技集团公司六院7103厂质量处高级工程师

张　韵　中国航天科技集团公司七院692厂研发中心副主任设计师兼副主任研究师

高桂杰　中国航天科技集团公司九院13所长征三号甲运载火箭平台系统副主任设计师

为上海世博会作出突出贡献的先进个人

王子美　上海市红十字会主任科员

陶爱莲　上海市工商行政管理局消保处处长

曹亦畅　上海市国家安全局某处科长

薛慧卿　新民晚报记者

刘　颖　解放日报报业集团解放日报经济部记者、主任助理

王　隽　上海文化广播影视集团对外事务部主任

杨文红　上海东方传媒集团有限公司副总裁

孙春霞　上海地铁第二运营有限公司站务员

王　震　上海市废弃物管理处生活废弃物管理科科长

董剑珍　锦江国际集团华亭宾馆董事长、总经理

郝洛西　同济大学建筑与城市规划学院教授、博士生导师

洪　燕　华东师范大学团委副书记

张之霞　中国电信股份有限公司上海分公司高级经理、客服质监部经理

周艳琴　上海市卫生局卫生监督所副所长

何金娣　上海辅读学校校长
吴荷生　上海淮海商业集团有限公司党委书记、董事长
方静燕　上海市长宁区人民政府外事办公室副主任
王菊英　上海市浦东新区上钢社区（街道）巾帼文明劝导志愿者大队队长
陈　萍　上海市黄浦区南京东路街道新桥居委会党总支书记
张玉华　上海市松江区岳阳社区（街道）荣乐居民区党总支书记
缪　青　上海市奉贤区文化馆党支部副书记、馆长
程映雪　上海市杨浦区住房保障和房屋管理局五角场办事处主任
朱建华　上海中企物业管理有限公司董事长、总经理
金　晶　上海市普陀区市政管理署工会副主席
胡蕴琪　上海市虹口区青少年活动中心教师
周培鸿　上海市徐汇区康健街道长虹坊党总支书记兼居委主任
徐秋原　上海市地方税务局闸北区分局第十六所副所长，上海世博会事务协调局资金财务部高级主管
惠雅芳　上海市徐汇区妇联主席
龚蓓敏　上海市卢湾区妇联主席
刘瑞李　上海市妇联宣传部部长

为建设“海上大庆油田”作出突出贡献的先进个人

李清平　中海油研究总院首席工程师
宫　薇　中海石油（中国）有限公司天津分公司开发部高级工程师
许金兰　中国海洋石油渤海公司矿区管理中心管理站站长

即时授予

张广秀　山东省临沂市罗庄区罗庄街道桥西头村人
韩慧瑛　青海省玉树藏族自治州卫生局副局长、玉树州人民医院院长
李　娜　网球运动员
吴菊萍　阿里巴巴（中国）网络技术有限公司员工

2012 年

全国三八红旗手标兵

吴菊萍　阿里巴巴（中国）网络技术有限公司职工

屠呦呦　国家中医药管理局中国中医科学院中药研究所研究员

房　萍　中国人民解放军 72556 部队 16 分队政治指导员

辛颖梅　江苏擎天信息科技集团董事长

郑喜兰　河北省唐山市人民检察院副检察长兼反渎局局长

南秀霞　山东省潍坊市奎文区廿里堡街道南屯村村委会主任

常寿兰　新疆维吾尔自治区塔城地区电影公司经理、女子放映队队长

张兵兵　天津天纺投资控股有限公司棉纺织工厂一织造车间织布帮接工

支　芬　北京市朝阳区高碑店乡高碑店村党总支书记

红线女　红线女艺术中心主任

刘　洋　航天员

全国三八红旗手

北京市

杨景怡　北京市城市管理综合行政执法局东城区城管监察大队安定门分队教导员

孙玉敏　北京市女美术家联谊会会长

张　勇　北京市丰台区人民法院刑一庭庭长

高　雁　北京澳特舒尔保健品开发有限公司董事长

张小艳　北京市通州区张家湾镇党委书记

徐　艳　北京市海淀区妇幼保健院妇产

科主任医师

孙宝杰　首创置业股份有限公司副总裁

冯惠燕　北京市第一幼儿园园长

马春雨　中国医学科学院、北京协和医学院团委书记

史静寰　清华大学教育研究院常务副院长、首都女教授协会会长

王　波　北京纳波湾园艺有限公司董事长

天津市

张兵兵　天津天纺投资控股有限公司棉纺织工厂一织造车间织布帮接工

刘晓津　天津人民出版社有限公司社长兼总编辑

王雪青　天津大学管理与经济学部工程管理系主任

冯　力　天津市女子监狱党委书记、监狱长

戴升伟　天津市长业房地产开发有限公司总经理

黄秀云　天津市新宝车业有限公司总经理

张　莉　天津工业大学体育竞技中心主任

杨　娟　天津市武清区中医院副院长

河北省

杨明华　河北华莹集团董事长

石　侠　河北省张家口市公安局桥东分局工业路派出所民警

张建军　河北省承德万利通实业集团有限公司党委书记、副总经理

张　旭　河北省唐山市琏跃选煤有限责任公司董事长

孙雪莲　河北省秦皇岛市妇联主席

马淑春　河北省保定标正机床有限责任公司董事长

王红心　河北省沧州市公安局政治部综合处主任科员

张艳君　河北省饶阳县委副书记

祖英华　河北省邢台市妇联党组书记、主席

高　英　河北工程大学教学科研培训基地主任

李红英　河北省廊坊市大城县财政局国库科原副科长

武想兰　河北省邯郸市永年县文兰种养有限公司总经理

山西省

张　辉　山西医科大学影像学系主任、

第一医院放射科副主任

吕伟红　太原海关学会会长

王智娟　山西省气象局计划财务处处长

刘亚青　中北大学材料科学与工程学院院长

贺向云　山西省大同市妇联主席

梁小云　山西省中北工贸有限公司总经理

朱宝芳　山西省阳泉市平定县地税局职工

李海瑕　山西方略保税物流中心有限公司董事长

王富珍　山西省吕梁市人民医院副院长

胡梅花　山西省忻州市定襄县神山乡卫村农民

内蒙古自治区

王喜莲　内蒙古自治区呼和浩特市武川县川宝绿色农产品有限责任公司总经理

章兰兰　中国航天科工集团第六研究院科技公司总经理

张　青　内蒙古自治区通辽市妇联主席

郑楚英　内蒙古自治区乌海化工股份有限公司董事长

伏凌涛　内蒙古自治区就业服务局农牧民工管理处副处长

李　宁　内蒙古自治区卫生厅妇幼卫生处处长

邢林梅　内蒙古武川县圣丰农产品专业合作社理事长

辽宁省

王玉霜　辽宁省抚顺市妇联主席

朱桂兰　辽宁省本溪市鹤腾铁塑制品厂厂长

武瑞华　辽宁省阜新市人力资源和社会保障局党委书记、局长

史　君　中国石油天然气股份有限公司辽阳石化公司研究院院长

臧丽君　辽宁省铁岭市昌图老城镇党委副书记、镇长

吴桂芬　辽宁省天生信息有限公司董事长、总经理

张　媛　辽宁省盘锦市双益百货有限公司董事长

袁　鑫　辽宁省葫芦岛市财政局行政政法科科长

刘　颖　辽宁省津享逸实业有限公司董事长

庄丽红　辽宁省朝阳市建平县红旭农林产品加工有限公司总经理

吉林省

崔今顺　吉林省广源实业集团有限公司董事长
何　缨　中国第一汽车股份有限公司技术中心军车设计室主任、研究员级高工
何曼丽　吉林毓文中学校长
崔　宏　吉林省辽源市东丰县农电有限公司电能计量所所长
蒋海燕　吉林省通化市妇联主席
于艳华　中国人寿保险股份有限公司白城分公司党委副书记、副总经理
崔　兰　延边大学附属医院副院长

黑龙江省

李树芝　黑龙江省农垦北安分局襄河农场社区环卫员
吕桂萍　黑龙江省哈尔滨电机厂有限责任公司大电机研究所专业带头人
荀笑红　黑龙江省哈尔滨供排水集团排水顾乡分公司女子清掏班班长
李艳凤　黑龙江省田径运动管理中心运动员
陈艳梅　黑龙江省齐齐哈尔市克山县城西村卫生所医生
丁春玲　黑龙江省佳木斯市儿童福利院党总支书记
杨金萍　黑龙江省饶河县小佳河镇金发抗联希望小学教师
张云芳　黑龙江省青冈县芦河镇自强村妇代会主任
赵玉娟　哈尔滨医科大学附属第一医院心内科副教授、心研所流研室副主任
刘彩华　黑龙江省哈尔滨市双城市周家镇东跃村农民
王志红　黑龙江省杜尔伯特蒙古族自治县克尔台乡官尔屯村农民

上海市

王　真　上海航天局第八设计部副主任
史　敏　上海京剧院一级演员
沈翠英　上海聚爱实业有限公司董事长
沈慧琴　新东苑国际投资集团有限公司总裁
赵春玲　中国商用飞机有限责任公司上海飞机设计研究院总师办主任设计师、综合航电系统设计研究部副部长
徐学敏　上海交通大学校长助理、生物

医学工程学院常务副院长
顾靖华　海军医学研究所潜水医学研究室副研究员
黄　薇　上海人类基因组研究中心常务副主任
顾慧华　上海森鲜蔬菜合作社社长

江苏省

霍慧萍　江苏省南京市妇联主席
周晔珺　江苏省无锡市第一棉纺织厂厂长
韩玉凤　江苏省徐州市“橄榄枝”巾帼志愿者服务队队长
张　滢　江苏省常州市地税局局长、会计师
王燕红　江苏省苏州市妇联副主席
樊晓梅　江苏省南通市财政局总会计师
包　杰　江苏省淮安经济技术开发区党群工作部副部长
张秀凤　江苏一马先集团有限公司总经理
孙小玲　江苏省泰州市环卫处清洁服务中心副所长、副书记
薄其芳　江苏教育电视台播音部主任

浙江省

项茶英　浙江省杭州市余杭区各界妇女联谊会会长
叶晓玲　浙江省宁波南联冷冻食品有限公司董事长
陈盈盈　浙江省温州市洞头女子民兵连连长
谈国琴　浙江省湖州市吴兴区龙泉街道白鱼潭社区居委会主任
张全英　浙江省嘉兴市十八里葡萄研究所所长
潘丽萍　浙江省丽水学院医学院院长、教授
吴　江　浙江省农科院园艺研究所设施水果研究室主任
黄荷凤　浙江大学医学院附属妇产科医院院长
王奇颖　浙江物产金属集团有限公司总会计师、工会副主席
吴娜佳　中国国旅（浙江）国际旅行社有限公司导游
陈芝菊　浙江省丽水市百山茶叶有限公司总经理

安徽省

陈锡萍　安徽省六安亿牛乳业有限公司董事长

李　鸿　安徽省马鞍山市联合运输有限责任公司副总经理

吴　耘　徽商银行芜湖分行党委书记、分行行长

盛　艳　淮北矿业集团公司工会女工部部长、计生办主任

汪秀霞　安徽省黄山市政法委干部

巩　建　中国人寿财产保险股份有限公司宿州市中心支公司党委书记、总经理

闫玲玲　安徽省界首市西城街道解放社区党支部书记

吕松华　安徽省安庆市第二人民医院手术室护师

何　涛　安徽省六安市裕安区妇幼保健所儿保科护士

陈宝霞　武警安徽省总队医院医务处副主任

王　杰　安徽省阜南红洁食品有限公司总经理

福建省

詹红荔　福建省南平市延平区人民法院少年审判庭庭长

姜小鹰　福建医科大学护理学院院长

陈建新　福建师范大学物理与光电信息科技学院教授、博士生导师

张秀慧　福建省漳平市公安局菁城派出所副教导员

黄锦萍　福建省歌舞剧院国家一级编剧

郑冬梅　福建省电力有限公司超高压输变电建设管理分公司总经理

潘　晨　福建省福州市传染病医院院长

吴　乔　厦门大学生命科学学院二级教授、博士生导师

陈念禧　福建省莆田市妇联副主席

刘　琼　武警福建省消防总队三明市支队沙县大队大队长

宋　倩　福建省福州市金源大饭店前厅部收银员

邱新妹　福建省尤溪县城关镇新洋村农民

江西省

杨慧芝　江西省吉安市青原区新圩镇新圩居委会主任、妇代会主任

张秋英　江西省萍乡市安源区八一街老站社区党支部书记

徐和平　江西省景德镇市妇联副主席

屈艳花　江西省九江市湖口县城山镇富源村党支部书记、村委会主任

温燕霞　江西人民广播电台台长助理、民生频率总监

罗细英　江西省上饶市铅山县邮政局陈坊乡代办所邮递员

周细梅　江西省鹰潭市人民医院护理部主任

余丽琴　江西省农科院水稻研究所研究员

程长仁　金鍪国际集团董事局主席

李亚平　江西省人大环境与资源保护委员会副主任委员

袁　芳　江西省樟树市金达实业有限公司总经理

山东省

刘海萍　山东省章丘市科技局主任科员

刘　青　济南铁路局青岛站副站长

赵美瑜　山东省招远市财政局局长

王慧敏　山东省莱芜市妇联副主席

雷　霞　山东省聊城市茌平县县长

吴梦军　山东凯文科技职业学院院长

刘书会　胜利石油管理局地质科学研究院油田高级专家

李　慧　山东嘉元食用菌科技有限公司董事长

李庆华　山东钢铁莱钢集团银山型钢有限公司宽厚板厂机动设备部副部长

刘脉泉　山东省妇联宣传部部长

寇玉芳　山东芳绿农业科技有限公司董事长

王翠英　山东省金乡县成功果蔬制品公司董事长兼总经理

河南省

岳希荣　河南省郑州市管城回族区区长

谢春燕　河南省商城县汤泉池旅游开发有限公司总经理

杨　珺　河南省商水县县长

魏庆芳　河南省国税局大企业税收管理处处长

王花荣　河南省农村信用联合社党群工作部总经理、直属机关党委专职副书记

李　娜　郑州大学第四附属医院工会主席

张舒娜　河南日报（农村版）总编室主任编辑

王宇燕　河南省项城市委办公室干部

邱会英　河南省济源市妇联主席

励伟英　河南省平顶山市侨联党组书记

柴小女　河南省南阳市内乡县赵店乡红堰村农民

郑秋云　河南世纪香食用菌开发有限公司经理

湖北省

王　波　湖北省武汉市江岸区百步亭社区党委副书记

丛　慧　湖北省武汉女子监狱三监区监区长

于文莉　武汉铁路局武汉客运段 Z37/8 直达车间干事

赵　曼　中南财经政法大学公共管理学院院长

樊晓燕　湖北日报传媒集团湖北日报政治报道中心副主任

杨　俊　湖北省地方戏曲艺术剧院正处级调研员、国家一级演员

赵　菁　湖北省体育局游泳跳水运动管理中心运动员

刘强琼　武汉钢铁集团矿业有限责任公司大冶铁矿牵引变电站班长

朱小燕　湖北省襄阳市第一人民医院儿科主任、主任医师

刘家翠　湖北省广水市单亲母亲农民养殖专业合作社理事长

冯晓燕　湖北省钟祥市精华园林绿化有限责任公司总经理

湖南省

彭　莉　湖南省长沙市望城区新康乡新康中心校教师

王　进　南车株洲电力机车研究所有限公司时代新材检测中心主任

李爱平　湖南省衡阳华南出版装璜彩印有限公司总经理

谭晓飞　湖南省邵阳市中级人民法院民三庭庭长

张　燕　湖南华昌纺织集团总经理

贺姝红　湖南省常德市鼎城区国税局局长

刘红玲　湖南省郴州市桂东县汶江电业有限责任公司董事长

毛国和　湖南省娄底市妇联主席

李　慧　湖南省怀化市中方县泸阳镇泸阳中心小学教师

姜学军　湖南派意特服饰有限公司董事长、总经理

王学琳　湖南省岳阳县林园生态农业科技有限公司总经理

广东省

王超莹　广东省广州市公职律师事务所主任

孙　影　广东省深圳市关爱行动委员会办公室工作人员

温　惠　广东宝丽华集团有限公司总经理

俞雪花　广东省江门市社会保险基金管理局局长

陈　娟　广东省湛江市妇联主席

黄慧红　广东省东莞市妇联主席

易跻丽　广东省清远市清新县地税局城区税务分局副局长

魏乐珊　中国人民财产保险股份有限公司揭阳分公司党委委员、副总经理

刘爱连　广东省云安县直属机关党群系统党委委员会委员

崔建星　广东省人民医院党委副书记

广西壮族自治区

王巧燕　广西壮族自治区南宁市公安局江南分局福建园派出所民警

高　钦　中国农业银行股份有限公司桂林分行党委书记、行长

邓桂芳　广西壮族自治区钦州市钦北区小董镇中心卫生院护士长

杨冰洋　广西壮族自治区北海中怡置业有限公司董事长、北海怡沁园酒店总经理

周凤兰　广西壮族自治区贺州市昭平县五将镇天保村小学教师

韦孟娥　广西壮族自治区河池市宜州市宜源菌业有限公司董事长

冯晓萍　广西壮族自治区公安边防总队崇左市公安边防支队凭祥市公安边防大队政治委员

陈　红　中国电信股份有限公司广西分公司综合办公室主任

赵凌雪　广西壮族自治区妇联宣传部部长

海南省

曾英雪　海南省澄迈县瑞溪镇瑞联村妇代会主任

米海娟　海南省洋浦第一小学教师

王小霞　海南省海口市人民医院神经外科副护士长

陈　琴　海南省边防总队三亚边防支队政治委员

郭慧丽　海南省海口市人民检察院法律政策研究室主任

郭英凤　海南省东方市四更镇四更村农民

重庆市

吴一奕　重庆光大（集团）有限公司总裁

王　俊　重庆市南岸区妇联党组书记、主席

敖行琴　重庆市荣昌县特殊教育学校教师

谭继琼　重庆市三峡川剧团团长

范方梅　重庆建设工业（集团）有限责任公司技术中心国家某项目主任设计师

严群英　重庆市南川区鸣玉镇文化居民委员会党支部书记

程艳燕　重庆气矿长寿运销部卧龙河集气总站班长

官　波　重庆市轨道交通（集团）有限公司董事、党委副书记、副总经理

么　宁　重庆市检察院第五分院公诉一处处长

曹　瑾　重庆市巫山县平河小学原教师

陈爱华　重庆市彭水自治县靛水乡前进村农民

四川省

刘坤荣　四川省委第二巡视组正处级纪检监察员

彭小菊　四川省发展和改革委员会国民经济综合处处长

周亚利　四川省纺织科学研究院副院长

黄丽蓉　四川省革命伤残军人休养院医院内一科主任

陈庆英　四川省财政厅国库处调研员

蒲之艳　四川省交通运输厅公路规划勘察设计研究院规划室主任、交通发展战略研究所所长

高银江　四川省高福记食品有限公司总经理

巫应莲　四川省国资委办公室主任科员

温贤秀　四川省医学科学院、四川省人民医院护理部主任

梁　平　四川省城乡规划设计研究院副总建筑师、建筑市政所所长

张薇薇　四川省成都导游服务管理公司导游

贾积华　四川省绵阳市奇恒食品有限责任公司董事长

贵州省

钟　阳　贵州省贵阳市息烽县代理县长

包爱明　贵州省万绿城投资有限公司董事长

张　蓉　贵州省黔南布依族苗族自治州妇联主席

刘翠桃　贵州省黔东南苗族侗族自治州锦屏县茅坪镇上寨村党支部书记

聂庆英　贵州省毕节市威宁彝族回族苗族自治县妇幼保健院院长

黄碧红　贵州省铜仁市玉屏侗族自治县印山民族小学教师

潘　琴　贵州省贵阳市公安局特警支队反恐突击大队副大队长

赵举香　贵州茅台酒股份有限公司制曲一车间技术辅导工

刘雁霞　中航工业贵州云马飞机制造厂工程师

吴坤凤　贵州省人大常委会选联委副主任

张著芬　贵州省德江县巾帼永春金银花开发有限公司总经理、妇字号农民专业合作社理事长

云南省

蓝　天　云南省保山市广播电视台总编室副主任

李　翠　云南省楚雄州永仁县第一中学高级教师

白孟捌　云南省红河州红河县架车乡架车村妇代会主任

唐丽萍　云南省文山日报社记者

高翠菊　云南省大理州弥渡县农村信用合作联社信贷部办事员

杨群芳　云南省临沧市凤庆县人民检察院控告申诉检察科科长

胡有兰　云南省妇联主席

朱兆云　云南省药物研究所所长

柳清菊　云南大学物理科学技术学院、省高校纳米材料与技术重点实验室二级教授、博士生导师

马永俐　云南省昆明市太平洋证券股份有限公司党群工作部原总经理

西藏自治区

普　赤　西藏自治区妇联培训中心主任

潘文君　西藏自治区人民医院 ICU 副主任

戴晓梅　西藏自治区拉萨市工商行政管

理局城西分局副局长

曲　珍　西藏自治区林芝地区朗县金东乡东雄村妇代会主任

王艳萍　西藏华钰矿业开发有限公司山南分公司总经理

金淑萍　西藏自治区拉萨市城关区人民检察院原副检察长

陕西省

常亚琼　陕西省咸阳市秦都区双照街道消渡村党支部书记、村委会主任

惠敏莉　西安秦腔剧院有限责任公司副总经理兼易俗社社长

陈红梅　西安陕鼓动力股份有限公司研发部产品研发工程师

刘娥娥　陕西省社会保障局西安市养老保险经办处个人账户管理科科长

崔亚丽　西北大学生命科学学院教授、国家微检测系统工程中心副主任

石卫华　陕西省富平县绿秦柿业有限责任公司董事长

李秋莲　陕西省铜川市王益区红旗街街道红旗社区党支部书记兼主任

薛　莹　中航工业西飞国航总厂“薛莹班”班长

史俊琴　陕西省延安市食品药品监督管理局党组书记、局长

李　静　西安中国国际旅行社导游

尹志清　陕西省榆林市定边县山富农林牧综合专业合作社社长

甘肃省

韩玉英　甘肃省临夏回族自治州积石山县石塬乡沈家坪村党支部书记

门杜娟　甘肃省庆阳市西峰区妇联主席

沈禹颖　兰州大学草地农业科技学院草业科学系系主任

吴玉琴　甘肃省渭河源生物工程有限公司副总经理

闫桂珍　甘肃省嘉峪关市酒钢三中教师

杨　兰　甘肃省妇幼保健院副院长、妇委会主任

张翠萍　长庆油田工会生活保障与女工部副部长

青海省

豆格吉　青海省海南藏族自治州贵南县人民医院副院长

虞珠莲　青海省青藏高原有机产品开发

有限公司董事长

赵　梅　青海省海西蒙古族藏族自治州格尔木市大格勒乡查那村农民

张　璐　青海省戏剧艺术剧院话剧团演员、编剧

宋国英　青海省西宁特殊钢集团有限责任公司工会女职工委员会主任

宁夏回族自治区

王锦秀　宁夏回族自治区银川市实验中学校长

李咏梅　宁夏回族自治区银川市妇联党组书记、主席

禹爱莲　宁夏回族自治区固原市泾源县新民乡杨堡村农民

叶　萍　宁夏回族自治区财政厅机关党委专职副书记

甄　敏　中色（宁夏）东方集团有限公司信息中心主任

新疆维吾尔自治区

吐热斯太·北特　新疆维吾尔自治区特克斯县齐勒乌泽克乡托提库勒村妇代会主任

赵玉华　新疆维吾尔自治区阿拉山口口岸妇联主席

热孜万古丽·加马力　新疆维吾尔自治区吐鲁番市农业技术推广中心植保站站长

马兰梅　新疆维吾尔自治区巴州焉耆县花儿乐回族服饰有限公司总经理

吐尼沙古丽·达吾提　新疆维吾尔自治区喀什市巴楚县妇幼保健站站长

高慧敏　新疆维吾尔自治区和田地区第二中学教师

沙代提·哈斯木　新疆维吾尔自治区哈密市二堡镇头沙达提堡村农民

新疆生产建设兵团

杨世兰　新疆生产建设兵团农四师六十一团五连职工

陈永春　新疆生产建设兵团农三师电力公司唐王城变电所所长

中直机关

陈玉珊　中央编委办公室体改司调研员

卢新宁　人民日报社评论部主任

张晓楠　中国少年儿童新闻出版总社副

总编辑

张玉玲　光明日报社经济部主任记者

李　力　经济日报社农村新闻部副主任

董　玲　中国出版集团东方出版中心有限公司党委副书记、副总经理

中央国家机关

陈　敏　最高人民法院中国应用法学研究所副研究员

宫晓冬　外交部中国驻新潟总领事馆副总领事

张桂清　国家安全部干部

李　丁　交通运输部公路科学研究院副总工程师、北京公科飞达交通工程发展有限公司董事长

张振利　铁道部运输局客运营销处调研员

陶丽琴　水利部中国水利报社首席评论员、总编室副主任

沈　瑾　农业部规划设计研究院研究员

张新芳　审计署境外审计司二处处长

陈　颖　国家质量监督检验检疫总局中国检验检疫科学研究院农产品安全研究中心主任

李金兰　国家新闻出版总署中国版权保护中心软件登记部主任

李凤莲　国家体育总局运动医学研究所主任医师

傅小兰　中国科学院心理研究所研究员

周　翔　交通银行股份有限公司风险管理部总经理

屠呦呦　国家中医药管理局中国中医科学院中药研究所研究员

郭恩娟　中国邮政集团公司邮票印制局制版中心主任

葛明霞　中国南方航空股份有限公司深圳分公司地面服务保障部服务科科长

张学英　神华集团有限责任公司准能公司选煤厂煤质室副主任

吴文婷　中粮集团有限公司审计监察部总监

王英茹　中国铁建股份有限公司十六局集团二公司天津地铁项目部总工程师

屈　宁　中国南方电网有限责任公司深圳龙岗供电局营业部副主任

解放军

田琳娜　中国人民解放军军事体育运动大队军事五项队运动员

邢文娟　第四军医大学研究生管理大队2010级硕士研究生

阮宝枝　中国人民解放军63615部队指挥控制室工程师

崔东华　中国人民解放军 92857 部队某研究室副主任

熊　茜　中国人民解放军 94860 部队 52 分队连长

王晓霞　第二炮兵士官学校三系有线通信教研室主任

刘　晶　中国人民解放军 66427 部队助理工程师

李聪娜　中国人民解放军 68058 部队助理工程师

韩　梅　中国人民解放军 71251 部队司令部机要股股长

严利珍　中国人民解放军 73616 部队三科科长

郑进美　云南省普洱军分区通信站话务分队下士

王　莉　武警部队政治部文化工作总站站长

陈菊梅　解放军 302 医院专家组组长

冯瑞丽　总政歌剧团演员队一级演员

为建设“海外大庆”作出积极贡献的中国石油天然气集团公司女职工

杨桂荣　中国石油天然气集团公司哈萨克斯坦公司中油阿克纠宾油气股份公司总会计师

孟　艳　中国石油天然气集团公司勘探开发公司中油国际（尼日尔）公司副总经理

王新革　中国石油天然气集团公司寰球工程公司国际事业部主任

罗　佳　中国石油天然气集团公司技术开发公司土库曼斯坦分公司副总经理

在天宫一号／神舟八号交会对接任务中作出突出贡献的优秀女科技工作者

石玉红　中国航天科技集团公司第一研究院长征二号 F 火箭箭体结构主任设计师

徐淑华　中国航天科技集团公司第一研究院长征二号 F 火箭利用系统副主任设计师

柴玉萍　中国航天科技集团公司第四研究院 42 所党委书记、副所长、所 921 行政副总指挥

杨　枫　中国航天科技集团公司第五研究院载人航天总体部空间实验室系统综合测试主任设计师

陈　雁　中国航天科技集团公司第五研究院宇航物资保障事业部失效分析中心主管分析师

张　霞　中国航天科技集团公司第五研究院513所机械结构与机构室主任

岳　敏　中国航天科技集团公司第六研究院7103厂三十五车间高级技师

刘丽红　中国航天科技集团公司第七研究院7105厂七车间副主任

邱颖光　中国航天科技集团公司第八研究院149厂对接机构副主任工艺师

郑云青　中国航天科技集团公司第八研究院805所对接机构副主任设计师

在第30届伦敦奥运会上首次获得金牌的女运动员

易思玲　射击运动员

王明娟　举重运动员

李雪英　举重运动员

周璐璐　举重运动员

叶诗文　游泳运动员

焦刘洋　游泳运动员

何　姿　跳水运动员

汪　皓　跳水运动员

李晓霞　乒乓球运动员

李雪芮　羽毛球运动员

赵芸蕾　羽毛球运动员

田　卿　羽毛球运动员

徐莉佳　帆船运动员

邓琳琳　体操运动员

在第14届残奥会上首次获得金牌的女运动员

严会莲　刘　萍　周国华　陈君飞

张亮敏　杨丽婉　刘　明　曾思妮

何　茵　娄小仙　张翠平　冯雅竹

卢　冬　林　萍　夏江波　茅经典

张　变　姚　芳

在天宫一号／神舟九号载人交会对接任务中作出突出贡献的优秀女科技工作者

张晓梅　中国航天科技集团公司第一研究院15所CZ–2F火箭地面设备副指挥

邵妍杭　中国航天科技集团公司第一研究院18所CZ–2F火箭伺服机构副主任设计师

胡润芝　中国航天科技集团公司第四研究院7416厂921逃逸发动机绝热工艺与工装设计主任研究师

陈同祥　中国航天科技集团公司第五研究院总体部研究员

韩晓健　中国航天科技集团公司第五研究院总装与环境工程部921工程动力学试验技术指挥

宣晓萍　中国航天科技集团公司第六研究院801所副总设计师

白文秀　中国航天科技集团公司第七研究院7102厂921工程摇摆软管生产调度组长

王乃雯　中国航天科技集团公司第八研究院804所921工程指挥

金伟英　中国航天科技集团公司第八研究院149厂飞船部副主任

梁小清　中国航天科技集团公司第九研究院165厂主任工艺师

樊贺斌　中国航天科工集团四院红峰控制公司副总设计师

闫淑凤　中国航天科工集团061基地群建精密机械有限公司三车间工人

丁继杰　中国航天科工集团河南总公司695厂生产管理部副部长

刘　华　中国电子科技集团公司第二十七研究所测控系统事业部测评技术室主任

秦小英　中国电子科技集团公司第三十四研究所第四事业部主任

何迎辉　中国电子科技集团公司第四十八研究所军品部高级工程师

李晓芳　中国电子科技集团公司第五十四研究所卫星通信与广播电视专业部研究员级高级工程师

陶若燕　中国电子科技集团公司第五十五研究所微波毫米波模块电路事业部副主任

即时授予

张丽莉　黑龙江省佳木斯市第十九中学语文教师

何　遥　湖南省株洲市二医院普外科护士

彭伟平　安徽省宿州市灵璧县高楼镇张场村村民

石秋杰　南昌大学化学系教授、博士生导师

郭　佳　海航集团天津航空GS7554航班乘务长

章金媛　中国红十字会南昌志愿护理服务团理事长、江西省南昌市第一医院原护理部主任、江西省红十字志愿护理服务中心主任

马彩凤　陕西省宝鸡市扶风县公安局刑警大队刑侦技术员

梁姣花　广西壮族自治区河池市都安瑶族自治县安阳镇益梨社区克圩屯农民

2013 年

全国三八红旗手标兵

张丽莉　黑龙江省佳木斯市第十九中学语文教师
卢新宁　人民日报社高级记者
钱阿玲　江苏省吴江市巾帼农村小额贷款股份有限公司董事长
王争艳　湖北省武汉市汉口医院副主任医师
徐　晓　河南省郑州海龙集团董事长
刘　晶　中国人民解放军66427部队销毁站副站长兼技术10级助理工程师
黄　薇　上海人类基因组研究中心党支部书记、常务副主任，上海交通大学医学院教授、博士生导师
尼玛卓玛　西藏自治区农牧科学院农业研究所经济作物研究室主任
薛　莹　中航工业西飞国航总厂“薛莹班”班长
刘彩华　黑龙江省哈尔滨市双城市周家镇东跃村农民
王亚平　航天员
龚全珍　江西省莲花县甘家小学原校长

全国三八红旗手

北京市

艾冬云　北京电视台新闻节目中心主任
张　伟　北京市大兴区妇联主席
马小兰　北京博源包装制品有限公司董事长
陈　琦　北京市海淀区人民法院常务副院长
马　菁　北京家盒子文化有限公司董事长
吕　璠　北京市卫生局老年与妇幼卫生处（精神卫生处）处长

王凤进　北京市银山出租汽车有限责任公司出租汽车驾驶员
张　琪　首都经济贸易大学劳动经济学院教授、教务处处长

天津市

李　莉　天津长荣印刷设备股份有限公司董事长兼总经理
刘亦薇　天津象形科技有限公司董事长兼总经理
赵乃勤　天津大学材料科学与工程学院金属材料系主任
王晶瑄　天津市河北区检察院办公室主任、案件管理办公室主任
郐学青　天津市南开区育红中学副校长
乔建英　天津市静海县县直机关第一幼儿园园长
张　颖　北方国际集团有限公司总经理、党委副书记
张思慧　天津市宝坻区人民检察院未成年人刑事犯罪检察科助理检察员

河北省

孙玉春　河北省承德市农牧局新能源办公室主任、推广研究员
田家琳　河北省张家口市园林绿化管理局局长
侯葵然　河北省秦皇岛市妇联副主席
高淑珍　河北省唐山市滦南县司各庄镇洼里村农民
肖　雪　河北省黄金佳集团董事长
杜雅红　中国银行股份有限公司保定分行副行长
纪秀丽　沧州渤海投资担保有限公司董事长、党支部书记
申文霞　河北省衡水市景县县委副书记、组织部长
杨淑芳　河北省邢台市人口和计划生育委员会党组书记、主任
赵鱼企　河北企美农业科技有限公司董事长

山西省

孟佩杰　山西省临汾市隰县文物旅游局干部
高桃子　山西省保德县三元有限责任公司董事长
刘小梅　山西省长治市宏达针纺有限公司经理
刘国英　山西省晋中市妇联主席
武彩萍　山西省山阴县金银花手工艺织品有限责任公司董事长兼总经理

吴素慧　山西大医院妇产科主任
谢　涛　山西省太原市晋剧艺术研究院名誉院长

内蒙古自治区

赵　晶　内蒙古一机集团第四分公司 413 车间数控车床工人
乔　霞　内蒙古自治区兴安盟妇联党组书记、主席
郭二玲　内蒙古自治区呼和浩特市玉泉区法律援助中心法律援助律师志愿者
诺日吉玛　内蒙古自治区锡林郭勒盟正蓝旗上都镇恩格尔嘎查嘎查长
山　丹　内蒙古人民广播电台文艺制作中心网络节目中心主任
王春梅　内蒙古博隆投资集团有限公司董事长
何燕敏　中国人民解放军内蒙古军区政治部文工团副团长兼编创室主任

辽宁省

孙　波　沈阳地铁集团有限公司运营分公司副总经理
王玲杰　辽宁省大连市妇联主席
姜秀云　辽宁省抚顺市丰远集团总经理
尚　书　辽宁省丹东市公安局大孤山经济区公安分局政委
杨晓方　辽宁省锦州市财政局党委委员、总会计师，锦州银行监事会副主席
刘艳梅　辽宁省营口市公安局出入境管理处处长
王　君　辽宁省辽阳市弓长岭区汤河温泉职工疗养院院长
白银燕　辽宁省葫芦岛市龙港区人民检察院检察长
杨　宁　交通银行股份有限公司辽宁省分行沈阳铁西支行行长

吉林省

熊　梅　东北师范大学附属小学校长
孙亚鹃　吉林省荣发农业开发集团董事长
康　伶　吉林省四平市中央东路小学校长
姜　丽　吉林省白山市妇联主席
李晓华　吉林昊宇电气股份有限公司副董事长
李彩云　中国石油天然气股份有限公司吉林油田分公司新木采油厂采油一队 5 号井组班长

刘德珍　　吉林省省直机关妇委会主任

黑龙江省

王　伟　　黑龙江省哈尔滨市公安局地铁分局政治处副主任

魏　丹　　黑龙江省农业科学院土壤肥料与环境资源研究所所长

王丽华　　黑龙江省齐齐哈尔市妇联国学公益学校讲师

石岩梅　　黑龙江省高级人民法院立案二庭庭长

段晶莹　　黑龙江倍丰农业生产资料集团有限公司副总经理

张春姣　　黑龙江经济报社副社长

周秀华　　黑龙江省哈尔滨市道里区妇联主席

刘淑侠　　黑龙江省绥化市望奎县火箭镇正兰四村党总支书记

孙　伟　　黑龙江省鸡西市长寿堂医药连锁有限公司董事长

上海市

唐融融　　晨讯科技（上海）有限公司执行董事、高级副总裁、党委书记

孙爱军　　上海市虹口区广灵路小学校长

唐　敏　　上海市普陀区人民法院刑庭庭长

刘美娟　　上海市宝山区妇联副主席

张引娟　　上海市嘉定区江桥镇封浜村党总支书记

程美华　　上海市金山丝毯厂厂长

冯　洁　　上海机场出入境检验检疫局旅检一科科长

朱晨红　　上海隧道工程股份有限公司党委书记

江苏省

吴　汾　　南京聚隆科技股份有限公司董事长、总裁兼研究院院长

包丽君　　江苏省华西新市村党委副书记、华西金融投资公司总经理

张　俭　　江苏省徐州市妇联副主席

于巧锡　　江苏省常州市政府妇女儿童工作委员会办公室主任

韩克勤　　江苏省电力公司苏州供电公司客户服务中心营业与电费部副主任

蒋　莉　　江苏省淮安市中医院妇科主任中医师、科教科长、党支部书记

孙益强　　江苏省盐城市东台地方税务局党组书记、局长

薛巧云　江苏省高邮巧妹子科技养殖园董事长

胡云霞　江苏省镇江市女性创业促进会会长

郑美琴　江苏省泰州市工商局“郑美琴工作室”负责人

浙江省

陈辽敏　浙江省杭州市西湖区人民法院立案庭庭长

朱　红　浙江省杭州市江干区妇联主席

刘佳芬　浙江省宁波市达敏学校校长、党支部书记

全　宁　浙江省凯奇集团有限公司总裁、党支部书记

裘菊兰　浙江永通纺织品进出口有限公司董事长

黄　宁　浙江省金华市金东区政协学习与文史办主任

叶兰花　浙江省衢州市柯城区荷花街道兴华社区副主任、兰花热线工作室主任

贝海芬　浙江省舟山市定海区文昌社区党支部书记、主任

陈异丹　浙江省台州广播电视总台播音员

程惠芳　浙江工业大学应用经济学省人文社会科学重点研究基地带头人、教授、博导

安徽省

李　燕　武警安徽省总队后勤部财务处处长

蔡昌凤　安徽工程大学研究生部副主任

吴亚男　安徽省水上运动管理中心皮划艇队运动员

张兆华　安徽省阜阳市颍泉区中市街道办事处新建社区党委书记、主任

孙明霞　安徽省淮南市市直机关幼儿园园长

方　萍　安徽省铜陵市铜官山区五松社区党工委书记、居委会主任

刘秀丽　安徽省天富电子（集团）有限公司总经理

孙棠丽　安徽省蚌埠市怀远县渔业科技发展有限责任公司总经理

陶旭临　安徽省池州市妇联主席

许正莲　安徽省六安市舒城县妇联主席

福建省

林　丹　福建省福州市鼓楼区东街街道军门社区党支部书记、主任

孙劲梅　福建京剧院一级演员、演出团团长

王挹青　厦门大学附属中山医院副院长

黄小清　福建省清流县供电有限公司余朋营业所收费员

李　方　武夷星茶业有限公司总经理

陈娟娟　福建省泉州市高甲戏剧团一级演员

蔡枫莺　华甸木业有限公司总经理

余雪仙　福建省古田县卓洋乡秀峰村党支部书记

沙爱国　中国人民解放军第 174 医院生殖中心主任

江西省

张秀桃　江西省上饶市鄱阳县鄱阳镇卫生院医生

余丽萍　江西省九江市瑞昌市湓城街道广场社区党支部书记、主任

王景萍　江西省景德镇市妇联组织宣传部部长

柳平霞　江西省新余市分宜县劳动服务贸易公司经理

廖　丽　江西省赣州市公安局交警支队直属大队女警中队代理指导员

谢林花　江西省宜春市高安市建山镇排楼村党支部书记、妇代会主任

戴永妹　江西省抚州市银圣王洁具有限公司董事长

余　晖　江西人民出版社副社长、副总编辑

徐闽洪　江西省鹰潭市贵溪市金土地农业发展有限公司总经理

山东省

祖爱民　山东省济南市济阳县委书记、县人大常委会主任

孙克键　中国铝业山东分公司氧化铝厂拜耳法四区电气工程技术员

徐春梅　山东省枣庄市财政投资评审中心高级经济师

李玲君　山东省烟台市妇联主席

田素英　山东省潍坊市女企业家协会副会长

倪丽君　山东省济宁市妇联主席

刘　秀　山东省泰安市中医二院护士

季国梅　山东省菏泽金霸商贸有限公司营业厅经理

王桂云　山东协和学院党委书记

张志勉　山东大学齐鲁医院健康体检中心主任

河南省

徐　晓　河南省郑州海龙集团董事长

张颖波　河南省周口市旅游局局长
陈桂杰　河南中州快捷酒店投资有限公司董事长
张月玲　河南省洛阳市妇联主席
王庆祝　郑州大学第一附属医院主任医师
郭素勤　河南省汇城基础建设有限公司董事长
周伟凤　河南省安阳市慈善总会理事
李香芳　河南省鹤壁市女摄影家协会副会长
邹辉琳　河南省妇女儿童活动中心高级教师
石瑞霞　河南省妇联办公室机要员

湖北省

肖　芳　湖北省中山医院护士长
唐静平　湖北省群众艺术馆研究馆员、湖北省舞蹈家协会副主席
张明丽　大冶有色金属集团控股有限公司冶炼厂电解二车间钉耳一班班长
李红艳　湖北省武汉市汉阳区人民检察院检察委员会专职委员、公诉科科长
张　华　武汉科技大学绿色制造与节能减排科技研究中心主任、教授
周　巍　中国船舶重工集团公司第七〇一研究所研究员
肖权梅　湖北省襄阳市保康县马桥镇汇源矿贸公司经理
苏柳英　湖北省鄂州市残联康复维权部主任科员
黄先碧　湖北省恩施土家族苗族自治州宣恩县环境卫生管理所道路清扫保洁员
张　竞　湖北省高级人民法院民一庭副庭长

湖南省

潘平波　湖南省长沙市芙蓉区国家税务局局长
廖　英　湘潭日报社新闻部副主任
黄开淑　湖南省常德市第一人民医院妇产科主任、生殖中心主任
朱春芝　湖南省张家界市桑植县机构编制委员会办公室主任
杨丽仙　湖南省益阳市妇联主席
邝光荣　湖南省郴州市宜章县妇联党组书记
乔晋平　湖南省永州市直属机关工作委员会书记
张远方　湖南省怀化市第一人民医院妇产科副主任、产科主任

田晓英　湖南省湘西土家族苗族自治州移动公司古丈分公司经理

冯丽君　湖南省人民检察院公诉三处助理检察员

广东省

刘绮玲　广东省广州市公安局黄埔区分局刑警大队政委

黄伟兰　广东省深圳市福田区下沙社区综合党委书记、居委会主任

蔡奕平　珠海出入境边防总站拱北出入境边防检查站二队副队长

范毅桦　广东省惠州市妇联主席

郑兆芬　广东省中山市三乡镇雍陌村委会委员、妇代会主任

刘展红　广东省江门市妇联主席

陈　梅　广东省湛江市雷州市运源水产品有限公司副董事长

杜晓娟　广东省茂名市锐旗人力资源公司总经理、党支部书记

袁利群　美的集团股份有限公司董事、高级副总裁、首席财务官

郭　姣　广州中医药大学副校长、教授、主任医师

广西壮族自治区

谢华娟　广西壮族自治区南宁市西乡塘衡阳街道中华中路社区居委会党支部书记

吴媚媚　广西壮族自治区柳州市中级人民法院民三庭副庭长

李安妮　广西蓝天建筑设计有限公司董事长

苏淑梅　广西梧州茂圣茶业有限公司董事长兼总经理

梁秋伶　广西壮族自治区百色市妇联主席

植志毅　广西壮族自治区贺州市公安局八步分局禁毒大队副大队长

莫燕飞　广西壮族自治区百色高级中学高级教师

黄秀红　广西壮族自治区河池市东兰县泗孟枫树林生态养殖合作社社长

吴　立　广西壮族自治区来宾市来宾华侨投资区党委副书记、管理委员会主任

海南省

周　凡　中海石油化学股份有限公司执行副总裁

石世姨　乐东创新妇女哈密瓜种植专业合作社理事长

郑洪波　海南省三沙市委办公室主任科员

赵立洪　海南省琼海市妇联主席

孙　茜　海南省海口市公共绿化管理所副所长

重庆市

周月华　重庆市北碚区柳荫镇西河村卫生室乡村医生

李　莉　重庆渝通机械有限公司技术部长

李龙梅　重庆市特殊教育中心校长

周纪萍　重庆市南岸区弹子石街道惠工村社区党委东坪坡党支部书记

孙　燕　重庆市江北区观音桥街道建北社区党委书记

杨德碧　重庆市涪陵区龙潭镇义和村二社农民

李春燕　重庆腾汇科技有限公司（腾讯·大渝网）总裁

王洪英　重庆市垫江县大石小学教师

陈寒梅　重庆市云阳县妇联主席

四川省

邹宗凤　四川蓝剑饮品集团有限公司副总经理

谢晓君　四川省甘孜藏族自治州康定县木雅祖庆学校副校长、教师

黄　曼　四川省绵阳市公安局涪城区分局一级警司

王启蓉　四川省成都市金堂县五凤镇白岩村卫生站医生

廖玉兰　四川省眉山市仁寿县双堡乡党委书记

冯学珍　四川省乐山市市容环境卫生管理局环卫工人

马怀礼　四川省雅安市天全县紫石乡紫石关村党支部书记

郭　骋　四川省遂宁市大英县妇联主席

泽仁旺姆　四川省阿坝日报社工会副主席、办公室副主任

牛红评　四川省凉山彝族自治州公安局强制隔离戒毒所政委

贵州省

马培桂　贵州省贵阳市息烽县养龙司乡幸福村村民

令狐婉琼　贵州省遵义市人民检察院预防

局副局长

麻志南　贵州省铜仁市松桃苗族自治县纪委监察局第四纪工委（监察分局）书记

周明凤　贵州省安顺市关岭布依族苗族自治县国家税务局稽查局局长

钟　晶　贵州省黔西南布依族苗族自治州贞丰县龙场镇龙河村卫生室医生

孙方红　贵州省黔南布依族苗族自治州罗甸县董王乡中心学校支教教师

陈余贤　贵州省毕节市大方县双山镇香田村妇代会主任

杨雪梅　贵州红樱桃果业有限公司董事长

姜　杰　贵州航天控制技术有限公司总装车间班长

云南省

李　红　云南昆明医科大学第一附属医院内分泌代谢病科主任

刘　炯　云南省公安厅交警总队高速公路交巡警支队副政委

张　霞　云南省国家税务局机关工会专职副主席

段煜芬　云南红河哈尼族彝族自治州泸西电力有限责任公司变电管理所试验班班长

杜琼芝　云南省西双版纳傣族自治州勐海县鹏程茶厂厂长

李菊英　云南省丽江市实验学校教师

尹菊轩　云南省怒江傈僳族自治州泸水县幼儿园园长

布　称　云南省迪庆藏族自治州德钦县奔子栏镇妇联主席

陈凤仙　云南省临沧市沧源县班洪乡党委书记

西藏自治区

拉　宗　西藏自治区林芝地区朗县仲达镇卓康村村民

央拉姆　西藏自治区日喀则地区岗巴县岗巴镇门德村村民

白锦华　西藏自治区公安边防总队政治部副主任

马红梅　西藏自治区山南地区中级人民法院副县级审判员

朗嘎次仁　西藏自治区阿里地区日土县日土镇党委书记

陕西省

纪文燕　陕西省西安市葡萄研究所副所长
宋　盈　陕西省渭南市临渭区北塘实验小学校长
陈雪芹　陕西省延安市子长县石家湾管委会贺家湾村党支部书记
屈秀琴　陕西省榆林市神木县妇联主席
赵玉秀　陕西省汉中白天鹅大酒店有限公司董事长
郝世玲　陕西省西安市公安局莲湖分局劳动南路派出所主任科员
崔荣华　陕西省西安荣华企业集团董事长
黄庆雪　陕西省安康市长兴建筑（集团）有限公司副总裁
周素琴　陕西竹园嘉华控股集团有限责任公司董事长

甘肃省

丁进梅　甘肃省兰州市榆中县夏官营镇红柳沟村党支部书记
桂亚男　甘肃省兰州市公安局宣传处副处长
徐秉良　甘肃农业大学草业学院植物病理系系主任、教授
董晓玲　甘肃省妇联组织联络部部长
张学红　兰州大学第一医院副院长
何瑞莲　甘肃省平凉市巾帼志愿者协会会长
马太力哈　甘肃省临夏回族自治州康乐县胭脂镇蒲家肉牛育肥场创办人

青海省

陈海正　青海省海北藏族自治州门源回族自治县中医院总护士长
李雅平　青海省海南藏族自治州第一高级中学高级教师
切阳什姐　青海省体育工作一大队助理教练员兼运动员
沙　沨　青海省西宁市人民检察院公诉处副处长
余美娟　中国水利水电第四工程局有限公司第五分局向家坝项目部拌和厂拌和楼运行女子班班长

宁夏回族自治区

李　文　武警宁夏总队司令部办公室副主任
胡文慧　宁夏银行计划财务部总经理

金海平　宁夏回族自治区银川市永宁县妇联主席

马秀琴　宁夏回族自治区石嘴山市惠农区园艺镇安乐桥村党支部书记兼村委会主任

王雪娟　宁夏回族自治区固原市隆德县六盘山雪娟苗木专业合作社理事长

新疆维吾尔自治区

李元敏　新疆维吾尔自治区伊犁哈萨克自治州伊宁县胡地亚于孜乡盖买村党支部副书记

阿米娜·阿洪尼亚孜　新疆维吾尔自治区和田市拉斯奎镇阿瓦提村党支部书记

丽达·皮尔拜　新疆维吾尔自治区阿勒泰地区布尔津县个体工商户、“爱心妈妈”基金会负责人

古丽波斯坦·肉孜　新疆维吾尔自治区克孜勒苏柯尔克孜自治州人民医院产科主任、副主任医师

吴素珍　新疆维吾尔自治区塔城地区乌苏市古尔图镇福利牛羊肉清真冷库经理

龚露平　新疆维吾尔自治区博尔塔拉蒙古自治州救助管理站技师

新疆生产建设兵团

何国珍　新疆生产建设兵团农三师四十五团二十一连连长

王惠萍　新疆生产建设兵团农五师八十四团工会副主席、女工主任

解放军

冯　敏　中国人民解放军 61599 部队六局参谋

刘小娜　总政治部歌舞团歌队一级演员

王玉锋　解放军总医院门诊部住院管理科主任

郭慧峰　中国人民解放军 63891 部队技术部二室高级工程师

周晓萍　中国人民解放军 91053 部队某研究室高级工程师

简金蕾　空军工程大学防空反导学院导弹控制与测试系统教研室教授

李贤玉　中国人民解放军第二炮兵装备研究院第四研究所总工程师

曹军英　沈阳军区总医院特诊科主任

张　颖　中国人民解放军 66410 部队话

务连连长

贺　珍　中国人民解放军75100部队98分队政治指导员

刘　蓉　中国人民解放军78086部队51分队政治指导员

冯欲晓　武警宁夏回族自治区总队政治部宣传处副处长

中直机关

杨　雯　中央办公厅秘书局办文处处长

孙晓芳　中央政法委政法研究所所长助理

赵　嵋　中央党校机关党委办公室正处级调研员

叶　梅　中国作协《民族文学》杂志社主编

周　岩　新华社对外部记者、英文编辑

中央国家机关

韩晋萍　最高人民法院刑事审判第二庭审判长

王　英　国家发展与改革委员会办公厅信息处处长

王　静　工业和信息化部电子工业标准化研究院副总工程师、主任

李　宁　司法部直属机关党委办公室主任

金冬霞　环境保护部环境应急与事故调查中心应急二处处长

单杏花　中国铁道科学研究院电子计算技术研究所副总工程师、研究员

张广卿　农业部直属机关工会主席

刘　春　商务部中国机电产品进出口商会秘书长

徐荟竹　中国人民银行金融市场司主任科员

钱青俊　国家安全生产监督管理总局职业安全卫生所职业健康监护中心副主任

郑筱筠　中国社会科学院世界宗教研究所研究员

李清泉　中国气象局国家气候中心检测室主任、研究员

陈向京　全国社会保障基金理事会证券投资部处长

杨李梅　国家开发银行国际金融局综合处处长

石宝凤　中国兵器工业集团公司内蒙古北方重工业集团有限公司特种材料研究院基础技术室主任

关晓红　中国石油天然气集团公司思想政治工作部主任

罗　莉　中国石油化工集团四川维尼纶

厂分检车间主任技师

李　萍　中国华能集团公司山东发电有限公司党委书记、工会主席

段　恺　中国建筑工程总公司北京中建建筑科学研究院有限公司副总工程师

刘颖慧　中国中铁股份有限公司信访办公室原高级经理

吕秋菊　国资委直属机关工会主席

在天宫一号与神舟十号载人飞行任务中作出突出贡献的优秀女科技工作者

容　易　中国航天科技集团公司一院一部主任设计师

王　琪　中国航天科技集团公司一院12所运载系列型号指挥

李瑞珍　中国航天科技集团公司四院43所科技委常委

罗谷清　中国航天科技集团公司五院502所载人航天工程项目指挥

姜　坤　中国航天科技集团公司北京卫星制造厂载人航天领域副总师

陈　霄　中国航天科技集团公司五院航天恒星科技有限公司副总工程师

苏翠娥　中国航天科技集团公司六院上海空间推进研究所载人飞船推进系统副主任设计师

李　锋　中国航天科技集团公司六院11所一室副主任

范林霞　中国航天科技集团公司七院7111厂班组长

杨晓慧　中国航天科技集团公司八院上海航天设备制造总厂总装车间技术主任

李彤琛　中国航天科技集团公司八院上海航天电子技术研究所飞船项目办主任

姚小利　中国航天科技集团公司九院771所型号副主任设计师

吴　蓉　中国航天科技集团公司九院539厂型号主管设计师

李福秋　中国航天科技集团公司中国航天标准化与产品保证研究院可靠性所副所长

陈丽容　中国航天科工集团二院706所三室主任

张　兰　中国航天科工集团三院33所五室主任

陈　宁　中国航天科工集团三院35所技工

袁　蓬　中国航天科工集团四院南京307厂研发中心主管工艺师

顾丽平　中国航天科工集团四院险峰公司第二研究室高级主管设计师

张洪岩　中国电子科技集团公司第二十一研究所高级工程师

曾　玲　中国电子科技集团公司第三十研究所高级工程师

冯爱霞　中国电子科技集团公司第三十九研究所高级工程师

曹志英　中国电子科技集团公司第四十一研究所高级工程师

李慧敏　中国电子科技集团公司第四十九研究所副总工程师

第四届全国道德模范女性获得者 *

罗　玮　　解黎明　　热汗古丽·依米尔

刁　娜　　苏日娜　　杨小玲　　罗长姐

许张氏　　丁水彬　　苏金兰　　廖月娥

尼玛潘多　张桂兰　　李成环　　孙　奇

即时授予

金凤莲　四川省绵阳市平武县旧堡羌族乡关东村妇女主任

* 授予第四届全国道德模范女性获得者全国三八红旗手称号。

2014年

全国三八红旗手标兵

樊锦诗　敦煌研究院院长、中央文史研究馆馆员、兰州大学博士生导师

李贤玉　第二炮兵装备研究院第四研究所总工程师、研究员

张永莲　中国科学院上海生命科学研究院生物化学与细胞生物学研究所研究员、博士生导师、中科院院士

邓迎香　贵州省黔南布依族苗族自治州罗甸县董架乡麻怀村农民

李兰贞　天津天一建设集团有限公司总裁

荀笑红　黑龙江省哈尔滨市排水集团顾乡排水公司女子清掏班班长

王红心　河北省沧州市公安局刑警支队政治处主任

马恒燕　宁夏回族自治区银川市第二十一小学副校长、湖畔分校校长

武秀君　辽宁省本溪市本溪满族自治县南甸镇滴塔村农民

郁霞秋　江苏省苏州市张家港市金港镇长江村党委书记

全国三八红旗手

北京市

高晓虹　中国传媒大学新闻传播学部部长、教授

李晓玲　北京地铁车辆装备有限公司副总工程师、技术中心副主任

刘　英　北京市平谷区妇联主席

张桂琴　北京绿山谷芽菜有限责任公司董事长

胡　静　北京市朝阳区人民检察院公诉三处处长

薄成书　新世纪东方投资集团有限公司总裁

权忠敏　九三学社北京市委妇女工作委员会主任

郭　涵　北京市第101中学校长、上地实验学校校长

肖　炜　北京兰超服饰科技发展有限公司董事长

天津市

张　燕　中国银行股份有限公司天津东丽华明支行客户经理

冯翠玲　天津大学药物科学与技术学院党总支书记

李　瑛　天津歌舞剧院歌剧团副团长

贾　琴　天津威莎世纪美容集团总裁

王　超　天津市地下空间规划管理信息中心主任

杨月春　天津市金港华不锈钢商用设备有限公司董事长

耿玉凤　天津市北辰区宜兴阜镇一街党委书记、街委会主任

王月华　天津市南开区向阳路街昔阳里社区党委书记、居委会主任

河北省

李志宏　河北省石家庄市卫生和计划生育委员会主任

黄云峰　河北省承德市第一幼儿园园长、党支部书记

张淑梅　河北省张家口市妇联主席

刘桂兰　河北省唐山市人力资源和社会保障局就业促进处（失业保险处）处长兼就业服务局副局长

朱立春　河北省秦皇岛市中医医院院长、党委副书记

周维丽　国家电网廊坊供电公司党委书记

张学敏　河北省保定市旺盛敏达牧业有限公司董事长

居艳梅　河北省衡水市故城县医院副院长、妇产科主任

刘会平　河北省邢台市丰基投资有限公司董事长

陈致憨　河北省邯郸摩罗丹药业股份有限公司董事长、总经理

山西省

刘桂芝　山西省长治市妇幼保健院妇产科主任

阎继红　山西省太原六味斋实业有限公司董事长、总经理

郝江陵　山西省忻州市代县县委副书记、县长

赵　裕　山西省晋中市灵石县王禹乡党委书记

段爱平　山西省长治市襄垣县王桥镇返底村党支部书记、村委会主任

李战辉　太原铁路局侯马车务段运城火车站副站长

吴　波　山西省妇联发展部部长

陈玉芳　山西省运城市临猗县临晋镇代村妇代会主任、博达学校校长

内蒙古自治区

李元清　内蒙古自治区农牧业科学院研究员

阿荔蕙　内蒙古自治区呼伦贝尔市民政局党组书记、局长

梅园雪　内蒙古自治区通辽市科左中旗农牧业局副局长、农业技术推广中心主任

李淑清　内蒙古自治区呼和浩特市新城区人民法院院长

高艳丽　内蒙古自治区乌兰察布市集宁区泰吉电子科技有限公司总经理、党支部书记

娜仁花　内蒙古自治区鄂尔多斯市妇联主席

王岩坪　内蒙古大法扬律师事务所副主任

辽宁省

李建榕　中国航空工业集团公司沈阳发动机设计研究所副所长

孙秀华　辽宁省大连市普兰店市莲山街道榆树房村党总支书记、村委会主任

黄显芬　辽宁省抚顺市清原满族自治县妇联主席

秦晓杰　辽宁省本溪市溪湖区人民检察院党组书记、检察长

马怀颖　辽宁省巴新铁路有限责任公司总会计师

田　瑶　辽宁省铁岭远田企业集团董事长、总经理

姜淑秋　辽宁省朝阳凌塔酿造科技开发有限公司总经理

杨　丹　辽宁省盘锦市高级中学高三年部主任

唐　秀　辽宁省抚顺市清原满族自治县北三家乡北三家村党支部书记、村委会主任

吉林省

崔满华　吉林大学第二医院院长助理、妇产科主任

金永鲜　吉林省四平市妇联主席

董树文　吉林省辽源誉隆亚东药业总工程师

赵玉丽　吉林省通化红星洗煤有限公司副董事长

林松淑　吉林省延边朝鲜族自治州延吉市公园街道园辉社区党总支书记

陈　洁　吉林省人民检察院公诉三处处长

郭　丽　长春理工大学妇委会主任

黑龙江省

王淑云　黑龙江省鸡西市城子河区伟业虫草专业合作社理事长

高天姿　黑龙江雪乡律师事务所主任

于桂芳　黑龙江省哈尔滨商委肉制品有限公司董事长

牛彩云　黑龙江省龙煤七台河分公司运输部工务段轨道车司机

国　杰　黑龙江省伊春市金山屯林业局小昆仑林场妇委会主任

杨　晶　黑龙江人民广播电台台长

韩春慧　黑龙江省大兴安岭地区医院内一科导管室护士

姜　驰　黑龙江省佳木斯市富锦市砚山镇福祥村党支部书记

孙　静　黑龙江省金鼎经贸有限公司总经理

上海市

王丽萍　上海电影（集团）有限公司编剧

张　苗　中国科学院上海微系统与信息技术研究所研究员

陈小鸿　同济大学磁浮交通工程技术研究中心主任、教授、博士生导师

陈　靖　复旦大学附属华山医院肾病科副主任

贺　佳　第二军医大学卫生勤务学系卫生统计学教研室主任

葛海英　上海市杨浦区人民检察院控告

申诉科科长

裘　索　上海市锦天城律师事务所高级合伙人

谭金凤　上海市宝山区月浦镇社区事务受理服务中心主任

蔡蕴敏　复旦大学附属金山医院伤口造口护理组组长

江苏省

史爱华　江苏省南京晓庄学院教师教育学院学前教育专业学术带头人、教授

汤亚平　江苏省常州市天宁区雕庄街道中村村民政助理

陆汉萍　江苏安惠生物科技有限公司总经理、高级经济师

崔　花　江苏省盐城市交通运输局副局长、民航站站长

李建梅　江苏省淮安市淮阴区绿源辣椒种植专业合作社农民

陈玉瑛　江苏省扬州市第一人民医院儿科护士长

王咏梅　国家一级作曲、中国音乐家协会会员

戴香玲　江苏省泰州市兴化市大地蓝绢纺有限公司董事长、总经理

谢建红　江苏省苏州市妇联主席

孙金葵　江苏省宿迁市巾帼志愿服务指导中心副主任

浙江省

王滨梅　浙江小百花越剧院（浙江越剧团）副院长、副团长

薛滔菁　中国新型建材设计研究院市场经营部总工程师

马春玉　浙江省宁波市宝韵音乐幼儿园园长

蔡晓秋　浙江省温州市瓯剧艺术研究院副院长

苏卫琴　浙江省长兴大洋生物饲料有限公司董事长

芮红卫　浙江省嘉兴市嘉善县信访局副局长

江桂兰　浙江省台州富岭塑胶有限公司董事长

应林翠　浙江绿园禽业有限公司总经理

金丽琴　浙江省温州医科大学图书馆馆长、教授、硕士生导师

安徽省

丁凤琴　安徽省农业科学院水产研究所养殖研究室主任、研究员

刘万霞　安徽省合肥科技农村商业银行股份有限公司党委书记、董事长

杨苗苗　安徽省蚌埠市公共交通集团有限公司驾驶员

白　琳　安徽省阜阳市公安局刑警支队三大队教导员

黄爱东　安徽康佳电子有限公司党委副书记、纪委书记、工会主席

何允芝　安徽省亳州市涡阳县人民法院党组成员、副院长

徐晓霞　安徽省池州市第二人民医院儿科护士

徐　卫　汉爵集团安徽区域董事长

秦凤玉　淮北矿业（集团）有限责任公司组织人事部部长、新区党委书记

俞晓红　安徽师范大学文学院教授、皖江学院副院长

福建省

陈素珍　福建省厦门市湖里区金尚社区党委书记

林　芳　福建省漳州光照人茶业有限公司董事长

许光园　福建省三明市永安市小陶镇五一村党支部书记、妇代会主任

冯素金　福建省龙岩市武平县城厢镇副镇长

陈黎华　福建省女子监狱直属二中队副主任科员

黄六莲　福建农林大学材料工程学院系主任

苏巧金　福建省南平市高速公路有限责任公司副总经理

孟昭丽　新华社福建分社记者

林海艳　福建水口发电集团有限公司自动化班技术员

江西省

邹德凤　南昌大学第四附属医院医疗服务部主任

喻　琳　江西江铃集团控股公司质量部质管员

蔡玲玲　江西省景德镇市珠山陶瓷研究所所长

洪　葵　南昌大学第二附属医院心血管内科主任医师

邱菊清　江西省萍乡市上栗县上栗镇万石深圳希望小学妙岭教学点教师

兰念瑛　江西省抚州市资溪县乌石镇新月村党支部书记

郭　皎　江西省宜春市妇联主席

王晓燕　江西省女法律工作者联谊会副秘书长

车晓燕　江西省欧泰龙家具实业有限公司总经理

山东省

郑秀云　山东省济南市明水眼科医院院长

赵士梅　山东省泰安市女企业家协会会长

刘艳艳　山东省临沂市兰山区兰山街道西关社区居委会主任

苏佃俐　山东省日照市莒县女企业家联谊会会长

刘淑秀　山东省临沂市沂南县县委书记、县人大常委会主任

张慧君　山东省德州市妇联主席

刘培淑　山东大学齐鲁医院妇产科主任医师、教授、博士生导师

冷严凌　山东省浪潮集团有限公司执行总裁

朱丽娟　山东省审计厅机关党委专职副书记、妇委会主任

刘　骏　山东广播电视台新闻中心文教新闻采访部主任

河南省

吕妙霞　河南省洛阳市孟津县城关镇农民

吕　娜　河南省妇女问题理论研究会理事

李　芳　河南省焦作市温县鑫山怀药专业合作社理事长、民进河南省委经济联谊会秘书长

赵　洁　河南省开封市关心下一代工作委员会副主任

胡相云　河南省信阳市银行业协会副会长

罗文阁　河南省周口市郸城县农科所农艺师

梁丽萍　河南省平顶山市半边天家政服务中心主任

付喜珍　河南省许昌市长葛市世纪鑫公司职工

钱晓玲　河南省信阳市罗山县灵山茶叶合作社理事长

王月季　河南省女企业家协会副会长

湖北省

易　勤　湖北省武汉市东方红食品有限公司经理

何　艳　湖北省武汉市第一看守所所长

邹　薇　武汉大学经济与管理学院教授、博士生导师

肖祖红　湖北省黄石市爱心满园义工之家理事长

刘发英　湖北省宜昌市长阳土家族自治县龙舟坪镇花坪小学副校长

陈增月　湖北山缘山珍食品有限公司总经理

刘　英　湖北省武汉广播电视台交通频率总监

代红艳　湖北省孝感市云梦县公路管理局倒店道班班长

谢爱娥　湖北省荆州市洪湖市滨湖办事处船头咀村妇代会主任、卫生室医生

朱　琳　湖北省恩施土家族苗族自治州宣恩县邮政局沙道沟邮政支局副局长

湖南省

谭慧慧　湖南省长沙市妇联主席

易桂芝　湖南省株洲市天元区环卫处天台路清扫班班长

肖雨林　湖南省湘潭市湘乡市东郊乡新塘村党支部书记、村委会主任

肖跃莲　湖南省衡阳市蒸湘腾跃工艺厂董事长

匡　玲　湖南省邵阳市隆回县地方税务局党组书记、局长

阮　梅　湖南省岳阳市华容县文联主席

彭海珍　湖南省娄底市双峰县精神病医院党组书记、院长

肖艳萍　湖南省怀化市发展和改革委员会党组成员、副主任

叶春宁　湖南省湘西土家族苗族自治州吉首诚成纺织有限公司董事长

许　宁　中国建筑第五工程局有限公司总承包公司音乐厅项目总工程师

广东省

林悦卿　广东省珠海市公安局斗门分局坭湾派出所科员

陈兆年　广东省珠江钢管集团有限公司执行董事

李亚威　广东省深圳市电影电视家协会常务副主席、国家一级编剧

沈小琴　广东省佛山市南海区里水镇北沙村党总支书记、村委会主任

肖卫华　广东省梅州市梅江区委副书记、区长

闫文静　广东省中山大洋电机股份有限公司党委副书记

吴　丹　广东省肇庆市公安消防局局长

方卫玲　广东省潮州市湘桥区城基中学暨城基实验中学校长

林少卿　广东省揭阳市工商局副局长

陈小苹　广东省人民医院感染科主任

广西壮族自治区

杜丽群　广西壮族自治区南宁市第四人民医院艾滋病科护士长

张建平　广西壮族自治区柳州恒达出租汽车有限公司出租车驾驶员

赖　群　广西壮族自治区梧州市投资促进局党组书记、局长

庞光玲　广西壮族自治区北海市妇联主席

何　玲　广西壮族自治区防城港市东兴市江平镇巫头村村委会主任、妇代会主任

韦雪明　广西壮族自治区贵港市荷城义工协会会长

黄业珍　广西壮族自治区玉林市北流市六麻镇上合小学水表分校教师

甘伟珊　广西日报传媒集团南国早报副总编辑

陈红岗　广西八桂女子就业服务中心主任

海南省

徐　雯　海南医学院附属医院主任医师

杨秀英　海南科技职业学院校长

李良珍　海南省琼中爱奇兰园有限责任公司总经理

李玉娟　海南省保亭黎族苗族自治县城市管理局环卫站工人

苏生转　海南省临高县海丰养殖发展有限公司负责人

重庆市

谢　琳　第三军医大学大坪医院眼科副主任

曹敬明　重庆钢铁（集团）有限责任公司副总经理

钟　黎　重庆市渝中区建设和交通委员会纪委书记

李　洪　重庆市天圣制药集团股份有限公司总经理

周腊梅　重庆市綦江区市政园林管理局市政管理监察支队支队长

唐琼仙　重庆市秀山土家族苗族自治县环境卫生管理所清扫工

周　娟　重庆市梁平县特殊教育学校党支部书记、副校长

余培珍　重庆市江津区德感街道居民
彭吉华　重庆市铜梁县妇联主席

四川省

李春梅　四川省广安市岳池县东街小学党支部书记、校长
吴菊芬　四川省眉山市仁寿县委群工部副部长、县信访局局长
颜俊辉　四川省成都盛世文锦投资有限责任公司董事长
武　静　四川省雅安市芦山县纪委正县级干部
贾　娅　四川省绵阳市北川羌族自治县妇联主席
吴　艳　四川省遂宁市大英县鑫燕畜禽专业合作社理事长
赵凤林　四川省南充市西充县太平镇敬老院院长
牟　杨　国家电网四川省电力公司凉山供电公司马道供电所所长
徐朝霞　中国人民解放军成都军区总医院急诊科护士长
马剑霞　四川省凉山彝族自治州雷波县大坪子乡中心校校长

贵州省

邓迎香　贵州省黔南布依族苗族自治州罗甸县董架乡麻怀村农民
李　华　贵州省六盘水市机构编制委员会办公室主任
史开艳　贵州省贵阳市修文县谷堡乡平滩村党支部书记
戚咏梅　贵州省黔东南苗族侗族自治州台江县委书记
龙丽红　贵州省遵义市绥阳县公安局郑场派出所教导员
陈湘媛　中国移动通信集团贵州有限公司黔西南分公司总经理
朱伟华　贵州师范大学文学院教授
龚翠萍　贵州盘江投资控股（集团）有限公司总医院工会干事
龙清孟　贵州省种畜禽种质测定中心副科长、高级兽医师

云南省

舒　群　云南省农业科学院园艺作物研究所研究员
香九妹　云南省迪庆藏族自治州德钦县云岭乡西当村村医
张仪姬　云南建工物业服务有限公司党

支部书记、董事长、总经理

史庆兰　云南省呈贡体育训练基地山地自行车运动员

肖　洁　云南省昆明市安宁市人民检察院检察长

李　晶　云南省曲靖市第一中学党委书记、校长

杨凤兰　云南省玉溪市元江县洼垤乡妇联主席

柯应美　云南省保山市施甸县美良园艺有限公司董事长

刘金峰　云南省普洱市西盟佤族自治县佤山服饰有限公司总经理

西藏自治区

格　桑　西藏自治区那曲地区那曲县劳麦乡党委副书记、乡长

丹增卓玛　西藏自治区阿里地区改则县卫生服务中心副主任、住院部主任

王　丽　西藏自治区财政厅监督二处处长

德　吉　西藏职业技术学院学工处处长、团委书记

西洛卓玛　西藏竞技体育管理中心摔跤运动员

陕西省

周苏萍　陕西省咸阳市机关幼儿园园长

米　莹　陕西明珠瑞吉欧教育科技有限公司董事长

张小侠　陕西省渭南市临渭区曙光特殊教育学校校长

杨景芹　陕西省延安市洛川县明景实业有限责任公司董事长

沈秀丽　陕西省榆林市靖边县爱心老年公寓院长、海滨水产养殖专业合作社理事长

纪凤兰　陕西省汉中市勉县新街子镇立集村村委会主任、妇代会主任

杨小翠　陕西省安康市中心医院消化病科主任、内科党支部书记

王彩凤　西北工业大学附属小学校长

宋亚平　陕西省美术家协会副主席、少儿艺委会主任

甘肃省

张晓燕　甘肃省天水市张家川县幼儿园园长

苏秀霞　甘肃省庆阳市巾帼联谊会秘书长

宋　亮　甘肃省平凉市环保局环境监测

站高级工程师

张红巧　甘肃省陇南市宕昌县妇幼保健院院长

李燕敏　甘肃省张掖市临泽县妇联主席

王淑燕　中国移动通信集团甘肃有限公司嘉峪关分公司党委书记、总经理

冯　卉　甘肃省兰州市城关区酒泉路街道党工委书记

青海省

董守莲　青海省西宁市湟源县林业工作站站长

郭得兰　青海省海东市乐都区中医院副院长

周措加　青海省海西蒙古族藏族自治州天峻县江河镇索德牧业社牧民

卓玛措　青海省果洛藏族自治州玛沁县妇联干部

张景华　青海省气象局气象服务中心高级工程师

宁夏回族自治区

马恒燕　宁夏回族自治区银川市第二十一小学副校长、湖畔分校校长

赵　静　宁夏森木隆节能服务股份有限公司董事长、总经理

李东梅　宁夏日报社会新闻部记者

马金莲　宁夏回族自治区民盟固原市委办公室副主任

柏玉红　宁夏回族自治区石嘴山市惠农区礼和乡星火村党支部副书记、妇代会主任

新疆维吾尔自治区

阿瓦汗·艾沙　新疆维吾尔自治区吐鲁番地区鄯善县妇联副主席

马莲霞　新疆交通建设（集团）有限责任公司技术中心副主任

库丽仙·热夏提　新疆维吾尔自治区阿勒泰地区福海县喀拉玛盖乡顶山牧业寄宿制小学校长

白建帏　新疆维吾尔自治区恒生律师事务所合伙人

茹仙古丽·沙吾尔　新疆维吾尔自治区和田地区维吾尔医医院院长

新疆生产建设兵团

张　玲　新疆生产建设兵团十三师火箭农场司法所所长

王英红　新疆石河子大学医学院第一附属医院妇产科主任

解放军

张　雪　军事体育运动大队军事五项队运动员

岳　红　八一电影制片厂故事片部演员剧团一级演员

赵彤言　军事医学科学院微生物流行病研究所媒介生物学和防治研究室主任、研究员

张　艳　中国人民解放军 63921 部队 13 室副主任

关　欣　海军航空工程学院 404 教研室主任、教授

景　博　空军工程大学航空航天工程学院检测技术与状态监控教研室教授

谢凌霞　中国人民解放军 96165 部队 21 分队副分队长

唐玉华　国防科学技术大学计算机学院计算机科学与技术系研究员

温　芳　中国人民解放军 65066 部队军官训练教研室高级讲师

黎　燕　中国人民解放军第 303 医院 191 临床部精神病一科护士长

郝　娟　武警江苏省总队医院南京分院政委

李诗佳　武警特种警察学院特种作战系学员

中直机关

白天亮　人民日报社经济社会部专刊编辑室主编

徐小萍　共青团中央实业发展中心中青印刷厂厂长

郭　静　新闻出版广电总局 201 台副台长

陈玩娟　新华社总编室值班室主任、总编室工会主席、妇委会主任

付明新　中国外文局人民画报社俄文《中国》杂志编辑部主任

中央国家机关

高晓力　最高人民法院民事审判第四庭审判员

牛育斌　国家发展和改革委员会价格司

石油和天然气价格处处长

韩劲红　教育部发展规划司直属基建处处长

王志勤　工业和信息化部电信研究院通信标准所所长

王巧红　国家安全部调研员

蒋　捷　国土资源部国家基础地理信息中心天地图工作部主任、总工程师

厉　青　环境保护部卫星环境应用中心大气遥感部副主任

贾　抒　住房和城乡建设部工程质量安全监管司工程技术处处长

王淑芳　交通运输部中国交通通信信息中心高级工程师

辛晓平　农业部中国农科院农业资源与农业区划研究所呼伦贝尔草原生态系统国家野外科学观测研究站常务副站长

翁红雅　审计署科学技术审计局二处副处长

赵文霞　国家林业局中国林科院森环森保所副所长、研究员

张凤珠　国家自然科学基金委员会医学科学部综合处副处长、研究员级高级工程师

林国庆　国家开发银行风险管理局风险管理一处处长

罗　英　中国核动力研究设计院设计所反应堆结构设计研究室主任

刘　敏　中海油能源发展股份有限公司工程技术分公司采油工艺总师

王　幸　中国南方电网有限责任公司广州供电局变电管理一所继保自动化班副班长

包德梅　中国华电集团公司南京国电南自轨道交通工程有限公司副总经理、总工程师

李辉逍　中国电信集团公司深圳分公司政企客户部高级项目经理

在嫦娥三号任务中作出突出贡献的优秀女科技工作者

朱冬阁　中国航天科技集团公司第一研究院一部十一室高级工程师

车妍琳　中国航天科技集团公司第一研究院 12 所长征三号甲系列火箭姿控系统副主任设计师

呼　啸　中国航天科技集团公司第一研究院 211 厂工艺处副处长、长征三号甲系列火箭工艺主管

谭　梅　中国航天科技集团公司第五研究院总体部嫦娥三号探测器系统副总指挥

张　熇　中国航天科技集团公司第五研究院总体部嫦娥三号探测器系

统产保经理、副总设计师

杨林华　中国航天科技集团公司第五研究院总装与环境工程部模拟与控制技术研究室副主任兼党支部书记

陈　岚　中国航天科技集团公司第五研究院西安分院副总工程师

何　健　中国航天科技集团公司第五研究院 502 所 GNC 系统型号指挥

李　辉　中国航天科技集团公司第六研究院 11 所远征公司副总经理兼航天产品事业部负责人

高亚飞　中国航天科技集团公司第六研究院 7103 厂火箭发动机总装车间工艺组组长

钟　徐　中国航天科技集团公司第六研究院 801 所嫦娥三号推进分系统主任质量师

张小英　中国航天科技集团公司第七研究院 692 厂副总工程师兼副总工艺师、制造技术中心主任

张玉花　中国航天科技集团公司第八研究院科技委常委、嫦娥三号探测器副总指挥兼副总师、嫦娥五号探测器副总指挥

施飞舟　中国航天科技集团公司第八研究院 805 所探月与轨道运输项目办主任、嫦娥三号型号指挥

陈京华　中国航天科技集团公司第九研究院 693 厂技术处高级工程师

王林梅　中国电子科技集团公司第九研究所工程师

汪晓燕　中国电子科技集团公司第十研究所研究员

郝景红　中国电子科技集团公司第十三研究所高级工程师

程曼曼　中国电子科技集团公司第十五研究所工程师

杨红梅　中国电子科技集团公司第十六研究所高级工程师

唐　斌　中国电子科技集团公司第二十七研究所工程师

李　华　中国电子科技集团公司第三十九研究所高级工程师

赵文锦　中国电子科技集团公司第五十五研究所高级工程师（研究员级）

李晓芳　中国电子科技集团公司第五十四研究所高级工程师（研究员级）

何晓亮　中电科技集团重庆声光电有限公司高级工程师（研究员级）

在第22届索契冬奥会上首次获得金牌的女子运动员

李坚柔　　短道速滑运动员

张　虹　　速度滑冰运动员

在我国某国家重点工程项目中作出突出贡献的优秀女科技工作者

杨西玲　　中国航天科工集团公司四院型号行政总负责人

李秀敏　　中国航天科工集团公司四院四部主任设计师

易　飞　　中国航天科工集团公司四院指挥自动化技术研发与应用中心总师助理

杨伟涛　　中国航天科技集团公司一院十四所主任设计师

即时授予

李红梅　　陕西省延安大学附属医院妇产科教研室主任、产科主任、教授

张雪梅　　四川省巴中市恩阳区尹家乡大垭口村大学生村官

罗腊英　　安徽省池州市青阳县杜村乡上峰村村民

秦开美　　湖北省潜江市浩口镇第三小学教师

2015年

全国三八红旗手标兵

李元敏　新疆维吾尔自治区伊宁县胡地亚于孜乡盖买村党支部书记

梁　芳　国防大学战略教研部教授、大校

董明珠　格力集团有限公司董事长、格力电器股份有限公司董事长兼总裁

王桂云　山东协和学院党委书记

王焕荣　河北省保定市南市区杨庄乡西高庄村党支部书记、妇代会主任

秦开美　湖北省潜江市浩口镇第三小学教师

王丽萍　上海电影（集团）有限公司编剧

章金媛　江西省巾帼志愿服务示范站负责人

次仁卓嘎　西藏自治区拉萨市城关区地毯厂厂长

柳清菊　云南大学工程技术研究院院长、教授

全国三八红旗手

北京市

孔爱军　北京市平谷区夏各庄镇龙家务村拾味农产品产销专业合作社社长、龙家务村党支部书记兼主任

孙祁祥　北京大学经济学院院长、教授、博导

杨立萍　北京市东城区妇联主席

侯惠荣　中国医学科学院肿瘤医院研究员

徐　凡　北京出版集团北京承启文化有限公司总经理

秦　君　清控科创控股股份有限公司董事长
董常青　北京市人民检察院办公室主任
臧艳霞　北京市三八服务中心家政服务员

天津市

蔡颖昭　天津安普德科技有限公司总经理
赵维娟　天津市和平区第十一幼儿园园长
王海波　狗不理集团区域总监兼水上北路店经理
刘秋华　天津市红桥区西于庄街道西于庄社区党委书记、主任
陈中红　宜垦（天津）集团有限公司董事长
金凡晴　每日新报社会新闻部主任
史　平　中石化第四建设有限公司经营管理处区域管理负责人
刘懿禾　天津市第一中心医院器官移植中心党总支兼移植 ICU 党支部书记、移植 ICU 科主任

河北省

杨葆英　河北省石家庄安瑞科气体机械有限公司总经理
魏建军　河北省承德市滦平县妇联主席
郝桂珍　河北建筑工程学院能源与环境工程学院党委书记
吴野平　河北省秦皇岛市教育局副局长
王春燕　河北省唐山市城乡规划局副局长、唐山市规划建筑设计研究院院长
杨淑莲　河北省廊坊市中医医院副院长
蒋志荣　河北省沧州市财政支付监督管理中心主任
武桂新　河北省衡水市枣强县唐林乡唐林村党支部书记
王海鹰　河北省邢台市第四幼儿园园长
石少华　河北省邯郸市新阳光化工有限公司总经理

山西省

宋小燕　山西省忻州市环境监测站站长
郭凤莲　山西省晋中市昔阳县大寨镇大寨村党总支书记
马怀兰　山西省晋中市昔阳县三都乡井沟村村委会主任

毕腊英　山西省高平市寺庄镇伯方村农民
李红英　中国建设银行临汾分行个人金融部六级客户经理
薛印芳　山西省运城市妇联主席
程芳琴　山西大学科技处处长、山西大学资源与环境工程研究所所长
韩清华　山西医科大学第一医院心血管内科副主任

内蒙古自治区

王天瑶　内蒙古包头市包钢钢联股份公司炼钢厂区域技术总管
陶迎春　内蒙古血液中心献血办主任
徐晓岚　中国人民银行呼和浩特中心支行征信处贷款卡管理科科长
包光玲　内蒙古自治区根河市林业局乌力库玛管护所管护队党支部书记
乌兰托娅　内蒙古博物院社会教育部主任
方　萍　内蒙古自治区阿拉善盟妇联主席
孟繁荣　内蒙古自治区赤峰市红山区农牧业局高级畜牧师

辽宁省

李　鸥　辽宁省沈阳市铁西区教育局局长、党委副书记
王淑侠　辽宁省大连市甘井子区辛寨子街道办事处党工委书记
周素芹　辽宁科大聚龙集团总裁
姜彩华　辽宁省丹东市妇联主席
张　慧　辽宁道光廿五集团满族酿酒有限责任公司执行经理
李晓慧　辽宁省营口市公安局西市分局五台子派出所民警
董慧玲　辽宁省辽阳市慧枫幼儿园园长
梁　玲　中国邮政储蓄银行葫芦岛市分行副行长
王颜红　中国科学院沈阳应用生态研究所检测中心主任、研究员

吉林省

吴亚琴　吉林省长春市宽城区团山街道长山花园社区党委书记、主任
孙　辉　吉林大学中日联谊医院甲状腺外科主任
方长丽　吉林瀚星集团有限公司副董事长
张宝霞　吉林油田第十二中学校长

王　琴　吉林省白城鑫红钻股份有限公司董事长

孟庆君　吉林省公安边防总队长春边防检查站站长

耿玉华　吉林省妇联机关党委专职副书记

黑龙江省

贾秀芳　黑龙江省哈尔滨博能集团董事长

吴姗姗　黑龙江省伊春市乌伊岭区北山自强养殖场管理员

卢　红　黑龙江省五大连池市火山红牧业农民专业合作社畜牧师

王玉兰　黑龙江省海伦市共合镇蔬菜科技示范园区党支部书记

张　艳　黑龙江省七台河市吉伟煤焦有限公司高级工程师

马丽英　黑龙江省大兴安岭地区塔河县力禾生态养殖专业合作社农民

王红英　黑龙江省佳木斯市抚远县海青乡永发水稻种植合作社理事长

刘淑霞　黑龙江省绥芬河市人民法院民事审判二庭庭长

孙志丽　黑龙江大学政府管理学院社会学系教师

上海市

吕长缨　上海市杨浦区法院行政庭审判庭庭长

李　洁　上海市食品药品监督管理局执法总队总队长、党委副书记

陈　丽　上海新丽装饰工程有限公司副董事长、总经理

陈　岩　分众传媒（中国）控股有限公司首席战略官

洪汉英　上海中医药大学专职辅导员

祝玉婷　浦发银行上海分行吴中支行副行长

秦文君　上海市专业作家

黄　绮　上海市尚伟律师事务所主任

江苏省

时宏珍　江苏（南京）得康生物科技有限公司董事长

夏晓春　江苏省无锡市妇联主席

李　格　江苏省徐州工程机械集团有限公司党委副书记、纪委书记

胡毓芳　江苏省苏州太湖雪丝绸有限公司董事长

戴美英　江苏省海门市余东镇长圩村党总支书记

顾晨葵　江苏省扬州市江都区吴桥镇万寿教学点教师

王向红　江苏省淮安市家庭教育研究会会长

朱　莉　江苏省泰州人民医院党委副书记、院长

张　蕾　江苏省镇江市丹徒区人民法院党组书记、院长

石莉莉　江苏省宿迁市泗洪县青阳镇东大街社区党支部书记

胡冠九　江苏省环境监测中心副主任

浙江省

徐美英　浙江省建德市大洋镇大洋村村委会主任

高　屏　浙江省宁波宁兴控股股份有限公司党委书记、副总裁

鲁爱民　浙江省温州市妇联主席

吴淑英　浙江大东吴集团有限公司董事长

吴　英　浙江省海宁市人民医院心内科主任

杭兰英　浙江省绍兴市上虞区崧厦镇祝温村党总支书记

郦建宜　浙江省永康市古山镇古山三村村务监督委员会委员、星月集团有限公司妇联主席

成　青　浙江省衢州市实验幼儿园园长

阴海燕　中国太平洋财产保险公司舟山中心支公司总经理

冯亚丽　海亮集团党委书记、海亮集团有限公司董事长

安徽省

哈媛媛　安徽省亳州市谯城区地方税务局党组书记、局长

解文颖　安徽省皖北国贸购物有限公司董事长

余智梅　安徽朗润新材料科技有限公司总经理

王荣华　安徽省阜南县国家税务局纪检组长

徐雪梅　安徽省来安县人民法院党组成员、审委会委员、民一庭庭长

吴国香　安徽省芜湖中山大药房连锁有限公司法人代表

张向红　安徽省绩溪县人口计生委副主任

杨月梅　安徽省池州市贵池区妇联主席

张　丽　安徽叉车集团有限责任公司研发党总支书记、研发部副部长

孙　静　武警安徽省总队医院护理部主任

福建省

林　航　福州文教职业中专学校校长

陈建萍　福建省厦门市思明区莲前街道前埔北社区党委书记、妇联主席

张秀惠　福建省晋江市惠芳物流有限公司董事长、晋江市瑞发房地产开发有限公司董事长

曾云英　福建省莆田市秀屿区笏石镇岐厝村党支部书记、村委会主任

袁云姬　福建省政和县石屯镇松源村支委、妇代会主任

陈颖清　福建省宁德市蕉城区政府机关幼儿园园长

陈　萍　福建省汽车运输有限公司福州客运北站服务组班长

庄巧真　福建省南靖县奎洋中心小学教师

王　苓　解放军第92医院院长

江西省

邱元芝　江西省人民医院干部病房一部病区主任

宋　瑛　方大特钢科技股份有限公司党委副书记、女工委主任

虞　萍　江西省景德镇市妇联主席

江青莲　江西省江莲实业发展有限公司董事长、萍乡市芦溪县志愿者协会会长

张单英　江西省鹰潭市余江县杨溪乡江背村妇代会主任

胡新梅　江西省新余市红太阳贸易有限公司总经理、新余市巾帼学雷锋志愿者协会副会长

李玲玲　江西省赣州市添立孝老爱亲基地负责人

支月英　江西省宜春市奉新县澡下镇白洋教学点教师

周永红　江西益生宜居低碳环保材料有限公司董事长、江西恒茂房地产开发有限公司副总经理

山东省

谭丽霞　海尔集团高级副总裁、首席财务官

马桂兰　山东省枣庄市巾帼志愿者协会会长、枣庄仁和医院院长

逯国梅　山东省东营市快乐妈妈学习俱乐部负责人、云端花海家庭教育咨询公司经理

马金英　山东科乐收金亿农业机械有限公司总经理

董玲玲　山东省威海市立医院护理部主任
相启荣　山东省临沂市妇联主席
刘东方　山东省滨州市沾化区下河乡党委书记、人大主任
李荷玲　山东省菏泽市牡丹区黄堽镇党委书记
张春荣　胜利油田有限公司现河采油厂郝现管理区郝现联合站技师
尹小津　济南铁路局济南客运段高速动车队列车长

河南省

李华敏　河南省邓州市公安局刑警大队副大队长兼刑事科学技术室主任
徐　丽　河南省郑州市金水区经三路小学校长
李　静　郑州大学第一附属医院院办主任
李素云　河南省财政厅服务贸易处处长
徐凤英　北京第二建筑工程有限责任公司离休干部
周桂梅　河南省许昌市东城区邓庄乡马庄小学校长
张婉婉　河南省南阳市妇联主席
周　辉　河南省信阳市绿化委员会副主任
王红敏　河南省平顶山市郏县茨芭镇信访稳定和平安建设领导小组组长
徐爱敏　河南潢川光州建材商贸有限公司董事长

湖北省

程　然　湖北省孝感市孝南区检察院党组成员、检察委员会委员
杨　芳　湖北省恩施州咸丰县清坪镇把界村中心卫生室医生
李莉娥　湖北省宜昌人福药业有限责任公司总工程师、副总裁
王　莉　湖北省襄阳市环卫处襄城公厕公司班长
王　静　湖北省武汉市江岸区地税局征收分局副主任科员
陈　前　湖北广播电视台交通广播总监
段晋宁　湖北省神农架林区人民医院内科主任
柯红梅　湖北省鄂州市梁子湖区沼山镇党委委员、武装部长
彭水香　湖北省黄石市龙泉湖生态农业发展有限责任公司总经理
续　辉　湖北省咸宁市通城县司法局法律援助中心主任

湖南省

吴晓红 湖南龙骧巴士有限责任公司八车队7路线驾驶员

高 楠 中国南车株洲电力机车有限公司技术中心工业设计室主任

刘秋月 湖南省邵阳市政府金融工作办公室主任

戴迎春 湖南省岳阳市平江县妇联主席

王怀军 湖南省常德市石门县雁池乡苏市学校教师

李 晖 湖南省衡阳市第一强制隔离戒毒所民警

赵立峰 湖南省益阳市桃江县桃花江镇党委书记

李土青 湖南省永州市道县旺发厚朴开发有限公司董事长

龙秀姐 湖南省湘西土家族苗族自治州花垣县登高楼社区党支部书记

王一姗 湖南广播电视台公共频道《帮女郎帮你忙》栏目制片人

广东省

李赛美 广州中医药大学第一附属医院伤寒论教研室主任、经典临床研究所所长

刘菊妍 广州医药集团有限公司总工程师、副总经理

黄航星 广东航星国际物流有限公司总经理

冯金英 广东省韶关市仁化县锦江电力开发总公司瑶山电站站长

杨伟茹 广东省惠州市公安局指挥中心指挥调度科科长

邵焕娣 广东省东莞市桥头中心小学教师

李爱东 广东省江门市第一幼儿园园长

何楚华 广东省邮政公司阳江分公司邮政投递员

张晓玲 松德机械股份有限公司副董事长

郑丽容 广东省高级人民法院审监一庭审判长

广西壮族自治区

唐亚琴 广西壮族自治区柳州市环境卫生管理处高级工程师

王菊登 广西壮族自治区桂林边防检查站执勤业务四科科长

陈杏华 广西玉柴机器集团有限公司女工委主任

李培珍 广西壮族自治区梧州市工人医院护理部副主任

郭淑娣　广西壮族自治区贵港市妇联主席

莫利华　广西壮族自治区贺州市地方税务局纳税服务科科长

朱　斌　广西壮族自治区河池市金城江区第三小学校长

覃凯萍　广西壮族自治区来宾市国土资源局局长

李　萍　中华人民共和国水口海关缉私分局局长

海南省

张译尹　海南省定安县龙河镇社会事务服务中心副主任、天池村党支部书记

王金花　海南省儋州市兰洋镇番打小学教师

傅海燕　海南省海口市中级人民法院民事审判第一庭副庭长

张爱莉　海南省农垦集团有限公司党委宣传部长、省农垦博物馆馆长

钱　成　海南省水文水资源勘测局水文勘测工

重庆市

杜春雷　中国科学院重庆绿色智能技术研究院智能制造技术研究所所长、跨尺度制造重点实验室主任

王海珍　重庆医科大学退休教师、高级经济师

胡晓霞　重庆市九龙坡区杨家坪街道西郊二村社区党委书记

张静波　第三军医大学新桥医院肾内科副主任

任　锐　重庆日报编委、时政社会新闻中心主任

王琼秀　重庆市恒泽通锐建材有限公司董事长

梅　玫　重庆市大渡口区人民检察院未成年人刑事检察科副科长

戴红丽　重庆市潼南县妇联主席

杨安容　重庆市涪陵区龙潭镇大寨村3组农民

四川省

蒋银兰　四川省成都市儿童福利院院长

孟德芝　四川省成都市梦苑蜀绣工艺品有限责任公司总经理

符纯珍　四川省达州市宣汉县兴茂农业有限公司总经理
成蛟龙　四川省绵阳市安县人大常委会委员
高玉华　四川省雅安市名山中学教师
王月华　四川省巴中市南江镇南磷路社区党支部书记
央金措　四川省甘孜州道孚县妇联主席
张雪梅　四川省社会科学院青少年发展研究中心副主任
周晨燕　四川大学华西第二医院儿童血液科副主任医师
许　静　四川日报经济新闻部主任助理

贵州省

张　洁　贵州省贵阳市直机关工委书记
方晓美　贵州省遵义市绥阳县黄杨镇洗马池村卫生所乡村医生
赵兴玲　贵州省遵义市湄潭县兴隆中学教师
吴永平　贵州省六盘水市六枝特区疾病预防控制中心主任
姚晓英　贵州省文联副主席（不驻会）、安顺市文联主席
刘艳阳　贵州省铜仁市妇联主席
欧丑丑　北京云上太阳影视文化有限公司电影出品人、编剧、导演
刘桂珍　贵州省地方税务局稽查局副局长
冷传莉　贵州大学法学院院长

云南省

杨文惠　云南省昆明市妇联主席
樊志勇　云南省楚雄州大姚纳苏民族手工艺品发展有限公司执行董事、楚雄州妇女彝绣协会常务副会长
陆永艾　云南省文山州文山市开化街道永通社区党委书记
赵声跃　云南省昭通市昭阳区凤凰街道办事处文渊社区党支部书记
常加凤　云南省大理州南涧县凤祥汽车服务有限责任公司董事长
蒋成芹　云南省德宏州芒市妇幼保健院副院长
李　红　云南省地方税务局规费处处长
刘丽芬　云南磷化集团有限公司研发总控部高级工程师
任秀婷　云南省公安消防总队昆明支队政治处副主任

西藏自治区

格桑德吉　西藏自治区林芝地区墨脱县帮辛乡小学副校长

嘎　珍　西藏自治区昌都市江达县妇联主席

次仁拉姆　西藏自治区那曲地区特殊教育学校校长

次仁卓嘎　西藏自治区阿里地区日土县日松乡德汝村妇代会主任

司　劳　西藏自治区公路局青藏公路分局雁石坪段女子工区工区长

陕西省

王霖霖　陕西天驹投资集团执行总裁

韩　玲　陕西新丝路御寝（雅兰）纺织集团董事长

穆水桃　陕西省宝鸡市金台园林环卫管理处一线保洁员

郭　巧　陕西省咸阳市公安局秦都分局副政委

罗　霞　陕西依莲雅实业集团有限公司董事长

雷温芳　陕西省渭南市合阳县黑池镇南廉村党支部书记

李彦文　陕西省汉中市汉台区西关小学校长

侯素芳　陕西省商洛市商南县清油河镇柳林移民新区党支部书记

田　静　秦始皇帝陵博物院副院长

甘肃省

蔡红梅　甘肃省白银市妇女手工编织协会会长

王晓琴　甘肃省天水市妇联主席

徐　嫣　甘肃省中小企业联合会秘书长

杨　洁　甘肃省庆阳市陇晨农林发展有限公司总经理、庆阳市林颖种植养殖专业合作社理事长

雷通霞　甘肃省陇剧院副院长、国家一级演员

周江红　甘肃省肿瘤医院乳腺科护士长、副主任护师

乌　兰　西北民族大学科技处副处长、教授

青海省

贺生兰　青海省黄南公路段同仁工区工区长

李淑红　青海省西宁市公安局城西分局胜利路派出所一级警员

宋爰萍　青海省西宁市公共交通有限责任公司二分公司四队 4 路驾驶员

李庆业　青海省妇幼保健院副院长

才层玛　青海省海西州德令哈市牧人福利有限公司董事长

宁夏回族自治区

贺　玲　宁夏银行凤凰支行行长

党　静　宁夏回族自治区中卫市中宁县第二中学党支部书记、校长

刘燕霞　中铝宁夏能源集团有限公司马莲台发电厂电控维修部专责

党惠雯　宁夏回族自治区环境监测中心站高级工程师

王凤珍　宁夏满江红服饰有限公司董事长

新疆维吾尔自治区

王爱冬　新疆维吾尔自治区产品质量监督检验研究院业务部部长、高级工程师

麦热叶木古丽·阿布来提　新疆维吾尔自治区喀什地区叶城县喀格勒克镇瓦合甫（11）社区主任

海　伟　乌鲁木齐铁路公安局乌鲁木齐公安处乌鲁木齐南站派出所四级警长

关丽菊　新疆维吾尔自治区伊犁州察布查尔县农业技术推广站农艺师

加里汗·托肯　新疆维吾尔自治区塔城地区托里县第二小学校长

新疆生产建设兵团

郭天凤　新疆生产建设兵团第七师农业科学研究所植保室副主任

刘　娟　新疆生产建设兵团第十四师二二四团工交建商科科长

中直机关

贾建芳　中央党校马克思主义理论教研部副教授

孙海峰　人民日报社人民网副总编辑兼中国共产党新闻部主任

吴忠伟　中央人民广播电台新闻节目中心主任播音员

陈　琴　中央电视台西藏站站长

吴旭红　新华社音视频部电视内参中心主任

刘文嘉　光明日报社评论部副主编

朱美凤　中国出版集团人民文学出版社排校部副主任

中央国家机关

陈　晓　最高人民检察院案件管理办公室案件综合管理处处长

刘树梅　科学技术部创新发展司机构评估与管理处处长

李　燕　工业和信息化部中国电子信息产业发展研究院产业政策研究所所长

耿　红　交通运输部科学研究院环安中心副主任

李云玲　水利部水利水电规划设计总院水战略研究部副处长

梁革梅　农业部中国农业科学院植物保护研究所研究员

曹素艳　国家卫生和计划生育委员会北京医院急诊科副主任

南　楠　食品药品监管总局中国食品药品检定研究院麻醉药品室主任

王　雁　国家林业局中国林业研究院林业研究所研究员

田世平　中国科学院北方资源植物重点实验室副主任

杨　丹　中国气象局公共气象服务中心影视中心播音指导副首席

张　倩　中国银监会业务创新监管协作部银行卡风险监管岗主理

栗利玲　中国保监会财会部财务监管处副处长

穆红莉　交通银行营运管理部高级经理

李晓红　中国航空工业集团公司北京航空制造工程研究所航空发动机工艺研究室主任

姬育玲　中国兵器工业集团公司烟台凌云吉恩斯科技有限公司技术部经理

田　平　中国石油天然气集团公司伊拉克公司哈法亚项目勘探开发部经理

邱丙霞　国家电网公司山东省电力公司枣庄供电公司枣庄力源资产经营管理中心光明服务公司副经理

刘　昆　中国通用技术（集团）控股有限责任公司中国通用咨询投资有限公司党委副书记、总经理

解放军

费　玲　解放军 61416 部队 31 分队政治教导员

王知力　解放军总医院医技部超声诊断

科副主任

闻秋香　解放军63655部队技术一室高级工程师

盛睿方　解放军第411医院麻醉科副主任

李凌超　解放军95377部队53分队分队长

于淑杰　军事科学院外国军事研究部欧洲室研究员

程　诚　解放军66343部队女兵中队队长

许　娜　解放军69026部队67分队助理工程师

张红娟　解放军第153医院妇产科副主任

郑　静　解放军73061部队76分队工程师

西若措姆　解放军77546部队政治处副主任

孙　静　武警8620部队62分队政治指导员

即时授予

赵红艳　武警后勤学院附属医院消化内科主治医师

许巧珍　江苏省常州市钟楼区南大街街道吊桥路社区党委书记

尤良英　新疆生产建设兵团第一师十三团职工

2016年

全国三八红旗手标兵

段爱平　山西省长治市襄垣县王桥镇返底村党支部书记

李凌超　中国人民解放军 95377 部队副部队长

余金红　浙江省舟山市定海区干览镇新建社区党支部书记

詹红荔　福建省南平市延平区人民法院副院长

冷金花　北京协和医院妇产科教授

何　鄂　甘肃何鄂雕塑院院长、著名雕塑家

才层玛　青海省海西州德令哈市牧人福利有限公司董事长

周　巍　中船重工第七〇一研究所研究员

尤良英　新疆生产建设兵团第一师阿拉尔市 13 团 11 连职工

秦　君　清控科创控股股份有限公司创始人

全国三八红旗手

北京市

夏吟兰　中国政法大学教授、博士生导师

鲍晓芹　北京市顺义区妇联主席

贺玉玲　北京市延庆区妫水人家“妇”字号基地负责人

高　媛　北京市公安局网络安全保卫总队六大队副大队长

郗淑艳　北京市卫生计生委老年与妇幼保健服务处处长

程　静　中关村智能硬件梦工场工程师

付丽萍　北京富润福德进出口有限责任公司总经理

李宝兰　首都医科大学附属北京胸科医院综合科主任

郭　培　北京玫瑰坊时装定制有限责任

公司首席设计师

马　兰　北京高通律师事务所律师

天津市

赵红艳　武警后勤学院附属医院消化一科主治医师

杨宝玲　天津市东丽区华明街道胡张庄村党总支书记

赵　岩　天津市和平区万全小学校长

孙红文　南开大学环境科学与工程学院副院长

窦俊秋　天津滨海航母旅游集团有限公司检票员

张树崑　天津市武清区人民法院少年审判庭庭长

高红梅　天津市第一中心医院重症医学科副主任

兰成静　天津市港建建筑设计有限责任公司总经理

河北省

高素娥　河北省石家庄市藁城区岗上镇杜村党支部书记、村委会主任、妇代会主任

李北燕　河北省张家口市委组织部干部一科科长

张玉娟　承德医学院附属医院妇产科主任

张椿林　河北省秦皇岛市妇联主席

郑百芹　河北省唐山市畜牧水产品质量监测中心主任

张钰旋　河北省廊坊市公安局刑警支队重案大队副科级侦查员

张淑芬　河北易水砚有限公司董事长、高级工艺美术师

崔海霞　河北省衡水市科协主席

李胜敏　河北省邢台市南和县委副书记、县长

张立红　中国人民解放军白求恩医务士官学校护理系基础护理学教研室副主任

山西省

关改玉　中铁十七局集团有限公司铺架分公司张唐项目探伤工

王彩虹　大同煤矿集团机电装备制造有限公司总工程师

弓姗姗　山西省朔州市佳丽职业培训学校校长

韩耀琴　山西潞安集团常村煤矿煤质化验室主任

刘平贵　山西省晋城市城区北石店镇南

石店村农民
张瑞萍　山西省临汾市妇联主席
杨春霞　山西省运城市饮食服务有限责任公司迎宾餐馆总经理
胡素锋　山西省人大内务司法委员会工青妇处处长

内蒙古自治区

冯艳丽　内蒙古航天新材料科技有限公司技术总监
崔　强　内蒙古自治区包头市东河区回民街道办事处三官庙社区党委书记、主任
王　艳　内蒙古自治区兴安盟科右前旗卫生局卫生监督所所长
黄凤兰　内蒙古民族大学教授
鲁雅君　内蒙古自治区通辽市库伦旗文联职工
袁文英　内蒙古自治区赤峰市妇联主席
师义霞　内蒙古自治区乌兰察布市察右前旗同发种养殖专业合作社理事

辽宁省

陈　萍　中国科学院大连化学物理研究所洁净能源国家实验室氢能研究部部长
孙晓翠　辽宁省抚顺市公安局望花分局建设派出所警长
徐民慧　辽宁省本溪市实验小学校长
赵玉清　辽宁省丹东市环境卫生管理处垃圾压缩收集楼保洁员
闵晓庆　辽宁省营口市柳树镇政府副镇长、东岗子村党支部书记
张丽霞　辽宁省阜新市机关事业单位社会保险中心主任
章艳艳　辽宁省辽阳新特现代农业园区总经理
贾洪琳　辽宁省盘锦市妇联主席

吉林省

杨　岚　吉林省榆树市腾龙食用菌种植专业合作社理事长
付秀倩　吉林省双辽市红旗街中心小学校长兼党支部书记
牛玉兰　吉林省辽源市东辽县平岗镇共安村党支部书记、村委会主任
王喜艳　吉林省通化市妇联主席
石玉梅　吉林银行白山分行行长
吕爱辉　吉林省延边畜牧开发集团有限公司董事长
方　伟　中国科学院长春光学精密机械与物理研究所空间一部研究员

张云波　吉林省田丰机械种植专业合作联合社经理

黑龙江省

仲兆敏　哈尔滨秋林里道斯食品有限责任公司董事长
付永华　黑龙江省五常市巾帼蔬菜种植农民专业合作社理事长
宋　锦　黑龙江省科技成果转化中心副主任
由艳丽　黑龙江省牡丹江市西安区先锋医院护士
李晓玉　黑龙江省鸡西市特殊教育学校教导主任
蓝晓娜　黑龙江省黑河市爱辉区法院民二庭庭长
张连芳　黑龙江省大庆油建公司离退休职工管理中心退休职工
刘含花　黑龙江省齐齐哈尔市星光蔬菜加工有限责任公司业务经理
赵　静　黑龙江省哈尔滨市公安局南岗分局荣市街派出所民警

上海市

王黎娜　上海红刚青扁豆生产专业合作社党支部书记、总经理
华　雯　上海宝山沪剧艺术传承中心主任
刘　霞　上海电气电站设备有限公司上海汽轮机厂技术发展处副处长
许丽萍　上海岩土工程勘察设计研究院有限公司总工程师
张　黎　上海市公安局刑事侦查总队七支队支队长
陆兰婷　上海广播电视台东方广播中心首席记者
高春芳　第二军医大学附属东方肝胆医院实验诊断科主任
梁慧丽　上海市普陀区桃浦镇莲花公寓居民区党总支书记、居委会主任
杨　晖　上海唯众影视传播有限公司创始人

江苏省

余　红　江苏省南京市人民检察院公诉二处处长兼未成年人刑事检察办公室主任
张娅姝　江苏省无锡市演艺集团歌舞剧院首席演员、国家二级演员
余美芳　常州轻工职业技术学院辅导员
刘嫣静　江苏省苏州市金阊培智学校校长
钱锁梅　江苏省南通市妇联主席

朱华林　潍安广济医药连锁有限公司董事长

秦光蔚　江苏省盐城市耕地质量保护站站长

周　琴　江苏省扬州市周琴暖通设备有限公司总经理

金　怡　江苏省镇江市公安局京口分局刑事科学技术室主任

马　晶　上海铁路局南京站158雷锋服务站客运员

浙江省

赵万里　浙江省杭州瑞丰汉艺纺织品有限公司董事长

俞复玲　浙江省宁波市江东区百丈街道划船社区党委书记、妇联主席

王莲月　浙江省温州康宁医院执行董事、院长

周桂珠　浙江万新律师事务所主任

陈招领　浙江省台州市椒江区海门街道景元社区党支部书记、居委会主任

沈香娼　浙江省丽水市莲都区来料加工经纪人

周　媛　浙江省国家税务局大企业税收管理处主任科员

吴海燕　中国美术学院设计艺术学院院长

安徽省

王怀芬　安徽省淮北市公安局相山分局城南派出所民警

张伟丽　安徽省亳州市涡阳县爱民医院董事长

邹　侠　安徽省阜阳市汽车运输集团有限公司长途汽车中心站邹侠服务班班长

孙多梅　安徽省淮南市凤台县咏梅农牧技术服务有限公司董事长

王　萍　安徽省滁州市疾病预防控制中心办公室主任

邰迎春　安徽省皖南烟叶有限责任公司总会计师

康喜梅　安徽省铜陵市郊区安庆矿区办事处党工委委员兼党政办主任、工会主席

赵辉玲　安徽省农业科学院畜牧兽医研究所草食动物研究室主任

周　静　皖能合肥发电有限公司集控运行单元长

福建省

施飞宁　海峡（福州）大熊猫研究交流中心饲养员

吴丽敏　福建省厦门市湖里区金山街道金安社区党总支书记、妇联主席

黄志丽　福建省漳州市芗城区人民法院民事审判第一庭副庭长

兰爱珍　福建省清流县嵩溪爱珍豆腐皮农民专业合作社理事长

邱玉燕　福建省龙岩市妇联主席

林爱钦　福建省高级人民法院行政审判庭副庭长

林　鹦　中国工商银行股份有限公司龙岩分行新罗支行理财经理

张冬梅　南京军区福州总医院干部病房二科主任

陈鸣宇　厦门市挂居坊家政服务有限公司总经理

江西省

钱　敏　江西省公安厅交通管理局高速公路交通警察总队直属六支队支队长

桑红霞　江西省九江市浔阳区湓浦市容所环卫工

宋　燕　江西省赣州市人民医院生殖医学科主任

甘公荣　江西省萍乡市龚全珍志愿服务队队长

祝卫琴　江西省上饶市祝卫琴针灸推拿诊所医师

黄宝凤　江西省鹰潭市月湖区东湖街道三角线社区党支部书记、居委会主任

万春花　江西万马投资发展有限公司总经理

梁　安　江西省抚州市妇联主席

山东省

李文秀　山东省章丘市市委副书记、市委统战部部长、章丘市第四中学党总支书记

周　红　山东省东营市一邦农业科技开发有限公司董事长

王秋萍　山东盛宏医药科技有限公司总经理

张文莉　兖州煤矿安全技能培训中心教师

潘林香　山东省莱芜市赢泰有机农业科技发展有限公司总经理

杜立芝　山东省聊城市高唐县农业局副局长

牟玉霞　山东省滨州市人民医院护士长

马春红　山东大学医学院副院长

张承娟　齐鲁石化炼油厂派驻石炼化渣油加氢车间班长

韩莉莉　山东省妇联儿童部部长

冯晓丛　青岛源海底海洋生物技术有限公司总经理

河南省

曹瑞娟　河南省郑州公交一公司60路车长

纪丽娟　河南省开封市新区城管局环卫处工人

买世蕊　河南省新乡市糖业烟酒有限责任公司高级营业员

宋　静　河南省商丘市柘城县人民医院护理部主任

朱赵霞　河南省管理会计协会常务理事

张　慧　河南省鹤壁市公安局淇滨区分局社区警务大队中队长

高坤黎　河南省许昌市快乐妈妈读书会副会长

徐运芝　河南省南阳市方城县博望镇前荒村党支部书记

张宇辉　河南省妇联宣传部部长

任若菲　河南省常香玉基金会理事

湖北省

陈　萍　湖北省武汉市青山殡仪馆遗体整容师

段军霞　湖北省人民检察院联络处处长、机关妇工委主任

孙艳华　湖北省孝感市车站环境卫生管理站清扫组长

王　俊　湖北前锋律师事务所副主任

胡贤利　湖北省咸宁市通城县新三汇养殖专业合作社总经理、妇代会主任

袁秋红　湖北省科技信息研究院主任

王春红　湖北省黄石市福利院副院长

彭学燕　湖北省潜江市园林办事处妇联主席

杨晓红　湖北省武汉市农业委员会科技教育处处长、妇委会主任

湖南省

徐　涛　中国五矿株洲硬质合金集团有限公司科技部部长

贺雪英　湖南省常宁市松柏镇燕形村村委会主任

刘乐容　湖南省邵阳市邵阳县下花桥镇田中村党支部书记

黄素萍　湖南省竹林矿泉水有限公司董事长

龚佑琼　湖南锦绣千村农作物种植专业合作社理事长

文彩纯　益阳湘运集团股份有限公司党委书记、总经理、副董事长

谭兰霞　湖南省郴州市宜章县思源实验学校教师

李祝华　湖南省涟源市国家税务局局长

徐　辉　湖南省委办公厅行政事务管理办公室调研员

广东省

梁妙玲　广东省广州市海珠区国家税务局局长

汪　洪　广东省深圳市中级人民法院立案二庭副庭长

陈　勇　珠海许继电气有限公司副总经理

杨　梅　广东省河源市城管局公厕队保洁员

徐　娜　广东省开平市玲珑医院医师

叶　丽　广东省信宜市环卫园林绿化局老城区一组组长

陆文红　广东省肇庆市德庆县文化馆馆长

张正芬　广东天农食品有限公司董事长兼总裁

周　琳　广东省结核病控制中心主任

贺惠芬　广州岭南教育集团总裁

广西壮族自治区

黄燕英　广西壮族自治区贺州市环境卫生管理处清扫保洁管理科向阳路组班组长

莫红英　广西壮族自治区桂林市灵川县灵田福喜提子协会会长

陈　琨　广西壮族自治区来宾市公安局刑侦支队七大队教导员

邹　春　广西壮族自治区北海市果香园果汁有限公司果场班副主任、工会主席

黄丽萍　广西壮族自治区贵港市港北区地方税务局征收服务股股长

潘映雪　广西壮族自治区河池市实验小学校长

姚　春　广西壮族自治区食品药品监督管理局食品安全总监

陈　尧　广西壮族自治区南宁市妇联主席

海南省

郑秋英　海南省海口市秀英区委统战部部长

陈少峰　海南省公安边防总队训练基地政治处主任（副团职）

蔡少叶　海南省三沙市永兴社区居委会委员

田秀娟　海南省三亚市妇幼保健院副院长

王丽芳　海南省东方市人民检察院反贪局副局长

重庆市

严克美　重庆市巫山县当阳乡政府党政办主任

宋彩萍　第三军医大学第二附属医院护理部主任

刘　琳　重庆市潼南区卧佛镇初级中学教师

梁远平　重庆市荣昌区法院审判委员会专职委员

段秀莉　重庆道尔敦建设项目管理有限公司董事长

张霜丽　重庆市南川区继兴畜禽养殖家庭农场场主

郑泉妹　重庆女子创业促进会会长

杨廷会　重庆市渝北区妇联主席

四川省

王　莉　四川大学国家成都新药安全性评价中心主任

林　媛　电子科技大学微电子与固体电子学院微电子系主任

孟黎清　成都航空有限公司飞机结构工程师

李慧霞　四川久远银海软件股份有限公司董事长

代云花　四川省巴中市南江县赤溪乡四营村妇联主席

刘春香　四川省德阳市中江县留守儿童艺术团团长

赵海伶　四川省青川海伶山珍商贸有限责任公司总经理

李爽乐　四川省自贡市第一人民医院眼科主任

陈　芬　四川省成都市成华区跳蹬河街道文化活动中心主任、锦绣社区党委书记

陈文涛　四川省经济和信息化委软件与信息服务业处处长

谭晓琴　四川省甘孜州炉霍县斯木乡中心卫生院医生

贵州省

吕日红　贵州黎阳航空动力有限公司一级技术专家

黄永绂　贵州省贵阳市花溪区阳光妈妈

志愿者协会会长

杨　实　贵州省遵义市总工会副主席

赵启菊　贵州省安顺市平坝区白云镇高寨村巾帼金刺梨种植专业合作社社长

王印春　贵州省六盘水市政府政务服务管理局局长

吴仲珍　贵州省铜仁市农业产业化办公室副主任

戴泽碧　贵州省黔东南州黄平县新州镇文星社区党支部书记

姚　慧　贵州省册亨县公安局经侦大队大队长

云南省

于　黎　云南大学生命科学学院博士生导师、研究员

陆永萍　云南省第二人民医院超声科主任

张丽琼　云南省玉溪市华宁县宁州香食品有限责任公司董事长

张云怡　云南省保山市市委组织部常务副部长

代红辉　云南省红河州开远市非公经济组织联合党委书记

罕　专　云南省普洱市孟连县景呒村妇代会副主任

杨益琨　云南省大理州文化体育局副局长

杨志萍　云南省临沧市凤庆县洛党镇洛党村村委会主任

西藏自治区

德吉普尺　西藏自治区日喀则市国家税务局财务管理科副科长

次旦卓玛　西藏自治区林芝市波密县多吉乡卫生院院长

次仁德吉　西藏自治区那曲地区双湖县幼儿园园长

扎西次措　西藏自治区昌都市类乌齐县桑多镇冬孜巷居民

次仁拉姆　西藏自治区人民检察院阿里分院检委会专职委员

陕西省

丁　晶　西安翻译学院讲师

计　清　陕西省咸阳市武功县馨绣民间手工布艺专业合作社工艺美术师

魏晓芳　陕西省铜川市耀州区大槐树养老中心主任

杨超群　陕西省渭南市白水县红卉绣庄

专业合作社带头人

武翠玲　陕西恒生国际购物中心有限公司总经理

马维维　陕西省汉中市中心医院儿科主任

何桂秀　陕西省安康市中医院针灸康复科副主任医师

李　莉　陕西省商洛市柞水县瓦房口镇街垣社区党支部书记

甘肃省

李慧玲　中共甘肃省委《党的建设》杂志社采编部主任、编审

王阳春　兰州交通大学工会主席、纪委副书记

孙　筠　甘肃省定西市妇联主席

蔡继花　甘肃省兰州市永登县武胜驿镇兑角村党支部书记

陈　英　甘肃省武威市民勤县腾盛有限责任公司经理

丹珍吉　甘肃省甘南州夏河县妇幼保健站党支部书记、站长、藏医主治医师

要慧萍　兰州大学第一医院妇产科党支部书记、主任医师

青海省

郭　莲　青海省海东市平安区联胜养猪专业合作社理事长

李月美　青海省人民医院主任护理师

杨毛吉　青海省西宁市大通县第二完全中学教师

申梅兰　青海省大柴旦公路段副段长

桑吉卓玛　青海省果洛藏族自治州甘德县供电营业所员工

宁夏回族自治区

赵庆丰　宁夏金沙林场场长

马　英　宁夏回族自治区妇联妇女发展部部长

王彦翠　宁夏回族自治区固原市妇幼保健院院长

梁军华　宁夏银川世纪星文化培训中心校长

陈晓燕　宁夏回族自治区石嘴山市惠农区杞红枸杞专业合作社理事长

新疆维吾尔自治区

米克热依·阿不都卡地尔　新疆维吾尔自

治区伊犁州妇联副主席

周丽娜　新疆维吾尔自治区克州阿图什市上阿图什镇要维力克双语幼儿园园长

库丽仙·热夏提　新疆维吾尔自治区阿勒泰地区福海县解特阿热勒镇寄宿制中心小学校长

图妮萨古丽·达吾提　新疆维吾尔自治区喀什地区巴楚县妇幼保健站站长

赵　萌　新疆人民广播电台汉语新闻、综合广播主持人、记者

玛依努尔·尼牙孜　新疆维吾尔自治区人民医院妇科研究所所长

新疆生产建设兵团

张　伟　新疆生产建设兵团第二师22团15连职工

薛小伟　新疆生产建设兵团第六师军户农场二连指导员

中直机关

高玉洁　中央纪委案件审理室审理一处处长

李艳杰　中央党史研究室科研管理部地方工作处处长

徐庆群　国家新闻出版广电总局人民出版社读书会办公室副主任、团委书记

鞠　萍　国家新闻出版广电总局中央电视台少儿频道节目部主持人组组长、《大手牵小手》栏目制片人

董　琳　新华社音视频部部务会成员、党委副书记

中央国家机关

周　宇　外交部翻译司英文处处长

李　慧　国家发展和改革委员会财政金融司信用处处长

赵筱媛　科学技术部中国科学技术信息研究所科学计量与评价研究中心副主任

徐小琳　工业和信息化部国家计算机网络应急技术处理协调中心教授级高级工程师

王　维　国家安全部副处长

李　俊　人力资源和社会保障部劳动关系司企业工资处处长

郭　阳　财政部教科文司文化处处长

印　洁　国土资源部国家测绘地理信息局中国测绘科学研究院地图学与地理信息系统研究所研究员

唐琤琤　交通运输部公路科学研究院安全研究中心副主任

陶　虹　文化部中国国家话剧院国家一级演员

唐欣语　中国人民银行货币政策二司货币合作处处长

霍　旋　审计署驻长春特派员办事处金融审计处处长

王蓓菁　海关总署缉私局国际执法合作处主任科员

阎锡蕴　中国科学院生物物理研究所研究员、蛋白质与多肽药物重点实验室主任，中国科学院院士

杨　炼　国务院扶贫办规划财务司专项处处长

赵红卫　中国铁路总公司中国铁道科学研究院机车车辆研究所研究员

谢雁鸣　国家中医药管理局中国中医科学院中医临床基础医学研究所副所长

苏智慧　中国电子科技集团公司第十研究所副总工程师

代华琼　中国国电集团公司大渡河公司龚嘴水力发电总厂龚站运维处一值副值长

李　静　中国铁路工程总公司十局济铁公司副总经理

杨艳丽　中国铁道建筑总公司第四勘察设计院集团有限公司线站处轨道所副所长

陈乃娟　中国电力建设集团公司上海能源装备有限公司产品开发部部长

周雪媚　民政部一零一研究所研究员

李玉娥　中国农业科学院农业环境与可持续发展研究所气候变化研究室主任

朱　兰　北京协和医院妇产科教授、博士生导师

刘　丹　中国航天科工集团第二研究院第二十三研究所研究员

解放军

杨旭娇　中国人民解放军73071部队48分队中士

战　镝　中国人民解放军78006部队司令部科长

卓玉娇　中国人民解放军第十八医院三十里营房医疗站护师

王海文　中国人民解放军第四一三医院和平方舟号船医疗中心一室副主任护师

吴冬燕　中国人民解放军海军辽宁舰女

士官长兼通信部门信号班班长

刘艳慧　中国人民解放军 93764 部队 58 分队高级工程师

梁剑涛　中国人民解放军 96617 部队副总工程师兼高级工程师

黄连珍　中国人民解放军 61398 部队八处研究员

陈香美　中国人民解放军总医院肾脏病科主任医师

王淑君　中国人民解放军总医院第一附属医院烧伤整形科护士长

马秋禾　信息工程大学地理空间信息学院航空航天摄影测量教研室教授

吴秀华　中国人民武装警察部队陕西省总队医院消化内科主任

马　月　中国人民武装警察部队新疆维吾尔自治区总队第二支队女子特警队一分队分队长

在第 31 届里约奥运会上首次获得金牌的女运动员

张梦雪　射击运动员

邓　薇　举重运动员

向艳梅　举重运动员

孟苏平　举重运动员

刘蕙瑕　跳水运动员

任　茜　跳水运动员

丁　宁　乒乓球运动员

刘　虹　田径运动员

郑姝音　跆拳道运动员

宫金杰　自行车运动员

钟天使　自行车运动员

在第 15 届残奥会上首次获得金牌的女运动员

周佳敏　李　露　刘翠青　史逸婷

文晓燕　郑　金　邹莉娟　董飞霞

邹丽红　李丽青　胡丹丹　谭玉娇

成　姣　柯丽婷　李桂芝　彭秋萍

宋玲玲　张　丽　柳　萌　薛　娟

荣　静　周景景　邹绪凤

2017年

全国三八红旗手标兵

关改玉　中铁十七局集团有限公司铺架分公司唐曹项目探伤工、工会兼职副主席

吴亚琴　吉林省长春市宽城区团山街道长山花园社区党委书记、主任、妇联主席

邹德凤　南昌大学第四附属医院医疗服务部主任，江西省红十字会兼职副会长、江西省巾帼志愿服务协会会长

王淑芳　中国交通通信信息中心导航中心副主任

吕妙霞　河南省洛阳市孟津县京孟种植专业合作社理事长

吴冬燕　海军辽宁舰通信部门通信中队二区队信号班班长兼技师

孙祁祥　北京大学经济学院院长

高淑贞　山东省济南市章丘区双山街道三涧溪村党总支书记

陈少峰　海南省公安边防总队医院政治处主任

王　莉　成都华西海圻医药科技有限公司总经理，四川大学博士生导师

全国三八红旗手

北京市

龚丽君　北京人民艺术剧院演员

肖　红　人民网股份有限公司要闻部主任编辑

魏丽萍　北京市安全生产监督管理局监督管理一处处长

史燕来　北京红黄蓝儿童教育科技发展有限公司创始人

马秀华　北京市大兴区人民医院妇产科主任医师

车苇歆　北京市海淀区妇联主席
魏建华　北京绿海科技有限公司高级工程师
于文静　北京市公安局通州分局白庙北检查站民警
李艳华　泰康保险集团执行副总裁、国际国内注册审计师
尹智君　北京市大碗茶文化发展有限公司、北京老舍茶馆有限公司董事长
刘　艳　中国建设银行北京市分行营业部党委书记、总经理

天津市

吴小燕　天津市北辰区妇女儿童保健中心党支部书记、中心主任
赵鸿飞　天津航天长征火箭制造有限公司总装车间副主任
龙　鲸　天津市安定医院心理门诊主任
刘家卿　天津市人民检察院第一分院公诉处副处长
魏瑞红　天津市武清区太阳语罕见病心理关怀中心主任
隋　华　天津市农业技术推广站推广研究员
褚新红　天津市和平区岳阳道小学校长
沈桂菊　天津市宁河区海城林业专业合作社理事长
关　颖　天津社会科学院社会学所研究员

河北省

田慧荣　河北省张家口市宣化区人民法院党组书记、院长
蔡菡颖　河北省承德市竹林寺小学高级教师
欧阳春英　河北省唐山市滦县军英畜牧有限公司董事长
解素女　河北省廊坊市第四中学校长
栗　娜　河北省沧州市公安局巡警支队四大队教导员
侯洪涛　西瓦科自动化装备有限公司总工程师
李　莉　河北省人民医院副院长、中医学科主任
谢迎春　核工业航测遥感中心研究员级高级工程师
律秀蕊　河北省妇联办公室调研员
郭春玲　河北省保定市泰华机械制造有限公司董事长

山西省

王　芳　山西省侯马市上马办事处张少

村村委会主任

王　平　山西省晋城市泽州县水东中学教师

萧芬芬　山西省太原市妇联主席

阎少泉　太原重型机械集团有限公司技术中心高级工程师

赵海英　山西省潞城市成家川办事处康谐敬老院院长

赵素兰　山西寿阳素兰商务发展有限责任公司董事长

赵小英　山西省扶贫开发办公室综合处处长

张桂梅　山西省华晋焦煤有限责任公司沙曲矿班组长

内蒙古自治区

栗世芳　内蒙古自治区包头市智能制造与智慧能源产业研究院研究员

王　臻　内蒙古鄂尔多斯投资控股集团副总裁

乌兰图娅　内蒙古自治区苏尼特左旗满都拉图镇女性创业带头人

卢晓岩　内蒙古自治区呼和浩特市妇联主席

岳桂玲　内蒙古自治区莫旗鑫鑫源种植专业合作社负责人

乌云苏依拉　内蒙古自治区阿拉善盟额济纳旗赛汉陶来苏木孟格图嘎查党支部书记

辽宁省

孟庆微　沈阳航天新光集团有限公司科研生产部副部长

于　静　中车大连机车车辆有限公司钢结构分公司高级技师

杨晓琳　辽宁省抚顺市妇联主席

高　兵　辽宁省丹东市公安局振兴分局纤维派出所教导员

王桂兰　辽宁省锦州市北镇市正安镇正二村党总支书记

崔宝芝　辽宁省铁岭市铁岭县阿吉镇中心小学少先大队辅导员

陈卫新　辽宁省盘锦市盘山县河蟹技术研究所所长、水产高级工程师

董淑萍　辽宁省农业环境保护监测站副站长

马凤侠　辽宁省鞍山市铁东区山南街道福康社区党委书记、居委会主任兼妇联主席

吉林省

于惠舫　长春欧亚集团商业连锁经营有

限公司总经理

蓝　兰　　吉林省吉林市江城日报社高级编辑

沈亚菊　　吉林省松原市宁江区星火药店主管药师

张　艳　　中国建设银行白城分行会计师

曹於今　　吉林省延边州妇联主席

武泽云　　吉林省女子监狱党委书记、监狱长

白　莉　　吉林建筑大学市政与环境工程学院院长

卜　睿　　吉林省昌睿食品有限公司总经理

黑龙江省

丁凤姝　　黑龙江省哈尔滨市儿童医院院长

于颖娜　　黑龙江省齐齐哈尔大金山集团总经理

龚海涛　　黑龙江省牡丹江市公安局新华分局局长

亓欣莉　　黑龙江广播电视台交通广播主持人

康　平　　黑龙江省伊春市公共汽车公司一分公司驾驶员

尹春玲　　黑龙江省鹤岗市妇联龙妹家政服务中心家政服务员

吴岫芸　　黑龙江省绥化市公安局出入境管理支队支队长

王玉霞　　黑龙江省漠河县妇联主席

严善春　　黑龙江省东北林业大学林学院教授

宋丽玲　　黑龙江省哈尔滨市尚志幼儿园园长

上海市

杨　菁　　上海临港经济发展（集团）有限公司副总会计师、财务金融部总监

陈　维　　上海浦东海事局危管防污处处长

俞丽拿　　上海音乐学院教授、中小提琴教研室主任、院学术委员会副主任

胡丽丽　　中科院上海光机所研究室主任、妇委会主任

赵　蕾　　上海广播电视台东方卫视中心公益媒体（大型活动部）项目总监、制片人

赵红娣　　上海市白玉兰开心家园家庭服务社社长

陶国全　　上海船厂船舶有限公司总建造师

谢　欣　　中国科学院上海药物研究所研

究员、新药筛选中心副主任

张　楠　上海同化新材料科技有限公司董事长

江苏省

吴兆兰　苏宁环球集团有限公司副总裁

于　欣　江苏省徐州市第三十三中学校长、党总支副书记

李晓婷　江苏省常州市钟楼区永红街道锦阳花苑社区党总支书记

李　莹　江苏省南通市中级人民法院副院长、机关党委书记

孙　蔚　江苏交科交通设计研究院有限公司总经理、总工程师

陈湘珍　江苏省盐城市妇联主席

莫元花　江苏省扬州市国风刺绣厂技术员

方美芳　国网江苏省电力公司丹阳市供电公司线路二班副部长

袁卫华　中国银行南通分行海门支行业务部副主任

陈　静　江苏省常州市公安局武进分局一级警员

浙江省

周忠莲　浙江省杭州市桐庐县江南镇环溪村党委副书记、村委会主任

陈淑芳　浙江省宁波市象山县畜牧兽医总站站长

赵红霞　浙江正泰电器股份有限公司终端电器制造部车间主管

吴慧春　浙江省嘉兴市嘉善县妇联主席

何霞萍　浙江省绍兴市新昌县机关幼儿园园长、党支部书记

王润英　浙江联宜电机有限公司副总经理

毛红卫　浙江衢州建工房地产开发有限公司董事长

王　英　浙江省舟山市公安局定海区分局城东派出所民警

陈　怡　浙江省宁波市公安局鄞州分局钟公庙派出所民警

安徽省

刘士平　淮南矿业集团潘三矿机电修配中心铲车司机

赵玉莲　安徽省宣州区鳌峰街道宝城社区党委书记、主任

丁兰香　安徽省安庆市清怡针纺织品有限责任公司董事长兼总经理

张芳春　安徽乐行律师事务所主任

陈晓梅　安徽环球药业股份有限公司开发部部长

徐玲丽　安徽省铜陵市妇联主席

徐德琴　武警安徽省总队医院药剂科副主任

李芳茹　安徽省宿州市萧县县委常委、常务副县长

刘　燕　安徽燕庄油脂有限责任公司董事长

福建省

刘艳侠　福建省福州市行政服务中心管理委员会综合处副处长、妇委会主任

许阳阳　达利食品集团副总裁、执行董事

林洪英　福建省洪英工艺有限公司总设计师

王　艳　福建省南平市公安局巡特警支队警务大队副大队长

林映华　福建省宁德市寿宁县人民检察院检察长

黄晓蓉　福建出入境检验检疫局检验检疫技术中心主任技师

林少红　福州港务集团有限公司高级工程师

胡秋莲　陆军第 31 集团军后勤部卫生处助理员

陈丽霜　厦门建发国际旅行社集团有限公司董事长兼 CEO

江西省

曲　歌　江西广播电视台主任播音员

曹玲玲　江西省九江市第一人民医院内分泌科主任

丁　虹　江西省陶瓷研究所教授级高级工艺美术师

莫子涵　抚州民生农业科技有限公司董事长

许莉萍　江西省鹰潭市直属机关工委副书记

廖秀英　江西省瑞金市壬田镇凤岗村村民

文小凤　江西龙河物流有限公司董事长

彭　芹　江西省萍乡市妇联主席

山东省

张旭明　中国高科技产业化研究会特种绳缆与应急安全产业研发推广基地主任

吴圣霞　山东省淄博市博山区池上镇泉子村党支部书记、村委会主任

杨爱君　山东省潍坊城市景观绿化工程技术研究室主任、工程师

李　燕　山东省济宁市鱼台县国家税务局局长
康瑞霞　山东省泰安市泰山区乡镇企业局建材公司技术员
张春晓　山东省威海市妇联主席
韩继英　菏泽双阳食品有限公司总经理
田纳新　山东大厦党委书记
李　琴　胜利石油管理局工会女职工委员会主任
范红艳　山东省泰安市中级人民法院未成年人案件综合审判庭副庭长
田　砾　山东省青岛理工大学土木工程学院结构教研室主任

河南省

徐　平　河南省供应链管理协会会长
李淑团　三门峡中原量仪股份有限公司工人
付雪琴　河南省鹤壁市公安局淇滨区分局社区警务四中队指导员
李玉香　河南省焦作市中级人民法院民一庭副庭长
余会琴　河南省南阳市西峡县云华蝙蝠洞景区负责人
刘春霞　河南省商丘市维护妇女儿童权益暨和睦家庭创建协调组副组长
韩文丽　河南省安阳市妇幼保健院妇产科主任医师
袁　芳　河南省周口市太康县鸿图纺织有限公司高级棉检师
吕新佳　河南省纪委驻省妇联纪检组副组长
刘成晓　河南省郑州市公安局商城路分局案件侦办大队大队长
陶　真　河南人民广播电台私家车999主任播音员

湖北省

虢富贵　宜昌和艺企业孵化运营管理有限责任公司执行总经理
王　辉　湖北省武汉市武昌区卫生和计划生育委员会主任科员
彭亚萍　湖北省黄石市下陆区人民法院民一庭庭长
朱凤娟　湖北省农业科学院经济作物研究所研究员
陈慧丽　湖北省武汉市国土资源和规划局行政审批处副处长
喻　梅　武警孝感市消防支队后勤处处长
连　芳　湖北省恩施州来凤县翔凤镇花园堡社区党委副书记、妇联主席

邢　辉　湖北省襄阳市中心医院副院长

徐美容　湖北省黄冈市英山县长冲初级中学高级教师

宋晓婕　湖北省武汉市妇女儿童医疗保健中心妇产科主任

湖南省

刘　群　湖南省长沙市岳麓区人民法院一级法官

李　姜　湖南省湘潭市岳塘区人民法院办公室主任

周　文　湖南省衡阳市祁东县双桥镇洋湖村党支部副书记兼团支部书记

袁谋文　湖南省张家界市武陵源区张管局门票管理中心吴家峪经营部部长

万　姗　湖南省永州市江永县源口瑶族乡学校教师

杨文莲　湖南省娄底市湘村高科农业股份有限公司董事长

刘彩娥　湖南省怀化市通道侗族自治县人民检察院副检察长兼政治部主任

龙现英　湖南省湘西州保靖县现英茶叶产销专业合作社负责人

周婷婷　湖南省高级人民法院行政一庭副庭长

广东省

陈伟蓉　中山大学中山眼科中心白内障专科教授，博士生导师

官金仙　南方物流集团董事长

谢凤连　广东省佛山市南海区狮山镇石澎村党总支书记、村委会主任

钱凤明　广东省东莞市东城敬老院院长

岳巧云　中山出入境检验检疫局技术中心副研究员

邝健梅　广东省江门市人民检察院公诉二科科长、未检办负责人

刘艳芬　广东海洋大学农学院教授

张　莉　广州海洋地质调查局海洋矿产地质调查所副所长

陈云香　广东科美实业有限公司董事长兼总经理

肖寒梅　广东诚公律师事务所律师

广西壮族自治区

韩秀清　广西富丰集团有限公司总裁

毛丽成　广西壮族自治区桂林市阳朔县福利镇绛村党支部书记

陈　梅　广西壮族自治区钦州市坭兴陶行业协会副理事长，广西陶瓷艺术大师

徐　卫　广西壮族自治区贵港市港南区人民法院审委委员、民二庭庭长

黄　墁　广西壮族自治区玉林市公安局玉州分局刑侦大队副大队长

冯桂珍　广西壮族自治区百色市靖西市化峒镇驼峰葡萄专业合作社负责人

廖燕玲　广西壮族自治区来宾市人民政府副秘书长，办公室副主任

郭小玉　广西壮族自治区遥感信息测绘院科长

海南省

蒙　恂　中国铁塔股份有限公司海南省分公司建维部项目主管

戴海青　海南省中医院妇产科医生

吴佳敏　海南省第一中级人民法院审判委员会专职委员

符秀英　海南省白沙黎族苗族自治县青少年校外活动中心黎锦双面绣老师

重庆市

江碧波　重庆大学人文艺术学院原院长

赵庆华　重庆医科大学附属第一医院护理部副主任

袁心玥　中国人民解放军八一女子排球队运动员

张平蓉　重庆市公安局特警总队六支队支队长

王晓辉　重庆宏美达欣兴实业（集团）有限公司董事长

王远会　重庆市农业科学院研究室主任

李　艺　重庆市妇联家庭与儿童工作部部长

张　雪　重庆市荣昌区安富街道通安村党总支书记

四川省

苟玛拥珍　四川省甘孜藏族自治州道孚县铜佛山觉姆寺管理委员会副主任

吉木子石　四川省凉山彝族自治州昭觉县疾病预防控制中心艾滋病防治所所长

赵发荣　国家电网大渡河流域水电开发有限公司纪检监察部长、女工委主任

黄晓艳　四川省资阳市安岳县土旺家庭农场场长

王　琴　成都航空有限公司副总工程师

肖永惠　四川省乐山市犍为县清溪镇沉犀村村委会副主任

王　莉　四川省绵阳市公安局交警支队勤务管理大队副大队长

李　华　四川省南充市餐饮旅游行业协会副会长

李　杰　四川省川煤集团攀煤公司水电分公司用水所班长

黄国蓉　四川省成都黄大姐保洁服务有限公司董事长

贵州省

蔡　群　贵州省毕节市织金县蔡群苗族蜡染刺绣有限公司总经理

李　华　贵州省黔南州机关事务管理局副局长

刘　莉　中国航天科工集团第十研究院第十总体设计部型号总设计师、研究室主任

卢华英　贵州省赤水市妇女手工业协会常务副会长

罗　丽　贵州省六盘水市钟山区国家税务局办公室主任

韦　兰　贵州省安顺市镇宁县公安局白马湖派出所教导员

韦祖英　贵州省黔东南州从江县花甲电脑绣花厂厂长

冯玉敏　贵州黔仁茶生态农业旅游开发有限公司执行董事

云南省

石　红　云南省华夏中等专业学校教师

潘荣翠　云南省科学技术院规划发展处副处长

任圆圆　云南省曲靖市公安局技术侦察支队三大队副大队长

金　凤　武警云南省边防总队临沧市边防支队勐董边防派出所副连职干事

钱　蕾　云南省楚雄第一中学高级教师

张飞燕　云南省西双版纳州勐海县第一中学教师

施正菊　云南省丽江市永胜县永北镇南华居委会玉腰冲村民小组党支部书记、组长

董会琴　云南省怒江州泸水市上江镇丙贡村蛮辉生猪养殖农民技术协会法人

西藏自治区

次旦卓玛　西藏自治区林芝地区波密县多吉乡卫生院院长

伟色卓玛　西藏自治区那曲地区索县加勤乡卫生院医生

拉巴普尺　西藏自治区日喀则市桑珠孜区曲布雄乡康萨村村民

扎　桑　西藏自治区山南地区乃东县泽当镇洁沙居委会四组村民

泽　吉　西藏大学艺术学院舞蹈系党支部书记、硕士研究生导师

陕西省

陈若星　陕西省西安市女性文化研究会会长

于恩红　宝鸡新希望中学校长

李　玲　渭南博斯特家政服务有限公司董事长

李　霞　陕西省延安市延长县妇幼保健院院长

杜桂莲　陕西省汉中市留坝县火烧店镇石家院村党支部书记

胡文华　陕西省杨凌示范区医院内分泌肾病科主任

谢香莲　陕西省榆林市榆阳区海鑫洗选煤有限公司董事长

刘江茹　陕西省韩城市人民医院心内科主任

许彩芸　陕西省延长石油有限公司吴起采油厂南庄畔采油队党支部书记

甘肃省

董开萍　甘肃省金昌市永昌县公安局刑事科学技术室主检法医师

魏彦坤　甘肃省庆阳市司法局法制宣传教育科科长

景玉珍　甘肃省康复中心医院儿童康复科主任、主任医师

鲁毛才让　甘肃省甘南州特殊教育学校校长、高级教师

李俊英　甘肃省兰州市榆中县清水驿乡红坪村党支部书记

景爱琴　甘肃省定西市艺梅民间文化艺术品有限公司董事长

梁倩娟　甘肃省淘宝店铺“陇上庄园”店主

青海省

范广勤　国家电网青海省电力公司西宁供电公司电气试验班班长

陈永洁　青海省格尔木市人民检察院专职检委会委员、公诉科科长

师冬花　青海省海东市互助县土族纳顿文化旅游开发有限公司董事长兼总经理

严进蓉　青海省果洛州玛多县花石峡镇

藏文中心寄宿制小学副校长

宁夏回族自治区

方　敏　宁夏回族自治区电投银川热电有限公司热控专责工程师

马晓华　宁夏回族自治区固原市民政局局长

秦凤霞　吴忠仪表有限责任公司副总经理、党委副书记

赵耐香　宁夏回族自治区银川市金凤区长城中路街道长城花园社区党总支书记兼居委会主任

新疆维吾尔自治区

苏玉琴　新疆维吾尔自治区昌吉州红十字抗癌协会会长

于晓萍　武警新疆总队医院护理部主任

帕提古丽·亚森　新疆维吾尔自治区巴音郭楞蒙古自治州且末县防风治沙工作站工会主席

布　嘎　新疆维吾尔自治区博尔塔拉蒙古自治州温泉县初级中学妇委会主任

新疆生产建设兵团

孔令媛　新疆生产建设兵团第八师石河子市银龄养老院院长

曹晓芳　新疆生产建设兵团人民检察院第六师检察分院公诉处副处长

中直机关

周煜华　中央纪委组织部派驻干部一处处长

徐　洁　全国工商联会员部会员处处长

丁小丽　中央政策研究室社会研究局处长

于燕文　人民日报社总编室文化新闻版编辑室主编

任　捷　中央人民广播电台中国之声策划部副主任

刘　青　新华社机关妇工委常务副主任、工会女职工委员会副主任

金　霞　中国出版传媒商报总编辑助理兼要闻采编统合中心主任

夏　雨　中央电视台音乐频道导演、制片人

中央国家机关

罗　敏　最高人民法院刑三庭审判长

王　芳　最高人民检察院反贪污贿赂总局二局一处处长

袁　艺　民政部国家减灾中心评估与应急部主任

陈茹梅　中国农业科学院生物技术研究所研究员

徐　利　中国人民银行办公厅网络信息处处长

吴　昊　审计署驻武汉特派员办事处处长

薛　辉　国资委监督二局监督二处处长

温　韧　海关总署研究室一处处长

李红梅　国家质量监督检验检疫总局中国计量科学研究院化学分析所所长

赵军利　国家统计局中国经济景气监测中心信息分析处处长

彭　蓉　国家林业局林产工业规划设计院风景园林规划设计一所所长

张丽萍　中国科学院理化技术研究所研究员

周毓荃　中国气象局人工影响天气作业指挥和业务运行中心副主任

和　平　中国铁路总公司《人民铁道》报社记者部副主任

林　敏　中国航天科技集团公司第一研究院第一设计部长征五号测量系统主任设计师

唐　昀　中远海运集装箱运输有限公司箱管中心副总经理

翟惠敏　南京熊猫汉达科技有限公司制造部工艺师

刘雪梅　中国建筑第二工程局有限公司上海分公司总经济师

汪　怡　上海振华重工（集团）股份有限公司海工设计研究院副院长、船体与平台所所长

李玫瑾　中国人民公安大学教授

严金秀　中铁科学研究院有限公司副总经理、研究员

刘　涓　中国航天科工集团第二研究院二十五所研究员、专业副总师

解放军

尚丽新　陆军总医院妇产科主任医师

杨　叶　中国人民解放军 71345 部队 53 分队下士

旦真旺姆　中国人民解放军 77680 部队 41 分队排长

岳志娟　中国人民解放军 91208 部队政治部干部科副团职干事

范　晶　空军指挥学院政治工作系政治

工作教研室讲师

何宇峰　空军跳伞运动大队队员

王雪梅　火箭军工程大学控制工程系制导教研室教授

江碧涛　中国人民解放军 61646 部队总工程师、研究员

白菡尘　中国人民解放军 63839 部队 508 室研究员

王金丽　南京政治学院军事心理与心战系军事心理学教研室教授

汪鸿波　武警辽宁省总队政治部秘书群工处处长

张园青　武警特警学院特种作战大队女子特警队（猎鹰突击队）队员

2018 年

全国三八红旗手标兵

余留芬　贵州省六盘水市盘州市淤泥乡岩博村党支部书记

王雪梅　火箭军工程大学导弹工程学院205教研室教授

王　宜　中国中医科学院广安门医院食疗营养部主任

乌云苏依拉　内蒙古自治区阿拉善盟额济纳旗赛汉陶来苏木孟格图嘎查党支部书记

杜丽群　广西壮族自治区南宁市第四人民医院艾滋病科护士长

秦　川　中国医学科学院医学实验动物研究所所长

俞丽拿　上海音乐学院中小提琴教研室主任、教授

杨苗苗　安徽省蚌埠市公共交通集团有限公司107路驾驶员

黄志丽　福建省漳州市芗城区人民法院党组成员、巷口法庭庭长

于　静　中车大连机车车辆有限公司钢结构分公司高级技师

全国三八红旗手

北京市

王克荣　北京地坛医院红丝带之家办公室主任、护士长

丛慧敏　北京首都农业集团有限公司奶牛中心副主任

刘　黎　北京市朝阳区奥运村人民法庭庭长

王月波　北京市平谷区滨河社区党总支书记、居委会主任、妇联主席

田文建　北京地铁通号分公司维修七项

目部总工程师

芦咏莉　北京第二实验小学党委副书记、校长

杨凤一　北方昆曲剧院院长

雨　浓　北京汇思传美广告有限公司总经理

李学梅　北京日报编委、北京新闻编辑部主任

姜　华　中国建筑一局安全总监、项目管理部经理

刘梅林　北京大学第一医院老年内科主任

天津市

王奎凤　天津市宴宾楼餐饮有限公司董事长、总经理、党支部书记

法　卓　天津市草帽众创空间企业孵化器有限公司董事长

杨树伟　天津市红桥区双环邨街社区卫生服务中心全科负责人

刘海鑫　天津宏舜联合物业管理服务集团有限公司总裁

尹　琪　天津市滨海新区行政审批局临港分中心主任

李　琨　天津市公安局监所管理总队民警

郑卫红　中国铁建十八局集团第五工程有限公司天津地铁四号线项目部党支部书记兼总工程师

惠　青　中国能源建设集团天津电力建设有限公司党群工作部副部长

河北省

裴艳丽　河北百年巧匠文化传播股份有限公司董事长

赵春丽　河北省承德市妇联主席

王淑英　北京慈惠律师事务所执行主任

高玉双　河北省迁安市杨店子镇高引铺村党支部书记

张红梅　河北省廊坊市文安县永庆精致婚纱摄影公司经理

王文霞　河北省衡水中学班主任、专业化发展研究室主任

杨风桢　河北省沧州市中心医院产二科主任医师

王志华　河北省邢台市人民医院呼吸科主任

苏睿霞　河北省邯郸市邯山区南湖学校董事长

陈彦娴　河北省塞罕坝机械林场总场工作人员

山西省

孙秀兰　山西省大同市城区环卫处清洁

一公司清洁工

刘桂珍　山西省忻州市代县峪口乡段家湾村党支部书记、村委会主任

程玉珍　山西省长治市壶关县五龙山乡刘寨村党支部书记

崔玲玲　山西省晋城市妇联主席

韩利萍　山西省长治清华机械厂数控铣工、高级技师

车效梅　山西师范大学历史与文化旅游学院院长

刘近春　山西医科大学第一医院消化内科副主任

内蒙古自治区

斯日古楞　内蒙古自治区锡林郭勒盟正蓝旗蒙医综合医院副院长

王　敏　中国航天科工集团第六研究院41所班组长

乌兰图娅　内蒙古自治区巴彦淖尔市乌拉特后旗巴音前达门苏木巴音哈啃嘎查牧民

甘秀金　内蒙古自治区乌海市海南区巴音陶亥镇万亩滩村党支部书记

岳艳美　内蒙古自治区乌兰察布市妇联主席

朱桂莲　内蒙古自治区天亚建筑安装工程有限公司监事，内蒙古自治区女企业家协会会长

慈连萍　内蒙古自治区乌海市公交公司二分公司公交车驾驶员

辽宁省

郑秋菊　沈飞公司线束厂线束工段工段长、技师

潘凤荣　辽宁省大连市农业科学研究院果树所所长

唐　华　辽宁省本溪市恒通国有资产投资控股有限公司董事长、总经理

于长莲　辽宁悦千家连锁超市有限公司董事长

钱　杰　中国人民银行阜新市中心支行党委书记、行长

王春菲　辽宁省辽阳美年大健康健康管理有限公司总经理

陈东宁　辽宁省铁岭市妇联主席

雷淑芝　辽宁省朝阳市社会福利院护理员

董桂芬　辽宁省沈阳第四橡胶（厂）有限公司研究所副总工程师

吉林省

刘启芳　吉林省长春净月高新技术产业开发区精诚社工服务中心理事长

耿云瑶　吉林省神农健康产业集团有限公司党委书记

白玉晶　吉林省辽源市水务集团公司排水维护队队长

王　丹　吉林省通化市金城时装有限公司董事长

于慧君　吉林省白山市浑江区江北街道青山湖社区党委书记、主任

王永杰　吉林省人民医院重症医学科主任

钱永梅　吉林建筑大学土木工程学院教授

黑龙江省

刘雪凤　黑龙江省五常市天野绿色食品有限公司总经理

傅广洁　黑龙江省哈尔滨市延寿县玉河乡玉河村农村淘宝服务站专管员

张兆芹　黑龙江省鸡西市信访法律事务服务中心主任、鸡西市律师协会会长

张　杰　黑龙江省七台河市特殊教育学校特奥短道速滑队公益教练员

田先美　黑龙江省伊春市新青区市政环卫处清扫队队长

罗家婷　黑龙江省哈尔滨牡丹生态科技有限公司董事长

宫建华　黑龙江省哈尔滨师范大学美术学院教授、博士生导师

周　岩　黑龙江省哈尔滨市交通运输局运输管理处副处长

隋熙凤　黑龙江北大仓集团有限公司总经理

上海市

张　策　银行间市场清算所股份有限公司工会主任、会员服务部总经理

李　媛　中国船舶重工集团公司第七〇四研究所专业科科长

茅善玉　上海沪剧艺术传习所（上海沪剧院）院长

徐永初　上海市第三女子中学校长

袁长蓉　复旦大学护理学院教授

雷群英　复旦大学附属肿瘤医院教授、基础医学院副院长

谭　芳　上海市华诚律师事务所高级合伙人

苏　嵘　上海市徐汇区田林街道长春居民区党总支书记

常　娟　上海宇航系统工程研究所副主任设计师

卢丽安　复旦大学外文学院副院长、教授，

上海市台湾同胞联谊会会长

江苏省

陆晓燕　江苏省无锡市中级人民法院金融庭庭长
石启红　江苏省徐州市妇联主席
宋　青　江苏绿世界控股集团董事长、苏州市绿原生态研究院院长
周占贤　江苏凯利绣品有限公司总经理
谢芳丽　江苏省连云港市东海县芳丽水晶文化发展有限公司总经理
梁玉芹　江苏省淮安供电公司淮阴营业部会计、淮安市巾帼志愿者协会会长、淮安市爱心传递公益社理事长
周联联　江苏省盐城市中级人民法院少年及家事案件审判庭副庭长
高　雁　江苏省扬州市江都区小艳子家政服务中心负责人
陈金梅　江苏省宿迁市泗阳县城区环卫所副所长

浙江省

陈　敏　浙江省杭州利星名品百货广场有限公司董事长
陈霞娜　浙江省宁波市公共交通总公司36路班组长
柯建华　浙江省温州市鹿城区松台街道桂柑社区党委书记、主任、妇联主席
施文美　浙江省湖州太平微特电机有限公司研发中心主任
谭　灿　浙江省嘉兴市中级人民法院民一庭副庭长
陈雷红　浙江省金华市妇联主席
王秋月　浙江省台州市仙居县地方税务局规费科科长
华素萍　浙江省丽水市遂昌县北界镇苏村党支部书记
张治芬　浙江省杭州市妇幼保健院院长

安徽省

李　娟　安徽省宿州市砀山县唐寨镇唐寨村村民
李惠莹　中冶华天工程技术有限公司副总经理、人力资源总监
朱晓丽　安徽省亳州市利辛县公安局桥南派出所所长
魏金华　客来福家居有限公司总裁
刘妍梅　安徽省淮北市妇联主席
唐明翠　安徽省滁州市来安县人民法院专职审判委员会委员、执行庭

庭长

张莉亚　安徽省芜湖二院妇产科行政主任

黄　莹　中铁四局迪拜办事处商务经理

何　萍　安徽省宣城市旌德县孙村镇合庆村党支部书记、村委会主任

陈　红　安徽省宿州市禁毒防艾公益宣传中心志愿者、农村电影放映员

福建省

洪　燕　国网福建省南平市供电公司配网电缆班班长

崔蕊芬　福建省福州市鼓楼区南街街道杨桥河南社区党支部书记

翁钰珍　福建荔丰鞋业开发有限公司车间主任

曾毅玮　厦门航空有限公司总会计师

林丽琴　福建省漳州市妇幼保健院院长

冯晋勤　福建省龙岩市气象局总工程师、气象台台长

王芬芬　豪氏威马（中国）有限公司控制系统部经理

陈　静　福建省莆田市城厢区人民法院党组成员、政治处主任

陈素珍　福建省厦门市思明区蓝天救援队总队长

江西省

刘云娟　江西省南昌市东湖区彭家桥街道光明社区党委书记、主任

胡丽鹏　江西省新余市岩宏种养专业合作社理事长

杨丽峰　江西省鹰潭市贵溪市妇联主席

樊文婕　江西省萍乡市人民检察院公诉处副处长

雷海燕　江西省上饶市政协办公厅副调研员兼上饶市铅山县篁碧畲族乡党委书记

陈玉珍　江西省抚州市国家税务局直属税务分局局长

吴园梅　南昌铁路局南昌车辆段检修车间电气组工长

涂雅雅　江西省永通鞋业有限公司董事长

郭璐萍　江西省新余市妇幼保健院副主任医师

马小立　江西省九江市浔阳区白水湖街道九针社区主任

山东省

赵　红　山东省妇联发展部部长

陈　静　山东辰静律师事务所主任

梁建英　中车青岛四方机车车辆股份有限公司副总经理、总工程师
于伟利　山东省枣庄市实验小学副校长
王爱花　山东省威海市鲸园街道古北社区党总支书记、主任
安　霞　山东省日照市莒县海通茧丝绸有限公司总工程师
于凤霞　山东省莱芜市人民检察院派驻雪野旅游区检察室主任
杨巧芝　山东省聊城市人民医院儿科主任
贺爱华　青岛科技大学教师
林　燕　山东省青岛市公安局刑警支队五大队一中队队长

河南省

马斐颖　河南省郑州市妇联主席
钟建英　河南省平顶山市平高集团有限公司总经理助理、科技部技术中心主任
牛洁冰　河南省鹤壁市创业贷款担保中心主任
付爱英　河南省水利厅财务处处长
李艳芬　河南省焦作市农村能源环境保护管理站站长
薛　冬　河南省开封市旅游委员会党组书记、主任
南俊锋　河南灵宝昌盛食用菌有限责任公司总经理
温素清　河南省统计局社情民意调查中心主任
陈映映　河南省兰考县人民法院未成年人案件综合审判庭庭长
张春兰　河南省新乡市牧野区东干道街道茹岗社区党委书记、主任
李志平　河南省郑州市管城区商城花园社区志平志愿者工作站站长

湖北省

仰媛媛　湖北安棉纺织有限公司纺织工
王中美　中铁科工集团九桥公司首席焊工
王　群　湖北省武汉市公安局汉阳区分局洲头街派出所二级警长
张　龙　湖北省武汉市盲童学校艺体处主任
王　燕　湖北省宜城市地方税务局政策法规科科长
李玉洁　湖北省宜都市陆城街道头笔社区农家书屋管理员
王何林　湖北省随州市随县公路局殷店公路管理站养护工
许群群　湖北洪富农牧业有限公司董事长

孟丽华　湖北省荆门市城市公共交通集团公司点钞员、荆门市圆梦爱心帮扶会会长

胡　敏　湖北省鄂州市公安局西山派出所副所长

张继红　湖北省宜昌市中医医院脾胃科主任

湖南省

赵海凤　中国航发湖南动力机械研究所主任设计师

陈　晓　湖南宾之郎食品科技有限公司董事长

肖笑波　湖南省祁剧演艺有限责任公司副经理

谢　莉　中国石化长岭炼化公司工会副主席

金芳和　湖南省常德市第一中医医院妇科主任、主任医师

周和中　湖南省益阳市资阳区政协副主席、资阳区妇幼保健院院长

徐时英　湖南省郴州市锦兴建设有限公司董事长

章松霞　湖南省娄底市新化县桑梓镇中心学校教师

杨珍姣　湖南省湘西土家族苗族自治州泸溪县达岚镇潮地村妇联主席、计生专干

广东省

马　骊　南方医科大学检验与生物技术学院分子免疫学研究所二级教授、博士生导师

甘　露　广东省广州海关归类分中心副调研员

杜玉涛　深圳华大基因研究院党委书记、深圳华大基因股份有限公司副总裁

吴远芳　广东省河源市连平县三角镇白石村党支部副书记、妇联主席

张恒珍　中国石油化工股份有限公司茂名分公司首席技师

陈海仪　广东省广州市中级人民法院少年家事审判庭庭长

周小萍　广东同德药业有限公司董事长、绿源环保有限公司董事长

雷玉英　广东省惠州市博罗县横河镇嶂背畲族村党支部书记、村委会主任、妇联主席

戴建伟　汕头大学医学院第二附属医院重症医学科主任

广西壮族自治区

王　芳　广西安琪之家研究中心理事长

苗　蕾　桂林电子科技大学教授

梁丽娜　广西壮族自治区玉林市陆川县乌石镇副镇长兼陆河村党总支书记

黄雪慧　百色百矿集团有限公司东怀煤矿机电中队车工

梁海练　广西壮族自治区河池市东兰县公安局隘洞派出所所长

蒙晓梅　广西壮族自治区来宾市忻城县北更乡中心小学教师

蒙海芳　中国铁路南宁局集团有限公司柳州工务段探伤班班长

卫　东　广西壮族自治区柳州市妇联主席

杨小丽　广西医科大学研究员、博士生导师

海南省

黄丽萍　海南省陵水黎族自治县文罗镇五星村党支部书记、村委会主任

张艳红　海口红妆美容管理有限公司董事长

严小微　海南省农业科学院粮食作物研究所资源研究室主任

叶林坤　三亚春园海鲜广场董事长

重庆市

陈卉丽　重庆市大足石刻研究院文博研究馆馆员

杨浪浪　重庆市人民小学党委书记、校长

任登秀　重庆市开州区竹溪镇春秋村妇联主席

夏　敏　重庆市中医院妇科主任

汤君丽　重庆市忠县人民法院第四人民法庭庭长

乐　梅　重庆市轨道交通（集团）有限公司党委副书记、总经理

谢莉苹　重庆市武隆区鑫凤鸽子养殖专业合作社法人

龙其贤　重庆市铜梁区妇联主席

李良蓉　重庆市奉节县红翠特色脐橙技术研发中心负责人

四川省

姚庆英　四川省成都市蒲江县西来镇两河村党支部书记

占地斯门 四川黑籽儿教育服务集团党总支书记、四川黑籽儿教育咨询有限公司董事长

陈小玲 中国石油四川泸州销售分公司龙马连片加油站党支部书记

陈王莉 四川省人民检察院未成年人刑事检察处副处长

何　霞 西南财经大学法学院副教授

张　丹 中国科学院、水利部成都山地灾害与环境研究所研究员，中国科学院山地环境重点实验室副主任

张彦杰 四川省巴中市巴中兔兔青少年爱心家园理事长

穆　黎 四川省甘孜藏族自治州妇联主席

陶勋花 四川省成都市温江区寿安镇岷江村党总支书记、妇联主席

潘虹宇 四川省乐山市经济作物站高级农艺师

贵州省

马铃凤 贵州马大姐食品股份有限公司董事长

肖　飞 贵州省铜仁市石阡县河坝镇普兴村村民

冯于桥 贵州省遵义市桐梓县妇联主席

许道翠 贵州省安顺市镇宁县江龙镇新苑村党支部书记

喻朝芬 贵州省毕节市黔西县水西街道水西社区党总支书记

郅军锐 贵州大学农学院教师

朱琪瑨 贵州省六盘水市六枝特区人民法院审判委员会委员、民二庭庭长

顾兰花 贵州省黔东南苗族侗族自治州凯里市凯棠镇梅香村党支部书记

云南省

胡春华 云南省京剧院院长

姜莉芸 云南省昆明市中医医院肺病脾胃病科主任

张　梅 昆明美林科技有限公司总经理

包梅芬 云南省曲靖市宣威市宝山镇太和村村委会副主任

雷亚兰 云南电网有限责任公司玉溪供电局职工

张红艳 云南省大理白族自治州祥云泰兴农业科技开发有限责任公司总经理

赵鑫梅 云南省迪庆藏族自治州维西县卫计局党委书记

黄应菊 云南临沧四通农业综合开发有

限公司董事长

西藏自治区

拉　措　西藏自治区昌都市江达县嘎通村党支部书记、妇联主席

白　娟　西藏日报社高级记者、摄影部主任

次　央　西藏老阿妈民族文化手工业发展有限公司董事长

巴　鲁　西藏自治区林芝市巴宜区林芝镇真巴村村委会副主任、妇代会主任

陕西省

王　进　大成智慧能源科技股份有限公司副董事长

黄云娜　陕西五环（集团）实业有限责任公司值车工

刘敏娟　陕西省咸阳市农业局种植业科科长

高巧玲　陕西省延安市图书馆馆长

谢海琴　陕西省榆林市谢老大制衣有限公司总经理

董俊英　陕西省汉中市人民医院妇产科主任

任冬梅　西安中信丝绸之路大酒店有限公司总经理

郝　萌　陕西省歌舞剧院歌剧团艺术指导

甘肃省

尹建敏　甘肃省兰州市红古区鑫源天然气有限公司董事长、兰州鑫源现代农业科技开发有限公司董事长

陈梅珍　甘肃省临夏回族自治州和政县隆兴春苗木种植经营农民专业合作社理事长

杨丽蓉　甘肃省庆阳市庆城县卅铺镇韩湾村妇联主席

王文萍　甘肃省天水菜篮子实业（集团）有限公司董事长

何继红　甘肃省农业科学院作物研究所杂粮研究室主任

罗晓玲　甘肃省自行车训练管理中心场地自行车队运动员

青海省

滕晓炜　青海省海南藏族自治州共和县恰卜恰镇金安社区党支部书记、主任

张彦玲　青海省海西蒙古族藏族自治州都兰县森林病虫害防治站站长、林业工程师

杨　艳　中国铁路青藏集团有限公司格尔木电务段车载设备车间主任

孙　璐　青海广播电视台新闻综合频道（青海卫视）总监

韩丽君　青海省海北州海晏县同宝山旅游有限公司董事长、海北州妇联兼职副主席

宁夏回族自治区

纪晓玲　宁夏气象台台长

李维琴　宁夏回族自治区石嘴山市大武口区朝阳街道万盛社区党委书记、主任

何桂琴　宁夏回族自治区固原市回民中学副校长

乔　雪　宁夏亿嘉阳光国际贸易有限公司总经理

新疆维吾尔自治区

谷旭梅　新疆维吾尔自治区伊犁哈萨克自治州伊宁县愉群温回族乡托乎提于孜村村民

阿衣先木古丽·依米提　新疆维吾尔自治区巴音郭楞蒙古自治州焉耆县公安局交警大队副大队长

热西拉·热哈提　新疆喀拉通克矿业有限责任公司选矿厂浮选工

潘玉莲　新疆维吾尔自治区喀什地区疏勒县疏勒镇新市区社区爱心课堂教师

新疆生产建设兵团

王　平　新疆生产建设兵团第五师双河市八十四团七连职工

徐江丽　新疆生产建设兵团第八师石河子市新城街道办事处 16 社区居委会残疾人工作专职委员

中央直属机关

张昕晔　中央统战部八局二处副处长

张　荣　中央网信办应急局处长

孙晓梅　中华女子学院女性学系教授

金　京　中国国际广播电台西欧拉美地区广播中心意大利语部主任

颜丹晨　中国电影集团公司演员

齐慧杰　新华社新媒体中心副总编辑
刘　茜　中版教材有限公司副总经理

中央国家机关

王天颖　最高人民检察院民事行政检察厅行政二处副处长
齐　梅　国家民族事务委员会办公厅接待与信访处调研员
金丽媛　公安部警卫局外宾警卫处副处长
董贵华　环境保护部中国环境监测总站正高级工程师
孔亚平　交通运输部科学研究院环境保护与水土保持研究中心主任、研究员
程　琳　水利部信息中心行政审批受理处处长
孟华婷　商务部外资司产业处处长
张璟平　国务院国资委研究局研究二处处长
舒玲敏　国家工商行政管理总局国际合作司综合处处长
陈　静　中国气象局数值预报中心系统业务室主任、二级研究员
邵绛霞　中国保险监督管理委员会财险部农险处副处长
徐　彦　中国铁路总公司客运部客运价格处处长
杜　莹　国家国防科技工业局核应急安全司核应急协调管理处处长
赵瑞华　中国中医科学院广安门医院妇科主任
谢延翠　东北轻合金有限责任公司中厚板厂副厂长
勾宪芳　中节能太阳能股份有限公司科技研发中心主任，中节能太阳能科技（镇江）有限公司党总支书记、副总经理
闫欢欢　中国大唐集团有限公司大唐环境产业集团股份有限公司许昌项目部运行主管
孙向楠　中国能源建设集团中国葛洲坝集团第五工程有限公司副总工程师
程春生　沈阳化工研究院有限公司化工反应风险研究技术中心总监
王春露　国家体育总局冬季运动管理中心冰球部部长
李　平　中日友好医院临床医学研究所药物药理室主任、疫炎性疾病北京市重点实验室主任
张鸣戈　中国航天科工集团三十一研究所行政指挥
魏灵玲　中国农业科学院农业环境与可持续研究所研究员
马玉萍　中国航天科工集团第二研究院

型号总指挥

解放军

葛晶晶　31110 部队海洋保障室主任

龚　欣　78090 部队 1 室主任兼助理研究员

蒋淑珍　66011 部队 65 分队小队长

张　晓　海军工程大学电气工程学院舰船综合电力技术国防科技重点实验室副研究员

陈金兰　95616 部队参谋部训练科正团职参谋

陈　勤　96713 部队 68 分队副政治教导员

黄瑞芳　61741 部队 6 室高级工程师

李　艳　中央军委审计署长沙审计中心事业审计室主任兼高级审计师

胡慧娟　61469 部队 19 分队 1 排代理排长

刘秀珍　解放军第 309 医院麻醉科主任

郑绍钰　国防大学联合勤务学院联合勤务管理系教授

孙　雯　武警西藏自治区总队女子特警队班长

2019 年

全国三八红旗手标兵

阎锡蕴　中国科学院生物物理研究所研究员、中国科学院院士、中国科学院大学教授

吴颖霞　63871 部队 56 分队高级工程师

韩利萍　山西航天清华装备有限责任公司数控铣工

谢爱娥　湖北省洪湖市滨湖办事处滨斗湖村村委委员、村妇联主席，洪湖市妇联兼职副主席

格桑德吉　西藏自治区林芝市墨脱县完全小学副校长

贾秀芳　黑龙江省博能脑瘫康复中心院长

潘玉莲　新疆维吾尔自治区喀什地区疏勒县疏勒镇新市区社区潘奶奶小课堂老师

王克荣　首都医科大学附属北京地坛医院红丝带之家护士长

沈腾香　福建省龙岩市长汀县策武镇南坑村党支部书记

徐　平　河南省进口物资公共保税中心集团有限公司总裁

全国三八红旗手

北京市

王小节　中央电视台驻北京记者站站长

钱素云　首都医科大学附属北京儿童医院重症医学科主任

董天婳　北京市公安局石景山分局金顶街派出所所长

王锡娟　康辰医药股份有限公司董事长

刘小惠　人大附中通州校区党委书记、执行校长

行秀娟　北京市旅游协会饭店分会副会长

安丽娟　首钢矿山街道党委书记、主任，北京市女企业家协会秘书长

方秋子　北京市首都公路发展集团有限公司收费员、秋子服务品牌带头人

宋　玺　北京大学心理与认知科学学院团委副书记

雷海环　北京明天幼稚集团党总支书记、总院长

许　莉　北京东方华盖创业投资有限公司总经理

张鸿岐　首诚农业创始人

天津市

翟桂丽　天津市河西区环境卫生管理第五队队长助理

马　燕　天津市公安局南开分局华苑派出所民警

芦玉香　天津市西青区精武镇社区卫生服务中心妇产科主任

刘晓君　天津百利种苗培育股份有限公司总经理

李羚梅　天津光电集团有限公司军品研发高级工程师

杨海燕　中水北方勘测设计研究有限责任公司副总工程师

桑　萍　天津市纪律检查委员会、监察委员会第八执纪监督室副主任

河北省

郝玉芬　河北省承德市滦平县同发永农牧专业合作社理事长

李雪梅　河北省张家口市职教中心校长、党委书记

刘　洋　河北英皇集团、秦皇岛洋洋集团董事局主席

晏希会　唐山报春电商科技创新中心主任

刘立华　河北省廊坊市固安县第二中学教师

蒋晓霞　河北省保定市易园生态农业科技开发有限公司总经理

咸红杰　沧州小凤霞评剧团团长

王红梅　河北省衡水市妇联主席

郭清莉　河北省邯郸市魏县行政审批局党组书记、局长

马海燕　河北省邯郸市邯山区委组织部组织员

张　虹　巨力索具股份有限公司总裁

山西省

王　艳　山西省太原市公安局交警支队

122 指挥中心副主任

高淑霞　山西省大同市妇联主席

王　雪　山西省阳泉市锦丰种植有限公司董事长

王丽萍　山西省运城市平陆县三门镇党委书记

李卓玉　山西大学生命科学学院院长

师燕芸　山西省眼科医院眼底病科副主任

龚建玲　淮海工业集团淮海研究院研究员级工程师

内蒙古自治区

敖　其　内蒙古师范大学非物质文化遗产研究院教授

邢彩霞　内蒙古自治区人民医院中国南丁格尔志愿护理服务总队内蒙古自治区人民医院分队队长

张淑芳　中国铁路呼和浩特局集团有限公司集宁车站售票值班员

贾彩莲　内蒙古自治区赤峰市喀喇沁旗牛家营子镇水泉村妇联主席

宝　花　内蒙古自治区阿拉善盟阿拉善右旗曼德拉苏木浩雅日呼都格嘎查牧民

段佩丽　内蒙古北方重工业集团有限公司防务事业部 406 车间数控铣工

辽宁省

柯晓宾　中国通号西安工业集团沈信公司电器中心调整三班班长

关英华　大连船舶重工集团有限公司副总工程师

于淑娟　鞍钢集团钢铁研究院特级研究员

王秀云　锦州新闻媒体集团党委副书记、总编辑

丁唯秀　辽宁省营口市第六中学教师

张桂贤　辽宁省阜新市阜蒙县务欢池镇碱锅村奶牛养殖专业合作社社长

王心宏　辽宁省辽阳市妇联主席

马雅楠　辽宁省盘锦市融媒体发展中心主任记者

吉林省

周艳文　吉林省榆树市巾帼草编专业合作社理事长

白玉红　吉林省爱特种植农民专业合作社理事长

董桂芬　吉林省扶余市精神文明志愿者协会名誉会长

张维娟　吉林省恒维汽车零部件有限公

司高级经济师

王淑清　吉林省延吉市北山街道丹英社区党委书记兼主任

李东琦　吉林省瑞特环境科技股份有限公司董事长、吉林省女企业家协会会长

黑龙江省

武金玉　黑龙江省哈尔滨市第一医院医学科学研究院副院长、超声医学科主任

冷菊贞　黑龙江省双鸭山市市场监督管理局市质量技术监督稽查支队稽查专员，驻饶河县小南河村第一书记

李莉芬　黑龙江省七台河市宏伟家政服务有限责任公司总经理

张秀敏　黑龙江省绥化市北林区昱丰马铃薯种植专业合作社理事长

吴　林　黑龙江省伊春市伊春区林都社区党委书记、居委会主任

吴冬梅　黑龙江省大兴安岭地区呼中区碧水营林大队作业组长

李　琳　黑龙江启明律师事务所主任

张成莲　黑龙江省女创业者协会会长

上海市

王国娟　上海市浦东新区泥城镇党委书记

孙允珠　上海航天技术研究院科技委常委

谷好好　上海戏曲艺术中心党委书记、上海昆剧团团长

张玲娟　长海医院临床护理学教研室主任护师

赵维莅　上海血液学研究所常务副所长、上海交通大学医学院附属瑞金医院血液科常务副主任

侯　艳　上海联达物流有限公司董事长

蔡　婷　上海市绿色建筑协会理事

潘江雪　上海真爱梦想公益基金会理事长

吴尔愉　上海航空有限公司客舱服务部特聘服务专家

江苏省

周广菊　江苏省常州市妇联主席

许小凤　江苏省苏州市中医医院妇二科主任

王仕花　江苏省连云港市灌云县开山岛民兵哨所名誉所长

高　晶　江苏省淮安市妇幼保健院副院长兼儿童康复科主任

殷　平　江苏省盐城市女企业家协会常务副会长

王春香　中国遗传学会生物产业促进委员会主任委员

周禹冰　江苏省宿迁市桥商会副会长

杭春燕　新华日报全媒体经济新闻部主任

唐奇英　江苏省张家港市人民法院副庭长

浙江省

张亚芬　国网浙江宁波市鄞州区供电有限公司营业厅班长

章春燕　浙江省湖州市南浔区人民检察院党组成员、检委会专职委员

顾洁萍　浙江朗莎尔实业股份有限公司董事长

吴素月　浙江省舟山市定海区临城街道金鸡山社区党委书记

朱赛华　浙江省临海市妇幼保健院院长

杨丽佳　浙江省丽水市实验学校副校长

蒋玲燕　浙江省公安厅高速公路交通警察总队政治处副主任

何润云　浙江省衢州市柯城区蔬菜技术推广中心主任

李小方　杭州阿优文化创意有限公司总裁

安徽省

束红英　安徽省合肥市包河区滨湖世纪社区党委书记

刘　欣　安徽省宿州市萧县人民法院民事审判第一庭庭长

王献珍　安徽省淮南市运泽双孢菇农民专业合作社理事长

张迎年　安徽酷豆丁科技发展股份有限公司董事长

章　萍　安徽省马鞍山市市立医疗集团市人民医院心内科主任

马荣花　安徽省芜湖市芜湖县马荣花蔬菜专业合作社理事长

彪明翠　安徽省宣城市妇联主席

汪育红　安徽省黄山市歙县育鸿学校校长

彭新华　中国科学技术大学近代物理系教授

杨　萍　安徽省淮南市大通区桃园居老年公寓院长

周　红　安徽铜草花现代农业科技有限公司董事长

福建省

王　波　福建省厦门市公安局刑侦支队技术处理化检验室主任、物证鉴定高级工程师

蒋　月　厦门大学法学院教授、博士生导师

林丽娜　福建省石狮市湖滨街道玉湖社区党委副书记、居委会副主任

杨　晓　福建省福州市园林局党委书记、局长

朱　玮　福建省福鼎市妇联主席

林月莲　福建省平潭综合实验区敖东镇青观顶村党支部书记、妇联主席

陈少莺　福建省农业科学院畜牧兽医研究所副所长、研究员

蒋洪斌　福建省投资开发集团有限责任公司总法律顾问兼法律事务部主任、高级经济师

高少萍　福建省漳州市漳浦县高少萍剪纸艺术馆馆长

江西省

胡秀筠　江西新龙生物科技股份有限公司董事长、昆虫病毒国家与地方工程研究中心副主任

王　玲　华能安源发电有限责任公司检修部起重工

徐　岚　江西省景德镇市瓷画艺术研究院副院长

王小萍　北京市盈科（南昌）律师事务所高级合伙人、副主任律师

张海荣　江西省九江市公共交通集团公司第四营运公司 25 路女子车队驾驶员

晏玉萍　江西省萍乡市湘东区麻山镇中学教师

吴丽华　江西省瑞金市云石山乡人大副主席兼妇联主席

黄莉萍　江西省抚州市东乡区人民医院妇产科主任医师

杜晓琴　江西省九江市抗癌协会会长兼党支部书记

山东省

李　燕　山东齐鲁制药集团有限公司总裁

贾益芹　山东省淄博市特教中心高级教师

冷晓燕　山东省烟台市芝罘区毓璜顶街道大海阳社区党委书记、居委会主任

郑玉梅　山东省滨州市妇联主席

孙京梅　山东齐河鼎泰庄园林业种植专业合作社理事长

董翠萍　中国铁路济南局集团公司济铁旅行服务有限公司青岛高铁餐饮分公司党总支副书记

杨丽芝　山东省地质调查院二级研究员

尚明莲　山东省莒南新红嫂协会会长

单　芳　中石化胜利油田分公司河口采油厂采油管理四区注采 403 站站长、党支部书记

张忠莲　山东省循环经济协会副会长兼秘书长

河南省

王贺敏　郑州地铁集团有限公司副总工程师

王　爽　开封清明上河园股份有限公司董事长

李凤林　河南省新乡市红旗区洪门办事处诚城社区党委副书记、社区主任

王　予　河南省漯河市广播电视台城市广播主持人

原玉荣　河南省驻马店市新蔡县李桥回族镇狮子口村驻村第一书记

冯　梅　河南省公安厅刑侦总队副调研员

程　东　河南省信阳市浉河区吴家店镇太阳坡村东校教师

张　珂　河南省鹤壁市慈善总会淇河家政志愿者工作站站长

武峰峰　河南省政府妇儿工委办公室常务副主任

姜　霞　河南省安阳市机械研究所工程师

袁慧娟　河南省人民医院内分泌科主任、教授、主任医师

湖北省

胡志红　中国科学院武汉病毒研究所研究中心主任、研究员

蒋扣分　湖北省武汉市蔡甸区市容环境卫生服务中心保洁一公司经理

倪秀兰　湖北省黄石市阳新县王英镇东山村纸曹吴教学点教师

熊会萍　湖北省襄阳市公共交通集团有限责任公司二分公司 27 路党支部委员、线路长

李红艳　湖北省宜昌成祥养羊专业合作社理事长

苏玉梅　湖北省荆门市东宝区泉口街道浏河社区党总支书记、居委会主任

李翠红　湖北汈街工艺美术有限公司董事长

门玉英　湖北省科技信息研究院创新创业培训中心主任

杨　玲　中国航天科技集团公司四院四十二所研究员

湖南省

皮　青　湖南慧润农业科技有限公司董事长

刘玲琍　湖南省衡阳市特殊教育学校教师

蒋小英　湖南省邵阳市特殊教育学校教师

朱金凤　湖南省常德市第四中学副校长、中学高级教师

饶建亚　湖南省张家界市桑植县人民医院呼吸内科主任

谷庚秀　湖南省郴州市北湖区下湄桥街道金桥社区党总支书记

张四玲　湖南省永州市特色农业协会副会长

粟田梅　湖南省怀化市通道县牙屯堡镇文坡村党支部书记

叶　红　湖南省花鼓戏保护传承中心一级演员

广东省

赵心竹　广东省深圳市中意集团有限公司董事长

吴莉翔　广东华盛铭兔环保科技股份有限公司总经理

陈宏香　广东省梅州市人民医院儿科党支部书记、妇儿中心主任、儿科主任兼新生儿科主任

林雪萍　广东省汕尾陆丰市皮影戏传承保护中心副主任

李　兰　广东省茂名市社会福利院党支部书记、院长

黄琳绣　广东省清远市公安局文件检验高级工程师

谢淑川　广东省潮州市湘桥区凤新街道奎元社区党支部书记、居委会主任、妇联主席

钟锡銮　广东省揭阳市蓝天家庭综合服务中心理事长

邱丽华　中国水产科学研究院南海水产研究所三级研究员

李　红　广东省广州市禹成消防科技有限公司董事长

侯雪梅　丽珠医药集团股份有限公司首席科学家

广西壮族自治区

杨　宁　广西壮族自治区柳州市融水苗族自治县安陲乡江门村村委会主任

黄桂林　广西壮族自治区贵港市委副秘书长、市信访局局长

张　慧　防城港澳加粮油工业有限公司总经理

谢卓辰　广西电网有限责任公司崇左供电局生产设备管理部变电运行管理专责

周江波　广西壮族自治区广播电视局直属机关党委专职副书记、局直属机关妇委会主任、机关工会主席

覃惠芬　广西农垦黔江农场有限公司职工

李丽梅　北海市公安局海防管理支队主治医师

陈　励　广西壮族自治区梧州市妇联调研员

戴丽萍　广西壮族自治区人民检察院公诉二处处长

海南省

吴妚梅　海口公交新月汽车有限公司出租车驾驶员

姜萍萍　海南省公安边防总队凤凰边检站执勤业务一科副科长

王永秀　海南省三亚市天涯区朝阳社区党支部书记、居委会主任

韦　萃　海南省审计厅办公室副主任

重庆市

邓晓琴　重庆服饰商会会长

冉秀清　重庆市云阳县鑫焘菊花种植股份合作社理事长

刘　彦　重庆冠达世纪游轮有限公司总裁

刘海燕　重庆市两江新区星系列楼宇党委书记

钟玉秀　重庆市涪陵区江北街道党工委书记、江北旅游区管委会主任

黄晓凤　国家税务总局重庆市税务局机关服务中心主任、妇委会主任

彭　静　重庆静昇律师事务所创始合伙人、主任律师

傅世青　信永中和会计师事务所（特殊普通合伙）重庆分所总经理、合伙人

谢彬蓉　空军某部退役军人、重庆市支教教师

单大琼　重庆大琼刺绣工艺品有限公司

艺术总监

四川省

刘明侦　电子科技大学材料与能源学院副院长

刘兴会　四川大学华西第二医院产科主任

巩秀芳　东方电气集团东方汽轮机有限公司材料研究中心副主任、长寿命高温材料国家重点实验室副主任

钟　莉　四川日报报业集团川报观察执行总编辑

马燕灵　四川省凉山彝族自治州妇联主席

夏　雯　四川新华康生物科技有限公司总经理

刘立频　四川省成都市青羊区教育局党组成员、机关党委书记

刘　飞　四川省成都市锦江区爱有戏社区文化发展中心主任

马长美　四川省阿坝藏族羌族自治州红原县刷经寺镇党委委员、组织委员、驻刷经寺镇加当村第一书记

贵州省

刘　芳　贵州省贵阳市白云区第三中学高级教师

刘建西　贵州省贵阳市公共卫生救治中心党委书记、主任

谭国菊　贵州省遵义市凤冈县龙泉镇和平路社区党总支副书记

鄢晓菊　贵州省安顺市平坝区小菊家政服务有限责任公司总经理

杨秀燕　贵州省六盘水市水城县秀燕种养殖农民专业合作社理事长

杨晓珍　贵州杨晓珍鸿达苗族蜡染文化开发有限公司总经理

石丽平　贵州省松桃梵净山苗族文化旅游产品开发有限公司董事长

杨再会　贵州省黔西南州册亨县妇联主席

云南省

徐淑娥　云南谦泰律师事务所主任

杨琼英　云南省玉溪市第一小学党总支书记、校长

姚美秀　云南省红河州建水县福新果蔬专业合作社理事长、党支部书记、妇委会主任

白　兰　云南省西双版纳州景洪市基诺

山乡乡长

杜春峄　云南普洱澜沧古茶股份有限公司董事长

罗　珺　云南省楚雄州大姚县咪依噜民族服饰制品有限公司董事长

赵跃芳　云南省临沧市临翔区马台乡马台村党总支书记、妇联主席

贾曼红　云南省疾病预防控制中心主任助理

西藏自治区

永　春　西藏自治区拉萨市疾病预防控制中心流行病科科长

卓　嘎　西藏自治区山南市隆子县玉麦乡玉麦村村务监督委员兼村主任

央　宗　西藏自治区山南市隆子县玉麦乡玉麦村村委委员、妇代会主任

嘎吉桑姆　中国农业银行那曲分行班戈县支行信贷员

白玛央金　西藏自治区母子保健协会会长

陕西省

邓邦莲　陕西省西安联邦口腔医院管理有限公司党支部书记、院长

曹　侠　陕西省宝鸡市惠普妇女创业服务有限公司总经理

吴碧荣　陕西咸阳秦都农商银行股份有限公司董事长

柳　蓉　陕西省延安市宝塔区麻洞川乡党委书记

张群东　陕西省韩城市文体广电局党委委员、韩城市广播电视台台长

王小琴　陕西省汉中市宁强县羌州绣娘文化有限公司董事长

雷明珠　陕西省渭南市临渭区人民街道新民社区党支部书记、居委会主任

霍凤莲　陕西省榆林市妇联主席

申　虹　陕西广播电视台电视新闻部播音部副主任

甘肃省

马瑞芳　甘肃省扶贫办全国贫困地区干部培训中心兰州分院主任科员

韩小琴　甘肃省张掖市肃南县高原红文化产业开发有限责任公司总经理

史秀萍　甘肃省平凉市公安局国内安全保卫支队支队长

杜汉杰　甘肃省白银市巾帼志愿者服务

队队长

李金花　甘肃省酒泉市妇联主席

李玉红　甘肃陇原九方药业有限责任公司董事长

青海省

窦筱艳　青海省生态环境监测中心主任、高级工程师

田　琴　青海省海北州海晏县公安局治安大队大队长

陈京利　青海省西宁市虎台中学高级教师

马　琼　青海省气象台中短期天气预报科副科长

宁夏回族自治区

蔡　霞　宁夏回族自治区银川市贺兰县洪广镇镇长

寇启芳　宁夏天源牧业科技有限公司经理

田　方　宁夏中卫正通农牧科技有限公司总经理

谢　红　宁夏广播电视台卫视频道部高级编辑

新疆维吾尔自治区

热依扎·巴合道列提　新疆维吾尔自治区阿勒泰地区吉木乃县吉木乃镇萨尔乌楞村党支部书记、村委会主任

帕夏古丽·克热木　新疆维吾尔自治区克州乌恰县膘尔托阔依乡阿合奇村4组村民、广东省东莞市绿洲鞋业有限公司职工

刘　浪　新疆大学教育部重点实验室副主任

陈红霞　新疆女子监狱党委书记、政委

米合热尼沙·吐呼地　新疆维吾尔自治区伊宁市司法局伊犁河路街道司法所所长

江阿古丽·艾山　新疆维吾尔自治区伊犁哈萨克自治州中医医院骨一科主任

新疆生产建设兵团

寇晓燕　新疆生产建设兵团第一师阿拉

尔市十团十三连职工

中央和国家机关

傅玉慧　中央纪委国家监委第十三审查调查室副处级纪检监察员

杨心葵　中央办公厅秘书局信息综合室副主任

唐爱华　中央统战部十二局六处处长

董建勤　人民日报社要闻六版主编

冯　敬　工业和信息化部中国电子技术标准化研究院技术总监

沈　悦　公安部禁毒局缉毒行动处副处长

潘　悦　国家安全部副处长

刘玉梅　民政部办公厅信访办主任

苏晓华　国家林业和草原局中国林业科学研究院林业研究所主任

张　菁　住房和城乡建设部中国城市规划设计研究院副总工程师、经营管理处处长，中国城市规划协会女规划师委员会副主任、秘书长

翁优灵　交通运输部安全与质量监督管理司公路处副处长

束珏婷　商务部财务司外经处处长

戴新华　国家市场监督管理总局中国计量科学研究院所长、研究员

郭　微　中国康复研究中心社会职业康复科负责人

刘慧平　国家统计局国民经济核算司地区 GDP 核算处处长

葛素表　新华通讯社新媒体中心副总编辑

苑　鹏　中国社会科学院农村发展研究所研究员

于　蕾　中央广播电视总台央视综艺频道制片人

钱　拴　中国气象局国家气象中心（中央气象台）首席专家

代　玲　经济日报社驻西藏记者站记者

邱艳芳　中国银保监会普惠金融部三农金融处处长

阎彩凤　中国一重集团有限公司重型装备制造厂班长

王　畅　国家电网有限公司国网四川省电力公司都江堰市供电分公司共产党员服务队队长

袁　芳　国药四川医药集团有限公司党委副书记、总经理，国药控股四川医药股份有限公司党委委员、执行董事、总经理

韩　伟　中国钢研科技集团有限公司集团职工董事、工会主席、总经理助理、党群工作部主任

王杜娟　中铁工程装备集团有限公司总工程师

洪学芹　中铁十六局集团铁运工程有限公司工会主席兼女工主任、运输生产部部长

魏明英　中国航天科工二院二部总师

蔡艳丽　北京航天新风机械设备有限责任公司主任工艺师

张巍婷　国家信访局督查室副调研员，河北省沧州市海兴县苏基镇张常丰村党支部第一书记（挂职）

陈丽平　法制日报政文部副主任

朱　婷　国家体育总局排球运动管理中心中国女子排球队运动员、队长

孙铁英　北京医院大内科主任、教授、博士生导师

解放军和武警部队

王　淼　31436部队工程师

徐美多　32140部队65分队排长

游建平　陆军军医大学第一附属医院传染科护士长

蒋永馨　海军大连舰艇学院航海系天文航海教研室副教授

陶佳莉　93488部队飞行2大队正营职副大队长

杨晓林　95857部队53分队伞训长

赵春霞　火箭军指挥学院战略战役系某教研室副主任、副教授

吴升艳　战略支援部队某部高级工程师

冯惠芳　原第153医院妇产科主治医师

张洪英　31006部队2室高级工程师

何元智　军事科学院系统工程研究院某研究所研究员

蔡　亚　武警部队北京市总队执勤第7支队执勤5大队政治教导员

追　授

黄文秀　广西壮族自治区百色市委宣传部理论科副科长、百色市乐业县新化镇百坭村第一书记

周泉泉　中央广播电视总台社会与法频道《夜线》栏目副制片人

周　南　西藏自治区人民医院风湿血液科副主任医师、科副主任

张小娟　甘肃省甘南州舟曲县扶贫开发办公室副主任